Käthe Kollwitz · Die Tagebücher

Käthe Kollwitz (1867–1945)
Aufnahme 1910, etwa zu Beginn der Tagebucheintragungen

Käthe Kollwitz

Die Tagebücher

Herausgegeben von
Jutta Bohnke-Kollwitz

Akademie-Verlag Berlin 1989

Redaktion der Anmerkungen: Volker Frank

Inhaltsverzeichnis

Einführung 7

Editionsbericht 35

Die Tagebücher 39

Anhang: Autobiographische Aufzeichnungen 715

- Erinnerungen (1923) 717
- Rückblick auf frühere Zeit (1941) 736
- Die Jahre 1914 bis 1933 zum Umbruch (1943) 745
- Mein Mann Karl Kollwitz (1942) 748

Anmerkungen 753

Abbildungsnachweis 932

Literaturverzeichnis 933

Namenregister 938

Stammbaum

Einführung

Fing neulich an in den alten Tagebüchern zu lesen. Bis zurück vor dem Krieg. Allmählich wurd mir beklommen zu Mut. Das kommt wohl daher, daß ich nur schrieb, wenn Hemmungen und Stauungen im Lebenslauf dawaren. Selten wenn alles glatt und eben war. So höchstens kurze Notizen, wenn Hans im Gleichgewicht war, aber lange Seiten, wenn er nicht im Gleichgewicht war. So nichts aufgeschrieben, wenn Karl und ich uns zusammengehörig fühlten und beglückten. Aber lange Seiten, wenn wir nicht zusammenstimmten. Gerade hierin hatt ich beim Lesen recht das Gefühl der Halbwahrheit eines Tagebuchs. Sicher, was ich schrieb hatte seinen Grund, aber nur eine *Seite des Lebens, nämlich die, in der es hapert und heddert, wird festgehalten. (Tagebücher, Silvester 1925)*

Die Tagebücher

»Heut Versuch gemacht, eine neue Arbeit vorzunehmen«, beginnen die Eintragungen im ersten der zehn schwarzen Wachstuchhefte, die heute im Käthe-Kollwitz-Archiv der Berliner Akademie der Künste aufbewahrt werden. Es war der 18. September 1908, die Schreiberin war einundvierzig Jahre alt, gerade aus den Sommerferien zurück, fühlte sich »ganz leer« und hatte »zu wenig Dingen Lust«. Die belebende Reisestimmung war verflogen. »Man ist nüchtern«, notiert sie, und »ich bin verstimmt, daß ich noch nichts tue.«

Die große Arbeit, der von der Verbindung für historische Kunst in Auftrag gegebene Radierzyklus »Bauernkrieg« war abgeschlossen. Er hatte ihr allgemeine Anerkennung gebracht und den Villa-Romana-Preis des Deutschen Künstlerbundes für einen mehrmonatigen Aufenthalt in Florenz. Sie stand jetzt in der ersten Reihe der jungen Künstler, ihre Entwicklung wurde von den führenden Kunstkritikern mit Aufmerksamkeit verfolgt, ihre graphischen

Blätter hatten Eingang in die Kupferstichkabinette der großen Museen gefunden. Am »Bauernkrieg« hatte sie seit 1903 – seit fünf Jahren – gearbeitet. Nun war die Frage, wie es weitergehen würde.

Diesmal ging die Verstimmung offenbar tiefer; es war mehr als die alljährlich sich einstellende Unlust beim Zurückkehren aus der klaren frischen Luft der Berge oder von der See, die sie so liebte, in das augustheiße, staubige Berlin. Eine künstlerische Krise bahnte sich an, ein Gefühl des Gelangweiltseins, des »Verekeltseins« der eigenen Arbeit gegenüber, das wenig später zum vorübergehenden Abbruch aller graphischen Tätigkeit führen sollte.

Diesem Umbruch in der künstlerischen Arbeit korrespondiert eine gewisse Abschieds- und Abschlußstimmung im Lebensgefühl. Eine Phase des Lebens ist für Käthe Kollwitz abgeschlossen: Die Söhne, Hans und Peter, sind fast erwachsen, die Ehe leidet unter der Alltagsmonotonie, die enge Beziehung zu dem Wiener Buchhändler, Verleger und Musikagenten Hugo Heller ist, wohl von ihr, abgebrochen worden, der Gedanke an ein gemeinsames Leben mit ihm verworfen. Leben bedeutet von jetzt an nicht mehr nur Zukunft, sondern auch und immer mehr: Vergangenheit.

Hans Kollwitz meint, daß seine Mutter »die relative Selbstverständlichkeit des Lebens immer häufiger in sich bedroht fühlte.«[1] Das Klimakterium warf mit bedrohlichen Stimmungsschwankungen und merkwürdigen, sexuell bestimmten Träumen seine Schatten voraus, beklemmende Vorahnungen des beginnenden Alters schlichen sich heran – Erfahrungen und Befürchtungen, die in Verbindung mit der bisher so nicht gekannten künstlerischen Unsicherheit zur Auseinandersetzung mit dem eigenen Leben drängten. In dieser Phase beginnt das Tagebuch.

Und doch wäre es irrig, hier einen direkten Zusammenhang zu konstruieren. Wir wissen, daß es auch in früheren Jahren Aufzeichnungen gegeben hat, mit Sicherheit aus der Kinderzeit der Söhne und von der Italienreise 1907. Sie sind verlorengegangen. Ob sie den Charakter eines regelmäßig geführten Tagebuches hatten, läßt sich freilich nicht mehr feststellen.

Auf Wunsch ihres Sohnes Hans, der ein Buch »Meine Eltern« plante, hat Käthe Kollwitz 1923 begonnen, ihre Lebenserinnerungen aufzuschreiben. Zwei Kapitel liegen ausgearbeitet vor, »Erinnerungen« (1923) und »Rückblick auf frühere Zeit« (1941)[2], an eine Fortsetzung war gedacht. Deshalb nahm sie die Aufzeichnungen mit, die ihr den Anschluß an die schon fertigen Kapitel sichern sollten, als sie Anfang August 1943 aus dem bombengefährdeten Berlin zu der jungen Bildhauerin Margret Böning nach Nordhausen flüchtete. Die bereits ausgewerteten Hefte blieben zurück. Sie sind zusammen mit zahllosen Zeichnungen und druckgraphischen Blättern beim Brand des Berliner Hauses in der Weißenburgerstraße vernichtet worden.

Daß die Tagebücher für eine spätere Veröffentlichung vorgesehen waren, läßt sich mit Sicherheit ausschließen. Nicht nur, weil sie ihrer sprachlichen und schriftlichen Ausdrucksfähigkeit mißtraute, ohne eigentliche schriftstellerische Begabung zu sein glaubte – vor allem widersprach der Gedanke einer Veröffentlichung dem tief in Käthe Kollwitz verwurzelten Bedürfnis nach Diskretion. Aus den Schilderungen ihr nahestehender Menschen geht hervor, »daß sie über Gefühle überhaupt, ja über Persönliches kaum sprach.«[3] Hans Kollwitz sieht darin das Vorbild des Eltern- und Großelternhauses, »wohl seine Arbeit wichtig zu nehmen, sich selbst aber nicht«. Auch die ihr aufs engste vertraute Schwester Lise erinnert sich, man habe »über allzu Persönliches« nie gesprochen.[4]

Für das »allzu Persönliche« war das Tagebuch der Partner: für die Auseinandersetzung mit der eigenen Arbeit, für Reflexionen über das Verhältnis zu Karl und den Söhnen, für die politische und künstlerische Standortsuche. Ab 1914 auch für das Gespräch mit dem gefallenen Sohn. Die Silvestereintragungen versuchten zu bilanzieren: »War das letzte Jahr gut? Es war glimpflich«, heißt es zum Jahresende 1912. Um im Jahr darauf: »Ich und Karl? Ganz gut. Immer noch nicht wirklich gut.« Wie in ihrem eigentlichen, dem künstlerischen Metier das Selbstporträt die immer wieder aufgenommene Möglichkeit der Befragung und Überprüfung der eigenen Person bietet – eine visuelle Form des Gespräches mit sich selbst, des Fixierens der jeweiligen Befindlichkeit –, so entsprechen auch die Bilanzen zum Jahreswechsel einem tiefsitzenden Bedürfnis, mit sich selbst ins reine zu kommen.

Auch äußere Ereignisse finden im Tagebuch ihren Platz: das Leben in der Familie, die Feste, Reisen, Besuche bei den Kollegen, Ausstellungen, die Sitzungen der Secession. Dazu die künstlerischen Erlebnisse: Musik, Theater, Literatur – häufig in Form längerer Zitate, die Aufschluß geben über die jeweilige Seelenlage.

Die Regelmäßigkeit der Tagebuchnotizen und auch die Länge der Eintragungen schwanken erheblich. 1908 etwa gibt es nur drei Eintragungen im September; dann folgt eine Pause bis zum August 1909. Auch später treten immer wieder lange Unterbrechungen auf, vor allem in den Studienjahren des Sohnes Hans; die ausführliche und lebendige Korrespondenz mit ihm scheint hier in mancher Hinsicht die Funktion eines Tagebuches zu übernehmen. Am besten belegt sind die Jahre 1916 und 1918 bis 1921, Kriegs- und Revolutionsjahre also, in denen sich, parallel zu den äußeren Wirrnissen, in der politisch-ideellen Wertordnung von Käthe Kollwitz eine Neuorientierung vollzieht.

Nach 1933 werden Bemerkungen zum Zeitgeschehen auffällig knapp und kommentarlos formuliert. Dies hängt gewiß auch zusammen mit der Furcht vor Haussuchungen und Verhören durch die Organe eines Regimes, dem Käthe Kollwitz als Sozialistin und Pazifistin zutiefst verdächtig war, ist aber vor allem Ausdruck der spürbar abnehmenden Lebenskraft und wachsender Resignation. »Briefe krieg ich nur mühsam noch fertig«, schreibt sie 1935 an eine Freundin, »so wie ich auch die Eintragungen in mein Tagebuch – wenn man es so nennen soll – nicht absichtlich aufgehört habe, aber ich mache sie nicht. Es scheint so zu sein, daß einem im Alter immer mehr die Worte vergehn.«[5]

Das Tagebuch – »wenn man es so nennen soll« – ist zu einer Art Merkbuch geworden, in dem, häufig undatiert, politische Ereignisse, Reflexionen, psychologische Betrachtungen und Anekdotisches festgehalten werden, nicht mehr in der früheren Ausführlichkeit, aber ebenso ehrlich und präzise in der Wortwahl. Wie sie ihrem Sohn noch als Studenten etwas vorwurfsvoll einen sprachlichen Schnitzer verwiesen hatte: »Du schreibst vom Schnee: er knirsche und backe unter Deinen Füßen. Das tut er nie zusammen, er backt bei Tauwetter und knirscht bei Frost«[6], so achtet noch die Siebzigjährige bei den eigenen Texten darauf, daß sie genau wiedergeben, was gemeint ist. Streichungen und Korrekturen beweisen das – Schludrigkeiten läßt sie sich nicht durchgehen. Die kräftige, klare und bildhafte Sprache läßt den genau beobachtenden Blick der bildenden Künstlerin erkennen, die bei aller analytischen Schärfe nie verurteilt, sondern nur festhält und gelten läßt.

Aus dem vorhandenen Material hatte Hans Kollwitz, der ältere Sohn, 1948 eine erste, diskrete Auswahl zusammengestellt, ergänzt durch Briefstellen, Erinnerungen und die bereits erwähnten Aufzeichnungen seiner Mutter über ihre Kindheit und Jugend.[7] Der schmale, etwas zusammengestückelt wirkende Band, gedruckt auf dem holzhaltigen, schlechten Papier der ersten Nachkriegsjahre, aber mit schönen Porträtphotographien ausgestattet, bot eine erste Möglichkeit der Begegnung oder Wiederbegegnung mit einer Künstlerin, die seit 1933 vergessen schien. Und die einem hier auf eine neue, sehr persönliche Weise gegenübertrat – als Schreibende. »Wir rechnen dieses Buch zu den wenigen und wohl bleibenden Veröffentlichungen persönlicher Art, die man in diesen letzten Jahren lesen konnte«, begrüßte Theodor Heuss den Band.[8]

Dieser Ausgabe, die in leicht veränderter Form verschiedentlich nachgedruckt wurde[9], ließ Hans Kollwitz 1968 eine umfangreichere, aber nur bedingt befriedigende zweite Auswahl folgen, die Tagebuchnotizen und Briefauszüge unter übergeordneten Begriffen kapitelweise zusammenfaßte.[10] Dadurch wurden die Aussagen zwar in manchen Punkten verdichtet, der lebendige Fluß der Eintragungen und die sich daraus entwickelnde Dynamik aber zerstört.

Seit dem hundertsten Geburtstag der Künstlerin 1967, der in West und Ost mit großen, teilweise programmatischen Ausstellungen begangen wurde, läßt sich ein stetig wachsendes Kollwitz-Interesse konstatieren. Renommierte graphische Sammlungen ergänzten ihre Bestände, Wanderausstellungen machten das Werk von Käthe Kollwitz auch in anderen Kontinenten bekannt, Retrospektiven zur klassischen Moderne, zum Expressionismus und zur engagierten Kunst griffen auf ihre Arbeiten zurück. In Köln und Berlin entstand jeweils ein eigenes Kollwitz-Museum. Parallel dazu erfolgte eine neue Bewertung ihrer Arbeiten am internationalen Kunstmarkt. Dies alles schlug sich in einer Vielzahl von Veröffentlichungen nieder.

Die Interpretation nach 1945 hat vor allem den politisch-ideologischen Gehalt aus Werk und Wesen der Käthe Kollwitz herausgelesen, ihre »Botschaft«. Dies führte zu einem bisweilen einseitigen Bild der *politischen* Künstlerin, der Kämpferin für Frieden und Gerechtigkeit, der Fürsprecherin des Proletariats. Die vollständige Publikation der Tagebücher erweitert diese Sicht; sie macht deutlich, welche Bedeutung dem persönlichen Bereich und dem engsten Kreis der Vertrauten zukommt: dem Mann, den Söhnen, der

Schwester Lise, der alten Mutter, den nahen Freunden. So wird der lebendige Mensch sichtbar, die Frau und die Künstlerin – ihre Zweifel und Ängste, aber auch ihre Sinnlichkeit und Daseinsfreude, ihr lebhaftes Interesse an Menschen und allen menschlichen Problemen.

Die zweite Lebenshälfte

Eine vom Grundgefühl her ethisch-humanistische Einstellung hatte schon das Königsberger Elternhaus geprägt. Julius Rupp, der Großvater, geistiger Mittelpunkt der Familie wie auch der von ihm gegründeten Freien evangelischen Gemeinde, hatte urchristlichen Idealen angehangen von Gemeinschaftseigentum und Abbau der gesellschaftlichen Schranken; Carl Schmidt, der Vater, verband die vom Schwiegervater übernommenen religiösen Überzeugungen mit der freiheitlich-demokratischen 1848er Tradition und trat noch als Siebzigjähriger der Sozialdemokratischen Partei bei; der Bruder Konrad, »Hinführer zum Sozialismus«, arbeitete an einer Fortführung der Marxschen Lehre und genoß freundschaftliche Förderung durch den alten Friedrich Engels. Ihnen und ihren politischen Hoffnungen hatte sich die junge Käthe verbunden gefühlt, hier lag die Basis ihrer utopisch-idealistischen Träume, aber auch die Basis ihrer sozialen Sensibilität.

Der eigentliche Anstoß zum revolutionären Appell in den frühen Graphik-Zyklen (Ein Weberaufstand; Bauernkrieg; Germinal) kam jedoch aus der Literatur; Freiligrath, Zola, Ibsen, der junge Gerhart Hauptmann waren seine geistigen Väter. Deren Gesellschaftskritik wurde hier erweitert und aktualisiert: »Not« meint bei Käthe Kollwitz nicht nur die aussichtslose Situation der schlesischen Handweber als Folge der Erfindung des mechanischen Webstuhles, sondern beklagt die Verelendung der Arbeiterklasse ganz allgemein; »Aufruhr« und »Losbruch« erweitern den historischen Aufstand der süd- und mitteldeutschen Bauern im 16. Jahrhundert zum revolutionären Ausbruch schlechthin.

Aber erst als Frau eines Arztes in den Arbeitervierteln des Berliner Nordens, täglich konfrontiert mit den vielen ungelösten Problemen des Großstadtproletariats, traf sie die soziale Wirklichkeit des beginnenden Jahrhunderts mit voller Wucht und verlangte ihre Stellungnahme. Nur die künstlerische Umsetzung, die immer wiederholte Darstellung der alltäglichen Tragödien um sie herum »öffnete mir ein Ventil oder eine Möglichkeit, das Leben zu ertragen.«[11]

Politisch empfindet sie sich als Sozialistin, aber nicht im Sinne einer rational durchdachten Entscheidung oder als Mitglied einer Partei. Ihr »Politisieren«, wie sie es nennt, »kommt auf Glauben heraus.«[12] Stärker als das sozialistische Bewußtsein bestimmt das soziale *Gefühl* ihr Verhältnis zur Arbeiterklasse, die Ruppsche Bruderschaftshoffnung ist ihr näher als der klassenkämpferische Aspekt, der auf gewaltsame Veränderung der gesellschaftlichen Zustände zielt. Auch die für den Simplicissimus 1909/1910 entworfene Serie der »Bilder vom Elend« ist mehr Klage als Anklage und bezieht ihren gesellschaftskritischen Biß vor allem aus den von der Redaktion verfaßten satirischen Unterschriften.

Der Ausbruch des Ersten Weltkrieges findet konsequenterweise beide Kollwitzens als staatstreue Sozialdemokraten. Wenngleich sie sich dem nationalistischen Taumel, der so viele deutsche Schriftsteller und Künstler 1914 in den Strudel der vaterländischen Begeisterung hineinriß, weitgehend entziehen konnten, so fühlten sich doch auch Käthe und Karl Kollwitz in erster Linie als Deutsche, die ihr Vaterland angegriffen und gefährdet sahen. Wie die Mehrzahl der deutschen Sozialdemokraten waren sie für Bewilligung der Kriegskredite und Burgfrieden, den Vormarsch der »Unsrigen« verfolgten sie mit Spannung und Hoffnung. Den Tod des Sohnes Peter im Oktober 1914 als Freiwilliger an der Front im Westen empfanden sie als Opfer, unter Sorgen und Schmerzen, aber aus freien Stücken dargebracht. Es bedurfte eines langen und schmerzhaften Prozesses, bis Staatstreue und Vaterlandsliebe, aus Solidarität mit dem toten Sohn und seinen Freunden aufrechterhalten, von der Überzeugung verdrängt wurden, daß die Gesellschaft der Zukunft von Pazifismus und Internationalismus geprägt sein müsse. Wie so viele europäische Künstler und Intellektuelle begrüßte auch Käthe Kollwitz die Revolution in Rußland mit großen Erwartungen. Hier sah sie sie entstehen, die neue Schöpfung, Manifestation einer jungen mitreißenden Kraft, die die verknöcherten gesellschaftlichen Strukturen der Vorkriegszeit über den Haufen warf; hier würde sie verwirklicht werden, die wahrhaft menschliche Gesellschaft, den Ideen Tolstois verpflichtet und der alten Menschheitshoffnung einer brüderlichen Welt.

Die Revolution im eigenen Land beobachtet sie hingegen mit Skepsis. »Was geworden ist, hat ein etwas anderes Gesicht bekommen, als man geträumt hat ... Das Kind ist kein Wunderkind geworden, sondern ähnelt seinen Eltern etwas sehr.«[13] Haß und Gewalt des politischen Alltags verstören sie; sie leidet an der unbefriedigenden Realität, die weit zurückbleibt hinter dem großen Menschheitstraum von Freiheit, Fortschritt, Frieden und sozialer Gerechtigkeit – der auch ihr Traum ist. »Wäre ich jetzt jung, so wäre ich sicher Kommunistin. Es reißt auch jetzt noch mich etwas nach dieser Seite«, bekennt sie im Tagebuch (Oktober 1920). Aber sie fühlt sich alt, körperlich und seelisch erschöpft; sie sehnt sich nach einem Sozialismus, »der die Menschen *leben* läßt« (ebd).

Mit um so größerer Aufmerksamkeit verfolgt Käthe Kollwitz die Bestrebungen in der Sowjetunion, neue Formen menschlichen Zusammenlebens zu entwickeln. Gorkis Zuversicht, Lenins Beschreibung kommunistischer Samstage, die Kinderrepubliken der Besprisorny, der »Unbehausten« – das alles begeistert sie. Und mit allem, was sie einzusetzen hat, leistet sie dem an die fortschrittlichen Künstler und Intellektuellen in aller Welt gerichteten Aufruf Folge, zur Überwindung der Hungerkatastrophe im Wolgagebiet beizutragen. In Plakaten und Aufrufen, durch Künstlerspenden und Unterschriftsaktionen, als Mitarbeiterin in Hilfskomitees und Mitbegründerin deutsch-sowjetischer Gesellschaften unterstützt sie die Maßnahmen der Internationalen Arbeiterhilfe und der von ihr ins Leben gerufenen Künstlerhilfe.

Wie ansatzweise bereits vor 1914 verwendet Käthe Kollwitz auch in den zwanziger Jahren ihre Kunst bewußt als »Waffe«: gegen den Hunger und gegen den Krieg, gegen Wucher und Heimarbeiternot, gegen Alkoholmißbrauch und Leichtsinn am Arbeitsplatz, für die Freilassung der Kriegsgefangenen, für die Reform des § 218, für Sammelstellen von Muttermilch. »Ich bin einverstanden damit, daß meine Kunst *Zwecke* hat. *Ich will wirken* in dieser Zeit, in der die Menschen so ratlos und hilfsbedürftig sind«, wehrt sie sich gegen ihre l'art pour l'art-Kritiker. Nach einer Maxime ihres Großvaters Julius Rupp ist jede Gabe eine Aufgabe. »Viele fühlen jetzt die Verpflichtung, wirken und helfen zu wollen, aber mein Weg ist klar und einleuchtend« (November 1922).

So deutlich ihr ihre künstlerische Aufgabe ist, so unklar ist ihr der eigene politische Standort. Revolutionärin ist sie nicht mehr, das ist ihr klar. Aber sieht sie sich noch an der Seite der Sozialdemokraten? Neigt sie nicht eigentlich der Demokratischen Partei und deren liberalen Zielen zu? Nicht einmal zum Pazifismus kann sie sich vorbehaltlos bekennen – »ewig schwanke ich herum … Man kann ja auch von einem Künstler, der noch dazu Frau ist, nicht erwarten, daß er sich in diesen wahnsinnig komplizierten Verhältnissen zurechtfindet« (Oktober 1920).

Während die Arbeiten von Käthe Kollwitz in den frühen zwanziger Jahren noch starkes öffentliches Engagement erkennen lassen, politische oder humanitäre Appelle vermitteln, zeichnet sich in den Tagebüchern bereits der Rückzug ins Private ab: Die Ehe von Hans, die Enkel in Lichtenrade, die Schicksale der Freunde, Krankheiten, Reisen und – vor allem – das Auf und Ab der Arbeit bestimmen jetzt die Eintragungen. Allmählich tritt auch in der künstlerischen Arbeit das politische Moment zurück. Die von so vielen Seiten unablässig angemahnten Stellungnahmen, denen sich zu entziehen ihr immer schwerer fällt, lähmen ihre ohnehin schwächer werdende Produktivität. Ihre Arbeiten erscheinen ihr ungenügend; sie empfindet sich als stumpf, gleichgültig und leer. Es scheint ihr alles schon gesagt zu sein.

Die Rußlandreise 1927 reißt sie noch einmal aus ihrer Altersdepression heraus. Sie fühlt sich »wie ausgelüftet«. »Ich hatte mir vorgenommen, dieses Mal mich nicht überrumpeln zu lassen, sondern kühlen Blickes alles zu betrachten. Ich brachte es wieder nicht fertig: Rußland berauschte mich.«[14]

1932, nach siebzehnjähriger Arbeit, stellt sie in der Vorhalle zur Nationalgalerie die beiden trauernden Elternfiguren aus. Ein paar Wochen später ist sie dabei, als die Skulpturen auf dem deutschen Soldatenfriedhof in Roggevelde ihren endgültigen Platz finden. Das Versprechen ist gehalten, das sie dem toten Sohn gegeben hatte. Die Last ist von den Schultern.

Im Januar 1933 übernehmen die Nationalsozialisten die Macht in Deutschland. Weil Käthe Kollwitz einen Aufruf zur Einigung der Linksparteien unterschrieben hat, wird sie gezwungen, aus der Preußischen Akademie der Künste auszutreten. Man entzieht ihr die Lehrerlaubnis und das Atelier, ihrem Mann die Kassenzulassung; der Sohn verliert vorübergehend seine Stelle. Dem ersten Sturm haben sich Kollwitzens durch die Flucht nach Marienbad entzogen, Mitte April kommen sie zurück nach Berlin – »mit der festen Absicht zu bleiben« (15. 2. 1933). Sie wollen sich von Hans und seiner Familie, von der Schwester Lise, von den Freunden, den Patienten, der Arbeit nicht trennen, haben auch keine finanziellen Rücklagen, die ihnen ein Leben in der Emigration ermöglichen würden. Und sie sind beide nicht gesund. Karl Kollwitz ist siebzig Jahre. Anfangs versuchen sie anzuerkennen, was sich den neuen Zuständen an Positivem abgewinnen läßt – »und das war nicht wenig ... Im Ganzen aber konnten wir nicht mitgehen, mußten im Gegenteil durchaus ablehnen.« Am quälendsten waren ihnen beiden die Judenverfolgungen. »Es war eine der schlimmsten Sachen, die ich erlebt habe, Karl berichtete mir, was er gesehen hatte. Mitunter konnte er nicht weitersprechen.«[15]

Es wird allmählich sehr still um Käthe Kollwitz. Ihre Arbeiten werden aus den Museen entfernt, Kollwitz-Ausstellungen werden verboten. »Übergehen und Stillschweigen war die angewandte Methode.«[16] Wenngleich ihr Name in der Münchner Ausstellung »Entartete Kunst« im Juli 1937 nicht auftaucht, so muß sie sich doch eingestehen, daß »man hier schon zu den Toten gerechnet wurde oder genauer gesagt zu den nicht mehr Lebensberechtigten.«[17]

Der Ausbruch des Zweiten Weltkrieges wird im Tagebuch kommentarlos vermerkt, wie überhaupt in diesen letzten Jahren Aufzeichnungen privaten Charakters deutlich überwiegen. Die Krankheit von Karl Kollwitz, die sich vom Februar 1939 bis zu seinem Tod im Juli 1940 hinzieht, die Sorge um den Enkel Peter, der im Frühjahr 1940 zur Wehrmacht eingezogen wird, sind zentrale Themen. Nach Peters Tod im September 1942 verstummt das Tagebuch fast ganz. Aus der Zeit in Nordhausen gibt es keine Eintragungen mehr.

Sind noch Ereignisse festzuhalten – etwa der Besuch der Ärztin –, gilt es, Adressen oder Geldausgaben zu notieren, Briefe zu entwerfen, dann dient dazu ein Merkbuch im Quartformat, das der jüngste Enkel, Arne, »Für mein liebes Großmuttchen« zu Weihnachten als Kalender eingerichtet hatte. Auch in Moritzburg bei Dresden, wo die Siebenundsiebzigjährige, eingeladen vom Prinzen Ernst Heinrich von Sachsen, im August 1944 Quartier gefunden hatte, lag ein solches Merkbuch auf ihren Knien, wenn sie am Fenster des Rüdenhofs in ihrem Lehnstuhl saß und die Wolken beobachtete, den herbstlichen Wald und den See. Sie versuchte, Farben, Formen und Bewegungen der Natur festzuhalten, dem Ablauf eines Tages auf die Spur zu kommen.

Aber der körperliche Verfall beschleunigt sich. Ihre Sehkraft läßt nach, und sie leidet darunter, »daß alles wie Kraut und Rüben in meinem Kopf durcheinander geht.«[18] Die schmerzhaften nächtlichen Herzanfälle setzen ihr zu, die Altersmüdigkeit verläßt sie kaum noch, die Sehnsucht nach dem Tode wächst. Gelegentlich werden noch kurze Briefe geschrieben, Postkarten – oft kaum mehr entzifferbar, weil die Augen versagen. Das Merkbuch wird nicht mehr vorgenommen. Es gibt nichts mehr, das festzuhalten noch wichtig wäre.

Karl und die Söhne

Als Käthe Schmidt sich 1884 mit ihrem Jugendfreund Karl Kollwitz verlobte, war sie siebzehn Jahre alt. Karl Kollwitz, vier Jahre älter, ein Gastwirtssohn aus dem samländischen Rudau, hatte früh seinen Vater verloren, wenige Jahre später auch die Mutter. Mit seinem Klassenkameraden Konrad Schmidt verband ihn früh die gemeinsame sozialdemokratische Überzeugung. Schmidt nahm ihn mit in sein liberal orientiertes Elternhaus und führte ihn ein in die vom Großvater Julius-Rupp gegründete Freireligiöse Gemeinde. Sowohl in der Schmidtschen Familie als auch in der religiösen Gemeinschaft fand der Junge aus dem Waisenhaus Geborgenheit und Wärme. Der brüderlich-christliche Geist, der die Gemeindemitglieder verband, bestärkte ihn in seinem Entschluß, Arzt zu werden. Nach Abschluß des Studiums in Königsberg ging er nach Berlin, und als ihm 1890 die Krankenkasse der Schneider zugesprochen wurde, konnte er an Ehe und Familie denken. 1891 heiratete er die inzwischen vierundzwanzigjährige Käthe Schmidt, die zunächst in Königsberg, später an den Künstlerinnenschulen in Berlin und München eine Ausbildung zur Malerin und Graphikerin durchlaufen hatte und die diesen Beruf auch in der Ehe auszuüben gewillt war.

Karl Kollwitz war ein zutiefst humaner Mensch, als Arzt in seinem Bezirk – dem Prenzlauer Berg – verehrt und geliebt. Er war vorwiegend Kassenarzt, aber durchaus nicht »Armenarzt«, wie es in der Literatur häufig heißt, sondern Ratgeber, Gesundheitserzieher und väterlicher Freund nicht nur der Arbeiterfamilien im Hinterhaus, sondern auch des Bürgertums in der Beletage: ein Hausarzt im besten Sinne, seinen Patienten oft durch mehrere Generationen verbunden. Er nahm sich Zeit für seine Kranken, kannte ihre Lebenssituation und ihre Lebensgeschichte, behandelte, wo er Not sah, umsonst, ja, ließ oft noch das Geld für die Medikamente zurück. »Der Arzt kam sofort – seine Rechnung nie«[19], erinnern sich ehemalige Patienten noch mehr als vierzig Jahre nach seinem Tod. Seine Sprechstunden zogen sich bis weit in den Abend, in Epidemiezeiten bis 23 Uhr, danach machte er oft noch Hausbesuche. Um die schlafenden Hausbewohner nicht zu wecken, trug er Haus- und Wohnungsschlüssel seiner Patienten in der Tasche. In den Nächten las er die wissenschaftliche Fachliteratur und arbeitete seine sozialhygienischen Vorträge aus.

Es war nicht einfach für die junge Frau Kollwitz, sich an das Diktat der »verdammten Praxis« zu gewöhnen, die das Familienleben empfindlich einschränkte. Die Klagen darüber, daß Karl völlig überarbeitet ist, nervös, immer in Eile, durchziehen das Tagebuch.

Andererseits nahm sie lebhaften Anteil an seiner Arbeit, besuchte ihn häufig in der Praxis, begleitete ihn auf Patientenbesuchen, ging auch selbst zu den Arbeiterfamilien, die er behandelte, und notierte ihre Eindrücke im Tagebuch. Aus der Sprechstunde ihres Mannes stammen die Modelle ihrer frühen Zeichnungen, er lenkte ihre Aufmerksamkeit auf das großstädtische Proletariat, das ihr für Jahre zum künstlerischen Thema wird.

Von Karls Seite war es eine Liebesheirat. Bis ins Alter blieb er seiner Frau mit Zärtlichkeit und Verehrung zugewandt und tat alles, um ihr Raum für ihre Arbeit zu schaffen. Noch nach vierunddreißigjähriger Ehe empfindet er sie als »Glück und Leitstern« seines Lebens. »Alles Beglückende und alles Gute hast Du mir gebracht.«[20] Auch die Schwierigkeiten und Spannungen ihrer Ehe können diese bedingungslose Zuneigung nicht erschüttern. Wie eng Karl sich der Kunst seiner Frau verbunden fühlte, läßt sich – deutlicher noch als aus den Erwähnungen im Tagebuch – aus einem Abschiedsgedicht schließen, mit dem er auf ihren Wunsch nach einem freieren, stürmischeren Leben antwortet.[21] Da spricht er von den Hoffnungen, die er auf ihre Kunst gesetzt habe, daß er sie habe lehren wollen, ihr Talent weiterzuentwickeln und dem Fortschritt der Menschheit dienstbar zu machen.

Käthes Vorbehalte gegenüber einer so absoluten Bindung belegen die Tagebücher. Es gibt Zeiten, wo sie sich ihrem Mann ganz nah empfindet, seine Fähigkeit zur Liebe, zur Freude erkennt, seine Wärme, seine Kraft. Dann wieder fühlt sie sich durch ihn eingeengt, möchte frei sein, arbeiten, leben, ohne durch Ehe und Familie gebunden zu sein. »Die Ehe ist eine Arbeit«[22], gesteht sie der Jugendfreundin Lene Bloch. Nach dem Tode Karls aber resümiert sie: »Interessante Männer mit einer bewegten Vergangenheit und differenzierten Gefühlen hatte ich in meinem Leben Gelegenheit genug gehabt, kennenzulernen. Aber in meinem Mann trat mir die durchsichtige Natur eines einfachen und klaren Menschen entgegen, und jenes Gefühl des Vertrauens, das nächst dem Mitleid bei den Frauen so oft den Übergang zur Liebe bildet, mag wohl das erste gewesen sein, was ich ihm gegenüber empfand, und Vertrauen blieb das Grundelement meiner Beziehung zu ihm bis zu seinem Tode.«[23]

1892 und 1896 wurden die Söhne geboren: Hans und Peter. Hans war der problematischere. Lebhaft, begabt, phantasievoll als Kind, als Student voller Weltschmerz, verschlossen und gehemmt, als Erwachsener ein liebevoller Sohn, aber ein schwieriger Ehemann. Sein Charakter, seine Entwicklung, später auch seine Ehe werden im Tagebuch einsichtsvoll, aber objektiv reflektiert. Gelegentlich entwickeln sich aus diesen Überlegungen ausführliche Psychogramme.

Mit Peter hatte es die Mutter leicher. Seine Liebenswürdigkeit, seine Beweglichkeit, sein Humor gewannen ihm überall Sympathien; daß er Maler werden wollte, verband Mutter und Sohn auf noch intensivere Weise – obgleich sie seinen Talentproben eher distanziert gegenüberstand. Daß er der »Lieblingssohn« gewesen sei, ist wohl Legende. Was sie so stark zu ihm hinzog, waren Eigenschaften, die ihr selbst abgingen. Hans war ihr viel ähnlicher. »Der Junge ist mir so verwandt, daß ich es gar nicht sagen kann«, schreibt sie der Freundin Jeep.[24] Beiden Söhnen gegenüber empfindet sie gelegentlich eine stark sinnliche Zuneigung mit ausgesprochen erotischem Einschlag. Mit welcher Offenheit sie sich im Tagebuch darüber Rechenschaft gibt, ist frappierend. Frappierend auch, wie vorurteilsfrei und unbefangen zwischen dieser Mutter und ihren Söhnen über Sexualität gesprochen wird, über homoerotische Bindungen, über die Beziehungen zu Frauen – keine Selbstverständlichkeit im prüden wilhelminischen Deutschland.

Auch in ihrer geistigen und künstlerischen Entwicklung begleitet Käthe Kollwitz die Söhne, liest mit ihnen, geht mit ihnen in

Ausstellungen, diskutiert mit ihnen über ihre eigene Arbeit. Als sie sich zu lösen beginnen und sich eigene Bereiche erobern, in denen die Mutter ihnen nicht mehr folgen kann oder will, schmerzt sie das anfangs. Sie tröstet sich in der Erkenntnis, daß sie selbst ja noch jung genug sei zu einem ganz eigenen Leben und eigener Arbeit.

Dann kommt der Krieg. Beide Söhne melden sich sofort zur Armee, Peter Kollwitz als Freiwilliger – er ist gerade achtzehn Jahre alt. Noch keine Woche im Feld, fällt er in der Nacht zum 23. Oktober 1914 bei Dixmuiden in Flandern. Damit scheint für Käthe Kollwitz auch das eigene Leben abgebrochen. Sie kann kaum mehr arbeiten. Erst durch den Plan zu einem Ehrenmal für den toten Sohn und seine Freunde findet sie wieder zur plastischen Arbeit; siebzehn Jahre lang quält sie sich mit wechselnden Entwürfen, mit immer neuen Ansätzen, mit Zweifeln, Depressionen und seltener Zuversicht, bis die Figuren der trauernden Eltern schließlich auf dem Soldatenfriedhof aufgerichtet werden können, wo der Sohn begraben ist, im Juni 1932.

Der ältere Sohn, Hans, kommt unversehrt aus dem Krieg zurück. Er wird Arzt wie sein Vater, heiratet ein schönes junges Mädchen, zieht heraus aus der Großstadt, hat Kinder. Ein kleiner Enkel Peter wächst heran – das Leben schließt die Lücken.

Die zentrale, ja existentielle Bedeutung, die ihr Mann, ihre Söhne (später auch die Enkel) für sie gehabt haben, läßt sich aus fast jeder Seite des Tagebuches herauslesen. Noch die fast sechzigjährige Käthe Kollwitz beantwortet die Frage nach den wichtigsten Dingen in ihrem Leben resümierend: »daß ich Kinder gehabt habe, daß ich einen solchen treuen Lebenskameraden gehabt habe und meine Arbeit.«[25]

Geschwister und Freunde

Lise, die jüngere Schwester, Spielgefährtin und Vertraute der Kinderjahre, war die einzige »wirklich mir ganz nahstehende Freundin«[26], schreibt Käthe Kollwitz in ihrem Lebensrückblick, und Lise ergänzt: »Käthe und ich waren von vornherein ein Doppelwesen.«[27] Charmant, umschwärmt, künstlerisch hoch begabt, wenngleich mehr spielerisch dieser Begabung nachgehend, Dilettantin im besten Sinne, hatte Lise 1893 einen jungen jüdischen Ingenieur aus Königsberg geheiratet, der es binnen kurzem zu einer leitenden Stellung bei der AEG brachte. Sie lebte mit ihm und den vier Töchtern in Berlin, in engem Kontakt mit der Familie der älteren Schwester. Sterns, das waren die »liebsten Freunde« (Silvester 1918), mit ihnen wurde gewandert, Schlittschuh gelaufen, gesungen, Theater gespielt, diskutiert. Kein Fest, das nicht gemeinsam begangen wurde, kein Buch, das man sich nicht zum Lesen weitergab, keine Freundschaft, die man nicht teilte. »Lise und ich gehörten unbedingt zusammen.«[28] Noch die fünfundsiebzigjährige Käthe schreibt der Schwester: »Unsere Traurigkeiten, unsere Wünsche und unsere Hoffnungen sind uns gemeinsam. Deine sind meine und meine sind Deine.«[29] Diese Einheit wurde aufs glücklichste ergänzt durch Karl Kollwitz und Georg Stern, durch die beiden Kollwitz-Söhne und die vier Stern-Töchter: Regula, Hanna, Katrine (Katta) und Maria.

Das Verhältnis zum Bruder Konrad hatte sich nicht so glücklich entwickelt. »Auch sah ich von jeher zu ihm auf und wünschte, er möchte mich achten«[30], erinnerte sich die Schwester später an die Kinderjahre und die Studienzeit in Berlin, als Konrad ihr die Wege wies zur demokratischen Tradition der 1848er. Durch ihn und seinen Freundeskreis gewann sie Zugang zum literarischen Naturalismus. Aber obgleich man in engem Kontakt miteinander blieb, in den gleichen sozialdemokratischen Kreisen verkehrte, die gleichen Verbindungen zu den alten Königsberger Jugendfreunden pflegte, sind Anklänge von Enttäuschung, Mitleid und zunehmender Irritation im Tagebuch nicht zu überhören. Das mag zusammenhängen mit den unerfüllten Hoffnungen der Familie auf Konrads glänzenden wissenschaftlichen Weg: der »fixe, lebendige und phantasievolle Junge«[31], der brillante Student der Nationalökonomie, der marxistische Theoretiker, eine Hoffnung der Sozialdemokratie, hatte es zwar zum Mitarbeiter so angesehener Zeitungen wie der »Vossischen« und des sozialdemokratischen »Vorwärts« gebracht, auch zum Dozenten der Berliner Arbeiterbildungsschule und zum Vorsitzenden der Freien Volksbühne, aber eben nicht zu wissenschaftlichem Ruhm. Vor allem irritierte er jedoch durch seine Unbeholfenheit in allen praktischen Dingen, seine komisch-peinliche Zerstreutheit, seine Langsamkeit und eine früh einsetzende sklerotisch bedingte Vergreisung. So jedenfalls scheint es seine Schwester Käthe empfunden zu haben, die

Senilitätserscheinungen innerhalb der Familie gegenüber eine besondere Empfindlichkeit entwickelte, weil sie ein möglicherweise auch ihr drohendes familiäres Schicksal dahinter argwöhnte.

Auch mit Konrads Ehe war die sonst so liberale und sozial aufgeschlossene Familie nicht einverstanden. Anna Schmidt war Haushälterin gewesen, sie war tüchtig, gutherzig, mütterlich – aber ein Fremdkörper in diesem vielseitig interessierten intellektuellen Kreis. Man fand keinen gemeinsamen Ton und stand sich reserviert, wenn nicht ablehnend gegenüber. 1925, nach Annas Tod, zog der früh gealterte Bruder bei Schwester und Schwager in der Weißenburgerstraße ein. Aber die einstige Vertrautheit ließ sich nicht wieder herstellen.

Distanzierter noch war die Beziehung zu der ältesten Schwester, Julie Hofferichter. Sie lebte, früh verwitwet, mit ihren beiden Kindern Konrad und Paula ebenfalls in Berlin, in eher bescheidenen Verhältnissen und völlig außerhalb des Zirkels der geistig und künstlerisch so viel lebendigeren Geschwister. Man traf sich auf den Geburtstagen der alten Mutter Schmidt, später bei Julies Tochter Paula. Bei den großen Kollwitzfesten aber wird Julie nie erwähnt. »Die arme Julie«, heißt sie im Tagebuch, später auch »die liebe Julie« – aber da ist sie schon sehr krank, und Karl Kollwitz als Arzt weiß, daß es hoffnungslos ist.

Im Zentrum des ausgedehnten Familienkreises steht die alte Mutter, freundlich, gütig, würdevoll, schon etwas ferngerückt – später ganz verwirrt –, aber geliebt und verehrt von allen Kindern und Enkeln. Im Tagebuch sind ihr lange, liebevolle, manchmal etwas irritierte Passagen gewidmet. Seit dem Tode ihres Mannes, 1898, lebt sie in Berlin bei ihren Töchtern, zunächst im Hause Stern, von 1919 an in der Weißenburgerstraße. Mit ihren in Königsberg lebenden Geschwistern stellt sie die Verbindung her zum Großelternhaus und zur Freireligiösen Gemeinde. Von der zentralen Bedeutung Julius Rupps ist auf sie als älteste Tochter manches übergegangen; das wird auch von dem Königsberger Zweig der Familie anerkannt.

Die Diaspora- und Außenseiterposition der Freien Gemeinde mag mit dazu beigetragen haben, daß der enge Zusammenhang unter den Rupp-Nachkommen erhalten bleibt, auch nachdem viele von ihnen Königsberg längst verlassen haben. Man besucht sich, man korrespondiert. Im Tagebuch lassen sich die Schicksale der alten und der jüngeren Verwandten deutlich verfolgen, ihre

Probleme, ihre Krankheiten, ihr Tod – nicht selten von eigener Hand. Zwei der Cousinen und ein Onkel nehmen sich das Leben.

Gesellschaftlichen Umgang im eigentlichen Sinn kannte man in der Familie Kollwitz kaum. Lise Stern meint, das habe an der »unüberwindlichen Talentlosigkeit« ihrer Schwester für solche Dinge gelegen, Hans Kollwitz schreibt es der beruflichen Überlastung seines Vaters zu und den so weit auseinanderliegenden Arbeitsbereichen seiner Eltern – beides kam wohl zusammen. Denkbar scheint auch, daß die durch die Freie Gemeinde bestimmte sektenartige Abgeschlossenheit des Königsberger Lebens prägend wirkte. Es fällt jedenfalls auf, daß der vertrauteste Freundeskreis der Familien Kollwitz, Schmidt und Stern sich aus Königsberger Jugendbeziehungen zusammensetzte. Die Freundschaft mit Georg Paga, Louis Sell, mit Bayers und anderen geht in eine Zeit zurück, als alle noch Schüler und Mitarbeiter Theobald Rupps in der Gemeinde waren, und auch für sie mag gelten, was Karl Kollwitz in seiner Grußbotschaft zum 90. Jahrestag der Gemeindegründung so formuliert hat: »Früh von Königsberg fortgekommen, anderen geistigen Strömungen verbunden, empfinden wir jetzt in unserem Alter stärker als in den Jahren des eigentlichen Lebenskampfes den inneren Zusammenhang mit der Gemeinde und sind voll Dank dafür, daß wir unsere Jugend in dem Kreise jener Persönlichkeiten verleben durften ... Das geistige Gut, daß wir damals, als unsere Wege ins Leben sich abzweigten von der Gemeinde, mitbekamen, ist uns mehr oder minder bewußt gewesen. Vorhanden war es immer. Und jetzt im Alter erkennen wir deutlicher und bejahen bestimmter den Ideengehalt der von Rupp gegründeten Freien evangelischen Gemeinde.«[32]

Neben den Verwandten und den alten Königsberger Freunden sind es die Studienkolleginnen der jungen Käthe aus den Berliner und Münchner Ausbildungsjahren, die uns im Tagebuch begegnen: die schöne Maria Slavona-Ackermann, die kranke Linda Kögel, Anna Plehn und ihre Schwester Rose, Gutsherrin auf Lubochin in Posen, die Schweizerin Rosa Pfaeffinger, Mutter des im Kollwitzschen Hause mitaufwachsenden Georg Gretor.

An erster Stelle aber steht Emma Jeep. Obwohl sie verheiratet ist – mit dem Schriftsteller Arthur Bonus –, wird sie weiterhin »Jeep« genannt. 1948 hat diese warmherzige, spontane, künstlerische Frau voller Bewunderung und Liebe über ihre Freundschaft mit Käthe Kollwitz Zeugnis abgelegt.[33] Die Bonus-Kinder Heinz und Helga gehörten zu den Jugendlichen, die monatelang, manchmal ein Jahr und länger im Kollwitzschen Hause unterkamen, etwa wenn sie zur Ausbildung in Berlin waren oder wenn sie zu Hause Schwierigkeiten hatten. Die nicht sehr geräumige Kollwitz-Wohnung stand allen offen, solange es noch ein freies Bett gab, notfalls auch in den Nebenräumen der Praxis. Darüber wurde Buch geführt.

Merkwürdig wenig erfährt man aus dem Tagebuch über die Künstlerkollegen in Secession und Akademie. Offenbar blieb das Verhältnis zu ihnen distanziert. Man traf sich in Kommissionen und bei Sitzungen, man schätzte sich, ließ den anderen gelten, bewunderte ihn auch bisweilen, aber es entstanden keine Freundschaften. Selbst mit Ernst Barlach nicht. Einzig über den Bildhauer August Gaul notiert Käthe Kollwitz im Tagebuch, sie habe ihn »sehr, sehr gern gehabt«, von allen Künstlern sei nur er ihr liebgewesen wie ein Freund (23.10.1921).

Aber so wie ihr die abgearbeiteten Arbeiterinnen lieber waren als wohlproportionierte Berufsmodelle, so wie sie die übermüdeten, zerquälten Proletarier-Köpfe reizvoller fand als hübsche und glatte Gesichter, so interessierten Käthe Kollwitz auch in ihren Tagebüchern weniger die Glücklichen und Erfolgreichen als vielmehr die komplizierten Naturen, die Problematischen, Gefährdeten: Kathrine Laessig, Annie Karbe, die Cousinen Gertrud Goesch und Else Rautenberg, die Kollegin Änny Löwenstein – die Reihe ist lang. Wie Paradiesvögel tauchen gelegentlich die jungen, welterfahrenen, in Leben und Liebe abenteuernden Frauen auf, denen noch die ältere Käthe Kollwitz mit jugendlicher, wohl auch erotisch gefärbter Schwärmerei zugetan ist: Grete Wiesenthal, Constance Harding-Krayl (genannt »Stan«).

Für eine Reihe von Jahren tritt eine Gruppe sehr junger Menschen nach vorn, Freunde des gefallenen Sohnes. Sind sie zunächst wichtig als die ihm Verbundenen, mit denen sie als Mutter das Gefühl gemeinsamen Verlustes teilt, in der fast mystischen Erwartung, ihm in ihnen zu begegnen, so verselbständigt und intensiviert sich die Beziehung sehr bald. Als jedoch die emotionale Nähe bedrohlich für sie wird, zieht sich Käthe Kollwitz zurück: »Mutter sein kann ich doch niemand als meinen Eigenen« (22.8.1916).

Weißenburgerstraße 25

»... daß man 52 Jahre in Berlin in einem Haus wohnt, das einem nicht gehörte, das auch gar nicht besonders schön war, das ist wohl eine Seltenheit. Es war kein besonderes Haus, nur daß es ein Eckhaus war, und daß es gegenüber dem Wörther Platz mit seinen allmählich ganz ansehnlich gewordenen Anlagen und Bäumen und Büschen lag, ein Mietshaus, wie tausende in den nördlichen und östlichen Stadtteilen von Berlin«[34], erinnert sich Hans Kollwitz 1949. In dieses Haus waren Karl und Käthe Kollwitz nach ihrer Heirat 1891 eingezogen; von der Vierzimmerwohnung im zweiten Stock wurden zwei Räume für die Arztpraxis abgezweigt. Im ersten Stock bewohnte Karls Schwester Lisbeth Kollwitz, eine Lehrerin, ein Zimmer, das an den Schultagen vormittags Käthe als Atelier diente. Später bezog die Familie eine Wohnung im dritten Stock, das Atelier wurde in die bisherige Wohnstube in der zweiten Etage verlegt; man erreichte es über den engen Flur, auf dem sich, da das Wartezimmer gewöhnlich überfüllt war, die wartenden Patienten drängten. Alle frühen Arbeiten von Käthe Kollwitz sind hier entstanden; erst 1912 fand sie im Ateliergebäude in Siegmundshof einen Raum, wo sie plastisch arbeiten konnte. Mit der Graphik blieb sie weiterhin im Atelier in der Weißenburgerstraße, das sie erst 1919, als ihr als Mitglied der Preußischen Akademie der Künste ein Atelier in der Hochschule zugesprochen wurde, endgültig aufgab. Im zweiten Stock der Weißenburgerstraße installierte Karl Kollwitz dann seine medizinischen Apparate; dort konnten auch Logiergäste untergebracht werden, wenn alle übrigen Schlafgelegenheiten besetzt waren. Solange Hans Kollwitz im Elternhaus wohnte, hatte er im vierten Stock ein separates Zimmer.

Im Eckzimmer, von dessen Balkon aus man die Weißenburgerstraße und den Wörther Platz überblicken konnte, schlief Peter. Nach seinem Tod wurde dies ein Kult- und Sakralraum: sein Bett, sein Schrank mit der Steinsammlung, sein Schreibtisch – alles blieb über Jahre unberührt, unverändert. In diesem Zimmer, das so deutlich seine Spuren trägt, fühlt Käthe Kollwitz sich dem Toten nahe. Hier nimmt sie Abschied von Hans, wenn er wieder ins Feld muß, hierhin führt sie Peters alte Freunde. »Bevor er ging, war er bei Peter drüben«, notiert sie im August 1915 nach einem Besuch von Erich Krems. »Wie er aus seiner Stube kam, glänzte sein Gesicht voll freudiger Liebe.« Erst 1919, als die alte Mutter Schmidt mit in die Kollwitzsche Wohnung zieht, wird der Raum »säkularisiert« – zögernd und unter Schmerzen.

Zentrum der Wohnung ist das große Wohnzimmer mit dem grünen Ripssofa hinter dem ovalen Tisch, dem breiten dunklen Bücherregal, dem bis zur Decke reichenden Kachelofen, dem Vermeer-Mädchenkopf an der Wand. »Das Fundament der Familie Kollwitz«, nennt es Lise Stern, »so unverändert wie etwa ein frommer Ort mit seinen religiösen Symbolen.«[35] Dort nahm man gemeinsam die Mahlzeiten ein, dorthin kamen die vielen Menschen, die Rat und Hilfe suchten, dort wurden die Feste gefeiert. Auch die Theateraufführungen der Söhne fanden in diesem Zimmer statt. Als 1938 das letzte Atelier in der Klosterstraße aufgegeben werden mußte, wurde hier die Künstlerwerkstatt eingerichtet; die Tonmodelle und Gipse standen auf hohen Podesten, mit feuchten Tüchern vor dem Austrocknen geschützt.

1939 gab Karl Kollwitz die Kassenpraxis auf. Er war schwer krank gewesen, erholte sich nur sehr langsam, aber »wollte und wollte es nicht glauben, daß er nicht mehr praktizieren könnte ... In der untern Wohnung, wo fast 50 Jahre hindurch sein Name stand, seine Patienten aus- und eingingen, wohnt nun ein fremder Arzt, ein junger Mensch, der mit demselben Eifer wie er selbst damals beginnt.«[36]

Das Haus wurde bei dem schweren amerikanischen Luftangriff vom 23. November 1943 zerstört – nur die Mauern standen noch, der Balkon hing kläglich im Leeren; der Rest waren rauchende Trümmer. Die Bewohner waren rechtzeitig geflüchtet. »Ja – es hat mich zuerst hart getroffen«, schrieb Käthe Kollwitz aus Nordhausen an den Sohn in Berlin. »Es war ja meine Heimat seit über 50 Jahren. Aus diesen Stuben sind fünf Menschen, so geliebte Menschen für immer fortgegangen. Erinnerungen füllten alle Räume.«[37] Es sind die Toten, denen sie nachtrauert; die Erinnerungen – nicht der materielle Besitz. Besitz hatte in der Familie Kollwitz keinen großen Stellenwert.

Das Kollwitzsche Haus war bescheiden ausgestattet und wurde sparsam geführt – altes preußisch-protestantisches Erbe von der Ruppschen Familienseite her. Es gab keinen Überfluß und keine Extravaganzen, aber man führte ein bequemes und gesichertes Leben mit Hausangestellten, mit Reisen und gutem und reichlichem Essen. Mit Theaterbesuchen und neuen Büchern wurde nicht ge-

geizt, und daß der Sohn an einer auswärtigen Universität studieren konnte, verstand sich von selbst. Die Hemdkragen allerdings wurden gewendet, die Söhne fuhren 4. Klasse, man wanderte mit dem Rucksack und kehrte in einfachen Pensionen ein, und als sich Hans bei der morgendlichen Heimkehr von einem Ball eine Droschke nimmt, stößt das auf Bedenken. Es war der Lebensstil einer bildungsbürgerlichen Familie zu Beginn des Jahrhunderts – kein Zug von Bohème.

Bedrückend war es für Käthe Kollwitz, daß auch in den Jahren, in denen sie relativ gut verdiente, ihre Einnahmen nie ausreichten, um Karl die Aufgabe der Kassenpraxis zu ermöglichen. Während Max Liebermann 1912 ein in Öl gemaltes Selbstbildnis für 12 000,– M anbot, für seinen »Korso auf dem Monte Pincio« sogar 30 000,– M ansetzte, ein Slevogt-Selbstporträt 10 000,– M kostete und selbst der achtundzwanzigjährige Max Beckmann seine »Gesellschaft« mit 4 500,– M auszeichnete, bekam Käthe Kollwitz 1911 nicht mehr als 30,– M für einen guten signierten Druck.[38] Ihre gesamten Einnahmen im Jahre 1913 beliefen sich auf 3 407,– M. Dabei hatte sie als graphische Künstlerin vor allem durch ihre Radierungen längst Rang und Namen; ein Werkverzeichnis lag vor, ihre Blätter wurden von Museen und privaten Sammlern gekauft. Aber auch wenn sie – wie bei der Sonderausstellung der Galerie Cassirer zu ihrem 50. Geburtstag – »viel Geld« verdient, scheint es *viel* nur nach ihren bescheidenen Maßstäben gewesen zu sein.

So war sie auf Auftragsarbeiten angewiesen: auf Bucheinbände, Flugblätter, Plakate – deren moralischen Wert und deren appellative Wirkung es nicht mindert, wenn man weiß, daß sie honoriert wurden. Erst 1928, mit der Anstellung als Vorsteherin eines Meisterateliers für Graphik und der damit verbundenen Aufnahme in den Senat der Preußischen Akademie der Künste verbesserte sich Käthe Kollwitz' finanzielle Situation – inklusive aller Zuschläge und Zuschüsse wurde ihr Gehalt auf monatlich 812,84 RM festgesetzt.[39]

Problematisch wurde die Lage nach 1933. Da man Karl Kollwitz vorübergehend die Zulassung als Kassenarzt entzog, gingen die Einnahmen aus der Praxis rapide zurück, gleichzeitig stockte der Verkauf von Kollwitz-Blättern fast ganz. Museen war der Ankauf untersagt, und die großen privaten Kollwitz-Sammler waren vor allem Juden, sie hatten sich diesem Werk von Anfang an verbunden gefühlt, nun hatten sie andere, dringendere Sorgen. Für Karl Kollwitz, der seit Jahrzehnten daran gewöhnt war, die Mittel für das gemeinsame Leben aufzubringen, war die finanzielle Unsicherheit schwer zu ertragen. »Meinen Mann würde die Vorstellung, daß wir länger leben als unser Geldchen, dauernd quälen«, klagte Käthe Kollwitz der Freundin Jeep. »Auch wäre die daraus gegebene Einschränkung, daß man jeden Groschen besehen muß und das Weggeben an andere radikal unterbleiben muß, ihm sehr schwer.«[40] Sie selbst sah die Dinge gelassener: »Ich glaube nicht daran, daß wir mit dem Geld nicht auskommen ... ich glaube sicher, daß es so lange langen wird wie wir langen.[41]

Aber man mußte sich einschränken im täglichen Leben. Daß sie persönlich Not leide und in dürftigen Räumen hause, wie es ein sowjetischer Journalist in einem *Iswestija*-Artikel 1936 behauptet hatte, wies Käthe Kollwitz empört zurück. Aber daß kein Geld da war, um die große Plastik einer Mutter mit zwei Kindern im Arm, an der sie seit 1922 gearbeitet hatte, in Stein aushauen zu lassen, das traf sie hart. Sie hatte gehofft, diese letzte große bildhauerische Arbeit noch öffentlich zeigen zu können als Beweis dafür, daß sie trotz Diskriminierung und Behinderung durch die staatliche Kunstaufsicht weiterarbeitete. Von dieser Arbeit aus sollte sich im Rückblick ihr gesamtes plastisches Werk neu erschließen. Der großzügigen Hilfe ihres noblen Kollegen Leo von König verdankte sie es, daß sie schließlich einen Bildhauer mit der Arbeit beauftragen konnte. Ausstellen aber durfte sie die Gruppe nicht. »So sieht Gott sei Dank eine deutsche Mutter nicht aus!« hatte der *Völkische Beobachter* schon 1933 bei der Neuordnung der Nationalgalerie über die Kollwitzschen Frauengestalten geschrieben.

Bild und Erinnerung

Die kleine Käthe Schmidt kennen wir von einer Photographie, auf der sie etwas schwermütig in die Kamera sieht: ein dunkles, zartes, ernstes Kind, dem man die nächtlichen Angstträume und die langanhaltenden Verstimmungen, von denen in den Erinnerungen die Rede ist, anzusehen meint. Auf den späteren Familienphotos, die im Abstand weniger Jahre entstanden, überlagert der konventionelle Typus das Individuelle: die Schwestern Julie und Lise sehen der jungen Käthe zum Verwechseln ähnlich. Erst in den

Selbstporträts der Zwanzigjährigen entwickelt sich Individualität: Klarheit, Offenheit, Großzügigkeit, auch Eigensinn, jedenfalls Selbstbewußtsein. Diese junge Frau weiß, was sie will. Sie sieht sich ehrlich, ungeschönt, unvoreingenommen. Selbstverliebtheit ist ihre Sache nicht. Ein ganzes Stück Weges trennt sie von der schüchternen Königsberger Bürgerstochter, die errötete, wenn sie durch den Ballsaal mit den vielen jungen Männern gehen mußte, weil sie sich unansehnlich und häßlich fand – benachteiligt gegenüber der jüngeren Schwester Lise, die so hübsch und beweglich und lebenslustig war.[42] Die Vierzigjährige, wie wir sie zu Beginn der Tagebucheintragungen vor uns haben, weiß, wer sie ist. Ihr Auftreten, ihre Kleidung, ihre Frisur, das alles ist von äußerster Schlichtheit, aber keineswegs konventionell. Sie ist sportlich, was für ihre Generation nicht die Regel ist, sie wandert, rodelt, ist eine begeisterte Schlittschuhläuferin und liebt das Bergsteigen. Sie ist zierlich und wirkt nach wie vor brünett, obgleich die Haare, von jeher fein und dünn, bereits seit längerem schon weiß sind. Die Augen unter den schweren Lidern sind groß, noch immer etwas schwermütig, von warmem Braun. Der Mund ist breit. Beim Sprechen mit ihrer kehligen Altstimme stößt sie mit der Zunge an – manche Zeitzeugen gehen so weit, das als Sprachfehler zu bezeichnen. Sie spricht wenig und sagt nur das, was sie wirklich empfindet.

Hingegen ist sie eine gute Zuhörerin. Ihr Zuhören weckt Vertrauen, es ist ohne Herablassung, ohne Besserwisserei und gute Ratschläge. »Würdigung der Lage war da, mochte sie noch so heikel sein, und volles Miterleben«, resümiert die Freundin Jeep[43], und Lise Stern bestätigt: »Die Käthe konnte ja so wunderschön zuhören. Schon das Zuhören tat wohl.«[44] Dabei hat sie die Augen ernst und aufmerksam auf den Sprechenden gerichtet. So hat sie Leo von König 1941 porträtiert.

Als junge Frau war sie berühmt gewesen »wegen ihres Lachens mit dem großen Mund und den gesunden Zähnen ... ihrer Fröhlichkeit bei Festen und ihrem Talent, sich herrlich zu verkleiden«[45], erzählt Lise Stern, und sie ist nicht die einzige, die diese unerwartete Seite im Persönlichkeitsbild ihrer Schwester Käthe herausstellt. Die von Hans Kollwitz 1966 edierten »Briefe der Freundschaft« enthalten eine ganze Reihe von Zeugnissen dieser Lebenslust: wie sie auf Kostümbällen in den groteskesten Verkleidungen auftritt, als leidenschaftliche Tänzerin, als bacchantische

Interpretin sentimentaler Volks- und Studentenlieder. Auch bei den großen Familienfesten steht sie als belebendes und beschwingendes Element im Mittelpunkt, sie und Karl die Fröhlichsten von allen. Manches von diesem elementaren Lebensgefühl klingt auch im Tagebuch an, weniger spontan vielleicht als retrospektiv: »Wie war mein Leben stark in Leidenschaft, in Lebenskraft, in Schmerz und Freude«, erinnert sich die Fünfzigjährige (1.7.1918). »Damals kämpfte ich wirklich in der Sonne, ›ein Sohn der Erde‹.«

Die Erlebensintensität der zweiten Lebenshälfte überwältigt nicht mehr, ist gebrochener, verschatteter. Aber Daseinsglück empfindet auch die Älterwerdende – Natur und Reisen haben ihren alten Zauber behalten, schöne junge Menschen entzücken ihre Maleraugen nach wie vor, die Lichtenrader Kapitel zeigen eine erfüllte und beglückte Großmutter. Und wenn auch die Pausen zwischen den produktiven Phasen immer länger werden, so kennt doch noch die Fünfundsechzigjährige das »Glücksgefühl, das sich mit keinem andern vergleichen läßt, *der Arbeit, der man gewachsen ist*« (Ostern 1932).

Die Wirkung ihrer Persönlichkeit gerade auch in den späteren Lebensjahren ist stark. »Niemals habe ich einen Menschen gekannt, der, ohne selbst ein Wort zu sprechen, durch seine bloße Gegenwart einen solchen Eindruck machte«[46], wunderte sich der Maler Werner Held 1947, und der Teilnehmer eines Vortrags vor der Liga für Völkerbund in Berlin erinnerte sich noch nach dreißig Jahren: »Obwohl sie in ihrer schlichten Art sich ganz still auf ihren Platz in der Mitte des Saales setzte, war sie in einer sehr merkwürdigen Weise in ganz kurzer Zeit der eigentliche Mittelpunkt der ganzen Gesellschaft, die sich in fast magischem Kreise um sie herum gruppierte. Der Vortragende mußte ein ganz gleiches Gefühl von dieser Situation haben, denn ich hörte hinterher von ihm, daß er seine Ausführungen eigentlich nur an sie gerichtet habe und ihm außer Käthe Kollwitz von der ganzen Versammlung ... kaum einer wesentlich gewesen wäre.«[47]

Äußerungen dieser Art gibt es zahlreiche; es sei ihnen hier eine weitere, sehr persönliche hinzugefügt.

Ich habe meine Großmutter Käthe Kollwitz noch gut gekannt. Anfangs aus der Enkelkinderperspektive, von den Sonntagnachmittagen in Lichtenrade mit Bocciaspiel im Wald und »Verwechsel das Bäumelein«, auch von den Gratulationstagen in der Weißenburgerstraße. Schon im Treppenhaus der etwas muffige, unverwechselbare Geruch eines alten Berliner Mietshauses, für uns Kinder von leicht exotischem Reiz. Im dritten Stock das ovale weiße Türschild, Fräulein Lina in blütenweißer Schürze, zeitlos, milde und besorgt. Die dunklen, stillen Räume immer etwas einschüchternd. Dann die Großmutter aus einer Tür tretend, lachend und mit ausgestreckten Händen. Wir liebten sie. Wie auch der Großvater gehörte sie untrennbar zu unserem Kinderleben, ihre Herzlichkeit und Anteilnahme, ihre Fröhlichkeit über ernstem Unterton, ihr Eingehen auf unsere Probleme, ihr Zuhören. Aber auch ihre uns immer etwas peinlichen melancholischen Stimmungen gehörten dazu, Weihnachten etwa, der Kuß auf die altersweiche tränennasse Wange, nachdem einer von uns – wir pflegten zu losen – ihre Lieblingsverse aufgesagt hatte, Conrad Ferdinand Meyers »Friede, Friede auf der Erde«.

In späteren Jahren sah ich sie seltener, ich war für Jahre wenig in Berlin. Kam ich in den Ferien nach Hause, galt immer der erste Besuch der Weißenburgerstraße. Manchmal öffnete sie selbst die Wohnungstür, *so* klein geworden, so gebeugt, so zerbrechlich, mit einem Stock, um sich abzustützen, nachdem sie in der Dunkelheit gefallen war und sich den Arm gebrochen hatte. Aber von unaufdringlicher, hoheitsvoller Würde. »Eine Königin im Exil«, schrieb ich meinerseits in mein Tagebuch. Sobald sie in ihrem Sessel saß, verlor sich dieser Eindruck wieder. Sie war dann, im Gespräch, wie immer: ganz Aufmerksamkeit und Zuwendung, mit diesen unvergeßlich warmen, braunen, etwas verschleierten Augen.

Und schließlich das letzte halbe Jahr in Moritzburg, wo ich sie betreute. Ich war vom studentischen Kriegseinsatz freigestellt worden zu ihrer Pflege, freute mich so sehr auf das Zusammensein mit ihr und fand es dann doch bald fast unerträglich schwer: die so Verehrte und Bewunderte so hinfällig zu sehen, so langsam, vergeßlich, hilflos – alt. Auch die täglichen, langen Gespräche über Tod und Sterben waren nicht das, was ich mir wünschte – ich war einundzwanzig Jahre und wollte *leben.* Aber dann einigten wir uns darauf, daß ich ihr jeden Abend aus Goethes »Dichtung und Wahrheit« vorlas, und das half uns beiden. Meine Anspannung und Irritation ließen nach, sie spürte das und war dankbar. Wir führten lange Gespräche über die Welt und den Krieg und das Leben, und wenn sie ihren Vertrauten Goethe zitierte, der zu Ottilie sagte: »Komm, laß uns vom Sterben sprechen«, nahm ich das mit Gelassenheit.

Im April 1945 starb sie. Auf der Seite liegend, die Hände vor sich übereinandergelegt – eine kleine alte Frau, umgeben von einer Fülle der schönsten weißen und roten Magnolien, so lag sie aufgebahrt in der Moritzburger Friedhofskapelle.

Ich war entschlossen, ihre Biographie zu schreiben. Schon ein Jahr später, 1946, bezeichnete ich es in einem Antrag auf Wiederzulassung zum Studium als meinen »Haupt-Lebensplan«, »aus persönlicher Verehrung und Liebe sowohl wie auch aus objektiver künstlerischer Wertung heraus dieser selten großen Frau gerecht zu werden«.

Es ist nicht dazu gekommen. Erst jetzt, mehr als vierzig Jahre später, kann ich ein Kollwitz-Buch vorlegen – keine Biographie, sondern eine Edition, auch dies ein Lebensbericht, aber nicht mit *meinen* Worten geschrieben, sondern mit *ihren.* Es ist nicht das, was ich mir vorgenommen hatte – und ist es doch und ist sehr viel mehr. Denn nirgends, auch nicht in ihren Arbeiten, ist Käthe Kollwitz mehr sie selbst, nirgends tritt sie uns lebendiger entgegen als in diesen Aufzeichnungen.

Köln, im Oktober 1988 *Jutta Bohnke*

Anmerkungen zur Einführung

1 Käthe Kollwitz, »Ich sah die Welt mit liebevollen Blicken«. Ein Leben in Selbstzeugnissen. Hrsg. v. H. Kollwitz. Hannover, Fackelträger 1968 (Lizenzausgabe: Wiesbaden, Fourier 1979, [7]1983), S. 5.
2 S. Autobiographischer Anhang.
3 Käthe Kollwitz, Tagebuchblätter und Briefe. Hrsg. v. H. Kollwitz. Berlin, Gebr. Mann 1948, [2]1949, S. 8.
4 Käthe Kollwitz, Briefe der Freundschaft und Begegnungen. Mit einem Anhang aus dem Tagebuch v. H. Kollwitz u. Berichten über Käthe Kollwitz. München, List 1966, S. 145.
5 Ebd., S. 100.
6 Käthe Kollwitz an Hans Kollwitz, Brief vom 3. 12. 1911, unveröffentlicht (Akademie der Künste Berlin, Käthe-Kollwitz-Archiv).
7 Tagebuchblätter und Briefe, s. Anm. 3.
8 Briefe der Freundschaft, S. 7.
9 Vgl. Editionsbericht, S. 35
10 »Ich sah die Welt mit liebevollen Blicken«, s. Anm. 1.
11 Rückblick auf frühere Zeit, s. Autobiographischer Anhang, S. 736
12 Käthe Kollwitz an Hans Kollwitz, Brief vom 14. 4. 1916, unveröffentlicht (Akademie der Künste Berlin, Käthe-Kollwitz-Archiv).
13 Beate Bonus-Jeep, Sechzig Jahre Freundschaft mit Käthe Kollwitz. Boppard 1948, S. 162.
14 Die Jahre 1914 bis zum Umbruch, s. Autobiographischer Anhang, S. 745
15 Ebd., S. 747
16 Briefe der Freundschaft, S. 35f.
17 Ebd., S. 35
18 Käthe Kollwitz an Lise Stern, Brief vom 1. 2. 1945, abgedruckt in: Tagebuchblätter und Briefe, S. 171.
19 Christiane Knop, Vater und Freund für viele Familien. *Berliner Morgenpost,* 23. 7. 1978.
20 Karl Kollwitz an Käthe Kollwitz, Brief vom 14. 1. 1924, unveröffentlicht (Akademie der Künste Berlin, Käthe-Kollwitz-Archiv).
21 S. Anmerkung zum 1. 7. 1918
22 Briefe der Freundschaft, S. 150.
23 Käthe Kollwitz an Clara Viebig, Brief vom Oktober 1940, hier zit. nach *Die Welt,* 22. 3. 1975 *(Welt am Sonntag).*
24 Sechzig Jahre Freundschaft, S. 108.
25 Briefe der Freundschaft, S. 49.
26 Erinnerungen, s. Autobiographischer Anhang, S. 727
27 Briefe der Freundschaft, S. 141.
28 Erinnerungen, s. Autobiographischer Anhang, S. 727
29 Briefe der Freundschaft, S. 129.
30 Erinnerungen, s. Autobiographischer Anhang, S. 725
31 Ebd., S. 720
32 Grußwort zum 90jährigen Bestehen der Königsberger Freireligiösen Gemeinde zum 19. 1. 1936 (Käthe-Kollwitz-Archiv, [der] Akademie der Künste [in] Berlin).

33 Sechzig Jahre Freundschaft, s. Anm. 13. Grundlage dieser Aufzeichnungen sind die Briefe von Käthe Kollwitz an Emma Jeep (Beate Bonus) aus rund vierzig Jahren; neben den Briefen an den Sohn Hans ist dies das größte erhaltene Konvolut an Kollwitz-Korrespondenz. Leider hat Beate Bonus-Jeep die sehr persönlichen und lebendig geschriebenen Briefe für die Veröffentlichung auseinandergeschnitten und, undatiert, willkürlich neu zusammengefügt. Als Quelle ist der Erinnerungsband deshalb nur von begrenztem Wert.

34 Hans Kollwitz an Herbert Tucholski, Brief vom 8. 7. 1949, veröffentlicht in: Kunstkabinett Prenzlauer Berg, 1. Ausstellung, Werke von Käthe Kollwitz, 20. August – 1. Oktober 1949.

35 Briefe der Freundschaft, S. 142.

36 Käthe Kollwitz an Helene Bloch, Brief vom 16. 1. 1939, unveröffentlicht (Akademie der Künste Berlin, Käthe-Kollwitz-Archiv).

37 Käthe Kollwitz an Hans Kollwitz, Brief vom 30. 11. 1943, veröffentlicht in: Tagebuchblätter und Briefe, S. 159.

38 Werner Doede, Die Berliner Secession. Berlin als Zentrum der deutschen Kunst von der Jahrhundertwende bis zum Ersten Weltkrieg. Berlin, Propyläen 1977, Anlage E.

39 Heinz Lüdecke, Käthe Kollwitz und die Akademie. Zum 100. Geburtstag 1967. Deutsche Akademie der Künste zu Berlin, Berlin (DDR) 1967.

40 Sechzig Jahre Freundschaft, S. 259.

41 Käthe Kollwitz an Hans Kollwitz, Brief vom 16. 6. 1938, unveröffentlicht (Akademie der Künste Berlin, Käthe-Kollwitz-Archiv).

42 Briefe der Freundschaft, S. 133.

43 Sechzig Jahre Freundschaft, S. 35.

44 Briefe der Freundschaft, S. 142.

45 Ebd., S. 143.

46 Ebd., S. 164.

47 Ebd., S. 184.

Editionsbericht

Die Originale der Tagebücher von Käthe Kollwitz (18. September 1908–Mai 1943) hat Hans Kollwitz 1967 dem Archiv der Akademie der Künste in Berlin anvertraut. Den zehn schmucklosen, schwarzen, unliniierten Heften im Quartformat lagen zahlreiche Anlagen bei (Notizen, Programme, Dokumente, Zeitungsausschnitte) sowie Briefe von Käthe an Hans Kollwitz und einige andere Korrespondenzen. Zusammen mit der von Hans Kollwitz ebenfalls dem Archiv übergebenen Kollwitz-Literatur, einer großen Anzahl von Ausstellungskatalogen und einer Sammlung von Zeitungsausschnitten bildet dieses Material den Grundstock des von der Akademie der Künste errichteten Käthe-Kollwitz-Archivs.

Nach dem Krieg wurden aus dem Nachlaß von Käthe Kollwitz mehrere Auswahlbände publiziert:

- Käthe Kollwitz. Tagebuchblätter und Briefe. Hrsg. v. H. Kollwitz. Berlin, Gebr. Mann 1948, ^{2}1949
- Käthe Kollwitz. »Ich will wirken in dieser Zeit«. Auswahl aus den Tagebüchern und Briefen, aus Graphik, Zeichnungen und Plastik. Hrsg. v. H. Kollwitz, mit einer Einführung v. F. Ahlers-Hestermann. Berlin, Gebr. Mann 1952, ^{5}1981 (auch als Ullstein Buch Nr. 36062, Frankfurt/M. - Berlin–Wien, Ullstein 1981)
- Käthe Kollwitz. Aus Tagebüchern und Briefen. Auswahl von H. Wandrey, mit einem Geleitwort von B. Uhse. Berlin (DDR), Henschel 1952
- Käthe Kollwitz. Aus meinem Leben. München, Paul List 1961 (= List-Bücher Nr. 92)
- Käthe Kollwitz. Bekenntnisse. Ausgewählt und mit einem Nachwort von V. Frank. Leipzig, Reclam 1981 (Lizenzausgabe: Frankfurt/M., Röderberg 1982)
- Käthe Kollwitz. »Ich sah die Welt mit liebevollen Blicken«. Ein Leben in Selbstzeugnissen. Hrsg. v. H. Kollwitz. Hannover, Fackelträger 1968 (Lizenzausgabe: Wiesbaden, Fourier, 1979, ^{7}1983).

Alle diese Ausgaben bringen, nach unterschiedlichen Prinzipien zusammengestellt und angeordnet, eine *Auswahl* aus den Tagebüchern, erweitert durch Briefe und Dokumente, teilweise auch durch Zeugnisse und Erinnerungen Dritter; Aussagen mit bekenntnishaftem Charakter zu Leben und Werk bilden dabei das Gerüst. Die hier vorgelegte Edition bringt den Text der Tagebücher erstmals vollständig und ungekürzt. Zusammen mit den im Anhang abgedruckten autobiographischen Dokumenten ermöglicht sie damit zum ersten Mal einen Gesamtblick auf die autobiographische Hinterlassenschaft von Käthe Kollwitz.

Sämtliche bisherigen Publikationen griffen auf den von Hans Kollwitz in den fünfziger Jahren angefertigten maschinenschriftlichen Auszug zurück. Seine willkürlich anmutenden Auslassungen und Zusammenfügungen, seine Schematisierungen, vor allem was die Zeichensetzung betrifft, sein im ganzen etwas sorgloser Umgang mit der Textvorlage sowie offensichtliche Verlesungen: alle diese Mängel konnten erst mit der vorliegenden Ausgabe behoben werden. Der weiteren Beschäftigung mit Leben und Werk von Käthe Kollwitz steht nunmehr eine verläßliche Edition zur Verfügung.

Die beiden ersten Tagebuchbände haben einen Leder- bzw. Leinwandrücken, die weiteren Hefte sind in schlichtem Wachstuch gebunden. Das erste Heft (1908–1913) diente zugleich von hinten nach vorn als Abrechnungsbuch; hier wurden Einnahmen und Ausgaben der Jahre 1901 bis 1916, soweit sie mit der künstlerischen Arbeit in Beziehung standen, aufgelistet. Im zweiten Heft sind die hintersten Blätter herausgeschnitten; in der Regel sind die Hefte jedoch bis zur letzten Seite gefüllt, in einem Fall ist sogar der Innendeckel beschrieben. Der Text läuft entweder ohne Unterbrechung von einem in das andere Heft, oder es wird der neue Anfang besonders hervorgehoben: »Im alten Tagebuch war das Letzte, was ich schrieb, von der Mutter. Ich will das neue mit ihr beginnen«, heißt es etwa am 8. April 1920, oder auch: »Dies Heft beginnt mit der erfreulichen Eintragung, daß Hans heut sein Physicum gemacht hat« (13. Oktober 1917). Gelegentlich sind den Heften Eintragungen auf losen Blättern beigefügt, etwa von Reisen, auf die das Tagebuch nicht mitgenommen worden war. Eingeklebt sind einige wenige Photographien; die wenigen Skizzen im laufenden Text wurden in die Edition übernommen. Die zehn Hefte umfassen insgesamt etwa 1700 Seiten.

Der Sprachfluß des Originals wurde konsequent beibehalten. Die langen, nicht durch Kommata unterteilten Kollwitzschen Sprachbögen und die ungegliederten Aufzählungen, die dieser

Prosa eine gewisse Atemlosigkeit verleihen, entbehren nicht der inneren Logik. So werden die Mitglieder des Familien- und Freundeskreises klar voneinander abgehoben, etwa: »Karl Hans ich, Lise Georg, Konrad und Anna, Annie Karbe ...«. Lediglich in seltenen Fällen, wo es vom Sinnzusammenhang her erforderlich schien, wurde ein Komma hinzugefügt.

Nachträgliche Korrekturen der Autorin – Streichungen, Hinzufügungen, stilistische Verbesserungen – wurden berücksichtigt; textkritische Anmerkungen mußten im Rahmen einer sogenannten »Leseausgabe« entfallen. Offensichtliche Verschreibungen bei Namen oder eindeutige Irrtümer in der Datierung wurden stillschweigend berichtigt. Hingegen wurden Zitate unverändert übernommen, weil Käthe Kollwitz die zitierten Stellen bisweilen auf sehr charakteristische Weise abgeändert hat; auf Zitatnachweise wurde verzichtet. Abkürzungen, auch abgekürzt verwendete Namen sind ausgeschrieben.

Die Rechtschreibung wurde, unter Wahrung des Lautstands und unter Berücksichtigung sprachlicher Eigenheiten, behutsam den heutigen Regeln angeglichen; damit konnten auch die orthographischen Veränderungen in den sich über 35 Jahre erstreckenden Eintragungen aufgefangen werden. Bei Namen ist durch ein angefügtes s bzw. durch ein Apostroph (Goeschs, Bonus') der Plural gekennzeichnet. Einmal eingeführte Namensschreibungen wurden beibehalten, auch wenn sie später in anderer Schreibung auftauchen (Konrad, Neu-Ruppin). Die direkte Rede ist durchgängig in Anführungszeichen gesetzt, Hervorhebungen im Original sind kursiv, gelegentliche Zusätze der Herausgeberin in eckigen Klammern wiedergegeben.

Die zum Teil unvollständigen Datierungen wurden, soweit sich dies eindeutig aus dem Zusammenhang ergab, stillschweigend durch Monats- und Jahresangaben ergänzt, die Schreibung wurde vereinheitlicht. Das Datum steht jeweils an erster Stelle, auch wenn es sich im Original bisweilen innerhalb der Eintragung findet; Käthe Kollwitz setzt das Datum meist links (oft mit Punkt) und schreibt später auch auf derselben Zeile weiter. Wo ein ganzes Datum nur aus dem Textzusammenhang erschlossen werden konnte, steht es in eckigen Klammern. In Zweifelsfällen, d. h. an den Stellen, an denen offensichtlich eine neue Eintragung beginnt, ohne daß dies kenntlich gemacht worden wäre, ist kein zusätzliches Datum eingefügt.

Bevor Hans Kollwitz 1967 die Tagebücher seiner Mutter der Akademie der Künste in Berlin übergab, hat er einige wenige Stellen des Textes unkenntlich gemacht. Es handelt sich um 4 bis 12 Zeilen umfassende Ausführungen, die sich – wie der Textzusammenhang ergibt – auf damals noch lebende Mitglieder der Familie Stern bezogen. Die Herausgeberin hat sich diesem Votum gefügt und keinen Versuch unternommen, die Schwärzungen rückgängig zu machen (sie sind im Text gekennzeichnet und in den Anmerkungen beschrieben).

Zahlreiche Personen und öffentliche Institutionen haben diese Edition mit Rat und Tat unterstützt. Ihnen allen sei an dieser Stelle herzlich gedankt. Einen besonderen Dank schulde ich dem Käthe-Kollwitz-Archiv der Akademie der Künste in Berlin, das die Textvorlagen zur Verfügung stellte, sowie Herrn Volker Frank (Leipzig), der den Anmerkungsteil mit Engagement und Umsicht durchgearbeitet und um viele interessante Zusammenhänge bereichert hat.

Dieser Band erscheint gleichzeitig in der Bundesrepublik Deutschland und in der Deutschen Demokratischen Republik. Daß eine solche Gemeinschaftsproduktion möglich wurde, ist sicherlich den Bemühungen der beiden Verlage zu danken, dem Siedler Verlag und dem Akademie-Verlag. Daß die Zusammenarbeit zwischen beiden Verlagen gerade der vorliegenden Edition zugute kommt, schafft für die weitere Beschäftigung mit Leben und Werk von Käthe Kollwitz eine neue gemeinsame Grundlage.

Köln, im Oktober 1988 *Jutta Bohnke*

Die Tagebücher

September 1908 bis Juli 1914

18. September 1908 Heut Versuch gemacht eine neue Arbeit vorzunehmen. Fühl mich ganz leer und hab zu wenig Dingen Lust. Zum Arbeiten für den Simplicissimus wohl, weiß da aber nicht anzufangen. Karl gehts etwas ähnlich. In der Praxis hat er vorläufig so wenig zu tun, daß er viel Zeit übrig hat und einen Kurs belegt hat. Er ist ziemlich viel müde wie ich auch. Die außergewöhnliche Reisestimmung ist wieder ganz verflogen, man ist nüchtern. Und ich bin verstimmt, daß ich noch nichts tue. Ich habe mäßig viel gewirtschaftet in der ersten Woche, aber bei allem solchen Tun langweilt man sich doch gehörig.

Etwas im Homer gelesen. Die wundervollen Adjektive.

Auch die Jungen sind etwas ledern, vor allem Peter. Nichts von Unternehmungslust, in seiner freien Zeit spielt er mit Dora auf dem Platz Diabolo.

Konrad und Anna sind nach dem Riesengebirge gefahren. Julie spricht davon die Pension verfallen zu lassen und mit Billi zusammenzuziehn, was mir nicht klug und aus Stimmung heraus gehandelt scheint.

Gestern war ich bei der Mutter. Lise war mit Kauders in der Stadt. Ich war wieder verstimmt und ein wenig neidisch als ich von Sterns wegging, die Kinder sind so frisch und haben so viel Freuden, das Haus macht einen so lebendig glücklichen Eindruck. Etwas eng, philiströs kommt es mir dagegen bei uns vor. Und zu still und tot, man merkt manchmal kaum mehr, daß Kinder da sind. Peter wird noch früher still werden als Hans es tat, wie auch Hans in den wirklichen Kinderjahren schöner gespielt hat als Peter.

19. September 1908 Ich langweile mich schauderhaft, hab immer noch keine Arbeit.

Die Frau Pankopf war hier. Hatte ein ganz blaues Auge. Ihr Mann hat zu toben angefangen. Wie ich sie nach dem Mann fragte erzählte sie, daß er hat Lehrer werden sollen, wurde dann Schildpattarbeiter und hatte sehr gut bezahlte Arbeit. Er bekam Herzvergrößerung und zu jener Zeit – vor mehreren Jahren – schon die ersten Anfälle von großer Unruhe. Er ließ sich behandeln und versuchte wieder zu arbeiten. Es ging nicht, er versuchte andere Arbeit zu bekommen, ging im letzten Winter mit der Drehorgel. Bekam geschwollene Füße und litt je länger je mehr unter Schwermut und Unruhe. Dauerndes Jammern nach dem Tode, er könne seine Familie nicht erhalten usw. Als das vorletzte Kind starb, war er exaltiert unglücklich viel länger als die Frau. Sechs Kinder leben. Zuletzt fing er an zu toben und wurde nach Herzberge gebracht. – Je länger je mehr verstehe ich das *typische* Unglück in Arbeiterfamilien. Sobald der Mann trinkt oder krank und arbeitslos ist, immer dieselben Erscheinungen. Entweder er hängt als toter Stein an seiner Familie und läßt sich ernähren – von allen Familienmitgliedern verwünscht – (siehe Schwarzenau, Frank), oder er wird schwermütig (Pankopf, Gönner) oder wird verrückt (ebenfalls der Idiot Frank) oder er nimmt sich das Leben.

Karl Kollwitz (1863–1940). Aufnahme um 1910

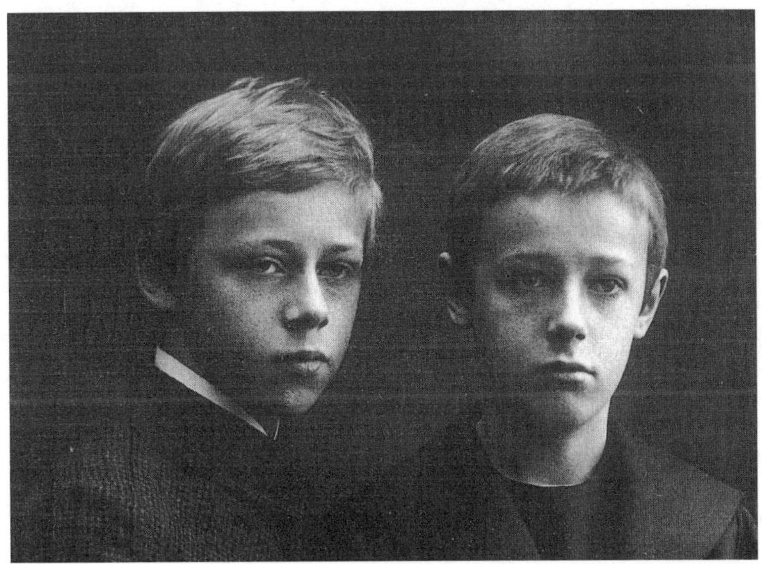

Die Söhne Hans und Peter Kollwitz, um 1906

Bei der Frau dann immer derselbe Jammer. Sie behält die Kinder, die sie ernähren muß, schimpft und klagt über den Mann. Sieht nur, was aus ihm geworden ist und nicht, wie er es geworden ist. Ein Arbeiter kam aus Königsberg nach Berlin, seine Frau kam später nach. Er steckte sich hier syphilitisch an in der Zeit der Trennung von der Frau und ging elend zu Grunde. Die Frau hat bis zuletzt es ihm vorgehalten: »Siehst Du, hättest Du das nicht getan« usw.

Ostern 1909 Heller.

19. August 1909 Bei dem wie mir scheint schon abnehmenden Gedächtnis ist es wohl gut wieder etwas aufzuschreiben.

Vorgestern kam ich von Königsberg mit Mutter zusammen. Hans und Peter mußten bereits zum Schulanfang nach der Stadt. Karl blieb über das Fest und ich fuhr noch einen Tag später mit Mutter.

Wir waren im Sommer in Rauschen und auf der Nehrung. Wir hatten uns sehr darauf gefreut, aber vielleicht wird man zu einer anstrengenden Wanderung doch etwas ältlich. Karl besonders schien das Wandern anzustrengen. Er war leicht auf eine Weise gereizt wie nicht zu Hause. Die Sorgen um das Nachtquartier usw. spielten eine zu große Rolle. Rele, Hans, Peter wollten Außergewöhnliches, Nachttouren usw. – wir verspürten nicht die mindeste Lust dazu. Doch war die Dünenwanderung sehr schön wegen der grandiosen Landschaft.

Rele, Peter meist zusammen. Sie gingen vor mir gleich groß, in gleichen grauen Sweaters mit gleichen grünen Hütchen, die sie mit einem Riemen verbunden hatten. Peter trug einen gebleichten Entenkopf am Hut.

In Rauschen wurde ich bedrückt durch die Alterserscheinungen der Mitglieder der Familie Rupp. Man selbst fühlte sich älter als in Berlin. Das *Typische* der Familie. Das Individuelle hört im Lauf der Jahre immer mehr auf, Eigentümlichkeiten körperlicher und seelischer Art werden immer familienartiger, verwandtschaftlicher. Recht hat die jüngere Generation.

Die Familien Rautenberg nahmen das Haus Onkel Theobalds ein, Tante Gertrud wohnt in Portierstube.

Die feinen Kinder von Else.

Die Hundertjahrfeier für Großvater. Die Eröffnung des Denkmals. Das Relief wirkt nicht kitschig, im Gegenteil etwas plump. Ist aber charakteristisch. Es könnte mehr eingelassen sein in Stein.

Die drei ältesten Rautenbergschen Kinder im Nebenraum des ehemaligen Gemeindelokals stehn am Fenster und unterhalten sich, ob der Opapa die Leinwand runterlassen wird.

Friedrichs' Ansprache ist mir lieb.

Dann wird auf den Kirchhof gegangen. Ich gehe mit weil man mir sagt, daß Onkel Theobald sprechen wird. Er tut es nicht. Schneider spricht ein paar Worte. Rele ist mit mir, ich zeige ihr alle Gräber.

Am 14. wird in großem Kreise nach Rauschen gefahren. Hoher Seegang. Karl badet, im Damenbad baden verboten.

Am Sonntag 15. bin ich mit Mutter ganz früh im Sieburger Haus. Dann spricht Friedrichs. So gut, eingehend, gedankenreich und voller Liebe, daß ich sehr von ihm eingenommen wurde. Auch Karl hatte es sehr gefallen.

Dann sang man: »So ihr mich von ganzer Seele suchet«.

Es sprachen Schieler (schauderhaft langweiliger Eindruck seiner ganzen Person), Tschirn (als ob man ihm Beifall klatschen sollte), Felden (nicht schlecht aber etwas dürftig), Schneider und Konrad. Konrad war sehr aufgeregt. Sprach zuerst hastig, mit vielem Räuspern. Erst als er auf Persönliches kam wurde er ruhiger und man konnte ihm ruhig zuhören.

Rupp-Gedenkstein in Königsberg (1909). Das Porträtrelief des Großvaters zählt zu den frühesten bildhauerischen Arbeiten von Käthe Kollwitz

Das Festessen.

Mutter. Von ferneren Verwandten Käthe Lan und Kurt Schieler. Die zwei ältesten Kinder Rautenberg. Es wurde viel gesprochen. Schneider sprach auf den »Bund der Freireligiösen Gemeinden«, er auch Tschirn sprachen wärmer und besser als vormittags. Felden seine etwas blödsinnige Rede auf die Luftballons. Friedrichs wandte sich mit ganz persönlicher heißer Liebe an Onkel Julius. Es wurde das Bundeslied gesungen. Tante Toni die mir gegenübersaß und Onkel Julius der mir links saß sangen laut mit.

Das Fest war wohl den meisten schön. Es war würdig. Es machte einen still und nachdenklich, von den alten lieben Rupps werden wohl viele bald auf den Kirchhof kommen.

Am 12. war ich mit Mutter auf dem Kirchhof. Sie legte einen Heidekrautkranz auf Vaters Grab. Ich fragte sie wie sie begraben sein wollte. Sie sagte, wenn möglich in demselben Grabhügel mit Vater.

Wenn das nicht möglich, dann daneben. Die Bank solle auf demselben Platz stehn bleiben und damit das möglich sei, solle kein Grabhügel aufgeschüttet werden. Onkel Theobald meinte später, Mutter hätte bei dieser letzten Bestimmung dunkel im Auge gehabt, daß sie verbrannt sein sollte (was Onkel Theobald ihr vorgeschlagen hätte und ihre Beistimmung gefunden hätte!). Mir ist das sehr fraglich. Sie bedauert es, daß der Marmor um Vaters Grab so fest aussähe und den Efeu nicht genügend zur Entwicklung kommen lasse. Ich sage, daß wenn sie auch in dem Grabe ist, wir einen vollen Efeuhügel machen lassen wollen. Sie: »Dann muß aber auch gut dafür gesorgt werden, sonst sieht Efeu leicht verwildert aus.«

Auf der Reise, die ich dann zusammen mit Mutter nach Berlin mache, ist es heiß und voll. Ein zweijähriges Kindchen schließt sich sehr an Mutter an.

In Rauschen erzählt Mutter von Leistiko. Zum ersten Mal hör ich von ihr, daß als junges Mädchen sie Leistiko geliebt habe und er sie und erst allmählich der Vater sich dazwischen geschoben habe. Auf meine Frage, wen Vater vor ihr geliebt habe, antwortet sie: die Ernestine Arnoldt.

Das ganz weit Zurückliegende ist ihr gegenwärtig, aber das Gegenwärtige verwischt sich unmittelbar in ihrem Gedächtnis. Es macht nur momentanen Eindruck.

Hannchen Schlunck und Tante Lina leben ihrem Gefühl nach

zu unruhig unter dauernden Besuchen usw. Sie klagen, daß sie sich davon nicht freimachen können. Wollen von Königsberg fort. Tante Linas Unordnung, ihr dauerndes Suchen nach Gegenständen, ihr reizendes junges Lachen. Sie erzählt, wie als junges Mädchen sie sich nicht hat rühren können. Wollte Kirchensängerin werden. Großmutters heftige Antipathie gegen jedes Hervortreten.

Ich höre bei Rautenbergs, daß Großmutters Vater, der in Tilsit begraben ist, Kaufmann war, aber außerdem das Amt eines Scharfrichters hatte. Die Insignien befinden sich auf seinem Grabe. Er soll aber nie jemand haben hinrichten brauchen. Großmutter teilte dies erst kurz vor ihrem Tode Onkel Theobald mit. Sie hielt es wohl für einen Schimpf.

Zwei kleine Erlebnisse auf der Wandertour. In Memel abends beim Zusammensitzen und Essen im Restaurant wird von den Jungen eine Redewendung gebraucht, die Karl nachmacht und ihn verulkt. Karl verweist es ihnen. Hans ist sehr rot, alles wird still. Nachher sprech ich mit Karl darüber. Er ist sehr deprimiert.

Dann in Rauschen Ostseehotel Mittagessen. Gespräch mit Hans über Schule. Karl erregt, Hans trotzig.

20. August 1909 Angefangen Hans zu modellieren. An den Vormittagen noch keine bestimmte Arbeit.

Vor einem Jahr hatte ich wohl zum ersten Mal das Gefühl im Kopf, das ich jetzt sehr oft habe, ein Gefühl meiner *Hirnhaut.* Es ist ein nach dem Zentrum sich zusammenziehendes Gefühl der Hirnhaut. Nicht Schmerz. *Gefühl.* Eine aufrichtende und zusammenziehende Empfindung, ähnlich als ob Eisenspäne, die still nebeneinander im Kreise liegen, durch einen in das Zentrum gesetzten Magneten sich alle nach dem Zentrum hin richten.

Lise ist doch durch Goeschs beeinflußt. Durch das offene Bekenntnis zur Polygamie. Das imponiert ihr. Und scheint ihr eventuell nachahmenswert.

An den Nachmittagen modelliere ich Hans. Peter ebenfalls. Vormittags habe ich noch nichts zu tun.

Sonntag von Mittag an bei Bernhards. In den Naumannschen kurzen Kunstaufsätzen gelesen, sie gefallen mir sehr gut, sind klar, ohne Prätention und inhaltreich.

Durch Bernhards gehört, daß Berkowski mit seinen Kinderaugen, der runden hohen Kinderstirn, dem ganzen naiv unschuldsvollen Erscheinen ein ganzer Filou sei.

Julie hat für sich und Paula je 20 Mark als Lehrgeld für Krawattennähen an eine Firma gezahlt. Es war alles Schwindel. Ich sage zu Bernhard: Julie lebt nicht auf dieser Welt. Bernhard: Sie lebt überhaupt auf keiner Welt. – Wenn ich mitzureden hätte würde ich vorschlagen, daß Paula trotz Bleichsucht für den Winter eine Stelle außerhalb annimmt und daß Julie Arbeit sucht in dem Mutterschutzbund oder derartigem. Irgend eine Arbeit – wenn auch schlecht bezahlt – die sie von dem rein persönlichen Leben abzieht. Dadurch daß sie in einer größeren Organisation arbeitet, würde sie einen richtigeren Blick für die privaten Angelegenheiten bekommen und wäre von Paula getrennt.

Lise sagt, daß sie das *Gefühl der Hirnhaut* auch kennt.

23. August 1909 Bei Mutter gewesen. Sie macht jetzt einen glücklicheren Eindruck als in Rauschen. Sterns holten Kati ab, die endlich von der Nordsee kommt.

Ich habe für den Simplicissimus die Zeichnung fertig gemacht, wo der Mann betrunken aus der Kneipe kommt und die Frau auf ihn wartet.

Lise erzählt, daß Georg einen neuen Kontrakt gemacht hat. Er bekommt mit Tantiemen jetzt 20 000 Mark jährlich.

26. August 1909 Bei Frau Becker gewesen. Das Dreimonatkind liegt abgezehrt von Fliegen bedeckt im Wagen. Trudchen kann immer noch nicht laufen, blaß und freundlich. Frau Becker in der Lungenheilanstalt nicht mehr angenommen. Der Mann hat Arbeit, macht aber einen verbitterten Eindruck. Frau Becker immer mit derselben Freundlichkeit und Sanftheit.

Ich schreibe an den Simplicissimus und frage, ob er eine Serie Zeichnungen Proletarierleben brauchen kann.

Alte Briefe gesichtet, viele von Lisbeth gefunden, einen von Tante Bennina, worin sie sich ganz niedergeschlagen über Trude äußert, ihr sinnlos heftiges Wesen, ihre »Wahnvorstellungen« wie sie schreibt. Einen von Heller, als er auf der Secession meinen »Bauernkrieg« gesehn hatte.

Abends Nora Stern auf der Durchreise. Nett, gutmütig, breit, ungeistig, als ob sie von Frau Clemens abstamme.

28. August 1909 Heut Karl heftige Brustschmerzen.

Wieder bei Beckers gewesen. Furchtbare Luft, Emil liegt fiebernd und mit Durchfall im Bett, Trude weint. Ich ging gleich wieder.

30. August 1909 Bei Beckers. Der Mann geht fort, die Frau klagt. Immer das alte Lied. Krankheit, Arbeitslosigkeit, Suff – das geht immer im Kreis. 11 Kinder hat sie gehabt, 5 leben, »die großen sterben weg und es kommen immer wieder kleine.«

Daß sie eine verwelkte gealterte Frau geworden ist, krank dazu, die immer hustet und zeitweilig nichts tun kann und daß er dagegen jung geblieben ist und sinnlich – das sieht sie nicht.

Eine Arbeiterehe ist nur erträglich wenn Mann und Frau gesund sind. So ist auch der Maßstab, den ich oft von Arbeiterfrauen an andere angelegt finde, immer derselbe: Sie kann arbeiten oder sie kann nicht arbeiten.

Die Arbeiterwelt ist eine vollkommen geschiedene von der Bourgeoiswelt. Es herrschen in ihr vollkommen andere Wertmaße.

Gestern kam endlich Zeppelin. Karl ich Peter waren auf unserem Dach, Hans Unter den Linden. Wie Peter Hurra schrie!!

Nachmittags und abends Zusammensein mit Paga, Sells, Bayers, Georg. Für Paga immer noch etwas von der alten Sympathie von der ich glaube, daß er sie auch noch für mich hat. Bevor ich mit ihm zusammen bin ein Gefühl von Erwartung und Festlichkeit. Im Zusammensein verliert sich das, langweile ich mich manchmal, bleibt eine tote Stimmung.

Skizze gemacht zu Simplicissimus-Zyklus: Frau ins Wasser gehend mit ihren Kindern.

6. September 1909 Mancherlei passiert in der Woche. Zwei Gymnasiasten nehmen sich aus unbekanten Ursachen das Leben. Es heißt, einer von ihnen soll infolge Onanie einen Defekt gehabt haben. Mit Peter über Onanie gesprochen.

Für den Simplicissimus gearbeitet. Die Zeichnung der Frau die ins Wasser geht fertig gemacht. Mache jetzt die bettelnde Frau.

Abends mit Karl und Hans »L'Intruse« von Maeterlinck gelesen. Die Kinder wollen es aufführen. Ich widersetze mich dem wie Lise sich widersetzt, daß sie die »Hannele« spielen.

8. September 1909 Die 4. Zeichnung für den Simplicissimus fertig gemacht. Jetzt fehlen noch zwei.

In der Zeitung ist von einem Ehepaar Schack die Rede, das

durch die Zeitung eine 4wöchentliche Reisebegleitung suchte. Die gesuchte junge Dame sollte sowohl mit dem Mann als auch mit der Frau geschlechtlich verkehren. Das erinnert an Goeschs, die nicht nur Polygamie propagieren, sondern zugleich Homosexualität. Eine Frau Gorski kennengelernt. Sie lebt vom Mann isoliert mit 3 Kindern. Sucht Aufwartung. Sympathische 32jährige Frau. Im Aussehn etwas Indianisches.

Gestern mit Peter auf Tempelhofer Feld gewesen. Wright flog 52 Minuten. Es sah sicher und sehr fein aus. Ein kleiner Junge sagte, als Wright vorbeigeflogen war: »Ist der denn lebendig? Ich dacht, er wär angeklebt.« Ein noch kleinerer sprach von einer hinten grell weiß leuchtenden Flagge als von einer »weißen Flamme«.

Der Nordpol ist von Cook sowohl wie von Peary entdeckt.

Die schauderhafte Sache von der russischen Polizeiagentin. Mit psychologisch unbegreiflicher Konsequenz hat die Gernegroß 15 Jahre mit den Revolutionären zusammengelebt. Hans verteidigt sie logisch, er sagt wenn überhaupt schlechte Mittel zu gutem Zweck gestattet seien, ist auch dieser erlaubt. Für *sie* war der Zweck ein idealer.

10. September 1909 Gestern Grete Lehfeld hiergewesen und zwei Stunden ihre Liebessachen erzählt. Langweilig aber schließlich doch nicht unwichtig. In hohem Erregungszustand in dem sie ist sehr zu wünschen, daß sie den Mann heiratet. Sonst wird sie vielleicht verrückt. Vor 7 Jahren einen Nervenzustand durchgemacht, der starken sexuellen Einschlag hatte. Jetzt ist sie 30jährig und hat noch nicht verkehrt.

Abends mit Anna Plehn auf der Terrasse des Lyceumsclubs zu Abend gegessen. Es war sehr nett. Nachher sprach sie noch von der 8 Jahre dauernden Wechselzeit, die sie durchgemacht hat und in der sie unendlich gelitten hat. Jetzt wird sie 50 Jahre. Im 42. Jahr schon verlor sie das Bluten und wurde gepeinigt von konstanten sexuellen Erregungen und Melancholien. An Selbstmord hat sie wohl gedacht, ihn aber nie sehr ernsthaft in Erwägung gezogen.

Heut ein verbummelter Arbeitstag. Peters kam nicht und als er nachmittag kam war er unmöglich angezogen. Frau Gönner auch nicht gut. Will entweder eine Bank mit Julen usw. machen oder eine Razzia. Für den Simplicissimus.

Mache eine Bank mit Julen.

11. September 1909 Paula hat sich entschlossen nach Kiel zu gehn und dieselbe Ausbildung wie Kati [Rupp] durchzumachen.

Ganz stiller Sonntag. Jungen bei Laessigs (Katis Geburtstag), Karl auf Besuchen. Ich bin faul. Lese Biographie Constants zu Ende. Wunderlich ist seine Persönlichkeit. Treue und Untreue, Ritterlichkeit, Unentschlossenheit, Egoismus, alles durcheinander. Karl spricht von Heller, mir fällt Sokal, Lobach dabei ein.

Willy Speyers Buch gelesen »Wie wir einst so glücklich waren«. Vieles sehr schön, die Natur und Seelenstimmungen.

In der Schule gewesen und mit Peters Lehrern über seine Versetzung gesprochen. Die drei, die ich sprach, heben alle Peters Flüchtigkeit und Zerstreutheit hervor.

14. September 1909 Das Julenbild fertig gemacht und die Simplicissimusstudien gruppenweise geordnet.

Nachmittag endlich gründlicher und ohne Zerstreuung bei Mutter gewesen. Sie liest mir einen Brief von Onkel Theobald vor, in dem derselbe sie an ein Gespräch über Feuerbestattung erinnert und ihr vorschlägt ein Geld, das nach Tante Linas Tode aus Tante Berthas Erbschaft ihr und ihren Geschwistern zu gleichen Teilen zufällt, der [Freien] Gemeinde zu bestimmen. Er, Onkel Theobald, hätte es so gemacht. Es handelt sich um nicht ganz 4000, die Mutter zufielen. Sie hat alleiniges Verfügungsrecht darüber. Mutter will ihren Teil aber nicht der Gemeinde überweisen. Sie will ihn für einen eventuellen Notfall eines ihrer Kinder oder Enkel aufheben.

Ebenfalls will Mutter nicht verbrannt sondern beerdigt sein. Es sei ihr ziemlich gleichgültig, was nach ihrem Tode mit ihrem Körper geschähe, der Gedanke des Verbrennens sei ihr zwar ganz sympathisch, aber sie möchte doch lieber in der Erde ruhen am liebsten in einem Grabe mit Vater.

Mutter sprach klar, bestimmt, heiter. Ich habe sie lange nicht so wohl gefunden.

Lise war mit Rele bei Peyser wegen deren häufigen Kopfschmerzen. Hanna lieblich, frauenhaft, aber etwas verlegen in ihrem Zimmer, Wertheimer behütet Mariele und Kati.

Sonntag waren die Jungen den ganzen Tag bei Laessigs. Katis Geburtstag feiern.

Tante Lina hat wie Onkel Theobald schreibt gesagt: sie sei am Ende ihrer Arbeitskraft.

18. September 1909 Gestern ein glücklicher Tag. Das 6. und damit letzte Blatt für den Simplicissimus gezeichnet: die Heimarbeit. Gegen Abend einen schönen Gang bis zum Viadukt gemacht. Ich bin so froh, daß ich jetzt gut und *leicht* arbeiten kann. So könnte ich jetzt wohl mühelos noch mehrere Zeichnungen für den Simplicissimus machen. Durch das lange Studienarbeiten bin ich jetzt endlich so weit einen gewissen Fonds von Können zu haben, der es mir ermöglicht ohne Modell das auszudrücken, was ich will.

Heut die Weihnachtszeichnung für den Simplicissimus gemacht. Es fiel mir neulich Hogarth ein. Vater hatte für längere Zeit seine sämtlichen Stiche zu Haus, ob leihweise oder ob sie ihm gehörten weiß ich nicht. Ich besah das Buch sehr gern und es hat mich sicher stark beeinflußt. Wie gut, daß Vater es mir nicht verbot der Motive wegen.

Hans ist soeben zu Lepsius gegangen, auch Rele geht hin. Hanna ist mit Hellmut zu Haus. Peter macht mit Sträuber ein Wandervogel-Kriegsspiel mit.

Neulich sprach Frau Gorski vom Maurerstreik, den ihr Mann vor zwei Jahren mitmachte und an den sich eine lange Zeit der Arbeitslosigkeit anschloß. Mit Frauenlogik eiferte sie dagegen: »Erst soll er seine drei Kinder sattmachen, nachher kann er daran denken zu streiken. Der Verband, was ist mir der Verband?«

Mit Peters Versetzung steht es eigentlich aussichtslos.

19. September 1909 Gestern Abend war ich bei Sterns, Hans war bei Lepsius, Peter mit dem Wandervogel. Eine Weile bei Mutter. Nach Abendbrot sangen Georg, Wertheimer, Rele und Hanna ein wunderschönes litauisches Lied.

Heut hab ich noch mal die Weihnachtszeichnung gemacht und werde sie wohl in dieser Weise lassen. Die Kreißende lehnt im Profil an dem Zaun, ihr Körper wirft einen großen Schatten auf denselben.

Ich lese von Stehr »Drei Nächte«. Eine schwere, überladene komplizierte Sprache. Absolut weit entfernt von Einfachheit und Klarheit. Sehr wirksam. Jedoch beklemmend, beunruhigend und mühsam, und zwar hängt das wohl gar nicht mit dem Stoff zusammen. Stehr könnte über Thematen schreiben über welche er wollte, sein Stil würde wohl immer dies überladen leidenschaftlich arabeskenhaft Verschnörkelte haben. Freilich ist auch nicht zu

Weihnachten (1909). »Heut hab ich noch mal die Weihnachtszeichnung gemacht und werde sie wohl in dieser Weise lassen.«

denken, daß er sich je andere Stoffe wählt als die schwer lastenden. Inhalt und Stil sind bei ihm wie bei jedem natürlich eins.

Ich schlafe oben in der Küche, da ist es verhältnismäßig still. Es ist wieder eine dürre Zeit für mich da – bin asexuell. Aber nur dürr in dieser Beziehung. Im Arbeiten geht es günstig wie selten, so daß ich manchmal vor glücklicher Aufregung darüber nicht schlafen kann.

Aus Stehr »Drei Nächte«:

»Denn auch in meinem Vaterhaus wohnte seit dem Morgen, an dem ich mit der Mutter das erste Mal nach Jahren wieder gebetet hatte, eine wundersam stille, schwach besonnte Luft. Wenn ich an jene Zeit zurückdenke, so ist es mir, als sähe ich eine Reihe klarer, schöner Spätherbstmorgen. Alle Weiten sind leer von der Schneide der Sense, alle Felder müde und weich im Wiederschein entschwundenen Glückes, dessen wirrer Traum in flüchtenden Vogelschwärmen noch einmal über sie hinstreicht oder aus unerreichbaren Fernen in weißen Wölkchen noch einmal grüßt. Durch die gelichteten Wälder plappern die Bäche wie ratlos Verirrte. Aus allen Poren der Erde aber bricht das Licht, das sie in gesegneten Tagen einsog und nun vor Erschöpfung wieder ausströmt, daß alle Dinge in einer fortwandelnden Helle stehen, durch die sich die letzten Blätter lautlos zur Erde drehen. Nur wenn sie irgendwo anstreichen, entsteht ein wispernd surrender Ton gleich dem verwankenden Geräusch des letzten Rädchens eines stehenbleibenden, kunstvollen Werkes. Das Schicksal des Menschen hat Jahreszeiten wie das Jahr.«

»Wohl hatte ich viele sonnenlose Tage und düstere Nächte deswegen, aber ich schmiegte mich dennoch ganz vor die Füße meiner Eltern.«

»Als ich am Morgen erwachte war es mir, als sei mein Dasein zu Schutt geschlagen. Ich fand mich im zerwühlten Bett zusammengeringelt wie ein verwundetes Tier. Langsam, unter Schmerzen, zog ich meinen Leib auseinander. Da drang das ganze Leid meines jungen Lebens auf mich ein und ich empfand nicht anders, als strecke ich mich in Martern hinein. Eilig schob ich mich deswegen wieder zusammen, die Knie unters Kinn, wie Kinder im Mutterleibe ruhen. Meine Seele suchte Schutz beim Körper.«

24. September 1909 Gestern hat Karl eine Aufforderung vom Münchener Gericht bekommen über Gross auszusagen. Er hat es ausführlich und mit Namennennung und Zeugenangabe getan, nachdem Hans Prengel da war und von jeder Schonung abriet. Er teilte mit, daß Grete von ihm fort sei und mit einem Kunstmaler hier in Berlin lebe. Es sagt es sei »Heinrichs Werk«.

Annie Karbe war eben hier. Wir kamen im Anschluß an Goeschs darauf zu sprechen, wie weit wir Mitschuld an Goeschs hätten. Sie sagte, wir, wenigstens Sterns und ich (Karl nahm sie aus) hätten Heinrich durch Bewunderung verwöhnt. Ich erwiderte ihr darauf wie schlimm es für einen sei, den junge Menschen in ihr Vertrauen ziehn. Ist man zurückhaltend, so sagen sie, man hätte kein Verständnis und erteilt man Rat und wagt Einfluß haben zu wollen, so ist das erst recht gewagt. Ich sagte Annie, daß ich wohl Heinrich gegenüber aber nicht ihr gegenüber ein ganz reines Gefühl in dieser Beziehung habe. Dann einigen wir uns zuletzt darauf hin, daß sie jetzt nicht mehr die Vertraute und den Beichtvater in mir sieht, sondern den vertrauten älteren Menschen, mit dem man gern verkehrt ohne leidenschaftliche Intimitäten. – Es kränkt sie, wenn ich ihre vielen körperlichen Beschwerden auf unbefriedigte Sexualität zurückführe.

Ich war heut vormittag im Neuen Museum bei den Ägyptern. In einem Katalog las ich, daß die ägyptischen Funde bis ins 5. Jahrtausend vor Chr. zurückgehen und daß vermutlich schon in dieser Zeit sie eine Schrift hatten und das Jahr in 365 Tage teilten, also astronomische Kenntnisse hatten.

Dürersche Handzeichnungen im Kupferstichkabinett besehn. Bis auf ganz wenige Sachen bin ich gar nicht sehr entzückt von Dürer. Sein Strich ist mir unangenehm und sein übermäßig subjektives Empfinden der Form.

Im Vorraum sehr schöne Sachen von einem Engländer Josef Pennell gesehn (geboren 1858 in Philadelphia, lebt in London). Gesamtansichten von Hüttenwerken mit einer Unmasse rauchender dampfender Schlote, die den ganzen Himmel mit Rauch verqualmen und die Wolkenkratzer von New York bei Tag und bei Nacht.

Hans kommt von Sterns wo er Fußball gespielt hat mit heftigem Herzklopfen zurück. Die unbedeutende Mandelentzündung ist noch nicht auskuriert. Karl ist sehr ungehalten und fürchtet eine schlimme Wirkung.

Sonntag 26. September 1909 In Adlershof gewesen zum Beginn der Flugwoche. Es war fein – trotzdem wir fast vier Stunden warten mußten und verhältnismäßig wenig zu sehn war.

Thildi Rüstow hier. Sehr nett.

Die Jungen wollen lieber alle Tage nach Adlershof anstatt nach Binenwalde.

28. September 1909 Heut vor 24 Jahren haben Karl und ich uns verlobt. Am Morgen warf er mir den großen Strauß mit roten Rosen ins Bett. Gestern zeigte ich ihm die sechs Simplicissimus-Zeichnungen. Er hat fast geweint und drückte und küßte mich.

Vom Mutterschutzbund in Leipzig aufgefordert zu einem Werk eine Zeichnung zu geben. Zeichne Mutter, die ihr Gesicht an ganz kleines Kind drückt. Vielleicht schicke ich aber auch die anklopfende Frau, die für den Simplicissimus bestimmt war.

6. Oktober 1909 Für die Ferien in Binenwalde gewesen. Lore, ich, die Jungen, Hanna. Rele und Hellmut kommen nach. Wir müssen

Käthe Schmidt und Karl Kollwitz, etwa zum Zeitpunkt ihrer Verlobung 1885

von Neu-Ruppin zu Fuß nach Binenwalde. Von Tornow ab dichter Nebel. Hans sagt mir, er hätte Sehnsucht nach Goeschs. Bei der Gelegenheit sage ich ihm von Grete Prengel und bedaure es dann wieder getan zu haben, weil Hans sich sehr verdüstert. Er sucht Heinrich aber nach wie vor zu verteidigen.

Am Abend, als er traurig für sich allein ist, sage ich ihm, er könne später ja Heinrich wieder aufsuchen. Diese Schwäche etwas ganz durchzuführen bemerke ich oft bei mir. Sobald ich sehe, daß einer leidet (vor allem Hans oder Peter) peinigt mich das so, daß ich zu vertuschen und aufzuheben versuche, bloß um nicht traurige Gesichter zu sehn.

In Binenwalde einen Aufsatz von Dilthey über Novalis gelesen.

Ich fahre einen Tag früher nach Haus, hoffe Karl noch beim Essen zu treffen. Er ist aber schon fort und die leeren Stuben ohne die Jungen machen mich sehr traurig.

Die 6 Simplicissimus-Blätter fixiert und abgeschickt. An den Mutterschutzbund in Leipzig die Zeichnung von Mutter und Kind geschickt.

Katzenstein will daß ich eine Zeichnung für den Schnaps-Boykott mache.

Von Frau Lux ein Brief an Karl, worin sie mitteilt, daß sie mit Wera und Käthe nach München geht und sich von ihrem Mann trennt.

Gestern abends mit Kaisers zusammen gewesen. Mit Karl wieder in üble Stimmung gekommen.

Grete Lichtenstein schickt mir den Brief von Trude Goesch. Trude schreibt darin nicht, wie Grete Lichtenstein mir sagte, daß Heinrich Arbeit sucht. Sondern nur, daß sie in schwerer Geldnot sind und sich nicht zu helfen wissen. Übrigens schreibt sie nett von beiden Kindern.

15. Oktober 1909 Seit dem Zusammensein mit Kaisers überfällt Karl eine fast krankhafte Depression. Er ist müde, sieht übel aus und ist gänzlich deprimiert und reizbar. Am Sonntagmittag waren Rüstows die letzte Zeit hier. Karl brach ein Gespräch über Nord- und Süddeutsche vom Zaun, bei dem er fast provozierend wurde. Ging dann gleich weg, war den ganzen übrigen Tag und die Tage darauf verstimmt. Im ganzen hielt dieser Zustand etwa eine Woche an. Er sagt, er fühlt sich jetzt, als ob er eine Krankheit hinter sich hat. An dem Sonntag hätte er von früh an ein fast ununterdrückbares Reizgefühl gegen Alexander [Rüstow] empfunden. Seit einigen Tagen ist er wieder der alte.

Vom Simplicissimus einen sehr anerkennenden Brief bekommen über die 6 Zeichnungen. Vom Mutterschutzbund nichts zu hören.

Vor einigen Tagen Konrad und Anna abends hier. Konrad ganz fröhlich und befriedigt über die vollendete Arbeit, deren 1. Teil jedoch erst in den Monatsheften abgedruckt ist. Anna sagt mir, bei dem Durchlesen der Korrekturbögen des 2. Teils riefe er manchmal für sich aus: »Famos!« usw.

In einem Aufsatz aus der Rundschau über japanisches Theater gelesen. Von dem Blumenweg, der von der Bühne über die Köpfe

Lise Stern (1871–1963) als junge Frau

der Zuschauer weg führt, auf dem eine Handlung sich vorbereitet und abklingt (der scheidende Sohn, der sich immer wieder nach seiner Mutter umsieht).

Klara Hensel, Elisabeth Weinberger, Änny Löwenstein, Frieda Winckelmann machen alle in diesem Jahr Schulen auf und warten auf Schülerinnen.

Gestern an Lisens Geburtstag in Pankow gewesen. Ebenso stilles warmes Wetter wie im vorigen Jahr. Da war Georg in Amerika, Wertheimer weg. Auf Lisens Tisch stand ein großer Pokal von Wertheimer geschenkt, auf dem stand nur »Lisbet«. Die alten Prengels waren da, wir saßen an einem langen Tisch auf der Veranda. Kauders kam. Dies Jahr Lise und Georg in Tirol. Wertheimer spielt anscheinend in herzlicher fröhlicher Stimmung mit den Kindern Spiele von Wilden. Mutter, Julie, ich mit Marusch sitzen an dem Balkon. Dann lesen die Kinder die Rüpelkomödie und beschließen sie aufzuführen.

In Hansens Klasse hat Koch den Jungen freigestellt statt der beiden Schulaufsätze einen selbständigen längeren Aufsatz zu schreiben. Hans denkt zu schreiben über Selbstschätzung. Auf dem Wege von Neu-Ruppin nach Binenwalde kamen wir in ein Gespräch, in dem Hans das Eigenlob verteidigte.

In voriger Woche: Emmy Mühlenfeldt ist tot. Karl Rade.

Aus einigen Nietzsche-Briefen an seine Schwester:

1887 »Sonderbar: aber es scheint mir, daß in den letzten Jahren mein Mißtrauen dergestalt übergenommen hat, daß es wie eine Krankheit ist. Auch wird mir Jahr für Jahr schwerer, und die schlimmsten und schmerzhaftesten Zeiten meiner Gesundheit erschienen mir nicht so drückend und hoffnungsarm wie meine jetzige Gegenwart. Was ist denn geschehen? Nichts als was notwendig war – meine Differenz mit allen Menschen, von denen ich bis dahin Vertrauen empfangen hatte, ist ans Licht gekommen: man merkt gegenseitig, daß man sich eigentlich verrechnet hat. Der Eine schwankt hierhin ab, der Andere dorthin, jeder findet seine kleine Herde und Gemeinschaft, nur gerade der Unabhängigste nicht, der allein übrig bleibt und vielleicht, wie in meinem Fall, gerade schlecht zu dieser radikalen Vereinsamung taugt. – Himmel – was bin ich jetzt einsam!«

1887 über Parsival-Vorspiel: »Ich kann nur mit Erschütterung daran denken, so erhoben, so ergriffen fühlte ich mich. Wie als ob seit vielen Jahren endlich einmal jemand zu mir über die Probleme redete, die mich bekümmern, nicht natürlich mit den Antworten, die *ich* etwa dafür bereit halte, sondern mit der christlichen – welche zuletzt die Antwort stärkerer Seelen gewesen ist als unsere letzten beiden Jahrhunderte hervorgebracht haben. Man legt allerdings beim Hören dieser Musik den Protestantismus wie ein Mißverständnis beiseite; aber auch, wie ich nicht leugnen will, *andere recht gute* Musik, die ich sonst gehört und geliebt habe, erscheint dabei als ein Mißverständnis. Sonderbar: als Knabe hatte ich mir die Mission zugedacht, das Mysterium auf die Bühne zu bringen.«

Mitte November 1909 Neulich stritten sich die Jungen, wahrscheinlich über einen geringfügigen Anlaß. Ich war nicht dabei. Wie ich kam hatte Peter dem Hans seine schönsten Bücher aus seiner Bibliothek auf die Erde geschleudert und sagte Hans solle das sehn, er tue es mit Absicht. Ich war sehr aufgebracht, nannte das roh, niedrig und gemein. Nach zehn Minuten etwa war die Wut verraucht, er packte die Bücher wieder ein. Hans hat nichts davon erfahren weil er oben in seiner Stube war. Man muß denken, wie sehr er seine Bücher, die er alle mit Exlibris versorgt hat, liebt und daß Peter das genau weiß.

Peter ist am 11. November von Karl untersucht. Karl sagt, er hätte zum ersten Mal nachweisbare Zeichen eines Spitzenkatarrhs gefunden. Wir werden sehn, ob sich das hier mit Pflege wegbegibt, sonst muß der Junge fort.

An Ausstellungen gesehn: *Gebhardt* und die *Arbeiter-Ausstellung*. Gebhardt ist mir zu detailliert erzählend. Vieles ist schön, aber vor allem die Skizzen zu den großen Bildern. Ein ganz frühes mochte ich sehr: Auferweckung Jairi Töchterlein, die hell erleuchtete Jüngergruppe hinten im Zimmer.

Christus und Nikodemus.

Arbeiter-Ausstellung höchst interessant. Meist ledige junge Leute, die oft die Schönheit der Großstadt, Fabrikhäuser mit erleuchteten Fenstern usw. begreifen. Für gewöhnlich sind die Motive abgewandt dem wirklichen Arbeitsleben besonders bei den älteren Arbeitern. Sehr gut sind die Malereien eines Dresdener Tischlers (Selbstporträt, schlafende Männer in der Pause in der Fabrik, ein Drechsler). Dieser Tischler heißt Rothe, ist 28 Jahre alt, verheiratet und hat drei Kinder. Ein Umsatteln wäre für ihn wohl wenn nicht unmöglich doch nicht rätlich, vielleicht käme er nur aus einem Proletariat in ein anderes, womöglich noch schlimmeres.

Die Kinder führten am 7. November die Rüpelkomödie auf. Es war sehr lustig, besonders komisch Hans als Thisbe und Stefan Lepsius als Löwe.

Zur Bußtagfeier in der Marienkirche »O Ewigkeit du Donnerwort« gehört. So sehr schön. Interessant sind mir die alten Texte. Das Leben kann nicht schwarz genug gemalt werden: »Weinen, Klagen, Angst und Not sind des Christen Tränenbrot«. Dafür wird die himmlische Seligkeit rührend und schön gepriesen: »Der Geist darf einen Blick in jene Freude tun« und: »Da wischt mir mein Heiland die Tränen selbst ab«. Mitunter eine nüchtern kräftige Ausdrucksweise: »Das offne Grab sieht greulich aus«. Oder: »Der Tod bleibt doch der menschlichen Natur verhaßt«. – Es schien mir, daß Bebel in der Kirche war, doch irrte ich mich vielleicht. Vor mir saßen die alten Prengels, ich möcht immer sagen, die »armen alten Prengels«.

»Das Ende vom Leben ist meist traurig« sagte die gelähmte alte Frau Meyer, von welcher ich die Kupferdruckpresse kaufte.

Wir lasen das »Nachtasyl«. Peter zum ersten Mal . Es packt ihn sehr, er ist gerührt vom alten Luka und liebt ihn. Auch Pepel liebt er.

23. November 1909 Gestern mit Hans im 2. Sombart-Vortrag. Sombart spricht über »Wie jüdisches Wesen entstand«. Kommt dann zu der Frage: Gibt es ein jüdisches Wesen? Bejaht. Er findet es in der *Zweckbedachtheit*. In der Bibel Buch Hiob, das den Grundgedanken hat: *Warum* läßt Du – Gott – es mir schlecht gehn, da ich doch gut gehandelt habe? Philosophie Spinoza: »Aller Tugend Fundament ist der Nutzen.«

Gegensatz zur germanischen Tragik. Siegfried muß sterben – grundlos.

Mängel und Vorzüge, die sich aus diesem jüdischen Grundzuge ergeben

Mängel: Nichts von Verträumtheit
rationell
nüchtern
eine zu weit gehende Aufgabe der eigenen Persönlichkeit um einen Zweck zu erreichen »und meine Seele sei wie Staub für alle, auf den man tritt«.
Anpassung

Vorzüge: Energie
Vitalität gepaart mit Zweckbedachtheit
Widerstandskraft
höhere Geistigkeit überhaupt
höhere Beanlagung
geistige Beweglichkeit
Fähigkeit nachzufühlen und sich hineinzuversetzen, daher Beanlagung zum Schauspieler, Juristen, Rechtsanwalt, Schachspieler, Arzt, Spekulierer.

30. November 1909 Am Sonnabend wurde die Secession eröffnet. Ich war mit Hans da. Meine Sachen hängen gut, obgleich die Radierung separiert. Trotzdem bin ich nicht so sehr befriedigt. Es sind soviel gute Sachen da, die frischer wirken als meine. Brandenburg ist diesmal vorzüglich. Seinen Tanz, seine Orgie möcht ich gemacht haben. Ich finde, ich muß bei meinen Arbeiten darauf sehn, daß sie in immer abgekürzterer Form das enthalten, was sie jetzt etwas zu durchgeführt enthalten. Ich möchte die neue Radierung so machen, daß sie alles Wesentliche stark betont enthält und das Unwesentliche fast negiert.

Sonntag Konrads Geburtstag bei ihm gefeiert. Von der Mutter und den alten Prengels bis auf die kleine Kati herunter. Dann mit Karl und Hans in den 3. Sombart-Vortrag, der sich darum drehte, ob es ein jüdisches Wesen gäbe und worin das bestände? Er erklärt das was wir jüdisches Wesen nennen aus den beiden Grundformen überhaupt, dem Nomadenleben und dem Ackerbauleben. Aus dem Ackerbau folgerte im Laufe der Jahrhunderte der Feudalismus, das Zunftwesen usw., das Nomadenleben hätte als letzte Form den Kapitalismus zur Folge. – Er spricht vom Ghetto-Juden und vom Nicht-Ghetto-Juden. Warum sind die spanischen Juden, die reinen semitischen Ursprungs sind, keine Ghetto-Juden? Konnten sie nicht dazu gezwungen werden? Jedenfalls sind sie schöner und aufrechter als die Ghetto-Juden.

Karl hat bei der kleinen Maria Stern auch eine Verdichtung des Lungengewebes wie bei Peter festgestellt.

Ich habe schon wieder einen Stirnhöhlenkatarrh – bin mit Ausnahme weniger Tage also jetzt über einen Monat fast arbeitsunfähig erkältet. Wenigstens arbeite ich sehr schlecht.

30. November von [Heller] geträumt.

Mutter sagte mir vor einigen Wochen und zwar gewissermaßen offiziell: Sie möchte doch verbrannt werden und möchte haben, daß die Urne mit ihrer Asche auf dem Fußende des Grabes stehe, in dem Vater liegt. Am Grab selbst wünscht sie *nichts* verändert. Auf die Tafel soll ihr Name darunter kommen. Der Platz neben dem Grabe soll für eine Bank frei bleiben.

Dezember 1909 Am 5. Dezember war der lieben Mutter 72. Geburtstag. Sie war frisch und blühend. Die Sternschen Kinder hatten früh einen Kanon gesungen, Rele hat ihr eine Zeichnung, einen Sperwerfer, geschenkt, Hanna einen Block mit einer Zeichnung darauf (Lise sagt, es sei ein Skatblock). Hans sagt ihr von [Conrad Ferdinand] Meyer auf: »Genug ist nicht genug« – Peter den »Pilgerim und Wandersmann«. Ich hatte ihr meine Radierung »Arbeitslosigkeit« geschenkt, Karl einen schönen Obstkorb.

Käthe Schmidt (geb. Rupp) im Kreise von Töchtern und Enkeln, um 1900; von links: Hanna Stern (später Kortner), Peter Kollwitz, Lisbeth Kollwitz, Käthe Schmidt mit Kati Stern (später Herrendörfer), Käthe Kollwitz, Hans Kollwitz, Lise Stern mit Regula Stern (später Frisch).

Bei unserm Hans fällt mir auf, daß er sich eigentlich nie schlecht über jemand äußert. Er tadelt auch nie. Dagegen ist er im täglichen Leben mitunter kleinlich unangenehm gegen Peter. Wenn ich mich über jemand geärgert hab, z. B. über Rele, daß sie nicht mitspielen will, dann reizt es mich dies wo anzubringen und tat es auch diesmal in Bezug auf Rele. Hans blieb wieder ganz still. Als neulich Peter das Geburtstagsgedicht für Mutter probeweise aufsagte und Hans die Mutter vorstellen sollte, war Hans dies schon wieder unangenehm, weil sie in eingealberter Stimmung waren und Hans den Gedanken an seine Großmutter nicht da hineinziehn wollte.

Abends ist der Junge oft furchtbar komisch wenn er gut gelaunt ist.

Die alte Frau Jakoby ist gestorben.

Ackermanns waren hier. Unverändert. Maria sehr schön immer noch – er etwas dicker geworden, jung aber ein wenig feist und glatt aussehend. Doch ist er derselbe Bewegliche, Amüsante, Geistreiche.

Marias Tochter ist hier in einer Pension. Sie will Schauspielerin werden. Maria hatte gedacht im Gegensatz zu sich, ihre Tochter still und ruhig leben zu lassen, sie sollte sich früh verheiraten usw. Nun ist Lilly 18 Jahre alt, ein schönes Mädchen, das nicht daran denkt ein stilles Leben zu führen, sondern im Gegenteil nach der Buntheit und Abenteuerlichkeit des Lebens lechzt. Vieles an ihr soll an den Vater erinnern. So sagt Maria, daß sie dieselbe Neigung zum Luxus hat wie Gretor.

Träumte von Trude, daß sie etwas verstört und ganz allein über eine Heide lief und ich sie da traf.

9. Dezember 1909 Mit der Arbeit geht es immer nicht nach Wunsch. Mitunter scheint es mir, ich arbeite gut. Doch brauch ich nur eine Pause von ein paar Stunden zu machen, so sind meine Augen wieder vorurteilsfrei und ich sehe, daß es nicht viel los ist mit dem was ich gemacht habe.

[10.] April 1910 Heut am 10. die ersten polizeilich erlaubten Demonstrationen im Freien gegen das Dreiklassenwahlrecht. In Treptow, Humboldthain, Friedrichshain. Hans war mit Pincus im Humboldthain, weil er von da nach Tegel zu Georg [Gretor] weiterfahren wollte, Karl und ich im Friedrichshain. Der imposante Abmarsch.

Ich habe sehr lange kein Tagebuch geführt. Vom 9. Dezember die letzte Eintragung. Im Dezember um die Weihnachtszeit herum schrieb ich noch einmal an Heller und bekam ein paar Worte – müde traurige – Antwort von ihm. Ich schrieb, nach Monaten wolle ich ihm wieder schreiben. Ich glaubte, ich würde es Ostern tun *müssen* aber Ostern kam und ich tat es nicht. Ich freue mich halb darüber daß ich es nicht brauchte und andererseits kommt es mir treulos vor und kalt. Aber ich schrieb nicht.

Mitunter träume ich wohl von Heller. Einmal ging die Nachtglocke, so daß ich unmittelbar aus einem Traum geweckt wurde – da hatte ich lebhaft und schön von Heller geträumt.

Neulich träumte ich aber auch, daß ich mit Hans geschlechtlich verkehre. Es war gar nicht beunruhigend für mich und beunruhigte mich auch nach dem Erwachen nicht.

Wiederholt träume ich davon, daß ich noch einmal ein kleines Kindchen habe und empfinde die ganze Zärtlichkeit, mehr als das, wie man ja überhaupt im Traum gesteigerte Empfindungen hat. Es ist ein unsagbar süßes, holdes körperliches Gefühl, das ich

Hugo Heller (1870–1923)

in diesen Träumen hatte. Es war erst noch der Peter, der da lag und schlief und dann deckte ich ihn ab und es war ein ganz kleines Kind, das diesen warmen Körperduft ausströmte. – Auch in Träumen anderer Art geht das Gefühl über das im Wachen empfundene Gefühl heraus. Wenn ich träume, daß ich geschlechtlich verkehre – ich träume es selten – so habe ich ein unerträgliches Gefühl dabei als ob ich sterben müßte.

Mein Geschlechtsleben spielt sich zur Zeit des Unwohlseins fast nur noch in Träumen ab. *So* selten habe ich im Wachen das Verlangen nach Verkehr und so launisch und gering. Schlimm ist das. Auch bei Karl abgeschwächt, wünscht er es sich doch noch viel öfter als ich.

Ich rücke allmählich in die Periode meines Lebens herein, wo Arbeit an erster Stelle steht. Als beide Jungen Ostern verreist waren habe ich fast nur gearbeitet. Dann noch geschlafen, gegessen, ein wenig spazieren gegangen. Aber vor allem gearbeitet. Und doch weiß ich nicht ob einer solchen Arbeit nicht der »Segen« fehlt. Durch keine andern Affekte mehr abgeleitet arbeite ich wie eine Kuh grast, aber Heller sagte einmal, das sei der Tod, eine solche Ruhe. Vielleicht »schaffe« ich in Wahrheit dann wenig mehr.

Die Hände arbeiten, arbeiten und der Kopf meint weiß Gott was zu produzieren und doch war ich früher in meiner so arg beschnittenen Arbeitszeit produktiver (?) weil ich sinnlicher war, lebte wie ein Mensch leben muß, mit Leidenschaft an allem interessiert.

Nun arbeite ich das zweite Blatt vom Tod. Mitunter verliebt in meine Arbeit glaube ich weit über mich heraus zu gehen. Nach einer Pause von zwei Stunden, wo ist da der geniale Wurf? Es ist dann gar nicht besonders was ich gemacht habe.

Das quält mich. Die Potenz, die Potenz läßt nach.

Hans brachte aus Leipzig alte Charon-Hefte mit, in denen Heinrich und Paul [Goesch] gedichtet haben. Pauls Sachen oft sehr ergreifend. Nach einem langen wirren verrückten reimlosen Ding fährt er auf einmal fort:

»Nun geht im roten Zelt schon Helios umher.
Nacht, gute Nacht, nun kommt der Geist zur Ruh.
Es ist der Kopf von Rauch und Spiel so schwer
Und von den Füßen rutschen leicht die schiefen Schuh.

. . . .
. . . .

Doch meines Schicksals Stern
Hoch in der Ewigkeit
Ob allem Suchen fern
Löst meine Traurigkeit.

Löst aller Sorgen Kern
Steht er auch noch so weit
Er kommt und hilft uns gern
Uns zweien allezeit.«

Frau Frank war da. Sie erzählt weinend, ihre beiden kleineren Kinder seien in ihrer Abwesenheit fortgeholt, nach dem Waisenhaus gebracht und nach Eberswalde in Kost und Verpflegung gebracht. Ob jemand Klage wegen Verwahrlosung der Kinder erhoben hatte, sagte sie nicht. Sie war außer sich.

Der junge Linde.

Über Peters Bett fand ich folgenden Ausschnitt aus dem Kalender angeheftet: »Zwei Dinge erfüllen das Gemüt mit immer neuer und zunehmender Bewunderung und Ehrfurcht, je öfter und anhaltender sich das Nachdenken damit beschäftigt: der bestirnte Himmel über mir und das moralische Gesetz in mir – denn sie beweisen mir, daß ein Gott über mir und ein Gott in mir ist.« Kant.

[April 1910] Gestern abend war ich zu einer Sitzung mit Leuten geladen, die die juryfreie Ausstellung wieder von neuem in Angriff nehmen wollen. Interessant war mir dabei Pechstein kennen zu lernen, Kober und noch zwei andere von der Secession refüsierte Jünglinge. Ihre Arbeiten sagen mir gar nichts – ich halte sie für talentvolle Schmierereien wie jeder begabte Akademieschüler sie fertigbringt. Doch sie halten sich für kommende Manets. Pechstein sagt: *Meinet*wegen ist mir die juryfreie Ausstellung ganz schnuppe, ich setze mich doch durch usw. – Jetzt gehöre ich selbst schon zu der älteren Generation, die lange arrivée ist und der Jugend Platz und Licht wegnimmt. – Sehr interessant, die immer wieder anschwellende Woge der jüngsten Jugend. Sie *kann* den Gereifteren und denen mit Können und Handwerk nicht verständlich sein, denn sie bringt fast nie positive Vorzüge. Diese liegen in der Phantasie der Jugend. Doch hat die Jugend das Recht sich mit diesen phantsievollen Zukunftsaugen anzusehn ebenso wie die Nicht-Mehr-Jugend das Recht hat, über die illusionistischen Werte der Jüngsten zu lächeln und sich davon abzuwenden ihren ausgereifteren Sachen zu.

Liebermann hat auf der diesmaligen Secessionseröffnung – der 20. – endlich einmal kein Blatt vor den Mund genommen. Er sprach von der Rückkehr zum Handwerk. Mir kommt vor, als ob er im Stillen schon lange seufzt über den schematischen Kult, der mit Cézanne, Gauguin, van Gogh, Maillol, Rodin getrieben wird. Erst jetzt redet er – der mit seiner großen Autorität es längst hätte tun sollen – dagegen. Ob diese Rede vielleicht auch damit zusammenhängt, daß in diesem Jahr zum ersten Mal der Staat Geldunterstützungen zugesagt hat?

April 1910 Mir geht es jetzt mit der Arbeit so, daß ich ganz vergessen habe, wie *wahnsinnig* ich mich gelangweilt habe noch im letzten Herbst. Wie leer mir war, wie verlassen und unproduktiv. Jetzt arbeite ich Tag für Tag – Woche für Woche, bin ruhig und froh, hab das Gleichgewicht. Wer weiß wann auf einmal alles wieder abbricht und ich unfruchtbar und dürr bin, zu nichts gut? Das kann mit einem Schlage kommen. Die Wechseljahre!

Hörte den »Parsival«, Sologesänge und Chöre in der Philharmonie. Sehr schön, feierlich, stark. Der Zug der Gralsritter, das Dröhnen der Glocke, die festen Chöre der Männer, die in höchsten Höhen schwebenden Knabenstimmen: »Nehmet hin sein Brot« usw.

Diese Zeit meines Lebens erscheint mir sehr schön. Große einschneidende Schmerzen haben mich noch nicht getroffen, die lieben Jungen werden selbständiger. Schon sehe ich die Zeit, wo sie sich loslösen und ich sehe sie augenblicklich ohne Schmerzen. Denn sie sind dann reif zu *ganz* eigenem Leben und ich bin noch jung genug zu eigenem Leben.

[Anfang] Mai 1910 Hans ist wirklich recht verliebt in Grete Wiesenthal. Es ist sicher mehr als eine gewöhnliche Schauspielerinnenschwärmerei, es ist heftige Verliebtheit. Wer weiß, wie das noch kommt.

8. Mai 1910 Gestern Generalversammlung des Mutterschutzbundes. Sehr heftige Szenen. Adele Schreiber mit kolossalem Hut, nicht angenehm wirkend, etwas komödiantisch. Helene Stöcker, mopsiges Gesicht, gutmütig, harmlosen Eindruck machend. Die junge Frau Sklarek (?) sehr hübsch, sympathisch, klug, sehr erzürnt auf Stöcker. Auch Heinrich Braun auf Adele Schreibers Seite. Gegen 1 Uhr ging ich nach Haus, um 3 Uhr ist Schluß der Versammlung gewesen. Helene Stöcker mit großer Majorität wiedergewählt, ebenso der ganze Vorstand stöckerfreundlich gewählt.

Auf dem Heimweg in der Leipziger Straße blinde, alte zerlumpte Frau, mit dem Fuß vorsichtig am Trottoir runtertastend steht auf dem Damm. Ich faße sie am Arm und frage, wo sie hin will? »Nirgends« – nicht weinerlich sondern mürrisch, wie: »Laß mich zufrieden!« Ich veranlaß sie, wenigstens wieder aufs Trottoir zu steigen. Wie ich mich nachher nach ihr umsah war sie weg, an ihrer Stelle ein betrunkener Herr, der mit seinem Stock rumfuchtelte.

Zuhaus erzählte mir Karl, daß er in unserm Hausflur einen flüchtigen Dieb angetroffen hat. Hat ihn festgehalten, bis Frau Senftleben Polizisten holte. Sein beschämtes gequältes Gefühl, daß er den Menschen festhält und nicht laufen läßt.

Gestern in der Secessionssitzung endlich Hedwig Weiß in die Secession gebracht.

13. Mai 1910, 11 Uhr abends Karl bei sich unten. Hans, Georg [Gretor], Peter sind in »Sumurun«. Ich habe Hansens Geburtstagstisch soeben fertig gemacht. Es sind Rollschuhe darauf, eine schöne Weckeruhr, zwei Bände Goethe, zwei mathematische Bücher von Alexander, ein Kuchen, umgeben von 18 Lichtchen und viel Maien.

Heut vor 18 Jahren. Schon oft bevor der Junge wirklich kam, glaubte ich nachts Wehen zu bekommen. Ich fürchtete mich gar nicht, ich freute mich sehr. Dann endlich kamen die richtigen Wehen, sehr schlimm, mitunter glaubte ich Krämpfe zu bekommen. Aber ich schrie gar nicht. Endlich war es heraus. Dann besinne ich mich wenig, nur daß nachher die Mutter hereinkam. Und dann später, daß ich ihn an die Brust legte. Dann bekam ich später etwas Fieber und bekam eine kranke Brust und überhaupt war die Wochenbettstimmung so anders als die vor der Entbindung. Dann weiß ich, wie ich zum ersten Mal an den Eßtisch kam und ein bißchen ohnmächtig wurde. Dann kamen Magenkrämpfe während dem Stillen, so daß ich es allmählich aussetzte. – Dann aber schickte Jeep noch in den ersten Tagen so viel Flieder aus Groß-Muckrow.

Und allmählich wünscht ich Mutter führe wieder nach Hause und einmal fragte ich: »Wann fährst Du nach Hause?« Sie stutzte und fragte: »Warum?« Ich wußte nichts darauf zu antworten, sagte irgend eine Redensart. Mutter fuhr dann bald. Da weinte ich wieder und ich denke mir jetzt, daß es der Mutter doch eine Genugtuung gewesen sein muß mich weinen zu sehn. Jetzt, wo mein Kind 18 Jahre ist, versteh ich *so gut* das abgesetzte Gefühl, das Eltern – vor allem wohl Mütter – überkommt, wenn ihr Kind so eine ähnliche Frage tut wie die: wie lange bleibst Du noch?

Heut hört ich von dem jungen Schlittgen, daß er verheiratet ist und schon ein Kind hat und hier in Berlin lebt. Ich weiß, wie Schlittgens um den Jungen bangten, wie sie ihn kaum aus den Augen ließen aus Angst, daß er sich an ein Mädchen hinge. Und nun, [ein] etwa ein- oder zweiundzwanzigjähriger Mensch, ist er verheiratet und hat ein Kind. – Die Jungen kamen nach Hause, Hans zuerst mit strahlendem Gesicht, sie haben mit Grete Wiesenthal gesprochen und sie will herkommen.

15. Mai 1910 Gestern des Jungen 18. Geburtstag. Zugleich der erste Ferientag und Sonnabend vor Pfingsten. Bevor Karl in die

Sprechstunde ging, führten wir ihn an sein Tischchen. Der Vormittag verging für mich mit Vorbereitungen für den Nachmittag und Abend, die Jungen mit Rollschuhen unten. Mittag diesmal ohne die Mutter gegessen aber mit Karl und Georg [Gretor]. Um 4 Uhr waren wir bei Adami. Das Wetter war schwül aber wunderschön, eine nasse heiße Luft, die Apfelbäume blühten. Es kamen Gewitterschauer, die wir in der Halle abwarteten, dann nachher die köstliche Luft. Mutter und die alten Prengels waren dort. Julie mit Marusch. Lise lag in der Klinik (Abortoperation). Kati Stern mit Lepsius im Russischen Ballett, Hanna in Wengen. Konrad und Anna kamen noch, Laessigs, Margret. Zwischen Margret und Georg scheint sich Verliebtheit anzuspinnen. – Dann abends zu uns gegangen, gab es ein Bowlchen, Karl war endlich frei und es kamen ein paar sehr schöne Stunden. Rele, alles Gesperrtsein und Ungrazie vergessend war voller Tanz und Jubel, immer in Bewegung, mit Maien besteckt, nicht 5 Minuten sitzend. Etwas angeschwipst waren alle. Kati Laessig so frei, lustig wie ich sie noch nicht kannte. Laessig famos, seine Art Sinnlichkeit immer durchblickend. Lore meist in stillem vergnügtem Zusehn sprang mitunter wie eine Hexe in den Kreis. Hans Prengel sehr bei Humor. Auch Hans Schröder. Konrad fehlte leider. Anna sah still vergnügt zu. Und unsere Jungen: Es ist merkwürdig – für gewöhnlich ist Peter lustiger, wenn sie getrunken haben aber ist Hans fast immer lustiger als Peter. Hans war ganz voll Maien gesteckt. Er sprang, tanzte, sang immerfort, meist mit Rele. Ich bin jetzt gewiß: Er kann schwärmen. Wie er vier Jahre alt war und wir in Briese eines heißen Sommerabends auf unserm kleinen Balkon saßen – Lise und ich – sagte ich wie der Junge werden müßte. Ich weiß nicht mehr, was ich alles sagte, nur zum Schluß: Und er muß schwärmen können. Er kann es. Das ist gut. Es wurde immer gesungen und getanzt. Wie wir »Gaudeamus« sangen führte er mich wie in der Polonaise und dann bei einem andern Lied gingen wir zu dritt, ich in der Mitte, Hans links und Peter rechts. Karl saß singend mit dem Kommersbuch in der Stubenmitte. Zuletzt kam es zu lustigen Fehden: Rele ließ die Wissenschaft hochleben, Hans das Leben; Peter mit Rele, ich mit Hans, auch Hans Schröder. Rele dabei das Leben selbst, strotzend vor Lebensglück.

Peter dagegen, nachdem die erste Weineinwirkung etwas überwunden war, wurde strenge. Er tadelte Rele. Der Wein machte ihn erhaben und zu großen philosophischen Empfindungen geneigt.

Als alle fort waren saßen Karl und ich auf dem Sofa, Rele auf einmal still geworden auf einem Sessel zwischen der Türe und dem Geburtstagstisch. Die Jungen abwechselnd in der Stubenmitte neben dem allein noch brennenden Lebenslicht. Sie lasen Gedichte vor. Peter las mit gutem Ausdruck von Nietzsche: »O Lebensmitte, feierliche Zeit«, dann »Die kleine Passion«. Er suchte sich neben mir sitzend Freiligrath auf: »Die Toten an die Lebenden« und Vischer, das »Glaubensbekenntnis«. Er las es nicht vor, aber er sagte mir mit Bedeutung, er läse es *morgen*! Er wolle morgen auch viel in sein Tagebuch schreiben, nicht äußerliche Erlebnisse, sondern ganz anderes; von dem ganzen Tag sei diese letzte Stunde das einzig wirklich Schöne gewesen.

Aber heute schlief er erstens bis 9 Uhr, aß dann ausgiebig Kaffeekuchen, schmökerte in der Zeitung, nahm die Rollschuhe und ist noch nicht wieder zu seinen philosophischen Beschäftigungen heraufgekommen.

Wie stark hab ich jetzt den Eindruck, dies sind Grenzzeiten im Leben, wie wenig Zeit wird sein und aus dem verliebten Schwärmen der Jungen entwickelt sich etwas sehr Reales. Die Sinnlichkeit blüht in allen diesen jungen Menschen, sie blickt aus jeder Bewegung, aus allem allem. Nur eine Tür aufzumachen und dann *verstehn* sie sie auch, dann ist der Schleier weg und der Kampf mit dem stärksten Lebenstrieb erwacht. Nie wieder werden sie dann die Sinnlichkeit ganz los, oft werden sie sie als Feind empfinden, mitunter werden sie fast ersticken vor dem Glück das sie bringt. Jetzt sind sie alle noch – auch Hans auch Georg auch Rele und Margret – nicht ganz aufgewacht. Mir ist ernst, beklommen und beglückt zugleich zumut, wenn ich unsere Kinder – unsere *Kinder* – so entgegenwachsen sehe dem größten Triebe. Er sei ihnen gnädig!

Der Halleysche Komet spurlos an der Erde vorübergegangen.

20. Mai 1910 Mit Rosa Pfäffinger ein Gespräch über Gretor gehabt, das mir sehr interessant war. Sie will Gretor »helfen«, hat die Idee zu Bebel zu gehn und den für Gretor zu interessieren. Ich habe ihr abgeraten, meinte, sie würde überall auf die Meinung stoßen: Das ist eine ehemalige Geliebte Gretors, die ihn nach wie vor liebt und ihn retten will, wie ist bedeutungslos. Nachdem ich abends mit Karl über dieses Gespräch mich gestritten habe – er lehnte Gretor wieder *von vornherein* ab – ist mir doch klar geworden, daß Pfäffingers Standpunkt konfus scheint. Sie kann Gretor unbedingt anerkennen, als Edelanarchist meinetwegen, als eine starke Persönlichkeit, die jenseitig von Gut und Böse ihr Wesen treibt, aber sie sollte nicht sagen, daß sie noch keinen stärkeren moralischen Menschen angetroffen hat. Sie kommt da auch in Widersprüche. Es schien zuerst, daß Rosa meinte ich hätte eine andere Ansicht von Gretor als meine Bekannten, schließlich sagte ich ihr, daß auch ich an Gretor *moralisch* viel auszusetzen habe. Sie sagte, sie hätte nie ihr Leben beklagt und sie wäre überzeugt, es existiere auf der Welt kein zweiter mit einer so intensiven Persönlichkeit wie Gretor. – Er hätte in ein paar Worten Dr. Diem nach einmaligem Kennenlernen charakterisiert, während sie in zwei Jahren Diem noch nicht erkannt hätte. Gretor hat gesagt, Diem riskiere nichts. Warum? »Weil Ihr noch nicht in Amerika seid.« Gretor selbst wage immer alles, auch Weib und Kind, sie zitiert Heine: »Laß sie betteln gehn wenn sie hungrig sind«. Er hätte recht darin behalten, denn Georg [Gretor] hätte sich durchgesetzt. Ich meinerseits sage, daß ich ihm damals gezürnt habe, daß er Rosa und Georg hungern ließ, daß vor allem aber ich ihn für einen Schwätzer halte. Dieses sage ich ihr nicht mit demselben Wort, sondern ich drücke mich etwa so aus, daß Gretor »Worte macht«, einen zu verblüffen trachtet, alles in Schlagworte faßt, *blendet*, »er wickle einem gewissermaßen ein Tuch um den Kopf mit einem Schwall von bedeutungsvoll scheinenden Worten, die er über einen ergießt.« Wir werden unterbrochen.

Am Nachmittage fahre ich mit Mutter zu den alten Prengels nach Friedenau. Erwarte Mutter an der Mittelstraßenbahn, fahren mit der Droschke bis Wannseebahn von dort nach Friedenau. In Friedenau auf dem Wege zu Prengels achtet Mutter auf die Häuser, die Anpflanzungen, die Gärtchen. Wie nachher Onkel Prengel sagt, hat auch er diese simple Freude z.B. an dem Grün der Kastanienbäume vor seinem Fenster. Es ist eine Art Stumpfwerden. Das Geistige schläft ein, es bleibt die Sinnenfreude vor allem für das was durch die Augen geboten wird. Ich muß immer an Niels Lyhne denken von dem gesagt wird daß er in den letzten Jahren »in seltsamer vegetativer Ergriffenheit« am Wegrand sitzend auf das Getreidefeld sehen konnte. Es ist wirklich eine Art vegetatives Leben, das die Alten führen, *ganz* entfernt von dem unnötig leidenschaftlichen Gemütsleben der Jungen. Auch beunruhigende Erfahrungen werden von ihnen abgelehnt, so lehnen Prengels die

Einsicht in das Leben von Goeschs ab. Sehr verständigerweise. Tante Bennina stellte mich darüber zur Rede daß wir und Sterns uns Heinrichs Besuch verbeten hätten. Ich sagte um uns hätte es sich nicht gehandelt, denn wir waren damals in Rauschen, wir stünden aber ebenso wie Sterns und lehnen den Verkehr mit Heinrich vor allem mit Rücksicht auf Hans ab. Dies konnten sie verstehn.

Hans Theodor Prengel ist 12 Tage alt. Minna schon vom 5. Tage an auf, gesund, hübsch ruhig glücklich. Auch Ernst macht einen guten Eindruck. Die kleine Kati sehr nett. Pauline Leistiko – gegen 80 Jahre? – ist entzückt von dem Kleinen: »Je jünger desto schöner«. Sie selbst hat nie ein Kind gehabt.

20. Mai 1910 Herrliches Wetter – wunderschön muß es auf dem Lande jetzt sein. Aber ich hab wieder meine molsche unfähige Zeit. Bin müde, müde.

Am 2. Pfingstfeiertag waren Grete Wiesenthal und Erwin Lang hier. Die Grete ist ein *ganz* anmutiges liebliches, reizendes Wesen. Aber der arme Hans ist sehr verliebt. Er war dann noch einmal bei ihr, sein Exlibris ihr schenken und Lang den Zweifarben-Steindruck bringen. Er durfte stundenlang bei ihr sein.

Vor etwa eineinhalb Wochen kam Onkel Theobald (an seinem Geburtstage oder den Tag darauf) zu uns zu Mittag. Konrad und Anna auch. Karl, die Jungen, ich. Gutes Essen und Wein. Onkel Theobald hatte schriftlich angeregt, in Berlin den Versuch zu machen, eine Freie Gemeinde (Ruppsche Gemeinde) hier zu gründen. Er wollte von uns allen wissen wie wir dazu stünden und es gehn zu dem Zweck die von ihm aufgestellten Thesen bei den hier lebenden Königsbergern herum, damit sie ihre Meinung schriftlich sagen. Karl und ich haben geschrieben, daß wir nicht den Wunsch danach haben. Wo ist die Persönlichkeit, die das schaffen kann?

Einladung zum Russischen Ballett bekommen. Ich beschloß Peter mitzunehmen und nicht Hans. Hans wurde sehr verstimmt und zeigte es noch am nächsten Tage. Da Karl erklärte gehn zu wollen fuhr Peter nach Tegel. Zuletzt sagte Karl er könne doch nicht gehn. Ich sagte nun Hans, die Billets seien frei, er könne mit Pincus gehn – und ging herunter. Bald empfand ich mein Benehmen als für Hans kränkend, er wird sich sagen, ich habe mit Karl gehn wollen, mit Peter, und mit ihm nicht. Doch wollte ich tatsächlich nicht mit ihm gehn. Nach einer Weile verging mein Ärger, ich kam herauf, bald kam Hans und fragte: »Warum willst Du nicht in das Ballett gehn?« Ich sagte ihm, daß ich keine Lust gehabt hätte, weil ich ärgerlich gewesen wäre, daß aber wenn es ihm lieber wäre mit mir als mit Pincus zu gehn, ich mitkommen würde. Er freute sich augenscheinlich.

Das Ballett, vor allem die Nationaltänze des letzten Teils waren sehr schön.

Sonntag, 22. Mai 1910 Peter morgens nach Tegel, Hans für sich. Ich in Freie Gemeinde gegangen und Konrad über Feuerbach sprechen hören. Inhaltlich natürlich gut, technisch aber vieles nicht gut. Die langen Sätze, die wenn sie fast zu Ende geführt scheinen, von neuem beginnen: »Ich sage also, daß Feuerbach ...« usw., das Anstoßen, das Räuspern, die hohe und dünne Stimme. Sicher würde Konrad das alles überwinden wenn er öfter sprechen würde. Vor allem macht er einen *nervösen* Eindruck. Wir Schmidts sind alle vier recht nervös.
Mittags: Karl Hans ich. Sprechen über Konrad. Peter bleibt in Tegel. Nachmittag gehn Hans und ich in die Städtebau-Ausstellung, von der wir nur einen Teil sahen, der sehr interessant war. (Die Pläne Groß-Berlin, die Gartenstadtpläne.) Über einem Saal stand der blödsinnige Spruch: »Der Knabe ohne Spielplatz ist der Vater des Mannes ohne Arbeit«. – Zu Hause Annie Karbe. Hat ein Engagement als Zeichenlehrerin und Schreiblehrerin in Neu-Ruppin für den Herbst angenommen. Freut sich. Sie hat recht gehabt, als sie schon vor Jahren ihren Kurs änderte und statt auf die große Kunst auf das Lehrerinnenexamen ausging. Damals verstand ich sie nicht recht, jetzt aber sehe ich, daß sie recht hat. Freilich ist ihre Gemütsverfassung jetzt auch eine bessere als damals, wo sie mit Radikalismus alle Künstlerinnenpläne abschnitt und den illusionslosen Menschen betonte. Karl mag Annie sehr gern.

Abends kommt Peter von Tegel nach Haus. In Gedanken ganz mit dem Ameisenlöwen beschäftigt. (Von Mittag an in Tegel hatte er mit Rosa [Pfäffinger] und Georg [Gretor] danach gesucht.) Mit dem Ton als ob er einem Verbrechen beigewohnt habe sagt er leise zu mir: »Ich hab genau *gesehn*, wie er ihnen (den Insekten) das Blut ausgesogen hat.«

Den Kometen wieder nicht gesehn.

Konrad Schmidt (1863–1932),
etwa vierzigjährig

12. Juni 1910 Sehr arge Hitze haben wir nun schon seit Wochen. Am Vormittag zeigt unser Schattenthermometer 25 ° an. Es ist arg.

Gestern war Georg [Sterns] Geburtstag. Wir waren abends da. Die Kinder (Rele, Kati, Hans, Peter, Georges [Gretor], Ise [Schoke]) wollten schwärmen und toben, wir wollten es nicht recht. Die Nacht war wunderschön abgekühlt.

13. Juni 1910 Karls Geburtstag. Peter mußte um 7 Uhr in der Schule sein, darum warteten wir mit dem Tischaufstellen bis Mittag.

Viele viele Rosen und 47 Lichtchen. Von mir das Selbstporträt, das aber keiner ähnlich fand, von Hans sein Gedicht an Grete Wiesenthal, von Peter einen Auszug aus einem geologischen Buch über die Alpen. Das Ansichtsbuch der Schweiz, Paulsens Selbstbiographie, eine Thermosflasche, eine Signalpfeife für das Gebirge. Gestern abend mit Karl bei Mitscher & Caspary gewesen, Bowlenwein bestellen.

Sterns noch immer im Unklaren, ob sie uns Rele und Kati mitgeben sollen. Neulich als sie abends hier waren sprachen wir über Kati, ihre Launen, ihre »Dummheit«, ihren Charakter. Georg [Stern] erzählte, daß sie gut »Dame« spielt.

An Georgs Geburtstag tanzte sie einen eigengelernten Tanz. Er war gut und es wird jetzt ordentlich in Aussicht genommen, daß sie Tanzunterricht hat.

Hans las mir vor einigen Tagen Gedichte und eine kleine Geschichte vor, die an Grete Wiesenthal gingen. Sie waren sehr traurig und sehr sehnsüchtig und machten mich traurig. So liebt er nun und seine wohl erste Liebe –

15. Juni 1910 Am Nachmittag des 13. Juni kam die liebe Mutter mit einem Strauß wunderschöner Rosen aus ihrem Garten. Später kamen Schmidts, Lore, Heilborn, Rele, Sterns, Konrad Hofferichter. Mutter und Sterns gingen früher, die alten Prengels kamen erst um 10 Uhr und blieben bis 12. Es wurde sehr nett. Rele und Peter blieben nicht bis zuletzt auf, aber Hans. Er hatte sich geschmückt: Kirschen über die Ohren, eine große rote Rose in der Kravatte, in den Gürtel Tannenreiser. Dazu dies Gesicht – mir fällt immer ein: »der reine Tor«. Er sieht unschuldig, hingegeben, erwartungsvoll aus, Ich denke, wenn ich ein Mädchen wäre ich hätte ihn sehr lieb wenn ich ihn so sähe, würd ihn umfangen und sagen: »Du trautster Kerl.«

18. Juni 1910 Soeben in der Nebenschule gewesen. In der untersten Klasse unterrichtete ein Fräulein Tietz 12 Kinder, Knaben und Mädchen. Einige sahen schlimm dumm aus, anderen hätte man den Schwachsinn nicht angemerkt. Die Kinder werden in die Nebenklassen gebracht, wenn sie zwei Jahre die Gemeindeschule besucht haben und nicht mitkommen. Unter diesen Kindern befand sich ein Junge, der 25. Kind seiner Eltern ist. Die früheren sollen normal sein, vom 19. ab werden sie schwachsinnig. Ein Junge ist da, der nicht zusammenhängend sprechen kann, er erzählt eine Geschichte nur in den wichtigsten Wörtern. Ein neu eingeschultes kleines Mädchen legt immer die Arme auf den Tisch und den Kopf darauf – das Ganze geht sie nichts an. Ein dickes kleines Jungchen singt: »Kommt ein Vogel angeflogen«. Die Lehrerin sagt, an einigen Buchstaben ackert sie mit einigen Kindern Wochen lang. Es wird nichts abstrakt gelehrt, sondern nur mit Anschauung, jeder Buchstabe wird mit bestimmten Vorstellungen verknüpft. Auf einem breiten Tisch hinter den Bänken steht ein Wald aufgebaut, alles aus Plastillin und Papier, in bunten Farben, alles von den Kindern selbst gemacht. Einige der Häschen, auch der Wolf waren recht gut. Wenn sie die Geschichte vom Geißlein erzählen, drehn sie sich immer um und sehn den Wald an. – Frau Schröder hat die Mittelstufe. Ihr Ton mit den Kinder ist forscher als der des Fräulein Tietz. Bei Frau Schröder sahen wir ein größeres Stück Pappe, auf welchem die Kinder plastisch Heimatkunde trieben. Es entstand so, von der Straße in der die Kinder wohnten anfangend, ein Stück plastischen Stadtplans.

Auf der Oberstufe unterrichtete ein Lehrer. Hier waren 19 Kinder, er sagt es seien zu viele. Auch hier noch beide Geschlechter zusammen. Die Leistungen sind natürlich hier viel besser, aber die Physiognomien sind dieselben geblieben, traurig, niederdrükkend anzusehn.

Juni 1910 Am Sonntag abend waren wir bei Mutter und ich bat die Mutter darauf einzugehn, daß einer von uns sie auf der Reise nach Königsberg begleitet. Die Mutter war sehr erregt darüber und rief: »Dann fahre ich überhaupt nicht.« So mußten wir ganz davon absehn. Zwei Tage darauf bekam ich von der lieben Mutter das Briefchen, das ich hier eingelegt habe.

Von Hugo von Hofmannsthal gelesen mehrere kleine Geschichten und »Das gerettete Venedig«. In den kleinen Geschichten ist er sehr charakteristisch. Er erzählt in einer von einem reichen jungen Mann und seinen vier Dienern. Diese Geschichte hat viel Grauen in sich und ist sehr hofmannsthalisch. Das Abenteuer des Generals Bassompièrre, wozu er die Anregung aus den Goetheschen Erzählungen Ausgewanderter genommen hat, ist meinem Geschmack nach *sehr schön*, in blühender sinnlicher Sprache geschrieben, es erinnert mich ein wenig an »Decamerone«. Dann ist noch die Geschichte von einem italienischen Hauptmann darin, die ich auch noch gut finde, obgleich das Grauen, das in ihr ist, schon etwas outriert ist. Dann der schöne Brief, den er aus Anlaß seines produktiven Unvermögens geschrieben hat.

Das »Gerettete Venedig« dagegen gefällt mir nicht. Hier wie auch in der »Elektra« nimmt er den Mund sehr voll um den Eindruck einer Kraft hervorzurufen, die er nicht besitzt. Es wirkt, als ob ein Mensch mit zarter Stimme zu schreien anfängt. Impotent wirkt auch sein Versuch, durch Schilderung von Grausamkeiten, Wollüsten, den Eindruck von Kraft zu geben. Die hat er eben nicht.

Zu Karls Geburtstag sagten die Jungen auf: Hans die »Selige Sehnsucht«, Peter »Wir haben keinen lieben Vater im Himmel«.

»Manche freilich sind mit einem Lächeln
Sind zu einem großen Tanz geboren
Frei von Schwere irdischer Gesetze
Für das Leben sind sie auserkoren.

Wen Dein Lächeln einst getroffen
Die verlassen ruh'ge Bahnen
Die erfaßt die wilde Sehnsucht
Nach dem Großen, das sie ahnen.

Und sie folgen – nur dem einen
Tanze ihre Schritte leihend,
Ihre Seele, ihre Blicke
Nur dem einen Lächeln leihend.

Während Du hinüberspringest
Auf die leichten Lüfte, die Dich tragen,
Taumeln sie und stürzen blind herunter –
Tief verwundet, wollen sie Dir klagen?

Hör uns nicht, Du Liebe, Reine!
Wir sind gar so schwer, so schwer!
Unsre Leiber, unsre Seelen
Können Dir nicht folgen mehr.

Denn Du bist mit einem Lächeln
Bist zu einem großen Tanz geboren
Frei von Schwere irdischer Gesetze
Für das Leben bist Du auserkoren.«

Hans am 19. Mai 1910

23. Juni 1910 Soeben mit Lise bei Rektor Fuchs gewesen. Lise setzte in einfacher und sehr verständiger [Weise] Katis Wesen auseinander. Der Rektor – er machte einen guten, klaren, menschenfreundlichen Eindruck – riet ihr zu einem Psychiater zu gehn. Lise war wie wir von Fuchs kamen sehr niedergeschlagen und weinte.

25. Juni 1910 Georg und Lise hier. Waren mit Kati bei Ziehen gewesen. Dieser sagt, Katis Zustand sei unheilbar, rät Sterns Kati in eine Anstalt zu geben. Lise glaubt auch noch besonders herausgehört zu haben, daß er es für unabwendbar hält, daß Kati moralisch verkommt ihrer starken sexuellen Beanlagung wegen. Georg sagt, Ziehen hätte dies nicht gesagt.

Sterns sind doch entschlossen, Kati uns nach Latsch mitzugeben.

27. Juni 1910 Als Sterns vorgestern hier waren, war ich in heftige Mitleidenschaft versetzt. Gestern beherrschte mich noch das Gefühl der Mittrauer mit Sterns, der mitleidigen Liebe zu Kati. Alles Andere während unseres Aufenthaltes schien mir zurücktreten zu müssen gegen die Fürsorge gegen Kati.

Heute bereits wieder das Gefühl als ob Kati nicht eigentlich krank sei und sogar der Hintergedanke, daß sie bei unseren Touren stören könnte.

29. Juni 1910 Sterns mit Kati wieder bei Fuchs gewesen. Dieser meint wie wir, Ziehen sei bedeutend zu weit gegangen. Er prüft Kati gründlich, stellt ihren baldigen Ermattungszustand fest, ermutigt Sterns aber durchaus. Rät vom Tanzunterricht ab und rät Unterricht bei einem Lehrer an, der eine besondere Übung im Unterrichten zurückgebliebener Kinder hat.

Gestern früh fuhr Mutter ganz allein nach Königsberg. Heut kam Nachricht, daß sie gut und nicht zu ermüdet angekommen sei.

August 1910 Vor drei Tagen von Latsch zurückgekommen. Es war ein glücklicher Sommer. Ein schöner Sommer. Vielleicht der letzte, den wir alle zusammen verleben.

Rele und Kati waren mit uns, fuhren aber drei Tage eher nach Haus. In München trafen wir Krayl mit seinem Abgott Pritsch (?), den Gustav Krayl und seinen Freund Schatz.

Die Vertretung für Karl hatte der junge Dr. Müller, ein netter Mensch. Sonnabend früh kamen wir an, Sonntag gingen wir (mit Georg [Gretor]) zu Sterns heraus. Auf ihnen lasten noch drükkende Sorgen. Die alte Mutter Stern ist plötzlich sehr hinfällig geworden. Hanna, die ein Vierteljahr in Wengen war, ist nur um wenig gebessert zurückgekommen, sie hustet immer noch. Kati macht ihnen vielleicht die schwerste Sorge. Karl und ich können Katis Zustand nicht schlimm finden. Lise und Georg aber ängstigen sich sehr.

Von unserer Mutter ist sehr wenig und spärliche Nachricht aus Rauschen gekommen.

Annie Karbes Vater ist gestorben im Juli.

Ich war heut unten im Atelier. Das Gefühl des Verekeltseins an meinen Arbeiten, vor allem an der Radierung Abschied ist noch immer nicht gehoben. Wenn ich jetzt rasch ein Modell bekäme, würde ich am liebsten die plastische Gruppe Frau mit totem Kind beginnen.

Von Gerhardi bekam ich einen Brief, in welchem sie mich zur Beschickung einer Pariser Ausstellung auffordert. In dem Brief spricht sie von Nauen als vielleicht dem einzigen Genie Deutschlands.

Peters Tagebuch, das mir verschlossen ist weil es stenographisch geschrieben ist, hat vorangestellt:

»Wir haben keinen lieben Vater im Himmel
Sei mit Dir im Reinen
Man muß aushalten im Weltgetümmel
Auch ohne das.«

Katis Tagebuch in Latsch fing an: »Rele ist ein Ochse«.

Die erste Woche in der Stadt ist gräßlich.

11. August 1910 Rele abends durch Dr. Adler am Blinddarm operiert.

18. August 1910 Frau Gönner sagt mir heut, daß sie Gelegenheit hat wieder zu heiraten und es tun wird.

Neulich abends die Aufzeichnungen aus Hansens Kinderzeit gelesen. Er kam dazu und ich las ihm allerlei vor, was ihn sehr amüsierte. Über Peter habe ich mir leider wenig aufgeschrieben. In den ersten Jahren schien mir, war wenig über ihn zu sagen. Seine lebhaftere Entwicklung trat erst ein als er ein größerer Knabe war. Wenn ich zurückdenke so war er ein feines stilles liebenswürdiges Kind. »Ich will auch wild sein« sagte er einmal als er in Rauschen Hans toben sah und fing auch an hin- und herzulaufen. Einmal als Hans fort war, ließ ich ihn mit dessen Farben tuschen. Er tat es zaghaft und als er eine starke schöne Farbe auftuschte, seufzte er beklommen und glücklich und wurde rot. Dann weiß ich als die eine Schildkröte gestorben war, verhungert war, wie er auf dem Stuhl sitzend sein Gesicht gegen die Lehne drehte um nicht zu zeigen, daß er die Augen voll Tränen hatte. Wie ich ihn in Florenz hatte, war er mir so ans Herz gewachsen, ich weiß wie ich weinte als ich seine blaue Grembiale hängen sah. Wie abends Karl ich und er in der Villa Romana aßen, er sagte bei der Gelegenheit: »Dann könnte man auch kein Heimweh haben« – nämlich wenn man zu Hause bliebe. Er fuhr gern mit Karl nach Hause. Dann war er viel für sich allein auf dem Feld, grub dort und pflanzte, nur Pitti war mit ihm. Jene Zeit war eine sehr glückliche Entwicklungszeit für ihn. Dann kamen die naturwissenschaftlichen Interessen, das Steine sammeln.

Jetzt (Peter ist 14 ½ Jahre) ist er sehr groß, ziemlich breit, sein Gesicht hat sich verändert, die Nase ist groß und vorstehend. Für gewöhnlich ist der Umgang mit ihm leicht, weil er liebenswürdig ist und Humor hat. Doch hin und wieder ist er auf unverschämte provozierende Art ungehorsam. Er gehört einem Rollschuhklub an, zu dem Lotte Laak, die beiden Freundlichs, der kleine Lindemann und Fritz Laak gehören. Die Lotte Laak ist wohl das erste Mädchen für das er schwärmt. Im Frühjahr kam er öfters mit roten Nelken herauf, die ihm als Sieger im Kunststücklaufen zuerteilt waren.

Peters Humor hat sich schon in ganz früher Zeit entwickelt. Schon als ganz kleines Kind fielen mir die gemütlichen Lachfalten auf, die er um die Augen hat. Als wir einmal in der Elektrischen zusammen fuhren, sagte er nachdenklich: »Eigentlich sind doch alle Menschen komisch.« – Nach meiner Stirnhöhlenkrankheit las er mir einen Artikel über mich vor. Als er an Stellen kam, die mein Persönliches schilderten, konnte er vor Lachen kaum lesen. Als ich nach der Krankheit zum ersten Mal abends an seinem Bett saß und über etwas lachen mußte rief er aus: »Jetzt hast du endlich wieder dein altes Gurkengesicht.« Er hat einen großen Spaß daran mich zu uzen. Nachdenklich, wenn er mich von der Seite ansieht: »Gut 50!« oder: »Fürchterlich bist du in deinem Zorn« wenn ich ihn schelte. Wenn er so recht in Laune ist geht er sehr weit, seine lustigen Augen glitzern. Doch immer ist noch eine Art Aufmerken da, ob er zu weit geht. Hans und ich sind wehrlos in unserm Lachen. – In körperlichen Übungen ist er recht gut – am wenigsten im Turnen – aber im Rollschuhlaufen, Schlittschuhlaufen, Schwimmen. Mädchen haben ihn gern, er hat überhaupt viel Liebe (Dr. Diem, Alexander [Rüstow], Thildi, Krayl usw.). Bis vor kurzem noch waren seine Träume wenn er von ihnen berichtete ganz jungenhafter Art. Daß sein Geschlechtsleben erwacht, geht – abgesehen von den körperlichen Merkmalen – auch daraus hervor, daß er anfängt zu philosophieren, Gott leugnet. – Im »Anfang« schreibt er unter »Fiascherino«. Seine trocknen kindlich-sachlichen Abhandlungen werden gern gemocht. – Er malt und zeichnet ziemlich gern, hat etwas Farbensinn. Bei ihm scheint mir aber keine Gefahr dahin vorzuliegen wie bei Hans, daß er sich in einer Kunst wird ausbilden wollen. Er scheint mir ziemlich kritisch, etwas nüchtern, weniger in Illusionen verliebt wie Hans.

Hans behauptet noch gar keine Angst vor dem Examen zu haben.

Wenn wie zu Zeiten der Periode ein geschlechtliches Empfinden den Körper durchzieht, verändert sich mein ganzes Empfinden und ich sehe dann deutlich wieviel ich verliere mit dem Absterben der Sinnlichkeit. Gefühl, Teilnahme Liebe ist da und verschwindet wieder, wenn die Wallungen zurücktreten. Fast verdorrt komm ich mir oft vor. Im vorigen Winter wußte ich zu arbeiten und das ließ mich die Dürre nicht so fühlen. Jetzt aber weiß ich auch nicht einmal zu arbeiten. Sollte nun schon alles zu Ende sein? Und doch bin ich noch nicht geschlechtslos, habe noch das Bluten, wie werde ich mich fühlen, wenn das auch weg ist?

26. August 1910 Heut hat Hans seine erste schriftliche Examensarbeit geschrieben. Latein.

27. August 1910 schreibt er Mathematik. Löst alle vier Aufgaben.

29. August 1910 Deutsch-Aufsatz. Thema: »Was verdanken wir unserer Beschäftigung mit den Griechen?« Schreibt von 8 – ¾ 2, meint gut geschrieben zu haben.

30. August 1910 schreibt Griechisch. Glaubt die Arbeit verhauen zu haben – ist deprimiert.

6. September 1910 Als ich heut aus dem Fenster seh, gefällt mir so sehr gut eine Konfirmandin in schwarzem Kleid mit glattem braunem Haar, einfachem verbrannten Gesicht. Es war Lotte Laak. Sie ging zwischen Bruder und Schwester. Mittags erzählte ich Peter davon und schlug ihm vor, Blumen hinzubringen. Es zeigte sich, daß Blumen zusammen mit Erwin Freundlich längst bestellt waren, auch Visitenkarten waren gedruckt. Nach Tisch

Selbstbildnis en face (um 1910). »Fast verdorrt komm ich mir oft vor. Im vorigen Winter wußte ich zu arbeiten und das ließ mich die Dürre nicht so fühlen. Jetzt aber weiß ich auch nicht einmal zu arbeiten. Sollte nun schon alles zu Ende sein?«

amüsier ich mich Hans gegenüber über Peter und sage zum Schluß: »Aber einen guten Geschmack hat er – Lotte ist ein reizendes Mädchen.« Merke nicht, daß Peter in der Stube sitzt, grinst, lacht, rot wird und sich verschämt die Zeitung vors Gesicht hält.

Sonnabend und Sonntag in Leipzig bei Rüstows gewesen. Montag in Dresden.

Mit Rüstows über vielerlei gesprochen. Einmal über die üble

Lage der jungen Leute, die noch nicht heiraten können und sexuell leiden. Im Gespräch sagte ich, daß der Eintritt des Sexuellen im Leben der meisten innerliche Konflikte mit sich bringt. Daß das Sexuelle zuerst fast immer als Feind empfunden wird, als Last als Alpdruck. Daß man das Glück des Sexuellen erst empfindet sobald man liebt und wiedergeliebt wird. Alexander bestritt das ganz und behauptete von sich, daß die Jahre der unbefriedigten Sexualität sehr schöne waren, produktive und gesteigerte. Trotzdem schwere. Er meint nicht wie ich, daß die unbefriedigte Sexualität zu Stockungen und Verdüsterungen, Verletzungen führen muß, sondern den Trieb zu suchen anstachelt. Das Suchen nach dem geeigneten andern Menschen. Mir war das interessant zu hören, weil er aus Erfahrung spricht – freilich auch aus dem Glücksgefühl seiner noch neuen Ehefreuden.

So sehr nett an Alexander ist seine jungenhafte Freude. Wie er mich vom Bahnhof abholte, sein Hütchen schleuderte und angesprungen kam.

In Dresden Forain gesehn. Am schönsten die in der Behandlung sehr großzügigen Radierungen und Lithographien aus der Passion, dann die Szenen aus dem Gerichtssaal und die kleinen frechen antisemitischen Zeichnungen in Pastell! Ein Litho ist mir erinnerlich, ein Ballettmädchen und hinter seinem Stuhl ganz im Schatten der Herr.

Die kleine rührende Fides Rüstow.

9. September 1910 Hans hat von Dora Schröder gehört, daß Peter in albernem Backfischgetue mitmacht. Er fragt: »Gnädiges Fräulein, darf ich mit Ihnen laufen?« Als ein Mädchen eine Kette um den Hals hat sagt er: »Daran gehört eigentlich ein Herz.« Er trifft sich mit Jungen aus seiner Klasse und Mädchen in einem Eiskeller in der Belfortstraße.

Hans ist sehr verstimmt darüber. Er selbst hat nie Ähnliches mitgemacht. Er verkehrte fast nur mit Rele. Überhaupt haben – als Hans und Georg [Gretor] so alt waren wie jetzt Peter – sie noch oft ganz kindliche Spiele gespielt, Soldaten usw. Damals war eine sehr günstige Zeit für die Jungen. Jetzt sind Hans und Georg erwachsen und allein hat Peter nie gespielt, es mangelte ihm immer an Phantasie zum Alleinspiel. Seine Schulkameraden, Sachs und Breuer, sind aus dem einfachen Spielalter lange raus, Sachs redet überhaupt sehr viel von Mädchen. Sport betreibt er sehr gern und geschickt, aber an Stelle anderen Sports ist jetzt ausschließlich der Radfahrsport getreten und dieser wird wieder nicht als Selbstzweck betrieben sondern des Umgangs mit Lotte Laak wegen.

Bei Abendbrot kam ich auf dies alles zu sprechen, er hörte schweigend zu. Vor dem Schlafengehen fragte er, warum er nicht mit Lotte Laak verkehren solle? Ich sagte ich hätte gar nichts dagegen, sie gefalle mir sehr gut, ich fürchte nur, daß er seinen Geschmack verdürbe durch das Mittun dieser dummen Jungen- und Mädchengeschichten. Er sagte, er verkehre eigentlich nur mit Lotte Laak und die sei einfach und nett. Es hat mich gefreut, daß er von selbst darauf zu sprechen kam, er ist mitteilsamer als Hans. Ob aber so ehrlich weiß ich nicht. Auch habe ich die Befürchtung, daß wenn ich Peter seine Besuche in dem Eiskeller verböte – ich tue es nicht – er nicht streng gehorsam wäre. Hans wäre gehorsam gewesen.

Hans war in jener Zeit von großer Bedrücktheit, er wirkte fast pathologisch hie und da. Peter ist ganz anders: nicht bedrückt, lebt nach außen. Hin und wieder kommt mir der Gedanke, ob Peter nicht etwas haltlos sein wird im Leben. In der Schule kommt er den Verpflichtungen lau nach, arbeitet wenig systematisch, ohne Überblick. Ist unordentlich und leicht ablenkbar. Seine Liebenswürdigkeit macht ihn beliebt, er ist anständig gesonnen, gutherzig, mitteilsam und kameradschaftlich. Aber wo ist das *eigene* Wesen, das Hans so sehr hat? Wo ist das was speziell der Peter ist?

Es fällt ihm außerordentlich schwer pünktlich und gehorsam zu sein, der Trieb zur Ordentlichkeit, der Hans veranlaßt, seine Angelegenheiten – auch die innerer Art wie es scheint – in Ordnung zu halten, ist bei ihm sehr gering. Etwas dilettantisch interessiert nimmt er leicht Beschäftigungen vor, die er dann wieder liegen läßt.

Heut den Beginn gemacht zu der plastischen Gruppe: Frau mit totem Kind.

Neulich an Simplicissimus die Zeichnung geschickt: Arbeiterpaar (Frau, Kind auf dem Arm).

Kainz wird bald sterben.

Heut hat ein 18jähriger Aviatiker Hanuschke mit selbstkonstruiertem Eindecker einen Überlandflug gemacht. Er verstand nicht zu wenden und fuhr ein weites Stück über Land.

Neulich stand ein Mädchen von etwa 7 Jahren in einer Torwegecke, vor ihr kniete ein vielleicht 5jähriger Junge und hatte beide

Arbeiterpaar (1909). »Neulich an Simplicissimus die Zeichnung geschickt: Arbeiterpaar (Frau, Kind auf dem Arm).«

Hände unter ihrem Rock. Daneben stand ein etwas größerer Junge. Alle drei, besonders die beiden ersten sahen gesund naiv erfreut aus. Einmal sah ich Kinder die verliebte Hunde spielten.

12. September 1910 Hans hat das Abiturium gemacht. Er wußte schon vorher, daß er dispensiert werden würde, es tat uns fast leid, daß wir es wußten. Am 12. ging er fröhlich morgens weg. Als er um ½ 11 Uhr nicht zurück war, hielt ich es doch für möglich, daß er ins Mündliche gekommen wäre. Peter sah ihn vom Balkon aus mit seinem neuen steifen schwarzen Hut. Er ging mit einem andern. Wir liefen ihm entgegen und gerade als er auf der obersten Treppe war, lief Karl aus seiner Wohnung, rannte die Treppe rauf, umarmte den Jungen und sprang. Er freute sich so furchtbar. Oben hatte ich eine Flasche Wein, wir saßen alle vier herum und tranken. Dann ging Hans wieder zur Schule zurück nach den andern sehn, Karl wieder an die Arbeit und ich an die vorbereitende Arbeit zum Abend. 40 Menschen waren wir abends zusammen.

Die Mutter (Prengels waren leider verreist), Schmidts, Hofferichters, Schades, Sells, Sterns (Kati konnte nicht), Lore, Kalmikoff (einige Minuten), Grete Schönian, Margret Bartsch, Kaisers, Laessigs, Hans und Dore Schröder, Georg [Gretor]. Bei Tisch las Karl seine Ansprache vor, dann sprach Konrad, wir sangen. Bevor getanzt wurde, wurde eine große Polonaise getanzt, die liebe Mutter und Hans führten sie an. Mutter blieb bis ½ 12 Uhr nachts und es hat sie gar nicht angestrengt. Als alle gegangen waren, blieben nur noch Schmidts. Sie, Karl, ich und Hans saßen im Balkonzimmer noch zusammen, auf einmal war der Hans eingeschlafen. Er trank immer aus seinem großen Glase. Karl hatte sich zum Abend ganz freigemacht, er freut sich oft so herzlich, aber so wie bei dieser Gelegenheit habe ich selten ihn sich freuen sehn. Schon an den Tagen vorher sang er früh immer Studentenlieder.

Am Tage darauf war Hans mit Konrad im Theater, ich war furchtbar müde, aber weil es der erste Tag seines Mulustums war, trafen Karl und ich uns nachher mit ihnen und Anna in der Künstlerkneipe, wo wir noch an Onkel Theobald und Onkel Julius sowie Tante Toni schrieben. In den nächsten Tagen fiel Hans sehr ab, war abends immer furchtbar müde. Vormittags liest er ein nationalökonomisches Buch, er klagt aber darüber, daß er vormittags so schlecht aufpassen kann.

20. September 1910 Kainz ist tot.

Seit dem 9. September arbeite ich an der großen Gruppe: Frau mit Kind. Ich begreife jetzt wieder nicht, wie es sein konnte, daß ich keine Arbeit hatte und mich langweilte.

29. September 1910 In Moabit sind seit drei Nächten Krawalle. In den Kohlenlagern von Kupfer streikten 50 Mann (forderten eine Erhöhung, von 43 Pf. die Stunde auf 50 Pf.). Daran schließen sich Tumultszenen, die von Janhagel ausgehen sollen. Doch scheint die Arbeiterschaft sehr mit ihnen zu sympathisieren. Am 2. oder 3. Tage war ich nach der Beusselstraße gefahren. Es war kurz vor Fabrikschluß. Die Straße war voll von Arbeitern, meist jungen Frauen, die mit allen Kindern vor der Türe standen, Fabrikmädchen. Die Fenster besetzt. Die Läden schlossen früh. Die Stimmung war sehr gespannt, vor allem wie die Schutzmannschaft vermehrt wurde. Vor der Kirche postierte sich eine Schutzmannkette zu Pferde. Wie ich fortging begann gerade die Säuberung der Straße. Ein großes Aufgebot von Schutzleuten zu Fuß und zu Pferde.

Jetzt endlich scheinen die Tumultuanten Ruhe zu geben.

Die Kohlenwagen von Kupfer fahren nur unter polizeilicher Bedeckung aus und erregen viel Aufsehn und böses Blut.

Frau Honigmann ist hier. Sie protegiert Georg [Gretor] und will ihn nach Breslau nehmen. Will ihn studieren lassen, was Georg und Rosa nicht wollen. Sie entrierte eine Sammlung zu Georgs Ausbildungszwecken, zieht ihre reichen Bekannten heran. Georg war trotz der Peinlichkeit der ganzen Sache dieses sehr gelegen, weil Gretor seit längerer Zeit schwieg und sie ohne Unterstützung von ihm waren. Als Frau Honigmanns Pläne auf dem Höhepunkt waren, erscheint plötzlich Gretor in Berlin. Nach einem heutigen sehr kurzen Besuch von Georg aber scheint es fast, daß Gretor diesmal mit geringen Geldmitteln kommt. Jedenfalls geht Georg für einige Zeit nach Breslau und denkt nach wie vor daran, sich selbständig zu machen.

Frau Lepsius sagte mir, daß Mascha gegen ihre Schwester Lily und den Schwager [Heinrich Braun] prozessiert. Brauns scheinen in schlimmer Klemme.

Frau Naujoks sitzt mir seit 3 Wochen zu der Gruppe Modell. Sie gefällt mir gut. Ist treuherzig, gutmütig. Ernährt gänzlich ihren kranken Mann. Seit 7 Jahren ist er krank, ich glaube kaum, daß sie noch hofft, daß er gesund wird. Sie wünscht es – wird er aber nicht gesund, dann will sie einen gesunden Mann heiraten und aufs Land ziehen. Ihr Mann ist 34 Jahre, sie 28. Ein Kindchen ist ihr gestorben. Sie saß erst mit dem kleinen Hermann Sost. Prachtvoll war sie mit dem Jungen, wie sie ihn auf dem Schoß hatte und mit ihm tollte. Dem Jungen gefiel es sehr wohl bei ihrer Nacktheit, wie ein kleines Tier, wie ein Faunchen benahm er sich mit ihr. Und sie auch voll animalischer gutmütiger Lust. Sie hat diese sinnlose Art mit Kindern zu schwatzen, die ihnen so angemessen ist. Weil der kleine Kerl Läuse hatte und überhaupt nur still saß wenn er schlief, nahm ich die Trudchen Schulz als Modell. Sie ist so alt wie der Junge, sitzt aber ganz still und es ist nach ihr zu arbeiten. Auch ist sie wohlgeformt und ganz fein. Aber sie denkt noch immer an das Hermannchen, den »Bowke« mit »seinen dikken Negerlippen« und »der blanken Nase von all dem Essen«.

Gestern war unser Verlobungstag. Vor 26 Jahren gingen wir durch das Glacis vorm Königstor und über den Roßgarten und die Königstraße zurück. Karl schenkte mir wieder Rosen. Am Abend sagte er, er hätte es *nie* bedauert, daß wir uns damals banden, nur in der Zeit mit Heller hätte er mitunter gedacht, es wäre doch besser gewesen, es wäre nicht dazu gekommen. – Ich wünsche, daß ich nach Karl sterbe. Das Alleinleben könnte ich eher ertragen. Ich stehe den Kindern auch näher. Aber wenn ich sterbe, so ist Karl unerträglich allein. Er liebt die Kinder, daß er für sie sterben könnte und es ist trotzdem eine Fremdheit zwischen ihnen. Er ist oft so traurig darüber. Er denkt an die Zeit, als ich mit den Kindern in Briese lebte, wie Hans in seinem hellen Kittelchen ihm entgegenflog, wenn Karl Sonntag Nachmittag herauskam. Peter war schon als kleines Kind etwas zurückhaltend gegen Karl aber Hans liebte ihn. Und jetzt ist Hans meist stumm wenn Karl da ist, es ist keine Verbindung zwischen ihnen wie sie zwischen mir und den Jungen ist. Darum wäre Karl so unerträglich allein wenn ich vor ihm stürbe. Ich kenne keinen Menschen, der so liebhaben kann, so mit ganzester Seele. Oft hat mich diese Liebe gequält, ich wollte freier sein. Oft aber hat sie mich auch so beglückt. Ich glaube kaum, daß ich ihn je noch auf lange Zeit verlassen werde. Das Altwerden ist zum Teil ein notgedrungenes Anpassen und Anfügen. Noch vor einem Jahr wünschte ich mir, wenn Hans aus dem Hause wäre – jedenfalls aber wenn beide aus dem Hause wären – für lange fortzugehn. Nach Paris. Ich wünsche es mir jetzt viel weniger. Zur Arbeit komme ich jetzt so viel als ich es brauche, das ist doch die Hauptsache.

Heinrich und Trude siedeln wieder nach Berlin über. Heinrich nimmt an seines Vaters Arbeit teil, täglich 2 Stunden à 10 Mark. Er hat einen Kontrakt unterzeichnet, wonach er 8 Jahre lang sich von Dr. Asch fernhält.

Hans Prengel war hier. Die Scheidung will er nicht einleiten, weil wie er sagt er nicht an die Sache erinnert werden will. Grete hat nach wie vor ihre närrischen Gedanken über »Schaffende« usw. Sie ist ein armes verrücktes Wesen.

Georg Stern schlug vor, daß er und Karl monatlich zusammenschössen, damit Julie es nicht so schwer hätte. Doch lehnte es Julie ab und will nur im Notfall sich an uns wenden. Sie schrieb einen guten herzlichen Brief. Sie deutete an daß Gutzki übers Jahr vielleicht Paulas Verlobter wäre. Leider scheint diese Sache sehr unbestimmt und Paula vielleicht von neuem enttäuscht.

Regula lebt jetzt bei Kaisers, Hanna ist zu Haus. Hanna fühlt sich vielleicht etwas einsam. Hellmut scheint mehr zu Rele jetzt zu neigen und Rele mag ihn wohl recht gern. Mit Kati macht es sich besser. Maria ist gesund und sehr gut entwickelt. Die Mutter kam von Rauschen sehr erholt zurück, aber jetzt setzt ihre Gedächtnisschwäche wieder sehr bemerkbar ein. Lise ist übermüdet und angegriffen, auch Georg.

Die Schwester Julie Hofferichter (1865–1917) mit ihrem Mann und den Kindern Konrad und Paula (um 1895)

9. Oktober 1910 Gestern war die Generalaufführung von »Selig sind die geistig Armen« vom Hellmut Kaiser. Es waren viele Gäste da. Mir wurde sehr traurig während der Aufführung. Der liebe Junge spielte so wie er immer spielt. Heut soll Wegener ein Gutachten abgeben. Er wird es kaum tun und wenn er es tut so wird es wohl ungünstig für Hans ausfallen. Das Stück war mir auch etwas peinigend. Allmählich schien es mir aber frischer und naiver. Im Ganzen und Großen deprimierend. Doch weiß ich nicht, ob dies nicht eben auf meinen Eindruck von Hansens Spiel zu schieben war.

Vor zwei Tagen schlug Karl bei Tisch Hans vor, doch nun hineinzuspringen in die Sache und zwar Medizin zu belegen, im übrigen nationalökonomische und philosophische Kollegs zu hören. Hans war zu meinem großen Erstaunen bereit dazu.

Gestern brachte auch noch Hanna zum Überfluß einen Brief von Alexander aus Leipzig mit, worin er mich beschwört, wir möchten doch bloß Hansens Herzenswünschen uns nicht entgegenstellen. Ein ganz einseitig gesehener belangloser Brief.

Ich habe die Gruppe Mutter mit Kind bis zu einem Grade fertig gemacht, lasse sie jetzt in Gips gießen und hoffe sie im Winter in verkleinertem Format in weichem Stein aushauen zu können.

Peter sagte bei Ferienanfang: »Was werde ich jetzt tun? Ich werde mich wollüstigen!«

War in der Schwarz-Weiß-Ausstellung der Neuen Secession. Allmählich bekomme ich doch etwas Ahnung davon, was diese neue Richtung Gutes haben könnte. Eben »sie reizt und wirkt und muß als Teufel schaffen«. Als ich hinterher in das Nebenkabinett kam, wo einige Arbeiten der Refüsierten hingen, wirkte die dort vorherrschende platte glatte Talentlosigkeit noch viel schlimmer als die Sauereien der Neu-Secessionisten.

Frau Naujoks unterbrach am Donnerstag ihr Modellsitzen bei mir um zu dem alten Begas zu gehn. Der soll auf dem Sterbebett liegen. Er habe – erzählte Frau Naujoks – zum Donnerstag sie und noch ein anderes Modell hinbestellt – er wolle sie noch einmal nackt sehn und jede solle 10 Mark zum Abschied bekommen. Als sie nun hingingen, fanden sie schon 13 andere Modelle dort, aber kein einziges wurde vorgelassen. So gingen sie alle betrübt ohne ihr Goldstück wieder fort. Wahrscheinlich hat man von der Abweisung Begas gar nichts gesagt.

Vor einigen Tagen mit Konrad im Kleinen Theater gewesen. Zwei Stücke von Wedekind. In der »Zensur« spielte er sich selbst als den verkannten Gottsucher. Seine Frau spielte auch sich selbst als ein sinnlich schönes egoistisch forderndes Geschöpf. Ich hatte stellenweise einen fast peinlichen Eindruck von Selbstentblößung.

Manon Goesch soll zurückgeblieben in der Entwicklung sein. Sie hat Krämpfe gehabt. Fides soll ein schönes und reizendes Kind sein.

11. Oktober 1910 Gestern war die Aufführung bei Kaisers. Paul Wegener gab sein Urteil dahin ab, daß Hans für die Bühne *nicht* beanlagt sei. Er sprach sehr verständig und ich hoffe nur, daß er auch Hans selbst gegenüber so bestimmt spricht. Er hat Hans noch eine Aufgabe gestellt. Er soll ihm den Wallenstein-Monolog aufsagen.

Heut früh zeigte ich Alexander, Lise und Kauders meine Gruppe, auch die kleinen Plastiken und die neuen Arbeiten.

Alexander Oppler war bei mir um meine Gruppe anzusehn. Er sagte mir was ich eigentlich schon wußte, daß meine Arbeit *als Arbeit* nicht genügend sei. Er ist eben der Berufsbildhauer, der seine Plastiken absolut fertig macht. Das Dreidimensionale. Er hat recht und er hat nicht recht. Vorausgesetzt, daß er ein Modell findet, das genau seiner Idee entspricht, das genau die gewünschte Stellung macht, kann er etwas machen, ja kann er wunderschöne Arbeiten machen. Findet er solche Modelle nicht, dann ist er aufgeschrieben. Wie er sagt, habe er bestimmte Arbeiten nicht gemacht, weil er kein geeignetes Modell gefunden habe. Er löst sich nicht in einer Kleinigkeit vom Modell. Das erinnert mich daran wie Böcklin von Malern spricht, die nie zur Arbeit kommen, weil sie über die Modellmisere nicht herauskommen. – Doch hat Oppler recht darin, daß was ich jetzt mache, dilettantisches Zeug ist.

– Karl ist erkältet. Er macht einen so müden Eindruck oft, der liebe Mensch.

16. Oktober 1910 Heut war Hans bei Wegener und sagte ihm den Wallenstein-Monolog auf. Wegener sagte ihm klipp und klar seine Meinung. Hans kam recht deprimiert nach Hause. Ich sprach lange mit ihm, er begleitete mich zur Frau Becker. Morgen will er sich immatrikulieren lassen. Er belegt Anatomie und den Präparierboden, will Simmel und Oppenheimer hören. Am Abend war Hanna Stern da, er berichtete ihr von Wegener. Er schien verständig und ruhig. Hans erzählte mir wie Wegener mich schätzt. Halb angenehm und halb schmerzlich war es mir aus Hansens Munde das zu hören, als ob ein Mann, den die Tochter liebt, der Mutter eine Liebeserklärung macht. Ich sprach Hans davon wie ich mir denke, daß allmählich in ihm die Vorstellung groß wurde, daß nur der künstlerisch lebende Mensch was bedeute. Wie dumm das sei und wie reich sein Leben sein könne, wenn er sich nicht auf Künstlertum, das er nun einmal nicht hat, versteift. Ich hoffe, daß im Lauf des Studiums die Schauspieleridee zurücktreten wird.

Hans kam mit mir bis zur Frau Becker. Sie ist von ihrem 12. Kind entbunden und ist noch nicht 40 Jahre. Sie ist sehr schwach und matt, furchtbar mager, aber der Junge ist so dick wie ich noch kein Neugeborenes sah, unglaublich groß und kräftig.

Gestern an einem schönen Herbsttag gingen wir von Finkenkrug über Brieselang – Pansin – Wansdorf – Bötzow bis Hennigsdorf. Es waren noch Laessigs, Hans Prengel, Rele und Hanna Stern, Hellmut und unsere Jungen dabei.

Hans Prengel erzählte dem Karl, daß er ein Verhältnis mit einer Frau eingegangen ist und sich sehr befriedigt fühlt.

Am Sonnabend Lisens 40. Geburtstag. Georg [Stern] kann vorläufig keinen Urlaub nehmen. Lise geht nun allein für einige Zeit nach Chorin.

22. Oktober 1910 Heut war Hans noch einmal bei Wegener, spielte ihm den Kosinsky und den Baron vor, aber Wegeners Urteil blieb genau ebenso ablehnend.

Julie hat von Katis Lehrer gehört, er hielte Kati [Stern] nicht für zurückgeblieben, wenigstens nicht in beunruhigendem Grade.

Jetzt ist meine Gruppe in Gips gegossen.

November 1910 Unsere Gertrud ist augenscheinlich an einen Mädchenhändler geraten, hat es aber nicht geheimgehalten und weint und schluchzt jetzt, weil man dem Mann an den Kragen will. Sie ist so schwach. Ihr gebrochenes Wesen wenn man zu ihr spricht, die Ströme von Tränen, ihr Geloben zur Besserung. Jetzt wird sie polizeilich beobachtet um den Mann herauszufinden.

Tolstoi ist von seinem Gut irgendwohin geflohen, wo er nach seinem Wunsch leben kann. Er hat seinen Arzt mitgenommen. Er flieht die Familie, die Besucher, die Phono- und Kinematographenhändler. Er will endlich so leben wie er es für gut hält. Er ist 82 Jahre alt.

Die Ödipus-Aufführung am 7. November. Ganz grandios, ganz gewaltig. Wenn auch nicht sophokleisch und nicht antik, wenn auch Zirkusstil (»King Ödipus in Karlshorst«) – so doch *neu*, aufregend, kolossalisch in den Dimensionen, tragisch wirkend. Das Volk nach der Kunde von Jokastens Tod hin- und zurückgeschleudert am Palast wie tosende Brandung. Der Strudel. Als dann der geblendete Ödipus erscheint, der aufseufzende Schrei mit dem das Volk zurückbebt bis aus der Arena heraus. Ödipus wenn er aus seiner Sonnenhöhe zum Chor sprach, ebenso wie er den Chor nur als dämmernde Masse sah, schien er ihn zu hören, nur undeutlich, nur halb willig hörte er hin mit dem ärgerlich ungeduldigen Gesichtsausdruck eines Menschen, der Unliebes hört. Dann sein *Schreien*, als er aus dem Palast kommt, sein fassungsloser Jammer. Jokaste mit dem blutroten Munde, wie sie beide Arme horizontal von sich streckend das Unentrinnbare sieht.

Und zuletzt der Beifall, wert einer solchen Aufführung.

Tagelang hat es mich gehoben als ob ich die 9. Symphonie gehört hätte.

Die seidene Strickleiter mit der Gertrud sich entführen lassen wollte. Sie weint sich zuschanden aus Enttäuschung, Scham, Sehnsucht und allgemeiner Zerstörtheit. Heut sagte sie, wenn er, »Erwin«, käme und sagte, sie solle mit ihm mitgehn, sie tät es doch. Sie hat mit ihm verkehrt, scheint zum Glück aber nicht schwanger zu sein.

Soeben sprach ich mit Alice Schalek durchs Telephon, sie geht in diesen Tagen nach Wien zurück, ohne daß ich sie ordentlich sprechen konnte. Ich gab ihr einen Gruß an Heller mit. Sie erzählte von ihm, daß er im Sommer sich verliebt habe. Seinen Kindern soll es gut gehn.

20. November 1910, Totenfest Ich liege im Bett, weil ich einen ganz leichten Gelenkrheumatismus habe infolge einer Mandelentzündung. Hans war heut früh auf dem Kirchhof an Lisbeths Grab.

Karl erzählt von einer Patientin, Arbeiterfrau, die ihren Mann sehr schlecht behandelt, verkeilt ihn braun und blau, und dabei als »Doris« verliebte und schmachtende Gedichte an ihren »Jäger« – einen Kassenbeamten – richtet.

26. November 1910 Heut Secessionseröffnung. Ich im Bett mit Gelenkrheumatismus.

Tolstoi groß und einfach gestorben. Unversöhnt mit dem Synod. Von seiner Familie, Studenten und Volk in Jasnaja Poljana in seinem Garten begraben: ewiges Gedenken.

16. Dezember 1910 Heut Lisbeths Todestag. Auch Tante Benninas Geburtstag. Der 70. Nur Hans ist von uns da. Karl ist in seiner gewöhnlichen Hetze, Peter hat Bronchitis, ich kann noch nicht weit ausgehn. Peter schon Wochen krank, es bessert sich kaum. Dabei ist der Junge etwas müde. In sehr freundlicher guter Stimmung, aber zu matt.

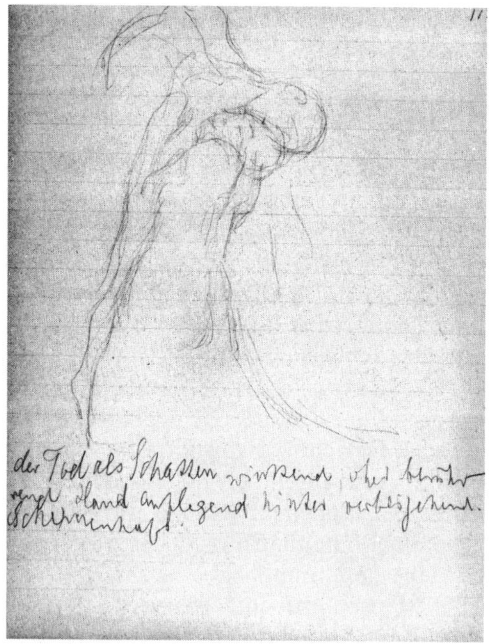

Zeichnung zum Thema Tod im Tagebuch, Dezember 1910. »Der Tod als Schatten wirkend oder berührend Hand auflegend hinten vorbeigehend. Schattenhaft.«

Paula ist zum vierten Mal eine Hoffnung gescheitert. Julie und sie rechneten bestimmt darauf, daß Ehrhard sie liebe und im Frühjahr heiraten würde. Er hat keine Ahnung davon gehabt wie es sich jetzt zeigt.

Ich bin immer noch so furchtbar müde und lendenlahm. Und dann deprimiert mich Karls stete Überarbeitung ohne Ruhepunkt. Dies dauernde »Muß aber gleich wieder laufen«, diese Klagen, daß er mit den Besuchen nicht rumgekommen ist, dies zerknüllte verzagte Gesicht. Und Peters wochenlanger Husten.

Hans allein ist frisch. Gestern in einer theosophischen Versammlung gewesen (Steiner), dann zum ersten Mal seit langer Zeit wieder mit Goeschs zusammengewesen. War am andern Tag belebt und frisch, hat den Eindruck, daß er sich gegen Heinrich behauptet habe.

Hans Prengel ist ein Verhältnis mit einer verheirateten Frau eingegangen. Sie meint schwanger zu sein.

Auch von Elisabeth Richter bekam ich einen Brief, in welchem sie von Schwangerschaft berichtet. Sie bekommt ein Kind, ist in frischer schöner Stimmung, trotzdem sie nicht heiratet.

Rosa Speyer ist am Brustkrebs operiert.

Rele und Hellmut haben sich verkracht.

Während meines Krankseins liebte ich Karl so, sehnte mich nach ihm und war froh wenn er für eine halbe Stunde da war. Diese Liebesempfindungen gegen ihn sind jetzt so selten, oft sehe ich ihn so trostlos nüchtern, zum Verzagen gleichgültig an. Nicht daß ich ihn nicht doch lieb hätte – ich weiß, daß ich ihn lieb habe, aber es ist ein Wissen, es ist kein Gefühl für ihn da, dieses himmlische durchströmende produktive beglückende Liebesgefühl schrumpft immer mehr weg. Ich sehe die Jungen viel öfter als Karl, ich seh sie jung, aufblühend, elastisch. Karl schrumpft gegen sie zusammen, er wird immer kleiner, seine Glieder kürzer, die Haltung eng und unfrei, das Gesicht verknüllt faltig nervös. Ebenso wirke ich. Wo soll da Verliebtheit sein? Sie vertrocknet. Hie und da sinnliche Zeiten, bei ihm mehr wie bei mir, für gewöhnlich nicht bei uns zusammenfallend. So oft ich auf den pathologischen Zustand der Liebe geschimpft habe – das ist doch klar, daß der nicht verliebte Mensch entbehrt, wenn er selbst es auch nicht immer fühlt. Was ihm fehlt, merkt er erst, wenn er wieder mal verliebt ist, als ob alle Venen sich mit einem Mal mit Blut füllen ist einem zumut.

10.Januar 1911 Hans sagt: Ich bin keine Persönlichkeit, ich habe keinen Instinkt zum Leben, wo andere handeln, seh ich zu. Verkehr mit Menschen nutzt mir nichts, weil ich keinem etwas geben kann und dabeistehe, »innerlich wirr«. Daß ich keinen Beruf ergreifen kann, liegt an meinem Mangel an Persönlichkeit, andere hätten sich schon hundertmal entschlossen. Ein Beweis für meinen Mangel an Persönlichkeit ist mein Bedürfnis aus dem und dem mir einen Gott zu machen und ihm nachzusprechen. Befriedigt fühl ich mich nur in den wenigen Momenten, wo ich schöpferisch bin, das Präparieren im Seziersaal scheint mir verlorene Zeit, weiß aber nichts Besseres an die Stelle zu setzen.

Die ganze Melancholie des Jungen wurde so zum ersten Mal von ihm selbst gesagt – wenigstens mir gegenüber. Er ist nicht produktiv beanlagt und hat eine so große Sehnsucht danach. Er denkt daran die Medizin wieder fahren zu lassen und weiß nicht was sonst vornehmen. Nichts interessiert ihn im Innersten. Nicht einmal die Schauspielerei, wie ich es dachte. Am liebsten würde er noch Philosophie studieren, aber auch da hat er Bedenken und hat wohl mehr die Vorstellung, daß er dann Zeit hätte zu dem melancholischen Spintisieren über sich.

Diesen letzten Winter, den Hans hier verlebt, hätte ich mir ganz anders gedacht. Durch Peters Kranksein ist alles so still und gedrückt. Bis kurz vor Weihnachten schien mir Hansens Stimmung besser aber schon in den Ferien verschlechterte sie sich und jetzt ist er so melancholisch wie zu Schulzeiten. Er spricht von Georg [Gretor]: »Der hat jetzt *seinen* Beruf!«

20. Januar 1911 Hansens Stück gelesen, das er uns zu Weihnachten schenkte. Es macht mich traurig. Gestern erzählte mir die Lepsius von Kalckreuths, daß Frau [von] Kalckreuth jetzt 5 Jahre nach dem Tode des Sohnes fast noch ebenso empfindet wie zuerst. Sie soll sich nicht wiederaufrichten können. An den jungen Kalckreuth muß ich so viel denken. Große Angst habe ich um Hans. Manchmal kommt es mir vor, als muß er fort von Hause auch aus dem Grund, weil er zu sehr an mir hängt. Er hängt an meinem Urteil. Er ist überhaupt noch nicht losgelöst von mir. Wie er als Knabe eine Zeit hatte, wo er nach Zärtlichkeiten von mir verlangte, wo entschieden sein Geschlechtstrieb sich auf mich warf, so kommt es mir machmal vor, als ob noch etwas Ähnliches in ihm steckt. Der Junge ist so belastet, ich weiß nicht warum. Peter ist so normal und Hans schleppt sich mit so vielem Quälenden. Manchmal denk ich, ob er gut täte sich von Freud analysieren zu lassen? Wenn sich ihm doch ein Ventil öffnen würde, daß er Luft bekommt.

28. Januar 1911 Am Mittwoch fuhren Karl und Peter nach Wengen ab. Ein paar Stunden darauf bekam ich die Nachricht, daß die alte Tante Krause überfahren sei. Meine Unschlüssigkeit, ob ich Karl gleich davon Mitteilung machen sollte oder nicht. Bis jetzt hab ich ihm nichts geschrieben. Die 4 Tage seit ihrer Abreise sind sehr rasch und voll besetzt vergangen. Heut ist mir etwas sehnsüchtig zu Mut, nach beiden. – Gestern abend (Hans war als Statist im »Ödipus«) war ich bei Sterns. Sie sind wieder in Sorge um Kati. Neulich hat sie zur Lise gesagt: »In Charlottenburg war es immer so sehr traurig.« Und als die Lise dann genauer fragte, zeigte es sich, daß sie Erinnerungsbilder hatte als ob sie sehr viel

Schläge bekommen hätte. Einmal hätte der Georg sie verfolgt usw. – Mir fiel dabei Hans ein. Wir fanden ihn einmal als Karl und ich nachts nach Hause kamen in der Korridorecke und Badestubentür im Nachthemd ganz verschluchzt und erschöpft vor. Als wir ihn jetzt fragten, ob er sich daran zurückerinnere, sagte er ja, es hätte einen Krach mit der Emma gegeben, sie hätte ihn damals oft geschlagen. Es ist mir ganz unklar, ob er von dem Gespräch etwas gehört hat, das von Johanna handelte, als ich abends von Sterns zurückkam. Ich besinne mich jetzt nicht, ob ich ihn an dem selben Abend noch nach dem Gespräch wach fand, ich weiß nur, daß als ich ihn am Morgen fragte, ob er gehört hätte, was wir gesprochen hatten, er ja sagte.

Ich habe sein Stück, das er zu Weihnachten geschrieben hat, der Lise zu lesen gegeben.

Von Karl und Peter noch keine Nachricht aus Wengen.

5. Feburar 1911 Soeben von Singers Begräbnis gekommen. Die kolossalen Menschenmassen.

– Morgen ist Peters Geburtstag. Ich glaubte, ich würde mich mehr bangen nach ihm. Eine leise Sehnsucht habe ich nach ihm, aber sie ist noch ganz im Hintergrund. Bang ich mich nach Karl? Nein. Vielleicht könnt ich ganz gut jetzt ohne Mann leben. Überhaupt wäre ich neugierig, wie lang ich das Alleinsein, das ich so gefürchtet habe, aushalten würde. Vorläufig ist es mir lieb. Freilich ist Hans auch noch da. Wenn ich an Karl denke, so fürchte ich auch freu ich mich auf sein Hiersein. Geschlechtliches? Wenig Lust dazu und dann wieder die Stunden, wenn er es sich so wünscht und ich fast erleichtert bin, wenn es vorüber ist. Die gestörten Nächte, die Sorge um seine Überarbeitung. Und Hans gegenüber habe ich das Gefühl von dauernder Anspannung. Als erwartet er immer etwas von mir. Manchmal denke ich: *Ganz allein* sein muß sehr gut sein, wenigstens für eine Weile. Ganz ohne Verpflichtungen mal nur für sich leben. Also ganz frei sein.

Kehler war neulich da. Ich hörte viel von den früheren Freunden, wenig Erfreuliches. Kögel soll schwer, wohl hoffnungslos krank sein. Geselschap ist hier und nach Kehlers Beschreibung ein ziervolles altes Jungferchen geworden, das sich immer von Männern verfolgt und geliebt glaubt, ängstlich, unselbständig, pedantisch. – Von Ricarda Huch erzählte sie, daß das Zusammenleben mit Richard Huch beide enttäuscht hätte, so daß sie sich schon wieder trennten. Nach Kehlers Darstellung ist Huch unerträglich eifersüchtig auf das Kind und quält sich und Ricarda so damit, daß für beide das Zusammenleben unmöglich sei. – Von Geyso und [Rose] Plehn sagte sie, die Einsamkeit ihres Lebens sei ihrem Arbeiten gut, aber ihre Ansichten verknöcherten etwas dabei. Das kann ich mir gut denken. Geyso soll mit gutem Erfolg schriftstellern.

Mit Hans am letzten Montag bei einem Vortrag gewesen, den Oppenheimer vor der Freien Studentenschaft hielt. Über Rassenprobleme. Er leugnet augenscheinlich die konstanten Rassen, oder sagt wenigstens, anatomisch ließe sich der Beweis für konstante Rassen nicht führen. In der Debatte wurde er ziemlich stark angegriffen.

Elisabeth Richter war da. Sie trägt ihre Schwangerschaft mit gutem Mut. Sie ist 30 Jahre, der Mann etwa 20. Nach dem, was sie erzählte, klingt es so, als ob sie schon früher geschlechtlich verkehrt hätte, mit einem ihrer polnischen Landarbeiter und als ob es ein reiner Zufall sei, daß sie dieses Mal und nicht schon früher geschwängert sei. So geht sie nun ganz guten Mutes und ohne jede Sentimentalität heran, einen Sohn zu bekommen, dem der Vater fehlt, so nur für sich. Als ich sie fragte, ob eine Heirat ausgeschlossen sei, sagte sie: »Er ist doch noch so jung, wer weiß wie seine Entwicklung noch geht.«

Wie anders stehn die Mädchen jetzt wie als ich jung war. Ich wuchs auf in einem Kreise, wo man selbständiges Denken und Urteilen hätte lernen können, aber ich tat es nicht. Befangen, ohne weiten Blick, ohne Selbständigkeit war ich. Mein Tun war eigentlich nur immer Instinkttun. Und immer sah ich nach rechts und links wie es aufgefaßt wurde. Das heißt: nachher, zuerst handelte ich wohl instinktiv, auch nicht aus dem sichern Gefühl meiner berechtigten Persönlichkeit heraus, sondern etwas im Traumzustand. Eigentlich etwas moralisch verkrüppelt war ich. Wie kam das? Die Eltern waren gerecht, liebevoll und einsichtig. Vielleicht weil ich ihr moralisches Übergewicht zu stark spürte und weil ich meinte, kein Königsberger Mensch könne meine künstlerisch sinnliche Entwicklung in München verstehn. Ich fühlte mich im Gegensatz und war feige. Das ist die ganze Sache.

Ich las die Feuerbachschen Briefe aus dem Jahre 1840 an seine Eltern. Er war damals ganz jung – spricht von seinem Stimmwechsel – in Düsseldorf auf der Akademie. Vieles erinnert mich so an meine Berliner und Münchener Zeit. Die *große* Liebe, die ich nach Hause hatte, das allgemeine Glühen nach der Kunst, die tiefen Zerknirschungen, Gelübde. Aber Feuerbach drückt sich offener und besser aus. Er war wohl auch glühender und auf seine Sache konzentrierter. Wie wird Peter empfinden, wenn er jetzt in Wengen wirklich allein sein wird, wie Hans im nächsten Semester? Es ist so gar nicht mehr Mode, so zu den Eltern zu stehn wie Feuerbach es tut. Ich glaube, unsere Jungen fürchteten sich lächerlich zu machen, wenn sie mit so tiefer Zerknirschung wie Feuerbach melden sollten, sie hätten nicht alle kleinen Ausgaben notiert. Das Vertraulichstehn mit den Eltern nimmt vielleicht etwas von der Pietät ihnen gegenüber. Ich glaube, daß sowohl die Sternschen Kinder wie auch unsere nicht mit solch frommer pietätvoller Liebe zu uns Eltern empfinden, wie noch wir es taten. Keinesfalls würden sie es aussprechen. Sie empfinden uns etwas mehr als Kameraden, deren Anschauungen sie billigen oder nicht billigen. Ein Gewinn in der jetzigen Stellung der Kinder zu ihren Eltern ist vielleicht dieses, daß die Kinder sich moralisch freier fühlen als früher. Eben das, was ich vorher schrieb, daß ich als junger Mensch nicht aufzumucken wagte gegen die Eltern, wenn sie meine Handlungen mißbilligten, ist jetzt vielleicht gewichen. Das moralische Übergewicht ist nicht so stark.

Bei Singers Begräbnis ging der ganze 4. Wahlkreis dem Sarge voran. Der Zug dauerte – bevor der Leichenwagen kam – wohl eine Stunde. Die Physiognomien wirkten allmählich betrüblich. So *viele* schlecht entwickelte Menschen. So viele häßliche, unintelligente Gesichter. So viel Kränklichkeit und Verunstaltungen. Und doch waren sie noch als Sozialdemokraten eine Auslese nach oben aus dem Volk. Hinter dem Sarge kamen dann die Stadtverordneten. Viele davon konnten wir nicht sehn, weil wir unglücklich hinter die Elektrische gedrängt wurden. Aber soviel man sehn konnte waren die Physiognomien unter ihnen – selbstverständlich – ganz andere. Der Leichenwagen war nach jüdischem Brauch, ganz schwarz mit je zwei Lampen seitlich. Gut war es, wie jedermann seinen Hut abnahm, als der Sarg vorüberzog.

[Februar 1911] Am 16. Februar kam Karl abends an. Ich freute mich doch so sehr, sehr. Frisch, verbrannt, jugendlich kam er an, Wärme und Liebe mitbringend. Der Abschied von Peter ist ihm sehr schwer geworden.

Bevor ich auf den Bahnhof ging war ich bei Plehns. Hab den kleinen Wolf gesehn, einen netten frischen Dickkopf. Er sieht Maria Plehn ähnlich. Kehler erzählte eine Geschichte von einer alten 92jährigen Tante. Sie ist fast blind. Es klingelt, das Mädchen ist fort, sie öffnet, es ist ein Bettler da. Sie geht, holt ihre Schatulle, hält sie ihm hin: »Da links liegt das Gold, das nehmen Sie nicht, da in der Mitte liegt Silber, das nehmen Sie auch nicht, aber da rechts nehmen Sie sich raus.«

Gestern war ich in einer kinematographischen Vorführung der Eientwicklung beim Seeigel. Er war riesig fein zu sehn, wie die Zelle sich spaltete, bis zur Traubenform, die Bewegung der Zellen nach dem freien Mittelraum, die rotierende Bewegung um aus der Eihülle zu kommen, der Durchbruch und das befreite ins Meer schwimmende Ei. Das muß Peter auch noch sehn wenn er kommt, Hans kennt es.

22. Februar 1911 Heut starb Tante Krause. Bald nach 3 Uhr. Auguste Augstein und ihr Mann waren da. Als Karl kam war die Tante schon tot. Augstein, der immer eklig zur Tante war, weinte.

Vorgestern abend las ich im Abendblatt von dem Unglück in Wengen. Wir telephonierten, ob Peter gesund sei? Am andern Morgen kam die Antwort: »Ja, Peter«. Dann seine kurze anmeldende Karte und am gestrigen Abend der Brief, in dem er ausführlich erzählt, wie Otiker, Fischer, Bertschinger, Fanny Dubois, Miss Harway, Peter und Kurt aufgestiegen sind, wie das Unglück passiert ist und wie sie unter »scheußlichen Strapazen« nach Grindelwald gelangt sind. Furchtbare Sache!

Ich arbeite an den kleineren Blättern zum Tode. Ich habe das große Blatt fallengelassen und will sehn, in kleineren Platten es zu bewältigen. Ich denke mir, ich müßte es können, aber augenscheinlich sind die Arbeitsbedingungen jetzt schlecht. Trotzdem Zeit da ist, ich auch nicht ungewöhnlich müde bin – auch nichts mit Fug und Recht so sonderlich Drückendes auf mir liegt – arbeite ich doch schlecht.

Am 18. war der Monatshefte-Ball. Wir gingen doch wieder hin. Vor allem wollte ich gehn weil Hans da war und es sich wünschte. Viel Schönes, Lustiges und Amüsantes war da. Lilli Ackermann – Lotte Reichel. Rele war mir erstaunlich. Als ob sie nie die Strenge, Männliche gewesen wäre, ließ sie sich von Joachim umarmen und es gefiel ihr wohl recht gut. Hellmut war nicht da. Die Kreuzun-

Regula Stern (später Frisch, 1893–1980) und Maria Stern (später Matray, geb. 1907)

gen des Bruderpaares Kaiser und des Schwesternpaares Stern sind schon komisch.

Hans als Franctireur sah lange nicht so gut aus wie ich dachte, gewann aber alle durch seine Hingebung an *»das Fest«*. An Alexander erinnerte er mich, leidenschaftlich erregt, leidenschaftlich sich amüsieren wollend, fern von jeder behaglichen Hingabe sich im Gegenteil aufgeregt hineinstürzend. Pathos in allem Amüsement. Den Kopf immer höher haltend. Zuguterletzt – nachdem wir etwa eine Stunde zu Hause waren – kam er absolut verrückter Weise im Auto an. Auch das ein Zeichen seines überspannten Gefühls, sonst hätte er eine Elektrische benutzt, die schon anfing zu gehn. Karl so sehr nett als alter Jude.

Von Tolstoi in »Briefen an Nazarener« gelesen. Ein österreichischer Militärarzt Scarvan hatte den Dienst verweigert und diesetwegen viel auszustehn gehabt. Tolstoi schreibt an ihn voller Liebe und Freude an seinem Tun. Als aber Dr. Scarvan noch einmal vor die Wahl gestellt wird, ob er den Dienst verweigern solle oder nicht, schreibt Tolstoi ihm, er solle versichert sein, daß auch im Falle des Sich-Fügens ihm seine ganze Liebe und Sympathie bleiben werde. Aus späteren Briefen geht hervor, daß Scarvan mit einem Mädchen geschlechtlich verkehrt habe und schwanke, ob er es heiraten solle. Tolstoi bedauert sein »Niedersinken auf eine niedere Stufe«, tritt aber unter diesen Umständen unbedingt für die Heirat ein: »Hat man einmal Geld entliehn und versprochen, es zu einem bestimmten Datum zurückzugeben, so darf man sich nicht plötzlich in jene Sphäre versetzen, wo es weder Mein noch Dein gibt, und seine Schulden nicht bezahlen wollen. Ebenso ist es, wenn man Liebe für sich erweckt, und – schlimmer noch – jene Beziehungen gepflegt hat, die, falls sie nicht zur Ehe führen, wahrscheinlich eine Ursache der Schande und der Reue werden. Dann darf man sich nicht um die unmittelbaren Pflichten drücken und frei bleiben wollen, um Gott und den Menschen zu dienen.«

Hans denkt sehr ernstlich an ein Umsatteln. Er will auf den Regisseur ausgehn und zu dem Zweck seinen philosophischen Doktor machen, eine Weile Volontär-Regisseur sein usw. Felix Hollaender riet ihm so.

Irgendwo – ich glaube in Schlesien – kam neulich Folgendes vor: Eine arme Frau, Mutter von 9 Kindern – ohne Mann – entzieht die Kinder der Schule, soll deshalb eine Mark Strafe zahlen. Da sie diese Mark nicht hat, also nicht zahlen kann, wird sie für einen Tag ins Loch gesteckt. Hier fängt der Strohsack auf irgendeine Weise Feuer, die Frau verbrennt, man entdeckt das erst, nachdem sie ganz verkohlt ist. Das ist wahrhaftig vorgekommen, jetzt vor ein paar Wochen.

Ende März 1911 Am Sonnabend erwarten wir Peter zurück. 2 Wochen darauf will dann Hans weggehn.

Ich war mit Lise in dem Café Kaiserhof am Potsdamerplatz. Da sagte sie mir alles, was in diesen letzten Jahren zwischen ihnen dreien gewesen ist. ⟨⟩

Mitunter wenn ich sie gesehn hatte, begriff ich nicht ihr tief deprimiertes Wesen, wenn sie z. B. sagte: »Das Leben ist ja doch nur eine Last.« Jetzt begreife ich das alles.

Heut zum ersten Mal ein Frühlingstag. Der Hans läuft draußen rum, er ist so voll. Der Junge fängt erst jetzt an aufzuleben nach seiner Halsentzündung. Bei Sterns sang er neulich mit den Mädchen zusammen »Schön ist das Fest des Lenzes« und »So wahr die Sonne scheinet«. Er stand da und sah unendlich liebenswürdig aus, ich sah ihn zum ersten Mal wieder mit neuen Augen. – Mitunter ist es mir so sehr schmerzlich daß er fortgeht und mitunter bin ich so ganz einverstanden damit und glaube, ich werde mich nicht bangen.

Eine der rührendsten Begebenheiten, die ich kenne, ist folgende: In Amerika war vor einigen Jahren ein Schulbrand. Die vielen kleinen Mädchen drängten heraus und in der engen Türe entstand ein solches Gedränge, daß die Tür von den Kinderleibern verbarrikadiert wurde, es konnte überhaupt keines heraus. Draußen standen die Mütter. Eine Mutter konnte aus diesem Knäuel ihr Kind nicht herausziehn, so hat sie immer nur mit Schwenken versucht, die Flamme von ihrem Kind fortzuhalten.

Nora Stern ist von Hans getrennt, sie hat alle drei Kinder zugesprochen bekommen. Sie geht mit Ulrich und Liselotte nach Freiburg, Ruth wollte gern beim Vater bleiben. Sie macht Michael[is] ihr Abiturientenexamen und will dann nach Berlin gehn.

April 1911 Heut mit Lise bei Josty gesessen und wieder über die Sache gesprochen. Sie will sterben. Sie wünscht es sich. Am liebsten würde sie mit Kati zusammen sterben. Es ist trostlos. Sie sagt: Rele und Hanna brauchen sie nicht mehr, Maria wird sich normal entwickeln. Aber von Kati hat sie das Empfinden, sie stürbe besser. Ich sagte ihr, wenn noch ein Jahr vorüber sein wird, dann ist sie entweder gesund oder fühlt sich gesund werden, oder sie ist physisch erschöpft. Ich meine, wenn Georg sieht, daß sie zugrundegeht, wird er ihr zuliebe sie ganz nach Wunsch gewähren lassen, aber ich weiß zugleich, wie hinfällig das gedacht ist. Wie es liegt geht – wenn nicht die Zeit alles bessert – entweder Lise zugrunde oder Georg hält es nicht aus. Lise wäre zwar freier, wenn Wertheimer stürbe, es wäre die beste Lösung, sein Leben ist doch zerstört. Das Schlimmste ist der Riß zwischen Georg und Lise. Kein Mensch ahnt ihn, jeder hält sie für glücklich.

Am Sonnabend dem 25. März kam Peter von Wengen zurück, sehr verbrannt, wohl aussehend. Karl, Hans und ich holten ihn vom Anhalter Bahnhof ab, er hatte seinen Überzieher in Wengen vergessen und kam so ohne ihn. Wie wir zu Hause beim Tisch saßen, Blumen und Süßes, Lina hatte einen Kuchen gebacken. Am Tage drauf nach Tisch zu Sterns gefahren, Karl konnte wieder nicht dabei sein, auch Rele war nicht da, sie hatte eine Halsentzündung. Jetzt ist Peter über eine Woche hier, er stößt sich etwas herum, ist liebenswürdig, fast ganz der alte. Seine gemalten Skizzen, die er von Wengen brachte. Entschieden hat er Talent und der Gedanke, daß er Maler werden könnte, scheint mir nicht mehr

Max Wertheimer (1880–1943)

so unmöglich. Ob er aber Fleiß, Ausdauer und Willen genug dazu haben wird, ist mir die Frage.

Hans modelliere ich jetzt vormittags. Der Junge! Ich werd mich sehr sehr nach ihm bangen.

Neulich fuhr ein Kindermädchen einen Kinderwagen auf der Mittelstraße. Wahrscheinlich war sie in großer Eile, wollte einem andern Kinderwagen vorausfahren und bog nach der Mittelstraße an dem andern Wagen vorbei. In dem Augenblick kam eine Equipage ihr entgegen, ein Ausweichen unmöglich. Da sprang sie gegen die Pferde und riß sie nach der Seite, der Kinderwagen wurde nur gestreift, das Mädchen aber kam unter die Pferde und wurde getötet.

Ostern 1911, 1. Feiertag Peter seit gestern mit Rele und Hanna [in] Eberswalde. Ich vormittag Secession gewesen. Die Plastiken angesehn. Reizend das tanzende Mädchen von Kolbe. Eine Bronze, spielende Kinder, die ich für eine Taufe oder so etwas von Minne hielt. Nur eine Ansicht, sehr hübsch in der Verschränkung der Glieder. Sie ist von *Richard Langer*. Von demselben eine Holz-Madonna, auch nur Vorderansicht. Derselbe hatte 1910 ein sitzendes Mädchen, das ich mir angestrichen habe, aber nicht mehr in Erinnerung habe. Ferner *Engelmann*, die Schlummernde, ein kolossalisches Weib, auf den rechten Arm gestützt, schläft sitzend. 1910 ebenfalls eine Schlafende von ihm. Recht gut, einfach. 1910 von *Albiker* eine überraschte Susanna. Nachahmung eines schwachen Rodin, scheint mir in der Plastik, was Neu-Secessionisten in der Malerei sind. Von *Milly Steger* Berlin eine recht gute Steinfigur eines Mädchens. 1910 weiblicher Halbakt, Terrakotta, sehr gut. Von *Hans Schmidt*, der vor 2 Jahren Adam und Eva hatte, die aneinander vorbeichassieren, vor einem Jahr Mann und Frau, die an der Erde hocken, ist jetzt eine kauernde weibliche Figur da, die wie mir scheint verdientermaßen schlecht gestellt ist. Von *Tina Haim* Berlin 1910 Schlummernde Kinder, 1909 Porträt ihrer Schwester. Beides gut. Martha *Bauer* Berlin 1909 Mädchenakt, Gips (gut 1908 ein Knabe, Gips). – Von Oppler seine Eva da. Sehr gut, aber etwas langweilig. Der kleine Kolbe ist mir lieber.

Zu morgen Frau Naujoks bestellt. Will wieder plastisch versuchen. Diesmal kleiner. Vielleicht komme ich eher zum Ziel. Wenn ich mit Oppler spreche bin ich entmutigt. Er bietet mir an, mich zu korrigieren, ich will nicht darauf eingehn, weil ich etwas anderes im Sinn habe – schließlich – als er. So wenig ich die Neu-Secessionisten in der Plastik liebe, so liebe ich schließlich auch nicht seine Porträtakte, an denen jedes Tüpfelchen nach Modell gemacht ist. So etwas zu arbeiten wie Albiker es tut, ist nicht schwer, wenn ich aber plastisch ausstelle, muß es etwas sein, sonst schade ich mir nur und kränke mich selbst.

Gestern vor einer Woche – am 8. April – fuhr Hans nach Freiburg ab. Die letzten Tage wurden mir recht schwer. Am letzten Abend hatte ich Wein besorgt, wir saßen um den Tisch unter der Hängelampe, mir gegenüber Karl, links Hans, rechts Peter. Der Junge sprach über Anna Plehn, wie vertraut er sich mit der fühlt. Dann gingen sie schlafen. Als ich zuletzt an das Sofa kam und Hans mir die Hand entgegenstreckte, sah er mich nicht an, die Mundwinkel waren ganz herabgezogen. Ich küßte ihn und in der andern Stube mußte ich sehr weinen. Er weinte wohl auch. Das aber war das Schwerste. Der nächste Tag ging wieder besser. Als wir dann abfuhren, sagte er Pitti Adieu, der hinter der Küchentür stand und sich gar nicht mehr hervortraute. Unten aus der Droschke sah Hans noch nach oben. Auf dem Bahnhof trafen wir gleich Karl, oben war Hans Prengel, die beiden Kaisers. Der Zug ging ab, wir winkten. Als wir uns umdrehten, war Laessig da.

Ich will Hans immer im Gedächtnis haben und nie von späteren Eindrücken seines Gesichtes verwischen lassen, wie er jetzt aussah, in seinem 19. Jahr. Z. B. als neulich Karl zu ihm sprach und er wie immer stumm zuhörte. Das Gesicht etwas schmal und bleich in der Farbe (wenn ich mir beim Porträtieren seine Backe besah, dachte ich oft: wie ein Mädchen), die Augen mitunter so ohne Rückhalt in einen versenkt, der Mund: zart, rein, unendlich unschuldig, rührend und traurig. Vom Küssen so weit entfernt. Sein Gesicht rührt mich manchmal, daß ich weinen möchte, ihn küssen, streicheln, in die Arme nehmen wie ein kleines Kind. Hingebend, unschuldig und fromm sieht er oft, sehr oft aus. In Jung-Stillings Lebensbeschreibung las ich, wie Jung-Stilling seinen Vater anblickt, als der roh auf ihn zugehn will. Da mußte ich an Hans denken mit seinem Lamm-Blick. So sanft sieht er einen an.

»Denn am Ende des Lebens gehen dem gefaßten Geiste Gedanken auf, bisher undenkbare; sie sind wie selige Dämonen, die sich auf den Gipfeln der Vergangenheit glänzend niederlassen.« (Goethe)

[Prerow] 28. Juli 1911 Ein heißer Tag und sehr warmer Abend. Nach Abendbrot fuhren Peter und ich auf der See, Karl wartete auf dem Landungssteg. Als wir zurückgingen lag ein unheimlich dichter Nebel über den Wiesen. In Peters Stube schien Licht zu brennen. Ich wollte sagen: »Das ist nicht unheimlich, denn es kann bedeuten, daß Hans überraschend gekommen ist.« Ich sagte es aber nicht, weil ich nicht daran glaubte. Im Hausflur wartete Frau Kruse und sagte, Hans sei da. Wir liefen nach der Villa Elise. Peter war voraus und Hans, als er hörte, daß wir kamen, hatte sich hinter einem Baum versteckt und sprang vor. Er umarmte uns zu gleicher Zeit. Als wir dann in der Veranda an der Lampe saßen, fand ich Hans schmal, blaß und etwas hohläugig. Er war die Nacht durch gefahren und am nächsten Tag auch noch hierher und war sehr müde. Er schlief in einem andern Hause, wir begleiteten ihn noch hin. Am nächsten Tage überraschte er Sterns. – Wie er mir schien nach 4monatigem Fortsein. Unverändert in Gang, Kopfhaltung, Sprechweise. Der etwas langsam gedehnte Ton beim Sprechen, seine gravitätisch etwas geschraubte Art sich auszudrükken. Was an Alexander erinnert, wenn er feierlich ist. Die etwas steife Grandezza in Bewegungen. Heut am Abend ist er 2 Tage hier. Ich hatte das Gefühl, daß er heut nachmittag ein trauriges

und enttäuschtes Gefühl hatte. Er sieht mich immer noch auf dieselbe Weise an, als ob er etwas Bestimmtes erwartet. Fast gespannt. In den Gesprächen, die vorläufig noch ziemlich flüchtig und durcheinandergehend waren, weil so viel zu erzählen war, konnte alles nur gestreift werden. Ich selbst hatte am ersten Abend ein Mischgefühl. Ich freute mich so sehr, aber im Bett hätte ich am liebsten geweint.

Einige Stunden bevor Hans ankam, ging Peter auf die hohe Düne um zu malen. Er hatte seine gelbe Leinenhose und grünes Leinenjäckchen [an], im Rucksack sein Malzeug, unterm Arm die Feldstaffelei. Er stand liebenswürdig vor mir und sagte: »Frag mich mal ab, was ich vergessen hab.« Dann ging er. Ich hatte das Gefühl ihn plötzlich wieder ganz neu zu sehn und zu lieben. Es wurde mir allmählich so sehnsüchtig zumut, daß ich ihm nachging. Es kam wohl daher, daß Karl am Tage gesagt hatte, er sei immer in Sorge um Peters Lunge. Zuerst wollte ich nichts darauf geben, aber allmählich merkte ich doch, daß der Haken saß.

Am ersten Tag nach Hansens Ankunft lagen wir nach Mittag in dem Weidenschatten der Wiese hinter dem Hause. Hans erzählte sprunghaft von seinem Leben und Peter sprach immer dazwischen wie Paga.

August 1911 Wieder in Berlin, das nicht ganz so scheußlich wirkt wie nach Latsch, aber immerhin deprimierend. Kinder auch Erwachsene sehen welk und milchig aus.

Arbeiten langweilig, lustloses Rumtun an Hansens Sandsteinbüste.

Karl auch ich sind trübe gestimmt. Auch Sterns sind es. Karl findet keine Stellung zu Hans und Hans ebenfalls nicht zu ihm. Wenn man ihn ganz gehn läßt wie er es will – in sämtlichen kleinen und großen Angelegenheiten – ist alles gut. Aber es gibt Differenzen an allen Ecken und Enden. Ich habe nicht einmal die Meinung oder Hoffnung, daß im Lauf der Zeit das anders werden könnte, Karl und Hans werden sich wohl immer ferne bleiben. Dabei hat Karl ein Liebesgefühl für beide Kinder, daß er wirklich wie er sagt »für sie sterben könnte«, aber er kommt mit seiner Liebe schlecht an. Übrigens wird *er auch* im Gefühl fremder und kühler je mehr er einsieht, daß Fremdheit zwischen ihm und den Jungen ist. Karls Leben ist gewissermaßen verpfuscht. Was er wollte war Liebe. Für Menschen zu leben, die er liebt und die ihn wiederlieben. Es kam der erste Mißgriff, indem er mich liebte. Unsere ganze Ehe war stets nur ein mehr oder minder glücklicher Versuch sich anzupassen. Sehr oft wünschte ich das auch gar nicht, wollte vollkommen unberührt für mich leben und nur mit einem kleinen Teil meines Wesens mit Karl verbunden sein. Dieser Egoismus ist auf Hans übergegangen, er empfindet sich als eine Eins, die unteilbar ist, glatt und rund in sich abgeschlossen, nach keiner Seite sich öffnend. Höchstens nach meiner Seite. Vorläufig. Beziehungen zum andern Geschlecht hat er ja einstweilen kaum. Da er trotzdem Pietät hat, schwankt sein Empfinden seinem Vater gegenüber immer hin und her. Natürliche Liebe und eine gewisse Frömmigkeit ziehn ihn hin, Kritik, Egoismus stoßen ihn ab. Und dann der Ästhetizismus. Beide Jungen sind jetzt ästhetischer gebildet als Karl. So überwiege in den Kindern ich. Das sexuelle Band, das mich immer ziemlich kräftig mit Karl verbunden hat, ist zwischen Vater und Söhnen nicht da, in Wahrheit ist eigentlich gar kein Grund für Sympathie zwischen Eltern und Kindern abzusehn, sobald die Kinder erwachsen werden und die Gewohnheitsbindung mehr aufhört. Es *könnte* natürlich sein, daß die sehr differenten Eltern in den Kindern sich ausgleichen und die Kinder sich mit beiden Eltern verwandt fühlen. Es kann aber auch leicht so kommen, daß die Verschiedenheiten der Eltern in den Kindern noch verschärft herauskommen, oder daß die Kinder nur die Art eines der Eltern und zwar verschärft fortbilden. In dem Fall fehlt natürlich die Brücke zum andern Elternteil.

Jedenfalls wie es auch ist, sind das betrübende Sachen. Karl tut mir manchmal so leid, daß ich heulen könnte. Wie auf der Eisenbahn er dem Hans über die Haare strich und der die Rückwärtsbewegung machte.

Übrigens scheint mir, daß wenn nur ein Teil der Eltern lebt, es diesem leichter zu fallen scheint, in Verbindung mit den Kindern zu bleiben, z.B. Julie, Rosa, Frau Schröder. Bei Sterns liegt es natürlich nicht so wie bei uns, aber glücklicher auch nicht. Da ist es wieder Lise, die eine Entfremdung von den Kindern fühlt.

Mit Peter meint Karl wird diese Fremdheit vielleicht nicht so eintreten. Ich glaube doch.

Peter hat viel gemalt in Prerow.

Gestern mit Hans bei Kaisers gewesen. Es kam gleich die Rede auf Hansens Studienwechsel. Hans war ungeschickt und verlegen, anstatt auseinanderzusetzen was er sich denkt, war er fast stumm

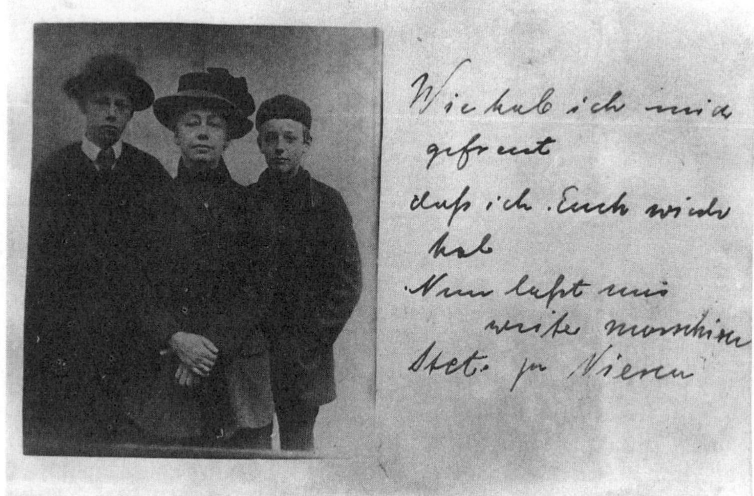

Käthe Kollwitz mit den Söhnen Hans und Peter (etwa 1909)

und ließ Kaiser bei der Vorstellung, daß er von der Medizin zur Germanistik übergehn wollte. Erst allmählich entdeckte Kaiser was er will, nämlich den philosophischen Doktor machen, neben der Philosophie Geschichte Literatur Germanistik zu studieren und sobald er den Dr.-Titel hat, versuchen, irgendwo hineinzuspringen – am liebsten in die Journalistik.

Kaiser setzte ihm alle Bedenken entgegen, daß ein freier Beruf große Spannkraft verlange, daß er zweifle, daß Hans philosophische und journalistische Begabung habe. Schließlich kommt Kaiser immer darauf heraus, ein tüchtiger Kerl finde überall seinen Platz. Und das ist gerade das, was bei Hans nicht zutrifft. Er ist im Kaiserschen Sinn vielleicht kein tüchtiger Kerl. Z. B. seine Stellung zur Arbeit. Ungefähr wie Pepel im »Nachtasyl«, der sagt: Wozu arbeiten? Ist der arbeitende Mensch wertvoller? Hans sagt, man muß weniger etwas tun als etwas sein. Er wünscht sich viel Zeit, um über sich nachdenken zu können. Er meint, das Tun schiebt einen in Lebensformen, die an sich fern liegen, eben in Berufe, zuerst käme das Leben. Ich weiß nicht, was ich dazu sagen soll. Die Befürchtung, daß Hans bei einer solchen Auffassungsweise verbummelt, hab ich kaum, aber daß er stagniert, eng bleibt.

Weil ich nicht das Vertrauen habe, daß seine Persönlichkeit eine große ist.

Der Eindruck seines Gesichts, Körperhaltung, Kopfbewegungen ist sehr verschieden. Mitunter scheint mir Eigensinn, Eitelkeit und Engigkeit in ihm zu liegen. Wie Kaiser auf ihn einsprach, Hans saß auf dem Lehnstuhl, den rechten Arm über die Lehne herunterhängend, den linken Ellbogen aufgestützt, mit der linken Hand, gestreckten Fingern, die langen Haare hinter dem Ohr glatt streichend. Oder wenn er die ruckenden Kopfbewegungen macht.

Was ist in dem Jungen? Ein unaufgewecktes Talent? Oder weiter nichts als der Wunsch danach? Möglich, seine Leistungen bleiben immer klein. Wenn seine Auffassung dieselbe bleibt wie jetzt von der Arbeit, so ist es möglich er verliert die guten Jahre mit Hätscheln und Pflegen seines Ich und dieses Ich ist *vielleicht* schwächlich.

Auffallend war mir, wie wir von Kulturehen sprachen. Entgegen meiner Auffassung der Notwendigkeit des sich Verjüngens mit unkultivierten Kräften, sprach er von der Wünschenswertigkeit des sich immer Verfeinerns. Etwas das mir sehr wenig sympathisch ist.

Unmittelbar vor dem Eintreten des Unwohlseins bin ich entweder zu nichts tauglich vor Müdigkeit und Stumpfheit oder ich bin erregt wie durch Kaffee und leiste viel.

1. September 1911 Soeben die Kleist-Biographie von Eloesser zu Ende gelesen.

Ich denke mir folgende Plastik wunderschön: eine schwangere Frau aus dem Stein gehauen. Nur bis zu den Knien herausgehauen, so daß es ist, wie Lise in ihrer Schwangerschaft mit Maria sagte »als ob ich ganz im Boden stecke«. Das Unbewegliche, Gebundene, Benommene. Die Arme und Hände schwer hängend, der Kopf gesenkt, die ganze Aufmerksamkeit nach innen. Und das Ganze in schwerem schwerem Stein. Dies soll heißen: *die Schwangerschaft*.

Annie Karbes Vetter – der Offizier – ist im Gebirge abgestürzt. [Nachgetragen 26. September:] Nein.

– Falls ich viel verkaufe nehme ich mir bald ein kleines Bildhaueratelier und behalte mein hiesiges nur für Zeichnungen und Radierungen. Auch denke ich mir eine Plastik, eine klagende Arbeiterfrau, tief sitzend, beide Arme laut klagend hochgehoben.

Frau mit erhobenen Armen (1911). »Auch denke ich mir eine Plastik, eine klagende Arbeiterfrau, tief sitzend, beide Arme laut klagend hochgehoben.«

[Anfang September 1911] Die Massendemonstration für den Frieden am 3. September im Park von Treptow.

Hanna Stern hat sich von einer Lehrerin an der Reinhardtbühne prüfen lassen. Sie hält sie für befähigt zur Schauspielerin.

6. September 1911 Heut einen Brief von Corinth als Vorsitzendem der Secession erhalten, worin er mich zum Rücktritt von der Juryfreien auffordert, andernfalls ich geschasst werden soll. Beigelegt.

26. September 1911 Kati Laessig: »Ich sehn mich immerfort, aber wonach, das weiß ich nicht.«

Anfang Oktober 1911 Hans mit Heinrich *[Goesch]* gesprochen. Heinrich rät ihm ziemlich verständig, daß Hans neben dem Studium gleich etwas arbeiten solle, was zum Broterwerb führt. Also schreiben. Hans bei Schriftsteller Jacobsohn. Resultat von allem, daß Hans meint, eventuell brauche er nicht auf den Dr. loszugehn. Als Karl von Dresden kommt, wird darüber gesprochen. Es ist der Abend vor Hansens Abreise. Karl sagt, daß er in dieses Ungewisse hinein ihn ungern reisen ließe. Wir besprechen, daß ich Hans nach Leipzig begleite. Mein Abschied von Hans.

Nächster Morgen: Reise nach Leipzig. Rüstows riesig nett. Die ernsthafte Fides. Rüstow rät Hans ganz in unserm Sinn. Er soll bestimmt den Dr. machen, außer der Philosophie Literaturgeschichte studieren, sich einen guten Lehrer suchen, an den er sich hält und zu diesem Zweck nicht nach Freiburg gehn. Es scheint wie ich tags darauf fortfahre Göttingen in Aussicht genommen. Doch schreibt Hans bald: »Ich bin für Bonn entschlossen worden« und einige Tage darauf ist er in Bonn und schreibt von dem wundervollen Blick aus seinem Fenster über den breiten Rhein und das Siebengebirge im Dunst dahinter.

Mit Peter sind wir nicht zufrieden. Er ist auffallend müde und unlustig. Keine Witze. Es tut einem so furchtbar leid. Georg [Gretor] schreibt aus Wickersdorf, daß falls Peter von Ostern ab, also nach dem Einjährigen-Zeugnis, hinkommt, nicht so sehr günstige Chancen sind, daß er ohne Verlust sein Abitur zur vorgeschriebenen Zeit macht.

»Wilhelm Meisters theatralische Sendung« mit unglaublichem Vergnügen zu lesen angefangen.

Neujahrstag 1912 Seit Monaten nichts aufgeschrieben. Was ist vorgefallen in der Zeit? Und wie ist es jetzt anders gegen ein Jahr zurück? An Hansens Fortsein hat man sich schon fast gewöhnt. Als er jetzt wiederkam und ich versuchte ihn neu zu sehn, fand ich, daß er sehr ruhig wirkte, männlicher aussah, die Stirn breiter geworden und etwas modellierter. Dann im Lauf der Tage sah ich auch wieder das nicht Angenehme bei ihm, das verzagte Senken des Kopfes, der Mund mit dem Ausdruck des weichen Resignierens, der klagend schmachtende Ton, den er so leicht annimmt. Und dann daß er bei großer Empfängnis für Humor keinen eigenen hat. Früher schien mir das anders, in den Kinderjahren, jetzt wirkt er wenn er humoristisch sein will nicht gut. Sein Lachen ist aber oft nett.

Silvesterabend wollten wir lustig bei uns sein, dann bekam Peter seinen fieberhaften Schnupfen. Hans wollte mit Hanna bummeln, Sterns waren nicht dafür, so ging er zu Rautenbergs und bummelte von dort die ganze Nacht durch in der Stadt rum ganz

Käthe Kollwitz, 1906

allein, kam erst um 7 Uhr nach Haus. Bei uns war Kati Laessig, schlief die Nacht bei uns. Als es 12 Uhr schlug, zogen wir durch Peters Zimmer lauter bunte Papierschlangen, die noch jetzt hängen und lustig und schön aussehn.

Und ich? Das Fazit 1911? Vorwärts gekommen? Nicht vorwärts gekommen im Verhältnis zu Karl. Das wovon er immer noch spricht, was ihm immer noch als einzig erstrebenswertes Ziel des langen Zusammenseins vorkommt, das wirkliche Verwachsen miteinander, kenn ich noch immer nicht und werd es wohl schwerlich noch kennen lernen.

Werden die Beziehungen zu den Jungen nicht auch loser? Ich glaube fast. Es bleibt für das letzte Drittel des Lebens nur Arbeit übrig als das was immer reizt, verjüngt, erregt und befriedigt. Ich bin in diesem Jahr in der Plastik ganz schön vorwärts gekommen. Von der ersten Gruppe der Mutter mit dem Kind bis zu der letztfertiggemachten ist ein Fortschritt. Diese Guppe, in welcher das Kind zwischen den Beinen der Mutter sitzt und sie mit der linken

Hand seine Füße faßt, ist ziemlich ganz nach Modell fertig gemacht. Jetzt hab ich es noch einmal vorgenommen, doch hat es wieder seine tote Seite, der ich nicht beizukommen verstehe.

Peter hat sich in diesem Jahr verändert. Er ist sehr groß geworden, ganz und gar entwickelt, in den Wochen in Wengen hat er zuerst mit Öl gemalt, dann viel im Sommer in Prerow, zu meinem Geburtstag. Wer weiß ob er Maler wird werden können?

Er ist auch in seiner ganzen Art verändert. Nach wie vor stark empfindlich, immer noch leicht schlapp und müde. Geblieben aber nicht entwickelter der Humor. Möcht von der Schule mit dem Einjährigen. Lily Brauns Broschüre »Emanzipation der Kinder« wirkte sehr auf ihn.

März 1912 Als Frau Lichtenstein starb, sah sie in ihren Phantasien Fenstervorhänge und dergleichen, die ihr wunderschön vorkamen, so daß sie glücklich und entzückt davon sprach. Es waren wohl Sachen aus der Einrichtung, die ihr die Schwägerin versprochen hatte. Die ganzen letzten Jahre waren Lichtensteins sehr arm. Zuerst wollte sie nichts von ihrer Krankheit wissen, aber je schlimmer es mit ihr wurde, desto sanfter und stiller wurde sie. Noch im Todeskampf als Karl bei ihr war sagte sie, wenn sie aus der Bewußtlosigkeit erwachte mit ganz sanftem Lächeln zu Karl: »Ich hab mich ja nur erkältet.« – An ihrem Grabe sprach Onkel Prengel.

Was für ungewöhnliche Ausdrücke Menschen in der Erregung gebrauchen. Am Grabe ihres Mannes rief Frau Dr. Bab immer: »Mein Junge, Mein Junge!« – Ein Mann, dessen Frau starb, die er sehr schlecht behandelt hat, sagte an der Leiche schluchzend und sie streichelnd immer nur: »Kleine – Kleine – Kleine.« Als Hans den Herzanfall hatte hörte ich wie ich sagte: »Mein entzückend geliebter Junge.«

In mehreren Monaten nichts aufgeschrieben. Peter hat nun das Einjährige, geht von der Schule ab und soll Maler werden. Schon seit Wochen ist er aus der Schule wegen Katarrhs. Peyser hat ihm die Nasenscheidewand operiert.

Für Peter war diese ganze Zeit sehr ungünstig. Das ewige Schonen macht ihn verwöhnt, unlustig. Gegen Karl ist er oft sehr unangenehm. Auch gegen mich ungezogen, mürrisch. Als Karl einmal mit ihm über den Schulabgang sprach und davon sehr abriet, Peter wie gewöhnlich schwieg, sagte Karl, er möchte schriftlich ihm seine Meinung sagen. Das tat Peter. Peter ist stumm und bockig gegen Karl. Es wiederholt sich genau dasselbe wie mit Hans. Karl ist mitunter sehr traurig und verstimmt darüber. Es ist sehr traurig, wie allein Karl ist. In Hansens Briefen aber ist jetzt ein wärmerer Ton, auch gegen Karl. Sein guter Brief an Peter wegen des Schulabgangs.

Ich war mit einigen Sachen von Peter bei Liebermann. Er konnte wenig sagen. Charakter, das wär worauf es ankäme. Immer zeichnen solle er, figürlich, ja nicht auf die Landschaft ausgehn. Alle großen Landschafter seien erst Figurenmaler gewesen. Kein Privatunterricht. Scharfes Arbeiten auf der Akademie oder dem Kunstgewerbe-Museum. Bald Selbständigstehn.

Seit Weihnachten den kleinen Teckel Anatol. Für Peter ist das sehr nett.

[April 1912] Mutters Erinnerung verwirrt sich immer mehr. Neulich hat sie davon gesprochen Konrad Hofferichter 40.000 Mark zu hinterlassen, da unser Konrad »ja jetzt so gut stehe«. Sie meinte, ihres Sohnes Erbteil könne dann doch lieber auf den Enkel gehn, zum mindesten ein Teil desselben.

Die Mutter verfügt über einige tausend Mark, die ursprünglich von Tante Bertha stammend, jetzt Tante Lina hat. Nach deren Tode kommt dies Geld an Mutter und falls sie nicht mehr lebt würde es an uns Kinder fallen. Die Onkel baten die Mutter das Geld ihnen zur Herausgabe von Großvaters Gesamtschriften zu geben. Die Mutter tat dies sehr freudig.

Julie geht bald von Sterns fort und zieht nach Wehner [?] ... zur Paula. Paula ist schwanger und erwartet im Herbst ein Kindchen. Konrad Hofferichter hat während des Dienens Gelenkrheumatismus bekommen. Er liegt im Lazarett.

Peter zeichnet zum ersten Male nach einem weiblichen Akt. »Nun, wie sah sie aus?« – »Schauderhaft! Ich weiß nicht, ob sie alle so sind!?«

16. April 1912 Der englische Dampfer »Titanic« ist mit über 1 000 Menschen gesunken.

Frau Sonnewald sagt, daß jedesmal wenn einem ihrer Kinder etwas passiert sei, sie dieses im Traum gesehen habe, wie es sie mit ängstlichen Augen ansieht.

Der Arbeiter Soost verdient wöchentlich 28 Mark. 6 davon gehn an Miete ab, 21 gibt er seiner Frau. Diese zahlt für Betten und

Bettstelle ab, so daß 14–15 Mark zum Leben bleiben. Es sind Soost und Frau und 6 Kinder. Das Kleinste ist ein Monatskind, sehr gesund und stark. Die Frau hat weil sie sich gar nicht pflegen kann nicht genug Nahrung für das Kind, muß ihm schon die Flasche zugeben. Die übrigen Kinder sind alle stark und gesund, bis auf Lotte, die ist von der Mutter nicht genährt und ist rachitisch geworden. Ein älteres Kind ist schwachsinnig. Die Frau ist 35 Jahre und hat jetzt 9 Kinder gehabt, 3 sind tot. Aber alle waren wie sie sagt so kräftig geboren wie dieser Jüngste, sie sind erst elend geworden und gestorben, wenn sie nicht nähren konnte, und zwar verlor sie die Nahrung, weil sie zu schwere Arbeit hatte und sich nicht pflegen konnte. Frau Sklarek sagt von Heller, er sei nicht glücklich, wenn er nicht unglücklich sein könne.

Im Mai mit Peter in Florenz.

Juni 1912 War mit Fräulein Friedländer in Plötzensee bei dem Gefangenen, der Künstler werden will. Auf dem Rückweg am Kanal vorbei sah ich unten auf dem am Wasser entlang führenden Weg einen Arbeiter und seine Frau. Sie trug einen Korb. Sie neckten sich und keilten sich wie Kinder. Zuletzt warf die Frau den Mann auf den Abhang, bog sich über ihn und küßte ihn lange auf den Mund.

Oktober 1912 Am 15. Juni fuhr Peter nach Lubochin. In dieser Zeit arbeitete ich stark an der kleinen plastischen Liebesgruppe. Anfang Juli fuhr ich nach Lubochin, weil Peter erst im September zurückkommen sollte. Ich freute mich vorher gar nicht so auf die Reise, aber schon in der Bahn wurde ich sehr ungeduldig. In Dritschmin sah ich ihn hinter dem Stationsgebäude anlaufen kommen und wir fuhren dann in dem kleinen Einspännerchen zurück. Ich war 3 Tage da und hatte vom 1. Tage an schon das Gefühl des Schmerzes, daß ich Peter wieder verlassen müsse. Ich liebte ihn so stark in diesen Tagen, daß [sich] das Gefühl schon dem Erotischen näherte. Neben ihm zu sein war mir ein Glück. Am liebsten hätte ich wie unser Vater es mit uns tat ihn immer umgefaßt beim Herumgehn. Nachts im Bett weinte ich und sehnte mich und bangte mich, als ob ich schon fort wäre. Er erschien mir vollendet in seiner einfachen kindlich einfältigen Liebenswürdigkeit, dem guten und sanften Lächeln. Sein Wesen mit Tieren, seine heiße enge

Stube oben, sein Arbeitsanzug, die Sense, seine Pfeife, sein Tanzen mit den Mädchen, wie wir hinter dem Strohhaufen lagen. Dann fuhr ich fort und konnte mich kaum auf Hans freuen, den ich ein paar Tage danach sehn sollte.

Ich fuhr nach Bonn. Hans stand auf dem Bahnhof, mein erster Eindruck war: mager, ein intelligentes eigentümliches Gesicht. Er trug helle Hosen, dunkle Jacke und Weste und schwarzen Filzhut. Unser Zusammensein mit Annie Bender. Sie brachten mich ins Hotel. Als ich schon im Bett lag, klopfte Hans draußen, er kam herein und an mein Bett. Ich sagte ihm etwas über Annie, er setzte sich aufs Bett und weinte sehr. Er sagte daß er sehr traurig wäre seitdem er mich wiedergesehn hätte. Augenscheinlich hatte sein Gefühl ihm nichts gesagt, er empfand als er mich nach so langer Zeit sah, nichts von der nahen Liebe. Am nächsten Tage fuhren wir nach Köln zur Sonderbundausstellung und dann nach Hamburg. Karl empfing uns auf dem Bahnhof. Er fand Hans sehr mager.

Kampen [auf Sylt]. Ich war viel mit Hans zusammen. Ich war viel traurig und gedrückt. Es kam gegen Ende August ein Brief von Rose Plehn, wir möchten Peter zurückbeordern, er hätte sich mit einem Mädchen eingelassen. Wir schrieben an Rose und Peter, und Peter kam.

Jetzt ist eine gute Zeit. Es ist als ob beide Jungen jetzt erst Karl erkennen und einen Begriff von seinem Leben bekommen.

Hansens Gesicht ist oft so gut, ein feines ernstes nobles Gesicht. Er arbeitet viel mit Nachmansohn.

Wie in Kampen in der kleinen Wirtsstube die Jungen zusammen sangen.

Am 17. September ist Rolf Kache geboren.

Als im Sommer ich und Karl ganz allein waren, begleitete ich ihn einmal nach Stolpe. Wir kamen ins Gespräch und kamen wieder auf unser Fremdsein. Wir sprachen von Trennung. Es schien uns beiden fast geboten. Heute weiß ich kaum mehr wie ich damals fühlte. Ich möchte nicht von Karl fortgehn. Im Sommer fühlte ich mich von Karl und den Jungen fast losgelöst, hing wenig an ihnen. Dann kam eine Zeit, wo ich schmerzlich an ihnen hing wie eine Klucke, ewig mich um sie bangte und für sie litt. Ich weiß nicht wie es jetzt werden wird. Ich habe ein Atelier genommen für ein Jahr in Siegmundshof.

Aus »Madame Bovary«: »Des Menschen Wort ist wie eine gesprungene Pauke, auf der wir eine Melodie heraustrommeln, nach der kaum ein Bär tanzt, während wir die Sterne bewegen möchten.«

»... Und so fühlte sie jene feige Untertänigkeit im Herzen, die für viele Frauen die Strafe und zugleich der Preis für den Ehebruch ist.«

»... Verführt von der sonderbaren Fröhlichkeit, die den Menschen nach überstandenen Trauerakten ergreift.«

»... Und Emma fand im Ehebruch alle Banalitäten der Ehe wieder.«

»... Ist doch die Sprache immer ein Walzwerk, das die Gefühle breit drückt.«

Ein 13jähriger Junge in Spandau ertränkt sich. Seine Kleider legt er neben ein Holzkreuz, das er vorher aufrichtet.

Ich arbeite an der Gruppe Frau mit Kind. Nicht Akt, die Frau ist bekleidet.

Onkel Theobald erzählt, daß Spie tot in verhungertem Zustand aufgefunden ist. Er hatte keine Stellung, sich zu töten hielt er für unerlaubt, so verhungerte er.

In Jena hat sich ein Bund für Polygamie gebildet. Je 100 ausgewählte Männer wollen mit 1000 ausgewählten Frauen verkehren zum Zweck der Kindererzeugung. Sobald eine Frau schwanger sei höre diese Ehe auf. Das Ganze zur Rassenverbesserung.

Rosa Pfäffinger will doch nicht nach Amerika zu Dr. Diem gehn.

Hardt will sich mit der Gotzmann verheiraten.

Hansens Gedichte, die er mir an meinem Geburtstag schickte.

Grete Prengel hat im Sommer einen Zustand von Verfolgungswahn gehabt, ist in die Charité eingeliefert. So viel ich weiß ist sie jetzt in einem Sanatorium, die Kosten trägt ein junger Mann, mit dem sie ein Verhältnis hat. Hans Prengel hat um Grete zu schonen bei dem Ehescheidungsprozeß die Schuld auf sich genommen. Er lebt jetzt mit Frieda zusammen. Deren Söhnchen ist bei ihnen.

Ernst Prengels sind in ziemlicher Not, Ernst hat seine Stellung verloren.

November 1912 Nach der Arbeit bei der Conrad-Gotzmann gewesen. Ihre Sachen gesehn. Sie arbeitet wie alle jetzigen jungen Leute bunt. Als Massenerscheinung wird das wohl noch eher langweilig werden wie es der Impressionismus wurde. Denn erstens nahm der Impressionismus Buntes *und* Graues in sein Programm auf und außerdem ging er eben auf Naturwahrheit aus, hielt sich an die Natur und war dadurch abwechslungsvoller. Jetzt malen alle Jungen egal, ob ich Gotzmann sehe oder Zitzewitz oder Hekkendorf – es ist sehr Verwandtes. Sie selbst, die Gotzmann, geschmeidig graziös temperamentvoll ist sehr nett.

Dann bei Trude gewesen. Manon spricht noch nichts. Trude sagt es wäre »ein gewonnenes Leben« wenn sie zu sprechen anfinge. Fides blaß altklug nervös, sehr nett zu mir. Trude sieht mager aus, sie fürchtet schwindsüchtig zu sein. Heinrich ist in Locarno, kommt bald zurück.

Peters Schule hat angefangen. Er arbeitet von 8–5 Uhr. An zwei Tagen von 8–8 Uhr.

Von Thomas Mann »Der Tod in Venedig« gelesen. Zu Anfang ganz entzückt, gegen Schluß etwas enttäuscht.

Neulich abend bei Sterns die alte Frau Stern neben der Mutter gesehn. Wieviel schöner, würdevoller sieht die Mutter aus.

Peter las »Frühlingserwachen«.

Wertheimer verkehrt wieder bei Sterns. Lise hat über den Betten stehn: »Herr bleibe bei uns, denn es will Abend werden.« Früher hatte sie Venus und Amor über dem Bett.

Silvester 1912 Hans und Peter sind in die Stadt gegangen mit Hanna und Georg. Karl und ich sind allein. Hans hat mir eben seine Gedichte zu lesen gegeben. – War das letzte Jahr gut? Es war glimpflich. Es hat mir nicht viel Schmerz gebracht. Wenn ich geweint hab, waren es doch immer keine herzbrechenden Gründe. Die alten Übelstände sind aber immer noch da zwischen Karl und mir. Heinrich spach neulich von dem Wegokulieren von Üblem. Man sieht sich den Mißstand nicht an und wird frei von ihm, indem man ihn in sich aufnimmt und langsam wandelt, sondern man schneidet etwas ab, pflanzt gewaltsam etwas Neues darauf, was das Alte ersticken soll. So tu ich es. Ich kann es jetzt nicht mehr anders machen. Ich leugne ab und *will* nicht wissen, was zwischen Karl und mir ist. Wenigstens Karl gegenüber. Ich bin in dieser Beziehung verlogen und ich glaube, daß auch Karl das glaubt.

Von Hans hab ich den Eindruck, er findet nicht immer das in mir was er sucht. Er geht sehr vorwärts, aber ich nicht. Empfindet er mich alt werden? Werde ich merklich alt? Ich weiß es nicht. Mitunter fühle ich mich fast gelähmt. Mitunter elastisch. Schlimm ist es, daß ich manchmal an mein Arbeiten nicht mehr glaube. Früher sah ich nicht nach der Seite, jetzt fühle ich mich angreifbar, bin manchmal arg verzagt. Auch beunruhigt mich zu sehr die Jugend mit ihrer anderen Richtung. Hätte ich große Kraft in mir, würde sie mich wenig kümmern, jetzt fühle ich keinen Nachhall, komm mir zum alten Eisen geworfen vor. Das ist auch so. Und das einzige was man tun kann ist, Scheuklappen vorzunehmen und für sich zu büffeln und sich um nichts anderes zu kümmern.

Ich habe fast nur plastisch gearbeitet in diesem Jahr. Ich weiß nicht, ob ich was erreichen werde. Wenn nicht was dann? Kann ich überhaupt noch zum Radieren zurück?

Die liebe Mutter. Ihre Geldverhältnisse sind verändert, seit sie Susanne [Friz] noch monatlich 20 Mark gibt und wohl auch von Julie keine Zinsen für das abgehobene Geld bekommt. So kommt sie nur gerade aus und kann zu den Festen nicht viel schenken. Dieses Mal machte es sie so traurig zu Weihnachten nichts schenken zu können, daß sie von Sterns Geld lieh und uns 20 Mark schenkte.

Um 12 Uhr in der Silvesternacht kam Lise mit Kati und Karl ging mit Kati noch eine Stunde in die Stadt. Lise war sehr nervös und hatte die Vorstellung, Kati würde ganz belastet werden von schlechten Eindrücken.

Mit Goeschs wieder zusammengekommen. Karl sagt von Heinrich, er wirke so wie jemand der einen seelischen oder physischen starken Schock erlitten habe. Verändert, gedämpft.

Hans kommt auf Annie [Bender] zu sprechen und sagt, er habe das Empfinden sein Gefühl sei nicht stark genug, er könne sich von Annie lösen. Aber sie hinge sehr an ihm.

Während der Periode habe ich mitunter ganz abnorme unbegreifliche Empfindungen. Ähnlich dem Gefühl des körperlichen Schwindels, das ich manchmal habe und das ein hinschwindendes Gefühl ist verbunden mit leichtem Bewußtseinsverlieren – hab ich beim Unwohlsein manchmal Gefühle die auch einem Schwindel ähnlich sind. Achte ich auf das Gefühl, so habe ich auch ein Angstgefühl und ein Gefühl des Versinkens in die jeweilige pathologische Vorstellung, z. B. daß ich in Hans verliebt bin. Sind die

Tage vorüber dann sind mir diese Empfindungen kaum vorstellbar.

Mit Laessig ein Gespräch über [seine Tochter] Kati gehabt.

Ich arbeite an der Liebesgruppe. Hab wieder Hoffnung.

Nach dem was Hans gestern sagte muß er doch die Grete Wiesenthal sehr stark geliebt haben, stärker vielleicht als Annie [Bender].

Manon Goesch fängt an etwas zu sprechen, Karl, der sie zum ersten Mal sah, meint aber doch, es ist eine leichte Form von Idiotismus.

21. März 1913, Karfreitag, Frühlingsanfang Peter ist allein für den ganzen Tag nach Buch gefahren. Er hat im Rucksack das Neue Testament, »Faust« und Klopstocks Oden.

[Mai 1913] Am 2. Pfingstfeiertag starb Friedrich Huch.

[Mitte] Mai 1913 An Hansens Geburtstag hatten wir weder von Hans noch von Peter Nachricht. Der Tag war ganz besetzt. Von einer Secessionssitzung ging ich zu Sterns, um dann in der Stadt mit Karl zusammenzutreffen. Da es aber für ihn zu spät wurde ging ich nach Haus und wir tranken Wein auf den Jungen und ich las aus der Neuen Rundschau einen Aufsatz von Hausenstein über die alten Burschenschaften vor. Der Student Sand, der dann Kotzebue tötete.

Heut kam ein Brief von Hans aus Scheveningen.

Ich schrieb dem Jungen zum Geburtstag und sprach von der ihm drohenden Engigkeit. Daß die angenommene Kälte, die vielleicht ein Schutz gegen sehr große Empfindlichkeit war, sich einnisten könnte. Als dann gar keine Antwort von ihm kam plagte mich das Empfinden, mein Brief könnte ihn gekränkt haben. Ich meine, mit seiner Kälte und dem Egoismus ist das so: Die jungen Leute jetzt finden keine große Bewegung vor, der sie sich anschließen. Sie sind Individualisten, steigen in sich hinein und veredeln sich. Aber mir fehlt dabei das soziale Mitleben. Vielleicht führt das zur Breite, die individuell wieder auflösend wirkt, jedenfalls vermeidet man damit das kleine Hegen seiner selbst.

Bei Peter ist es wieder anders. Droht für Hans egoistische Einkapselung so für Peter zu starkes Anempfinden. Er ist weniger persönlich als Hans, darum findet er sich so wunderbar in alle neuen Verhältnisse. In Lubochin lebte er wie ein Tagelöhner mit Tage-

Hans Kollwitz als Student in Bonn, 1913

löhnern, als Malerlehrling paßt er sich den andern an. Als Wandervogel fügt er sich gänzlich in den Brauch, kleidet sich nach Vorschrift, ähnt Gottfried Laessig im Kopfneigen, Handreichen usw. Doch glaube ich eigentlich, er kopiert nur da so stark wo er Sympathisches wittert. Was ihm unsympathisch oder fremd ist, das ahmt er nicht nach. Ich hab den Eindruck, er kann ein angenehmer Lebenszuschauer werden, ja ein sehr begabter. Daß er einen starken Willen entwickeln wird glaub ich kaum, auch wird er es wohl nicht weit bringen mit Geld und Einnahmen. Da ihm die Härte fehlt, er sich aber sehr entzücken und erwärmen kann, wird er im Leben nicht gegen den Strom schwimmen, wird Glück und Genuß sehr zu schätzen wissen und das Leben als Maler mit den Sinnen empfinden. Schmerzen wird er sich ganz hingeben. Ich fürchte er wird leicht zu nehmen sein von Frauen und es wird ihm vielleicht viel Leiden daher kommen. Ich kann ihn mir so sehr lebendig denken wie er weint. Ich hab ihn seit Jahren nicht weinen sehn, nur als Junge, und dieses fassungslose fast gebrochene Schluchzen, an das denk ich immer. Daß er ebenso weinen wird, wenn ich sterbe. Auch wenn er schon ein Mann ist. Er ist weich und sehr liebenswürdig.

Aus Strindberg »Gotische Zimmer«:

»Dampferbrücken sind sehr geeignet dazu, Meditationen anzustellen. Da ist es eben für die Füße, so daß man auf- und abgehen und denken kann. Da hört das Land auf und das große öde Wasser beginnt. Da ist es still und ruhig und man erwartet etwas, das einen in neue Bewegung bringen, an einen andern Ort versetzen, unsere Ansichten ändern und unser Schicksal umändern soll.«

»Warum sie sich nicht scheiden ließen? Die Kinder hielten das Elend zusammen. Die Erinnerungen und dieses Unergründliche, das Gatten bindet, auch wenn sie einander hassen. Die Okkultisten sagen, daß sie halbgeistige Substrate ineinander erzeugen, welche eine Art wesenähnliches Dasein besitzen. Andere meinen, die Seelen des Mannes und des Weibes wachsen mit Saugwurzeln ineinander und sie leben in einer beständigen Umarmung. Sie fühlen mit und mittels einander wie Zwillinge tun sollen.

Darum leidet auch der Teil, der dem andern Böses tut, er leidet unter dessen Leiden, das er selbst verursacht hat, darum ist man wehrlos gegen die, die man liebt und lieben ist leiden. Darum ist auch Trennung das Schmerzlichste von allem, das bedeutet das Dasein auflösen und zerreißen und die Erinnerungen sind die Kinder der Seelen, die kann man nicht verlassen wenn man will. Es gibt Gatten, die 30 Jahre daran waren sich zu trennen, ohne daß es ihnen gelang. Sie trennten sich als Verlobte, als Neuvermählte, als Verheiratete, sie trennten sich 8 Tage vor der Silbernen Hochzeit. Und als sie soweit gekommen waren glaubten sie es würde das Leben über reichen. Aber 3 Wochen danach ging der Mann von Hause weg. Am Tage darauf war er wieder zuhaus.«

Juni 1913 Lise sprach von Geburtstagsfeiern und daß sie bei sich zu Hause sie abschaffen wollten. Ich nahm an nur bei sich und Georg, aber sie meinte wohl auch damit die älteren Mädchen. Warum bin ich dagegen, wo alle Familienfeiern mir doch fatal sind: Silberne Hochzeit oder Knaus Goldene Hochzeit? Im Grunde glaub ich lehn ich solche Feiern mehr ab wie Lise. Vielleicht in dem Grade, daß wenn ich aufrichtig sein wollte es verletzend wäre. Und ich behalte sie bei um nicht zu verletzen. Der Jungen Geburtstage liebe ich zu feiern. Aber Karls und meinen nicht, oder Hochzeitstag oder Verlobungstag oder gar Tag des ersten Kusses. Im Grunde stehe ich nach wie vor so, daß solche Erinnerungen mir unsäglich peinlich sind, aber Feigheit und Heuchelei kaschieren das. Das Geleise von Unaufrichtigkeit in Bezug auf manche Punkte ist so ausgefahren, daß der Wagen immer weiter drin fortfährt. Seit Jahren – vielleicht seit unserer Verlobung – bin ich so halbwahr, so *nicht willens wahr zu sein*, daß es ein ganz fester Bau ist, aufgerichtet von Abwehr-Gedanken, -Gefühlen, -Handlungen, in den ich mich immer zurückziehe. Das kommt aus der Halbheit, die unser Verhältnis von je hatte. Zu viel Zusammenführendes um uns zu trennen, zu viel Auseinanderführendes um sich als Eheleute zu fühlen, die Kinder, vor denen man die Halbheit verstecken wollte und denen gegenüber man das Zusammenführende betonte und unterstrich.

Karl sagte neulich bei Gelegenheit der Secessionskämpfe und meiner Stellung dazu: »Du hast bis jetzt eine ganz andere Lebenspraxis gehabt. Du hast dich angezogen oder abgestoßen gefühlt und danach Umgang gesucht. Stets hast du subjektiv gestanden und es ist dir nie auf die Erkenntnis der Verhältnisse *selbst* angekommen. Jetzt bist du in einer Lage wo es eben auf die Erkennung der Verhältnisse selbst ankommt.«

Ich bin in diesen Angelegenheiten inkonsequent, schwankend und bestimmbar gewesen. Es ist aber nicht einer unter all den Leuten, die ich besser einschätze. Liebermann ist wie ich sehe von Moment zu Moment bestimmbar, unberechenbar heftig und willkürlich. Cassirer ist mir unklar. Charakter hat er wohl nur in Bilder-Beurteilung. Ich halte ihn für rachsüchtig, etwas verlogen, geschwollen in Redensarten sobald es auf das Moralische kommt. Slevogt habe ich nichts tun sehn, was ich verurteilen muß, doch traue ich ihm nicht. Gaul – weiß ich nicht. Baluschek ehrlich aber leidenschaftlich beschränkt. Die andern alle neigend den Mantel nach dem Winde zu hängen. Mosson wohl am wenigsten. Wäre noch Barlach, von ihm habe ich den Eindruck eines für sich bestehenden rauhbeinigen Mannes. Entstellung durch Übertreibung, einseitige Beleuchtung – Haß, Boshaftigkeit scheinen mir von Beginn der Streitigkeiten auf beiden Seiten vorgelegen [zu haben].

Ich liebe an Peter so, daß er die Tradition weiterführt. Er ist Sozialdemokrat weil er fühlt wie seinen Kollegen zumute ist. Er vergräbt sich nicht so wie Hans in seine subjektiven Einzelempfindungen. Statt einzeln für sich empfindet er sozial. Seit ich das entdeckt habe bin ich ordentlich froh. Er führt die Linie weiter.

Zu Karls Geburtstag seine Arbeit: »Meine Stellung zur Sozialdemokratie«. An Karls Geburtstag (dem 50.) kam früh überra-

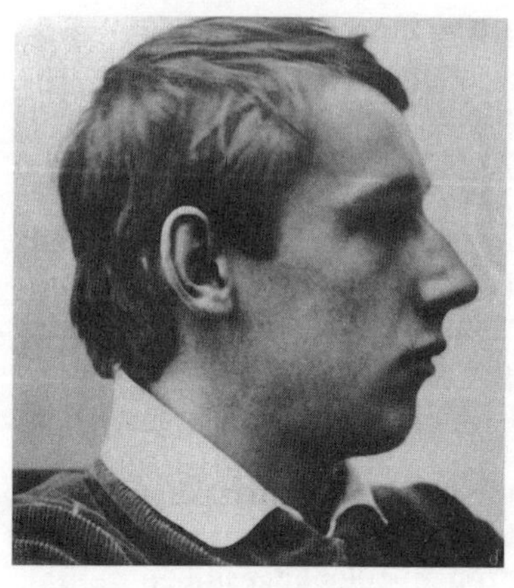

Peter Kollwitz, 1913

schend Hans. Alles zitterte an ihm, als wir ihn umarmten. Er war Freitag Sonnabend Sonntag hier, Montag früh fuhr er. Am Freitag abend war Konrad hier, Lore, Else, Georg, Rele. Am Sonnabend war ich nachmittag mit den Jungen in der zum Jubiläum geschmückten Stadt und dann im Atelier, zeigte ihnen meine Arbeiten. Dann bei Sterns an. Fanden sie bei Abendbrot. Mutters Bestürzung, daß sie am Sonntag früh reisen sollte. Sie sagte immer: »Das ist furchtbar« (daß ihr Gedächtnis so schlecht sei), dann wurde sie sehr verstimmt, sagte gute Nacht und ging auf ihr Zimmer. Lise ging nachher herüber und sagte Mutter weine. Wir sprachen darüber ob Mutter nicht doch lieber die Reise aufsteckte. Aber an demselben Abend war Lise dann noch zu ihr gegangen und hatte genäht, Mutter hatte vorgelesen und war dabei wieder ganz frisch und froh geworden. Sie schlief die Nacht gut und reiste am Sonntag früh mit Konrad bis Bremen, wo Kaches sie holen kamen. Konrad ging noch für einen Tag nach Hamburg.

An dem Sonntagnachmittag fuhren Karl ich Hans und Peter mit einer Droschke durch die geschmückte Stadt, unter Peters gemaltem Adler durch. Dann fuhren wir nach dem Stadion heraus, wo ich Peterichs schöne Plastik sah.

Montag früh fuhr Hans ab. – Gestern kam ein Brief von Annie [Bender], in dem sie über ihr Verhältnis zu Hans schreibt und über Hansens von innen kommende Traurigkeit klagt.

Ich habe es jetzt zweimal erlebt, daß wenn das Unwohlsein

mich überrascht und ich es nicht vermute, ich wochenlange Arbeit zerstöre fast aus einem Zwang heraus. Am nächsten Tage hab ich im Unwohlsein die Erklärung für die Zerstörung. Unter einem so pathologischen Drucke stehe ich – wohl die meisten Frauen – während der Periode.

Hanna ist verliebt in Julius Bard. Sie sprach einmal von der Knechtung die sie durch Lucy Tell erfahren hat und durch Hellmut Kaiser. Mit Lucy war sie vielleicht 10jährig oder noch jünger, mit Hellmut 12jährig. Sie litt außerordentlich unter der Beschlagnahme von Hellmut, und Lise fand sie mal mit Tränen darüber, daß er sie immer küßte. Sie war glücklich als Hellmut sich dann Rele zuwandte und Rele Hellmut quälte. Da hatte sie ein Gefühl der Genugtuung. Seit der Zeit sagt sie ist sie nicht mehr hörig gewesen aber jetzt scheint es ihr als ob Bard sie knechten könnte und sie sehnt sich danach. Übrigens ist sie auch in Willy Speyer und in Bruno Frank verliebt gewesen. Sie scheint wenn ihr Gefühl stark angeregt ist ziemlich willenlos zu sein, fast hypnotisiert.

Tante Lina war gestern auf der Durchreise da. Geistig scheint sie zurückzugehn, sie nimmt wohl nicht mehr scharf auf und vergißt fast so rasch wie die Mutter. Aber seelisch ist sie entzückend. Wie von allem Traurigen befreit. Sie faßt mich um und tanzt mit mir durch den Korridor als ob sie kein Gewicht hat. Sie ist voll Liebe, Heiterkeit, Grazie.

Karl untersuchte Peter. Er ist mit seiner Lunge zufrieden. Das Gewicht ist 145 Pfund. Doch ist er noch sehr mager und hält sich schlecht. Als er gestern bei Aschinger saß und Mittag aß und im »Anfang« las, sahen ihn Tante Lina und Hannchen Schlunck am Nebentisch, erkannten ihn nicht, aber freuten sich über ihn, er gefiel ihnen so gut. Als Peter sie dann erkannte und auf sie zuging, hielten sie ihn erst für Konrad Hofferichter.

Goethe an Lavater 1780: »Das Tagewerk, das mir aufgetragen ist, das mir täglich leichter und schwerer wird, erfordert wachend und träumend meine Gegenwart. Diese Pflicht wird mir täglich teurer und darin wünscht ichs den größten Menschen gleich zu tun und in nichts Größerem. Diese Begierde, die Pyramide meines Daseins, deren Basis mir angegeben und gegründet ist, so hoch als möglich in die Luft zu spitzen, überwiegt alles andere und läßt kaum augenblickliches Vergessen zu. Ich darf mich nicht säumen, ich bin schon weit in Jahren vor und vielleicht bricht mich das Schicksal in der Mitte und der babylonische Turm bleibt stumpf unvollendet. Wenigstens soll man sagen, es war kühn entworfen und wenn ich lebe, sollen – wills Gott – die Kräfte bis hinauf reichen.«

Peter erinnert in so vielem an Karl. Z.B. mein Geburtstag: Peter arbeitet den vergoldeten Rahmen, macht in Pastell sein Selbstporträt, schenkt mir Rilke »Marienleben« und »Cherubinischen Wandersmann«, außerdem Sauerland »Griechische Plastik« und dann kommt er abends noch mit Blumen an. Das ist wie Karl.

Juliens traurigen Brief über Mutters überhandnehmende geistige Schwäche.

Karl fühlt meine Adern. Sie sind schon etwas hart, aber noch mäßig.

Vor einigen Tagen Gespräch mit Karl über unsere Stellung zueinander und zu den Jungen. Zum ersten Mal *beklagt* sich Karl. Er spricht über seine Arbeit, die er unseretwegen macht und die er gern macht, wenn sie gewürdigt wird. Er sagt, ich würdige und schätze ihn nicht und die Jungen tun es auch nicht. Er steht wie einer dessen verdammte Pflicht und Schuldigkeit es ist zu schuften, neben uns in einiger Entfernung. Er wolle so nicht leben.

September 1913 Im Sommer in Tirol gewesen. Seit 14 Tagen zurück. Wieder die gewohnte Müdigkeit und Unlust zur Arbeit. – Hans kam etwa eine Woche vor unserer Abreise. Unterwegs sahen Karl und ich ihn nur selten. Jetzt wohnt er oben in seiner Stube und es ist noch unentschieden ob er im Winter hierbleibt oder nach München geht. Das Dienen ist vorläufig aufgegeben. Sein körperlicher Zustand ist nicht beunruhigend nach Karls Untersuchung. Er hält sich aber sehr schlecht und macht einen müden und unfrischen Eindruck. So als ob seine Zukunft ihn wenig interessiert, als ob er sich nicht viel von ihr verspräche. Sein Sprechen ist meist leise, seine Haltungen gekniffen. Er scheint mir etwas enger und abfälliger im Urteil über andere Menschen als er es früher war.

Eine seelische Vorwärtsentwicklung scheint die letzte Zeit in Bonn nicht gegeben zu haben. Vielleicht daß die Trennung von Annie Bender so drückend auf ihn wirkt. Manchmal hab ich den Eindruck, er warte auf eine Aussprache, aber ich finde er läßt sich nichts sagen. – Er ist sehr liebevoll zu mir auch Karl. Fast weich.

Peter sehr anders. Gefällt den andern Menschen gut. In guter Stimmung ist er reizend. Sein Studium interessiert mich, Hansens leider nicht. Ich weiß auch nicht – absolut nicht – wie ich mir Hansens Zukunft denken soll. Über den Dr. heraus kann ich bei ihm mir nichts denken. Ich glaube er auch nicht. Einmal sagte er, er kann sich nicht denken, daß er mal heiratet. Alexander sprach über ihn, daß nie ein Gelehrter aus ihm werden wird. Das glaub ich auch. Und ob Künstler ist mir sehr die Frage. Einmal sagte er er möchte deswegen fort, weil er es hier so bequem hätte, woanders wäre er einsam und hätte es schwerer. Er sprach mit mir über Peters Tendenz zur Homosexualität, daß Peter ihm gesagt hätte, er fürchte er kommt nicht daraus heraus. Ich sage, daß ich das gar nicht befürchte.

Fräulein Löwenstein erzählt mir von Fräulein Hönerbach. Manches darüber ist mir einleuchtend für Zustände die ich früher durchmachte. Die Unbegreiflichkeiten wie das Empfinden als ich Lisbeth Kollwitz' bloße Brust vor ihrem Tode sah – unerträgliches Empfinden, wenn Georg und Lise als Brautleute sinnlich waren – dann als Konrad und Anna bei uns nächtigend ihren Umgang nicht versteckten. Erklärt sind mir diese Gefühle immer noch nicht, aber doch einiges. Mir scheint ich bin doch trotz ausgesprochener Neigung zu Männern sehr frauenliebhabend immer gewesen, nicht nur in späteren Jahren. Es kann sein ich war in Lise ähnlich verliebt wie Paga in Georg [Stern].

Hans spricht von Annie Bender, daß sie immer frömmer katholisch würde und auch ihn zu bestimmen suche. – Er war auf dem Begräbnis von Wilhelm Goesch und sagte, Heinrich habe ihm einen frömmelnden Eindruck gemacht.

Abends gehn Karl und ich noch in Hansens Stubchen rauf. Der Junge steht am Fenster zwischen den Gardinen angelehnt. Er wirkt kleiner. Ich habe die Illusion ihn zu sehn wie er als Knabe war, wenn er mit langem etwas vorgestrecktem Hals und offenem treuem Gesicht Karl ansah.

Hanna ist ans Deutsche Theater engagiert.

[Ende September 1913] Selten bin ich so illusionslos meiner Arbeit gegenüber gewesen wie jetzt. Mitunter kommt es mir vor als ob es glücklich für mich träfe, daß mein Beginn des plastischen Arbeitens in eine Zeit der Aufhebung der alten Werte fällt. Ich könnte nun auch neu anfangen, beschwert von keiner Technik, einfach neu geboren. Aber es ist leider nicht so. –

5. Oktober 1913 Onkel Theobald heut früh gestorben.

»Belinde« im Kleinen Theater gesehn. Beim Lesen viel schöner. Ihr Mann sagt von Belinde, sie hätte die treuesten Augen die es gibt. Bedürfnis nach Treue ist der Kern ihres Wesens. Und Liebe, eine große Liebesfähigkeit. Diese macht sie auch nur so begehrenswert, denn keine Frau wird so geliebt als die selbst intensiv lieben kann. Wie Caroline. Das starke Quantum Sinnlichkeit, das zu dieser Liebespotenz gehört, läßt sie dem andern Zug ihres Wesens, der Treue, untreu werden. So entsteht der Konflikt ihres Lebens. Caroline fand sich mit ihrer Untreue zurecht, sie liebte immer neu mit derselben unverwüstlichen Kraft. Belinde kennt sich nicht aus. Sie empfindet sich als ein rollendes Rad. Ist sie einmal untreu gewesen so kann sie es auch noch öfter sein. So lehnt sie ihre stärkste Kraft, die Liebespotenz, ab und vernichtet sich. – Eine wunderschöne Sprache ist im Eulenberg. Lise als sie jünger war müßte die Belinde spielen, der Jüngling muß sehr schön, sehr zart und empfindlich sein, der Mann ganz aus einem Guß. Entgegen der Belinde liebt er nur einmal, ganz einfach unzweideutig und wie angenagelt. Er pocht auf sein Recht weil er mit fast dummer Einfachheit an ihr Versprechen glaubt, er könne wiederkommen wann er wolle, er fände sie immer dieselbe. – Aus Hyazinth weiß ich nichts zu machen.

[Oktober 1913] Peter ist mit Georg zum Hohen Meißner abgefahren.

Hans ist tags auf dem Kongreß für Ästhetik. Ich sehe ihn selten. Er macht keinen ruhigen gefesteten Eindruck.

Goethe im Gespräch mit [Kanzler] Müller: Es sei einem denkenden Wesen durchaus unmöglich sich ein Nichtsein, ein Aufhören des Lebens und Denkens zu denken. Insofern trage jeder den Beweis der Unsterblichkeit in sich selbst und ganz unwillkürlich. Aber sobald man objektiv aus sich heraustreten wolle, sobald man dogmatisch eine persönliche Fortdauer nachweisen, begreifen wolle, so verliere man sich in Widersprüche. Der Mensch sei aber demungeachtet stets getrieben, das Unmögliche vereinigen zu wollen. Fast alle Gesetze seien Synthesen des Unmöglichen, z. B. das Institut der Ehe. Und doch sei es gut, daß dem so sei, es werde dadurch das Mögliche erstrebt, daß man das Unmögliche postuliere.

»Mir ist in allen Geschäften und Lebensverwicklungen das Absolute meines Charakters sehr zustattengekommen. Ich konnte vierteljahrelang schweigen und dulden wie ein Hund aber meinen Zweck immer festhalten. Trat ich dann mit der Ausführung hervor, so drängte ich unbedingt mit aller Kraft zum Ziele, mochte fallen rechts oder links was da wollte.«

»Alte Freunde muß man nicht wiedersehn, man versteht sich nicht mehr mit ihnen, jeder hat eine andere Sprache bekommen. Wem es ernst um seine innere Kultur ist, hüte sich davor. Denn der alsdann hervortretende Mißklang kann nur störend auf uns einwirken und man trübt sich das reine Bild des früheren Verhältnisses.«

»Ich muß gestehn, ich wüßte auch nichts mit der ewigen Seligkeit anzufangen, wenn sie mir nicht neue Aufgaben und Schwierigkeiten zu besiegen böte.«

»Jede Hoffnung ist eigentlich eine gute Tat.«

1826: »Nichts ist mir hohler und fataler wie ästhetische Theorien. Ich bin zu alt um noch neue Theorien in meinen Kopf zu bringen. ... Was ein anderer denkt, wie kann mich das kümmern? Ich kann doch nicht wie er denken, weil ich Ich und nicht Er bin. Wie können sich nur die Leute einbilden, daß mich ihr Denken interessieren könnte, z. B. Cousin?«

»Ich wollte mich doch lieber aufhängen als ewig negieren.«

Goethe meinte Italien würde Schillern nicht zugesagt haben, ihn eher erdrückt als erhoben haben, seine Individualität sei durchaus nicht nach außen, nicht realistisch gewesen.

Der Karl kennt kein Schonen und kein Sparen. Restlos gibt er sich hin an die Arbeit. Alles Akkordieren, Abwägen, Reservieren bei Gefühlen ist ihm fremd und zuwider. So gibt er sich mir ganz. Er verschwendet weil er unerschöpflich an Liebe und Güte ist.

Der alte Goethe scheint in seinem hohen Alter das sehr Formelle wieder verloren zu haben. Zu jungen Leuten, die ihm sympathisch sind, ist er äußerst freundlich. Er liebt pointierte Redeweise, derbe schlagende Ausdrücke, spricht augenscheinlich gern, viel und sehr gut, oft paradox. Ist leicht heftig ja grob. Als v. Müller ihm (April 1830) vorhielt, daß er über dieselben Gegenstände sich vor einiger Zeit anders geäußert hätte, sagt er: »Ei, bin ich denn darum 80 Jahre alt geworden, daß ich immer dasselbe denken soll? Ich strebe vielmehr täglich etwas Anderes, Neues zu denken, um nicht langweilig zu werden. Man muß sich immerfort verändern erneuen verjüngen um nicht zu stocken.«

»Von allen Geistern, die mich jemals angelockt,
Fühl ich mich rings umsessen ja umlagert.«

»Wie denn überhaupt die von Natur Verschnittenen nachher gern überfromm werden, wenn sie endlich eingesehn haben, daß sie anderswo zu kurz kamen und daß es mit dem Leben nicht geht. Da lob ich mir meine alten ehemaligen Kapuziner, die fraßen Stockfisch und … in einer Nacht.«

»Der liebe Gott gibt dem Dichter einen Metallstab mit zu seinem Bedarf. Von außen sieht solches Ding aus wie eine Goldbarre. Bei manchem ist es auch Gold, mindestens ein tüchtiges Stück lang. Bei vielen ist es das liebe reine Kupfer, nur an den Polen des Stabes etwas Gold. Da bröckelt nun der Anfänger los, gibt aus, wird stolz weil sein Gold im Kurse gilt und wähnt, das müsse so fortgehn. So bröckelt er immer lustig weiter: hernach wenn er schon längst beim Kupfer ist wundert er sich, daß die dummen Leute es nicht mehr für Gold annehmen wollen.«

Müller spricht von der Ironie als Goethes Lieblingsform.

»Ein heftiger wenngleich ungerechter Angriff bleibt kühn und ehrenhaft; jede Verteidigung ist immer mißlich, sei sie auch noch so gut gemacht.«

»Das größte Genie würde nicht sehr weit kommen, wenn es alles aus sich schöpfen wollte … Was bin ich denn selbst, was habe ich geleistet? Alles was ich gesehn gehört und beobachtet, habe ich gesammelt und ausgenutzt. Meine Werke sind von unzähligen verschiedenen Individuen genährt worden, von Ignoranten und Weisen, Leuten von Geist und von Dummköpfen. Die Kindheit, das reife und das Greisenalter, alle haben mir ihre Gedanken entgegengebracht, ihre Fähigkeiten Hoffnungen und Lebensanschauungen. Ich habe oft geerntet was andere gesät haben, mein Werk ist das eines Kollektivwesens, das den Namen Goethe trägt.«

November 1913 Am 5. Oktober hat sich der Onkel Theobald erhängt in seinem eigenen Hause in Rauschen. Ihn quälten Wahnvorstellungen von Verarmung, Veruntreuung. Er sagte über sein Wirken in der Gemeinde, es sei alles doch nur Größenwahn gewesen. 14 Tage konnte er nicht bestattet werden, weil auf seiner hinterlassenen Verfügung das Wort »Königsberg« nicht geschrieben sondern gedruckt war. Am Freitag dem 18. Oktober wurde er im hiesigen Krematorium verbrannt. Die Tante Gertrud und Lina

Rautenberg waren aus Königsberg gekommen, sonst waren wir alle dort, von [den] Alten die Prengels und Mutter. Der alte Pfundtner. Es wurde das Orgelspiel aus der Matthäus-Passion »Wir setzen uns mit Tränen nieder« voran gespielt. Dann einige Verse von »Unsere Toten leben fort«. Dann sprach Konrad neben dem Sarge stehend. Nach Konrad sang Georg: »O Tod, wie bitter bist du«. Die Tante Gertrud sagte nachher, da hätte sie zum ersten Mal das Empfinden gehabt, daß Friede über den Onkel gekommen sei. Dann sprach Karl voll Wärme und Liebe. Er liebte den Onkel Theobald von Herzen. Dann Waldeck Manasse, dann Schneider Abschiedsworte. Dann senkte sich der Sarg und wieder »Unsere Toten leben fort«. Die Mutter saß in der letzten Reihe. Die Feier war ihr lieb. Nachher zerstreute sich alles. Karl ging wieder auf Besuche, ich mochte nichts vornehmen und machte einen Gang über den Viadukt. – Am Sonntag waren wir abends bei Rautenbergs. Ich kam zwar später hin, weil ich erst noch bei Kaches war. Karl erzählte mir, was Tante Gertrud von den letzten traurigen Sachen mitgeteilt hatte. Nach Tisch sprach ich mit der Tante über früher. Sie erzählte aus den ersten Jahren ihrer Verheiratung. Sie sagte, es war ein sehr strenger Zug im Großelternhaus. Keines der Kinder sprach unaufgefordert. Tante Toni und Tante Bennina hätten sich verheiratet, vor allem um von Hause fortzukommen. Tante Bennina sei ein wunderschönes Mädchen gewesen. Sie hätte es nie begriffen, daß die jungen Theobalds abends immer zu Hause waren. Sie würde immer fortgehn. Sie verlobte sich mit Onkel Prengel an dem Begräbnistage von seiner ersten Frau. Auf Tante Gertruds Erstaunen, daß sie an diesem Tage sich mit ihm verlobe, sagte sie, das Kind hätte ihr so furchtbar leid getan. Später ist sie dann eine nicht gute Stiefmutter dem Max gewesen. Auch sagt Tante Gertrud, das Hauptmotiv ihrer Verlobung sei ihrer Meinung nach der Wunsch des Fortkommens von Hause gewesen. Was die Tante Toni eigentlich zur Ehe mit Onkel Rentel getrieben hat, ist ihr nicht klar. Wohl auch der Wunsch fortzukommen. Die Ehe war unglücklich. Onkel Rentel hat seine erste Frau geschlagen. Es kam vor, daß wenn Theobalds abends Rentels besuchen wollten, Tante Toni weinend hinter der Türe gesagt hat, sie könne nicht aufmachen. Von unsrer Mutter sagt die Tante Gertrud, sie sei ihr wie eine Heilige vorgekommen. Die Mutter hatte beide erste Kinder verloren, das gab ihr dies Ernste. Immer, sagt Tante Gertrud, habe die Mutter auf sie harmonisch gewirkt.

In den Nachmittagsstunden ging die Mutter immer zum Großvater, der auf die Käthe dann wartete. Mit größter Liebe spricht Tante Gertrud vom Großvater. Er ging auf alle ihre Interessen ein, suchte sie zu fördern. Er arbeitete der Tante Gertrud ein System aus, nach welchem sie [ihre Tochter] Else unterrichten sollte und gab ihr mehrmals wöchentlich Stunden zu diesem Zweck. Erst nach seinem Tode sagt sie sei der unduldsame Zug in die Gemeinde hereingekommen. – Ich sprach neulich mit Mutter über Onkel Theobald. Sie hat – ich weiß nicht von welcher Seite – erfahren, daß der Onkel sich selbst das Leben genommen hat. Sie begreift es vollkommen und ist erschüttert. Sie sagt: »Was muß er ausgehalten haben, daß er keinen andern Ausweg wußte.«

Die Tante Gertrud ist jetzt hier bei Else. Der kleine Andreas hat Scharlach.

Ich war im »Tristan«, Peter auch. Ich hatte zuerst sehr viel davon, dann wurde ich wohl zu müde. Sehr schön war mir die Ouvertüre, diese schwellende hochschwärmende, sanft brausende Musik. Dann später im 2. Akt, als Isolde Tristan erwartet, unmittelbar vor seinem Kommen, der Sturm der Erwartung.

Gelesen Goethes Briefe an Auguste zu Stolberg. Wundervoll.

Ich arbeite die Liebesgruppe, wo das Mädchen dem Mann auf dem Schoß sitzt. Die große Depression nach den Sommerferien hat sich wieder verloren, aber so einen rechten Glauben hab ich doch nicht.

Mitunter kommt es mir vor, als wenn es nur moralischer Mut ist der mir fehlt. Ich fliege nicht, weil ich mich nicht in der Luft herumzuschmeißen wage wie Pégoud. Eigentlich muß ich mit meinem Können – selbst dem plastischen – mir mehr zutrauen. Daß mir der Mut fehlt ist eine Alterserscheinung? Die vielen Wenns und Abers die man als älterer Mensch kennt. Pechstein stellt seine talentvollen plastischen Skizzen ohne Skrupel aus. Er kümmert sich den Deiwel darum, daß es nur Skizzen sind.

Ich bin so sehr froh, daß beide Jungen jetzt hier sind. Abends sind sie freilich oft besetzt, aber doch ist man oft mit ihnen zusammen. Hans arbeitet vormittags für sich, Kollegs meist nachmittags, abends ist viel vor. Peter tags auf der Kunstgewerbeschule, kommt für gewöhnlich abends ½ 8 Uhr zurück. An 4 Tagen in der Woche läuft er zwischen den Kollegs noch Simmel hören über Geschichte der Philosophie. Er liest für sich Schopenhauer[s] »Welt als Wille und Vorstellung«.

Liebespaar (2. Fassung, 1913–1916). »Ich arbeite die Liebesgruppe, wo das Mädchen dem Mann auf dem Schoß sitzt. Die große Depression nach den Sommerferien hat sich wieder verloren, aber so einen rechten Glauben hab ich doch nicht.«

Neulich war Paul Goesch hier und sprach über moderne Malerei. Er fand meine Stellung zu derselben unklar. Peter sollte sagen wie er dazu stünde. Er erklärte sich für die Expressionisten, Kubismus und Futurismus für Spielerei.

Wenn ich doch noch lernen könnte von der neuen Richtung und doch selbständig bleiben.

Die Paula war mit ihrem kleinen Jungen bei uns. Das ist ein sehr liebes Kerlchen.

Kati Laessig hier. Sie arbeitet jetzt nicht mehr auf das Examen hin. Es ist mir unklar was sie und was Laessig sich denken. Sie schreibt jetzt für sich was ihr einfällt. Landauer, den sie aufgesucht hat und mit dem sie 3 Stunden über Fragen des Anarchismus usw. gesprochen hat, hat ihr geraten ihre Ideen für sein Blatt aufzuschreiben. Neulich wollte sie nach Leipzig zu Kranz fahren, sie teilte es ihrem Vater mit, er verbot es ihr. Sie fuhr dann doch Sonnabend vormittag und Sonntag abend war sie wieder zu

Hause. Mit Kranz hat sie die ganze Nacht auch über Anarchismus geredet. Kranz will nicht, daß sie zu Landauer geht. Er scheint es sehr ungern zu sehn, daß ein anderer Einfluß auf sie gewinnt. Sein Interesse für sie wird vielleicht nur so lange vorhalten als er meint sie formen zu können und ihr nötig zu sein.

Totensonntag 1913 Annie Karbe soeben hiergewesen. Sie ist in Neu-Ruppin wieder Lehrerin und arbeitet außerdem für sich. Sie schreibt einen Roman und arbeitet plastisch.

Ich sah neulich auf dem Platz einen kleinen Jungen, der seinen Schatten entdeckt hatte. Er machte wunderliche Stellungen und freute sich daß der Schatten sie auch machte. Lief rasch weg und sah hinter sich ob der Schatten nachkäme.

Auf dem Kirchhof gewesen und der Lisbeth einen Kranz hingelegt. Es hatte gereift und ein Spinnweb das in der Ecke des Gitters hing war schlohweiß, als ob es von weißer Baumwolle gemacht wäre.

Konrads 50. Geburtstag bei ihm gefeiert. Es waren die alten Prengels da, Hans Prengel, Sells, Karl ich Peter. Hans war woanders. Frau Sell erzählte von Laessigs. Daß es Laessig ganz schlecht mit dem Gelde ginge. Als Frau Sell im Sommer mit Gottfried über Kati sprach hat Gottfried gesagt, er glaube daß Kati bald ins Irrenhaus kommt.

Es wurde über den Massenaustritt aus der Landeskirche gesprochen. Frau Sell sagte sie träte nicht aus, trotzdem sie nie in die Kirche ginge, weil die Kirche ihr nichts Schlimmes getan hätte und sie eine gewisse Pietät habe. Bei der Gelegenheit wurde ich wieder gewahr wie wenig ich denke und klar zu werden versuche. Es genügt mir wenn ich ganz ungefähr Stellung zu einer Sache nehmen kann, kommt es aber zu einer Auseinandersetzung darüber, dann sehe ich wie ungenügend mein Denken war. Wie ich eigentlich überhaupt nicht mehr denke. Warum also bin ich eigentlich für Austritt aus der Landeskirche? Menschen, die überzeugt gegen die Kirche stehn, gehören ihr nicht an, die sind allemal schon ausgetreten, es handelt sich also um Laue, die so auch so können. Ist es ein großer Gewinn, wenn die aus der Kirche austreten? Man sieht, daß aus der protestantischen Kirche ausgetreten wird und in die katholische eingetreten wird (Bley, Einstein). Aller Glaube, der etwas Mystisches mit sich führt kommt wieder in Aufnahme. Die große Verbreitung der Theosophie. Unglaube wird unmodern, zum mindesten rationalistischer Unglaube. Wenn Leute wie Frau Sell, Anna Schmidt austräten, was wäre damit gewonnen? Im Interesse der Reinlichkeit wär es zu wünschen. Daß man nicht eine Sache mit seiner Stimme unterstützt, die keinen Inhalt für einen mehr hat. Also aus rein ideellen Gründen. Dann wäre ferner anzunehmen, daß wenn das Dissidententum offenkundig so groß schiene, wie es bei konsequentem Kirchenaustritt wirklich wäre, die Dissidenten eine andere Macht bekämen und eventuell Zustände wie sie jetzt noch sind fallen würden, daß Dissidentenkinder den Religionsunterricht besuchen müssen, daß Dissidenten keine Lehrerstellen annehmen können usw.

Sell sagte dann, seine Kinder seien nicht getauft. Aus dem Gesichtspunkt, daß wenn sie später das Bedürfnis hätten zur Kirche zu treten, es ihnen unbenommen sei, und hätten sie in praktischer Hinsicht unter dem Dissidententum zu leiden, so sollten sie »durch dieses Joch gehn«. Mich frappierte dies, weil ich mich in diesem Punkt schlapper geworden fühle. Zwar war ich sehr ungehalten als Paula zur Kirche trat, doch weiß ich gar nicht ob ich nicht Beschönigungsgründe finden würde, wenn z. B. Hans zur Kirche träte. Wenn eine Laufbahn davon abhing, z.B. Hannas, so würde sie wahrscheinlich ohne Skrupel übertreten. Rohse hat seine Kinder taufen lassen indem er sagt, er wolle ihnen durch ihr Dissidententum nicht von vorn hinein einen Stein in den Weg legen. Das leuchtet mir eigentlich ein. Wenn die Kinder dann selbst aus der Kirche austreten, so ist es ein freiwilliger Akt, der ihnen mehr Verpflichtung auferlegt, als wenn sie im unbewußten Zustand von ihren Eltern zum Dissidententum bestimmt sind.

Dezember 1913 Von Barlach den »Toten Tag« gelesen und einen starken Eindruck davon gehabt. Die Deutungen die man dem Inhalt geben muß, sind wohl theosophisch und mir zum Teil verschlossen. Was mich packt ist die Mutter und ihr Sohn. Wie er sich ihr dann entwindet und nach dem Vater ruft. Und doch nicht bis zu Gott in all dem Nebel dringen kann. Und zur Art der Mutter zurückkehrt. – Was bedeutet Steißbart, was der Blinde?

Bei Krause gewesen und geröntgt worden. Werde wohl operiert werden müssen. Ich ängstige mich vor der Operation ohne Narkose und bin besorgt, was diese wichtigen Veränderungen für meinen Körper bedeuten werden? Verstummen der Geschlechtsfunktionen und dazu noch Herausnahme der Schilddrüse? Was wird von mir übrig bleiben in anderm Sinn als Mutter und Karls Frau? Schon lange habe ich periodisch das Empfinden es lohnt alles nicht mehr. Ich habe gesagt was ich zu sagen hatte, der Rest ist unwichtig. Es geht doch nach Hause. Und alle heftigen Pläne und Veranstaltungen – die Plastik obenan, aber auch die Reise nach Rußland, nach London – immer im Hintergrund: es lohnt nicht mehr. Dabei bin ich noch nicht 50, auf mindestens 10 Jahre mäßiger Leistungsfähigkeit könnte man noch rechnen. Aber der innerlichste Glauben fehlt.

An Mutters 77. Geburtstag waren wir bei ihr: Konrad und Anna, Julie, Karl ich, Regula, Hanna. Lise kam mit Maria aus dem Krankenhaus. Maria brachte der Mutter einen Kuchen, einen kleinen Kranz und umarmte sie ganz fest und lange. Georg kam erst später. Wir waren etwa von 5–7 Uhr dort. Die liebe Mutter war etwas still und müde.

Julie hat immer noch mit ihrem Auge zu tun.

Kati Laessig war neulich hier. Sie hat das Abiturium augenscheinlich aufgegeben. Schreibt für sich. Kranz sagt sie hat viel mit eigenen Stimmungen zu tun, ihre Briefe betreffen nur immer diese, der stehende Schlußsatz ihres Briefes ist: »Von meinem äußeren Leben ist nichts zu melden.« Landauer hat sie nicht wieder gesprochen, ist aber häufig in der Redaktion oder Expedition des »Sozialist«. Da sitzt sie mit den Schriftsetzern usw. zusammen und [sie] reden über anarchistische Fragen. Sie fühlt sich wohl da. Sobald sie mit Menschen verkehrt scheint der wichtigste Gesichtspunkt für sie: ob sie Einfluß auf diese Menschen hat. So auf Nusch [?], Lothar Brandes und seine Schwester, Gottfried, Kranz. Von den Anarchisten sagt sie: »Sie hängen an mir«.

– Übrigens spricht sie davon (ich weiß nicht ob ganz im Ernst) von Januar ab in einer vegetarischen Familie »Fräulein« zu werden. Eine Kateridee.

Man »verschleißt« die »köstlichen Stunden des eilenden Lebens«. Und zwar »so traurig«.

17. Dezember 1913 Vor 13 Jahren starb Lisbeth [Kollwitz]. – Gestern war ich bei Tante Bennina. Die andern waren alle schon fort. Nur Hans [Prengel], Frieda (das magere kleine Söhnchen), dann Ernst und Minna. Minna dick blühend, Ernst furchtbar elend. Hans sagt, er ist wieder ohne Stellung. Julius Rupp. Die alten Prengels still freundlich gastlich. Der Onkel schenkte mir das Telegramm, das der Vater bei meiner Geburt an den Großvater nach Schlangenbad schickte.

Von Walter Neumeister einen sehr traurigen Brief bekommen. Ich fürchte er tötet sich einmal. Und wenn es geschehn sein wird und man sagt: »Wäre das und das anders gewesen« usw. – ist das wahr? War seiner Melancholie zu wehren? – Ich war bei Neumeister soeben. Er sagte mir seine Mutter sei melancholisch gewesen und er wäre es auch und würde es immer mehr. Nur in ihm selbst läge der Grund zur Traurigkeit – er würde immer traurig sein, wie auch das Leben wäre. Auch wenn er mit den andern zusammen war und es ihm scheinbar gut ging sei er im Innern traurig gewesen. Ich ging bald, ich wußte nicht viel zu sagen. Er sah besser aus als ich ihn je gesehn habe. Das Gesicht hatte einen großen unendlich schwermütigen Ausdruck. Er antwortete mir nicht als ich beim Weggehn »Auf Wiedersehen« sagte.

19. Dezember 1913 Kati Sterns 16. Geburtstag. Ich war dort und ging mit ihr zurück. Sie ging in die Ballettschule. Sie hatte rote Jacke und Mütze an, sah hübsch und auffallend aus und fiel auf der Straße sehr auf. Sie bleibt mal stehn, schubst an, trödelt, springt ein paar Schritte vor, blickt sich ewig um. Ein junger Mann steigt ihr nach bis in den Flur wo das Ballett ist. Ich weiß nicht ob sie ihn bemerkt hat. Wahrscheinlich. Sie ist kokett, erotisch aber absolut naiv. Sie ist geboren für Liebe und kann sicher ein Leben bis zum Rand damit ausfüllen. Freilich Kinderliebe miteinbegriffen. Sie ist vollkommen zur Liebe disponiert. – In Prerow hatte sie wieder eine Liebe, die ihr sehr nah ging. Der junge Mann – ein Schüler – erklärte ihr eine Tänzerin könne er nicht heiraten. Sie schrieb mit vielen Tränen in ihr Tagebuch, dann müßte sie auf ihn verzichten.

28. Dezember 1913 Hanna spielt die Emilia Galotti in der Neuen Freien Volksbühne.

Peter malt zwei Akte in aneinandergelegter Haltung. Das Mädchen roten Akt, dunkelrot mit hellerroten Brüsten, den Mann grün. Der Hintergrund pariserblau. Zu Weihnachten hat er einige Sachen gemalt, schon in dieser Art, nur noch unausgesprochener. Hans zu Weihnachten einige Gedichte zur Großstadt. Anders als seine Bonner Gedichte. Waren die ganz subjektive Stimmung, sind diese objektive Arbeit. Feilen am Wort, vor allem am Klang.

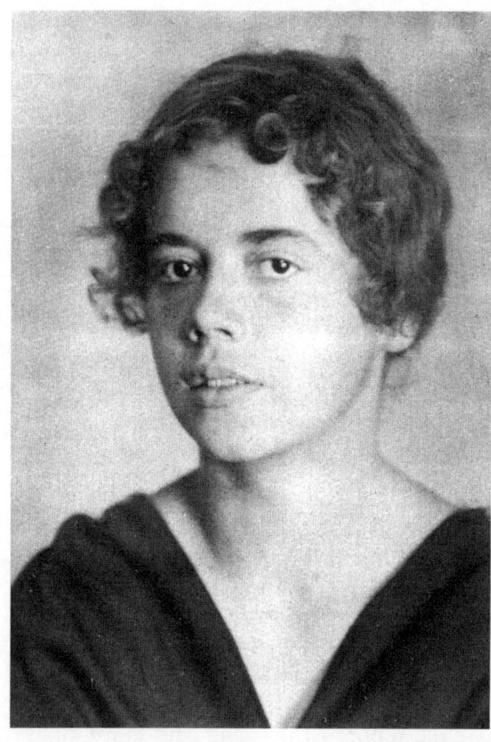

Kati Stern (1897–1984)

Merkwürdig für mich, diese beiden Jungen, die so ganz im Modernen stehn. Wenn ich nicht arbeite komm ich mir ganz antiquiert vor – wenn ich aber arbeite nicht.

Silvester 1913 In der letzten Neujahrsnacht war mir furchtbar schwer wegen all der Kriegsprophezeiungen. Nun ist das Jahr herum und hat nichts so ganz Besonderes gebracht. Auch persönlich nichts ganz Besonderes. Zwei Tote: Onkel Theobald und Friedrich Huch. Die Mutter lebt noch. Sie sagt, daß sie immer mehr in Erinnerungen lebt, manchmal träumt sie so lebhaft von früher. Neulich von den verstorbenen Brüderchen. Am Morgen weiß sie sich dann gar nicht zurechtzufinden. Ich fragte sie, ob sie sich nun wünschte, noch einmal ein anderes Leben anzufangen. Sie schüttelte leise den Kopf und sagte: »Es ist genug.« So langsam löst sie sich wieder auf, ein leises dämmerndes Hinsinken. Als wir neulich bei Hofferichters waren hat die Mutter an ihrem alten Klavier begleitet und Paula sang dazu. In solchen Stunden ist sie noch ganz frisch, für gewöhnlich aber fühlt sie sich sehr müde. Wenn man zu ihr kommt sitzt sie meist am Fenster und sieht heraus.

Unser Leben zu vieren? Meist scheint es mir es ist eher besser, mitunter kommen dann solche Sachen, die einen traurig machen. Am Abend vor Weihnachten war Peter bei einem kleinen Anlaß unbegreiflich grob und rücksichtslos gegen Karl. Das verstimmte den gründlich. Hans ist gut und voller Rücksicht gegen uns. Ich und Karl? Ganz gut. Immer noch nicht wirklich gut. Und wenn es besser ist, so ist es vielleicht darauf zu schieben, daß mit dem energischen Verlassen der Jugend so vieles eingepackt wird was ablenkend wirkte. Es ist gut und nicht gut, daß man keine Liebesgedanken mehr hat. Ich hab jetzt Zeit für den Karl. So ist eine sacht und konstant brennende Liebe für ihn da, ohne Ekstasen, ohne Nebenlieben, auch ohne große Pausen. Es ist eben ein sachtes Altersfeuer. Mehr ein sehr gut Sein als wirklich das was man Liebe nennt. So eine ganz dolle Liebe, die hab ich überhaupt nicht kennengelernt.

Ein ähnlich zweifelhaftes Feuer hab ich beim Arbeiten. Du lieber Gott! – Die kleine Gruppe – die Liebesgruppe – ist ziemlich fertig und sie ist nicht schlecht. Aber zwischen nicht schlecht und dem absoluten gut ist dieselbe Kluft wie zwischen meinen matten jetzigen Liebesgefühlen und wahrhaftiger Liebe. Jedenfalls will ich sie ausstellen, vielleicht hat sie doch ein Echo, das auch mir Mut gibt.

Jedenfalls 1913 ist ziemlich harmlos verlaufen, nicht tot und schläfrig, ziemlich viel inneres Leben.

März 1914 Was ich am Silvesterabend über Karl und mich schrieb, liegt schon wieder nicht mehr so. Mit meiner sachten Liebe hielt es an bis zum Monatshcfteball und da hab ich geküßt und bin ich geküßt [worden] und das hat mich wieder ganz umgekrempelt. Ich merke, daß ich noch gehörig sinnlich bin, aber es mußte einmal ein anderer Mensch sein. Immer derselbe, bei dem man jede Nuance schon kennt, das kann die schlappere Sinnlichkeit nicht mehr reizen. Man müßte ganz andere Kost haben, um wieder starken Appetit zu bekommen. – Und weil es die nicht gibt will man lieber gar nicht mehr essen. So arg hungrig ist man nicht mehr. Und wegen dieser frisch erregten Gefühle, die sich naturgemäß wieder verlaufen müssen, wegen diesem Aus-dem-Gleis-Geraten meiner Ruhe seh ich Karl anders und unbefriedigt an. Mitunter wieder dieses entsetzlich fremde Gefühl.

Auch mit der Arbeit ist es nicht mehr dasselbe. Es hat Enttäuschungen und Aufflammungen gegeben.

Jetzt arbeite ich an Mutter und Kind *noch* mit dem Gefühl, es bezwingen zu können.

Karl selbst leichter müde und etwas verzagt seiner vielen Arbeit gegenüber.

Die Jungen. Hans immer für sich. Karl sagt, als ob er in einer Pension lebt. Sehr viel fort. Peter zu mir fast immer sehr nett, zu Karl zugeschlossen und etwas gereizt.

Beide verkehren mit netten Menschen: der Rautenberg, Hoyer.

Fanina Naujoks ist nach Paris gegangen, hat dort Modell gestanden, auch Maillol, und ist ihrem Mannchen untreu geworden. Sie sagt: »Gott, gnädiges Frauchen, mein Mannchen, das ist so als wenn ein Vogel auf den Ast fliegt und macht ein kleines Geschäft. Hopps ist er fertig und fliegt wieder weg. Und ich Kerl lieg da ...«.

Mit Heinrich und Trude zusammen gewesen. Sie haben unterdes Paul Wegener kennengelernt und der soll ganz begeistert von Heinrich sein. Ich glaube, wenn ich Heinrich jetzt erst kennenlernte, würde er mich interessieren aber [mir] fast unsympathisch sein. Sein geistig lüsternes Gesicht, seine ebensolchen Hände. Manon soll übrigens etwas sprechen lernen.

10. April 1914, Karfreitag Die Jungen sind schon in Rauchfangwerder. Peter hat wieder das griechische Neue Testament eingesteckt. Ich bin mit Karl in der Stadt.

Am letzten Sonnabend kam ich abends nach einer Russensitzung nach Zeuthen heraus. Peter erwartete mich am Bahnhof und sagte: »Das ist ja fast wie in Lubochin.« Wir kauften ein und fuhren dann herüber. Hans machte Setzeier, Peter Spirkel und ich Kakao. Dann las Hans die Erklärung von Guttmann und Heinle vor. Zuletzt gingen wir noch in den Mondschein heraus, am Wasser entlang, an unserer Riviera wie die Jungen sagten. Es war wunderschön. Am nächsten Tage mit beiden Jungen auf die Gosener Berge gegangen und über Wernsdorf zurück. Da hörten wir von der Bauersfrau von den 16 Kossäthen von Wernsdorf, die noch aus der Wendenzeit her Privilegien haben. Ein großes Stück Wald gehört ihnen. Ihr Wald ist alt, klein und krüppelig, sieht unheimlicher und reizvoller aus als der königliche Wald, wo Kiefer an Kiefer wie abgezirkelt nebeneinander stehen. Auf dem Mooriner Feld haben sie ihre Äcker, der See mit Fischen gehört ihnen auch. – Gegen Abend kam Karl, leider nur für ein Weilchen. Ich fuhr am selben Abend noch mit ihm zurück. – Das war mein erstes weekend in Rauchfangwerder.

Kehler war hier. Sie erzählte fast die ganze Zeit von Brandenburg und seiner Klasse. Brandenburgs Frau arbeitet jetzt auch bei ihm. Kehler sagt er korrigiere wenn sie anwesend sei weniger gut, d. h. weniger suggestiv, was wohl wieder mit dem Erotischen zu tun hatte. Er hat auch Schüler in der Klasse und trotzdem er diese scheinbar bevorzugt, leisten sie nichts bei ihm. Seine ganze Kraft geht auf den weiblichen Teil über. Kehler entwickelt sich unter ihm wie es ihr überhaupt nur möglich ist. Sie spannt ihr Talent und Kraft an bis zum äußersten. Nachts, sagt sie, wenn sie nicht schlafen kann und immer an ihre Arbeit denken muß, hat sie oft ein Gefühl wie sie es nur bei Verliebtsein kennt. Ich sehe daraus mit etwas geärgertem Gefühl, wie wenig die Arbeitsraptusse – Entzückungen – Entrückungen – Delirien mit starker Künstlerschaft zu tun haben. Wenn ich solche Zustände hatte, nahm ich das für Gewähr eines großen Wurfs. Sehe jetzt, daß auch kleine Talente diese Zustände kennen. Vielleicht sogar Fräulein Arnheim.

Noch immer arbeite ich an meiner großen Gruppe.

Die Naujoks sagt sehr böse: »Ein Modell das ist wie ein Handtuch, an dem jeder meint sich die Hände abwischen zu können.«

Ich muß häufig an den Tod denken und habe das Empfinden ich werde nicht alt. In Huchs hinterlassenen Geschichten immer wiederkehrend Ekel und Grauen vor Krankheit und Tod. Eine Geschichte, in der er von einem Mann erzählt der sich töten will. Weil er es muß. Dieses Grauen, seinen Körper kaputt zu machen. Am Morgen wollte er es tun. Den ganzen Tag bringt er es nicht fertig, schließlich ist es ein halber Zufall, daß er endlich dazu kommt.

[April 1914] Mit Hans und Peter einen wunderschönen Tag am Scharmützelsee wegen eventuellen Wohnungsmietens zugebracht. Sie sprechen über Fichte[s] »Reden an die deutsche Nation«. Viel

Hans und Peter Kollwitz, 1913

mehr als ich dachte sind die Jungen, besonders Hans, davon beeinflußt. Die Jugendbewegung schätzen sie als sehr bedeutsam ein. Soviel ich verstehe erhoffen sie sich durch Beeinflussung der Jugend im Fichteschen Sinne eine Umgestaltung der Menschheit nach dem Ideellen hin. Die Jugend soll gesondert aufwachsen in großen von guten Pädagogen geleiteten Anstalten und soll nach dieser stillen Reifezeit in das Staatsleben eintreten. – Hans ist momentan so eingenommen von diesen Ideen, daß er daran denkt den Oberlehrer zu machen und dann in ein Landerziehungsheim zu gehn.

Die Spaltungen im »Anfang«. Guttmann [und] Heinle in ihrem unerklärlichen Benehmen gegen Barbizon. Die peinlichen Zusammenkünfte und Aussprachen. Hans hält sich zu Barbizon, Benjamin tritt aus Kameradschaft für Heinle und Guttmann mit diesen aus dem gemeinsamen Sprechsaal aus. Benjamin schreibt einen Offenen Brief an Wyneken, Hans schreibt an Benjamin, Benjamin an diesen zurück. Beide Briefe kommen mir in der Ausdrucksweise etwas gestelzt und überschraubt vor. Wie Hellmut Kaiser schon früher von Benjamin, Blumenthal und Heinle sagte, sie redeten »mit Zungen«. Hans hat jetzt eine Fichte-Gruppe gegründet, in welcher die »Reden an die deutsche Nation« gelesen werden sollen. Auch Peter ist in diesen Gedankengängen ganz drin. Sie leben ein geistiges Leben miteinander, an dem ich leider schon sehr wenig Anteil habe. Ich verkehre mit ihnen über das was der Tag bringt, psychologische und ästhetische Fragen kommen herein – aber im Philosophischen bin ich renonce. Sie fordern mich auf mit ihnen mitzugehn, aber ich bin zu ungeübt und zu träge dazu. Für Peter ist die geistige Beschäftigung sehr günstig da er tags auf dem Bau arbeitet. Als wir vom Scharmützelsee kamen und vom Görlitzer Bahnhof oben zurückfuhren (Hans war in Rauchfangwerder geblieben), sprach er ganz erfüllt davon wie gerne er wieder auf dem Bau arbeitet und wieviel er von dem Umgang mit den Handwerkern hat. Er rühmt ihr Selbstbewußtsein, ihre Ruhe und Tüchtigkeit.

Beide Jungen haben jetzt sehr viel voneinander und stehn sich nahe. Es ist eine gute Zeit für sie.

Mit Heinrich und Trude wieder zusammen gewesen. Heinrich läßt sich von Hans über die Jugendbewegung erzählen. Er verhält sich ziemlich ablehnend gegen den starken Anschluß an Fichte.

4. Mai 1914 Hans hat mir seine beiden Aufsätze über Jugendbewegung gegeben. Ich habe immer noch ein geteiltes Empfinden bei diesen Äußerungen von Hansens jetziger Richtung. Gut ist selbstverständlich daß er aus dem individualistisch egoistischen Empfinden sich heraushebt. Aber wie tut er es? Noch kann ich nicht glauben daß dieser Enthusiasmus vorhalten wird. Dazu ist die Ausdrucksweise zu pathetisch, etwas deklamatorisch. Gibt ihm diese Bewegung wirklich einen Lebensinhalt? Und seine Anschauungen. Doch nicht *viel* anders als die im »Anfang« vertretenen. Einsichtiger schon. Aber durchgehend die Auffassung, mit ihnen fängt alles erst an. Alles bis dahin Erstrebte – oder die Generationen die vor ihnen gestrebt haben – sind unterwegs schlapp geworden. Nun sagt er freilich nicht: Wir werden es nicht werden – sondern: *Damit* wir es nicht auch werden treten wir zu Gemeinschaften zusammen, in denen einer den andern stützt. Große – von Familie und allem äußeren Leben abgelöste – Internate sollen die Jugend heranbilden zu festen Keilen, die im Leben später nicht zerbrochen und zerbogen werden können.

So hat das Streben nach Charakterbildung schon wieder das Streben nach individualistischer ästhetischer Bildung abgelöst. Gut so. Früher überlegte ich manchmal, was werden die Jungen vorfinden wenn sie erwachsen sind? Sie werden in eine Zeit ohne große Ideale wie die Sozialdemokratie es war hineinwachsen. Nun entsteht aus der Jugend selbst eine Bewegung, die sie für weltgeschichtlich bedeutend hält. Die ideelle Linie, die vom Großvater her über Vater und Konrad auf Hans übergesponnen wird. Dazu der künstlerische Einschlag. Aber ob er die genügende Potenz haben wird?

Die freideutsche Jugendbewegung *muß* vielleicht den Mund so voll nehmen, weil es ihr an Taten gebrechen muß. Die Freiheitskämpfer, die 48er, die Sozialdemokraten fanden sofort Arbeit vor und hatten Worte in Taten umzusetzen. Die freideutsche Jugend kann für ihr Endziel nicht viel *tun*, angegriffen und verulkt wird sie dauernd, also hüllt sie sich in stolze Worte. In Wahrheit ist die einzige Arbeit, die sie leisten kann, gewissenhafte Kleinarbeit und wenn sie sich darin bewährt ist das anerkennenswerter als große Taten, die der Enthusiasmus ja um die Hälfte erleichtert.

Ob Hans zu seinem gedanklichen Idealismus Karls schlichte Treue dazutun wird? Diese einfache wortlose Pflichterfüllung, seine wahrhaftige Herzensgüte? Er wird es schwer haben damit.

Dadurch daß die Jungen ihre Bewegung so hoch werten, bin ich ihnen ferner gerückt. Sie schätzen die Kunst nicht mehr so unvergleichlich hoch ein und meine Tätigkeit interessiert sie nicht mehr so. Mich selbst ja auch nicht mehr. Sterben möcht ich freilich noch nicht bevor ich plastisch etwas Gutes gemacht habe, dann aber Karls und der Jungen wegen. Doch rückt wohl die Zeit immer näher, wo es wirklich nicht mehr so schade ist wenn man stirbt. Wie das Blatt im Herbst sich ganz sacht löst und vom Stengel abgestoßen wird, weil es eben nicht mehr gebraucht wird.

Als die Jungen klein waren und schliefen lagen sie oft so da: Hans gerade auf dem Rücken mit über der Brust verschränkten Armen, Peter schräge im Bett, beide Arme ganz weit von sich geworfen.

Die Aschenurne von Emil Arnoldt ist vom Kirchhof gestohlen, die Asche hat man vor der Kirchhoftüre ausgestreut gefunden.

Juni 1914 Bernfeld wohnte eine Woche bei uns. Er vertritt in der Jugendbewegung den praktisch revolutionären Teil. Aus Wien mußte er fort, lebt jetzt in Freiburg. Er hielt einen Vortrag und in der Debatte widersetzten sich ihm Noll, Hans. Beide gegen ihn als den Vertreter des Intellektualismus. Noll sprach prophetisch gefühlvoll visionär. Hans im verwandten Sinn doch knapper.

Hans hat über das »Mirakel« geschrieben. Er verteidigt den Zwischenrufer, der von »Schändung der Religion« sprach. Inhaltlich teile ich seine Auffassung, liebe aber nicht wie er es sagt. Er wird das Pathetische nicht los. –

Die Fichtegruppe. Sie erstreben – soweit ich es verstehe – eine Neugeburt der deutschen Jugend. Seitdem Bernfeld hier war seh ich aber, daß die hiesigen Fichteaner sich von der praktischen Arbeit abwenden, auch keine Organisation haben wollen. Sie wollen das geistige Ferment sein.

Vor einigen Wochen war etwas was mich ziemlich verstimmte. Vor oder bei der Neubildung des Sprechsaals hatten Hans und Meier (?) ein kleines Flugblatt verfaßt. In dem war in ziemlich anmaßenden und gespreizten Worten gesagt, nur der dürfe den neuen Sprechsaal betreten, der innerlich rein sei (das war der Sinn, die Worte weiß ich nicht mehr). Den ganzen Nachmittag hatten sie darüber gesessen und schließlich diese anmaßlichen Sätze zustandegebracht. Peter, dem sie Hans vorlas, lehnte sie ab. Immernoch ist es bei Hans Gespanntheit Pathos Steilheit, Neigung zur Verstiegenheit. – In der Debatte hat er den Fehler gereizt zu werden und auf Einwendungen zu entgegnen als ob es Angriffe wären. –

Als Peter von Stettin kam fand er, daß die Leute hier alle – auch ich – im Berliner Witzelton sprächen.

Der Sommer geht hin ohne daß ich ihn *fühle*. –

Mutter ist mit Julie nach Georgenswalde gefahren. In der letzten Woche war ich, da Lise mit Maria schon fort ist, täglich bei der Mutter. Erst dann, wenn ich täglich bei ihr bin und nur bei ihr – nicht auch bei Lise – komme ich ihr wieder ganz nahe. Wie liebte ich die Mutter als Kind und wie brauchte ich sie. Ich habe nach ihr geweint wie ich fortkam. Dann später – wenn sie mit mir z. B. über meine Stellung zu Karl sprach – vor der Verheiratung. Sie war die Erfahrene, das Leben noch Überblickende. Sie hatte Einfluß auf mich. Es mag ungefär 10 Jahre her sein, als die Lise auf meinen Vorschlag, sie möchte die Mutter in einer Sache um Rat fragen, sagte, das hätte keinen Wert mehr. Jetzt ist die Mutter wie schon drüben. Von unsern Angelegenheiten erzählen wir ihr wohl, aber fast wie man einem Kinde erzählt. Sie ist so bescheiden. Und so gütig. Ein langes Leben kann ich ihr nicht mehr wünschen. Aber wenn sie nicht mehr mit dieser gütigen Freude unten den Schiffchen zusehen wird? Wenn sie sich einmal beklagen will, sagt sie gleich wieder, wie gut sie es habe. Es ist ein so stilles gütig freundliches Hingehn.

[Juli 1914] Am Donnerstag 2. Juli 1914 stirbt Onkel Prengel im Krankenhaus in Lichterfelde an einer Lungenentzündung. Am Sonntag abend waren Karl und ich da und fanden ihn hilflos, z. T. bewußtlos röchelnd liegen. Beide ganz allein, Ernsts waren in Straußberg, Hans [Prengel] in Adlershof, Max [Prengel] in Swinemünde. Karl beredete die Tante, den Onkel ins Krankenhaus zu bringen. Am Montag wurde er hingebracht, am Dienstag ging es besser, am Donnerstag war er schon tot. In demselben Krematorium, in dem wir Onkel Theobald bestatteten, wurde er am Sonnabend verbrannt. Der Konrad sprach ein paar kurze gute Worte. Dann gingen alle – auch die Tante Bennina – in das Café Savoy, wo wir noch eine Stunde zusammensaßen. Dem Onkel Prengel wäre das sicher recht gewesen, wenn er noch lebte. Georg Stern brachte uns ins Krematorium einen Brief von Julie hin, wonach es auch der Mutter schlecht geht.

Sonntag. Der letzte Tag vor unserem Fahren entweder nach Globsow oder nach Georgenswalde. Ein etwas langweiliger Tag. Ein Tag, bei dem mir Tage zu Hause einfielen, die bleiern und langweilig waren. Ich besinne mich genau auf das Empfinden das ich oft zu Hause hatte, den Wunsch *fortzukommen*, nur um anders und mein eigenes Leben zu leben. Nur nicht in dem hergebrachten fertig eingelebten Stil weiter. Die Stuben waren mir nicht mehr zum ansehn. Daran will ich denken bei den Jungen.

Was für gute Ausdrücke das sind: jemandem einen Menschen oder eine Sache auf die Seele binden, und: einem etwas ans Herz legen.

August 1914 bis Dezember 1918

August 1914 KRIEG

Sonnabend am 1. August kamen wir von Königsberg hier auf dem Friedrichsbahnhof an. Auf dem Schlesischen Bahnhof erfuhren wir die Ermordung [von] Jaurès. Während Karl nach dem Gepäck suchte, ging ich ins Café Monopol. Die Aufregung. Wir fuhren nach Haus, dann kam Hans. Er war furchtbar aufgeregt, blaß und mager. Es sei mobil gemacht. Ich sagte: »Wenigstens einer«. Er: »Aber für wie lange? Morgen stell ich mich in Augsburg bei den Chevauxlegers.«

Dann Reschke: »Gott sei Dank, daß mobil gemacht ist, die Spannung *war* nicht mehr zu ertragen.« Am Abend saßen wir mit Hans und Reschke, der Blumen für uns besorgt hatte. Sonntag 2. früh glaube ich ging Reschke schon los. Ich hörte wie er im Badezimmer Hans zurief: »Auf Wiedersehn mein lieber Freund!« Am späten Nachmittag waren wir wohl bei Sterns und der Mutter. Lise erzählte, daß Georg auf die Hälfte seines Gehalts reduziert sei.

Vorher in der Stadt. Am Bahnhof Friedrichstraße Julius Rupp und Ernst Prengel getroffen, mit ihnen ins Café Unter den Linden gegangen. Der Radetzky-Marsch wird gespielt. Julius sagt er will sich als Flieger ausbilden lassen. – Bei Sterns ein paar Stunden später treffen wir noch Wertheimer, der im Begriff ist nach Österreich abzufahren. Abends sind wir drei wohl bei uns.

Montag am 3. trägt sich Hans meiner Erinnerung nach in die Stammrolle ein. Viel Hin- und Hertelephonieren mit seinen Bekannten, ob nach Augsburg oder Stendal fahren oder sich in Berlin stellen. Karl und ich gehen aufs norwegische Konsulat um über Peter etwas zu erfahren. An diesem Abend kam wohl Alexander Rüstow an in begeisterter Stimmung. Thildi hatte ihn bis Nürnberg begleitet. Er erzählte von Fides als seine Koffer gepackt werden: »Mutti – nicht wahr? Die Mützen setzt der Vati gewöhnlich auf und den Helm am Faschingssonntag.« Er schläft bei uns und muß dann nach Hermsdorf Quartier belegen.

Dienstag 4. August 1914 Hans stellt sich hier zusammen mit einigen Freistudenten und Joachim Kaiser. An diesem oder einem früheren Tage besorge ich mit ihm Wäsche usw. Kleine Trupps

Reservisten, die unter Gesang einziehen. Nachmittag geh ich zur Feuerbestattung von Frau Pensky. Wie ich zurückkomme sind Konrad und Anna hier, dann kommt Hans Prengel aus der Reichs-

Was für gute Ausdrücke das sind: jemandem einen Menschen oder eine Sache auf die Seele binden u. einem etwas ans Herz legen.

August 1914

Krieg

tagssitzung, in der alles bewilligt wird. Wie ich schon im Bett bin höre ich, daß Alexander wiederkommt. Er hat sich eine andere Stellung anweisen lassen. Will vor die Front.

Mittwoch 5. August 1914 Alexander reißt früh die Tür auf: »England hat den Krieg erklärt«. – Dann in Eile weg.

Hans ordnet seine Sachen und sagt uns adieu. Geht in die Kaserne. – Am Abend um ½ 10 Uhr Telegramm vom norwegischen Konsulat: erbitte für Peter telegraphisch 50 Mark. Mit Karl lange vergebliche Versuche bis wir endlich 100 Mark abschicken können.

Donnerstag 6. August 1914 Ich richte die Stube oben für Einquartierung ein. Hans telephoniert aus der Kaserne, daß man ihn besuchen kann. –

Ich hatte in diesen Tagen sehr wenig zu tun. Die Frauenhilfsaktion war noch nicht eingeleitet. Lange einsame Stunden. Ich las in der Rundschau eine gleichgültige ja widerliche Geschichte. Das plötzliche Gefühl – als ob es einer sagt: die Jungen werden sterben und ich verbringe die Zeit mit Wertlosigkeiten. – In einem Brief vom Großvater als sein Freund gestorben war: »Der ewig reiche Gott nimmt nie, ohne mehr zu geben, als er nahm.«

In den ersten Tagen vergaß ich oft den Krieg oder hatte das Gefühl: so, nun ist es genug mit dem Druck, jetzt kann wieder gelebt werden. Als ob man von drückendem Traum erwacht.

Aber ich empfand in jener Zeit auch ein Neu-Werden in mir. Als ob nichts der alten Werteinschätzungen noch standhielte, alles neu geprüft werden müßte. Ich erlebte die Möglichkeit des freien Opferns.

Wie Hans war in jenen Tagen! Ganz einfach. Bescheiden gab er sich hin ohne Worte. Dabei heiter. Ruhig und liebevoll. Er gibt seine junge unschuldige Brust.

Ich glaube am Donnerstag abend konnte ich ihn schon besuchen. Vor der Kaserne sah ich erst Joachim [Kaiser] mit einem alten Herrn. Dann im Hof Hans. Eingekleidet. Sein Kindergesicht. Er zeigte mir alles. Er war guter Dinge.

Freitag, 7. August 1914 Ich weiß nicht was an diesem Tage war. Es war wohl der Tag, an dem ich mit Karl wieder auf dem norwegischen Konsulat war um nach Peter zu fragen. Abends bei Hans auf dem Kasernenhof. Die Einnahme von Lüttich wird verkündet, wir standen gerade draußen vor der Kaserne. – Joachim und Manasse.

Sonnabend, 8. August 1914 Ich weiß von diesem Tage nichts mehr. Nur, daß ich nachmittags bei Hans war. Abends – ich saß bei Tisch – rasche Schritte auf dem Korridor – der Peter! Ein wunderschöner Abend des Wiedersehns. Wir alle drei bis spät nachts zusammen.

Sonntag, 9. August 1914 Auch von diesem Tage weiß ich nichts. Nur daß wir Hans gegen 7 Uhr auf dem Kasernenhof suchten und nicht fanden. Endlich gefunden. Er mußte gerade zum Appell antreten, lief hinten noch aus der Reihe als er Peter sah.

Montag, 10. August 1914 Ich fange an in der Hilfskommission zu arbeiten. Einstweilen wenig Mittel.

An diesem Tage war es wohl, als Peter bei einem Gang durch die Stadt die Franzer ausrücken sah. Unter brausendem Volksgesang der »Wacht am Rhein«. Er läßt sich die Haare schneiden. Karl sagt: »Diese herrliche Jugend – wir müssen arbeiten daß wir ihrer wert werden.«

An diesem Tage war es wohl auch, an dem Peter abends Karl bittet, ihn vor Aufgebot des Landsturms mitgehen zu lassen. Karl spricht mit allem dagegen was er kann. Ich habe das Gefühl des Dankes, daß er so um ihn kämpft, aber ich weiß es ändert nichts mehr. Karl: »Das Vaterland braucht dich noch nicht, sonst hätte es dich schon gerufen.« Peter leiser aber fest: »Das Vaterland braucht meinen Jahrgang noch nicht, aber *mich* braucht es.« Immer wendet er sich stumm mit flehenden Blicken zu mir, daß ich für ihn spreche. Endlich sagt er: »Mutter, als du mich umarmtest, sagtest du: glaube nicht, daß ich feige bin, wir sind bereit.« Ich stehe auf, Peter folgt mir, wir stehen an der Türe und umarmen uns und küssen uns und ich bitte den Karl für Peter. – Diese einzige Stunde. Dieses Opfer zu dem er mich hinriß und zu dem wir Karl hinrissen.

Dienstag, 11. August 1914 Verzweifeltes Aufwachen am Morgen. Gefühl der Unmöglichkeit der Hingabe Peters. Mit Peter nach dem Frühstück gesprochen. Gesagt, daß ich nichts zurücknähme vom gestrigen Abend. Er müsse über sich selbst bestimmen. Aber ob er nicht doch noch warten wolle bis er gerufen werde? Die Wahrscheinlichkeit läge nahe, daß keiner dieser Jünglinge wiederkäme. Es sei so viel Kulturarbeit zu leisten. Das neu sich regende

Jugendleben solle weitergeführt werden. Auf den Jungen, den Krems, hingewiesen, daß der Peter folge, wieviel zerstört werde. Während des Sprechens dasselbe Gefühl wie am Abend vorher als Karl sprach: Man spricht umsonst und man findet keine Worte, weil der stumm zuhörende Junge mit Macht sich gegen das eigene Innere durchsetzt. Dann zum Schluß: Ich stehe wie gestern. Wir küssen uns und er dankt mir. Ich danke ihm.

Er geht herunter und kommt mit Karls schriftlich gegebener Einwilligung zum Stellen zurück. Er trifft seine Jungen in der Stadt. Krems Notexamen. Dann zum Regiment gelaufen. Durch Kochs Empfehlung werden sie vorgemerkt.

Abends mit den Jungen bei Hans im Casino. Ich erzähle Hans wie es mit Peter steht. Ich dann noch zu einer sozialdemokratischen Sitzung. Abends ich und Karl allein. Weinen, Weinen, Weinen.

Mittwoch, 12. August 1914 Vaters Geburtstag.

Vormittags Arbeit in Kommission. Über Mittag zu Haus. Dann zu Sterns. Während ich Bahnhof Börse auf den Zug warte, wirft sich ein Mann als er einfährt vor die Lokomotive. Die Beine werden ihm abgefahren. In der Zeitung stand dann, weil er militäruntauglich sei.

Bei der Mutter. Sie ist gedrückt durch den Krieg. Karl und Peter auch da. Gustav Linde getroffen, als Freiwilliger nirgends angekommen.

Donnerstag, 13. August 1914 Ich war abends zu Hans gegangen in die Stube, die er sich mit Schönwandt und Rosolio zusammen genommen hat. Es war noch ein blondes junges Mädchen da, dann kamen Walter Meier, Peter, Koch, Krems, ein junger Bruder von Rosolio.

Nach dem Essen wurde eine Kriegsnovelle von Liliencron gelesen. Die Geschichte, wie Liliencron zu seinem sterbenden Freund gerufen wird. Nach dem Lesen alle ganz stumm. Dann singen sie, Peter steht an einem Türpfosten links, Koch am andern. Auf der Chaiselongue Schönwandt, Walter Meier. Rechts am Fenster steht Hans. Am Tisch der Bruder Rosolio, auf dem Sofa das junge Mädchen und ich. Sie singen alte Landsknechtslieder und Kriegslieder – – –

Die Männer die in den Krieg gehn, hinterlassen meist Frau und

Kinder, ihr Herz ist geteilt. Die Jungen sind in ihrem Herzen ungeteilt. Sie geben sich mit Jauchzen. Sie geben sich wie eine reine schlackenlose Flamme, die steil zum Himmel steigt.

Diese an diesem Abend zu sehn, runter bis zu Krems, dem Knaben, war mir sehr weh und auch wunder- wunderschön.

Freitag, 14. August 1914 Kache vor einigen Tagen nach Frankreich zu ausgerückt. Ich mache Recherchen bei Frauen. Mittags essen wir mit Hans zusammen am Halleschen Tor. Peter liest in der Geschichte der Freiheitskriege mit mir zusammen.

Abends Bezirksvorstehersitzung. Etwa für 6.000 Mark Kriegsunterstützungen werden bewilligt.

Sonnabend, 15. August 1914 Bei meinen Recherchen treffe ich eine Frau, die zwei kleine Kinder hat und schwanger ist. Doch lacht sie mir ins Gesicht: »Wenn nur alles gut geht!« Eine andere bittet darum, man möchte für sie den Vorwärts abonnieren.

Nachmittags liest Peter auf dem Balkon Hannemann, Silbermann und einem dritten die 14. Fichtesche Rede vor. Der Landsturm wird über Berlin aufgeboten.

Wir treffen uns abends bei Hans: Karl, Konrad, Peter, Krems und gehn dann abendessen im Aschinger am Halleschen Tor.

Sonntag, 16. August 1914 Ein wundervoller Sommertag. Viele Menschen gehn heraus ins Freie. Auf den Straßen Sonntagsmenschen wie im Frieden. Peter bringt Blumen von der Parzelle. Nachmittags um ½6 Uhr kommt Hans auf Urlaub. Wir lesen den Blochschen Artikel in den Monatsheften. Abends bringen wir den Jungen bis zum Hackeschen Markt.

Der Kaiser reist früh nach Frankreich ab.

Montag, 17. August 1914 Seit zwei Tagen soll an der französischen Grenze gekämpft werden. Hier bei uns Schweigen. In der Nacht wachte ich auf, weil ich einen langgezogenen metallenen Klang hörte, der sich in kleinen Zwischenräumen mehrfach wiederholte. Ich träumte dann weiter, das sei Nachricht, daß ein Schlachtenführer gefallen sein. Druck und trostloses Gefühl beim Aufwachen. Sitze abends an Peters Bett, er wünscht daß ich ihm aus »Zarathustra« über den Krieg vorlese.

Dienstag, 18. August 1914 Peter geht gleich früh mit den andern sich untersuchen lassen und nach der Kaserne. Um 6 Uhr kommen sie wieder: Peter, Krems, Koch und Lothar Brandes. Überall abgewiesen, auf dem Kriegsministerium werden sie nach Krotoschin gewiesen. Wir sind dagegen. Auch Peter und Koch sind nicht unbedingt dafür. Dann zu Hans, wir sitzen mit ihm im Casino und gehn noch nach seiner Stube, ob Koch da ist. Ich bitte Hans, bei den Jungen nicht *für* Krotoschin zu sprechen. Ich fahre voran nach Hause. Kaum ist Peter zu Hause hört er telephonisch von Walter Meier, daß in Neu-Ruppin Platz sei. Es wird also in großer Eile beschlossen sich am nächsten Morgen früh da zu stellen. Ich packe seine Sachen. Unterdes kommt Karl. Das Fahrenlassen der Hoffnung, wir könnten Peter noch hier haben, wird ihm so schwer, daß er noch einmal versucht, Peter abzureden. Es ist nicht möglich. Gute Nacht sagen.

Mittwoch, 19. August 1914 Peter früh nach Lehrter Bahnhof. Für mich viel Arbeit im Frauendienst. Gehe 7 Uhr zu Hans auf die Stube, treffe das blonde Mädchen. Sie hat den Eindruck, die Jungen seien sehr deprimiert über all die ekelhaften Kleinigkeiten, daß sie nur in der verwanzten Kaserne schlafen dürfen usw. Hans kommt und ich gehe mit ihm abendessen. Er erzählt von dem Rittmeister, klagt aber nicht viel, scheint ganz ruhig.

Große Unruhe auf den Straßen, es heißt Nancy sei genommen. Vor den Depeschenbüros Ansammlungen, alle warten auf ein Extrablatt. Wie ich nach Hause komme, trifft mich unten Depeschenbote: »Alle eingekleidet unter guten Verhältnissen«. Dann telephoniert Georg, es sei nichts mit Nancy. Gehe mutlos ins Bett.

Donnerstag, 20. August 1914 Japan fordert Kiautschau. – Hans hat Stallwache, man kann ihn nicht sehn. Besorge für Peter die Sachen, die er braucht. Abends Frau Clemens. Wir nähn zusammen die Zeichen an die Wäsche.

Freitag, 21. August 1914 Nachricht, daß die Deutschen in Brüssel sind.

Ich fahre über Paulinenaue nach Neu-Ruppin. Um 5 Uhr bin ich da, Annie Karbe erwartet mich und zeigt mir die Kaserne, wo Peter sei: In einer Stunde käme er heraus. Schließlich sagt mir die Wache, Kriegsfreiwillige seien nicht da, sondern in einer andern

Kaserne. Ich gehe zu Annie. Die Hauptstraße ist mit Fahnen geschmückt, der große Sieg bei Metz ist amtlich verkündet. Bei Annie ist Lothar Brandes. Er ist telegraphisch zurückberufen, weil sein Vater schlimmer krank ist. Er ist sehr niedergeschlagen über sein Fortmüssen. Endlich um 7 Uhr kommt Peter im Drillichanzug und bunter Mütze. Sehr müde aber ganz glücklich. Er erzählt vom Dienst. Wir sitzen teils in der Stube, dann auch in der Küche, wo Peters Bett steht. Annie hat 3 Soldaten schon bei sich einquartiert, Peter ist der vierte. Um 10 Uhr geh ich in den Märkischen Hof zum Schlafen, Lothar Brandes, der beschlossen hat den Nachtzug zu nehmen, bleibt auf der Straße. Ich gehe dann noch einmal ihn zu suchen, finde ihn aber nicht. Auf der Straße buntes lustiges Leben wegen der gewonnenen Schlacht.

Sonnabend, 22. August 1914 Früh Regen. Soldaten marschieren durch die Straße. Ich schaue nach Peter aus, kann ihn aber nicht entdecken. Am öffentlichen Anschlag lese ich, daß 8 Armeekorps zurückgeschlagen seien. Annie teilt mir mit, sie sei zu Hause, da die Schulen zur Feier ausfallen. Wie ich zu ihr gehe treffe ich auf der Treppe mit Peter und Krems zusammen, dann kommt auch Meier und später Hans Koch. Alle Jungen sitzen in ihren dicken Mänteln, weil das Unterzeug durchnäßt ist. Ich gehe mit Peter Schuhe bestellen, dann muß er durchaus noch mit mir in die Konditorei.

Nach dem Bahnhof. Schauderhafte Fahrt in überfüllten Coupés mit Annie nach Berlin zurück.

Zu Hause zeigt mir Karl im Vorwärts eine Notiz, wonach der Gouverneur von Königsberg alle älteren, kränklichen Leute und Kinder aus der Stadt abzuschieben versucht. Augenscheinlich rechnet er mit einer längeren Belagerung.

Sonntag, 23. August 1914 Karl fährt mittags zu Peter. Nach einer Versammlung in der Zentrale für den Nationalen Frauendienst zu Minna Cauer gegangen. Sie setzt mir ihre isolierte Stellung auseinander. Ist mißtrauisch gegen Arbeit im Frauendienst. Ich kann nicht beurteilen ob die Stellung, die sie gegen den Frauendienst einnimmt, im Persönlichen ihren Grund hat oder im Sachlichen. – Gegen Abend gehe ich zu Hans, suche ihm umsonst in der Kaserne, [er] wartet in der Stube. Wir essen zusammen Abendbrot.

Montag, 24. August 1914 Viel Arbeit im Frauendienst. Nachmittags Atelier, Arbeit naß machen. Kurz Hans guten Abend sagen, dann in sozialdemokratische Frauenversammlung. Hier wird über Konsumvereinssammlung gesprochen und beschlossen, die Gutscheine durchaus an Bedürftige zu geben ohne Prüfung, ob Sozialdemokraten oder nicht. Sehr spätes Nachhausekommen und große Müdigkeit.

Dienstag, 25. August 1914 Nachmittag zu Sterns, bei Mutter finde ich Anna. Von da zu Hans, Karl kommt auch, wir essen zusammen Abendbrot.

Mittwoch, 26. August 1914 Mittags zu Peter nach Neu-Ruppin.

Donnerstag, 27. August 1914 Neu-Ruppin Ich sitze in Annies Stube und warte auf Peter. Als ich gestern kam sagte er mir, sie kämen nach Jüterbog. Wahrscheinlich bedeutet das noch schärferen Dienst. Ich fürchte er hält das nicht aus, er scheint sich bis zum äußersten anzustrengen. Als wir gestern abend bei Krems und Koch saßen war er sehr müde. Er brachte mich dann noch zu Fräulein Jung wo ich schlief. Jetzt warte ich auf ihn.

Ich las Mörike-Gedichte. Mörike scheint außer der Liebe nichts Großes erlebt zu haben. Sein Leben klingt ganz ereignislos. Seine wunderschönen Wanderlieder. Zu denken, daß für unsere Jungen es damit aus ist – vielleicht aus überhaupt mit dem Leben. In diese Zeit preßt sich für sie das ganze Leben zusammen, sie nehmen alles vorweg um mit *einem* Aufflammen zu verbrennen. Und doch kennt Peter noch nicht die Liebe, näherte er sich erst der Kunst – er schien mir so gesegnet für das Leben, es in allen Schönheiten fassen zu können. Immer mußte ich an das Goethische denken: »Ich sah die Welt mit liebevollen Blicken ...« und schon wird er ihr entzogen.

– In dieser letzten Woche ging es mir merkwürdig – es war gewissermaßen ein Waffenstillstand eingetreten im Gefühl. Ob es auch denen so geht, deren Geliebte schon im Felde stehn? Ich brauchte nicht mehr zu weinen, mitunter war ich ganz froh. Da die Jungen noch leben und sogar noch zu sehn, zu hören und zu fühlen sind, schleicht sich das Empfinden ein: Es wird vielleicht nicht so schlimm, sie kommen vielleicht heil wieder. Dazu kommen die guten Kriegsnachrichten aus Frankreich. In einigen Wochen ist es da vielleicht erledigt. Dann bleibt Rußland.

Auf der Fahrt gestern von Berlin hierher trafen wir sehr viel Militär. In Paulinenaue hielt ein Zug von aus Holstein kommender Landwehr. Feine Leute, alles in 4. Klasse auf Stroh gelagert. Ein paar Inschriften, die ich las: »Nikolaus, o Nikolaus, jetzt ziehn wir Dir den Purpur aus.« »Min Hamborg, dat ist wat for di Hamborger Jungens.«

Unter Jubel und Singen ging der Zug los, erst nach Berlin, dann nach Ostpreußen, dem lieben bedrängten.

– In dem heroisch Starrenden dieser Kriegszeit, in dem fast widernatürlich heraufgeschraubten Seelenzustand berührt es wie himmlische Klänge, süße weinende Friedensklänge, wenn man liest, daß französische Soldaten verwundete deutsche schonen, ja ihnen helfen, daß deutsche Soldaten in den Franctireurdörfern an Häusern Aufschriften machen wie: schonen! – wohnt alte Frau – haben mir Gutes erwiesen – nur alte Leute – Wöchnerin – usw.

Sehr rührend war es mir auch zu lesen, daß gefangene französische Soldaten wenn sie eingebracht werden sich vor Scham das Gesicht bedecken.

Das 24. Infanterie-Regiment in dem Peter hier steht, ist am Sonntag vereidigt [worden] auf die alte Fahne. Während das ganze Regiment aufgestellt war, wurde unter Trommelwirbel langsam die alte zerschossene Fahne angetragen von 4 Offizieren. Sie wurde vor dem Altar gesenkt, dann hob sie sich. Dann wurde auf sie geschworen. Die Fahnenjunker durch Auflegen der Schwurfinger auf ihren Schaft.

Das Schwert die Braut des Reiters – das Gewehr die des Infanteristen.

Die Gabriele Reuter schrieb im »Tag« über die Aufgabe der Frauen jetzt. Sie sprach von der Wollust des Opferns – ein Ausdruck der mich sehr traf. Wo nehmen alle die Frauen, die aufs Sorgfältigste über das Leben ihrer Lieben gewacht haben den Heroismus her, sie vor die Kanonen zu schicken? Ich fürchte nach diesem Seelenaufschwung kommt eine desto schwärzere Verzweiflung und Verzagtheit nach. Die Aufgabe ist es, nicht nur in diesen Wochen sondern lange zu tragen, auch im trostlosen Novemberwetter – auch wenn von neuem das Frühjahr kommt, der März der Monat der jungen Menschen, die leben wollten und dann tot sind. Das wird noch viel schwerer sein.

Wie glücklich kommen mir die Menschen vor, die jetzt noch

ein kleines Kind haben, wie Lise die Maria. Für uns, deren Söhne hingehn, ist der Faden abgerissen.

Aus einem Soldatenbrief ersah ich, daß Eltern einen Sohn zu Lande, einen zu Wasser und einen in der Luft stellen. Aus der weiteren Familie Karbe kämpfen 15 Soldaten.

Regula ist voll Zorn, daß die Familie Stern nur einen Soldaten, den Ulrich stellt.

Ich denke manchmal, seinen Bräutigam oder auch seinen jungen Mann jetzt verlieren ist nicht so schwer wie seine jungen Söhne verlieren. Denn die Zurückbleibende ist jung und nach der Trauer *muß* die Lebenskraft sich wieder erheben. Aber was Karl und ich verlieren – wenn die Jungen sterben – ersetzt sich nicht mehr. Wenn man um die 50 ist hat man keine Spannkraft mehr zu neuem Glück.

Zum ersten Mal nehm ich Gedichte von der Droste vor und da sagt sie: »Ach, alles trägt man leicht, ist man nur jung, nur jung noch und gesund.«

Das Nachhausefahren nachts. Der wundervolle Sternenhimmel.

Freitag, 28. August 1914 Nur gute Nachrichten vom westlichen Kriegsschauplatz.

[8. September 1914] Vom 28. [August] bis 8. September keine Aufzeichnungen gemacht. In diese Zeit fällt die Durchreise von Tante Lina mit Hannchen und Tante Toni mit Tante Schiller und ihrem Mädchen. Von den übrigen Königsbergern sind nur noch Tante Gertrud und Lusch mit den Kindern hier zu Rautenbergs gekommen. Von Onkel Julius eine Karte, er verließe Königsberg nicht und wenn es zum äußersten käme.

Peters Briefe aus Prenzlau.

Am Mittwoch ist Sedan. Es werden die eroberten Geschütze und die russische Fahne eingebracht. Diese, nur noch eine leere Stange, wird von den Landwehrleuten gebracht, die sie erkämpft haben. Berlin steht ganz unter dem Sedan-Zeichen. Die ganze Stadt ist beflaggt. Menschenmassen Unter den Linden, alles in Jubel- und Siegesstimmung, als ob der Krieg schon beendet wäre.

Diese etwas oberflächliche Jubelstimmung, die so schlecht paßt zu den grausamen Schlachten an beiden Grenzen, zu all dem Scheußlichen und Barbarischen, das man aus Ostpreußen und Belgien hört, zieht sich über Tage hin. Die Leute haben eben die

Fahnen gekauft und das Wetter ist schön, also hängt man sie raus. Die Zeitungen bringen die Nachricht von Poincarés Flucht aus Paris und der bevorstehenden Belagerung von Paris.

Ich treffe Goeschs in der Stadt, sie sind am Abend bei uns. Heinrichs Prophezeiungen haben sich alle zum Guten gewendet: die Deutschen erheben ihren Geist zum Zeitgeist usw. Er selbst dient nicht seines Knies wegen, aber er redet zu seinen Bauern in Alt-Thymen, sie sollen tapfer fürs Vaterland kämpfen. Am nächsten Morgen hab ich das Gefühl: Worte, Worte.

Tag für Tag ist der Himmel strahlend blau – er leuchtet ordentlich vor Frieden und Schönheit.

Heut am 8. September kommt die Nachricht, daß Ludwig Frank gefallen ist. Als Held. Er brauchte nicht so Grausames zu erleben wie der junge Mann, von dem mir heut Fräulein Kühlwein erzählt, der aus Belgien seinen Eltern zurückgebracht wird mit ausgestochenen Augen und abgehackten Händen.

Mir ist furchtbar schwer zu Mut. Ich habe diese furchtbaren Grausamkeiten nicht wissen und hören wollen. So etwas kann man nicht wieder los werden.

Aus Ostpreußen Schlechtes. Von Theodor Stern Nachricht. Insterburg soll russisch besetzt sein, Tilsit soll brennen, bei Labiau schon seit zwei Tagen eine Schlacht.

Die junge Frau, die mit mir im Comité arbeitet und sagt, sie betet immer um eine leichte Verwundung, hat dieselbe erreicht. Ihr Mann ist leicht am Fuß verletzt.

Als ich Karl zu einem Gang begleitete war in der Hofmeisterstraße ein Auflauf. Der Wirt hat eine Frau exmittiert, die Folge war, daß der ganze Treppenflur demoliert wurde.

[26. September 1914] Vom 8.–26. September nichts aufgeschrieben. In Ostpreußen schlägt Hindenburg die Russen. Aus Frankreich nichts zu hören durch Tage. Als endlich Nachrichten kommen entnimmt man daraus, daß die Deutschen zurückgewichen sind. Die Schlachten zwischen Aisne und Marne. Etwa vom 22. an lauten die Nachrichten etwas gewisser.

Am Sonnabend 5. September fahre ich Peter besuchen. Am Bahnhof sind Koch, Krems und Meier. Peter fehlt. Er hat eine Kniegelenkentzündung. Ich finde ihn hinkend in seinem schönen Obstgarten vor. Die Nacht zu Sonntag schlafe ich unten bei Fräulein Krüger, Peter schläft unter dem Dach in viel Staub.

Ich lese [von] Gide den »Verlorenen Sohn« vor. Sonntag nachmittag kommen Krems Koch, der Bruder Koch und Fräulein Ziese Peter besuchen. Abends gehe ich allein nach dem Bahnhof. Der schöne alte Dom. Auf dem Bahnhof die vielen Frauen und Bräute, die ihre Männer zum letzten Mal besucht hatten. Der traurige Abschied. Diesmal waren es die Soldaten, die zurückblieben. Sie sangen: »Wer weiß, ob wir uns wiedersehn ...«. In Angermünde hielt der Zug. Auf dem benachbarten Perron hielt ein Soldatenzug. Kavallerie. Uns gegenüber ein Viehwagen, zu den Seiten die Pferdeköpfe. An der offenen Tür ein junger Offizier oder Unteroffizier, ganz jung, rosiges Gesicht, wie alle ausziehenden Soldaten in dieser heitern selbstverständlichen Ruhe. Frau Meier reichte ihm Schokolade herüber, er sprach davon, daß sie nicht wüßten wohin usw. Ein anderer junger Soldat: »Nach dem Osten, ich wär lieber nach dem Westen gegangen.« Einer von unserer Seite: »Das glaub ich, da ist leichtere Arbeit.« Er: »Oh nein, aber Ostpreußen kenn ich schon, ich möchte so gern auch Paris kennenlernen.« Dann auf der nächsten Station die Dame in Trauer mit dem alten Stabsarzt. Auch sie beide sachlich, heiter, selbstverständlich.

Gold telephoniert mich an, ich solle zu Franks Tode zeichnen.

Am Donnerstag fahre ich wieder nach Prenzlau, finde Peter in seinem Garten sitzen. Er meint es ginge mit dem Knie besser und ist guter Laune. Ich lese ihm das Stehrsche Gedicht aus der Rundschau vor. Will Krems noch besuchen, der krank sein soll. Finde ihn nicht zu Hause und fahre mit dem 5 Uhr-Zug zurück.

In den folgenden Tagen versuche ich zu Franks Tode für die »Kriegszeit« zu zeichnen. Bringe nichts zustande. Sonnabend kommt Hans mit verbundenem Auge, hat einen Bindehautkatarrh. Bleibt hier. Sonntag den 13. fahren Karl und Hans nach Prenzlau, ich bleibe hier um noch einen Versuch mit Zeichnen zu machen. Scheußliches Wetter. Vorgeschmack der kommenden Wintermonate. Abends geh ich nach dem Depeschenbüro, ob nichts Neues ist. Nichts. Durchaus verstimmter trostloser Tag. Schreibe abends an Gold ab.

In den nächsten Tagen ist Hans hier. Ich bin nur einige Stunden vormittags im Büro, lese Hans viel vor. Wir lesen den »Prinzen von Homburg«.

Einen Abend sind Tante Gertrud Lusch Else und Ernst [Rautenberg] da. In Luschens Gesicht liegt jetzt etwas stark Melancholisches, das an den Onkel Theobald erinnert.

Am 16. ist des kleinen Rolf [Kache] Geburtstag. Ich bringe ihm bunte Soldaten aus Holz. Wir sitzen in Mutters Stube, Mutter, Julie, Sterns, Paula, Hans mit seinem verbundenen Auge und Hanna und Maria. Julie sagt, daß ihr Konrad sich auch wieder gestellt hat, einstweilen in Jüterbog Rekruten ausbildet. Von dort ich in eine Sitzung. Als ich nach Hause komme sind Schmidts und Hans Prengel da. Es ist ein sehr netter Abend. Wir hören, daß Hans Sartorius verwundet ist, von Eddy keine Nachricht sei.

Am Tage drauf (Donnerstag, 17. September) fahre ich wieder nach Prenzlau. Auf dem Wege zu Peter in den Anlagen tritt er mir plötzlich in den Weg, glücklich lachend und zeigt mir einen Urlaubsschein. Es kann 10 Tage das Bein zu Hause behandeln lassen und dann eventuell wieder eintreten. Wir gingen nun nach Hause und packten seine Sachen, Krems half. Dann in voller Ausrüstung mit Gewehr Säbel und Tornister nach dem Bahnhof zurück. Die Freunde waren da, sie hatten augenscheinlich nicht viel Glauben an Peters Wiederkehr. Sie sahen traurig aus. Aber kein Wort. Als wir nach Haus kamen schliefen Karl und Hans schon, ich machte Peter oben das Bett zurecht.

Dann kamen ein paar sehr schöne Tage. Bei Tisch wieder ein Junge rechts und einer links, ganz wie früher. Einmal hatte ich wirklich vergessen daß Krieg war. Wir lasen viel. Die Hebbelschen Nibelungen. Peter las Deutsche Geschichte.

Hannemann war viel hier. Dann war Hansens Auge wieder gut und er mußte in die Kaserne. Als er wiederkam – es war wohl am Montag abend (Kati Laessig war hier) – sagte er, die Hälfte der Dragoner sei unterdes zum Ausrücken bestimmt, darunter sehr viele Kriegsfreiwillige. Später erzähte er von den letzten Stunden im Kasernenhof, wie prachtvoll es ausgesehen hat: die vielen Feldgrauen ganz mit Blumen geschmückt. Viele Pferde waren sehr unruhig, einer wurde so abgeworfen, daß er zurückbleiben mußte.

Am 25. [?] war Kobilca abends da mit Rosa Pfäffinger. Natürlich vom Krieg gesprochen. Rosa verteidigt ihren Standpunkt: es gäbe eigentlich kein Vaterlandsgefühl oder sollte es ebensowenig geben wie Familiengefühl. Das internationale Gefühl stände darüber. Kobilca, ganz leidenschaftliche Patriotin, Slawin bis ins letzte. Sie leidet furchtbar unter dem Kriege und sagt, wie er auch ausginge, für die Südslawen bedeute es immer Unglück.

Am 25. bin ich mit Peter vormittag in der Stadt noch einiges für ihn kaufen. Abends kommen Georg und Lise. Hans ist auch da.

Karl leider wieder nicht. Georg spricht seine gute Zuversicht über den Kriegslauf aus. Dann wird das Gewehr vorgenommen. Wie Peter das Seitengewehr aufpflanzt dreht sich die Lise weg. Sie gehen bald. Hans bleibt diese Nacht hier, die letzte oben in seiner Stube vor dem Auszug. Ich bringe ihn herauf.

Am 26. früh er nach der Kaserne. Um ½1 Uhr fährt Peters Zug nach Wünsdorf. Karl und ich bringen ihn hin. In der Droschke. Er auf dem Rücksitz als ob wir unter Bewachung fahren. Er sieht blaß aus. Auf dem Anhalter Bahnhof die vielen Soldaten. An zwei Verwundeten seh ich zum ersten Mal das Eiserne Kreuz. Peter wartet immer noch auf Hans, der nicht kommt. Dann steigt er ein zu Soldaten, die ihm einen Platz belegt haben. Karl und ich gehn noch zu Hans, warum er nicht gekommen ist? Hat keine Zeit gehabt, ist furchtbar müde.

Wie ich nach Haus komme, ist die Wohnung wieder ganz leer. Ich räume Peters Stube auf. Schreibe an Luise Zietz, daß ich die Kommissionsarbeit nicht mehr vormittags machen möchte, weil ich zeichnen will.

Abends telephoniert Walter Meier, der auf Urlaub in Berlin ist, er hätte Peter getroffen, [d]er würde sich erst am Sonntag dem Arzt vorstellen.

Sonntag, 27. September 1914 Vormittags klingelt es als ob Peter kommt, ich gehe heraus, es ist Krems. Auf Urlaub. Wir sprechen über Peter, dann zuletzt über ihn selber. Ich habe den Jungen so lieb, er ist der Jugendlichste von den Vieren, noch etwas wie ein Knabe. Noch ganz der unverdünnte herrliche Idealismus der ersten Wochen. Mit einem Wiederkommen rechnet er nicht, will er kaum, dann wäre die Gabe verkürzt. Opfer kann man das kaum nennen, ein Opfer setzt Überwindung voraus. Dies ist eben ein strahlend stolzes Darbieten des Lebens.

Mittags fährt Karl nach Wünsdorf. Ich schreibe an diesen Aufzeichnungen. Hans kommt. Müde und zerschlagen. Er hat ein neues Pferd bekommen, das ihn zweimal geworfen hat. Er ißt und schläft. Er zeigt mir ein Amulett, das Lise ihm geschickt hat. Wir gehn dann nach dem Potsdamer Bahnhof, ob Karl kommt. Treffen ihn nicht aber Konrad Hofferichter und sitzen noch etwas bei Siechen zusammen. Der Konrad ist entzückend. Ich möchte auch wie Bismarck alle diese jungen Soldaten küssen. Sie haben – so viele – den guten heiteren frommen Ausdruck im Gesicht. Ich stand am Potsdamer Bahnhof und besah mir die vielen Soldaten. Ich sagte mir: Wo bringen sie nur alle den Heroismus her, wie ist es möglich, daß alle diese jungen lebensvollen Menschen »strahlend stolz« sind während sie im Begriff sind, ihr Leben wegzugeben? Ist denn das so leicht? – Wie bringt Kache es fertig, dem der Abschied von Paula und Rolf so rasend schwer geworden ist und der wegen Herzschwäche im Lazarett liegt, sich bereits wieder vor die Front zu sehnen?

Lise erzählte neulich, sie habe im Hof eine Frau mit Kindern »Morgenrot« singen hören.

Zum Karl kam eine Frau mit einem 10jährigen Jungen. Sie sagt, der Junge sei ganz melancholisch seitdem der Vater fort sei, esse und spiele nicht mehr. – Ein Soldat, schon feldgrau, geht neben seiner Frau, schiebt aufs behutsamste einen Kinderwagen vor sich her.

28. September 1914 Heut vor 29 Jahren verlobte ich mich mit Karl. Es war ein trüber Herbsttag, aber nicht so stürmisch und regnerisch wie heute.

Der Vorwärts ist »bis auf weiteres« verboten. So hat man also schon wieder genug von der Einigkeit. Grund dazu ist ein Artikel, worin zu erklären versucht wird, aus welchem Grunde Deutschland auch in den Arbeiterkreisen der andern Länder so verhaßt ist. Weil es das Land des Militarismus sei. In der gleichen Nummer brachte der Vorwärts eine Rückerinnerung an die Internationale und Briefe von Burzew und Kropotkin. Beide Revolutionäre erklären, daß sie auf Rußlands Seite stehn gegen den deutschen Militarismus. Meiner Meinung nach tut der Vorwärts nicht gut daran, in dieser Zeit die prinzipiellen Gegensätze zu betonen. Was hat das für Sinn? Hinterher soll alles wieder vorkommen aber jetzt beunruhigt es die Genossen nur. Die Soldaten stehn im Feld und geben ihr Leben, dann wollen sie nicht angezweifelt haben, ob es auch lohnt für diese Sache ihr Leben zu lassen.

Abends lief ich noch rasch zum Hans heran. Er hatte Kasernenwache. In der Schärpe mit Helm sah der Junge so stattlich aus.

29. September 1914 Weil Frau Meier am Abend vorher telephoniert hatte, daß die Jungen schon Ende der Woche heraus[kommen] würden, fuhr ich am Dienstag zu Peter nach Wünsdorf. Ich bekam ihn sehr wenig zu Gesicht. Als ich gegen 5 Uhr um die Gefangenenlager herumging, sah ich ihn endlich. Er war schon feldgrau. Er hinkte immer noch und war über den Zustand seines Knies ziemlich mutlos. Ich brachte ihn dann bis zum Schießhaus und ging wieder in die Konditorei. Unterdes kam ein neuer Trupp gefangener Franzosen mit einem Zuge an. Sie wurden gleich dem großen Platz zugeführt. Von weitem sah ich wie dort alle zusammenliefen und hörte das Getöse von Stimmen. Gefangene Engländer habe ich nicht gesehn, nur einige Russen, viele Franzosen und mutmaßlich einige Belgier. Die Franzosen wirken reduziert. Viel kleine elende Menschen. Hin und wieder auch schön und groß gewachsene. Im ganzen und großen wirkt diese Anhäufung gefangener Feinde deprimierend. Es erinnert etwas an Hagenbeck. Hinter einer Baracke gegen den Wind geschützt saßen viele Franzosen kartoffelschälend zusammen und sangen die Marseillaise.

Abends als es schon dunkel war sah ich dann noch einmal Peter. Die Stunden vergingen und als ich fortmußte war ich sehr niedergeschlagen.

Auf dem Hinwege saß im Coupé ein junger schlesischer Soldat, der aus dem Lazarett in den Garnisondienst kam. Ein blühender rosenwangiger kindlich aussehender junger Mensch. Er war von Beginn dabei gewesen, hatte alles in Belgien miterlebt und war in den großen Schlachten an der Marne verwundet worden. Man fragte ihn, wie es sei wenn es ins Feuer ginge. »Da spricht einer kein Wort – da ist jeder ganz still – aber wenn dann einer nach dem andern fällt, da kriegt einen so eine Wut, *da zieht es einen nach vorn*«. Wenn es in Belgien galt in Franctireur-Häuser zu gehn, da war er immer gern dabei sagt er. Von den Engländern sagte er, sie wichen nie, die »Hunde« seien »furchtbar stolz«. Er erzählte, daß man keine Engländer zu Gefangenen macht. Nach seinem Bericht faßte ich es so auf, als ob man Engländern kein Pardon gäbe und die Gefangenen füsilierte. Wahrscheinlich hat er aber gemeint, man brächte keine Gefangenen herüber, weil die Engländer sich nicht ergäben und lieber bis auf den Letzten erschießen ließen. Es ist mir unklar wie er es gemeint hat.

30. September 1914 Kaltes wolkiges Herbstwetter. Diese nüchterne Stimmung, wenn man weiß es ist Krieg, aber es glückt einem nicht sich in eine Illusion zu schwingen. Nur das Furchtbare des Zustandes, an den man sich fast gewöhnt, ist gegenwärtig. In solchen Zeiten kommt es einem so blödsinnig vor, daß die Jungen in den Krieg gehn. Das ganze nur so wüst und hirnverbrannt. Mitunter den dummen Gedanken: sie werden in einem solchen Tollwerden doch nicht mittun und sofort wie ein kalter Strahl: *sie müssen müssen.* Alles ist gleich vor dem Tod, runter mit all der Jugend. Dann könnte man verzweifeln.

Nur ein Zustand macht alles erträglich: die Aufnahme des Opfers in den Willen. Aber wie kann man diesen Zustand sich erhalten?

Abends ging ich zu Hans, Walter Koch und Fräulein Ziese kamen auch. Der Junge war still wie meist und freundlich. Ich traf ihn beim Waschen und nähte ihm etwas an seinen Sachen. Er erzählte, daß er das Pferd gewechselt habe und jetzt einen Apfelschimmel hätte, der sehr folgsam und gut wäre.

Donnerstag, 1. Oktober 1914 Versuchte abends Hans zu treffen, wartete umsonst und ging dann in eine Sitzung des Frauendienstes.

Freitag, 2. Oktober 1914 Fuhr mit Rele nach Wünsdorf. Auf der Hinfahrt elende Soldaten in der Rekonvaleszenz, die nach Dresden fuhren.

In Wünsdorf langes Warten vor der Kaserne. Endlich kam er angesockt, mit den Armen schlenkernd. Rele schenkte ihm Zigaretten. Sie photographierte ihn dann. Er erzählte von den Felddienstübungen und wie er wieder gefallen sei, so daß das Knie von neuem schmerzte. Dann gingen wir in die Konditorei, wohin auch die andern Jungen kamen. Wieder beim Fortfahren dies niederschlagende Gefühl, daß man eigentlich nicht die Kraft hat die kurze Zeit des Zusammenseins recht auszunützen.

Sonnabend, 3. Oktober 1914 Ein Tag vollgestopft mit Besorgungen und Erledigungen. Mittags nach langer Zeit zu Sterns heran, fand sie bei Tisch. Den Revolver abgeholt. Ihn zu Hans gebracht, aber Hans nicht gesprochen weil er Stallwache hatte. Gegen Abend kam Annie Karbe. Sie blieb die Nacht zum 4. Oktober bei uns.

Sonntag, 4. Oktober 1914 Schlechtes Wetter. 12.28 Uhr fahren Karl ich Hans zu Peter heraus. Hans erzählt von seinem Mißgeschick, daß er schlecht geritten hat und wieder zurückgestellt wäre. Er ist sehr verstimmt. Am Bahnhof erwartet uns Peter feldgrau. Der Junge sah so gut aus. Erst gingen wir weil es stark reg-

Peter Kollwitz, 2. Oktober 1914

nete in die Konditorei, wo ich zum ersten Mal Krems' Mutter sah. Dann zu den Gefangenenlagern. Viel über Peters Knie gesprochen, er sagte, am Mittwoch wolle er sich definitiv entscheiden. Er erzählte von dem Feldgottesdienst früh. Der Prediger hätte an den römischen Helden erinnert, der sich in den Abgrund stürzte und damit ihn schloß. Das altniederländische Dankgebet. So sind sie nun auch kirchlich eingesegnet zu ihrem Opfer.

Am Abend vorher ist eine allgemeine Kneiperei gewesen mit sehr hochgehender Stimmung. Reden und Gesänge.

Wir fuhren mit dem 9 Uhr-Zug zurück. Hans und Peter nahmen Abschied. Peters Augen sind manchmal furchtbar traurig.

In unserm Coupé zwei junge Frauen die von ihren Männern Abschied nahmen, eine mit einem kleinen Jungen. Die endlosen Minuten, das leise Weinen. Weiter ab die Stimme eines angetrunkenen Soldaten. Als der Zug ging stand Hans lange am Fenster.

5. Oktober 1914 Abschiedsbrief an Peter. Als ob das Kind einem noch einmal vom Nabel abgeschnitten wird. Das erste Mal zum Leben, jetzt zum Tode.

Peter ist am Telephon und teilt mit, daß sein Knie so viel besser wäre, daß er mitginge. Dann gehe ich zu Hans, finde Frau Schröder und Dore da, sie haben Wollsachen für Hans gestrickt, geben sie mir aber nun [für] Peter mit, da sie hören, daß er eher geht.

6. Oktober 1914 Ich fahre mittags nach Wünsdorf. Auf dem Potsdamer Bahnhof Annie Karbe mit Wollstrümpfen. Sie fährt mit heraus. In Wünsdorf suchen wir eine Stube zu finden um mit Peter zusammenzusein, eine Bäckersfrau überläßt uns eine Stube. Verfehlen Peter. Endlich treff ich ihn und geh mit ihm zurück. Ein Soldat im Zigarrenladen nennt mir eine Villa, wo ich eventuell schlafen könnte. Ich bekomme dort eine Stube für die Nacht. Dann wieder die treue Annie getroffen, sie bringt die Sachen von der andern Stube in die Konditorei. Wir essen Abendbrot mit den andern Jungen zusammen in einem rauchigen Lokal. Peter erzählt mir den Plan, der dort besprochen wird und nach welchem es möglich wäre mit unsern Truppen nach London zu kommen. Dann geht Annie nach dem Zuge, ich gehe mit Peter noch auf meine Stube und wir proben die Sachen an.

Mittwoch, 7. Oktober 1914 Ich stehe ziemlich spät auf und gehe gleich nach der Post um Karl zu telephonieren, daß Peter vor Sonnabend Nacht nicht fort ginge. Nach langem Warten verfehle ich ihn wieder. Endlich finde ich ihn auf meiner Stube. Esse mit den Jungen im Schützenhaus, Peter dann bald zum Appell, ich Karl abholen. Mit ihm nach der Kaserne, dann wieder Konditorei und zu mir nach Haus. Ich nähe Peter französisches und russisches Geld ein, wir trennen es dann wieder aus, weil er im Falle der Gefangennahme füsiliert werden kann, wenn sich französisches Geld bei ihm findet. Nähe ihm nur deutsches Gold ein. Wir packen die Sachen zusammen, die er nicht mitnimmt, gehn nach dem Gasthaus und essen mit Hans Koch zusammen das letzte Abendbrot draußen auf der Veranda. Wir begleiten Peter im Dunkeln nach der Kaserne zurück. Wir nehmen Abschied. –

Bei Zurückfahren im Coupé zwei junge Frauen, die sich unterhalten. Die verheiratete sagt: Es ist ganz egal wie er zurückkommt, wenn er bloß zurückkommt. Die unverheiratete sagt: Das sage ich jetzt auch, aber ich weiß doch nicht wenn er als Krüppel zurückkommt, wie ich dann fühlen werde.

Donnerstag, 8. Oktober 1914 Früh Frau Sonnewald hier. Ihre Söhne im Feld leben noch. Auch sie erzählt von Verrücktgewordenen als man die 10000 Russen in die masurischen Seen trieb. Das scheint bis jetzt das Furchtbarste gewesen zu sein. Sie erzählt von Eltern, die 4 Söhne im Feld haben. Alle 4 fallen, der Mann wagt es nicht der Frau zu sagen, sie glaubt sie immer noch lebend »und strickt und strickt immerzu«.

Abends zu Hans gegangen, auch Lise und Rele waren da und Rosolios Mutter. Rele bringt die Photographie, die sie vom Peter am 2. Oktober machte. Hans ist wieder etwas besserer Stimmung, er auch Rosolio haben noch Hoffnung am 15. mitherauszukommen.

Peter erzählte das letzte Mal, daß bei Vergehen in seinem Truppenteil die härteste Strafe die wäre, daß die Soldaten nicht vor die Front dürften.

Freitag, 9. Oktober 1914 Den ganzen Tag warten ob Peter nochmal kommt. Höre von Meiers Eltern, daß sie bestimmt Sonnabend ausrücken. Nachmittags kommt Julie, Paula, Rolf. Wie bis 7 Uhr keine Nachricht ist gehe ich zu Hans. Auf der Straße kursiert das Gerücht Antwerpen sei gefallen, aber kein Extrablatt. Hans und Rosolio finde ich niedergeschlagen – es ist entschieden, daß sie jetzt noch nicht mitkommen. Lore kommt.

Rosolio schlägt Hans vor für ihn die Stallwache morgen zu übernehmen, so daß Hans noch zu Peter herausfahren kann. Hans kommt mit mir nach Haus und schläft in Peters Bett.

Sonnabend, 10. Oktober 1914 Peters Ehrentag. – Antwerpen ist gefallen, der Himmel ist zum ersten Mal wieder blau, die Fahnen, die wochenlang eingezogen waren, wehen wieder aus den Fenstern. Hans fährt früh zu Peter heraus. Er bringt ihm zwei Rosen.

Nachmittag. Zum ersten Mal in unserm Leben hängen wir – Sozialdemokraten, die wir bewußt sind und bleiben – heut am 10. Oktober die schwarz-weiß-rote Fahne heraus. Aus der Jungen Stube. Das gilt unserm Peter und Antwerpen. Vor allem, vor allem aber unserm Sohn.

Sonntag, 11. Oktober 1914 Karl ist nach Wünsdorf gefahren, denn es wird gesagt, sei seien noch da. Peters Fahne hängt zum Balkon herunter. Ich fange an zu zeichnen. Ich gehe nach dem Rathaus, an dem sich viele Menschen versammelt haben. Vom Turm blasen sie »Nun danket alle Gott«, auch »Wir treten zum Beten«. Dann fangen sie unten an zu singen »Deutschland, Deutschland über alles« und oben die Bläser stimmen ein.

Nachmittag telephoniert Hans, er nähme noch eine Reitstunde im Tattersall weil ihm gestattet ist morgen noch einmal vorzureiten. Vielleicht kommt er doch jetzt mit. Ich treffe ihn danach am Zoologischen Garten. Er hat eine Rose für mich in der Hand. Wir gehn zusammen durch den Tiergarten bis nach dem Wannseebahnhof. Er ist froh gestimmt weil er hofft doch noch herauszukommen. – Ich fahre zu Rautenbergs. Dort ist Rohse, später kommen Haases, die ihren Sohn besucht haben. Es wird über den Krieg gesprochen, alles macht mich immer trauriger. In trostloser Stimmung komm ich nach Hause. Da kommt Karl von Peter zurück und sagt, ich solle am Montag noch herausfahren, Peter sei noch da.

Montag, 12. Oktober 1914 Ich fahre heraus und sehe ihn noch einmal. Auf dem Bahnhof erwartet er mich. Dann hat er Appell. Dann mit ihm und Krems in der Konditorei, wo ich ihnen die mitgebrachten Sachen gebe, Faust 1. und 2. Teil in drei kleinen Bändchen und das Taschenschachspiel. Krems kennt noch nicht Faust. Er bekommt den 1. Teil.

Dann geh ich mit Peter nach der Kaserne zurück. Es ist dunkel, wir gehn angefaßt durch den Wald. Er zeigt mir die Sternbilder, wie er es so oft getan hat. – In dem Unteroffiziers-Casino näh ich ihm ein paar Knöpfe um. Am Klavier sitzt ein Soldat und singt: »Macht euch bereit«. Matuschewski kommt mit eingenähten Patronen. Dann geh ich mit Peter fort. Er bringt mich bis zum Bahnübergang. Da nehmen wir noch einmal Abschied, den wirklich letzten. Wir küssen uns und sagen uns wie lieb wir uns haben und er sagt er kommt sicher wieder. Du geliebter geliebter Junge.

Auf dem Bahnhof wird Artillerie verladen. Gegen den schwarzen Nachthimmel die schattenhaften grauen Soldaten, wie sie die Kanonen auf die Wagen bringen. Auf der Landstraße Trupps von Infanterie und Kavallerie, alles im Dunkeln, Gedränge und Geschimpfe, Rufe. Im Wald Gesang von aufgeregten Soldaten, die in die Kaserne zurückgehn. Im Wirtshaus vaterländische Gesänge und vor dem Bahnhof Abschiednehmende. Weinen.

Er hat die Nummer 115.

Dienstag, 13. Oktober 1914 Schwerer Tag. Sehr schwerer Tag.

14. Oktober 1918 Die erste Karte vom Jungen. Aus Hannover.

Abends zu Sterns gegangen. Mutter sitzt in ihrer Stube. Es ist ihr gegenwärtig, daß Kache und unsere Jungen in den Krieg müssen. Sie ist voll Kummer.

Bei Sterns Frau Stern und Rosa Speyer. Wertheimer, die Mädchen. Vom Krieg sprechen. Ich bringe es nicht fertig nach Peter zu fragen. Nach Hause gekommen schreibe ich an Lise.

15. Oktober 1914 Vormittags zu zeichnen versucht. Abends bei Hans. Versammlung. Karl finde ich wie ich nach Hause komme traurig in seiner Stube. Er sagt nicht viel und weint nicht. Er sagt leise: unser liebes Kind.

16. Oktober 1914 Morgens kommt Lisens Brief.

In diesen Tagen zeichne ich abends den Hans.

Frau Meier hat es doch fertig gebracht, ihrem Sohn auch das letzte Geleit zu geben und ihn selbst mit Blumen zu schmücken – ich nicht. Ich wollt ich hätt es auch getan.

Sonntag, 18. Oktober 1914 Hans ist von 3–8 Uhr bei uns. Wertheimer kommt. Er spricht von dem Abzug von Peters Regiment. Er spricht von dem heiter stillen frommen Ausdruck der jungen Soldaten. Die Art ihrer Scherze beim Vorbereiten. Im Kasernenhof steht ein Häufchen Franzosen und sieht den Soldaten zu. Mit einem Ausdruck fast von Kameradschaft: Jetzt seid Ihr an der Reihe.

Wir sitzen um den Tisch und sprechen über den Krieg. Karl und ich uns gegenüber, Wertheimer und Hans sich gegenüber. Wertheimer geht morgen nach Österreich zurück, er sagt Hans Lebewohl.

Dann spricht Hans darüber, daß der Krieg immer nur politisch betrachtet wird. Das Wertvolle sähe man nicht darin.

Wir fangen an Nelsons Arbeit über den Staatenbund zu lesen, hören damit auf und lesen Kleist: »Was gilt es in diesem Krieg?«

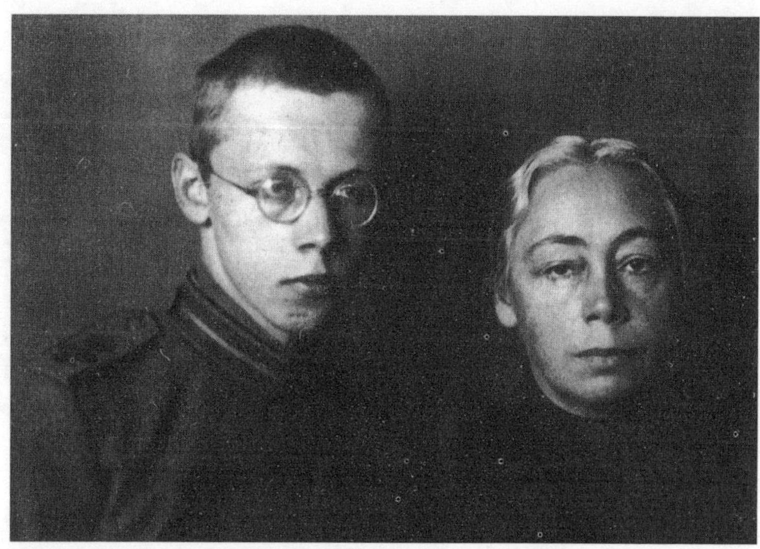

Käthe und Hans Kollwitz, Aufnahme aus den ersten Kriegsjahren

Rele kommt noch rasch herangelaufen um Hans Adieu zu sagen, morgen geht sie nach Freiburg.

21. Oktober 1914 Trübe Tage. Hans niedergeschlagen weil er es nicht scheint durchsetzen zu können mit dieser Abteilung mitzukommen. Von Peter nichts zu hören. Gestern abend mit Sartorius zusammengewesen. Hans Sartorius ist jetzt hier, seine Verwundung heilt aus. Von Eddy wissen sie nur, daß er verwundet in einem Lazarett liegt – nicht herauszubekommen in welchem.

Die Kriegslage unentschieden. Keine neuen Nachrichten.

22. Oktober 1914 [Später eingetragen:] In dieser Nacht stirbt Peter.

23. Oktober 1914 Hans über Mittag hier. Er teilt mit, daß er bestimmt nicht mitkommt. Sehr niedergeschlagen. Abends ich bei ihm. Ganz allein, Rosolio schon in Tempelhof.

Hans Kollwitz im Urlaub

24. Oktober 1914 *Die erste Nachricht von Peter.* Er schreibt, sie hören schon Kanonendonner.

Hans teilt uns den Entschluß mit, daß er sich zum Sanitätsgefreiten hat umschreiben lassen. Wir sind froh darüber.

Goeschs kommen am Abend und bleiben über Nacht. Heinrich redet und ich denke an Peter. Wo ist er? friert er? hungert er? ist er in Gefahr?

Sonntag, 25. Oktober 1914 Mittags telephoniert Walter Koch, von seinem Bruder sei Nachricht vom 19., in zwei Tagen kämen sie ins Gefecht. Das wäre der 21. gewesen. Und wir wissen hier nichts, leben nur unter einem Druck.

In der von Königschen Familie sind 5 Söhne gefallen.

26. Oktober 1914 Goeschs noch hier. Ich will an ihrem Sprechen nicht teilnehmen, will für mich sein und an den Peter denken. Ich weiß daß Goeschs es nicht billigen, daß ich mich abseits halte.

Hans ist jetzt schon den zweiten Tag hier und wartet seine Beförderung zum Sanitätsgefreiten ab. Er kommt abends und spricht mit mir. Ich empfinde mich verzagt und kleinmütig und eingewurzelt. Er spricht von all dem Neuen, das nachher kommen wird, daß auch die Parteien ihren starren Standpunkt aufgeben werden, daß es jetzt nicht die Zeit ist sich schon zu rüsten zu neuen Parteikämpfen, sondern die Zeit, in der alle Parteikämpfe aufgehoben sind, wo es am ehesten möglich ist mit neuen Augen auch die Gruppen anzusehn, die einem vorher durch Parteikämpfe gänzlich fremd waren, z. B. das Militär, den Adel usw.

Wie gerne hör ich von den Jungen alles das an. Wenn sie leben bleiben, werden sie mich führen können. Ich brauch sie so.

27. Oktober 1914 Heut vor 14 Tagen fuhr Peter los.

Karl hat die Schilderung eines Offiziers bei einer Patientin gelesen, der davon erzählt, wie er Einzelleute vom 22. Armeekorps, junge Kerlchen, viele mit Brillen, in abgemattetem Zustand, mit durchgelaufenen Füßen am Wege hat sitzend gefunden.

Von Peter keine Nachricht.

Hans ist noch hier, es wird einem wieder so lieb und gewohnt, daß der Junge hier ist. Er schläft in Peters Bett.

In den Zeitungen wenig Neues. Der erbitterte Kampf an der belgisch-französischen Grenze um Ypern, Nieuport, Dixmuiden.

Mittwoch, 28. Oktober 1914 Schönes Wetter und von Meier an seine Eltern eine Karte vom 22. Hans redet mir zu mit ihm nach Potsdam zu fahren. Wir gehn durch den Neuen Garten nach der Kaserne in der Rosolio ist.

Unterwegs sprechen wir über vielerlei. Ich erzähle Hans von meinem Arbeiten, daß ich keine Form für das finde was der Krieg mir bringt. Jede Form ist schon zu altgewohnt, zu typisch. Etwas so Neues sollte auch neue Ausdrucksform finden. Mein Versagen in dem Punkt. Von dem Neuwerden und der veränderten Stellungnahme. Ich sage Hans,

Freitag, 30. Oktober 1914 »Ihr Sohn ist gefallen.«

10. November 1914 Von allem was Hans Koch uns noch von Peter erzählte sind mir zwei Dinge so sehr lieb: Sie waren in Einquartierung bei belgischen Leuten und auf Peter sind die Kinderchen herumgekrochen und er hat mit ihnen gespielt.

Und dann dies: Es gibt unter ihnen einen Menschen mit schlechtem Gesicht – sagt Hans Koch – ein übler Kerl. Dieser Mensch sagte als Peter tot war, er hätte Peter lieb gehabt. Er schlug vor, Rasen auszustechen und auf das Grab zu legen. Das haben sie getan. Wo die Fugen waren, haben sie Eichenblätter zwischengesteckt und oben um das Kreuz herum viele Eichenblätter. »Es sah sehr schön aus« sagt Hans Koch.

»Nun bin ich Meister worden, zu weben Gram und Leid
Ich webe Tag und Nächte am schweren Trauerkleid.«

[Am] 10. November war ich abends bei Hans in Tempelhof. Er sieht blaß und angegriffen aus.

Ich sage ihm, warum ich nicht meine, daß er vor die Front gehn *muß*. Er sagt: »Wenn ich nun aber überzeugt bin, daß ich nachher nur etwas leisten kann, wenn ich durch den Krieg gegangen bin?« Ich sage: »Gehst Du nicht durch den Krieg, ob du Kranke verbindest oder in der Front stehst? Sind Karl und ich nicht hundertmal mehr durch diesen Krieg gegangen als manche, die von Granaten umflogen sind?«

Mit etwas Hoffnung im Herzen fahre ich von ihm nach Hause.

11. November 1914 Im Atelier angefangen. Abends ist Hans hier. Der Junge.

Wir fangen an die Zeitungen auszuschneiden.

Wir begleiten Karl auf einem Besuch.

12. November 1914 Morgens die Gedichte vom kleinen Silbermann und abends Frau Sells Brief: »Vaterland ist etwas Schönes, aber ich würde keins haben wollen ohne meine Lieben.«

Mein Junge – ich bin hier bei Dir in Deiner Stube an Deinem Tisch.

14. November 1914 Hans kann nicht herkommen. Karl und ich treffen ihn in der Stadt und kaufen Schuhe für ihn. Dann essen wir zusammen Abendbrot.

Aus Peters italienischem Tagebuch, Spätsommer vor einem Jahr:

»Ich fahre allein
in fremdem Zug
meine Gedanken schrein
nach höherem Flug.

Meine Seele schreit
nach tieferer Lust
mein Körper schreit
nach Freundesbrust
nach langer Umarmung
nach furchtsamem Beben
nach freudigem Zucken
in Tränen gegeben.«

Die Glocken läuten den Bußtag ein.

Furchtbare Einsamkeit.

In Peters vorjährigem Tagebuch immer das Gefühl des Allein- und Verlassenseins.

Wir hätten für die Jungen sterben mögen und doch verlassen und jeder allein. So allein als ob ein luftleerer Raum um einen ist.

Wo bist Du – wo schweifst Du? Warum kommst Du nicht zu mir? Ich bin mehr allein als Du je warst.

Nur der Hans.

27. November 1914 Gestern abend ist Hans abgefahren nach Köln und weiter nach Spa. In ein Typhus-Genesungsheim. Seine Gänge nach Kaserne und Lazarett, ich begleitete ihn.

Karl will ans Kriegsministerium schreiben und bitten, daß der Junge nicht vor die Front geschickt wird. Mir ist das so unangenehm. Warum? Karl sagt: »Du hast nur Kraft zum Opfern und Loslassen – nicht die geringste zum Halten.«

Ist es weil Hans damit so ganz und gar beschnitten wird? Er wollte Soldat sein, dann der rückwärtige Schritt zum Sanitäter, dann noch weiter rückwärts in ein Typhus-Heim. Wie anders ist das alles für ihn als er es sich dachte. Unseretwegen hat er sich nach Spa gemeldet. Darf Karl ihn jetzt so beschneiden, daß er vielleicht von dort während der Kriegsdauer nicht mehr fort kommt? Und wenn ich dagegen spreche, also des Jungen Wünsche wieder meine sind – genau wie es bei Peter war – liebe ich ihn dann nicht weniger als Karl, der sich verpflichtet fühlt ihn zu erhalten?

Denn dieses ihn durchaus Erhalten-Wollen tat ja Karl nicht in seinem eigenen Interesse sondern in Hansens. Zuerst verstand ich Karl schlecht. Ich nahm das für Egoismus des Betroffenen. Aber es ist mehr, nämlich die große Achtung vor der Jungen wertvollem Leben.

30. November 1914 Von Hans eine Karte. Er hat Erich Krems nicht sprechen können. Ist mit Annie [Bender] im Siebengebirge gewesen.

Liebe liebe Jungen.

1. Dezember 1914 Heut Nacht den Plan zu einem Denkmal für Peter gefaßt, aber wieder aufgegeben weil es mir unausführbar schien. Am Morgen kam mir plötzlich der Gedanke, ich könnte durch Reicke die Stadt darum bitten, mir einen Platz zu geben. Was es kosten würde, dazu müßte gesammelt werden.

Es muß auf den Höhen von Schildhorn stehn wo man den Blick über die Havel hat. An einem herrlichen Sommertage soll es fertig sein und eingeweiht werden. Gemeindeschulkinder singen »Wir treten zum Beten« und »Kein schönrer Tod ist auf der Welt als wer vorm Feind erschlagen«. Das Denkmal soll Peters Gestalt haben, ausgestreckt liegend, den Vater zu Häupten, die Mutter zu Füßen, es soll dem Opfertod der jungen Kriegsfreiwilligen gelten.

Es ist ein wundervolles Ziel, und kein Mensch hat ein solches Anrecht darauf dieses Denkmal zu machen wie ich.

Diese Einsamkeit jetzt.

3. Dezember 1914 Gestern war die zweite Reichstagssitzung zur Bewilligung der neuen Forderungen. Wieder waren sämtliche Parteien einig – nur Liebknecht blieb demonstrativ sitzen. Laß er.

Zu Ehren der gefallenen Soldaten erhob sich das Haus und die Tribünen von den Plätzen – auch Dich ehrten sie.

Ich will Dich ehren mit dem Denkmal. Alle die Dich lieb hatten behalten Dich in ihrem Herzen, weiter wirst Du wirken bei allen, die Dich kannten und Deinen Tod erfuhren.

Aber ich will Dich noch anders ehren. Den Tod von Euch ganzen jungen Kriegsfreiwilligen will ich in *Deiner* Gestalt verkörpert ehren. In Eisen oder Bronze soll das gegossen werden und Jahrhunderte stehn.

4. Dezember 1914 Von Hans nichts.

5. Dezember 1914 Mutters 77. Geburtstag. Konrad und Anna, Karl und ich nachmittags dort. Ich bringe der Mutter Peters Bild und Hansens kleine. Die Mutter vergißt nicht, daß Peter tot ist.

Julie nicht da, weil es kurz vor der Entbindung der Paula ist.

7. Dezember 1914 *Endlich* Nachricht von Hans.

9. Dezember 1914 Mein Junge! Auf Deinem Denkmal will ich Deine Gestalt oben *über* den Eltern halten. Du sollst langausgestreckt liegen, die Hände antwortend auf den Ruf zur Hingabe: »Hier bin ich.« Die Augen – vielleicht – weit offen, daß Du den blauen Himmel über Dir siehst und die Wolken und die Vögel. Den Mund lächelnd. Und an der Brust die Nelke, die ich Dir gab.

10. Dezember 1914 Paul und Paula Kaches zweiter Sohn Heinz geboren.

Am Abend Telegramm aus Spa. Hans diphtherieverdächtig erkrankt.

11. Dezember 1914 Erledigen der Formalitäten wegen Hinreise zu Hans. Nur Karl darf reisen. Telegramm, es wäre Diphtherie.

Abends fährt Karl ab.

12. Dezember 1914 Warten. Abends kurz vor 10 Uhr kommt Telegramm.

15. Dezember 1914 Heut nacht träumte ich Peter lebte, aber er wäre geistesgestört. Trotzdem ich weiß, daß ich in wachem Zustand lieber seinen Tod als Geistesgestörtheit wählen würde, war ich im Traum froh, daß er lebte – trotz Blödheit.

Der jüngste Soldat – ein 14jähriger Junge – ist gefallen.

Frau Kaiser war hier. Als ich von Peters letzter Zeit sprach erkannte ich wieder, wie reich er mich gemacht hat. Was er mir gegeben hat – beide – war so etwas, was ich bis dahin kaum kannte. Die Frömmigkeit dieser jungen Seelen, die Schlackenlosigkeit. Meine jungen Söhne, meine lieben jungen Flammen, die Ihr uns führet, nicht wir Euch. Aus uns hervorgegangen, über uns hochwachsend uns mitnehmend.

Peter – Du deutscher deutscher Junge, Du Junge – Du geliebter geliebter Junge. Heut vor zwei Monaten zogst Du aus.

18. Dezember 1914 Hansens Brief. Vor Ausbruch der Krankheit geschrieben.

22. Dezember 1914 Karl kommt von Spa zurück. Bringt Hansens Brief.

23. Dezember 1914 Weihnachten vorm Jahr trugst Du das Pierrotkleid, diese Weihnachten liegst Du steif und ernst mit dem Gewehr im Arm unter der Erde.

[24. Dezember 1914] Weihnachtsabend Im Dom gewesen. Die Chöre sangen: »Es ist ein Ros entsprungen« und der Prediger las das Evangelium. Die Hirten kommen vom Felde und finden die Krippe und erzählen den englischen Spruch. »Maria aber behielt alle diese Worte und bewegte sie in ihrem Herzen.«

Hinter Deinem Bett steht ein junges Bäumchen. Die Wachskerzchen brannten eines nach dem andern restlos auf – dann war es wieder ganz dunkel.

[26. Dezember 1914] Am 1. Feiertag abend zu Sterns, Bernhards waren da. Ich konnte es nicht aushalten als die Mädchen sangen: »Vom Himmel hoch da komm ich her«.

Diese Nacht war schwer. Ich hörte draußen singen: »Macht euch bereit, macht euch bereit« – und ich nahm es für ein Zeichen, daß auch Hans sterben würde und ich mich bereit machen sollte. Es war auch kein Mensch, der draußen sang, es waren Rufe vom Schicksal.

Die Nacht rang ich wirklich.

2. Feiertag in den verschneiten Grunewald gegangen und den Platz für Peters Denkmal gesucht.

Abends ein *gutes* Telegramm über Hans. Aber immer noch kein Brief von ihm.

Ich träumte wir waren viele in einer großen Halle. Einer rief: »Wo ist der Peter?« Er selbst rief es, ich sah das dunkle Profil seiner ganzen Gestalt gegen etwas Helles stehn. Ich ging zu ihm und faßte ihn unter, wagte aber nicht, ihn anzusehn, aus Furcht er wäre es doch nicht. Ich sah auf seine Füße und es waren seine, an seinen Arm, seine Hand, es war alles seins, aber ich wußte wenn ich sein Gesicht sehn wollte würde ich wieder wissen daß er tot sei.

In der Elektrischen steigen eine Mutter und der Sohn ein. Der Sohn hat 4 Tage Urlaub. Die Mutter sitzt, der Sohn steht daneben. Wenn er sich zu ihr niederbeugt und ihr etwas sagt, hat er das freundliche liebevolle Lächeln Peters. Wenn sie sich ansehn lachen sie alle beide.

Silvester 1914 1896–1914. Dann war Dein Leben beendet. Ein zartes kleines Kind wie ein Mädchen mit langen gewellten blonden Haaren und einem sanft ernsten Gesicht, das an die Ernestine Castell erinnerte. Zärtlich als Kind. Dann kam der Junge in den grauen Trikotanzügen und dem weißen Kragen. Murmelspiel, rennen, zusehn wo Feuer war. Einmal gingen wir beide nach Weißensee. Du hattest Deinen kleinen Arm um meine Taille und ich meinen um Deinen Hals. Deine Scherze mit mir. Dann wurdest Du größer und revoltiertest gegen die Schule. Du kamst nach Wengen weil wir Dich für lungengefährdet hielten. Und aus Wengen brachtest Du Dein erstes Gemaltes mit nach Hause. Du tratst aus der Schule mit dem Einjährigen-Zeugnis. Du solltest Künstler werden. Lubochin. Deine handwerkliche Arbeit. Kunstgewerbeschule. Wandervogel und Jugendbewegung, Fichte-Gruppe mit Hans gemeinsam. Norwegen. Kriegserklärung und Flug da hinein in das, was Dir das wahre Leben schien. Es war Dein Leibestod. Mit dem Gewehr im Arm in voller Ausrüstung, in Deine Zeltbahn gehüllt, schlank stark und schön, wie der Krems sagt, bist Du in Dein Grab gelegt. Die 18 wunderschönen Jahre sind beendet.

Der Karl tut seine Arbeit aber er weiß Dich zu behalten, nachts nach der Tagesarbeit ist er bei Dir.

Ich mein Junge hab Dich so furchtbar lieb gehabt, aber manchmal bist Du nicht da. Du stehst irgendwo im Dunkeln und es ist als ob du mich nicht freundlich ansiehst. Das kann nur sein wenn ich nicht recht an Dich denke.

Ein neues Jahr kommt. Ich kenne meine Aufgaben. Dem Hans treu zu dienen, das wird mir nicht schwer fallen, dem Karl alles zu geben, was ich ihm geben müßte, ist schon schwerer. Mein Peter – *ich will* versuchen treu zu sein.

Den Karl mit ganzer Seele lieben. Euch Brüder umschling ich mit aller meiner Liebe.

Dein Vermächtnis zu erkennen und zu bewahren. Was ist das?

Mein Vaterland so zu lieben auf meine Art wie Du es liebtest auf Deine. Und diese Liebe zu betätigen. Auf die Jugend zu sehn und ihr liebevoll treu [zu] bleiben.

Außerdem will ich meine Arbeit tun, dieselbe mein Kind die Du nicht mehr tun durftest.

Ich will Gott die Ehre geben auch in meiner Arbeit, das heißt ich will wahr sein, echt und ungefärbet.

Wenn ich versuche so zu sein, mein Peter, dann bitte ich Dich sei um mich. Hilf mir und *zeige Dich mir.* Ich weiß Du bist da, aber ich erkenne Dich nur durch einen Nebel. Sei bei mir.

Peter – Du *wirkst.* Der Jean Rosenberg ist freiwillig eingetreten. Er ging Peter nach.

1. Januar 1915 Mit Karl auf den Schildhornhöhen gewesen. Die Stelle aufgesucht wo das Denkmal stehn soll.

4. Januar 1915 Krems war hier. In Deiner Stube.

6. Januar 1915 Heut träumt ich wieder wie ich so oft träume, daß Peter wohl tot ist, aber es gäbe immer noch Mittel und Wege, es könnte sein, er könnte noch einmal kommen. Oder es sollte noch einmal so sein, daß er ins Feld käme, wenn er dann nicht wiederkäme, wäre es endgültig. – Jammervolle Träume.

14. Januar 1915 Krems war hier und erzählte ausführlich von der Zeit vom Auszug bis zu Peters Tod. Es ist als ob er wieder etwas vom Peter selbst mitgebracht hat.

Wie Peter schweigsam gewesen ist, auch an dem Tage bevor sie ins Gefecht geführt wurden und sie voneinander Abschied nahmen. Sie haben nicht gesprochen, nur die Hand gegeben. Dann als sie die bayerische Artillerie trafen und der Flieger in der Luft [war], wie alle mit eins ohne Kommando die Flinten anlegten und schossen.

Der letzte Ruhetag im Walde. Biwak. Der erste Verwundetentransport kommt vorüber, wird angehalten, befragt. Abkochen. Während sie noch beim Essen sind: An die Gewehre! Aufgesprungen, mit dem Fuß Kochtopf beiseite gestoßen. Es geht los. Marschieren. Alle Landstraßen voll Truppen, rasende Autos, Meldereiter. Rücktransporte von Verwundeten, Fragen, Rufe. Ein brennendes Dorf. Abendhimmel. Bange beklommene Stimmung, Gedanken nach Hause, an den Tod. Dann in verlassenen Schützengräben. Das erste Pfeifen von Kugeln. Vorüber die Angst und Beklommenheit. Aus den Schützengräben heraus wegen zu starken Feuers, an die Chaussee und den Unterstand gemacht. Hier sah Krems Peter zum letzten Mal, wie er rot und schwitzend ganz der Körperarbeit hingegeben grub. Lachte mit Krems. Am Morgen darauf sah Krems ihn starr als Toten.

»Wieder aufzublühn werd ich gesät.
Der Herr der Ernte geht
Und sammelt Garben
Uns ein, uns ein, die starben.
Halleluja.«
Klopstock

Junge, ich arbeite wieder. Ich mach die Arbeit fertig, die Frau mit dem Kind im Schoß. In allem bist Du, seid Ihr.

Der Karl sagt als ich mutlos war: »Wir nehmen den Peter in die Mitte und gehn immer mit ihm zusammen vorwärts.«

Heut verglich ich Hellmut Kaisers Hände mit Peters. Hellmuts sind breit und groß und festhaltend – Peters wie schmal – nicht zum Festhalten gemacht. Loslassend.

Buch Josua: »Sei nur getrost und sehr freudig«.

Lieber Sohn, ich habe schöne Musik heut gehört. Beethoven und Schumann und Reger.

»Wie an dem Tag der dich der Welt *verliehen*
Die Sonne stand zum Gruße der Planeten
Bist alsobald und fort und fort gediehen
Nach dem Gesetz wonach du angetreten.
So mußt du sein, dir kannst du nicht entfliehen
So sagten schon Sibyllen so Propheten
Und keine Zeit und keine Macht zerstückelt
geprägte Form die lebend sich entwickelt.«
[Goethe]

6. Februar 1915 Hans schreibt: »Oft ruft er mich streng an, wenn ich unehrlich bin.«

Immer derselbe Traum: Er wäre noch da, es wäre noch eine Möglichkeit daß er lebte und wiederkäme und dann noch im Traum die Erkenntnis, er *ist* tot.

»Saatfrüchte sollen nicht vermahlen werden.« [Goethe]

Sonntag, 15. Februar 1915 Lieber Sohn – Vater und ich waren in Buch. Wir sind da gegangen wo wir so oft gemeinsam waren. Am 15. Februar vor einem Jahr warst *Du* draußen und brachtest Kätzchen mit, vorn in Deine Brust gesteckt.

Ich habe im Atelier meine früheren Skizzen angesehn. Gesehn, daß ich Umwege gemacht habe – die vielleicht nötig waren – und doch weiterkomme. Ich will noch nicht sterben, selbst wenn der Hans stirbt und Karl. Bevor ich nicht treu mit meinem Pfund zu Ende gewuchert habe und das in mich gelegte Samenkorn bis in den letzten kleinen Zweig zu dem entwickelt habe, wozu es bestimmt ist, will ich nicht abtreten.

Das widerspricht nicht dem, daß ich – lächelnd – für Peter auch für Hans gestorben wäre, wäre die Wahl mir gestellt worden. Wie gerne – wie gerne. Peter war Saatfrucht, die nicht vermahlen werden sollte. Er selbst war die Aussaat. Ich bin Träger und Entwickler seines Samenkorns. Was Hans sein wird, wird die Zukunft zeigen. Da ich nun aber Träger sein soll will ich treu dienen.

Seitdem ich das erkannt habe ist mir fast heiter und viel fester zumut. Ich darf nicht nur meine Arbeit vollenden – ich soll sie vollenden. Das scheint mir der Sinn von all dem Gerede über Kultur. Sie entsteht nur durch Ausfüllen des Pflichtenkreises durch den Einzelnen. Wenn jeder seinen Pflichtenkreis erkennt und ausfüllt kommt *echtes* Wesen heraus. Die Kultur eines ganzen Volkes kann schließlich auf nichts anderes aufgebaut sein.

Der Wyneken schrieb, Peter. Er hat Dich lieb gehabt.

Auf einem Schlachtfeld in Polen steht ein großer Kruzifixus. Kugeln haben den obern Teil des Holzes und das Querholz abgeschlagen. Christus bleibt bestehn und hängt – schwebt nun über dem Schlachtfeld mit den ausgebreiteten emporgerissenen Armen.

Karl sagte mal: Wir müssen doch sehn, des Schicksals, das uns getroffen hat, uns würdig zu erweisen.

»Und keiner weiß wie ihm geschieht. Er fühlt
Die Schatten derer, so gewesen sind,
Die Alten, so die Erde neu besuchen.
Denn die da kommen sollen, drängen uns.«
Hölderlin

[10. April 1915] Karfreitag. Dein Tag mein Kind. Dein Frühlingsfeiertag.

Ich war in Buch, ich suchte Dir Kätzchen.

11. April 1915 Heut vor einem halben Jahr sah Karl Dich zum letzten Mal und morgen vor einem halben Jahr sah ich Dich zum letzten Mal. Du sagtest: »Ich komm wieder.«

Ich habe das welke Laub von Deinem Bett genommen und ein Tuch über Deine Sachen gelegt. Auf dem weißen Laken liegen nun etwas Maien. Das Kränzchen von Kathrine [Laessig] ist geblieben. Neben Deinem Bett stehn Veilchen und junges Gesträuch aus Buch, das schlägt jetzt aus.

Es ist Frühling mein Kind.

12. und 13. April 1915 Vor einem halben Jahr zogst Du aus. Am 12. Oktober – an einem Montag – küßte ich dich zum letzten Mal.

14. April 1915 Du arbeitest mit an Deinem – Euerm – Ehrenmal. Die Temperafarben, die Du Dir anriebst, benutze ich zur Arbeit, Deinen Blendrahmen, Deine Materialien. Lieber trautster Junge.

Abends am 22. April 1915 In dieser Nacht vor einem halben Jahr starbst Du. Peter!

27. April 1915 Walter Neumeister war hier.

Ich arbeite an der Darbietung. Ich *mußte* – es war direkt ein Zwang – alles ändern. Die Figur bog sich von selbst unter meinen Händen – wie nach eigenem Willen – nach vorn über. Nun ist sie nicht mehr die Aufrechte. Ganz tief bückt sie sich und reicht ihr Kind dar. In niedrigster Demut.

Der Karl erzählt von einer Frau: Ein Sohn steht im Feld, der andere 18jährige liegt an der Schwindsucht auf den Tod. Er grämt sich daß er so ruhmlos sterben soll. Der Bruder bekommt für einige Tage Urlaub, er setzt sich zum Kranken und tröstet ihn. Er hätte eine Mutter, die im Sterben bei ihm ist – wie fürchterlich das Sterben im Lazarett ist. Und auch er hätte nicht umsonst gelebt.

Jetzt ist der Bruder wieder im Feld und der schwindsüchtige Junge liegt getröstet ganz still und ergeben da und wartet aufs Ende.

[1. Mai 1915] Heut am 1. Mai 1915 ist der Aufbau zu der Arbeit in meinem Atelier fertig gemacht. Gestern begann er, genau ein halbes Jahr nachdem Peters Tod uns gesagt wurde.

Das Opfer (1915)
»Ich arbeite an der Darbietung. Ich *mußte* – es war direkt ein Zwang – alles ändern. Die Figur bog sich von selbst unter meinen Händen – wie nach eigenem Willen – nach vorn über. Nun ist sie nicht mehr die Aufrechte. Ganz tief bückt sie sich und reicht ihr Kind dar. In niedrigster Demut.«

»Und wir fühlten dich fast schweben
Als dein Licht schon unterging.
Wiederum in jähem Sturze
Fiel ein Knabe unbewacht
Den es hinriß durch die kurze
Lebenszeit zu Kampf und Schlacht.
Reinem Lose, stolzem Fliegen,
Unbewußtem Überschwang,
Führe es auch nicht zu Siegen,
Schallt doch ewig der Gesang.«
[Ernst Blass]

Das was wir innerhalb Deutschlands erlebt haben, das Besserwerden durch den Krieg, erfährt sicher auch jede andere kriegführende Nation an sich. Wie ist es aber zu vereinen, daß man einerseits ethisch wächst und zugleich Haß, Lüge, Feindseligkeit zunimmt, nämlich gegen alles Nicht-Deutsche? Das ist wie wenn Liebe nur innerhalb einer Familie da ist, nach außen werden alle Türen zugemacht. Hat sie dann noch Wert?

Der Simplicissimus an Weddigen:

»Zu Finsternis und Schweigen
Mußt er hiniedersteigen,
in edelstem Verschwenden
Sich leuchtend zu vollenden.

Er hat in jungen Jahren
So selgen Glanz erfahren:
Ist noch im Unterliegen
Zum Vorbild aufgestiegen.«

[14. Mai 1915] Hansens Geburtstag. Kein Brief von ihm. Ich wollte herüberfahren, bekam aber keine Erlaubnis über die Grenze. Sehnsucht. –

[17. Mai 1915] Heut am 17. ein Brief von ihm, ein so lieber guter treuer Brief.

Gestern am 16. bei Julie zu ihrem 50. Geburtstag gewesen. Auch Mutter da. Die beiden Kacheschen Kinderchen, der Rolf erinnert mich so an Hans als er klein war. Die Urgroßmutter, dann wir 4 Kinder, Konrad und wir Schwestern, alle so um die 50 herum. Ernst, grauhaarig, in Sorgen. Ein einziges Enkelkind, die Paula – nein, noch die Maria Stern – und dann die lieben werdenden Urenkelchen.

Eine Frau ging ins Wasser weil ihr einziger Sohn fiel. Sie wurde herausgefischt, ging dann noch einmal zurück und ertrank.

Eine andere Frau, eine junge, tötete sich auch, weil ihr Mann fiel.

Ich denk es müssen noch viel mehr sein.

[29. Mai 1915] Die Kriegserklärung Italiens an Österreich wurde am 2. Pfingstfeiertag hier bekannt.

Heut am 29. Mai bringt die Zeitung die Pöbelausschreitungen in Mailand.

Ich weiß überhaupt nicht, wie das alles noch einmal anders werden soll. Der Krieg entblößt einen Abgrund von Haß, Roheit, Dummheit und Lüge.

Krems erzählt aus dem Schützengraben an der Aisne, daß die Soldaten trinken, Zoten reißen, zu den paar Mädchen gehn die es da noch gibt, die in einem fürchterlich abgenutzten Zustand sind. Ein Besuch soll ein Kommißbrot kosten. Hier in Berlin sollen immer mehr Frauen unter Sittenkontrolle kommen. Kriegerfrauen, die jeden Tag erwarten können die Nachricht zu bekommen, daß ihr Mann gefallen sei.

Krems und Hans Koch waren hier. Vor einigen Tagen Walter Meier. Sie sind alle drei verändert. Vor allem nur der eine Wunsch, am Leben zu bleiben. Doch sind sie pflichttreue, ja mutige Soldaten. »Bereit« sind sie noch jetzt, aber wie schweren Herzens würden sie jetzt sterben.

Ich las, daß irgendwo in Flandern 6 Soldaten begraben sind, die man ermordet und beraubt aufgefunden hat. Auf ihrem Kreuz steht:

»Gestritten gelitten für Deutschlands Ehr
Weiß niemand die Namen als Gott der Herr.«

Aus einem Pfirsichkern, den Peter wohl mal auf dem Balkon weggeworfen hat, ist ein kleines grünes Bäumchen aufgegangen. – Wunderbar – fast geheimnisvoll dieses Keimetreiben. Ich arbeite an seiner Figur in Ton. Ich lege sie als Akt an. Aus dem feuchten Ton sprießen kleine Keime – aus seinem Zeugungsteil.

Wir erwarten Hans.

[Juni 1915] Hans ist da.

Am 4. ging ich ins Atelier. Kathrine Laessig fing mich auf der Elektrischen ab: »Komm rasch – der Hans ist da.« – Karl sagte, er hätte telephoniert vom Potsdamer Bahnhof aus. Ich stand oben auf dem Balkon und sah ihn vom Bus abspringen. Dies Wiederumarmen des Einen wenn der Andre fehlt. Alles Empfinden war zusammengepreßt in der halben Stunde.

11. Juni 1915 Jetzt ist er schon wieder fort. Ich will aufschreiben wie es war.

Am Freitag Nachmittag fuhren ich und er zu Sterns. An Georg und Lise fuhren wir im Fahrstuhl vorbei. Sie kamen gleich nach oben gelaufen und Lise küßte ihn. Hanna war da, Katrine [Stern] fehlte. Die Mutter freute sich, aber sie verstand wohl doch nicht, daß Hans nach 6 Monaten Fernsein wieder da war. Wir saßen bei ihr. Hans auf dem Sofa, Marusch neben ihm. Dann kam Konrad –

auch er freute sich. Das Gespräch kam auf die »Lusitania« und ihren Untergang. Hans verteidigte die Torpedierung, Konrad griff sie an.

Abends gingen Karl Hans und ich – Hans in unserer Mitte – bis Unter die Linden und fuhren dann zurück.

Am Sonnabend kam Hans mit mir ins Atelier, ich sprach ihm von meiner Arbeit und zeigte ihm den Beginn derselben. Auch die Arbeiten im oberen Atelier. Ich glaube Kathrine Laessig war nachmittags da. Abends gingen wir wieder Unter die Linden und saßen oben auf dem kleinen Balkon des Victoriacafés.

Am Sonntag standen wir leider sehr spät auf und verbrachten den Vormittag ohne rechtes Zusammenfassen. Nachmittag gingen wir zu Kaches. Es war der Paula Geburtstag. Keine Nachricht von Paul, schwere Stimmung. Wir fanden Mutter dort und Lise, saßen um ihren Tisch, tranken Kaffee und aßen Kuchen. Hans spielte mit dem Rolf, ließ ihn auf den Schultern reiten. Als wir dann fortgingen, wollten wir noch einen tüchtigen Gang machen, blieben aber im Pläntervald, wo viele Menschen waren und viel Staub. In einem Gasthaus nahe dem Wasser aßen wir zu Abend. Dann bis Treptow nach Haus gegangen über die schönen heiteren Spielwiesen. Ganz müde kamen wir zurück und lasen noch einen Aufsatz aus der Rundschau über Clausewitz. Karl war leider ganz müde. Er hatte sich gehetzt um für Hans frei zu sein, aber er war übermüdet, was ihn kränkte und verstimmte.

Am Montag war Hans den ganzen Tag in der Stadt, bei Lene Bloch usw. Mittag aßen wir zu dritt. Dann ging ich mit Hans ins Atelier und Kuhn machte für meine Arbeit einen Gipsabguß seiner Hand und seines Halses. Hans zu Sterns, nachdem wir einen Kaffee in der kleinen Konditorei getrunken hatten. Dann holte ich ihn ab. Wertheimer war da. Katrine zeigte ihre Tänzerinnenbilder und sang ihre Liederchen zur Laute. Dann fuhr Hans irgendwohin einen Besuch machen, ich in die Vorstandssitzung der Secession. Ganz spät und leider auch müde trafen wir drei uns dann noch oben bei Josty.

Am Dienstag standen wir früh auf. Karl konnte uns nicht begleiten. Hans und ich fuhren nach dem Grunewald. Das war ein wundervoller Vormittag. Wir gingen durch den heißen Wald bis Schildhorn. Unterwegs fing Hans mit seiner schweren Zunge über seine Lebenspläne zu sprechen an. Über Theologie und die Möglichkeit Pfarrer zu werden. Ich sprach von Rupp und der ersten Gemeindezeit. Ich sprach gegen seine Pläne weil ich nicht daran glaube, daß er in der Kirche bleibt.

Als wir dann in Schildhorn unten am Wasser saßen und frühstückten sprach ich von Karl. Von all seiner Güte und Liebe und der Arbeit für die Jungen, die ihn nicht hat zu eigenem Leben kommen lassen. Ich sagte zu Hans ich glaube kaum, daß er als Pfarrer seiner Gemeinde nah kommen wird, es wird ihm gehn wie Bonus.

Dann gingen wir auf das hohe Ufer und Hans und ich sahen zusammen die Stelle, die ich für das Denkmal ausgesucht habe.

Wir gingen dann oben auf den Kaiser-Wilhelm-Turm. Auf dem Rückweg über den Selbstmörder-Kirchhof. Die Menschen, die da liegen, sind fast alle ganz jung, fast alles junge Männer. Die Inschriften auf den Gräbern voll Schmerz und Liebe.

Zurück durch den heißen Wald. Karl leider zu Mittag verfehlt, dann aber abends zu Adami gegangen im Pankower Park und an einen Tisch am Rande der Wiese gesetzt. Wir sprachen und es war Friede und Liebe zwischen uns. Die Sterne gingen auf. Dann gingen wir noch etwas im dunklen Park. Der Sommerhimmel war voller Sterne. Ich ging zwischen den beiden. Hans nahm meine Hand und hielt sie fest. So ging ich mit ihm wie damals mit Peter. Ich empfand beide.

Am Mittwoch begleitete ich Hans in die Stadt. In der Universität hörten wir eine Stunde Troeltsch, ohne etwas davon zu haben. Wir sprachen dort Frau Kaiser, die einen Brief von Joachim hatte. Zu Mittag zurück.

Nachmittag noch einmal zu Sterns. Lise und Hans [Stern], zuerst auch noch Georg und Hanna, doch mußten die gleich fort. Dann sagte Hans der Mutter Lebewohl und draußen der Lise. Er ging früher fort, ich weiß jetzt nicht warum. Ich blieb noch ein Weilchen bei der Mutter auf dem Balkon. Sie freut sich am Himmel, dem Wald, den Kindern, Kähnen, aber im verschleierten Empfinden liegt Müdigkeit und Trauer. Krieg, Sterben das kommt ihr nur hin und wieder klar zu Gefühl, aber dämmernd empfindet auch sie es alle Tage.

Ich ging dann. Lise kam bis zur Bahn mit. Sie schenkte mir um mir Liebe zu geben Regulas Liebesgeheimnis. Ich fragte mich nachher warum? Sicher nur aus dem Grunde. Auf dem Heimweg traf ich am Hackeschen Markt Hans.

Wir gingen in Peters Stube. Er sprach aufrichtend mit mir.

Dann zu dritt wieder zu Adami gegangen. Diesmal war es nicht schön. Zwei Leute machten Musik und am Nebentisch wurde laut gesprochen. Und gerade jetzt – am letzten Abend – wollte Karl mit Hans reden. Er sprach von seinem Studium. Und immer sprach er und Hans schwieg. Zuletzt sagte Hans in bittendem Ton, man wolle nicht immer von ihm reden. Und der Karl ging mit zartester Rücksicht darauf ein. Es tat mir so weh, ich hatte Karl so sehr lieb. Hat Hans ein Empfinden dafür, bis zu welchem Grade der Karl an alldem leidet?

Dann Donnerstag – der letzte Tag. Ich ins Atelier um meine Arbeiten naß zu machen. Hans wartet auf mich in der kleinen Konditorei. Wir gehn durch den heißen Tiergarten. Soldaten marschieren zu Militärmusik auf der Hauptstraße. Im Rosengarten. Bei Josty im Garten warte ich auf Hans, der bei Wertheim ist. Er holt mich ab und bringt herrliche Rosen mit.

Mittags sind die beiden Laessigs da. Nachher wird über Jugendbewegung nach dem Krieg gesprochen. Hans sagt, er meine nicht mehr daß die Jugend ein Recht auf neue Formen habe, sie solle mit Pietät und Ernst die altgeprägten aufnehmen und erfüllen. Das theologische Studium. Gottfried spricht dagegen. Ich auch in dem Sinne: Wenn die neue Jugend mit ihrem neu erwachten religiösen Gefühl sich in die Kirche einstellt ist zu befürchten, daß diese die stärkere ist und, verhältnismäßig wenig bemüht, ihr starres Wesen weiterführt. Nicht sie würde abgeändert werden sondern die Jugend.

Kathrine verweint, fühlt sich sehr verlassen.

Dann noch eine kurze gute Zeit bei Peter.

Nach dem Bahnhof und Abschied. Hans hat eine rote Rose an der Brust.

Lange ist der Zug noch zu sehn.

13. Juni 1915 Karls Geburtstag. Der Peter der Peter.

Juli 1915 10 Tage in Alt-Ruppin gewesen. Die Sehnsucht nach Peter war überall. Ein einziges Mal verließ sie mich: Wir lagen an einem Wiesenrand. Über den alten Kiefern auf jener Seite kreisten ganz oben Habichte und schrien. In der Nacht bevor ich wegfuhr hatte ich einen sehr schönen Traum. Ich sah eine hochgelegene Waldwiese auf der standen Gräber. Als ich aufwachte war mir voll Frieden. Nichts von Schmerz. Seit der Zeit – es ist jetzt eine Woche her – habe ich keinen Schmerz um Peter. Ich weiß nicht ob dies der Zustand ist den Karl schon länger kennt. Es ist als ob auf einmal etwas abgeschlossen ist, als ob Monate zwischen dem jetzigen Empfinden und der schmerzhaften Sehnsucht von vor einer Woche liegen. Vielleicht hängt es mit der Arbeit zusammen. Vielleicht auch damit, daß ich in der Zeit mir etwas klarer zu werden versuchte über das was meine Religion ist. Jedenfalls es ist etwas anderes. Es frißt nicht mehr so in mir.

Der 19jährige freiwillig gegangene Sohn von Hermann Stehr ist gefallen. Auch auf der Loretto-Höhe.

Den [Todes-]Anzeigen im Vorwärts sind oft kurze Verse nachgesetzt:

»Und täglich das dunkelste Rätsel von allen
Die Besten sinds die Besten die fallen.«

»Wär jeder so wie er
Gäbs weder Krieg noch Not
Als Sohn des Volkes starb er
Getreu bis in den Tod.«

7. Juli 1915, abends Ich sitze in Peters Stube. Morgen ist mein Geburtstag.

Meine Kinder, ich danke Euch für alles das was Ihr mir gabt in meinem Leben.

[8. Juli 1915] Karl holte mich um ½ 8 Uhr aus dem Atelier ab. Wir aßen Abendbrot in Charlottenhof und fuhren mit der Untergrundbahn nach Heerstraße. Dort gingen wir noch ein Stück die stille Heerstraße entlang und setzten uns dann auf eine Bank. Der Himmel war voller Sterne. Wir sprachen von früheren Jahren.

Wir sprachen über Kathrine Laessig. Nachher sagte ich dem Karl endlich einmal was ich ihm fast nie sage: wie voller Liebe und Güte er ist. Wir waren beide froh.

Ich träume jetzt mitunter daß ich noch einmal ein Kind bekomme. Neulich, ich wäre schwanger und würde wahrscheinlich sterben bei der Entbindung. Ich sagte: Das Kind soll natürlich Peter heißen.

[Juli 1915] Deine Schwalben mein Junge schreien und jagen sich ums Haus.

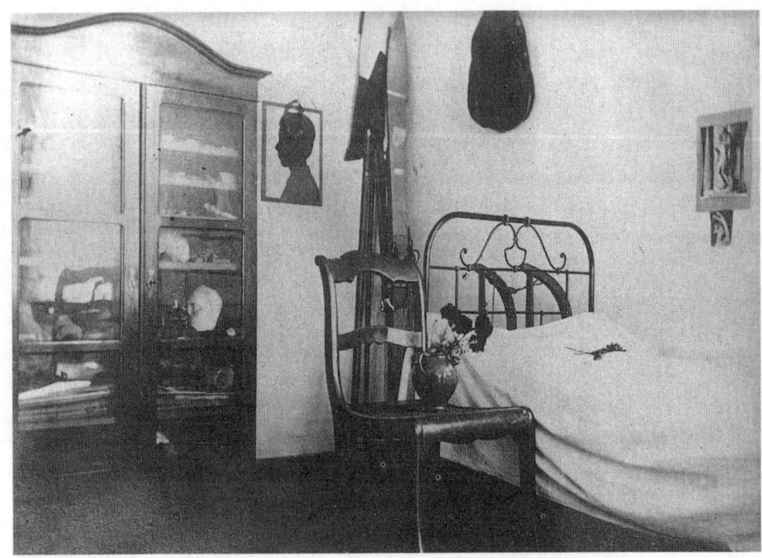

Peters Stube

Schulz erzählte mir zweierlei: Ein Hauptmann hätte um seine Kompanie nicht aufzureiben sich selbst in den Fuß geschossen. Da niemand führen konnte, unterblieb der Sturmangriff.

Zwei Brüder stehn zusammen. Bei einem Sturm wird einer verwundet und bleibt draußen liegen. Bei Dunkelheit klettert der andere aus dem Schützengraben um den Bruder zu bergen. Er findet ihn mit zerschnittener Gurgel tot. Seit der Zeit tut der andere überall wo er Verwundete liegen findet an ihnen das Gleiche. Als sein Leutnant ihn dabei findet und zur Rede stellt, steht er stramm und sagt: »Und mein Bruder?!«

[Ende Juli 1915] Es kommen Zeiten, wo ich Peters Tod fast nicht mehr fühle. Es ist ein gleichgültiger Seelenzustand, ich fühle statt einem Gefühl Leere. Dann kommt allmählich ein dumpfes Sehnen – durch Tage. Endlich dann bricht es durch, dann wein ich, wein ich, dann fühle ich wieder mit meinem ganzen Körper, meiner ganzen Seele daß *der Peter tot* ist.

Soll das wirklich später so sein, daß ich ganz gewöhnt bin an sein Fortsein, daß nur noch hin und wieder das lebendige Empfinden kommt von dem was verloren ist?

»Seit ich von Dir bin
scheint mir des schnellsten Lebens
lärmende Bewegung
nur ein leichter Flor
durch den ich Deine Gestalt
immerfort wie in Wolken erblicke.
Sie leuchtet mir freundlich und treu
wie durch des Nordlichts bewegliche Strahlen
ewige Sterne schimmern.«

Heut träumte ich wieder Peter lebte noch. Er und Hans sollten zusammen ins Feld. Ich sprach mit Peter darüber, daß er es dieses Mal doch anders machen sollte, damit er nicht wieder getroffen würde. Beide Jungen sollten nach der italienischen Grenze. Es war zwar immer Krieg, schien mir aber nicht so gefährlich. Ich meinte sie würden zurückkommen und mir war glücklich zumut. Der ganze Krieg schien mir nicht mehr so schrecklich, denn die Jungen würden wahrscheinlich leben bleiben. Da dachte ich an Sartorius und an den Eddy. Wir waren sonst in unserm Schicksal gleich gewesen, nun sollten unsere Jungen leben und Eddy doch tot sein? Das quälte mich und vergällte mir meine Freude. Dann wachte ich auf und wußte, daß wir ihnen nichts voraus hatten im Glück.

Das Gebet kenne ich nach wie vor kaum als Bitte. Luther sagt, ein Gebet soll kurz und hitzig sein. Benvenuto Cellini betet: Hilf mir nun Gott, weil ich mir helfen will. Das ist das Gebet als geforderte und erreichte Kraftzufuhr. Man sagt das Gebet soll ein Ruhen in Gott sein, ein Einsfühlen mit dem heiligen Willen. Wenn es so ist, dann bin ich – mitunter – im Gedenken an Peter im Gebet. Das Bedürfnis hinzuknien und ihn durch mich durchströmen zu lassen. Mich ganz eins mit ihm zu fühlen. Es ist das eine andere Liebe als die die weint und sich sehnt und grämt. Wenn ich ihn so liebe bete ich nicht. Wenn ich ihn aber so fühle wie ich es in meiner Arbeit sichtbarlich nach außen bringen will, dann bete ich. Darum *knien* auch die Eltern an dem Postament, das ihren toten Sohn trägt. Und sind ganz in Gedanken und in ihm.

Unten bei Neumanns ist der Sohn gefallen. Abends wenn das Geschäft zu ist gehn sie vor dem Hause auf und ab zu dritt – der Vater die Mutter die Schwester. Ganz stumm und schwarz.

Heut nacht hat der Karl geträumt, der Peter wäre noch klein. Er käme von hinten neckend auf ihn zu. Da faßte der Karl mit dem Arm nach hinten, bekam ihn zu fassen und zog ihn an seinen Rücken. Da fühlte er das junge warme Körperchen.

Junge – manchmal denk ich, auch Du hast Sehnsucht nach uns, nach Deiner Stube.

1. August 1915 Heut vor einem Jahr begann der Weltkrieg.

Noll war hier. Es war mit so sehr lieb. In seinen Briefen ist leicht etwas Geschwollenes, Gestelztes, Priesterhaftes. Wenn man mit ihm spricht ist das ganz anders. Er wirkt männlich und phrasenlos.

Ich bin mit Konrad 3 Tage in Mecklenburg gewandert. Es tat gut uns beiden – aber in früheren Jahren hätten wir wohl mehr voneinander gehabt.

Unterwegs hörten wir daß Warschau und Iwangerod gefallen seien.

Wir haben Heinz Heck kennengelernt. Er hat einen großen schönen Körper, einen Kopf, der, wenn er schweigt, etwas großzügig Geschnittenes hat. Wenn er spricht und lacht ist er unschön.

11. August 1915 Vor einem Jahr in diesen Tagen war es, daß Peter mit uns sprach und wir ihn hingaben.

Heute arbeitete ich zum ersten Mal an seinem Kopf. Mit Weinen.

Gegen Abend war Krems da. Bevor er ging war er bei Peter drüben. Er hat ihm 4 wunderschöne Rosen auf sein Bett gelegt. Wie er aus seiner Stube kam glänzte sein Gesicht voll freudiger Liebe.

Ich sprach mit ihm über Hans. Er war der alte liebe Junge.

12. August 1915 Vaters Geburtstag. Wir sind bei der lieben Mutter. Julie fehlt, sie war am Tage vorher mit Rolf da, Anna fehlt auch. Konrad Karl und ich sind da. Rautenbergs mit Hilde kommen noch. Wir sitzen in der Wohnstube am Tisch, Else erzählt von Rauschen und ihren Jungen. Am Klavier stehn Georg Karl Konrad und Ernst [Rautenberg] und sprechen darüber, daß die Sozialdemokratie von der Regierung eine Zusicherung der Nicht-Annexion haben will, andernfalls sie den Burgfrieden aufsagt.

Rele ist zwischenein da, Hanna auch.

15. August 1915 Der Hans Sartorius ist gefallen. Ist das nun auch noch Bestimmung oder blöder dummer Zufall?

Mahnmal (1. Periode), Kopf. »Heute arbeitete ich zum ersten Mal an seinem Kopf. Mit Weinen.«

Ich frage mich was Satorius tun werden? Werden sie weiterleben in ihrem zertrampelten Blumengarten von Glück oder werden sie den Söhnen nachgehn?

Der Karl sprach heut von einer elenden geschundenen Frau, die aus einem früheren bessern Leben zwei Söhne hatte. Der ihr liebste fiel. Sie kam zum Karl, weinte und jammerte. Zwischenein aber immer der Gedanke an ihr eigenes Leben, das zu erhalten ihr augenscheinlich wertvoll war. Dieser Lebenstrieb, der nur in seltenen Fällen verneint wird, wird bei Gebildeteren oft umkleidet mit Ausflüchten. Anstatt das Leben abzulegen, wenn zu hartes Unglück trifft, lebt man weiter – aber nicht indem man spricht: das Leben ist mir immer noch das weniger Schreckliche als der Tod, sondern: *ich habe im Leben noch zu tun.*

So werde auch ich wohl sagen wenn auch Hans sterben sollte. Die Probe darauf ob das ehrlich gemeint ist wäre, wenn ich das Leben abtun würde wenn ich nichts mehr zu tun hätte. Ich meine jetzt in meiner Arbeit, die Zeit wird sicher kommen. Werde ich dann neue Gründe finden das Leben weiterzuleben?

Als Peter schon tot war – wir es aber noch nicht wußten – ging ich mit Hans in Potsdam. Ich sprach ihm von dem Neu-Werden, dem jetzt erst Bewußtwerden des Verpflichtungsgefühls gegen sein Vaterland, dem nicht egoistischen Verpflichtetsein dem Leben. Daß das Leben einem nicht gehört als ob man es jederzeit weglegen könnte, man dürfte das erst tun, wenn man sein Leben ganz ausgelebt hätte, wie eine Pflanze bis zum letzten Rest ihrer Keimkraft sich ausgewachsen und entfaltet hätte. Aber nur unter dem nicht egoistischen Gesichtspunkt. So aufgefaßt ist die Weiterführung des Lebens natürlich berechtigt, es steht immer unter der Kontrolle, ob es noch Werte schafft irgend welcher Art. Wenn es keine Werte mehr schafft kommt die Frage von neuem: leben oder sterben? In diesem Falle scheint mir das Vornehmere das Sterben.

24. August 1915 Wie ich jetzt abends nach Hause komme und sehe durch die offene Tür in seinem Laden Neumann rumhantieren hab ich das Empfinden, wie sein toter Sohn sich sehnen würde, könnte er ihn so sehn. Oft glaube ich es zu fühlen, daß Peter sich sehnt nach uns – nach seiner Stube – seinen Sachen.

Es ist noch warm draußen. Solche Abende kenn ich von früher, wenn es schon früh dunkelt aber noch so warm ist, daß die Kinder lange draußen spielen. Wenn ich dann runter ging die Jungen suchen und fand dann endlich Peter – verspielt, wollte nicht raufkommen. In seinem grauen Trikotanzug mit dem weißen Kragen. Wenn er dann so erhitzt und schwitzig nach oben kam und sich die Haare aus der Stirn wischte.

Das ist jetzt die Zeit wo man anfing Winterpläne zu machen, solche Lust bekam zur Beschäftigung an der Lampe, was man lesen wollte zusammen mit den Jungen.

28. August 1915 Wundervolle Spätsommertage. Bei solchem Wetter saß ich bei Peter in Prenzlau im Obstgarten, als er die Kniegelenkentzündung hatte.

Dieses Schweigen, das um die Toten ist.

Ich komme *ganz* langsam mit der Arbeit voran. Sie ist etwas anderes als die andern Arbeiten. Sie ist viel weniger eine künstlerische Angelegenheit als eine menschliche. In erster Linie eine Angelegenheit zwischen Peter und mir.

Wir lasen von Tolstoi die Geschichte von den beiden Pilgern die nach Jerusalem gehn. Sie ist sehr schön. Was mich gestern so besonders berührte, das war wie der zweite Alte wohl nach Jerusalem kommt, aber er empfängt die innere Weihe nicht. Der Seelenzustand eines Menschen, der alle Schritte tut zu einem innern Erleben und bei dem es ausbleibt. Dies Gefühl das ich manchmal habe: Eine Pilgerwanderung war dieses Jahr und anstatt von innen heraus um- und umgewandelt zu werden, lebe ich in demselben engen Innenkreis weiter. Nicht ganz. Anders ist es doch als es war. Es ist doch anders.

Am Donnerstag dem 26. fiel Brest-Litowsk. Als ich nach Hause kam, war ein guter Brief vom Hans da. Wir waren so froh. Wir gingen die Heerstraße runter bis Pichelswerder. Es war ein herrlicher Abend. Auf der Brücke bei Pichelswerder standen Feldgraue, die sangen. Besonders der eine sang schön und fing immer wieder von vorn an. Dann nach Spandau. Es war wie auf der Reise, ein fremdes Städtchen mit Fahnen geschmückt. In einem altmodischen Gasthaus aßen wir zur Nacht.

Wie der Karl und ich uns jetzt ineinander eingewöhnen. Was das Leben bis vor einem Jahr nicht fertigbrachte, dies Jahr hat es fertiggebracht. Ja, da sind neue Blumen gewachsen, die ohne die Tränen dieses Jahres nicht gewachsen wären. So ein wenig von dem, was im »Tasso« gesagt wird:

»Die Menschen kennen sich einander nicht.
Nur die Galeerensklaven kennen sich,
Die eng an ihre Bank geschmiedet keuchen.«
[Goethe]

Später: Das von den Galeerensklaven klingt pathetisch geschwollen. Ich meine nur damit, daß gemeinsame Trauer zusammenführt.

Gestern sah ich abends aus einem Hause einen zur Abreise fertigen Feldgrauen kommen. Einen jungen Menschen. Er wurde von 9 Menschen begleitet. Voran ging er, an der Hand ein kleines Kind, rechts und links einen Begleiter. Die andern gingen hinterher.

»Freund so du etwas bist
So bleib nur ja nicht stehn
Man muß von einem Licht
Fort in das andre gehn.«
Angelus Silesius

Bei aller Arbeit an sich selbst, die mit Selbstreflexion notwendig verbunden ist, ist der Zustand schwer vermeidbar, daß man sich sieht. Alle möglichen Fortentwicklungen können wieder aufgehoben werden durch das ölige Gefühl der Zufriedenheit mit sich selbst. Die »satte Tugend« und die »zahlungsfähige Moral«.

Alles ist Unsinn und wird Farce sobald die selbstgefällige Bespiegelung eintritt. Es müßte denn sein, daß man dieses »sich Sehn« als eine reine Nervosität auffaßt. Dann hat sie nicht viel zu bedeuten.

Hebt man durch Abbüßen einer Strafe ein Verbrechen auf? Sicher nicht. Doch liegt etwas Befreiendes in dem Abbüßen einer Strafe. – Ein paar Häuser weiter ist ein schlimmes Verbrechen verübt [worden]. Eine Frau hat ihr junges Dienstmädchen – ein dummes verängstigtes flüchtiges Ostpreußenmädchen – systematisch zu Tode gemartert. Ihr Mann ist auf Reisen, ihr Sohn ist im Feld. – Ich kann mir denken, daß der Sohn – falls die Frau zum Tode verurteilt wird – durch ihr Erleiden der Strafe die Mutter gewissermaßen wieder erhält. Auch sollte die Frau so stehn, daß trotzdem ihre Grausamkeit auf einer Art Geisteskrankheit beruht, sie nicht (als Geisteskranke vor Ausübung der Todesstrafe geschützt) weiter zu leben verlangt. Auch sollte die Gesellschaft sich nicht scheuen, in solchen Fällen die Todesstrafe eintreten zu lassen. – Es ist merkwürdig: Vor dem Kriege wollte ich von einer Gesetzesstrafe als *Strafe* überhaupt nichts wissen. Gegen die Todesstrafe war ich überhaupt. Momentan verstehe ich nicht warum. Ob das eine Folge von Gewöhnung ist an das Töten en masse? Nein. Ich weiß noch nicht wie das zusammenhängt.

Ach mein Junge, vor einem Jahr in diesen Tagen konnte ich Dich noch sehn.

Susanne schickt Photographien ihres Mannes auf dem Totenbett. Der Ausdruck ist ganz groß, unirdisch, erhaben. Mir fällt Riele ein, die einmal sagte, nie beneidet sie Menschen mehr als wenn sie einen vollgemessenen großen Schmerz erfahren. Susannes Leben war ein solches wie Riele es beneidet. Gerüttelt und geschüttelt voll das Maß von Unglück und doch ein Triumph über alles irdische Leid. Ein »Tod wo ist dein Stachel – Hölle wo ist dein Sieg?«

An Peters Bett stehn Astern. Lila, tief gelbrote, dunkelrote. Auf dem braunen Stuhl. In diesen Farben liegt ein so starker Ausdruck wie ich nie geglaubt hatte, daß Farben haben können. Etwas ganz zuversichtlich Festes, Getröstetes und Starkes.

September 1915 Was ist überhaupt Ziel der Menschheit? Daß sie glücklich wird? Nein, oder jedenfalls nur nebenbei. Das Ziel ist dasselbe wie für den einzelnen Menschen. Der Einzelne erstrebt erstens Glück im gewöhnlichen Sinne, Liebesglück usw. Auf einer schon höheren Stufe steht das Glück des Sichentfaltens. Alle Kräfte zum Reifen austragen. Noch darüber das Einswerden mit Gott »bis wie eine singende Schlange einst dein Leben den vollen Schall findet im Zusammenhange.« Dies Einswerden kann in einem langen ausgetragenen Leben erreicht werden und in einem ganz kurzen. Auf die Menschheit übertragen heißt das: ihr Ziel ist über die erste Stufe des Glücks hinausgehend – keine Armut, Seuchen usw. –, auch über die allseitige Entfaltung der in ihr liegenden Kräfte herausgehend, daß sie aus sich heraus die Gottheit entwickelt, das Geistige.

6. Oktober 1915 Alle diese Tage bringen eine Erinnerung an die letzte Zeit als wir Peter hatten. Tag für Tag, alles jährt sich. – Hans Koch war da. Sein Arm ist steif, er wird nicht mehr herauskommen. Er erzählt von Norwegen. Als sie aus Reuter-Depeschen erfuhren wie es um Deutschland stehe, wollten sie zurückkommen um mit Deutschland unterzugehn. Ohne von dem großen Andrang der Kriegsfreiwilligen zu wissen, gelobten sie sich sich freiwillig zu stellen. So war ihre Tat eine ganz freie, ganz selbst gefaßte.

Der Hans Koch ist groß und schmal geworden. Er hat das Eiserne Kreuz. Ich helfe ihm beim Anziehn des Rocks und mache seinen Mantel zu. Ich muß an Peter denken, wenn der verwundet zurückgekommen wäre, wenn ich ihm hätte helfen können.

Unser Hans will um Urlaub einkommen um Peters Grab zu suchen. Ach fände er es doch.

Erich Krems ist nun zum dritten Mal heraus, jetzt als Leutnant. Nach dem Westen. Er war hier in Berlin, mußte plötzlich fort, wir sahen ihn nicht mehr.

Und Gottfried ist in Prenzlau in der Kaserne.

Kache ist hier im Lazarett. Konrad Hofferichter im Westen, wo die fürchterliche Offensive ist. 73 Stunden Artillerievorbereitung, dann Stürmen, 23000 gefangene Deutsche. Trotzdem ist vorläufig kein Durchbruch der Feinde erfolgt. Auf französischer und engli-

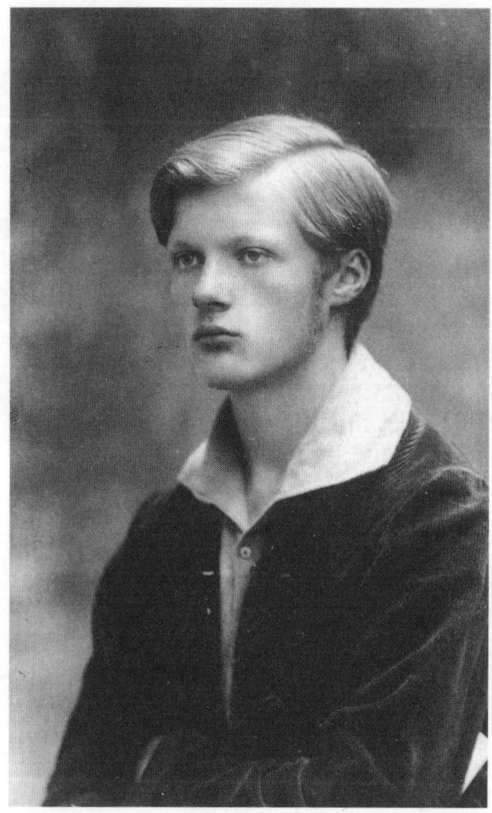

Hans Koch (geb. 1897)

scher Seite sollen 190 000 Tote und Verwundete sein. Die Zahl der unsern hört man nicht. Mitunter bin ich auch so weit, daß ich in dem Krieg nur den verbrecherischen Wahnsinn sehe. Aber wenn ich dann an Peter denke so fühle ich auch wieder das andere. Wer nicht das erlebt hat was wir erlebt haben und mit uns alle die, die vor einem Jahr ihre Kinder hingaben, der kann in dem Krieg nur das Negative sehn. Wir wissen mehr.

Rüstow hat einen Genickschuß gehabt, der aber sehr glücklich verlaufen ist. Alexander und Thildi haben eine Woche bei uns gelebt. Wir können wohl sagen, daß wir mit ihnen befreundet sind.

Ich habe einen Traum, den ich für eine Friedensvoraussage

halte. Ich träume, ich sehe den Wörther Platz mit dünnem leuchtend weißem Schnee bedeckt und aus *allen* Fenstern hängen Fahnen und wehen in der hellen Luft.

November 1915 Immer noch Krieg und keine Aussichten auf Frieden.

In Deutschland zählt man jetzt 500 000 Tote.

Eine Deutsche, die in Frankreich interniert war und ausgetauscht worden ist, sagte mir, bei den dortigen Internierten seien in 4 Monaten 62 Kinder gestorben, ihr eigenes auch.

Hansens Brief: »Ich bin an Peters Grab gewesen.«

Neulich im Einschlafen hörte ich Peters Stimme sagen: »Mutti«. Freundlich, wie er sprach wenn wir in seiner Stube zusammen waren oder ich war nebenan und hörte ihn aus seiner Stube sprechen, mir etwas von seiner Arbeit erzählen.

Totenfest 1915

»Drum ehret und opfert
Denn unser sind viele.«
[Conrad Ferdinand Meyer]

Ich hörte folgendes als wahr erzählen: Ein ganz junger Kriegsfreiwilliger – kaum draußen – hat das Empfinden er könne es nicht aushalten. Er schreibt Briefe nach Haus in denen er flehend bittet, sein Vater möchte versuchen ihn wieder frei zu machen. Der Vater schreibt an das Kriegsministerium. Er bekommt die Antwort zurück, sein Sohn wäre, als er beim Sturmangriff kehrtgemacht hätte, erschossen [worden]. Später hörte ich dasselbe erzählen: Der Vater hätte die Nachricht erhalten, der Sohn wäre mit einigen andern standrechtlich erschossen [worden].

Eine Arbeiterfrau geht mit ihrem kleinen vielleicht 3jährigen Jungchen. Der Kleine schwatzt vor sich hin: »Solln doch nich mit die Kanonen auf Menschen schießen – wa Mutter? Soll doch nich – tuns aber doch!«

Ich lese Walther Heymann. Seine Gedichte und Briefe aus dem Feld. Ich empfinde wieder ganz deutlich wie nicht gehörig es für mich ist über den Krieg zu klagen. Gewiß, ich weiß *wie* er ist. Aber *ich* darf nicht klagen. Keiner dem der liebste Mensch ging *wie Peter ging*. Heymanns Frau klagt sicher nicht. Sie darf es auch nicht.

Wir dürfen wahrhaftig weinen um Unsere, aber wir müssen würdige Erben sein.

Wir dürfen auch gegen den Krieg sein. Wir dürfen mitarbeiten – müssen – daß es der letzte sei. Aber dies weinerliche Klagen darf ich nicht mehr.

Ein herzkrank zurückgekommener Armierungssoldat erzählt davon wie sie es in Frankreich gehabt hätten. Sie hätten zwischen den Schützengräben arbeiten müssen, noch vor der deutschen Linie. Es ist im Sommer gewesen in hellen Sternennächten, sie hätten von 11–2 Uhr gearbeitet. Trotzdem hätten sie immer Feuer gehabt. Es ist schrecklich gewesen ohne Waffe und Schutz im Feuer. Einer ist neben ihm auf den Rücken gefallen, ein Schuß ist ihm durch beide Schläfen gegangen, er ist sofort erblindet. Er hat immer gerufen: »Ich seh die Sterne nicht mehr!«

Thildi erzählt von der Schwester ihres Mädchens. Deren Mann ist im Krieg. Sie bekommt Nachricht, er käme mit dem und dem Zug durch einen Ort durch, der stundenweit vom Dorf entfernt liegt. Sie versorgt ihre 3 Kinder – das älteste Mädchen soll auf die Kleinen aufpassen – und macht sich mit den andern Frauen in Kälte und Schnee nach der Bahnstation auf. Dort stehn sie den ganzen Tag, der Zug kommt nicht. Sie stehn die Nacht durch. Am nächsten Morgen geht sie aus Angst um die zu Hause gebliebenen Kinder zurück. Um 11 Uhr kommt der Zug. Als der Mann hört, daß seine Frau nun nicht mehr da ist, hat er sehr geweint.

Zwei Gedichte von Walther Heymann:

»Mutter er kommt nicht nach Haus
den du geboren –
Frau, von allen
Männern ist deiner gefallen –
Kinder – ihr habt euern Vater verloren.

Eine große Mutter
ist unser Land.
Heldentod
hat eine sanfte Hand.
Kinder –
werdet wie er
macht ihm nicht Schand!«

Bestattung

»Wir folgen ihm mit schwerem Gang
Warum ade? fragt unser Sang.
Die Glocke ruft den Schrei nach Luft
Ein Tannensarg sinkt in die Gruft.
Das endet.

Wen Düsternis hier nicht begräbt
der weint, der zittert, daß er lebt.
'Ich kann nicht mehr, ich will nicht mehr
die Tränensonne gleißt so sehr
und blendet.'

Den ihr geliebt, habt ihr gesehn –
Seht fort – und liebt. Bis zum Vergehn
Wird euch die Erde nimmer leer.
Und nimmt sie viel, sie gibt viel mehr.
Nun wendet!«

9. Dezember 1915 In dieser Nacht früh um 4 Uhr stirbt die liebe Tante Bennina. – Am Tage drauf war ich bei ihr, kurz bevor der Sarg fortgeschafft wurde. Hans [Prengel] war da. Der Sarg stand auf dem Korridor. Die Tante lag ganz ruhig da, die linke Hand auf die Brust gelegt, die rechte ausgestreckt. Den Kopf ein wenig auf die linke Seite geneigt. Friedlich und feierlich lag sie da. Sie war der Trude ähnlich.

Else [Rautenberg] kam. Sie war bewegt. Als ich mit ihr in der Nebenstube allein war sprach sie von ihrem Hause, wieviel ihre Kinder entbehrten verglichen mit uns, die wir in der [Freien] Gemeinde aufwuchsen.

Unser Hans ist da. Am Dienstag abend kam ein kurzer Brief, daß er bald käme, dann ein Telegramm und nachts kam er an. Er schlief unten auf dem Sofa, weil Kathrine [Laessig] noch oben schlief. Mittwoch nachmittag gingen wir zu Sterns, saßen in Mutters Stube mit Lise und Kati, auch Maria kam. Abends wurde es sehr spät.

Montag, 13. Dezember 1915 Soeben haben wir Abschied von der Tante Bennina genommen. Im Krematorium. Von den alten Rupps die Mutter und der Onkel Julius. Dann Max Prengel und seine Frau, Hans [Prengel], Ernst und Minna. Sell, Schade, Susanne Friz, Julius Rupp, Georg Konrad und Anna, Karl Hans und ich. Konrad sprach Abschiedsworte.

Dies Sterben und Abschiednehmen – wie anders! Der Hans und der Ernst weinten – es war ihre Mutter – aber der Tod war das Ende eines nicht leichten, aber eines Lebens, das wesentlich und lebenswert war. Dieser Tod war in der Ordnung.

Susanne mit ihren beiden Jungen, Erwin und Walter, ist hier auf der Durchreise um die Eltern zu besuchen. Die Kinder sind sehr fein.

Am Donnerstag abend fuhren wir drei zu Schmidts. Das war sehr nett in Konrads warmer verrauchter Arbeitsstube.

Am Freitag versuchten wir abends zu Naumann in die Versammlung zu kommen, es war aber wegen Überfülle geschlossen.

Am Sonnabend abends Grete Wiesenthal tanzen sehn. Sie nachher am Schiffbauerdamm getroffen.

Sonnabend nachts klingelt Gottfried Laessig an der Nachtglocke und schläft bei uns. Wie erinnert er mich an den Peter. Als ich ihm oben sein Bett zurechtmache sagt er, er hätte unsern Pfiff gepfiffen, wenn er ihn gewußt hätte.

Sonntag erst noch Gottfried. Dann Dore Schröder. Dann zu Mittag Max Wertheimer. Max und Hans bleiben allein hier, Karl auf Arbeit, ich zu Rautenbergs um Susanne zu sehn. Karl kommt auch noch hin – wir gehn dann in das Bachsche Weihnachtsoratorium in der Kaiser-Wilhelm-Gedächtniskirche. Auch Hans hat noch eine Karte bekommen. Nachher essen wir noch in den Wilhelmshallen.

Montag: Zuerst mit Hans das Weihnachtsbäumchen für Peter gekauft. Dann ich mit ihm zur Mutter um Onkel Julius zu begrüßen. Um 4 Uhr ins Krematorium zum letzten Geleit der Tante Bennina.

Für die Trude [Goesch] in Ascona hatte ich Rosen besorgt.

Vor zwei Jahren den Onkel Theobald begeleitet, vor $1^1/_2$ Jahren den Onkel Prengel.

Als ich die Tante Bennina im Krankenhaus aufsuchte, hielt sie [ihres Sohnes] Hansens Karte, auf der er ihr schrieb, daß er vom Militär entlassen werde, unter der Decke mit beiden Händen auf der Brust fest. Am Montag abend, nachdem Kathrine Laessig fort war, noch gesprochen über die Vorstellungen des Fortlebens.

Dienstag kommt Hans mit mir ins Atelier und hilft mir die Arbeit naß machen. Er sagt nichts. Aber er bringt mir 4 rote Rosen.

Wir stellen sie an Peters Bett. Wir öffnen uns und weinen zusammen.

Am Abend sitzen wir drei oben in Hansens Stube mit einer Flasche Wein, wir haben uns angezogen und sind fortgegangen, die Mädchen wissen nicht, daß wir nur nach oben gingen. Wir wollten noch eine Weile für uns ungestört sein.

Am Mittwoch gehn wir den Hindenburg nageln. Am Nachmittag kommt Grete Wiesenthal. Sie ist verändert reifer älter schöner seelischer geworden. Hans begleitet sie und spricht ihr von meiner Arbeit.

Dann der letzte Abend. Wir sprechen nicht mehr viel.

Am Donnerstag früh nach Bahnhof Alexanderplatz. Wieder ein Abschied. Nicht so schmerzlich als der erste war.

Und nun alles in allem: Der Hans braucht den Peter und hat ihn nicht mehr. Den verstehenden fröhlichen Bruder und Freund hat er nicht mehr. Noch stiller ist er geworden, noch enger in sich eingekapselt. Wo ist ein Mensch, der ihm hilft sich zu weiten und zum Blühen zu bringen?

Sein Brief, den er von dort schrieb zum Weihnachtsfest.

Weihnachten 1915 Das Tannenbäumchen, das der Hans dem Peter gebracht hat, hab ich auf seinen Holztisch gestellt. Der steht an der Wand unter dem van Gogh. An der Stelle wo er bisher stand steht jetzt der Pfäffingersche Schreibtisch. Auf dem grünen Tisch in der Mitte steht ein rosenroter Tulpentopf. Um sein Bett liegt Tannen. Auf dem Stuhl am Bett liegt Tanne und die Wachskerze steht darauf. Eine gleiche Kerze hab ich dem Hans geschickt und eine gleiche Julius Hoyer. Auf dem Tannenbäumchen hab ich 19 Wachslichte angebracht.

Ich ging in den Dom. Die Glocken rufen und dröhnen. Die Chöre singen: »Es ist ein Ros entsprungen«. Der Prediger liest die liebliche Legende, die Gemeinde singt abwechselnd mit dem Chor.

Zu Hause lese ich die Totenrede, die Michael Kramer seinem Sohn hält.

Karl kommt ganz spät. Kathrine [Laessig] geht mit ihrem Bruder Hans nach oben. Wir gehn in die weiße Stube zu unserm stillen Jungen herein. Wir stecken die 19 Lichtchen an. An seinem Bett brennt die Kerze, kein Lebenslicht, ein anderes fernes feierliches Licht. Wir sitzen auf der Bank seines Bücherbretts. Der Karl spricht von ihm. Wir sprechen beide von ihm.

»Der Mensch kommt zur Welt mit geballten Händen, gleichsam als spräche er: Die ganze Welt ist mein; entfernt sich aber aus ihr mit offenen Händen, als wollte er sagen: Sehet – nichts nehme ich mit.« (Talmud).

[Arthur] Bonus: »Ein jeder weiß, daß was er mit Ernst will, ihm das Gute ist. Nicht freilich was er möchte oder wünscht, sondern was er will, wenn die Tagesstimmen schweigen. Was er gegen seinen Wunsch will. Was er notwendig will. Gewiß nicht das kausal Notwendige. Das ist oder ist nicht und ist in dieser Beziehung weder gut noch böse. Aber das, was er tief empfindet als notwendig zu wollen. Es gilt dem Menschen nur das eine Gesetz, daß er von Grund aus wollen soll. Er soll sein Lebensgesetz erforschen, seinen tiefsten Willen, seine Willensnotwendigkeit und der allein leben. Tut er das, so tut er und lebt er das Gute.«

Der Ewigkeits- und Unsterblichkeitsgedanke hat zur Zeit gar keine Kraft für mich. Der Geist in ihm [Peter] lebt weiter. Wohl – aber was bedeutet mir dieser Geist? Der große Weltgeist, der in ihn hereingefahren ist und nachdem er sein Haus zerbrochen hat weiter wirkt, ist etwas Unvorstellbares. Wichtig war *diese* Form, die sich bildete. Diese einmal und einzig lebende *Person*, dieser Mensch. Was weiter lebt ist *der* Geist, aber doch nicht Peters Geist? Peters Geist war untrennbar von seinem Körper.

Darum liegt gar kein Trost in dem Unsterblichkeitsgedanken, nur in dem Glauben an ein persönliches Fortleben würde Trost liegen. Es müßte denn sein, daß man denken kann, der große Geist verkörperte sich in einer ähnlichen Form, so daß Verwandtes einen anbliese, wenn man einen solchen Menschen fände. Wenn er ein Kind hätte, da wären Spuren von ihm.

Wenn man so einfach hinsagt, jemand sei »ums Leben gekommen» – was da für ein Sinn drin liegt: um sein Leben kommen.

2. Januar 1916 In der Neujahrsnacht saßen Karl und ich zusammen. Wir lasen Bonus »Die Religion als Wille«. Als die Glocken läuteten brannten wir das Licht an an Deinem Bett und noch einmal das Tannenbäumchen. Wir waren bei Dir und Hans – aber wir waren auch bei den Freunden im Feld. Frieden!

Das erste Jahr ganz ohne Peter. Daß es viel Tränen und

Schmerz gebracht hat ist klar. Was hat es Gutes gebracht? Haben wir erfahren daß Gott »nie mehr nimmt als er gibt«? Sind wir besser, wesentlicher geworden? Vor einem Jahr schrieb ich, daß ich Dein Vermächtnis erkennen und ehren wollte. Was sei das? Den beiden nächsten Menschen alles zu geben was ich könnte. Ja, der Karl und ich wir sind auf eine neue Weise aneinandergefügt, auf eine feste unzerreißbare. Das empfinde ich immer mehr. Den Hans lieb ich.

Deutschland so zu lieben auf meine Weise wie Du es tatest auf Deine: da liegen Zweifel. Deine Stellung zum Kriege wollte ich zu meiner machen. Meine Stellung zu ihm ist immer noch keine einheitliche. Die Liebe zu dem Vaterlande ist leicht, soweit sie wie Familienliebe auf natürlichen Gefühlen beruht – eine Arbeit, sobald sie die Forderung der Mitgestaltung einschließt. Eine nicht zu umgehende nötige Arbeit.

Treu zur Jugend zu halten. An Erich, Hoyer, Noll Briefe zu schreiben, das Band, das durch Peter mit ihnen geknüpft ist, lebendig zu halten, darum habe ich mir Mühe gegeben, wo aber ein so ganz andrer junger Mensch wie die Kathrine [Laessig] mit innerlichen Ansprüchen an mich herantrat war ich nicht so eifrig, ein Band zu knüpfen. Fast ist es loser geworden als es war und doch war sie der »Nächste« aus dem Testament.

In meiner Arbeit mehr noch als je echt und wesentlich zu werden. Ja, das war und ist mein Streben.

Neulich sagte der Karl: »Wir sind nicht besser geworden durch seinen Tod.« Das Enge in mir, das ist das Schlimmste. Sich dehnen, weiten, höher werden, danach verlangt man. *Derselbe* zu bleiben der man war bevor das Schicksal uns schlug, darf nicht sein. Die Umwandlung durch einen einzigen Willensakt ist nicht erfolgt, so muß sie langsam erfolgen.

In dies neue Jahr tritt man herein – sehr ernst, sehr unbeschwingt. Was man ersehnt ist Frieden. Natürlich steht dahinter der Gedanke eines annehmbaren Friedens. Noch steht man nicht so, daß man einen Frieden um jeden Preis fordert. Aber Frieden, Frieden. $1^1/_2$ Jahre Krieg mit allen Furchtbarkeiten, Millionen Toter! Aber man ist so klein geworden mit seinen Erwartungen, daß man nicht mal mit Sicherheit für 1916 Frieden erwartet. Es kann ja noch weitergehn. –

Ich lese Bonus und mitunter scheint mir eine Kraft auf mich überzugehn.

Offenbarung Johannes:

»Ich weiß deine Werke, daß du weder kalt noch warm bist. Ach daß du kalt oder warm wärest! Weil du aber lau bist und weder kalt noch warm, werde ich dich ausspeien aus meinem Munde.

Du sprichst, ich bin reich und habe gar satt und bedarf nichts; und weißt nicht, daß du bist elend und jämmerlich arm blind und bloß.«

Dies Gefühl oft beim Ende des Tages, daß es nicht das Richtige war wie man gewesen ist. Nicht so wie man sein müßte, wenn der Peter einem immer vor Augen gestanden hätte.

Die Jurysitzungen. Diese vielen Arbeiten von jungen Menschen, immer denkt man: so und so und so hätte sich vielleicht der Peter entwickelt.

8 schöne Arbeiten von einem Gefallenen. Einem jungen noch namenlosen Menschen.

Wenn ich meinen Schreibtisch aufmache und mich heransetze, steht vor mir das Bild meiner beiden Kinder. Hans und Peterchen, angefaßt.

1916 Krieg. Immer noch.

4. Januar 1916 Früh ein Brief von Julie, der mich ärgert. Durch eine voreilige Äußerung von Karl veranlaßt baut ihre Phantasie weite Brücken. Sie wünscht daß wir unsere Beziehungen zu Reicke (!) verwerten um Paul und Konrad gute Stellen zu verschaffen.

Nachmittags Grete Wiesenthal hier. Sie spricht von Madelung. Sie kann wohl nicht ihrem Mann die Treue halten, der Krieg dauert zu lange. Sie hört nicht auf ihn zu lieben, aber einer neuen Liebe sich zu widersetzen ist sie nicht stark genug. 30 Jahre ist sie und spricht schon (ohne Koketterie) von dem Altwerden. Sie meint damit wohl das Nichtmehrgeplagtwerden von Sinnlichkeit. Gute Zeit hat es für sie noch damit. Immer dieselben Argumente die ich früher hatte: Man könnte nicht Liebe genug haben im Leben, dankbar müßte man sein für jede Liebe, die einem noch kommt. In der Tat weiß ich nicht wie Grete Wiesenthal ohne

1916. 1

Krieg. Immer noch.

4. Januar. Früh ein Brief von Julie, der mich ärgert. Durch eine voreilige Äußerung von Karl veranlaßt baut ihre Phantasie weite Brücken. Sie wünscht daß wir unsere Beziehungen zu Reicke(!) verwerthen um Paul u. Konrad gute Stellen zu verschaffen.

Nachmittags Grete Wiesenthal hier. Spricht von Madelung. Sie kann wohl nicht treu. Mann die Treue halten der Krieg dauert zu lange. Sie hört nicht auf ihn zu lieben, aber einer neuen Liebe sich zu widersetzen ist sie nicht stark genug. 30 Jahre ist sie u. spricht schon (ohne Kopf

Liebe leben soll. Wenn eine Frau sie unbedingt braucht um nicht zu verschrumpfen und zu verkümmern, dann ist sie es.
Abends Tilla Rupp.

5. Januar 1916 Früh an Julie Antwort auf ihren Brief geschrieben. In abweisendem jedenfalls abwinkendem Sinn. Warum bost mich immer so sehr, wenn von mir verlangt wird, daß ich mich für andere verwende? Erstens ist es wohl Bequemlichkeit. In mein von mir geordnetes und zurechtgelegtes Leben kommt auf einmal jemand und ruft mir zu, ich möchte das und das tun und zwar für einen anderen, der mich meist wenig angeht. Dann Blödheit, Ängstlichkeit, Furcht vor Lästigwerden und Angeranztwerden. Wenn auch nicht ins Gesicht – persönlich sind die Leute ja meist nur kalt und zurückhaltend – aber in meiner Abwesenheit. Man hört sie schimpfen: »Kommt die auch noch!« usw. Ein Mensch wie Tolstoi würde die Verpflichtung fühlen, das auf sich zu nehmen, ich habe aber leider ein wenig selbständiges Wesen, das mehr geneigt ist glatt mit den Menschen auszukommen, als sich in Gegensatz zu ihnen zu stellen. Als drittes kommt aber doch auch noch dies dazu: ein Gefühl für Ordnung, daß alles den wirklich gesetzmäßigen Gang gehe. Jede Befürwortung ist ein Durchbrechen dieser Ordnung, ein Vorziehen, eine Parteilichkeit.

Im Atelier gewesen. Die Figur des Vaters begonnen aufzubauen. Müde müde.

Endlich ein Brief von Hans, ein paar Worte.

6. Januar 1916 Vormittags Jury für die Freie Secession. Ich bin zaghaft, Sachen von Bekannten, z. B. Änny Löwensteins Porträt, durchzudrücken. Wären die Sachen *sehr* gut, daß ich davon überzeugt wäre würde ich – ich hoffe es – mit mehr Eifer dabei sein. So aber sind die Sachen, für die einzustehn mir nahegelegt wird, fast alle mittelgut ja höchstens mittelgut.

In den ganzen eingelieferten Arbeiten war fast nichts Außergewöhnliches was von einer Frau stammte, die einzigen originellen Arbeiten stammten von Männern. Viel Hin und Her wegen Degner.

7. Januar 1916 Vorstandssitzung ohne Jurieren. Abends mit Tilla und Kathrine [Laessig]. Wieder dies unzufriedene Gefühl der Kathrine gegenüber. Wie kommt es nur, daß ich solange ich nicht mit ihr zusammen bin, sie verstehe und würdige. Bin ich mit ihr zusammen ist es unbegreiflich, bis zu welchem Grade ich mich durch momentane Antipathie beeindruckt gehn lasse. Dann immer nachträglich dies Empfinden, mich – ja – nicht würdig benommen zu haben. Auf eine Weise, die ihrer Jugend nachgesehn werden dürfte aber nicht meinen 48 Jahren. Falsch, falsch, falsch.

8. Januar 1916 Durchschnittstag. Mit Kathrine besser. Abends in meiner, Peters, Stube im Hiob gelesen. Hiob klagt Gott an. Er sagt: Du hättest mich nicht schlagen dürfen, denn ich war nicht schlecht. Gott sagt: Kleiner elender Mensch, wie kommst du dazu mich richten zu wollen? »Wo warst du, da ich die Erde gründete?«

Immer noch dasselbe. Wir sagen: warum Krieg? Als Antwort geben die Sozialdemokraten: Weil wir Sozialdemokraten noch nicht stark genug waren. Die Gläubigen: Weil wir Gottes Pläne nicht überschauen, wir leidenden Menschen sind Gewürm wie Hiob. Doch der Gott an den wir glauben hat doch wohl ein weises und gütiges Endziel mit der Menschheit im Auge, Hiobs Gott ist *nur* gewaltig und gleichgültig. Bonus sagt: Wir haben Krieg notwendig zur Entwicklung. Aller Kampf ist gut, denn er führt zu höheren Formen.

Nach 12 Uhr kam Karl von der Arbeit, um 3 Uhr ging er schlafen. So ist es jetzt fast alle Tage.

Sonnabend, 9. Januar 1916 Ein müder Tag. Das Wetter wie alle Tage stürmisch und regnerisch. Gegen Abend kommt Frau Landauer Kathrine [Laessig] besuchen. Kathrines kindisches und launenhaftes Benehmen. Ich spreche nachher mit ihr darüber. Abends Zusammensein von Karl und mir mit den beiden Amerikanern.

10. Januar 1916 Nach dem Atelier zu Sterns gegangen. Wollte Hanna sehn, die für ein paar Tage hier ist. Sie war nicht da und ich saß bei Mutter. Immer wieder ist es erstaunlich, wie die Mutter gedanklich so klar ist und im Gedächtnis so ganz versagt.

Am Abend kam Brief und genaue Zeichnung des Arztes, der Peters Grab besichtigt hat. Das Grab ist in Ordnung gehalten, das Kreuz ist erneuert.

11. Januar 1916 Zum ersten Mal nach langer Zeit wieder etwas besser gearbeitet, obgleich auch heut eigentlich rein handwerklich. Aber auch zu solcher Arbeit war ich sonst zu müde.

Abends in der Bibel gelesen. Das sehr schöne Buch Samuelis. In der Nacht von einem kleinen Kind geträumt, für das ich zu sorgen hatte. Außerdem von Lise. Verrückte erotische Träume. Wie kommt das? Wo hatte dieser Traum seine Wurzel im Wirklichen?

12. Januar 1916 Klares Wetter. In Ausstellungen gegangen. Slevogt bei Cassirer, eine schöne Ausstellung. Sehr schön eine bayrische Landschaft im letzten Raum. Doch hat mich Slevogt noch nie hingerissen, auch diesmal nicht. Am schönsten find ich eigentlich seinen »Lederstrumpf«, der im oberen Saal ausliegt. Hätte ich noch Jungen und hätte ich sehr viel Geld, dann würde ich ihnen den schenken.

Oben lag ferner aus: »Don Juan« von Meid. Sehr gut. Hettner: »Das Erdbeben von Chile«. Auch sehr gut. Hettner interessiert mich jetzt immer mehr, es ist entschieden Schwung und Kraft in ihm. Corinth: »Das Hohe Lied« und ein anderes Buch aus der Bibel. Ganz wenig Gutes, meist unerträglich roh. Barlach: »Der tote Tag«.

Von Cassirer in die Wiener Kunstschau gegangen. Recht verstimmt. Wie verkünstelt und verstiegen kommt mir das vor. Alles Charakter Mopp. – Im oberen Saal Graphik von Munch. Ob es an meiner Müdigkeit lag weiß ich nicht, jedenfalls gab er mir nicht viel.

Nachmittags Vorstandssitzung.

13. Januar 1916 Gearbeitet. Am Aufbau des Mannes.

Brief von Ida Gerhardi wegen Freier Secession. Dann schreibt sie: »Es ist ja erstaunlich, so die Beschaffenheit der Menschen, ihre Unzulänglichkeit, ihr Maß von Schmerzen, den hilflosen Verfall durch Alter und Krankheit – alles so tief zu erkennen und doch zu allem ja zu sagen. Und Lob und Dank zu singen an einen gütigen Gott, der dies alles so gestaltet und erfunden. Und dann diese ungeheure Langeweile, wenn man sich nicht in Exzessen ergeht, wozu man doch vor allem die künstlerische Beanlagung rechnen muß.«

14. Januar 1916 Nichts Besonderes. Vormittags gearbeitet.

Carl Hauptmann »Tedeum«. Letztes Bild: »Ist der Krieg aus? – Ja er ist aus. Es gibt nur noch Krüppel und Trümmer.«

Tilla erzählt von einer Studentin, die mit einem jungen blindgeschossenen Studenten zusammenarbeitet. Der junge Mann hat das Studium – Nationalökonomie – erst begonnen nach der Erblindung. Er soll heiter und ganz zuversichtlich sein.

Ich denke mir Peter wäre blind und läge auf seinem Bett. Ich stehe am Fenster und sehe den Abendhimmel. Er fragt mich wie die Wolken aussehn und ich beschreibe ihm alles. Und er sieht die Wolken mit seinem innern Auge und sagt mit ernstem Gesicht und ernster Stimme: »Schön!«

15. Januar 1916 Nachmittags Jury. Hettner führt Arbeiten von einem jungen Maler – Meister heißt er – vor. Ehrliche suchende Arbeiten. Der junge Maler ist gefallen. – Frau Macke antwortet auf die Aufforderung der Secession, Arbeiten von ihrem gefallenen Mann einzuschicken, ablehnend. Sie empfindet die Aufforderung fast als Beleidigung des Toten.

Es ist kein einziger in der Jury, mit dem ich im Urteil immer übereinstimme. Am ehesten mit Gaul. Aber Gaul ist tolerant. Er ist gütig und lehnt ungern ab. Er hat den müden Standpunkt, es ist ja doch alles so gleichgültig was gemacht wird, Meisterwerke gibts nicht, wo Arbeit ist und Mühe und obendrein noch gar Not, das solle man immer annehmen. Auch wenn die Arbeit mittelmäßig ist. Die andern sind in Ablehnen und Annehmen mir oft unverständlich. Ihr Urteil ist mit Sicherheit gegeben. Sie sind mehr geübt und gebildet im Sehn als ich. Aber wirkliche Folgerichtigkeit kann ich in ihrem Urteil nicht immer sehn.

Abends Generalversammlung. In der dazwischenliegenden Pause ging ich zu Sterns. Mutter klagte über Rückenschmerzen.

Als ich zur Versammlung zurückkam, sagten mir die Leute, kaum daß ich fortgegangen sei, wäre meine Plastik gekommen. Sie sagten, sie hätte ihnen gut gefallen. Ich empfand starke und anregende Freude darüber.

Sonntag, 16. Januar 1916 An Hans geschrieben.

Gegen Abend mit Karl zusammen in die Kriegsausstellung gegangen. Ich ging nicht gern hin, ich fürchtete, es würde etwas Radaumäßiges sein, Militärmusik und Berliner Sonntagspublikum. Es war aber eine sachlich nüchterne Ausstellung. In den Schützengraben, den ich vor allem scheute, kamen wir nicht mehr. Dann in den Wilhelmshallen zu Abend gegessen. Beide hatten wir hinterher das Empfinden, daß wir dies allzu bourgeoismäßig reichlich betrieben hatten.

17. Januar 1916 Früh endlich der ersehnte Brief von Hans, aber er brachte keine gute Nachricht. Er schreibt von der übeln Stellung, in der er jetzt ist, von der Disziplinlosigkeit der Leute; einen hat er wegen Ungehorsams und Bedrohung verhaften lassen, ein anderer hat in Spa gestohlen, mit einem dritten, einem Unteroffizier, ist er auf sehr unangenehme Weise zusammengekommen. Natürlich regt ihn [das] alles auf. Wir nehmen an daß er von Goltz [?] versetzt werden wird oder falls er bleibt, daß er nun eine sehr schwere Stellung mit den Leuten haben wird. – Gearbeitet. Dann für Hans kurzes Seitengewehr anstelle seines langen Säbels besorgt.

Auf der Friedrichstraße in Begleitung anderer Jungen einen *Jungen* in Uniform und mit Eisernem Kreuz gesehn. Er schien höchstens 15jährig. Erregte Aufsehn. Abends meine Einnahmen und Ausgaben des Jahres 1915 für die Steuerveranlagung zusammengestellt. Ich habe nicht nur keine Einnahmen in diesem Jahr gehabt sondern sogar ein Minus von 700 Mark.

In alten Briefen gekramt. Mein Aufgeschriebenes vom Jahr 1912 in die Hand bekommen. Was ich damals über Hans aufgeschrieben habe. Sein Brief, den er aus Freiburg schreibt, als er sich so sehr bangte. Der Junge steht vor mir. Er gehörte mir so. Oft empfand ich es als bedrückend *wie sehr* er an mir hing. Und jetzt fühl ich mich so arm, fast als ob ich beide verloren hab. Was bin ich dem Hans noch? Was kann ich ihm jetzt geben? Dies innigste Mirgehören ist aus, er hat sich auf sich gestellt und ich sehe von hier aus zu, wie er fern und für sich lebt. Dies Loslösen von mir geschah schon in den letzten Jahren, es fing vielleicht an mit seinem Fortgehn von Berlin, aber da kamen noch Zeiten, wo er wie ein Kind sich nach mir sehnte und nach mir rief. Als dann die Jugendbewegung die Jungen erfaßt hatte, fühlte ich schon, sie gingen für sich, aber ich wußte sie waren zu zweit und es war mir recht, wenngleich ich mich auch oft allein fühlte. Aber nun ist Peter hin und Hans ist uns nicht wieder nähergekommen. In mitleidiger Liebe schon, aber wir sind die Eltern die zusammengehören und er ist allein. Wo sind nun meine Kinder? Was bleibt eigentlich der Mutter? Ein Junge rechts und einer links, mein rechter Sohn und mein linker wie sie sich nannten. Einer tot und einer so fern und ich kann ihm nicht helfen, kann ihm nicht von mir abgeben. Das ist alles verändert für immer. Verändert und ich bin ärmer geworden. Mein ganzes Mutterleben liegt eigentlich schon hinter mir. Ich habe oft eine fürchterliche Sehnsucht danach zurück – Kinder – meine Jungen – zu haben, einer rechts und einer links, mit ihnen zu tanzen wie früher wenn der Frühling kam und Peter mit Blumen kam und wir einen Frühlingstanz machten.

18. Januar 1916 Vorstands- und Jurysitzung.

Montenegro gibt den Kampf auf und übergibt sich.

19. Januar 1916 Offizielle Feier wegen Montenegro.

Ich arbeite am Aufbau der Frau. Von Hans in seiner Angelegenheit keine Nachricht.

In der englischen Wehrpflichtvorlage heißt es, daß Befreiungszeugnisse vom Dienst ausgestellt werden können. Grund 1: falls der Betroffene national wertvolle Arbeit im Zivilberuf leistet; 2: wenn andere Personen pekuniär von ihm abhängig sind; 3: Gesundheitsgründe und 4: »weil sie es mit ihrem Gewissen nicht vereinbaren können, in den Kampf zu gehn«. Personen, die aus Gewissensgründen sich entziehn, werden nur von den Kampfpflichten, aber nicht von andern Militärpflichten befreit.

Falls die Umstände sich ändern und ein Befreiungszeugnis hinfällig geworden ist, muß davon der Behörde Mitteilung gemacht werden.

20. Januar 1916 Den ganzen Tag zum Hängen in der Secession. Jurieren auch Hängen sehr lehrreich.

Eine Ausstellung soll ein Gesicht haben und Bilder, die sie zeigt, müssen sich in dieses Gesicht einfügen lassen. Daraus kann folgen, daß mittelmäßige Bilder, die Züge haben, die in dies Gesicht hineinpassen, oft angenommen werden müssen, bessere Bilder, die Züge haben, die nicht hineinpassen, mitunter zu Recht abgelehnt werden müssen. Notwendige Ungerechtigkeit aller Ausstellungsveranstaltungen.

In der Rundschau einen guten Aufsatz von Troeltsch gelesen über die deutsche Freiheitsidee. Er setzt auseinander wie durch Geschichte, Geographie, nationale Eigentümlichkeit bedingt, sich die Idee der Freiheit anders malt in englischen, französischen, deutschen Köpfen. Der Engländer begreift unter Freiheit vor allem die persönliche Freiheit und Unabhängigkeit, der Franzose Ideen: Freiheit Gleichheit Brüderlichkeit. Er fühlt sich als Träger der Freiheit gegenüber andern Völkern. Für den Deutschen ist Freiheit – ganz kurzgefaßt – gewollte Disziplin. In seinem Freiheitsbegriff liegt der Begriff der Pflicht enthalten. Für ihn setzt sich der Staat nicht zusammen aus Individuen, er identifiziert sich mit dem Staat. Die deutsche »Staatsmystik«. Fichte. Hegel. Bonus. Ein Gedanke, der mir sehr einleuchtet, weil ich Belege dafür finde. Diese Staatsmystik fand sich auch in dem vor was die freideutsche Jugend wollte. Hans und Peter, Noll Krems Meier, aber auch Konrad Hofferichter und Kache haben in sich Freiheit wie Troeltsch sie faßt.

21. Januar 1916 Soost aufgesucht um den Mann eventuell zu meiner Arbeit zu bestellen. Finde nur Frieda, die etwas schwachsinnige aber körperlich strotzende Lene, Fritz und die jüngste Neugeborene zu Haus. Frau Soost mit Lotte beim Arzt. Hermann in Schule, Otto sucht Arbeit. Entsetzliche Unordentlichkeit und Armut in Stuben.

Abends mit Kathrine etwas aus der Bibel gelesen. Sie hatte nicht viel Eindruck davon. Es scheint wirklich, daß die Bibel in ihrer wundervollen Schönheit nur von älteren Menschen gefaßt werden kann.

22.Januar 1916 Weiß regt in der Jury an, daß der Vorstand nicht mehr als 3 Bilder ausstelle, um dem ein Ende zu machen, daß er beliebig viel ausstelle und die besten Plätze belege. Dem wird von Moll erwidert, daß, da der Vorstand a-b-c-Vorstand ist und jeder Gründer einmal zum Vorstand gehöre, auch jeder einzige einmal in diese Vorzugslage komme. Es müsse dem Takt des Einzelnen überlassen bleiben wie weit man davon Gebrauch mache.

Immer mehr habe ich den Eindruck daß, sobald eine Ausstellung einer Jury unterliegt, damit notwendigerweise Vetternschaft, Laune, Zufälligkeiten mitspielen – von Gerechtigkeit kann gar keine Rede sein. Es ist aber die Frage, wie weit man in Fragen der Kunst überhaupt mit Gerechtigkeit kommt? Ob es ein Begriff ist, der auf ihrem Gebiet anwendbar ist?

Auf Ida Gerhardis guten Freundesbrief geantwortet.

Sonntag, 23.Januar 1916 Noch immer keine Nachricht von Hans.

Mittags in der Oper »Judas Makkabäus« gehört. Ganz wunderschön. Vor allem des Makkabäus Aufruf zum Kampf: »Blast den Alarm!« – dann der Chor der Jünglinge, dann Jungfrauen, dann schallender, brausender gemeinsamer Chor: »Seht, er kommt mit Preis gekrönt« – und das wundervolle Schlußduett (Alt und Sopran): »O holder Friede« und »Lachend wallt das goldene Korn«. Dann das letzte Halleluja – Amen.

Abends mit Anna Plehn und Ackermann bei Josty. Ackermann

geistvoll. Karl und ich gegen ihn recht langweilig. Es ist eben wieder die alte Sache, das ganze Gefunkel und Gespiele hat aufgehört für uns. Zuerst will man nicht mehr und nachher kann man nicht mehr.

In der Secession. Orlik erzählt von Dürer, Holbein, die beide durch ein Glas gezeichnet hätten. Er selbst arbeitet ebenfalls durch Glas, auch Hodler tut es, wie er sagt. Es wird eine Glasplatte zwischen Objekt und Auge gestellt, das Auge fixiert und dann das Objekt in den wesentlichsten Punkten auf dem Glase festgehalten. Vom Glas auf Leinwand, Platte usw. gepaust.

Der Plastikensaal wird gestellt. Meine Gruppe. Ich sehe alle Mängel peinlich deutlich.

Über Mittag kommt Frau Hernstatt und Dr. Kassan um über Kathrine [Laessig] zu sprechen. Sie beurteilen sie verständnisvoll aber klar und nüchtern. Man muß sagen, daß Kathrine augenscheinlich nichts abgelegt hat von ihren Lebensuntauglichkeiten. Sobald Leute, die mit ihr zu tun haben, das erste subjektive Gefallen an ihr ablegen, sehn sie sie desto härter in allen ihren Schrullen. Schlimm ist vor allem dieses, daß Kathrine nicht klar sich und die andern sieht. Sobald eben das erste Gefallen an ihr – das sie für den normalen Zustand hält – nachläßt und die andern sie behandeln wie einen Durchschnittsmenschen, wie man irgend einen beliebig andern auch behandeln würde, hält sie sich für verkannt und unterschätzt. Für unter ihrem Wert behandelt. Dann zieht sie sich verletzt zurück. – So will sie jetzt von der Zentraleinkaufsgesellschaft fortgehn. Auf unser Zureden wird sie wohl bleiben, Frau Hernstatt und Dr. Kassan wollen sie zu halten versuchen.

Übrigens erzählt mir Kathrine von einem Brief Bennos an sie. Vielleicht liegt da etwas Paralleles vor. Martins [?] geben es scheinbar auf, Benno bis zum Einjährigen zu bringen. Warum? Ist Benno zu faul? Was ist da los? Hat er auch Kathrinens Art an alles heranzugehn und etwas größenwahnsinnig sich einzuschätzen?

Abends Paul und Paula Kache hier. Es war nett.

24. Januar 1916 Verschleppter müder Vormittag. Um 3 Uhr dann zur Mutter gegangen. Ich finde sie in ihrer Schublade kramend. Lise kommt noch. Ich erzähle vom Hans. Wir sprechen über seine Art als Kind, an die Rolfs Art erinnert, wie er manchmal besessen war die andern zu quälen. Seine Verstimmungen. Wir sprechen von seinen jetzigen Plänen und ich sage von seinen wenigstens vorübergehenden Absichten Theologe zu werden. Lise nimmt das sehr auf. Als sie hört, daß ich Gegenvorstellungen gemacht habe, sagt sie ich beeinflusse Hans viel zu sehr.

Ich will mit ihr darüber sprechen. Ich kann es nicht zugeben, daß ich ihn beeinflussen will. Oder doch nur in einem Sinne, der selbstverständlich ist. Ich kann in den wichtigsten Fragen doch nicht ohne eigene Meinung sein? Und ein Äußern derselben heißt doch noch nicht übertragen der eigenen Meinung auf den andern?

25. Januar 1916 Hängen in der Secession. Unfrischer Tag. Von Hans nichts.

27. Januar 1916 Vormittags Secessionsarbeit. Nachmittags für eine halbe Stunde Lehrs. Dann Paul Goesch wegen Heinrich, der in einer neuen Krisis ist. – Karl kommt auf den Gedanken, die Familie Goesch mitsamt dem Fräulein, dem sie jetzt ganz anhängen, zu uns einzuladen, daß sie in die untere Nebenwohnung ziehn. Hätte man sie hier, könnte man sie hoffentlich beeinflussen und Heinrich bewegen, eine Heilanstalt aufzusuchen.

28.–30. Januar 1916 Von Hans Nachricht gekommen. Die Kriegsgerichtssache ist noch nicht entschieden, der Unteroffizier ist entlassen.

In der Secession. Die schönen alten Bilder kommen. Zwei Primitive – ein Spanier, wunderschön, eine Salome darstellend. Einer erzählt, daß Degas gesagt habe: Mit 20 ist man ein Genie, wenn man mit 60 aber noch etwas Talent hat, ist man ein großer Mann.

Meine unangenehme Stellung in der Jury. Immer habe ich die Sache einer Frau zu vertreten. Weil ich das aber eigentlich nie mit Überzeugung tun kann, da es sich stets um mittelmäßige Leistungen handelt (darüber herausgehende fänden die Zustimmung auch der andern Jury), kommt etwas Doppelzüngiges heraus. Marta Bauer.

Ich träume, ich sei verlobt. Mein Verlobter sähe meine welke Haut am Halse und hält mir das vor. Ich will ihm sagen, daß ich an andern Teilen noch schöner wäre, überlege mir aber, daß eigentlich alles nicht lohnt, weil ich doch alt bin. Bezeichnender Traum.

Am Sonntag (30.) kommen nachmittags Hans und Frieda Prengel mit ihren Kindern.

Abends mit Blochs im Café Schilling. Blochs Gesicht. Interessant sind seine politischen Ansichten. Er teilt die zukünftige Welt in 4 Teile: Amerika, Asien mit Rußland, England mit Kolonien und das was übrig bleibt. Was übrig bleibt – Frankreich einschließlich – soll als 4. Imperium das Gegengewicht halten. Die Vorherrschaft in diesem Imperium werde voraussichtlich Deutschland haben. Diese 4 Weltmächte meint er, würden sich gegenseitig die Waage halten. Die Ursachen zu Kriegen wären mit ihrem Zustandekommen beseitigt. Die Nationen blieben übrigens innerhalb dieser großen Rahmen bestehn und wirkten gegenseitig anregend und fördernd.

31. Januar 1916 Secession, dann im Atelier gewesen. Die obere Figur abgedeckt und mit Größenverhältnissen der Frauenseitenfigur verglichen.

Zuhaus Ida Gerhardis guten Brief gefunden. Sie antwortet auf meinen, worin ich ihr von meiner Arbeit schrieb.

2. Februar 1916 Nachmittags kommt Rosolio. Dann schreibe ich an Hans.

Auf der Straße seh ich etwas sehr Unangenehmes. Ein beinloser Mann, der sich selbst im Wagen fährt, sieht an der Haltestelle einen krüppligen Halbidioten stehn. Spricht den an und hohnpiepelt ihn, er meint er sei längst im Schützengraben usw. So ein recht kaltes neugieriges Verhöhnen. Der Halbidiot zankt und kreischt dagegen. Scheußliche Szene.

3. Februar 1916 Am Aufbau der Frau ganz ordentlich gearbeitet. Zu Haus deutsche Geschichte vorgenommen, in der Peter gelesen hat. Abends endlich mal wieder gutes Zusammensein mit Kathrine.

4. Februar 1916 An der Frau mit Zuhilfenahme des Modells gearbeitet. Nach der Secession gegangen. Slevogt, Klimsch und der Vorstand da. Üble Beleuchtung im Plastiksaal.

Von Heinrich ein eingeschriebener Brief. Ich denke es ist die Antwort auf unsern, aber es sind »Acht Christgedichte«, die er uns schenkt. Stellen sind schön, anderes versteh ich nicht, kommt mir dunkel und konfus vor.

Wieder ein Gespräch mit Kathrine [Laessig] gehabt. Kathrine fordert immer. Sie fordert von Menschen und von Verhältnissen. Da sie immer den Maßstab des So-Seinsollenden anlegt, genügt das wie es ist ihr nie. So auch im Büro. Sie ist nicht froh über die Möglichkeit des Existierenkönnens, sie arbeitet nicht einfach das ihr Zugewiesene – nicht mehr und nicht minder – sondern sie findet es unerhört, daß sie – als ein denkender Mensch – 8 Stunden stumpfsinnige Büroarbeit tun soll und in diesen 8 Stunden ihrer Freiheit verlustig gehn soll. Sie kritisiert an allem anstatt hinzunehmen. Sie ist nicht im geringsten bescheiden, sondern immer fordernd. Sie taugt wenig für das Leben wie es ist. Hätte sie viel Geld, dann könnte sie das Leben führen, das sie für das menschenwürdige hält. Ohne Geld weiß ich gar nicht, wie ihr Leben laufen wird. Karl fürchtet manchmal sie könnte sich das Leben nehmen, ich glaube das kaum. Sie hat sehr viel Selbstgefühl. Karl sagt, das Selbstgefühl schützt sie nicht, sich selbst hält sie für sehr wertvoll aber ihr Leben nicht.

5. Februar 1916 Früh noch einmal nach der Secession gefahren. Auf dem Wege Frau Dr. Henschke gesprochen. Über Kathrine. Frau Henschke auch Frau Hernstatt und wahrscheinlich auch Dr. Kassan können ihr nicht gerecht werden. Frau Henschke begreift nicht, daß dies Mädchen mit 21 Jahren nicht ein leidenschaftliches Interesse für Statistik und ähnliches haben kann. Es sind ganz reale Menschen und messen Kathrine mit ihrem Maß, nach welchem sie natürlich in nichts genügt.

In der Secession Lehmbrucks neue Arbeit »Der sterbende Krieger« gesehn und mit ihm darüber gesprochen. Dann im Atelier gearbeitet.

In Peters Stube.

6. Februar 1916 Wundervoller Frühlingstag. In Buch mit Karl zusammen.

7. Februar 1916 Karl spricht über Barlach, das nebeneinandersitzende Paar. Er spricht von der Echtheit dieser Bauersleute, er sagt: So sitzen sie in der Kirche und lassen das Wort Gottes an sich herankommen. Wie Nägel, über die Wasser fließt.

Im Atelier an der Frau gearbeitet. Paczka-Wagner kommt, will Sachen zur Schwarz-Weiß-Secession schicken.

Wie ich aus dem Atelier zur Mutter gehe, seh ich sie auf einmal auf der Straße, klein, ganz alt, mit dem Stock in der Hand. Wir gehn zusammen bis zum Atelierhaus und ich zeige ihr mein Fenster, dann zu ihr zurück, bin eine Weile bei der lieben alten Mutter.

Lise ist Regula besuchen gefahren nach München. Ich hatte immer gedacht, sie würde gestern zu Peter kommen und es war mir etwas traurig, daß sie nicht kam. Nun erklärt es sich. Vielleicht hat sie an den 6. Februar gedacht, vielleicht auch nicht, da sie bei ihrem lebenden Kinde war.

Früh kam heut ein Brief von Hans, ein Brief voll Selbstgefühl. Er spricht von seiner reichlichen Arbeit dort und von dem Fall mit dem aufsässigen Soldaten, der nun vor das Kriegsgericht kommt. Er sagt er habe der Ordnung nach gehandelt und sein Ansehn bei den Leuten sei nicht erschüttert.

Neulich überlegte ich mir, daß meine große Arbeit schwerlich vor nächstem Sommer fertig sein wird, daß die Zeit, in der ich sie zeigen könnte, wohl mit meiner 50-Jahr-Ausstellung zusammenfiele. Wenn es möglich wäre die Secession dazu zu bekommen, d. h. wenn anzunehmen wäre, daß der Besuch die Kosten deckte; das muß sehr überlegt werden. Im Anschluß an die übliche Frühjahrssecession. Dann im Mittelsaal nur diese große Arbeit, in den 3 kleinen Sälen rechts Zeichnung und Graphik und im blauen Saal Plastik: die kleine Arbeit, die jetzt ausgestellt ist und die jetzt ganz durchzufallen scheint, die Mutter mit dem Kinde, die alte Pietà-Skizze, die noch ganz ungeborene Grabtafel, die Eltern. Das könnte dann wohl eine gute Ausstellung werden.

8. Februar 1916 Gearbeitet und zu Paczka-Wagner gegangen. Sie zeigt mir die Zeichnungen, die sie in die Secession schicken will. Sie sind ganz außerordentlich gut vom rein exakt zeichnerischen Standpunkt. Malerische Zeichnungen sind es nicht im geringsten. An ihrem Brunnen arbeitet sie schon 8 Jahre, in 2 Jahren vielleicht denkt sie fertig zu sein. Sie und ihr Mann leben wie im Gehäuse mit nur ganz geringer Berührung der Außenwelt. Sie sucht durch Ausstellen in der Secession jetzt Anschluß an Öffentlichkeit.

Mit mir selbst geht es merkwürdig. Heut hatt ich zum ersten Mal den Eindruck, auch ich könnte so in die Versenkung geraten wie die Paczka-Wagner. Das Ausstellen meiner ersten Plastik ist ein Durchfall. Die Kritik schweigt oder erklärt die Arbeit für geringer als meine Graphik. Pekuniär hat das letzte Jahr statt Einnahmen von 6 000 Mark ein Minus von fast 800 Mark gebracht.

Wenn die nächsten Jahre nicht einen wesentlichen Aufstieg bringen, dann bringen sie Niedergang. Eins oder das andre ist nur möglich. Indem ich in diesen Jahren immer ganz still und heimlich Plastik arbeitete, hatte ich das Gefühl, ich brauche nur wieder auszustellen und mein Name ist wieder so in Ehren wie früher. Jetzt ist mir das plötzlich fraglich geworden.

Ablehnender Brief von Heinrich auf unsere Einladung herzukommen.

9. Februar 1916 Ziemlich tüchtig – aber fast nur handwerksmäßig gearbeitet. Heinrichs Brief beantwortet. Karl auch ich beantworten ihn in dem Sinn, daß wir seine Existenzpläne anerkennen. Wahrscheinlich wird der Vater ihm das Geld jetzt schicken.

Anna Erika Rautenbergs netten Brief beantwortet.

10. Februar 1916 Gearbeitet. Früh nach Haus gekommen, so daß ich noch mit Karl aß. An Hans geschrieben.

Karl hat ein neues Fräulein engagiert, das für Fräulein Keuchel die Schreibarbeiten machen soll. Fräulein Keuchel, die ihrer Augen wegen kündigte, bleibt aber auch noch.

11. Februar 1916 Gearbeitet.

12. Februar 1916 Heut nacht ging die Nachtglocke. Ich wachte plötzlich auf mitten aus einem Traum. Ich träumte vom Peter. Ein großer Aeroplan kam von oben, hielt an und es sollte jemand einsteigen. Der Peter kam und wollte schon einsteigen, wir standen auf einer Art von Ufer – getrennt vom Flugschiff. Er kam herumgelaufen um uns adieu zu sagen, gab uns die Hand und lachte. Ich wollte ihn küssen, aber ich wußte nicht ob ich es könnte weil andere Menschen da waren. Ich tat es nicht. Wir gaben uns nur die Hand. Dann lief er ein paar Schritte auf das Luftschiff zu, es war im Begriff loszufahren, mit einem langen Satz sprang er auf ein Trittbrett und es ging los. Der Himmel war ein Licht, alles verschwand in diesem Licht.

Gearbeitet. Dann Annie Karbe von der Bahn abgeholt. Auf dem Bahnhof bringt ein alter Herr einen schwer betrunkenen jungen Soldaten an, vielleicht seinen Sohn.

Abends kommen Lise Georg Wertheimer. Es wird ziemlich unklar über alles mögliche Philosophische gesprochen. Ich lese Heinrichs theosophische Gedichte vor. Lise hatte Blumen für den Peter mitgebracht.

Sonntag, 13. Februar 1916 Früh mit Annie in die Ausstellung Liebermannscher Zeichnungen gegangen. Es sind sehr schöne darunter, besonders aus dem Jahre 1913, also späte. Ich hatte aber doch noch mehr erwartet.

Nachmittags kommt Lore – Annie fährt zurück. Mit Lore über Heinrich gesprochen, ihre Auffassung ist möglicherweise richtig, jedenfalls ganz deprimierend. Hinter der Polemik des 50 [?] Jahre alten Fräulein (?), die bei Goeschs lebt, steht wenn Lore richtig sieht eine elende Weibergeschichte.

Zuletzt mit Kathrine noch zusammengesessen. Sie ist verzagt und weint. Jetzt macht sie wieder einen gar nicht hochmütigen, sondern einen ganz kleinmütigen hilflosen Eindruck.

Was an Kathrine so gut ist und wofür ich ihr danke, das ist wie sie zum Karl steht. Kaum ein andrer Mensch versteht so ganz was Karl will, nimmt ihn so einfach und gibt sich ihm so kindlich einfach vertrauensvoll wie Kathrine. Wenn das so recht klar zum Ausdruck kommt, sind das immer sehr gute Zeiten.

Montag, 14. Februar 1916 Zeitig ins Atelier gekommen, aber wie ich schon fürchtete, wenig gearbeitet. Zu Zeiten, wo ich in Spannung lebe, die Arbeit in Gedanken nicht abbreche sondern weiterführe, bin ich wenn ich endlich wirklich an die Arbeit komme, oft erschlafft. Mach dann gar nichts.

Nachmittags kommt Dr. Meier aus Dresden um über Geschäftliches zu sprechen.

Eine elende Frau verkauft Postkarten, etwas süß-kitschiges Zeug. Es zeigt sich, daß sie von Paul Hey sind. Paul Hey sagte schon in München als junger Mensch, er würde später Pfeifenköpfe bemalen. Ungefähr dasselbe ist dies.

15. Februar 1916 Von Hans die Nachricht, daß er wahrscheinlich jetzt auch fort muß.

16. Februar 1916 Gearbeitet. Bei der Mutter gewesen.

Kathrine Laessig

17. Februar 1916 Nachricht vom Gottfried [Laessig], daß er am Freitag ins Feld zöge.

Lise kommt ins Atelier über Mutter sprechen. Wahrscheinlich bleibt es so, daß Mutter, auch wenn Sterns umziehen, bei ihnen bleibt.

Lise erzählt von den Kindern. Regula und Heinz wollen zusammenziehn. Kati entwickelt sich von Lise ab. Scheint, daß sie sehr von Keyserling beeinflußt wird und daß der eine grande amoureuse aus ihr machen will, was sie bis jetzt viel weniger zu werden versprach als eine kleine Geliebte mit einem Kinde. Kinder, die immer in all ihren Träumen waren, werden einstweilen verbannt. Ich habe Sorge, daß sie sich verrenkt, daß man ihr etwas aufpfropft, was in ihrer eigentlich einfachen Art nicht liegt. Das könnte bei ihrer großen Nervosität psychisch gefährlich werden.

Lise spricht über dies alles wohl kaum mit Georg, wer weiß ob mit Wertheimer. Nur mit Kati und Paul Keyserling. Sie riskiert viel. Bis jetzt hat sie immer recht bekommen, wie das Leben lief.

Ihr ist dumpfes Leben so das Allerschlimmste, daß sie auch das Gewagteste vorzieht. Sie ist wirklich kühn in diesem Punkt. Ich würde kaum so viel wagen.

18. Februar 1916 Kathrine fährt früh nach Prenzlau, findet Gottfried nicht mehr. Kommt sehr traurig zurück. Fräulein Georgis unbegreifliches Verhalten zu Kathrine. Frau Laessig ist draußen gewesen als Gottfried abfuhr. Lieber Gottfried, leb wohl!

Abends les ich in Goetheschen Briefen. Klopstocks Mahnbrief an Goethe. Goethe lehnt ihn ab, wie wohl immer moralische Mahnungen abgelehnt wurden und ferner abgelehnt werden: »Verschonen Sie uns ins Künftige mit solchen Briefen, lieber Klopstock.«

19. Februar 1916 Gearbeitet. Am Abend kommt die alte Sommer aus München. Ich hatte etwas Furcht sie zu sehn, weil ihr damaliges Bild mit meinem jetzigen in nichts zusammenpassen. Kaum sah ich sie aber, sah ich daß sie eine sehr andere geworden war. Weiblicher, weicher. Auch sie ist wahrhaftig nicht mehr die vor 25 Jahren. Ihren Mann, Arzt, hat sie jung verloren. In der letzten Krankheitszeit hat sie durch Porträtmalen fast allein den Unterhalt verdient. Dann starb ihre Mutter, dann ihr Vater. Dieser war ganz alt, nie krank gewesen und mußte nun ein volles Jahr leiden. Das war ihm sehr schlimm. Die Sommer ist immer bei ihm gewesen um ihn aufzuheitern. Er war ein großer Naturfreund, da hat sie ein Stilleben zu malen angefangen und jeden Tag eine neue Blume dazugemalt. Das hat ihn sehr gefreut.

Dann ist ihre Schwester geisteskrank geworden und hat sich bis zu ihrem Tode an Sommer geklammert. So hat sie Schweres genug erlebt. Kinder hat sie nicht gehabt, so hat sie freilich nicht erleben können wie es ist wenn die sterben.

Sie hat noch ihre lebendigen großen hellen Augen, den großen lachlustigen Mund. Sie wirkt gesund und lebensvoll.

Wundervolles in Goethes Briefen gelesen: »Ich habe keine Wünsche, als die ich wirklich mit schönem Wanderschritt mir entgegenkommen sehe.«

Die Briefe an Lavater scheinen überhaupt durchweg prachtvoll.

Sonntag, 20. Februar 1916 Ganz stiller Tag. Vormittag mehr Aufräumarbeit in Briefen usw. Nachmittags scheint die Sonne in Peters stille weiße Stube.

Goethes Briefe.

Abends kommt Karl nach Haus und wir gehn noch zusammen in die Urania. Ein Vortrag mit vorzüglichen Lichtbildern über Ägypten, den Suezkanal, das türkische Heer.

Montag, 21. Februar 1916 Früh ein lieber langer Brief vom Hans. Noch nichts darüber ob er fortkommt.

Arbeiten mit Modell (Frau Quester). Es verwirrt mich wieder daß ich Modell habe, arbeite zerstreut und schlecht. Sie erzählt vielerlei, vielleicht das meiste wahr, vielleicht erlogen.

Einen Artikel von Eduard von Keyserling gelesen »Die kommende Kunst«. Er wendet sich gegen den Expressionismus und sagt, daß das deutsche Volk weniger als je nach dem Kriege verstiegene Atelierkunst brauchen kann. Was es braucht sei Wirklichkeitskunst.

Ganz meine Meinung. Wenn was Keyserling [mit] Wirklichkeitskunst meint, dasselbe ist was ich so nennen könnte.

Kommt auf ein Gespräch heraus, das ich neulich mit Karl über meine kleine Plastik hatte.

Es ist richtig, daß sie durchfällt. Warum? Sie ist nicht populär. Der Durchschnittsbeschauer versteht sie nicht. Kunst für den Durchschnittsbeschauer braucht nicht flach zu sein. Sie wird ihm noch gefallen auch wenn sie platt ist. Sicher aber wird ihm wahre Kunst gefallen, die einfach ist.

Es ist ganz meine Meinung, daß zwischen Künstler und Volk Verständnis sein muß, zu den besten Zeiten ist es auch immer so gewesen.

Das Genie kann wohl vorauslaufen und neue Wege suchen, die guten Künstler aber, die nach dem Genie kommen – und zu diesen rechne ich mich – haben den verlorengegangenen Konnex wieder zu schaffen. Eine reine Atelierkunst ist unfruchtbar und hinfällig, denn was nicht lebendige Wurzeln faßt – warum soll das sein?

Nun für mich. Es ist eine Gefahr für mich, daß ich mich zu sehr vom Durchschnittsbeschauer entferne. Ich verliere die Verbindung mit ihm. Ich suche in der Kunst und wer weiß, ob ich nicht zum Gesuchten dabei komme? Als ich Silvester 1914 an meine Arbeit dachte, schwor ich mir und Peter, daß strenger als je ich »Gott die Ehre geben wolle, d. h. ganz echt und ungefärbt sein.« Nicht, daß ich empfände, davon abzukommen, aber man verfällt leicht bei dem Suchen in künstlerische Grübeleien und Spitzfindigkeiten – Gesuchtheiten. Das leuchtet mir jetzt mit einem Mal auf und ich muß aufpassen. Vielleicht, daß die Denkmalsarbeit mich wieder zur Einfachheit bringen wird.

Bei Wertheim standen heut die Ladenmädchen um zwei junge Mütter mit wunderschönen Kinderchen auf dem Arm. Eine sagte zu einer andern verheirateten: »Sehn Sie – zu so was haben Sie es nicht gebracht!«

Die Verheiratete: »Das Kunststück ist, 10 Jahre verheiratet zu sein wie ich und es nicht zu Kindern zu bringen.«

Die Unverheiratete: »Deswegen rühmen Sie sich? Schämen sollten Sie sich deswegen.«

Es war fein wie die Mädchen alles vergaßen über den schönen rotbäckigen Kindern und sich um sie drängten.

22. Februar 1916 Tag ohne etwas Besonderes. Arbeiten. An Hans geschrieben. Karl hat so furchtbar viel zu tun.

23. Februar 1916 Gearbeitet, aber zerstreut. Das Modell lenkt mich ab. Sie spricht immerfort und da es nicht uninteressant ist, paß ich nicht genügend auf. Mann ist im Krieg gefallen, ihre beiden kleinen Kinder innerhalb 14 Tagen an der Diphtherie [gestorben]. Wenn ihr Reden wahr ist, ist sie bewunderungswürdig in ihrer Lebenskraft.

Frau Kaiser telephoniert, daß Hellmut nun auch raus ist.

In der Zeitung les ich von einer ostpreußischen Sage, die man bei Memel hört. Ein Nachtwächter im Jahr 1913 pfeift die Mitternachtstunde. Ein kleines Männchen kommt auf ihn zu und sagt er soll 13 pfeifen. Der Wächter lacht und sagt, das tut er nicht. In nächster Nacht dasselbe. Darauf geht der Wächter zum Amtsvorsteher und erzählt ihm davon. Der sagt, wenn das Männchen noch einmal kommt, soll er 13 pfeifen. Das geschieht und der Wächter sieht nun 3 Särge, einen mit Blut, einen mit Wasser (Tränen) und einen leeren. Der leere soll das ausgepoverte Ostpreußen bedeuten.

24. Februar 1916 Den ganzen Tag fort. Nach der Arbeit Vorstandssitzung Secession. Abends find ich Hans Prengel bei uns vor, der ziemlich abgearbeitet ist. Brief von Goeschs ist gekommen, sie bitten uns um Geld.

25. Februar 1916 Wollte nach der Arbeit zu Kaches heraus, war aber zu müde. Verabredung für den Sonntag mit dem alten Goesch, um über Heinrich zu sprechen. Karl hat bis ½2 Uhr nachts Sprechstunde.

26. Februar 1916 Letzter Tag Modellarbeit nach Frau Quester. Bin froh, daß es an ihr zu Ende ist. Sie interessiert mich menschlich, aber von der Arbeit zog diese ganze Zeit ab.

Früh auf Sparkasse gewesen wegen Kriegsanleihe von Hans.

Kathrine liegt krank im Bett, Karl meint es könnte Diphtherie sein. – Abends kommt Hedwig Weiß. Nett.

Sonntag, 27. Februar 1916 Zwei Forts von Verdun genommen.

Kathrine besorgt.

Nachmittags kam Vater Goesch um über Heinrich zu sprechen. Er ist sehr nervös, leicht zu Tränen geneigt. Er beschreibt Heinrich als sich selbst sehr ähnlich. Beide meint er lieben es, der an sie herantretenden Aufgabe dadurch sich zu entziehen, daß sie sich eine andere Aufgabe stellen. Die »Flucht« in etwas anderes herein.

Karl dann bis zum späten Abend zu tun.

Montag, 28. Februar 1916 Kathrine keine Diphtherie. Der Tag vergangen mit dem was für sie zu tun war und Kleinigkeiten. Von Hans keine Nachricht.

Dienstag, 29. Februar 1916 Nachricht von Hans. Noch ist er in Spa, schreibt aber, daß täglich sein Vertreter einrücken kann. Er kommt fort sobald er den in seine Arbeit eingeführt hat. Er meint, das wird etwa Mitte März sein.

Verfrühter Frühlingstag.

Mittwoch, 1. März 1916 Arbeit. Abends mit Kathrine zu tun.

Donnerstag, 2. März 1916 Abends ein Stündchen mit Karl bei Josty.

Nach langer Zeit Geschlechtsverkehr. Wie ist doch alles anders und zerstört.

3. März 1916 Eine kleine Weile bei Mutter gewesen. Mutter sagte sie hätte geträumt, Sterns verzögen und für sie sei kein Platz, da hätte sie gedacht sie ginge zur Käthe. Mutter greift nach Lisens Hand, versichert sie, daß sie nur im Traum an ein Fortgehn gedacht hätte.

4. März 1916 Else telephoniert, daß es Tante Gertrud sehr schlecht ginge, sie möchte hinfahren, ob ich sie bei den Kindern vertreten kann? Ich fahre. Bin von Sonnabend bis Mittwoch abend bei den Kindern. Es sind Ausruhtage, fast nichts zu tun und eine große Ruhe im Haus und in der Familie. Es ist mir ganz merkwürdig, daß trotz Krieg es so glücklich in einer Familie sein kann. Von den Jungen erinnert mich der Heinz von der Lusch am ehesten an Peter, weil er anmutiger und weicher ist wie Elsens Jungen. Nur der Jüngste erinnert mich auch an ihn. Schnudel wie Pitti – unzählige Erinnerungen an die Jungenjahre unserer Kinder.

Wenn ich an Hause dachte sah ich Karl. *Immer* überarbeitet. Mir wurde allmählich bang bei Rautenbergs, das Gefühl wie oft früher, ich müßte nach Haus, ich versäumte etwas bei den Kindern. Was war zu Haus? Kein Kind und der Karl von der Arbeit verschlungen. Doch wußte ich, wenn ich käm würd er sich freuen. Vielleicht kommt noch die Zeit, wo absolut niemand zu Haus ist, der sich freut wenn ich komm.

Als ich Mittwoch abend nach Haus kam, war Karl nicht da. Kathrine lag im Bett. Eine Schwester, die unsere ganze Schlafstube [und] Badestube für sich und Kathrine belegt hat. Karl und ich schlafen oben. Karl in Hansens liebem Bett, ich auf dem Sofa, auf dem der Junge Jahre geschlafen hat. Trotzdem bezwinge ich nicht meine böse Stimmung, daß Kathrine und die Schwester unten so breit alles beherrschen.

5. März 1916 Gleich früh mit Karl darüber gesprochen, mache ihn runter, daß er Kathrine verwöhnt, alle sie wie die Prinzessin auf der Erbse behandeln. Karl geduldig gütig. Mich bost es, daß er so ist, er kommt mir vor wie ohne jeden erhaltenden Egoismus, er wehrt sich gegen nichts, wer es ist, der sich an ihn wendet, er gibt sich jedem und vollständig, ohne daß er je sagt: Von hier ab beginne *ich* und werde mich behaupten.

Es frißt direkt an mir, daß das mit ihm so ist. Er läßt sich aufbrauchen, löst sich auf wie Zucker im Wasser, das Wasser wird süß, aber der Zucker ist fort.

Übrigens geb ich nach in allem mit der Kathrine, doch wenn ich es auch tue, den Egoismus werd ich nie los. Egoismus ist das vielleicht gar nicht, aber was bringt mich auf gegen Kathrine? Nur zeitweise kann ich ganz freundlich zu ihr stehn. Es ist fast ein Gefühl von Mißgunst gegen sie. Als ob es ihr zu gut geht, fast wie Neid und Scheelsucht und Eifersucht. Aber wie ist das möglich?

Bei Rautenbergs in »Anna Karenina« gelesen. Es kommt mir nicht in dem Grade bedeutend vor wie früher – vieles ist aber sehr gut. Wie Anna ihrem Mann gegenüber sich mit Lüge panzert.

Hans Prengel hat mir aus dem Nachlaß seiner Mutter ein wunderschönes Bildchen von meinen Eltern geschenkt. Sie stehn als junges Paar – vielleicht noch Brautleute – nebeneinander. Besonders Vater voll großer Anmut und Schönheit. Auch ein Bild von Ernestine Castell.

Das Brot wird knapp, die Kartoffeln werden knapp, Fett fast nicht zu haben, Fleisch unerschwinglich teuer. Und noch nicht Mitte März und noch kein Ende des Krieges abzusehn.

Der Maler Marc, der »blaue Reiter«, ist gefallen.

5.–15. März 1916 Am Freitag abend Hans Koch hier. Wir sprechen viel von Erich Krems und Peter.

An diesem Freitag fällt Erich Krems. Am 10. März 1916.

Am Dienstag dem 14. sagt es mir Hans Koch telephonisch, dann kommt er.

Rauchfangwerder, Johanni 1914. 4 Jungen sitzen da mit Blumenkränzen. Der Hans Koch, der Noll, der Peter und sein Erich.

16. März 1916 Am Donnerstag 16. kommt Brief von Laessig, daß Pakete an Gottfried mit »verwundet« zurückgekommen. Von Gottfried selbst keine Nachricht.

18. März 1916 Am Sonnabend 18. kommt unvermutet Hoyer von der Front für zwei Tage. Am Sonnabend abend bei uns, in Peters Stube und in der Wohnstube. Am Sonntag abends bei Sterns. Georg singt die »Nänie«. Hoyer singt: »O Haupt voll Blut und Wunden«.

21. März 1916 Frau Laessig besucht Kathrine. Kathrine sieht glücklich aus. Sie ahnt nichts vom Gottfried.

Nolls zerquälter verzweifelter Brief.

Auch Hans Kochs Brief aus Prenzlau.

Erich Krems (1897?–1916)

23. März 1916 Nachricht von Laessig, daß Gottfried nicht als verwundet sondern als vermißt geführt wird. Hoffnung.

24. März 1916 Reichstagssitzung mit Haases Rede. Spaltung der Fraktion.

25. März 1916 Mit Lise bei Julie über Mutter sprechen.

Kathrine erfährt durch Fräulein Georgi von Gottfried. Sehr gespannt.

26. März 1916 Nacht vom 25.–26. (Sonntag) Karls Kokainvergiftung. Am Sonntag ist er wieder ziemlich der er war.

Ich schreibe an Noll und Hans Koch.

Von unserm lieben Hans kein Wort.

Montag, 27. März 1916 Ermüdende Jurysitzung.

Abends Frau Laessig bei Kathrine. Es wird darüber gesprochen ob Kathrine wieder wenigstens vorübergehend nach Hause gehn soll.

Dienstag, 28. März 1916 Karl stark erkältet.

Den ganzen Tag juriert. Nicht geglückt, Clara Siewert hereinzubringen.

Abends Kathrine in unglücklicher Stimmung. Furchtbar angespanntes Wesen.

Immer noch nichts von Hans.

29. März 1916 Vaters Todestag. Schmidts und ich nachmittags bei Mutter. Karl kommt für einen Augenblick, er fühlt sich schlecht und fiebrig. Georg verreist. Julie kann nicht kommen.

In Kathrinens Wesen eine Art Krisis eingetreten. Sie ist ruhig und gut.

30./31. März 1916 Nichts vom Hans.

Hängen in der Secession. Lehmbrucks Johannes. Zille mit seinen Erzählungen aus Kaschemmen usw.

Mich überkommt fürchterliche Depression. Erst allmählich wird mir klar, wie sehr ich schon zu den Alten gehöre und meine Zukunft hinter mir habe. Jetzt bin ich mehr oder minder gern gesehene Respektsperson. Hätte ich jetzt weniger Namen, so würde es mir gehn wie Löwenstein, Siewert, ich würde refüsiert werden.

Was ist zu tun? Ohne Illusionen sich auf das zurückziehn, was doch an einem dran ist und ganz still weiterarbeiten. Seine Arbeit zu Ende tun. Ausstellungszeiten sind natürlich immer beunruhigend, weil alles Fremde Junge Neue an einem vorüberzieht und erregt. Man vergleicht mit sich und sieht ekelhaft nüchtern alles Schwache und Rückständige an sich.

Neulich träumte mir wieder ein Friedenstraum. Ich war irgendwo auswärts und hörte, daß Frieden gemacht sei, weil die Sozialdemokratie dem weiteren Krieg sich widersetze. Ich erschrak erst und dachte, dieser Friede sei verfrüht und könne nicht von Dauer sein. Dann aber kam ein sehr großes Glücksgefühl und der Gedanke: der Hans bleibt erhalten. Ich lief nach Hause um unsere Fahne herauszustecken. Da hingen schon aus allen Fenstern Fahnen. Mir wurde ganz selig zumut.

Kathrine hat geträumt sie sähe Gottfried in ein großes Haus gehn. Nachher kam er wieder heraus. Er sah sie nicht und ging fort. Hinter sich her zog er eine Art Wagen, der bestand aus lauter Lehm. Mit ihm gingen sehr viele andere, alle zogen diesen Lehm mit sich.

Was ist das? Ist Gottfried tot und ist das sein Irdisches, das er, das alle die andern hinter sich herschleppen?

Bin ich in der Secession mit den Künstlern zusammen, die alle an ihre Kunst denken, denke ich auch an meine.

Bin ich wieder zu Hause, dann lastet wieder mit aller Gewalt das schreckliche und schwere Leben auf mir. Dann ist immer nur das eine: Krieg.

Mehrfache mißglückte Versuche für Kestenbergs »Bildermann« etwas zu zeichnen. Ich bringe nichts zustande. Ein vollkommenes Versagen.

April 1916 Nachricht vom Hans. Endlich. Ein paar Zeilen. Dumpfes Leid um Erich.

Katrine Stern tanzt mit Matray die Pantomime. Die Mutter ist dort.

Rosa Speyer ist da, verändert im Gesicht durch ihr Leiden.

[2. April 1916] Sonntag abend mit Karl im Strindberg. »Traumspiel«. Zum großen Teil sehr eindrucksvoll. Viel Theosophie. Kann kaum ein Altersstück von ihm sein, dazu ist es zu jugendlich pessimistisch. Der Anwalt von Kayßler gespielt. Die trostlose Engigkeit seines Wesens, die in all seinen Bewegungen liegt. Wie eng er die Hand vorschiebt als er in die vorgeschlagene Ehe eingeht. Seine Zweifel vorher. In der Ehe deprimiert, spitzig kleinlich: »die Pflicht«.

Montag, 3. April 1916 Mache doch noch eine Zeichnung für den »Bildermann«: eine Frau mit dem Kind auf dem Arm. Das Kind patscht der Frau ins Gesicht.

Dienstag, 4. April 1916 Im Atelier wieder zu arbeiten angefangen. Nachmittag Sitzung vom Kulturbund.

Mittwoch, 5. April 1916 In der Secession noch geholfen. Nachmittag Konrad Hofferichter von der Front.

Mutter mit Kind auf dem Arm (1916). »Mache doch noch eine Zeichnung für den ›Bildermann‹: eine Frau mit dem Kind auf dem Arm. Das Kind patscht der Frau ins Gesicht.«

Brief vom Hans, worin er mitteilt, daß es scheint er sei länger reklamiert.

Donnerstag, 6. April 1916 Sehr besetzter Tag. Bei Frau Schröder herangegangen, weil ihres Hans Geburtstag ist.

Freitag, 7. April 1916 Verzagter Brief von Noll.

Nach der Arbeit bei Mutter angegangen. Ich finde sie recht frisch und auch klar, aber etwas still. Brief von Onkel Julius, der Nicht-Gutes aus Königsberg berichtet. Tante Anna hat Lungenentzündung gehabt, Tante Lina einseitige Lähmung, Tante Gertruds Zustand bleibt bedenklich.

Lise fährt wieder zur Hanna. Die bangt sich und es ist ihr schwer vor ihrem Auftreten als Gretchen.

Sonnabend, 8. April 1916 Abends Hans Koch da. Bei den Fliegern ist er nicht angenommen, er will versuchen nun auch vom Garnisondienst frei zu kommen und will dann auf der Technischen Hochschule hier Architektur zu studieren beginnen. Er hat seine galizischen Erlebnisse aufgeschrieben und las sie vor.

Wir sagen Du zueinander.

[9. April 1916] Sonntag 9. April fahre ich nach Buch heraus. Ich suche Weidenkätzchen und blaue Anemonen für den Peter. Auf dem Rückwege geht hinter mir eine junge Witwe mit ihrem kleinen Jungen, die auch Blumen gesucht haben. »Warum trägst du all das?« »Das kommt alles um Vattis Bild.« Sie erzählt ihm immer vom Vatti. »Hier vor einem Jahr haben wir dich angefaßt, einer rechts und einer links und sind mit dir den Berg runtergelaufen. Und hier bist du hingefallen, da hat der Vatti dich auf den Arm genommen und hat gesagt: so ein großer Junge weint nicht mehr.« »Ja und nun werd ich bald ein großer Junge sein und wenn ich ganz groß bin ...« »Dann bist du ganz wie Vatti.«

Es ist eine junge blonde Frau aus unsern Kreisen. Sie erinnert mit ihrem Jungen an Paula. Sie ist frisch und liebevoll mit dem Kind.

Am Abend fahren Karl und ich zur Julie. Konrad [der Sohn] noch auf Urlaub, Paul 4 Wochen Heimaturlaub. Ich frage Julie ob Konrad überraschend kam. Sie saßen beim Frühstück als Konrad unten pfiff. Julie sagte: »Das pfeift genau wie Konrad.« Ein paar Minuten später wird geklingelt. Julie: »Das klingelt genau wie Konrad.« Da war er es. – Beim Abendessen Gespräch zwischen Karl und [Paul] Kache über Krieg und Kriegsziele, Friedensmöglichkeit, Zustände im Heer. Paul Kache auch Konrad haben so viel auszusetzen und zu klagen, daß wenn man sie sprechen hört man meinen könnte, es seien Liebknechtianer. Doch sind sie durchaus nicht Sozialdemokraten. Kache erregt im Gespräch, hart scharf unliebenswürdig. Aber wahrheitsliebend. Ich frage mich ob in Wirklichkeit Tolstois Lewin auch ein so unliebenswürdiger Bursche gewesen sein könnte?

Montag, 10. April 1916 Wegen Hansens Führungsattest. Er braucht es für den Vizefeldwebel.

Abends Vorstandssitzung Secession und dann Vorstandssitzung Frauenkunstverband.

Dienstag, 11. April 1916 Paul Hofferichters Geburtstag. Ich schicke dem kleinen Rolf ein Bilderbuchchen von Richter. Vorn herein hat Peter als er anfing zu schreiben versucht seinen Namen einzuschreiben. Ich schenkte es ihm als er klein war. Ich weiß nicht ob ich das Buchchen hätte fortgeben dürfen – wenn auch an Rolf.

In diesen Tagen arbeite ich wieder mehr und besser. An der Figur der Mutter.

Brief von Walter Meier zu Erichs Tod.

[13. April 1916] Donnerstag am 13. April geht Konrad Hofferichter wieder an die Front.

Aprilwetter. Güsse, Wind, abends kühles herrlich klares Wetter.

Im Tageblatt schreibt ein junger Mensch über Freundschaft, Kameradschaft, Einsamkeit. Von dem Freundeskreis, der war, als der Krieg kam, ist er der einzige Übriggebliebene.

In einem Gedicht steht folgender Vers:

»Er mäht mit mächtger Hand,
bis sich der Tag geneigt.
Wer für das Vaterland
gereift, der sinkt und schweigt.«

Ich lese mit der Kathrine abends »Das verlorene Lachen«. An einer Stelle ist von Gottesfurcht die Rede. Keller sagt von der schönen Frau Justine: »Sie besaß warmes religiöses Gefühl, aber sie war in Hinsicht auf göttliche Dinge viel zu neugierig und indiskret und hatte auch ein zu großes persönliches Sicherheitsgefühl, um das haben zu können, was man in reinerem Sinne sonst unter Gottesfurcht verstanden hat.« Jukundus sagt dann von sich: »Ich glaube der Sache nach habe ich wohl etwas wie Gottesfurcht, indem ich Schicksal und Leben gegenüber keine Frechheit zu äußern fähig bin.« Bei diesem letzten kam mir Lisens Art in den Sinn. Ist ihre schweigsame aber lebendige Art das Leben ihrer Kinder mit ihnen mitzuwandern das, was Keller Gottesfurcht nennt? Und ist es oder war es Frechheit dem Schicksal und Leben gegenüber, wenn ich früher nicht nur daran dachte, sondern davon *sprach*, mein Leben beliebig zu beenden. Jedenfalls meine ich habe ich jetzt keine Frechheit mehr Leben wie Schicksal gegenüber.

Mit dem Karl sprach ich einmal darüber, ob man sich kennte? Er bestritt es. Ich meinte, es könne jetzt keine Überraschungen in mir selbst für mich geben. Es gibt keine neuen Fälle mehr. Bei allem was kommt weiß man – oder könnte man wenigstens wissen, wenn man danach fragen würde: Dieses ist mir in ähnlicher Form schon einmal entgegengetreten – es ist anzunehmen, daß ich so und so darauf reagiere. Natürlich gilt das nur in großem Rahmen. Wenn ich z.B. aus vielen Fällen die Erfahrung gezogen habe, daß ich leicht umstimmbar, schwach und eitel bin, so weiß ich wohl um die Tatsache an sich. Eine Überraschung liegt aber doch darin, daß ich auch jetzt noch diese Eigenschaften habe, wie es sich bei Gelegenheit der Ausstellungsarbeiten der Secession wieder gezeigt hat. Ich nahm eigentlich an, diese Eigenschaften wären jetzt so abgeblaßt, daß sie mehr historisch in meinem Leben wären. Doch seh ich, sie sind noch recht lebendig.

Am 13. Telegramm von Hans, warum das Führungsattest von der Polizei noch nicht da ist?

Karte von Heinrich Goesch. Sie denken freundschaftlich an uns und Heinrich ist mir nicht böse, daß ich abgelehnt habe die Streitschrift zu lesen.

Palmsonntag, 16. April 1916 Bei Peter festlich gemacht.

Abends zusammen mit Karl und Kathrine in der Garnisonkirche die Matthäuspassion gehört.

Von Hans ein Kartenbriefchen, daß er im »Roten Haus« auf der Station der Schwerkranken ist.

Montag, 17. April 1916 Gearbeitet. Am Zoo die Dora Hitz getroffen und sie begleitet.

Dienstag, 18. April 1916 Gearbeitet an der Mutter. Abends in einer Vorlesung Morgensternscher Gedichte. Kayßler las vor.

In der Nacht träumte ich wieder ich hätte ein kleines Kind. Es war viel Quälendes in dem Traum, aber auf ein Gefühl besinne ich mich: Ich hatte das ganz kleine Kindchen auf dem Arm und ich hatte ein Wonnegefühl in der Vorstellung, ich könnte es nun immer im Arm behalten, es würde ein Jahr werden und zwei und ich brauchte es nicht fortzugeben.

An Hans geschrieben.

Mittwoch, 19. April 1916 Früh so ein lieber Brief vom Hans Koch.

Gearbeitet. Ich komme mit der Mutter vorwärts. Ich denke an des kleinen Peter Trost: »Sei man still Mutter, es wird auch sehr schön.«

Nach der Arbeit bei der Mutter herangewesen.

Karfreitag [21. April 1916] In Peters Stube. Dann bin ich bis Heinersdorf herausgefahren und von dort ein Stück in der Richtung nach Malchow herausgegangen. Ein Landweg mit Weiden. In einer hockten etwa 5 Jungens oben im Geäst. Links weite freie Felder. Diesen Weg ist Peter sicher auch gegangen. Ich hörte Lerchen singen. Ein so stilles Gefühl war in mir, daß ich dachte: Wenn das Alter diesen Frieden mit sich bringt, dann verstehe ich, daß alte Leute aus diesem Leben nicht freiwillig scheiden. Der Jüngere, Tätige sieht nur in ihnen die verfallende Kraft, aber der Alte selbst erlebt in sich Neues, den ihn immer mehr erfüllenden Gottesfrieden. Wenn das so ist, so ist ein Stillstand nur nach außen da, er selbst hat das berechtigte Gefühl der Weiterentwicklung, das ihn davon abhält sein Leben zu beendigen.

Es kommt immer darauf heraus, daß nur das für einen Wahrheit ist, was empfunden wird. Die Altersgefühle, die noch nicht erlebt sind, sind uns noch fremdes Gebiet. Es ist in dem Kellerschen Sinn eine »Frechheit dem Leben gegenüber«, in dem Alter keinen Wert zu sehn.

Am Nachmittag mit Karl in die Secession gegangen, abends lasen wir noch etwas im »Traumspiel« von Strindberg.

Sonnabend, 22. April 1916 Vormittag mit Frau Kaiser und Joachim zusammengetroffen. Joachim geht morgen wieder in die Front.

Abends war Hans Koch hier. Wir saßen in Peters Stube. Er las mir Briefe von Erich und Noll vor. Er sprach von Norwegen und ihrem Freundschaftsbund. Es war ein Freundschafts- und Liebesbund.

Hans Koch griff in seine Tasche und sagte: »Ich hab Dir zu Ostern etwas mitgebracht.« Es war der kleine Goethe, den ich Peter mitgegeben hatte. So hab ich es wieder, das Buchchen. Am 12. Oktober [1914] in der kleinen Konditorei in Wünsdorf saß ich mit Peter und mit Erich. Ich packte die paar kleinen Sachen aus, die ich ihnen mitgab. Ich schrieb in die Bücherchen: Oktober

1914. Erich nahm den 1. Teil Faust, er kannte ihn noch nicht, mein Peter den 2. Teil, die erste Hälfte, dasselbe Buchchen, das Hans Koch mir zurückgab. Seine lieben Hände haben es gehalten. Zwei Federnelken, die letzten Blumen, die ich fand, gab ich Peter. Er sah auf Erich, ob der nicht eine davon haben sollte, ich sagte: »Diese sollst Du beide haben.« Draußen vor der Tür steckte ich sie ihm an.

Hans Koch gab mir einen Brief von Wyneken, den er nach Erichs Tod an ihn, den er noch nicht kannte – nur durch Erich – schrieb:

»Es ist keine Kleinigkeit, daß Du Dich jetzt zum Flugzeugführer gemeldet hast. Ich denke von solcher Tapferkeit und Energie sehr hoch. Ich denke ja auch manchmal, wenn Erich nicht als Kriegsfreiwilliger gegangen wäre, so hätte ich ihn noch. Und doch kann ich seinen Schritt nicht verwünschen – es mußte sein.

Aber welch ein furchtbares Muß, das in die Willenswaage geworfen ein ganzes Leben voll Lust, Liebe und Schönheit aufwiegt! Tod fürs Vaterland – das spricht sich so hin. Welche furchtbare Tragödie, welcher Triumph der Hölle verbirgt sich hinter der glatten Maske dieser Worte. Sein geliebtes durchschossenes Haupt soll vor uns erscheinen, wenn wir je den uns anvertrauten Kampf gegen die Macht der Finsternis leicht nehmen wollen. Mancher sagt, er komme belehrt und verwandelt aus dem Krieg heraus und konstruiert sich eine neue Idee von Deutschtum Staat Völkerberuf. Ich meine, das große Erlebnis dieses Krieges ist einfach der Tod. Der sinnlose und doch notwendige, der nicht gewollte und doch frei gewählte. Das einzige Schicksal unseres Erich reicht hin, um die Gedanken eines ganzen Lebens zu erfüllen und eine Seele (oder mehr als eine) für immer mit einem aller Menschenfurcht überlegenen und aller Lüge zu Todfeindschaft verschworenen Ernst zu erfüllen. Möge der Schmerz um ihn in keinem von uns ganz vernarben, mögen wir – die ohne Recht Übriggebliebenen – unser Leben vor ihm sühnen durch einen dieses Leben bis zu Ende erfüllenden furchtlosen Kampf.

Lieber, laß Dir durch nichts, nicht durch die allmächtige Zeit und den eigenen Lebenswillen, auch nicht durch die Unterwerfung unter die Notwendigkeiten von Volk und Staat, das tiefe Gefühl um sein Sterben entwenden. Nie, und nicht nach Jahren und Jahrzehnten, entschwinde sein geliebtes Haupt mit der Dornenkrone des Todes aus Deinem Gedächtnis. Und nie soll uns das

Gefühl verlassen, daß wir diesen Tod rächen wollen an allen bösen Gewalten.«

[23. April 1916, Ostern] Am 1. Feiertag nachmittags mit Karl nach Hohenschöpping gegangen. Kühles bewölktes schönes Osterwetter.

Abends finden wir Benno [Laessig] bei Kathrine. Kathrine sehr erregt und traurig. Ihr wird allmählich erst klar, wie es mit Gottfried doch wohl steht. Jetzt ist er fast zwei Monate vermißt.

2. Osterfeiertag [24. April 1916] Vormittag ein wenig gearbeitet. An Wyneken geschrieben.

Abends mit Karl in der Urania gewesen. Rokitno-Sümpfe.

Dienstag [25. April 1916] Früh ein Brief vom Hans, er hat viel zu arbeiten aber es geht ihm gut. Über seine Reklamierung weiß er nichts.

Auch vom Hans Koch einen Brief, nachdem er die »Troerinnen« gesehn hat.

Nach der Arbeit etwas bei der lieben Mutter gewesen.

Mittwoch [26. April 1916] In der Nacht vom Peter geträumt. Ich träumte es wäre wieder Jury in der Secession und es lägen Sachen vom Peter vor. Er selbst stand neben mir, aber er auch ich wußten, daß er tot sei. Es waren sehr schöne Arbeiten, die er gemacht hatte, einen grünen Baum auf blauem Grunde. Ich fragte ihn, wann und wo er dies und das gemacht hätte, er erzählte mir dann und es fiel mir dann auch gleich alles ein.

Abends der Konrad ein Weilchen da. – Mit der Arbeit geht es ziemlich gut. An der Mutter.

Donnerstag, 27. April 1916 Gearbeitet.

Von Hoyer ein Brief. Er nennt mich Mutter Kollwitz.

Hans Prengel am Abend da.

Sonnabend [29. April 1916] Abends Generalversammlung. Der alte Vorstand dankt ab. 3 Mitglieder werden durch Los wiedergewählt. Es trifft Curt Herrmann, mich, Lehmbruck.

Kut el Amara ist gefallen.

Sonntag, 30. April 1916 Kathrine seit gestern mittag zu Hans Koch nach Prenzlau herausgefahren. Ich gehe vormittags durch Laubenkolonien usw. spazieren. Wunderschönstes Wetter. Fahnen wegen Kut el Amara.

Müder unkonzentrierter Tag. Fahnen und Wetter täuschen Friedensnähe vor. Furchtbar, daß immer noch Krieg ist.

Mit Karl bei den »Troerinnen«. Lastend schwer, einiges fast unerträglich. Die Totenklage um Hektors Söhnchen. Die alte alte Hekuba mit ihren 50 gefallenen Söhnen. Ihr letztes: »So nehme ich das Leben an die Brust und trag es bis ans Ende.«

Zu Hause hat Kathrine Blumen aus Peters Garten in Prenzlau hingestellt. Ganz nah und schmerzhaft ist wieder alles. Stromstraße 16.

1. Mai 1916 Von Hans eine Karte. Er meldet sein Kommen an. Schreck und Freude. Am Tage alles für ihn vorbereitet. Merkwürdig wie sein Kommen bei aller Freude auch immer so heftig den Schmerz um das Nichtkommen des andern erregt. Alles ist dann wieder so aufgewühlt.

Wenn ich an Prenzlau denke, die 3 Jungen, der Peter, der Erich, der Gottfried, alle 3 strotzend vor Lebensfülle. Und dies Stummsein.

Heut hört ich zum ersten Mal wieder seine Schwalben, sie schossen an seiner Balkontür vorbei.

2. Mai 1916 Der Hans ist da. Gestern nacht um 12 Uhr kam er auf dem Friedrich[straßen]bahnhof an. Feldmarschmäßig. Er sieht gesund und frisch aus, sein Wesen ist ruhig und gut. Still ist er immer aber man muß sich daran gewöhnen. Er war ja auch früher still. Nur war damals immer der Peter dabei und dadurch war alles ganz anders. Der sprach und es war immer Bewegung und Lustigkeit.

5. Mai 1916 Der Junge. Wie ist er? Mitunter scheint es mir, daß er geistig etwas Totes hat. Er denkt wohl nicht viel und nicht gern. Sein Leben dort bestand in Erfüllung praktischer Pflichten. Die hat er tüchtig erfüllt. War es damit zu Ende?

Hat er sich jetzt nun ganz auf das praktisch Tüchtige eingestellt? Will er nichts anderes mehr? *Will* er Arzt werden, oder nimmt er es als ein ödes Brotstudium hin? Und was würde er sonst werden wollen – wenn nicht Arzt? Es ist doch gar nicht möglich, daß er geistig so tot ist. Er hat ein gutes Gesicht, ein reines und ein intelligentes, ein ruhiges. Wäre er Künstler, dann würde mich seine Abneigung gegen alles Spekulative nicht beunruhigen.

Wie war er als Kind? Wie vereinigt es sich wie er damals war mit seinem jetzigen Wesen? Wo ist das alles hin? Ich fürchte so: entweder es glückt ihm nicht, sich dauernd auf einen praktischen Beruf, zu dem er innerlich sich gar nicht getrieben fühlt, einzustellen und er bleibt unbefriedigt. Oder es glückt ihm und es stirbt eins nach dem andern in ihm ab.

Es ist mir alles so dunkel bei ihm. Im Winter und Sommer vor dem Kriege war er geistig belebt. Hat er jetzt überhaupt noch die Absicht, mit seinesgleichen geistig zu arbeiten? Mir scheint nein.

Wie steht er zu Annie [Bender]? Er hat sie auf der Durchreise sehn wollen. Sie schreiben. Liegt ihm da ein Ziel? Wenn auch das nicht, wenn weder Beruf noch Liebe ihn gepackt haben noch das Bedürfnis nach geistiger Arbeit, worin liegt dann das Lohnende des Lebens für ihn? Und doch sieht er nicht aus wie ein Mensch ohne Interesse am Leben. Seine Art ist heiterer, er singt mitunter für sich, er ist bestimmt und wirkt harmonischer als mitunter früher. Er wird schon etwas aus sich herausschälen, beim Hans geht alles langsam.

10. Mai 1916 Heut nacht wieder vom Peter geträumt. Ich träumte, er stände vor mir und halb war es der Hans und halb der Peter. Ich faßte ihn um den Leib, der ganz schlank war wie von einem Kind. Ich faßte ihn mit beiden Armen und er bog den Oberkörper etwas zurück. Ich weinte und fragte ihn nach den Tagen in Flandern und wie es war als er starb. Er war so sanft und still und lächelte.

Auch vom Gottfried träumte ich heut, daß Kathrine sagte es sei jetzt Nachricht, daß er schon beim Überschreiten der französischen Grenze gemordet sei.

Im Oberbewußtsein ist Hansens Gegenwart, daß er lebt und da ist. Mitunter wenn er lacht, singt, pfeift, hab ich das wohlige Gefühl von früher, wenn die Jungen da waren. Aber der Peter.

Hans und ich fuhren nach Wildpark. Es war kühl und regnerisch. Da kam es zum ersten Mal zu einem Aussprechen von Hans. Er fing an von der Jugendbewegung zu sprechen. Er meinte, sie könnte nicht da wieder anknüpfen, wo sie vor dem Krieg abriß.

Peter und Erich, die für ihn die Fahne trugen, seien fort. Er habe vor allem mit sich zu tun um den Druck loszuwerden, der auf ihm laste. Der seit Peters Tode auf ihm laste. Ich fragte, ob ihn nicht auch dieses gedrückt hätte, daß er nicht herausgekommen sei? Ja, auch das – beides.

Ich sagte, daß es mich oft quäle, daß wir ihm abrieten Schauspieler zu werden, er wäre dann vielleicht glücklicher! Hans mit Nachdruck: nein. 〈〉

[12. Mai 1916] Am Tage drauf schickte mir Hans Koch den Brief, den Erich an Peter schrieb, nachdem Peter mit mir von Prenzlau seines Knies wegen nach Haus fuhr. Er hat ihn damals nicht abgeschickt. Ich habe ihn nicht gelesen – er gehörte Peter allein. Ich will ihn zu Peters Sachen legen.

Das Bild von Erich, das seine Mutter uns schickte.

Eigentlich ist Hans ganz fröhlich. Oft pfeift er für sich. Seltsam ist es, wenn ich in der Wohnstube bin ihn in Peters Stube zu hören. Dort hat er auf dem grünen Tisch Spezialkarten von der Westfront aufgesteckt. Abgeneigt ist er Schwereres zu lesen oder über so etwas zu sprechen.

Am 12. war ich mit ihm zusammen in der Stadt. In der Dorotheenstädtischen Kirche sahen wir uns das Schadowsche Grabdenkmal des jungen Grafen Alexander von den Marken an. Es ist schön. Der Knabe – fast noch Kind – liegt lieblich da. Seiner kleinen Knabenhand ist das Kinderschwert ein wenig entglitten. Darüber die Parzen. Eine, die in seinem Lebensbuch blättert, die zweite, die den Faden zerschneiden will, die dritte, die die Hand erhebt um es zu verhindern. – In der Kirche noch Grabdenkmal eines Vaters und Sohnes, die unter einem Stein liegen. Der Sohn starb vor dem Vater, aber der Vater folgte ihm einen Tag später. – Gedenktafel an die im Jahre 1813 Gefallenen, auf der andern Seite die im Jahre 1864 und 1870. Fast sämtliche Toten aus dem Jahr 1813 starben an ihren Wunden, die aus dem Jahr 1870 sind fast alle gefallen. – Draußen an der Kirche Gedenktafel für Herrn von Krüdener.

13. Mai 1916 Abends Lise und Wertheimer hier. Wir lesen Heinrichs Brief an [Rudolf] Steiner.

[14. Mai 1916] Der 14. Mai 1916. Hansens 24. Geburtstag. Keine Lichtchen, aber auf dem Tisch vor dem Sofa viel Flieder. Karl hat

ihm einige Bücher geschenkt, ich Kleinigkeiten. Eine Browningpistole bekamen wir ohne Waffenschein nicht mit, Hans muß selbst hingehn.

Eine gute traurige Karte vom Georg [Gretor] kam gerade wie wir zusammen waren. Er hat Heimweh nach Deutschland. Lina hat trotz Butterknappheit einen Kuchen gebacken.

Dann geht Karl an die Arbeit, Hans zum Reiten. Ich spreche mit Kathrine, wir treffen dann zusammen Hans Unter den Linden, Kathrine schenkt ihm ihre Zigaretten und geht nach Hause zu den Eltern. Hans und ich nach Haus, Hans begleitet Karl dann noch zu einem Besuch. Um 4 Uhr fahren wir ins Freie nach Finkenkrug, gehn durch den schönen Wald bis Forsthaus Brieselang und dann über Forsthaus Finkenkrug zurück. Hans fragt ob, wenn wir noch einmal wählen müßten, wir wieder Berlin zum Leben wählen würden. Wir sprechen ihm von unserm Anfangs-Eheleben, unsern Wünschen für unsere eigene Entwicklung, unserm schweren Durchkommen.

Auf dem Heimweg sprechen Karl und er über Verfassung. Abends dann vor dem Schlafengehn stell ich eine Flasche Wein und sein Glas – aus dem Jahre 1908 – auf den Tisch. Wir trinken. Still. Wir denken an den Fehlenden. – Hans trinkt das letzte aus: auf einen guten Frieden!

Als ich mit Hans in Wildpark war und wir sprachen, fragte ich ihn noch, ob er sich gar nicht freue auf seinen späteren Beruf? Er sagte lebhaft: doch! Das freute mich so sehr.

Kathrine Laessig ist nun zu Haus. Ihre innere Zwiespältigkeit war unerträglich in den letzten Tagen.

15. Mai 1916 Hans Prengel am Abend da. Unser Hans ganz still.

17. Mai 1916 Juliens Geburtstag. Mutter, Lise, Konrad, ich Hans und Katrine Stern da. Ein Weilchen auf ihrer Parzelle, wo Hans dem Rolf eine Burg gräbt. Hans geht dann mit Konrad ins Lessingtheater. Ich nach Hause.

Karl sagt mir, daß er seit kurzem Herzempfindungen habe, die vielleicht Vorstadien eines Herzschlages seien.

18. Mai 1916 Karl heiter und herzlich. Die Möglichkeit, daß er plötzlich hingehn könne, läßt ihn das Leben noch liebevoller nehmen.

Nachmittags photographiert Bente uns drei.

Am Abend gehn wir in den Boulettenkeller und sprechen über mancherlei. Hans sagt gegen mich, weil ich davon sprach, daß Jugend revolutionär sein müsse, Jugend könne auch beharrend gut sein. Im Annehmen des Guten, wie es auch in dem Bestehenden sich zeige. Wir kommen dann auf Aristokratie. Hans singt ein Loblied auf den guten Aristokraten. Der ist für ihn Engelhardt. Er liebt ihn sehr.

19. Mai 1916 Noll hier. Ich hatte mich für Hans sehr gefreut, aber er war stummer als je Noll gegenüber. Nachher ging er noch mit ihm mit, vielleicht daß er da sich etwas mehr aufgeschlossen hat.

Wie schwer – unnatürlich schwer Hans das Reden fällt. Kann er nicht oder will er nur nicht? Oder ist er nur so stumm, wenn noch ein anderer wie ich dabei ist? Wie kommt es denn, daß er früher – vor dem Kriege – in der Fichte-Gruppe viel sprach?

Jetzt scheint es mir, als wenn Hans das Geistige ganz gut entbehren würde, wenigstens vorübergehend. Eine straffe Tätigkeit – vor allem eine solche, in der er anzuordnen hat – und ein Umgang, der schwere Gesprächsstoffe vermeidet, das würde ihn jetzt ausfüllen. Engelhardts (soweit ich ihn aus Hansens Berichten kenne) etwas animalische Art zu sein, seine Art Schönheit, die in seiner ruhenden Art liegt, hat Hans zu sich herübergezogen. Er ist beeinflußt durch ihn, trotzdem Engelhardt der wesentlich Jüngere ist. Alle diese verschiedenen Eindrücke liegen *neben*einander bei Hans. Er spricht nicht, weil er sich in sich noch nicht auskennt.

Noll brachte ein Bild von sich und Erich. Er ist stark und wirkt auch geistig stark.

Russisches Musterungslied:

»Mein Fuß ist nicht mein eigen
Mein Hand gehört nicht mir
Ich muß dem Arzt sie zeigen,
Damit ich sie verlier.

Nackt hat er mich betastet
Sein Blick entschied im Nu.
Nun hab ich ausgerastet,
Nun gehts dem Grabe zu.«

Kathrine Laessig gestern abend da. Sie hat Vorlesungen auf der Landwirtschaftlichen Hochschule belegt. Es scheint ihr jetzt sehr gut zu gehn.

Sonnabend, 20. Mai 1916 Heut früh ist Hans in das Lazarett in der Scharnhorststraße übergezogen.

Ins Atelier gegangen aber nichts gearbeitet. Schlapp und klein.

In der Stadtbahn Frauen und Männer, die sehr erregt und außer sich die Zustände besprachen. Revolution oder Frieden – darauf kam es immer wieder heraus. Zum ersten Mal hörte ich einen Mann das bekannte «Arbeiter haben kein Vaterland« sagen.

Sonntag, 21. Mai 1916 Hans ist im Lazarett. Er hat sich in der bakteriologischen Abteilung aufnehmen lassen. Er meint er werde bald fortverlangt werden. Abends holen wir Karl von einem Besuch in der Prenzlauer Allee ab. Es ist ein herrlicher Abendhimmel. In dem noch ganz leuchtenden Himmel strahlt schon der helle Stern, der jetzt immer zu sehn ist.

Am Kopfende von Peters Bett hängt der Rotdornkranz, den Annie [Karbe] wieder geschickt hat.

Neulich träumte ich wohl seit vielen Jahren zum ersten Mal wieder von Lisbeth Kollwitz.

Hans kommt mit nach Haus und sagt, daß er wahrscheinlich mit einem Rekonvaleszentenzug nach der Front mitmüßte. Er käme von da aber wieder zurück. Wir lesen die »Ayesha« von Mücke zu Ende.

Abends wir drei, Lise und Georg oben bei Josty.

Montag, 22. Mai 1916 Abends kommt der Junge. Er meint, das beste wäre an Alexander zu schreiben, ob der veranlassen kann, daß er an sein Regiment verlangt wird. – Man gewöhnt sich wieder so, daß der Junge hier ist, es wird immer schwerer, daß er wieder fort soll.

30. Mai 1916 Merkwürdig wie es mit Hans geht. Es ist als ob er direkt vom Schicksal geführt wird. Im Sommer 1914 geht er nicht nach Norwegen mit, sondern sagt Nachmannsohn zu in die Schweiz zu kommen. Sehr gegen seinen eigenen Willen. Infolgedessen tritt er vor den andern beim Heer ein. Bei den Dragonern. Reitet schlecht und kommt für seinen Wunsch zu spät heraus. Läßt sich deswegen zur Sanität umschreiben. In derselben Nacht, in der Peter fällt. Er geht nach Spa – unseretwegen. Damals bog er ganz bewußt uns zuliebe seinen Wunsch ab. Von Spa kommt er nicht fort. Bleibt 1½ Jahre dort. Endlich wird er als felddienstfähig da fortgeschickt, kommt her. Seit einem Monat hier. Er wünscht sich für die Tropen zu melden. Entschließt sich dazu. Wird heut untersucht und seiner Augen wegen abgelehnt. Zugleich ein Brief von Alexander hier. Der schreibt, daß nach neuer Verfügung die Medizinstudenten nur noch in Kriegslazaretten Verwendung finden. Die liegen ganz hinter der Front. Sind – sagt Hans – so langweilig, daß er dann schon lieber versuchen möchte überhaupt hier zu bleiben und hier zu arbeiten.

Nicht nur seit dem Kriege, überhaupt geht es in Hansens Leben seltsam zu. Er wird geleitet von woanders her und seine Wünsche werden ihm aus der Hand gewunden. Warum hat er es nicht durchgesetzt Schauspieler zu werden? Warum hat sich das Verhältnis zur Annie [Bender] gelöst? Warum ist er nicht in den Krieg gekommen? Er sprach gestern abend selbst darüber, wie er fühlt geleitet zu werden. Hat das Leben etwas Besonderes mit ihm vor? Oder ist das Ganze ein Beweis seiner Schwäche? Ist er nicht genügend egoistisch? Ein anderer fragt nicht lang – greift zu. Er zögert, überlegt, dreht das Ding von allen Seiten.

So ist er nun auch wieder ganz leise, nur durch seelische Verschiebungen aus der Jugendbewegung heraus. Auch Peter war nicht beharrlich, er sprang leicht ab, aber er hatte nichts Zögerndes sondern leidenschaftlich und durchaus ergriff er Neues. Freilich hielt er es selten lange fest.

Vorgestern – am Sonntag – gingen wir drei nach Hohenschöpping.

30. Mai 1916 Georgs schönen Aufsatz zu Regers Tod gelesen.

Der Junge hat jetzt oft so ganz gute freundliche Augen. Wie der Karl sagt, wie wenn er als Kind irgendeinen Spaß hatte und die Hände auf dem Rücken hat, damit man rät. Mitunter aber weiß ich nicht, ob er dieses freundliche Gesicht nur uns zuliebe aufsetzt, so daß er anderswo trübe aussieht.

Ganz herrliches Wetter. Das Getreide steht wundervoll.

Die glänzenden Fortschritte der Österreicher auf italienischem Boden.

Juni 1916 Rohrbrunn. – Unser silberner Hochzeitstag.

Am Freitag dem 9. Juni fuhren wir drei zusammen vom Anhalter Bahnhof ab. Hans mußte in die Soldatenabteilung. Er kam inzwischen herüber um zu essen. Von Hanau bis Aschaffenburg. Übernachtet und bei trübem Wetter losgegangen. Allmähliches Aufsteigen. Regengüsse. Erst gegen 5 Uhr in Rohrbrunn angekommen. Wir wohnen im Forsthaus Diana. Unsere Stube liegt zwei Treppchen hoch. Der Blick aus dem Fenster ist herrlich. Die Förstersfrau jung, braun, lustig. An Thildi erinnernd. Zwei Hunde: Cora und Mopp. Der Mann im Feld. Hans schläft eine Treppe tiefer.

Wir haben meist Regen, aber es ist doch sehr schön. Wir gehn am Sonnabend abend den Weg hinter dem Forsthaus ansteigend. Man sieht da weit über Täler und Waldhöhen. Am Sonntag ein Stück mit den Hunden, die immer vom Wege ablaufen, in den Wald. Hans zeigt mir von unserm Stubenfenster aus Rehe, die unten am Waldrand grasen.

Sonntag nachmittag gehn wir nach Weibersbrunn. Schönen Waldweg. Es regnet. Hans sieht immer zuerst die Rehe. Auf diesem Weg spricht Hans eingehender als sonst.

In Anknüpfung an eine Broschüre die wir zusammen lesen und wo über die fernere politische Gestaltung der Erde gesprochen wird. Er sagt, all das ganz Fernliegende, die endliche Verbrüderung, das Gottesreich auf Erden hätte in seinen Gedanken noch gar keinen Platz. Die nächsten 20–50 Jahre, in denen er zu wirken hätte, die interessierten ihn und beschäftigten ihn. Zuerst er selbst, sich zu etwas Festem zu machen. Von dem aus die weiteren Kreise, seine Mitarbeit an Deutschland.

In Weibersbrunn Einkehr, dann einen sehr nassen aufsteigenden Waldweg bei Gewitterregen zurück. Wie wir abends ans Forsthaus kommen hören wir Musik. Frau Förster hat Einquartierung. Junge Burschen, Wandervögel, die ihr oben auf der Treppe noch ein Stückchen blasen. Frau Franz hat Hans beiseite genommen. Er kommt nach oben mit einem Telegramm und sagt: »Ja, nun muß ich fort!«

Er gibt mir noch ein paar Bücher für Karl. Wir gehn schlafen. Ich denke daran, daß es wahrscheinlich auch der 13. ist, an dem er fortkommt und auch ein Dienstag.

Am Montag dem 12. weckt uns Frau Förster um 3 Uhr. Es ist noch dunkel. Der Postillion hat verschlafen. Babette weckt ihn, wir steigen am Gasthaus ein. Ich und Hans sitzen nebeneinander, Karl gegenüber. Es ist kalt. Trüber Himmel.

Er fährt über Weibersbrunn. Dort steigen zwei Landfrauen zu. Wir drei auf dem Breitsitz, sie uns gegenüber. Sie erzählen viel, nette gesunde Frauen. Vom Krieg wird gesprochen. Viele junge Leute sind jetzt beurlaubt zur Heuernte, aber bei dem Regenwetter ist wenig zu machen. In Oberhessenbach steigen wir in das Postauto um und fahren wieder bis Aschaffenburg. Unterwegs sehn wir häufig gefangene Franzosen, die bei den Landleuten arbeiten.

In Aschaffenburg eine halbe Stunde Aufenthalt im Wartesaal. Dann nach Hanau gefahren. In Hanau noch eine gemeinsame Stunde. Wir sitzen im Wartesaal. Karl ist sehr niedergeschlagen. Hans spricht zu ihm, er möchte nicht so mutlos sein, sondern Vertrauen in die Zukunft haben. Dann kommt sein Zug. Wir küssen uns. Er steigt ein und winkt lange. Wir sind allein.

Wir fahren nach Aschaffenburg zurück, von da zuerst am Main entlang bis Wintersbach und gehn durch das langgestreckte Dorf und den Wald bis Rohrbrunn zurück.

Mir ist nicht weh zumut. Ich denke, der Junge kommt wieder.

[Der] 13. Karls Geburtstag. Ich gebe Karl die Bücher, die Hans für ihn bestimmt hatte. Den zeitbestimmenden Federhalter hat Hans ihm noch selbst beim Mittagessen gegeben. Wir machen einen kleinen Frühweg. Ich schreibe Karl auf, was ich ihm zum 14. zu sagen habe. Nachmittags gehn wir ein gutes Stück die Würzburger Chaussee herauf. Kein Telegramm von Hans, nur eines von Schönians zur Silberhochzeit. Auch abends kein Telegramm. Die Wolken drücken schwer. Mir ist schwer zumut. Wie an der Nordsee damals.

14. Juni 1916 Heut ist unser Silberhochzeitstag. Früh geben wir uns, was wir uns zu sagen haben. Beim Frühstück kommt Telegramm von Hans: gutes Kommando bei Luftschiffern. Die Frau Förster backt einen Kuchen. Grüße von Konrad, Julie, Sterns, aber nur zum Geburtstag; keiner ahnt, daß wir Silberhochzeit haben.

Am Nachmittag machen wir einen Gang in den nassen Wald. Abends finden wir Briefe von Georg und Lise vor. Gute treue Briefe voll Liebe. Wir denken an Hans und Peter – unsere nun beschlossene Liebeszeit. 25 Ehejahre. Wie lange werden wir noch zusammenbleiben dürfen? Unsere Gemeinschaft zu vieren ist für immer hin. Wenn Hans wiederkäme, wenn wir noch wenigstens einige Jahre voll Liebe zusammen sein dürften! Ein paar Worte von Hans. Von Lise, Georg gute liebe Worte.

Das Wetter wechselt, es wird klar. Wir machen schöne Gänge. Einmal kehren wir in Schollbrunn in einem Gasthaus ein. In der Wirtsstube sitzen um einen Tisch Holzarbeiter. Es kommt ein alter Briefträger dazu. Sie begrüßen ihn freundlich, er ist traurig. Dann sagt einer: »Deiner ist gefallen?« »Ja – meiner ist gefallen.« »Mein Beileid!« Händedruck. Schweigen. Der Alte geht wieder.

20. Juni 1916 Die Tage vergehn. Es ist *sehr* schön hier. Aber es müßte länger sein, wenn Karl sich wirklich erholen sollte. Am schönsten sind früh die Gänge allein, wenn man ganz aufnahmefähig ist und man alles so eindringlich erlebt – Bäume und weite Blicke, Vögel, Rehe, Gras, Blumen und ziehende Wolken.

Vom Hans Nachricht. Noch ist er in Berlin.

Telegramm von Thildi: am 15. Juni ist ihr 3. Mädchen geboren.

Zwei wunderschöne Wandertage am Main. Früh hier los und rasch über Mespelbrunn nach Station Heinbuchental gegangen. Mit der Kleinbahn nach Obernburg gefahren. Nettes Städtchen, schön am Main gelegen. In dem Garten unseres Gasthauses sammeln sich viele Gefangene an, Franzosen und Belgier, die in der Gegend arbeiten. Sie sollen untersucht werden.

Von Obernburg bis Wörth zu Fuß gegangen am Main. Heiß. Fruchtbare Obst- und Gemüsepflanzungen. Sehr schön. In Wörth kehren wir um Kaffee zu trinken im ersten Gasthaus ein. Die Frau klagt ihr Leid, daß ihr Mann so krank sei. Er sei freiwillig, trotzdem er über die Jahre ist, zum Heer gegangen; dann hätte ihn einer mal beschuldigt, er hätte sich bei einer Wache etwas zuschulden kommen lassen, der Oberst habe ihn vor versammelten Soldaten runtergeschimpft. Das habe ihn krank gemacht. Karl sieht nach ihm. Ein Riese von Mensch mit gutem Gesicht. Schwerer Herzfehler.

Ein Teil von Wörth (neue Kirche von Schmitz) furchtbar langweilig, ganz neu angelegt. Von Wörth bis Kleinheubach vor Miltenberg mit Bahn. An Klingenberg vorüber, wo wir die ersten Weinberge sehn:

»Zu Bacharach am Rheine –
Zu Würzburg an dem Stein –
Zu Klingenberg am Maine –
Da gibts den besten Wein.«

In Kleinheubach aussteigen und mit Fähre über den Main setzen nach Großheubach hinüber. Beides sehr alte Städtchen. Fast jedes Haus – Giebel nach der Straße – hat echten Wein angepflanzt, der zur Laube gezogen wird.

Heraus aus Großheubach auf den Engelsberg. Aufstieg zum Engelsberg. Stationsweg, neu angelegt. Alles aus dem rötlichen weichlichfarbigen Sandstein, der hier gebrochen wird und aus dem auch Kirchen, Schlösser und Häuser gebaut sind. Oben Bild aus Christi Leben mit einem Spruch darunter. Unten: Zum Andenken dem gefallenen Krieger ... Gefallen bei ... die Eltern, die Gattin, die Kinder.

Auf einem Stein die Eltern ihren beiden Söhnen. Auf einem steht: »Er tat seinen Mund nicht auf, denn er wollte das Opfer sein.« Bezieht sich das auf Jesus oder den gefallenen Krieger? Ich denke an Peter.

Einige sind schon wie er 1914 gefallen im Oktober in Belgien.

Oben das Franziskanerkloster. Rundbank um alte Linde. Herrlicher Blick auf Maintal. Die winzigen Ochsenwagen unten.

Vom Engelsberg auf der andern Seite über Kapelle Mariahilf in die Ebene heruntergestiegen. Getreidefelder. Über breite Mainbrücke in das alte Miltenberg eingezogen. Altertümliches schönes Städtchen. Fahnen – blau-weiße, schwarz-weiß-rote. Wir hoffen: Sieg, aber es gilt schon Fronleichnam. Kehren im »Riesen« ein, wo schon Luther gewohnt hat. Feines altes Gasthaus. Gehn abends noch im Städtchen herum. Es ist wie in den »Meistersingern«.

Fronleichnam. Ganz entzückender Anblick früh aus unserm Fensterchen auf die Feststraße: Fahnen, Girlanden an den Häusern, die Vortreppchen mit Rosen und Blättern belegt, die Straße wird mit Gras und Blumen bestreut. Feiertagsmenschen gehn zur Kirche. Kleine Mädchen in weißen Kleidern, Kränzchen im Haar, mit Blumenkörbchen vor sich her.

Wir sehn von unsern Fenstern aus die Prozession. Gerade vorm Haus macht sie halt und wird gebetet und gesungen. Ein Feldgrauer trägt eine himmelblaue Fahne auf der steht: Deutsche Heimat. Etwa 20 Graue, zum Teil an Stöcken, gehn im Zuge mit. Einer, ein schöner großer blonder Mensch, hat ein Nervenleiden. Er schüttelt dauernd mit dem Kopf und macht den Eindruck, als hielte er das Ganze kaum aus. – Wir sehn dann die Prozession noch einmal am Markt. Ich bin unschlüssig, ich möchte mich hinknien, aber ich tu es doch nicht. Wunderschön ist [wie], nachdem der Dienst vor dem dort aufgestellten Muttergottesbild beendet ist, der Zug wieder weitergeht und der Gesang wieder anhebt, wie zugleich die Kirchenglocken mittönen.

Dann Gang in Waldanlagen oberhalb Miltenbergs, noch einmal durch das geschmückte Städtchen durch und nach dem Bahnhof. Fahren bis Stadtprozelten. Hier trinken wir im »Adler« Kaffee. Die Wirtin – mittelalte Frau – setzt sich zu uns und unterhält uns. Spricht klug über den Krieg. Tadelt, daß die allgemeine Unzufriedenheit und Unlust so groß ist.

Sehr heiß. Wir gehn los durch Breitenbrunn. Hier sieht man auch noch die schöne Ausschmückung für das Fest. Die Straße ganz mit Maien eingefaßt. Aufstieg mit herrlichen Rückblicken bis Forsthaus Silvan. Einkehr. Weiter. Rückblick bis über Odenwaldhöhen. Abend zu Hause.

Vom Hans: Er ist noch in Berlin.

Am Sonntag den ganzen Tag fort im Walde. Heißer schöner schöner Tag. In Rotenbuch, wo wir zu Mittag einkehren, hören wir aus einem Gasthaus eintönig schreienden Gesang junger Männer. Dieselben kommen nachher in unser Gasthaus und singen da wieder. Besonders ein junger Mensch: Er schreit seinen Gesang lauter als alle andern mit monotoner Traurigkeit, durchdringend. Nachher hören wir von der Wirtin, daß es der 3. Sohn einer Tagelöhnersfrau ist, der jetzt als letzter eingezogen ist. Es war dies der Abschied von seinen Freunden.

7. Juli 1916 Bin bei Mutter und löse Julie ab, die Lise vertrat. Schlafe neben der Mutter in Katrinens Stube. Die Mutter ist meist fröhlich und freundlich. Steht auf dem Balkon und sieht unten alles. Sämtliche kleinen Kinder. Sie freut sich an allem, hat immer eine freundliche Auffassung; so sagt sie, sie hätte noch nie unten Kinder gesehn, die sich schlimm zankten oder prügelten. Die Spreekähne beobachtet sie, zählt sie, bemerkt, daß immer zwei und zwei zusammenliegen, erwägt, ob deren Besitzer befreundet seien und ob die Kähne, die dieselben Farben haben, zusammengelegt werden.

Einige merkwürdige Vorstellungen. Z. B. es hat geregnet, auf dem Asphalt bleiben in den Vertiefungen nasse Stellen. Die Mutter nimmt an, diese Stellen würden absichtlich naßgehalten, weil der Asphalt da brüchig sei.

Die ganze Zeit jetzt denkt sie an die See. Ihr Geisteszustand muß dem eines halb Schlummernden oder eben Erwachenden ähnlich sein. Sie spricht von Träumen, daß sie geträumt hätte sie sei an der See, läge auf dem großen Verlobungsstein oder badete mit großer Lust. Ganz frühe Erinnerungen sind lebendig und vermengen sich mit späteren. Von Neuhäuser spricht sie, wo sie zuerst die See sah, bei der »Mam. Douglas«. Sie erzählt von den schönen Erdbeeren, die dort waren, es gab ein besonderes Beet, an das die Kinder nicht gehn sollten.

Etwas verlegen lachend erzählt sie, daß sie aber doch da herangegangen wären. Immer in denselben Gleisen kommen dieselben Erinnerungsbilder. Von Neuhäuser auf Rauschen und dann die Bemerkung – ein bißchen geringschätzig – daß wir, besonders ich, die See ja nicht vertragen hätten, was sich jemand, der wie sie sich nur gekräftigt an ihr fühlt, immer schwer denken konnte. Dann wieder, wie gerne sie gebadet hat. Mitunter direkte Sehnsucht wie sie sagt nach der See. Doch glaub ich kaum, daß falls die Mutter wirklich noch einmal hinkäme, sie das was sie erwartet von ihr hätte. Schon letztes Mal in Georgenswalde deckte sich nicht das Erinnerungsbild von der Natur und die Natur. Jetzt wär das wohl noch stärker. Es ist so deutlich bei der Mutter zu sehn, wie im hohen Alter bei abnehmenden geistigen Kräften das Leben ein anderes ist. Frucht ihres sittlichen und reinen Lebens ist, daß sie so voll Güte und Freundlichkeit ist und Würde. Das wirkliche Leben spült nur noch ganz leise in kleinen Wellen bis vor ihre Füße, ihr Leben ist das, das sie gelebt *hat.* Immer wieder sagt sie mit welchem Dank sie auf ihr reiches Leben zurückblicken kann. Oft auch spricht sie von dem ersten Kindchen, das nach einem Jahr starb. Nicht von dem zweiten. Der Tod des ersten Kindes ist doch wohl das Stärkste in ihrem Leben gewesen, darum ist er jetzt nach 55 Jahren noch gegenwärtig.

Die Ruppsche Zucht und Haltung hat ihr damals das gegeben, was Tante Gertrud das Madonnenhafte nannte. Seitdem ich mich auf die Mutter besinne, hab ich sie nie fassungslos gesehn, nie außer sich. Ihr starker Schmerz um den Konrad, als der heiratete, war auch gehalten. Immer hatte sie Würde und hatte auch Anmut. So hat sich aber auch allmählich das etwas Ferne bei ihr entwikkelt; nie hat sie sich von den Erlebnissen beherrschen lassen, es wurde im Laufe der Jahrzehnte etwas von Beschauen des Lebens.

[8. Juli 1916] Jetzt bin ich 49 Jahre alt. Ich schreib dies in Katrinens Stube. Bin allein, aber morgen seh ich wieder Karl auch Hans. Was hat das letzte Jahr mir gebracht? Was hab ich gebracht?

Peter: Es ist anders geworden. Schmerz und Sehnsucht sind schwächer geworden. Aber nun die Gefahr wieder ganz so wie früher zu werden. Ich hab geglaubt der Schmerz würde bleiben oder wenn er nicht bliebe, so würde er wenigstens mich umwandeln. Ich hab auch geglaubt, dieses eine würde alles Schlimme was noch kommen könnte in sich verschlingen, es gäbe außer Hansens Tod nichts mehr was mich schreckte, ich wär »frei«. Jetzt häng ich an Hans an Karl an der Arbeit. Ich wünsch daß die leben bleiben und daß ich die Arbeit zu Ende bringen kann. Das wünsche ich so sehr.

Der Peter steht dahinter. Peter!

Ich fühl mich älter und schwächer geworden. Wenn ich meinen Körper seh, mein welkes Gesicht, meine alten Hände, dann werd ich mutlos. Wie soll ein solcher Mensch noch soviel leisten wie ich noch leisten will? Schmerz und Sehnsucht fressen an der Kraft, ich brauche Kraft. Ich *bitte*, daß ich die Arbeit machen kann. Vor allem die Arbeit für Peter aber auch all das andere noch. Wenn ich das gemacht haben werde will ich so gern sterben, aber erst muß ich das noch machen.

Wenn ich hier mit der Mutter bin, fühl ich mich oft wie sie. Stehe wie sie mit den Händen auf dem Rücken und seh zum Fenster raus, summe vor mich hin wie sie. Wie wenn auch mich das Leben nur noch zum Zuschauen anginge.

Neue Kraft – um die *bitte* ich.

9. Juli 1916 Gestern nachmittag nach Haus gefahren, Hans wartete schon oben auf mich, sah aus dem Fenster. Dann kam Karl. Sie führten mich vor den Geburtstagstisch. Blumen und Bücher. Eine Wachskerze brannte, es war die, die ich Hans geschenkt hatte. Dann ging Karl in die Sprechstunde. Hans noch für sich, auch ich. Abends las mir Hans von seinen Gedichten vor, die er mir zu meinem Geburtstag im Jahr 1914 schickte. Damals wußte ich nicht viel mit ihnen anzufangen, er fragte, ob jetzt? Ich zögerte, meinte »doch«. Ich will sie für mich lesen, ich glaube doch, sie sagen mir noch nicht mehr. Von Georg [Gretor] ein ganz trauriger,verzagter, klein-demütiger Brief. Ein Bild von sich legt er bei.

Hoffentlich sieht er nicht so aus, so lebensabgewendet und frömmelnd. Hans ging dieser Brief endlich zu Herzen, ich glaub er schrieb an ihn.

Abends kommt Hans Prengel – wir lesen das »Sinngedicht« zusammen. Wir trinken eine Flasche Wein, die Hans besorgt hat.

Montag mittag geh ich wieder zur Mutter zurück. Sie ist müde. Neulich schon äußerte sie etwas, was entgegen ihrer sonstigen Art gereizt und verletzt klang. Es kam die Rede auf Rele und daß sie bald heiraten würde. Sie beklagte sich darüber, daß Lise ihr nicht Reles Verlobten vorgestellt hätte. Sie nähme doch so nahen Anteil an allem, was die Kinder anginge, es gefiele ihr nicht, daß man von einem solch wichtigen Ereignis ihr geschwiegen hätte. Es ist das dasselbe was auch Julie an Lise kränkt. Die Ereignisse in der Kinder Leben gehn nach Lisens Meinung nur sie selber an. Mir freilich spricht sie wohl davon, aber das ist ausnahmsweise Vertrauenshandlung. Ob sie der Mutter von Rele und [Heinz] Heck gesagt hat und Mutter es vergessen hat, darauf kommt es in diesem Fall gar nicht so an, sitzengeblieben und durchgedrungen bei aller Vergeßlichkeit ist bei der Mutter dieses, daß sie von dem Leben der Kinder wenig zu hören bekommt.

Von Rele kam zu meinem Geburtstag eine Karte, daß sie und Heinz [Heck] Ende Juli heiraten wollten. Eine Stube beziehn. Klavier, Gitarre hätte sie. An die Wände kämen statt Bilder Tierschädel.

Franz Werfel:

Adept: Wie ferne noch das Gottesreich auf Erden?
Sarastro: Von dir durch Aug und Mund
kann es begonnen werden.
Adept: Bin ich nicht einer, der des Heiles harrt?
Sarastro: Der Heiland kommt nicht, er ist Gegenwart.

Soeben sagte ich zur Mutter, ich ginge an die Arbeit. Sie sagte: »Da wird dir wohl sein« und fügte hinzu: »Wie schön ist das, wenn einer sagen kann, es ist mir wohl wenn ich an die Arbeit gehe.«

Georg sagt, daß Immelmann durch unsere eigene Artillerie abgeschossen [worden] sei.

Lise Hofferichter war hier. Sie hat Peter gesehn an dem Tage, als er von Norwegen kam. Als sie die Tür vom Stadtbahncoupé aufmachte, stieg Peter gerade aus. Sie hätte ihn gefragt, ob er nun auch fortginge, er hätte ja gesagt. Als dann der Zug abging, sah sie raus. Peter stand an der Treppe, die herunterführte. Mit dem Rucksack und der Leine. Braun und groß. Ohne Hut. Er hätte noch nach ihr hingesehn und [ihr] zugelächelt.

Einmal hat sie ihn auf dem Schlachtensee Schlittschuhlaufen gesehn mit der Kati Stern zusammen.

Es ist seltsam, daß die Mutter bei ihrem schlechten Gedächtnis nicht vergißt, daß ich an der Arbeit für Peter arbeite.

Georg sagt, daß zwei ruthenische Armeekorps in der Bukowina zu den Russen übergegangen seien samt ihren Generälen. Daher die großen Erfolge der Russen. Hindenburg soll gesagt haben, an dem Ausgang des Krieges zweifle er trotzdem nicht, aber durch das Verhalten der Österreicher würde das Ende des Krieges um noch ein Jahr herausgeschoben. Die Armee Bothmer, die zwischen den beiden österreichischen Armeen steht, steht unerschütterlich, die Österreicher rechts und links wanken.

Auch die Engländer kommen vor[an]. Aber dafür stehen die Deutschen vor Verdun gut.

Hoyers schrecklicher Brief. Sein liebster Kamerad ist schwer verwundet, beide Arme sind ihm abgerissen, mehrere andere [sind] tot. Er schreibt, hätte er noch eine Mutter so würde er sie bitten, daß sie für ihn betet.

[17. Juli 1916] Am Freitag 14. Juli war mir abends seltsam zumut. Es klingelte am Telephon, ich glaubte es sei Hans, der mir mitteilte, daß er fort müsse. Es war Hans aber er sagte nichts davon. Wir verabredeten etwas für den nächsten Tag. Dann ging ich unten an der Spree. Sehr ernst war mir, wenn ich mich fragte, an wen ich denke, war es immer der Hans.

Am Sonnabend früh telephonierte Karl, Hans sei nachts durch ein Telegramm nach der Kaserne gerufen, es ginge jetzt fort. Ich machte mich auf und wurde in der Luftschifferkaserne lange herumgeführt, ohne ihn zu finden. Plötzlich kam er an. Er hatte mich schon erwartet. Wir saßen in dem runden Wetterhäuschen. Dann ging ich etwas Mittag essen, während der Junge, der wieder gegen Typhus geimpft war und sich nicht wohl fühlte, etwas schlief. Wie wir nachmittags wieder zusammensaßen, kam auch Karl noch. Unterdes war auch Fräulein Keuchel noch dagewesen, ihm Eßsachen bringen. Sie brachte ihm Rosen. Dann nahmen wir Abschied. Karl fuhr nach Hause, ich noch einmal zu Sterns, aber nur um meine Sachen zu packen und der Mutter Lebwohl zu sagen. Georg, als er von Hansens plötzlicher Abfahrt hörte, fuhr noch heraus, doch gab man ihm falschen Bescheid, er sah ihn nicht.

Sonntag 16. früh hieß es auf telephonische Anfrage, sie wären noch da. Ich fuhr wieder heraus. Der Radierer Geiger wollte mich zu ihm führen, da kam Hans schon an. Sagt es geht zu Linsingen. Diesmal kam er mit mir Mittag essen. Ich fuhr dann noch nach Hause um sein seidenes Hemd zu holen und dann wieder heraus. Fand Wertheimer und Hanna bei ihm in dem Regenhäuschen. Karl kam, die beiden gingen. Hans führte uns hinten zu den Gasanlagen und den bereitstehenden Wagen der Kolonne. Wir sind alle 3 müde und abgespannt. Hans geht mit uns in eine kleine Konditorei in der Müllerstraße. Dort trinken wir Kaffee, werden wieder frisch. Ein gutes Beisammensein. Wir sprechen über Opfern und Opfertod. Peter. Über Abschiednehmen und das Verschleppen des Abschieds, das Dehnenwollen der letzten Stunden. Wir machen aus, ihn nur noch ein Stückchen den Spandauer Weg herunter zu begleiten. Trotzdem gehn wir zur Kaserne mit, warten draußen. Hans kommt zurück und sagt, er könne noch fort, er wolle uns nach Hause begleiten. Am Rosenthaler Tor steigen wir aus, Karl macht unterwegs noch einen Besuch. Zu Hause Lina. Bäckt ihm noch einen Eierkuchen. Fröhliches Abendbrot. Karl sucht Hans noch im medizinischen Blatt Läusemittel auf.

Wir holen die zweite Flasche Wein von meinem Geburtstag. Wir trinken alle schweigsam aus. Wir denken wohl alle dasselbe. Dann Abschied. Wir bringen ihn herunter. Er steigt auf die Straßenbahn. Winkt hinten zurück.

Die Gläser stelle ich zusammen weg. Sie sollen unberührt bleiben. Kommt er wieder, so wollen wir wieder aus ihnen trinken.

Montag 17. früh ein Brief von Hans Koch an ihn. Ich bringe ihn der Lise und bitte sie, ihn Hans mitzunehmen wenn sie noch zu ihm geht.

Telephoniere mittags an, ob von Hans Nachricht. Nein. Arbeite nicht, sondern gehe nach Haus. Lina sagt mir lachend, Hans käme noch zu Mittag. Dann kommt er. Lise hat ihn besucht, auch Hans Koch, der wolle noch herkommen. Mittag Karl Hans und ich zusammen. Dann geht Karl auf Besuche, sagt zu Hans: »Ich find dich ja sicher noch.« Hans: »Ja!« Hans geht zu sich herauf, ich schlafe ein Weilchen. Hans Koch kommt. Zuerst kurzes Gespräch über Heiraten der jungen Leute. Dann über Wyneken. Wir lesen seinen Aufsatz aus der »Freien Schulgemeinde« über die Gründung der Jugendburg. Hans liest vor. Unmittelbar danach klingelt es am Telephon, Hans wird zurückberufen. Essen und trinken noch etwas, noch etwas zusammenpacken. Ich bin mit Hans noch eine kleine Weile bei Peter drin. Wir stehn am Schreibtisch.

Hans sieht nach Peters Bett hin. Wir küssen uns. Hans sagt mit starker Stimme: »Ich komme ja bestimmt wieder!«

Umsonst warten, daß Karl noch kommt. Er will sehn noch zu telephonieren.

Hans und Hans Koch gehn zusammen herunter, stehn unten. Hans winkt herauf. Steigt auf die Bahn. Winkt zurück.

10 Minuten danach kommt Karl. Spricht über die Zahlen: 17.7.1917. Ich sage, wie denn danach sein Leben hätte verlaufen müssen, er sei ja an einem 13. geboren, viel Glück hätte er im Leben freilich auch nicht gehabt. Karl: »Das Hauptglück meines Lebens scheint mir freilich genommen zu werden.« Ich sage, daß ich eine solche Sprechweise, da Hans noch lebt, nicht leiden könne und daß ich sie unmännlich finde.

Jetzt bedenke ich mich. Freilich finde ich eine solche Sprechweise unmännlich. Aber Karls *Leben* nach Peters Tod ist im höchsten Sinne männlich gewesen.

Jetzt ist [es] 9 Uhr. Vielleicht fährt unser Hans, unser einziges lebendes Kind, jetzt eben ab.

Dienstag, 18. Juli 1916 Bald nach 9 Uhr kam gestern abend Karl. Hans hätte noch telephoniert, er sei auf dem Militärbahnhof in der Putlitzstraße, wir möchten noch hinkommen.

Von der Straße ein Stück hereinzugehn, dann ein Gitter mit einem Posten. Er läßt uns durch. Rechter Hand steht der Zug, den wir entlanggehn. Wir treffen Lise und Georg. Lise weint. Sie gehn fort. In einem Wagen sitzt ein Mädchen, das laut und jammernd schluchzt. Der Soldat steht vor ihr und klopft ihr beruhigend auf den Rücken. Überall zwischen den Soldaten Mädchen. Ziemlich am Ende des Zuges finden wir Hans. Er hat ein Coupé 2. Klasse mit einem Leutnant und einem Wachtmeister. Das Coupé ist mit roten Rosen geschmückt. Hans ist munter und ganz ruhig. Wir sind nun noch zwei volle Stunden zusammen und es ist so sehr schön. Hans hat meine Rose vorgesteckt. Fast alle Soldaten haben Rosen vor. Sie gehn mit ihren Mädchen auf und ab. Ein ganz junger geht mit [einem] Mädchen. Sie ist so sehr klein, daß er immer ganz krumm neben ihr geht. In den Wagen 4. Klasse stehn die Pferde. Dort machen sich die Leute ganze warme Nester zurecht. Hin und wieder fährt auf dem oberen Gleis ein Militärzug vorüber. Die Waggons mit den Proviant- und Gasbombenwagen werden angeschoben. Hans läuft hin sich Decken zu holen. Die Soldaten holen sich von hinten ihre Brote. Allmählich wird es stiller. Viele Begleitenden sind fort, das weinende Mädchen ist auch nicht mehr da. Die Soldaten haben sich in ihren Wagen 4. und 3. Klasse eingerichtet, fangen drin an zu singen: »Und seh ich die Heimat nicht mehr wieder – hurra!«

Konrad kommt, als wir gerade dem Hans das Loch in der Feldflasche zu stopfen versuchen. Er ist sehr weich und schwer gestimmt. Wir gehn zu vieren auf und ab. Dann geht er, umarmt und küßt den Hans. Der Junge spricht davon, wie wenig gefährdet wahrscheinlich sein Posten sein wird. Mit einem Male heißt es: »Alle einsteigen!« – Letzter Kuß. Er steht drin, wir können ihm noch einmal die Hand geben. Winken. Der Bahnbeamte ruft, wir möchten gehn, er lösche die Lichter. Wir gehn. Als wir außerhalb des Gitters sind, bleiben außer uns noch zwei junge Frauen in weißen Blusen. Sie und wir stehn hinter dem Gitter und warten, daß der Zug, der in Bahnhof Putlitzstraße rangiert, wieder vorbeifährt. Er kommt. Erst die Pferdewagen, dunkel, kleiner Spalt. Dann die Wagen 3. Klasse – an den Fenstern Gestalten. Die Frauen und wir winken. Sie rufen und oben die Leute rufen laut zurück. Dann der Wagen 2. Klasse. Am Fenster steht jemand. Das ist sicher Hans. Ich ruf ihn. Er winkt und wir winken. Dann die Güterwagen mit den Luftschiffertransportwagen. Dann gehn wir vier.

Am Tage besorge ich ihm, was noch zu tun ist. Das Moskitonetz, seinen Waffenrock zum Umändern zu Peek & Kloppenburg.

19. Juli 1916 Die erste Karte vom Hans aus Bentschen an der Obra. Er schreibt: »Ihr wart es doch, die am Gitter standen?«

Abends lese ich die »Achilleis«: »Aber der Jüngling fallend erregt unendliche Sehnsucht ...«

20. Juli 1916 Abends sind Annie Karbe und Kathrine [Laessig] hier.

21. Juli 1916 Abends Hans Koch. Er bringt so vieles: den Werfel und Briefe von einem Mann, den er jetzt kennengelernt hat –

Nolls Lehrer. Er liest Gedichte von sich, gute. Er liest Gedichte vom Noll an Erich und Nolls schrecklichen Schlachtbericht. Von Hans spricht er, daß er ihn entbehrt. So viel Liebes bringt der Junge, ich hab ihn so gern.

Eine Karte vom Hans aus Rußland.

Schreckliche Kämpfe an der Somme. – Von Hoyer nichts.

22. Juli 1916 War bei Sophie Wolff im Atelier. Sie arbeitet gut: klug, sehr überlegt und doch mit Passion. Die gute angefangene Büste von Ackermann. Solche Arbeiten wie ihre könnt ich nicht machen. Ihr intensives Streben eine neue Form zu finden, führt zu einem gewissen Resultat. Ihre Arbeiten sind eigentlich künstlerischer als meine, aber sie ist nicht mehr Künstlerin als ich.

Sonntag, 23. Juli 1916 Tag ohne innere Sammlung. Abends noch etwas zu Sterns herüber, weil sie morgen zur Rele fahren.

24. Juli 1916 Von Hans Nachricht. Er braucht einiges. Besorge ihm vor allem die Gummihaut. Es regnet in Strömen dort. Abends Konrad. Karl hatte ihm 100 Mark geschickt zum Fortgehn. Konrad bringt sie zurück, sagt er braucht sie nicht und würde jetzt sowieso nicht fortgehn, weil er so gut in der Arbeit drin ist.

25. Juli 1916 *Heut Reles und Heinz' Hochzeitstag.* Georg Lise und Maria dort. Hanna und Kati können nicht. Wir depeschieren.

Für den Abend meldet sich Hoyer an.

Abends ist Hoyer da. Er hat Zeichnungen mit, die er draußen gemacht hat. Die Sehnsucht nach Peter wird wieder wach, der abbrechen mußte.

[26. Juli 1916] Am 26. mit Hoyer im Kaiser-Friedrich-Museum gewesen bei gotischer Plastik. Hoyer sagt, oft ist er da mit Peter gewesen. Bei Tippel schwänzten sie und gingen ins Museum. Einmal hätte er sie dort getroffen und gesagt, wenn sie statt bei ihm im Museum wären, wär es gut. Dann bei den Deutschen oben. Wir stehn vor Niederländern: Konzert; und: Mädchen, das sich die Kette umlegt. Ich sage, so bewundernswert die Sachen seien, hätte mein Interesse für sie doch eine Grenze. Schließlich seien auch diese figürlichen Darstellungen Stilleben und außerdem wären sie zu vollendet, zu fertig. Da sagte Hoyer: »Genau wie Peter! Er schlug mit der Hand und sagte: fertig!«

Ich seh und hör ihn. »Mußt Deiner Sendung wandernd entsagen.«

Was wäre aus ihm geworden? Warum ist das so abgebrochen? Wo sucht und arbeitet er weiter?

Der Hoyer ist noch da. Als ob diese zwei Jahre nicht dazwischenliegen, steht er vor denselben Sachen und läßt sich von ihnen erregen. Träumt seine Träume von seiner kommenden Kunst. Wo ist der Peter?

Regulas Hochzeit konnte ich ohne schmerzendes Empfinden miterleben. Da sah ich nicht Peter darin. Aber seinen Mitstrebenden in der Kunst zu sehn, den, der hundertmal Peter neben sich hatte, den zu sehn, *wieder bei seiner Arbeit* – ohne Peter – das ist wie ein schweres Unrecht. Warum durfte er nicht auch?

Und diese wundervollen Sachen, die er nicht mehr sehn kann. Den Christus mit Johannes in seinem Schoß, die 3 weinenden Frauen unter dem Kreuz.

27. Juli 1916 Endlich wieder mit mehr Zusammenreißung an der Mutter gearbeitet. Ich mache mir klar, daß ich seit Beginn dieses Jahres bereits an ihr arbeite. Freilich mit dem Zeitverlust der beiden Secessionen. Also 7 Monate. Jetzt endlich seh ich Land. Vorausgesetzt, daß ich an dem Kleide noch bis Mitte August arbeite, so hoffe ich an Gesicht und Händen noch im September bis zum Gipsguß fertig zu werden, so daß ich das Durcharbeiten in Gips – das ich auf dem Dach vornehmen will – noch einigermaßen in warmer Zeit vornehmen kann. Ist es doch, bis ich so weit bin, Winter geworden, so wird nichts übrig bleiben als monateweise noch ein Oberlichtatelier zu mieten. Jedenfalls muß ich die Gipsbearbeitung mit Oberlicht machen.

Nachmittag kommt Julius Hoyer, liest. Ich finde ihn in Peters Stube. Ich gebe ihm Nolls Gedicht. Er gibt mir einen Brief vom Peter, der aus Stettin an ihn geschrieben hat[te]:

»Osternothafen. Lieber Julius. Ich liege hier auf der Mole, Wind und Meer vor mir. Ich fühle mich wieder froh ja glücklich, denn die bleischwere beklemmende Luft, die Wasser und Himmel zu einem trostlosen unheimlichen Grau verband, hat einem frischen Sturmwind Platz gemacht.

Das war gestern abend. Ab und zu fuhr ein Dampfer lautlos, nur selten ein angstvolles Geheul ausstoßend, ins Dunkel hinein.

Ich war aus Berlin geflohen, weil ich mich selbst verloren, weil

Julius Hoyer
(1896?–1918)

ich mich meiner Halbheiten schämte, wo ich ganz oder gar nicht sein sollte, weil ich mich in dem großstädtisch zersplitternden Optimismus selbst nicht mehr kannte. Der verließ mich auch gestern noch nicht. Ich sehnte mich danach, aufgehen zu können in der bleiernen Verzweiflung der Natur, mein Ich zu verlieren. Es gelang mir nicht.

Ich habe das ›Weiße Haus‹ gelesen. Ich würde Dir Stellen daraus schreiben, wenn Du es nicht so gut kenntest. Gestern verstand ich es erst.

Jetzt fahre ich zurück übers Haff. Über dem bleichen Wasser steht die glutrote Abendsonne. Schon verengen sich die Ufer und die rostroten Segel der dänischen Schiffe werden seltener. Wenn mich nicht an Berlin so viel bände – weniger Persönliches als die Idee – ich wollte alle Kultur und Halbheit hinter mir lassen und aufs Meer.

Ich wollte Dich wieder singen hören. Gestern hab ich an Dich gedacht. Ich steh in Deiner Schuld wie in so vieler anderer. Leb wohl.«

Hoyer sagt: »Wir hatten uns einander verschworen. Soll das das Leben sein, daß alles zerrissen wird?« – War dann mit ihm in der Urania. Norwegenbilder.

Als ich abends zurückkomme, habe ich keinen Schlüssel. Bitte Uhrmacher Neumann bei ihm durchgehn zu können. Ich spreche zum ersten Mal mit ihnen über ihren toten Sohn. In der Stube hängen seine vergrößerten Bilder nebeneinander. Darüber unter einem Flor seine Marke, die der Vater ihm hat in Silber arbeiten lassen. Noch ein anderes Bild bringt er: »Da ist er nun mit seinem langen Hals in dem niedrigen Kragen.« Die Mutter sagt sie denkt mit Neid an mich, ich könne mir meinen Sohn doch malen, aber sie haben kein gutes Bild von ihrem. Neumann sagt: »Wenn ich zum Wörther Platz raussch, seh ich meinen Sohn da liegen.« Täglich hat er geschrieben gehabt, wie zum ersten Mal ein Brief ausblieb war er auch schon tot. Aus dem Feld hat er geschrieben: »Ich werde immer kräftiger.«

28. Juli 1916 Auch heut gut arbeiten können. Abends zu Sterns gegangen, wo ich mich mit Hoyer treffen wollte. Lise noch nicht von München zurück, Georg mit Hoyer allein. Sie singen zusammen. Am schönsten ohne Klavierbegleitung Volkslieder, Georg 2. Stimme, Hoyer 1. »Es wollte sich einschleichen ...« Zuletzt singt Hoyer auch noch den »Roten Husar«.

Beim Rückweg spricht er von seiner Mutter. Wie er die vermißt und wie es ihm war, als er bei Peter Liebe fand. 14 oder 15 Jahre war er alt als sie starb, ein halbes Jahr hat sie im Bett gelegen, und wenn sie konnte, hat sie noch mit ihm gesungen. Er war der Jüngste und sie war so sehr bange, was aus ihm werden würde. Dann hat sein Vater wieder geheiratet und er ist fortgegangen, von der Schule fort vor dem Einjährigen. Hat sich immer allein und ohne Liebe gefühlt.

29. Juli 1916 Früh ein Brief von Herbert Kranz. Daß er nun endgültig sich von Kathrine [Laessig] gelöst hat. Er hat sich an ein anderes Mädchen gebunden. Der Brief ist seltsam. Es tut mir leid.

Gut gearbeitet. Zurück, am Hackeschen Markt, ziehn neue Truppen aus. Alles ernst. Franks Gedicht: »Ach, zwei Jahre sind lang ...«

Dienstag, 1. August 1916 Zwei Jahre Krieg.

Schopenhauer: »Das Schicksal mischt die Karten und wir spielen.«

3. August 1916 Casement ist erschossen. Nicht erschossen sondern erhängt.

War gestern bei Mutter. Sie war still und schien müde. Lise war drüben. Sie erzählte von München. [Paul] Keyserling habe mancherlei Schlimmes von der Front berichtet. Frankl wäre sehr aufgebracht darüber und dächte sogar daran – wenn ich Lise richtig verstand – Keyserling anzuzeigen.

Kathrine Laessig gestern abend hier. Weich und still.

Karl kommt. Er ist im Hedwigskrankenhaus gewesen sich noch einmal untersuchen lassen. Der Arzt hätte Darm auch Leib untersucht und gesagt, er könne nichts Schlimmes finden.

5. August 1916 Lange mit Karl zusammen auf dem Anhalter Bahnhof gewartet um Luftschiffer Eckstein zu treffen, der für Hans Sachen mitnehmen sollte. Nicht getroffen.

Sonntag, 6. August 1916 Nachmittag und abends bei Sterns. Alle Mädchen fort: Rele München, Hanna Frankfurt, Katrine München, Maria Weimar mit Wandervogel. Georg nach Basel verreist. Hans und Frieda Prengel mit ihren Kindern dort. Hans bringt alte Familienbilder mit. Karl kommt nach. Abends (Mutter, Wertheimer, Lise, Karl ich) wird über Frankl und Keyserling gesprochen. Daß Frankl Keyserling denunzieren will als Verbreiter schädlicher Gerüchte. Dann wieder auf Krieg gekommen.

7. August 1916 Im Atelier zu zeichnen versucht: »Abschied«. Nichts gekonnt. Niedergeschlagen.

Ich telephoniere Herrn Meier an und frage nach Walter. Seit dem 7. Juli wird er »vermißt«. Es scheint wie mit Gottfried zu liegen.

Nun lebt nur noch der Hans Koch von den 4 Jungen, die zusammen eintraten.

Warum schrieb ich dem Walter Meier nicht eher? So oft schrieb ich ihm in Gedanken und dankte ihm. Nun ist er tot. Der Treue, der Brave.

»Je länger der Krieg dauert, je klarer tritt es zutage, daß alle meine Ideologien falsch sind. Darum geht es: um Platz, um Ellbogenfreiheit. Das muß sein, das ist nicht zu ändern, jetzt nicht mehr. So bin ich wie je Freiwilliger. Aber dessen seien wir eingedenk: Wenn dieser Krieg jemals noch einen Sinn bekommen soll, so werden wir ihn ihm nach dem Kriege zu geben haben. Fluchwürdig die Jugend, die sich nach dem Kriege dem Kampfe entzieht, die tanzt und träumt anstatt nun erst wahrhaft und wesentlich das Schwert zu führen.«

So schrieb er nach Erich Krems Tod: »Ich halte den beiden die Treue, die uns wortlos und kaum bewußt einte.«

Die beiden Niederschriften gelesen, die Hans Prengel im Nachlaß seines Vaters gefunden [hat] und von denen er nicht weiß, wer sie gemacht hat. Die eine von 1810–78 ist wahrscheinlich von der ältesten Schwester Kastell. Sie gibt nur ein Gerippe ihres Lebens, das schwer und monoton gewesen zu sein scheint.

Die andere 1853 geht nur über einige Wochen. Sie ist augenscheinlich von Natalie Rettich gemacht, die damals ein junges Mädchen war. Sie lebte mit Tante Tina im Waldhäuschen. Dem Tagebuch nach gab es ein heiter geselliges Zusammensein. Alle Tage traf man sich, machte Ausflüge, flocht Kränze, spielte Harmonika, sang Lieder und sah die Sonnenuntergänge. Die jetzt lang Toten waren damals jung und heiter. Vater, Röckner, Ender, Emil Arnoldt, Tolksdorf. Die Jugend damals durfte leben und kam erst zum Sterben, als sie wirklich ausgelebt hatte auf Erden.

9. August 1916 Lily Braun ist tot. Sie hat einen Schlaganfall gehabt und ist gestern am 8. gestorben. Ihr Otto hat sie nicht mehr am Leben getroffen.

10. August 1916 Abends bei Sterns mit Hoyer. Er singt wunderschön. Zuletzt: »Wohlauf Kameraden ...«

Am Bahnhof Bellevue sagen wir ihm wieder Lebwohl. Er sieht traurig aus. Ich will ihn am nächsten Tage früh noch auf dem Bahnhof Charlottenburg treffen, finde ihn aber nicht. Ich schreibe ihm und biete ihm das Du an.

Berneis fällt.

12. August 1916 Vaters Geburtstag. Wir sind bei der Mutter: Konrad, Karl ich, Lise und Georg.

Bevor wir weggehn zeigt mir Lise ihre beiden letzten Arbeiten.

Das eine ist die immer wiederkehrende Gestalt, schwebend über dem Wasser, schön und groß empfunden. Das andere in Plastilin: Mutter, Tochter und Enkelkind, in eins gedrängt zusammensitzend. Auch dies ist schön.

Es hat einen Stachel zurückgelassen. Was mich immer quält – hab ich noch die Kraft zu guter Arbeit? Bin ich nicht ausgelaugt? Ich quäle mich bei der Arbeit, schinde mich, ermüde mich. Und bei Lise ist alles noch unverbraucht. Was soll ich tun, wenn es so ist?

Übrigens ist es immer Max Wertheimer der in ihren Sachen ist. So hat er doch noch Zeugungskraft in ihrem Leben bekommen.

Lily Braun sagt in ihrem Testament: »... habe ich niemals aufgehört, [trotz der ungeheuren Härte meines Schicksals,] das Leben und mit vollster Überzeugung auch das Leiden zu bejahen. Allem was ich erfuhr, sei es noch so schwer gewesen, bin ich dankbar, denn alles hat letzten Endes meine Kraft gestärkt, meine Entwicklung gefördert ...«

Der Otto lebt. Wenn er gefallen wäre, würde sie das auch bejaht haben, *weil es ihre Entwicklung gefördert hätte?* Kommt das überhaupt dabei in Frage? Kommt das, was sie sagt, aus höchstem Egoismus, oder ist es dasselbe was Rupp sagt: »Der ewig reiche Gott nimmt nie, ohne mehr zu geben als er nimmt«?

Kann ich bejahen, daß eines Menschen Erdenleben abgerissen wird und dieses Erleben – sein *Tod* – meine Kraft bereichert? Mir scheint so spricht man nicht mehr, wenn die Kinder sterben. Ihre Erlebnisse in der Partei, in ihrer Familie, auf so etwas ist wohl anwendbar, wenn sie von der »ungeheuren Härte« ihres Schicksals spricht, das sie doch zur Weiterentwicklung geführt hat.

Als ich ganz voll Traurigkeit auf den Balkon herausgehe, seh ich, daß eine von Peters Rosen blüht. Wie ein lächelndes Trösten.

15. August 1916 Richard Nolls Brief hat mich in eine Verlegenheit gebracht, die auch heut nach Tagen noch da ist. Bis jetzt hab ich keinen Brief an ihn fertig gebracht. Ich habe das Gefühl mich in eine Sackgasse verlaufen zu haben oder keinen sichern Boden mehr unter den Füßen zu haben. Bin ich schuld, daß es so gekommen ist? Vor dem Kriege, als beide Jungen noch da waren, waren mir ihre Freunde lieb, vor allem der Erich. Aber doch fern. Dann kam Peters Tod, der alles veränderte. Seine Freunde wurden mir Wesen, die noch etwas von ihm hatten, ich liebte sie. Gemeinsam pflegten wir das Gedenken an ihn und Erich. Aus einem solchen gesteigerten Gefühl heraus schrieb ich an Noll, einen Brief, der zur Antwort diesen letzten von ihm hatte. Er nennt mich Mutter. Mit all seinem Überschwang wirft er sich mir entgegen. Auch Hans Koch nennt mich Mutter Käthe, Hoyer nennt mich Mutter Kollwitz, noch nie aber wie bei Richard Noll empfand ich darin so deutlich das etwas Zuweitgehende. *Meine Kinder. Mein Hans, mein Peter.* Wohin habe ich mich mit Noll begeben? Wie ist es verwunderlich, daß jetzt, in meinen Jahren, mit alledem was hinter mir liegt, ich in Verwirrung gerate? Warum? Weil Richard das was von mir ausging in der für ihn charakteristischen Art gewaltsam und stürmisch weiterführte und ich mich plötzlich hinversetzt fand, wohin mein Gefühl mir eigentlich nicht erlaubt zu gehn. Ich bin keine Ernestine Castell, die leidenschaftlich geistigen Verkehr mit jungen Männern pflegte. Ich will meine Kinder lieben und die, die ihre Freunde sind, aber in den Grenzen, die mein Naturell mir zieht.

Das ist es worunter ich jetzt leide. Es ist *dürr* in mir. Peters Bild ist nicht mehr so allgegenwärtig und so lebendig. Und empfinde ich ihn nicht, so kommt mir der Tag nicht richtig verbracht vor. Werde ich lebhaft an ihn durch etwas erinnert, so kommt der Schmerz wieder, aber dieses Hervorbrechen des Schmerzes in einer Zeit, die im übrigen mit anderem ausgefüllt ist, hat etwas, wovon ich wieder das Empfinden habe, es ist nicht mehr innerste Notwendigkeit. Früher lebte ich im Peter, immer war er um mich, alles alles erinnerte mich an ihn. Da war ich eins [mit ihm]. Aber jetzt lebe ich mein altes Leben und bin nicht mehr so ständig mit ihm. Der Schmerz wird einem wirklich entwunden mit der Zeit – für so unmöglich man es zuerst hält. Dann habe ich noch die Arbeit Gott sei Dank. Die führt mich zu ihm. Aber in den Stunden außer der Arbeit, da ist es oft so trocken in mir. Die fließende strömende umfassende Liebe für Peter, für Hans und für Karl, die ist manchmal weg und dann ist es öde.

Dann wenigstens *wahr* sein. Wahr auch in dem Verhältnis zu den andern Jungen. Es *darf* nichts Gekünsteltes und Geschraubtes und Gestelztes da sein.

16. August 1916 Heut ist der Tag, an dem nach Prophezeiungen Friede gemacht werden sollte. Wo ist er?

Im Atelier arbeite ich immer an der Figur der Mutter. Ich hoffe, daß ich sie werde machen können, denn wenn auch ganz langsam – vorwärts geht es doch.

Mit Frau Kaiser, ihren Söhnen und der Schwiegertochter Eva im Café Schilling gesessen. Hellmut ist ganz breit geworden. Nichts mehr von seiner Knabenschönheit. Über Wyneken gesprochen. Die Jungen sprachen gegen ihn. Er sei Fanatiker. Benjamin und mehrere andere seien ganz von ihm zurückgekommen. Von Wynekens Plan – der Jugendburg – gesprochen. Davon ausgehend über gemeinsame Erziehung der Geschlechter. Daß ein Rückschlag käme gegen das ganz mit gleichem Maß Messen der beiden Geschlechter. Ob eine größere Sonderung nicht die eigenartige Kraft der Geschlechter stärken würde?

Beide Jungen scheinen mir doch sehr zum Absprechen zu neigen.

Ich fragte Joachim – an Nolls Kriegsbrief denkend – ob er nicht beobachte, daß bei den Frontleuten eine perverse Lust an grausamen Sensationen auftrete. Er sagt nein.

Bei Stürmen herrsche einfach viehische Angst. Nach Wiederholung solcher Schrecknisse verlange niemand.

Heut am 16. August ist Walter Meiers Todesanzeige in der Zeitung. Am 6. Juli ist er gefallen. Der Brave, Treue.

Damals sagte Peter, wenn die Freiwilligenregimenter erst draußen wären, dann würden wir von manchem Tod hören. O ja! Der Peter – der Erich – der Gottfried – der Lothar und der Walter. Wird es nun genug sein?

18. August 1916 Gearbeitet. Alle Tage an der Mutter. Es geht vorwärts. Ich hoffe bis zum 1. Oktober mit der Mutter fertig zu sein, wenigstens so, daß ich sie gießen lassen kann und dann bei Oberbeleuchtung sie in Gips fertig arbeite.

Vom Jungen immer gute liebe Nachricht.

22. August 1916 Stillstand in der Arbeit.

Wenn ich so dürr fühle sehne ich mich fast nach dem Schmerz zurück. Und wenn er wieder kommt, dann fühle ich wie er körperlich alle Kraft nimmt, die zur Arbeit nötig ist.

Eine Zeichnung gemacht: die Mutter, die ihren toten Sohn in ihre Arme gleiten läßt. Ich könnte 100 solche Blätter machen und doch komme ich ihm so *nicht näher.* Ich suche ihn. Als ob ich ihn in der Arbeit finden *müßte.* Und doch ist alles was ich machen kann so kindisch schwach und ungenügend. Ich fühle dunkel, daß ich das *heben könnte*, daß in der Arbeit der Peter liegt und ich ihn finden könnte. Aber zugleich das Empfinden: ich kann es nicht mehr. Ich bin zu zerstört, zerweint, geschwächt. Es geht mir wie dem Dichter bei Thomas Mann, er kann nur dichten, zugleich das Gedichtete leben, dazu langen seine Kräfte nicht. Ich umgekehrt. Ich habe keine Kräfte mehr um das *Gelebte* zu prägen. Ein Genie könnte das und ein Mann. Ich wohl nicht.

Zur Arbeit muß man hart sein und das was man gelebt hat aus sich heraussetzen. Wenn ich beginne das zu tun, so fühle ich wieder als Mutter, die den Schmerz nicht von sich lassen will.

Manchmal ist das alles so schwer.

Von Hoyer Antwort auf meinen Brief. Ein lieber Brief. Auch er sagt: Mutter, aber sein Muttersagen ist nicht fordernd.

Nun nennen sie mich alle 3 so, Hans Koch, Noll und Hoyer. Erschrecken hab ich zuerst empfunden, dann Glück und jetzt wieder dies zage Gefühl: Was kann ich geben? Mutter sein kann ich doch niemand als meinen eigenen.

Wohl ist es denkbar, daß man sich so erweitert, daß man mit großer Liebe noch andere als die leiblichen Kinder ans Herz nimmt, aber wieder wie bei der Arbeit empfind ich: *ich nicht.* Ich bin nicht weit genug dazu. Meine Kraft langt nicht.

Es tut mir immer noch schrecklich weh, wenn ich seh wie Lise die Kati küßt oder sagt, sie fährt zur Hanna. Wie ist sie reich.

23. August 1916 Bei Kaches draußen gewesen. Es war sehr nett, sieht aber ernst aus. Julie ist recht angegriffen, ebenfalls Paul, er soll reizbar und einsilbig sein. Paula, die immer tapfere, macht auch einen tiefer gestimmten Eindruck. Ganz fein sind aber Rolf und Heinz. Warum hat mich der Rolf gern? Weil ich ihn so gern hab und er mich so an meine – vor allem Hans – erinnert?

Nach Hause gekommen, ruft mich Karl in die Sprechstunde herunter. Ein langer Soldat mit Trauerflor ist bei ihm. Seine Frau ist plötzlich gestorben, zwei Kinder sind da. Karl möchte, daß wir das kleine Mädchen zu uns nehmen bis der Vater aus dem Feld kommt und – falls er nicht kommt – weiter für das Kind sorgen. Es wird so beschlossen. Und nun wird ein Kind wieder bei uns sein – in Peters Stube.

24. August 1916 Früh in der Zeitung die Nachricht, daß die »Deutschland« da ist. Außerdem, daß Liebknechts Strafe wesentlich erhöht ist: auf 4 Jahre und 1 Monat Zuchthaus, auf Entfernung aus dem Heer und 6 Jahre Aberkennung der Ehrenrechte.

Ein junger Mann, den Karl behandelt hat, hat seinen Vater erschossen. Um die Familienehre zu retten. Der Vater hatte ein Verhältnis mit einer Frau. Die Mutter legte allen Gram und Bitterkeit in ihrem Sohn, dem einzigen Kinde nieder. Der sehr nervöse Junge erschießt den Vater.

Bei Frau Schröder gewesen. Von den Sternschen Kindern gesprochen. Sie hat lebhafte Freude an deren schönem Leben. Vom Hans. Sie sagt: »Auch Hans hatte Talent zum Schauspieler.« Mir bleibt das wieder wie ein Haken sitzen. Daß er es nicht geworden ist, daß er vielleicht glücklicher geworden wäre. Daß wir dem entgegenstanden, nicht mit seinen Wünschen mitgingen.

27. August 1916 Aufsätze von Leopold von Wiese gelesen über Liberalismus. Alles Widerspruchsvolle in mir gezeigt. Meine unhaltbar widerspruchsvolle Stellung zum Kriege. Wie ist die gekommen? Durch Peters Opfertod. Was mir damals klar wurde und was ich in meiner Arbeit halten wollte, das wird mir jetzt wieder so schwankend. Ich glaube Peter nur behalten zu können, wenn ich was er mich damals lehrte, nicht mir entziehen lasse. Nun dauert der Krieg zwei Jahre und 5 Millionen junge Männer sind tot und mehr als noch mal so viele Millionen Menschen sind unglücklich geworden und zerstört. Gibt es noch *irgend etwas* was das rechtfertigt?

Und nun spricht der Wiese von der Notwendigkeit, »Todfeind zu sein aller Hinopferung des Lebendigen an die leblose Idee«. »Für ein paar glückliche Augen sämtliche Doktrinen der Weltweisheit.«

Das ist freilich etwas anderes als die *Gesetzesfreude* unter der Peter und seine Jungen ins Feld zogen. Und etwas anderes als wie Rupp sagt: »Der Mensch ist nicht zum Glück geboren, sondern daß er seine Pflicht erfülle.«

Aber etwas anderes noch in dem was Wiese sagt, quält mich. Er spricht von den Abgebogenen, die nicht von Haus aus hereinpassen in unsere Gesellschaft: »Die Summe des Leidens und der Verschwendung, in der zur Blüte Fähiges verkommen oder gebrochen worden ist, geht über menschliche Vorstellungskraft heraus. Die Mehrzahl der Menschen wurde erst nach Resignation nutzungsfähig für die Gesellschaft.«

Wieder empfinde ich das Unrecht gegen Hans. Nichts von Zwang war selbstverständlich, aber unser schwerer als Zwang wiegendes moralisches Gegengewicht. Könnte ich den Jungen noch einmal haben wie damals, noch als Knaben mit meiner jetzigen Erkenntnis – *anders* würd ich es machen. Die Lise hat es richtig gemacht als sie die Hanna Schauspielerin werden ließ und die Katrine Tänzerin.

Damals glaubte ich recht zu tun und sagte mir, wir nötigen den Jungen ja nicht – ist sein Wunsch stark genug, so setzt er es durch. Er war nicht stark genug. Der Hans hat resigniert. Damals und im Kriege wieder. Jetzt sitzt er an gesicherter Stelle hinter der Front und wird nachher Arzt werden. So schön könnte das sein, aber ist es *Hansens* Arbeit? »Die Mehrzahl der Menschen wird erst nach Resignation nutzungsfähig für die Menschheit.«

Für die beiden Kinder wäre man – *das ist wahr!* – gestorben, hätte der eigene Tod ihr Leben bedeutet. So liebte man sie. Der eine ist tot, weil er sich einer »leblosen« Idee – nach Wiese – hingeopfert hat. Der andere sucht sich schwer seinen Weg. Er ist erst 24 Jahre und hat sein Leben unter »Pflicht« gestellt. Und wir selbst – der Karl und ich? Früher sah ich meinen Weg so klar. Jetzt scheint es mir, ich bin zerschlissen. Ich kann das nicht alles mit eins sein. Ich Mutter bin etwas anderes als Rupp-Enkelin. Es gäbe die Zusammenfassung in der Kunst. Zur Zeit scheint mir, daß ich sie auch da nicht mehr finden kann – weil ich die Kraft nicht mehr habe.

Das ging vielleicht doch alles über meine Kraft – diese zwei Jahre. So daß man wohl noch lebt, aber vielleicht im Hebbelschen Sinn »über seinem eigenen Grabe«.

Blochs haben Lisens Arbeiten gesehn und sind ganz erfüllt davon.

1916 *Krieg*

28. August 1916 Am Montag dem 28. August früh im Tagblatt *Rumäniens Kriegserklärung* an Österreich. Auch Italiens Kriegserklärung gegen Deutschland. Es heißt, daß auch Griechenland und Dänemark jetzt gegen uns losgehn werden.

3. September 1916 Bis jetzt ist Griechenland noch nicht uns Feind. Bulgarien hat Rumänien den Krieg erklärt.

Nicht notiert in diesen Tagen weil ich beim Sternschen Umzug half. Hab Mutters Sachen besorgt. Zu uns herüberzukommen weigerte die Mutter sich. Während des Umzugstages war ich eine Weile mit ihr im Tiergarten. Wir saßen auf einer Bank, auf der noch Mütter mit ihren Kindern saßen. Die Frauen sprachen vom Krieg und ihren Männern. Die Mutter hörte und sah nichts als die spielenden Kinder. Alles andere war nicht da für sie. Dann mit Sterns zusammen Mittag gegessen in einem Gasthausgarten. Ich saß mit der Mutter noch eine Weile dort. Einmal sagte sie: »Es ist doch gut, daß ich von Natur nicht geschwätzig bin. Dann würde ich Euch immer dasselbe erzählen und fragen.« Kränken tat sie beim Umzug, daß wir »alles machten« und sie nichts. Dann wieder dankte sie so weich und liebevoll für alles Helfen, küßte mich und sagte: »Ich weiß ja, ich hätt es auch so gemacht.«

Ihre Stuben sind so sehr nett, sie wird gern darin leben.

Lise sieht elend aus. Kati tanzt trotz Blinddarmschmerzen abends im Apollotheater. Diese Aufregungen greifen Lise sehr an. Matray.

Sonnabend den 2. September kommt Tante Toni durch. Ich bin nachmittags bei ihr, bringe Paula und die Kinder auf die Bahn und fahre zur Lore heraus, wo Annie [Karbe] ist. Ein guter Abend. Lore zeigt Bilder von Nanbereits [?] und erzählt viel von ihrer Kindheit, die nicht glücklich war.

Auf Julius Hoyers phantastischen lieben Brief an mich – Peter – geantwortet. Mörike geschickt.

Richard Noll auf seinen zweiten Brief geschrieben. Ich konnte mich diesmal ganz konzentrieren als ich an ihn schrieb und fühlte mich nicht zerstreut und nicht unklar. Wenn er den Brief nimmt, wie ich ihn schrieb, dann ist wohl eine klare und gute Stellung zwischen uns und wir können uns manches sein. Jedenfalls er mir; daß ich ihm noch Wesentliches werde sein können, kann ich mir nicht denken. Mein Alter allein ist es nicht, weswegen ich daran zweifle – aber das Gefühl des innerlich Welkseins.

Wenn er leben bleibt. Er steht an der Somme. Als am Mittwoch Hans Koch hier war, wir in Peters Stube saßen bei der Lampe, klopfte es laut an das Fenster wo Peters Staffelei steht. Hans Koch sah hin. Ich sagte es sei die Markise. Natürlich war sie es. Aber wir dachten wohl beide an den Richard.

Hans Koch hat viel erzählt und berichtet. Wyneken wird zum

Kanonier ausgebildet. Er spricht in einem Brief an Hans von der »desparaten militärischen Lage«.

Hans spricht von den Willner-Abenden. Zu dem ersten Abend hat er 25 Leute zusammengebracht, er sagt entweder Mädchen oder Schweden oder Zerschossene.

Einen Bund wollen sie gründen, ja ich weiß nicht recht aus welcher Auffassung heraus? Ist das schon wieder der Individualismus, der da rauskommt? Man hatte ihn doch erst vor dem Kriege und der Krieg drängte ihn zurück durch die Staatsidee. Die Jugendbewegung kurz vor dem Kriege mit der Betonung Fichtes bereitete das vor.

Nun wollen sie Ausbildung ihrer selbst. Freilich sagen sie, um dann das befestigte und klare Selbst in den Dienst der Gemeinschaft zu stellen. Von Männerbünden wollen sie nichts wissen, sie wollen mit jungen Frauen umgehn und das Geschlecht bejahen. Die Frauen als instinktmäßigere naturnähere Wesen, die Frauen als Träger neuer Menschen – als Mütter – sollen geehrt werden.

Das alles ist Hans Koch. Er selbst ist verliebt in die Elsbeth Kühnen – hat das erkannt und will es nicht verdrängen.

Ich denke an unsern Hans. Wie weit wird der mitgehn? Wird er auf die Weise Frauen wieder näherkommen?

7. September 1916 Am 7. September sehe ich meine Arbeit so trostlos an, daß ich beschließe vorläufig nicht weiter daran zu arbeiten. Ich habe innerlich das Gefühl von Leersein. Wie soll ich Freude finden, wenn ich die Arbeit nicht machen kann? Mit jemand zu sprechen hat gar keinen Sinn. Nichts und niemand kann mir helfen. Ich seh den Peter weit hinten.

Ich geb es natürlich nicht auf – das kann ich vielleicht gar nicht – aber eine Pause. Keine Freude hab ich jetzt. Den ganzen Tag hab ich gestern alles mögliche erledigt. Aber wozu ist das?

Dann war Paula hier mit Rolf. Immer macht mich der Junge so sehnsüchtig nach meinen eigenen kleinen Kindern.

9. September 1916 Lise telephoniert, Heinz Heck wäre schon fort – nach Rumänien. Ob Rele herkommt noch unbestimmt. Wie kommt bloß dies eigentümliche Gefühl – Neidgefühl?

Ist es Neid, daß auch Heinz nun wirklich in den Krieg kommt und Hans immer nicht? Oder gar ist es ein Nicht-Gönnen-Wollen, daß auch Sterns jetzt ganz drinstehn im Kriege? Daß ich das als einen Vorrang nahm, den wir gegen sie hatten?

Heut endlich wieder einmal etwas wenigstens Angängliches gezeichnet. Frau Soost mit Lotte und der Kleinsten. Lotte ist eine richtige Straßenmarjell geworden, kurz geschorene gelbe Haare, lebhafte Augen und enormen lachenden Mund.

Abends noch ein Weilchen bei Sterns gewesen. Mutter war eben rübergegangen. Sie hatten zusammen auf dem Balkon gesessen, Georg hatte Schillerbriefe vorgelesen.

Es ist eine ganz milde Nacht. Voller Mond und dabei doch Sterne.

Sonntag, 10. September 1916 In Peters Schublade gekramt. Briefe von Erich. Eindrücke von einer Reise nach Hamburg. Immer wieder, daß er zum Platzen, zum Bersten voll ist. Äußerst jugendlich, ungeduldig, heftig, leidenschaftlich sind diese Briefe.

Vor der Norwegenreise geschrieben. Daß er und Hans Koch die andern auf dem Hamburger Hauptbahnhof erwarten wollen.

Alte [Photo]Platten neu kopiert. Immer die Erinnerungen. Die Parzelle, die Jungen in ihren roten Blusen. Die Jungen, die Jungen.

Ich weiß, daß auch früher – vor dem Kriege – mich manchmal eine fürchterliche schmerzhafte Sehnsucht überkam nach der Zeit, als die Jungen noch kleiner – meine *Kinder* – waren. Daß ich mir auch damals schon allein vorkam. Und doch lebten sie beide.

12. September 1916 Gestern abend waren Hans Koch, Fritz Klatt und Elsbeth Kühnen da. Die Elsbeth ein sehr angenehmes gesundes junges Mädchen mit schönen Zähnen. Etwas Festes und Reinliches liegt in ihrer Erscheinung. Sie war ganz still und sah mit ihren blanken schwarzen Augen vor sich hin. Der Fritz Klatt ist groß mager dunkel. Sein Blick ist sehr ernst. Etwas Bitteres liegt in der Art wie er den Mund vorschiebt. Oder vielleicht mehr etwas Saures, Unerfreutes. So etwas Ähnliches wie Willy Speyer im Gesicht hat. Als die da saßen kam Walter Neumeister von der Front, mit Bart und dick und braun, kaum kenntlich. Er fand sich gar nicht zurecht, ging nach paar Minuten nach dem Bahnhof um nach München zu fahren. Die andern, besonders Fritz Klatt, wirkten gegen ihn blasiert und unangenehm reserviert.

Wir lasen Werfel »Das Gebet um Reinheit«.

In der Nacht hatte ich einen eitlen Traum. – Wie der Werfel

es sagt, ist das eine Ich in mir immer lebendig gegen das andere, und das eine ist kleinlich, eitel, flach und sinnlich. Was soll man bloß tun, um davon loszukommen? Es ist unaustilgbar.

Früh sagte der Karl, es begänne wieder so wie vor vielen Jahren, daß der Besuch, der zu uns kommt, nur zu mir kommt. Ich antwortete ihm gleich darauf, was sich so leicht sagen läßt dagegen, daß es notwendig so wird, weil er keine Zeit hat usw. Alle die Argumente jener Zeit wurden wieder erinnerlich. Weil die Lage damals nicht wahr und nicht klar war, wurde ich innerlich dreherisch. Ich log oder drehte, verkleidete, weil ich nicht offen sein wollte. Ich wollte nicht offen sein, weil Offenheit die Haltlosigkeit klargelegt hätte. Und die Haltlosigkeit wollte ich nicht wahrhaben. So war es damals.

So sehr anders es jetzt liegt, ist eine gewisse Ähnlichkeit doch wieder da. Die richtige Stellung zu Peters Freunden zu finden ist mir noch nicht ganz geglückt. Ich möchte ihnen nahtreten, das mütterliche Empfinden sollte die Grundlage sein. Mit Hans Koch hat sich das gut geklärt. Übertreibungen seinerseits und wohl auch meinerseits sind zurückgetreten. Er nennt mich von selbst nicht mehr Mutter Käthe. Noch ungeklärt ist es mit Richard [Noll] und Hoyer. Richard habe ich durch meine zurückziehenden Briefe unsicher gemacht. Er schweigt einstweilen. Julius Hoyer ist zu weit gegangen. Mag sein es lag nahe, meinen Brief nach der Seite mißzuverstehen. Eine Mutter ihm zu sein, so weit wie er es faßt, das kann ich wohl kaum. Doch schreibe ich ihm nicht darüber, weil er ein sehr bescheidener, leicht verletzter Mensch ist. Vielleicht daß wie mit Hans Koch von selbst alles ins richtige Maß zurückgeht. Jedenfalls möchte ich ihn nicht brieflich beschämen und verletzen. Diese nicht ganz klaren Lagen mit den beiden lassen mich wieder dem Karl gegenüber etwas verhehlen. Denn wozu ihm das sagen? Ihn würde es verstimmen und er würde es als einigermaßen sentimental und überspannt empfinden. Ich fühle ja selbst das etwas Schiefe, aber da ich wünsche es wieder ins Grade zu bringen und der Karl doch nicht ganz verstehn würde wie das so gekommen ist, halte ich das ganz für meine durch mich selbst zu korrigierende Angelegenheit. Mehr Verpflichtungsgefühl habe ich gegen Hans. Durchaus Verpflichtungsgefühl. Aber da bin ich nicht unruhig. Er ist mein eigenes Kind.

Ich war bei der Großmutter der kleinen Trudchen Prengel. Ich habe ihr und dem Kinde nichts von unserm Vorhaben gesagt, sondern wollte das Kind nur sehn. Es ist groß und ziemlich kräftig gebaut, blond und blaß, mit etwas kalt blickenden hellblauen Augen, etwas spitzer und vorstehender Nase und etwas Mäuschenmund. Sie war zutraulich und gesprächig. Ich weiß doch nicht, ob es gut für das Kind und für mich ist, es hierher zu nehmen.

24. September 1916 Länger nichts aufgeschrieben. Ich bin etwas stumpf und müde. Am letzten Sonntag war die kleine Gertrud Prengel hier und wir gingen mit ihr nach dem Zoo. Es läßt sich nichts darüber sagen.

Dann hab ich nach einer Pause wieder vorsichtig mit der Arbeit begonnen. Nun geht es wieder besser und ich habe neue Hoffnung.

An einem Abend war Rele hier. Ich freute mich auf sie, ich dachte sie würde so recht zum Peter kommen. Aber sie brachte den großen Hund von Heinz Heck mit und damit war schon alles anders. Sie ist es nicht, aber sie wirkt etwas kalt. Später kamen noch für eine halbe Stunde Wertheimer und Lise. Als sie fort waren hatte ich wieder dies enttäuschte Gefühl. Daß sie nicht in Peters Stube waren.

Gestern am 23. Karl Hannemann zum Abschied hier, er geht nach Tilsit. Und Lotte Laak! Peters Lotte Laak! –

Vom Hans ein bedeutsamer Brief. Antwort auf Karls Brief über seine Schauspielerei. Er schreibt das Schauspielen wäre für ihn tatsächlich beendigt mit der Hofmannsthalzeit der frühen Jahre. Dann die Semester außerhalb, die ihm Liebe brachten. Dann eine leere Zeit in Berlin und dann ein neues Leben, wie ein Baden im klaren See, vor dem Kriege. Der Krieg. Ihn stellte er vor die Aufgabe, in einem Leben voll kleiner Pflichten nach außen aufzugehn. Er hätte dabei gelernt Kleines und kleine Menschen zu beachten. In Berlin durch Hans Koch noch einmal anknüpfen an die Ideen vor dem Kriege. Wieder draußen merkte er, daß es kein lebendiger sondern ein mehr theoretischer Zusammenhang gewesen ist. Eine dünne Scheidewand sei zwischen ihnen. Er wisse nicht woher? Ob weil er bei seiner Bequemlichkeit scheue neue Geleise einzufahren, wo die alten tiefen da sind? Ob weil er während des Krieges die alten Geleise als die richtigen erkannt habe? Oder ob weil das Ziel, zu dem die neuen Wege führen sollen, ihm nicht notwendig sondern willkürlich vorkäme? Er schließt damit, daß nur in der ersten, der Hofmannsthalschen Zeit und in der dem Krieg vorangehenden er geschlossen empfunden habe.

Von Walter Neumeister Brief aus München. Vom Alexander fehlt Nachricht seit dem 6. September.

2. Oktober 1916 Walter Koch brachte uns damals die Nachricht. Hans Koch kommt im März und sagt, daß Erich, der Geliebte, hin ist. Und heut kommt er und sagt: Richard ist gefallen.

Richard Noll ist gefallen am 27. September abends 7 ½ Uhr. An der Somme. Er wußte, daß er fallen würde – seine Briefe waren furchtbar traurig.

Dies ist sein letzter Brief an Hans Koch: »Hans, nur dieses *eine* Wort. Nimm nicht das Letzte, nichts was ich an Freudigem, an Aufhellendem noch habe, was mich noch manchmal auf Stunden aus diesem grausen Kreis herausschwingt: Dein frühlingshelles Erleben und Wirken! Laß mich wenigstens von ferne daran teilhaben! Enthalte mir nichts vor, gar nichts, gar nichts (hörst Du!), daß meine zerschundene ermattete Seele nicht ganz in grau versandet.

Glaub mir – tiefsten Herzens sage ich das – es ist besser für mich, wenn ich Deinem Glücke neidisch nachhänge, meiner Ohnmacht nachweine und gegen meine Fessel wild ausschlage als stumpf stumpf stumpf verbrüte. Nichts dünkt mich entsetzlicher, als mit verflachter vertrockneter Seele den Tod zu finden, aus der auch der Rest von Haltung, von glückseligem Schimmer gefegt ist. Muß es ein Aufreiben, ein Erschöpfen sein, so soll es im Ringen um den Geist sein, dessentwillen ich geboren bin. Für ihn den letzten Tropfen Bluts – so will ich fallen.

Dein Richard«.

6. Oktober 1916 Am 6. Oktober, Freitag, waren wir bei Willner in Nolls Andenken versammelt.

9. Oktober 1916 Mit Karl lange gesprochen. Es war etwas Kühles zwischen uns gewesen. Ich fand ihn überarbeitet, gereizt, empfindlich und zurückhaltend. Er empfand mich fremd.

Er sagte, er stände im Grunde so zu mir wie immer. Aber es wäre wohl etwas verändert. Das Geschlechtliche träte zurück, alle Art Liebe, die darauf beruhe.

Sein innerstes Interesse wäre jetzt, ins Reine zu kommen mit Gott und Leben. Unwichtig erscheine ihm dann, ob wir in der oder der Stimmung zueinander seien, er sei ja dessen ganz sicher, daß er mich liebe.

Das ist mir ungewohnt am Karl, denn meist war er freundlich

liebevoll und warm, ganz persönlich. Verstehen tu ich sein Zurückziehn auf Betrachtung und Nachdenken. Aber nicht ebenso wie diese Ursache seines Fürsichseins ist mir die andere, auf die er auch zu sprechen kam: Er fühlt, daß ich mit starkem Gefühl bei Menschen bin, für die er nicht so fühlt. Er kann nicht mit, sagt er, wie ich zu Hoyer und Hans Koch stehe, zu Richard und Erich gestanden habe. Ich weiß, daß er da nicht mitkann. Ich frage mich ob ich unserer Gemeinsamkeit wegen etwas aufgeben soll, was ich mit den Jungen zusammen habe? Ich muß sagen, daß mein Gefühl dafür etwas wirr geworden ist. Ich glaube ich werde es bald aber deutlich fühlen, daß da alles so bleiben darf wie es war.

Augenblicklich ist mein ganzes Empfinden hierin in Unordnung gebracht, verwühlt, ohne Beziehung zu Peter. – Merkwürdig auch, daß wie ich zum Karl hierüber sprach, ich meine Worte etwas wie Stroh empfand. Liegt das nun daran, daß tatsächlich etwas Unechtes in meiner Stellung zu den Jungen liegt, was ich bis jetzt nicht klar empfand? Oder liegt das daran, daß ich in Karl kein Verstehen voraussetzte? So wie derselbe Ton, der rein und schön klingen kann, klanglos wird bei schlechter Resonanz? Ich vermute das Letztere. Aber dann wieder verstehen wir – der Karl und ich – uns doch wirklich nicht ganz, wenn nicht alles, was dem einen wichtig ist, im andern rein nachklingt?

Es ist wohl ein besonderes Glück, wenn zwei Menschen sich in allem verstehn. Ein *seltenes* Glück. Es gehört doch angeborene Verwandtschaft dazu. Da aber für gewöhnlich Mann und Frau in der Ehe sehr verschiedene Persönlichkeiten sind, muß man darauf verzichten, daß sie sich in allem decken.

So kann es sein, daß wenn ich meinem wirklichen Selbst nachgehn will, dazu gehört, daß ich das Verbundensein mit den Jungen beibehalte. Daß der Karl – weil er eine andere Persönlichkeit ist – das vielleicht nie mit richtigen Augen sehen wird, sondern es nur tolerieren wird.

Und daß wir doch, trotz dieser Abweichungen, in Wesentlichem zusammenklingen.

[10. Oktober 1916] Am Dienstag 10. ist Paula mit dem kleinen Rolf da. Sie spricht von Paul. Weint. Klagt über seine tote freudlose Art. Immer nur verdrießliches scheltendes unfrohes Wesen. Als sie ihn heiratete, hatte sie die Vorstellung sie würde durch ihr Temperament ihn umändern. Es scheint sie hat sich sehr geirrt.

11. Oktober 1916 Einen Aufsatz aus der englischen »Nation« gelesen. Es wird da von der englischen Jugend gesprochen, die lange vor Einführung der Dienstpflicht freiwillig in den Krieg ging. Weiter: »Was aber wirklich in der Welt vorgeht, das ist eine Verminderung in kolossalem Maßstabe des europäischen Schatzes an Jugend, an Phantasie, an Freudigkeit, an den schöpferischen und erneuernden Kräften, die noch einmal die Erde zu einem Aufenthaltsort machen können, an dem es sich lohnt zu leben.«

Nach wie vor ist mir alles so sehr dunkel. Wie ist das? Nicht nur bei uns geht die Jugend freiwillig und freudig in den Krieg, sondern bei allen Nationen. Menschen, die unter andern Umständen verstehende Freunde wären, gehn als Feinde aufeinander los. Ist wirklich die Jugend ohne Urteil? Geht sie immer los, sobald man sie aufruft? Ohne näheres Hinsehn? Geht sie los, weil sie eben will, weil es ihr im Blut liegt, und nimmt unbesehen hin was man ihr an Kriegsgründen sagt? Will die Jugend überhaupt den Krieg? Und ist es eine alte Jugend, die ihn nicht mehr wollen wird?

Der schreckliche Unsinn, daß die europäische Jugend gegeneinander rast.

Wenn ich glaube überzeugt zu sein vom Unsinn des Krieges, dann frage ich mich wieder, nach welchem Gesetz die Menschen zu leben haben. Sicher nicht um das größtmögliche Glück zu erreichen. Es wird für ewig bestehn bleiben, daß das Leben in den Dienst einer Idee gestellt werden muß. Was aber ist in diesem Fall daraus gefolgt? Peter, Erich, Richard, alle stellten ihr Leben unter die Idee der Vaterlandsliebe. Dasselbe taten die englischen, die russischen, die französischen Jünglinge. Die Folge war das Rasen gegeneinander, die Verarmung Europas am Allerschönsten. Ist also die Jugend in all diesen Ländern betrogen worden? Hat man ihre Fähigkeit zur Hingabe benutzt um den Krieg zustande zu bringen? Wo sind die Schuldigen? Gibt es die? Sind alles Betrogene? Ist es ein Massenwahnsinn gewesen? Und wann und wie wird das Aufwachen sein?

Nie wird mir das alles klar werden. Wahr ist nur, daß die Jungen, unser Peter, vor zwei Jahren mit Frömmigkeit in den Krieg gingen. Und daß sie es wahrmachten, für Deutschland sterben zu wollen. Sie starben – fast alle. Starben in Deutschland und bei Deutschlands Feinden, Millionen.

Als der Geistliche die Freiwilligen einsegnete, sprach er von dem römischen Jüngling, der in den Abgrund sprang und ihn damit schloß. Das war ein Einziger. Jeder dieser Jungen empfand, daß er wie dieser Einzige handeln müsse. Was herauskam war aber etwas sehr anderes. Der Abgrund hat sich nicht geschlossen. Millionen hat er verschlungen und klafft noch. Und Europa, ganz Europa opfert noch immer wie Rom sein Schönstes und Köstlichstes, aber niemand ist, der das Opfer lohnt.

Ist es treulos gegen Dich – Peter – daß ich nur noch den Wahnsinn jetzt sehn kann im Kriege? Peter, Du starbst gläubig. Auch noch der Erich, Walter Meier, Gottfried, Richard Noll? Waren die aufgewacht und mußten dann doch in den Abgrund springen? Mußten? Wollten? Oder mußten? Wenn ich an Richards Gedicht denke:

»Drum lieber heute noch als dann
Hol mich von dieser Statt!
Denn nie als heut und je und wann
Bin ich des Bluts mehr satt.«

12. Oktober 1916 Heut vor zwei Jahren.

13. Oktober 1916 Ich war draußen wo Euer Denkmal hinkommen soll.

Am Sonntag die Missa solemnis gehört. Wundervoll wundervoll.

Ich träumte jetzt einmal vom Peter. Es war viel früher, er war Junge und es waren noch andere Kinder da, auch Lore, und Peter war in ganz übermütiger Stimmung und neckte mich immer. Ich wollte schlafen und hatte mich auf das grüne Sofa der Jungen gelegt. Da fingen die Kinder an, weil sie mich da nicht herunterbekamen, das ganze Sofa wegzurücken. Der Peter zog vorn an der schmalen Seite und lachte dabei über das ganze rote Gesicht. Er hatte seinen grauen Trikotanzug an mit dem weißen Kragen.

[17. Oktober 1916] Heut ist der 17. Vor zwei Jahren: Wo warst Du da? Schwere Märsche, fast über die Kraft gehend. Die nächtliche Wacht unter dem großen Baum. Das brennende Dorf.

»O große Lieb, Lieb über alle Maßen,
die Dich geführt auf diese Marterstraßen.«

Hans Koch und Margret Arends waren hier. Hans gab mir einen Brief Wynekens zu Nolls Tod. Er sagt darin: »Kein Mensch in Deutschland glaubt mehr an unsern Sieg.«

Hans Koch war mir diesmal gar nicht so nah. Ich fürchte er wird mir immer weiter rücken. Woran das liegen mag? Ich denke mir daran, daß er so eifrig in dem neu geschaffenen Kreis lebt und ich keine Fühlung zu dem habe. Wenn ich ihn von den gymnastischen Abenden sprechen höre und von den Kleidern, die sie dazu brauchen, kommt mir das gar nicht so wichtig vor.

Das was in Norwegen begann und mir offenbar wurde durch Peter in der Ausbildungszeit war auch nach Peters Tode noch da. Ich war mit den Jungen nach Peters Tode innerlichst verbunden. Als Erich fiel, blieb Hans Koch und dann kam als letzter Richard Noll. Er versprach mir mich zu führen auf geistige Höhen, er war noch einmal ganz zusammengefaßt [der Geist von] 1914. Da fiel er. Hans Koch lebt noch. Er der allerletzte könnte das noch alles in sich tragen. Er meint auch es zu tun, aber ich kann es nicht mehr finden.

Da war etwas in meinem Leben, von der Mobilmachung an bis zu Peters Tod, und dann nachglänzend durch zwei Jahre in seinen Freunden. Das ist jetzt beschlossen. Ist vorüber. Ich arbeitete an diesem selben durch meine Arbeit. Sie ist für mich dieselbe wie von Anfang an, die Möglichkeit zu danken und für den Geist zu zeugen.

Aber Zeugen jener Zeit? Hans Koch wäre der nächste dazu und ist es, fürchte ich, doch nicht.

Unser Hans, unser geliebter Hans. Warum nenn ich ihn nicht? Er gehört nicht dazu, dadurch wie das Schicksal ihn führt. Wäre er in Norwegen gewesen, so wäre er mit den andern eingetreten, vielleicht, wahrscheinlich mit den andern gefallen. Das Schicksal führte ihn anders. Er darf – so es so beschlossen ist – leben. Aber nun gehört er auch nicht zu jenen. Er steht neben mir und Karl auf der Lebensseite. Das ganz Geheimnisvolle, Andere, was durch Peter sprach und das eben nur das eine einzige Mal in meinem Leben war und jetzt vorüber ist, das spricht durch ihn nicht.

Nun mein Peter, das ist nun vorüber. Du hast Deine Freunde im Jenseits. »Zum Grab hinab – zum Stern hinan«. Ihr seid verbunden, die Ihr Euch schwurt für Deutschland sterben zu wollen. Du bist zwei Jahre tot und bist jetzt ganz Erde. Dein Geistiges – wo? Ein solches Wiedersehn kann ich doch erhoffen, daß wenn auch ich tot sein werde, wir vielleicht in neuer Form uns finden, wiederfinden. Daß wir zusammenströmen. Sei nicht Du für Dich und ich für mich. Laß mich Dir dienstbar sein. Vervollkommne Deine Form durch meine. Daß Dein kurzes Erdenleben einmal – vielleicht ganz woanders – in anderer Form – zur Vollendung kommt. Ich will mit dabei sein. Stoff von Deinem Stoff oder Geist von Deinem Geist. Ich will mit Dir zusammenfließen, wie ein Fluß in einen andern fließt und dann *zusammen* weiter, vereinigt, stärker, tiefer, strömender. Liebster Liebster – mit Dir zusammen. Kann das nicht sein, muß das nicht sein, daß Verwandtes aneinanderschießt? Wie sich bildende Kristalle? Wenn ich frei werde von der Erdenform, so kann meinem Geist doch nicht wie einem Dienstmann irgendeine Stelle angewiesen werden? Mein befreiter Geist sucht und bindet sich mit verwandten Geistern. Und die Menschen, die man hier sehr geliebt hat, die können sich zu neuer Form vereinigen.

Wie dürr war mir früher dieser Trost. Das Geistige ist nicht der Mensch und *der*, der einzige Mensch kommt so nie wieder.

Jetzt aber ist es mir schön zu denken, daß ich mit dem Geistigen vereinigt sein werde. Aber Hans will ich nicht drüben vorfinden, Hans muß länger als ich leben und stirbt er, so empfangen wir den Geliebten und werden eins. Und Karl? Vor mir? Nach mir? Wir wollen alle vier vereinigt bleiben.

21. Oktober 1916 Wenn dieses, was noch halb Wunsch, halb Vorstellung ist, wirklich *Glaube* wird, so daß ich es fühle, dann muß ich auch in diesem Leben schon etwas davon erfahren. Und tatsächlich ist ja Peters Wesen oft zu spüren. Er tröstet, er hilft bei der Arbeit. Er ist fern, wenn meine Gedanken woanders sind, ich empfind ihn zustimmend oder ablehnend, heiter oder traurig. Ich empfinde ihn mal stärker, mal schwächer. Wenn er *da* ist, nicht sichtbar, das Geistige oder das Wesentliche von ihm, dann muß es möglich sein durch mein mehr geschultes Hinhorchen auf ihn, ihn stärker zu empfinden. Während ich das schreibe, weiß ich nicht, ob das nicht vielleicht eine gedankliche Spielerei ist. Ob es das ist, kann ich erfahren. Das Gegenwärtigsein der Toten im übertragenen gedanklichen Sinn meine ich nicht. Ich meine, ob hier im sinnlichen Leben eine Verbindung herstellbar sein kann zwischen dem noch körperlich lebenden Menschen und dem Wesen des körperlich Toten. Ob das dann Theosophie oder Spiritismus oder Mystizismus heißt ist mir ganz gleich. Ob es möglich ist, kann wohl jeder erfahren.

War das nicht eine Einwirkung Peters auf Hans, daß in der Nacht in der der eine starb, der andere sich zur Sanität entschloß und dadurch dann überhaupt nicht ins Feld kam?

Es gibt sicher Wechselwirkungen aber ich zweifle, ob ich mit meinen derben Fühlern sie merken kann? Mitunter habe ich Dich gefühlt, Junge, o ja, manche manche Male. Du schicktest Zeichen. War das nicht zuletzt ein Zeichen, daß als ich am 13. Oktober draußen war wo Dein Denkmal stehn soll, und ich da auf der Erde saß, dieselbe Blume da wuchs, die ich Dir beim Auszug gab?

Die Theosophen sagen, man kann langsam lernen in jene Welt hineinzufühlen. Früher sagte ich, ich wollte das gar nicht. Und sicher kann von diesen Exerzitien auch nicht abhängen, ob man einen geliebten Toten um sich empfindet. Aber damit hängt es wohl zusammen, mit dem Durchdrungensein von dem, was im »Wandersmann« gesagt wird:

»Räum weg und mache Luft, das Fünklein liegt in dir!
Du flammest es leicht auf mit heilger Liebsbegier.

Du findest, wie du suchst: wie du auch klopfest an
Und bittest, so wird dir geschenkt und aufgetan.

Die heilge Majestät (willst du ihr Ehr erzeigen),
Wird allermeist geehrt mit heilgem Stilleschweigen.

Mensch, wo du deinen Geist schwingst über Ort und Zeit
So kannst du jeden Blick sein in der Ewigkeit.

So du das ewge Wort in dir willst hören sprechen
So mußt du dich zuvor von Unruh ganz entbrechen.«

3. November 1916 Lange nichts aufgeschrieben.

Am 22. Oktober waren Karl und ich in Buch. Es war ein Sonntag. Wir gingen die Heinersdorfer Chaussee heraus und die Sonne ging glühend unter.

Am Abend lasen wir Jean Paul: »Vom frühen Sterben«.

Die folgende Woche sehr besetzt. Mittags immer noch in Vertretung von Lise bei Sterns.

Am Sonntag mit Trudchen Prengel im Zirkus Busch.

Montag 30. Oktober früh die Nachricht, daß Boelcke abgestürzt ist.

Am Abend in der Philharmonie mit Weingartner die Eroica. Dieses Mal ist es mir schon sehr viel. Ich erwartete Weingartner würde sagen, daß er sie für Boelcke spielt und daß alle aufstehn würden. Für mich war es eine Feier für Boelcke, für Richard, für Peter. Der 1. Satz ist mir noch fremd. Aber dann der Trauermarsch und der 3. Satz in dem rasenden Tempo und der wundervolle 4. Da war Norwegen drin, die brausenden Jugendtänze. Die Schwärmereien. Und Richards Klage war drin: »Wer wird nun tragen, da ich nicht bin?«

Ganz deutlich hörte ich diese Klage. Aber allmählich weniger persönlich schmerzlich, emporgehoben in ein großes allgemeines Schicksal.

Am Tage drauf Rosa Pfäffingers Abschiedsbrief.

Am Mittwoch der erste Landauer-Vortrag über Goethe: Goethe als Befreier.

Goethe habe sich oft Befreier genannt:

»Ihr könnt mir immer ungescheut
Wie Blücher ein Denkmal setzen.
Er hat Euch von den Franzen befreit,
Ich von Philisternetzen.«

Seine befreiende Tat sieht Landauer in der Revolutionierung und Legitimierung des Gefühls. Rückgreifen auf Volkslied, die Griechen, Shakespeare. Bewußte Betonung des Gefühls, immer wiederkehrend in frühen Briefen und Dichtungen die »Dumpfheit«.

Goethes Führerschaft. Er machte an sich gewissermaßen für alle etwas durch. Daher seine Unduldsamkeit gegen Individuen, die noch in einem Zustand steckten, den er hinter sich gebracht hatte. Wachsendes Selbstgefühl. Im Gespräch mit Riemer: »Ich habe nie einen präsumptuöseren Menschen gesehn als mich«. Sein »Egoismus« folgert aus dem Fertigsein mit hinter sich gelassenen Entwicklungsstufen. Ihn hat die Bezeichnung »Egoist« gekränkt. Vor »Wahrheit und Dichtung« hat er einen Roman schreiben wollen: »Der Egoist«. – Die beiden Seiten in ihm: die Hinneigung zum Gewalttätigen, diktatorisch Führenden – seine Führerschaft – und die immer stärker werdende Neigung zur »Folge«, zur organischen Entwicklung.

Meister ist er nur zu nennen als Vollender seiner selbst, Meister als Gründer einer Schule war er nicht. Stand allein. »Sie lassen mich alle grüßen und hassen mich bis in den Tod.«

Gestern am 2. November die Arbeit zum ersten Mal in dem Zusammenhang gesehn, in dem sie bis jetzt ist. Die obere Figur abgedeckt und mit Figur der Mutter verglichen. Es zeigt sich, daß die Figur der Mutter noch etwas zu hart einzeln vor allem im Gesicht wirkt. Doch ist jetzt schon eine ungefähre Vorstellung wie das Ganze werden wird und ich habe Hoffnung und Glauben, daß es gut werden wird. Wenn nur nichts sich ereignet was es verhindert.

Eine Bemerkung von Landauer über Philistertum. Er sagte, daß der Philister sich dadurch kennzeichnet, daß er nicht Siegernaturen verträgt. Daß Goethe sich so ganz durchgesetzt hatte. Schiller mußte immer noch geholfen werden. Darum steht man zu Schiller sympathischer. Mich frappierte dies. Ich kenn das unbehagliche Gefühl Siegern gegenüber sehr gut. Hab es immer als Neidgefühl gedeutet. Landauer sagt, es sei Philistergefühl. Das ist schon gut möglich.

Sonntag, 5. November 1916 Proklamation des Königreichs Polen.

Sonntag 5. November vormittags Konzert Freie Volksbühne. Schubertsche Chöre und wunderschöne Brahms-Chöre. Kathrine Laessig war da und kam dann zu uns. Sie war sehr nett und liebevoll. Wir sprachen über Trudchen Prengel und ich sagte, daß Karl meine Art mit dem Kind nicht versteht und nicht mag. Da sagte sie sehr nett: »Du machst aus kleinen Differenzen mit mir manchmal eine Gewissensfrage. Das drückt unnötig. Das hat der Karl wohl gemeint.«

In dieser Woche stockt es mit der Arbeit wieder. Es wird wohl nötig sein, Lederer jetzt zu bitten es sich anzusehn. Wie ich weiter arbeiten soll? Ob es schon in Gips sein kann?

Am Mittwoch ein interessanter Artikel von Hoetzsch. Er hält die Gründung des selbständigen Polen für großen Fehler. Seiner Meinung nach sollte man sich mit Rußland versöhnen.

[8. November 1916] Mittwoch der zweite Landauer-Vortrag zu »Goethe als Befreier«. Der erste Teil mir nur unklar in Erinnerung. Führte viel aus Gesprächen mit Goethe an (Biedermann). Im Gegensatz zu vielen Genies, deren Persönlichkeit im Dunkeln bleibt, ist Goethes Person stets sehr beachtet gewesen und hat ungeheuer gewirkt. Wieland (trotz »Götter, Helden und Wieland«) drückt sich ganz verliebt über ihn aus.

Die starken Gefühle jener Zeit, gerade die starken Freundschaftsgefühle und ihr rückhaltloser Ausdruck erinnern mich an diese – unsere – toten Jungen.

Jacobi nennt Goethe einen Besessenen. Knebel sagt: »Der Bube ist kampflustig, hat Geist eines Athleten.« Stollberg: »... will nichts sein, als was er nicht mit der Faust sein kann.« Klinger: »Ein erschrecklich großer guter Mensch.« Zoologe Blumenbach (Goethe 35 Jahre): »Offen, hell, tief penetrierend im Urteil.« Herder findet, daß Goethe (35 Jahre) Ähnlichkeit habe mit Imperator auf alten Münzen. Schiller (Goethe 39 Jahre) nach erster Begegnung fühlt sonderbares Mischgefühl, wie Brutus gegen Cäsar: Könnte seinen Geist umbringen und ihn von Herzen lieben. – Die Ironie in seinem Gesicht. Ampère: Seine Physiognomie zeigt Trauer, sein Ausdruck Heiterkeit. Zar Nikolaus spricht von seiner göttlichen Ruhe.

[9. November 1916] Donnerstag 9. November antwortet Bethmann auf Grey. Spricht über Kriegsschuld und bringt viel Entlastendes vor. Spricht über internationale Schiedsgerichte und sagt, daß Deutschland jederzeit dazu bereit sei. – An eine Annexion Belgiens denke es nicht.

Ein fürchterlich beängstigender Traum. Ich war mitten drin in einer unübersehbaren stickvollen Volksmenge. Wir standen alle ganz still, eng geklemmt. Mit einem Mal wurde gedrängt und geschoben, mal nach rechts, mal nach links. Angst, untergetreten zu werden und erstickt zu werden.

In der Zeit um den 23. Oktober herum träumte ich, Karl und ich arbeiteten uns durch einen ganz engen schlauchartigen schräg aufsteigenden Schacht nach oben. Ich voran, der Karl hinterher. Es war fast dunkel. Der Karl rief immer von hinten und unten, ob ich noch gar kein Licht sähe. Endlich sah ich ein Licht, ein ganz kleines Fünkchen wo wahrscheinlich der Schacht zu Ende war. Zugleich aber wurde der Schacht immer enger, ganz qualvoll eng. Traum vom Tod?

November 1916 Am 17. ist Julie abends hier. Seit einem Jahr wieder zum ersten Mal. Sie sieht so sehr schlecht aus, hat so ein kleines graues Gesicht. Sie tut mir so sehr leid, viel mehr als viele andere Menschen, denen es auch nicht gut geht. Wie kommt es nur, daß man sich mit ihr so wenig versteht, oder um auszukommen mit ihr nicht ganz offen verkehrt? Sie kommt mir so schief entwickelt vor, so Schönes hätte aus ihr werden können, denn sie ist ein gut begabter und charaktervoller Mensch. Warum ist sie so geworden? Warum ist es zwischen ihr und Paul so gewesen? Warum zwischen ihr und Theobalds? Zwischen ihr und Lise, ihr und Karl, ihr und Schmidts? Jetzt ist es so, daß man gewissermaßen einen Scheinverkehr mit ihr pflegt, mit Vorsicht und Aufpassen. Das sollte nicht sein und tut mir so sehr leid. Sie ist krank. Auf dem Wege vom Hause bis zur Haltestelle hat sie viermal haltmachen müssen und bekam kaum Luft.

Auch liegt eine neue Sorge auf ihr, das Verhältnis zwischen Paula und Paul. Wir meinen, daß es am rätlichsten wäre Julie ginge aus dem Hause, aber wo soll sie hin? Dann hat sie kein bißchen Glück mehr. Es müßte denn sein, daß sie sich mit Konrad zusammentun kann.

Ich arbeite wieder an der oberen Figur. Ich bin froh und habe Hoffnung.

Wenn ich an die allmähliche Umwandlung denke, die ich durchgemacht habe und die darauf herauskommt, daß mir als Ziel eines Menschen erscheint: wesentlich, gut, innerlich kraftvoll zu sein, so scheint mir dem entgegenzustehen das egoistische Bedürfnis des Menschen zur Entfaltung seines Selbst. Bringt das nicht mehr Kräfte zur Entfaltung? Ist das Gutsein und es wollen nicht meist eine Erscheinung des Nachlassens der Kräfte? Goethe schreibt an Lavater, er wolle gut und böse sein wie die Natur. Gewiß ist es an der Zeit für den gereifteren Menschen zu erkennen, daß Sterne am Himmel stehn, aber diese Sterne werden eben erst sichtbar gegen Abend.

Hans Koch war gestern hier. Er brachte sehr talentvolle Papierklebereien aus der Klosterstraßenschule mit. Bei dieser Fülle von sich regenden Kräften im jungen Kerl hat er eben alle Hände voll mit der Bewältigung derselben zu tun. Warum soll er sich mit dem Guten beschäftigen, wenn das Leben ihn umdrängt mit Aufgaben, die nicht das Gegenteil von gut sind, aber auf einem ganz andern Feld liegen?

[21. November 1916] Heut am 21. war Gaul im Atelier und sah sich auf meine Bitte meine Arbeit an. Gab mir einige gute praktische Ratschläge. War wie immer riesig nett.

Ich will nun die Frauenfigur in Gips gießen lassen und dann so weiter an ihr arbeiten.

Gerade als ich abends in eine Sitzung gehen wollte – mit einem Brief an Hoyer in der Hand zum Einstecken – kommt er an. Für 3 Tage, um für Offiziere hier einzukaufen. Es war so sehr nett. Ich mußte aber fort, er ging zu Sterns.

Am Tage drauf Bußtag. Regen vom Morgen bis zum Abend. Karl hat furchtbar zu tun. Er kann abends nicht ins Requiem gehn, gibt Julius seine Karte.

23. November 1916 Vormittags Gutbier und seine Frau hier. Sie suchen für 2–3 000 Mark Zeichnungen aus. Dann treffe ich Kehler, Rose Plehn, Geyso und Maria Plehn zum Essen. Wie ich ins Gasthaus komme und sie zusammen sitzen seh, seh ich mit einem Male, daß das alles alte Frauen geworden sind. Wir alle miteinander.

3. Dezember 1916 Sehr besetzte Zeit gewesen. Julius Hoyer etwa eine Woche hier. Es ist schön mit ihm. Er ist mitteilsamer und offener. Erzählt von seiner Kindheit. Ist spätgeborenes Kind gewesen, das ganz an der Mutter hing. Vater hatte sich verspekuliert, wurde schwerhörig, peinigte die Familie, wurde zur Frau tätlich. Julius sagt, er hätte den Vater damals töten können, so haßte er ihn. Für die Mutter tat er alles. Er sang als Knabe in der Kirche die Messe, da kamen die Leute von weit her um ihn singen zu hören. Seine Mutter saß vorn in der Kirche. Später ist er um ein Konzert zu hören oder ein Bild zu sehn von Kempen bis Krefeld (2–3 Stunden) oft zu Fuß gegangen und nachts zurück. Seine Mutter wußte von allem und ließ ihn in allem. Nach ihrem Tode ist er dann bald von Hause fortgegangen hierher, ohne Mittel. Sein Bruder Hans Hoyer hat ihn ganz unterhalten. – Julius ist ein zarter Mensch ganz ohne Roheit, wie mir scheint. Wie weit seine künstlerische Kraft reichen wird? Wird er malen oder singen? Er weiß nicht.

Lise hat ihm ihre Arbeiten gezeigt. Er hat gesagt, daß sie ihm nicht sehr gefielen und hat wieder von sich gesprochen und seinem Weg, den er gehn will. Die Wirkung war, daß die bescheidene Lise, ihre eignen Arbeiten unterschätzend, wieder alles einpacken wollte. Es ist sehr schwer für sie gegen so etwas sich zu behaupten. Sie fühlt dann doppelt, daß ihr die Studienjahre fehlen, nennt ihre Arbeiten dann unberechtigten Dilettantismus und ist geneigt, auf alles zu verzichten. Sie hat das Recht, das innere, sich zu behaupten, aber es ist natürlich schwer für sie.

Am Montag 27. November geht Hoyer nach der Kunstschule um Hans Koch kennenzulernen und festzuhalten. Sie sind den ganzen Tag zusammen, geben sich gleich das Du. Nachmittag kommen sie zu mir, Hans Koch sitzt rechts am Tisch, wo Peter saß, Julius Hoyer links auf Hansens Platz. Sie sind beide voll bis oben von Plänen und Gefühlen und Streben. Es geht eine ganz verjüngende liebevolle stürmische Kraft von ihnen aus. Dann geb ich ihnen die Kerze von Peters Bett und sie gehn mit ihr in Hansens Atelier. Wir fahren noch ein Stück zusammen. Dann sag ich Julius wieder Lebwohl. Ich sehe von draußen noch in den Wagen. Hans sieht mich und grüßt mich, Julius Hoyer hat den Kopf zur Seite und sieht traurig aus. Ich gehe in die 5. Symphonie. Immer denke ich an diese noch lebendigen lebensvollen Jungen. So könnten auch die andern sein. Die schlafen stumm.

Briefe vom Hans. Er käme zu Weihnachten. Am Sonntag 3. Dezember, daß sie plötzlich fort müssen. Wahrscheinlich nach Rumänien. Also wohl auch dies Weihnachtsfest allein. Aber für Hans ist es gut. Ich hoffe.

Die Vaterländische Zivildienstpflicht ist im Reichstag durchgegangen.

Dezember 1916 Vortrag von Landauer über Goethes Stellung zur Politik. Beginnt mit Goethe an Frau von Stein: »Eigentlich bin ich zum Schriftsteller geboren« und »zum Privatmann«. Sein gewissenhaftes Arbeiten als Minister. Nach Italien ist er nicht mehr Finanzminister. Macht mit dem Herzog bevor er wiederkommt schriftlich aus, daß er nur wenn seine Zeit es erlaube an den Sitzungen teilzunehmen brauchte. Saß dann auf Herzogstuhl. Seine vielen skeptischen Bemerkungen über Fürsten: »Wenn der Welt die Augen aufgehn könnten und sollten über Fürsten und Könige ...«

Der Halsband-Prozeß 1785 erregt Goethe ungeheuer. Konzipiert darin das ganze Folgende. War wie wahnsinnig.

Zur Revolution stellte er sich so, daß er ihren Ausgang in Napoleon gut hieß. Napoleon schien ihm Erbe der Revolution. Ungeheure Achtung vor diesem Mann, den er »den größten Verstand« nennt.

Das Doppelte, das in Goethe lag: Gewalt und Folge. Nur selten bricht in ihm das Katastrophale, Gewaltmäßige durch, sein Bekenntnis wird je länger je mehr »die Folge«. (Lesen: Aufenthalt zu [?] Dornburg.)

»Es ist nichts in der Haut, was nicht in den Knochen ist.« An Napoleon jedoch bewundert er äußerst die Gewalt. Große ästhetische Freude an Napoleons Geschlossenheit. Gewalt konnte er nur vertragen wenn der Kerl danach war. Wo Vermögen zur Gewalt sich mit deren Ausübung deckt, wo es einen *Berufenen* zur Gewalt gab, einen außerordentlichen Mann, sprach er dem jedes Recht zur Gewaltsamkeit zu.

Zur Revolution selbst nimmt Goethe Stellung in den »Aufgeregten« und der »Natürlichen Tochter«. In den »Aufgeregten« vertritt die Gräfin den Adel. Die Verpflichtung des Adels. Daß jede Forderung zu allererst an sich selbst gestellt werden müßte. Forderungen eines Standes an einen anderen ihm stets unsympathisch: »Man kann nur durch seinesgleichen gerichtet werden.«

Goethe ist Volksfreund, hat aber die Masse stets gescheut. Den tüchtigen Mann aus Arbeiter- und Handwerkerstand stellt er hoch. Liebte an Zelter, daß er Maurergesell gewesen war. Überall wo er Kraft sah.

Macht die Schlacht von Valmy mit. Erlebt den Sieg der Revolutionstruppen über Herzog von Braunschweig. Sieht in ungeheurer Disziplin der französischen Truppen Geist und Folge der Revolution und ihres Prinzips: »Von hier und heute geht eine neue Epoche der Weltgeschichte an und ihr könnt sagen, ihr seid dabei gewesen!«

Aus einem früheren Vortrag: Goethe an Lavater: »Ich bin auch aus der Wahrheit, aber aus der Wahrheit der fünf Sinne.«

5. Dezember 1916 Die liebe alte Mutter wird 79 Jahre alt. – Nachmittags geh ich hin und finde Julie dort mit Mutter in Mutters netter Schlafstube am runden Tisch sitzen. Dann kommt Georg und für ein Weilchen Karl. Aber es faßt sich nicht zusammen, erhebt sich nicht über ein gewöhnliches Zusammensein.

Vormittags, sagt Lise, hatte die Mutter es klar im Bewußtsein, daß ihr Geburtstag sei; da kamen Briefe aus Königsberg von Onkel Julius, Tante Toni, Hannchen Schlunck zur Tante Lina, die ganz rasch und stark zu altern scheint. Alle sprechen von Konrads Abendvortrag in der Gemeinde, den er am Sonntag gehalten hat. Mutter freut sich darüber. Konrad ist noch in Königsberg, Anna ist vormittags bei der Mutter gewesen.

Nach Abendbrot geht Mutter zu sich herüber und auch gleich schlafen.

Wertheimer zeigt mir unterdes das Spiegelexperiment, wonach man zwei Gesichter zugleich sehn kann, sie sich nähern und dekken lassen kann. Dann kommt etwas Seltsames und meist Unangenehmes heraus. Wir machen verschiedene Proben. Lisens und mein Gesicht sollen zusammen Ähnlichkeit mit der Tante Bennina ergeben. Lise und Wertheimer merkwürdig, etwas nach Heinrich [Goesch] oder Baudelaire oder [Rudolf] Steiner: unten Lisens langes Gesicht und weicher Mund, die Augen sehr dunkel und glanzlos, über den Augen eine steile, hohe, weiße Stirn mit Lisens Seitenlöckchen. Wertheimers Bart ist fort. Lise und Georg zusammen passen nicht. Gibt unangenehmes Zwischengesicht.

Später kommt Else und Julius Rupp.

Brief von Hoyer. Dankbarer froher Brief. Voll Glück über Hans Koch.

– Vom Hans bis jetzt nur eine Karte von unterwegs.

12. Dezember 1916 *Reichstagssitzung. Bethmann verkündet, daß die deutsche Regierung durch die Neutralen der Entente den Frieden anbietet.*

[Dezember 1916] Vom 12. bis 24. nichts aufgeschrieben. Verstimmung über die Antwort aus den Entente-Ländern auf das Friedensangebot. Wilsons Friedensvorschlag.

Karl ist krank. Bettlägerig. In dieser Woche, die er nicht arbeitet, sind wir so viel zusammen wie sonst wohl Eheleute. Wir lesen zusammen. Es ist schön.

Von Hans kommen einige Briefe. Aus seinem engen Kajütenleben heraus. Einer, der frischer ist. Wo er erzählt, daß auch er requiriert. Vom Plündern der Bulgaren.

Julius Hoyer legt mir einen Brief von seinem Bruder Hans bei zu seinem Berufswechsel.

Weihnachten 1916 Sturmwetter. Vormittags Trudchen da, die dann mit ihrem Paketchen nach Haus geht. Walter [Neumeister] kommt und Kathrine [Laessig]. Ich hatte mir vorgenommen in die Marienkirche zu gehn, Karl und die beiden wollen auch gehn. Karl neben mir, nicht gestimmt auf die Kirche, innerlich widerstrebend.

Dann zu Hause mach ich Peters kleinen Baum zurecht. Er steht wie in den beiden verflossenen Jahren hinter seinem Bett, 20 kleine Wachskerzen, 20 kurze Jahre, brennen ab.

Wir sitzen auf der Lade seines Bücherschranks.

Dann sehn wir die Bilder an, die ich gesammelt habe. Von unsern beiden lieben Kindern.

Und dann holt Karl noch Briefe aus dem Tischkasten. Von ihm und von uns. Einen Brief von mir nach Prenzlau liest er. Damals als ich den schrieb saß ich genau an derselben Stelle wie jetzt. Am Ende des Briefes schrieb ich von dem Glück, wenn es ein Wiedersehn nach dem Kriege geben könnte. Ich weiß, daß ich damals schon empfand, ich hätte das nicht schreiben sollen, es war etwas zu weich Menschliches, zu weich Machendes. Als ich Peter dann danach sprach, beim Essen bei Fräulein Krüger in ihrer Wohnstube neben der Küche, erwähnte ich auch den Brief und die Stelle und hatte wieder dasselbe Empfinden.

1. [Weihnachts] Feiertag 1916 Ein Brief vom Hans. Im Nebel liegen sie still auf der Donau. Erinnern an Weihnachten. Etwas Heimweh.

Fräulein Löwenstein bringt mir eine Christrose. Es ist der Geburtstag ihrer Mutter, sie geht auf den Kirchhof und kommt dann immer bei mir heran.

Gegen Abend gehn wir bei Sterns (Hecks sind da) und der Mutter an. Mutter ist still und müde.

Dann in »Dantons Tod«. Sehr großer Eindruck. Letztes Bild: Auf dem Bastilleplatz die Guillotine. Zwei besoffene Knechte kehren das Blut von der Stufe, gehn gröhlend ab. Triumph des Irrsinns. Es ist nicht gut, daß Desmoulins Frau dann noch einmal auf die Bühne kommt.

In der Nacht träume ich von plastischen Arbeiten, die ich gemacht habe. Ein Akt. Er ist sehr gut geworden und ganz fertig aber ich stehe mit dem Gefühl davor, daß er ganz uncharakteristisch für mich ist und es ganz gleichgültig ist, ob ich so etwas mache oder nicht.

1. Januar 1917 In der Nacht von gestern auf heute mit Karl zusammengesessen. Erst in der Wohnstube. Ich las Karl aus meinem Tagebuch vor, das ich schrieb, während Hans auf Urlaub hier war. Um 12 Uhr gingen wir herüber und steckten seine [Peters]

20 Lichtchen an. Sie brannten so feierlich. Wie rein ist es in seiner Stube. Das Bäumchen steht hinter seinem Bett und die Kerzen leuchten durch die dunkle Stube.

»Sagt es niemand nur den Weisen
Weil die Menge gleich verhöhnet.
Das Lebendge will ich preisen
Das nach Flammentod sich sehnet.«
[Goethe]

Die Glocken. Wir sind eins, der Karl und ich in unserm Wünschen. Wir wünschen besser zu werden, näher an Peter heranzukommen. Wir wünschen Frieden. Wir wünschen unsern Hans lebend und in Vorwärtsentwicklung. Wir wünschen, daß wir drei noch zusammenbleiben dürfen und Kraft zur Arbeit behalten.

Wir denken an die Toten.

Wir denken an die Freunde.

Das Jahr 1916 war sehr schwer. Wohl geht man in das nächste mit dem Gefühl es wird den Frieden bringen. Aber noch keine Freude. Die Menschen sind zu sehr zu Boden gedrückt.

Aber was hat es Gutes gebracht? Wir sind gesund gewesen und haben arbeiten können. Hans lebt und wir sind Wochen mit ihm zusammen gewesen. Die Mutter lebt und Sterns, Schmidts, Julie und Kaches. Die Freunde. Es hat mir Hans Koch nicht ferner gerückt und es hat mir Julius Hoyer gegeben. Es hat mir auch Richard Noll für kurze Zeit gegeben. Bevor es ihn nahm.

Es hat den Richard, den Erich, den Gottfried, Walter Meier und Lothar Brandes genommen.

Heut am Neujahrstag kommt ein Brief vom Hans aus Bukarest. Es geht ihm gut.

In der vorletzten Nacht träumte ich die Mutter sei tot und war traurig. Am 2. Feiertag war ich am Vormittag bei der Mutter gewesen. Lise auch dabei. Ich erzähle von Hans Koch und Julius Hoyer. Erzähle von den gefallenen Jungen. Von der Freundschaft der Jungen. Peter. Die Mutter ist bewegt und küßt mich zum Abschied. Dann dreht sie sich zum Fenster. Liebe liebe Mutter.

Hans Hoyer an [seinen Bruder] Julius: »... aber das ist ja alles gleichgültig, die Hauptsache, daß hinter Deinen Gefühlen und Empfindungen Dein ernsthafter starker Wille steht. Wille zum Durchhalten, nicht nur zum Anfang und zum Bruch. Das geht bei

Dir so traumhaft ins Blaue hinein. Du mußt auf ein Ziel hinarbeiten, ein erreichbares sichtbares Ziel ... Nicht mit dem Letzten Feinsten anfangen, sondern mit dem Groben Festen Unkünstlerischen, das aber notwendigstes Fundament ist ... Mache es nun nur nicht wieder so wie bisher: Problemen nachgrübeln, sich zersplittern, sich von jedem Wellchen tragen lassen, anstatt kraftvoll auf ein bestimmtes Ziel loszuschwimmen.«

Ein Vogel, Kanarienvogel, flog in unsere Stube. Jetzt ist er im alten Vogelbauer unserer Jungen.

Nachmittags – wir wollten zur Mutter gehn – kommt ein Telegramm von Hans aus Dresden: er käme. Dann kam er an, vollgepackt. Sieht gesund aus. Ist munter. Brachte Speck, Würste, Zukker mit. Wir aßen Abendbrot zusammen und tranken Wein aus den 3 Gläsern, aus denen wir vor seinem Abschied getrunken hatten und die ich beiseitegestellt hatte. Dann kamen Konrad und Fräulein Rieve. Es war ein netter Abend. Der Junge badete und ging dann nach oben schlafen. 4 Tage und Nächte ist er gefahren.

[Hans auf Urlaub 1.–13. Januar 1917]

2. Januar 1917 Strömender Regen. Dunkelheit. – Die Blätter bringen die einmütige Absage der Entente an das Friedensangebot.

Abends Konrad Friedländer mit Liselotte. Konrad Friedländer meint Hans verhelfen zu können, zum Kursus fürs Physikum zugelassen zu werden. An den folgenden Tagen bemüht sich Hans um die Zulassung zu den Kursen. Erfolglos.

Wir sind kurz bei Sterns und der Mutter. Mittags essen wir immer mit Karl zusammen, abends sind wir auch zusammen, doch hat Karl wenig Zeit.

Am Donnerstag 4. gehn wir in die »Grüne Flöte«. Katrine [Stern] ist sehr anmutig.

Am Freitag sind abends wohl Walter Neumeister und Walter Koch da. Walter Koch erzählt von der Burschenschaftbewegung, mit der er sich jetzt beschäftigt, die noch in enger Beziehung zur Französischen Revolution steht.

Am Sonnabend 6. sind wir wohl im Kupferstichkabinett und sehn meine Ausstellung. Friedländer führt uns zu der Neuerwerbung im Alten Museum.

Abends Franz-Werfel-Abend. Die 3 ersten Gedichte aus »Gerichtstag«. Dann noch eine kleine Weile zusammen sein mit Walter Koch und Helmut Sell bei Schilling.

Sonntag vormittag zu Frau Schröder. Mit Hans. Bald nach Tisch Kathrine Laessig. Abends nachdem sie gegangen lesen wir noch einmal den 5. Akt aus »Faust II«. Hans liest. Karl sitzt auf dem Stuhl neben [dem] Glasschrank und hört aufmerksam zu. Ich versuche Hans zu zeichnen. Diese Stunden sind schön. Dann trinken wir noch ein wenig Wein.

Am Montag gehn Hans und ich in den Charlottenburger Park. Mausoleum und ein Weilchen zu Schmidts. Konrad kommt von der Einäscherung der alten Tante Luise. Zu Lene Bloch (Lotte Reichel getroffen), Kaufhaus des Westens und nach Haus. Hans schmökert »Das Fürstliche Haus Herfurth«. Noch einmal zu Sterns. Kurzes nettes Zusammensein mit Mutter, Lise, Georg in der Wohnstube um Eßtisch. Erzählen von Bloch. Daß er gemeint hat, England hätte schon erreicht was es wollte. Deutschland wäre zurückgeworfen um ein halbes Jahrhundert. – Als wir abends zurückkommen finden wir Karl hier. Sind aber alle müde.

9. Januar 1917 Heut ist Gottfried Laessigs Geburtstag. Wäre er 21 Jahre alt. Der Sohn Toni vom Emil Beier, einer der Zwillinge, ist vermißt, seit Wochen. Und Bernhard Berers Sohn ist gefallen.

Treffe mich mit Hans vormittags im Kaiser-Friedrich-Museum. Es ist im Erdgeschoß zu dunkel. Gehn flüchtig durch die Bilderabteilung und sehn uns frühgermanischen Schmuck an. Mittags Konrad Hofferichter hier. Ernster als sonst, etwas blaß. In Sorge um Julie. Erzählt, daß Paula weint und in ihrer Stube ist. Heinz von außen pocht mit beiden Fäusten an: »Mutter, brüllst Du noch?«

Konrad bittet Karl um leihweises Überlassen von 100 Mark zur Offiziersausbildung.

Abends Hans in »Dantons Tod« mit Walter Koch zusammen. Lise auch da. Hans nicht ganz wohl.

Mittwoch, 10. Januar 1917 Früh ein geöffneter zerknüllter Brief von der Gräberverwaltung. Peter ist am 16. Dezember umgebettet auf den Soldatenfriedhof von Roggevelde. Die 3 Anlagen: das Soldbuch, der Kompaß, 10 Pfennig fehlen. Unser Kind hat die Nummer 52.

Karl schreibt sofort an die Post und abends an die Gräberverwaltung. Ob wir hinreisen dürfen.

Ich muß ins Atelier, wo Kuhn den Gipsguß beginnt. Hans sucht Hans Koch auf, er hat Halsentzündung.

Erst um 5 Uhr kommt Karl aus der Sprechstunde. Furchtbar müde. Sagt, daß er lieber wieder zwei Sprechstunden hat, als diese eine endlose. Dann geht er auf Besuche. Hans und ich brennen noch einmal das Bäumchen an Peters Bett. Hans sagt wieder das schöne Gedicht von George, das er damals sprach. Wir lesen nach Abendbrot Frost: »Preußische Prägung«.

Donnerstag, 11. Januar 1917 Vormittags Besprechungen. Nehmen wieder Frost vor, als Frau Sonnewald kommt, bringt Eier, Käse, Brot. Hans zu Fritz Klatt. Abends ist Margret Arends hier. Sie und Hans sagen Du zueinander. Hans ist aber ganz merkwürdig kühl zu allen Mädchen. Nicht unfreundlich und auch nicht befangen – aber uninteressiert. Vorher war er bei Laessigs gewesen.

Freitag, 12. Januar 1917 Hans besorgt noch Verschiedenes in der Stadt. Ich bleibe zu Hause, weil sehr erkältet. Nachmittags kommt Hans Prengel, möchte daß Hans in Bukarest Grete aufsucht. Dann Kathrine und auch noch Lise für kurze Zeit. Die Antwort der Entente auf Wilsons Friedenssondierung ist im Abendblatt herausgekommen. Wir lesen sie. Sie ist unmöglich.

Nachdem Kathrine fort ist (sie erzählt, daß Hans Laessig Blut hustet und unter fürchterlicher Kälte in den Karpathen leidet) lesen wir drei noch den offenen Brief Werfels an Kurt Hiller. Er stellt dem Hillerschen Aktivismus das christliche Leben in Liebe entgegen. Es ist mir manches sehr schön, doch weiß ich nicht recht was er will.

Es ist unser letzter Abend. Wir trinken ein Glas Wein. Wieder wie das letzte Mal: auf einen guten Frieden!

Sonnabend, 13. Januar 1917 Schönes mildes heiteres Frostwetter.

Hans und ich den ganzen Tag zu Hause mit Vorbereiten beschäftigt. Er liest Willy Speyer »Haus Herfurth« zu Ende. Trudchen kommt.

Eine kleine Weile sind wir dann noch drüben bei Peter. Ich gebe Hans meine Abschrift von Peters Brief aus Stettin zu lesen, den er an Julius Hoyer schrieb. Karl kommt dazu. Spricht noch kurz mit Hans.

Dann Mittagessen in Eile. Nach dem Bahnhof Charlottenburg. Der Abschied ist nicht so schwer wie sonst. Wir versuchen noch ihn mit der Stadtbahn am Schlesischen Bahnhof zu erreichen, aber er ist schon fort. Das war sein 4. Urlaub.

Sonntag, 21. Januar 1917 Heut die erste Nachricht von ihm aus Bukarest. Er hofft dort Bittlinger zu treffen. Er schreibt vom schönsten Frühlingswetter, während hier klingender Frost ist.

Was ist in der Woche gewesen?

Eine Sitzung vom Kulturbund. Gaul traf ich dort, der sagte mir, daß Dehmels Sohn gefallen wäre und daß Rösler sich selbst das Leben genommen hätte.

Am letzten Sonntag in der Urania gewesen, den Vortrag von Frau Schalek gehört: Drei Monate an der Isonzofront. Das furchtbar schwere Leben der Soldaten dort. Hier wurde gestern auf Veranlassung der Militärbehörde ein *Film*! aufgeführt, der Bilder von der Somme bringt. Doch weiß ich noch nicht, ob er fürs Publikum freigegeben wird oder nur einmalig vor geladenem Publikum. Gewissermaßen als Dokument.

Mit der Arbeit sehr zögernd wieder begonnen. Kuhn hat unterdes den Gipsguß der Frau fertig gemacht, und als ich am Mittwoch hinkomme seh ich sie zum ersten Mal in Gips. Der Eindruck ist nicht entschieden weil ich geistig so unaufgeweckt bin. Zusammengefaßt ist der Eindruck wohl so: nicht schlecht, manches angänglich. Nicht gut. Von dem wirklich Guten recht entfernt. Doch drückt mich das nicht so sehr weil ich doch annehme, ich komme noch – wenn auch nicht zu dem durchaus Guten – doch zu einem wesentlich Besseren. Von dieser erhöhten Stufe aus glückt es mir, indem ich immer von einer der Figuren für die andere lerne, vielleicht auch wenigstens stückweise den absolut guten Zustand zu erreichen. – Bringe ich über den Zustand, in dem jetzt die Frau ist, das Ganze nicht heraus, dann ist die Arbeit als mißlungen anzusehn. Aber ich werd sie schon darüber heraus bringen.

Ich habe in zwei Nächten vom Peter geträumt. Das erste Mal träumte ich, er kam zurück aus dem Feld und wir waren so selig und küßten und drückten ihn immer. Er selbst war glücklich wieder da zu sein. Er wollte gar nicht wieder heraus und wir überlegten nur, wie er reklamiert werden könnte. Peter, das warst Du nicht in diesem Traum, das war ein kriegsverzagter Mensch. Aber Dein Körperliches war es. Und wir waren so glücklich Dich wiederzuhaben.

Die Nacht darauf sah ich ihn nur in Bildern, Kinderbildern. Er war darauf ein schönes und zartes Kind.

1. Februar 1917 Ankündigung des rücksichtslosen U-Boot-Krieges.

Am Dienstag 22. kam die Wilson-Note heraus. Karl hält sie für ungeheuer bedeutsam: »die Morgenröte«. Auch Konrad. Jetzt – 11 Tage hinterher – kommt Deutschland mit der U-Boot-Ankündigung. Jetzt kommt wohl die letzte Phase dieses Krieges, vielleicht die fürchterlichste.

Persönliches in dieser Zeit: Nach sehr langem Warten Nachricht vom Hans, daß er in Bukarest Bittlinger getroffen hat. Vorgestern wieder ein Brief von anstrengenden Märschen in strenger Kälte auf Braila zu.

Von Julius Hoyer keine Nachricht. Neulich träumte ich eine Stimme sagte: »Dein Sohn Julius ist gefallen.«

Von Hans Laessig an seine Eltern Nachricht, daß er mit Fieber ins Lazarett eingeliefert ist.

Hier war einmal Hans Koch mit seiner Elsbeth. Am Tage drauf er allein, Werfel »Offenen Brief an Kurt Hiller« zurückbringen. Kommt ins Schwärmen von seiner Elsbeth. Läßt mir Hauptmann hier: »Einhart der Lächler«. Ich lese es. Es bringt mir den Peter wieder so nah, wie der *wäre* wenn er noch lebte und malte.

Über den Sonntag ist Annie Karbe hier. Es ist nett – macht aber sehr müde, besonders weil Kathrine Laessig auch noch kommt und den Abend bleibt und sehr nervös ist.

Besetzte Tage. Alle möglichen geschäftlichen Sachen, die viel Geld versprechen. Richter will Zeichnungen kaufen für 6 000 Mark. Seemann will 3 Platten kaufen. Perspektive auf eine Zeit, in der Karl die Kassen aufgeben kann und zu seinem eignen Leben kommen kann. Das sind sehr schöne Aussichten, vorausgesetzt, daß er es so lange aushält. Denn erst nach dem Kriege kann das sein. Und was wird nach dem Kriege sein? Alles liegt im Nebel.

Inzwischen ist die Antwort von der Gräberverwaltung gekommen: daß wegen »zu erwartender Ereignisse« das Grab zurückgelegt ist. Daß es ein Kreuz hat mit seinem Namen, seinem Truppenteil und Todestag.

Gestern war ich in der Ausstellung der Konkurrenz für Grabdenkmäler im Künstlerhaus. Ich gehe die Reihe der Zeichnungen runter. Auf einmal sehe ich Peters Namen. Er steht mit andern Namen von Gefallenen auf einer Gedenktafel. – Es waren manche Entwürfe für größere Denkmäler. Ich versuchte mir zwischen diesen allen als kleinen gezeichneten Entwurf meine Arbeit vorzustellen. Vielleicht hätte sie mir nichts gesagt, hätte ich sie so gesehn. Ich arbeite jetzt am Vater. Es geht verhältnismäßig rasch vorwärts, trotzdem ich müde bin und mir manchmal gar nicht gut ist.

Neulich bei Milly Steger gewesen im Atelier. Sie ist sympathisch und ihre Arbeit stark. Etwas seelenlos. Es gibt für sie nur formale Probleme. Sie geht von einem ganz andern Ende los wie ich. Sie ist ein ordentlicher Kerl, arbeitet wie ein Mann, hat große Aufträge für Bauten usw., hat in der neuen Richtung einen Namen.

Marta Dehrmann schreibt, daß der Frauenkunstverband mich vorschlagen will für die Städtische Kunstdeputation. Vorausgesetzt, daß sie eine Frau zulassen. Ich schreibe ihr ab, weil ich finde ich eigne mich nicht dazu. Möchte so ungern Anwalt der Frauen in Kunstsachen sein, was mit so einer Stellung wohl verbunden ist.

3. Februar 1917 Sehr schöner, langer, beglückter und ruhiger Brief vom Heinrich. Sie haben ein 3. Kind, eine Veronica, am 24. Januar ist es geboren.

4. Februar 1917 Krieg mit Amerika!

Dazu bittere Kälte über ganz Europa und nirgends Kohlen.

5. Februar 1917 Morgen ist Peters Geburtstag.

Vom Hans kein Brief.

Ich hab gearbeitet. Am Vater. Bevor ich ging, hob ich die Tücher von Peters Kopf ab. Sie lagen zur Seite. Über dem Körper lag noch die Decke. Wunderschön aus diesem ganzen Verhüllten sah sein Kopf heraus mit seinem feierlich frommen Lächeln. Ich denke vielleicht die Arbeit so zu machen, daß ich den ganzen Körper in eine Decke schlage und nur den Kopf frei lasse.

Peter! Einundzwanzig Jahre wärst Du alt. Wenn kein Krieg gekommen wäre, dann wandertest Du jetzt mit Hans vielleicht durch Italien.

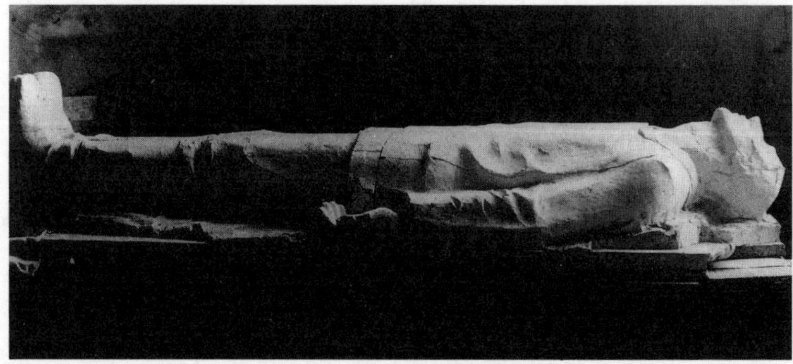

Mahnmal (1. Periode), liegender Soldat (Peter). »Bevor ich ging, hob ich die Tücher von Peters Kopf ab. Sie lagen zur Seite. Über dem Körper lag noch die Decke. Wunderschön aus diesem ganzen Verhüllten sah sein Kopf heraus mit seinem feierlich frommen Lächeln.«

Der 6. Februar 1917 Ich arbeite zwei Stunden an der Arbeit. Dann nach Tisch wollen wir nach Buch herausfahren. Weil der Zug nicht geht, gehn wir durch den Park über den Viadukt nach Haus. Es ist ganz herrliches Winterwetter, Frost, Schnee auf den Feldern, der Himmel leuchtend, die Sonne mild wärmend. Ganz wunderschön.

Aber vom Hans auch heut noch nichts. Von Julius Hoyer gestern Nachricht, er ist krank gewesen.

Am Abend kommt Kathrine mit Blumen für Peters Bett.

9. Februar 1917 Heut durch äußere Umstände veranlaßt die Arbeit am Vater unterbrochen und den Gipsguß der Mutter vorgenommen. Den Kopf abgesägt und versuchsweise ganz anders heraufgestellt. Es ist möglich, daß jetzt das kommt, was ich sagte, daß durch Weiterarbeiten am Gips ich über das Durchschnittliche mich erst mal an einer Stelle heraushebe und dann, mich da behauptend, allmählich andere Teile der Arbeit nachziehe. Immer schneckenweise *aufwärts*, klimmend, in kleinsten Abschnitten, aber aufwärts.

Curt Herrmann gibt mir Nachricht, daß es nichts ist mit meinem Ausstellen in der Freien Secession. Ich schreibe an Cassirer, ob er eine Ausstellung von mir machen will.

Zum 6. Februar liebe liebe Briefe von Lise und Hanna.

Vom Hans noch keine Nachricht.

Hanna ist für ein paar Tage hier. Sie besucht uns, ist einfach und nett. Noch während sie da ist, kommt Nachricht vom Hans. Es geht ihm gut, aber es ist sehr kalt. Sonntag bei der Mutter. Am Montag mit Karl bei Milan. Er spricht Goethe Schiller Klopstock Herder. Ich finde ihn gut, aber er gibt nichts mich Begeisterndes.

[Mitte Februar 1917] In dieser Woche arbeite ich nicht, weil Cassirer vielleicht schon im März meine Ausstellung machen will, es ist knappe Zeit und viel dafür zu arbeiten.

Ich lese von Carl Hauptmann »Einhart der Lächler« zu Ende. Ungeduldig erst zu Ende zu sein. Es ist zu lang und nicht gehaltvoll genug. Es ist schön in dem was nebenher läuft.

In der Nacht vom Sonntag dem 11. zum Montag 12. Februar ist Kaches 3. Sohn Kurt geboren.

Briefe vom Hans. Aber unzufriedene. Er leidet unter dem Nichtoffiziersein, denkt daran von der Sanität ab und zu den Luftschiffern zu gehn um da zum Offizier zu kommen. Die Frage, ob ihm sein Dissidententum nicht hinderlich? Seine Kurzsichtigkeit?

17. Februar 1917 Heut wieder ein Brief. Er hat nicht zu tun und ist unzufrieden.

Habe alle meine Zeichnungen im Atelier durchgesehn und etwa 200 ausgesucht. Ich glaube die Ausstellung wird gut werden.

Haben gestern abend einen Vortragsabend von Durieux und Eysoldt gehört bei Cassirer. Alles andere war gleichgültig. Aber die Durieux las von Leonhard Frank eine Geschichte vor von einem Kellner, der einen einzigen Sohn hat. Der fällt »auf dem Felde der Ehre«. Und dann nachher die sozialdemokratische Versammlung, wo der Kellner auf einmal zu Worten kommt. Der Zug auf der Straße, der anwächst: »die wollen Frieden machen«. Das enorme Volksgetöse zuletzt und die läutenden Glocken: »Frieden! Frieden! Frieden!« Es war gar nicht zum Aushalten. Als sie aufhörte rief eine Männerstimme immer laut weiter: »Frieden! Frieden!« – es soll Blochs Bruder gewesen sein.

Und das alles zu wissen, daß so inbrünstig die Sehnsucht nach Frieden ist, in ganz Europa, überall gleich, und daß doch der Krieg nicht aufhören *kann* und alle Tage weitergeht und jede Stunde junge Menschen sterben müssen.

[18. Februar 1917] Klingers 60. Geburtstag.

In der Rundschau das Tagebuch des alten Tolstoi aus dem Jahr 1898 gelesen. Es ist mir doch etwas so Fremdes, dies Leben in Christus. Doch kommt es auf dasselbe heraus, was wohl auch Großvater meint. Wie stehe ich denn? Ich will doch auch frei sein von dem, was mein wirkliches Ich hindert. Und dieses wirkliche Ich ist was?

Was will ich überhaupt im Leben und was hab ich gewollt? Ich wollte mich entwickeln, d.h. mich entfalten, und zwar nicht mich, den Christenmenschen, sondern mich, die Käthe Kollwitz.

Als ich den Wunsch hatte statt der Jungen sterben zu dürfen, geschah das aus Liebe für die Jungen. Peter tat mehr, er starb nicht aus Liebe zu einem Menschen, sondern aus Liebe zu einer Idee, einem Gebot.

Erkenn ich denn auch ein solches Gebot an, dem gehorchend ich lebe oder sterbe, wie es gefordert wird? Wäre es nicht immer nur Liebe zu einem Menschen, daß ich seinetwegen sterben würde? Da ich lebe, nicht statt der Kinder gehn durfte – das hätte ich gern getan –, will ich mich zu Ende leben. Wieder mich, die Kätze Kollwitz. Ich will sehn wie weit ich es in der Arbeit noch bringe.

Die Vervollkommnung im Guten – die mir mal mehr mal weniger erstrebenswert erscheint – kommt mir oft als so etwas Fremdes vor. Und als etwas, was die Farbigkeit des Individuums stört. Der Unterschied ist, daß Karl das Gute als eine Kraft empfindet und ich mehr als etwas farblos Weiches.

Kraft erscheint auch mir das Notwendige – ich weiß nur nicht, ob sie sich aus dem Streben nach dem Guten und der Liebe entwickelt?

Kraft ist das, was ich brauche, was mir einzig würdig scheint als Nachfolge Peters. Kraft, das ist das Leben so fassen wie es ist und ungebrochen durch es – ohne Klagen und viel Weinen – mit Stärke seine Arbeit tun. Sich nicht verleugnen – seine Persönlichkeit, die man nun einmal ist, aber sie verwesentlichen. Sich verbessern – ich meine jetzt nicht im christlichen Sinn, sondern mehr im Nietzscheschen. Das Zufällige, Üble, Dumme aus sich ausjäten und das stärken was – von einem weiteren Gesichtspunkt aus gesehn – von Wert in uns ist. »Mensch, werde wesentlich!«

Aus Tolstois Tagebuch:

»Man zappelt und müht sich unsäglich ab, nur um in seiner

eignen Richtung zu schwimmen. Und neben dir, unaufhörlich, jedem nah, fließt ein göttlicher unendlicher Strom der Liebe, immer in einer und derselben Richtung. Hast du dich dann bei deinen Versuchen, etwas für dich selbst zu tun, etwas für dich zu retten, dich in Sicherheit zu bringen, genug abgemartert, dann laß all deine eignen Richtungen, vertraue dich dem Strome an – er wird dich tragen und du wirst verspüren, daß es keine Widerstände gibt, daß du für ewig ruhig frei und selig bist.«

»Ich aber sage über dieses Dogma über die Seele Folgendes: Seele nennen wir das Göttliche, das Geistige, welches in uns durch den Körper begrenzt wird. Eben diese Begrenzung gibt ihm die Form, wie ein Gefäß einer darin enthaltenen Flüssigkeit oder einem Gas die Form gibt. Wir sehn aber nur diese Form. Zerschlage das Gefäß, und das was darin eingeschlossen war, verliert die Form, die es hatte, es ergießt sich und dehnt sich aus. Ob es sich mit andern Stoffen vereinigt, ob es eine neue Form erhält, das alles wissen wir nicht. Gewiß wissen wir nur, daß es jene Form, die es gehabt hat, verliert, weil das, was es begrenzt hat, zerstört ist. Ebenso ist es mit der Seele. Die Seele nach dem Tode hört auf, Seele zu sein, und während sie als Geist, als göttliches Wesen beharrt, wird sie etwas anderes, etwas, worüber wir nichts aussagen können.«

»Die Organisation, alle Organisation entbindet von jeglicher menschlichen, persönlichen moralischen Pflicht. Alles Übel der Welt hat darin seinen Grund. Man peitscht die Menschen zu Tode, demoralisiert, verblödet sie – und niemand ist daran schuld.«

»Einer der gewöhnlichsten Irrtümer ist der, daß man die Menschen für gut, böse, dumm, gescheit hält. Der Mensch ist aber etwas Fließendes und in ihm sind alle Möglichkeiten: er war dumm – wurde gescheit, er war böse – wurde gut und umgekehrt. Das macht die Größe des Menschen aus. Daher darf man über keinen Menschen aburteilen. Während man über ihn aburteilt, ist er schon ein anderer.«

»Sich vervollkommnen heißt nicht, sich auf ein künftiges Leben vorbereiten. Wohl aber heißt sich vervollkommnen – dem Urgrund des Lebens sich nähern, wo weder Zeit noch Tod mehr ist, das heißt, sein Ich aus dem körperlichen immer mehr und mehr in das geistige Leben übertragen.«

»Und plötzlich erinnere ich mich, daß mir das alles ja nur so scheint, weil ich mich niedergekauert habe und am Boden herumwühle – daß ich mich aber nur aufzurichten brauche in voller Größe ...«

»Aber im allgemeinen ist die Stimmung eine freudige. Etwas Freudiges ist es, daß sich im Alter entschieden ein ganz neuer Zustand herausgebildet hat, der ein großes unverlierbares Gut ist. Das ist keine Einbildung, sondern eine ganz bestimmte Empfindung, wie Wärme, Kälte, eine Veränderung des Seelenzustandes, ein Übergang aus dem Wirrsal des Leidens zu Klarheit und Ruhe und zwar ein Übergang, der von mir abhängig ist. Es ist, wie wenn einem Flügel gewachsen wären. Ist es zu schwer, zu schmerzhaft auf den Füßen zu gehn, dann breitet man die Flügel aus. Warum dann nicht immer auf Flügeln? Bin offenbar noch zu schwach. Noch nicht gewohnt, oder vielleicht ist ein Ausruhen nötig. Es wäre interessant zu wissen, ob dieser Zustand eine Eigentümlichkeit des Alters ist oder ob auch Junge ihn empfinden können. Ich denke sie können es. Man muß sich dazu gewöhnen. Das ist eben das Gebet.«

»Das muß man verbergen, das muß man befürchten, das quält, das fehlt. Und siehe da, es ist nichts zu verbergen, es ist nichts zu befürchten, man braucht sich nicht zu quälen und es bleibt nichts zu wünschen. Hauptsache ist, daß man sich vom menschlichen Gerichte weg und zum göttlichen hinwendet. O, wenn es sich nur bis zum Tode erhalten könnte! Aber auch dafür, was ich empfunden habe, danke ich Dir, Vater!«

Dies Tagebuch ist 12 Jahre vor seinem Tode geschrieben. Er starb im November 1910.

Hier Goethes Ausspruch aus seinem hohen Alter:

»Denn am Ende des Lebens gehen dem gefaßten Geiste Gedanken auf, bisher undenkbare. Sie sind wie selige Dämonen, die sich auf den Gipfeln der Vergangenheit glänzend niederlassen.«

»Die Erziehung des Menschengeschlechts« gelesen. Tröstliches Licht in dieser dunklen Zeit: »Geh deinen unmerklichen Schritt, ewige Vorsehung! Nur laß mich dieser Unmerklichkeit wegen an dir nicht verzweifeln! – Laß mich an dir nicht verzweifeln, selbst wenn deine Schritte mir scheinen sollten zurückzugehen. Es ist nicht wahr, daß die kürzeste Linie immer die gerade ist.«

In Baumschulenweg gewesen. Julie geht es etwas besser, die Beine sind abgeschwollen. Sie liegt zu Bett. Paula schon auf, sehr wacker. Paul geht es wohl nicht gut. Kurtchen schläft und Rolf und Heinz sind nett.

Julie so glücklich über Konrads Verlobung mit Rose Zerahn.

Gestern abend bei Mutter gewesen. Zusammen mit ihr und Lise die Erinnerungen Fräulein Thierbachs an den lieben Vater gelesen. Mutter ist fröhlich.

Hab halbe Ferien jetzt. Der Ausstellung wegen arbeite ich nicht im Atelier, sondern mach dazu nötige Vorarbeiten zu Haus. Zeichne auch etwas an den Zeichnungen für Steinthal. Nach Tisch begleite ich Karl mitunter auf Besuchen. Ich lese und sammle mich wieder etwas von den beschäftigten und äußerlichen Zuständen, wie sie häufig in den letzten Zeiten waren. Heut als ich von den Gängen mit Karl zurückkam und es war so halbes Frühlingswetter, das immer Träume macht, stand mir folgendes Altersbild vor [Augen]. Etwa von meinem 60. Jahr: Auf schwere künstlerische Arbeit kann ich dann nicht mehr rechnen, Karl und ich haben irgendwo in schöner Nähe – sagen wir Ferch – ein Häuschen mit Garten, Kartoffeläckerchen, wenigstens einem Hunde. Wir arbeiten im Garten und jeder für sich. Karl wissenschaftlich, ich soweit ich es noch kann mit kleiner Plastik und Zeichnungen. Vor allem leben wir in der Natur und mit einigen Kindern, die wir aus der Stadt für den ganzen langen Sommer zu uns herausgenommen haben. Stadtkinder. Sie besuchen die Dorfschule und tummeln sich draußen, lernen schwimmen, rudern usw. Könnten das Enkel sein – o wie wunderschön! Können sie es nicht sein, so sind es fremde. Geld gehört zu dem Plan, aber wir werden dann schon Geld haben. – Bücher viele! Ist der Winter zu lang, dann gehn wir für einige Monate nach Berlin. – Lina, die alte treue, besorgt die Wirtschaft; ein junges nettes Mädchen, wie wir viele kennen, leitet in der Hauptsache die Kinder. Kinder etwa 4 bis 5. Das wär doch ein schönes Leben.

Hoyer schreibt jetzt selten. Heut wieder ein Brief. Kurz. Er scheint es jetzt zu vermeiden mir den Namen Mutter zu geben.

Hans Heymann schickt mir Walther Heymanns Pechsteinbuch. Der ganze Walther Heymann ist darin. In begeisterter jubelnder Hingabe an das Pechsteinsche Genie.

23. Februar 1917 Karl wieder auf Besuchen begleitet. Karl spricht wie meist. Er spricht sehr gern und oft sehr gut. Macht sich in Stille alles zurecht, alles was ihm im Leben vorkommt. Zu seinen

Kranken spricht er wohl oft so, tröstet sie. Vom Einstellen des Menschen auf sein Schicksal. Wie das Schicksal ihm etwas nimmt: »So, nun komm ohne das aus – hier hast du etwas Anderes – sieh, was du daraus machst.« Und kaum hat man sich an das Neue gewöhnt, wird es wieder genommen. Wie der Soldat im Schützengraben heißt es dauernd auf dem Sprung sein – wird dies genommen – sieh, wie du dich rettest. – Karl meint, ob dieses Bestreben des Menschen im Unglück nicht unterzutauchen dasselbe ist, das Vater gemeint hat, wenn er von dem Glücksstreben sprach, das zum Hebel der Tugend werden könnte?

Sonntag, 25. Februar 1917 Stiller Tag. Karl arbeitet viel. Ich lese in der Bibel das Buch Tobias. Abends Kathrine [Laessig]. Von ihrem Bruder Hans schlechte Nachricht. Er ist krank, sie wissen nicht ob an Lungenentzündung. Wir gehn abends mit ihr in die Gulbranssonschen Marionetten, treffen uns dort mit Lise. Georg in einem Regerkonzert.

Montag, 26. Februar 1917 Holst hier und ich bespreche Geschäftliches mit ihm. Wahrscheinlich kauft Dr. Meier mir alle Platten ab. Das bedeutete, *daß Karl dann endlich leben kann wie er will* ohne die erstickende Praxisarbeit. Wär das schön!

»Dieses Leben ist nicht eine Gesundheit sondern ein Gesundwerden, nicht ein Wesen sondern ein Werden, nicht eine Ruhe sondern eine Übung. Wir sind es noch nicht, wir werden es aber.« (Luther)

Ich lese jetzt »Dichtung und Wahrheit«. Die Studentenjahre. Leipzig. Sehr interessant ist es wie dieser ganz junge Mensch wird. Gern geht er von Hause fort, täuscht den Vater, da er trotz Abmachung Jura zu studieren, für sich beschließt Literatur zu studieren. Kommt dann wieder halb davon ab, beeinflußt durch Frau Böhme. Beschäftigt sich mit beidem und überhaupt Massenhaftem, aber ohne Fleiß und Ausdauer (»... denn es machte mir nichts Vergnügen als was mich anflog«). Bummelt und liebt. Wird von Behrisch auf etwas anfechtbare Weise fürs Leben erzogen. Verlernt Verehrung. (»... und so rückte nach und nach der Zeitpunkt heran, wo mir alle Autorität verschwinden und ich selbst an den größten und besten Individuen, die ich gekannt oder mir gedacht hatte, zweifeln, ja verzweifeln sollte.«) Herumsuchen nach Motiven für die Dichtung mit dem Ende, in sich alles zu finden.

Goethe betont hier, daß in jener Zeit der Grund gelegt ist zu seiner ganz perönlichen Art der Dichtung. Sein Wesen: unruhig, leidenschaftlich, in Extremen, launisch, eifersüchtig, »Heißhunger nach Kenntnissen«.

Alles in allem scheint in dieser Zeit das Fundament gelegt zu werden zum Späteren. Überall wird der Boden aufgerissen, umgewendet und gelockert. Goethe setzt übrigens das fort, worauf sein Vater immer Gewicht legte: Er beschäftigt sich mit vielerlei und sucht von vielem eine Anschauung zu bekommen, neben dem Studium Zeichnen und Radieren, Naturgeschichte, Kunstgeschichte, hilft bei Wohnungseinrichten bei Breitkopf, vertieft sich in Studium der Buchdruckerkunst und vieles andere. Noch kann es scheinen, daß auch die Poesie nur so halb dilettantische Beschäftigung bleiben werde.

Krank nach Frankfurt zurückgekehrt, findet er Cornelie in einer Opposition zum Vater, die ganz an die Zerwürfnisse der jetzigen Eltern und Kinder erinnert.

»Zuwachs an Kenntnis ist Zuwachs an Unruhe.«

Später spricht er in einem Brief davon daß, wenn er früh sterben sollte, man wenigstens sagen müsse, sein Leben sei auf breiter Basis angelegt gewesen. Diese breite Basis hat wohl schon der Vater gemeint, als er das Kind nach allen Seiten hin lernen ließ und es mit möglichst viel Lebensverhältnissen bekannt machte.

Sonntag, 4. März 1917 Mittagskonzert (Schnabel) in Volksbühne. Mit Walter und Kathrine zu Haus. Wir lesen zusammen über den alten Goethe. Gegen Abend gehn Karl und ich zur Julie. Finden sie schlecht. Karl untersucht ihr Herz. Es wird ausgemacht, daß Julie in ein Bad oder Sanatorium geht. Sie ist sehr niedergeschlagen und weint. Es ist sehr traurig.

[5. März 1917] Vorgestern kam ein langer langer liebevoller Brief vom Julius und von unserm Hans ein so kurzer knapper. Aber da kam gestern am Sonntag ein Briefchen vom Hans, das mich so sehr froh machte.

Von neuem scharfe Kälte.

Beim Durchsehn meiner Zeichnungen für die Ausstellung auch meine ganz alten gefunden von 14 bis 17 Jahren. Mir geht es nach wie vor so, daß ich meine alten Sachen sehr schlecht vertragen kann. Ich finde das auch sehr erklärlich. Man übersieht mit einem

Blick seine Mängel und meist sind es solche, die zwar später zurückgedrängt aber immer noch eine Gefahr sind. Bei mir das Erzählerische. Meine frühen Zeichnungen sind fast alle Anekdoten. Alles mögliche was passiert ist gezeichnet, Gesehenes und Ausgedachtes. Also auch da schon wenn man will »Auseinandersetzung mit dem Leben«. Wo das herkommt ist ja klar. Ich kannte damals keine andere Kunst als erzählende und hätte auch für keine andere Interesse gehabt, so wie ich noch viel später für keine andere Interesse hatte. Eigentlich erst nach München sind meine Sachen nicht mehr so peinlich anekdotisch. Ich denke oft, daß Lise die begabtere von uns beiden ist, es wurde zu Hause nur nicht so erkannt, weil der Vater in meiner gegenständlichen Darstellung mehr fand. Eigentlich künstlerisch ist sie begabter. Das zeigt sich bis jetzt zu. Doch fehlte ihr das Studium. Und vielleicht noch etwas: Ich vermute, daß sie weniger intensiv lebte. Gerade in jungen Jahren kultivierte sie sich und die Gegenstände ihrer Liebe. Das genügte. Ich hatte wohl mehr Drang. Und allein dieser Drang ist es auch gewesen, der meine an sich geringere Begabung zu der ihr möglichen Entfaltung brachte.

Wenn ich vergleiche: meine Zeichnungen aus meinem 15. Jahr und so manches von Rele, Sabine Lepsius, Liselotte Friedländer aus derselben Zeit. Peinlich dilettantisch, d. h. geschmacklich dilettantisch sind meine Sachen dagegen.

Goethe spricht von dem selbstgefälligen Dünkel, der einem die Erzeugnisse der eben verflossenen Epoche so unausstehlich sein läßt. Das ist etwas anderes als was ich meine. Ich behaupte, daß man allen Grund hat sich innerlich zu winden bei seinen Jugenderzeugnissen. Die Mängel sind noch durch kein Können gemildert, in aller Naivität liegen sie breit und selbstgenügend da.

Margret Arends und Ise Schoke sind hier. Ise spricht so sehr nett vom Sternschen Haus, wieviel sie da gehabt haben. Mit dem Umzug von Sterns nach der Stadt – Bochumerstraße 13 – hatte sie den Eindruck, in dieser eleganten Wohnung Sterns ganz verloren zu haben.

Der Bruder Willi – der freche lustige Junge – ist jetzt in der Ausbildung bei der Artillerie. Er will nach dem Krieg Medizin studieren, sein Ziel ist mal bei Karl Assistent sein zu können.

7. März 1917 Es ist wieder starke Kälte, schneidender Nordostwind.

Vormittags Dr. Meier und Maire von der Kunsthandlung Richter hier. Sie kaufen für 10 000 Mark Zeichnungen und verpflichten sich auch zum Ankauf sämtlicher Platten – 30 000 Mark. Wie schön ist das, wenn ich denke, daß Karl nachher freier ist. Wenn er nur noch durchhält bis der Krieg vorüber ist.

Gegen Abend zur Julie gefahren. Sie liegt wieder im Bett und nimmt stärker Digitalis. Sie stimmt Karls Plan zu, daß sie jetzt sehr bald in ein Sanatorium geht für Herzbehandlung und ihre Bluterkrankung.

9. März 1917 Karl spricht telephonisch mit Plehn, den er bittet zur Julie zu gehn. Dann mit Dr. Bildt. Der sieht Juliens Zustand als sehr schlecht an.

Gestern und in der Nacht dauernd Schnee gefallen. Heut sieht man ganze Trupps von Schuljungen den Schnee wegschaufeln. Eben kam ein Zug von 30 Jungens die Tresckowstraße runter. Sie hatten die Schippen über der Schulter, marschierten singend. Wie riesig gern sich Kinder nützlich machen. Sie müssen nur den Eindruck haben, daß ihre Arbeit gewertet wird und die Arbeit muß nicht zu lange dauern. Hier nun noch die Gemeinsamkeit. Ich glaube übrigens, sie werden bezahlt, mit 35 Pfennig die Stunde.

Vom Hans eine recht frohe Karte. Er hat viel zu tun, weil er Gruchalle vertritt. Hat 26 Kranke.

10. März 1917 Heut vor einem Jahr fiel Erich.

Heut heiraten Walter Koch und Gertrud Ziese.

Sonntag, 11. März 1917 Bei Julie gewesen, mit der es schlecht steht. Sie ist sehr ruhig und gefaßt.

13. März 1917 Bei Julie gewesen. Rascher, keuchender Atem. Vielleicht wird sie morgen nach dem Sanatorium rübergebracht. –

Mit das Auffallendste in der Goetheschen Lebensgeschichte ist mir sein Bestreben sich mit allem bekannt zu machen und zu allem Stellung zu nehmen. In Straßburg verkehrt er mit Vorliebe mit Medizinern und hört medizinische Kollegs. Das Münster besieht er nicht nur, sondern studiert es, zeichnet danach, stellt Messung an. Es ist eben wieder das breite Fundament, das Bedürfnis sich »ins All zu erweitern«. Glückt es uns selbst nicht, sagt er an einer Stelle, uns allseitig auszubilden, müssen wir dies und das wieder fallen lassen, so sind wir froh das Liegengelassene durch andere aufgenommen und weitergeführt zu sehen, »dann tritt das schöne Gefühl ein, daß die Menschheit zusammen erst der wahre Mensch ist und daß der Einzelne nur froh und glücklich sein kann, wenn er den Mut hat sich im Ganzen zu fühlen.«

Eine Bemerkung, die zur Jetztzeit paßt, als ob einer im dicksten Nebel oder in stockfinsterer Nacht von der schönen weiten Aussicht spricht.

Jedenfalls seh ich Goethe auf einem Wege zur Entfaltung kommen, den ich immer abgelehnt habe. Er will möglichste Vielseitigkeit und Breite, ich wollte Beschränkung in allem anderen ausgenommen der einen Sache, die ich wirklich wollte. Mit den Kindern dasselbe. Ich widersetzte mich, wenn Karl Hans in mancherlei auszubilden suchte z. B. Musik. Betonte aber Hansens wirklich vorhandene starke Neigung. Peter hatte viel eher das, was Goethe meint, er hatte es sogar erheblich. Bei ihm sah ich es ruhig an, ja war damit einverstanden, weil eine innere Harmonie, die in dem Jungen lag, alles was er tat für mich gut sein ließ.

Goethe von sich aus der Straßburger Zeit: »Ich war überhaupt sehr zutraulicher Natur.« Bei Gelegenheit eines Spottes Herders über seinen Namen: »... denn der Eigenname eines Menschen ist nicht etwa wie ein Mantel, der bloß um ihn her hängt und an dem man allenfalls zupfen und zerren kann, sondern ein vollkommen passendes Kleid, ja wie die Haut selbst ihm über und über angewachsen, an der man nicht schaben und schinden darf ohne ihn selbst zu verletzen.«

2. Teil, 10. Buch. Sehr schön. Besonders der erste Teil, wo er von Herder erzählt.

Übrigens ist es aber doch unmöglich aus »Dichtung und Wahrheit« eine Anschauung von Goethe, wie er damals war, zu bekommen. Er wird sich nicht gerecht. Er analysiert sich, berichtet getreu Gutes und Schlimmes, erzählt von all seinen Torheiten, von seinem Bildungseifer usw. Es geht so, wie wenn ein Schriftsteller genau ein schönes Gesicht beschreiben will. Die Phantasie ist nicht ausreichend sich das zu konstruieren. Und aus Goethes Beschreibung seiner selbst könnte man sich einen jungen Mann konstruieren, der wohl sehr vielversprechend ist, aber nicht Goethe. Und die ärgerliche Pedanterie der späteren goethischen Darstellung überträgt sich auf das Objekt der Schilderung selbst. Eine wirkliche Ahnung vom jungen Goethe hat man nur aus den Briefen jener Zeit, die vom Stil von »Dichtung und Wahrheit« himmelweit entfernt sind. Zum Beispiel Goethe an Herder im Jahre 70, Goethe also 21 Jahre alt: »Ich zwinge mich ihnen in der ersten Empfindung zu schreiben. Weg Mantel und Kragen! Ihr Niesewurz-Brief ist drei Jahre alle Tageserfahrungen wert. Das ist keine Antwort drauf und wer könnte drauf antworten? Mein ganzes Ich ist erschüttert, das können Sie denken, Mann, und es fiebriert noch viel zu sehr, als daß meine Feder stet zeichnen könnte. Apollo von Belvedere, warum zeigst du dich uns in deiner Nacktheit, daß wir uns der unsrigen schämen müssen. Spanische Tracht und Schminke! Herder, Herder, bleiben Sie *mir*, was Sie *mir* sind. Bin ich bestimmt Ihr Planet zu sein, so will ichs sein, es gern, es treu sein. Ein freundlicher Mond der Erde. Aber das – fühlen Sie's ganz – daß ich lieber Merkur sein wollte, der letzte, der kleinste vielmehr unter siebnen, der sich mit Ihnen um eine Sonne drehte, als der erste unter fünfen, die um den Saturn ziehn.

Adieu, lieber Mann. Ich lasse Sie nicht los. Ich lasse Sie nicht! Jacob rang mit dem Engel des Herrn. Und sollt ich lahm drüber werden! Morgen soll Ihr Ossian gehn. Jetzt eine Stunde mit Ihnen zu sein, wollt ich mit – zahlen.«

Das ist der junge Goethe.

15. März 1917 Noch immer nichts von Frühling.

Karl hat wahnsinnig zu tun, weil die Pockenimpfungen dazu kommen. Gestern hat er 97 Kranke in der Sprechstunde gehabt.

Georg telephoniert, daß die Fabrik ein Telegramm bekommen hätte, daß die russische Revolution sehr um sich greife. Die BZ bringt Genaueres: Die Regierung ist gestürzt, sämtliche Minister im Gefängnis, ein aus der Duma gewähltes Komitee hat sich an die Spitze gestellt. Die Petersburger Garnison – 30 000 Mann – geht mit den Revolutionären. Das ist von allerhöchster Bedeutung.

Zugleich Bethmanns Rede, in welcher er sich auf Abändern des Dreiklassenwahlrechts verschwört.

Von mittag bis abends bei Kaches gewesen. Die liebe Julie ist mit dem Krankenwagen nach dem Franziskussanatorium gebracht. Sie nahm gefaßt, heiter Abschied. Die Schwester und Paula fuhren mit. Ich blieb bei den Kindern.

16. März 1917 Heut der Geburtstag von Karls Mutter.

Bei der Frau Tönnse gewesen, Schwedter Straße 241, und Zeichnungen von ihrem Jungen angesehn. Die sind außerordentlich begabt. So hat vielleicht der junge Menzel oder Leibl gezeichnet.

– Abdankung des Zaren.

Ist Bethmanns Rede eine Beschwichtigungsrede gewesen? Hat er schon von der Revolution in Rußland gewußt?

Bei Cassirer gewesen, über Ausstellung gesprochen. Wahrscheinlich wird sie viel verkleinert werden. Von 250 Blättern auf höchstens 150 heruntergehn.

Montag, 19. März 1917 Julie ist tot.

Ich war bei ihr. Sie liegt voll Frieden da.

Da liegt die Julie. Ist sie, das ganze Gesicht und so gut. Man ruft sie und sie ist es nicht, ist nur noch Schein und Hülse. Das ist so unbegreiflich. Ihre Seele hatte diese Form gebildet, die Form scheint noch beseelt und doch ist es nichts mehr. Wie entsetzlich schwer das Abschiednehmen von einem Menschen. Vom Peter nahmen wir Abschied, wurden abgerissen von ihm, aber von ihm, dem Ganzen. Aber von seinem Körper haben wir nicht Abschied [zu] nehmen brauchen, von dieser Hülle, die so entsetzlich grausam noch die Seele in sich zu halten scheint. Unfaßbar ist das. Daß das nicht mehr der Mensch ist.

[23. März 1917] Morgen am 24. März werden wir Julie zur Ruhe bringen. Julie – liebe Schwester. Es ist mir weh, wenn ich so recht an Dich denke. Die Mutter und wir Deine Geschwister, wir sind alle nicht so von Deinem Tod betroffen, als ob ein Allernächster stürbe. Aber Paula und Konrad, die weinen so aus tiefstem Schmerz und Liebe um Dich. Gott sei Dank, daß sie es tun. Sie sind verwaist.

Julie, als ich Dich vor Jahren – ich weiß nicht ob in Steglitz oder in Charlottenburg – an einem Weihnachtsabend einen Choral spielen hörte, warst Du mir so sehr rührend. Rührend war es mir, daß wir doch nur bis zu einem Punkt uns entgegenkamen. Von da ab blieben wir uns fremd. Ich sah Dein offenes, tapferes und herzliches Gesicht mich ansehn, Deinen leuchtenden Blick – warum kamen wir uns nie *ganz* nah? Oder ganz nah nur in momentanen Gefühlen? Wie leid, wie leid tatst Du mir, als der Karl Dich untersucht hatte und wir vom Sanatorium sprachen und du weintest, weil Du Geld von uns nehmen mußtest. Julie! Wie kommt das, daß man trotz Liebhaben doch noch solche Grade im Liebhaben hat? Würde ich mehr weinen, wenn die Lise stürbe? Ich weiß es nicht. Oder der Konrad? Oder die Mutter? Mitunter scheint es mir, daß wenn man einmal *ganz* geweint hat, kommen könnte was wollte, es käme nichts mehr da heran. So ausgeweint komm ich mir oft vor. Wenn der Karl oder der Hans stürbe – das wäre das Schwerste, was kommen könnte. Und doch ist bei Peters Tod der Hauptschlag gefühlt. Bis dahin kannte ich in meinem Leben nichts dem Gleiches. Hinterher fühlte ich: Nun nach *diesem* bin ich gewappnet für alles. Die Angst vor dem Schlag im Leben, die ich oft fühlte, war nun vorüber. So, nun ist es geschehn, schlimmer kann es nicht kommen.

Auf Karls Tod bin ich gefaßt. Er wird mich sehr einsam machen. Noch ganz unübersehbar einsam. Aber auf Hansens Tod bin ich nicht gefaßt. Wenn er stürbe würde es wohl so schwarz um mich werden wie nach Peters Tod. Und ganz allein? Grauenhaft. Einsam, einsam.

Die liebe alte Mutter – sie lebt schon woanders. Leben und Tod hat gar nicht mehr das Gewicht und die Realität für sie, wie für uns noch. Daß ihr eigenes Kind jetzt tot ist, empfindet sie wie durch einen Schleier. Sie sieht die Bilder ihrer Kinderchen an, spricht mit zärtlicher Stimme von den »Kinderchen«, bekommt nasse Augen, wenn sie vom ersten gestorbenen spricht. Das ist fast 60 Jahre her, sie kann noch nicht von ihm sprechen ohne gerührt zu sein – und Julie stirbt und sie faßt es nur momentweise.

Liebe Julie – wir haben Dich doch so lieb.

Sonnabend, 24. März 1917 Heut haben wir Julie bestattet. Konrad [Hofferichter] kam gestern abend, so konnte es noch herausgeschoben werden auf einen Tag. Wie Karl und ich hingingen nach dem Krematorium sahen wir vor uns die Mutter an Lisens Arm gehen. An der Pforte zum Kirchhof stand Bente und wartete. Auch Else war da mit Hilde. Kathrine Laessig. Dann kamen die drei: Paul Kache, Paula und Konrad. Der Konrad, der liebe schlichte treue Junge. Wie weinte er an der Mutter Sarg. – Die Orgel spielte. Dann las Georg Paulas Gedicht, das so anfängt: »Mutter, Mutter, Mutter – meine Mutter«. Und dann was die Lise aufgeschrieben hat für die Julie. Vor allem von der *Liebe* sprach sie, von der aufopfernden Liebe der Julie für ihre Kinder und Enkel. Von ihrem aufrechten, festen Wesen schwerem Schicksal gegenüber, von der Lebensfreude und Bejahung. Dann wieder Orgelspiel, langsam, langsam sank der Sarg, der die Julie umschloß.

Die Mutter empfand es ganz. Sie war sehr bewegt.

Als Sterns nach Hause kamen, war die Nachricht da, daß Rosa Speyer im Tode läge. Sie sind beide hingefahren.

[Sonntag, 25. März 1917] Ich mittags bei der Mutter. Abends gehn wir zusammen noch einmal hin. Mutter schläft schon. Lise ist zurück. Sie sagt, daß Rosas Todesqual nicht anzusehn sei. Georg ist noch dort.

In der Nacht stirbt Rosa Speyer.

[26. März 1917] Montag in der Philharmonie von Bach das lateinische Magnificat und zwei Kantaten. Die herrliche »O Ewigkeit, du Donnerwort«.

Sonntag Alexander und Thildi hier. Alexander Montag früh wieder ins Feld. Er ist verändert, schweigsamer. Aber immer noch gern Soldat. Auch hat er sehr interessante Posten.

Politisch scheint er ziemlich auf dem Standpunkt der Alldeutschen zu stehn.

Karfreitag 1917 Stefan Lepsius ist tot. Beide Beine mußten ihm amputiert werden. Dann starb er. Am 1. April ist er gestorben.

13. Mai 1917 Über einen Monat nichts aufgeschrieben. Ich hatte sehr viel mit der Ausstellung zu tun und war etwas kaputt. Bis zum Karfreitag war Thildi auch noch hier. Einen Tag und Nacht Annie. So was macht sehr müde. Nach Ostern konzentriert an der Ausstellung gearbeitet. Am Sonntag 15. mit Karl nachmittags vom Portier das Haus aufschließen lassen und Karl die Ausstellung gezeigt.

Montag 16. wurde sie eröffnet.

Der Erfolg der Ausstellung war groß. Ich habe von vielen Seiten gehört, daß sie einheitlichen und starken Eindruck macht. Die Stahlsche Besprechung, das Derische Vorwort, Lisens Besprechung in den Monatsheften, das Aufgeschriebene von Wertheimer. Sie äußern sich so, daß ich fast meine, von einem ganz fremden Künstler würden die beiden letzten sich nicht so packen lassen. Es ist mit die Liebe für mich. Denn ich kann mir kaum denken, daß ich *so* imstande gewesen sein soll mich mitzuteilen

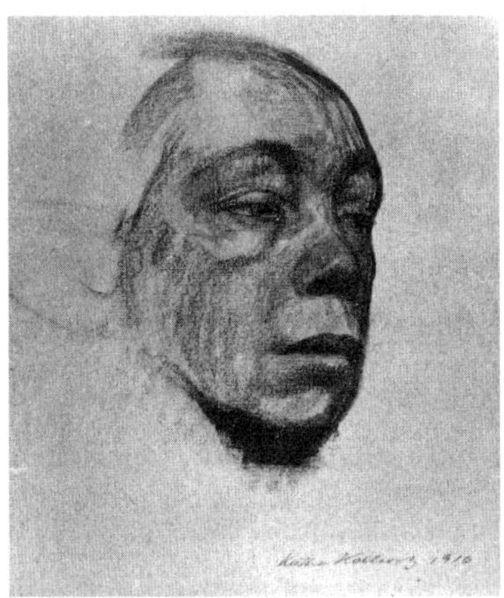

Selbstbildnis nach rechts (1916)

oder – mehr als das – direkt Mittler gewesen zu sein zwischen den Menschen und irgend etwas ihnen nicht Bewußtem, Übersinnlichem, Urgründigem. Da wirkt doch wohl Suggestion mit. *Bleiben* meine Arbeiten so in ihrer Wirkung – auch nach Jahrzehnten – ja dann habe ich sehr viel erreicht. Dann sind durch mich die Menschen bereichert worden. Dann hab ich mitgearbeitet am Aufbau. Was übrigens jeder tut, aber mir wäre es zugefallen in einem höheren Grade wie viele andere es zu tun.

Mit der lieben Mutter an einem Nachmittag dort gewesen. Sie sah sich alles an, freute und wunderte sich wie viel ich gemacht hätte, faßte sehr rasch den Stimmungsgehalt eines Blattes. Aber das große Selbstbild 1916 fand sie schlecht: »Das hättest du nicht ausstellen sollen.«

Lise holte sie mit einer Droschke ab. Wir legten der Mutter die Decke um, sie wollte es nicht. Sagte dann noch, als ich am Tritt ihr adieu sagte: »Hätte der Vater das noch erlebt.« Anna sagt, sie hätte noch nach Tagen nicht vergessen, daß sie mit mir dort gewesen sei.

Ich schreibe hier Wertheimers über meine Arbeit Aufgeschriebenes ab:

»daß in dem was uns wurde indem wir Menschen wurden und Menschenschicksale in uns, daß da im Innersten schweigsam Ungeheures an schwerer Wucht, gepreßtem Drang, harternster sich aufbäumender Innigkeit ist;

daß in der Entwicklung, die das Leben in Wirtschaft Staat und Menschen zusammengenommen hat in der gepferchten gedrängten Masse dieses namenlos Schwere und Große sich stumm bäumt;

daß dies selbe nur in unsagbar gesteigerter Reinheit...? was Mutter heißt;

das haben wir manchmal gewußt, dumpf geahnt, hie und da einmal in Ehrfurcht einen Augenblick nackt dastehn gesehn in dem Gefühl, da dem Leben gegenüber schwer erkennend ohne Begreifen

Aber es ist verborgen, fast immer im Ungesehenen, selbst dem Ich so; und das Leben in seinen tausend Verwicklungen (?) seinen tausend ... weniger wurzelhafter Verästelung überdeckt, verhüllt, läßt es eins von dem Vielfältigen sein

Das ist nun im Werk eines Menschen gestaltetes Ansich geworden und ein Da

Was sich da herausgerungen hat zu Leib und Wucht zu kraftdurchspanntem Wesen das ist kein Bild wie die vielen Bilder

Was ist alles von Kunst (und der doch so lebendigen und ernsthaften Entwicklung jetzt) zeitlich, bläßlich, ästlig, neben dem Leben hin oder irgendwo ein Nestchen habend gegenüber diesem aus dem Herz der Welt Kraft und Sein Gewordenen. Schon wie Kunst im Leben (an einer Stelle) sitzt, neben dem Leben, aus dem Leben was erzählt, oder in das Leben ein (mehrwenig Wichtiges) gibt – dies alles was Kunst will das ist hier nebenbei.

Ein Innerstes des Lebens ist da Gestalt geworden steht nun da für uns, Stellvertreter unser, ein Schrei Da Da und wir sind der Chor der weiß: in uns.«

2. Juni 1917 Seit gestern sind wir in Dargun um uns auszuruhn. Dr. Zeise ist wieder da und wir nutzen das. Karl war recht abgearbeitet. Gealtert. Unfähig die enorme Arbeit zu bewältigen. Auch ich unangenehm nervös.

Nun jetzt ein paar Tage Landluft. Aber mehr als bei der Arbeit merkt man beim Ausspannen von der Arbeit, wie alt man wird. Wo ist Karls Fröhlichkeit? Er auch ich sind so eingefroren. Die Freude ist so matt geworden. Alles gedämpft bis zur kleinlauten Stille.

Vom Hans kam am 31. Mai die Nachricht, daß er das Eiserne Kreuz hat. Freude und doch Nebenempfindungen.

Hanna Stern (Johanna Hofer)
(1896–1988)

Julius Hoyer ist da. Um sein Einjähriges zu machen. Ein wenig von der Malaria mitgenommen.

Merkwürdig ferngerückt bin ich den jungen Leuten jetzt wieder. Besonders Hans Koch. Dann schrieb er mir einmal einen Brief, der warm und liebevoll war. Und ich schrieb ihm wieder. Seit der Zeit ist er aber so fern. Wie es mit Julius sein wird weiß ich nicht. 〈〉

Jetzt war Lise zur Hanna gefahren. Auch da Liebessachen. Hanna schwankt ob sie heiraten soll. Einen Juden, den Lise mir schildert als ganz rasserein, streng, unbedingt redlich und zuverlässig, aus ganz reichem alten Judengeschlecht aus Frankfurt. Hanna müßte wenn sie ihn heiraten will ihren Beruf aufgeben.

Mit Rele hat sie keine Sorgen außer Gesundheitssorgen. Rele hat es im Winter wohl zu schwer gehabt, soll mit der Lunge nicht in Ordnung sein.

Hansens 5. Urlaub vom Montag 11. Juni bis Sonnabend 23. Juni. Wieder seit Wochen nichts aufgeschrieben. Es ist keine gute Zeit. Ich bin zerstreut. Arbeite nicht. Fühle mich unbelebt – ohne Liebe – bin nicht bei Peter. Zum ersten Mal hat er *nichts* von Blumen am Bett. Aber im Hintergrund steht er doch und behält mich im Auge.

Hans kam überraschend. Ich war in der Stadt. Als ich nach Haus kam hing eine Mütze im Korridor. Ich dacht es wär Hoyer, da flüsterte Lina, daß Hans da wär. Er sah gesund aus und war fröhlich. Viel Zeit verging für ihn mit dem Rumlaufen für seine Bewerbung zum Physikum. Inzwischen war ich mit ihm in Dresden, das war sehr schön. Er sah dort bei Richter fast alle Zeichnungen. Dann noch kurze Zeit an der Elbe gesessen. Es war furchtbar heiß, die Elbe flach, die Ufer ganz voll badender Kinder und junger Leute. Auf der Rückfahrt saßen wir im Speisewagen. Wir tranken Wein und sprachen manches.

Aber dieser 5. Urlaub ist schon nicht mehr so wie die früheren waren. Schon gewöhnter. Wir haben keine Stunde mehr zusammen in Peters Stube wie früher. Auf dem grünen Tisch in Peters Stube hat Hans seine Knochen ausgepackt und lernt Physiologie.

Zum Kriege scheint Hans anders zu stehn wie früher. Auf einer Fahrt mit Hans Koch und Margret Arends lesen sie von Leonhard Frank »Der Vater«. Dieselbe Geschichte, die die Durieux las. Auch auf Hans machte sie großen Eindruck. Wir sprachen auf der Fahrt nach Dresden darüber, über die andere Erziehung der Kinder.

Noch ist er ganz offen und aufnehmbar. Politisch ist es mir nicht klar wie er steht. Er liest die Tägliche Rundschau und innenpolitische Reformen, wenn sie ihm auch wünschenswert vorkommen, hält er nicht für das Notwendigste. Für die geistige Wiedergeburt erwartet er den großen aufreißenden Menschen.

Den Frieden sehnt er herbei. Sowohl im Gefühl der Last, die auf allen und allem liegt, als [auch] für sich besonders. Er will endlich an seine Arbeit kommen.

Als wir die letzte Stunde zusammensaßen – Karl Hans und ich – tranken wir wieder Wein. Wenn er doch wiederkäme im August.

Am Sonntag 10. Juni kamen wir abends von Dargun zurück. Montag kam vormittags Hans und früh ging Dr. Zeise. Er kam wieder einen Tag nach Hansens Fortgehn. So hat Karl wieder so wenig von Hans gehabt. Trotz allem Abhasten.

Als wir Hans in Charlottenburg eingesetzt hatten fuhren wir mit der Stadtbahn nach Schlesischen Bahnhof. Karl in einem Coupé, ich mit Kathrine Laessig in einem andern. Hans fuhr uns 3mal vorüber. Es war lustig. Dann sprachen wir ihn noch am Schlesischen [Bahnhof].

Die Zeitungen hab ich sehr schlecht und ungenau verfolgt. Ich weiß nur, daß die Friedensaussichten dürftiger als je sind.

Kache sagte neulich ganz richtig: »Es gibt nur noch zwei Parteien in Deutschland.« So ist es. Er ist drüben bei den Alldeutschen, wir bei den Sozialisten.

Es ging mir inzwischen durch den Kopf, ob ich nicht auch etwas zur Friedenspropaganda beisteuern könnte. Indem ich Flugblätter zeichnete, die im Volk verbreitet würden. Ich wollte eines zeichnen: Der Letzte. Vater und Mutter, die vom Letzten Abschied nehmen. Dazu brauchte ich vor allem eine andere Geistesverfassung und Seelenverfassung als meine jetzige, wo ich »Professor Unrat« lese und träge und leer und ohne Kraft bin.

Am 18. Juni ist Benno Laessig zur Ausbildung nach Freiburg gekommen. Georg Senftleben nach Lyck. Der sagte, aus dem Straßenkarree Diedenhofener Straße, Weißenburger-, Tresckow-, Rykestraße sind an dem Tage 200 junge Männer zwischen 17 und 18 Jahren fortgekommen.

Der Simplicissimus brachte ein Bild: der Tod, der sich erschöpft niedersetzt und die Hände vors Gesicht hält: »Menschen hört auf – ich kann nicht mehr.«

Ein minderjähriger Arbeiter, zur radikalen Linken gehörend, wird unter Fürsorgeerziehung gestellt. Das Landgericht entscheidet dagegen, das Kammergericht (in Barmen?) nimmt das Verfahren noch einmal auf und verurteilt den jungen Menschen zur Fürsorge und stellt dabei den Grundsatz auf, daß der Staat ein Recht auf *politische Zwangsgesinnung* seiner minderjährigen Untertanen habe.

Früh um 7 Uhr 21° Reaumur.

[10.] Juli 1917 Mein 50. Geburtstag gewesen. So anders als ich ihn mir früher dachte. Wo sind die Jungen?

Doch war der Tag schön, ist diese ganze Zeit schön. Von so vielen Seiten wird mir gesagt, daß meine Arbeit Wert hat, daß ich etwas geleistet habe, Einfluß ausgeübt habe. Dieser Widerhall der Lebensarbeit ist *sehr* schön, befriedigt und gibt ein Dankbarkeits-

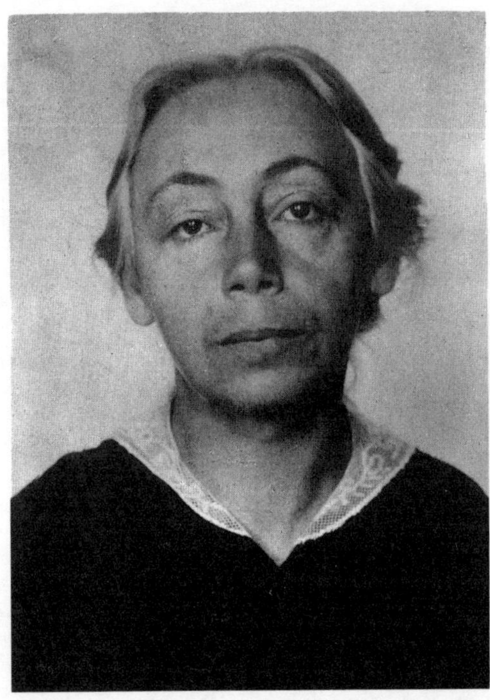

Käthe Kollwitz, 1917

gefühl. Auch ein Selbstgefühl. Aber mit 50 Jahren ist dieses Selbstgefühl nicht so ausschweifend und hochmütig wie es mit 30 ist. Es ruht auf Selbstkenntnis. Man selbst weiß am besten, wo die eigenen Grenzen nach oben und nach unten sind. Das Wort Ruhm berauscht nicht mehr.

Aber es hätte anders kommen können. Bei aller Arbeit hätte es so kommen können, daß der Erfolg ausgeblieben wäre. Glück war dabei. Daß es so gekommen ist, ja dafür bin ich dankbar.

Ich war in Königsberg gewesen wegen der Ausstellung. Sonnabend nacht kam ich zurück. Karl holte mich vom Alexanderplatz ab. Zu Hause die Standuhr. Am Sonntag früh Blumen auf dem Sofatisch, die Wachskerze, die schon bei Peter gebrannt hat, Bücher. Die Uhr bekränzt. Vom Karl das Aufgeschriebene. Viele Briefe. Von Hans noch nichts. Dann kamen Löwensteins, Fräulein Felsing, Kathrine und viele Blumen und Briefe und Telegramme.

Nachmittags Annie Karbe. Wir gehn nach Lichterfelde zur Mutter und Schmidts, wo auch Lise ist und Lore. Wein. Auf den Frieden!

Zu Haus lustiges Gedicht von Annie und Kathrine: »Hochgeehrte Jubilarin!«

Auch die folgenden Tage bringen noch viele Briefe und Grüße: Liebermann, Gaul, Freie Secession, Frauenkunstverband, Lehrs, Cassirer usw.

Am 9. kam Hansens Brief. So ein lieber teurer Brief. Ich bin dankbar. Er schenkt mir Gundolf: »Goethe«.

[12. Juli 1917] Am Mittwoch abend wird Karl krank, heut am Donnerstag 12. hat er früh sehr hohes Fieber. Jetzt scheint es besser werden zu wollen. Ich habe wieder das Gefühl wie früher wenn die Kinder krank waren, die Hauptsorge vorüber zu gehn schien und ich ganz dicht bei ihnen war. Alles für sie machte, an keine Arbeit für mich dachte, nur da zu sein, körperlich, seelisch dicht um sie herum. Sie gesund pflegen. Dies herrliche Gefühl dann des Zurückeroberns, das tiefe Glücksgefühl auf dem noch angsterregten Boden: Sie bleiben, ich halte sie. So liegt mein Karl jetzt im Bett.

Hans Koch war gestern hier. Eine neue Wandlung, eine *ganz* gute. Zum Frieden. Zum Arbeiten mit allen Kräften für den Frieden. Kein Abwarten mehr, sondern tun, agitieren. Ganz aufgeregt hat mich alles was er sagte. Ich denke an die Toten. O lieber Gott, war der Weg nötig? Wo sind sie? Wie lebendig ist die Jugend, wie glühend wie 1914, wie hingebungsvoll und berufen – und tot liegen die Jungen, können nicht mehr dabei sein. Ich weiß wohl, sie sind *in alledem*. Aber dabei sein. Im Leben dabei sein. Nein, sie sind stumm und vermodert.

Friedrich Adler und Tolstoi verbreiten die jungen Leute. Werben und rufen auf.

Auch für Hans hoff ich. Er geht noch abseits und zögernd, aber er wird schon denselben Weg kommen.

Politisch ist große Unruhe. Das allgemeine gleiche und direkte Wahlrecht für Preußen ist endlich zugestanden. Im Tageblatt ist gesagt: »Es ist nicht möglich zu verkennen, daß ein großes Stück Weg zurückgelegt ist. Aber dieser Weg führt seit 3 Jahren durch Schlachtfelder zwischen Blut- und Tränenbächen hindurch. Den Toten mehr noch als den Lebenden verdankt heute das preußische Volk diesen Sieg der Wahlrechtsidee.«

Ich denke an Walter Meiers Brief bevor er fiel. Vor einem Jahr.

Der Drucker Schulz bei Felsing arbeitet jetzt von 6 Uhr morgens bis 6 Uhr abends. Zu Hause kommt dann die Bezirksvorsteherarbeit. Vor Mitternacht kommt er nicht zum Schlaf. Er ist gut und menschenfreundlich, hilft und unterstützt. Er sieht wie Karl den ganzen innern Jammer und fühlt sehr mit. Er erzählte mir von einer Kohlenhändlerfamlie, der erste Sohn, als Gemeiner das Eiserne [Kreuz] I., ging letztes Mal mit Tränen wieder heraus. Er fiel. Die Eltern nur aufrecht erhalten durch den Gedanken an den zweiten. Der war in Mazedonien, 15 Monate keinen Urlaub gehabt, dann fiel er. Nun wollten die Eltern den Gashahn aufmachen. Schulz und Frau saßen nachts bei ihnen und hielten sie am Leben.

In der Stadtbahn, sagte Schulz, sprachen Arbeiter untereinander vom »Schlächtermeister«. Sie meinten Hindenburg. Der Oberschlächtermeister sei der deutsche Kaiser.

Eine Karte von Richard Gönner an seine Mutter. Noch ist ihm alles neu. Erzählt von Sanitätern, die einen aus dem Trommelfeuer bringen, der wahnsinnig geworden ist. Vor der Sanitätsstation lägen viele Tote, deren »Heldengrab« zu machen man noch keine Zeit gefunden hat.

14. Juli 1917 Der Maria Stern Geburtstag. Sie ist 10 Jahre alt geworden. Sie ist mit Georg und Hanna in Kleinkuhren. Lise sagt, sie üben dort immer zusammen, Georg die Klarinette und sie die Laute. War bei Lise. Als ich ihr Blumen brachte weinte sie los. Warum weiß ich nicht. Sie sagt sie hat keinen Grund. Wohl weil sie sich allein fühlt. Wie ich damals weinte in Florenz, als Hansens Geburtstag war und ich mich so nach Hans bangte.

Lise sagt, daß wir es jetzt alle wissen sollen, daß Katrine [Stern] und Matray zusammengehn. Sie hat es Georg gesagt, dem es recht schwer fällt. Heiraten wollen sie vorläufig nicht. Lise sagt, daß Matray, seitdem sie ihn ganz nah kennt, viel Nettes für sie hat. Ich glaub wohl, daß wenn Matray sich günstig entwickelt, er dies durch Lise und Georg tut, vor allem durch Lise.

Wenn nur die Lise nicht so furchtbar mitgenommen wäre durch all dieses. Sie ist schrecklich mager. Ich habe Sorge.

Sie sagte noch, daß Wertheimer in der Nähe von Ypern ist und Peters Grab besuchen möchte. Ich schrieb ihm.

Bethmann Hollweg ist gegangen. Michaelis ist Reichskanzler.

15. Juli 1917 Vom Hans ein frohes Briefchen, am 8. geschrieben. Er schreibt, daß er jetzt Beobachterarbeit auf dem Ballon mitmacht, weil es jetzt an Beobachtern fehlt. Das ist ihm sehr interessant.

17. Juli 1917 Froher guter Tag. Vom Pedell Hansens Papiere geholt. Es ist ihm bewilligt den Kursus mitzunehmen.

Außerdem gut gearbeitet. War nachmittags im Atelier, weil ich vormittags Holst erwartete, der nicht kam. In Gips an der Mutter gearbeitet. *Endlich* komm ich etwas in die Gipsarbeit herein und fange an, das Material und die Instrumente, mit denen man ihm zu Leibe geht, zu verstehn. Nun soll es werden!

Sonntag bei Mutter in Lichterfelde gewesen. Vorher mit Julius ein Stündchen bei Josty. Er ist nicht froh. Mit Hans Koch findet er sich jetzt gar nicht. Hans ist schweifend, beweglich, immer neu entflammt. Julius still in sich beschäftigt. Versonnen, einfach, ganz nur mit sich und seiner Entwicklung beschäftigt.

Montag 16. geht Julius wieder an die Front.

Von Hans Koch ein Brief. Hatte mir »Madame Legros« geschenkt. Mit Absicht. Vergleicht mich mit ihr. Der Brief hat zum ersten Mal etwas mir Mißfallendes. Ob er nicht doch ein Schwärmer wird, einer den immer neue Begeisterung hinreißt und der den Boden verliert?

Mittwoch, 18. Juli 1917 Es geht mit der Arbeit *gut*.

Als ich Karl erzählte, daß Wertheimer vielleicht Peters Grab aufsuchen will, sagte Karl er möchte, daß Peter einen Grabstein bekommt. Ich sagte, dann möchte ich ihn ihm machen.

Heut dachte ich wieder daran. Dachte an das Elternrelief und daß das an sein Grab kommen könnte. Dann wurde mir klar, daß dies Relief wieder dem *ganzen* Friedhof gehört. Es gehört vorn an den Eingang. Ein quadratischer Stein, auf der Vorderseite das Relief eingehauen. Lebensgroß. Darunter oder darüber: Hier liegt deutsche Jugend. Oder: Hier liegt Deutschlands schönste Jugend. Oder: Hier liegt tote Jugend. Oder auch nur: Hier liegt Jugend.

Mir scheint, *das muß dahin kommen.* Gott gebe, daß ich gesund bleibe, bis das alles für Peter und die andern gemacht ist.

Lese Briefwechsel Zelters und Goethes. Zelters Brief nach dem Selbstmord seines Sohnes. Goethe gibt ihm in seiner Antwort zum ersten Mal das Du.

20. Juli 1917 Bei Liebermann zu seinem 70. Geburtstag gewesen. Viele berühmte Leute anwesend.

26. Juli 1917 Mit der Arbeit immer weiter gut. Arbeite ohne Mühe und ohne Ermüdung. Es ist, als ob Nebel sich verzogen haben. Jetzt verstehe ich erst die Gipsarbeit, weiß worum es sich bei ihr handelt, was man damit erzielen kann. Wenn jetzt nicht etwas Besonderes sich dazwischenstellt denke ich, mit der Frau im Herbst wirklich *fertig* zu sein. So, daß nach ihr die Steinarbeit gemacht werden kann. Und wenn ich erst eine Figur fertig habe, nämlich wirklich gelöst habe, dann kann ich auch die andern machen. Vielleicht, daß ich im nächsten Jahr die Arbeit dann beenden kann.

Ich habe jetzt gesehn, daß die Gipsarbeit nicht nur ein Feilen an dem vom Ton gemachten Gipsabguß ist, sondern ein selbständiges ganz eigenes Arbeiten. Ich will nun den Mann gar nicht in Ton soweit bringen wie ich kann, sondern wenn das Allgemeine feststeht, ihn in Gips gießen lassen und dann zu Ende führen. Wie lange hat es bloß gedauert, bis ich dazu komme.

Kati und Tilla Rupp ein paar Tage hier gelebt. Nett.

Unglaublich wichtige Ereignisse in Rußland. Innere Zersetzung. Kerenski wächst die linkssozialistische Partei über den Kopf. Die russische Offensive gebrochen, die deutsche darauf einsetzend, sehr erfolgreich.

29. Juli 1917 Telegramm von Hans. Er kommt heut um zwei Monate hier zu bleiben. Seine Stube ist bereit, sein Bett aufgeschlagen.

Lese Briefe Goethe – Zelter.

Ob es solche Männerfreundschaft jetzt noch gibt? Wenige Männer haben wohl noch Zeit dazu. Zelter ist ein ganzer Kerl. Irdischer als Goethe. Goethe in seinen 60er Jahren etwas sehr zurückgezogen vornehm konservativ. Später geht er dann wieder mehr aus sich heraus. Seine Liebe im 74. Jahr geht noch über Zeltersche Kraft. Er spricht freilich hinterher, daß er sich doch schonen mußte. Daß die große Erregbarkeit, die ihn in Marienbad beim Hören von Musik überfiel, ihm Gefahr brächte.

Zelters Stellung zu Goethe ist so hingebend – restlos – als ob er nur durch Goethe lebt. Er schreibt (1825): »Du hast mich abermalen angetroffen. Deine Briefe sind mein Eigenstes, indem ich sie mir – Gott weiß wie – verdient habe. Aber ich habe sie, wie man auf dieser Welt etwas haben kann, so nenne ich sie mein, und wenn sie das sind, sind sie auch Dein, weil ich nichts habe, was nicht Dir gehörte ... Sie (Zelters Briefe) mögen gelehrte Dinge enthalten und doch begreifen sie mein eigenstes Leben seit fünfundzwanzig Jahren, da ich erst seit so lange lebe.« – 1827: »Du warst der einzige, der mich trug und trägt, ich könnte von mir selber lassen, nur nicht von Dir.«

Sonntag, 5. August 1917 Seit 5 Tagen im 4. Kriegsjahr. Weiter läßt sich dazu nichts sagen.

Heut bei Tisch entwickelte Karl wieder seinen Gedanken, daß das Einzelleben derartig wertvoll ist, daß der Staat es nicht fordern darf. Er sagt: Mit der Geburt eines Menschen beginnt seine Aufgabe, hier auf Erden zu funktionieren. Diese Aufgabe ist nicht zu kürzen durch Ideologien wie Staat, Vaterland usw. Hans und ich widersprechen. Meine Meinung ist, daß die Menschheit nicht vorangekommen wäre, wenn das Leben des Einzelnen immer an erster Stelle gestanden hätte. Über dem Leben steht das Leben für die Idee, dadurch bekommt das Leben nur Inhalt und Sinn. Wenn besondere Umstände es fordern, muß das persönliche Leben hingegeben werden. Das drücke ich so langweilig und konventionell aus. Der Meinung bin ich aber durchaus. Karl meint, wenn er das Leben so wertet, natürlich nicht das materielle Leben von heut auf morgen ohne Ideen und Verantwortung. Er will im Gegenteil das Leben so verantwortungsvoll machen wie bisher nie. Es darf aber nicht für Ideologien, wie er Vaterland und Staat eine solche nennt, gefordert werden. Den freien Opfertod läßt er übrigens gelten. Aber der Staat hat kein Anrecht auf das Leben seines Angehörigen.

6. August 1917 Hans ist heut eine Woche hier. Sein Stillsein hat fast noch zugenommen. Er spricht nicht mit, wenn Karl und ich reden, noch wenn andere da sind. Selbst nicht neulich als Kurella und Margret Arends da waren. Ich frage mich immer woran das liegt? Ich kann es nicht verstehn. Ob er spricht, wenn er allein mit jemand ist oder ob er den dann auch reden läßt und nur auf Fragen antwortet? *Hat* er nichts zu sagen oder *will* er nichts sagen? Wie soll er sich entwickeln, wenn er eine solche Erleichterung zur Entwicklung wie das Gespräch *gar nicht* benutzt? –

Abends war Hans Prengel hier. Unsern Hans hörte ich spät und leise kommen. Ich gehe raus. Hans sieht sehr blaß und freundlich aus. Er sagt er hätte jemand aus Spa getroffen, sie hätten Wein getrunken und er hätte zu viel getrunken, er wolle nicht hereinkommen. Das sagt er mit einem so rührend freundlichen Gesicht, drückt mir so die Hand.

Am nächsten Morgen ist er aber schon um 6 Uhr auf um zur Arbeit zu gehn.

Tolstoi: »Patriotismus und Regierung« mit Hans zu lesen angefangen. Tolstoi sagt, daß der Patriotismus ein überlebtes Gefühl ist, das schädlich und hemmend ist.

12. August 1917 Heut ist Vaters Geburtstag. Heut vor vielleicht 19 Jahren brachte ich ihm die »Weber«. Es war in Rauschen in der Veranda auf dem runden graugestrichenen Tisch. Der Vater freute sich so sehr, lief heraus, die Brille in der rechten Hand und rief laut nach der Mutter, die wohl in der Küche oder im Zelt war. Beide liebe Eltern waren so froh.

Im März drauf starb der Vater. Ich hatte die »Weber« für die große Ausstellung anmelden wollen, es lag mir aber nach Vaters Tod nichts mehr daran. Da meldete die Anna Plehn sie für mich an und dann kam mit einem Schlage all die Anerkennung. Hätte der Vater die noch erlebt!

Lloyd Georges Rede. So geschickt und so frech. Wertheimer will in einem offenen Brief ihm erwidern.

In Hennigsdorf gibt es eine große Explosion in der AEG. Offiziell hieß es, daß 6 Personen tot wären, es heißt [inoffiziell], es seien 1 600 tot. Es heißt, die Explosion sei Folge von Sabotage. Ob von Spionen? Ob von Leuten, die damit abkürzend auf den Krieg wirken wollten? Schon vor Wochen sollen die Arbeiter gewarnt worden sein. Jetzt machen sich Leute den Spaß, in anderen Fabriken auch Warnzettel zu verteilen und die Arbeiter zu ängstigen. Roheit nimmt schrecklich überhand.

Dieser Zeitungsausschnitt ist neulich aus [dem] Tageblatt.

Lise hört durch Wertheimer Folgendes: Ein 17jähriger Junge, Sohn eines vermögenden, hochgestellten Menschen bekommt Einberufungsorder. Er ist Pazifist. Sein Vater will ihn als Fahnenjunker anbringen. Er weigert sich, weil er als Fahnenjunker, in eine höhere Stellung eingerückt, gewissermaßen dem System zustimmt. Er will als gemeiner Soldat gehn.

Auch das Geist von 1914. Nur ein anderes Gebot damals und jetzt. Derselbe Junge wäre – damals 17jährig – wie Peter in den Krieg gezogen und gefallen.

Hans bekommt gegen Abend immer Fieber. Karl weiß nicht was es ist, ob eine Form von Malaria. Ob Wirkung des Aussetzens von Chinin. Gestern Abend spielten Hans und ich wie früher Mühle.

16. August 1917 Hans von Mittag an immer 39° Fieber. Er wird schmal und blaß. Wenn es sich nicht bessert, muß er den Kursus aufgeben.

Am Sonntag, Vaters Geburtstag, bei Sterns gewesen. Rele war da. Sehr munter und wohl. Ich denke mir, so ähnlich frisch und etwas provozierend vergnügt muß ich gewesen sein, als ich von München kam mit dem blauweißen Kleid, den Opanken und dem selbstgemachten Hut.

Auch Matray und seine Frau waren da.

War am Montag 13. in Dresden. Mit Holst der Platten wegen noch immer nichts abgemacht. In der Dresdener Kunstvereinigung meinen Saal besehn und noch einiges umgehängt. Der Saal wirkt gut, aber die Sachen sind alle durcheinander gehängt, nicht chronologisch. Der entsprechende Saal des jungen Klinger.

Beim Essen Lehrs aufgesucht. Saß mit Tante Bella und Ludwig von Hofmann und Frau. Mit Lehrs nach Hause gefahren. Frau Lehrs ist traurig und in Sorge um ihren Sohn in England. Mit Lehrs im Kabinett gewesen. *Vielversprechende gute* Holzschnitte von einer Orlik-Schülerin Hilde Schindler gesehn. Durch die Galerie geführt. In der leihweise über den Krieg dort untergebrachten Sammlung aus Krakau das schöne Porträt von Leonardo da Vinci und Raffael-Porträt.

18. August 1917 Karl will durchaus, daß Hans sich in ein Lazarett aufnehmen läßt. Er hält das Fieber für Malaria- oder Typhusfieber. Hans will nicht. Will durchaus weiter arbeiten. Wir sind in Sorge, daß die geistige scharfe Arbeit bei dauerndem Fieber ihn schädige, mehr als man überblicken kann. Aber ich liebe seinen steifen Willen. Der Junge hat wirklich Willen. Als kleines Kind schob er einmal Stühle an ihren Platz, jeden wo er hingehörte. In der Art und Weise lag ein solch fester Wille wie er ihn jetzt zeigt.

Die Papstnote für den Frieden.

23. August 1917 Vorgestern hatte Hans, gerade nachdem er im Virchow-Krankenhaus gewesen war, weniger Fieber. Gestern wieder etwas mehr. Von Sonnabend nachmittag bis Sonntag abends blieb er im Bett. Georg Stern besuchte ihn. Abends wenn er im Bett liegt, les ich ihm noch ein wenig aus der »Italienischen Reise« vor. Er ist sehr mager und spitz geworden.

Ich bin jetzt schon einige Zeit in merkwürdig glücklicher Arbeitsstimmung. Arbeite 4–5 Stunden konzentriert. Habe das Gefühl, der Sache auf der Spur zu sein. Als ob man im Laufschritt hinter jemand her ist, den man noch nicht hat, aber den man im Auge behält und dem man auf den Fersen ist.

Dann sag ich mir wieder, was schließlich rauskommen wird, wird möglicherweise etwas fast Akademisches sein. Lehrs schickte mir heut den Christuskopf aus der nordfranzösischen Kirche. Das ist Kunst. Da ist zufällig besondere Form der Gesichtsbildung irgend eines Toten zum ganz Künstlerischen erhoben. Und wie Haare und Bart gemacht sind. Darin bin ich so stumpfsinnig. Wie soll ich die Haare machen? Gott, was für enorme Aufgaben, wenn ich an alle 3 Figuren denke, bis ins kleinste die durchzuführen. Aufgeben kann ich nicht, bin auch nicht mutlos. Bin nur mutlos, wenn ich an meine 50 Jahre denke, die abnehmende Zeit und Kraft.

30. August 1917 Heut zum ersten Mal Herbstwetter mit kaltem Regen. Man denkt an den Winter und wird traurig.

Stille regelmäßige Tage jetzt. Zur Arbeit komm ich ziemlich früh und kann auch Gott sei Dank mit Aufmerksamkeit arbeiten. Aber ich arbeite immerfort und es ist doch nichts zu besehn, so sehr wenig zu besehn.

Die Stunden nach Essen und Ausruhn vergehn meist mit Briefschreiben. Wenn dann der Hans kommt, legt er sich gleich ins Bett und ich bring ihm sein Essen rauf und bin noch etwas bei ihm oben. Manchmal les ich ihm aus der »Italienischen Reise« vor. So vergeht ein Tag wie der andere. Ein Monat seines Hierseins ist schon um. Er hat nachmittags noch immer leichtes Fieber, sieht sehr mager aus. Auch blaß. Wenn es ihm auch nur etwas schaden sollte, welcher Unsinn wär es dann, durchaus sein Physikum machen zu wollen. Bei Krankheit.

Vom Julius war lange keine Nachricht. Endlich kam ein Brief. Ich erkannte seine Handschrift nicht, sah hinten auf dem Kuvert den Namen Hoyer, der Brief war frankiert, ich glaubte seine Schwägerin teilte mir mit, daß er gefallen sei. Ich empfand ein heftiges Schmerzgefühl, daß er auch tot sein sollte. Zugleich das Gefühl: Wie wenig hast du dich um ihn bekümmert, hast ihn nicht genügend geliebt. Ich bat Hans den Brief aufzubrechen. Ich glaubte kaum als Hans sagte, er lebe. Ich war dankbar. Hoyer schreibt, er wäre fast ins Gefängnis gekommen, weil er unterlassen hatte eine Strafanzeige zu machen. Er schrieb außer sich und unglücklich. Ich schrieb ihm, alles wäre nichts gegen das Glück, daß er noch leben darf.

Gorkis »Kindheit« gelesen. Wie bitter und traurig. Nur die wundervolle Großmutter!

Es ist ein Donnerstag. Karl sitzt bei sich unten und arbeitet. Hans kam spät und müde von der Arbeit und ging sehr bald schlafen. Ich sitze in Peters Stube. Draußen ist es windig und regnerisch, als ob schon Herbst sei. Mir ist ganz einsam zumut. Ich bin traurig. Peter!

Von Jeep ein Brief. Sie nimmt das Geld von uns Malerinnen gern an und freut sich darüber. Es ist mit Helga noch alles beim alten. Sie liegt mit zunen Augen und wird mit der Sonde ernährt. Der Arzt meint, sie werde vielleicht gesund aufwachen. Hält es für Erschöpfungspsychose.

Sonntag, 9. September 1917 Wieder eine Woche vorüber. Am vorigen Sonntag fieberte Hans wieder erheblich und hatte heftigen Durchfall. In der Woche fast gut, heut hat er wieder etwas Fieber. Er ist so sehr still. Jetzt kommt es mir schon wieder wie schöne Vergangenheit vor, daß ich abends wenn er in seinem Bett liegt daneben sitze und aus der »Italienischen Reise« vorlese. – Wie ist der Junge bloß still!

Gearbeitet in dieser Woche bis auf den letzten Sonnabend, an dem ich nichts machen konnte, gut. Ich sehe klarer, daß dieser Weg zum Ziel führt, aber auch, daß das Ziel noch so weit ist, daß Jahre vergehen werden bis ich mit Peters Arbeit fertig bin. Das schadet ja auch nichts. Mein Leben ist zwar wahrscheinlich nicht mehr lang zu rechnen und ich muß darauf verzichten noch vielerlei machen zu können. Wenn ich dieses wirklich gut fertig mache, ist in dieser Arbeit viel andere Arbeit, die ich sonst einzeln hätte machen müssen, mitausgedrückt.

Ich arbeite nun seit Wochen immer nur an Schultern, Rücken,

Mahnmal (1. Periode), Kniende Frau. »Ich arbeite nun seit Wochen immer nur an Schultern, Rücken, Armen der Mutter. Hin und wieder nach Modell, meist ohne. Mit unendlicher Langsamkeit schält sich das heraus was sein soll.«

Armen der Mutter. Hin und wieder nach Modell, meist ohne. Mit unendlicher Langsamkeit schält sich das heraus was sein soll. Mitunter meine ich ich könnte Wichtigeres in der Zeit machen. Aber Wichtigeres als diese Arbeit gibt es doch nicht für mich und schließlich lerne ich bei dem schneckenhaften Durcharbeiten doch so viel, daß ich die späteren Arbeiten hoffentlich rascher lösen werde.

Ein ellenlanger Brief von Hans Koch. Mit der Verkündigung, gar keinen festen Beruf ergreifen zu wollen. Seinem »Werk« nachleben. Teile in dem Brief muten überspannt an. Doch riß der Brief mich hin. Er ist so jung und glaubt so stark an sich, seine Kraft auf andere Menschen. Ich schrieb an Walter [Koch] und sagte ihm, daß meiner Meinung nach es das Richtigste wäre, seine Eltern ließen ihm einstweilen ganz Ruhe. Er wird schon später von selbst zu einem Beruf kommen. Er liebt die Elsbeth, lebt mit Margret und Sabine Harttung wochenlang in einem Häuschen, neue Formen für Liebe will er finden. Alles das übersteigert sein Empfinden. Wenn ich etwas fürchte, dann ist es, daß er sich überreizt.

Karl Hannemann war hier. Wieder eingezogen gewesen, wegen Hysterie entlassen. Geht nach Düsseldorf zur Dumont zurück. Hat sich entwickelt, ist seines Weges sicher.

Vor einigen Tagen Riga gefallen. Der Kaiser spricht von der »deutschen Stadt«. Die Alldeutschen mächtig bei der Arbeit.

Paga auf der Durchreise hier gesehn.

10. September 1917 Heut der Kathrine Geburtstag. Sie schrieb vor ein paar Tagen so einen guten Brief. Hans wieder ...

10. Oktober 1917 Einen Monat durch nichts aufgeschrieben. Was war in der Zeit? Hansens Fieber allmählich besser geworden. Immer hat er gearbeitet, wenig anderes vorgenommen. Am Dienstag 2. Oktober begann sein Examen. Bis jetzt hat er alles bestanden. Sonnabend ist er fertig und dann noch 10 Tage und er muß wieder fort.

Ich bin manchmal etwas niedergeschlagen. An wem liegt es mehr, an Hans oder an uns, daß es so etwas dumpfig ist? Manches wünsch ich mir so anders an ihm. Er ist so sehr still, kaum mit ihm zu sprechen. *Warum* ist er bloß so still? Wird er so bleiben? Wie soll er Menschen finden, wenn er so in sich gekapselt bleibt? Kommt seine Redefaulheit aus Denkfaulheit?

Politisch steht er anders als wir. Viel mehr nach rechts. Eine Neigung zum Konservativen. So ist er eigentlich allein hier. Denn mit den jungen Leuten hängt er gar nicht zusammen. Aus Mädchen scheint er sich nichts zu machen.

Er arbeitet bewundernswert methodisch. Trotz Fieber, Durchfall usw. hat er es erreicht das Examen zu machen, jeden Tag das Pensum. Ruhig geht er zur Prüfung, besteht sie ruhig, kommt ruhig zurück. Das ist so sehr fein bei ihm.

Ich denke, daß ich nur umdenken muß, um mich in ihm auszufinden. Er ist anders geworden als er war und als ich annahm, daß er werden würde. Nach den schönen vielversprechenden Knabenjahren die Melancholien. Enttäuschungen und Entsagungen. Ungern ergriffenes medizinisches Studium. Zur Germanistik. Auch da nur halb wohl. Dann vor Krieg Gemeinsamkeit mit andern in der Fichtegruppe. Peter. Krieg und sein Zurückbleiben. Peters

Tod. Wiederum Entsagen auf den Soldaten. Wiederaufnehmen der Medizin.

War eine Höhezeit in seinem Knabenschauspieltum, dann später geistige Höhezeit in Fichtegruppe, so scheint eine dritte Höhezeit nach tiefer Depression sich jetzt vorzubereiten. Die Arbeit interessiert ihn. Er will sich befestigen im Leben. Zu dem Zweck hat er viel abgeschnitten und sich eng begrenzt. Aber etwas Neues Männliches hat sich entwickelt.

Einmal sagte er als ich von Lubochin erzählte: Landwirt würde er am liebsten werden. Ob er wirklich einer werden könnte? Praktisch ist er nicht, aber methodisch. Beim Landwirt zieht ihn die Ruhe, Tradition, auch das Patriarchalische an. Mit seinem seltenen Sprechen hängt zusammen, daß wenn er mit jemand disputiert – besonders mit Karl – er, ungewöhnt im Sprechen, heftig und gereizt im Ton wird.

Mit Karl für zwei Tage in Dresden gewesen. Wollten uns dort mit Paga treffen, das mißlang. Die schöne Privatsammlung von Herrn Schmitz. Karl auch ich waren müd und nicht auf der Höhe.

Dann ich eine Woche in Lubochin. Das war *wunderschön.* Die Erinnerungen an Peter waren überall. Sein liebes lächelndes Gesicht hinter allem.

Als ich nach Lubochin an die Arbeit ging fühlte ich keine Auffrischung. Im Gegenteil. Nichts von Auffassung – alles platt. Die Mutter hab ich nun ganz stehn lassen, nahm die Tonfigur des Vaters vor und hab auch sie stehn lassen. Ich kann nicht. Ich habe mich an das Relief für Roggevelde gemacht. Vielleicht daß bei der Neuarbeit wieder etwas in mich hereinkommt. Wenn nicht wär es das allerbeste ich arbeitete überhaupt nicht.

Etwas hat mich gefreut. Ich sah im oberen Atelier die weggestellte Gruppe: Mutter mit Kind. Sie scheint nicht schlecht. Nicht gefallen hat mir der an den Rumpf gedrückte linke Arm und Hand. Gedanke gekommen, ob das zu ändern wäre, daß Arm loser ist und sie mit geöffneter Hand die Füßchen hält?

Jedenfalls sehe ich, daß in dem Zustand, in dem ich jetzt bin, ich die große Arbeit nicht im Zusammenhang fertig machen kann. Ich muß Jahre und Jahre auf sie rechnen. Zwischenein *muß* ich, wenn ich nicht verkalken soll, anderes vornehmen. Ganz langsam, immer wieder aufgenommen, muß die große Arbeit allmählich fertigwerden.

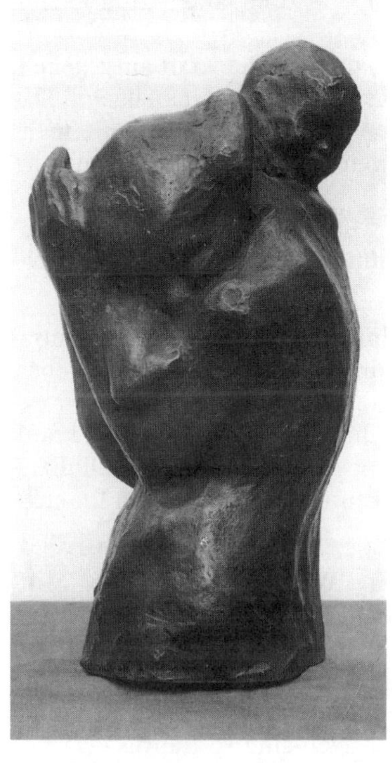

Mutter mit Kind über der Schulter (1917). »Etwas hat mich gefreut. Ich sah im oberen Atelier die weggestellte Gruppe: Mutter mit Kind. Sie scheint nicht schlecht.«

War bei der lieben Mutter. So magere Hände hat sie bekommen.

Sie las mir Auszüge aus Briefen von Goethe, Zelter, Humboldt vor, die sie gemacht hatte. All das versteht sie und doch ist ihr Kopf so müde, daß sie eine Stelle in Onkel Julius Brief nicht mehr verstand, wo er von ihren Kindern sprach. Sie wußte nicht, daß Konrad, Julie, ich und Lise ihre Kinder seien. Sie meinte wir seien ihre Geschwister.

Soeben kommt Julius Hoyer. Er ist bei seinem kranken Vater gewesen und ist noch 4 Tage hier in Berlin. Er hat das Soldatsein entsetzlich satt. Erzählt von der holländischen Grenze. Von dem Schmuggelhandel, der da getrieben wird. Alle Welt schmuggelt, Zivilisten und Militärs. Im Handumdrehen werden Vermögen erworben.

[12. Oktober 1917] Der 12. Oktober. Vor drei Jahren zum letzten Mal.

Jetzt mein ich manchmal ich hab damals alle Kraft ausgegeben. Von da an datiert für mich das Altsein. Das dem Grabzugehn. Das war der Bruch. Das Beugen bis zu einem Grade, daß es nie mehr ein ganzes Aufrichten gibt. Es zeigte sich, daß ich von nun an nach unten zeige.

Ich träumte in dieser Nacht die Mutter sagte, sie hätte so wunderschöne Briefe vom Vater bekommen, sie wolle ihm jetzt nachreisen.

13. Oktober 1917 Dieses Heft beginnt mit der erfreulichen Eintragung, daß Hans heut sein Physikum gemacht hat. Trotz Fieber, Durchfall usw. hat er es durchgesetzt. Das ist sehr fein.

Gestern abend war Julius Hoyer hier. Sein Vater ist sehr krank und er hatte deswegen Urlaub. Wir spachen lange über Katholizismus. Ich lerne ihn erst allmählich kennen. Er ist wirklich für sich, ein nachdenklicher, Gutes wollender, zarter Mensch.

14. Oktober 1917 Lisens Geburtstag. Wir sind abends dort: Mutter, Konrad – der so elend aussieht – Eva und Clara Stern. Dann Else und Karl. Wir kommen mit Hoyer. Er singt sehr schön. Dann zeigt er noch Lise seine Arbeiten. Karl, ich, Hans, Julius gehn noch zusammen bis Bahnhof Tiergarten. Dann wieder Abschied von ihm. Seine schwarzen großen Augen sind so traurig.

Ist er da, dann fühl ich wie lieb ich ihn hab und ist er lange fort und schreibt wenig, dann wird er mir so blaß.

Gestern bei Sterns erlebte ich etwas ganz Häßliches. Wir standen in der Wohnstube und Konrad kam herein. Er sah alt und linkisch und so unschön aus mit seinem zahnlosen Mund. Ich schämte mich, ihn dem Julius zu zeigen als meinen Bruder. Der Karl tat das. So empfand ich und so handelte ich dem Konrad gegenüber.

Am 13. abends wollten wir mit Hans um das Physikum zu feiern zu Habel gehn. Hans war nach dem Examen mit den andern zusammen Wein trinken gegangen. Als er um 7 Uhr nach Haus kam, hatte er zuviel getrunken und konnte nicht mit uns mitgehn. Ich ging zu ihm rauf und fand ihn auf dem Sofa liegend. Der Junge war mir ganz rührend. Wenn man sagt, der Wein entpuppe den Kern eines Menschen, dann ist Hansens Kern *so* weich. Es war ihm so unangenehm, daß er zuviel getrunken hatte. Mit kindlicher Sanftheit und Liebe sah er mich an. Sprechen tat er auch jetzt wenig, aber es war als hätte der Wein all das Gesperrte und Harte, das er jetzt manchmal besonders gegen Karl hat, weggeschwemmt. Er war ganz weich und sanft.

Nun gingen Karl und ich allein zu Habel. Trafen dort aber Friedeberg und Bekannte, saßen den Abend mit ihnen zusammen. Friedeberg macht nach wie vor einen enorm starken, gern und gutlebigen Eindruck. Auch gutmütig.

Gestern bei Sterns erzählte Max Wertheimer böse Sachen aus Österreich. Daß in Prag Revolten gewesen seien und daß ohne Militär die Deutschen wohl alle niedergemacht worden wären. Einem großen nordslawischen Staat streben die Tschechen zu, südlich Deutsch-Österreichs einem zweiten slawischen Staat. Österreich in der Mitte soll zerrieben werden. Also die Ziele der Entente.

Als Karl und ich vor Wochen nach Dresden fuhren, trafen wir in der Bahn Waldeck-Manasse. Er erzählte dem Karl sehr viel von seiner Stadtverordnetentätigkeit. Erzählte Schreckliches von der Kriegswirkung, hat da Schlimmeres erlebt sogar als Karl. Er behauptet bestimmt zu wissen, daß $\frac{1}{9}$ der Todesfälle jetzt Selbstmorde sein sollen.

Alexander auf der Durchreise nach der Westfront. Erzählt, daß es Thildi mit den Gelenken schlecht geht. Will versuchen, ein Vierteljahr Urlaub zu bekommen, um sich zu habilitieren. Die beiden stehn sehr gut zueinander, trotzdem Thildi viel krank ist und nun schon 40 ist und Alexander erst 32 und gesund.

Ich glaube, uns auch Sterns ging es zu gut in jenen Jahren. Lise, auch ich, das losgeschirrte Pferd. Warum verliebt sich nicht der Alexander in andere? Oder Paula? Paula hat jetzt keine Gelegenheit dazu, wahrscheinlich würde sie aber auch dann es nicht tun. Karl hatte wohl diese feste Einstellung auf die Ehe, aber ich nicht. Ich band mich nur von einem Grade ab, bis zu demselben hielt ich mich frei. War doch furchtbar viel verliebt.

Mitbeigetragen hat sicher die Zeitströmung zur freien Liebe. Jetzt ist das anders. Die Ehe gilt wieder mehr.

17. Oktober 1917 Mit Hans bei sehr schönem Sonnenwetter nach Peters Stelle gegangen. Da wuchs wieder die kleine rosa Blume.

Hans hatte Stefan Georges Gedicht »Der Krieg« mit. Er las es vor, während wir auf der Waldlichtung mit den abgeholzten Stämmen rasteten.

Ich sprach Hans von der Arbeit. Erzählte von der Umarbeitung der Mutterfigur. Während ich erzählte, daß sie jetzt den Kopf gesenkt hielte und die Arme verschränkt – die eine geöffnete lassende Hand – stand mir die Figur deutlich vor Augen. Sie erschien mir da wie in der Schwangerschaft und mir kam der Gedanke, ob man sie nicht jünger nehmen könnte, schwanger. Es käme dann fast auf die andere geplante Arbeit heraus: das Opfer. Zu überlegen.

Sonntag, 21. Oktober 1917 Am Vormittag mit Karl, Hans und Walter Neumeister im Volksbühnenkonzert. Das Klinglerquartett. Beethoven.

Jetzt ist Hans bei Sterns und trifft dort Heinz Heck.

Karl sitzt unten in seiner Stube. Ich sitze nach langen Monaten zum ersten Mal wieder an dem alten Schreibschrank in Peters Stube.

Ich denk an damals.

Abends lesen wir zusammen die »Achilleis«.

22. Oktober – – – [Todestag von Peter Kollwitz]

26. Oktober 1917, abends Nun ist Hans wieder fort. Heut Mittag 2.50 Uhr ist er vom Bahnhof Charlottenburg abgefahren. Die letzten Tage waren so schön.

Am 22. Oktober schmückten wir Peters Bett. Oben auf dem Bett liegt das Laub, das wir von dem Gang nach Schildhorn mitbrachten. Ein schöner Herbstlaubkranz. Weiße Rosen, rote Rosen und Erika auf dem Stuhl neben dem Bett. Gegen Abend sind wir zusammen bei ihm in seiner Stube. Alles ist wieder neu. Lebendiger Schmerz.

Dann kommt wie wir bei Tisch sitzen Kathrine [Laessig]. Bringt dem Peter Blumen und Hans Likör für die Fahrt. Karl muß runter. Hans Kathrine ich lesen »Iphigenie«.

Am 23. ist Hans abends mit Margret Arends und den Leuten.

Am 24. ist er vormittags wohl bei Wertheimer. Gegen Abend kommt überraschend Julius. Sein Vater ist gestorben. Er war dort und reist über Berlin zurück. Er ist furchtbar müde. Wir fahren noch zusammen bis Leipziger Platz. Karl Hans ich gehn in die Vorlesung des blinden Dichters Reinsfeld [?]. Er gefällt uns nicht. Noch ein Weilchen bei Telschow. Nach Hause. Karl friert sehr.

[Am] 25. ist Karl krank. Fiebert. Macht mittag noch ein paar Besuche, legt sich um 3 Uhr ins Bett. Hans bei Sterns Abschiednehmen. Abends ist Karl besser, eine sehr sehr schöne Stunde an seinem Bett. Ich lese die ersten Kapitel aus dem »Urmeister« vor und [wir] sprechen dann viel von unserer Jungen Komödienspiel. Hans ist lustig und lacht. Alle die schönen alten Geschichten als er noch ein kleiner Kerl war.

Freitag 26. den ganzen Vormittag mit Packen beschäftigt und den vielen Kleinigkeiten. Karl auf, aber noch fieberhaft. Hans liebevoll.

Wir trinken mittags roten Wein. Reden nicht viel dabei. Denken an sein Wiederkommen und den Frieden den Frieden. Hans sagt: »Ich werd schon heil wiederkommen, wenn Ihr nur gesund bleibt.« Karl sagt: »Und wenn ich mal weg muß, so schadet das dann nicht mehr viel. Wenn Dir aber was zustößt, so ist die Hoffnung zerbrochen. Darum bin ich für meinen alten Plan, daß in Zukunft Kriege nur von über 50jährigen ausgekämpft werden.«

Wir lachen. Karl sagt er meint das im Ernst. Eine Jugend, die ihre Aufgabe fürs Leben sehr ernst nimmt und sich dessen bewußt ist, würde es selbst hinnehmen, daß die Väter statt ihrer kämpfen.

Die beste Lösung ist, daß die Kriege überhaupt aufhören.

Fahren nach dem Bahnhof. Kathrine. Winken. Eine Frau hinter mir sagt: »Siehst du nicht die eine Hand? Das ist er, er winkt immer noch.« Ich glaube aber – bestimmt – es war Hansens Hand.

Abends bei Tisch ist es sehr still. Else [Rautenberg] erzählt am Telephon, daß Hilde sich verlobt hat mit dem jungen Simons. Das kann ein großes Glück sein. Ist es natürlich schon jetzt. Aber es kann für die Zukunft sich Gutes daraus entwickeln.

[27. Oktober 1917] Sonnabend 27. ist abends Lisbet Huch da. Sie spricht vom Fritz und daß sie einmal ein Kindchen gehabt hat, das bald wieder starb. Sie steht Fritz so nah, daß sie jetzt noch – und er ist länger tot als Peter – oft und sehr schön von ihm träumt. Sie glaubt fest an ein Wiedersehn mit ihm und dem Kinde. Sie ist ein nicht glücklicher, lang herumsuchender Mensch, der ganz langsam zum Frieden kommt. Grüblerischer Mensch. Daß sie Schauspielerin ist wird einem trotzdem immer wieder erinnerlich durch bestimmte Gesten usw. So blieb mir, da auch ich vom Peter sprach, ein peinlicher Erinnerungsrest von etwas Pose. Und doch war in Wahrheit dieselbe kaum da.

Am Montag zu Rautenbergs gegangen und den Abend dort geblieben. Die alten Pfundtners mit ihrem plumpen Sohn Georg. Hilde und Hans Simons, die Brautleute. Schön anzusehn, glücklich.

[30. Oktober 1917] Dienstag 30. Oktober ist der Tag, an dem vor 3 Jahren Walter Koch uns die Nachricht brachte. Ich denke wohl an Peter, aber denke nicht daran, daß dies der Tag ist.

Ich arbeite vormittags immer am Relief. Ich arbeite merkwürdig leidenschaftslos daran, lasse mir Muße und komme nicht in Erregung. Ich denke, es liegt daran, daß ich die Vorstellung habe, die Arbeit ist nicht so schwer wie eine Rundplastik, sie muß sich allmählich herausschälen.

Ungefähr seit 6 Tagen diese unglaubliche Offensive gegen Italien.

Vom Hans noch keine Nachricht. Aber vom Julius ein sehr lieber sehnsüchtiger Brief.

Morgen werd ich endlich nach langer Zeit wieder Hans Koch sprechen.

[31. Oktober 1917] Hans Koch war da. Er erzählte vom Jugendtag – wie fein Bonus gesprochen hat. Dann sprach er von Elsbeth. Das geht ihm sehr nah. Er sagt alle Kriegserlebnisse seien nichts dagegen.

Sonntag, 4. November 1917 Bin mit meinem Schreibtisch – dem alten großen Tisch aus der Jungen Stube – wieder ins Wohnzimmer übersiedelt. Merkwürdig ahnendes Gefühl, das mich überkam. War es ein Rückgefühl von den Stunden der verflossenen Winter seit Peters Tod? Oder Ahnung von Neuem?

Im ersten Winter in Peters Stube. Allein. Saß an seinem Holztisch. Fing an die Bibel zu lesen. Im zweiten Winter auch in seiner Stube. Da hatte ich Georgs Schreibschrank. An dem saß ich und schrieb. An Hans. An Julius, Hans Koch, Richard Noll, Erich Krems. Mitunter war ich da mit Hans Koch zusammen. Da gab er mir den kleinen Goethe, den Peter mithatte. Ich las in der Bibel. Tolstoi. Der Cherubinische Wandersmann.

Im dritten Winter stellte ich meinen Tisch der Kohlennot wegen in die Wohnstube ans Fenster. Es war Hansens kleiner Holztisch mit Kathrinens grüner Decke. In dem Winter hörte ich die

Mahnmal (1.Periode), Eltern-Relief (1917). »Ich arbeite vormittags immer am Relief. Ich arbeite merkwürdig leidenschaftslos daran, lasse mir Muße und komme nicht in Erregung. Ich denke, es liegt daran, daß ich die Vorstellung habe, die Arbeit ist nicht so schwer wie eine Rundplastik, sie muß sich allmählich herausschälen.«

Goethe-Vorträge von Landauer, las viel Goethe. »Dichtung und Wahrheit«.

Trudchen war über Sonnabend und Sonntag bei uns und schlief in Peters Stube. Auch da war Hans Koch häufig da. Erzählte von Willner und dem neuen Bund, der sich fand. Ins Feld schreiben konnte ich nur noch an unsern Hans und an Julius Hoyer, der mir damals schon sehr nah stand.

6. November 1917 Sehr guter Tag für mich, obgleich er anfing wie ein Pechtag. In der Barlachausstellung gewesen, die sehr fein ist. Noch während ich sie sah ungeduldiges Gefühl ins Atelier an die Arbeit zu kommen. Gut und ruhig am Relief gearbeitet. Dann dadurch auf etwas Neues gekommen. Oder vielmehr dasselbe Motiv, nur als Rundplastik. Kurze Skizze gemacht, Mann und Frau kniend von vorne gegeneinander gelehnt. Ihr Kopf *sehr* tief an seiner Schulter. Ihr linker Arm hängt über seiner rechten Schulter, ihr rechter Arm hängt hoffnungslos. Berührt sich mit seinem. Sein Kopf liegt auf ihrem Rücken. Er hält sich [die] Hand vor Augen.

Am Sonntag mit Karl im ersten Kestenberg-Vortrag über Beethoven gewesen. Er sagt, daß die Oper etwa um 1590 entstanden ist. Bei dem geselligen Zusammensein in Florenz wurde die erste Anregung zu dem Sprechgesang gegeben. Kestenberg ließ einen Gesang aus jener Zeit vorsingen. In Neapel entwickelte sich die Oper weiter, den italienischen Charakter bewahrend. Gegenüberstellung der italienischen und der deutschen Musik gezeigt. Synthese in Mozart. In Beethoven zum ersten Mal die individuelle Musik, die aus dem Erleben der Persönlichkeit schöpft. Gelegenheitsmusik freilich auch. Beeinflussung Beethovens durch Zeitereignisse, die Eroica.

War bei Sterns, als Ebert und noch ein junges Ehepaar da war. Ebert las den letzten Akt aus dem »Tedeum« von Carl Hauptmann. Das war so wundervoll. Dann sang Georg noch. Auch sprachen wir über Krauskopf und sein Bild in der Secession. In mir war auf einmal so viel wieder aufgeweckt, was schon fast eingeschlafen war. Ich dachte an jene Fahrt mit Hans nach Potsdam, wo ich Hans davon sprach, daß das Arbeiten jetzt *neu* werden müßte. Wo ist mein neues Arbeiten geblieben? Peters Arbeit soll wesentlich und einfach sein, aber das Wort neu kommt für sie gar nicht in Betracht. Das was ich früher immer sagte: der Inhalt sei die Form – wo hab ich das wahr gemacht? Wo ist die neue Form für den neuen Inhalt dieser letzten Jahre?

Am Tage drauf arbeitete ich an der Skizze weiter. Ich darf sie nur ausführen, wenn es mir wirklich gelingt eine Form zu finden, die sich mit dem Inhalt deckt. Sie darf nicht realistisch sein und sie kann nicht eine andere sein als die uns bekannte menschliche Form. Eine Form zu finden wie Krauskopf ist für mich unmöglich, ich bin kein Expressionist in dem Sinn. Also bleibt nur die mir bekannte menschliche Form, die aber ganz destilliert sein muß. Ja nicht etwa wie Metzner das in seiner Ratlosigkeit tut. Auch nicht einmal wie Barlach, obgleich dem näher.

Aufgebaut soll die Arbeit auf einem Block sein, aus einem Block. Keine tief eingegrabenen Löcher, *nur die Oberfläche* behandeln und in ihr alles sagen. Wie beim Zeichnen, wo für mich ja doch auch nur Haltung, Köpfe, Hände existieren.

Vom Hans Nachricht, es geht ihm gut. – Von dem jungen Rothe ein Brief. Er kommt auch von seiner Seite auf dasselbe wie Hans Koch.

In Rußland die ungeheuer wichtigen Umwälzungen. Die revolutionären Sozialisten sind an der Regierung. Sie wollen Rußland sozialistisch-kommunistisch verwalten.

Max Wertheimer erwartet von Rußland aus ein Hinübergreifen auf ganz Europa in demselben Geiste. Er glaubt an eine gewaltige moralische Erhebung.

In Italien sind die Deutschen und Österreicher in starkem Vorwärtsdringen.

16. November 1917 Vom Hans die Nachricht, daß er als Feldunterarzt dem Bayerischen Feldlazarett 28 zugeteilt ist. Deutsche Feldpost 454. Wo mag das sein? Westen, Osten, Süden?

Wieder in der Barlachausstellung gewesen. Mit Wallerstein über ihn gesprochen. Wallerstein sagt: Wo ist denn jetzt ein einziger Plastiker, der Neues sagt? Er hat recht. Ob meine Plastik nicht auch nur transponierte Zeichnung ist. *Eigenes* Gefühl für Form?

Karl hat sich von Adler wieder den Darm untersuchen lassen. Adler sagt, er ist gesund. Gott sei Dank. Hoffentlich hat er recht.

Jean Paul: Was tuts? Nur weh?

[November 1917] Rodin stirbt am 17. November 1917. 77 Jahre alt.

Am Sonntag ist Elsbeth Kühnen hier. Sie spricht ziemlich offen über ihre Stellung zu Hans Koch. Mir scheint vor allem, daß sie sich nicht sicher ist, ob sie ihn liebt, und da sie ein gewissenhafter und strenger Mensch ist quält sie sich. Habe ihr geraten zu Dr. Kalischer zu gehn. Am Tag danach Hans [Koch]. Der Junge ist wieder ganz schmal geworden. So stell ich mir den jungen Meister vor aus der »Theatralischen Sendung«. Ein sehr sympathischer lieber Mensch ist er.

Es sind besetzte bunte Tage jetzt. Und selbst in den freien Stunden fühl ich mich nicht bei mir zu Hause. Es fehlt mir wieder die Liebe zu den Menschen. Bin egoistisch und kalt und auf der Oberfläche. Auch die Musik geht mir nicht ein. Hab gestern Bach gehört, die h-moll-Messe. Nur das Credo wirkte und das Sanctus. Wunderschön war: et incarnatus est de spiritu sancto ex Maria virgine et homo factus est. Das war ganz geheimnisvoll und herrlich schön.

[21. November 1917], Bußtag Den »Elias« gehört mit Karl in der Freien Volksbühne.

An Julius soeben geschrieben, daß nur Musik und Poesie Letztes ausdrücken kann. Dann doch einiges noch aus Malerei dazugenommen: Florenz, die frühitalienische Plastik, die Frühgriechen, einiges [von] Michelangelo. Aber die Neuzeit? Entsetzlich dürr alles. Wo ist da bloß das Geheimnis? Meine eigene Arbeit: Es ist als ob ich vor der Türe meiner selbst stehe. Wenn es da nicht noch etwas eigentlich dahinter gibt, dann lohnt das alles nicht. Auch bei mir ist kein Geheimnis. Und Rodin? Ja, wundervoll. Das Gebet. Aber ist er nicht auch zu deutlich? Was ich jetzt dunkel fühle ist die Symbolik der Kunst. Mit was für Sachen hab ich mich früher bloß zufrieden gegeben.

23. November 1917 Heut ist Max Prengels zweite Frau Emma begraben. Der junge Fritz auf dem Kirchhof. Ein weiches blondes verweintes Jungengesicht.

Am Bußtag abends bei Römers gewesen. Viele Leute dort, die halbe Secession. Römer hielt etwas spitzfindigen Vortrag über Expressionismus. Sagt, dies Wort sei so entstanden: Er sei mit Cassirer über Kurfürstendamm gegangen und habe gesagt: »Ihre Impressionisten sind jetzt auch ex.« Cassirer habe geantwortet: »Dann nennen wir sie Expressionisten und sie sind wieder neu.«

24. November 1917 Früh unten im Atelier von Professor Wenck gewesen. Er arbeitet ohne Modell nur nach einer Konturzeichnung ein Flachrelief. Fallender Jüngling, in die Knie sinkend, mit beiden Händen an den Kopf greifend. Er arbeitet das ganz frei aus dem Marmor heraus. Sehr schön sind die Linien, die sichere und vornehme Behandlung des Körpers. Der hat es nun erreicht, daß er wie Peterich ganz frei arbeitet. 4 Jahre, sagt er, hat er Anatomie gearbeitet. Was mich wundert ist, daß er so spät erst aber dann wirklich fast zur Vollendung kommt. Ich bin etwas mutlos. So werde ich nie arbeiten können. Es ist mir wieder mal klar, daß es nur Zeitverlust ist, auf *diese* Art von Bildhauerei hinzuarbeiten. Das wäre für mich verlorene Zeit. Andererseits ist es klar, daß wenn ich es nicht in der Plastik zu der Freiheit der Zeichnung bringe, es auch nichts mit mir ist. *Ich muß mich erst finden in der Plastik.*

Sorge macht mir immer mehr die große Arbeit. Werde ich sie fertig bringen? Wenn, dann in Jahren. Um sie zu machen braucht ich mehr Können. Es wird noch sehr schwer werden.

Nachher zur Vorbesichtigung der Sammlung Kaufmann in der Secession gegangen. Wunderschöne Sachen.

25. November 1917 Konrads Geburtstag und Totenfest. In der Nacht starker Sturm. Güsse.

Ein Brief vom Hans, ein so lieber, lieber Brief. Er ist dem Fußartillerie-Regiment zugeteilt, weil sein Corpsarzt damals den Brief von Karl wegen Peters Grab bekommen hat. Er kennt das Grab genau. Er hatte beantragt, daß Hans wenn möglich einem Fußartillerie-Regiment zugeteilt wird. Der Peter sorgt für seinen Bruder.

Die Eroica in der Volksbühne mit Strauss und dem Opernorchester. Hab sie jetzt zum 3. oder 4. Mal gehört.

Von da zur Friedenskundgebung. Mit Karl, Lise, Wertheimer. Sie endete in Zusammenstößen in der Kaiser-Wilhelm-Straße mit der Polizei. Schutzleute zogen blank. Haß und Wut auf beiden Seiten. »Bluthund«. Gingen mit ekligem Gefühl zurück. Demonstrationen die so endigen haben wenig Wert. Man läuft vor den blanken Säbeln, schimpft und geht doch auseinander. Natürlich. Wer will sich da kaputthauen lassen? Der Russe Agaeff sagte, in Deutschland sind die Menschen noch zufrieden, auch wenn sie noch ganz anders hungern müssen. Er erzählte von russischen Studenten. Einige zusammen im Gefängnis. Die Behandlung war so schlecht, daß sie Hungerstreik androhten und durchsetzten. Half nichts. Darauf sagte einer, wenn keine Besserung einträte, würde er sich den Hals durchschneiden. Er versuchte es tatsächlich mit Scherbe. Wurde gerettet, die Behandlung besserte sich. Agaeff sagt, das tun die Deutschen nicht. Ich glaub es auch nicht, hie und da Einzelne.

Am 25. abends bei Schmidts. Konrads 54. Geburtstag. Sells dort und Else Rautenberg. Der sehr nette Helmut Sell.

Konrad sieht müde und mager aus, ist aber wieder der freundliche feine Wirt.

[Anfang Dezember 1917] In der folgenden Woche die kleine plastische Arbeit »Eltern« angefangen. Relief stehngelassen. Heut Plan gefaßt wahrscheinlich zu neuer Radierung: die im Wasser treibende junge Frau mit Kind auf dem Leib. Dachte an Flachrelief. Nicht unmöglich. Besser doch als Radierung. Nur Töne. Dunkel ziehendes Wasser. Körperkontur. Ihr Kopf die Hauptsache. Sie lächelt, stolz, verschwiegen, jenseitig.

Das Kind lächelt nicht. Aber geht mit der Mutter. Vertrauen. Bei ihr sein. Doch – das kann schön sein. Wie eine Insel schwimmen sie im Wasser. Ganz abgetrennt von den Lebenden.

Was ist noch gewesen in dieser Woche? Anna Plehn besucht. Finde sie nicht gut.

Karl ist manchmal sehr müde. Hin und wieder glänzt sein altes Wesen durch, sein *ganz* liebevolles Wesen. Dann ist er von entzückender Liebenswürdigkeit. Dann fühl ich ganz das Glück mit ihm zusammenzuleben und wie kalt und dunkel es sein wird, wenn er vor mir sterben sollte. Vorgestern kam er überraschend nach dem Atelier. Seit vielen Jahren wieder zum ersten Mal. Es war so sehr nett.

Am 29. Hertlings Rede im Reichstag. Zusicherung, daß dem Frieden mit Rußland nichts im Wege stünde.

Wir abends bei Sterns. Georg nicht da. Sitzen mit Wertheimer und Lise am Eßtisch. Auch die liebe Mutter sitzt daneben. Sie sieht so müde aus. Ob sie folgt dem, was gesprochen wird? Vielleicht zu einem Teil.

Vom Hans gute Nachricht. Der kleine junge Soldat, der halb erfroren eingeliefert ist, ist doch gestorben.

Vom Julius traurige schwere sehnsüchtige Briefe.

5. Dezember 1917 Mutters 80. Geburtstag.

Vormittags ging ich hin und brachte die vergrößerte Photographie von dem Bild der Eltern. Die Mutter freute sich sehr. Es war ihr ganz gegenwärtig, daß ihr Geburtstag sei. Sie war bewegt und erfreut. Sie küßte mich und sagte sie sei so dankbar, daß ihr Lebensende so schön sei. Ihr Leben sei reich gewesen. Das Schwere, was sie erfahren habe, wie der Tod der Kinderchen, seien Schicksalsschläge gewesen. Das Schwere, was in Lieblosigkeit läge, hätte sie nicht kennengelernt. An Julie dachte sie. – Nachmittags trafen wir uns dort zusammen, nur die Julie fehlte. Paula war es so furchtbar schwer. Die ganze Zeit dachte sie wohl an Julie. Die Mutter saß zwischen uns. Die liebe alte Mutter.

Auf der Auktion Kaufmann gewesen und den alten Seidlitz kennengelernt. Die Leute sollen wie unsinnig gekauft haben. Schwindelnd hohe Summen.

Ein Kontrast dazu: Auf dem Nachhauseweg treff ich Weißenburgerstraße an der Haltestelle die kleine Frau Dr. Magnus. Sie ist ganz klein und mager geworden. Sie arbeitet jetzt im 4. Jahr ohne irgendeinen Entgelt in Volksküchen usw. Selbst wohlhabend ist sie hart gegen sich. Gibt viel Geld an Arme. Im vorigen Jahr sagt sie hat sie oft gehungert, weil sie nur gemäß den [Lebensmittel-]

Karten leben wollte. Ich glaub es wie ich sie kenne. Sie ist gerecht, unermüdlich und streng in den Forderungen an sich selbst, ein moralischer Mensch. Vielleicht aber zu ernst und schwer. Wohl mit sehr wenig Freuden im Leben und am Leben.

Mit Rußland Waffenstillstand. Mit Rumänien wahrscheinlich auch.

Bei Peterich im Atelier gewesen. Seine meisten Sachen gefallen mir gar nicht. Er ist aber sehr nett. Ein weicher liebevoller Vater. Bei Clara Siewert gewesen. Leider auch von ihrer Arbeit einen sehr wenig produktiven guten Eindruck gehabt. Die sehr nette über 80jährige muntere Mutter.

Der alte Seidlitz sagte mir, er hätte mich an Stelle Köppings für die graphische Lehrstelle in der Akademie vorgeschlagen. Es ist ja freilich ganz ausgeschlossen, daß sie mich wählen würden und wenn sie mich wählen würden, müßte ich es wohl ausschlagen.

15. Dezember 1917 Kathrine Laessig nach Freiburg gefahren um Benno noch zu sprechen vor seinem Rausgehn.

Vom Julius Nachricht, daß er schon auf dem Transport nach Flandern ist. Daß er sich elend und schlecht fühlt.

Der junge Wohlbrück ist nicht gefallen sondern gefangen.

Montag, 17. Dezember 1917 Nun ist der Waffenstillstand zwischen Rußland und Rumänien und den Mittelmächten erklärt. Anfang zum Frieden.

Nach leerem gehaltlos verbrachten Tag noch einen guten Abend: Peter wieder ganz nah.

Ich denk daran wieder zu radieren. Die junge tote Frau, die mit ihrem Kind auf dem Wasser treibt und dann – vielleicht – den Weihnachtsabend.

Vom Hans gestern ein lieber Brief.

Am Sonnabend 15. Dezember ist Benno ins Feld. Am selben Tage früh als Kathrine mittags in Freiburg angekommen ist, um ihn noch einmal zu sehn. Wieder zu spät wie beim Gottfried. Er schreibt aber, er ist nach dem Osten gekommen, das wäre ja wenn es stimmt wunderschön.

Merkwürdig wie sich jetzt wieder mal die Schleusen fürs Zeichnen öffnen. Heut die Zeichnung gemacht wie Vater und Mutter am Weihnachtsbaum sitzen. Für Radierung gedacht. Die erste Zeichnung machte ich wohl im Winter 1915. Oder schon früher?

Eltern am Weihnachtsbaum (1917). »Heut die Zeichnung gemacht wie Vater und Mutter am Weihnachtsbaum sitzen. Für Radierung gedacht ... werktäglich einfach im Empfinden, aber *ganz Gram.*«

Vor Peter? War sie für die Kriegszeitung bestimmt? Ich glaube kaum. Jedenfalls wie dann alles kam, wollte ich sie nicht ausstellen. Jetzt hab ich noch ein zurückziehendes Gefühl im Gedanken so etwas auszustellen – aber doch – es kann wohl sein. So wie ich auch die Eltern als plastische Gruppe mache.

Ich habe eine Hoffnung, daß *wirklich* nun etwas Neues in Zeichnung und Radierung hineinkommen wird. Das kann nur größere Einfachheit sein. So wie ich diese Eltern machen will, werktäglich einfach im Empfinden, aber *ganz Gram.*

Vielleicht kommen jetzt noch andere Sachen dazu, so daß einiges sich zu dem zusammenschließt, was ich zum Krieg zu sagen hab. Vielleicht die »Nachricht«, die schreiende Frau, von den Kindern umringt. Oder die junge Schwangere – oder die Alte mit aufgehobenen Händen, die ihren leeren Schoß sieht. Oder auch vielleicht das was ich jetzt arbeiten will: die Frau, die mit ihrem Kind im Wasser treibt.

Richard Gönner schreibt in einem Brief an seine Mutter aus dem belgischen Lazarett: »... auch ist hier nirgends was vom Krieg zu merken. Wie im Frieden und das ist recht. Lieber ging ich in eine Irrenanstalt als nochmal in' Schützengraben.«

Anna-Erika Rautenberg hat mir geschrieben. Sie hat sich mit Josua Gampp verlobt. Er ist ein Freund des Fritz Kohlund. Gampp steht auch in Flandern.

21. Dezember 1917 Wieder die Eroica gehört, weil Laessig mir seine Karte zur Oper schickte. Ich habe jetzt weniger von der Musik, weil ich jetzt flacher empfinde und lebe als damals.

Heut der kürzeste Tag. Endlich! Nun geht es voran.

Zu den Wucherpreisen: Kaffee bekommt man angeboten für 38 Mark das Pfund, Butter 28 Mark das Pfund.

Heiligabend 1917 Peters Stube ist bereit. Auf dem Bäumchen stecken 21 Lichte. Eben ging ich noch etwas aus. Es hat dick geschneit. Die Glocken läuteten. Wenn eine aufhörte, fing eine andere an. Wenig Bäume sieht man brennen.

Der Karl hat immer noch herumzulaufen und hat dabei dauernd Schmerzen im Darm. Er sieht elend aus.

Gestern hört ich das Weihnachtsoratorium. Der eine Choral zu der Melodie »Vom Himmel hoch«, um den sich immer das »O Jesulein süß, o Jesulein klein« herumschlang.

1. Weihnachtsfeiertag 1917 Karl liegt im Bett. Es handelt sich vielleicht um einen neuen Furunkel im Darm. Er fiebert leicht, ist zerschlagen und schläft meist.

Gestern abend in Peters Stube. Seine 21 Lichtchen brannten still und feierlich ab. Karl war noch auf. Wir lasen dann im »Schiller im Gespräch«.

Schneefall. Heut stilles schönes mildes Feiertagswetter.

Schreib an den Jungen.

27. Dezember 1917 Karl hat hohes Fieber. Er fürchtet sehr krank zu sein. Er hat sein Testament gemacht.

[28. Dezember 1917] Freitag 28. ist Karl im Krankenhaus Pankow von Adler operiert.

Sonnabend, 29. Dezember 1917 Karl noch leichtes Fieber (Achsel 38°), hat matte Augen, schläft viel ein, aber immer nur für paar Minuten, träumt dann stark immer dasselbe, daß jemand ihm zuredet, er möchte doch schon aufstehn usw.

Dr. Zeise heut fortgerufen.

30. Dezember 1917 Karl gehts heut besser.

Silvester 1917 Zum ersten Mal allein in dieser Nacht seit 26 Jahren. Karl im Krankenhaus, Hans in Focsani, Peter fort für immer.

Ich sitze an meinem Schreibtisch in aller Stille. Wenn es 12 Uhr ist, werde ich Wein trinken.

Was hat dieses Jahr gebracht? Was hat es genommen?

Es war schwer und ernst wie die beiden andern Kriegsjahre. *Es hat nicht den Frieden gebracht.* Es hat immer genommen und genommen. Menschen genommen und Glauben genommen, Hoffnung genommen. Kraft genommen.

Gegeben hat es neue Ausblicke durch Rußland. Von da ist etwas Neues in die Welt gekommen, was mir entschieden vom Guten zu sein scheint. Eine neue Hoffnung, daß in der Entwicklung der Völker in der Politik nicht wie bis jetzt nur Macht entscheidet, sondern daß *»von nun an«* auch die Gerechtigkeit mitwirken soll. Die Russen haben gezeigt, daß eine Möglichkeit dazu ist und dies ist vielleicht das schönste geistige Erlebnis im letzten Jahr gewesen. Zwar wie bedrängt ist diese Erkenntnis, wie wollen die alten bösen Prinzipien sie wieder überwuchern und ersticken. Aber selbst wenn sie wieder erstickt, so ist es doch eine Weile wahr gewesen, daß sittliche Motive die Welt – oder einen Teil derselben – bewegt haben. Und schon das ist ein Gewinn.

Und ich zu Peter? Nicht mehr so nah steht mir sein Bild, viel gelinder ist der Schmerz. Doch bin ich viel bei ihm. Freilich nicht im höchsten Sinn, wo bei ihm sein heißt gut und wesentlich sein. Nein, es ist leider so, daß der gedämpfte Schmerz, die halb getrockneten Tränen eine Dürre im Gefühl werden lassen. Ein schlimmer Zustand. Selten Kraft zu starkem Leben und auch keine Kraft und keine Lust zum Schmerz mehr. Ich komme mir oft so ähnlich dem früheren Zustand vor und hab doch gedacht, der Krieg und Peters Tod müßte mich umschmelzen von Grund auf. Es ist nicht der Fall gewesen.

Und ich und die Arbeit? Das ist ziemlich unverändert geblieben gegen früher. Da war nicht viel zu verbessern. Vorwärts gekommen bin ich freilich nicht sehr, aber das lag an Müdigkeit. Meine Stellung zur Arbeit ist nicht verändert.

Übrigens hat mein 50. Jahr mir in der Ausstellung bei Cassirer sehr Gutes gebracht. Schöne Zeiten.

Mit Karl ist es so gut. Wir haben uns lieb und wünschen, wir könnten noch lange in Gemeinsamkeit leben.

Hans mein liebes Kind.

Die Toten: die Schwester, die liebe Schwester Julie.

Stefan Lepsius.

Karl und Käthe Kollwitz, um 1924

Konrad Friedländer.
Rosa Speyer.
Georgs Mutter.
Unsere liebe Mutter lebt und ist in diesem Jahr 80 Jahre alt geworden.

Mit Lise Georg Wertheimer Konrad und Anna, Paula, Rüstows, Goeschs sind wir befreundet. Mit der Kathrine Laessig, Annie Karbe, Anna Plehn. Schön war die Woche in Lubochin bei Rose und Geyso.

Julius Hoyer ist mir so nah geblieben und dem Karl und Hans näher getreten. Hans Koch ist ferner gerückt, weil er so viel mit seinen eigenen Angelegenheiten zu tun hat.

Dankbar bin ich, daß ich gesund gewesen bin.

1. Januar 1918 Kalter *nebliger* Morgen. Wirklich bedeutsam für die Zeit. Alles neblig verhüllt. Den ganzen Tag blieb es so.

Vormittags ging ich zur Mutter. Ich fand sie still in ihrer Stube sitzen. Dann mit Sterns über den Frieden mit Rußland gesprochen. Sie halten alles für Scheinmanöver und meinen, daß

Deutschland Rußland übers Ohr haut, weil Rußland sich nicht wehren kann.

Nachmittags zu Karl raus. Finde ihn ganz wohl. Kathrine dort. Abends nässende Kälte die Rauhreif verspricht. Am Tage drauf aber erst Tau und Schneestürme, dann klares leichtes Frostwetter.

2. Januar 1918 Unangenehmer Tag für mich, weil ich mit Karls Vertretungen nicht in Ordnung komme. Habe heut Karl gesagt, daß Zeise fortmuß, hab ihm aber noch nicht alles gesagt, weil ich fürchtete, daß es ihn sehr beunruhigt. Heut mit 3 Vertretern verhandelt. Wahrscheinlich wird wohl der erste bleiben.

6. Januar 1918 Karl gestern zum ersten Mal außer Bett gefunden. Heut hat er schon Dr. Lutz bei den Krankenvisiten begleitet, ich fürchte, das war zuviel. Als ich nachmittags da war kamen noch Konrad und Schade. Karl war so froh und entzückend liebenswürdig. Ich mußte immer sein liebes glückliches freundliches Gesicht ansehn.

Wenn ich mit ihm allein bin lese ich ihm aus dem Schillerbuch vor. Man lernt Schiller daraus kennen. Ein feiner Kerl.

Vorgestern war Anna-Erika Rautenberg hier mit ihrem Verlobten, dem Maler Josua Gampp. Es ist ein langer, etwas schmaler junger Mensch mit einem kindlichen sehr jung aussehenden Gesicht und schönen braunen Augen. Am Tage darauf kommt Anna-Erika noch einmal allein. Sie sagt mir, daß Julius [Hoyer] sie gebeten hat seine Frau zu werden.

Am 4. Januar Nachricht von der Jeep, daß die Helga aufgewacht ist. Das große große Glück.

Der Frieden mit Rußland, der so nah schien, ist wieder weit weg. Die Russen sagen, daß »der annektionslose Frieden« Deutschlands Maske war, in Wahrheit wolle Deutschland annektieren. Und ich fürchte sie haben recht. Es ist so furchtbar deprimierend und beschämend.

Hans hat jetzt Nachricht, daß Karl krank sei. Er hat wohl Sehnsucht.

8. Januar 1918 Rüstows sind hier. Alexander zu einem Gaskursus. An Alexander treten kleine Eigenheiten, die nicht ganz sympathisch sind, stärker hervor, z. B. seine Art mit Karl zu sprechen. Freundlich, aber ein bißchen schonend milde. Sein Schlurfen beim Gehen.

Thildi ist prachtvoll. Ihr Rheumatismus besser. Sie ist fast übermütig. Sieht schön aus mit ihrem schmalen spitz zulaufenden Gesicht, der schmalen hohen gewölbten Stirn, den klugen muntern braunen Augen.

Sie ist ganz entzückend in ihrer Munterkeit und Liebenswürdigkeit. Lieb ist mir nur nicht, daß sie immer noch die verliebt zärtliche Art miteinander haben.

Nachmittag mit ihnen zum Karl gegangen. Ich fand Karl nicht sehr frisch. Als er vormittags beim Operieren dabei war wurde er schlapp.

[Mitte Januar 1918] 11. Januar 1918 kommt Karl aus dem Krankenhaus.

Eine schöne Woche dann, in der er noch nicht arbeitet, wir viel zusammen vornehmen und lesen.

22. Januar 1918 In den Friedensverhandlungen mit Rußland noch nicht weitergekommen. Der Eröffnung der Konstituante wegen neuerdings unterbrochen. Die Konstituante durch die Bolschewiki gesprengt.

In Österreich starke Unruhen.

Die Kriegsbücherei veranstaltet eine Ausstellung, die wir besuchen. Auch Sterns und Wertheimer. Beim zweitenmal sehe ich erst eigentlich die Blätter von dem Holländer Raemakers. Sie sind sehr krass, aber auch sehr ergreifend. Solche Blätter wie dies: »Auf dem Weg nach Calais«. In den unter Wasser gesetzten flandrischen Gebieten schwimmen tote deutsche Soldaten. Zu Massen. Oder der Eisenbahnzug – fest verschlossener Viehwagen. Aus den Spalten unten durch sickert rotes Blut. Das sind fürchterliche Sachen. Entsetzliche Kriegsanklagen.

23. Januar 1918 Karl liegt wieder. Gestern abend Schüttelfrost und Fieber.

27. Januar 1918 Karl immer wechselndes Befinden.

Am 24. war Georg Sterns 25jähriges Jubiläum in der Fabrik. Blumen, Feier und ein Geldgeschenk von 3 000 Mark, abends waren Sterns Wertheimer ich (Karl war in Conze-Versammlung) bei Habel. Wertheimer sehr verstimmt über die Hertlingsche Rede.

Ich arbeite nun wieder graphisch. Ganz allmählich zieht es mich wieder hinein. Merkwürdig: im alten Raum die alten Materialien, Instrumente. Ich kenn alles noch so gut wieder. Eine Ahnung der alten Stimmung. Bin neugierig wie weit es mich wirklich fassen wird, ob das alte Interesse noch einmal kommen wird, das ich damals hatte.

Habe vor, 3 Platten jetzt zu arbeiten: Die Toten – Weihnachten – Selbstbild.

28. Januar 1918 Habe mehr vor als die 3 Platten zu machen. Denke daran, wenn die Kraft anhält, die Kriegssachen im Zusammenhang zu arbeiten. Das würde natürlich Monate dauern, aber nun ich wieder angefangen habe *und es zu gehn scheint*, ist schon das Beste ich fasse die Gelegenheit beim Schopf und lasse sie nicht eher los, bis etwas gemacht ist. Es könnten die Platten sein: Abschied – Weihnachten – die Frau, die die Nachricht bekommt mit den Kindern – die junge Frau, die auf ihren schwangeren Leib zeigt – die vielen Frauen mit Kindern (Nationaler Frauendienst) – der Mensch im Nebel. Und schließlich kann auch die Platte zugenommen werden an der ich jetzt arbeite: die Frau mit ihrem Kind im Wasser.

Heut fast den ganzen Tag dichtester Nebel. Morgens – zu sehn war *gar nichts* – marschierte unten eine Jungensklasse vorbei. Die Holzschuhe hörte man klappern und die frischen Stimmen sangen schrill, taktfest und unsentimental: »Steh ich in finstrer Mitternacht«. Und nachher in der Ferne noch: »Morgenrot, Morgenrot«.

Lese abends mit Karl den »Hungerpastor«. Das ist wirklich ein gutes Buch.

30. Januar 1918 Seit 3 Tagen Streik der Munitionsarbeiter. »Frieden – Freiheit – Brot«.

Heut ging ein großer Zug vom Bülowplatz aus, wo Schutzleute räumten, durch die Prenzlauer Allee.

Komme immer mehr in die Arbeit. Das erste Stadium, wenn man anfängt zu fühlen wie die Gleichgültigkeit nachläßt, eine Art Auftauen und wieder Fühlenkönnen eintritt. Das zweite Stadium, wo ein wirkliches und frohes Interesse da ist und man nicht mehr an der Berechtigung gerade *dieses* zu arbeiten zweifelt. Das dritte Stadium, wo die Arbeit einen in Klammern hat, wo sie wie eine Last auf einem draufhockt und man weniger froh ist als schuftet. *Man muß.*

Eben Lise am Telephon. Sie sagt, in Moabit seien bei Zusammenstößen mehrere Tote, zwei Schutzleute und einige Streikende. Auch soll die Bahn da gestört sein.

Gestern abend, als Karl und ich bei Mutter waren, machte Georg uns die Tür auf. Er sagte, Lise sei nach München gefahren zu Rele und Heinz. Rele hätte ihr Studium aufgegeben und ginge zur Bühne. Georg war ziemlich niedergeschlagen. Er hätte sehr gewünscht, daß sie wenigstens ihr Studium zu Ende führt, da sie ein Semester vor dem Staatsexamen war.

1. Februar 1918 An den Anschlagsäulen die Bekanntmachung, daß über Berlin und Vororte der *verschärfte* Belagerungszustand verhängt ist und am 2., also morgen, in Kraft tritt.

Gestern abend mit Sterns und Wertheimer schönes Zusammensein in der kleinen Weinstube am Hackeschen Markt. Wertheimer ganz lustig. Sagt er wisse aus guter Quelle, daß in London der Generalstreik bevorsteht und in Paris ebenfalls gestreikt wird.

Lise von München zurück. Erzählt von Rele und Heinz.

2. Februar 1918 Erster Probedruck der »Toten«. Nicht gut.

Am Abend mit Karl ersten Vortrag von Paulus Knüpfel gehört über Soziologie des Krieges und des Friedens. Der Paulus Knüpfel scheint ein feiner Mensch.

Sonntag, 3. Februar 1918 Volksbühnenkonzert mit Karl zusammen: die Schubertsche Unvollendete, Mendelssohn[s] Sommernachtstraum und Weber[s] Oberon-Ouvertüre. Es war sehr schön.

[6. Februar 1918] Peters Geburtstag.

Sonnenschein in seiner Stube. Lise bringt ihm Blumen und die Kathrine Laessig.

Karl und ich fahren nach Buch heraus und gehn nach Schönerlinde. Es ist so schönes Wetter. Im Wald liegt noch der Schnee, aber auf den Feldern ist er schon weg. Wir bringen zwei Weidenzweige mit Knospen mit.

Die Verurteilungen der am Streik Beteiligten sollen furchtbar sein.

Matray ist aus Theresienstadt gekommen und erzählt schreckliche Sachen von den Zuständen im Lazarett für Epileptiker.

Ich träumte von beiden Kindern. Sie waren noch klein und spielten mit andern Kindern. Sie kamen zu uns gelaufen, Hans war vielleicht 7 Jahre alt und Peter 4, Peter hatte sein dunkelblaues Leinenkittelchen an. Er hatte so ein rundes glattes Kinderköpfchen. Beide Jungchen hatten kleine Blumenkränze auf dem Kopf, so dünne wie das Kränzchen, das über Peters Schattenriß hängt. Hansens Kränzchen war etwas verrutscht, aber Peters saß ganz ordentlich auf seinem runden Köpfchen.

Die ersten Probedrucke von den »Toten« fallen nicht so sehr vielversprechend aus.

9. Februar 1918 Seit früh muß ich heut immer die Stelle aus dem Soldatenlied singen: »Und sehe ich die Heimat niemals wieder – Hurra!« Warum? Ist es wirklich, weil Gottfried Laessig es vor zwei Jahren sang? Am 18. Februar zog er ins Feld. Eine Weile vorher übernachtete er einmal bei uns. Klatschte abends vor dem Fenster, wie ich runtersah war es, als ob der Peter da stünde. Er hätte unsern Pfiff gepfiffen sagte er, wenn er ihn gekonnt hätte. Er schlief damals mit Hans oben in der Stube. Am Morgen war er unten, wir beide waren allein. Ich hatte ihn so sehr gern. Ich fragte ihn nach den Liedern, die sie beim Marschieren sängen. Und da sang er: »Franzosen und Russen, die geben keine Ruh ...« und dann: »Und sehen wir die Heimat niemals wieder – Hurra!«

Die merkwürdige Karte von Helga Bonus.

Jean Rosenberg ist gestorben. An den Folgen einer Nierenkrankheit, die er sich in den Karpathen holte.

11. Februar 1918 Friede mit Rußland?

Lise telephoniert und eben auch Agaeff.

12. Februar 1918 Heut kommt Helga Bonus wieder nach Hause.

Der kleine Kurt Kache wird heut ein Jahr alt. Lise und ich sind draußen.

19. Februar 1918 Mit dem russischen Frieden hat sich alles schlimm gewandelt. Wir haben nicht nur keinen Frieden, sondern neuen Krieg gegen Rußland in der Ukraine, in Finnland, in den Ostseeprovinzen. Und Polen macht Krach, weil das Cholmergebiet beim Friedensschluß der Ukraine zugefallen ist. Österreich hält sich zurück.

Gestern abend Agaeff und Hans Rothe hier. Netter Abend. Beide sehr aufgebracht über politische Zustände.

Karl liest aus einer Broschüre des Vereins für Sexualethik vor über die Bordelle im Osten. Daß die Soldaten sektionsweise zu den Mädchen zugelassen werden.

Meier-Graefes Aufzeichnungen aus seiner Gefangenschaft in Rußland. Sehr interessant.

Helgas langer Brief über ihre Krankheit. Der Brief ist so seltsam. Ernsthaft. Feierlich.

In der vorigen Nacht träumte ich, daß auf der Straße mit einmal alles dunkel wurde. Ich konnte nichts mehr sehen. Der Karl führte mich dann. Er sagte mir nachher, ich würde wohl blind werden. Ich weiß noch, wie ich immer zu ihm sagte: »Aber ich muß doch arbeiten.«

Carl Seelig aus der Schweiz schickt mir den französischen Schützengrabenroman von Henri Barbusse.

23. Februar 1918 Im Barbusse gelesen. Schrecklich schrecklich. Ganz unerträglich schrecklich.

Ich sagte zum Karl, daß ich mir jetzt so vorstellen könne wie man als älterer Mensch an allem Fortschritt der Menschheit verzweifelt und sich darauf beschränkt, eine Art mönchischen Lebens zu führen mit den kleinen demütigen Liebesbezeugungen von Mensch zu Mensch. Denn ein Fortschritt in der Entwicklung wäre auch mit der Lupe nicht zu finden. Der Karl sagte dann etwas, was mir mit einem Mal sehr einleuchtete. Er sagte, es schiene doch so, als ob das Böse mitaufgenommen sei in den Plan einer Höherentwicklung. Da fiel mir wieder die Bonus'sche Auffassung ein, die Entwicklung der Menschheit aus sich heraus. Ja, das leuchtet mir ein, dann ist das Böse, wie Mephisto sagt, die Kraft, die stets das Böse will und stets das Gute schafft. Nur daß diese Entwicklung auf so viele Jahrtausende vorgesehn ist, daß der einzelne Mensch – zumal wenn sein Leben in eine solche Zeit wie die jetzige fällt – den ganzen Plan nicht übersehn kann und eben doch verzweifeln kann. Da soll der Glaube einsetzen.

Sonntag, 24. Februar 1918 Eben in der Zeitung gelesen, daß die Hedwig Lachmann, Landauers Frau, an einer Lungenentzündung gestorben ist. Das ist sehr traurig. – Sie war gesund, klug, gebildet, gut und liebevoll. Sie hatte zwei Kinder, die sie noch ganz brauchten und Landauer kann sie gar nicht entbehren.

An demselben Tage als wir dies lasen, starb in Schierke im Harz die treue gute und liebe Anna Plehn.

[3. März 1918] Am Sonntag 3. März 1918 ist in Brest-Litowsk der Frieden mit Rußland unterzeichnet.

Sonntag, 3. März 1918 Bei Sophie Wolff mit Schaffner zusammengewesen. Dann Karl im Kestenberg-Vortrag getroffen. Auf dem Heimweg erzählt Karl, daß er den Chirurgen vom Krankenhaus Friedrichshain getroffen hat und der ihm durchaus geraten hat, seine Fistel gleich noch einmal operieren zu lassen.

In Sophie Wolffs Atelier ihre schöne Arbeit des jungen Mädchens mit bloßen Armen gesehn. Es ist nicht nur Intelligenz, die Sophie Wolff so gut vorwärtskommen läßt. Sie hat wirklich ein starkes künstlerisches Gefühl und ihre Klugheit hilft ihr nur den richtigen Weg finden. In der Plastik hat sie nun wirklich einen Weg gefunden, und war sie früher neidisch auf mich, so könnte ich es jetzt wohl auf sie sein.

Ich habe *meine* Form in der Plastik nicht. Fast fürchte ich auch ich finde sie nie. Es bleibt für mich immer nur der eine Weg, zu versuchen, den Ausdruck an erste Stelle zu setzen. In der Zeichnung komme ich damit aus, aber ob in der Plastik, das ist mir die Frage. Ob Plastik nicht immer langweilig bleibt, die ihren Hauptnachdruck im Ausdruck und nicht in der Form hat?

Barbusse zu Ende gelesen. Gegen den Schluß läßt er an einer Stelle einen Soldaten sagen: Wenn wir dies, was wir durchmachen, nicht vergessen würden, gäb es keinen Krieg mehr.

Das ist es. Und darum soll dies Buch in Millionen von Exemplaren verbreitet werden, auch der Gleichgültigste soll dies Leiden kennen. Es ist ein Lehrbuch in eigentlichster Weise. Wenn der Krieg so ist wie er es schreibt – und er ist wohl so – wie ist es dann denkbar, daß die Menschheit – *um dies Leiden wissend* – es noch einmal wiederholen soll? Ach, es wird dann andere Ideologien geben, die den Menschen wieder einleuchten und man wird vergessen *wollen* und vielleicht noch einmal hineingeraten. Vielleicht noch mehr als einmal. Aber mit jedem Male muß das Lehrgeld, das man zahlt, ein schrecklicheres sein und endlich einmal wird die Menschheit klug werden.

Das Buch ist unsagbar schrecklich. Der Hans muß es lesen.

Ach, heut Frieden mit Rußland – was ist das doch für ein ruhiges beglückendes Gefühl, zu wissen im Osten ist Frieden. Und die Glücklichen, ach die Glücklichen, die jetzt ihre Geliebten aus der Gefangenschaft zurückbekommen.

10. März 1918 Heut vor zwei Jahren fiel Erich Krems.

Frank Wedekind ist auch tot.

Mir ist jetzt so schwer und beklommen zumut. Was bedeutet das? Kommt noch einmal Schlimmes? Ich sehne mich so nach dem Hans und ich fürchte für Julius.

Gestern in der Nationalgalerie gewesen und die Neuordnung angesehn. Diese schönen Säle nebeneinander: Liebermann Leibl Trübner Thoma Böcklin. Im Ehrensaal der ganz herrliche unvollendete Menzel.

Seitdem ich Barbusse gelesen hab, werd ich den Druck nicht los. Die Lise sollte ihn eigentlich nicht lesen. Er bröckelt einem mehr Kraft ab als gut ist.

Am Sonntag 10. März bei Rautenbergs gewesen. Hilde hat ihr Abitur gemacht, das wurde gefeiert. Tante Gertrud hat ihr 3 Morgen Land in Rauschen geschenkt.

Auch die Simons waren alle da. Hella Niemayer in ihrer Schwangerschaft und die jüngere ernste schöne Schwester Friedel.

Bei Tisch mit Hans Simons gesprochen. Sehr froh gewesen, daß er politisch doch so steht wie wir.

11. März 1918 Mit Karl bei Ernst im Krankenhaus gewesen. Er durchleuchtet mein Herz und sagt, es liegt nichts Schlimmes vor.

Kathrine Laessig hat über Hedwig Lachmann in den Monatsheften geschrieben. Sie schließt mit diesem Gedicht von Hedwig Lachmann:

»Von dem Glanz, der auf dem Morgen lag
Ging mein Herz in freudigerem Schlag.
Von der Wolke, die am Mittag kam
Ward es überschattet, wie mit Gram.
Von dem Licht, das aus dem Abend quoll
Ward es bis zu Tränen schwermutsvoll.
Von dem Schimmer, der die Nacht umwand
Ward es still und selig bis zum Rand.«

[13. März 1918] 13. März sind abends Hedwig Woerman-Jänichen, Agaeff und Kathrine Laessig hier. Die Hedwig Woermann ist famos. Ganz rasserein, anzusehn wie ein blonder Windhund. Vorzüglich angezogen mit dem wasserklaren Steinschmuck. Von ihrem Malen hab ich mehr den Eindruck, daß es ein Ausdruck ihrer Lebenskraft ist als einer besondern malerischen Beanlagung.

Sie scheint Sozialistin und ganz international gesonnen.

Agaeff sagte als wir vom russischen Frieden sprachen: Er hätte während des ganzen Krieges sich gefreut, nicht mit dabei sein zu brauchen. *Jetzt* aber habe er den Wunsch in Rußland zu sein und für Rußland zu kämpfen. Mich freute das zu hören. Es kam aus demselben Gefühl heraus das unsere Jugend hatte und spricht für das angeborene instinktmäßige Gefühl der Vaterlandsliebe, das die Woermann ganz bestritt.

Kathrine Laessig erzählt von dem jungen Freund des Benno, der erst jetzt herausgekommen ist. Er hat bitterlich geweint bei ihr aus Angst auch sterben zu müssen.

Sonntag, 17. März 1918 Kathrine Laessig begleitet mich aus Volksbühnenkonzert nach Haus. Sie ist sehr aufgeregt und sagt, sie wüßte, daß ihr Vater ihre Mutter immer betrogen hätte.

Abends sind wir bei Kapellmeister Levy. Er liest sein pazifistisches Lehrdrama vor. Wir langweilen uns furchtbar. Es sprechen außer Levy ein Rechtsanwalt Fränkl, ganz verbittert, fanatisch, ordentlich erschreckend wirkend. Dann ein phantastisch häßlicher Oberlehrer mit dem Gesicht eines nicht bösen Boxerhundes, Karl, der wie meist in größerem Kreise schlecht spricht, Kathrine und eine junge Dame die Neumann verteidigte.

Levy und seine Freunde sind Anationalisten, den gewöhnlichen Pazifismus, Schiedsgerichtsideen halten sie für schädlich, weil nicht zur Sache führend. Darin hatte Karl recht, wenn er sagt, der Anationalismus sei das Ziel, hinführen tun aber konkrete Wege.

Sie leugnen die Berechtigung auch des Verteidigungskrieges.

18. März 1918 Seit Jahren bin ich nicht auf dem Kirchhof [der Märzgefallenen] gewesen. Eigentlich hätte ich es tun müssen, heut.

Das Wetter ist herrlich.

Früh bei Frau Soost gewesen. Ihr Röschen ist gestorben. Liegt wachsbleich mit tiefeingesunkenen Augen und offenem Mündchen im Wagen. Sie hat ein weißes Kleidchen an mit rosa Bändern und Gürtel. Da hinein hat Frau Soost ihr eine rosenrote Hyazinthe gesteckt. Die grünen Blätter reichen bis zu dem gelbweißen Köpfchen. Frau Soost muß fortgehn. Ich zeichne das Kindchen. Lotte ist dabei. Nachher kommt die 14jährige Lene und erzählt alles mögliche. Auch daß das 3jährige Kind vor dem Tode zu Frau

Soost gesagt hat, indem es sich abwandte: »Mutter laß mich, ich will sterben.« Mir kommt das unglaublich vor. Erinnert mich an das, was eine Siewert mir einmal erzählte, daß ihre gestorbenen kleinen Geschwister vor dem Tode die Hand der Mutter weggeschoben hätten.

Karl geht vorgestern Nacht mit der Sternkarte auf den Wörther Platz und beguckt die Sterne. Die Patrouille zieht vorüber und sieht ihn verwundert stehn.

[20. März 1918] Am 19. März, Juliens Todestag, sind wir bei der lieben Mutter. Paula, Konrad und Anna, Georg Lise und ich. Karl konnte nicht. Wir sitzen um das Sofa in der kleinen Stube. Wir trinken zu Juliens Gedächtnis. – Paula erzählt, daß Paul Aussicht hätte auf eine neue sehr gute Stellung. Vom Konrad sei Nachricht. Erzählt von den Kindern. Als ich nachher mit ihr nach dem Bahnhof geh, sagt sie, daß sie es jetzt einsähe, daß Julie, auch sie, zu gern einen starken Einfluß auf andre ausgeübt hätten und eingreifend gehandelt hätten. Sie wolle versuchen, das zu ändern.

Sie sagte, in Juliens Testament hätten die Worte gestanden: »Kinder, haltet im Leben die Freude hoch, sie ist das Vorwärtsführende.« Gestern mußte ich so recht daran denken. Wie *kann* man jetzt wohl die Freude hochhalten, wo eigentlich nichts einen freut? Und doch ist die Forderung sicher richtig. Freude ist eigentlich so viel wie Stärke. Man kann Freude in sich haben und doch all das Leid tragen. Kann man das wirklich?

Wenn all die Menschen, die der Krieg geschlagen hat, die Freude aus ihrem Leben verwiesen, dann wäre es fast so, als wären sie gestorben. Menschen ohne Freude wirken wie Leichen. Sie wirken Leben hemmend.

Die Denkschrift des Fürsten Lichnowsky und der Brief von dem Dr. Muehlon schlagen mich unsagbar nieder. Das Gefühl betrogen zu sein. Wir alle betrogen.

Wenn jemand stirbt, weil er krank ist – selbst wenn er noch jung ist – ist das eine solche außer der Macht liegende Tatsache, daß man sich allmählich damit zufrieden geben *muß*. Er ist tot, weil seine Natur nicht leben konnte. Anders ist das im Krieg. Nur eine Möglichkeit, ein Gesichtspunkt war da, aus dem heraus es ging: das freie Wollen. Das war wieder nur möglich aus der Überzeugtheit von Deutschlands Recht und der Verteidigungspflicht.

Ganz unmöglich war mir damals die Vorstellung, die Jungen

gehen zu lassen, wie die Eltern ihre Jungens jetzt gehen lassen *müssen*, ohne inneres Ja-Sagen – nur zur Schlachtbank.

Das ist das, was alles anders macht. Das Gefühl, wir waren betrogen damals. Und der Peter lebte vielleicht noch, wenn nicht dieser furchtbare Betrug gewesen wäre. Der Peter und Millionen, viele Millionen anderer. Alle betrogen.

Darum gibt es da keine Ruhe. Alles ist wieder aufgerüttelt und umgeworfen.

Schließlich frag ich mich: Was ist denn geschehn? Das Opfer der Jungen selbst und unseres – bleibt es nicht wie es war? Alles wühlt durcheinander.

[21. März 1918] Heut am 21. März – *Frühlingsanfang* – hat die große Offensive im Westen begonnen.

Sonntag 24. März 1918 Die B. Z. bringt die Nachricht, daß man mit Geschützen, die 120 km weit tragen, Paris beschieße.

Nachmittag mit Karl ein Stundchen bei Mutter. Lise liest Reles Brief vor: Sie hat die Ännchen gespielt und ist ganz glücklich.

Heut nacht träumt ich vom Konrad Hofferichter, daß er Abschied nahm und weinte.

Ich hab die Platte vorgenommen, oder die Zeichnungen dazu, wo die Mütter mit ihren Kindern stehen.

> »Daß die Lieblinge unserer Wiegen
> Sollen als stinkendes Aas auf den Feldern liegen …«

Aus der »Seeschlacht«:

> »Vaterland, Vaterland, o lieb Vaterland.
> Wir sind Schweine
> Die auf den Metzger warten.
> Wir sind Kälber, die abgestochen werden.
> Unser Blut färbt die Fische!
> Vaterland, sieh, sieh, sieh!
> Schweine, die gemetzt werden,
> Kälber, die abgestochen werden!
> Herde, die der Blitz zerschmeißt.
> Der Schlag, der Schlag, wann kommt er uns?
> Vaterland Vaterland!
> Was hast Du noch mit uns vor?«

26. März 1918 Man beschießt Paris auf 120 km Entfernung.
Vom Hans immer noch nichts.

[29. März 1918] Karfreitag Im Westen die große Offensive.
Vom Hans wissen wir nichts, wissen nicht wo er ist und ob er gesund ist.

Der Karfreitag war Peters Feiertag. Da ging er für sich und feierte seine Frühlingsfeier. Wenn er nach Haus kam hatte er Kätzchen vorn eingesteckt.

Heut ist kaltes frisches Wetter. Karl macht noch Besuche. Ich lese im Buch Samuelis: »Aber Hanna gab er ein Stück traurig, denn er hatte Hanna lieb; aber der Herr hatte ihren Leib verschlossen.« Der traurigen Hanna sagt ihr Mann: »Bin ich Dir nicht besser denn zehn Söhne?« Nein, er ist ihr nicht besser. Sie gelobt dem Herrn, wenn er ihr einen Sohn gäbe, ihn ihm zurückzugeben fürs ganze Leben – nur haben will sie einen. Gott erhört sie. Als dann ihr Mann nach dem Tempel geht opfern, geht sie noch nicht mit ihr Kind dem Herrn bringen, bis es entwöhnt ist will sie es behalten. Wie es endlich entwöhnt ist und sie es nun geben muß – da tut sie es.

Die alte Frau Radtke kommt etwas bitten: »Ach Gott, wenn man doch sterben könnte« sagt sie.

Ich arbeite an der Platte »Weihnachten« – 2. Probedruck ist gemacht. Vorläufig sehr schlecht.

Nachmittags bei der lieben Mutter. Schmidts Sterns wir. Vaters Todestag. 20 Jahre ist es her.

Abends mit Karl in dem wunderschönen Karfreitagskonzert der Freien Volksbühne. Flesch spielt Geige und der Madrigalchor singt.

[30. März 1918] Am Sonnabend 30. März vom *Hans Nachricht!* 4 Briefe. Es ist Sperre gewesen.
Auch vom Julius gute Nachricht.

[31. März 1918] Ostersonntag. Milder Sonnenschein. Ich schreibe lang an Hans.

Für den ganzen Nachmittag mit Karl im Freien. Hohenschöpping. Voll Freude und Ruhe.

Abends kommen Kaches. Paul gerät wieder sehr in Eifer. Er ist ein bitterer und wohl auch harter Mensch. Sein Kommen war übrigens das Wiederanknüpfen des Umgangs. Er hatte ihn abgelehnt, weil seine und unsere Meinungen auf fast jedem Gebiet zu verschieden wären.

Ostermontag [1. April 1918] Wieder ein lieber Brief vom Jungen.

Aus Rodin: »Kathedralen«. Über Le Mans:

»Meine Aufmerksamkeit richtet sich auf die Kathedralen, die in ihrer Größe so einfach sind. Ich möchte sogleich verstehen wollen und fühle, dies zu erreichen müßte ich selbst mich gründlich ändern, mehr Energie und Festigkeit erlangen, mich einer strengen Zucht unterwerfen. Das ist sehr schwer! Ich stürze mich gegen das Wunder, es zu umschlingen, zu durchdringen. Aber es weist diese Heftigkeit zurück. Selbst kraftvoll gebietet es Ruhe, Zurückhaltung, mit einem Worte Kraft. Und ich verstehe die Lehre. Ich gehe. Ich werde wiederkommen. – Es ist nötig, daß die großen Gefühle langsam Wurzel fassen, vernünftig und mit der Zeit wesentliche Teile unseres Gefühlslebens und unseres Denkens werden. Große Bäume brauchen viel Zeit zur Entwicklung. Und diese Architektur und Skulptur ist recht eigentlich den Bäumen zu vergleichen, weil sie ebenso im Freilicht lebt wie Bäume.

Morgen oder später vielleicht, irgend eines Tages, wird plötzlich inmitten meiner Künstlersorgen die Erinnerung an meine steinere Freundin, an meine ›Große Dame von Mans‹ vor mir auftauchen, Herz und Geist werden zittern und mit einem Male wird jenes Licht mich erleuchten, das hier, allzu nahe, mich blendet und den vollen Genuß nicht gestattet.«

»Am Tische dieser Steinmetzen möchte ich mitsitzen.«

»O edles Volk der Handwerksleute! Ihr wart so groß, daß die Künstler unserer Zeit neben Euch gar nicht existieren.«

12. April 1918 Die Nachricht von Tilli Rosolio, daß am 29. März ihr Bruder, Hansens Kamerad Erwin Rosolio, gefallen ist.

Montag, 15. April 1918 Hans kommt!

[April/Mai 1918] Am Sonnabend 20. hören wir mit Hans zusammen das Deutsche Requiem im Dom. Das ist wunderschön.

Am Sonntag 21. auf dem Monatshefte-Fest gewesen. Hans war fröhlich, tanzte und amüsierte sich. Einige sagten mir, sie hätten sich verwundert, daß ich die Aufforderung [zum Fest] mit unterzeichnet hätte. Auch ich war verstimmt darüber. Die muntere dicke Dame, mit der ich darüber sprach. Sie sah mich mit ganz klaren freundlichen Augen an und sagte ganz einfach: »Ich habe dasselbe Schicksal wie Sie gehabt. Aber ich freue mich über alles, was wieder Freude macht. Wenn ich die Jugend tanzen sehe und froh sein, bin ich es auch.«

Karl sah ich mal wieder wie neu. *Wie gut* gefiel er mir. Wie strahlt sein gutes Wesen aus seiner ganzen Art.

[6. Juni 1918] Durch sechs Wochen nichts aufgeschrieben.

Hans ist seit dem 11. Mai wieder fort.

Einige besonders schöne Stunden. Werder: Karl, er, ich. Oben in Werder Erdbeerwein getrunken. Wir hatten am Tage vorher im »Grünen Heinrich« die Kindergeschichten gelesen, wie er sich den lieben Gott vorstellt. Wir sprachen nun davon und Hans sagte er wunderte sich, daß er gar keine lebendigen Vorstellungen vom lieben Gott gehabt habe. Ich sagte, daß ich ihnen so wenig vom lieben Gott gesprochen habe, weil ich damals nicht anders konnte. Karl erzählt von seinen Kinderjahren. Als wir zurückgehn frage ich Hans, ob er auch später nicht zu einem Gottgefühl gekommen ist. Hans sagt: ja.

Dann Rudern mit Hans auf der Spree. – In der Nationalgalerie gewesen. – Bei Niquet. – Ein schöner Abend bei Sterns, als wir mit Max Wertheimer *Du* sagen. – In »Sumurun«.

Vor allem aber der Himmelfahrtstag, 9. Mai, in Ferch. Als wir in Caputh ausgestiegen sind und über die Höhe gehn, sagt Karl Hans das, was er mir am selben Tag früh sagte, daß er für Hans im Felde einspringen will. Hans sagt erst fast gar nichts. Karl und ich sprechen. Dann hören wir auf davon zu sprechen. Mir ist zumut, als ob mich was in die Höhe hebt. Ich hab Karl unaussprechlich lieb. Auch Hans ist so zumut, ich weiß es. Sein liebes Gesicht leuchtet. Wir sind alle drei glücklich.

Wir sprechen dann nur noch einmal davon. Am Abend vor Hansens Abfahrt. Wir trinken Wein. Karl sitzt auf dem Lehnstuhl zwischen Sofa und Schrank, Hans auf seinem Platz am Tisch, ich auf meinem Platz. Ich weiß, daß Hans davon sprechen wird. Endlich nach langem Stummsein kommt es heraus, er könne das nicht annehmen.

Karl spricht dann wieder. Und wieder wie in Ferch findet sein einfaches starkes Gefühl die wahrsten Worte. Später nach Hansens Fortsein, wie Karl und ich die »Seeschlacht« lesen, da ist mir, als versteh ich erst ganz was da gemeint ist in dem, was zwischen Mensch und Mensch sein kann. Was an dem Abend war zwischen uns Dreien.

Dann lasen wir noch jeder ein Gedicht. Karl las das Schillersche »Siegesfest«, Hans Goethe »Ein zärtlich jugendlicher Kummer«, ich las »Wiederfinden« von Goethe und ich glaub auch noch die »Selige Sehnsucht«.

Dann tranken wir die Gläser aus und ich stellte sie wieder mit *einem* Bande umbunden weg. Ist es uns gegeben, daß bei dem nächsten Zusammensein wir noch alle drei leben, dann trinken wir wieder aus denselben Gläsern.

Am Tage drauf, am 11. Mai, fährt Hans abends um 9 Uhr ab. Wir bringen ihn nach dem Schlesischen Bahnhof.

Er bekommt einen guten Platz. Es dauert lange bis der Zug abfährt. Abschied.

Sterns und Kathrine Laessig sind am Zoo, da ist Bahnhofssperre.

Am Tage darauf sahen wir die »Seeschlacht« und lasen sie dann noch einmal. Auf dem Rückweg vom Theater (es war eine Vormittagsaufführung vom Bund deutscher Gelehrter und Künstler) gehn wir über den alten Garnisonkirchhof. Ein Soldatenkirchhof.

Dann am 14. Mai Hansens Geburtstag. Wir gehn abends zu Adami. Es ist ein wundervoller Abend. Wir sitzen am Rand der Spielwiese, wo wir bei früheren Urlauben mit Hans gesessen haben. Ein schöner stiller starker Abend.

[17. Mai 1918] Der 17. Mai: Juliens Geburtstag. Lise und ich sind bei Paula. Mit ihr und den Kindern auf dem Feld. Paul Kache ist wieder untersucht und freigekommen vom Militär.

[19. Mai 1918] Am 1. Pfingstfeiertag 1918 machen wir einen schönen Ausflug an die Löcknitz.

An dem Tage stirbt Hodler. 65 Jahre alt.

Am 2. Pfingstfeiertag wollen wir in die Freie Secession gehn. Sie ist geschlossen. Wir gehn erst etwas zur Sophie Wolff in ihr Atelier und dann zu Sterns und zur Mutter.

Am Dienstag gegen Abend sind dann noch Annie Karbe und Käthe Clausen da. Wir sprechen über Religion. Am Abend sind wir allein.

Am Tage darauf, Mittwoch 22. Mai, wird Karl zum zweiten Mal im Pankower Krankenhaus von Dr. Adler operiert.

[6. Juni 1918] Jetzt am 6. Juni, also zwei Wochen danach, ist Karl noch dort, aber es geht ihm recht gut. Er hat eine schöne Stube mit Balkon, auf dem er liegt. Heut war ich schon mit ihm etwas im Garten. Als er im Winter im Krankenhaus lag, las ich ihm die »Gespräche mit Schiller« vor, jetzt den »Grünen Heinrich«.

Er hofft selbst sehr, daß diesmal die Wunde ausheilen wird.

Zwei Gefallene:

Otto Braun am Sonntag dem 28. April bei der großen Offensive. Heinz von Engelhardt, Hansens einziger Freund, am Kemmel.

Die Hiergebliebenen, die jungen Leute, leben ihrem Liebesleben.

Elsbeth Kühnen bekommt ein Kind. Es ist nicht von Hans Koch sondern von Alfred Kurella. Aber Hans und Elsbeth sind doch die Liebesleute. Heiraten wollen sie nicht.

Mein Arbeiten in diesen Wochen ja Monaten ist ganz schlecht und ungenügend. Ich fühl mich sehr ohne Kraft und glaube nicht mehr an mein Arbeiten. Bin oft furchtbar traurig. Und hab ein Körpergefühl, als bin ich schon fast am Ende.

Einmal in diesen Nächten träumte ich von Hans. Ich weiß nicht mehr genau was. Ich weiß nur, daß ich ihn umschlang und sehr weinte, daß er aber glücklich war und irgendwie von Befreiung sprach.

18. Juni 1918 Seit Sonnabend ist Karl wieder zu Hause. Arbeiten kann er noch nicht. An seinem Geburtstag war er noch im Krankenhaus. Ich brachte ihm Hansens Brief heraus. Wir saßen im Garten mit Konrad, Sterns und Frau Schröder.

An unserem Hochzeitstag war ich allein bei ihm draußen. Den Tag darauf kam er nach Haus.

Seit er zu Haus ist geh ich wieder nach dem Atelier und versuche wieder plastisch zu arbeiten. Vom Hans ist Nachricht. Er ist zur 1. Batterie versetzt. Er schreibt, er sitzt da ganz einsam in seinem Unterstand und arbeitet. Spazierengehn kann er nicht der Fliegergefahr wegen.

Karl und ich lesen abends zusammen den »Grünen Heinrich«. Mit neuem Entzücken.

19. Juni 1918 Vom Hans die Nachricht, daß der ganze Stab von dort versetzt wird, er mit.

Aus einer Rede, die Kayssler einem jungen Toten gehalten hat:

»Es war nicht der Anfang, als wir anfingen, und es ist nicht das Ende, wenn wir enden. Es ist ein Fragment, das Leben, ohne Anfang und ohne Ende. Und darum ist es so schwer auf den Grund zu kommen.

Solche Worte kommen dazu in die Welt, daß wir uns ihnen anvertrauen.

Wir sprechen von früher Ernte, wenn wir von frühem Tod sprechen. Und der Gedanke ist richtig. Aber wo Ernte ist, da ist auch Reife. Von welcher Art die Reife des Todes ist, das verstehen wir nicht, aber wir dürfen ihr Dasein nicht leugnen. Es muß eine Erfüllung vorliegen in einem höheren Sinne, den wir noch nicht erfassen können.«

Als Hans hier war, war er wie meist still. Einmal hatte er ein Gespräch mit Karl, worin er auch auf seine seltsame zugeschlossene Art Karl gegenüber zu sprechen kam. Er führt sie darauf zurück, daß als er und Peter Kinder waren, Karl sie mitunter geschlagen hat. Das hätte so sehr entfremdend und scheu machend gewirkt. Mir tat das ganz furchtbar leid, wenngleich ich eigentlich nicht daran glauben kann. Denn wenn Karl in großer Heftigkeit mitunter – selten – zu weit ging, so war doch Liebe Freundlichkeit und Güte das bei weitem Häufigere bei ihm und es wäre merkwürdig, daß das nicht bleibender gewirkt hätte. Wenn ich jetzt noch einmal Kinder zu erziehen hätte, dann meine ich würde mir keine Heftigkeit, keine Ungeduld, keine Ungerechtigkeit mehr passieren. Aber könnte man noch so unmittelbar sein wir früher? So Kamerad der Kinder? Und wiegt diese Frische nicht manche der pädagogischen Vergehen auf? Sicher trifft die Paula auch nicht immer das Richtige mit ihren Jungen und ist in ihrer positiven jungfröhlichen Art doch wunderschön für sie. Aber die Julie, die Großmutter, war auch sehr gut. Spitteler erzählt in seinen frühesten Erlebnissen, daß er seine Großmutter eigentlich am liebsten gehabt hat. Er glaubt sich auf sie aus seinem ersten Jahr zu besinnen, wie er ihr da mit den Händchen ins Gesicht gepatscht hat.

Jetzt arbeite ich seit einer Woche wieder in Siegmundshof an der Figur der Mutter. Schön.

24. Juni 1918 Johanni. Kaltes regnerisches stürmisches Wetter.
Vom Hans gute Nachricht.

Gestern bei Kapellmeister Levy zu einer Debatte gewesen. Es waren Pfemfert da, Dr. Bernstein, Oberlehrer Berger, Rechtsanwalt Fränkl. Ausgesucht häßlich und absonderlich aussehende Menschen, Pfemfert und Fränkl fanatisch, schreiend. Sehen in Sozialdemokratie, auch den Unabhängigen, eine verrottete Bande, mit der man nichts zu schaffen hat. Ziel ist der Anationalismus. Karl sprach als Sozialdemokrat, kam schwer auf gegen die andern. Sympathisch war mir nur Bernstein.

[30. Juni 1918] Am Sonnabend 29. Juni hole ich die Mutter zu uns herüber für die Zeit, daß Sterns verreisen. Sie schläft bei uns in der mittleren Stube.

Heut am Sonntag las ich mit ihr einen Vortrag von Großvater über altkirchliche Gemeinden und Freie Gemeinden. Die Mutter liest vorzüglich vor und doch ist es kaum denkbar, daß sie den geistigen Inhalt noch ganz faßt. Ich stelle mir vor, daß sie einen allgemeinen Eindruck hat. Gestern las sie mir Schleiermacher-Briefe vor. Während ich schon längst müde war, war sie immer noch geneigt weiterzulesen. Sehr schwer ist diese Neigung und Fähigkeit zu lesen zu vereinigen mit der Kopfschwäche, die sie sonst oft zeigt.

Mutter ist Freundlichkeit, Güte, Liebe, so rührend große Freundlichkeit. Wie sie davon spricht, daß sie glücklich ist Kinder zu haben, bei denen sie gut aufgehoben ist. Ich hab es mir gewünscht, daß die Mutter zu uns kommt und es ist mir rührend und lieb, sie in unserer Wohnung zu haben, und doch kommt der Egoismus und sagt, ich will auch Zeit für mich haben und es spannt mich zu sehr ab, den ganzen Tag mit ihr zusammen zu sein. Ich weiß aber andererseits wieder, daß das wenig zu sagen hat, daß *doch* mein Wunsch und auch meine Freude der Mutter jetzt dienlich zu sein das Stärkere sind.

Heut früh mit der Mutter Großvaters Vortrag gelesen. Ich fand ihn zum Teil schwer verständlich. Aber *sehr* interessant. Mir ahnt, daß mir erst jetzt aufgehn wird, welche große Bedeutung die Freien Gemeinden gehabt haben, wenigstens in den ersten Jahrzehnten. Karl erzählt, daß in einem Aufsatz in den Monatsheften auf Großvaters Wirken hingewiesen ist, es soll da gesagt sein, daß was Marx für die Arbeiterbewegung gewesen ist, Rupp für das religiöse Leben der Gegenwart bedeutet. Oder wenigstens bedeuten sollte. Ich wünsche, daß ich täglich mit der Mutter etwas vom Großvater läse, um einmal anzufangen ihn zu verstehn.

Neulich in der Untergrundbahn Paulus Knüpfel gesehn. Er war in Uniform, setzte sich uns gegenüber, schlug ein Buch auf, in dem als Merkzeichen eine Blume lag und wollte lesen, als er Karl erkannte, der ihn ansprach. Er sieht todkrank aus. Er war auf dem Wege nach dem Lazarett und soll in ein süddeutsches Sanatorium kommen. Er ist tuberkulös und wir haben den Eindruck, daß wir ihn nicht wiedersehen werden.

Hans Koch war da. Dem geht es *gut.* Er hat für den Aufbau einer flämischen Ausstellung zu tun, verdient viel Geld. Dann seine Pläne, in den Dresdener Werkstätten zu arbeiten in Hellerau. Wyneken will dort eine neue Schule aufmachen. Vor allem aber seine Liebe zu Elsbeth. Sprach über seine Einstellung auf das Kind und daß es gerade so sehr gut sei, daß nicht er der Vater des Kindes sei sondern Kurella. Wirklich es geht Hans ausgezeichnet, endlich einmal ein junger Mensch, dem es sehr gut geht.

Dagegen schreibt Julius erregte Briefe. Sehr scheint ihm momentan der Liebesdrang zuzusetzen. Vor einem halben Jahr wandte er sich an [Anna-] Erika Rautenberg und mußte von ihr hören, daß sie nicht mehr frei sei. Nun hat er all seine Gedanken auf Hanna geworfen und sagt, wenn sie ihn nicht liebt, kann er sich nicht enthalten. Es ist ja nicht unmöglich, daß die Gewalt seines Fühlens sie suggeriert und er sie für sich gewinnt. Wahrscheinlich aber ist es nicht. Dann muß er weiter suchen. Alles scheint in ihm zu brennen. – So vertraut mir ein Mensch, den ich erst ein paar Jahre kenne und unser Hans, mein Hans, macht sich zu vor mir.

1. Juli 1918 Räumte auf und nahm das Päckchen Heller-Briefe vor die ich habe, um sie zu verbrennen. Ich las drin. Was hat mir die Handschrift bedeutet!

Ich fand seinen Brief nach Herminens Tod, fand zwei Briefe von mir, die ich damals nicht abschickte, fand ein Zettelchen von Karl und noch zwei Bilder von mir und den Jungen an jenem Osterfeiertag aufgenommen.

Ich glaubte, ich würde das alles als etwas mich nichts mehr Angehendes wegtun können. Und nun ergreift mich doch die verflossene Zeit. Zwar alles ist vorüber. Die Gefühle sind vorüber, die

Schmerzen sind vorüber, die Sehnsucht ist vorüber. Aber *ergriffen* hat mich das Rückerinnern jener Jahre. Es waren schmerzhafte Zeiten. Es war kein Spaß. Ergriffen am meisten das Zettelchen von Karl.

Wie war mein Leben stark in Leidenschaft, in Lebenskraft, in Schmerz und Freude. Damals kämpfte ich wirklich in der Sonne »ein Sohn der Erde«.

Dann kam das allmähliche Altern. Dann kam der Krieg. Das in die Höhegerissenwerden durch die Jungen. Das Opfer Peters. Mein Opfer Peters. Sein Opfertod. Und dann fiel ich auch. Fortgerissen noch durch ihn in Entwicklungen des Schmerzes und der Liebe, sank ich allmählich in dies Leben zurück. Es blieb Schmerz um ihn. Zu Zeiten meinte ich »die ewigen Lichter funkeln« zu sehn, die, als die Pfade dunkelten, mir »Sohn der Erde« erscheinen sollten. Meine Augen waren nur selten stark genug sie zu sehn. Ich geh im Halbdunkel, nur selten Sterne, die Sonne *lange* und *ganz* untergegangen. Die Füße sind müde und die Glieder schwer und der Kopf hebt sich nicht hoch.

Ich hab gemeint und auch daran geglaubt, daß die Zeit von 1914 bis jetzt mich läutern würde. Der Schmerz hat Müdigkeit zurückgelassen. Es ist ja auch nicht allein der Peter. Es ist der *Krieg*, der einen bis auf den Boden drückt.

4. Juli 1918 Die Grippe in Berlin. Am Dienstag hat Karl 100 Grippekranke. Er selbst wird krank am Mittwoch den 3. Es scheint leicht bei ihm zu sein.

Hans schreibt, daß an der Front in manchen Formationen die Hälfte der Soldaten krank sei.

Am Montag kam Alexander überraschend für ein paar Minuten und gestern noch einmal. Jetzt ist er wieder raus. Er sieht schmal aus. Thildi gehts mit der Gicht schlecht. Alexander sehnt sich jetzt auch furchtbar nach Aufhören des Krieges. Seine politische Meinung die gleiche wie früher, eine andere als unsere.

Mutter ist von einer alles umfassenden Liebe und Freundlichkeit wie der Heilige Franziskus. Die Spatzen auf dem Platz freuen sie und vor allem die Kinder. Ob ein Kind ganz rachitisch ist, watschelt, verbogen und verbaut, ist ihr ganz gleich. Sie hat über alle eine gerührte Freude.

So belebt sie auch das Unbelebte. Das Sacharinstückchen in der Teetasse scheint ihr eine Persönlichkeit zu haben.

Rücksichtsvoll ist die Mutter und rührend liebevoll. Ich soll mich ja nicht von der Arbeit abhalten lassen ihretwegen. – Sie ist so gebrechlich und alt, so zusammengesunken.

Tilla Rupp auf der Durchreise nach Ravensburg zur Susanne einen Tag bei uns.

[8.Juli 1918] Mein Geburtstag. Früh in meiner Stube, d.h. Peters Stube. Mutter schläft in unserer Schlafstube, Karl oben bei Hans und ich in Peters. Karl ist drüben in der Wohnstube und besorgt mein Geburtstagstischchen. Das Wetter ist trübe und kühl. Trübe und kühl wie schon lange mein Zustand. Käm ich aus diesem muffigen Leben heraus, das ich jetzt innerlich lebe: diese Unkraft stark zu leben. Eng und verschlossen und gereizt auch dem Karl gegenüber. Trocken und innerlich öde und geödet. Lise wünscht in ihrem Brief mir gute Arbeitskraft für die große Arbeit. An die denke ich jetzt schon kaum in dieser Gedrücktheit. O ja, ich wünsche mir das anders. Ich wünsche mir mancherlei – es sind alles wichtige große Wünsche.

Vom letzten Geburtstag – dem 50. – bis zum heutigen ist mir vieles gegeben. Wir drei leben noch, wenn auch Karl viel krank war. Aber Frieden ist immer noch nicht.

Mit meiner Arbeit ist es sehr mäßig gewesen.

9.Juli 1918 Karl hatte die Wohnstube so schön geschmückt mit vielen Blumen. Er schenkte mir Rodin, das Kathedralenbuch, die kleinen Aufsätze von Kaus und das Jahrbuch der Aktivisten. Und Briefpapier mit Stempel. Zwei Briefe waren früh gekommen, vom Hans und von Annie Bender. Dann saßen wir drei um den Frühstückstisch, die Mutter sitzt da, wo Hans zu sitzen pflegt. Die liebe Mutter. So zart, gütig und liebevoll. Und rücksichtsvoll.

Der Vormittag vergeht mit Blumenordnen und Kleinem. Frau Sonnewald kommt. Nach Frühstück geh ich mit Karl etwas mit.

Hansens Brief ist gut. Er schreibt er hat viel Arbeit, weil draußen stark die Grippe herrscht.

Auch Mittag essen wir drei zusammen. Nach 4 Uhr kommt Paula mit allen 3 Jungens und Kathrine Laessig. Karl impft das Kurtchen. Wie die Jungen ankamen, aus dem Rucksack staken die Blumen, die sie mir schenkten. Ganz einfach kamen sie auf mich zu, Ärmchen hoch und um meinen Hals und einen Kuß.

Dann mit Paula über Rele gesprochen, daß sie zur Bühne gegangen ist. Sie kann es nicht verstehn. Hält überhaupt Ehe und Schauspielberuf für unvereinbar.

Wie Paula und die Jungen fort sind kommen bald Hans Prengel und Konrad und Anna. Ein sehr netter Abend, aber Karl kommt erst ganz zuletzt. Mutter bleibt bis zuletzt auf. Heut früh ist Mutter noch ganz wie gewöhnlich, vor Mittag bin ich mit ihr unten. Nach dem Essen ruht sie und wie sie zu Kaffee kommt merke ich, daß sie Magenschmerzen hat. Ihr wird sehr schlecht. Sie liegt jetzt im Bett. Karl meint, es wird noch so vorübergehn.

[Juli 1918] Wenn ich mit Mutter unten auf dem Platz bin, bleibt sie oft bei kleinen Kindern stehn, streicht ihnen übers Haar, spricht zu ihnen. Ich fürchte manchmal, diese Berliner Kinder, besonders die größeren, die zusehn, werden frech werden, aber meist sind sie nur etwas verlegen, lachen die Mutter aber dann doch ganz freundlich an.

Neulich hat Karl die Mutter untersucht. Er hatte die Meinung, es könnte sich bei ihr um Krebs handeln. Sie ist aber ganz gesund.

Mutter war krank einen Nachmittag und einen Abend. Sie wurde so schlapp, daß Karl ihr eine Spritze gab. Sie erinnerte mich so an den Großvater, wie sie dalag. Ich dachte, ich würde am Morgen darauf Lise depeschieren müssen, daß sie kommt. Aber früh hörte ich die Mutter aufstehn wie gewöhnlich. Sie hat sich wieder erholt, nur ist der Kopf seit dem Tage noch schwächer.

Habe alte Briefe geordnet und fand auch jene ersten an mich gekommenen nach Peters Tod.

Heut als ich Annie Karbe vom Stettiner Bahnhof abholte stand auf dem Perron ein Junge, der angekommen war. Ich sah gerade, wie die Eltern auf ihn zuliefen. Die Mutter voran. Umarmte und küßte ihn und dann der Vater. Alle waren umschlungen. Es ging mir durch und durch *wie* die Mutter ihn umschlang und küßte.

Einmal holte ich Peter auch an derselben Stelle ab. Da kam er von Stettin. Er war in der Kluft und ohne Hut. Er ging rasch und schwingend zwischen den andern durch, war größer als die andern und so kam er auf mich zu voll Elastizität. Er sah mich zuerst nicht. Und dann sein überraschtes freundliches lachendes Gesicht!

Als die Mutter krank war und wir an ihrem Bett waren, beugte ich mich über sie und legte mein Gesicht an ihres. Sie lag mit geschlossenen Augen und sah mich nicht. Aber kaum fühlte sie mein Gesicht an ihrem Mund, so küßte sie mich ganz sanft.

Sie ist so liebevoll und zart. Die kleinen Kinder, die sie anlacht, lachen immer zurück.

Wir wollten heruntergehn und ich bat sie meinen leichten Seidenmantel überzuziehn. Da sagte sie zögernd: »Weißt Du, werde ich ihn Dir auch nicht ausweiten? Ich bin doch viel breiter in den Schultern.« Und wie ist sie schmal und zusammengesunken.

Karl singt früh in der Badestube. Ich komm zur Mutter herein. Sie sagt: »Georg macht schon so schöne Musik ...«

Heut wieder von früher gesprochen. Mutter sprach von meiner Kränklichkeit als Kind. Von der Sorge und Angst, die sie um mich gehabt hat. Liebe liebe Mutter.

14.Juli 1918 Maria Stern wird 11 Jahre alt. Wir schenken ihr Peters Tellurium.

25.Juli 1918 Außerordentlich interessanter Abend mit Agaeff. Er ist bei der russischen Botschaft angestellt und erzählt. Fürchterlichste Unordnung. Joffe hat einen Schüler – 17jährig – angestellt, als Spitzel, bekommt monatlich 800 Mark Gehalt. Der hat die Angestellten auf ihre antibolschewistischen Äußerungen zu bespitzeln. Stimmung gegen Bolschewismus und seinen Terror. Die Hinrichtung von 130 am Attentat auf Mirbach beteiligten Sozialrevolutionären – darunter die Spiridonowa – hat große Erregung geschaffen. Agaeff sagt, die Spiridonowa war wie eine Heilige in Rußland verehrt. Unter dem Zarismus hat man nicht gewagt sie beiseite zu bringen, die Bolschewisten tun es auf deutschen Befehl.

Einige Anekdoten: Auf der Botschaft arbeitet ein früherer Arbeiter, jetzt Attaché. Etwa 30jährig. Sehr befähigt und sehr roh. Schimpft und flucht. Er bekommt die Grippe, legt sich ins Bett, nimmt Krankenschwester usw. Wie darauf Krankenschwester erkrankt, verweigert er ihr Erholungsurlaub. – Anrede untereinander: Kamerad. – Ein ebenfalls früherer Arbeiter auf der Botschaft bezieht ein Monatsgehalt von 2–3 000 Mark. Nicht genug, er stellt seine Frau als seine Sekretärin ein und setzt für sie auch noch ein Monatsgehalt von 1 000 Mark durch. Agaeff bekommt monatlich 400 Mark, mit Überstunden 500 Mark monatlich und doppelte Lebensmittelkarten. Alles in allem – sagt Agaeff trotz all der Unbildung und dem Tohuwabohu ist es tausendmal schöner auf der russischen Botschaft zu arbeiten wie auf einer deutschen Bank.

Wie abenteuerlich und abwechslungsreich ist doch Agaeffs Leben. Er wird herumgeschleudert von einem zum andern, aus Höhen in Tiefen und [aus] Tiefen in Höhen. Alles erträgt er, nur nicht Monotonie und Formalität. Sein Temperament erinnert mich manchmal an Dimitri in den »Brüdern Karamasow«. Übrigens sagt er, daß auf der Botschaft nur 4 Russen seien, sonst alles russische Juden.

Wie anders ist er bloß wie wir sind. Wie anders als Hans. Bei dem alles nach innen gezogen, so daß kaum ein Reflex der inneren Erlebnisse sich außen abspiegelt. Bei Agaeff alles explodierendes Temperament.

Am Dienstag bringe ich die Mutter wieder zu Sterns zurück. Sie ist froh wieder in ihren Räumen zu sein. Es war schön die Zeit bei uns. Aber für immer ist es doch das beste, sie ist bei Sterns.

Heut war ich mit Karl bei einer 95jährigen alten Ostpreußin. Ihre Tochter, »das Kind«, die 75jährige muntere Bewegliche, sagt, daß die alte Mutter noch die ganze »Glocke«, »Bürgschaft« und sämtliche Balladen auswendig kenne. Die Alte sagte, sie hätte in dieser Nacht immer mit dem »Erlkönig zu tun gehabt«. Es sind Ostpreußen aus Pillkallen. Als die Russen einbrachen, hat der Sohn die alte Mutter auf dem Arm fortgetragen.

Am letzten Sonntag früh Georg und Lise von Klein-Kuhren zurückgekommen. Lise und ich haben uns ein paar Briefe geschrieben, in denen wir uns endlich einmal sagten, wie lieb wir uns haben.

Schriftstücke vom Hauptmann von Beerfelde zugeschickt bekommen. Sehr starker Eindruck. Ein Mann wie Egidy. Während der Kriegsjahre ganze Wandlung durchgemacht. Verlangt vom Kaiser *Wahrheit* über Kriegsentstehung. Wenn auf Deutschland Schuld läge, wäre es Deutschlands Sache, unter allen Umständen den Krieg zu beendigen. Rückgabe Belgiens, Vereinbarung mit Frankreich über Elsaß-Lothringen.

Der Mann muß fein sein.

Sonntag, 28. Juli 1918 Früh ein Briefchen vom Hans, daß er für 3 Tage nach Berlin käme. Zwei Stunden danach war er schon da. Etwas mager, stark verbrannt. Sieht wohl aus. Bringt viel mit. Nachmittag zu Sterns. Großmutter, Sterns, Max, Katrine und Matray später. Wir sitzen um den Tisch in der Eßstube und sprechen über Freud. Abends lesen wir drei den Freudschen Aufsatz über kulturelle Sexualmoral.

1. Oktober 1918 Seit zwei Monaten nichts aufgeschrieben. Dazwischen liegt unsere Abreise nach Saulgrub am 1. August. Am selben Tage wie Hans, eine Stunde früher. Er bringt uns noch nach dem Anhalter Bahnhof. Unser Aufenthalt in Saulgrub. Thildi und Elisabeth Nestel in Kohlgrub. Fräulein Kleinhaus und Krüger, die jungen Kriegsehepaare bei Wegman. Fahrt nach Elmau. Dann Heinz Heck in München. Illertissen, Taufkirchen. Bleibe paar Tage bei Bonus. Fahre Stück Wegs mit Heinz Bonus (Mizzi Hopfel, Mitta Plehn). Helgas wundervolle Briefe an ihre Eltern aus der ersten Zeit ihres Erwachens.

Zu Haus drängt sich vielerlei zusammen. *Stan.* Kathrine Laessig in Waidmannslust. Ernst Joel und Benno Laessig vermißt.

Kaches. Gutes Zusammenleben. Kinder sehn weniger gut aus. Feste Aussicht auf gute Anstellung durch Kornfrank.

Die Strafsitzung über Kathrine Laessig und das Levysche Gedicht (Laessig, Sell, Martius, Karl für Kathrine).

Furchtbar drückende Atmosphäre in der Politik. Niederlagen an der Westfront. Warnung an den Litfassäulen vor Verbreitung von niederdrückenden Gerüchten. Man hat den Eindruck, der Krieg kann ewig dauern, ohne Ende, denn noch glaubt man nicht an wirklich ungünstige Wendung für uns. Das Buriansche Friedensangebot wird von der Entente abgelehnt.

Die fürchterlichen Zustände in Rußland, wie Vorst sie schildert. Radeks Plan zur Ausrottung der Bourgeoisie.

Da am 27. September die Nachricht über Bulgarien, die auf einmal den Nebel zerreißt.

Deutschland steht vor dem Ende. Widersprechendste Gefühle. Deutschland verliert den Krieg.

Was kommt nun? Wird das patriotische Gefühl noch einmal so aufflammen, daß eine Verteidigung bis zum letzten einsetzt? Das Kerrsche Gedicht. Ich finde nichts in mir, das dazu ja sagt. Wahnsinn käm es mir vor, wenn das Spiel verloren ist, es nicht abzubrechen und zu retten, was noch zu retten ist. Die Jugend, die noch lebt, muß Deutschland behalten, sonst verarmt es absolut. Darum *nicht einen Tag weiter Krieg*, wenn man erkennt, daß [er] verloren ist.

Freilich, bis sich das wirklich entschieden hat, Kampf. Damit wenn möglich ein erträglicher Friede zustandekommt.

1. Oktober Eintritt der Sozialdemokraten in die Regierung.

Deutschland wird parlamentarisch. Es will Demokratie werden.

Was wird mit dem Kaiser werden? Wird die Entente verhandeln solange er Kaiser ist? Wird, wenn seine Absetzung Bedingung wird, das Volk ihn fallenlassen?

Die Unabhängigen treten nicht in die Regierung ein. Sie stehn dahinter und warten ihre Zeit ab. Droht Deutschland eine ähnliche anarchistische Zukunft wie Rußland?

Mein Gott, diese Zeit. Sie nimmt Schritte in Siebenmeilenstiefeln. Alles flutet. Unser Kriegsunglück kann neues Leben für Deutschland bedeuten. Als ich heut hörte, daß Legien, Ebert in die Regierung eintreten, hatte ich ein ungeheures Freudegefühl. Aber selbst wenn die Sozialdemokratie das Staatsschiff glücklich zu lenken imstande wäre: Es bleibt dabei, daß Deutschland den Krieg verliert und schweres langes Besiegtenleiden zu tragen haben wird.

Geht all das Leiden, das noch kommt und das aus seiner Niederlage kommen wird, über das Leiden dieser 4 Kriegsjahre heraus? Wo sind seine Millionen junger Menschen? Nein, Deutschland will aufhören mit dem Kriege, ganz Europa will aufhören mit dem Kriege.

5. Oktober 1918 Der Reichstag tritt zusammen. Reichskanzler Max von Baden macht ein Waffenstillstandsangebot an Wilson.

8. Oktober 1918 Am 8. Oktober feiern Sterns ihre Silberhochzeit. Die Mutter, Wertheimer, Hanna, Maria, Eva Stern, Bernhards und wir. Konrad konnte nicht kommen, Rele in München, Kati in Wien, Hans im Felde, Julie und Peter –.

9. Oktober 1918 Die Antwort von Wilson: Räumung der besetzten Gebiete vorauszusetzen jeder Verhandlung. Was wird die Regierung beschließen?

11. Oktober 1918 Harden-Versammlung mit Konrad und Stan. Er spricht so, als wenn die Fragen, die Wilson stellt, in bejahendem Sinne beantwortet würden und es bestimmt zum Frieden kommen wird. Gedrängt volle Versammlung, starke Friedensstimmung und Verständigungsstimmung.

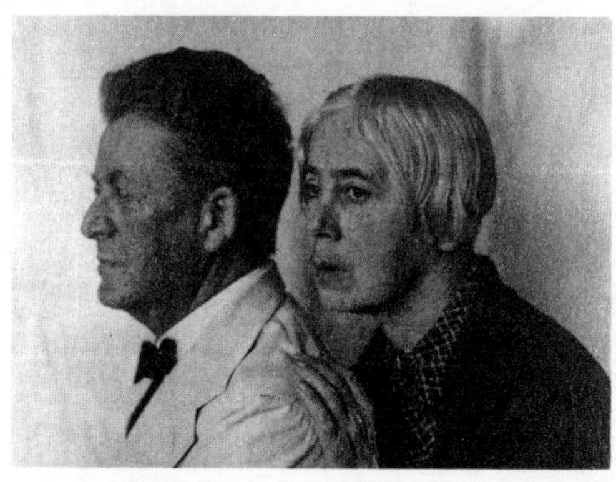

Georg und Lise Stern
um 1918

Ein 13jähriger Junge, der starb und den Karl behandelte, hatte bestimmt, daß seine Süßigkeiten, die die Mutter ihm geschenkt hatte, dem Karl gegeben werden sollten.

13. Oktober 1918 Ich bin in Buch gewesen und hab ihm Laub geholt. Zum letzten Mal.

Georg Stern hat ein Flugblatt in die Hand bekommen, worin zur Revolution aufgefordert wird. In Österreich ist ein Streik der tschechischen Sozialdemokraten ausgebrochen.

Dienstag, 15. Oktober 1918 Wilsons Antwort. Böse Enttäuschung. Die Stimmung für Verteidigungskrieg bis zum Ende wächst. Ich schreibe dagegen.

Am 15. Oktober Dienstag ist Tante Toni gestorben.

Heftige Grippeepidemie. Karl 150 Kranke an einem Tag.

Bin zwei Tage bei Kaches um zu helfen.

[22. Oktober 1918] Heut ist der 22. Oktober. Vor vier Jahren in dieser Nacht.

Hans Koch war hier, er brachte Blumen für Peter. Ich sprach mit ihm über den Dehmelschen Aufruf zum Kampf bis zum letzten und las ihm vor, was ich darüber geschrieben habe. Er sagte mir, und das war mir sehr wichtig, er würde jetzt *nicht* mehr freiwillig gehn.

Über meine Arbeit sprachen wir. Und daß unverrückbar *jenes* feststünde. Ist das ein Widerspruch? Ich denk doch nicht.

23. Oktober 1918 Antwort an Richard Dehmels Aufruf geschrieben.

24. Oktober 1918 Wilsons Antwort. Er erklärt sich zur Beantragung des Waffenstillstandes bereit.

Hans Koch kommt und sagt, Wyneken ist hier und will arbeiten im Sinne des Friedens. Will in die Regierung. Will gegen »Widerstand bis zum letzten« reden und schreiben.

27. Oktober 1918 [Die Zeitungen] Vorwärts auch Welt am Montag bringen nicht, was ich gegen Dehmel geschrieben habe. Zensur.

Hab es abgeschrieben und Hans geschickt.

Heut in einer Unabhängigen-Versammlung gewesen. Ledebour sprach. Ich kann ihn nicht leiden. Ein Demagog ist er, ein Hetzer. Ich kann überhaupt nicht mit den Unabhängigen mitgehn. Doch wünsche ich sehr, daß die Sozialisten in der Regierung nicht noch weiter nach rechts gingen.

Alles spitzt sich jetzt ungeheuer zu.

28. Oktober 1918 Österreich kapituliert.

Stan ist bei den Pazifisten (Levy) usw. gewesen, erzählt sehr amüsant davon. Zum Schluß sagt sie, wenn sie zu wählen hätte zwischen einer Zukunft, die das alte militaristische System wieder aufnimmt, oder einer Zukunft in dem Sinne *dieser* Pazifisten, würde sie entschieden das militaristische System vorziehn.

Mittwoch, 30. Oktober 1918 erklärt sich Deutschösterreich zur Republik.

[Nachtrag:] (3. November: noch nicht!)

Der Vorwärts hat meine Entgegnung an Dehmel doch noch gebracht und die Voß[ische Zeitung] hat sie abgedruckt. Karls Dr. Schlüter hat sie gelesen, stimmt aber nicht zu. Er sagt er will es mit den 300 Lacedämoniern halten, die den Engpaß verteidigten und *alle* fielen. Das ist es eben. So werden die Guten, die noch leben, hingehn.

Freitag, 1. November 1918 Versammlung, in der Heine, Naumann, Wyneken zur Jugend sprechen wollen und über den Haufen gerannt werden. Die Jugend randaliert und ist ungebärdig. Den größten Beifall hat der ekelhafte Pfemfert und die Unabhängigen. Ein paar sehr gute Köpfe unter den Sprechern. Lise, ich, die Älteren waren über den Verlauf der Versammlung verstimmt, Wertheimer strahlte, auch der junge Dohrn, der einen sehr guten Eindruck machte. Sogar Hans Koch, trotz der Ablehnung Wynekens.

3. November 1918 Grete Wiesenthal hier. Spricht über Persönliches. Von Erwin [Lang] durch den Krieg und Madelung getrennt, von Madelung durch einen andern, in dem Grete einen schönen guten harmonischen Menschen gefunden hat.

6. November 1918 Ausweisung der russischen Botschaft wegen bolschewistischer Agitation.

7. November 1918 Delegation zu Foch wegen Waffenstillstand. Erregung. Gerlach-Versammlung.

Freitag, 8. November 1918 Forderung der Sozialdemokraten: Abdankung des Kaisers. Bis Mittag 12 Uhr.

Vormittags Unter den Linden gewesen. Nichts Besonderes. Zu Haus gewartet und telephoniert. 3 Uhr telephoniert Agaeff an, der Kaiser habe abgedankt.

Abends: Verfrühte Nachricht – bis jetzt keine Abdankung.

Sonnabend, 9. November 1918 Heut ist es wahr. Mittags nach 1 Uhr kam ich durch den Tiergarten zum Brandenburger Tor, wo gerade die Flugblätter mit der Abdankung verteilt waren. Aus dem Tor zog ein Demonstrationszug. Ich trat mit ein. Ein alter Invalide trat an den Zug und rief: »Ebert Reichskanzler! – weitersagen!« Vor dem Reichstag Ansammlung. Von einem Fenster herab rief Scheidemann die Republik aus. Dann sprach von der Rampe ein Soldat, konfus und aufgeregt. Neben ihm ein Matrose und ein Arbeiter. Dann trat ein junger Offizier hinzu, schüttelte dem Soldaten die Hand, wandte sich an die Masse, sagte, daß die 4 Jahre

Krieg nicht so schlimm gewesen wären wie der Kampf mit Vorurteilen und Überlebtem. Er schwenkte seine Mütze und rief: »Hoch das freie Deutschland!«

Dann nach den Linden zurück. Das Lastauto gedrängt voll mit Matrosen und Soldaten. Rote Fahnen. Hinter dem Brandenburger Tor sah ich, wie die Wache abtrat. Dann in dem Schwarm bis zur Wilhelmstraße und dann noch ein Stück mit.

Soldaten sah ich, die ihre Kokarden abrissen und lachend auf die Erde warfen.

So ist es nun wirklich. Man erlebt es und faßt es gar nicht recht.

Immer muß ich an den Peter denken. Ich glaube, wenn er lebte, würde er mittun. Auch er würde seine Kokarde abreißen. Aber er lebt nicht und als ich ihn zuletzt sah und [er] am schönsten aussah, hatte er die Mütze mit der Kokarde auf und sein Gesicht leuchtete. Ich kann ihn mir nicht anders denken.

Die Arbeiterzüge, die vormittag die Stadt durchzogen haben, haben Schilder vor sich hergetragen, auf denen gestanden hat: »Brüder! Nicht schießen!« – doch soll am Kriegsministerium geschossen [worden] sein.

Max Wertheimer erzählte eben am Telephon, das Schönste sei gewesen, wie sie den Vorwärts mit Maschinengewehren umstellt haben. Und aus dem Militärgefängnis einen Leutnant befreit haben, der vor einigen Tagen da eingesperrt gewesen ist, weil er Ordre gegeben hatte nicht zu schießen.

Wie wird Hans das alles erleben? Statt hier zu sein oder an der Front zu sein in einem Etappen-Lazarett. Wird er mitkönnen? Der Langsame, schwer zu Bewegende, Gewissenhafte und Treue? Wär er hier, könnten wir gemeinsam alles erleben.

Hoyer? Alexander? Den Alexander wird es fortreißen.

Abends kommt Karl nach Haus. Er hebt mich hoch und schwenkt mich rum, ist ganz kriselig vor Freude.

Späterer Abend: Stille auf der Straße. Keine Elektrische. Telephoniere an Sterns. Georg eben nach Haus gekommen. Er war der Meinung, Maria wäre allein Unter den Linden. Sucht sie dort. Maschinengewehrfeuer von Universität aus. Der Mann neben ihm wird verwundet. Maria war dortgewesen aber mit Max. Ein rotes Auto ist die Linden langgefahren und hat aufgefordert zu räumen, weil geschossen würde, und sie sind dann abgebogen.

Von weitem hört man schießen. Das ist am Marstall gewesen.

Konrad hat antelephoniert: »Hier Bürger Schmidt«.

Sonntag, 10. November 1918 Früh die *schlimme* Nachricht, daß Unabhängige und Mehrheitssozialisten sich nicht einigen können.

Zum Schloßfenster heraus, aus dem sonst der Kaiser sprach, hat Liebknecht gesprochen. Neben ihm hat Hoffmann gestanden.

Vom Reichstagsplatz gekommen, wo der Bund für Vaterland einberufen hatte. Es sprachen am Bismarck-Denkmal verschiedene Männer, auch eine Frau. War es die Stöcker? Sie sprach gut. Mitten während einer Rede hörte man erst einzelne Schüsse fallen, dann ein ganzes Geknatter. Die Tausende stieben auseinander. Sammeln sich wieder, dann von neuem Schießen. So ging es dreimal. Das letzte Mal eine ordentliche Kanonade. Das Feuer kam aus den großen Häusern links vom Reichstag und aus dem Eckhaus Dorotheenstraße. Ich war mit Stan zusammen. Wir rannten immer fort und kamen dann wieder vor. Dann auf Umwegen, weil einzelne Stellen wegen möglichen Beschießens gesperrt waren, nach Haus gekommen. Lily Zadek getroffen. Mit ihr darüber gesprochen, daß die Führer von Revolutionen fast immer Juden gewesen sind. Auch in Rußland sind es Juden.

Die ganze Nacht von Sonnabend zu Sonntag soll Unter den Linden, in der Friedrichstraße und am Marstall geschossen [worden] sein. Königstreue Offiziere haben dort Maschinengewehre versteckt gehalten, Jugendwehr angestellt. Durch unterirdische Gänge sind sie dann geflüchtet, wenn Soldaten die Häuser absuchten.

Sonntag abends. Jetzt ist Karl in der Stadt. Man hört schießen. Georg telephoniert, daß der Arbeiterrat beschlossen hat, morgen wegen Plünderns zu erschießen: eine Reihe Italiener, ferner 42 Minderjährige unter 18 Jahren. Darunter 16 Mädchen. Sterns haben an den Vorwärts und Tageblatt telephoniert. Ich versuche nach dem Zirkus Busch zu kommen, wo die Delegierten der Arbeiter- und Soldatenräte tagen. Komme nur bis Schönhauser Tor. Soldaten zu Pferde treiben die Menge vor sich her und in die Häuser: schließen – es wird geschossen. Ich habe Angst und gehe nicht weiter. Telephoniere an Baake, ob er etwas dagegen tun kann.

Früh sah ich Lastautos durch die Stadt jagen: vorn ein Maschinengewehr, seitlich Soldaten mit bereitem Gewehr.

Karl kommt nach Haus.

Baake telephoniert an und dann an Georg. Georg gibt Nachricht, daß Baake gesagt hat, er wolle sofort alle erforderlichen Schritte tun, daß es nicht dazu kommt.

An den Jungen geschrieben. Wird der in Sorgen herdenken!

Stan kommt am Abend. Wir begleiten sie abends nach der Untergrundbahn am Alexanderplatz. Die Straßen sind voll von heimkehrenden Menschen. Viele mit Kindern. Es ist ruhig. Soldaten mit Karabinern sind an allen Straßenecken als Posten aufgestellt.

In der Nacht wird wieder sehr geschossen.

Montag, 11. November 1918 Einigung der Mehrheitssozialisten und Unabhängigen. Gott sei Dank!

Ferner Veröffentlichung der furchtbaren Waffenstillstandsbedingungen. Nur zu hoffen, daß der Friede bessere Bedingungen bringt.

Karl ist so positiv in seinem Glauben an die Revolution, daß es mir sehr fein ist.

B.Z. am Mittag bringt Solfs Anruf Wilsons, daß er die furchtbaren Waffenstillstandsbedingungen mildere.

Bin über Mittag bei Sterns. Auf dem Rückweg am Bahnhof Alexanderplatz – auch Börse – wieder blödsinnige Schießerei.

Vormittags war alles ruhig. Der würdige Ton der Regierungserlasse an das Volk.

8 Uhr abends: Totenstille auf der Straße.

Notiz in der Zeitung, daß in Lüttich die Soldaten gemeutert hätten, sämtliche Offiziere abgesetzt. Hans!

Der Kaiser, Kronprinz, sollen nach Holland geflohen sein. Hindenburg soll geblieben sein und sich dem Soldatenrat unterstellt haben um das Chaos möglichst zu verhindern. Bravo, alter Hindenburg!

Der Vorwärts schreibt: »Der letzte Schuß im Weltkrieg ist verhallt. Wer ist der letzte Gefallene?«

Appellation der deutschen Sozialisten an die ausländischen Neutralen, um die Waffenstillstandsbedingungen zu mildern.

Der alte Viktor Adler ist tot. Erlebt hat er es noch, den Fuß gesetzt in das gelobte Land.

Dienstag, 12. November 1918 Wollte ins Atelier gehn, mußte aber erst aufs Postscheckamt. Treffe in Friedrichstraße Stan. Sie begleitet mich. Vor dem Reichstag Gedränge um abgeschossene englische Flieger (?). Stan klagt über Beschäftigungslosigkeit, möchte so gern im Interniertenlager zu tun haben. Kommen auf den Gedanken, Haase deswegen aufzusuchen. Werden an Arbeiter- und Soldatenrat Alexanderplatz Polizeipräsidium geschickt. Dort von einem zum andern geschickt. Ein alter Beamter:

»Für Hugo Haase wollen Sie? Ist das ein Inhaftierter?«

Beim Fortgehn will Wache uns nicht ohne Ausweis rauslassen. Endlich schlüpfen wir zum andern Tor heraus.

Zu Haus klingelt Dr. Grautoff an wegen Telegramm an Ellen Key. Daß die aufruft gegen harte Waffenstillstandsbedingungen. Gerücht, daß der Kronprinz ermordet sei.

Mittwoch, 13. November 1918 Der Tag für mich fast ganz vergangen mit den beiden Sitzungen der Künstler. Wollte nicht mittun, weil die Mehrzahl alte Akademieprofessoren waren, die notgedrungen mit der jetzigen Regierung mitmachen. Unterschrieb dann doch, weil Hauptmann eine Kundgebung ausgearbeitet hatte, die warm und bejahend war.

Ein Briefchen vom Hans gekommen. Vom Freitag. Voll Sorge um uns hier. Bittet telegraphisch um Geld. Es wird auch noch angenommen. In derselben Stube, von welcher ich damals nach Spa depeschierte.

Donnerstag, 14. November 1918 Wiedermal im Atelier. Schweres Hinkommen. Stadtbahn übermäßig voll. Massenhaft Soldaten. In dem Gedränge steht eine alte Frau mit einer Kiste. Drin hat sie eine Katze, die bei der argen Schießerei sich verängstigt in ihr Haus geflüchtet hatte. Jetzt geht sie aufs Land und nimmt die Katze in der Kiste mit. Die Leute lachen und sehn vergnügt aus.

Abends mit Karl in einer Spartakus-Versammlung. Deprimierender Eindruck. Verstimmt nach Haus gekommen.

Freitag, 15. November 1918 Spät ins Atelier gekommen, aber dann ganz gut gearbeitet. Nachmittags Monika Lepsius. – Vom Hans früh ein paar Worte am Sonntag geschrieben. Die Nachrichten über Heimkehr der Soldaten so schrecklich, daß einem graut. In jedem Zug sollen Totgequetschte sein.

Sonnabend, 16. November 1918 Heut Versammlung der Eliteleute: Rathenau, Hauptmann, Einstein usw., bekam Aufforderung, ging aber nicht hin. Ich komm in den Ruf, ein weises politisches Verständnis zu haben und stümpere mir doch mühselig meine Meinung zusammen, spreche meist nach was der Karl sagt. Ganz lächerliche Lage. Im [Gottfried] Keller – glaub ich – gibt es so etwas.

Anregung durch einen Maler, die heimkehrenden Soldaten zu begrüßen. Er hat recht. Ich schreibe ein paar Worte und bringe sie nach dem Vorwärts. Stampfer und Schiskowski.

In der nun kommenden Woche erwarte ich Hans.

Programm des Rats geistiger Arbeiter interessant.

Sonntag, 17. November 1918 Von Rele und Konrad Hofferichter ist schon Nachricht aus Deutschland.

Montag, 18. November 1918 Gestern abend Hansens Telegramm und heut früh *Neuschnee.* Also doch Wahrtraum gewesen?

Gestern Sonntag viel zu tun gehabt mit der Ausschmückungssache. Viel Telefonieren. Bei Sterns nachmittags. Abends Konrad hier und Stan. Über Sozialismus gesprochen. Konrad ist der festen Meinung, wie auch Bloch, Kautsky, daß eine gewaltsame Sozialisierung verdreht wäre. Also Abrücken von den Unabhängigen, Beförderung der Konstituante, allmähliches Einwachsen in Sozialismus. – Es ist etwas enttäuschend, man glaubte ihn schon fühlen zu können und nun heißt es wieder warten. Kann man von den Volksmassen verlangen, daß sie wieder fahrenlassen, was sie schon zu halten glaubten? Sie, die nur zu gewinnen haben bei Durchführung des Sozialismus? Die wenigstens meinen, nur gewinnen zu können?

Montag abend. Hans noch nicht da. Den ganzen Tag in Sitzungen [und mit] Telephonieren verbracht wegen der Bahnhofsausschmückung.

Dienstag, 19. November 1918 Vormittags mit Adele Gerhard bei Reicke. Kommandantur und Stadt machen gemeinsam den Empfang.

Mittags telephoniert Hans aus Magdeburg, daß er morgen abend kommt. Hauptmann Kloos getroffen. Er sprach mich an. Er sagte, sie hätten nun wohl keine Hoffnung mehr, ihr Walter wäre nun wohl tot.

[20. November 1918] Am Mittwoch dem 20. November 1918 – am Bußtag – kommt abends unser Hans zurück. Wir erwarten ihn am

Potsdamer Bahnhof. Der Zug hat sehr Verspätung und wir warten im Wartesaal. Bahnsteig abgesperrt. Ich steige auf ein Geländer und sehe ihn zuerst im Gedränge der vielen Soldaten. Er erkennt mich und winkt. Wir fahren dann nachdem wir im Wartesaal noch etwas auf Lene [Bloch] warteten mit der Untergrundbahn zurück.

Zu Hause haben wir seinen Platz mit Blumen geschmückt. Als wir gegessen haben trinken wir Wein, den schönen Wein von Frau Nestel. Karl begrüßt ihn [Hans] besonders. Wir trinken auf Deutschlands Leben und Zukunft. Wir gedenken Peters und der vielen Toten.

So ist er da. Wird das Schicksal ihn uns lassen? Ich denke ja. Er ist da und wir haben das gute ruhige befriedigte Gefühl, daß der Krieg aus ist für uns. Seltsam, wie das Denken an Peter so wenig schmerzlich ist jetzt. Früher dachte ich, es würde anders sein. Aber es ist nicht so. Und wann kommt Hoyer? Kommt er?

[Sonnabend, 23. November 1918] Die nächsten Tage ruhige Arbeit. Ich zu Hause. Am Donnerstag war ich in der Künstlervereinigung, die dem Rat geistiger Arbeiter angehört. Das war sehr erfreulich. Junge, energisch gesonnene Künstler. Unter den Malern Pechstein, Krauskopf, Brockhusen, Heckendorf. Drei Architekten, die mir sehr gefielen. Scheffler hat ein gutes allgemeines Programm entworfen. Da war mir Peters Fehlen wieder lebendig. Wär er dabei, wär er dabei! Und Julius? Kommt er wirklich auch nicht wieder?

Stan einen Abend da. Nett und lustig mit Hans.

Sonnabend vormittag Hans ich Stan in der Frontsoldatenversammlung, in der Liebknecht spricht. Für Hans sehr verstimmend. Auch für mich. Liebknecht spricht hastig, eifrig, mit eigensinnigen Gesten. Sehr geschickt. Sehr aufreizend. Eine Marc-Anton-Rede. Katzenstein, der für die Regierungssozialisten sprechen will, wird niedergeschrien.

[24. November 1918] Totenfest. Hans und ich gehn vormittag auf den Kirchhof an Lisbeths Grab.

Früh kommt dieser Brief von Paula.

In der gestrigen Versammlung wurde ein Flugblatt verteilt, in welchem als oberster Grundsatz aufgestellt wurde, *Mißtrauen* zu haben! Ich mußte an Alexander denken, der nur *Vertrauen* statt Mißtrauen [fordert].

Aus dem Simplicissimus:

»Versunken ist das alte Eden
Das gilt für dich, für mich, für jeden.
Wir müssen uns dazu bequemen
Von neuem die Schaufel zur Hand zu nehmen
Von neuem den Rasen aufzustechen
Von neuem die Erde umzubrechen.
Von neuem zu säen und Wege zu treten
Von neuem das Unkraut auszujäten.
Nur so, aus unserer Aller Schweiß
Erwächst ein neues Paradeis.«

29. November 1918 Julius Hoyer!

[1. Dezember 1918] Mit Hans bei Nelson gewesen. *Die Partei der Vernunft.* Leonard Nelson, Hellmut Kaiser, Max Hodann. In der Debatte der junge Wittfogel. Plan zur Gründung einer philosophisch-politischen Akademie.

An einem andern Abend Hans in einer sozialistischen Studentenversammlung, die ihm gut gefallen hat.

Heut Sonntag erste große Versammlung der Demokratischen Partei im Zirkus Busch. Ich komme wegen Überfüllung nicht mehr herein, geh in die Nebenversammlung in der Börse. Der einzige, der Saft und Kraft im Sprechen hat, ist der Heidelberger Alfred Weber. In seiner Rede war etwas von der freigemeindlichen Tradition, dem auf die Klassiker gegründeten Humanismus. Mit einem solchen Liberalismus kann die Sozialdemokratie schon zusammengehn, [das] wäre höchst wünschenswert, denn dieser Liberalismus betont das, was die Sozialdemokratie leicht beiseiteschiebt: den Geist.

Dann sprach noch Gerlach. Er sagte er wäre der Vereinigung beigetreten, um den linken Flügel an die Sozialdemokratie zu knüpfen.

Fraglich ist es mir, ob er auf diesem Posten bleiben wird, ob es ihm möglich sein wird, der demokratischen großen Partei mit ihren beträchtlichen Rechtsgruppen angegliedert zu bleiben.

Abend mit Stan und Kathrine Laessig. Stan sagte: »Da sieht man, welche Kraft der extremen Richtung einwohnt. Hans schweigt, Käthe und ich sagen hm-hm und wiegen den Kopf, Fräulein Laessig ist radikal und ihr Reden hat Kraft.«

Stan ist in der Urlauber- und Deserteurversammlung gewesen. Liebknecht soll sehr gut gesprochen haben. Die Deserteure – 26 an der Zahl – sind wie in der Heilsarmee die Bekehrten nacheinander aufs Podium gegangen und haben erzählt, wann und wie sie desertiert wären. Stürmischer Beifall.

Dem Hans dreht sich rein der Magen um.

Die Stadt ist geschmückt für die heimkehrenden Soldaten. Wir haben lang über die Fahne gesprochen. Heut am Sonntag hängen Hans und ich sie raus. Die *deutsche* allgemeine schwarz-weiß-rote Fahne. Die liebe deutsche Fahne. An ihrer Spitze wehen lange rote Republikwimpel und der grüne Tannenkranz ist das Zeichen der Begrüßung. – Peter und Julius. Und Ihr alle Niewiederkommenden.

Ein Freund von Hans Hoyer telephoniert. Der Hans hätte noch einen Schimmer von Hoffnung, daß es vielleicht nicht stimmt mit Julius.

Montag, 2. Dezember 1918 Hans Hoyer war hier. Die Hoffnung, die sich an den späten Poststempel knüpfte, ist hinfällig. Der Brief, der kein geschriebenes Wort vom Julius enthält, ist augenscheinlich auf der Post liegengeblieben.

Hans liest Julius' letzten Brief. Was er über den Sohn vom Professor Friedländer schreibt. Ich telephoniere bei Friedländer an und frage nach dem Sohn. Weinend sagt mir die Frau, ihr Sohn sei am 28. Oktober gefallen. Das ist dasselbe Datum, das die Stiefmutter an Hans depeschierte, daß Julius da gefallen sei. So ist wohl alles geklärt und bleibt kein Schimmerchen von Hoffnung über, daß Julius in Gefangenschaft geraten sei. Er ist tot.

[5. Dezember 1918] An der Mutter Geburtstag (81 Jahre!) sind wir abends bei ihr: Schmidts, wir drei, Georg Lise, Else Rautenberg und Julius Rupp. Wir sitzen um den großen Tisch in der Eßstube, Mutter zwischen Anna und mir. Es wird meist über Politik gesprochen, bevor wir gehn aber liest Karl noch etwas vor, eine Art Brief an die Mutter. Er spricht von Mutters langem Leben und alledem, was in ihrer Lebenszeit an Bedeutungsvollem vor sich gegangen ist und wie sie sich gleichgeblieben ist in der Heiterkeit ihrer Seele. –

Der Karl ist am meisten beschäftigt von uns allen und hat es doch gemacht.

[6. Dezember 1918] Am 6. sehn wir Matray und Katrine [Stern] tanzen. An dem selben Abend wird in der Stadt geschossen, gibt es ziemlich viele Verwundete und Tote. Noch ist es nicht klar, von welcher Seite eigentlich der Putsch ausging.

Die Radauversammlung des Rats geistiger Arbeiter, in der Kurt Hiller spricht.

Der offene Brief von Walther Rathenau an Oberst House. Ist er dazu inspiriert oder kommt er aus eigener Initiative? Ist Rathenau wirklich so verzweifelt (spricht davon, den Zusammenbruch Deutschlands nicht lange überleben zu werden) oder übertreibt er politischerweise seine Niedergeschlagenheit um zu wirken auf Oberst House? Und steht es tatsächlich so um Deutschland? Man kann es immer noch nicht glauben.

Überhaupt die fürchterliche Zerrissenheit jetzt! Nord- und Süddeutschland fällt auseinander, Westdeutschland löst sich los vom Ganzen und ist von der Entente besetzt. Im deutschen Österreich Hungersnot und Kälte. Bei uns droht dasselbe in einigen Monaten. Die Sozialdemokratie klafft in 3 Teilen auseinander, die bürgerlichen Liberalen, die Konservativen verlangen die Nationalversammlung, die aber erst im Februar tagen soll. Bis dahin haben wir lang die Entente im Land. Frieden – erklärt die Entente – macht sie nur mit Nichtsowjetregierung, und Lebensmittel kriegen wir auch nicht vorher. Ein wahres Chaos. Und man lebt von Tag zu Tag, als wär man noch in Sicherheit. Der Krieg hat die Menschen wohl gelehrt, mit solcher Wurschtigkeit auch schrecklichen Ereignissen gegenüberzustehn. 4 Jahre Krieg, da wird man dickfellig.

8. Dezember 1918 Der Sonntag beginnt. Trübes nebeliges Wetter. Furchtbarer Druck im Gefühl. Eben sage ich mir noch [daß], wenn Wahl zwischen Diktatur Ebert und Diktatur Liebknecht, ich bestimmt Ebert wählen würde. Auf einmal aber fällt mir ein, was die eigentlich Revolutionären doch geleistet haben. Ohne diesen steten Druck von links hätten wir auch keine Revolution gehabt, hätten wir den ganzen Militarismus nicht abgeworfen. Die Mehrheitspartei hätte uns davon nicht erlöst. Sie wollte immer nur evolutionieren. Und die Konsequenten, die Unabhängigen, die Spartakusleute sind auch jetzt wieder die Pioniere. Sie drängen *immer vorwärts*, wie es auch liegt. Auch wenn es Blödsinn ist, auch wenn Deutschland darüber kaputt geht. Man wird sie jetzt knebeln müssen um aus dem Chaos herauszukommen und es besteht ein gewisses Recht dazu. Sieger werden voraussichtlich die Gemäßigten bleiben. Ich selbst würde es wünschen. Nur darf man nicht vergessen, daß die zu Knebelnden das eigentlich revolutionäre Ferment sind, ohne die wir überhaupt keine Umwälzung gehabt hätten. Daß es *tapfere* Menschen sind, die ohne weiteres sich Maschinengewehren aussetzen, daß es *hungernde* entrechtete Leute sind, die immer zu kurz gekommen sind. Daß es vor allem Leute sind, die hätten sie damals schon die Macht von heute gehabt, den Krieg verhindert hätten. Kurz und gut, es sind die Leute des revolutionären Prinzips, dem sie mit Unentwegtheit anhängen. Natürlich haben sie faktisch Unrecht. Faktisch muß man mit den Mehrheitssozialisten gehn. Es sei denn, daß einem der gänzliche Zusammenbruch Deutschlands ganz schnuppe ist.

Der Tag ist zu Ende gegangen ohne Blutvergießen. Gott sei Dank.

Um 11 Uhr waren die 13 Demonstrationsversammlungen der Sozialdemokraten. Um 12 Uhr die der Unabhängigen, um 2 Uhr die der Spartakusgruppe in Treptow. Die Unabhängigen, die wie mir scheint unmöglich zwischen rechts und links sitzen, in den letzten Tagen aber sehr nach links neigen, machten die Treptow-Demonstration zum Teil mit. Von Treptow über Kommandantur nach Reichskanzlerpalais, wo Barth, seine Zigarette rauchend, ihnen Rede stand. Stan war bei allem mit dabei. Die heutige Rote Fahne ist direkt größenwahnsinnig.

Hans und ich waren gestern vormittag in der Freiheitsfeier. Ich kam zu spät, hörte noch Breitscheid (schnarrend harte Kommandostimme) und die beiden Sätze der Neunten Symphonie mit Strauss. Göttlich schön. Zum ersten Mal wieder die Neunte seit Kriegsanfang. Und war wieder weggerissen, emporgerissen aus dem Parteienstaub in reinste Freudenhöhen. Ja, in der Neunten liegt der Sozialismus in reinster Form. Das ist die Menschheit, die hoch wie eine Rose glüht, ihr tiefster Kelch vom Sonnenlicht durchdrungen. Das ist göttlicher Daseinsjubel. Und wie war mir, als die Chöre sangen: »*Ahnest* du den Schöpfer, Welt?«

Hans ist so gut jetzt, teilnehmender am Gespräch wie früher, interessierter. Und immer so liebevoll. Abends, Karl hatte für sich zu tun, lasen wir Shakespeare zusammen und mittags – zur Gans – war Lore Schumann da. Es war nett.

12. Dezember 1918 Ein großer Teil der Truppen ist jetzt zurück. Als ich auf den Bahnhof ging um zu Kaches zu fahren, traf ich in der Prenzlauer Allee noch einen heraufziehenden Zug. Artilleristen. Kanonen, Pferde, Helme, alles bekränzt mit buntem Papier, Tannen und Bändern. Es sah so schön aus, aber es war auch so wehmütig zu sehn. Früher hab ich immer Angst gehabt den Rückzug zu sehn. – Auf dem Alexanderplatz das Getümmel und Gedränge. Lise, auch Hans haben den Zug gesehn. Kinder haben auf den Kanonen gesessen und die Soldaten mit ihren Mädchen auf dem Pferd und [alle sind] zusammen marschiert. Ein Jubel, als ob ein siegreiches Heer zurückkäme. Am Brandenburger Tor sind sie von Ebert begrüßt [worden] als Vertreter der Republik. Bei den spätern Truppen sprach Haase, auch Scheidemann. Haase wohl am besten.

Karl sollte in den Ärzterat gewählt werden. Ich freute mich für ihn der neuen Tätigkeit wegen, aber es wäre *zuviel* Arbeit gewesen neben all der Praxis. So ist er selbst ganz zufrieden, daß er nicht gewählt ist.

Hans sitzt mir gegenüber und liest. Das ist das Grundgefühl, das ich jetzt habe: wie gut es ist, daß er jetzt hier ist. Und nicht in zwei Wochen wieder fort. Nein, er bleibt hier und wir bleiben zusammen – wenn nicht das Schicksal etwas ganz Böses vorhat.

Es ist so ein befriedigtes gestilltes Gefühl: der Junge ist da. Ist gesund, lebt, arbeitet, ist freundlich, gut und liebevoll. Dahinter steht wohl der Peter und der Julius, aber es schmerzt nicht sehr – *einer* ist da, ist zurück und lebt.

Der Peter und der Julius.

16. Dezember 1918 Heute Zusammentritt aller Arbeiter- und Soldatenräte Deutschlands hier im Abgeordnetenhaus. Sie werden bestimmen, ob und wann die Nationalversammlung sein wird.

Gestern abend wieder Stan hier. Sie macht *alles* mit, führt genau Tagebuch und – wie mir scheint – schreibt darüber. Wir sprechen wieder vom Sozialismus. Sie sagt, wirklich erstklassig kommt ihr nur ein Leben vor in äußerstem Reichtum, wie sie es in den letzten Jahren in Florenz und Rom kennengelernt hat. Wo Millionen ein Leben ermöglichen, das *absolut* geschmackvoll und schön ist bis ins Kleinste. Wenn man ein solches Leben nicht haben kann, *dann* Sozialismus, denn dann gäbe es wenigstens die Befriedigung der Gerechtigkeit. Oder Zurückziehn in Einsamkeit und

Natur. Indien. Ich widerspreche natürlich, aber ich hab sie immer so sehr gern, die liebe Stan. Wie erinnert sie mich an die Mariclee in dem Roman von der Annette Kolb!

18. Dezember 1918 Alexander Rüstow ist für vier Tage hier. Nur um nachzusehn wie hier politisch alles stünde und Fühlung zu haben zu alten Freunden. Er ist fein wieder. Ganz lebendig in den neuen Arbeitsaufgaben. Auch ganz der Alte in seiner lauten unüberlegten burschikosen Art.

Die Vorgänge bei den Arbeiter- und Soldatensitzungen erregen ihn sehr.

Seit einer Woche etwa arbeite ich wieder. Bin wiedermal bei der Mutter. Mein ich müßte es diesmal schaffen. Wenn ich nicht arbeite, bringe ich es fertig Tage und Wochen zu verbringen, ohne daß es mich sonderlich wurmt. Arbeite ich aber, so ist mir jeder Tag eine Mahnung, daß das Leben kurz ist und daß noch viel zu tun ist. Dann hab ich Gewissensbisse um jeden verbummelten Tag.

Sonntag, 22. Dezember 1918 Hans ist in der Stadt gewesen und erzählt von der Demonstration der Kriegskrüppel. Ein großer langer Zug zum Teil in Wagen. Plakate sind getragen worden: »Wir wollen keine Barmherzigkeit, sondern Gerechtigkeit! Wo ist die Ludendorff-Spende?« Gern hätte ich den Zug gesehn. Es ist scheußlich beschämend für die Beschädigten wie für die Zuschauer, daß die Menschen da ihre Schäden demonstrativ zeigen. Ich denke mir, das ist nur möglich in einer gewaltig zornig wirkenden Demonstration. Sonst ist es scheußlich. – Ich hab jetzt schon zweimal junge kriegsblinde Soldaten mit dem Leierkasten gesehn. Einer steht am Bahnhof Börse. Hat die Mütze zum Einkassieren auf den Leierkasten gelegt und dreht mit dem linken Arm. Mußt an Simplicissimus denken, der vor vielen Jahren das Bild eines 1870er Invaliden brachte, der den Leierkasten dreht und dazu singt: »Was ich bin und was ich habe, dank ich dir, mein Vaterland!«

Diesmal also auch wieder dieselbe Geschichte, und doch hieß es zu Anfang des Krieges, daß der Leierkasteninvalide nie wieder auf der Straße gesehn werden sollte.

24. Dezember 1918 Weihnachten! Und in der Stadt wird mit Kanonen geschossen.

Von 8–11 Uhr wird mit Gasgranaten und Maschinengewehren Schloß und Marstall beschossen. Tote und Verwundete. Mittags heißt es, die Matrosen hätten kapituliert. Doch ist der Ausgang wohl mehr ein Sieg der Matrosen als der Ebertschen Regierung.

Gegen Abend geh ich mit Hans dort vorbei. Marstall, Schloß stark beschädigt. Erregte Gruppen stehn zusammen.

Abends wir drei in Peters Stube. Sein Bäumchen brennt mit seinen 22 Lebenslichtchen. Aber Hans ist bei uns, es ist nicht so schmerzlich.

Hans hat uns ein Album geschenkt, wo er noch Aufnahmen zusammengestellt hat, die wir zum Teil nicht kannten. Auch eine Arbeit hat er auf den Tisch gelegt, seine Gedanken zur Volkshochschule. Von uns hat er den schönen Giorgione, »Das Konzert«, geschenkt bekommen.

Abends sitzen wir dann zusammen, lesen seine Arbeit, sprechen darüber, trinken etwas Wein. Schön ist es mit ihm zusammen zu sein.

25. Dezember 1918 1. Feiertag gehn wir vormittags für ein Stündchen zu Schröders. Wir finden sie niedergeschlagen wegen der politischen Verhältnisse und der besonderen in Berlin.

Nachmittags bei Sterns. Georg und Max spielen und singen wunderschöne Weihnachtsmusik. Hanna und Maria singen. Sie singen: »O Maria, hilf.« – Julius, Julius Hoyer – es ist nicht zu fassen, daß Du das nie wieder singen sollst.

Von Owlglaß im Simplicissimus:

»In diesen langen Nächten,
Jetzt um die Sonnenwende,
Laßt uns vereint die Hände
Hart ineinander flechten:

Schicksal, mit dir zu rechten –
Es führt zu keinem Ende.
Doch wolle uns begnaden
Und füge zu der Bürde,
Die du uns aufgeladen
Den herben Glanz der Würde.«

Sonntag, 29. Dezember 1918 Die Regierung hat sich gespalten. Die Unabhängigen Haase, Dittmann, Barth sind ausgeschieden, an ihre Stelle treten Noske, Löbe und Wissell.

Heut demonstratives Begräbnis der Matrosen durch Spartakus und Unabhängige. Zu gleicher Zeit gewaltige Demonstration der Mehrheitspartei. Wir gingen vom Friedrichshain aus, wir drei zusammen. Endloser ermüdender Weg am Hain lang, Lothringer–Elsässer–Karlstraße. Endlich Reichstagsplatz. Von da Demonstrationszug durch Brandenburger Tor. Auf der andern Lindenseite hörte man die Spartakisten ununterbrochen ihre Hochrufe [ausbringen]. In dichter Masse Wilhelmstraße entlang, Reichskanzlerhaus vorbei. Immer erneute Hochrufe. Der kleine Junge, der auf einem Fensterbrett saß und die Nationalversammlung hochleben ließ. Am Wilhelmplatz endlich aus dem beängstigenden Gedränge. Hans verloren. Katzenstein getroffen, der hoffnungsvoll ist. In der Elektrischen am Marstall vorbeigefahren. Dort Demonstrationen und Züge der Spartakiden. Alexanderplatz tolles Gedränge.

Hans spricht gegen alle Demonstrationen, ich verteidige sie als Sinnfälligmachung des sonst sich verlierenden Einzelwillens.

Gestern abend Stan hier. Erzählt, daß sie seit 14 Tagen für Times und Daily Mail berichtet. Daher die Unermüdlichkeit ihres überall Mittuns. Karl spricht den Verdacht aus, daß seit ihrem Hiersein sie Ähnliches tut. Ich spreche dagegen und glaube es auch nicht.

Sie erzählt von dem Gespräch mit Kardorff. Von der geplanten Gegenrevolution von rechts. Daß die Großindustriellen mit Hilfe der Entente hier Ordnung schaffen wollen und daß die Entente, wenn es glückt den alten kapitalistischen Betrieb wieder einzuführen, durch ein Drittel des Gewinns belohnt werden soll.

Aus der Roten Fahne [vom] 29. Dezember 1918: »Leidenschaftlich treibt das Leben, Freude und Ernst, Jubel und Gelassenheit, Kampf und gespanntes Lauern, immer weiter: das bunte und bezaubernde, das hinreißende und gewaltige Schauspiel der Revolution.«

Silvester 1918 Heut abend wollen wir bei Sterns sein. Die 5 verflossenen Silvesternächte waren rückwärts gewandt. Waren voll Schmerz, Trauer, Sehnsucht nach dem Frieden.

Diese Silvesternacht wollen wir nicht für uns verleben. Hans ist da. Mit ihm zusammen wollen wir bei unsern liebsten Freunden, bei Sterns sein, gemeinschaftlich dem nächsten Jahr entgegengehn. Denn jetzt ist alles Zukunft. Zukunft, die wir hell sehen *wollen*, über das nächste Dunkle hinweg. Man will heut nicht allein sein, man will sich Mut machen, will Glauben bekräftigen und ausdrücken.

Dies Jahr hat den Krieg beendet.

Noch ist kein Frieden. Der Frieden wird wohl sehr schlecht werden. Aber es ist kein Krieg mehr. Man kann sagen, dafür haben wir den Bürgerkrieg. Nein, soweit ist es noch nicht trotz allem Schlimmen.

1918 hat den Krieg beendet und die Revolution gebracht. Der entsetzliche, immer unerträglichere Kriegsdruck ist fort und das Atmen ist wieder leichter. Daß wir damit gleich gute Zeiten bekämen glaubte kein Mensch, aber der enge Schacht in dem wir staken, in dem wir uns nicht rühren konnten, ist durchkrochen, wir sehen Licht und atmen Luft.

Das kommende Jahr wird ungeheuer wichtige Geschehnisse bringen. Weiß Gott, wie es heut übers Jahr sein wird?

Und das persönliche Leben dieses Jahres? Wir drei leben. Hans ist zurück und lebt bei uns. Karl ist ziemlich gesund, ich fühle mich gesund. Die liebe Mutter lebt noch, Sterns, Schmidts, Paula mit ihren Kinderchen, Rüstows leben und wir sind befreundet.

Der Julius Hoyer ist nicht mehr. Wird nie mehr singen, nie mehr lachen, nie mehr seine Briefe an mich schreiben. Das ist der schlimmste Verlust aus diesem Jahr.

Und die andern: Rosolio, Otto Braun, Engelhardt, Walter Kloos.

Die liebe Anna Plehn.
Hedwig Lachmann.
Die liebe alte Tante Toni.

Meine Arbeit. Im Winter, als Karl krank war, nahm ich die Radierungen vor. Zum Kriege. Ich hab sie nicht beendet, mitten drin liegen lassen. Oft bin ich in der Arbeit unterbrochen. Im Sommer war ich verzagt. Dann nach den Ferien mit Karl in Bayern ging es wieder besser. Den Vater so weit gebracht, daß er in Gips da ist. Das Relief für Roggevelde weitergebracht. Jetzt an der Mutter. An ihrem Kopf. Es *muß werden.* Aber merken tu ich schon abnehmende Kraft, halte nicht mehr so viel aus.

Seit September Stan hier. Sie ist mir sehr lieb und sympathisch. Die ganzen letzten Monate nahmen rasend viel Kraft. Die ungeheuren Geschehnisse, die Aufregungen, Freuden, Sorgen. Da kam natürlich die Arbeit etwas kurz. Schadet nichts, jetzt war das andere wichtiger.

Januar 1919 bis Dezember 1932

Neujahrsmorgen 1919 Die letzten Stunden 1918 bei Sterns verlebt. Mutter schläft schon. Sterns, Max, Schmidts, Hanna mit Dülbergs und Brahm, Katrine mit Matray, Maria.

Konrad macht uns die wunderschöne ganz erfreuliche Mitteilung, daß er eine Professur für Lehre und Geschichte des Sozialismus am Charlottenburger Polytechnikum bekommt. Die Professorenschaft hat sich durchaus für ihn ausgesprochen. Das ist nun etwas ganz riesig Feines. Ich wüßte nicht, was ich ihnen mehr hätte wünschen sollen. Nun ist Konrad endlich auf einem Platz, wo sein Licht nicht unter dem Scheffel steht. Nun ist er pekuniär ganz unabhängig. Anna ist die ewigen kleinen Sorgen los.

Georg und Wertheimer spielten Bach. Dann Ratespiele im Kreis sitzend wie früher. Mitternacht. Georg singt das alte: »Des Jahres letzte Stunde«. Keiner singt mit. Wir stehn im Kreis mit unsern Gläsern. Er läßt den Vers aus »Sind wir noch alle lebend ...« Ich stehe zwischen meinen beiden liebsten Menschen, rechts mein Hans, links mein Karl.

Dann wird Zinn gegossen, getanzt, auch »Lebe, liebe, tanz und schwärme ...« [gesungen] wie früher.

Hans bleibt da. Schmidts, Karl und ich nach Haus. Zu Fuß. Heut früh am 1. Januar 1919 glänzt ein klarer Himmel. Auf Peters Bett fällt ein Streifen Sonne.

Los und durch. Hände angefaßt und zusammengeblieben und den Blick nach vorn.

4. Januar 1919 Der Simplicissimus bringt ein grimmiges bitteres Gedicht zu einer Zeichnung von Heine, wo ein nachher idiotisch aussehender Mann mit der roten phrygischen Mütze einen Hymnus auf seine Freiheit singt. Er ist frei von allem, von Arbeit, vom Kaiser, von Mitteleuropa, von Lebensmitteln, von Glück und Behagen, von Einigkeit usw.

Ja, so sieht es aus. Aber auch anders natürlich. Man macht sich Mut und hält am Glauben fest, will es wenigstens. Aber schlimm sieht es doch aus.

Die Arbeitslosigkeit ist immens. Die Arbeitsunlust auch. Spartakistische Ideen stecken immer neue Kreise von Menschen an.

Im Westen sitzt uns die Entente auf dem Nacken, im Osten die Polen und Bolschewisten. In den Bergwerken wird gestreikt. Hier in Berlin wird an allen Ecken und Enden gestreikt. Dieselbe Profitgier, die die Bürgerlichen aus der Kriegsnot Gewinn schlagen ließ, zeigen jetzt die Arbeiter. Kein Gemeinsinn und keine Einsicht. In Schlesien hat sich ein Bergrat getötet. Er hinterläßt einen Brief an die Arbeiter. Er schreibt er will ihnen damit beweisen, wie elend sein beneidetes Leben ist. Kein Zureden hat geholfen, so tötete er sich um ihnen eindringlich zu Gemüt zu führen, wie unsinnig und gegen ihr eigenes und Deutschlands Interesse ihr Handeln ist.

Gestern am 3. Januar heiraten Konrad Hofferichter und Rosa Zerahn. Es war eine nette Hochzeit, die junge Verwandtschaft Zerahn und Kloos. Paula sang mit schmetternder Stimme das Paar an. Sie sollen so glücklich werden wie sie mit Paul. Es war nett von ihr und charakteristisch. Es war darin ihre Frische und Unverwüstlichkeit, Optimismus, positives Wesen und Ungeniertheit. Aber auch etwas nicht ganz Sympathisches, was auch für sie charakteristisch ist, ein etwas demonstratives Wesen. Sie nötigt etwas das Schicksal zum Glück. Sie unterstreicht.

Fritz Klatt am Abend mit Stan. Klatt fragte ich, wie die Jugend sich jetzt zur Revolution stellt, ob sie entmutigt ist. Klatt sagt ja. Er selbst ist ganz darauf zurückgekommen, das einzig Notwendige in grundlegender Arbeit an Kindern zu sehn. Erzählt von dem Raubanfall in seiner Wohnung in Westend, wo er mit Mutter und Bruder lebt. Zwei Soldaten kamen rauben. Sie haben gegeben was sie hatten.

[5. Januar 1919] Am Sonntag 5. Januar Demonstrationsversammlungen gegen Absetzung Eichhorns. Hans, der abends in Studentenversammlung ist und spät nach Haus kommt, erzählt, daß der Vorwärts wieder besetzt ist vom Spartakus. Das ganze Agitationsmaterial für die Nationalversammlung ist auf der Straße verbrannt.

Montag, 6. Januar 1919 Keine Zeitung außer Freiheit und Rote Fahne. In Extrablättern fordern Mehrheitssozialisten zu Straßendemonstrationen auf. Karl ist dort. Auch ich für eine Weile. Straßen überfüllt, erregt. Karl kommt nach Haus, sagt, die Regierung hat keine Waffen, alle seien beschlagnahmt. Jetzt 5 Uhr nachmittag telephoniert Georg Stern, Noske sei zum Stadtkommandanten gemacht [worden]. Man hört Kanonenschüsse, aber noch ziemlich vereinzelt. Hans ist in der Stadt.

Dienstag, 7. Januar 1919 Gestern abend bis in die Nachtstunden Kanonenschießen. Karl ging noch in die Stadt. Von einer Kaserne in der Köpenickerstraße her kamen die Schüsse.

Vor dem Schloß gähnende Leere. Findet einen alten Mann, der die [Zeitung] Freiheit ausruft. Sagt leise zum Karl: »Unterm Kaiser wars doch besser.« Dann ruft er wieder laut: »Die Freiheit! Die Freiheit!«

War im Atelier zur Arbeit. Zurück durch die Stadt, weil Stadtbahn gesperrt. Überall Menschenmassen in Erregung. Alexanderplatz sah ich einen Zug von etwa 100 bewaffneten Arbeitern ziehen, einige elende, abgefetzte Soldaten darunter. Die Männer mager, düster, entschlossen. Anschließend Halbwüchsige.

Haase hat Vermittlungsversuche gemacht, die aber erfolglos sein sollen.

Gestern glaubte man bestimmt, dieser Zustand könnte sich nicht länger hinziehn, so oder so müßte er sich entscheiden, und heute liegt es noch genau ebenso.

Am Abend sagt Hans vor sich hin: Ob man sich für die Regierungstruppen anwerben läßt? Ich frage ihn ob er meint mit der Waffe? Er sagt ja.

Mittwoch, 8. Januar 1919 Ich versuche noch ins Atelier zu kommen, bin aber zu aufgeregt um arbeiten zu können. Gehe bei Sterns an. Es ist so gut, daß Toni Schiller, die ruhig und heiter ist, jetzt bei der Mutter ist. Georg ist nur früh für eine Stunde in der Fabrik gewesen, es wird nur von 9–$^{1}/_{2}$10 gearbeitet. Lise noch in München bei Rele, Katrine und Matray Hamburg, Max und Maria in Cawiz [?], Hanna nicht ganz gesund, meist zu Haus. Komme früh nach Haus. Hans kommt, erzählt von Studentenversammlung, in die er Dienstag gehen will. Wir läuten Stan an, die jetzt im Hotel Bauer, Ecke Friedrichstraße/Linden wohnt. Sie meint, daß die Macht sich eher auf Seiten der Regierung neigt. Es gehen Gerüchte, daß Hindenburg Ludendorff in Berlin seien. Alfred Weber fordert die Studenten auf, für die Regierung zu kämpfen, die [Zeitung] Freiheit erklärt dies für Verrat an Sache der Revolution. Alles was geschieht erfährt man nur aus Freiheit, Roter Fahne oder einem neutralen Nachrichtenblatt. Vorwärts erscheint nicht und kann sich nicht rechtfertigen gegen Vorwürfe der Freiheit, auf die Vermittlungsversuche nicht einzugehn.

Karl geht noch nachts in die Stadt. Er ist furchtbar aufgeregt. Kommt erst 2 Uhr wieder, sagt das Polizeipräsidium würde beschossen. Die ganze Nacht wird mit Kanonen und Maschinengewehren geschossen. Um 3 Uhr krachen in der Nähe Schüsse oder Explosionen. So, denk ich mir, müssen Handgranaten krachen. Ein Proviantdepot in der Saarbrückerstraße soll beschossen [worden] sein.

Donnerstag, 9. Januar 1919 Es wird weiter geschossen.

Das elektrische Licht versagt. Wasserleitung soll gesperrt werden weil Wasserwerke streiken. Wir haben die ganze Wanne gefüllt.

Abends bringt Karl die Nachricht nach Haus, daß ein Unabhängiger ihm gesagt hat, am folgenden Tage soll ein großer Demonstrationszug [der] Arbeiter aller 3 Richtungen für Einigung sein. Eventuell über die Köpfe der Führer hinweg, wenn die zu keiner Einigung zu bringen seien.

Hans kommt aus der Studentenversammlung. Spricht nicht viel darüber, es scheint aber, daß er zur freiwilligen Meldung nicht – wenigstens noch nicht – entschlossen sei. Die sozialistischen Studenten haben sich ferngehalten. Die Universität soll geschlossen bleiben bis zum Ende aller Unruhen, damit die freiwillig sich Meldenden nicht wieder im Nachteil wären.

Abends setzen Karl, Hans und ich uns hin um in Krapotkins »Französischer Revolution« zu lesen. Bloch am Telephon. Karl spricht mit ihm telephonisch über $1^1/_2$ Stunden.

Freitag, 10. Januar 1919 Geh wieder ins Atelier. Kaufe einen Roten Vorwärts, in welchem Spartakus zum Kampf bis zum letzten hetzt. Auf Nachhauseweg noch versprengte Trupps Demonstranten mit Plakaten: Einigkeit! Große Mengen auf der Straße, aber nirgends hört man schießen. Hans bringt einen wirklichen Vorwärts mit, in dem von Einigung noch nicht viel zu merken ist. Allzu kriegerischer Ton.

Abends mit Hans in einer Deutsch-Nationalen Versammlung, wo Kardorff spricht.

Sonnabend, 11. Januar 1919 Im Atelier. Höre nicht schießen und denke, es gibt Verständigung. Stattdessen ist der Vorwärts vormittags mit Regierungstruppen genommen. Unter den Verteidigern war auch der junge Sohn Liebknechts.

Der Courier bringt die Notiz, daß Eichhorn aus dem Polizeipräsidium sich nach der Bötzow-Brauerei zurückgezogen hat, die sich stark befestigt hat. Ich und Hans bringen das in Verbindung mit einer Anfrage Agaeffs, ob er bei uns wohnen kann. Hans sträubt sich dagegen, weil er meint, Agaeff habe bolschewistische Pläne damit, ich glaube es nach der Zeitungsnotiz auch.

Abends ist Agaeff bei uns und gefällt mir wieder sehr gut. Ich glaube an seine Überzeugtheit. Sein Temperament ist toll. Auch Stan ist da und muß nach 10 Uhr nochmal in die Stadt, sehn ob Mosse frei ist. Sie ist traurig. Auch diese Berichterstatterarbeit freut sie nicht. Die Berichte kommen verstümmelt und entstellt in Times und Daily Mail heraus, die Bezahlung ist gut nur bei Stimmungsberichten, zu denen ihr keine Zeit bleibt, und außerdem kommt sie aus den gefährlichen Lagen nicht heraus. Es strengt sie sehr an, da sie meist auch noch nachts in der Stadt sein muß. Sie bemüht sich vollkommen objektiv die Tatsachen nach England zu berichten und sich von allem selbst zu überzeugen.

Hans ist verstimmt an dem Abend. Sagt, er hätte keinen sehr guten Eindruck von Agaeff.

Sonntag, 12. Januar 1919 Große Demonstrationen aller Parteien geplant. Bin im Atelier und will mich auf dem Rückweg einem Zuge anschließen, der für Einigung geht. Treffe keinen und fahre durch die Stadt zurück. B.Z. wird zum ersten Mal wieder verkauft. Große Freude unter bürgerlichem Publikum über die Erstürmung des Polizeipräsidiums, die heut nacht geglückt ist. Ich bin niedergeschlagen, sehr. Trotzdem ich einverstanden damit bin, daß Spartakus zurückgedrängt ist. Aber ich habe das beklommene Gefühl, daß die Truppen nicht umsonst gerufen sind, daß die Reaktion marschiert. Außerdem ist diese rohe Gewaltanwendung, dies Schießen der Genossen – solcher, die es sein sollten – entsetzlich. In all diesen Tagen hat mich nur eines beglückt: das Flugblatt von Beerfelde.

Montag [13. Januar 1919[Mäßig ruhiger Tag. Vereinzelte Schießereien. Abends mit Hans (Kathrine Laessig, Marquard) in einer Versammlung, in welcher Naumann über Staat und Kirche sprach. Außer ihm noch ein Geistlicher und ein Theologieprofessor. Tendenz für Trennung der Kirche vom Staat. Naumann spricht vom Gemeindeleben, auf welchem sich die Kirche aufbauen soll. Von den außerhalb der Kirche stehenden religiösen Gemeinden, deren Arbeit so notwendig ist für den religiösen Aufbau.

Abends finden wir Stan bei uns vor. Sie ist verstimmt. Spricht von ihrer sie selbst überraschenden Sympathie für die besiegten Spartakusleute. Von Kundgebungen vorm Schloß: »Deutschland, Deutschland über alles!«

Mittwoch, 15. Januar 1919 Heut streiken die Eisenbahner. Gegen Ebert-Scheidemann. Zugleich aus Lohngründen die Untergrundbahn. Mühseliges nach dem Atelier Kommen. Moabit abgesperrt. Die Brücken von Soldaten mit Handgranaten bewacht. Durchsuchung auf Waffen.

Gegenrevolutionäre Strömung deutlich. Zirkus Busch: Hoetzsch, Traub. Schwarz-weiß-rote Fahne wird enthüllt, »Heil Dir im Siegerkranz« und »Deutschland, Deutschland [über alles]!«

Hans abends bei Walter Koch. Ich mit der alten Nähfrau Schumacher. Sie erzählt von ihrer religiösen Gemeinde.

Annie Karbes famoser Brief als Genossin.

Die Freiheit berichtet von gräßlicher Behandlung der gefangenen Spartakiaden.

16. Januar 1919 Niederträchtiger empörender Mord an Liebknecht und Luxemburg.

19. Januar 1919 Sonntag. Wahltag. Zum ersten Mal gewählt. War mit Karl zusammen. Hans war vormittags im Lazarett, ging dann später allein. Auch er zum ersten Mal gewählt.

Hatte mich so sehr gefreut auf diesen Tag und nun er dran ist, von neuem Unentschlossenheit und halbes Gefühl. Für Mehrheitssozialisten gewählt. Nicht für die Person Scheidemann, die zuoberst auf der Liste stand. Aber für Prinzip des Mehrheitssozialismus. Meinem Gefühl nach stehe ich mehr nach links, kann aber nicht unabhängig wählen, schon weil als Kandidat Eichhorn [aufgestellt] ist.

Gestern abend mit Helene Stöcker, Nicolai, einem Rechtsanwalt bei Einstein zusammengewesen zur Begründung einer Liga für Menschenrechte. Protest gegen die rohe Militärdiktatur und die Ermordung der Führer. Alex Bloch.

Der Rechtsanwalt erzählt von dem einen Sohn des Liebknecht, der während der ganzen Kriegszeit sich widersetzt hat, mehr zu essen als ihm gesetzlich zugesichert ist in seiner Ration. Derselbe starre nicht zu biegende Rechtssinn wie beim Vater. Es heißt, daß Liebknecht väterlicherseits von Luther abstammt.

Die junge Spartakidin, die von der Polizei gesucht wird.

Böse Berichte über Gewalttaten der Weißen Garde.

Hans schweigt auch jetzt. Entweder er nimmt keine Stellung oder er spricht nicht darüber, oder seine Stellungnahme ist eine andere. Wie wollte ich, daß er mehr spräche, nicht so in stummer Abgeschlossenheit als ob das Ganze ihn nichts anginge beiseite stände.

Am Abend sprechen wir etwas darüber und ich muß ihm schließlich recht geben. Er verurteilt Roheit und Gewalt von rechts und von links. Er lehnt das alles ab, den ganzen Parteistreit und Leidenschaft.

Abends sitzen wir, Stan Sterns und der junge Brahm in der Kantine der Volksbühne. Stan schenkt allen Wein. Hanna ist nicht dabei, sie ist zu ihrem Freund in Frankfurt gefahren, der schwer krank ist.

Montag, 20. Januar 1919 Aufsatz von Gorki in der [Zeitung] Republik, der mich etwas erschüttert. Wäre ich so gläubig wie er! Und warum kann ich es nicht sein? Vielleicht liegt der Grund in dem Unterschied des slawischen und germanischen Wesens. Wenn die Slawen den asiatischen Einschlag haben, so haben wir Ostdeutschen den slawischen. Aber nur Einschlag. Es ist ein großer Rassenunterschied zwischen Tolstoi und Kant. Können Menschen, die mit Kant einer Herkunft sind, so fliegen, stürmen wie Tolstois und Dostojewskis Landsgenossen? Ich meine, *wir müssen* einen andern Weg gehn. Wir gehn vielleicht, ja sicher zum selben Ziel, aber auf einem andern Weg. Aber fast beneide ich die Russen, die so unbedingt, gläubig ihren großen einfachen Weg gehn. So blind vor Gläubigkeit.

Gorki erzählt in seiner Lebensgeschichte von seiner Großmutter, wie zart und behutsam sie von der Seele sprach. Wenn Gott nach dem Tode die Seele bei sich aufnimmt: »Nun, meine Liebe, meine Reine – hast du genug geirrt und gelitten?«

Sonnabend, 25. Januar 1919 Heut ist Karl Liebknecht begraben und mit ihm 38 andere Erschossene. Ich durfte eine Zeichnung

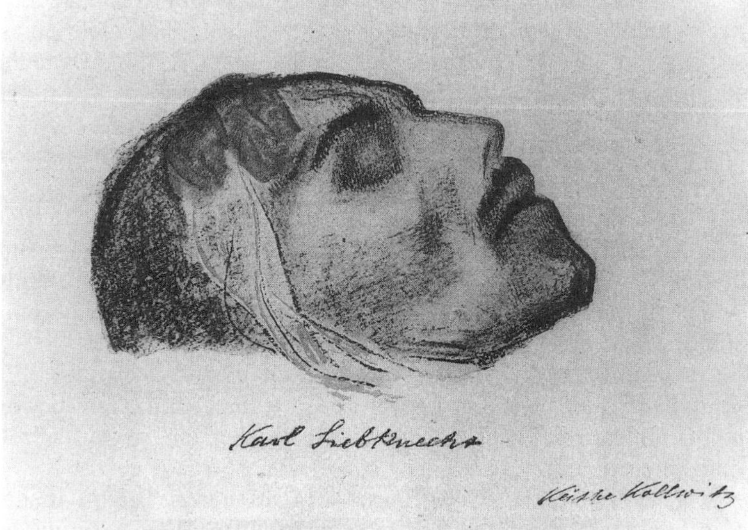

Karl Liebknecht (Januar 1919). »Heut ist Karl Liebknecht begraben und mit ihm 38 andere Erschossene. Ich durfte eine Zeichnung nach ihm machen und ging früh nach dem Schauhause. In der Leichenhalle neben den andern Särgen stand er aufgebahrt. Um die zerschossene Stirn rote Blumen gelegt, das Gesicht stolz, der Mund etwas geöffnet und schmerzhaft verzogen. Ein etwas verwunderter Ausdruck im Gesicht. Die Hände im Schoß nebeneinandergelegt, ein paar rote Blumen auf dem weißen Hemd.«

nach ihm machen und ging früh nach dem Schauhause. In der Leichenhalle neben den andern Särgen stand er aufgebahrt. Um die zerschossene Stirn rote Blumen gelegt, das Gesicht stolz, der Mund etwas geöffnet und schmerzhaft verzogen. Ein etwas verwunderter Ausdruck im Gesicht. Die Hände im Schoß nebeneinandergelegt, ein paar rote Blumen auf dem weißen Hemd. Es waren noch mehrere mir fremde Leute da. Karl Hans Stan waren mitgekommen. Stan zeichnete auch. Ich ging dann mit den Zeichnungen nach Haus und versuchte eine bessere zusammenfassende Zeichnung zu machen.

Lise ist in der Stadt gewesen um dem Zuge zu folgen. Das ganze Innere der Stadt abgesperrt. Der gewaltige Demonstrationszug von inneren Straßen abgeleitet – überall Weiße Garde – über Moabit bis Bülowplatz gekommen. Von da sollte es weiter nach

Friedrichshain [gehn]. Lise ging nicht weiter mit. Vom Friedrichshain ging der Zug hinter den Särgen.

Wie kleinlich und falsch sind alle diese Maßnahmen. Wenn Berlin – ein großer Teil Berlins – seine Gefallenen beerdigen will, so ist das keine revolutionäre Angelegenheit. Selbst zwischen den Schlachten gibt es Ruhestunden zum Bestatten der Toten. Es ist unwürdig und aufreizend, Liebknechts Gefolgschaft zum Grabe militärisch zu schikanieren. Und es ist ein Zeichen der Schwäche der Regierung, daß sie das dulden muß.

Während wir noch im Schauhause waren, kam eine alte Proletarierfrau. Ob sie nicht die Leiche noch einmal sehn könnte? Was für eine Summe von Gefühl folgt diesen Särgen. Stan sagt, sie wird jetzt manchmal angesprochen von Leuten aus der Spartakusgruppe. Neulich faßte eine junge Frau ihre Hand: »Wissen Sie noch, wie wir den Vorwärts stürmten?« Eine zersprengte Gemeinde, sagt Stan. Eine verkrochene flüchtende versprengte Gemeinde.

Karl hat den ganzen Zug gesehn. Erschütternd in der Massenhaftigkeit und dem gleichen Ausdruck.

Stan war auf dem Kirchhof. In einem Massengrab sind sie beerdigt. Für Rosa Luxemburg ein leerer Sarg neben Liebknecht. Zietz, Hoffmann, Levi, Breitscheid sprachen. Welche Qual diese ganze öffentliche Angelegenheit für Liebknechts Frau! Sie ist ohnmächtig geworden.

Um das Grab Gedränge. Einer schob den andern weg, zankten sich um die Plätze.

27. Januar 1919 Der junge Robert Liebknecht war mit seinem Freund Goldstein hier. Er brachte seine Skizzenbücher. Frau Liebknecht hatte am Abend vorher mich telephonisch gebeten, dem Jungen nicht zuzureden das Abitur zu lassen, weil der Vater wünschte, daß er das Abitur machte. Der Junge ist *sehr begabt.* Von ungeheurem Temperament, Liebknechtschem Ungestüm sind seine Zeichnungen. Sein Gesicht ist dem Vater ähnlich, aber jüdischer. Er macht einen nervösen etwas gepeinigten Eindruck. Er nimmt meine Liebknecht-Zeichnungen für seine Mutter mit.

Ich zeichne an dem Plakat »Gefangene heraus!«

Gestern mit Karl gemeinsam für den Preußischen Landtag gewählt. Jahrelanges Kämpfen gegen das schlechte alte Wahlsystem und jetzt wo man ein ganz freiheitliches hat, ist flaue Wahlbetätigung.

Agaeff wohnt jetzt bei uns.

30. Januar 1919 Der Hans Simon, Hildes Verlobter, ist abends zusammen mit Agaeff und Stan bei uns. Er ist famos. Ein denkender lebendiger frisch lebender Mensch, der, obgleich gar nicht zum Asketen oder Propheten geboren, – im Gegenteil *sich leben* wollend – doch zu den kommunistischen Ideen kommt. Sie freilich in der jetzigen Gewaltanwendung verwirft. Alle Gewalt verwirft. Jede Idee sagt er setzt sich durch. Alle Zusammenspannung einer Idee mit Gewalt – gegen oder für – hemmt sie. Die jetzige Regierung lehnt er ab, weil er eine Regierung, die durch Revolution geboren ist und die dann von ihrer Macht keinen Gebrauch macht, lächerlich findet. Er spricht das aus, was ich jetzt oft hab sagen hören, und was mir richtig vorkommt: Hätte die Regierung dieses Vierteljahr absoluter Macht im Sinne des Sozialismus benutzt, so wäre es nicht zum Spartakus-Putsch gekommen und hätten die Unabhängigen sich nicht nochmalig und nun wohl endgültig losgemacht von der Mehrheit. Eine Einigung scheint jetzt unmöglich. Unter der demokratischen Regierung der wir entgegengehn, wird das Wühlen und Drängen der Kommunisten wohl nicht aufhören.

Der Kommunismus wächst in der ganzen Welt enorm.

In einer Sitzung wegen des Protestes gegen Liebknecht- und Luxemburg-Mord. Holitscher ist der Aufruf zu opportunistisch, er unterschreibt nicht.

Freitag, 31. Januar 1919 Secessionsversammlung. Höre von Klimsch und Gaul, daß ich in die Akademie der Künste gewählt bin. Große Ehre, aber ein bißchen peinlich für mich. Die Akademie gehört doch zu den etwas verzopften Instituten, die beiseite gebracht werden sollten. Gaul spricht ganz böse dagegen, sagt, daß unter vorigem Regime es ein machtloses und unselbständiges Institut war, daß es jetzt seine Selbständigkeit hat und wieder Leben kriegen wird.

Stan ist nach Bremen gefahren, um die Vorgänge dort selbst zu sehn.

Brief von Paul Goesch aus der Irrenanstalt. Macht mich traurig. Spricht von seinen Ferngesprächen mit mir.

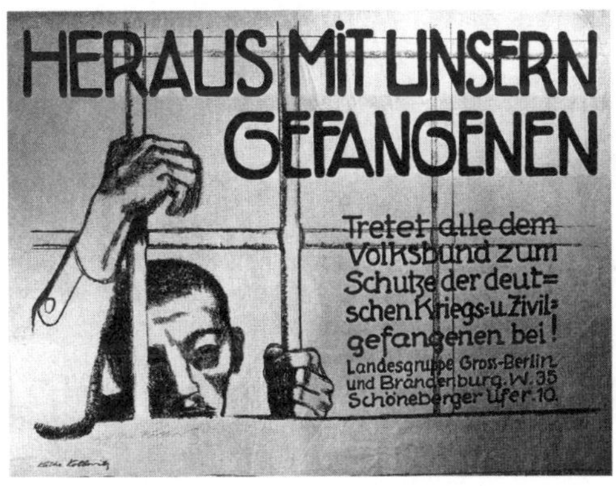

»Heraus mit unsern Gefangenen« (1919)

2. Februar 1919 Das Plakat »Heraus mit unsern Gefangenen!« fertig gezeichnet. Den Text zeichnet Elisabeth Asch, deren Verlobter über 4 Jahre in französischer Gefangenschaft sitzt. Wie gut ist es, daß ich etwas mithelfen kann durch die Zeichnung. Auch für Hans Schröder gilt sie.

Abends bei Sterns. Ein junger Russe spielt wunderschöne Wolgalieder. Er ähnt dem Stefan Lepsius.

Die Mitschüler von Wilhelm Liebknecht erklären, daß sie mit ihm zusammen nicht weiter die Schule besuchen und verlangen seine Entfernung.

Träumte wieder einmal von Lisbeth Kollwitz. Ich ging in ihre Stube – Peters Stube. Da wo der van Gogh hängt, stand ihr Bett. Sie lag drin, sehr krank und sehr verwahrlost. Ich freute mich so furchtbar, daß sie lebte und lief in die Wohnstube Karl holen. Er kam auch gelaufen und Lisbeth stand schon und wartete auf ihn. Sie fielen sich um den Hals und sie rief immer: »Mein lieber Bruder!« Wir empfanden alle drei die Wonne des Wiedersehns, das Nichtwahrsein des Gestorbenseins.

Nach 18 Jahren Totsein träum ich so lebhaft von ihr und hab sie im Traum so lieb. Im Traum fühlte ich aber auch schon durch, daß ich vielleicht eigentlich die Lisbeth nicht meinte, oder wenn ich sie meinte, daß außerdem das Gedenken oder das Gefühl vom Peter da war.

Und jetzt kommt wieder sein Geburtstag.

Mütter (2. Fassung, 1919). »Ich habe die Mutter gezeichnet, die ihre beiden Kinder umschließt, ich bin es mit ... meinem Hans und meinem Peterchen. Und ich hab es gut machen können. Danke!«

6. Februar 1919 Lieber Peter, Dein Geburtstag.

Dreiundzwanzig Jahre.

Es ist ein schöner Tag. Nach langer Zeit zum ersten Mal wieder fühl ich, daß ich viel kann. Ich arbeite die »Mütter«. In den vorigen Tagen rührte es sich in mir. Gestern den Versuch beschlossen, die Kriegsblätter in Steindruck umzuarbeiten. Und heut an Peters Geburtstag kann ich es. Ich habe die Mutter gezeichnet, die ihre beiden Kinder umschließt, ich bin es mit meinen eigenen leibgeborenen Kindern, meinem Hans und meinem Peterchen. Und ich hab es gut machen können. Danke!

3 Uhr. Jetzt wird die Nationalversammlung eröffnet in Weimar.

Abends tranken wir Wein. Auf den Jungen. Und auf die Nationalversammlung. Wir lasen einen kurzen Aufsatz vom Großvater und dann den Schluß von der »Erziehung des Menschengeschlechts«. Und dann noch das wundervolle Meyersche Gedicht: »Frieden auf Erden«:

»Und ein königlich Geschlecht
Wird erstehn mit starken Söhnen
dessen helle Tuben dröhnen
Frieden Frieden auf der Erden.«

[8. Februar 1919] Frau Liebknecht war da über den jüngeren Sohn mit mir sprechen. Es sind ihre Stiefkinder. Sie ist noch jung. Aber ich glaube, sie wird ganz für die Kinder leben und die werden einen guten Freund an ihr haben.

An einem Abend wie es sich so machte mit Hans über sein Stummsein gesprochen. Der Junge schwieg und sah mich freundlich an. Wie aber dann abends Schmidts kamen sprach er lebhaft mit. Ich freute mich so. Der liebe und gute Mensch.

Freitag abend in einer sehr interessanten Bolschewistendebatte gewesen, die der Bund deutscher Gelehrter und Künstler veranstaltete.

9. Februar 1919 Sonntag 9. kurze Zeit bei Sterns. Georg und Max machten Musik, eine Bachsche Kantate. Max spielte die Geige und nachher sangen beide zusammen.

An Peters Geburtstag kam ein Brief von Hans Koch. Er schreibt, daß er bei Augsburg 13 Morgen Land gekauft hat und daß sie da eine kommunistische Siedlung gründen wollen.

Karl ist zum Stadtverordneten aufgestellt.

10. Februar 1919 Nach längerer Zeit wieder mal Kathrine Laessig hier. Sie ist müde und still, sagt sie fühlt sich schlecht. Sie hält sich politisch ganz links zu den Kommunisten.

Hanna jetzt zweimal zwischen dem Theater hiergewesen. Sie ist fein. Sagt sie habe einen guten Freundschaftsbrief von Rele bekommen. Wie gut die es haben, so hatte es Hans als Peter noch lebte.

Sie brachte drei rote Tulpen für Peter.

16. Februar 1919 Fortgesetzte Anklagen der Roten Fahne gegen das Gericht: Die Mörder Liebknechts seien auf freiem Fuß und Radek ist mit schweren Ketten belastet und die Spartakisten werden hart abgeurteilt.

Der Vorwärts notgedrungen muß endlich miteinstimmen. Wollen sehn was da jetzt herauskommt?

Mit geht es *schlecht* mit der Arbeit. Bin nervös nervös. Mir zerrinnt die Arbeitskraft und Intuition noch im Beginn der Arbeit. Wie einem Mann, dem die Kraft abgeht vor der Befruchtung.

Glaubte im Steindruck könnt ichs schaffen und schaff wieder nichts. All die Zerstreuungen – Agaeff – alles – Telephonieren – Wirtschaft usw. usw. Ruhige gesammelte zurückgehaltene Kraft müßt ich haben. Und ich bin so abgenutzt und elend.

19. Februar 1919 Den 2. Vortrag über die Matthäuspassion von Kapellmeister Levy gehört. *Sehr fein.*

Neulich abends bei Sterns gewesen, wo ein Fräulein Winkelmann war, die die Lise sehr achtet und die sie an Tante Jettchen erinnert. Es ist eine etwa 40jährige klug und gütig aussehende Frau, unschön und etwas proletarisch in der Erscheinung und den Bewegungen.

Lise spricht über den proletarischen Jugendbund, in den sie die Maria aufgenommen wünscht. Winkelmann und Max raten ihr ab, meinen, es seien wenig wirklich Gute darunter, in der Mehrzahl sprächen sie den alten Parteikatechismus nach. Mir war Lise so charakteristisch. Man kann es auch unruhig nennen, was aber richtiger suchend und lebendig zu nennen ist. Sie bleibt nie stehn, nicht für sich und nicht für ihre Kinder. Immer sucht und strebt sie nach Vorwärtsentwicklung, nach dem Erkennen des Wesentlichen der Dinge, nach dem Unschematischen. Früher manchmal wohl auch nach dem Paradoxen. Jetzt aber ist das Paradoxe ausgeschaltet. In den Revolutionstagen ließ sie die Maria teilnehmen soweit es ging. Sie sagt, Tante Lonny hätte ihr mal gesagt, daß sie im Jahre 1848 noch ein halbes Kind gewesen sei, daß aber ihr Vater sie soweit es ging an allen politischen Ereignissen mit teilnehmen ließ, sie mitnahm usw. Das hätte sich ihr sehr eingeprägt.

21. Februar 1919 wird in München Kurt Eisner ermordet. Attentate auf Landtagsabgeordnete ausgeübt.

22. Februar 1919 Schaffung der Räterepublik.

[23. Februar 1919] Hans Koch ist hier. Am Sonntag treff ich ihn auf einer Revolutionsfeier, die von der Jugendgruppe veranstaltet wird und auf der die Künstler sich weigern zu spielen, weil eine spartakistische Anrede gehalten wird. Die Feier gefällt mir wenig. Das alte Haßgerassel in einer Anrede an Jugendliche ist schon unerträglich.

Mit Hans Koch nach Haus gegangen. Er bleibt bis abends bei uns und setzt uns seine schönen kommunistischen Siedlungspläne auseinander. Muß wieder so sehr, so sehr und so schmerzlich [an] Peter denken. Wie würde der mitfliegen mit allen diesen Plänen.

Hans zeigt ein Bild von Elsbeth und Jokatrin. Die Kleine ist riesig nett.

[24. Februar 1919] Am Montag mit Hans in einer Vormittags-Zusammenkunft in der Siedlungsfrage. Hans Koch, Kurella und einige andere gegenüber proletarischer Jugend, die ziemlich skeptisch ist und nicht mit Unrecht Hans Koch vorwirft, daß seine Pläne nicht sozialistisch revolutionäre seien, sondern noch mehr anarchistisch individuelle.

25. Februar 1919 Hans ist mit mir in dem Musikvortrag über die Matthäuspassion. Wie wir abends nach Haus kommen und ich ihn frage, wo er am Tag war, sagt er mir zögernd, daß er sich entschlossen hat sich psychoanalysieren zu lassen. Und daß Magnus Hirschfeld ihn beraten hat.

27. Februar 1919 Beim Drucker Birkholz gewesen und nachher mit Lise im Café Austria zusammengetroffen, um über Mutter und Toni [Schiller] zu sprechen. Lise sagt, daß es aussieht, als ob Toni doch bleiben würde, wenn sie ein eigenes Zimmer hat und es wird wohl Platz bei ihnen, weil Lise daran denkt, mit Maria in die Hans Kochsche kommunistische Siedlung zu gehen. Georg auch ihr schien das eine Lösung, weil es ihnen vor allem darauf ankommt, Maria vor dem Hunger, den wir hier wohl erwarten können, zu schützen.

In ganz Mitteldeutschland ist Generalstreik.

Folgendes als charakteristisch für Arbeitsunlust: Arbeiter eines Betriebes streiken. Die Lohnerhöhung wird zugesagt. Sie feiern trotzdem weiter, mieten sich einen Saal für 700 Mark und machen einen Maskenball.

Martin Brandenburg ist gestorben und Tuaillon auch.

Streiks, Streiks durch ganz Deutschland.

Dienstag, 4. März 1919 Generalstreik auch hier in Berlin. Die Forderungen sind politischer Art und beziehn sich vor allem auf Anerkennung der Arbeiter- und Soldatenräte. Außerdem Freilassung aller politischen Gefangenen, einschließlich Radeks. Umwandlung der Militärgerichtshöfe in zivile.

Es streiken nicht: Ärzte, Apotheken, Elektrizität, Wasserwerke, Lebensmittel.

Sofort mit Beginn des Streiks setzen Plünderungen ein. In unserer Umgebung 3 Geschäfte ausgeplündert. Ein Anblick heut in der Danziger Straße: vor einem ausgeplünderten Juwelierladen eine große Menschenmenge. Gegenüber an der Bank dreht den Leierkasten ein junger Feldgrauer. Sein einer Arm ist kaputt und er schüttelt immerfort krampfig den Kopf, daß die langen blonden Haare rumfliegen. Da fuhr es mir mit einmal durch den Sinn, *wie* elend und traurig es mit Deutschland steht.

Heut nacht wird beim Goldarbeiter Neumann unten eingebrochen und ausgeraubt. Neumanns laufen jammernd im Haus rum, reißen an den Glocken. Hans kommt, telephoniert an Polizeibüro. Können niemand schicken, nur 4 Soldaten wären da. Die kommen dann auch, scheinen aber unbewaffnet, auch kommen sie zu spät. Unterdes Schießen, Hilferufen. In derselben Nacht noch oft Schießen, es scheinen massenhaft Plündereien vorgekommen zu sein. Und ein paar Stunden später werden die geraubten Sachen in der Weinmeisterstraße verkloppt. Da wagt sich keine Polizei mehr ran.

5. März 1919 Heut früh Brief von Kampf bekommen, ob ich die Lehrstelle für Graphik in der Akademie annehmen will? Gerne tät ich es, wenn ich es könnte. Aber bei meinem gänzlichen Mangel an Selbstvertrauen jetzt, kann ich es keinesfalls. Ich würde vollkommen versagen.

Abends. Eben bringt Neumann die beiden Bilder seines gefallenen Sohnes zu uns herauf mit der Bitte, sie bei uns aufzubewahren. Sie selbst gehn zur Nacht fort, weil sie einen neuen Einbruch erwarten. Die Polizei hat Neumann auf seine Bitte um Schutz gesagt, sie könnten niemand mehr schützen. Es soll heut nacht eine ganz organisierte Bande von etwa 100 Mann gewesen sein. Wer kann sich dagegen wehren?

6. März 1919 Die ganze Nacht mit Kanonen geschossen. Das Polizeipräsidium soll von einer Matrosendivision und Roter Garde genommen [worden] sein.

Die blödsinnigste Behauptung ist diese, daß die Räubereien von der Regierung inszeniert seien.um die Bevölkerung gegen Spartakus aufzuhetzen.

7. März 1919 Gestern den ganzen Tag in der Stadt schwere Kämpfe.

Scheußliche Berichte von solchen, die von da kamen. Flieger kreisen, es heißt sie schießen mit Maschinengewehren und werfen

Bomben. Richard Gönner, der seine Mutter von uns abholt, sie aber nicht mehr findet, sagt, die Spartakustruppen seien ins Innere der Stadt gedrängt durch verstärkte Regierungstruppen. Karl will nachmittags zur Stadtverordnetenvereidigung, kommt nach ein paar Stunden mit Blut an den Händen zurück. Auf seinen Versuch doch hinzukommen, ist er schließlich mit einer Masse anderer Menschen zwischen Nationalgaleriebrücke und Zirkus eingekeilt gewesen, vor und zurück war unmöglich, und dann ist mit Maschinengewehren reingeschossen [worden]. Er konnte sich in ein kleines Café retten, dort lagen Verwundete und ein Toter. Er hat zwei Frauen noch notdürftig verbunden, und dann gelang es ihm auf seinen Arztausweis hin, durch und nach Hause zu kommen.

Abends saßen wir drei dann bei Karls Gaslampe – Elektrizität streikt – zusammen und lasen Konrads Aufsatz über Dr. Arnoldt.

Die Nacht wenig geschossen. Heut [am 7.] hört man vorläufig kein Artilleriefeuer.

8. März 1919 Der gestrige Tag mäßig ruhig. Abends brannte wieder Elektrizität. Auch Wasser ging. Wir dachten es sei ziemlich beigelegt.

Heut früh der erste Vorwärts. Schauerliche Berichte aus dem Osten [Berlins].

In den Frühstunden ging hier nah ein Feuer los, daß wir dachten, wir würden jetzt ganz hereinkommen, aber augenblicklich hat es sich wieder gelegt.

Gestern abend las Hans Johsts »Der junge Mensch«. Er kam herunter und sprach traurig über sich. Er sagte er fühlte sich gar nicht mehr jung. Mit leiser trauriger Stimme sprach er. Mir tat es so entsetzlich leid.

Aber dann besahen wir zusammen die Kunstbilderbücher vom Peter, die italienische Kunst.

[9. März 1919] Am Sonntag. 9. gab es schwere Granaten. Das Haus zitterte, viele Scheiben nach der Westseite zu gingen in Scherben. Stan war es geglückt zu uns zu kommen. Abends wie es still geworden war, brachten wir sie noch bis nach der Brunnenstraße zu.

10. März 1919 Das Standrecht ist über Berlin verhängt. Die Bestialitäten von beiden Seiten werden immer größer.

Heut vor 3 Jahren fiel Erich Krems. An Peters Bett stehn zwei steile rote Tulpen. Wohl von Hans.

Und von Thildi kommt ein Rosmarinstrauch, auch für Peters Stube.

15. März 1919 Die Unruhen sind jetzt vorüber, aber der Belagerungszustand und das Standrecht sind noch nicht aufgehoben worden. Die amtlich beglaubigten Schreckensnachrichten über spartakistische Greuel in Lichtenberg sind zum größten Teil als Lügen entlarvt. Ihren Zweck, die Errichtung des Standrechts, haben sie erreicht.

Die durch vollkommene Absperrung aufgenötigte Unterbrechung der Beziehungen nach außen brachte es mit sich, daß ich fast ganz unbesetzte Tage hatte. Zu arbeiten hatte ich nichts, da war wieder Ebbe. So wurde mir der Tag lang und ich sah, wie viel meiner Zeit durch die Inanspruchnahme von draußen hingeht und wie ich mich gewöhnt habe, mit so manchem Unwesentlichen, an sich Nichtigem beschäftigt zu sein. Hätte ich freilich eine produktive Zeit in der Arbeit gehabt, hätte ich mich wohl nicht gelangweilt.

Dann noch eine Beobachtung bei der Arbeit: Ich frage mich immer von neuem, wie es zu meinem schlechten Arbeiten kommt? Heut schien es mir in der Ungeduld zu liegen, die ich habe. Früher wenn ich arbeitete, z.B. die Carmagnole, habe ich mir Zeit gelassen, gründliche Studien gemacht. Jetzt liegt eine Nervosität in mir. Wenn ich der Herr würde, würde ich vielleicht noch diesen Tiefstand überwinden. Ich nahm heut die »Totenklage« vor. Hätte früher die einzelnen Figuren durchgezeichnet. Warum tue ich es jetzt nicht? Zum Teil aus der gefährlichen neuen Lehre heraus, daß alles ohne Naturstudium gemacht sein soll. Das ergibt leicht ein schematisches allgemeines Arbeiten, alle Besonderheiten der Natur fallen fort. Ich sollte wieder darauf zurückkommen, Naturstudien meinen Arbeiten zugrunde zu legen. Denn die Natur regt an weil sie unschematisch ist.

Und dann sollte ich mir Zeit lassen. Früher habe ich Monate an einer großen Radierung zugebracht. Jetzt will ich einen Steindruck in 3 Tagen machen.

Das Schlimme ist, daß meine Phantasie sich so leicht ekelt. Wie ein verdorbener Magen. Kaum fängt man an zu essen, so schiebt man das Essen wieder fort. So, kaum fange ich an zu arbeiten, reizen mich die weiteren Stadien nicht mehr. Ein Ekelgefühl und Ungeduldgefühl tritt ein und ich breche ab.

Ich sollte wirklich versuchen disziplinierter zu arbeiten. Es ist nur die Frage, ob ich eine solche Schulung jetzt noch mit mir vornehmen kann? Ob ich meine Nerven noch soweit in Zucht habe?

Sonntag, 16. März 1919 Früh wieder mal im Leichenschauhaus gewesen und einen Erschossenen gezeichnet. Es war ein Russe – Schapski oder ähnlich heißend – sie nannten ihn hier immer Leo. Dann nebenan in der Morgue gewesen. Dichtes Vorbeidefilieren der Menschen an den Glasfenstern, hinter denen die nackten Leichen liegen. Jede hat ihr Kleiderbündel auf den Leib gelegt, darauf liegt ihre Nummer. Ich las die Nummer 244. Hinter den Glasfenstern lagen etwa 20–30 Tote. Ich denke mir, daß wenn jemand einen Bekannten dort zu erkennen glaubt, er die Nummer in dem Warteraum angibt. Dann wird die Leiche in einen andern Raum gebracht und die Verwandten prüfen dort genau nach, ob der Tote der Gesuchte ist. Es scheint so zu sein, denn einzelne der Wartenden wurden an mir vorbei nach hinten hereingeführt und ich hörte lautes Weinen. O welch jammervoll trauriger Ort ist das Leichenschauhaus. Welche Qual, einen lieben Menschen dort suchen zu müssen und ihn zu finden.

17. März 1919 Bekomme von der Akademie die Ernennung.

18. März 1919 Auf dem Kirchhof gewesen. Ein großes Stück, ebenso groß wie der alte Kirchhof, ist für die Toten seit der Novemberrevolution hergestellt. Dieses ist mit unzähligen Kränzen und Schleifen und Papierblumen geschmückt, alle Gräber bedeckt, der ganze Zaun behängt. Dagegen ist der alte Kirchhof fast leer. Ein paar Parteikränze hängen da, Mehrheitspartei. Es ist wie die gute Stube, die leer und unbewohnt ist, als ob alle Besucher nur zu den Toten der letzten Monate kommen und als ob die Unabhängigen und Spartakus diese Gräber für sich beanspruchen.

Abends bei Levy den letzten Vortrag über die Matthäuspassion gehört. Ganz prachtvoll.

19. März 1919 Juliens Todestag. Ich denke so wenig an sie, mit so wenig Kraft.

Friedrich Wendel kommt und fragt, ob ich für ein neu zu gründendes satirisches Blatt »Der Schrei« mitarbeiten will.

Ich setze ihm auseinander, daß ich nicht Kommunist bin und warum ich es nicht sein kann.

Der Mensch macht einen starken Eindruck auf mich. Er ist ganz überzeugt, macht keine Phrase, ist augenscheinlich selbstlos. Als er geht hab ich den Eindruck zurückbehalten, daß er mich besiegt hat. Nicht, daß meine Argumente schlecht waren. Aber matt. Ich möcht den gern noch einmal sprechen.

Hans Koch ist wieder frei. Er hat Schreckliches erlebt im Moabiter Gefängnis. Er spricht von Totschlagungen. Als er bei Sterns berichtete, ging Alexander zu [General] Reinhardt, den er vom Krieg her kennt. Reinhardt soll ihm gesagt haben, er *wüßte oder ahnte wohl, daß Schreckliches vorgeht, aber er habe die Truppen nicht in der Hand.*

Die vom Vorwärts unwidersprochenen Berichte der [Zeitung] Freiheit über die Willkür der Regierungssoldaten sind horrend. Schnöde freche brutale Willkür.

Der Kommunist von gestern sagte mir, während der letzten Unruhen seien 800 Menschen um ihr Leben gekommen.

20. März 1919 bin ich abends bei Cassirer. Zusammensein von Männern der Linksparteien, Mehrheit, Unabhängige und Kommunisten.

Ich lern dort einen jungen Theologen Dr. Wegner kennen, der mir gut gefällt. Er hat einen schönen scharf geschnittenen deutschen Kopf. Frau Kautsky sprech ich auch dort. Sie erzählt mir noch von Rosa Luxemburg, daß Leo der einzige Mensch war, den Rosa fürchtete. Trotzdem sie sehr befreundet mit ihm war.

Agaeff sagt heute übrigens, man vermute, daß auch Radek erschossen sei. Glaublich ist es.

Der Karl ist gestern als Stadtverordneter vereidigt. Er ist so müd jetzt oft, der Karl. Bin ich fort von ihm, hab ich manchmal solche Sehnsucht. Als ob ich den Lieben Geliebten nicht mehr lange haben könnte.

Mit Hans den ersten Vortrag Levys über die Beethovenschen 9 Symphonien gehört. In über zwei Stunden bespricht er die beiden ersten. Es ist anstrengend und ermüdend, aber sehr schön. Hans sind diese Vorträge viel lieber wie die mehr klassischen Arthur Willners.

[Ende] März 1919 Schon Ende März und noch unangenehm kaltes Wetter. Am Sonntag war ich mit Hans in Grünau, nach einem

Gedenkblatt für Karl Liebknecht (1919). »Ich arbeite an der Totenfeier. Unter den Händen ist sie allmählich ein Abschied von Liebknecht geworden.«

Stübchen für unser weekend suchen. Nur eine Pension, wo man wochenweise mieten kann, käme in Betracht.

Abends sind wir bei Sterns und Mutter. Es ist jetzt ausgemacht, daß Mutter entweder vom Herbst oder spätestens nächstem Frühjahr ab zu uns kommt. Sterns denken an Siedlungen. Toni Schiller will nach Königsberg zurück, aber erst zu ihrer Schwester nach Dresden.

Von Susanne Friz Nachricht, daß ihr Erwin tuberkulös ist und ins Hochgebirge muß.

Ich arbeite an der »Totenfeier«. Unter den Händen ist sie allmählich ein Abschied von Liebknecht geworden. Nun meinetwegen, ist mir auch recht.

Eine Weile gehts mit der Arbeit wieder. Aber nur kurze Zeit, dann stockt es wieder.

26. März 1919 War heut in der Architekturausstellung bei Neumann. Entwürfe der Allerjüngsten. Entsprechend expressionisti-

Paul (1882–1945) und Paula Kache, geb. Hofferichter (1888–1967)

scher Malerei. Schwärmereien – auch Witzeleien – aber interessant. Begleitworte von Taut und Gropius.

Paul Goesch müßte da ausstellen, seine alten Entwürfe der »Lasterhaften Kirche« usw.

An Vaters Todestag bei der lieben alten Mutter. Anna Schmidt da, Toni Schiller. Ich erzähle von Paula und ihren Kindern. Daß ich neulich bei Paula war, um mit ihr besonders zu sprechen. Paula plagte sich mit der Vorstellung, daß wir uns nicht mehr verstünden. Sie meinte, ich hätte mit meinen Arbeiten mit beigetragen zu dem chaotischen Zustand, der jetzt in Deutschland ist, und machte mir heftige Vorwürfe in den Gesprächen, die sie in Gedanken mit mir führte. Bat mich mal hinzukommen und mit ihr ausführlich über alles zu sprechen. Das tu ich. Wir sitzen, während die Kinder nebenan schlafen, auf dem Sofa am Tisch. Paul ist verreist. Sonst wäre ein solches Gespräch auch erschwerter. Paula kommt mit allen Vorwürfen heraus, ich setze ihr meine Arbeit auseinander und meine politische Stellung. Wie das zusammengehört. Paula fällt mir zuletzt um den Hals und küßt mich. Sie ist warm, rasch und stark im Empfinden.

31. März 1919 Soeben lese ich, daß Lehmbruck sich getötet hat, und zwar wegen Zerwürfnissen mit seiner Frau. Das ist mir kaum glaubhaft. Wie kann ein Mensch, der so an sein Werk glaubte, so ein kolossales Selbstgefühl hatte, sich wegen Zerwürfnissen mit der Frau töten? Es muß denn sein, daß er als Künstler gebrochen war. Wer kann das wissen?

Alexander, Anna Bresser, Hans Simons, Stan, Lore waren gestern nachmittag bei uns. Alexander und Simons fanden sich gleich. Ich dachte es. Es wurde natürlich wieder über Kommunismus gesprochen. Alexander meint, daß die Demokratie überhaupt kein Weg ist auf dem man weiterkommt. Gegen Diktatur, meinetwegen auch Diktatur eines Einzigen hätt er gar nichts, vorausgesetzt, daß dieser Eine eine überragende Vernunft wäre. Alexander meint, daß der Kommunismus nicht hier denselben Weg gehn müßte wie in Rußland. In Rußland sei der Kommunismus eine Art Militarismus. Es wäre denkbar, daß Deutschland einen Weg fände, der uns herausführt aus der Mechanisierung und allem Scheußlichen, das unser Leben jetzt kennzeichnet.

Die ungarische Räterepublik.

Der Mörder [von] Jaurès ist freigesprochen.

Hatte einen scheußlich quälenden Traum vom Hans. Träumte er wäre verrückt geworden. 〈〉

[Freitag, 4. April 1919] Am Freitag 4. April Lehmbrucks Begräbnis. Ein Freund und E. R. Weiß sprechen an seinem Grabe. Als Freunde und Kameraden. Die Frau, jung, in hohen Stöckelschuhen, mit ratlos verweintem Gesicht, steht für sich allein.

Montag, 7. April 1919 In München ist die Räterepublik ausgerufen. Hier soll morgen in den Generalstreik getreten werden.

Thildi ist hier. Sie macht das Traurige durch, daß Alexander neben ihr noch die Anna Bresser liebt.

19. April 1919 Sonnabend vor Ostern.

Heut ist Hans aus dem Virchow-Krankenhaus gekommen. Er ist noch etwas klapperig aber es geht ihm ganz gut.

Gestern am Karfreitag besuchten Karl und ich noch Hans im Krankenhaus. Abends waren wir beide in einem schönen Konzert in der Volksbühne. Mit Prengels nachher in der Kantine. 10 Tage hat Hans im Krankenhaus gelegen. Ich war alle Tage dort, weil ich einen Passierschein bekam.

Hier war unterdes der junge Herzfeld, Kommunist, der mit Hans Koch zusammen verhaftet war und all das Gräßliche mit ihm zusammen erlebt hat. Es war mir interessant, wir sprachen lange.

Dann war ein Arbeiterkünstler da, ein sehr begabter Mensch.

Mit der Arbeit geht es mir wieder besser, ich bin so froh darüber.

[21. April 1919] Stille Ostern.

Am 1. Feiertag (Hans konnte sich noch nicht viel rühren) lasen wir vormittags zusammen in der Geschichte der Stile.

Nachmittags war Heinz Heck hier und abends Rüstows, Sterns, Stan, Joachim Kaisers. Ich war schändlich müd und abgeschlagen.

Am 2. Feiertag ging ich mit Hans durch den Tiergarten in die Wentschersche Atelierausstellung.

Es war kalt und windig. Von Zeit zu Zeit »ohnmächtige Schauer körnigen Eises«. Hans sprach von Annie Bender und seiner unentschlossenen Stellung ihr gegenüber. – Zu Kaffee kamen die Eltern Schade. Ich hatte mich vor dem Besuch gegraut, aber es war nett. Abends lasen wir drei den Faust bis zur Schülerszene. Das war sehr schön.

[22. April 1919] Heut 22. April ist Annie Karbe hier. Ihr Bruder Theo ist erstochen.

[25. April 1919] Freitag. Abends kommt Stan. Ich habe dann nachts einen seltsamen lesbischen Traum von ihr.

Die Überlegungen, wo Mutter hinkommt, sind nun ziemlich gelöst. Es war ziemlich ausgemacht, daß die liebe Mutter zu uns käme, wenn Sterns ihren Haushalt veränderten. Doch war bei uns die große Schwierigkeit, daß ich so sehr besetzt bin und Mutter viel allein wäre oder mit einem fremden Menschen sein müßte. Dann kam Onkel Julius' Anerbieten, die Mutter zu sich zu nehmen. Dafür sprach sehr viel. Aber die weite Reise und vor allem – man hätte die Mutter schwerlich wiedergesehen. Da kam Anna

Schmidt und sagte, sie und Konrad wünschten die Mutter bei sich zu haben. Das ist entschieden das beste. Die liebe Mutter kann hierbleiben, wir können sie immer noch sehen. Anna wird viel und schwere Arbeit mit ihr haben, aber sie tut es gern. Es ist gut von ihr, wir sind ihr dankbar.

28. April 1919 Mit Hans ein Konzert in der Philharmonie gehört, die erste und zweite Beethovensche Symphonie. Es war schön, und schön mit dem Jungen zusammenzusitzen.

Elisabeth Richter schreibt, daß sie wieder ein Kind bekommen hat. Einen kleinen Jungen. Es waren Zwillinge aber der eine starb. Sie ist traurig »halbe Arbeit« gemacht zu haben. Das Kind ähne zu ihrer Freude dem Vater, der wie sie schreibt ein guter Mensch ist, den sie aber kaum wiedersehn wird.

Auch Brockhusen ist tot.

1. Mai 1919 Nach naßkalten Tagen Sonne und etwas wärmer. Ich wach auf mit dem Gefühl eines bedeutsamen Feiertages. Um 10 Uhr gehn Karl Hans und ich nach dem Exerzierplatz. Züge mit roten Fahnen. Auch Kinder im Zug. Inschriften: »Der Dienst der Freiheit!« – – Leider leider, die Züge gehn kalt und fremd aneinander vorbei, trennen sich. Keine Genossen. Hie Mehrheit – hie Unabhängige – hie Kommunisten. Der Exerzierplatz ist mäßig voll. Zwei Redner sprechen von Tribünen. Unverständlich. Wir treffen Schröders.

Nach Tisch geht Hans mit Margret Bartsch ins Freie. Er bringt ein paar erste Blümchen für Peters Bett mit.

Stiller Nachmittag. Karl schläft sich aus. Keine Elektrische geht, telephoniert wird nicht, geklingelt wird nicht. Auf den Straßen spielen die Kinder. Abends lesen Hans und ich noch die Walpurgisnacht.

Gestern mit Thildi zusammen in der »Penthesilea«. Wundervoll ist die Dietrich. Schön.

Thildi spricht über Alexander. Nun fährt sie fort und Alexander bleibt hier. Er will die Anna Bresser nicht aufgeben und Thildi *kann* nicht teilen.

2. Mai 1919 Erster Jurytag für Freie Secession. Schreckliche Sachen eingeliefert. Kolbe spricht von der Zersetzungszeit, in der wir leben, daß Kunst in ihr gar nicht gedeihen *kann.* Der Gedanke von

Taut und Gropius, den alle jungen Künstler jetzt haben, daß nur nach Zerstörung dieser Welt eine neue reine, naiv schaffende entstehen wird, scheint mir mit einemmal einleuchtend.

Auch Rathenau in seinem kleinen Werk über den Kaiser spricht von der Notwendigkeit der Auflösung alles Alten. Von den Niederungen des Geschmacks, der Bildung, der Qualitäten durch die wir durchmüssen, um dann nachher in *Neuland* zu kommen.

Jedenfalls die Sinnwidrigkeit des Kunstlebens jetzt, der Ausstellungen, der Konkurrenz, der Cliquen, der krassen Gegensätze von Nichts- und Alleshabens – das seh ich jetzt ganz deutlich.

Heut abend war Einführung in die Akademie unter Manzel und Haenisch. Eingeführt wurden u. a.: Corinth, Kolbe, Jäckel, Geiger, ich. Barlach und Purrmann waren nicht da. Lehmbruck tot.

Wieder ein Brief von Paula, in dem sie mich zur Rede stellt. Diesmal über den 1. Mai. Das ist nun schon der 3. der Art. Dies ist etwas, was im Nicht-Guten an Julie erinnert. Eine Kurzsichtigkeit und Hastigkeit im Urteil. Andererseits ist es ja auch sehr nett, daß sie ihren Groll nicht verschluckt, sondern ehrlich ausspricht.

Heut nacht endlich wieder einmal vom Peter geträumt. Mir fiel ein, es wäre ja noch eine Möglichkeit, daß er zurückkäme, denn er wäre nicht tot, sondern seit Kriegsbeginn gefangen und wir ohne Nachricht. Dann der Gedanke, was unterdes mit ihm geschehn sein könnte. Daß er krank sein könnte. Große Angst kam über mich.

Sonntag, 4. Mai 1919 Schreckliche Geschehnisse in München. Landauer erschossen?

[6. Mai 1919] Landauer ist wirklich tot.

8. Mai 1919 Heut sind die Friedensbedingungen heraus. Furchtbar.

9. Mai 1919 Die Schwalben sind da!

In der Jury eine kleine Liebesgruppe von Krückeberg gesehn, Mädchen, das einem Mann auf [dem] Schoß sitzt. Ähnlich meinem Motiv. Es hat mir recht wohlgetan daran zu sehn, daß doch meine Arbeit künstlerisch war.

Von einer Akademiesitzung kommend ging ich die Linden runter. Es ist der zweite warme Tag, ganz sommerlich. Wunderschön war alles, der Himmel voller Licht, das Grün noch zart, alles wie verklärt. Da fühlte ich Berlin wieder mal als Heimatstadt, die ich liebe. Das Schloß und dahinter die Marienkirche. Wie lang kenn ich das alles, habs in 20 Friedensjahren und in 4 Kriegsjahren gesehn und zur Revolutionszeit. Und jetzt wo ein so furchtbarer Friede uns droht. Das Schloß ist noch immer nicht ausgebessert. Der Balkon, von dem der Kaiser damals sprach, ist halb zerschossen, die Portale schlimm beschädigt. Symbol für den zertrümmerten Glanz.

21. Mai 1919 Wieder lange nichts aufgeschrieben.

Am 13. abends kommt Kati Rupp und schläft bei uns.

[14.] Hansens Geburtstag. Keine Lichtchen. Der Karl hat ihm ein Ohrpräparat geschenkt, ich den Taut »Die Stadtkrone«. Um den Tisch liegen Birkenblättchen und Himmelschlüssel. Nach Tisch fahren wir nach Wildpark. Wir drei, Kati, Schmidts und Kathrine Laessig. Von Sterns konnte keiner, auch Lise nicht, da sie abends Rele erwartet. Wir machen einen schönen weiten Gang. Über das Bayerische Haus nach Werder. Karl kommt mit Fieber zurück, legt sich und ist mehrere Tage krank. Er meint es hängt mit der Fistel zusammen.

Am Sonntag kommen abends Georg Lise und Rele. Rele wirkt reifer. Doch jugendlich elastisch und voll Kraft. Sie gefällt mir gut. Hanna ist noch bei Brahms Eltern. Heut als ich bei Sterns bin sagt mir Lise, daß Hanna und Brahm heiraten wollen. Bei Tisch saßen heut die 3 großen Mädels mit den Eltern. Sie sahen alle drei schön aus.

Heut die großen Demonstrationen in der Stadt. Ich kam halb aus Zufall über die Linden, da demonstrierten die Unabhängigen für Unterzeichnung des Friedens. Eine gewaltige Demonstration. Das große Karree zwischen Altem Museum, Schloß, Dom und Zeughaus Kopf an Kopf besetzt. Auf allen Treppen Menschen. Überall rote Fahnen. Dann wälzte sich ein Zug die Linden runter nach der Wilhelmstraße zu. Am Wilhelmplatz demonstrierte die Mehrheit [Sozialdemokraten] gegen Friedensannahme. Ob es zu Zusammenstößen gekommen ist, weiß ich nicht. Ich fuhr zu Sterns.

Bin öfter in der Secession zum Hängen gewesen. Als ich meine Sachen dort sah, neben Barlachs, wurd ich wieder ganz verstimmt. Was hab ich gearbeitet und wie wenig, wie wenig Gutes hab ich herausbekommen. Ich bin betrübt.

Sehr schön ist von Kolbe ein Jünglingsakt. Von der Schönheit des Heinz Bonus. Ganz wunderbar lieblich in seiner Knabenanmut.

Gestern Abend sagt Karl, er hätte in der Nacht so einen wunderschönen Traum gehabt. Wir wären in einem Saal mit vielen Menschen, zwischen denen ein Knabe herumspielt. Und Karl entzückt sich an seiner Anmut, Keckheit, seinem Temperament. Dann kommt ein roher Mensch, stößt das Kind, es fällt und weint. Karl nimmt es in den Arm um es zu trösten, und wie er es im Arm hat ist es unser Peterchen, er faßt den Karl um den Hals und der hat ihn an der Brust. Er sagt es war ein himmlisch seliges Gefühl.

Am Montag mit Hans die Neunte Symphonie gehört. Weingartner. Besonders das Adagio unsagbar schön. Aber die Jubelchöre des letzten Satzes passen schlecht zu dieser Zeit. Am Sonntag Trauerfeier für Gustav Landauer.

»Sei nur getrost und sehr freudig!« (Buch Josua)

Mit Hans in der Akademieausstellung gewesen. Einen ganz starken Eindruck von Metzners Arbeiten gehabt. Vor allem von der Frau in der schräg geneigten Kopfhaltung. Das ist ganz gut.

Er hatte in seinen letzten Arbeiten zu lösen angefangen, was bis dahin immer Problem war. Das schematisch Dekorative fiel ab und er fand schließlich für sein Empfinden die Form.

Ich wollte ich könnte da einsetzen, wo er aufhörte.

Neulich bei den Sozialistischen Studenten Alexander sprechen gehört. Dann mit ihm und Anna Bresser ins Vegetarische [Restaurant] gegangen. Dann brachten sie mich noch ein Stück. Bin traurig wenn ich an Thildi denke. Alexander wird nicht so bald von etwas, das ihn ergriffen hat, losgelassen. Er geht bis zu Ende. Besessen und eigensinnig. Oder *es* geht mit ihm bis ans Ende. So kann er Anna Bresser nicht loslassen. Aber die Thildi?

Sonntag, 25. Mai 1919 Mit Karl zusammen in der Landauer-Feier gewesen. Bab hat gut gesprochen. Und warm. Als er endete mit den Worten des Shakespeare auf den Brutus: »Er war ein Mann« rief von oben laut eine bebende Stimme: »Er war der Messias!«

Dann hat die Dietrich schöne Gedichte von der Hedwig Lachmann gelesen. Und zu Anfang und Schluß Musik – Schubert und Beethoven.

Es war eine Feier, die seiner wert war.

Oben im ersten Rang saß er immer mit seiner Frau und seiner Tochter Lotte, manchmal auch mit Gudula und mit Brigitte.

Hans war leider nicht mit. Er ist im Freien.

Zu Haus telephonierte Rele, daß sie am Kleinen Theater engagiert ist. Lise telephoniert, daß Fritz Klatt in München verhaftet ist. Daß der weiße Terror in München herrscht und daß unter anderm ein 18jähriges Mädchen erschossen ist.

Der junge Meier und noch ein junger Mensch kommen, fragen, ob ich die Liebknechtzeichnung der »Freien Jugend« für eine Postkarte überlassen würde.

Anna telephoniert, daß Konrad krank ist.

»Mensch, so du etwas bist
So bleib nur ja nicht stehn.
Man muß von einem Licht
Fort in das andre gehn.«
[Angelus Silesius]

Denk wieder so stark an meine Plastik. Vor allem jetzt an die Gruppe Mutter mit Kind. Will nach den Ferien, wenn ich gut bei Kräften bin und wenn die große Arbeit abgebaut ist, gleich da herangehn. Und zwar möchte ich mir noch einen Abguß machen lassen. An dem das hochgestellte Bein abgeändert wird. Zuarbeitung von Gewandung. Vielleicht gut.

Abends zu Konrad. Anna telephonierte, Konrad wäre nachts krank geworden. Er könnte nicht gehen. Karl war lang mit bei Konrad drin. Er sagte mir nachher, es sei kein Schlaganfall, aber eine ziemlich ernsthafte Nervenerkrankung.

26. Mai 1919 Heut kommt Frau Sonnewald und teilt mit, daß ihr Mann im Sterben liegt und Richard Gönner kommt und sagt seine Mutter sei gestorben. Es ist sehr traurig.

»Wer sich nicht drängt zu sein
Des Höchsten *liebes Kind*
Der bleibet in dem Stall
Wo Vieh und Knechte sind.«
[Angelus Silesius]

Das Furchtbare mit Rüstows. Wir wußten es halb und da Alexander uns mied, schwiegen wir. Aber nun hat Lise mit Alexander

Alexander (1885–1963) und Thildi Rüstow

und Anna Bresser gesprochen. Er ist absolut verwirrt und wahnsinnig. Haltlos, würdelos und verrannt. Gestern abend ist Thildi gekommen. Ganz furchtbar.

4. Juni 1919 Thildi ist bei uns. Alexander wohnt mit Anna Bresser in Wertheimers Wohnung. Thildi will alles abbrechen.

Pfingstsonntag [8. Juni 1919] Morgen fährt Thildi nach Hause. Ohne Alexander. Trotz aller Kraft, die sie hat, innerlich entzwei.

Gestern langes Gespräch mit Alexander. Danach habe ich wenig Hoffnung für Thildi. Er bindet sich so an Anna Bresser, daß er nur halb zu Thildi wird zurückkommen können. Und das kann sie nicht brauchen. Es bleibt wie mir jetzt scheint nur gänzliche Scheidung, oder daß Thildi und Anna sich doch so annähern, daß sie eine Drei-Ehe führen können. Das ginge natürlich nur auf eine sehr behutsame und feinfühlige Weise, nicht derartig brutal, wie Alexander und Anna es bis jetzt versuchten.

Jedenfalls bekam ich aus dem Gespräch den Eindruck, daß Alexander sich nichts mehr vormacht, nicht mit dem Mäntelchen von christlicher Menschenliebe sich beschönigen will, sondern daß er aufrecht und klar seine Handlungsweise sieht.

Sonntag, 15. Juni 1919 Immer noch keine Klärung mit Rüstows. Thildi fuhr am 2. Feiertag nach Suhl und wollte von dort nach Haus. Freitag war sie schon wieder hier. Im Auftrag der Eltern, die Alexander für einige Wochen nach Kohlgrub verpflanzt wünschten.

Heut von neuem langes Gespräch zwischen Alexander und Thildi, ein nochmaliges, an dem auch ich und Anna Bresser teilnehmen sollen steht bevor.

Schrecklich sind diese hin- und herzerrenden Gespräche. Sie entnerven, entkräften und führen zu keinem Resultat.

1. Pfingstfeiertag fahren Karl Hans ich für den halben Tag nach Wannsee. Sind am Wasser.

2. Pfingstfeiertag Thildi auf den Bahnhof gebracht. Weinend fuhr sie ab. Dann mit Hans und Kathrine wunderschöne Fahrt nach Sakrow.

Mittwoch – Donnerstag – bis Freitag mittag Wanderung mit Hans gemeinsam. *Das war wunderschön.* Von Fürstenberg hochgelegenen Feldweg nach Globsow. Lerchen. Wir gaben uns die Hand und waren froh. Rudern und Baden im Stechlin. Weiterwandern bis Rheinsberg. Der Junge singt und ist so fröhlich und gut und mir ist fast so froh zumut wie damals Ostern, als ich mit beiden wanderte.

Rheinsberg übernachten.

Dann über Zuhlen [?] (schöne Rast auf der Landstraße unter Lindenbaum) nach Binenwalde. Frau Endler mit Enkelchen. Essen bei Hackers im Garten. Ruhen oben auf der Lainilschen [?] Höhe. Baden im Kalksee. Durch den Binegrund und die Boltemühle links am Tornowsee entlang nach Forsthaus Tornow. Dort wartet die Lise Ebell auf uns. Dampferrückfahrt. Alt-Ruppin steigt Annie Karbe ein. Nächtigen bei ihr und Lise. Die Nachtigallen singen wie toll in der Nacht.

Freitag 13. Mittags, Karls Geburtstag wieder zu Haus. Finden Thildi vor. Die vielen Rosen auf Karls Tisch. Hans [schenkt] Photographien, ich Landauer »Revolutionsbriefe«. Abends Konrad Thildi Georg, durch Zufall Agaeff.

14. Unser Hochzeitstag. Ganz weniges Zusammensein am Tag. Abends kommt Alexander, spricht mit Thildi. Lise kommt zu Thildi, die drüben in Peters Stube bleibt. Bei mir Erna Krüger.

Sonntag 15. Gegen Abend kommen Alexander und Anna Bresser. Alexander bei Thildi drüben. Ich mit Anna Bresser. Viel Wei-

Käthe und Hans Kollwitz, 1919

nen, Schluchzen von ihrer Seite, was mich bei ihr merkwürdig berührt. Im Gespräch sagt sie, daß von jeher, wenn sie mit einem Menschen die Arbeit an einer Idee teilte, sie es geistig, seelisch und körperlich getan hat. Eine Drei-Ehe schiene ihr nach Thildis Stellung jetzt nicht mehr ausführbar und auch für sie nicht möglich. Wäre auch bereit zurückzutreten.

Dann Alexander mit mir. Sagt sein Gefühl für Thildi und Kinder erwache wieder. Aufgeben könne er keine für die andere. Wenn einer zu Grunde gehen solle wäre er es, handeln täte er nicht. Wie bei Straßenkämpfen einer sagt: Ich schieße nicht, wenn ich totgeschossen werde – meinetwegen. Ich sage: Was soll Thildi bei einer solchen Stellungnahme machen? Er sagt: Das steht bei Gott.

Dann: zu dritt drüben. Anna Bresser kommt schluchzend zurück, sagt: Ich hab mich Thildi ganz hingegeben. Das Katholische ihrer Art. Wie sie nach Thildis Beschreibung kniet.

Entschieden wird gar nichts. Die beiden gehn, Thildi sieht ihnen vom Balkon nach, sieht ihre Umarmung, bleibt sehr niedergeschlagen.

[19. Juni 1919] Montag: nochmal Alexander und Anna Bresser. Alexander teilt mit, daß er bereit wäre, in einiger Zeit nach Illertissen für ein paar Wochen mitzukommen. Wird nichts erreicht damit. Abschied. Abends hebt sich Thildis Stimmung. Dienstag

7 Uhr reist sie ab über Suhl nach Illertissen.

An dem Tag komm ich endlich dazu, etwas für mich zu machen.

Mittwoch: neue Angelegenheit, die meine Zeit nimmt. Stan in Tränen. Einstein verhaftet, es heißt man beabsichtige ihn zu erschießen. Notiz im Vorwärts bringen. Abends Stan noch einmal. Brief an Landsberg. Ob Stan weiß, daß Einstein verheiratet ist und ein Kind hat?

Donnerstag: buntbesetzter Tag mit allem Möglichen. Hitze. Schlappheit. Zeichne die beiden bettelnden blinden Soldaten auf der Tauentzienstraße.

20. Juni 1919 Entscheidungstage über Annahme oder Nichtannahme des Friedensvertrages.

Guter Tag. Früh die Nachricht von Fritz Klatts Rechtsanwalt, daß er wieder in Freiheit ist, nachmittags Telegramm Landsbergs auf meinen Brief, daß er in der Einsteinsache Schritte unternommen hat.

22. Juni 1919 Mit Karl auf dem Sozialistenkongreß gewesen. Kaliski spricht vorzüglich. Im Sinne der Einigung.

Politisch liegt es so, daß die Unterschreibung des Friedens beschlossen ist. Das alte Kabinett ist zurückgetreten. Die Demokraten halten sich aus dem neuen, das unterschreiben will, fern. Es wird gebildet aus Mehrheitssozialisten und dem Zentrum.

Militärischer Gegenputsch in Aussicht?

Heut die Nachricht, daß die ganze deutsche Flotte deutscherseits versenkt ist anstelle der Auslieferung an England! Wozu das?

Lese Tagebuch und Briefe der Paula Becker-Modersohn. Interessant und sympathisch. Ihre sehr guten Arbeiten bei Neumann.

Abends kommt Hans von der Sonnwendfeier der Freideutschen zurück. Trotz des Regens ist ein Feuer geglückt, Wittfogel hat gesprochen. Hans sagt, die Feststimmung hat nicht kommen wollen. Ich kann mir denken, es war die erste Sonnenwendfeier seit 1914. Das Gedenken an all die Wandervögel, die damals mitsangen, ums Feuer tanzten, schwärmten.

Dann haben sie in einer leeren Baracke bei Bodelschwingh ein paar Stunden – naß bis auf die Haut – geschlafen. Dann blieb ein Teil und es ist noch sehr schön gewesen. Käthe Baake.

23. Juni 1919 Die schlimme Nachricht, daß Hans Koch wieder verhaftet ist. Und wie es heut in der Freiheit steht, ist die ganze Kolonie Blankenburg ausgehoben, außer Hans noch 8 junge Leute und 2 Frauen. Sabine Hartung? Und?

25. Juni 1919 Heut alles vorbereitet zum Abbau meiner großen Arbeit. Morgen soll er geschehn.

Mit wie festem Glauben bin ich an die Arbeit gegangen und nun brech ich sie ab. Wie ich oben bei Peter stand und sein liebes lächelndes Gesicht sah, sein hingegebenes, und an all die Zeit der Arbeit dachte, an die Liebe und den Willen und die vielen Tränen, die in der Arbeit liegen, versprach ich es ihm von neuem: Ich komm zurück, ich mache dir die Arbeit, dir und den andern. Es ist nur verschoben. Aber dies Versprechen hat nicht die alte Glut. Ich weiß nicht, ob ich so lange leben werde und so lange mit Kräften leben werde um die Arbeit fertig zu machen. Daß jetzt keine Zeit ist für ein solches Denkmal, das macht nichts aus. Die Jahre gehn vorüber. Und das bleibt, daß das damals heilig war. Wenn die Menschen es jetzt nicht sehn können, so werden sie es später wieder sehn.

Mir fiel Deutschland ein, wie ich Peters Gesicht oben küßte und Abschied von der Arbeit nahm. Deutschlands Sache war ja seine Sache. Und Deutschlands Sache ist jetzt verloren, wie meine Arbeit verloren ist. Nein – wirklich nicht verloren. Wenn ich es erleben darf, daß Peters Arbeit fertig und gut, an schöner Stelle seiner gedenkt und der Freunde, dann ist Deutschland vielleicht auch aus dem Schwersten heraus.

[Bekenntnis:]

»Lange schon haben wir eine Liebe zu dir gekannt
Bloß wir haben sie nie mit einem Namen genannt.
Als man uns rief zogen wir freudig fort
Auf den Lippen nicht, aber im Herzen das Wort:
Deutschland.«

[Karl Bröger]

Sonnabend, 28. Juni 1919 wird der Friede in Versailles unterschrieben.

Wie hab ich mir früher den Tag gedacht! Fahnen aus allen Fenstern.

Ich überlegte immer, was für eine Fahne ich raushängen wollte und kam zu dem Schluß, es sollte eine weiße Fahne sein, auf der sollte groß mit roten Buchstaben stehn: Frieden. Und um den Schaft und die Spitzen sollten Girlanden und Blumen hängen. Denn ich dachte es würde ein Verständigungsfrieden sein, und der Tag, an dem er verkündet werden sollte, sollte der Tag des »schluchzenden Erkennens« sein, das weinende Glück, daß *Frieden* sei.

Die Arbeit in meinem Atelier ist abgebaut. Peters Gestalt liegt beiseite.

Nun weiter! Auf Serpentinenwegen *doch* zu ihm heran. Aber langsam und unterdes das tun, was auch noch zu tun ist.

30. Juni 1919 Heut Hanna Hofers und Hans Brahms Hochzeitstag. Trübes kaltes Wetter.

Nachmittags: Es war schön bei Sterns. Ein frohes helles Fest. Es waren da: Konrad, wir drei, Bernhards mit Lore, Theodors, Kati Rupp. Hanna unter ihrem Rosenkranz sah wunderwunderschön aus. Der Karl las etwas vor. Daß die Jetzigen die alten Feiern ablehnen als zu roh und nach außen gerichtet. Daß wir auf die Weise aber überhaupt darum kommen, Feste feiern zu können. Daß die Kommenden den *Sinn* der alten Feste aufnehmen sollen und es neu lernen sollen, Feste zu feiern. Den neuen Lebensformen neue Feste anpassen sollen. Dann sangen Georg und Max zu Klavier und Geige eine Bachsche Hochzeitskantate. Dann draußen ein Ständchen zu dem man tanzte. Dann Hans mit seinem lustigen Pegasusgedicht. Musik immer von neuem, Hans und Wertheimer Fortsetzung des Pegasusgedichts. Georg Max Rele und Lore Bernhard: »Schön ist das Fest des Lenzes ...« Mir klang das wehmütig – »der Tage drei«!

Gedenken an die Fehlenden. Die beiden, die hier mit dabei waren – der Peter und der Julius. Der Julius hätte es auch sein können, der die Hanna heimführt.

Sonntag, 6. Juli 1919 Was hat der Karl für eine Kraft in sich. Zu Zeiten freilich ist er müde und dann auch unproduktiv und langweilig. Aber dann kommen Zeiten, in denen er direkt sieghaft wirkt. Sieghaft über seine 56 Jahre, die viele mühsame Arbeit, sein Lei-

Hanna Stern 1919

den. Dann ist er wundervoll. Werde ich ohne ihn leben müssen oder er ohne mich? Wir werden einander sehr vermissen. Er hebt, belebt mich. Aber am schönsten ist seine Liebeskraft. Sie kommt aus einer frohen Güte, die mir manchmal ganz unglaubhaft vorkommt. Diese Liebeskraft macht, daß er wiedergeliebt wird, von so vielen vielen. Vor allem aber von Frauen und Kindern. Daß er z. B. unserer Lene, als sie auf Urlaub ging, eine Apfelsine kaufte.

Die liebe Mutter ist am Freitag zu Schmidts herübergekommen. Gestern war Lise dort. Es hat sie traurig gemacht. Die Anna ist so gut und freundlich zur Mutter, aber die Mutter fühlt sich verwirrt und auch wohl etwas verletzt, daß mit ihr geschieht. Lise meint auch, daß es Anna zu schwer sein wird. Eine Aufwärterin hat sie vorläufig nicht und nun kommt die Mehrarbeit. Für Lise schwer.

Immer dieselbe Frage: Hatte sie ein Recht, Mutter jetzt fortzugeben? Ja, sie hatte ein Recht. Und von Anna ist es gut und liebevoll gedacht, Mutter zu sich zu nehmen. Sie hat es sicher sehr gut dort.

[8. Juli 1919] Der 8. Juli: mein Geburtstag. 52 Jahre bin ich alt. Früh war strahlendes Wetter, aber jetzt – vormittag – ist die Luft erdrückend. Ganz stillstehend. Dämmerungslicht, nicht von Wolken ausgehend sondern von der Dicke der Luft. – Des Streiks wegen hatte früh Frau Ziems noch keine Blumen gebracht. Sie brachte sie jetzt, ich habe sie in Vasen getan. Herrliche schwer duftende Blumen. Beim Hans oben ein paar Rosen und beim Peter, beim Peter! Beim immer Fehlenden.

An Hans Koch in Untersuchungshaft geschrieben. In dem Sinn, daß er nicht Deutschland für immer verlassen darf.

Nachmittag kam Kathrine und wir vier fuhren nach Heiligensee heraus. Hans badete im Heiligensee, Karl war in der Badeanstalt, die auch Sonnenbad ist. Kathrine und ich saßen am Ufer. Kathrine bleibt die Nacht bei uns. Wir lesen abends in »Hermann und Dorothea«.

[19. Juli 1919] Heut am 19. ist Gottfried Kellers 100jähriger Geburtstag. Der liebe Keller, wie Wundervolles hat er uns allen gebracht.

Stans Traurigkeit. Beginnt an Einstein zu zweifeln.

Und Alexander soll doch nach Freiburg zu Anna Bresser gefahren sein.

Ein unerwartetes Höhersteigen meiner Arbeitskraft. Von Tag zu Tag fürcht ich, daß es wieder aus ist damit. Aber noch geht es. Hab den Steindruck zu den Kriegssteinen »Nachricht« gezeichnet, vielleicht bring ich auch noch die »Witwe« fertig und vielleicht auch noch die »Toten«. Ging heute nach der Morgue um die Leichen einer Mutter und ihres Kindes mir anzusehn. Sie lagen nicht öffentlich, wurden mir schließlich gezeigt. Wie anders hatte ich sie mir gedacht. Wie entsetzlich sehn Wasserleichen aus. Grauenvoll, diese Gedunsenheit und Verfärbung. Scheußlich.

Vom Hans Koch ein guter lieber Antwortbrief aus der Untersuchungshaft.

Sonntag, 20. Juli 1919 Max telephoniert mir die Telegramme Alexanders und Anna Bressers. Befürchtung, das letzte Telegramm könnte ein Abschied sein: »Suchen Lösung und Erlösung.

Gefallen (2. Fassung, 1921). »Ein unerwartetes Höhersteigen meiner Arbeitskraft. Von Tag zu Tag fürcht ich, daß es wieder aus ist damit. Aber noch geht es. Hab den Steindruck zu den Kriegssteinen ›Nachricht‹ gezeichnet ...«

Betet für uns«. – Telegraphiere nach Suhl und bekomme Nachricht zurück, daß Alexander heut am Montag nach Illertissen reist.

Karl und ich Sonntag abend bei Schmidts und der Mutter. Hans draußen mit Max Immanuel und Otty Ehlers.

Abends seltene schöne Liebesstunde.

25. Juli 1919 Im Atelier gewesen und aufgeräumt. Katharina Heise gesprochen. Sie beklagt sich, nicht gut genug im »Sturm« behandelt zu sein. Geh nachher zu ihr rauf und seh etwas von ihren neuen Sachen. Eine Gruppe, ein Liebeskuß, find ich stark und talentvoll. Nur stört mich bei ihr das forcierte Verleugnen der Natur. Aber Talent hat sie, auch Temperament. Dazu Arbeitswut, Gesundheit, auch etwas Dreistigkeit und viel Geld. Dann wird es ihr schon glücken an die Stelle zu kommen, wo sie sich hinwünscht. Ihren Platz an der Sonne zu erobern.

Soeben war der Junge Sohn von Fritz Dannenberg hier. 17jährig. Aus Leipzig. Aus vaterländischem Pflichtgefühl bei den Regierungstruppen (Lettow-Vorbeck) eingetreten, fühlt er sich jetzt schon unsicher. Weiß nicht, wo das Rechte liegt. Ein zutraulicher, offener lieber Kerl, mit dem man gleich vertraut wird. Hübscher dunkler blühend gesunder Junge.

1. August 1919 Was für ein Erinnerungstag!

Heute vor 5 Jahren ging es los, all das Entsetzliche, das mir jetzt fast noch unbegreiflicher, nackter scheußlich vorkommt als damals.

Wie wir von unserm Hotel in Königsberg die abziehenden Soldaten singen hörten. Karl war hingelaufen. Ich saß auf dem Bett und weinte weinte weinte. Ich wußte alles schon damals.

[August] 1919. Nach der Sommerreise In Kohlgrub gewesen mit Thildi zusammen. Auf der Hinreise Hans Koch in der Untersuchungshaft in München aufgesucht. Der joviale Wärter. Lang mit Hans im Korridor auf und ab gegangen. Als wir zurückkamen, war er schon in Augsburg. Seinen Rechtsanwalt Dr. Steppacher aufgesucht, der sich sehr zuversichtlich aussprach. Freilich hat er seine Sache nicht mehr selbst in der Hand, sondern ein Augsburger Rechtsanwalt. Hier zu Hause in Berlin find ich dann einen Brief von Fritz Klatt vor, der sich besorgt über Hans äußert.

– Kohlgrub, das Leben zu Dreien bei Frau Mangold. Essen unten im [Gasthaus] Adler. Mit Thildi ist es schön. Meist ist sie froh. Mitunter doll lustig. Einmal als sie so war fragte ich sie, ob ihr wirklich so lustig zumut sei. Da sagte sie: »Ja. Ich muß mich immer zusammennehmen um nicht ganz ausgelassen zu werden.«

Hin und wieder dann sank sie zusammen und wurde traurig. Sehr traurig und niedergeschlagen. – Karl und ich merkten lange die Berliner Gereiztheit. Wir haben uns so auf den Sommer gefreut, aber in dieser Ruhe kommt alle Nervosität, die sich aufgespeichert hatte, wieder heraus. Das ist sehr schade. Vielleicht lag es auch daran, daß wir nicht allein waren sondern zu dritt.

Dann kam von der Zugspitze Hans eines Morgens wie wir auf dem Balkon frühstückten. Braun und heiß und stark, eine wahre Augenfreude. Die Ehlersschen Mädchen kommen. Der Abend mit der Klampfe. Wie Hilde dann auf der Liegewiese im Mondschein kopskegelt. Ein Gespräch mit Hans, als wir nach Haus kommen, er spricht über Annie [Bender] und über die andern Mädchen. Die Schwäbin, die ihm so gut gefallen hat.

Dann reist er nach der Ostsee um Annie [Bender] zu treffen. – Wersins [?]. Die Hertha Wersin [?]. Thildi, die aus früheren Zeiten erzählt, wie lustig sie mit Wersin [?] war. Bei jeder Quelle geküßt. Wersins [?] Stellung zu ihrem Kind. – Gerhards. – Wir reisen ab. Thildi bleibt allein zurück, schreibt traurig. – Auf der Hinreise hatte ich Bonus' besucht. Fand alle. Helga gesund frisch, kein Mensch sieht ihr ihre Krankheit und ihre Briefe an. Erst immer ein bißchen befremdet bei Bonus', dann ist es sehr schön.

Berlin holt Hans uns abends ab. Heiß, schlechte Luft. Tag darauf Rele im »Kleinen Theater« gesehn. Neben Sterns gesessen und ihrem Freund Frisch, der alles mitmimt von seinem Platz aus. Heinz für kurze Zeit. Dann mit Sterns [im] Café Bauer gesessen und über Mutter gesprochen. Lise erzählt, daß die liebe Mutter einmal von Schmidts, ohne daß die es merkten, weggegangen ist. Auf der Straße herumgeirrt ist. Daß Schmidts die Mutter auf der Polizei wiedergefunden haben. Sehr blaß. –

Wir gehn noch zu Schmidts. Finden alle drei blaß und etwas müde. Während ich (im Haus) bei Mutter bin, spricht Karl mit den beiden über Mutters Übersiedelung zu uns. Es wird so gut wie beschlossen.

Karls Arbeit beginnt gleich wieder toll. Ich will erst sehn, ob Mutter jetzt gleich kommt – dann muß Peters Stube geräumt werden.

Annie Karbes Brief – ich soll nach Neu-Ruppin kommen wegen der Denkmalsangelegenheit.

Ganz froh macht mich Hans. Immer mehr hab ich den Eindruck, daß ein Kern sich festigt in ihm. Er ist ruhig, freundlich. Arbeitet und schaut um sich und in sich. Vertrauensvoll erzählt er von Annie und den Tagen mit ihr. Er sagt sie hätte sich sehr entwickelt, viel stärker wie er. Ihre Stellung zur Religion, die ihm in Bonn noch etwas formell vorkam, ist vertiefter. Sie hat Willen und Ruhe. Er möchte sehr gern mit ihr nahe bleiben, aber merkwürdigerweise – körperlich lieben tut er sie nicht.

Ich sagte folgendes: Damals in Bonn als er sie liebte, drängte es ihn zu vollem Verkehr. Sie wehrte. Ich nehme an, daß damals eine so starke Verdrängung der Sexualität bei ihm stattgefunden hat, daß die späteren homosexuellen Gefühle und das geringe Gefühl Mädchen gegenüber vielleicht darin seinen Grund finden. Er spricht vom Sommer 1914. Ich erstaunt, ich glaubte, daß erst später im Kriege er das kennengelernt hat. Er: »Nein – Erich!«. Dies hat mich erschüttert. Er liebte den Erich. Ich ahnte das nicht, dachte nur an Peter und Erich. Nun weiß ich alles, *was* der Junge hat entbehren müssen, als Norwegen ihm entwunden wurde. Als er den engen Bund der andern sah, ihr gemeinsames in den Krieg Ziehen, ihr gemeinsames Totenopfer.

Hans, meinte ich, fühlte sich nicht ganz so mit ihnen verbunden, stände mehr für sich. Lieber lieber Junge. Ich glaubte Dich so lieb zu haben, daß ich Dich kennte und hab das alles nicht gewußt. Lieber Stiller Schamhafter. Du hast sehr gelitten. Und ich dachte zumeist nur an meinen eigenen Schmerz. Eine Erinnerung quält mich, Hans! Wir standen nach Peters Tod in seiner Stube am Ofen, umarmt. Weinten. Ich dachte an die Bibelworte: »Ich will euch trösten, wie einen seine Mutter tröstet«. Ich sagte weinend: »Aber wer wird die Mutter trösten?« Ich fühlte wie Du mich liebtest in dem Moment, wie *Du* der sein wolltest. Und trotzdem ich das fühlte, sagte ich im selben Moment: »Er selbst wird mich trösten« und empfand: Peter. Ich empfand auch Dich und wie Du still warst. Und daß ich Dir weh getan hatte. Lieber wie warst Du immer still und zart. Lieber geliebter Junge, mein Hans.

11. September 1919 Hier in unserer Gegend in der Stadt rumgewesen, auf dem Wörther Platz gesessen. Noch nie sind mir die Berliner Kinder nachdem ich vom Lande kam *so welk* vorgekommen. Traurige Kinder. Nein es geht nicht anders: Die großen Städte *müssen* aufgehoben werden. Auf gesunde Kinder kommt es vor allem an.

Auf der Reise von München nach Berlin der junge Berliner Arbeiter (?), krank, wohl lungenkrank. Ganz erregt kam er immer wieder auf seine Reise zu sprechen. Auf das Leben oben auf der Alm. Übers Jahr müßte er *bestimmt* wieder hin. Dann holte er aus dem Rucksack eine Rolle und rollte ein Aquarell aus, das er besah und wieder beiseite steckte und wieder besah.

13. September 1919 Welch herrliche heiße Spätsommertage. Nachts Vollmond und im blauen Nachthimmel die Sterne. Auf dem Platz bis spät in die Nacht junge Menschen, die singen und Mandoline spielen. Und die Alten sitzen ringsum auf den Zäunchen und hören zu. Es ist wie um Johanni. Wehmütiger weil man weiß, es ist alles bald zu Ende.

Stan war da. Sie geht nächster Tage nach England. Schwerlich kommt sie hier wieder zurück. Ich hab sie so sehr gern. Einsam fühlt sie sich.

20. September 1919 In diesen Tagen räum ich Peters Stube aus, damit die Mutter einziehn kann. Das ist eine so wehmütige Arbeit. Heut den roten Schrank. Seine Malsachen. Seine Fortschritte zu sehn. Die Skizzenbücher halb voll Zeichnungen, halb voll Betrachtungen, halb Briefen an Freunde. Ein angefangenes Tagebuch von der Thüringer Reise, das Erlebnis mit dem bösen Hund: »Mein Vater traf ihn mit dem Stock auf den Kopf.«

Noch steht sein Bett mit den letzten Blumen daran. Heilig war seine Stube.

[21. September 1919] Sonntag. Heut bin ich an das Bett gegangen. Seine lieben Sachen liegen nun zusammen in einem Fach des Schreibschranks. Nun ist seine Stube fast ganz aufgelöst.

Als ich von einem Gang kam, waren Walter Koch und Gertrud Ziese da, die frohe Nachricht bringen, daß Hans Koch *frei* ist!

[23. September 1919] Am Dienstag 23. September zieht abends die Mutter bei uns ein. Lise hilft mir vorher die Stube einräumen.

Nun ist die Mutter bei uns. Wenn doch alles so schön würde, wie es wohl noch sein kann, auch jetzt noch in Mutters Dämmerzustand.

Lise spricht von Rele. Frisch ist lungenkrank und Rele will nicht von ihm lassen. Sie sind beide sagt Lise unvernünftig und aasen mit ihrer Gesundheit. Die Vorstellung: Wenn es bald zu Ende gehen soll, dann jetzt noch in vollen Zügen trinken. Lise sagt richtig, es handle sich ja nicht um entweder ganz gesund sein oder tot sein, es handle sich für Rele möglicherweise um langes langwieriges Leiden. Lise sagt sie kann ein Haßgefühl gegen Frisch nicht unterdrücken.

Lise hat übermäßig zu arbeiten, weil sie ohne Mädchen ist und ihre 3 Kinder, anstatt ihr wesentlich zu helfen, nun noch in Doppelzahl bei ihr essen. Dazu all das seelisch Schwere.

Karl hat die Freude und Genugtuung zu sehn, daß seine angestrengte Arbeit zum Stadtverordneten endlich anfängt erfolgreich zu sein. Er überwindet mit unglaublicher Energie die eingewurzelte Unsicherheit und Nervosität. Jetzt bringt er es schon fertig, in der Debatte frei zu sprechen.

Das ist fein zu sehn, wie er nicht nur Arbeit andern anrät, sondern selbst mit eiserner Ausdauer arbeitet entgegen all seinen Mängeln.

Seine Auffassung vom Menschen und seinem Wert fanden wir zufällig gerade jetzt in einem Vers von Rossegger so gut gesagt:

Die Mutter Käthe Schmidt (1837–1925) in der Weißenburgerstraße mit ihren Töchtern Käthe (links) und Lise

»Ich bin Mensch geworden in der weiten Welt.
Keiner steht von allen, die da leben,
Keiner über mir, keiner unter mir,
Ich bin jedem beigegeben.«

[Ende September 1919] Die liebe Mutter. Manchmal leidet sie. Sie ist dann niedergeschlagen, sagt es sei ihr so sehr wirr im Kopf. Dann kennt sie sich gar nicht aus, weiß nicht wo sie hingehört. Und so rührend ist dann wenn sie so ernst und würdig und bewegt die Hand gibt und dankt, daß wir sie bei uns behalten wollen. Dann fühle ich solche Liebe zu ihr, die ihr viel opfern könnte. Das Schwerste hat die Mutter schon hinter sich, die Zeit, wo es ihr oft zum Bewußtsein kam, daß ihr Kopf nicht standhielt. Jetzt ist sie ja meist fröhlich, aber ergreifend ist es sie in den Momenten zu sehn, wo auch jetzt ihr noch die Erkenntnis aufdämmert und sie sich so hilflos verwirrt fühlt. O Gott sei Dank, daß wir leben und die Mutter bei uns haben können, daß nicht fremde Menschen sie gleichgültig und schonungslos halb unwillig neben sich dulden.

27. September 1919 Heut ist Richard Nolls Todestag.

Sonntag, 28. September 1919 Der alte Erinnerungstag. Hans ist draußen bei den Ehlersschen Mädchen. Nachmittag kommen Lise und Georg, wir sitzen zusammen in Mutters Stube. Karl arbeitet abends für den Ärztebund und liest mir sein Geschriebenes vor.

Wie ich schlafen gehn will spricht Karl von jenem Tag und sagt, daß ich mich der Erinnerung augenscheinlich entziehe. Es ist der Fall. Warum? An die ganze Brautzeit denk ich nicht gern, erinnere mich nicht gern. Nicht gerade ungern aber nicht gern. Liegt da ein Freudsches Vergessenwollen drin?

Jene Zeit kommt mir so fern vor als ob ich [sie] kaum durchlebt hab. So unentwickelt. Wohl gab es starkes und warmes und echtes Gefühl, weiß Gott, aber das war doch mehr in mir eingeschlossen. Was davon nach außen trat in die konventionellen Erscheinungen des Brauttums war mir nicht ganz echte Form. Ich ließ mich biegen damals. Viel wahrer war die Ehe. Schon in der ersten Zeit. Da gab es Sturm, freie Luft, keine Sentimentalitäten, kein hergebrachtes konventionelles Gehaben. Das war wohl dem Fernsein von Königsberg zu danken. Dann Schwangerschaft, Gebären. Kinderhaben, Arbeiten. All das waren Realitäten die echt waren.

Vielleicht erklärt sich so meine Abneigung, die Verlobungszeit zu kultivieren oder auch nur anzuerkennen.

Lore Schumann war hier. Ich sah mit Staunen ihre geistige und körperliche Frische. Sie sagt, das komme von der Arbeit für die Steinerschen Ideen her. Sie hat wohl recht und das gibt zu denken. Ob, wenn ich Theosoph würde, ich wohl auch diese Neugeburt durchmachen würde? Dann möcht ich es wahrhaftig werden.

Der letzte Grund, warum ich jetzt nicht glücklich bin, liegt wohl im Altern. Daß nichts mehr klappt. Ich bin unzufrieden, daß ich nicht zum Arbeiten komme und weiß dabei, daß wenn ich Zeit und Ruhe hätte ich auch nicht arbeiten würde, weil ich nicht könnte oder doch nur periodisch könnte. Meine äußere Anerkennung nimmt zu, man ehrt mich in allen möglichen Weisen und ahnt nicht, daß mein Arbeiten *Vergangenheit* ist. Daß es *war.*

Warum werd ich bloß so früh alt?

Soll ich etwas anderes vornehmen? Der Karl sagt, wenn er alt und unbrauchbar wird, dann würd er immer noch zum Messerputzen oder sowas taugen und wär damit zufrieden.

Ich bin aber nicht zufrieden. *Es frißt an mir.* Und ich langweile mich. Und find es unerhört die Tage so zuzubringen, wie ich sie zubringe. Und kann doch nicht anders. Übernommene, freiwillig übernommene und allmählich erwachsene Pflichten binden mich. Vor allem aber bindet und lähmt mich das gewisse Gefühl, daß ich Freiheit nicht mehr nutzen könnte.

[Anfang Oktober 1919] Heinrich Braun hier mit seiner älteren Freundin und Lena Maass. Ich zeige ihnen die Steindrucke zum Kriege. Lena Maass spricht über ihre und meine Arbeit. Sie sagt ich habe den Boden bereitet mit Anklage und Zorn und Leiden. Nun aber kommt eine Generation nach, die weder anklagt noch empört ist noch leidet. Sie will das Seiende geben in Ruhe. Außerzeitlich.

Es hat mir sehr wohlgetan von den Dreien gestern zu hören, daß sie die Steindrucke eine Weiterentwicklung nennen. Auch Lehrs schrieb mir ja so. *Wärs so!* Mitunter hoffe auch ich und ahne, daß es eine Weiterentwicklung ist.

Hab die Liebknechtzeichnung jetzt als Steindruck vorgenommen.

Hab heut eine Skizze gemacht: das alte »Opfer«. Die junge Mutter, die ihr Kind darbietet, aber die die Füße kaum tragen. Sollte auch das nicht als Steindruck in ein paar Linien möglich sein?

Im Steindruck seh ich überhaupt die einzig mir noch mögliche Technik. Eine Technik, die fast keine ist, so einfach ist sie. Es kommt eben da nur auf das Wesentliche an.

Nun ist wieder der Oktober da mit allem schweren Erinnern.

[12. Oktober 1919] Heut ist der 12. Oktober. Heut sah ich ihn zum letzten Mal. Karl und Hans sind im Theater. In der Tollerschen »Wandlung«. Ich hatte Furcht mitzugehn, weil alles Entsetzliche des Krieges einem da wieder vorgeführt wird. Ich will nicht das Leiden aufsuchen. An Hans Hoyer geschrieben.

Abends kommt Lise. Mutter sie und ich essen zusammen zu Abend und ich begleite dann Lise noch bis zur Stadtbahn. Wir sprechen über das Altern. Lise sagt, daß sie doch eine Freude darin empfinde jetzt weiter und freier das Leben zu überblicken. Augenscheinlich, sie tut es. Bei ihrer vollen Hausarbeit bringt sie es doch fertig im Geistigen weiterzukommen. Das Bizarre, das sie früher leicht hatte, die Neigung zum Paradoxen und Exzentrischen verschwindet mehr. Sie ist jetzt ein reifer und reicher Mensch. Übrigens hat sie ein wundervolles Gesicht.

Es scheint ihr auch sehr gut zu tun daß nicht mehr die Mutter bei ihnen ist. Sie kann sich jetzt ganz anders rühren und das Gefühl des nicht mehr so ganz Gebundenseins tut gut.

Vom Alexander sprach sie noch und der Anna Bresser. Alexanders wörtlichst genommenes und ausgeführtes Bestreben, alles mit Anna zu teilen, geht bis ins Bornierte und Lächerliche. Z. B. die Kinder schreiben Alexander Karten, die aber *Alexander* und nicht Anna Bresser lesen soll. Darum gibt Lise sie ihm allein. Alexander schreibt sie wörtlich ab, um sie Anna Bresser wissen zu lassen.

Wie kann bloß ein Mensch so ochsenmäßig dumm sein? Ein sonst kluger Mensch?

Als Lise einmal mit Anna Bresser allein darüber spricht, daß Alexander in Verbindung bleiben soll mit den Kindern, daß das aber eine Sache ist, die *nur* Alexander und die Kinder angeht, *sie* in keiner Weise – daß sie im Gegenteil sich fernhalten muß hierbei, ist Anna Bresser dem gegenüber nicht verschlossen sondern ziemlich verständnisvoll.

14. Oktober 1919 Lisens Geburtstag. Sie will ihn nicht beachten, aber ihre Kinder wollen ihn feiern. Karl, Hans können nicht hin, ich gehe in der Kaffeezeit. Ein blumenbedeckter Tisch, Lise unten am Tisch, oben Georg. Konrad, Max und die jungen Paare. Eva Stern. Georg mit den Mädchen singt Mozart aus der »Zauberflöte«. Es ist wieder mal so ganz schön bei Sterns.

Der Gedanke drückt und schmerzt, daß vielleicht ja wahrscheinlich Georg und Lise fortmüssen von Berlin, weil die AEG verlegt wird. An so etwas hab ich früher nie gedacht.

Rele zu sehn freut nicht. Sie sieht gut aus, sehr hübsch, aber nicht glücklich und nicht gesund.

Hanna wundervoll. Mit ganz zurückgestrichenen Haaren. Das Gesicht unendlich ruhig und gesättigt, einfach und rein.

Und auch Julius' Geburtstag.

[15. Oktober 1919] Und heut am 15. kommt eine Zuschickung von der Kunstgewerbeschule. Es wird eine Gedächtnisausstellung der Gefallenen gemacht, »um seine Persönlichkeit noch einmal lebendig werden zu lassen«.

Die liebe Mutter phantasiert immer von den Kindern. Ob sie ihre eigenen meint oder die Sternschen ist nicht zu wissen. Aber entweder sorgt sie sich, daß die Kinder nicht zur Zeit nach Haus kommen, oder daß sie draußen frieren, oder daß sie irgendwo vorläufig untergebracht sind und sie sie jetzt zurückhaben will. Dann bittet sie mich an die Leute zu schreiben und ihnen herzlich zu danken, daß sie sie so lange behalten haben und ich solle die Pension nicht zu knapp bemessen. Das alles spricht die Mutter mit dem Ausdruck eines ganz liebenden zarten innigen Menschen.

Ihre traumhaften Vorstellungen sind fast immer bei »den Kindern«.

Von Oda Olberg, die im Kriege in Italien leben mußte, ein paar Worte im Vorwärts, in denen sie ihren Beitritt zur Mehrheitspartei ausdrückt. Sie spricht von der Vaterlandsliebe, die in der Ferne immer wächst.

[Mitte Oktober 1919] Kerr in einer Kritik spricht vom Strindbergschen »Traumspiel«, nennt es eine Alterserscheinung, das Produkt eines verwundeten vornehmen Gemüts aber auch eines gealterten Trinkers. Sagt, Strindberg hat nie das Wort gekannt:

»Ich komm – ich weiß nicht woher –
ich geh – Ich weiß nicht wohin –
was ists daß ich so fröhlich bin.«

Und das Goethesche: »Es sei wie es wolle es war doch so schön.«

Und davon sagt er, daß man es auf die Gräber schreiben solle.

Das sagt Kerr nachdem ihm vor vielleicht zwei Jahren seine junge Frau starb. Hat der Mensch eine schöne Lebenskraft.

Karl gibt mir einen Aufsatz vom Psychoanalytiker Simmel, der die psychischen Erkrankungen unserer Zeit psychoanalytisch zu erklären sucht (Alexander Rüstow!).

Auch in dies Gebiet schlägt der Haßartikel »Hindenburg«, den ich mir aus der Freiheit ausgeschnitten habe.

[22. Oktober 1919] Seit 3 Tagen versuch ich wieder in Siegmundshof zu arbeiten. Es scheint zu gehn, daß Mutter vormittags allein bleibt. Und ich habe Hoffnung, daß ich dort, wo ich die 3 Stunden ganz still bin, auch wieder werde arbeiten können. Ich hab die beiden Plastiken angesehen, die kleine Elterngruppe und die Frau mit dem Kind. Zuerst war ich ratlos und wußte nicht hin und nicht her. Aber nun fang ich an mich in die große Gruppe einzusehn. Ich bin auf den Gedanken gekommen der Frau ein Kleid umzulegen. Reichliche große Falten.

Tag darauf [23. Oktober 1919] Wieder bin ich schwankend geworden. Ein Kleid wäre gut, wenn ein Kleid viel ausdrücken könnte. Mehr als ein Akt. Das Schlimme ist, daß ich in beidem erst meine Art, meinen Stil finden muß. Und noch ist mir Akt wie Kleid fremd und sprechen tut nach wie vor nur die Gesamthaltung, das Gesicht, die Hände. So taste ich vorläufig ganz im Dunkeln. Immerhin glimmt mir ein kleines Licht, eine Hoffnung geht mir auf und die läßt mich zuversichtlicher sein und froher in diesen Abschiedstagen.

Gestern kam die treue Kathrine. Sie vergißt nicht Peters Tage. Zum ersten Mal seit Oktober 1914, daß kein Kranz über seinem Bett hängt. Sein Bett ist ja fort aus seiner Stube. Seine lieben Sachen sind im Schrank meinem Schreibtisch gegenüber.

Wie zerstreut war ich gestern und bin ich heut, wie vielerlei geht mir durch den Kopf. Wie anders verlebte ich sonst diese schmerzvollen Erinnerungstage.

Abends zu einem schönen Kirchenkonzert in den Dom gegangen. Hilde Ehlers spielte die zweite Geige.

Ich kam zuerst und allein hin. Dann Hans, der sich in die Bank mir gegenüber setzte. Drei junge Männer saßen da nebeneinander, zwei fremde und Hans. Der erste fremde hatte ein schönes, gebildetes und edles Gesicht. Der zweite ein unschönes und nicht gebildetes. Aber die Musik schien ihn sehr zu erregen, sein Gesicht war nervös, er bewegte immer die Lippen, schloß und öffnete die Augen, schien stark zu reagieren auf die Musik. Dann Hans. Wie er kam und sich setzte, freute ich mich über sein Gesicht, er sah klug, in sich gesammelt, kraftvoll aus. Wie er dann aber die Augen schloß um besser zu hören, kam in sein Gesicht etwas anderes. Die Festigkeit war Verschlossenheit, die Ruhe Unbeweglichkeit.

Als wir herausgingen fanden wir Karl, er war auch dagewesen.

24. Oktober 1919 Bei der Arbeit geht es mir Gott sei Lob und Dank besser. Ich möchte jubeln und tanzen, wenn ich nicht unzählige Male die Erfahrung gemacht hätte, daß ein solcher Aufschwung über Nacht wieder bergab geht.

Aber diese geradezu *entsetzliche* künstlerische Totheit läßt nach. Ich spüre doch wieder etwas in mir. Es beglückt mich. Der Zustand war schrecklich und machte mich unglücklich. Ich arbeite nun wieder an der Plastik Frau mit Kind. Die Gewandidee habe ich fahren gelassen, es muß auch so gehn.

28. Oktober 1919 Julius Hoyers Todestag.

Mit der Arbeit geht es wunderbar gut. Die Figur wächst zusammen. Alles schließt sich, formt sich unter meinen Händen. Ich zittere, daß eines Tages alles wieder vorüber ist.

4. November 1919 Hans Schröder aus der Gefangenschaft! Eben kommt er mit Dora. Sieht männlich, gesund und gut aus.

Am Sonntag war Allerseelen. Hans war im Freien und brachte Laub mit. Ich arbeitete. Nachmittag Rele in »Liebelei« gesehen.

6. November 1919 Konrad ist Professor geworden! Endlich!

[7. November 1919] Am 7. November, dem Jahrestag der russischen Revolution, stirbt Hugo Haase.

8. November 1919 Heut nacht träumte ich vom Peter. Es fiel mir ein, was ich ganz vergessen hatte, daß er in Wengen war. Es war mir unbegreiflich, daß wir die Ferien nicht zusammen verlebt hatten und ich dachte, *diese* Ferien sind wir bei ihm. Ich fing an mich so fürchterlich zu bangen nach ihm und mich zu sorgen wie es ihm ginge, daß ich, trotzdem ich mitten unter Menschen war, sehr zu weinen anfing. Dann sah ich ihn noch einmal. Er stand mit nacktem Oberkörper da, war mager. Ich sorgte wieder um seine Lunge.

Gott wie fern wie fern ist er mir schon, wie selten träum ich von ihm.

Bente gestorben am 6. November nach einer Krebsoperation.

Mit dem jungen Russen interessanter Abend. Disput mit Karl. Die beiden bis ½3 Uhr nachts.

[10. November 1919] 9. November zeichne ich im Krematorium den toten Haase.

Revolutionsfeiertag. Abends bin ich mit Karl in einer Feier, wo Sinzheimer spricht. Rezitationen und gute Gesangsvorträge. Viel bessere Feier wie früher die 1. Mai-Feiern.

Wenn ich nicht arbeite gibt es immer vielerlei zu tun. Damit vergeht der Tag. Aber es ist doch ein Verschleudern der Tage.

Wenn ich aber arbeite geize ich mit jedem Tage. Befürchte ich könnte sterben, bevor ich [die] Arbeit geleistet. Bin dann erst eigentlich lebendig, bewußt und *gern* lebend. Dann ist mir das Leben ein Glück.

Auch alles andere tu ich dann leichter und besser. Aus einem doofen Pflichtmenschen bin ich dann ein Mensch geworden, der sein Leben richtig bewertet und es gut verwaltet.

Anfang November und schon Frost und tiefer Schnee.

12. November 1919 Heut Lise Hofferichter, die Bente im Krematorium zur letzten Ruh gebracht, und gestern Haase.

Haases Einäscherung wird mir unvergeßlich sein durch die Rede, die sein Sohn Ernst an seinem Sarge hielt. Nie hörte ich eine schönere Grabrede. *So* schlicht, *so* empfunden, *so* wahr.

23. November 1919, Totenfest In diesen Tagen drängt sich so ein starkes Gedenken an Tote zusammen. Gestern bei Hans Hoyer gewesen. Er wartete auf mich. Ich fühlte wie es ihm Bedürfnis war mit mir von Julius zu sprechen, der ihn lieb gehabt hat. Wir sahen seine Zeichnungen durch, die er auf der Ausstellung in Köln hatte. Zwei davon behielt ich. Sie waren mir alle lieb, alle ganz der Julius, seine stille ihm selbst angehörende Art.

Die Kinder von Hans und Elfriede sprechen viel vom Julius. Sie sind so zutraulich zu mir. Julius liegt auf einem Soldatenfriedhof (Remencourt?) in der Nähe von Metz mit dem jungen Friedländer zusammen.

Unter den Zeichnungen war eine rückseitig auf einem ausgerissenen Blatt der »Judenbuche« von der Droste. Das Gedicht, das rückseitig darauf stand, war ein Gedicht mit bewußter Todesahnung.

Dann war nachmittags Heinrich Braun da. Er hat uns das Buch vom Otto geschenkt, dem »Frühvollendeten«. Er will Ottos Reste zurückführen lassen, einäschern und mit Lilys Asche in ihrem Garten beisetzen. Lederer soll das Grabdenkmal machen.

Und uns schickte Marianne Plehn ein Bildchen, wo der Peter drauf ist. Sie hat es unter ihren gefunden.

Er hat, meint Mieze Plehn, wohl die Dame die da noch drauf ist vom Bahnhof abgeholt gehabt – als Kutscher. Sie stehn auf der Schwarzwasserbrücke. Mit dem Vergrößerungsglas sieht man des Jungen Gesicht gut, die freundlichen Augen, der Mund, der eben einen Scherz aussprechen will.

[Dezember 1919] Ganz ergriffen von Otto Brauns Nachlaß. Wie breit war da alles angelegt, wie ruhig und weit deuteten die Linien

in die Höhe und Weite. Noch am 17. März schreibt er an den Vater: »Das wird das Schicksal nicht wollen, mein Gefäß zu zerschlagen.« Am 29. April ist es zerschlagen.

»Wie ich schon bei meinem diesmaligen ins Feld rücken das Gefühl von einem großen *Wechsel* hatte, der mich erwartete, so auch jetzt. Es ist so schön: die Zukunft ganz undurchsichtig und man kann sich allerlei bunte Farben und Zauberlandschaften hineinmalen.«

Ein junger russischer Kommunist lebte einige Wochen bei uns.

Kein Mensch kann sich ein Bild davon machen, *wie schwer ich arbeite.* Als ob ich eine Schlagberührung gehabt hätte. Der Weg ist mir durch ungezählte Hemmnisse verrammelt und versperrt und so mühsam ist das Weiterkommen. Ganz ähnlich muß es bei Konrad sein. Das ist ein Erbteil vom Vater. Die Plastik hab ich schon wieder beiseite gestellt und von neuem den Liebknecht-Steindruck vorgenommen. Schrittchen für Schrittchen muß ich vorwärts durchs Gestrüpp. Wie früher ein flottes ungehemmtes Arbeiten kenn ich gar nicht mehr.

21. Dezember 1919 Der kürzeste Tag. Lange nichts eingetragen. Leider viel schwere verdrossene Stimmung.

Mutters Geburtstag am 5. Dezember. Nachmittags kommen Lise, Rele, Konrad Anna, Else, Hilde [Rautenberg], der kleine Andreas. Wir sitzen in Mutters Stube zusammen unter der grünen Hängelampe. Morgens umarmt mich der Karl und sagt, wenn auch manches traurig ist mit der Mutter – »*Du hast sie* doch noch.« Ja. Und wie nervös und gereizt gestimmt bin ich manchmal innerlich gegen sie. Gegen die liebe Mutter, die ich doch so lieb habe. Ich habe nicht Karls grenzenlose Liebe – das ist es.

Am 14. Dezember Montag war in der Kunstgewerbeschule die Gedächtnisfeier für die gefallenen Schüler. Karl ich und Hans saßen zusammen. Es war in der großen Halle der Kunstgewerbeschule, wo ich einmal auf Peter wartete. Bruno Paul sprach einfache Worte. Döpler sprach und ein Schüler aus dem Schülerrat. Es wurde Musik gemacht. Hans Hoyer stand bei uns.

Dann ging man in die kleine Ausstellung, wo zwischen andern auch unser Peter hing. Sein Selbstbild, sein Akt und drei Landschäftchen. An der andern Seite der Tür hingen die Sachen von dem Hans Kolund, sein trotziges Selbstbild.

Was ist sonst gewesen in dieser Zeit? Mühsame Arbeit im Atelier. Das Gefühl des Alterns verstärkt durch Mutters Bild eines geistig gealterten Menschen. Es ist niederdrückend, die mitunter auftretenden irren Zustände bei ihr zu sehn. O nein – ich *will* nicht so werden. Ich will nicht. Ich will eher fortgehn. Und nun dies Beobachten, ob es schon einsetzt?

Mit Hans das Bäumchen für den Weihnachtsabend geholt. Die 23 Lichter für Peter sind auch schon da.

[23. Dezember 1919] Der Abend vor Weihnachten.

Der Peter wieder so ganz nah. Ich hab Telaro eingerahmt für den Karl. Gott, was hängt für eine Erinnerung an dem Bildchen.

Es kommen Tage, wo die Mutter meist schläft, im Traume leise vor sich hin spricht und wenn sie wacht phantasiert. Immer von den Kindern. Mitunter voll Sorge und Angst um sie, daß sie nicht nach Haus kommen. Meist aber sind die Bilder ganz freundlich. Die Kinder schlafen drüben in ihrer Stube. Dann will sie [sie] wekken gehn, kommt zurück: wo sie denn sind?

Es ist eigentlich so schön, wie die Träume und Gesichte und Phantasien einer so alten Mutter immer zu ihren Kindern zurückgehen. Es war also doch wohl das Stärkste in ihrem Leben.

31. Dezember 1919 Mutters stundenlanges Phantasieren von den »Kindern«. *Stundenlang.* In sich ganz logisch. Und mit aller Liebe, die sie hat. Aber es ist doch so furchtbar deprimierend, die Mutter so irre reden zu hören.

Nichts über den Weihnachtstag aufgeschrieben. In der Wohnstube das Bäumchen gerichtet. Ich allein in den Nachmittagsstunden mit Mutter. Mutter saß auf dem Stuhl am Ofen. Es war für kurze Zeit als ob sie wieder ganz klar würde. Das war sehr schön.

Hans war noch bei Sterns. Wir aßen dann zusammen in Mutters Stube Abendbrot und gingen herüber. Hans und ich steckten die Lichtchen an – Peters 23 Lichtchen.

Hans las die [Weihnachts-] Legende vor und dann das Meyersche Gedicht: »Friede, Friede auf der Erden«.

Dann las der Karl ein paar gute Worte vor. Es war weihnachtlich – auch dieses Mal. Und dann gaben wir uns unsere Geschenke.

Wir lasen Hansens Arbeit über Pazifismus.

Am 1. Feiertag nachmittag bei Sterns. Lebendig war es dort von all den jungen Leuten.

Karl und ich hörten früh die schönen Kinderchöre in der Philharmonie und am 2. Feiertag waren zum Kaffee Schröders hier. Georg und Lise und Maria kamen.

In dem Sozialwissenschaftlichen Verein erzählte ein Russe aus Rußland. Das Beste was er berichtete war, daß zur Hebung der Produktivität freiwillig jetzt von Tausenden von kommunistischen Arbeitern an den Sonnabendnachmittagen gearbeitet wird. Und zwar zu Musik. Wie riesig nett ist das. Unglaublich nett. Wäre hier so etwas möglich?

1. Januar 1920 Mit mehr Spektakel und Geknall und Raketen ist wohl noch kein Jahr begrüßt [worden] als dieses. Trotzdem wie man meint noch nie ein dunkleres Jahr begonnen hat. Wie reimt sich das zusammen?

Karl und ich erwarteten es gemeinsam. Hans war bei Max Immanuel. Mutter schlief. Um Mitternacht läuteten wir Hans und Sterns an.

Mit etwas dumpfem Druckgefühl geh ich dem Jahr entgegen. Hoffnungen hat man nicht viele. Illusionen auch nicht. Geht die Verelendung so weiter vor sich, rutschen wir allmählich alle ins Proletariat. Die jüngeren Kräfte werden in Masse auswandern. Armes verprügeltes Deutschland.

Für unsern Nahblick ist es unmöglich das Ganze zu übersehn – ob nicht doch Wege in die Höhe führen?

Man hat gemeint, daß das Ganze als eine harte Prüfung aufzufassen sei. Daß unter Draufgabe der materiellen Güter ein inneres Leben desto heller sich entzünden würde.

Aber das ist gerade das Niederdrückende, daß von diesem innern Leben so wenig zu merken ist. Die 4 Jahre Krieg brachten die Menschen moralisch herunter, und dieses letzte Jahr hat noch das Seinige dazu getan. Gewiß wird von vielen Einzelnen gegengearbeitet, aber die Masse ist zu heruntergekommen als daß man sich viel davon versprechen könnte.

Dazu die Zerrissenheit in Parteien, die sich aufs Blut hassen. Die immer zunehmende Unwahrscheinlichkeit, ja Unmöglichkeit, daß der Mehrheitssozialismus das Chaos wird bewältigen können.

Vielleicht daß eine nochmalige große Erschütterung die Luft reinigen wird. Aber schreckliche Zeiten werden das dann werden. Wenn man nur an frische Luft kommt.

Und nun unser persönliches Leben? Mir scheint es als wäre

mein Kreis enger geworden. Ich breite mich nicht mehr aus – ich schrumpfe nach innen. Ich meine ich werde merklich alt. Leider leider, ich merke es in allem – am schlimmsten, daß ich es in der Arbeit merke. Klagen nützt nichts. Beten nützt auch nichts. *Es ist so.*

Der Karl, der liebe, hält sich viel frischer. Er schrumpft nicht. Er hat im Gegenteil durch seine Stadtverordnetenarbeit und die Arbeit in der Ärzteschaft neue Ringe angesetzt.

Der Hans? – Ich hab mich daran gewöhnt, daß der Junge nach manchen Seiten [hin] sich so verriegelt. Er arbeitet für sein Studium und sucht zur Erholung leichteren Umgang mit möglichst fröhlichen Menschen wie Max Immanuel. Er verkehrt mit einigen Mädchen – gut – ohne sie zu lieben. Mit Annie Bender ist er auch wieder in Umgang getreten – aber sie lieben sich nicht.

Von Politik hält er sich recht fern.

Das alles käme mir etwas vertrocknet und ungenügend vor, wenn nicht immer wieder etwas anderes aus dem Jungen herausblickte. Das, was er immer gehabt hat – eine feine vornehme Seele. – Ich denke mir immer, wenn er so recht lieben würde, dann würde sich noch vieles in ihm öffnen. Warum liebt er nicht? Kann er nicht? Ist es Neurasthenie? Kommt das noch für ihn?

Und alles in allem genommen – *glücklich* bin ich, daß der Junge da ist und bei uns lebt. Ich fast täglich seine liebe junge Stimme hören kann. Sein kindlich liebes Gesicht sehn.

Stan.

Die Mutter, die liebe alte gütige geistigschwache Mutter lebt seit einem Vierteljahr ganz bei uns. Sie ist so rührend in ihrer Güte und geistigen Hinfälligkeit.

Sterns. Es sah aus, als ob dies Jahr sie aus Berlin fort nach Essen führen werde. Hoffentlich nicht. Es wäre ein großer Verlust für uns.

Der Konrad altert ziemlich und leidet recht darunter. Ihn drückt sehr die allgemeine Zeit.

Das schwere Erlebnis von Rüstows.

Neue Jugend ist mir nicht nah getreten. Hans Koch etwas ferner gerückt. Und er ist ja der Einzige noch aus jener Zeit.

Die Toten dieses Jahres? Keiner, der einem so ganz nah ging. Wie Bente.

Und dann die politischen Toten: Liebknecht, Luxemburg. Eisner, Landauer, Haase.

Die Justiz in der deutschen *Republik*: Liebknechtprozeß, Gesellenprozeß München, Marlohprozeß, Helmhakeprozeß.

Und dem gegenüber die Prozesse die *gegen* Unabhängige und Kommunisten geführt werden. Eine Affenkomödie!

Ich schreibe an der Lampe an meinem Tisch am Fenster. Die übrige Stube ist dunkel. Mutter sitzt neben dem Ofen und schlummert. Geht das Telephon oder muß ich aus einem Grunde helles Licht machen, wacht sie gleich auf und wie ein Kanarienvogel fängt sie zu sprechen und vor sich hinzusingen an. Dreh ich das Licht wieder ab, so schlummert sie auch gleich ein.

4. Januar 1920 Bei den jungen Simons gewesen. Nett.

Briefe von Thildi und Riele. Es steht mit Thildi schlecht. Je länger die Trennung von Alexander dauert, desto weniger Widerstandskraft hat sie. Es ist nicht unmöglich, daß Alexander doch zurückgeht.

5. Januar 1920 Helga Bonus ist hier. Heut war sie bei uns. Wir freuen uns alle über sie.

Frau Pritchard, die frühere Nathanson, suchte uns auf. Erzählte viel aus der Kriegszeit in London.

Ich habe wieder ein Plakat zu machen übernommen für eine große Hilfsaktion für Wien. Ich hoffe es machen zu können, weiß aber nicht ob ich es durchführen werde, weil es rasch gemacht werden soll und mir sehr nach einer Grippe zumut ist.

Ich will den Tod machen. Wie er die Hungerpeitsche schwingt, und tief gebückt, schreiend und stöhnend die Menschen – Frauen–Kinder–Männer – an ihm vorbeiziehn.

Während ich zeichnete und die Angst der Kinder mich mitweinen machte, hatte ich so recht das Gefühl der Last die ich trüge. Ich fühlte, daß ich mich doch nicht entziehen dürfte der Aufgabe, Anwalt zu sein. Ich soll das Leiden der Menschen, das nie ein Ende nimmt, das jetzt bergegroß ist, aussprechen. Ich hab den Auftrag, aber er ist gar nicht leicht zu erfüllen. Man sagt, daß man sich durch die Arbeit erleichtert. Aber ist das eine Erleichterung, wenn trotz meines Plakates täglich Menschen in Wien Hungers sterben? Wenn ich das weiß?

Fühlte ich mich erleichtert, wenn ich die Kriegsblätter zeichnete? Und wußte, daß der Krieg weiterraste?

Sicher nicht. Nur bei einer Arbeit hab ich Stille und Erleichte-

Wien stirbt! Rettet seine Kinder! (1920). »Ich habe wieder ein Plakat zu machen übernommen für eine große Hilfsaktion für Wien ... Ich will den Tod machen. Wie er die Hungerpeitsche schwingt, und tief gebückt, schreiend und stöhnend die Menschen – Frauen – Kinder – Männer – an ihm vorbeiziehn.«

rung empfunden: bei Peters großer Arbeit. Da hatte ich Frieden und war bei ihm.

12. Januar 1920 Alexander und Anna Bresser waren bei Lise. Alexander hat anders entschieden als ich dachte. Ich dachte er würde zurückgehn und würde es dann doch nicht schaffen und die unmögliche Lage würde immer weiter hinausgezerrt werden. Stattdessen hat Alexander erklärt, daß er nicht zurückgeht sondern mit Anna Bresser zusammenbleibt. Nun, das ist wenigstens klarer reiner Wein, wenn auch nicht süß schmeckender. Hätte nur erst Thildi Arbeit, dann kommt sie schon noch darüber hinweg.

Ich bin körperlich *sehr* marode. Es fehlt mir überall am Körper was. Meine Müdigkeit, ja Mattigkeit gerade im Atelier ist manchmal unerhört. Ich *muß* mich in die Höhe bringen, sonst kann ich mit der Arbeit ganz einpacken.

Eine Woche arbeite ich jetzt am Plakat für Wien. Es schien mir, es würde gut werden, aber es wird doch nur mäßig.

Etwas anderes zum Tod fiel mir dabei ein. Wie er in eine Kinderschar hereinpackt. Zwei Kinder hat er gefaßt. Das eine, das er an den Haaren hingerissen hat, liegt ganz still auf dem Rücken und sieht ihm versteinert in die Augen. Links sitzt eine Frau mit trauervollem Gesicht. Es ist nicht die Mutter des Kindes. Es ist die zusehende Frau, die aber alles empfindet.

Eduard Bernsteins 70. Geburtstag. Karl als Deputierter für Ärzte bei ihm. Bringt ihm meine »Pflüger«.

Der Frieden ist nun endlich gemacht. Jetzt kommen die Gefangenen auch aus Frankreich zurück. Jetzt kann Benno bald hier sein.

Im Westen wieder von neuem Belagerungszustand.

Lise erzählt sehr charakteristisch von Rele. Sie will sich und Hennes (der *nie* einen Weg für einen andern macht) auf dem Standesamt zur Trauung anmelden. Der Beamte macht irgend welche dumme Bemerkung – da kehrt sie um und gibt das Ganze auf.

Georg. Er bost sich so über den 30 Pfennig-Tarif der Elektrischen, daß er das ganze Ende in die Fabrik zu Fuß läuft.

14. Januar 1920 Heut von neuem der Belagerungszustand über Berlin verhängt. Freiheit und Rote Fahne verboten. Gestern sollte das Betriebsrätegesetz in der Nationalversammlung durchgesprochen werden, die Unabhängigen hatten eine große Demonstration angeordnet. Die Beteiligung war enorm. Stundenlang standen die erregten Massen um den Reichstag. Natürlich wurde an einer Stelle versucht durchzubrechen und in den Reichstag zu kommen. Natürlich wurde wieder geschossen. Etwa 42 Tote. Natürlich heut wieder Belagerungszustand. Es ist eine Misere.

Alter Spruch:
»Ich komm – ich weiß nicht woher
Ich geh – ich weiß nicht wohin
Was machts – daß ich so fröhlich bin?«

Änny Löwenstein erzählt mir von ihrer Liebesangelegenheit. Bereits 50jährig tritt sie in ein Liebesverhältnis zu einem lange verheirateten Mann, den sie seit vielen Jahren liebt.

Margret Bartsch hier. Sie führt ein etwas gewagtes Leben. Sucht sich männlichen Umgang im [Kaufhaus] KDW und auf der Straße. Wählt dann die ihr gefallenden aus. Sagt sie hat keine andere Möglichkeit mit Männern bekannt zu werden. Ich glaube nicht, daß sie Geschlechtsumgang hat.

[Ende] Januar 1920 Gesegnet sei der Kaffee. Gleich wenn ich ins Atelier komme trinke ich jetzt immer etwas starken Kaffee und *dann kann ich arbeiten* und brauche nicht so zu dösen und die kostbaren Stunden ...

Lisens Aufsatz in der Freien Welt über mich. Ich bin ihr dankbar. So an dritter Stelle sagt man sich, wie man sich liebt und hochhält. Wie sie vom Vater spricht.

Dann noch der Brief vom Eduard Bernstein, der mir so sehr lieb war. Er spricht vom Krieg und sagt: »Es wird mir ein ewiger Vorwurf bleiben, daß ich in einer Stunde der Verirrung mich hinreißen ließ, gleichfalls Mittel für ihn zu bewilligen.«

Helga Bonus erinnert mich in vielem stark an Jeep wie sie als Mädchen war. Diese unbegreiflich kindliche fast etwas kindische Art des Vergnügtseins. Wenn sie im Kreis von Kollegen spielen ließ »Murmeltier kann tanzen«. Oder die Geschichte von den Filzläusen erzählte.

Elisabeth Richter suchte mich im Atelier mit ihrer Mariechen auf. Sie sieht verändert aus, ernst und traurig seit dem Tode ihres kleinen Jungen, der $^{3}/_{4}$ Jahr alt geworden ist. Sie sagt, das Kind hatte eine wundervolle Ruhe, große und ruhige Augen. In den letzten Tagen haben seine Augen ganz wie die eines großen wissenden Menschen geblickt. Der Vater war russischer Gefangener, ein großer gesunder ruhiger Mensch voll Güte und natürlicher Würde. Er ist lange wieder in Rußland.

Elisabeth Richter fürchtet selbst krank zu sein. Wenn sie gesund bleibt, will sie ein kleines Stückchen Land kaufen und bearbeiten, damit ihr Mariechen etwas Eigenes hat. – Mariechen ist gesund und ähnt den Kinderbildern von Hellmut Kaiser.

Hans war auf dem Monatshefte-Ball. Nachher schrieb er an Annie und den Brief gab er mir zu lesen, weil er sagt, daß er da von seinem innern Zustand spricht und den eher brieflich sagen kann als mit Worten.

Er sagt in dem Brief, daß durch das Arbeiten aufs Examen, bei dem klar vorgezeichneten Ziel er sich gesund fühlt. Er genießt nebenher was es zu genießen gibt, aber er genießt an der Oberfläche. Eine Gefahr zu versanden meint er läge nicht vor.

Dieser Brief macht mich nachdenklich. Er konstatiert erfreut, daß er »veroberflächlicht«, weil ihm das gefehlt hat wie er meint.

Das Blatt »Der Prolet«. Die »Aufforderung zum Streik« von Oskar Kanehl. Intensiver ist nie Klassenhaß gepredigt [worden] als durch dies Gedicht. Das schöne Gedicht auf Karl Liebknecht: »Du lebst – denn deine Proletarier leben.«

Freitag, 6. Februar 1920 Unseres Peter Geburtstag. Heut würd er 24 Jahre alt sein.

Ich lese im Tagebuch von 1910, also vor 10 Jahren: »Diese Zeit meines Lebens erscheint mir sehr schön. Große einschneidende Schmerzen haben mich noch nicht getroffen, die lieben Jungen werden selbständiger. Schon sehe ich die Zeit, wo sie sich loslösen und ich sehe sie augenblicklich ohne Schmerzen. Denn sie sind dann reif zu ganz eigenem Leben.« Das schrieb ich vor 10 Jahren.

[Anfang Februar 1920] Karl und Hans arbeiten den ganzen Tag. Abends eine kurze gemeinsame Zeit.

Dehmel ist tot. Ich denk an das viele sehr Schöne, das ich ihm danke.

Die Auslieferungsliste, die die furchtbare Erregung hervorruft.

Der Erzberger-Helfferich-Prozeß, in dem Erzberger sich als Schieber zu entpuppen scheint.

Der Kessel-Prozeß, d.h. der wieder aufgenommene Marloh-Prozeß, in dem Noske blamiert ist.

An allen Ecken und Enden krachts, fällt auseinander. Bestechung an der Tagesordnung. Georg, der in Königsberg war, sucht die alten Verwandten auf. Tante Lina ist ohne Mittel, will ins Siechenhaus. Onkel Julius sagt, es ginge wohl, es reichte gerade noch zum Leben, aber alle kleinen Freuden, die man sich für sein Alter aufgespart hatte, auf die müßte man nun verzichten.

Ich hatte ein Plakat für die hungernden Wiener Kinder gezeichnet. Die Hilfsaktion für Wien darf nicht eingeleitet werden, weil wir selbst vor der Hungersnot stehn.

Dazu von neuem die böse Grippe.

Etwas sehr Nettes erzählen Sterns von Maria. Sie hätten ihr bei einer Gelegenheit Einspruch erhoben und einen festen Willen entgegengesetzt. Maria hätte dann gesagt, nicht immer sei sie einverstanden gewesen mit dem Tadel der Eltern, aber diesmal müsse sie sagen, »er sei gut«.

[11.Februar 1920] Thildi geht es so schlecht.

Am 10. Februar Dienstag war Mutter seltsam. Den ganzen Tag weich und liebevoll bewegt. Abends war sie dann sehr freudig erregt und sprach fast dauernd. Ich ging doch in das Domkonzert und ließ Frau Sonnewald bei der Mutter. Frau Sonnewald sagt dann, daß sie sehr unruhig gewesen ist, auch gar nicht zu Abend gegessen sondern nur ein Glas Wasser getrunken hat und dann ins Bett gegangen ist: »Sag den Kindern, sie sollen noch an mein Bett kommen und mir etwas Gutes sagen.«

Wie ich kam schlief sie und heut ist sie wieder wie gewöhnlich, scheint nur sehr müde.

Mutter ist jetzt oft so rührend freundlich. Fordert mich immer auf mich zu ihr in die warme Stube zu setzen. Wie ich sagte ich hätte hier zu schreiben, bringt sie mir ihr ganz ausgetrocknetes Tintenfaß herüber.

Auch heut. Sie hat die Vorstellung ich sei krank gewesen und heut erst aus dem Bett aufgestanden. Wie sie mich am Telephon mit Konrad für den Abend etwas verabreden hört, läßt sie nicht ab mit Bitten, ich möchte doch zu Hause bleiben. Und so dankbar ist sie, wie ich es ihr zusage. Ich sage es ihr zu, ich belüge die liebe alte Mutter, denn ich denke doch zu gehn. Aber diese Lügen *können* nicht bewertet werden wie andere Lügen.

18. Februar 1920 Eben telephoniert Georg, daß es mit Essen entschieden sei: *Sie bleiben hier!*

Hans spricht einen Abend über Immanuel und Eva. Er begann damit, meinte aber eigentlich sich. Über seine Liebesbeziehungen zu Mädchen. Daß er noch im Sommer der Meinung war, man dürfte einem Mädchen nur nahetreten, wenn es eine Liebe ist, von der man überzeugt ist sie hält vor. Jetzt steht er anders. Er will Liebe genießen, aber kurzerhand. Nehmen was der Augenblick bringt. Was soll ich dazu sagen? Der langsame Mensch mit seinen fast 28 Jahren, der immer unter Hemmungen auch im Erotischen leidet, für den könnt es wohl ein großes Glück sein, wenn er ein Verhältnis eingeht. Ich gab ihm nur zu bedenken, daß er keinen andern Menschen schädigen dürfe. Aber wieviele feine Mädchen finden sich, die ihrerseits einverstanden sind eine kurze Liebeszeit zu durchleben.

Aus »Gyges und sein Ring«:

»Wer nicht lächelnd opfert, der opfert nicht.«

Wie steht Hebbel zu dem Dogma »Keuschheit«? Fühlt er wie Rodope oder wie Kandaules? Ist wie in »Maria Magdalena« …

26. Februar 1920 Gestern waren oben bei Hans zusammen die beiden Ehlers, Helga, die beiden Schades, der junge Maler Karl Rietz [?] und die Lotte Weckwerth. Diese Lotte ist es, die Hans so gut gefällt. Sie ist klein, anmutig und sympathisch, hat schöne Augen, eine schöne Stimme. Aber sie hat mit Gold reparierte Zähne und ein nicht gutes Gesichtsoval.

Hans hatte Lampions angesteckt, dann wurde gesungen. So schön. Immer mußte ich an die beiden denken – an Peter und Julius.

Wie würd der Julius singen und auch das Mädchen würd er jetzt wohl finden, nach dem er sich so sehr gesehnt hat.

Hanna hat ein Engagement am Schauspielhaus für die ersten Rollen. Gehalt 24 000 Mark. Katrine und Matray haben eine ehrende, aber vorübergehende Aufforderung nach Kopenhagen. Rele ist nach Königsberg engagiert. Hennes wird wohl mitgehen und sie werden heiraten.

Mit der Arbeit geht es stoßweise. Gestern ein guter Tag. Noch einmal die Eltern gezeichnet in der plastischen Auffassung. Ich sagte mir, daß wenn ich nur noch bis zu 60 Jahren gesund bleibe, ich auch noch machen kann was zu machen ist. Nämlich die Folge zum Kriege, die große plastische Arbeit Mutter mit Kind, die Arbeit für Peter und dann vielleicht noch das Relief für Dixmuiden und die kleine Bronzegruppe: Tod und Frau um Kind ringend.

Mutter ist am Tisch sitzen geblieben, sie schlummert mal und spricht im Schlaf. Wacht sie dann auf, dann singt sie. Meist die alten Studentenlieder.

Helene Stöcker erzählt mir, daß sie neulich im Sozialwissenschaftlichen Verein einen Engländer gesprochen hat, der die zuversichtliche Erwartung ausgesprochen [hat], daß in einigen Monaten eine radikalere Regierung in England ans Ruder kommen wird, deren erste Sorge eine Aufnahme Deutschlands in den Völkerbund und eine Revision des Vertrages sein wird. Wär es so!

Gründung der deutschen Clarté-Gruppe. Ich habe keinen guten Eindruck davon. Das Programm, das freilich nur ein vorläufiges ist, ist eine sklavische Übersetzung des französischen. Schickele, der von der französischen Gruppe als Leiter der deutschen eingesetzt ist, macht in etwa 10 Minuten die ganze Gründung der deutschen Gruppe ab. Im Komitee bin ich auch aufgeführt, weiß aber nicht ob ich drin bleiben werden.

26. Februar 1920 Heut die Feier im Sophiengymnasium für die Gefallenen. Unten am Treppeneingang stehn auf einer Tafel die Namen der Gefallenen. *Es sind 108!* Auch Sträuber ist darunter, der aussah wie der junge Lessing. Er gab dem Peter Nachhilfestunden, in denen sie sich manches Mal balgten. Auch der junge Ukkermann. Auch Baruch, aber Kloos, der auch tot ist, war nicht angeführt.

Schön war an der Feier, daß die Schüler mittaten. Ein Geigenquartett wurde gespielt, verschiedene Jungen sagten Gedichte auf und die Kleinen sangen sehr schön. Zum Schluß: »Ich hatt einen Kameraden». Das schönste aber war der kurze Mahlersche Gesang: »Der Mensch liegt in größter Not«. Ein junger Mensch – wahrscheinlich der Gesangslehrer – sang es. Das war *ganz* schön. Dann sprach noch Iltzig [?].

Ich will eine Zeichnung machen, die einen Menschen zeigt, der *das Leid der Welt sieht.* Kann das nicht nur Jesus sein? – Auch auf der Zeichnung, wo der Tod die Kinder packt, sitzt hinten eine Frau, die das Leid der Welt sieht. Es sind nicht ihre Kinder, die der Tod packt, sie ist viel älter. Sie sieht auch nicht zu, sie rührt kein Glied, *aber sie weiß um das Leid der Welt.*

Manchmal will es mir scheinen, als ob der Vorhang sich jetzt lüften könnte, der mich von meiner Arbeit trennt, wie sie jetzt sein müßte. Es ist so ein ahnendes in die Nähe Kommen. Aber dann komm ich wieder weiter ab, werde gewöhnlich und ungenügend. Es geht mir so, wie einem, der einen Gegenstand nach Musik raten soll. Der Ton wird immer lauter, schon meint er es zu fassen, da werden die Töne wieder schwächer und er ist schon wieder ganz woanders.

Die Mutter ging gestern schon nachmittags schlafen und schlief 14 Stunden in eins. Heut ist sie ruhig und rührend freundlich.

Abends sind Ida und Fritz Braun da. Fritz sieht genau aus wie Adolf als er jung war. Aber der war hübscher und lustiger. Fritz sieht zu gleicher Zeit aus: melancholisch, brummig, schwerfällig und dann kommt aus seinen hellgrauen Augen wieder so ein schneller lustiger Seitenblick.

Wie jubelnd war er als kleines Kind. Er sieht aus, als ob er viele seelische Hemmungen zu überwinden hat.

Davon daß er wie seine Mutter sagt »sich noch am Ärmel scheuern kann« sieht man ihm nichts an.

Sonntag, 29. Februar 1920 In der Sammlung von Julius Freund gewesen. Er hat mehrere meiner Handzeichnungen und leiht mir das überfahrene Kind und die Schwangere für das Reproduktionswerk. Ich freute mich als ich die Sachen sah. Sie sind gut. Nun wüßte ich bloß gern, wo ich die andere Zeichnung zu der Schwangeren am Zaun habe, die war noch stärker. Die hätte ich noch lieber für das Werk.

Benno Laessig ist heut nacht aus der französischen Gefangenschaft nach Haus gekommen!

13. März 1920 Nun hat die Gegenrevolution eingesetzt. Heut früh sind königstreue Truppen mit schwarz-weiß-roten Fahnen von Döberitz eingezogen. Die Regierung ist flüchtig, die öffentlichen Gebäude besetzt, Vorwärts und Freiheit verboten. Auf den Straßen stehn die Leute in Rudeln zusammen, jeder ist wie verdonnert.

Wie wirds nun werden?

Wieder der März, der unruhige Monat!

Las eine Geschichte, die mich interessierte. Von einem sehr alten Maler. Er hört auf zu malen (trotzdem er noch länger lebt und gesund ist) weil er das Gefühl hat: wozu? Es nötigt ihn nichts mehr zum Malen.

Dann läßt er sein Leben an sich vorbeiziehn und sieht, was ihm davon als lohnend im Gedächtnis geblieben ist. So gut wie nichts. Ein kleine Geschichte von einer verhungerten Katze, die er rettete. Ein ganz vorüberhuschendes Liebeserlebnis – von all der Arbeit, die ihn so beglückt hat, nur die Erinnerung an eine Studie, die gleich nach dem Entstehen verunglückte.

All das Gewordene, zu seiner Reife Kommende und dann wieder Verschrumpfende, wie seine Ehe, wie sein Sohn, wie sein Talent, hinterlassen keinen tiefen Einschnitt. Nur die abgebrochenen Sachen, die Anfänge.

Das interesssierte mich. Ich mußte an Mutter denken. Wie oft hab ich mir gesagt, ein Leben *so* zu Ende gelebt, verlöscht die eigene Erinnerung. Hebt die früheren kräftigeren saftigeren Stadien auf. Schon jetzt ist mir Mutters früheres Bild zugedeckt von dem jetzigen altersschwachen.

Der Mann in der Erzählung ist 30 Jahre älter als ich. Wenn heut mein letzter Tag wäre und ich würde mein Leben Revue passieren lassen, würden mir nicht nur einige nicht zu Ende geführte Episoden in Erinnerung haften. Dazu lebe ich noch zu sehr, ist noch mein Verhältnis zu Karl, zu Hans zu lebendig.

Aber mit der Kunst erlebe ich schon lange etwas Ähnliches. Das »Wozu?« Diese schreckliche Frage. »Mach das – aber wenn du es nicht machst, schadet es auch nichts.« Dieses seine Arbeit nicht mehr für notwendig erachten ist lähmend. Das setzte schon vor dem Krieg ein. Während des Beginns der Wechselzeit. Dann kam die Plastik, die mir noch einmal Notwendigkeit vortäuschte. Dann kam die Arbeit für Peter, die mir wirklich Aufgabe war. Ich hab sie nicht beenden können.

Hin und wieder hab ich das Empfinden, ich *müßte* noch manches arbeiten, z. B. den Kriegszyklus. Aber so glühend ist das Gefühl nie mehr.

Früher als ich jung war, sagte ich mir gar nicht, ich *müßte* das und das arbeiten. Ich arbeitete eben trotz aller Widerstände ohne alle Reflexionen. Heut genügen kleine Widerstände um die Arbeit wieder sein zu lassen.

Für zwei Tage in Neu-Ruppin bei Annie und Lise Ebell gewesen. Mit Hans und Otty Ehlers. Kartoffeln geholt. Hansens Stellung zu den Mädchen ist mir nicht klar. Hat er die Otty lieb oder nicht? Wie können sie so vertraut sein ohne sich nahezutreten? Und neben Otty ist es dann Lotte, ist es Schuri [?], mit allen möglichen scheint er mehr als kameradschaftlich zu stehen. Und doch greift er bei keiner ganz zu.

Rele und ihr Hennes haben nun wirklich geheiratet. Sie machen es entgegengesetzt wie Hans. Binden sich wie es fester nicht geht. Ohne äußere Notwendigkeit.

Sonntag, 14. März 1920 Mehrheit und Unabhängige haben sich zusammengetan. Generalstreik.

17. März 1920 Mittwoch. Heut der 3. Tag des Generalstreiks. Berlin ist ganz abgeschnitten. In den westlichen Teilen gibt es infolge der Technischen Nothilfe (Schüler, Studenten) elektrisches Licht. Bei uns ist es nachts *ganz* dunkel. Eine Dunkelheit wie auf dem Lande. Samtschwarz. Merkwürdig aber zugleich die schallenden Schritte der Menschen auf dem Asphalt zu hören. In der eigentlichen Nacht ist es dann zugleich still und dunkel.

Heut nacht war Otty Ehlers bei uns. Sie kam auf dem Rad mit Hans und brachte einen Liter Petroleum.

Hans ist viel in der Stadt. Gestern abend brachte er gute Nachricht mit, daß die neue Regierung in sich im Zusammenbruch sei, daß eine Koalitionsregierung zu erwarten stände.

Karl aber hatte aus sicherer Quelle schlechte Nachrichten. SPD und USPD fallen wieder auseinander. Die Unabhängigen wollen diese letzte Gelegenheit sich nicht nehmen lassen, die Diktatur des Proletariats aufzurichten. Sie sind bewaffnet und wollen den Kampf aufnehmen. Die SPD ist gegen die Diktatur und stellt sich mithin gegen die Unabhängigen. Jetzt kann und wird es – fürchte ich – zu furchtbaren Bruderkämpfen kommen.

Wie Blei legte es sich mir auf die Brust, als ich das hörte, schrecklich schwer.

Heut früh sagte ich Hans diese Nachricht. Ich bat ihn, weise zu handeln. Sich sehr zu prüfen, ob er für die Konsequenzen des Tuns der Unabhängigen eintreten könnte. Seinem einmal geäußerten Grundsatz treu zu bleiben, jede Gewaltanwendung sei von Übel.

Der wirkliche Grund weswegen ich so sprach war natürlich die Sorge um sein Leben. Daß er sich so entscheiden könnte, daß wir auch ihn verlören.

Abends bringt Hans, der den ganzen Tag mit dem Rad unterwegs ist, die Nachricht, daß die Unabhängigen eine Spandauer Kaserne gestürmt haben sollen und stark bewaffnet auf dem Anmarsch wären. Karl bestätigt abends dasselbe.

Wien, Wilna sollen Räterepublik haben, auch einige deutsche Städte.

[18. März 1920] Heut der 18. März 1920. Windiges feuchtes laues Märzwetter.

Vormittags das erste Extrablatt. Die alte Regierung kehre nach Berlin zurück, Kapp und Lüttwitz seien erledigt. Die alte Regierung hätte folgende Zugeständnisse gemacht:

1. Neuwahlen zur Nationalversammlung innerhalb zwei Monaten
2. Präsidentenwahl direkt durchs Volk
3. Umbildung der Reichsregierung.

Dies ist das Kompromiß zwischen alter und neuer Regierung. Jetzt wollen wir sehn, was die Unabhängigen dazu sagen werden.

Hans fährt früh mit dem Rad in die Stadt, Karl ist beschäftigt. Ein für mich langsam sich hinschleppender Tag. Besonders abends als es dunkel war und ich mit Mutter bei der einen Lampe war und Mutter stundenlang aus ihren Phantasien heraus sprach. Da wurde es mir fast unheimlich isoliert. Zuerst kam dann Frau Sonnewald nach Haus und brachte ein frisches Gesicht und Lachen mit. Und eine Stunde darauf kam Hans und gleich danach auch Karl. Gott sei Dank – nun lebte ich wieder.

Hans brachte die Nachricht, daß die Mehrheitsregierung sich zu einigen gedächte mit allen rechts stehenden Parteien gegen links. Also Wahnsinn. Denn Karl sagt, die Stimmung unter den Mehrheitsgenossen sei wesentlich radikaler geworden, ein Vorgehen gegen die Unabhängigen würde unbedingt abgewiesen. Die Gewerkschaften verlangen eine rein sozialistische Regierung, Mitbestimmung bei der Ministerwahl und Entwaffnung der Baltikumtruppen.

So klafft ein Riß zwischen dem Gros der Mehrheitssozialisten und ihrer Regierung. Diese soll eine Vereinigung mit der USPD abgelehnt haben, trotzdem die USPD auf die Einführung der Räteverfassung einstweilen zu verzichten sich bereiterklärt haben soll.

Die Angst vor der roten Armee, die von Spandau einmarschieren soll ist so groß, daß die bürgerlichen Parteien wieder sich an die Mehrheitssozialisten wenden und die, um nicht das Heft aus der Hand zu geben, erklären sich gegen die Radikalen.

Die Baltikumtruppen sind nach Döberitz zurückgezogen aber nicht entwaffnet. Bei ihrem Abzug haben sie in die sie umdrängende und schimpfende Menge an mehreren Stellen Berlins hineingefeuert.

Ich lese Krapotkins »Französische Revolution« und bin erstaunt über die Parallele jetzt. Die Gironde in ihrem ganzen Verhalten entspricht durchaus den Mehrheitssozialisten. Die Unabhängigen entsprechen der Linksgruppe des Konvents. Dann aber gibt es die große vorwärtsdrängende Masse mit den »enragés«, den wieder ins Dunkel zurücktauchenden Aufpeitschern, die immer schüren und die revolutionäre Glut wach halten.

19. März 1920 Hans ist erst jetzt mittags mit dem Rad in die Stadt. Es heißt, Noske soll abgesetzt sein. Das wäre ja wohl selbstverständlich. –

Begleite Karl auf seinen Gängen. Große Unruhe auf den Straßen. Überall kleine Plakate angeklebt der Unabhängigen, Kommunisten: Aufforderung zur sofortigen Bildung revolutionärer Betriebsräte. Dagegen ein sehr verständiges Flugblatt von der Bezirksleitung der SPD ausgehend. Darin wird vor dem übereilten Schritt der Einsetzung der Räterepublik gewarnt, aber eine andere radikalere Regierung verlangt.

Nach Haus gekommen find ich Hans und Otty. Hans bringt Lebensmittel für Karls ärmste Patienten, von den Quäkern gestiftet, Otty fährt in Friedenau schmutzige Wäsche einsammeln im Auftrag der Quäker.

Hans erzählt, daß im Zentrum große Erregung ist. Er ist zweimal in Schießerei gekommen.

20. März 1920 Hans hilft Karl unten bei der Sprechstunde. Stan taucht plötzlich auf. Nach schauderhafter Fahrt hier heut früh angekommen. Als Berichterstatter der Daily News. Sie berichtet, daß das Zentrum der Stadt abgesperrt sei.

Jetzt ist Karl in der Funktionärversammlung der SPD. Hans begleitet Stan in die Stadt. Frau Sonnewald versucht zwei Brote für uns für die nächste Woche zu bekommen.

In Mutters Stube können wir nicht mehr heizen. Sie sitzt jetzt hier neben dem Ofen.

Um 1 Uhr kommt Karl zurück und zu gleicher Zeit Hans Koch mit Helene Dmuchowski; dieses Mädchen gefällt mir außerordentlich, sie ist aus masurischer Gegend, d. h. ihre Eltern. Sie leben in Hamburg. Sie ist Kind einer ganz jungen Ehe, die Mutter 18 Jahre, der Vater 23. Sie hat eine gelbe Seidenjacke an und genau so gelb glänzende Haare, die sie einfach zurück und geknotet trägt. Sie ist mittelgroß, hält sich gerade. Ist voll. Ihr Gesicht ist rund und voll (Schädel Rundform), Augenbrauen stark und gerade. Augen hellblau und mit geradestem Blick. Die Nase nicht schön. Der Mund besonders beim Sprechen und Lachen wunderschön. Und eine klingende wohltuende Stimme. Sie könnte wohl eine Tochter der Rose Plehn sein. Dieses Mädchen scheint mir ganz ungewöhnlich. Als unser Hans und Hans Koch weggingen um die Versammlungen zu sehn, blieb sie bei mir und wir sprachen. Sie sprach über das, was mir immer eine Frage gewesen ist: Wie die jungen Menschen jetzt leben können? Sie sagt, daß sie sehr unglücklich gewesen ist, als das Leben, wie es in früheren Zeiten in der Regel gewesen ist, nach Krieg und Revolution einfach zusammengebrochen ist. Weder Mann noch Kind steht ihr jetzt als möglich vor Augen. Wie sie nun zu leben gedenkt? Ganz vertrauensvoll immer nur der innern Stimme folgend will sie sich dem brausenden Zeitstrom hingeben und sich tragen lassen. Weiß nicht wohin er sie führen wird. Eine große Wanderung nach dem Osten steht ihr unbestimmt vor Augen. Mit Hans Koch scheint sie einstweilen verbunden zu sein, nach Blankenburg aber will sie nicht, nur besuchsweise. Fürs erste nach der Schweiz. Geld ihres reichen Vaters will sie nicht annehmen.

Für mich hat sie etwas Verwandtes mit den russischen Frauen, wie Nadja Strasser sie schildert. Nur daß die sehr positive Arbeit vor Augen sahen und Helene nur erst Nebel vor Augen hat. Aber selten hat mich ein Mädchen dieser Generation so getroffen wie diese. So schön, so rein, so verheißungsvoll.

Wie suchen sie alle verschieden den Weg durch das komplizierte krampfige jetzige Leben zu finden. Diese Helene – Regula – Elsbeth Kühnen – Margret Bartsch – Margret Ahrens – Kathrine Laessig – Hilde Rautenberg – Annie Bender – die Ehlers'schen Mädchen – Anna-Erika – Helga. Auf der andern Seite steht nur Paula mit ihrem alten schlichten Mutterinstinkt. Für sie hat sich nichts verändert. Sie hat ihren Mann und ihre Kinder, die bedeuten für sie die Welt. Sie gibt sich dieser Welt mit mehr Inbrunst hin als wir in unserer Generation das taten. Sie ist eine wundervoll vollendete Frau nach dieser Seite.

Aber sie ist auch nicht 20jährig sondern 30jährig. Die Krisen der letzten Jahre fanden sie schon in festen Lebensverhältnissen.

Dann kommen die beiden Jungen zurück und Hans Koch und Helene gehn fort.

Politisch liegt es so, daß den Linksparteien viel Zugeständnisse gemacht sind. Es soll eine rein sozialistische Regierung gebildet werden, die Truppen sollen entwaffnet werden. Die Arbeiter verhalten sich ungläubig dagegen und heben den Streik nicht auf. Heut ist eine Woche Generalstreik. In der Nacht hört man schwere Geschütze aus weiter Ferne. Näher daran auch Maschinengewehre. Am Alexanderplatz ist gestern gräßlich und brutal geschossen worden.

Die Steigerung der Lebensmittelnot ist gar nicht abzusehn. Karl ist ganz verzweifelt, was das unter den Kindern anrichten soll. Unsere Pumpe auf dem Wörther Platz ist ausgepumpt, wenn die Nachbarpumpen auch so machen, hat man bald gar kein Wasser.

Auf Hans haben Hans Koch und Helene gestern großen Eindruck gemacht. Er vergleicht wieder. Warum ist Hans Koch so glücklich – so gläubig – und ich nicht? Warum kann ich nie schlüssig werden, in keiner Lage – nicht nur politisch?

Sonntag, 21. März 1920 Es wird weiter gestreikt. Die linkssozialistischen Parteien wollen den Streik bis zur Durchsetzung der Räteverfassung durchhalten.

Hans fährt nachmittags zu Ehlers' die gekauften Eßvorräte holen. Karl und ich gehn etwas in die Stadt. An den Drahtverhauen des Hackeschen Marktes machen wir kehrt. Die Straßen sind voll von friedlichen Spaziergängern und spielenden Kindern. Es ist schönes aber noch strenges Frühlingswetter.

Montag, 22. März 1920 Als ich gestern abend zu Bett ging, hörte ich in Mutters Stube ein lautes Stuhlrücken. Ich leuchtete hinein und sah die Mutter am Mitteltisch neben dem Polsterstuhl am Boden liegen. Sie war mir zu schwer, daß ich sie ganz aufheben konnte. Halb kriechend brachte ich sie wieder bis ans Bett und dann – indem sie selbst mithalf – auch ins Bett. Sie war ganz klar, streichelte mir immer die Hand und sagte es täte ihr so sehr leid, daß ich mich so erschreckt hätte.

Der Streik dauert fort. Heut eine volle Woche, daß *Generalstreik* ist. Das bedeutet für die ganzen Arbeitergegenden kein Licht, kein Wasser (außer den allmählich versagenden Pumpen), keine Kohlen, keine Fahrgelegenheit, keine Gemüsezufuhr. Wie es mit Milch steht weiß ich nicht. Brot wird einstweilen noch gebacken, Gemüse hat man zwar kein frisches mehr, aber noch Salzgemüse. Als ich heut lang nach Brot anstand, hörte ich die Frauen untereinander sprechen. Eine kam vorüber und rief: »Ihr habts gut, Ihr steht in der Sonne!« worauf eine Frau neben mir antwortete: »Das ist aber auch alles, was wir haben.«

Hans kommt niedergeschlagen von der Sprechstunde herauf. Er meint es lohnt nicht Karl helfen zu wollen. Es ginge schlecht. Es tut mir leid.

[Ende März 1920] Der Streik wird abgebrochen. Man ist am Ziel. Die Kapp-Regierung ist erledigt. Jetzt ist ein neues Ministerium erwählt, ein Koalitionsministerium. Die Unabhängigen und Kommunisten grollen. Schon wieder steht ein Streik im Hintergrund.

Palmsonntag 1920 Heut war eine große Einigungsversammlung im Zirkus Busch. Ich kam nicht herein. Karl war gegen Schluß drin. Er sagte, von Einigung sei nicht viel die Rede gewesen. Katzenstein habe sehr ungeschickt gesprochen und großen Tumult erregt.

Heut nach langer Zeit Helga Bonus wieder mal hier. Sie macht einen etwas gespannten Eindruck. Nicht mehr so innerlich glücklich.

Als der Streik siegreich beendet war aber die Straßen noch ohne Beleuchtung, stand ich mit Hans mal abends am offenen Fenster. Unten tiefe Dunkelheit – über den Häusern funkelnder Sternhimmel und die weiße schräge Mondsichel. Unten im Dunkel hörte man Schritte schallen von vielen Menschen. Junge Stimmen sangen siegreich: »Das sind die Arbeitsmänner – das Proletariat!« – Das war schön.

31. März 1920 Erster Jurytag. Kolbe, Mosson, Scheibe, Schmidt-Rottluff, Pechstein, Heckel.

Sehr gute Beschickung. Viel interessante und gute Sachen. In der Mehrzahl ultramodern. Aber meine Augen haben sich sehr gewöhnt, ich kann mit vielem mit, was ich früher gar nicht verstanden hätte.

Gemeinsames Mittagessen. Ich zahle 30 Mark, die andern ohne weiteres für ihr Essen 50 Mark. Was sind das bloß für blödsinnige Preise.

Bei aller Anregung doch wieder ziemlich verkaternd für mich. Mein eigenes Arbeiten kommt mir so langweilig und so eingetrocknet vor.

Karfreitag 1920 Peter, Dein Tag! Da gingst Du nach Buch mit »Faust« und mit dem Neuen Testament. Da feiertest Du Frühling.

Wie ist das alles fern, fern. Auch Deine Stube existiert nicht mehr mit Deinem Bett und den Frühlingsblumen auf dem Stuhl daneben.

Fern und blaß ist das alles geworden.

Ich hab den Schreibschrank aufgemacht meinem Tisch gegenüber. Da steht dein kleines lächelndes Soldatenbildchen und dahinter die »Beweinung Christi«. Wie oft sah ich die an, wenn ich da an dem Tisch saß und schrieb an Hans, an Julius, Erich, Richard. Hans Koch.

Ottilie Ehlers (1900–1963)

Und heut abend kommt Otty Ehlers her, übernachtet hier und fährt früh mit Hans nach Globsow. Für zwei Tage. Gestern abend sagte Hans: »Mutter, wie gefällt Dir eigentlich Otty?« Ich sagte ihm, daß sie mir gut gefiel. Und mir scheint, mir scheint, daß Hans jetzt sein Mädchen gefunden hat oder wenigstens doch drauf und dran ist es zu finden. Ostereiersuchen, Liebchensuchen. Fände er doch ein Liebchen, ein schönes gutes und gesundes.

Mittags sind Helga Bonus und Hilde Ehlers da zu Kartoffelpuffern. Es ist sehr nett. Dann kommt Fritz Prengel.

Abends mit Karl in der von Hiller einberufenen Versammlung, wo über die Gründung der neuen parteilosen Partei gesprochen wird. Es sind intelligente Leute da. Am besten gefällt uns Deri. Sie sind alle einig in der Notwendigkeit einer Parteigründung, welche Menschen ins Parlament wählt die als Charaktere wirken, losgelöst von Parteizugehörigkeit. Karl spricht dagegen, er betont die Notwendigkeit im Rahmen einer der großen Parteien zu wirken für den Sozialismus, dessen Durchführung das A und O sei. Er spricht gut, er hat sich sehr verbessert im Freisprechen. Ich freu mich sehr darüber.

Sonnabend. In aller Frühe stehn Hans und Otty auf und gehn auf Wanderung. Ich wieder Jury.

1. Ostertag 1920 Wundervolles Wetter. Kühl, sonnig, still. Karl macht ein paar Besuche, dann fahren wir nach Wildpark. Gehn durch den wundervollen Park, Geltow, setzen in Caputh über. Bei Elisabeth Richter und ihrem schönen Mariechen. Dann zu Fuß nach Potsdam zurück. Ich lese auf der Fahrt die Leninsche Broschüre über die kommunistischen Samstage. Hinreißend.

Ostermontag 1920 Hans noch fort. Es regnet. Ich bin im Atelier und hab die große Freude zu sehn, daß doch nicht alles schlecht war, was ich in den letzten Wochen gemacht hatte. – Nachmittag kommen Trudchen und Günther Prengel. –

Es ist mir so sehr schwer, stundenlang mit der Mutter zusammen zu sein. Wenn die Mutter immer singt oder aus Phantasien heraus spricht, auf die sie wünscht, daß man antwortet. Das macht so entsetzlich müde.

Es ist nicht schön, daß dieses gerade die letzte Eintragung in diesem Tagebuch ist.

8. April 1920 Im alten Tagebuch war das Letzte, was ich schrieb, von der Mutter. Ich will das neue mit ihr beginnen.

Zweimal hat sie jetzt etwas gesagt, was darauf hinweist, daß sie ihren Zustand doch mehr fühlt, als wir denken. Einmal, als sie vom Nachhausegehn sprach sagte sie »Weißt Du, ich bin hier doch so allein.«

Und gestern, als fremde Leute abends da waren und ich im stillen wünschte, daß die Mutter mit Frau Sonnewald drüben äße, es aber nicht aussprach, sagte Mutter mit einemmal: »Ich möchte drüben essen, mir ist so dummlich im Kopf.« – Wie leid tut es mir dann, ungeduldig gewesen zu sein. Wenn ihr liebes gütiges altes Gesicht nicht mehr da sein wird, wie werd ich mich dann nach ihm sehnen und jedes Wort, das im ungeduldigen und kalten Ton gesprochen ist, als nicht gesprochen wünschen.

Gutbier hat sich angemeldet um Zeichnungen zu kaufen. Ich hab daraufhin meine Mappen noch einmal durchgesehn. Sehr, sehr viel Schlechtes und Mittelmäßiges. Erst die Mappe zu Tod II hatte noch schöne Blätter. Und natürlich die Secreta, aber die verkaufe ich nicht und zeige auch nicht. Ich weiß nicht was mit denen nach meinem Tod geschehen soll.

Mit all dem Schund will ich aber bald mal aufräumen, damit [sic], wenn ich plötzlich sterben sollte, Hans nicht weiß was damit anfangen.

Klar ist mir beim Durchsehn Folgendes geworden, daß seit Jahren ich minderwertig arbeite. Ich bin nicht innerlich tot, aber es glückt mir das innerlich Geschaute und Gewollte nicht. Aus einigen Blättern nur, so auch dem Blatt »Eltern« kann ich Hoffnung schöpfen, daß ich mich noch einmal aufrappele. Vor allem bin ich mit dem Steindruck noch gar nicht im reinen. Ich fühle wohl richtig, daß ich im Steindruck arbeiten muß, aber er erschließt sich mir noch nicht. Ich hab ihn noch nicht weg.

An Holzschnitt denk ich mitunter sehr. Fürchte nur, daß ich auch den lange Zeit nicht beherrschen werde.

Karl hat mit der Dr. Biber gesprochen und die hat Karl gesagt, Rele sei schon lungenkrank. Das zu denken ist ganz furchtbar. Sterns! *Lise* und Georg! Und die Rele selbst!

Eines Abends war Lise hier um mich bei Mutter zu vertreten. Sie sprach von der Fähigkeit zum Unglücklichfühlen ihrer Kinder. Fragt woher? Meint, das sei Erziehungsfehler. Ich glaub mehr, daß es Vererbung von ihr auf die Kinder ist. Denn Lise war nicht glücklich, auch als sie noch hätte glücklich sein können, als sie vom Glück gesegnet schien. Jetzt, wo tatsächlich sie mancherlei Unglück [trifft], ist sie verhältnismäßig stark und gleichmütig.

Katrine ist wieder schwanger. Sie schiebt es darauf, daß der kleine Tichon zu Haus ist und wirft der Mutter es vor.

Hans und Hanna ziehn getrennt, es sind die ersten Ehekrisen.

Rele und Hennes sind glücklich – aber sie sind nicht gesund.

Maria ist in ganz verrücktem Entwicklungszustand. Sie will Kokotte werden.

Mit Sterns draußen in Waidmannslust gewesen auf dem halben Morgen Land, wo sie sich ansiedeln wollen. Kartoffeln gesetzt. Wilhelmine und ihr kleiner Tichon.

[Mitte] April 1920 Aufsteigende Linie in der Arbeit. Es glücken: »Eltern« und »Nachricht«. »Ins Wasser« nehm ich ebenso wie die »Witwe« noch einmal vor auf dem Stein selbst. Hab wieder Hoffnung und Frische. Wie anders lebt sich bloß wenn es mit der Arbeit gut geht.

An einem Sonnabend nachmittag mit Hans und Otty nach Flottstelle rausgefahren. Durch den herrlichen Wildpark gegangen, die Rudel Rehe. Geltow, Gänge zwischen Blütengärten. – Im Dunkel nach Flottstelle. Übernachten mit Otty im oberen Stübchen vom selben Gasthaus, wo Karl, Hans und ich einmal bei sei-

Die Eltern (1920). »Aufsteigende Linie in der Arbeit. Es glücken ›Eltern‹ und ›Nachricht‹.«

nem Urlaub saßen und wo Karl davon sprach, daß er für Hans im Feld einspringen wollte. Sonntags bringen mich die beiden bis hinter Ferch, sie gehn dann aufs Wasser und ich allein weiter bis Baumgartenbrück. Herrlicher Gang. Wandervögel in Massen. Baumblüte. Dann mit Dampfer nach Potsdam und nach Haus.

Hans 4 Tage in Flottstelle zum Examen arbeiten.

Unterdes telephonierte Lotte Wekwerth an, daß sie fast blind sei.

Niddy Impekoven tanzen sehn. *Sehr* begabt. Viel Können, Temperament, Drolligkeit.

25. April 1920 Lise gegenüber über Mutter geklagt. Wie schwer es mir oft ist. Und jetzt ist Mutter gerade so gut, heiter und gütig. Heut sagt sie: »Da bin ich doch wieder ein Glückskind ...«

Else Rautenberg ist mit Hans, Ernst und Andreas nach Rauschen gefahren und zwar in Abwesenheit vom Ernst. Als er von der Reise nach Haus kam, fand er alles leer. Sie soll in einem Zustand von Geisteskrankheit sein.

Änni Löwenstein ist da und berichtet über ihre Liebesangelegenheit. Der Mann scheint sie schon wieder aufgeben zu wollen. Sie zeigt die tagebuchartigen Zeichnungen, die sie nach den Zusammenkünften gemacht hat. Stark sinnliche Blätter. – Am Tage drauf läutet sie mich an und bittet, zu ihr zu kommen. Fräulein Hönerbach ist hinter ihre Sache gekommen und ist in fast unzurechnungsfähigem Zustand. Droht mit Erschießen usw. Ich gehe hin, sie hat sich eingeschlossen. Schließlich läßt sie mich ein. Trauriger, aufgelöster, überspannter Zustand. Jammervoll anzusehn. Mein Reden ganz erfolglos.

Zu Haus Susanne Rupp, die für ein paar Wochen zu Kati nach Wustrow geht. Feiner Mensch, einfach, ehrlich, strebend.

Helgas Brief mit ihrem Traum vom Peter. Wie lang hab ich nicht von ihm geträumt.

1. Mai 1920 Kühles, reines, windig sonniges Wetter.

Weltfeiertag! Wenn man dies Wort spricht, fühlt man sich erhöht.

Ein selbstgeschaffener, auf der ganzen Erde gefeierter Festtag, das ist der 1. Mai. Noch ein Kampftag, aber daneben ein Freudentag, ein Frühlingstag, ein Völkerversöhnungstag. Und so schön, daß die Maifeier bis in heidnische Zeiten zurückreicht.

Ich ging nach dem Exerzierplatz, wo die Kommunisten sich versammeln sollten. Es waren aber so wenige Menschen dort, daß ich nach der Schwedter Straße ging zu der KAPD. Da sprach ein junger Mensch. Der 1. Mai sei kein Freudenfesttag, sondern Tag des Gedächtnisses, des Schwurs, des Kampfes.

Proletarier sein und diese Zeit durchleben in der festen gläubigen Erwartung des kommunistischen Reichs, wissen, daß die eigene Person mitgezählt und mit nötig ist, das muß ein gewaltiges Kraftgefühl geben. Jeder Sozialist hat es ja in gewissem Grade, aber die Mehrheitssozialisten mit dem Gedanken der schrittweisen Wandlung der Verhältnisse in den Sozialismus haben etwas Abgeblaßtes gegen die Unabhängigen und vor allem die Kommunisten, die entschlossen sind mit *allen* Mitteln zu arbeiten und die den gewaltsamen Umschwung aus dem Kapitalismus in den Kommunismus zu jeder Zeit erwarten.

Der Vorwärts sagt:

»Dies ist der Tag vom Volk gemacht
Sein wird in aller Welt gedacht.«

Eine grausige Farce aber sah ich: Zwei Invaliden – Kriegsinvaliden? – zogen mit einer Drehorgel, die sie immer vor sich herschoben. Der eine, ein schauderhaft häßlicher und elender Mensch, spielte darauf immer die »Internationale«, der andere, noch jünger, auch ganz elend aussehend, im feldgrauen Rock mit Zylinder auf, ging als eine Art Clown daneben und sammelte ein. Beide hatten sich mit roten Blumen hinter den Ohren und [an den] Hüten und an den Stöcken geschmückt. Kinder mit Hallo um sie rum.

Sie veralberten sich und wirkten bei ihrer Elendigkeit ganz grausig.

[9. Mai 1920] Heut am 9. Mai – an ihres Vaters, des Onkel Theobald, Geburtstag – wird Else Rautenberg zwangsmäßig in eine Nervenheilanstalt gebracht.

Die Mutter sagt als sie mir abends zum Gutenachtsagen die Hand gibt mit so gutem Lachen: »Bist du zufrieden mit der Alten?«

[18. Mai 1920] Hans besteht gut in der pathologischen Anatomie, vor der er etwas Angst hatte.

Am Himmelfahrtstag fahren wir nach Stolpe und gehn nach Hohenschöpping. Karl ich Lore Hans und Helga. Der Fliederkirchhof im Dorf Stolpe. Helga ist ganz glückselig.

Am Tage drauf ist Hansens Geburtstag. Wir schenken ihm, daß er das Rad, das er vom Vierbund [?] hat, wirklich besitzt. Sonst fast lauter Praktisches, bis auf eine Karte zur »Stella«. Noch immer keine Lichtchen auf dem Geburtstagstisch. 28 müßten es sein, außer dem Lebenslicht.

Wie ich mit dem Jungen allein bin, erinnere ich an den Brief, den ich ihm vor zwei Jahren schrieb, worin ich sage, mein Hauptwunsch für ihn sei, daß er ein liebes Mädchen fände. Ich sage: Nun hast Du es wohl gefunden? Ich denke er wird sagen: ja. Aber Hans schweigt. Dann langsam, zögernd kommt es heraus, daß sie sich doch nicht binden wollen. Otty sei ja noch so sehr jung. Ich frage: Und Otty? Er sagt, sie denkt überhaupt nicht an später. Sie sei glücklich so. Ich frage dann nicht weiter. Sag nur noch zum Hans: »Jedenfalls aber weißt Du jetzt, daß Du lieben kannst.« Er sagt: »Ja.« Nicht zögernd, aber auch nicht so ganz voll.

Es klingelt und Otty kommt. Hans macht ihr auf, ich höre ihre dunkle Stimme. Dann kommt sie herein und ist anzusehn wie der schöne Sommer selbst. Rotbäckig und lachend. Ein weißes Kleid hat sie an. Das Mieder hat sie ganz mit bunter Seide bestickt, wie viele bunte Blumen. Im Arm trägt sie einen roten Rosentopf.

Wir drei fahren nach Buch heraus. Im Forsthaus liest Otty aus dem »Taugenichts« vor, den sie sehr liebt. Zu Mittag sind wir zurück. Am Abend kommen Hilde und Tom, Helga, Karlchen Rietz [?], Hans und Dore Schröder, Wertheimer, Kathrine. Wir sind oben bei Hans. Es sieht schön aus. Die Mädchen in ihren bunten Kleidern, die vielen Blumen, die Lampions. Es wird gesungen und gespielt.

Den Tag drauf fuhr ich mittags nach Neu-Ruppin wegen des Gedenksteins, übernachtete bei Annie Karbe. Am nächsten Tag nach Dampferfahrt und schönem Weg nach Zippelsföhrde Besuch bei dem Besitzer der alten Mühle. Während wir bei ihm Kaffee tranken, kamen die Kinder herein, ein etwa 12jähriges Mädel und ein kleiner Junge von vielleicht 10 Jahren. Dieser Junge erinnerte mich ach so sehr, so sehr an meinen liebsten Peter, als er noch ein kleiner Junge war. Wie behutsam, zärtlich er das Hündchen trug, wie er den Kopf seitlich neigte, die Form des Kopfes, der starke dunkelblonde Jungensschopf, die schmalen Kinderschultern – alles alles war so ähnlich dem geliebten Peter.

[Mai 1920] Konrad Hofferichter und Rosa haben ein Kindchen bekommen, aber es starb ein paar Tage darauf.

Susanne Friz auf der Durchreise hier. Was für ein schlichter reiner Mensch!

Die Mutter sagt heut zu der kleinen Kobylinski, die sich wundert wie jung sie noch aussieht: »Ich bin gesund gewesen, hab nicht zu schwere Arbeit gehabt und hab immer mit lieben Menschen zu tun gehabt. Das hält jung – mehr als die beste Medizin.«

Die Nähfrau Heling ist seit Kind auf einem Auge blind. Durch eine Vernachlässigung einer Verletzung des Auges. Ist vom alten Jakobson in Königsberg behandelt. Erzählt einiges, was für seine Güte und für sein herrisches gewalttätiges Wesen charakteristisch ist. Als er zuerst das Kind untersuchte und sah, daß aus Nachlässigkeit es wahrscheinlich erblinden würde, schlug er die Mutter des Kindes. Später, als das Kind in seiner Klinik einmal nachts große Schmerzen hatte, hat er nachts bei ihm gewacht.

In der Akademie Unter den Linden: In der alten Porträtausstellung wurde Musik gemacht von Musiken aus jener Zeit. Das war schön.

Riele hier. Bekommt wahrscheinlich hier Arbeit. Alexander scheint sich Thildi wieder nähern zu wollen.

Ein paar Tage später: Die Hoffnung, die Thildi auf Alexanders Annäherung hat, soll bitter zuschanden werden. Lise sagt mir, daß

Anna Bresser ein Kind erwartet und das ist es augenscheinlich, was er Thildi mitteilen will. Es ist das Schmerzlichste, was ich mir für sie denken kann.

[Ende Mai 1920] Ein wunderschönes Pfingstfest in Flottstelle verlebt. Wir schliefen im Häuschen. Die jungen Menschen sind schön und glücklich miteinander. Aber mir will scheinen, daß so eine starke Liebe zwischen Hans und Otty doch nicht besteht. – Am 2. Tage fuhren wir auf dem Schwielowsee, in einem Boot Karl, Riele, ich. Im andern die Jungen. Vorn lag wie eine Gallionsfigur Helga im Boot, beide Arme rechts und links weggebreitet. Im roten Kleid. Dann Tom in kobaltblauer Jacke, Hans im grünen Hemd, Otty in hellblauem Kleid und Hilde wieder in hellrotem. Das Boot mit Maien bekränzt. Das Wasser war blau und bewegt, aber die bunten Farben spiegelten. Singen und Schwimmen und Lachen und Spaßen. Schön, schön.

Riele erzählt von einem Wiener Kind in Illertissen, das 6 Jahre ist und nicht wußte wie Milch schmeckt.

29. Mai 1920 Abends kommt für eine Stunde Regula mit ihrem Mann, dem Hennes. Ich geb ihm was noch von Peters Farben, Pinseln und Leinwand da ist. Auch den großen Malkasten schenk ich ihm, den Peter bekam bevor er nach Wengen ging. Aber das kleine Malkästchen hab ich behalten.

Rele sieht so schrecklich elend aus, daß es ganz schmerzlich ist sie anzusehn. Ihre Augen sind übergroß, die Lippen schließen sich mitunter nicht ganz. Die Wangen schmal und tiefe Ränder.

Auch Hennes ist schmal. Es sind nicht Leute, die zur Fortpflanzung geeignet sind. Sie verhindern auch das Kindhaben und wer weiß ob Rele eins bekommen würde, weil auch mit Heinz sie keines hatte. Das macht alles so traurig. Was für ein Druck muß auf Georg und Lise liegen.

Doch ist Hennes nett und sie haben sich lieb.

Hanna und Hans Brahm sind auch in einer Krisis.

Und Katta hat sich das Kind abtreiben lassen. Zwar, sie will mal eins haben, spart sogar schon dafür, aber dies wollte sie durchaus los sein. Lise ist traurig über das alles.

Mit meiner Arbeit geht es mir verhältnismäßig so gut, daß ich ganz glücklich bin und nur von Tag zu Tag fürchte, es schlägt wieder um.

Pfingstausflug 1920; von links nach rechts: Max Immanuel (genannt Tom), Hilde Ehlers, Hans Kollwitz, Käthe Kollwitz, Helga Bonus, Riele Herberger, Karl Kollwitz

Von der Kriegsfolge sind nun fertig: »Eltern« und noch einmal »Eltern« – »Mütter« – »Nachricht« – und halbfertig: »Im Wasser« – »Schwangere« – »Opfer«. Es feht noch »Dixmuiden«. Dazu kommt das alte »Warten«.

Vielleicht kommt dann noch »Blinde« dazu.

Jetzt mach ich Flugblätter gegen den Wucher. Dann soll endlich das Liebknechtblatt kommen.

Vielleicht auch noch der Tod, der in die Kinderschar greift.

Im Herbst zeig ich alles zusammen und geh dann wieder an die plastische Gruppe.

4. Juni 1920 Bei Else in der Heilanstalt gewesen. Fand sie zum Erbarmen, mager, demütig, leise sprechend, eigentlich ganz gebrochen. Suchte gleich noch Ernst auf. Er gab mir zu daß sie da nicht bleiben könnte, sagte, er würde heut hin, sie da fortnehmen, in eine andere – offene – Anstalt geben und eine geeignete Wärterin suchen, die mit ihr lebt. Wenn es nur geschieht und *bald* geschieht! Da geht die Else zu Grunde. Grauenhaft, grauenhaft muß

Else Rautenberg, geb. Rupp (1873–1920) als junges Mädchen, gemalt von ihrer Cousine Käthe Kollwitz

es sein, wenn man noch soweit wie Else seinen Verstand zusammen hat, gewaltsam in einer Irrenanstalt gehalten zu werden!

Dieses: *Was* man auch tut, *was* man auch sagt, *wie* man auch blickt, Personen gegenüberzustehn, die unbeirrt und unbelehrbar den Irren in einen sehn. Personen die immer gleichmütig bleiben, nie aus der Haut fahren, die immer auf alles mit dem larvenhaften unbeseelten stereotypen vorschriftsmäßigen glatten Lächeln der Irrenwärter antworten. Die immer *da* sind, wenn man sie auch vorher nicht gesehn hat, mit ihrer unerträglichen Freundlichkeit für die man sie ins Gesicht schlagen möchte.

Überhaupt, wer gibt einem Menschen das Recht einen Paranoiker, der nicht bösartig und gemeingefährlich ist, ins Irrenhaus zu sperren? Ich finde das unerhört.

Boshafte Menschen, die dauernd von Klatsch und Verleumdung leben, die ihre Kinder und Angestellten plagen und prügeln, bleiben unbehelligt, und Menschen, die fixe Ideen haben, mit denen sie ihre Umgebung plagen – aber nichts Verbrecherisches tun – dürfen, wenn zwei Ärzte sagen, daß sie Paranoiker sind, lebenslänglich mit Irren eingesperrt werden. Ernst hat das Recht es zu tun und es ist nur sein guter Wille, wenn er es nicht tut.

Helga Bonus ist mir und Karl lieb. Sie ist jetzt länger bei uns ihrer kranken Hand wegen. Sie ist unverbildet – naiv und doch klug. Unkonventionell.

Neulich war sie bei Karl Förster und sprach nachher über seine Eitelkeit, »die doch allen berühmten Menschen unvermeidlich anzuhängen pflegt«. Ich fragte sie, ob sie mich auch für eitel hielte? Sie überlegte ein Weilchen, war ein klein bißchen verlegen und sagte dann: »Ja, manchmal kommt es mir vor, als ob Du auch etwas eitel wärst.«

Wie sehr ich manchmal eitel bin, das weiß sie noch kaum.

Lese Romain Rolland »Michelangelo«.

Ein schreckliches Bild entwirft er von ihm, ein beklagenswertes Opfer seines Dämons. Ohne Ruhe, ohne Freude, ja ohne Ausdauer wird er gehetzt und getrieben von der Arbeit. Das Leben eines Sklaven.

Was ich aber gar nicht gewußt habe ist, wie wenig von den genialen Plänen Michelangelos zur Ausführung gekommen ist, wie ungezählte Jahre mit Vorbereitungen rein mechanischer Art, Kraft-, Zeit- und Genievergeudung verlorengegangen sind. Jammervoll ist das. Und dies viele Kranksein, dies sich Altfühlen, dies Geplagtsein von Ängsten aller Art. Jammervoll jammervoll! Wie enorm mußte sein Genie sein, daß er doch so vieles geschafft hat gegen eine Welt von Widerständen äußerer und innerer Art.

Als er das erste Mal in Carrara ist und vom Meer das Gebirge sieht mit einem gewaltig vorspringenden Felsblock plant er, diesen Gebirgsblock *als solchen* zu einer Gruppe auszuhauen, um den Schiffern schon von weitem ein gewaltiges Zeichen zu sein. Donnerwetter ist das ein Plan und wäre der ausgeführt!

6. Juni 1920 Wahl zum Reichstag. Mit Karl und Hans zusammen gegangen. Karl und ich wählen mehrheitssozialdemokratisch, wie Hans wählt weiß ich nicht.

Am Nachmittag Karl und ich bei Else. Treffen mit Lore zusammen. Telephongespräch mit Ernst Rautenberg. Wir schlagen Else vor einen Rechtsanwalt zu nehmen. Sie will es nicht. Dann Karl zu Julius Herrendörfer, der ihr Vormund oder Gegenvormund werden soll. Herrendörfer äußert sich so gut und vertrauend über Ernst, daß Karl beschließt Opposition aufzugeben und abzuwarten, was Ernst über Else beschließen wird.

17. Juni 1920 Jetzt ist Leben bei uns. Außer Riele ist Susanne mit ihren beiden Jungen für 3 Tage hier. Das ist schön. Aber sehnsüchtig macht es nach jenen Zeiten, als *ich* einen rechts einen links hatte, mein linker Sohn nanntest Du Dich, Peter. Von der Elektrischen aus sah ich heut die drei: Erwin mit Suse und der Kleine daneben um alle Laternenpfähle sich rumschwingend. *Das* war wohl die allerschönste Zeit meines Lebens, als die Jungen so in den Jahren waren. Glücklich glücklich glücklich war ich.

Karls Geburtstag war schön. Wir machten gar nichts, es kam Besuch: Sterns, Max, Helga, Schmidts, Kathrine, Karin. Schönes warmes Sonnenwetter. Ich schenkte Karl die photographische Aufnahme von Mutter und Riele und mir.

Hans schenkte den kleinen Keyserling und Kropotkin »Gegenseitige Hilfe«.

Mit Else liegt es so, daß Ernst sie *einstweilen* – d.h. wohl recht lange – in der geschlossenen Anstalt halten will.

25. Juni 1920 Gestern mit Professor Kern in den Secessionen gewesen und der großen Ausstellung, um ein Blatt für den Kunstverein auszusuchen. Da sah ich etwas, was mich ganz umschmiß, das waren Barlachsche Holzschnitte.

Heut hab ich meine Steindrucke wieder angesehn und hab wieder gesehn, daß sie fast alle *nicht gut sind*. Barlach hat seinen Weg gefunden und ich hab ihn noch nicht gefunden.

Radieren kann ich nicht mehr, damit ist es ein für allemal fertig.

Und beim Steindruck sind die Unzulänglichkeiten des Umdruckpapiers. Steine werden einem nur noch gegen viel Geld und Bitten ins Atelier gebracht. Und auch auf Steinen krieg ich es nicht gut raus. Ich verkriech mich immer hinter den vielen Hindernissen und wie ich Barlach sah ging es mir blitzartig auf, daß es vielleicht gar nicht das ist. Warum aber soll ich nicht mehr können? – Die Vorbedingungen zu künstlerischen Arbeiten wären doch gegeben, zum Beispiel zu der Kriegsfolge. Erstens einmal starkes Gefühl – die Sachen kommen aus dem Herzen – und zweitens Fußen auf der Basis meiner bisherigen Arbeiten, also auf einem ziemlichen Fundament von Können.

Und doch sind die Blätter nicht rein künstlerisch. Woran liegt das?

Soll ich wirklich wie Barlach einen ganz neuen Versuch machen und mit Holzschnitt beginnen?

Wenn ich mir das überlegte sagte ich mir bis jetzt immer, Steinzeichnung wäre für mich das Gegebene aus klar einleuchtenden Gründen.

Ich will doch nicht im Holzschnitt das mitmachen, was jetzt Mode ist, die Fleckenwirkung. *Mir kommt es nur darauf an auszudrücken* und da sagte ich mir, daß die einfache Linie des Steindrucks am besten dafür geeignet ist.

Aber das Resultat meiner Arbeit hat mich, ausgenommen bei dem Blatt »Mütter«, nie befriedigt.

Seit Jahren quäl ich mich. Ganz abgesehn von der Plastik.

Erst begann ich die Kriegsfolge als Radierungen. War nichts. Ließ alles liegen. Dann versuchte ich es mit Umdrucken. Auch da fast nie befriedigende Resultate.

Ob der Holzschnitt es bringt? Wenn der auch nicht, dann hab ich den Beweis, *daß es nur in mir liegt.*

Dann kann ich eben nicht mehr. In all den Jahren Quälerei diese kleinen Oasen Freuden und Gelingen!

[Mitte] Juli 1920 Mein Geburtstag zugleich der Begräbnistag Max Klingers. Ich fahre am 8. früh im Auftrage der Freien Secession herüber. Karl begleitet mich. Von Naumburg nach Groß-Jena gegangen, wo Klinger seinen Weinberg hat. Oben auf der Höhe sein Grab gegraben. Der Sarg steht in seinem Landhaus. Alle möglichen Honoratioren versammeln sich, aber ich glaubte es würde[n] noch mehr Volk, noch mehr junge Leute da sein. In der Stube im Souterrain, wo Klinger sicher viel gesessen und getrunken hat, sitzen die, die reden wollen. Ich werd hingeführt. Der alte Kalckreuth setzt sich zu mir. Klingers Tod hat ihn erschüttert, er glaubte ihn gesund, wollte ihn grad besuchen. Er liebte Klinger von Herzen als alten treuen Freund.

An seinem Grab Reden vom Leipziger und Dresdener Abgesandten. Als 4. sprach ich. Zu meiner Freude hatte ich keine Angst und Befangenheit. Drüben am Grab stand Kalckreuth, ich sprach auch zu ihm. Ich *dankte* Klinger ganz von Herzen, denn ich hab ihm *viel* zu danken.

Kurz vor dem Begräbnis war ein schweres Unwetter. Auch an seinem Tode soll ein ebensolches gewesen sein.

Der Karl sagte mir, als ich gesprochen hatte und zurücktrat: »Du bist ein ganzer Kerl.« Diese Worte freuten mich sehr.

Am Tage drauf im Dom gewesen. *Wundervoll* die alten Figuren im Chor. Und in dem andern Teil der Kirche die köstlichen alten

Glasfenster. Karl und ich kamen jeder für sich zu demselben Schluß: Keine Zeit bringt die Einheitlichkeit des katholischen Glaubens wieder. Eine Einheitlichkeit, die über die Völkergrenzen hinausgehend ganz Europa umfaßte. Aus diesem einheitlichen starken Glauben heraus entstanden die Kirchen. In ihnen faßte das Volk die Inhalte aller Künste zusammen, die Künste waren eine Einheit, wie sie es auch in den Religionsstätten früherer Völker waren. Mit dem Verfall der Religionen verfällt dieser Zusammenhang, so daß wir zuletzt in unserm Jahrhundert in der bildenden Kunst zu dem öden Ausstellungswesen herunterkommen. Wiederkommen kann eine Zeit solcher Einheitlichkeit nur durch den Sozialismus. Sie kommt sicher durch ihn wieder – aber wann? Wie viele Generationen werden noch darüber vergehn?

Am 9. abends kommen wir zurück. Hans und Riele haben mein Geburtstagstischchen gebaut. So viele und schöne Geschenke. Der liebe Karl schenkt mir die schöne Bernsteinbrosche, der liebe Junge die erste Ausgabe des »Grünen Heinrich«. Viele liebe Briefe!

Am Sonntag reist Otty nach dem Allgäu ab. Mittags ißt sie noch bei uns. Wie sie mir adieu sagt zittern etwas ihre Lippen, die Augen sind etwas feucht. Wird ihr der Abschied vom Hans schwer? Oder ist das nur so ein bißchen Nervosität?

Als wir an meinem Geburtstag früh im Zug saßen, kamen sie und Hans, der bei ihnen geschlafen hatte an und brachten Blumen. Sie sieht schön und blühend aus, wie der Sommer selbst. Ein liebes Mädchen.

Ich soll aber noch nicht Du zu ihr sagen wünscht Hans. Sie wäre freier beim Sie.

Brief von den Eltern Bonus. Sie haben neue schwere Sorge um Helga.

Avenarius hat geunkt. Ich schreibe gleich zurück, daß wir gar keine Sorge haben. Ein glückseliger Brief von ihnen kommt zurück.

14. Juli 1920 Entmündigungstermin in Elses Sache. Auf meine Beantragung als Zeuge vernommen zu werden wurde ich für heut vorgeladen. Ernst war anwesend. Ich hoffe das Wesentliche gesagt zu haben.

Heut ist Maria Sterns Geburtstag. 13 Jahre wird sie alt.

Heut am 14. Juli ist auch Hansens Examen endgültig vorüber.

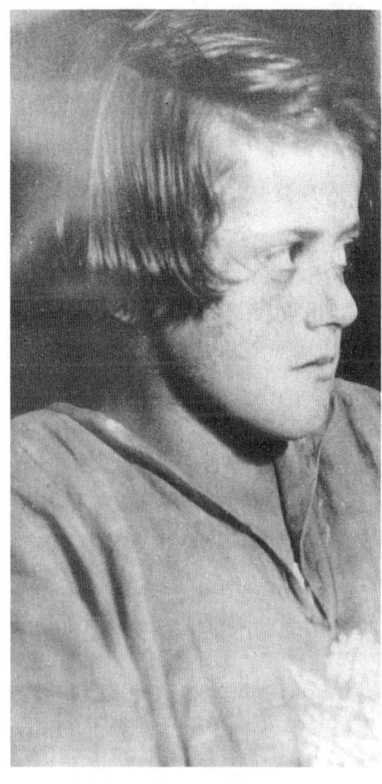

Maria Stern (geb. 1907)

Jetzt ist der Junge Arzt. Der liebe liebe alte Kerl. Im nächsten Winter ist er wohl sicher noch bei uns.

Gestern abend Kathrine Laessig hier. Erzählt mir etwas von ihrem Freund, den sie sehr zu lieben scheint. Karl Hannemann kommt und liest Gedichte vor.

25. Juli 1920 Der junge Freitag von oben ist vorgestern gestorben. Am Lungenleiden, das er sich im Feld geholt hat. Damit hat auch die letzte Familie unseres Hauses, die Söhne im Feld hatte, ihren Tribut gezahlt. 4 Familien 1914, die erwachsene Söhne hatten, alle 4 haben einen Sohn geben müssen. Dieser litt mit unendlicher Sanftmut und Geduld, er sah schön und edel aus, alle aus dem Haus trauern mit.

Kathrine Laessig gestern nach Basel gefahren zu ihrem Freund, ich war auf dem Bahnhof, Frau Laessig war da und Fräulein Georgi.

Lise erzählt, daß die Wilhelmine sie arg bestohlen hat. Man muß bedenken, daß die Wilhelmine nur Wohltaten, das ist ein dummes Wort, aber doch: *Wohl*taten, nie etwas Übles von Lise erfahren hat. Viel mehr als das Verhältnis vom Arbeitgeber zum -nehmer voraussetzt. Und das Ende ist, daß Wilhelmine klotzig stiehlt. Lise weiß nicht wie das zusammenhängen kann. Zum Teil vielleicht erbliche Belastung, zum Teil Verdorbenheit der Sitten entsprechend der allgemeinen Verdorbenheit, zum Teil mißverstandener Kommunismus?

Ihr Mann, der Russe, hat getobt und geweint als er es gehört hat. Die Wilhelmine – wie Lise sagt – während dieser furchtbaren Szene »ergeben und stolz«. Kein Wort der Verteidigung.

In sehr unangenehme Lage mit Ernst Rautenberg gekommen durch unsere Stellung zu Elsens Internierung und geplanter Entmündigung.

Am 11. Juli die Abstimmung in Ostpreußen über ihre Staatszugehörigkeit. 98 Prozent *für* Deutschland und nur 2 für Polen. *Prachtvoll!*

Mein erster Holzschnitt ist einigermaßen geglückt. Jetzt arbeite ich mit neuen Hoffnungen die Vorarbeiten zum Liebknecht-Holzschnitt.

[Anfang August 1920] Mittwoch 28. Juli geht Hans auf seine Seereise. Kurz vorher bekommt er heftige Schmerzen im Darm. Karl unkt: Warnung. Tom muß vorausfahren, Hans nach. Komische Umdrehung, daß Tom der Verschwender 4. Klasse fahren muß, Hans der Sparer 2. Klasse. Erster Brief von ihm aus Stettin. So warm und lieb.

Am 2. August 1920 große Antikriegsdemonstration im Lustgarten: »Nie wieder Krieg!« Die schrecklich Kriegsverletzten auf der Museumstreppe.

So nahe Parallele mit 1914. Und auch damals Norwegen. Und auch jetzt droht ein neuer Krieg. Wie seltsam ähnlich das alles ist.

An Reles Geburtstag bei Sterns gewesen. Hennes zeigt mir seinen Heiligen. Ruth Stern ist da. Zuletzt singen wir noch: »Lebe, liebe ...« Rele hat etwas ganz Rührendes jetzt für mich. Ihre Schmalheit, das stille und so feine Wesen und ihre Liebe zu dem

Hennes, die zurückhaltend und zart und innig überall durchkommt.

6. August 1920 Heut hab ich mir für 154 Mark den Holzstock für das Liebknecht-Blatt geholt. Es wird eine langdauernde und recht schwierige Arbeit werden. Die vielen Köpfe.

Else soll in diesen Tagen von Sellin nach Lichterfelde zurückkommen, vielleicht ist sie schon da.

Paula mit den Jungen war da. Sie ist wieder guter Hoffnung. Ich hab Sorge, wie sie das alles schaffen wird. Ihr Ton mit den Kindern ist schon nicht mehr der alte. Sie kommandiert mir zuviel, meint es muß sein. Die ersten Anzeichen der gefährlichen Zeit, wo das älteste Kind einem nicht mehr so durch und durch sympathisch ist. Der Rolf sah gestern recht ernst und unanmutig, etwas gelangweilt aus. Heinz noch entzückend.

[15. August 1920] Am 12. August, des Vaters Geburtstag, ist Else hier. Zusammen mit Friedrich Klein und einem Fräulein Vorbringer. Dann kommt auch Ernst. Wir sind oben in Hansens Stube. Ich habe den Eindruck von hoffnungsloser Entzweiung zwischen Ernst und Else. Ein niederschlagender ganz trauriger Eindruck. Heut 3 Tage danach telephoniert Ernst an Karl, daß es mit Else »schon wieder losgehe«.

Das ist so furchtbar traurig und kein Ausweg zu sehn.

Gestern bei Sells in Rehbrücke. Sells 55. Geburtstag. Es war sehr nett, heiter, gastlich, freundlich. Herta mit ihrem allerliebsten Kind. Sell als Lebensphilosoph der meint, daß nichts ihn eigentlich aus dem Gleichgewicht bringen könne. Unser Konrad, mein lieber Konrad, mit dem zusammen zu sein mir oft so weh tut, weil ich seh wie alt er wird. Und wie karg das Leben mit ihm ist. Ich möchte weinen manchmal, wenn ich ihn seh und höre.

Oktober 1920 Seit August nichts aufgeschrieben.

Inzwischen ist das Traurige geschehn, daß Else sich getötet hat. Sie hat sich in Rauschen in der Nacht vom 2.–3. Oktober in ihrer Stube die Pulsadern aufgeschnitten. Ein paar Tage vor dem Tag, an dem Onkel Theobald sich vor Jahren erhängte. Beides in Rauschen auf dem schönen Stück Erde. Die Tante Gertrud erlebt das zum zweiten Mal.

Als wir von den Sommerferien zurückkamen läutete ich Ernst an. Er sagte Else wäre in Rauschen, es ginge so. Grobe Wahnvorstellungen hätte sie nicht, aber Erregungszustände mit viel Sprechen. Sie fiele allen sehr auf die Nerven. Sie hätte Ernst den Vorschlag der Scheidung gemacht und Ernst hätte zurückgeschrieben, daß er darauf einginge. Die Kinder sollten in Berlin aufwachsen und die Ferien über bei Else sein. Sie möchte es sich noch einmal reiflich überlegen und wenn sie dabei bliebe, es am 12. (so lange sollten die Kinder in Rauschen sein, um ihren Geburtstag noch dort zu sein) Ernst definitiv mitteilen.

Am Donnerstag 7. hat Else einen Brief an Ernst geschrieben, in dem sie aussprach, daß sie die Scheidung nicht über sich brächte; sie fragte Ernst, ob er sie wieder bei sich aufnehmen wolle. Am Sonntag erst hat Ernst diesen Brief erhalten, kurze Zeit darauf die telephonische Mitteilung, daß Else tot sei.

Ich schrieb in unser aller Berliner Freunde Namen etwas auf und schickte es an Onkel Julius mit der Bitte, es an Elsens Sarg zu verlesen. Er hat es getan. Was ich fühlte hab ich aber nicht ausdrücken können.

Die Tage laufen hin mit ihrer Arbeit und dem vielerlei der Eindrücke und man hat sich kaum Zeit gelassen dieses Ereignis ganz nachzufühlen. Wenn Karl Ernst's Absicht eines Beisammenseins im Gedenken ihrer ablehnen möchte, weil man mit Worten »glättet, was nicht geglättet werden soll«, so trifft das auch mich.

Es läßt sich eigentlich überhaupt nichts reden über Else und das was sie getan hat und was sie damit hat sagen wollen. Wenn die Kinder nicht Ernst nacharten, sondern ihr, so ist zu befürchten, daß die tote Mutter wie ein Alp sich auf ihre Gemüter legen wird. Das hat sie aber sicher nicht gewollt.

Dann die ungeheuer wichtigen innerpolitischen Ereignisse. Während wir in Flinsberg waren begannen die Konflikte innerhalb der Unabhängigen. Die Forderung der Russen bei Gelegenheit des Zutritts zur III. Internationale und die heftige Reaktion dagegen beim rechten Flügel der Unabhängigen. Dittmanns Berichte aus Rußland.

Jetzt in diesen Oktobertagen ist der Parteitag der Unabhängigen in Halle, auf welchem die Spaltung vollzogen wird. Sinowjew vom russischen Exekutivkomitee hat 4 ½ Stunden gesprochen. Mit einer erheblichen Majorität haben sich die in Halle Versammelten für die III. Internationale entschieden.

So ist eine abermalige Scheidung da. Gestärkt ist die SPD und die KPD, das mittlere Trüppchen schmilzt in sich zusammen.

Ich schäme mich, daß ich noch immer nicht Partei nehme und vermute fast, wenn ich erkläre keiner Partei anzugehören daß der eigentliche Grund dazu Feigheit ist. Eigentlich bin ich nämlich gar nicht revolutionär, sondern evolutionär, weil man mich aber als Künstlerin des Proletariats und der Revolution preist und mich immer fester in die Rolle schiebt, so scheue ich mich diese Rolle nicht weiterzuspielen. Ich *war* revolutionär, mein Kindheits- und Jugendtraum war Revolution und Barrikade, wäre ich jetzt jung so wäre ich sicher Kommunistin, es reißt auch jetzt noch mich etwas nach der Seite, aber ich bin in den 50er Jahren, ich hab den Krieg durchlebt und Peter und die tausend andern Jungen hinsterben sehn, ich bin entsetzt und erschüttert von all dem Haß, der in der Welt ist, ich sehne mich nach dem Sozialismus, der die Menschen *leben* läßt und finde, vom Morden, Lügen, Verderben, Entstellen, kurzum allem Teuflischen hat die Erde jetzt *genug* gesehn. Das Kommunistenreich, das sich darauf aufbaut kann nicht Gottes Werk sein.

Aber wie feig ist meine Stellungnahme, wie innerlich unklar bin ich andauernd. Nicht einmal zum Pazifismus kann ich mich bekennen, ewig schwanke ich herum. Preist man mich bei Gelegenheit der Ausstellung in der Petersburgerstraße als revolutionär, dann bin ich mucksstill. Auch meine Ablehnung des Zusammenseins mit den jungen Arbeitern hat wenigstens zum Teil als Grund die Befürchtung, in meiner Unentschiedenheit erkannt zu werden und fallen gelassen zu werden.

Man hätte mich eben ganz in aller Stille lassen sollen. Man kann ja auch von einem Künstler, der noch dazu Frau ist, nicht erwarten, daß er sich in diesen wahnsinnig komplizierten Verhältnissen zurechtfindet. *Ich hab als Künstler das Recht, aus allem den Gefühlsgehalt herauszuziehn, auf mich wirken zu lassen und nach außen zu stellen*. So hab ich auch das Recht, den Abschied der Arbeiterschaft von Liebknecht darzustellen, ja den Arbeitern zu dedizieren, ohne dabei politisch Liebknecht zu folgen. Oder nicht?!

Von einem Mann würde man wohl mehr Konsequenz verlangen.

In einer Besprechung in der Roten Fahne ist auch darauf hingewiesen, daß meine revolutionäre Zeit schon lang zurückliegt.

[22. Oktober 1920] Heut ist wieder der 22. Oktober. In der kommenden Nacht vor 6 Jahren starb Peter. Und 5 Tage darauf ist Ju-

lius' Todestag. Ich schrieb an Hans Hoyer, die beiden gehörten für mich zusammen. So ist es auch.

Der Julius würde jetzt von seinem Vater geerbt haben durch Hausverkauf, er könnte sorgenlos arbeiten.

Warum bin ich so stumpf und kann so wenig *fühlen* diese Tage? Nur eine dumpfe und etwas traurige Lähmung ist da und die würde Peter sicher nicht billigen.

Gestern mit Karl im Kirchenkonzert gewesen, da sang ein Knabe den Jesus. Wie Julius als Kind in der Kirche, wenn seine Mutter vornan saß um ihn zu hören.

»Doch manchmal auch hat uns das Herz geblutet
Geblutet – ach – und blutet noch.«

[Matthias Claudius]

Meine Zeichnungen-Mappe, die mit den sehr schönen Vervielfältigungen, hab ich dem lieben Karl geschenkt.

Das letzte Blatt ist »Die Eltern«. Ich weinte auch wie ich es jetzt wieder sah, wie hab ich geweint, als ich es machte.

Die Worte von Claudius hab ich für den Karl daruntergesetzt.

Am Abend des 22. sahen wir sie gemeinsam an. Vorher lasen wir die »Achilleis«.

[31. Oktober 1920] Hans und Otty. Seit März dieses Jahres sind sie Mann und Frau. Nun ist Otty geschwängert und morgen soll ihr die Frucht abgenommen werden. *Hans* will es, Otty fügt sich ihm nur. Hans will es vor allem, weil er sich nicht für reif genug hält ein Kind zu haben. Er sagt er sei jetzt erst im Anfang der Befreiung von all den Hemmnissen, ein Kind würde noch sehr belastend sein.

Auch scheut er sich immer noch die Bindung zwischen sich und Otty als fürs Leben vorhaltend anzusehn. Außerdem kommt wohl auch der Druck dazu, daß er pekuniär noch nicht unabhängig ist. So hat er seinen Willen der Otty aufgenötigt und Otty fügt sich. Sehr schwer, unter vielen Selbstvorwürfen und Grübeleien.

Otty ist ein lieber, tiefer Mensch. Aber auch wie Hans zu Grübeleien und Schwere neigend. Doch wünsche ich sehr, daß sie zusammenblieben und auch Kinder hätten. *Kinder* – nicht nur ein so einzelnes nicht gewolltes Kind – nein, gewollte Kinder. Ein Bruder von Otty ist kaum zum Leben zu brauchen, so grüblerisch und sich und andere quälend ist er. Ottys Mutter ist lebensfroh gewesen, der Vater scheint auch diese Selbstquälerei gehabt zu haben.

Ottys Schwester, die Hilde, ist ein sehr temperamentstarkes sinnliches Mädchen. Sie hatte Liebesverkehr mit Immanuel und dieser wünschte, daß sie sich heirateten. Während Immanuel und Hans aber auf der Nordlandreise waren, verliebte sie sich in einen Musiker, der Frau und Kind hat. Sie wohnten zusammen in Toms [Max Immanuels] Häuschen in Flottstelle. Das ist Tom dann sehr nahegegangen. Hilde führt ihr Liebesspiel mit dem Musiker hinter dem Rücken der Frau weiter. Otty mag das nicht. Sie zieht die Schultern hoch und nach vorn, streckt den Kopf vor, dreht ihn ganz zur Seite und sieht ernst und bitter aus.

Die Tagung der Entschiedenen Schulreform, dort nach langem Alexander wiedergesehn. Auch Elsbeth Kühnen, die jetzt mit Titus Tautz leben soll.

Der Direktor Karl Wilker von der Fürsorgeanstalt Lindenhof. Ungeheuer interessant. Ein Mann Anfang 30, viel jünger aussehend, erst Philologe, dann Arzt. Er bekommt (merkwürdigerweise!) die Direktorstelle in der Fürsorgeanstalt Lindenhof. Seine erste Tat ist, daß er dort alle Gitterfenster abnehmen läßt, die Prügelstrafe aufhebt, die Jungen als moralisch Gleichwertige behandelt. Sein Leitsatz: *Der Mensch ist gut*. Er lebt ganz und gar mit den Jungen, steht jedem und immer zur Verfügung, eine Art Franz von Assisi an Liebe. Seine Freunde hat er hinberufen, die standen während seines Vortrages in der Liga für Völkerbund seitlich alle aufgereiht. Sechs kraftvolle junge Männer mit untergeschlagenen Armen in buntem Wandervogelanzug.

Wilker sehr weich, etwas feminin. Feminin auch in seinem Anzug; ein gütiges Lächeln, frohe Augen, große Nase, die an Peter erinnert (auch das Lächeln und wie er den Kopf auf die Seite legt), reine Stirn. Im ganzen scheint er ein wundervoller Mensch, doch ist mir der etwas feminine Einschlag nicht lieb. Am Tage drauf ist einer seiner Freunde bei uns, ein schöner dunkler junger Mensch.

Langes Gespräch. Parallele mit Blüher. Auch für diesen zerfällt die Welt in Geistiges und Ungeistiges. Geistiges, das ist sein »Werk«, das Leben mit Männern oder Knaben, reine zielvolle Arbeit.

Auf der andern Seite steht die Frau, die zu dieser Arbeit nie zugelassen werden darf, deren einziges Ziel das Muttersein sein darf.

Bestätigung des Einschlags der Knabenliebe durch diesen jungen Menschen. Nicht in Worten, aber durch seine Anschauungen. Einer Knabenliebe, die sich vielleicht frei hält von dem materiell Sinnlichen, die alles in die sublimierte Erotik verlegt.

Am 14. Oktober 1920 war Lisens 50. Geburtstag. Wir waren dort. Rele fehlte und Katrine, Rele in Königsberg, Katrine mit Matray in Kopenhagen.

Sie hatten ihr einen schönen Geburtstagstisch aufgebaut, Georg und Hennes zusammen. Es waren noch Ruth und Lilo Stern da. Max hatte Wein, schönen alten schweren, besorgt. Wir tranken und jeder sollte etwas über das Alter sagen. Lise fing an, dann Karl. Lise sprach froh und eingefügt. Hanna sagte, sie freue sich auch auf das Älterwerden. Dann wurde gesungen und musiziert, zuletzt wundervoll das Brahmssche »Wechsellied zum Tanz«, das immer nur bei festlichen Anlässen bei Sterns gesungen wird.

Es war ein so schöner Abend, wie er gerade bei Sterns hin und wieder ist. Fröhlich und doch etwas feierlich, festlich, künstlerisch. Nur Hennes und Hans schienen traurig, weil sie sich nach ihren Mädchen sehnten. Hennes ist übrigens ein paar Tage drauf nach Königsberg abgereist, weil dort ein Atelier austauschweise mit seinem hiesigen frei wurde.

[Anfang November 1920] Dies alles schrieb ich am Sonntag 31. Oktober auf. Als der Tag zu Ende war, war aber manches anders. Otty war zu Tisch da, sichtbar bedrückt beide.

Nachher gingen Riele und ich zu ihnen rauf und wir lasen zusammen den »Tausch« von Claudel. Als ich dann runter ging sagte ich zu Karl, daß es mir doch noch gar nicht in den Kopf ginge, daß Otty morgen in die Klinik ginge sich ihr Kind abnehmen zu lassen. Karl wünschte mit Hans noch einmal zu sprechen. – Ich ging herauf und sagte es Hans, aber Hans schüttelte gleich den Kopf. Da sprach ich noch einmal darüber. Hans stand, die Hände hinter dem Kopf, mit ganz versteintem Gesicht und starrem Blick. Ich ging raus. Nach vielleicht einer Stunde ging ich herauf um ihnen zu sagen, daß sie doch etwas essen möchten. Die Tür war verschlossen. Dann machte Hans sie auf. Otty sah ich nicht, sie saß hinter dem Bücherbrett. Ich sah Hans an und sah, daß sein Gesicht leuchtete. Er umarmte mich und sagte: »Mutter – ich will.« Ich küßte und segnete ihn. Dann waren wir alle umschlungen und weinten und lachten und küßten uns und beide

Kinder bebten. Dann holte ich den Karl herauf. Nachher saßen wir vier noch unten ein Weilchen zusammen.

Als Hans dann die Otty fortbrachte, fiel es noch einmal schwer auf mich, ob ich recht gehabt hätte ihm zuzureden. Als er dann aber wiederkam und sein Gesicht leuchtete und am nächsten Morgen leuchtete es auch noch, da war ich froh.

Nun ist er wieder viel ruhiger, so ruhig, daß Karl es gar nicht versteht.

Gestern abend war ich mit ihm allein zu Haus, da öffnete er sich mir wieder. Er sagte, daß er nicht gedacht hatte, daß er sich so bald für *einen* Menschen entscheiden würde. Daß er Otty ursprünglich nicht geliebt hätte, daß sie ihn gleich geliebt hätte und ganz langsam ihn sich gewonnen hätte. Dann sagte er etwas sehr Merkwürdiges. Seit Jahren, sagt er, träumt er hie und da von Hanna, Träume von einer solchen Süßigkeit und Sehnsucht, wie die Wirklichkeit es kaum kennt. Wenn er dann Hanna sieht, ist der Zauber weg, wenn er sie aber spielen sieht, zieht ihn wieder diese Sehnsucht zu ihr. Es ist Liebe, sagt er, andere Liebe als er zu Otty fühlt. Otty liebt er gesunder, wirklicher, aber nicht so sehnsüchtig. Zum Schluß sagte er wieder: »Aber ich bin froh jetzt, Mutter.« Aber wie ernst sah er dabei aus. Schlemihl. Träumer. Alter Junge Hans.

Mir macht dies keine Sorge, Hans! Du wirst nie in der Wirklichkeit *die* Schönheit der Träume finden, aber eine Schönheit, die Wurzel hat im Irdischen und saftig voll ist und im Licht steht.

Von Hilde erzählte Hans auch noch. Auch sie ist schwanger von dem Musiker und will natürlich die Frucht beseitigt haben. Merkwürdig verworrene und verwilderte Zustände. Sie betrügen fortlaufend die Frau, die ihr zweites Kind erwartet. Das Beseitigen der Frucht wird als Kleinigkeit angesehn und sie gehen *Tom*! an, ihnen dabei zu helfen. Er will das auch tun.

Es ist so sehr schade um die Hilde.

Mein Arbeiten treibt neue Keime. Zum Tode – Else.

[15. November 1920] Am Sonnabend dem 6. November 1920 legt sich Karl mit Bronchitis und Blasenbeschwerden. Heut am 15. hat er sich in die Privatklinik von Dr. Freudenberg aufnehmen lassen. Er hat eine Nierenbeckenentzündung. Eine lange und schmerzhafte Krankheit steht ihm bevor. Er quält sich mit Sorgen um die

Tod mit Frau im Schoß (1921). »Mein Arbeiten treibt neue Keime. Zum Tode – Else.«

Praxis. Heut den ersten Abend ohne ihn. Ich hab Sehnsucht nach ihm wie nach etwas Heimatlichem.

Vor zwei Tagen bringt Lise die schreckliche Nachricht, daß Hans Brahm sich beide Pulsadern durchgeschnitten hat. Schrecklich schrecklich.

3. Dezember 1920 Morgen am 4. Dezember, Sonnabend, holen wir Karl aus der Klinik.

Dezember 1920 Nun sind Hans und Otty verheiratet. Am 15. Dezember – an einem Mittwoch – war die Trauung, die standesamtliche. Sie nahmen diese Trauung als Konzession, als eine Formalität, die man am besten spaßhaft nimmt. Das ging so weit, daß am Mittwoch vormittag, als wir zu vieren nach dem Standesamt gingen, sie ulkten. Hilde faßte den Hans unter und Otty den Tom. Dann wieder faßten sie sich alle vier in einer Reihe unter und hüpften.

Karl kränkte das sehr. Er sagte, was so anfängt, das dauert auch nicht lange. Ich nahm Hans beiseite und sagte, sie möchten doch nicht albern, darauf waren sie vernünftiger. Ja, Otty war eine Weile, daß ich fürchtete, sie würde weinen. Im Standesamtzimmer saßen sie in einer Reihe, Karl, Otty, Hans, Tom. Ich und Hilde daneben als Zuschauer.

Der Beamte sprach sachlich und ohne Phrasen. Er fragte beide, ob es ihr »eigener freier Wille und Entschluß« sei, den andern zu heiraten. Dann sagte er: »Sie sind dann auf Grund des Bürgerlichen Gesetzbuches ein Ehepaar.«

Zurückgekommen tranken wir Wein und aßen Torte. Karl wollte eigentlich etwas vorlesen, was er ihnen aufgeschrieben hatte, aber er sagte, es wäre ihm bei der Stimmung der beiden nicht möglich. Ein Zwischenspiel: Unmittelbar nachdem wir zurückgekommen sind setzt sich Otty dem Tom, der auf dem Schaukelstuhl sitzt, auf den Schoß und gibt ihm einen Kuß. Karl konnte es nicht ansehn, er nahm Otty bei der Hand, führte sie ein paar Schritte weg und sagte: »Das schickt sich nicht.«

Hans kam dann zu mir in die andere Stube, sagte er hätte von Otty dies gehört und er bäte mich, mit Vater in dem Sinne zu sprechen, daß derselbe sich in nichts einmenge und mit seinem Urteil ganz zurückhalte. Das seien seine und Ottys ganz eigene Angelegenheiten, die kein anderer beurteilen könne und bei denen er *grundsätzlich* niemand einen Einspruch gestatte.

Ich sagte, ich würde mit Vater in dem von ihm gewünschten Sinn sprechen.

Später kam Hans nochmal und sagte, ich möchte doch nicht am Hochzeitstag mit Vater sprechen, eine Verstimmung täte ihm so sehr leid. Also gelegentlich.

Die Gelegenheit ergab sich aber noch am selben Abend, als alle Gäste fortwaren und Karl und ich schlafen gingen. Er erzählte mir den Vorfall und sagte, wie tief er ihn verstimmt habe und wie bedenklich ihn dieser Anfang gestimmt habe.

Ich sagte, auch mich hätte es sehr befremdet, aber ich wollte es nicht tragisch nehmen. Otty scheint mir ein Mädchen, das – konventionell erzogen – den Wunsch hat *radikal* mit aller Konvention zu brechen. Daraus kämen solche Unverständlichkeiten. Immerhin gab mir das in der Nacht mancherlei Bedrückendes zu denken.

Aber der Hochzeit*abend* war wundervoll. Die Stube war lustig geschmückt mit Girlanden und Lampions und bunten Papierbändern. Es gab eine gute Bowle. Und dann kamen Schmidts, Sterns und Max. Weiter war niemand da. Konrad schenkte dem Hans den silbernen Becher mit den polnischen Münzen, den er vom Großvater bekommen hat und der aus dem Jahr des Friedensschlusses des Siebenjährigen Krieges stammt. Sterns brachten schöne Trinkgläser und die Lise hat ein Bildchen gemalt als Umrandung für Mozarts »Bei Männern, welche Liebe fühlen«. Der Max kam mit wundervollem Wein. Katta konnte nicht kommen und Rele ist in Königsberg, Maria war aber da und später kam Hanna. Sie lachte fast immer und ich sagte mir, sie kann wohl nur das eine, weinen oder lachen, wenn sie nicht gelacht hätte, hätte sie geweint. Aber Lise fand ich nachher weinend in der Nebenstube auf dem Bett sitzen. Das Herz war ihr so furchtbar schwer von all den Liebeswirrungen ihrer Kinder.

Zuerst sangen Georg und Max den Mozart und dann wurde gesungen »Freut euch des Lebens« mit Reimen und dann immer eins nach dem andern, gesungen und gesprungen. Otty und Hans sahen schön aus. Die Otty hatte ein ganz weißes Kleid mit einem roten Band und einen schmalen Tannenkranz. Und der Hans sein gelbbraunes Leinenjäckchen und einen roten Kranz. Der Junge war wundervoll und sein Gesicht leuchtete in heller guter Freude. *So schön war er.* Wie bei dem Vers »Kloster ist nicht mein Verlangen« er mit Otty im Kreise sprang und wir alle angefaßt um sie herum. Und wie er dann mit ihr tanzte und immer versuchte sie zu küssen und Otty immer den Kopf wegdrehte, und ich dann, als ich ihr dicht vorbeitanzte, sie küßte. Und gesungen »Wacht auf, wacht auf!«

Max bekränzt auf dem Fußboden, die Bowle vor sich. Konrad, der die launige Ansprache ausgehend vom Gastmahl des Plato sprach. *Alles* alles war schön. Nur eine Trübung, daß Lise traurig war und daß die Eheerlebnisse der Mädchen einen Schatten warfen. Und Tom hatte sich ganz zurückgezogen.

Wie dann alle fortwaren und wir vier ganz still in der festlichen Stube – nein, Hilde war noch da – sagte Hans, jetzt müßten wir noch etwas Schönes lesen. Da las ich das Letzte des letzten Gesanges aus »Hermann und Dorothea«. Wie der Pfarrer den Ring an Dorotheas Hand sieht und sie von ihrem ersten Verlobten spricht. Dann Hermann: »... denn der Mensch, der zur schwankenden Zeit auch schwankend gesinnt ist – der vermehret das Übel und breitet es weiter und weiter; aber wer fest auf dem Sinne beharrt, der bildet die Welt sich.«

Dann gingen sie in ihre obere Stube. Und Karl und ich sprachen noch über sie und wurden wieder etwas mutlos.

Weihnachten 1920 Das ist nun eine Woche her, daß Hans und Otty verheiratet sind und oben bei uns wohnen. Otty ist es häufig übel, aber wenn sie bei uns unten ist, ist sie meist teilnehmend und liebenswürdig. Und Hans, dem tut die Ehe sehr gut. Den Dr. hat er nun auch gemacht. Er ist entschlossen, selten mißgelaunt und *viel liebenswürdiger*. Am Heiligabend als wir den Baum schmückten waren Hans und ich eine Weile allein. Karl war unten, Otty oben. Hans war so freundlich und fromm, recht wie ein Mensch, der innerlich glücklich ist. Mit Liebe und Bedachtsamkeit schmückte er den Baum. Als dann alles fertig war und die Kinder uns holten – nicht wie früher wir sie – uns und die liebe alte Mutter und die Mädchen, und der Baum so feierlich und still brannte, stellte Karl sich zwischen Baum und den offenen Schreibschrank, wo Peters Bild herübergrüßte, und las gute Worte vor und gedachte des Peter.

Dann las Hans die [Weihnachts-]Legende und den Korintherbrief und dann beschenkten wir uns. Die Kinder haben uns und sich so reich beschenkt, Karl mir massenhaft Briefpapier und ich ihm den Liebknecht-Holzschnitt, den ich nun fertig habe.

Nachher spielte Otty die Gitarre und wir sangen Weihnachtslieder und dann lasen wir aus dem [Gottfried] Keller die Hulda-Episode. Aber erst lasen wir noch das wundervolle Meyersche Gedicht: »Friede, Friede auf der Erde«.

Als das letzte Lichtchen verbrannt war, gingen wir schlafen mit ruhigem Glücksgefühl im Herzen. Und Dank.

Der 1. Feiertag brachte vormittags Besuch von Änny Löwenstein. Zum Kaffee kamen Laessig und Kathrine. Die Mutter war aber sehr unruhig, so daß immer einer bei ihr sein mußte. Hans und Otty gingen abends – sehr ungern – zu Gieses und um 9 Uhr kam noch Stan.

Stan ist von Rußland auf der Rück-Durchreise hier. Furchtbar ist es ihr ergangen dort. Die ganze Zeit als Spionin im Gefängnis gehalten, 3 Monate in schrecklichster Einzelhaft, man kann sagen gefoltert um Denunziationen aus ihr herauszulocken, die sie nicht machen konnte, weil sie kein Ententespitzel ist und als probolschewist[isch] nach Rußland ging, getrieben von dem Wunsch, Sowjetrußland mit eigenen Augen zu sehn. Selbstmord, an dem sie dicht dran war, überwand sie immer wieder, weil – um sich zu retten – sie eine fingierte Denunziation schriftlich gemacht hatte, die sie aber auch nicht befreite. Hätte sie sich getötet, so wäre das bekanntgegeben [worden] mit dem Bemerken, daß sie ein Geständnis Spitzel zu sein abgelegt hätte. *Diese* Nachricht wäre uns ihren Freunden hinterblieben und mit dieser Befleckung ihrer Ehre wollte sie nicht in uns weiterleben. So hielt sie aus, fürchterliche Qualen.

Wer hat sie denunziert, noch bevor sie nach Rußland ging? Ich habe Verdacht auf Einstein, nicht daß er es direkt getan hat, aber als ob er doch eine Warnung hat ergehn lassen, weil, wie er mir einmal sagte, Stan unklug und unvorsichtig wäre und man ihr nicht viel anvertrauen dürfe.

Morgen reist sie nun wieder nach England und will erst einmal ihre ganze Leidensgeschichte in englische Zeitungen bringen.

Silvester 1920 Hans und Otty in Flottstelle. Wir überlegten, ob wir auch herausfahren sollten, aber Schwerfälligkeit und alle möglichen Schwierigkeiten halten uns ab. Mutter ist eben in ihre Stube gegangen, Karl liest unten, ich sitze am offenen Schreibschrank, Peters liebes Bild vor mir.

Der dumpf nervöse Zustand der letzten Zeit. Lise sagte, im Augenblick empfände man stark, aber bald läge alles Erlebte in einem Nebel hinter einem. Ja, das ist schon so. Ich empfinde auch nicht bis zu Ende, sondern flüchtig. Noch vor Jahren war das anders. Der Krieg und das was er brachte, furchte tief ein. Aber schon bei Julius Hoyers Tod hatte ich das Gefühl, nicht *hinein* zu können in die Bedeutung des Geschehens. Damals sagte ich mir, daß das daran läge, daß Peters Tod mich an die Grenze meiner Möglichkeit zu empfinden gebracht hatte, daß alles, was danach noch käme, nie wieder diesen Stärkegrad erreichen *konnte*. Dieses Jahr ist an mir vorübergesaust und das Bedeutsame, das es gebracht hat, hat nur leicht gekerbt. Wenn das so weitergeht, dann treffen mich die kommenden Jahre immer flüchtiger, dann komme ich schon in die Anfangsstadien von Mutters Zustand. Vielleicht bin ich schon drin, nur ist es noch nicht so prägnant.

Neujahr 1921 Gestern war ich zu unkonzentriert um weiter zu schreiben.

Im ganzen ist dies Jahr, trotzdem es persönlich viel Glück gebracht hat – so Hans und Otty – doch ein tristes Jahr gewesen. Und trist sieht man in das nächste, in die nächsten. Deutschlands Zustand ist zum Gotterbarmen. Man sieht nicht wie er besser werden kann. *So wenig* Erfreuliches, so sehr viel tief Verstimmendes. Und über Deutschland heraus auch nicht viel besser. Die Hoffnung auf Rußland gänzlich zuschanden geworden.

Die kulturelle Entwicklung Deutschlands steht still, ja ist rückwärtsschreitend. Verarmung der gebildeten Stände nimmt zu. Ich kann mir gut denken, daß man vor Verstimmtheit aus der Welt geht.

Zunehmen tut das Beschäftigtsein mit Mechanischem, nur zur Erhaltung der Existenz Notwendigem. Die *Zeit*, diese Kostbarkeit, wird einem immer mehr beschnitten durch im Grunde Übrigkeiten, eben Erledigungen ungeistiger mechanischer Art.

Das gibt leider eine rechte Verdrußstimmung, gegen die ich schlecht ankämpfe. Dann noch Mutters immer sich verschlimmernder Zustand, eigene beginnende Alterserscheinungen.

Der Karl hält sich tapferer wie ich dagegen, aber er hat gesundere Nerven.

Was meine Arbeit anbetrifft, so war dies Jahr noch immer ertragreicher als ich fürchtete. Daß doch so wenig zu besehn ist, lag daran, daß ich viel Zeit mit Suchen nach meiner Technik verlor. Die Kriegsblätter, die eigentlich als Zeichnungen gelöst waren, scheiterten immer als Steindruck. Erst im Herbst entschied ich mich für Holzschnitt und damit scheint mir eine Tür aufgestoßen zu sein. Das Liebknecht-Blatt ist, wie die es gesehn haben mir sagen, geglückt. Nun heißt es mit ruhigen Nerven den Weg weitergehn. Ich ahne und hoffe, daß da noch eine neue Entwicklung liegt. Nur gesund bleiben, bis ich gemacht habe, was ich noch durchaus machen möchte.

Das traurigste Vorkommnis in diesem Jahr war Elsens geistige Erkrankung, ihr Leben in der Irrenanstalt und ihr Selbstmord. Und doch, wie rasch ist man auch darüber hinweggekommen.

Bei Rüstows immer noch der fast unleidliche Zustand der Trauer. Dazu pekuniäre Sorgen.

Von Goeschs nicht viel zu hören. Noch in Ascona.

Sterns und Schmidts sind fast unser einziger Freundesumgang.

Bei beiden viel Schweres. Der Konrad ist verbittert über alles Politische. Die Arbeiter haben ihn enttäuscht. Sein persönliches Leben wird immer enger. Berlin freut ihn nicht mehr. Er sagt er fühle sich »ausgeschlossen«.

Und bei Sterns viel schwere Sorgen, die vor allem die Lise trägt. Sie ist schon die wahre Leidensmutter. Nur an Rele haben sie Freude. Hannas Ehe mit dem grausigen Geschehnis und Katrine treibt zur Zeit ganz abseits. 〈〉

Endlich hab ich im Goethe die Stelle gefunden, die mir immer wie auf Peter gemacht schien. Sie steht in »Radierte Blätter« unter den Kunstschriften Band II:

»Ich sah die Welt mit liebevollen Blicken
Und Welt und ich, wir schwelgten im Entzücken.«

Es endet so:

»Und wie dem Walde gehts den Blättern allen:
Sie knospen, grünen, welken ab und fallen.«

14. Januar 1921 Heut ist Karl schon wieder ins Krankenhaus gegangen. Um den Darm röntgen zu lassen. Er hatte einen heftigen Einsprung, zugleich eine ihm unbegreifliche Stuhlverstopfung.

6. Februar 1921 Heut wär Peter 25 Jahre alt geworden. Der liebe Junge, der Hans, brachte mir früh ein Tulpentöpfchen, wir stellten es vor Peters Silhouette.

Wie hab ich früher sein Bett mit Blumen geschmückt, den Stuhl daneben.

Mit Hans wieder darüber gesprochen, ob das Kind den Namen Peter haben soll wenn es ein Junge ist. Er neigt mehr dazu es nicht zu tun. Er meint Peters so abgeschlossenes Bild könnte sich verwischen, wenn ein anderer Mensch so in seinen Namen hereinwächst.

Ich arbeite den Kriegszyklus im Holzschnitt und habe jetzt die »Freiwilligen« vor. Wenigstens *eine* Gedenkarbeit wär das für die Jungen, wenn ich die große Arbeit schon nicht fertig bringen sollte.

Ich will bis zur Akademieausstellung machen: die »Freiwilligen« – die »Eltern« – die »Witwe« – die »Frau im Wasser« und vielleicht noch einmal die »Mütter« in der neuen Fassung.

Karl ist im Krankenhaus für gesund befunden, wenigstens nicht für erheblich krank. Seine Darmstörungen halten aber an und seine Katarrhe auch. Er ist nicht sehr wohl. Auch ich nicht. Bin oft miserabel müd und blaß. Aber mit der Arbeit geht es und das ist ja die Hauptsache.

Die alte liebe Mutter ist auch wieder besser. Die schlimmste Wirrniszeit scheint hinter ihr zu liegen, das hängt vielleicht mit den zunehmenden Tagen zusammen.

Die Freiwilligen; Blatt 2 der Folge »Krieg« (1922/23?). »Ich arbeite den Kriegszyklus im Holzschnitt und habe jetzt die ›Freiwilligen‹ vor. Wenigstens *eine* Gedenkarbeit wär das für die Jungen, wenn ich die große Arbeit schon nicht fertigbringen sollte.«

Hans und Ottilie leben friedlich oben in ihrer einen Stube zusammen. Otty läuft mit Hans immer gleich früh zusammen fort und ist vormittags auf der Kunstgewerbeschule. Otty muß jetzt ungefähr auf der Hälfte der Schwangerschaft sein, jetzt muß sie bald schon die ersten Kindsregungen spüren.

Kaches haben gestern am 5. Februar ihr 4. Kind, wieder ein Jungchen bekommen. Es heißt Gerd Kache.

Am 19. Januar 1921 ist das 75. Stiftungsfest der Königsberger Freien Gemeinde gewesen. An dem Sonntag waren die alten Königsberger bei uns versammelt: Kleins, Pensky [?], Julius Herrendörfer, Schade war krank, Sell, Konrad, Sterns, Hans Prengel und Ernst, Julius Rupp.

Der Konrad sprach sehr gute Erinnerungsworte an den Großvater. Er hatte ihm die preußische Geschichte mit den Menzelschen Bildern geschenkt. Vorn herein hat er ungefähr so geschrieben:

»Meinem lieben Konrad mit dem Wunsche, er möchte sich prüfen, was aus diesem Buch seinem Verstand und was seinem Unverstand gefällt.«

Nachher sprach Sell und drückte seinen Dank aus für alles, was die Gemeinde ihm an geistiger Befruchtung gegeben habe.

Die Mutter war die ganze Zeit dabei und hörte zu. Hans und Otty hörten auch zu. Es war mir so lieb, daß Otty *so* von der Freien Gemeinde erfuhr.

Mitte Februar 1921 Karl ist zum 3. Mal in diesem Winter krank. An einer schweren fieberhaften Erkältung. Auch Hans ist krank, böser Schnupfen, Kieferschmerzen, dazu quält ihn immer sein Darmriß. Mutter, ich und Otty sind zum Glück noch gesund.

Als gestern Karl am Ofen saß, kam die Mutter in die Stube, sah ihn sitzen und ging mit Freude auf ihn zu: »Ach, bist du der Karl?« Auf einmal sah sie, daß es nicht »ihr« Karl war. Nach kurzer Zeit kam sie wieder herein: »Wo ist denn nur mein Mann?«

Liebes Mutterchen, hast Du Sehnsucht nach Deinem Karl? Wie schmerzhaft muß die Enttäuschung gewesen sein, als sie merkte, daß es nicht ihr Karl war.

Das Kachesche Kindchen hat einen Wolfsrachen und eine Hasenscharte. Es soll operiert werden. Paula nährt es. Sie gefiel mir wieder so sehr gut, wie sie dem Kleinen zu trinken gab. Das ist wahrhaftig eine Mutter.

Von Anna-Erika ein so lieber Brief. Wie treu ihr Gedenken an den Peter. Nun erwartet sie auch ein Kindchen und das soll Peter heißen, wenn es ein Jungchen ist.

Das Jahr bringt Kinder von Kaches, Simons, Frankls, Kaisers, hoffentlich Anna-Erika und *hoffentlich* Hans und Otty. Aber immer noch keins von den Sternschen Mädels.

(Aber von Goeschs! August 21.)

[4. März 1921] Am 4. März 1921 – einem windigen, klaren, kühlen Tage – mit dem Holzschnitt »Dixmuiden« begonnen. Möge es gut werden!

Bei Sterns neue schwere Sorge. Hans [Brahm] und Hanna scheiden sich. Hans ist nach Bozen abgefahren. Er ist so traurig, daß Sterns befürchten, er macht diesmal ernst mit dem aus dem Leben Gehn. Es liegt an Hanna. Hanna läßt ihn, weil sie Kortner liebt. Sie will ihn [Kortner] auch wieder heiraten und will diesmal ein Kind.

Sie ist krank, fiebert dauernd, die Lunge soll frei sein, man nimmt ein Drüsenfieber an. Sie ist im Grunewaldsanatorium.

Ostern 1921 Am Karfreitag ganz warmes Wetter. Karl ich Annie Karbe Hans und Otty Georg und Maria fahren nach Hohenschöpping. Es ist schön.

Aber viel schöner ist noch der Ostermontag. Die Kinder waren schon ganz früh über Werder nach Flottstelle. Karl und ich fuhren um 10 Uhr nach. Es war kalt und stürmisch geworden, wir zweifelten, ob wir es tun sollten. Durch den Wildpark. Mittags waren wir in Flottstelle.

Tom hat sein Häuschen toll blau angestrichen, *zu* blau. Aber innen ist es wunderschön. Wir gingen zusammen nach dem Lienitzsee und abends saßen wir in seinem grünblauen kabinenartigen Stübchen und Hans las den »Osterspaziergang«. Wir blieben zur Nacht dort.

3. Ostertag früh fuhr ich mit Karl zurück, er in die Sprechstunde, ich ins Atelier.

Es war eine Erquickung für uns wie im vorigen Jahr die beiden Pfingsttage.

April 1921 Tief. Tief. Tiefstand.

Ich hoffte ich würde noch so durchkommen. Mit den Holzschnitten fertig werden bis zur Jury – dann Jury – dann eine Woche ausruhen in Neu-Ruppin und dann könnte es wieder weitergehn.

Aber nein. Schon letzte Zeit schlechtes Arbeiten und nicht mehr Gutsehenkönnen. Dann war ich krankheitsreif und wurde krank und zugleich ein Zusammenrutschen und Abfallen, wie ich es *so gründlich* lange nicht [mehr] erlebt habe. Jetzt ekelt mich meine Arbeit so, daß ich sie nicht sehn kann. Zugleich ein Versagen des ganzen Menschen. Ich liebe nicht mehr den Karl, nicht die Mutter, kaum die Kinder. Ich bin dumm und ohne Gedanken. Ich sehe nur Unerfreuliches. Die Frühlingstage gehn vorüber – ich bin stumpf. Eine Müdigkeit im ganzen Körper und eine die andern lähmende Unliebenswürdigkeit.

Wie tief ein solcher Zustand ist merkt man erst, wenn man anfängt sich aus ihm zu heben. Ein schlimmes Symptom ist dieses: nicht nur eine Sache nicht zu Ende denken, sondern auch ein *Gefühl nicht zu Ende fühlen*. Sobald es aufsteigt ist es, als ob man eine

Handvoll Asche raufwirft, gleich lischt es aus. Gefühle, die einem früher nah kamen, stehn wie hinter dicken blinden Fensterscheiben, die müde Seele versucht gar nicht erst zu fühlen, weil es anstrengt. Also ein *Nichts* ist in mir, weder Gedanken noch Gefühle, keine Aufforderung zum Tun, keine Stellungnahme. Der Karl fühlt mich fremd und leidet – es ist mir alles gleichgültig.

Gestern im Theater »Die echten Sedemunds« von Barlach gesehn. Ein tief neidisches Empfinden, daß Barlach so viel stärker und tiefer ist als ich bin.

Immer die Befürchtung, daß dies die überleitenden Zustände sind zu Mutters Zustand. Aufpassen muß man, daß es sich nicht so über einen schleicht, daß man nachher es nicht mehr beurteilen kann.

Etwas Schönes hab ich erlebt in diesen stumpfen toten Wochen. Das war noch bevor ich krank wurde. Ich sah im Tiergarten ein Kindermädchen mit zwei Kindern. Das ältere Jungchen, 2½ Jahre, war das sensibelste Kind, das ich gesehen hab. Wie auch das Mädchen sagte: wie ein kleiner Vogel. Sie mochte ihn deshalb nicht. Aber das Jungchen war ganz lieblich. Auf dem kleinen Gesichtchen, in dem schmalen Körperchen spiegelten sich ununterbrochen die Eindrücke von außen. Viel Furcht, Beklommenheit, Hoffnung, Freude bis zur Seligkeit, dann sofort wieder Angst usw. Wie ein Schmetterling, dessen Flügel dauernd beben. Rührender, schutzbedürftiger, liebebedürftiger, ergreifender, hilfloser hab ich nie ein Kindchen gesehn. Das Mädchen sagte, das frühere Kindermädchen hätte das Kind verprügelt.

Die deprimierte Stimmung hält an. Hab heut meine Sachen in die Akademieausstellung gebracht, schäme mich aber über sie. Es ist das Wien-Plakat, die »Nachdenkende Frau«, der Liebknecht-Schnitt, der Schnitt für E[lse] R[autenberg] und die Liebknecht-Zeichnung, auch noch ein Selbstbild. Wenn ich nur *ein* anerkennendes Wort von Liebermann oder einem andern hörte. Ich selbst *weiß*, daß sie nicht ganz gut sind. Sie sind teils gut. Dies Schweigen ist scheußlich. Die Arbeiten würden nicht besser dadurch, daß Liebermann sagte sie seien gut, aber ich bin so empfindlich, so nervös, daß es mich peinigt.

Gaul soll todkrank sein.

Ich hänge neben Corinth. Der kann auch nicht mehr. Sein Motto ist: »... als ich kann.« Das ist meines auch.

Aber es ist schlimm zu fühlen, daß das Äußerste was man aufbringen kann an Kraft, so wenig gegen früher ist. Seine Landschaften sind übrigens noch sehr schön und haben Kraft.

Lederer erzählte neulich vom jungen Barlach. Der ist vom glatt Eleganten allmählich gewandelt in den Einsiedler und Grübler. Den bewundere ich – und beneide ich. Der hat keine Adernverkalkung wie ich oder der liebe arme Konrad.

Ein wenig fängt es an in mir wieder zu leben. Nicht mehr ganz das gleiche Ekelgefühl wenn ich an Arbeit denke. Aber nun kommt erst die Sommerreise. Und dann Ottys Entbindung. Und dann wer weiß was alles.

Die Kaiserin ist tot und in Potsdam beigesetzt. Viele Fahnen hingen aus den Fenstern.

1. Mai 1921 Karl ist in einer SPD-Versammlung. Ich bin zu Haus und packe. Es ist schönes stilles Wetter. Feiertagsruhe.

Goeschs sind hier und werden im Mai bei uns wohnen. Gertrud erwartet wieder ein Kind. Sie sind so fein, die Eltern Goesch, auch die Kinder – es sind wertvolle Menschen.

Wir reisen übermorgen in den Odenwald.

[Anfang] Juni 1921 Nach der Sommerreise.

Im Mai in Gronau im Odenwald gewesen. Eine Stunde von der Schule wo Bonus' sind. Bei Pfarrers gewohnt, bei Hebenstreit gegessen. Wir die einzigen Sommergäste im Ort. – Fast täglich zu Bonus' gegangen oder sie zum 1. Frühstück zu uns gekommen. Die Fichte-Feier, wo Bonus so gut sprach. Wir verstanden uns zu vieren, wenn auch Karl und Bonus sich nicht sehr nah kamen. Aber sie hatten durch Helga viel Vertrauen zu Karl und wurden ihm gerecht. Mochten ihn wohl auch gern. Beide Bonus gefallen mir sehr gut. Jeep jetzt noch mehr als früher. Ihre bescheidene Art, bei all dem notwendigen wirtschaftlichen Tun auch ihre eigene Arbeit durchzusetzen ist fein.

Das Wetter war dauernd gut (nur Himmelfahrt schneite es), viel Sonne. Die Gegend wundervoll fruchtbar und beglückend.

Wir hatten von Büchern das Reisetagebuch von Keyserling mit; die Gespräche Goethes mit Kanzler Müller. Das botanische Buch von Schmeil, das uns alte Leute erst darüber aufklärte, wie sich das Getreide befruchtet.

Von den Kindern kam gute erfreuliche Nachricht. Ottys lustiger Brief vom Klapperstorch. Am letzten Tage noch nettes Zusammensein mit Jakimows, die ihre Kinder aus der Odenwaldschule abholten.

Wir hatten das Gefühl uns sehr erholt zu haben, hier zu Hause aber in der argen Hitze ist es uns fraglich. Karl bekam bald wieder seine schlimme Migräne.

Hans holte uns vom Bahnhof ab (Ottilie wartete im Wartesaal). Goeschs kamen auch noch hin. Jetzt sind wir über eine Woche hier noch zu keiner Arbeit gekommen.

Am Sonnabend und Sonntag noch in Fangschleuse draußen gewesen.

Samstag kamen noch am Abend Heinrich und Gertrud mit allen Kindern. Baden an der Freistelle. Die Wandervögel, die gegen Abend herauskommen, ihre Zelte aufschlagen, Feuer machen. Singen, Mandolinengeklimper die ganze Nacht. Baden. Sonntag brutheiß. Wir setzen nach der Insel über und mittags kommen Lise Max Hans Brahm, Maria. Dazu Helga. Helga ist nicht sehr wohl. Ich fahre mit Maria schon nachmittag zurück, höre hier zu Haus von Fräulein Lesse, daß Karl nachts kaum geschlafen hat. Von der Hochzeitsgesellschaft, die sich an Heringssalat vergiftet hat, rausgeklingelt, pumpt er 10 Menschen den Magen aus. Heftigster Kopfschmerz am Tage. Geht noch in die Akademieausstellung.

Ich kam gestern auch noch in die Ausstellung. Die Ferien bewirken doch, daß ich weniger gespannt meine Sachen mir anseh und zufriedener bin. Hab unterdes auch viel Gutes darüber gehört.

Bei Änny Löwenstein gewesen und die Zeichnungen ihrer toten jungen Nichte Eva gesehn. Die hat sich mit Veronal vergiftet, weil ihr Verlobter sich als Schubjak gezeigt hat. Befreundet gewesen mit dem jungen Winterstein, der sie liebte. Trotzdem wegen dem elenden Kerl getötet. Vor 5 Jahren machte ihre Mutter einen Selbstmordversuch mit Veronal, jetzt führt sie es aus.

Änny Löwenstein war auch entschlossen sich zu töten. Hatte die letzten Worte schon aufgeschrieben als die Nachricht von ihrer Nichte kam. Sie, weil ihr Freund, den sie seit Jahrzehnten liebt und mit dem sie jetzt in ihrem 50. Jahr eine kurze Liebeszeit hatte, sie wieder losläßt. Änny Löwensteins Art ist mir immer trotz ihrer späten Liebe und einiger Seitensprünge etwas pedantisch nüchtern und selbstbespiegelnd gewesen. An dem Abend war es aber doch anders. Als ich (innerlich oberflächlich fühlend) mir von ihr das Versprechen geben lassen wollte sich nicht zu töten, lehnte sie sofort entschieden und phrasenlos das ab. »Ich müßte es Ihnen halten und das will ich nicht – ich will zu meiner Zeit frei verfügen über mich.«

Hans und Otty haben mit Ottys Geld in Lichtenrade in einer Siedlung ein Häuschen gekauft. Als Nachbarn Goeschs und deren Freunde Goetz'. Auch Fechters ziehn hin. Im Herbst wollen Unsere da einziehn.

Seit gestern ist Ottilie schon hier bei uns zu Hause, kommt ihre Zeit geht sie in die Straßmannsche Klinik. Auch Gertrud hat sich für den August da aufnehmen lassen.

Fides Goesch hat Wochen bei Sterns gelebt. Dann mit Maria nicht mehr gut vertragen. Lise sagt sie sei famos, aber ähnlich wie Tante Bennina. Starke moralische Forderungen an die Menschen stellend. Sie hat sich mit Maria verkracht über Katta. Daß die in freiem Verhältnis mit Matray lebt.

Mit der alten Nähfrau Heling etwas Nettes erlebt. Ich ging zu ihr sie zu bezahlen. Sie wohnt 4 Treppen hoch mit dem Blick über den Kirchhof. Sie ist zum ersten Mal zu Ferien fort gewesen. Im Harz. Von ihrer Tochter mitgenommen. Sie hat geweint vor Freude, als sie auf den Brocken kam. In ihrem Zimmer hängen die Bilder der beiden gefallenen Söhne. Der jüngere war mit Peter mit. Er war 19 Jahr. Ein so liebes schönes Gesicht, das an Peters erinnert. Der andere war »wie besessen« sagt sie von Liebe zum Malen. Mit zwei Brötchen lief er morgens oft weg, blieb den Tag weg und malte, malte. Aquarelle von ihm hängen noch in der Stube. An den und seine Verzückungen in der Natur hat sie bei dieser Reise immer denken müssen. Darum sind ihr immerfort die Tränen gelaufen.

Otty sieht in ihrem gelben Kleid so schön aus wie die Mittagssonne, wie Karl sagt, oder wie Hans sagt: wie die Sonnenblume. Gelbes Kleid und gesundes verbranntes Gesicht, gelbe Haare. Im letzten Monat schwanger, voll Kraft und Jugend.

[13. Juni 1921] Karls Geburtstag wieder mit vielen bunten Blumen. Am 12., dem Zwischentag der beiden Geburtstage, bei Sterns in Karlshorst draußen gewesen. Zwischen Karl Konrad Max ein Gespräch über Religion. Wir sind in dem Erker.

An Karls Geburtstag im Lauf des Tages Frau Sonnewald, Frau Schröder und Anna Schmidt hier. Abends sitzen wir vier allein bei

Rosen und Wein um unsern Tisch. Jeder sagt sein Sprüchlein und Hans sagt sein Glas hebend: »Daß *wir* nach 30 Jahren auf eine Ehe zurückblicken können wie Ihr!« Wenn es auch die schöne Stimmung der Stunde war, die aus ihm sprach, wenn er auch ahnt, wie schwierig manchmal unsere Ehe war, wenn wir das auch wissen und nicht vergessen haben – im Innersten wohl tut es doch, sein Kind so sprechen zu hören, weil – bei allem was abzuziehn ist – ein nicht geringer Teil doch Wahrheit bleibt. Wie schön war diese Abendstunde, wie schön die junge Otty, wie glücklich wir, die wir alle noch in der Hoffnung sind auf das Kindchen.

Neulich kommt Karl mittags nach Haus, Mutter Otty ich sind in der Stube. Er gibt der Mutter die Hand: »Guten Tag, liebes Mutterchen«, dann zur Otty: »Guten Tag, Mutterchen« und dann zu mir: »Guten Tag, Mutter«. Wir drei Mütter lachen und freuen uns über diese Anrede.

Inzwischen einmal Goeschs hiergewesen; kommen auf [Rudolf] Steiner, seine Hypnose, sein Verbrechertum zu sprechen. Peinlicher Abend. Goeschs wirken in dieser Sache beide verrannt und beschränkt.

Ich beginne langsam und tastend wieder mit der Arbeit.

Alexander sprach in dem Arbeiter-Diskutierclub. Mir gegenüber saß der Arbeiter Braun, ein fabelhafter Kerl. Ganz verbiestert, Grüblerkopf, gewaltiger Schädel, von der Nase am Mund runter scharf eingeschnittene Falten, Ausdruck der Augen vergrübelt und fern. Dazu ein kurzer breiter Körper, breite Schultern, kurze Arme und Pranken von Händen, in die er seinen Kopf vergräbt.

[Juni 1921] Lise hier. Sehr traurig. War zu Hanna gefahren, war ihr wieder nahe gekommen, konnte wieder mitgehn. Nach Haus gekommen hört sie am selben Tag, daß Kortner sein altes Verhältnis wieder aufgenommen hat. Sie beschließt wieder zu Hanna zu fahren, damit sie es von ihr erführe, teilt Kortner dies mit. Der bestellt sie zu sich und erklärt ihr auf das entschiedenste, daß sie das nicht dürfe, daß das nur eine Sache zwischen ihm und Hanna sei. Sie sagt, er war rücksichtslos und hart, aber doch hat er ihr nicht mißfallen. Hat ihm nachgegeben. Aber traurig ist sie sehr. Sie weiß gar nicht wie Hanna das tragen wird.

Georg auch Lise sind beim ersten Mal Sehn durch Kortner an

Speyer erinnert worden. Der hatte, als er zur Hochzeit mit Rosa nach Königsberg fuhr, eine Geliebte sich mitgenommen.

Es heißt, jeder hat das Schicksal das er verdient, oder das er haben muß nach seinem Charakter. Wie ist das dann mit Lise? Es ist richtig, daß ihre Kinder einige Linien weiter fortführen die in ihr schon vorhanden sind. In Katrine z. B. aber auch in den andern Mädchen. In Rele die Neigung zum Exzentrischen – jetzt übrigens in den letzten Jahren zurückgetreten. Hanna ähnt wohl mehr Georg, das Absolute, das sie immer anstrebt, *ganz*, bis zur Rücksichtslosigkeit, ist Lisens Art nicht. Katrine ähnt ihr am meisten, aber verzerrt. ⟨⟩

Das Mädchen, das neben Hanna seine [Kortners] Geliebte ist, war zur Lise gegangen, wie sie sagt, um sie wohl so recht zu kränken und ihr weh zu tun. Da Hanna nicht da war, hielt sie sich an die Mutter. Mir scheint aber, daß sie bald gefühlt hat, *was* für einem Menschen sie gegenübergestanden hat und daß sie die Güte und das Verstehen selbst mit ihren Haßausbrüchen getroffen hat. Lise spricht darüber nicht, aber es scheint mir so zu sein, denn jetzt ist sie [die junge Frau] fast täglich bei Lise draußen, wohl nicht mehr um sie so grausam wie möglich zu treffen, sondern um – selbst gequält – bei der Lise sich auszuweinen und auszusprechen. Aber die Lise – die Lise tut mir so namenlos leid, mehr leid als Hanna selbst. Die Lise und der Georg.

28. Juni 1921 Gertrud und Ottilie heut wie Elisabeth und Maria. Beide hochschwanger.

Mutter gestern mit so ganz freundlich gütigem Ton zu mir: »Komm doch ein bißchen häufiger zu mir rüber!«

Mit Karl zusammen im Großen Schauspielhaus »Die Weber« gesehn. Aufpeitschende Wirkung der Massenszenen. »Jäger soll rauskommen! Jäger soll rauskommen! Hölz soll rauskommen.«

Etwas von dem Gefühl wie damals, als ich zum ersten Mal die »Weber« sah, kam über mich. Von dem Gefühl, das die Weber treibt, das Auge um Auge – Zahn um Zahn, das Gefühl, das ich damals hatte, als ich die »Weber« machte. Meine »Weber«.

Inzwischen hab ich eine Revolution mitdurchgemacht und hab mich davon überzeugt, daß ich kein Revolutionär bin. Mein Kindertraum, auf der Barrikade zu fallen, wird schwerlich in Erfüllung gehn, weil ich schwerlich auf eine Barrikade gehn würde seitdem ich in Wirklichkeit weiß, wie es da ist. So weiß ich jetzt, in was für einer Illusion ich die ganzen Jahre gelebt habe, glaubte Revolutionär zu sein und war nur Evolutionär, ja mitunter weiß ich nicht, ob ich überhaupt Sozialist bin, ob ich nicht vielmehr Demokrat bin. Wie gut es ist, wenn die Wirklichkeit einen auf Herz und Nieren prüft und einen ohne Beschönigung an die Stelle stellt, die man aus seiner Illusion heraus nie für die richtige nahm. Mit Konrad ist es glaub ich etwas Ähnliches. Ja – er auch ich wären wohl fähig gewesen revolutionär zu handeln, wenn die wirkliche Revolution das Gesicht gehabt hätte, das wir an ihr erwarteten. Da sie aber eine höchst irdische schlackenhafte unideale Erscheinung in Wirklichkeit zeigte – jede wohl zeigen muß – haben wir genug von ihr. Kommt aber ein Künstler wie Hauptmann und zeigt uns Revolution in künstlerischer Verklärung, so fühlen wir uns auch wieder als Revolutionäre, verfallen in die alte Täuschung.

Interessanter Abend im Sozialwissenschaftlichen Verein über Georgien. Kautsky und Bernstein anwesend und leidenschaftlich für Georgien sprechend. Holitscher spielte eine traurige Figur.

Was ist es nur mit Otty? Seit Wochen wartet sie auf die Entbindung und es kommt und kommt nicht.

9. Juli 1921 Soeben – 5 Uhr nachmittag – ist Hans mit Otty in die Straßmannsche Klinik gefahren.

[10. Juli 1921] Gegen 10 Uhr abends kommt Hans wieder nach Haus. Auf seinem Gesicht liegt das Schwere, was Otty durchmacht. Sie will nicht, daß er die ganze Zeit dortbleibt und Straßmann rechnet mit Sonntag mittag. Karl rät, er möchte doch gleich wieder zurück und das ist gut, denn wie er um ½ 12 wieder hinkommt, sind die Preßwehen schon im vollen Gang. Eine Minute nach 12 ist das Kind draußen, ein Sonntagskind. Nachgeburt, alles geht gut. Kein Dammriß. Um 2 Uhr nachts hören wir Hans mit raschen Schritten im Nebenzimmer: »Das Peterchen ist da.« Er dreht Licht an und sitzt auf meinem Bett und erzählt, und wie froh Otty über das Kind ist und dabei hat er ganz nasse Augen. Dann holt er das Pfefferkuchenkind und -herz, das Otty als Ersatz für das wirkliche auf meinen Geburtstagstisch gelegt hatte und wir essen es. Dann schlafen wir noch bis zum Morgen und als Hans da runterkommt, hat er wieder dieselbe frohe glückliche Stimme wie in den ersten Tagen, als sie zu dem werdenden Keim ja sagten.

Heut ist Sonntag, die Glocken läuten. Nun sind wir Großeltern und ein *Mensch* ist da, ein neuer aus der Hand Gottes. Liebes Kind, das Peters Namen trägt, Segen Segen über Dich!

Früh kommt Walter Neumeister, um mir zu meinem Geburtstag noch Glück zu wünschen und bringt wundervolle Rosen. Er wartet zu Haus auf Karl, während Hans und ich zu Otty gehn. Sie liegt ruhig und glücklich aussehend mit frohen Augen im Bett, wir legen ihr unsere Rosen auf ihre Brust, an ihre Seite. Zu Fußend steht das Körbchen und da liegt das Peterchen drin. Es liegt auf dem Rücken, die Fäustchen hoch. Ein gut geformtes Köpfchen, die kleinen Augen fest zugeschlossen, das Näschen vorstehend und etwas groß, ein allerliebster Mund, ein kleines zugespitztes Kinnchen, das rechte Ohr etwas geknüllt. Vorläufig nicht hinterkopflos. Aber etwas böse und verdrossen sieht es aus. Als der Karl kommt, steckt er ihm rechts und links neben dem Köpfchen ein rotes Rosenknöspchen an. Das ist nun Peter Kollwitz, der zweite Peter Kollwitz, der die Kollwitz-Linie weiter fortführt, Sohn von Hans und Ottilie.

Sonntag nachmittag. Hans wieder bei Otty, Karl macht Besuche, Fräulein Schumann ist ausgegangen, die liebe Mutter geht von Stube zu Stube und faßt nur einen Moment, daß sie zum 5. Mal Urgroßmutter geworden ist. Ich hab soeben meine ersten Windeln durchgewaschen.

10. August 1921 Von Fangschleuse gekommen, wo ich zwei Wochen bei Hans und Otty lebte und half. Ganz stille Wochen. Arbeit von morgens bis abends und das befriedigte Gefühl, geholfen zu haben. Am schönsten war es, wenn der Kleine an Ottiliens Brust trank, diese rührenden Tönchen.

Ottilie im ganzen froh, guter Laune, zu Scherzen aufgelegt, sehr nett und lieb zu haben.

Aber Hans körperlich sehr angegriffen und mager. Am letzten Tage Frühgang mit ihm nach den Woltersdorfer Höhen. Da hörte ich das alte Lied von ihm. *Noch nicht* befriedigt und im Innersten froh, trotz Kind, trotz Ottilie. Das alte Klagen über sein nicht *ganz* Sein, seine Müdigkeit. Wohl nur zu mir gesagt, sonst klagt er nicht. Aber er ist nicht gesättigt wie Ottilie es zu sein scheint. Warum bloß nicht?

Und der Kleine hat meist ein ernstes Gesicht, sieht auch noch oft blaß aus. Hätte doch das Kind froheren und leichteren Sinn.

Jetzt wieder zu Haus, wo Karl schon sehr wartete. Schreckliche Müdigkeit, die mich wieder überkommt, lähmende Müdigkeit. Gleich am ersten Tage Besuch von Wittfogel. Das ist ein feiner Kerl, schön in seiner reinen germanischen Rasse.

Gertrud Goesch übernachtet häufig bei uns unten. Die Entbindung verzögert sich und Lichtenrade ist zu weit von der Klinik entfernt. Ginge es ihr doch gut und bekäme sie einen Sohn! Sie ist körperlich fabelhaft leicht und anmutig trotz des schweren Leibes. Fides macht in Lichtenrade unterdes die Wirtschaft.

Als ich von Fangschleuse kam war ich sehr mißtrauisch gegen Fräulein Schumann. Es schien mir, daß die Mutter zu sehr unter ihr litt. Aber der Eindruck ist sehr wechselnd.

Wie lang wird es bloß dauern, bis ich wieder zur Arbeit aufwache!

Ende August 1921 Das entzückendste Wetter. Hans schreibt aus Klappoltthal frohe Briefe.

Am Sonntag in Fangschleuse draußen gewesen, aber Peterchen war den ganzen Tag unruhig und schrie viel und Otty wurde kaputt und meinte zuletzt, das wäre weil zu viele um ihn herum wären. Sie hat es gar nicht gern, daß Karl den Jungen immer beschäftigt wenn er kommt. Er sieht ihn ja so wenig, aber dann nimmt er ihn vor, klappert ihm mit den Schlüsseln vor, läßt die Taschenlampe aufleuchten, trägt ihn rum, wiegt ihn, singt ihm was vor. Das wollen Hans und Ottilie gar nicht haben und so entwickelt sich da im kleinen schon wieder ein leichtes Mißverhältnis.

Ottilie sagte letztes Mal: »Daß es ein sonniges Kind wird, das glaub ich nicht.« Nein, ich glaub es auch nicht. Er hat ein sehr ausgesprochenes, energisches Gesicht, etwas zu ernst und charaktervoll für seine 6 Wochen.

Das Wetter ist so verklärt schön, man müßte ähnlich sein. Wie dumpfig, schlafsüchtig und schwer bin ich aber.

Wie schwer wieder mein Arbeiten. Aber das ist ja allemal um diese Zeit dasselbe, man braucht nicht mehr darüber zu sprechen.

Könnte ich mich noch einmal zusammenfassen, ich meine jetzt gar nicht einmal in der Arbeit, sondern so: im Wesen. Es kann doch unmöglich so bleiben, daß ich so geistig flachatmig, so vordergründig, so leer lebe.

Vor einem halben Jahr – bevor wir in den Odenwald gingen – war dieses flache wesenlose Gefühl in mir noch stärker. Sind das physiologische Vorgänge? Adernverkalkung? Oder geistige? Bin ich verantwortlich dafür?

»Beginn das Schwere, wo es noch leicht ist
Tu das Große, wo es noch klein ist.
Denn alles Schwere auf Erden
Entspringt dem Leichten.«

(Laotse: »Vom Geist und seiner Tugend«)

Sonntag 28. August mittags 12 Uhr ist das 4. Goesch-Kind geboren. Es waren so glänzende Auspizien – wenn es ein Sohn gewesen wäre. Da es aber ein Mädchen ist, steckt man alles wieder ein. Ein Goethe wird ein Mädchen nie. Aber es braucht ja auch kein Goethe zu sein, eine Lagerlöf, Ricarda Huch sind doch auch was wert. Ja – aber kaum ist es anzunehmen, daß ein Mädchen Heinrichs Werk so zu Ende führt, daß alles in ihm Steckengebliebene neu aufgenommen wird und zu Ende geführt.

Auch das ist ja schließlich möglich. Wer weiß was die Frauen der nächsten Generation leisten werden?

Jedenfalls ist das Kind – die Gudrun – stark und kräftig und körperlich schön entwickelt. Wiegt jetzt fast so viel wie unser Peterlein mit seinen 7 Wochen.

Lise sagt, daß Ise Schokes Kind ungewöhnlich entwickelt ist. Sie nährt es selbst.

Die wunderschönen Gedichte, die Kerr auf seine tote junge Frau, die Inge Thormählen, gemacht hat. Die wirken so direkt auf mich wie Dehmelsche mitunter gewirkt haben oder wie die Stormschen Gedichte, als seine junge Frau gestorben war. Wie nur hin und wieder Gedichte wirken.

12. September 1921 Nun sind Hans Ottilie und Peterchen schon in Lichtenrade. Der Umzug von hier mit den Sachen machte viel Wirtschaft. Hilde half. – Zwei Tage drauf kamen sie von Fangschleuse herein. Ich war nach dem Alexanderplatz gegangen, wo Benno Laessig das kleine Auto für sie bereithielt. Peterchen schrie, aber wie es so charakteristisch für ihn ist, er schrie nicht von der Leber weg, sondern er wand sich mehr in Unbehagen, verzog das Gesicht, quäkte. Läßt das auf ein Temperament schließen, das, ohne heftigen starken Widerstand der Welt entgegenzusetzen, kleinlaut und verzagt unter ihr leidet? Er ist körperlich doch nicht

»Helft Rußland« (1921). »Die Russenhilfe ... Hab ein Plakat gemacht, einen zusammenbrechenden Mann, dem sich helfende Hände entgegenstrecken. Es ist gut – Gott sei Dank.«

schwächlich, aber etwas schwächlich wirkt sein Sichwinden, Gesichtverziehn, halbes Schreien.

Die Russenhilfe. Arbeite mit den Kommunisten mit gegen den fürchterlichen Hunger in Rußland. Bin dadurch wieder ins Politische hineingezogen ganz gegen meinen Willen. Hab ein Plakat gemacht, einen zusammenbrechenden Mann, dem sich helfende Hände entgegenstrecken. Es ist gut – Gott sei Dank.

Die Mutter sagte gestern, als ich in ihre Stube kam: »Bist Du da, Bennina?« Dann freute sie sich so und als ich wieder rausgehn wollte, hielt sie meine Hände fest und sagte so liebevoll: »Willst Du nicht wenigstens den Vater noch begrüßen?«

Mir war seltsam und wehmütig zumut als sie mich nun in die andre Stube führte, als ob da wirklich der Vater, der liebe teure tote Vater sein könnte.

Karl hat neulich nachts gehört, wie Fräulein Schumann die Mutter anfährt, wie hart die Stimme ist. Wie sie kurz und scharf befiehlt. Auch ich wußte das ja. Beide haben wir, nachdem wir so etwas gehört hatten, den Eindruck, man könnte Fräulein Schumann nicht bei der Mutter lassen. Eine solche Behandlung wäre schon nicht weit von Schlägen. Bedenkt man dann aber, wie sorgsam Fräulein Schumann andererseits für die Mutter sorgt, wie schwer der Umgang mit der Mutter ist und was sie an Geduld und Selbstüberwindung aufzubringen hat, dann glaubt man ihr wieder, daß es nicht Gemütskälte und rohe kalte Gesinnung ist, sondern Durchgehn ihrer Nerven, Überreizung. Sie weinte nachdem Karl mit ihr gesprochen hatte und ist jetzt sehr still und zurückhaltend.

Vielleicht empfindet sie nur, daß man ihr Unrecht tut und daß nicht sie selbst Unrecht gegen die Mutter getan hat!

Zwei Stunden später: Fräulein Schumann war mit der Mutter runtergegangen, war mit ihr im Garten des Jüdischen Waisenhauses gewesen, mußte dort austreten. Als sie nach ein paar Minuten wiederkam, war die Mutter fort. Dreiviertel Stunden hat sie wohl nach ihr gesucht, fand sie schließlich auf der Polizeiwache. Da stand sie auf der halben Treppe und rief Fräulein Schumann entgegen: »Na, kommst Du endlich?« Recht erfreut, glücklich und freundlich. Gar nicht erregt. Die Beamten sagten, sie hätten gut für die Mutter gesorgt, Fräulein Schumann hätte sich nicht so zu ängstigen brauchen.

Als ich jetzt nach Haus kam und hinten in die Stube ging, saß Fräulein Schumann, bei der die Erregung nachkam, schluchzend auf dem Stuhl, die Mutter stand vor ihr und redete tröstend auf sie ein mit einer Güte und Freundlichkeit, daß es ganz rührend war. Auch merkwürdigerweise ganz die richtigen Worte findend, so als ob sie verstand was vorging. Wie ich sagte: »Fräulein Schumann, nun hören Sie mal«, sagte die Mutter gleich: »Ja – nun hör aber wirklich mal, was sie sagt.« Wie rührend, wie entzückend war die liebe Mutter in ihrer Besorgtheit um Fräulein Schumann. So sprach sie uns Kindern früher zu, wenn wir weinten. Liebe liebe Mutter, wie stumpf, ja roh und gleichgültig steh ich oft zu Dir. Du liebe geliebte Mutter – heut fühlt ich alles wieder so deutlich, was das für ein Glück ist, Deine liebevollen Augen noch zu sehn, deine gütige schwache Stimme noch zu hören.

16. September 1921 Zu Rolfs Geburtstag in Baumschulenweg gewesen. Der ganz reizende kleine Gerd. Er lag nackt auf Paulas Bett mit in die Höhe gehobenen Armen und Beinen wie das Kindchen von Runge.

Konrad Hofferichter und seine Rose haben nun auch wieder ein Kindchen. Einen kleinen Jungen. Helmut.

[Ende] September 1921 Mit Karl noch 5 Tage fortgewesen. 3 davon verwandert – in der Lüneburger Heide, die übrige Zeit in Bremen und in Hannover bei Linda Kögel.

Diese 5 Tage kosteten über 900 Mark. Wir machten diese kleine Reise, weil wir sie uns vorgenommen hatten und uns auch darauf freuten, aber doch sprach manches dagegen. Daß wir zum zweiten

Mal weggingen und Konrad gar nicht weggegangen war, daß wir die Kosten scheuten, daß die Arbeit schon wieder unterbrochen wurde und daß ein skeptisches Gefühl es fraglich sein ließ, ob wir in die richtige Stimmung kommen würden. Beide nahmen wir uns vor nicht nervös zu sein in diesen kurzen Tagen. Wir waren es aber doch und stundenweis waren wir gelähmt und niedergedrückt und reizten uns gegenseitig. Das war so schade. Andere Stunden kamen natürlich, in denen es wundervoll war.

Kögel zu sehn war mir sehr interessant. Verkrümmt und verbogen wie sie ist – mit entstellten Händen – arbeitet sie vom Bett aus doch schon wieder für die Lister Kirche. Der Kögelsche starke Wille. Bei all ihren Leiden ist ihr Kopf frei geblieben und kann wieder arbeiten. Mein Kopf ist dagegen so verbraucht.

Bevor wir reisten war ich noch kurz draußen in Lichtenrade. Ging hinten gleich ins Gärtchen und sah die beiden Säuglinge parallel in ihren Korbwägelchen stehn. Peterchen schlief, sein liebes Gesichtchen war rein, klar und bestimmt. Jetzt hörten wir schon über eine Woche nichts von ihm und manchmal bin ich so unruhig, wie es ihm geht?

Montag, 3. Oktober 1921 Sonnabend abend nach Lichtenrade gefahren und [dort] in Hansens Bett geschlafen. Überrascht und so sehr erfreut vom Peterchen. Er hat zugenommen und sich sehr entwickelt. Beweglich dreht er sein Köpfchen, die schönen klaren klugen Augen schaun sich alles an, sein Lachen ist reizend und seine weichen Krahltönchen. Prachtvoll wie er bei Ottilie im Bett lag. Jetzt ist er ein nicht nur gesundes, auch ein entzückendes Kind. Früh nach dem Trinken bekam ich ihn ein Weilchen ins Bett, da lag er neben mir und die kleinen warmen Füßchen stießen mich, das liebe weiche Stimmchen bildete alle möglichen Laute. Dann machte er mich naß.

Hans kam erst mittags. Seit 1. Oktober arbeitet er vormittags in Dalldorf und nachmittags bei Karl. Das ist viel Arbeit für ihn.

Karl kam erst gegen Abend heraus, wir waren dann noch bei Goeschs drüben. Da ist es immer sehr schön, die kleinen Räume mit den vielen Menschen und Kindern sind so sehr gemütlich. Heinrich in der Mitte der Wandbank sitzend raucht und spricht. Gertrud mit dem Säugling und all das andre Kinderkrabbelzeug. *Schön ist Fides!*

Oben Götz's und bei den Kindern noch – in Walters Stube, der noch wandert – ein baltischer arbeitsloser Herr. Seine Frau verdient Geld mit einem Roman für Ullstein, er will in eine Fabrik gehn, Flaschen spülen.

So schön ist es in Lichtenrade. Die Nachbarschaft mit Goeschs ist vorläufig sehr nett und all die Sonne und der weite Blick und die fröhliche rumhantierende Ottilie und vor allem das geliebte Peterchen.

Zwei Jungens reden. Einer zum andern: »Verliehen hast es? An wene?«

10. Oktober 1921 *Heut ist Peterchen ein Vierteljahr alt.* Gestern am Sonntag draußen gewesen, er bekam sein erstes Tragkleidchen an. Schöner Tag draußen, herrlichstes Wetter, Altweibersommer um alles herum. Helga draußen, Rosa Pfäffinger, Lise. Karl konnte nicht. Ich treff ihn abends, wir gehn zu Käthe Dorsch.

13. Oktober 1921 Heut am Tag von Peters Auszug in den Krieg das Blatt »Mütter« so weit fertig gehabt, daß ich morgen die Holzschneidearbeit beginnen kann. Es ist dasselbe Motiv wie bei dem Steindruck, nur kompositionell zusammengefaßter.

Das ist das 4. Blatt aus dem Kriegszyklus. Fertig sind die andern 3, die »Freiwilligen«, die »Eltern«, die »Witwe« auch noch nicht. So wie sie einstweilen sind, sind sie noch nicht gut.

23. Oktober 1921 Zum 7. Mal Peters Todestag. Es ist Sonntag. Ich sitze oben in der Stube, die Hans und Otty bewohnt haben und in der ich jetzt schlafe und wo Peters Steinschrank steht mit dem Kopf vom Narziß. Ich schreibe an Mutters Schreibtisch.

Vorgestern las ich im Tagebuch von 1916. Schon da die Klage, daß ich nicht mehr bei Peter bin. Jetzt sind 7 Jahre um. Wie sein Leib ganz zu Erde geworden ist, so ist sein Bild ganz aufgelöst. Der Schmerz ist verschwunden. Ich lebe gern, intensiv gern wenn ich arbeiten kann.

Aber wenn ich diese Zeit vergleiche mit der damaligen, dann kommt sie mir nicht so gehaltvoll vor. Damals lebte ich in mich hinein, jetzt allzu sehr nach außen. Der kurze Vormittag gehört der Arbeit, der Nachmittag gehört allem anderen, Wirtschaft, Briefen, Umgang, Allgemeinem. Die Tage laufen immer geschwinder, die Zeit der Einkehr wird knapper. Ich komme mir vor wie ein Mensch, der nur flach aber rasch atmet und eigentlich tiefe ruhige Atemzüge machen sollte. Das muß auch anders werden.

Heut am 23. Oktober ist Gauls 53. Geburtstag. Gestern haben wir ihn begraben auf dem Dorfkirchhof in Dahlem. Auf dem Sarg lag ein vergoldeter Lorbeerkranz und Blumen von seiner Frau und den 3 Kindern. Unten herum Kränze von den leuchtendsten Herbstblumen. Am Sarge sprach Liebermann, warm, als Freund. Besser noch sprach Scheffler am offenen Grabe. Ich stand da neben Barlach und der sagte, er wäre vor kurzem noch bei Gaul gewesen. Und es wäre erschütternd für ihn gewesen, wie er da im Atelier zwischen allen Arbeiten vor der großen unvollendeten des Menschenaffen gesessen hätte – unfähig eine Hand zu heben hätte er mit den Augen gearbeitet.

Du lieber August Gaul, ich habe Dich sehr sehr gern gehabt. Von all den Künstlern, mit denen ich seit 25 Jahren in Verbindung bin, warst nur Du mir lieb wie ein Freund. Immer gut zu mir. Ein so freundliches Licht wie aus Deinen Augen kam, hab ich selten bei andern gesehn. Bescheiden, gut und so liebevoll freundlich warst Du wie der Franz von Assisi.

»Was soll ich viel lieben, was soll ich viel hassen?
Man lebt nur vom Lebenlassen.«

(Goethe)

»Hat man das Gute Dir erwidert?
Mein Pfeil flog ab, sehr schön befiedert.
Der ganze Himmel stand ihm offen –
Er hat wohl irgendwo getroffen.«

(G.)

»Genieße, was der Schmerz Dir hinterließ.
Ist Not vorüber sind die Nöte süß.«

(G.)

»Das Glück Deiner Tage
Wäge nicht mit der Goldwaage.
Wirst Du die Krämerwaage nehmen
So wirst Du Dich schämen und Dich bequemen.«

(G.)

»Hast Du einmal das Rechte getan
Und sieht ein Feind nur Scheeles daran
So wird er gelegentlich – spät oder früh –
Dasselbe tun, er weiß nicht wie.«

(G.)

»Wohl unglückselig ist der Mann
Der unterläßt das, was er kann
Und unterfängt sich, was er nicht versteht
Kein Wunder, daß er zu Grunde geht.«
(G.)

Hier etwas Ähnliches wie in dem Spruch über problematische Naturen. Er heißt ungefähr so: »Problematische Naturen sind solche, die keiner Lage gewachsen sind und denen keine Lage genügt.«

Ende Oktober 1921 Schöne glückliche Arbeitszeit. An den »Müttern« geht es Tag für Tag vorwärts. Herrlich dann zu leben!

Karl erlebt neulich was sehr Nettes. Hielt einen Vortrag hier im Norden vor Frauen und jungen Mädchen. Ich wartete ihn nicht ab und ging ins Bett. Oben. Hörte etwa um 11 Uhr Gesang von jungen Stimmen bis an unser Haus und wieder abklingend. Waren die Mädchen, die Karl singend das Geleit nach Haus gaben.

Karl ist frisch. Wie gut tut es mir, wenn ich manchmal klage über zu wenig Zeit usw., wie unsentimental und doch liebenswürdig er das ablehnt.

Morgen gehts wieder zu den Kindern und zu dem lieben Peterchen raus.

Hedwig Jänichen-Woermann gesprochen. Sie haben sich in Wustrow angekauft. Es sind feine arbeitsame für sich bestehende Leute.

31. Oktober 1921 Heut ist der Tag, an dem Hans und Otty zu ihrem Kindchen ja sagten. Und heut ist es da und hat Gestalt angenommen und ist das liebe liebe Peterchen.

Hans bewirbt sich um eine Stadtarzt-Stelle. Karl bemüht sich für ihn. Er tut es nicht gern, weil an sich es unangenehm ist, jemand irgendwo hinzuempfehlen, noch mehr wenn es der Sohn ist. Auch meint Karl, daß Hans die Stelle noch nicht gut ausfüllen würde.

Hans arbeitet nun einen Monat bei Karl. Karl sagt es ist nicht ganz leicht mit ihm. Er vermißt das unbedingte Sicheinsetzen. Hans leistet nur gerade das, was unbedingt geleistet werden muß. Im übrigen will er seine Freizeit haben, was ja auch sehr erklärlich ist, weil er früh von Lichtenrade fort muß und spät erst wieder nach Haus kommt.

Hans ist ein zusammengesetzter Charakter. Einerseits in seinem Empfinden zart und einfühlend und liebevoll, hat er eine andere Seite, die schwer mit kurzen Worten zu sagen ist. Vielleicht hat der Krieg und das Erwerbsfieber der folgenden Zeit diese Seite bestärkt. So wie er im Krieg vom gewöhnlichen Sanitätssoldaten aufwärts kletterte, so sucht er jetzt aufwärts zu klettern. Begreiflicher- ja notwendigerweise, da er Frau und Kind hat und 30 Jahre alt ist und noch auf Karls Beihilfe angewiesen ist. Aber uns will scheinen, als ob er die *Leistung*, die für das erstrebte Geld von ihm geboten werden soll, etwas zu leicht nimmt. Er ist darin ganz anders als Karl, dessen Bemühen um die Leistung aufs Äußerste geht und dem das Geld immer erst hinterher kommt, nicht nur jetzt, sondern auch früher, als er noch ziemlich mittellos war. Kurz und gut, *die* Gewissenhaftigkeit die Karl hat, hat Hans nicht. Er wird sich wohl anstrengen, falls er die Stellung bekommen sollte, zu genügen, aber ob er der Arbeit an sich sich so hingeben wird, bezweifle ich. Vielleicht hängt das damit zusammen, daß ihm die ärztliche Tätigkeit nie so Herzenssache war wie Karl. Vielleicht daß auch der Umgang mit Tom nicht sehr gut gewirkt hat. Alle Leute gieren jetzt ja nach Geld und viele haben es raus, mit wenig Arbeit zu viel Geld zu kommen. Das ist nicht ohne Einwirkung.

9. November 1921 Heut vor 3 Jahren hörte ich Scheidemann vom Reichstag aus die Deutsche Republik ausrufen.

Heut mit Karl bei der Demonstration im Humboldthain gewesen. Wir standen in der Nähe von dem Unabhängigen [Politiker] Barth und hörten ihm zu. Er machte das Proletariat runter, weil durch Zwietracht und Gezänk das damals fast Erreichte wieder zerronnen ist. Einigkeit des Proletariats!

Es war herrliches klares winterliches Wetter. Merkwürdig klangen die benachbarten »Hochs« in der freien Luft, gar nicht wie Hochrufe. Dann abmarschiert, große Massen mit roten Fahnen. Aber immer noch zu wenig Musik, besonders Gesang.

Auf dem Hinweg etwas sehr Drolliges. Ein Trüppchen Kommunistenkinder zog durch die Weißenburgerstraße. Voran ein Banner, von einem Knirps getragen: »Wir fordern Freiheit auf allen Spielplätzen!« Dazu sangen die dünnen Kinderstimmchen die Marseillaise: »Nicht zählen wir den Feind – nicht die Gefahren all!«

Der Karl sagte gestern abend, das Leben jetzt gefiele ihm nicht sehr gut. Es hätte zu wenig Reibungsflächen. Als er Stadtverordneter war hätte es mehr zu kämpfen gegeben.

Am Abend des 9. November mit Karl, Lina und Else in der Feier in der Bötzow-Brauerei gewesen. Das Kammermusik-Quintett spielte wunderschön Mozart und Beethoven. Rezitationen. Darunter von Glaßbrenner bittere Sachen, z. B.: »Es muß Weber geben! Denn: Wenn es keine Weber gäbe, gäbe es keinen Hunger. Wenn es keinen Hunger gäbe, gäbe es keine reichen Fabrikanten. Wenn es keine reichen Fabrikanten gäbe, gäbe es keine Liberalen in der Kammer. Wenn es keine Liberalen in der Kammer gäbe, würde dem Menschenfreund nicht alle Tage übel ums Herz. Es *wird* aber dem Menschenfreund alle Tage übel ums Herz – also muß es Weber geben!«

[Mitte November 1921] Am 13. November 1921 bei Peter Josua Leander Gampp zur Taufe gewesen. Sonnabend früh hier fortgefahren und mittags in Hamburg gewesen. Nach dem alten Städtchen Bergedorf. Nach der Jakobstraße 28 gekommen, wo Anna-Erika mir aufmachte. Gampp war unterdes mich abholen.

Das [Gamppsche] Peterlein lag im Wagen und schrie gellend. Er ist ganz anders als unser Peterchen. Er ist schwarz, unserer weißblond. Er Langschädel, unserer Rundschädel. Er schreit jäh, gellend, daß es sich aus der Nebenstube wie durchdringendes Pfeifen anhört – unserer hat ein tief melancholisches Gebrüll.

Dann sah ich wie er gebadet wurde und allerliebst nackt und spaßig auf dem Kissen lag und auf dem Bauch versuchte vorwärtszukommen. Abends brachte mich Josua zu den andern Rautenbergs, wo ich wohnte, durch den leicht verschneiten Wald.

Am Sonntag nachmittag mit denen gemeinsam zur Taufe gegangen. Josua hatte das Zimmer schön geschmückt. Peterlein erschien im weißen Taufkleidchen auf Anna-Erikas Arm, ruhig und beobachtend. Pastor Engelhardt von der Engelsburg [?] taufte. Er sprach gute einfache Worte, ganz undogmatisch. Rief Anna-Erika und Josua an, dem Kindchen zu helfen ein tüchtiger Mensch zu werden. Dann taufte er ihn mit dem Bergwasser, das Josua von der Rauhen Alb mitgebracht hatte aus seiner Heimat. Ich hielt ihn und das Bübchen lag ruhig und blickte mit seinen schwarzen Augen verständig um sich.

Nachher Zusammensitzen mit den Verwandten bei Kaffee und

Kuchen. Als die andern fort waren blieben noch ich und Erich Prüfer (?), ein Kunstgewerbler, der Peter gekannt hat.

Ganz lieb ist mir der Josua Gampp. Das ist ein richtiger Schwarzwaldmensch wie der alte Thoma, bei dem er auch gearbeitet hat. Er hat dieselben braunen offenen kindlichen Maleraugen. Seine Stimme ist vibrierend und hat viel hohe Töne und klingt froh, ja jubelvoll. Das ist ein reizender Mensch und gut für Anna-Erika, die norddeutsch schwer ist. Auch ihre Mutter macht einen schweren guten Eindruck. Wenn Josua den Kleinen auf dem Arm hat und mit ihm spaßt, das ist furchtbar nett.

Am Montag noch in Hamburg gewesen. Der Herr Rautenberg, bei dessen Frau ich einquartiert war, zeigte mir noch alte Gänge. Dann allein und sehr empfänglich am herrlichen Hafen. Zuletzt Kunsthalle. Unten die alten Meister Francke. Dann vor allem die Runges und unter denen wieder besonders das Großelternpaar mit den Kindern, Runges Braut und Bruder, ein Bild des Bruders und ein Bild: seine beiden kleinen Kinder, ein ganz weißblondes und ein braunes, etwas älteres, das das kleine sorgsam hält. Nur Köpfe. Wunderschön.

Frisch aber leider doch erkältet zurückgekommen, kann ich heut am Bußtag leider nicht zu Ottilie und unserm kleinen Peterchen heraus.

Karl fährt nachmittag nach Lichtenrade, Fräulein Schumann geht zur Kirche, ich hab ein paar sehr stille und nette Stunden. Die Mutter liest mir aus Fichtes Leben vor, sie versteht zwar kaum mehr etwas aber sie liest sehr schön vor und es ist gut, mit ihr wieder einmal ganz allein zu sein.

[Totensonntag 1921] Am Sonntag, dem Totensonntag, nicht auf dem Kirchhof gewesen. Auch nicht die große proletarische Feier im Großen Schauspielhaus mitgemacht – leider! Ich war über Mittag in Lichtenrade draußen und freute mich an dem lieben Peterchen. Er lag auf dem Rücken auf der Chaiselongue und hielt beide runden Beinchen mit seinen Fäustchen gefaßt. Dazu machte er seine Brimmchen. Ein rotbäckiges gesundes trautstes Kerlchen.

Nachmittag zu Haus gewesen – aber müde und unfähig. Abends mit Karl etwas im Schiller gelesen, in den Briefen über ästhetische Erziehung. Dann las Karl die wundervollen Gedichte »Resignation« und »Die Ideale«:

»Wie groß war diese Welt gestaltet
So lang die Knospe sie noch barg –
Wie wenig, ach, hat sich entfaltet,
Dies Wenige wie klein und karg.«

Lisens kleiner Aufsatz in den Monatsheften »Vom Sinn des Alters« ist gut. Und so wohltuend einfach geschrieben. Sie schließt damit: »Das Alter ist nicht ein Rest der Jugendkraft, sondern ein ganz Neues, für sich Bestehendes, Großes.«

Dieses neue Empfinden des Alters kenne ich, aber leider – es liegt hinter mir. Ich hatte es stärker vor einigen Jahren, als Peters Tod mich nach außen abschloß. Damals fühlte ich etwas in mir neu werden, das war das Altwerden in dem Sinn der Weiterentwicklung. »Die ewigen Lichter fangen an zu funkeln«.

Jetzt lebe ich wieder zu sehr nach außen hin.

[Ende November 1921] An Konrads Geburtstag, 25. November 1921, starb die liebe Tante Lina. Jetzt sind von den alten Rupps schon der Onkel Theobald, die Tante Bennina, die Tante Toni und die Tante Lina tot, nur noch der Onkel Julius und die Mutter leben. Wer weiß ob die alte, nun 84jährige Mutter nicht auch noch ihren letzten Bruder überleben wird. Als ich ihr von Tante Linas Tod sagte, erschrak sie. Dann kam Fräulein Schumann herein und sie schien gleich abgelenkt, aber doch blieb etwas – wenn auch ganz unbestimmt – in ihr haften. Sie sagte sehr ernst vor sich hin: »Jeder denkt sich das Seine – auch ich.« Als ich dann später noch einmal davon sprach sagte sie: »Einen guten Menschen verliert die Menschheit da.« Auch ist sie heut weicher und sehr liebevoll. Fräulein Schumann war weg und abends ging die Mutter zu sich herüber. Ich ging ihr nach und fand sie ganz still auf ihrem Stuhl sitzen. Sie streckte mir beide Hände entgegen, umarmte und küßte mich und sagte: meine liebe Tochter. Sie sei froh, daß ich komme sie holen.

Mutter ist oft von großer Anmut, ich kann nur das Wort gebrauchen: sie hat etwas Holdes.

Die Tante Lina hab ich sehr lieb gehabt. Sie war so frisch, elastisch, *jugendlich.* In den letzten Verfallsjahren hab ich sie wenig gesehn, immer steht sie mir vor Augen als sie so köstlich lebensvoll und frisch war. Einmal – ich war ein junges Mädchen, nein, es muß bei Vaters Begräbnis gewesen sein, ich war 30 Jahre alt – ging ich mit ihr durch die Königstraße. Damals hörte ich von ihr, sie sei 50 Jahre alt. Und dabei schritt sie aus wie ein junger Wandervogel.

Ach liebe Tante Lina Du – nun auch gewesen.

So eine schwere Sorge liegt wieder auf Sterns. Die Hanna fiebert wieder stärker. Kann nicht spielen, liegt im Bett. So schrecklich zu denken, daß sie unheilbar sein könnte – die Hanna, dieser schöne – ganz besondere – unvergleichliche Mensch.

Am Sonntag in Lichtenrade Ottilie vertreten und dem lieben Kerlchen sein Breichen gegeben.

Freitag waren wir bei Konrad: Karl ich, Sells, Ernst und Minna. Wir hatten dem Konrad die Hälfte des Ertrages der Presse im Brief hingelegt – 2 000 Mark. Er nimmt sie so an, wie eben ein Freund und Bruder, den man lieb hat und der einen lieb hat, es tut. Ein wundervoller Brief, den er schreibt. Wie lieb hab ich ihn. Auch Anna hab ich jetzt lieb.

1. Januar 1922 Gestern Silvester gefeiert mit Annie Karbe, Lore Schumann, der Mutter, Fräulein Schumann. Ein etwas zusammengewürfelter Silvesterabend, aber es war sehr nett. Die Mutter ging gegen alle Erwartung nicht schlafen, war bewußter und fröhlicher als lange. Sie saß in der Sofaecke und sah das Bäumchen an. Um 12 Uhr lasen wir wieder den wundervollen Meyer: »Friede auf Erden«.

Sterns waren bei sich und Schmidts wohl auch und Hans und Ottilie waren auch bei sich zu Hause.

Das verflossene Jahr war ein gutes und ziemlich leichtes für uns. Es hat wohl Krankheit gebracht, aber keine schwere. Es hat uns das Peterchen gegeben, das liebste, schönste Geschenk. Es hat an Toten von uns fortgenommen die Tante Lina, mir den Gaul.

Karl ist wieder kräftiger nach dem häufigen Kranksein und widersteht noch dem Altwerden. Was ist er für ein ganz innerst liebenswürdiger gütiger Mensch. Die kindhafte Lustigkeit, die er mitunter hat, auch gestern am Silvesterabend, kommt aus seiner unschuldigen Seele. So sehr er sich mit Skrupeln plagen kann, er ist ein unschuldiger guter Mensch. Und so recht zum Liebhaben.

Nehm ich mich selbst in diesem letzten Jahr, so bleibt leider als ständiger Eindruck diese gewisse Versteifung der Seele. Das Nicht-zu-Ende-Denken und -Fühlen und -Wollen. Ein bedenklicher Zustand als Symptom.

Trotzdem bin ich in der Arbeit nicht schlecht weggekommen in diesem Jahr. 4 Blätter der Kriegsfolge sind ziemlich fertig. Der Holzschnitt für Else, das Russenplakat, das Plakat für die Wiener Kinder. Alles in allem natürlich für ein volles Jahr wenig, aber wieviel Zeit verlor ich mit Karls doppelter Erkrankung, Ottiliens Wochenbett, daranschließendem Monat in Fangschleuse, den Ferien im Odenwald. Auch kurze Zeit im Frühjahr eigenes Kranksein mit langanschließendem Tiefstand, körperlich und geistig.

Jetzt denke ich mir, daß wenn ich den Kriegszyklus gut zu Ende mache und dann noch einiges, ich dann vielleicht wieder zur Plastik kommen werde. Freilich würden meine Einnahmen dann auch geringer sein und wir würden nicht mehr mit dem auskommen, was Karl verdient. Meine Miteinnahmen sind nötig.

Meinen Zustand kann ich am besten damit vergleichen, wenn man eine Kupferplatte verstählt und das nicht geschickt macht. Die Striche sind wohl alle noch da – aber alle *enger und flacher.* Genau so reagiere ich jetzt. Verengt und verflacht. Ach, könnte man noch einmal ausgespült werden bis in die letzten Kerben, wie anders würde das Bild der Welt einem da entgegenleuchten, nicht so wie jetzt durch die erblindete Scheibe. Aber das kommt nie mehr. Ausnahmsweise mal nach ordentlichem Kaffee oder Erregungen durch Musik oder anderer Art.

3. Januar 1922 Soeben habe ich Annies Brief gelesen und da fühlte ich diese Verflachung weichen. Da *fühlte* ich wieder. Ich kann nichts über den Brief schreiben. Wenn ein Mensch so wahrhaftig und restlos sein Herz auftut und einen hineinschauen läßt in das pulsende, liebende, bewegte Herz, da soll man keine Worte machen darüber.

Weihnachten waren wir draußen in Lichtenrade. Es war ein schöner Abend. In der oberen blauen Stube stand das kleine, apfelbehangene Christbäumchen. Der Hans hatte die Lichter angesteckt und die Spieluhr aufgezogen. Da kam die Ottilie und sagte: »Nun gib mir mal meinen Jungen« – nahm ihn auf den Arm und dann gingen wir herein und freuten uns alle. Peterchen aber hat so sehr gestaunt, daß er zu keinem Lächeln zu bringen war. Und als nachher wieder die Spieluhr ging und Karl ihn auf dem Arm hatte und ihn herumtrug schlief das Kerlchen ein.

Dem Karl hatte ich das Selbstbildnis (radiert für Bruckmann) geschenkt und Ottilie die »Mütter«, den Holzschnitt.

Ottilie war so fröhlich. Nachher gingen wir alle noch zu

Goeschs herüber und schliefen dann draußen bei den Kindern. Am 1. Feiertag fuhr Karl früh herein der Arbeit wegen und ich fuhr mittags herein.

Am Nachmittag war Fräulein Schumann weg und Karl Mutter und ich feierten noch einmal Weihnachten für uns.

Am 2. Feiertag waren wir nachmittags bei Sterns und da war es so nett, wie es nur bei Sterns sein kann. Hans und Ottilie waren auch da und Heinrich Gertrud und Fides, Konrad, Hennes und Regula. Es war lustig mit all den lieben und feinen Menschen.

Hanna ist in Braunlage.

Am Mittwoch wurde Gerd Kache getauft. Wunderschön war es, Paula mit den Kindern um sich herum zu sehn. Diese frommen Jungengesichter, hingebend und unschuldig.

Für Karl massenhafte Arbeit durch vehemente Grippeepidemie.

[Mitte Januar 1922] Am Sonntag 15. Januar in Lichtenrade draußen gewesen und große Freude am Peterchen gehabt. Ottilie still und gedrückt. Dann sagt mir Hans, als er mich nach der Bahn bringt, daß Ottilie wieder schwanger ist und daß sie entschlossen wären, die Frucht abnehmen zu lassen. Auf dem Wege treffen wir Karl, der noch spät herauskommt. Hans sagt ihm von Ottilie. Hans sagt mir nachher, daß Ottilie oft so sehr verstimmt und mutlos sei: ob ich nicht öfter zu ihr herauskommen wolle.

Kathrine Laessig war bei mir. Was ich kaum geglaubt hätte – sie hat Umgang gehabt. Aber nicht mit Weilemann, sondern – gewissermaßen um sich an ihm zu rächen – mit einem fast fremden, gleichgültigen Menschen. Nun fürchtet sie, trotzdem es schon 7 Monate her ist und sie immer ihre Blutung gehabt hat, schwanger zu sein. Behauptet es steif und fest, ist aber nachträglich doch erlöst von dem Gedanken als ich ihr sage, es sei nicht der Fall. Das mit Weilemann hat der Kathrine den Knacks gegeben. Seitdem ist sie sinnlich erregt und mehr noch aus den Fugen als bisher. Weilemann quält sie mit Briefen, in denen er beichtet, seine erotischen Erlebnisse. Ist das sadistisch von ihm? Jedenfalls geht es über Kathrinens Kraft. Sie liebt ihn noch immer und die demütigende Enttäuschung frißt und schwelt in ihr weiter. Um frei zu werden verkehrte sie mit dem andern Menschen. Es scheint ihr aber nichts genutzt zu haben, sie ist nervöser als je.

Gute Dante-Vorlesung von Kayssler gehört.

[Ende Januar 1922] Ottilie machte eine Fehlgeburt durch und ich war 5 Tage draußen, um zu helfen. Die ersten Tage ganz allein, weil sie in der Klinik war. Das war mir so sehr nett mit dem Jungchen: Einmal hatte ich ihn auf dem Schoß und er hatte vor sich den Griff seines Wagens. Da hat er folgendes Spiel getrieben: erst an dem Griff gerüttelt, dann langsam den Kopf nach mir umgedreht und mich groß ernst und freundlich angesehn. Dann nickte ich ihm zu. Dann er mit dem Kopf wieder herum und am Griff gerüttelt, dann wieder umgedreht und mich angesehn. – Immer dasselbe, wohl 15mal. Es war mir immer von neuem schön, wenn sein Gesichtchen herumkam und seine Augen mich ansahn.

Übrigens scheint er recht zornig werden zu wollen: wenn er ungeduldig wird, ballt er die Fäuste, streckt sie von sich, das Blut schießt ihm in den Kopf.

Als am Donnerstag abend Hans von Otty aus der Klinik kam sprach er zum ersten Mal wieder mit mir über sie und über sich. Was er mir sagte, war mir sehr merkwürdig und hätte ich nicht erwartet. Er sagte, das, was Ottilie fehle und es sei so sehr schade, daß es fehle, sei das Bedürfnis den Sinn des Lebens zu suchen. Geistiges Leben dieser Art sei ihr fremd, für ihn aber sei es Bedürfnis und »wohl ein Erbteil der Vorfahren«.

Ich sah daraus wieder, wie wenig ich Hans doch jetzt kenne. Ich frage mich, ob das Kennenlernen von Lotte Hartenau vielleicht wieder dies alles hervorgerufen hat? Vielleicht ist es dadurch stärker betont, vielleicht wäre es ohne sie ebenso stark. Damals im Sommer unter dem Sternenhimmel äußerte er sich ähnlich. Darin ist er nun von Ottilie getrennt, denn ihrem realen Wesen liegt das ganz fern, vielleicht hat sie eine Abneigung dagegen. Im übrigen konnte ich aus dem Gespräch noch heraushören, daß sie unstet ist, mit Leidenschaft alles ergreift um es bald fallen zu lassen. Daß sie unordentlich ist weiß ich von allein.

Bevor Ottilie ins Krankenhaus ging den Abort machen zu lassen, machten wir zusammen einen Gang in den Schneewald. Da kam manches aus ihr heraus. Sie sei doch wohl zu früh Mutter geworden, seit der Entbindung fühle sie sich körperlich nie mehr auf der Höhe, ein Leiden löse immer das andere ab. Sie könne doch nun nicht immerweg Kinder haben. Die Verhütung hätte trotz aller Vorsicht versagt, wie das nun weiter werden solle?! Sie hätte alles schrecklich satt. Hans sagte mir später, daß sie auch darin ganz hypochondrisch wäre, daß sie sich psychisch anormal fände.

Ottilie Kollwitz mit Peter, 1921

Das klingt nun, wenn man Hans' Klagen und ihre Klagen zusammenhält, nicht gerade hoffnungsvoll für die Zukunft und der Gedanke kommt: Hätten sie damals Peterchen nicht zur Welt kommen lassen, wäre es vielleicht besser gewesen, beide wären frei und könnten sich wieder lösen. Nun geht es nicht.

Als Hans dann Ottilie nach Haus brachte, so besorgt und gut, wenn ich beider Zärtlichkeit zu Peterchen sehe (so berserkerhaft sich Ottilie manchmal tut) und wenn ich ihre lachende gesunde weibliche Schönheit sehe, dann kommen mir ihre Ehesorgen einstweilen noch gering und nicht so gefährlich vor.

Furchtbar nett war als Otty nach der Heimkehr den Peter ins Bett nahm und zu ihm sagte: »Na erzähl mir mal – nicht wahr, die Großmutter hat Dich schlecht behandelt?« und der Junge zwischen all ihren Fragen immer sein erzählendes und etwas klagendes »dei-dei-dei« hören ließ. Sie ist überhaupt voll derber Spottlust, es kribbelt oft in ihr. Übelnehmen darf man ihr nichts. Ich finde sie in ihrer derben guten Laune entzückend. Aber rasch schlägt die um und sie ist moros. Vielleicht etwas ähnlich wie Tom.

Auch bei Goeschs ist keine gesicherte ruhige Stimmung. Gertrud ist nervös und übermäßig seelisch gespannt. Fides leicht empfindlich und überheblich. Heinrichs gute Laune auch nicht mehr so unerschütterlich. Nur von Veronica und Gudrun geht selbstverständliche Lebensfreude aus.

Ich sah photographische Aufnahmen aus der Hungergegend Rußlands. Grauenvoll.

Als ich meine Zeichnungen durchsehn mußte, sah ich auch die etwa im Jahre 1916 gemachten Versuche an: »Witwe«, »Eltern« (am Weihnachtsabend), »Mütter«, »Ins Wasser«. – Ich war fast erschreckt über das *absolute Unvermögen* jener Zeit. Ich kann es mir jetzt nur erklären mit dem Tiefstand, in dem ich mich damals überhaupt befand. Der Schmerz um Peter quälte noch dauernd und um die andern Toten. Das tägliche Lastgefühl des Krieges. Dazu unterernährt, ganz mager geworden und reduziert. So erklärt es sich. Es hat mich aber doch bestürzt gemacht. Ich kann wenig mehr leisten, auch jetzt nur mit häufigem Ausruhn, und das Wenige muß ich scharf kontrollieren. Auch die Steindrucke sind außer den »Eltern« und »Müttern« alle mißraten, jetzt muß ich bei den Holzschnitten doppelt aufpassen. Ablagern lassen!

29. Januar 1922 Bei der armen Grete Prengel gewesen. Sie liegt hoffnungslos krank an Tuberkulose im Moabiter Krankenhaus. Wie traurig war es in dem Saal all die schwer Tuberkulösen zu sehn, meist junge, junge Mädchen.

Abends mit Karl in Lichtenrade draußen. Vorgestern waren die Kinder auf dem Monatshefte-Ball, sind erst um ½8 zurückgekommen. Ottilie gegen ihre Stimmung, bevor sie in die Klinik ging, wie ausgetauscht. Jetzt sehr fröhlich und liebenswürdig. Jetzt aber, wo ich weiß *wie* leicht ihre Stimmung umschlägt, geb ich nicht so viel darauf, das ist noch die Festesstimmung von gestern abend.

Sie erzählen von Kathrine. Sie hat geschwelgt. Hat ganz wenig angehabt, entzückend ausgesehn, tanzte, sank aus einem Arm in einen andern, ließ sich streicheln und liebkosen. Hätte das einer früher denken können? Ebenso unfaßbar wie, daß sie schon geschlechtlichen Umgang gehabt hat.

Auch Eva Stern hat ganz wenig angehabt. Merkwürdig. Mir tut es leid. Die Mädchen sind zu schade um auf diese Weise zu locken. Überhaupt ist der Ball lang nicht so schön gewesen wie früher. Viel zu voll, nicht nette Menschen, hervorragend viel Juden und sehr viel Entblößung.

Dann noch bei Goeschs drüben. Manon liegt mit Fieber und Halsschmerzen im Bett, Gudrun fiebert auch. Bedrückende Enge in der einen Stube. Heinrich klagt über Nichtarbeitenkönnen.

Anfang Februar 1922 Eisenbahnerstreik. Hans kann nicht reinkommen Karl zu helfen. Karl hat übermäßig viel Arbeit. Tilla Rupp auf der Reise nach Königsberg hier vom Streik überrascht, bleibt bei uns. Sie ist ein tüchtiger feiner Kerl. Aber etwas mag ich an den Ruppschen Mädchen doch nicht, oder reizt mich. Sie haben viel Charakter, aber sie haben wenig Temperament. Sie haben auch Leidenschaft, aber doch wenig Temperament.

Mit Tilla in »Masse Mensch« gewesen. Es hat mich sehr ergriffen. Wie drückt er alles aus, was man bis zur Quälerei in sich hin- und hergewälzt hat. Zum Schluß: »Opfern darf man sich nur selbst.«

Die verkrampfte, verkettete Arbeitermasse, auf die das Maschinengewehrfeuer losgelassen wird und die die Marseillaise singt, brüllt, rast – das ist zum Tollwerden.

Ganz vorsichtig fang ich wieder mit der Arbeit an. Die tote Frau mit dem Kind. Wenn es nur nicht langweilig wird. Ich weiß nämlich jetzt genau, daß meine Holzschnitte leicht langweilig sind. Mit dem weichen Holz, das amüsanter im Schnitt ist, kann ich nicht arbeiten, weil das zuviel Zufälligkeiten gibt und Inkorrektheiten. Und das harte Holz ist so sehr leicht in meiner Behandlung akademisch.

Sonntag Ein Lohnstreik der Eisenbahnbeamten wächst sich zu einem Generalstreik wenigstens für Berlin und Umgebung aus. Kein Wasser, kein Licht, beschränktes Gas, keine Verkehrsmöglichkeit außer der Hochbahn, auf der man vor Gedränge fast umkommt. Gestern als wir an die Pumpe Wasser holen gingen, trafen wir auf die Almosenempfänger, die aus einer Armenküche sich ihr Essen holen. Mit leeren Töpfen zogen die armen alten lahmen Krüppel wieder ab. Es gab nichts.

Abends saßen wir an der Spirituslampe zusammen, Mutter,

Fräulein Schumann, Tilla und ich. Karl las die wunderschöne Legende vom Vogelnest und dem Heiligen von der Lagerlöf vor.

Nachmittag waren wir in der Hecker-Realschule zu der Feier der Tafelanbringung der Namen der Gefallenen. Die Rede konnte einem nicht ans Herz gehn. *Dieser* Mann hat keine Wandlung durchgemacht seit 1914 bis 1922.

Aber das gemeinsame Singen von »Ich hatt' einen Kameraden« zum Schluß brachte den alten Schmerz wieder in Erinnerung.

[6. Februar 1922] Heut ist der 6. Februar, unseres Peter Geburtstag. Heut wär er 26 Jahre alt geworden.

Ich wollte an die Arbeit gehn vormittags, aber es war mit der Untergrundbahn kein Mitkommen. Da fiel mir ein ins Kaiser-Friedrich-Museum zu gehn. Das war eine schöne und feierliche Stunde. Da war er mir wieder nah. Ich sah einen wunderschönen Filippo Lippi – Mantegna – van der Goes und ein unbekanntes Bild um 1440: die Dreifaltigkeit. Rechts sieht man die Begegnung der Maria und Elisabeth. Sie stehn sich in weiten Mänteln, die das Ganze in *eine Gruppe* zusammenfassen, gegenüber, öffnen die Mäntel und in den hohen Leibern sieht man die kommenden Kinder: Jesus und Johannes. Die Gesichter sind ernst und weihevoll.

Wie schön war das alles. Es hob weg über die politische Tagesmisere. Ich war wieder in Florenz, im Franziskanerkloster mit den alten Fresken, ich sah die himmlische Landschaft, fühlte die Luft, hatte eine Sehnsucht, Sehnsucht weg aus der Gegenwart in eine Vergangenheit zurück, in der ich mit Wonne und Fülle lebte. Da war auch der Peter. – In dieser Stunde hätte ich auch gut arbeiten können.

Jetzt ist das Leben wirklich nicht leicht. Körperlich nicht leicht und seelisch ebenso schwer. Manchmal wenn ich betend seufze: »Gib mir, Gott, einen neuen gewissen Geist«, weiß ich ja doch so gut, daß dazu ein neuer und gewisser Körper gehört. Und der ist nun mal hin. Der Karl hat am ganzen Tag keine Stunde Ruhe gehabt.

[Februar 1922] Der Eisenbahnerstreik hat wohl eine Woche gedauert, der Berliner Streik der städtischen Arbeiter 4–5 Tage. Das Elektrische kam ganz langsam wieder in Gang. Großer Schaden, große Hemmungen und Störungen. Frage, ob den Beamten überhaupt das Streikrecht zugestanden werden soll?

Kaum konnte ich wieder ins Atelier, war es auch schon wieder vorbei. Das körperliche Unbehagen verdichtete sich zu einer Halsentzündung. Stilles Liegen in der oberen Stube. Wenn doch damit die bleierne Müdigkeit und Apathie weggeschwemmt wäre, die seit vielen Wochen auf mir lastet.

Ich las in Hesses »Wanderung«, er klagt auch so sehr über das Auf und Ab. Ich müßt wirklich mal notieren die Anfänge und Enden der Pausen, wie oft sie wiederkommen und ob ein bestimmter Rhythmus da drin liegt. Ich glaubs kaum. Mir scheint, ich habe nur ein bestimmtes Quantum von Hirnkraft und Energie auszugeben; mach ich davon zu Zeiten reichlichen Gebrauch, dann muß ichs nachher eben büßen und mich mit dem Minus zufriedengeben, bis das Reservoir allmählich wieder vollgesickert ist.

[14. Februar 1922] Hans hat gestern am 13. Februar 1922 seine neue Stelle als Assistent im Fürsorgeheim (?) Rixdorf unter Dr. Silberstein angetreten. Er bekommt ungefähr 36 000 Mark Gehalt, seine Arbeitszeit soll für gewöhnlich 8 Stunden betragen. Also sehr schön.

War neulich aufs Ungefähre zu Dora Hitz raufgegangen. Fand die Arme in ganz traurigem Zustand vor. Schwer leidend, unter dauernden Schmerzen, unter Sorgen für ihre Existenz.

Hans Koch hat auch ein Kind mit der schönen Helene. Auch einen Sohn. Wenn die Kinder doch gute Kameraden würden später, die da jetzt zu ziemlich gleicher Zeit heranwachsen. Unser Peter und Peter Gampp, Klatts Kind, Hans Kochs Kind, Gerd Simons und die beiden Mädchen: Gudrun und Alexanders kleine Maria.

21. März 1922 Frühlingsanfang. Es schneit.

Heut wird Reinhold Lepsius eingeäschert, in voriger Woche haben wir die arme Grete Prengel begraben.

Romain Rolland hat einen offenen Brief an Barbusse geschrieben, der sehr gut ist. Er lehnt jeden Terrorismus ab. Wenn die Menschen wie glatte Tafeln wären, sagt er, von denen man alles wieder abwaschen könnte und sie wären so blank und sauber wie vorher, dann ließe sich noch darüber reden. Aber jeder Terrorismus verschlechtert die Menschen und gerade in so aufgeregten Zeiten sind sie am beeindruckbarsten. Was hilft es bessere Zustände zu bekommen mit verschlechterten Menschen? Der Zweck heilige die Mittel wäre ein falscher Standpunkt, gerade auf die

Mittel komme es an, sie seien imstande, auch den besten Zweck ins Schlechte zu verkehren.

Die wunderschöne Thoma-Ausstellung hier in der Nationalgalerie.

29. März 1922 Heut vor 24 Jahren starb der Vater. Heut nacht träumt ich von ihm. Er war bei der Mutter zu Besuch gekommen. Ich freute mich so sehr ihn zu sehn.

Damals war die Mutter 60 Jahre und war geistig noch ganz gesund. Erst später, als sie hier in Berlin war, begann es. Vielleicht hat sie damals bei Julie in Aachen eine Schlagberührung gehabt. Vielleicht auch hier bei Sterns. Ich weiß, daß die Mutter – ich glaube nach einer Aufregung mit Anna – fortgegangen war und das Gedächtnis verloren [hatte]. Daß sie dann einige Tage lag. Also ist erst in den 60er Jahren die Krankheit merkbar geworden. Ich rechne immer damit, daß es bei mir früher kommt.

April 1922 Hans war für ein paar Stunden hier. Wir sprachen wie früher und Hans sprach auch von Ottilie. Er sagte sie wäre so furchtbar gespannt. Sie lebt immer in der Sorge wieder schwanger zu werden, will das durchaus nicht. Es wäre auch nicht gut jetzt. Auch hat sie das Empfinden, daß wir, vor allem ich, immer was an ihr auszusetzen haben, besonders wie sie Peter versorgt. Das ist zum ersten Mal, daß so etwas wie ein schwiegertöchterliches Mißverhältnis da ist. Vielleicht sollte man es gar nicht aussprechen, verschwindet es am ehesten wieder, wenn man kein Wort verliert. – Am letzten Sonntag brachte ich Josua Gampp mit heraus. Ich hab den sehr gern. Gertrud kam nachher mit Gudrun herüber, Peter war ganz aufgeregt, riß an ihrem Kleidchen, tazte [?] nach ihr. Gudrun saß ruhig und aufrecht mit ihrem langen Hälschen da.

Josua war noch einen Abend hier. Nach dem, was er von Anna-Erika erzählte, geht es ihr ebenso wie Ottilie. Sie hat auch zuviel Arbeit, ist überanstrengt und verzagt. Weint oft. An ein zweites Kind gar nicht zu denken. *Sie* wünscht sich, von der Schule frei zu sein, um ganz dem Peterchen und dem Hause leben zu können. Ottilie, die es tut, tun *muß*, wünscht sich brennend freie Zeit für sich selbst. Jedenfalls haben sie an ihren beiden Petern einstweilen ganz genug. Im August bekommt auch Hilde ihr Kind. Bis dahin nimmt Elisabeth Richter sie auf.

Die sich immer verschlimmernden wirtschaftlichen Verhältnisse wirken sehr hemmend auf das Kinderkriegen ein. *Ein* Kind, das wollen die meisten, auch die Ledigen sind voller Tapferkeit bei allen Schwierigkeiten, so lange es das erste Kind gilt. Aber dann ist es meist schon zu Ende und ich kann mich nicht darüber wundern. Heiraten und Kinder haben heißt jetzt, wie eine Arbeiterfrau vom Morgen bis in die Nacht dem Haushalt leben. Hilfe zu nehmen ist fast unmöglich. Wäre ich in dieser Generation lebend, hätte ich auch nicht die Hilfe haben können wie ich sie hatte, ich hätte nicht arbeiten können. Meine Entwicklung wäre ganz anders gegangen. Das ist ganz klar. Darum empfinden die jungen Frauen, die künstlerisch oder wissenschaftlich arbeiten wollen, jetzt einen so heftigen Unmut.

Außerdem sind sie fast alle unterernährt. Fleisch ist zu teuer. Hans und Otty, Josua und Anna-Erika, Hennes und Rele – wie sehen die alle aus? Mast und Pflege täte ihnen allen not. Ein Essen wie im Odenwald in Gronau. *Alles* – Milch Eier Fleisch Fett ist kaum mehr erschwinglich.

[Mitte April 1922] Am Sonntag 9. April nachmittags wieder bei den Kindern gewesen. Wir saßen in der Sonnenstube. Hans las das Matthäusevangelium, Ottilie nähte für den Jungen und Peterchen saß im Kinderstühlchen am Tisch und spielte mit seiner runden Puderbüchse und schwatzte vor sich hin. Ich saß ihm gegenüber am Tisch und freute mich.

Auch über den feinen neuen Balkon vor dem Haus freute ich mich und über den Kohlenkeller, den der Hans sauber gemacht hatte und vor allem über die saubere Küche.

Abends mit Karl und Kati Rupp, die bei uns ein paar Tage ist. Sie fährt voran nach Wustrow und wir wollen am Mittwoch um 6 Uhr die alten Rupps vom Bahnhof Friedrichstraße abholen, die zu Kati fahren. Ich bin aber Mittwoch früh krank (bei der Jury in den kalten Akademieräumen erkältet) und Karl geht allein hin. Konrad ist auch dort. Es ist sehr nett gewesen, ganz frisch sind die beiden lieben Alten gewesen.

Hab den »Ararat« von Ulitz ausgelesen. Stellenweise war er mir sehr über, langweilig in der ewigen Renommisterei, Aufgeblasenheit, Mundvollnehmen. Als ob man mal wieder Grabbe liest. Alles in allem ist das Buch aber doch famos. Stellenweise prachtvoll.

[24. April 1922] Der Karfreitag vergeht ohne viel an diesen besonderen Tag zu denken. Aber abends hören wir zusammen die Matthäuspassion in der Garnisonkirche. Es ist plötzlich ganz warmes Wetter geworden und in der Pause gehn alle Leute draußen in der sonntäglich stillen dunklen Straße auf und ab und essen ihre Stullen. – Mir fällt wieder Hansens Verwunderung ein, daß nach diesem Evangelium Jesus' letzte Worte gewesen sein sollen: »Mein Gott – warum hast Du mich verlassen?« Und vorher vor dem Landpfleger dies stolze: »Meinst Du nicht, mein Vater könnte eine Legion Engel für mich schicken? Es muß aber alles so gehn ...« Auch in Gethsemane: »*... es sei denn, ich tränke ihn*« – also vollkommenes Aufnehmen des Geschickes, *weil es so sein muß.* Und dann am Kreuz diese Worte. Als ob Jesus zuletzt *doch* noch auf das Wunder gewartet hat. Vielleicht etwas Ähnliches wie das was ich in meinen kleinmenschlichen Verhältnissen erlebt hatte, als ich Peter gab *und er fiel.* Da sagte ich auch nicht: es muß alles so sein, sondern ich sagte: Mein Gott – warum hast Du mich verlassen? Im Geheimsten hatte ich wohl erwartet, ich würde nicht verlassen werden. Jesus begriff vielleicht doch auch nicht, daß sein Vater die Legion Engel nicht schickte, und ich begriff nicht, daß er nicht das Böckchen zum Opfer gnädig gewährte. Warum wurde Abraham denn nicht beim Wort genommen, warum genügte bei dem der Wille? Jesus *will.* Aber als er am Kreuz hängt: »Warum hast Du mich verlassen?«

Der 1. Osterfeiertag ist für Karl ein ganzer Arbeitstag. Ich vertrete die Kinder beim Peterchen, Karl kommt für eine Stunde heraus. Hans und Otty sind schon zu Tom. Wir gehn am 2. Feiertag nachmittags nach. Finden noch Karl Förster draußen, den ich mir ganz anders gedacht hatte. Gar nicht geistreich. Er sagte Karl, daß er sich eigentlich in dauerndem Glückszustand befände. Einmal ruft er Tom an, der elend und entzwei sich fühlt. Will nicht kommen. Da sagt Förster am Telephon leise, aber ganz bestimmt: »Stehn Sie gleich auf und kommen Sie – Sie sind zur Glückseligkeit geboren.« Sofort war Tom auf den Beinen.

Bei Tom übernachtet. Alle schläfrig, zusammensitzen bei der Lampe, Tom schenkt schönen Süßwein. Die Otty – auch schläfrig – ist in bramarbasierend unmütterlicher Stimmung. Tut wenigstens so. Als ob sie alles zu Haus bis zum Hals herauf überhätte. Als ich sie gestern 8 Tage drauf in Lichtenrade wiedersehe, ist sie wieder die alte und viel Liebenswertere. Trat mir mit dem

Jungen auf dem Arm entgegen wie eine schöne gesunde, lachende Madonna. »Das Erstlingskind – das heilige«.

Aus einem Brief von Millet: »Die fröhliche Seite des Lebens zeigt sich mir nie – ich weiß nicht, wo sie ist – habe sie nie gesehn! Was ich als das Heiterste erkenne ist die Ruhe oder das Schweigen, wie man es so köstlich in den Wäldern oder auf den Feldern genießt, ob sie bearbeitet werden oder nicht.«

Aus einem Brief von Théodore Rousseau: »Ich verstehe unter Komposition das, was in uns lebt und möglichst tief in die äußerliche Wirklichkeit der Dinge eindringt ... Was vermag aber wohl das Meer zu schaffen, wenn nicht die Seele des Künstlers?«

30. April 1922 Karls erster Frei-Sonntag. Verregnet. Wir wollten nach Hohenschöpping fahren. Waren zusammen in der Thoma-Ausstellung in der Nationalgalerie.

Es ist noch gar kein Frühling gewesen. Ein paar schöne Tage Anfang März und der Karfreitag und Samstag und halbe Ostertag. Sonst immer kalt, windig, regnerisch. Bis jetzt zu. Und morgen ist schon der 1. Mai und in einem Monat wollen wir in die Sommerferien gehn.

Habe jetzt alle möglichen kleineren Sachen zwischenein gearbeitet. Ein Syndikalist Plivier kommt zu mir und bittet mich um eine Zeichnung für eine einmalige Zeitung: Hunger. Sie soll vor allem den grauenhaften Hunger in Rußland ausschreien, aber auch von dem Raabeschen Hunger sprechen.

Ich mache einen Holzschnitt als Kopfbild, die verzweifelte Frau mit ihrem verhungerten Kind im Schoß.

Dann in Holz ein Selbstbild.

Pläne für Holzschnitte, die neben der Kriegsfolge hergehn: das Wiener Plakat umgearbeitet und den Tod, der in die Kinderschar greift. Je mehr man arbeitet, desto mehr taucht in einem auf, was noch zu arbeiten ist, so wie auf einer Platte, die im Entwicklungswasser liegt, allmählich das Bild kenntlich wird und immer mehr aus dem Nebel herauskommt. So hab ich jetzt nicht mehr die Auffassung, daß ich bald zur Plastik zurückgehn könnte. Seitdem ich Holz schneide lockt da vieles. Vor allem aber habe ich *Angst* vor der Plastik. Sie ist wohl nicht eroberbar für mich, ich bin zu alt dazu um sie wirklich noch zu bewältigen. Nicht ganz unmöglich, daß ich von der Holzschnitt-Technik allmählich zum Holzschneiden kommen könnte. Doch ist das noch ganz nebelhaft. Die im

Hunger (1922). »Ich mache einen Holzschnitt als Kopfbild, die verzweifelte Frau mit ihrem verhungerten Kind im Schoß.«

Kreis stehenden Mütter, die ihre Kinder verteidigen, als Rundplastik!

1. Mai 1922 Kalt, windig, regnerisch.

Trotz allem eine Demonstration im Lustgarten, wie wir sie noch nicht sahen. Die Sozialdemokraten, die Unabhängigen und die Kommunisten demonstrierten gemeinsam. Endlose Züge vereinigten sich und strömten zusammen. Die roten Fahnen wehten im Winde, Musikkapellen spielten die Internationale und die Marseillaise, mit Kränzen geschmückte Kinder zogen im Zuge, offene Wagen gab es mit roten Blumen und Bändern geschmückt auch für die Kinder, die roten Fahnen mit dem Sowjetstern flatterten neben denen der SPD. Ein herrliches Bild gemeinsamer froher festlicher Kampfesstimmung. Noch Kampfesstimmung, noch ist der 1. Mai ebenso oder noch mehr Kampftag als Festtag, aber doch auch schon Festtag. Internationaler Weltfeiertag!

Auf dem Rückweg kam es Karl in den Sinn, daß wir ins Café Dalles gingen. Da war es toll. Eine Schieber-und Verbrecherbande, wie sie toller nicht im »Caveau des innocents« zu finden war. Mädchen – halbe Kinder – ganz verdorben. Hinten im Lokal saß ein junger Kerl am Klavier und spielte, es wurde gesungen. Da konnten wir uns nicht aufhalten, das war zu auffallend und war uns zu ungemütlich. Am schlimmsten der Wirt, ein Kerl für Zille mit quadratischem Genick, baumstark und unsagbar gemein und brutal aussehend.

Gestern mit Karl das Schwedische Ballett gesehn. Köstlich!

Auf dem jüdischen Friedhof, wo Fräulein Schumann mit der Mutter so gern hingeht, zwei schöne Grabsprüche gesehn:

»Ernst in der Pflicht – ehrfürchtig vor Gott – für die Menschen voll Liebe.«

Und auf dem Grabstein einer Frau:

»Ich wehrte meinem Herzen die Freude nicht.
Ja, mein Herz war fröhlich ob all meinem Tun.«

Was muß das für eine feine Frau gewesen sein.

Auf einem Kindergrabstein: »Hier ruht ein herziges Kind« – (nicht: *unser* herziges Kind«.)

14. Mai 1922 Hans wird 30 Jahre alt. Wir sind schon zu Mittag draußen. Sein Geburtstagstisch mit Vergißmeinnichtstauden, Ottiliens Bildern zum Peterchen-Buch. Wir brachten unsre Sachen, mein radiertes Selbstbild, die Aktenmappe, für Ottilie Zucker und Kaffee, für Peterchen das alte rote Affenjäckchen, das Hans trug, als er so alt war. Hans und Ottilie waren froh und Ottilie war so schön in ihrem roten Kleid mit der silbernen Kette. Als wir Mittag aßen saß Peterchen auf dem Stühlchen daneben, polterte mit dem Silberbecher auf seinem Tischchen und war laut und lustig. Beunruhigen tut mich aber doch, daß er so oft dies macht: Er ballt die Fäuste, wird rot im Gesicht wie ein Mensch, der vor Zorn oder Verlangen die Atmung unterbricht und alles nach innen preßt. Es war gestern so häufig, daß es mir fraglich wurde, ob es ein Affektausdruck war oder eine unwillkürliche Bewegung, die vom Gehirn ausging. Als Lise es sah, sagte sie aber, Hanna hätte auch immer so gemacht, so daß es ihr manchmal unheimlich gewesen ist. – Zu Kaffee kamen Georg und Lise, Konrad und Anna, Kathrine und Benno, Hilde. Wir machten dann einen schönen Gang durch die flachen mit Obstbäumen bestellten Feldwege, an einer Ausbuchtung des Weges lagerten wir und spielten Dritten abschlagen, Katz und Maus. Dann kam der Förster und jagte uns fort. Zu Haus hatte Peterchen unterdes ausgeschlafen und war so sehr nett.

Julius Rupp (1846–1926)

Der Geburtstag war schön.

Die alten Rupps, Onkel Julius und Tante Anna, sind auf dem Rückweg von Wustrow hier und waren gestern den ganzen Tag hier bei der Mutter. Ob die Mutter sie erkannt hat, weiß ich nicht. Aber sie freute sich sie zu sehen und saß auch nachher lange bei uns, Onkel Julius immer neben ihr. Als vormittag die Tante Anna etwas heraufging um sich auszuruhn und die Mutter schlief auf ihrem Stuhl, setzte sich der Onkel ganz still neben sie und war lange so bei ihr drüben.

Er sieht schön aus, braungebrannt und schlohweißes Haar, die Bewegungen immer noch jugendlich.

[Mitte Mai 1922] Hab noch zwei Wochen Zeit bis zur Reise – hab aber nichts zu tun. Ging zur Wittekind herauf und fand sie Strümpfe stopfend neben ihrem Mittag, das auf Gas kochte. Zeigte mir ihre Arbeiten, in denen sie anfängt zur Natur zurückzugehn. Vielleicht gehört sie zu den wenigen jungen Frauen, die wirklich allein für sich leben können. Ich meine nicht ohne Männer, aber so, daß sie nicht ihr Zentrum in den Männern haben. Die meisten Frauen empfangen eigentlich erst ihr Leben durch die Männer, bilden es sich wenigstens ein, treten in die Ehe und sind nun fest. Hedwig Wittekind bringt es vielleicht fertig frei zu bleiben, Künstlerin, niemand brauchend, Bohèmienne durch Anlage. Das ist nur Mädchen möglich, die nicht sehr sinnlich sind.

Diese – auch ich gehörte dazu – werden beherrscht durch ihr Geschlecht. Hätte ich nicht Karl geheiratet und wäre damit eine mich oft beengende aber im ganzen glückliche und gesunde Einkapselung des Geschlechtstriebs vorgenommen – so hätte ich meine Ledigkeit wohl schlecht benutzt. Wenn jemand fortgesetzt voll Sinnlichkeit um mich warb, wär meine eigene gleich erregt [worden], der Geschlechtstrieb hätte mich, schlimmer als in der Ehe, untergehabt. Die meisten Mädchen hat er so unter. Wie es mit Hilde [Ehlers] sein wird, kann ich noch nicht absehn.

Wittekind wird aber – selbst wenn sie ein Kind hat – in der Hauptsache künstlerisch arbeitender Mensch bleiben. Unbekümmert um das Gerede wie sie jetzt Modell steht, würde sie leben, wie sie es möchte. Früher meinte ich, die Mädchen könnten das eine Zeit durch, nachher – wenn sie altern – bieten sie ein klägliches Bild. Auch das glaub ich nicht mehr. Dieser neue Mädchentyp ist sehr anziehend. Daß aus Mädchen bis zur heutigen Erfahrung kein Genie hervorgegangen ist, ist mir jetzt auch gleichgültig. Nicht nur Genies haben das Recht sich so eingängerisch zu benehmen. Wo gibt es denn jetzt unter den Malern ein Genie? Auch die männlichen Künstler können froh sein, achtungswerte Leistungen hervorzubringen, gute Künstler-Handwerker zu sein. Das können Frauen auch.

Die Hilde Schindler-Fuchs geht noch den Weg wie ich ihn gegangen bin. Sie heiratet standesamtlich, bekommt zwei Kinder, hat Pflichten und Sorgen und Mühen und sieht wie sie daneben das Künstlerische retten kann. Vielleicht hätte sie ein Leben wie Wittekind es wählt gar nicht führen können. Ich hätte es meiner Neigung nach wohl führen können, nur glaub ich eben, ich wär gescheitert durch meine kritiklose leicht erregte Sinnlichkeit. Wittekind sagt sie braucht Menschen nicht, vielleicht ist es bei ihr wirklich wahr.

Himmelfahrtstag 1922 blödsinnige Hitze. Karl und ich gehn vormittags nach dem Lustgarten, wo die Wiener Sänger[knaben] ein Freikonzert geben. Zu großes Gedränge. Karl sieht, daß ein junges Mädchen schlapp wird, ruft [ihr] über den Rasen weg zu: »Hinlegen!« Ein Mädchen in seiner Nähe wiederholt: »Hinlegen! Kollwitz ist da!« Das klang so beruhigt und beruhigend.

Der Hitze wegen nicht nach Lichtenrade gefahren, sondern abends zu Schmidts. Fanden sie nicht, gehn in den herrlichen

Schloßpark. Auf dem Rückweg Schmidts zu Hause. Etwas peinliches Gespräch, von Anna gewünscht. Anna leidet so sehr unter zu viel Arbeit, Geldnot, Krankheit. Und dann darunter, daß Konrad seit 30 Jahren an seiner Arbeit arbeitet, das Ende immer nah sieht und sie doch nicht abschließt. Sie hat den Plan gefaßt sich von Konrad zu trennen, die Möbel zu verkaufen, mit welchem Geld Konrad in einer Pension leben sollte. Sie selbst will sich kleine Stube nehmen, den halben Tag bei fremden Leuten arbeiten. Meint, sie werde durchkommen. Sie möchte *einmal*, sagt sie, ohne Schulden sein und das Gefühl haben, daß sie mit ihrer Arbeit sich ernähren kann und nicht das Zuviel der Arbeit haben, wie sie es jetzt mit dem Mieter und allem übrigen hat. Früher wäre ein solches Gespräch ganz unmöglich gewesen, gestern war es möglich, weil von uns allen mit großer Vorsicht geführt und keiner dem andern mißtraute. Allmählich wurde es immer unpersönlicher und freier.

In dieser Nacht einen fürchterlichen Traum gehabt, daß Hans und Ottilie sich vergifteten. Die erste Quantität Gift wirkte nicht, ich war ganz glücklich und Hans, schien mir, auch. Aber Otty war von dem Tötungsgedanken nicht abzubringen. Sie nahm noch einmal Gift und es wirkte. Schrecklicher Traum.

30. Juli 1922 Lange Pause mit dem Aufschreiben.

Inzwischen in Neuendorf auf Hiddensee gewesen zusammen mit Sterns, Rele, Hennes, vorübergehend Elsa Frankl und Kauders. Wir hatten Ottilie mit Peterchen mit. Sie wohnten im Haus neben uns. Alles in allem war es sehr schön, landschaftlich schön und gut mit den Menschen. Das gemeinsame Mittagessen bei Sterns. Über den Jungen gab es einigen Mißklang mit Ottilie, der Karl mich und sie selbst bedrückte. Mein letztes Gespräch mit ihr am Strand. Wie ich sie jetzt sehe, möchte ich sie folgendermaßen charakterisieren: *ehrlich und offen* – Stimmungswechsel unterworfen – mitunter unerzogen und zügellos heftig – dann fast brutal (auch mit Peter). Diese letzteren Seiten ahnte ich früher wohl, hab sie aber jetzt erst kennengelernt. Manchmal kommt mir vor, daß sie zu jung ist um schon ein Kind zu haben. Wie stark sie Hans liebt weiß ich nicht. Sie spricht barsch und oft gequetscht, rennt wie ein wildes Pferd. Lise findet sie oft unfrei, Rele findet sie affektiert. Das letzte ist sie nur, wenn sie nicht ganz im Einklang

Ottilie Kollwitz, etwa 1925

mit Menschen ist und sich zu beherrschen sucht, es nicht ausdrükken möchte.

Sie ist jedenfalls viel mehr Charakter als ich ursprünglich dachte, ist ein eigenwilliger Mensch, ein starker Willensmensch. Ihre Phantasie, ihr Gefühlsleben scheint mir rein. Verstellen kann sie sich auf die Dauer nicht. Peter liebt sie sehr und sorgt sehr gut für ihn, trotzdem sie manchmal brutal und unbegreiflich zu ihm ist. Sie hat starkes Pflichtgefühl, trotzdem sie manchmal so tut, als wolle sie alle Verpflichtungen zerreißen. Wie ich selbst als junge Frau leidet sie bis zur Pein an der Monotonie der häuslichen Kleinpflichten. Die sie übrigens doch erfüllt. Sie arbeitet fast wie eine Proletarierfrau.

Sie sah übrigens sehr schön aus, schlank und braun in ihrem feuerroten Kleid. Wenn sie den Peter dann auf den Schultern trug. Sehr gut und mütterlich, wie sie das kleine Lämmchen tränkte. Voll Witz und Laune, als wir in Kloster eingeregnet die Verse machten. Burschikos kordial mit Georg. Alles in allem ein feiner unbequemer Kerl. Nobel, rein, ehrlich, aber manchmal unerträglich.

Das Zusammenleben mit Sterns, erst stumpf dann wärmer werdend.

Sehr schön: der Doppelgeburtstag von Georg und Karl. Georgs Kanon: »Großvater-Großvater ...« Die Segelpartie nach Kloster. Peterchens Baden im sonnenwarmen Wännchen. Der Karl verjüngt, manchmal so lustig wie ein Junge.

Zurückgekommen hier die tollste Hitze. Dann setzte Kälte und Regen ein durch den ganzen Juli.

Mein schöner Geburtstag. Ottilie und Hans kommen schon mittags mit dem Jungen. Sein erster Besuch hier. Nachmittags Lise Georg, Kathrine, abends Konrad.

Der nächste Tag ist Sonntag. Peters erster Geburtstag wird an diesem Tag gefeiert. Sein Stühlchen ist umkränzt mit den kleinen roten Rosen. Georg Lise, Max sind da. Er besieht Max immer wieder und von allen Seiten. Wir schenken ihm unseres Peter Kinderlöffel und Schuhchen. Noch hat er uns von der See in Erinnerung, macht seine ungeduldigen Fäustchen und kriegt den roten Zornkopf um zu uns zu kommen.

Am letzten Sonntag wieder draußen gewesen, schon von Sonnabend abend. War ein heißer Vormittag, Otty saß im Garten auf der Erde und schälte Äpfel, Peterchen ganz nackt daneben. Später im Freien gebadet.

An meinem 55. Geburtstag hatte Karl mir so viele Blumen geschenkt. Sprach wieder vom Altwerden und sagte so ganz liebenswürdig – so wie der Peter es sein konnte: »Wenn wir beide zusammen alt sein werden, dann mach ich Dir die Haare und mach Dein Bett und dann spielen wir zusammen Murmeln.«

Kogan ist hier und erzählt ungeheuer interessant von Rußland. Die ganze Zeit hat er dort gelebt als Menschewist gegen die Bolschewisten. Lenin, Trotzki, Lunatscharski sind seine alten Exilfreunde. Er hält den Bolschewismus für ein Unglück, aber für ein noch größeres Unglück hielte er den jetzigen Untergang desselben und Ablösung durch Bonapartismus. Er meint, es müsse jetzt alles sich möglichst ruhig entwickeln. Ein sozialistisches Rußland erhoffe er nicht mehr – aber doch ein demokratisches. Lenin bezeichnet er als charakterlos und abenteuernd.

[August 1922] Die Demonstration »Nie wieder Krieg« ist nicht geglückt. Sie war nicht stark besucht. Die Jugendvereine hatten alle Rampen erklettert und sahen sehr schön und bunt aus, aber was

sie redeten war ziemlich töricht. Überhaupt kommt es mir immer wunderlich vor, wenn junge Leute in Masse Pazifisten sind. Ich glaub es ihnen einfach nicht und ihren Gesängen »Wir tun einfach nicht mehr mit« auch nicht. Es braucht nur ein zündender Funke in sie zu fallen und ihr Pazifismus ist vergessen. Die kommunistische Arbeiterjugend ist ehrlicher, die will Kampf und Krieg. Nur hat der Krieg einen andern Mantel umgehängt, statt schwarz-weiß-rot ist er rot.

Mitte September 1922 Lange nichts aufgeschrieben. Unterdes war Thildi Rüstow mit Hannele hier, auch Ilse Rüstow wohnte hier und Alexander kam täglich. Die Thildi kam direkt von Oeynhausen, dort ist sie mit Ponndorfschem Serum behandelt [worden] und der Kropf ist ganz zurückgegangen. Thildi gibt es auf, daß Alexander wieder zu ihr zurückkommt, trotzdem verkehrt sie mit ihm und war auch bei Anna Bresser draußen und hat das Kindchen begrüßt. Sie ist sehr selbstbeherrscht, klug und immer der entzückend liebenswürdige und anmutige Mensch. Manchmal wird es ihr natürlich furchtbar schwer und Alexander auch. Die Hannele ist sehr nett. Ganz ein kleines Mädelchen, dabei wild und lustig und naiv. Einmal geh ich mit ihr über die Straße, sie sieht einen Kirschkern liegen, springt hin, steckt ihn in die Tasche und sagt so nebenher: »Da mach ich mir einen Baum draus.« Die Ilse Rüstow ist angenehm. Bringt durch Augen und Lachen so den Julius Hoyer in Erinnerung.

Mitunter war auch Carla Pohle hier.

Wie sie fort waren freute ich mich auf die stillere Arbeitszeit. Dann reisten Hans und Ottilie und brachten das Peterchen zur Lise. Dort hatte er es sehr gut, in der ersten Stunde aber war er unglücklich. Immer wenn er Lise sah, kniff er die Augen zu und drehte den Kopf weg. In der letzten Woche hatte ich ihn in Lichtenrade allein. Georg und Lise brachten ihn im Auto an. In der ersten Nacht hatte ich Sorge wie es alles werden würde, ich fühlte mich schlecht und dachte mit Schrecken, daß wenn mich wieder ein solcher Zustand des Gedächtnisentfallens überfiele wie ich ihn einen Tag im Frühjahr hatte, ich Peter nicht verwarten könnte. Dann aber ging es gut und die Woche war mir so lieb. Was hab ich das Kindchen lieb.

Am 5. Tag ging ich mit dem kleinen Wagen nach dem Bahnhof um Hilde mit ihrem Kind abzuholen. Sie kam nicht, statt dessen kamen Hans und Otty. Hilde kam mit dem nächsten Zug zusammen mit Karl Reitz. Ihr kleiner Clemens sieht etwas dürftig aus, er hat stark abgenommen. Schön war es, wie Otty den Clemens nahm und lange schweigend hielt und dann nur sagte »Na, Hilde!« und die Hilde ihre Stirn an Ottys rieb. Tags drauf kam Reitz wieder und brachte seine Frau und die kleine Renate mit. Die Stellung zwischen den dreien, Reitz, Frau Reitz und Hilde ist mir erstaunlich und bewundernswert. Am Sonntag als Karl rauskam, fuhr ich mit ihm zusammen wieder nach Haus. Etwas kalt und tot kam es mir da vor. Statt eines lebensvollen Kindchens mit seinen unermüdlichen Anforderungen an einen – Mutter und Fräulein Schumann. Manchmal wie Mumien. Nun wollte ich endlich tüchtig arbeiten, aber ich war so furchtbar müde. Karl hat mich untersucht, sagt mein Herz sei ziemlich vergrößert. Ich soll mich mehr schonen. Gestern hat er mich mit der Ponndorfschen Lymphe geimpft. Wenn es doch was hülfe und ich nochmal so recht leistungsfähig würde.

Großes Aufräumen im Atelier unten gehabt. Schlafgelegenheit für Heinz Bonus zurechtgemacht. Meinen Zeichnungenschrank ganz durchgesehn und aufgeräumt. Zurechtgelegt was nach meinem Tode an Hans kommt oder an Freunde. Was verkauft werden kann.

Die Secreta auch zusammengelegt. Was mit denen später geschehn wird weiß ich nicht.

Einen großen Teil der Zeichnungen in mein Atelier Siegmundshof genommen, die will ich verkaufen.

Wenn ich die Kriegsfolge gut zu Ende machen kann und dann noch Verschiedenes hab ich nicht mehr den Eindruck, daß es viel zu früh ist mit dem Sterben. Die Plastik freilich bleibt dann in den Anfängen stecken und die Arbeit für Peter ist nicht geschafft.

Jetzt bin ich beim letzten Kriegsblatt »Volk«. Aber die Müdigkeit – die Müdigkeit!

Wirtschaftlich die schwarze Wolke. Die unerhörte Teuerung. Karl verdient in diesem Jahr etwa 300 000 Mark, das ist nicht viel mehr als die Hälfte von dem, was wir brauchen. Wenn ich die andre Hälfte nicht dazu verdiene, rutschen wir auch herunter, wie so viele. Georg Stern steigt mit seinem Gehalt entsprechend der Geldentwertung, aber Konrad und Anna verarmen. Viele verarmen. Gestern war ich bei Paula, es war Rolfs Geburtstag. Da sah es auch nicht gut aus. Paula ist sehr überarbeitet und nervös, Paul ebenso, so gibt es wieder Mißgunst und Verstimmungen zwischen ihnen. Es ist Paula eben zu schwer, sie ist am Rand ihrer Kräfte.

Das Wetter ist immer unerfreulich. Wir haben keinen Frühling gehabt – einen ganz kurzen Sommer und jetzt schon wieder kalten rauhen Herbst.

24. September 1922 Heut haben sich die Sozialdemokratische und die Unabhängige Partei zu *einer* Partei geeinigt.

Sonntag, 8. Oktober 1922 Körperlich üble Zeit bis jetzt. Nach der 2. Impfung ziemliches Fieber bekommen. Schwächliches schlechtes Fühlen bis jetzt zu. Auch Zeitraubendes und Abspannendes von außen. Kati Rupp 4 Tage mit ihrer Hausangelegenheit und Trennungssuche von der Freundin – Fides Rüstow zwei Tage – Annie Karbe Durchreise. So wird einem Zeit und Kraft abgepflückt.

Fräulein Schumann auf Erholungsurlaub, Frau Sonnewald statt ihrer hier. Das ist sehr angenehm.

Reles Hennes hat unterdes eine Lungenentzündung durchgemacht. Rele arbeitet jetzt bei Karl vormittags, Hennes arbeitet auf dem Bau.

Am 7. Oktober in der Akademie die Gaul-Gedächtnisausstellung eröffnet. Vorn steht der unvollendete Affe. Im Mittelsaal sprach Liebermann. Klug und gut und warm. »Er konnte, was er wollte und *er wollte, was er konnte.*« Dies scheint mir das Wichtigste zu sein. Wenn man mehr will als man kann ist es Dilettantismus. Lieber August Gaul – mit Deinem schalkhaften Lachen und Deinen *guten* Augen.

Der Einstein-Prozeß wegen Gotteslästerung. Einsteins Gegner Titius.

Die blutige Schlägerei am Zirkus Busch zwischen Deutsch-Nationalen und Kommunisten.

[17. Oktober 1922] Ich habe einen guten Brief von Romain Rolland bekommen. Er denkt an Peter. Aber ich bin nicht gesammelt und fühle nur so flach ihn und seine Passionszeit, die jetzt begonnen hat. Am 17. Oktober vor 8 Jahren war er in Flandern. Damals schrieb er an Karl Hannemann die letzte Karte: »Kaum gedacht, kaum gedacht ...« – Und ich hab so andre, so kläglich kleine Gedanken im Kopf.

[21. Oktober 1922] An Romain Rolland geschrieben. Über Peter und über meine Kriegsblätter.

Heut im Atelier das Ganze zusammenfassend durchgesehn. Ich denke es wird doch etwas wert sein, was ich da gemacht habe. Etwas was vor Peter, Erich, Julius, Richard, Gottfried und Walter Meier bestehn kann.

Peter, Du bist doch bei mir. Wenn ich ganz an Dich denken kann, dann fühl ich Dich auch wieder.

Morgen – die Nacht von morgen zu übermorgen. Vor 8 Jahren.

Gestern am 20. Oktober kommt der Heinz Bonus zu uns. Wie er mit seinem schweren Rucksack in den Korridor kommt, muß ich an Julius Hoyer denken – wenn der aus dem Feld kam und lachte.

Karl sagt von der Mutter, sie erinnere ihn an eine alte Löwin, die ruhend in ihrer Kraft dasitzt. Ja, so sitzt die Mutter am Tisch – versunken – abwesend von der Gegenwart.

Wyneken ist doch zu einem Jahr Gefängnis verurteilt.

[Anfang] November 1922 Ich komme mit der Kriegsfolge weiter. Jetzt ist das Ende abzusehn. In einigen Wochen kann ich fertig sein, wenn nicht etwas Ungewöhnliches dazwischentritt.

6. November 1922 Was ich ahnte ist wirklich: Ottilie ist wieder in der Schwangerschaft.

Herr Böttger vom Verlag Emil Richter teilt mir heut mit, daß bei einer Auktion die »Carmagnole« auf 90 000 Mark hochgetrieben ist. So werden meine Blätter Spekulationsobjekt.

Sonntags in Lichtenrade gewesen. Peterchen läuft ganz behutsam herum. Ein Weilchen war er nackt, fand die große Perlkette, hing sie sich um und stand vorgebeugt und mit weggestreckten Armen, weil die Kette kalt war auf dem bloßen Körperchen. Er hat Ottiliens guten Brustkorb und gerade Schultern. Vom Hans die gerade Haltung, muskulöse Beinchen, ausgesprochene Waden, flache Füße, Hackengang, von beiden die Hinterkopflosigkeit. Im Gesicht ähnt er vor allem Otty, aber letztes Mal erinnerte er mich an Peter.

Nachmittags saßen wir mit Goeschs, Götz', Frau von Deppschütz und noch jemand, mindestens 16 Personen, alle in einer Stube, Mensch an Mensch. Ich hatte wieder dies starke Gefühl, wenn so viele Menschen, von uns Älteren bis zu Säuglingen herunter, alles animalisch eng zusammenhockt und doch etwas Geistiges da ist. Wie hier, wo Götz Heinrichs und nachher Pauls Gedichte vorlas. Auch die Kinder so ruhig eingefügt sitzen und sich wohl fühlen.

November–Dezember 1922 Ich bin mit der Kriegsfolge fertig. Freilich will ich den Stock »Die Eltern« noch einmal umarbeiten, nicht weil er schlecht so ist, aber weil er noch besser werden kann.

Wenn ich jetzt sterbe ist *das* wenigstens gemacht. Heut las ich eine Stelle aus einem Heymschen Gedicht, die ungefähr so ist und die so ganz ausdrückt, was ich oft fühle.

»Ich bebe
Daß ich hinfahren muß in dieser Nacht
Hinfahren, ehe ich dies Werk vollbracht.«

Nun ist es mir wenigstens vergönnt dies fertig gemacht zu haben. Jetzt kommen andere graphische Arbeiten, das Plakat gegen den Krieg für den Internationalen Gewerkschaftsbund, dann das Einleitungsblatt für die Zeichnungsfolge »Tod und Abschied«. Außerdem möchte ich gern diese Folge graphisch arbeiten, entweder in Holzschnitt oder wieder auf Kupfer.

[4. Dezember 1922] Am Totenfest waren Karl und ich zusammen in der Reichstagsfeier für die Weltkriegsgefallenen. In solchen Augenblicken, wenn ich mich mitarbeiten weiß in einer internationalen Gemeinschaft gegen den Krieg, hab ich ein warmes durchströmtes und befriedigtes Gefühl. Freilich *reine* Kunst in dem Sinne wie z.B. die Schmidt-Rottluffsche ist meine nicht. Aber Kunst doch. Jeder arbeitet wie er kann. Ich bin einverstanden damit, daß meine Kunst *Zwecke* hat. *Ich will wirken* in dieser Zeit, in der die Menschen so ratlos und hilfsbedürftig sind.

Viele fühlen jetzt die Verpflichtung wirken und helfen zu wollen, aber mein Weg ist klar und einleuchtend, andere gehn unklare Wege. Plivier z.B. Im Frühjahr will er losgehn, wandern und predigen. Er will die *Tat* predigen, aber die innerliche Tat, Abwendung vom Leben in seinen veralteten schlechtbewährten Formen, Bodenbereitung einem neuen geistig befreiten Leben. Er nähert sich schon dem Stark und Häusser, die meiner Meinung nach verrückte und üble Leute sind. Falsche Propheten. Dann all die Gemeinden, die einen neuen Erotismus predigen (»religiöse Bohème«). Das erinnert schon an die Wiedertäufer, an die Zeiten in denen – wie jetzt – die Weltwende ausgerufen wird und das Tausendjährige Reich als vor der Tür stehend verkündet. Gegenüber all diesen Phantasten kommt mir mein Tun klar vor. Ich wünschte schon, ich könnte noch lange Jahre so arbeiten.

Morgen ist die Mutter 85 Jahre alt. Ida Schmidt will im Frühjahr kommen, ihre Pflege übernehmen. Das ist uns sehr lieb, denn sie ist ein Mensch, der die Mutter liebt und in dieser treuen, freundlichen und sonnigen Liebe wird die Mutter sich wohl fühlen.

Gestern wieder einmal draußen in Lichtenrade gewesen. Ottilie saß am Tisch mit der Lampe und machte Handarbeit. Peter auf dem Kinderstühlchen auch am Tisch mit dem Rücken gegen mich. Rings um seinen Kopf die weißen vom Licht durchleuchteten Härchen. Da war es ganz wie unsere Kinder früher. Nachher wie ich ihn auf dem Schoß hatte, zeigte er immer auf mich und sagte: »da-Goß-Mutter«. Zwischen Goß- und -Mutter eine Pause, ganz schnell und leichtsinnig kam das Mutter dann herausgeschlüpft.

Vom Jakob Schaffner das *sehr* gute gehaltvolle Buch gelesen »Johannes – Roman einer Kindheit«.

Vom Kultusministerium den Auftrag bekommen eine kleine Zeichnung für Lebensrettung herzustellen.

13. Dezember 1922 Ich träumte vom Peter. Es war ein trüber Traum. Peter lebte bei Hans und Ottilie draußen in Lichtenrade. Er war krank, hatte ein Nierenleiden. Nichts, gar nichts von dem Frohen, das er oft hatte. Aber doch im Traum das Gefühl: er lebt – wenn auch krank.

Zu Mutters Geburtstag saßen wir in ihrer Stube um den Kaffeetisch: Schmidts, Paula, Lise und Georg, unser Hans. Die Mutter inmitten, wenig verstehend, aber zufrieden über all die ihr vertrauten Gesichter.

Den Palästinafilm gesehn.

Ich bin wieder mal *nicht* fertig mit der Kriegsfolge. Arbeite das Blatt »Eltern« um. Es kommt mir augenblicklich ganz schlecht vor. Viel zu hell und hart und deutlich. Schmerz ist ganz dunkel.

30. Dezember 1922 Das Jahr endigt bedrückt. Deutschlands Zustand ist schlecht, von außen eingeklemmt und gebunden, innen faulig, zerrissen, zerfahren. Der geistige Mittelstand wird aufgerie-

Die Eltern (1923). »Arbeite das Blatt ›Eltern‹ um. Es kommt mir augenblicklich ganz schlecht vor. Viel zu hell und hart und deutlich. Schmerz ist ganz dunkel.«

ben, kulturelle Verarmung. Der Simplicissimus bringt folgendes Kinder-Weihnachtsverschen:

»Stille Nacht, heilige Nacht –
Aus Brotkorn wird das Bier gemacht.
Der Vater sauft die Sorgen fort,
Das Kindlein hungert und verdorrt.
Der Bauer streikt, der Händler schiebt ...
Gottlob, daß es noch Quäker gibt!«

Ja Gottlob!

Grippe bei uns in der Weihnachtswoche, können nicht nach Lichtenrade raus. Am Heiligabend – ich liege auf dem Sofa – kommen spät noch Hans und Otty.

Das Jahr ist hin und ich kann dankbar sein, daß es keine schweren Schläge gebracht hat. Wir leben noch – wir, das sind der Karl und ich, Hans Otty und Peterchen, Sterns und Schmidts. Die liebsten Menschen. Auch die Mutter lebt noch, aber wie wenig fühl ich da noch.

Oft denk ich dran wie es wäre, wenn der Karl nicht mehr lebte? Ein neugierig kaltes Fragen oft. Ich würde alles andre abbrechen und ganz in mein Atelier ziehn und immer arbeiten – denk ich mir – hätte viel mehr Zeit für mich. Weiß aber genau, während ich das berechne, daß die *Wärme und die Liebe* aus meinem Leben

Die Überlebenden (1923). »Jetzt Arbeiten wie das Anti-Kriegsplakat für den Internationalen Gewerkschaftsbund, jetzt wenn möglich lauter solche Arbeiten, die eine *Wirkung* in sich schließen.«

dann weg wären. Es gibt gar keinen Menschen, der wärmer ist – zu mir – als der Karl. Keiner der mich auf diese Weise lieb hat. Keiner, der mich immer so ansticht, damit ich nicht versteinere und versauere. Das Kindische im Karl, das ganz Irrationelle, das Törichte, Überströmende ist entzückend, danach werd ich mich furchtbar sehnen, wenn er eher stirbt als ich.

Aber ich selbst hab immer mehr das Gefühl, daß ich nicht lange mehr leben werde. Und es wäre ja auch gut so, wenn mein Alter wie das von der Mutter sein sollte. Da ich Mutter täglich vor Augen habe, gräbt der Eindruck sich so ein, daß dies Bild wohl nicht mehr weichen wird und dem wirklichen Verfall vorarbeitet.

Bin auch oft kränklich. Leber – Galle – neige zu Erkältungen.

Mit der Arbeit aber ist es eigentlich gut gegangen in diesem Jahr und ich bin sehr dankbar dafür. Die Kriegsfolge ist so gut wie beendet. Wie ungenügend und mangelhaft sie auch geworden ist, wenn man sie an ihrer großen Aufgabe mißt, es ist doch ein Abschluß und ein Fertigwerden da.

Jetzt weiter! Jetzt Arbeiten wie das Anti-Kriegsplakat für den Internationalen Gewerkschaftsbund, jetzt wenn möglich lauter solche Arbeiten, die eine *Wirkung* in sich schließen. Die Menschen sind verschieden; wenn die, die mit mir leben mit Recht im täglichen Umgang Güte und weiten herzlichen Sinn vermissen, so kann ich wohl sagen, daß im nicht-täglichen Umgang doch etwas davon rauskommt. Nicht gerade von Güte, aber das Streben auf meine Weise, mit meinen Mitteln fördernd mitzuhelfen, das hab ich. Das ist mit ein Antrieb zu meiner Arbeit, darum halte ich auch meine Arbeit für wichtig.

Wer ist in diesem Jahr geschieden? Von Freunden weiß ich jetzt niemand. Die Grete Prengel. Wer ist dazugekommen? Der kleine Clemens von der Hilde und das noch Ungeborene, vielleicht noch ohne Bewegung Ruhende in Ottiliens Schoß.

[Anfang Januar 1923] In der Silvesternacht wollten Sterns und Ottilie und Hans herkommen. Da telephonierte Lise, daß sie zur Kati nach Frankfurt fährt und ein paar Minuten danach telephonierte Hans, daß das Peterchen in der Nacht vom 29. zum 30. Dezember einen schweren Kollaps gehabt habe. Eine halbe Stunde ist er fast pulslos gewesen. Hätte er nicht mit einem gellenden Schrei die Eltern geweckt, dann hätten die beiden ihn früh wohl tot in seinem Bettchen gefunden.

Karl war gestern draußen. Er fand ihn blaß aber fieberlos und mit normalem Puls im Bett liegend, hatte sein Bilderbuch vor und schwatzte leise.

Annie Karbe kam am 31. und blieb abends und die Nacht bei uns. Ich las in der »Theatralischen Sendung«, Karl, halb grippekrank, schlief meist auf dem Stuhl, Annie lag auf dem Sofa. Etwas schwer und bedrückt ging man ins Jahr 23.

In der Silvesternacht ist an Kopfgrippe Dr. Freundlich gestorben.

Von Thildi kam eine gute Karte. Alexander ist zum Weihnachtsfest bei ihnen. Daß Thildi und er wieder einen Weg zueinander gefunden haben ist eines der schönsten Ereignisse des letzten Jahres.

Am Mittwoch 3. Januar nach der langen Zeit endlich vormittags in Lichtenrade gewesen. Fand alle. Peterchen war auf dem kleinen Sofa zwischen den Fenstern gebettet, er schlief. Als er aufwachte, sah er mich lange an. Noch wird er ganz ruhig gehalten. Er schwatzt wie ein kleiner Papagei, spricht alles nach. Sein großes Bilderbuch liebt er sehr und kennt das meiste. Kennt er etwas nicht, so zeigt er mit dem Finger drauf, bis man es ihm nennt. Dann spricht er es nach. Sein Gehirnchen arbeitet jetzt so rege, sie sollten ihn nichts mehr lehren, eine Pause machen in seinem Lernen. Das liebe trautste Gesichtchen ist so sensibel und gelehrig.

Hans ist noch halb krank, Otty noch mitgenommen von dem Schreck. Aber lange hab ich keinen so guten, zusammenklingenden Eindruck von ihnen gehabt wie jetzt.

Abschied und Tod (1923/24). »Lange nichts aufgeschrieben. Peters Geburtstag liegt in dieser Zeit. Ich arbeitete an dem Tage an Entwürfen für das Einleitungsblatt zum Propyläenwerk ›Tod und Abschied‹. Peter war wieder bei mir.«

Heut bei Hilde und ihrem Clemens gewesen. Er nimmt jetzt gut zu und ist furchtbar nett. Seine schwarzen Augen haken unentwegt in seiner Mutter Augen.

Was sind so junge Mütter mit ihren Kinderchen reizend anzusehn!

[Januar 1923] Besetzung des Ruhrgebiets durch die Franzosen.

1807, Goethe: »Nein – das glaube ich nicht. – Die Deutschen würden, wie die Juden, sich überall unterdrücken lassen, aber *unvertilgbar* sein wie diese und wenn sie kein Vaterland haben, erst recht zusammenhalten.«

(Aus einem Brief von Christ. Reinhard an ihre Mutter)

Februar 1923 Lange nichts aufgeschrieben. Peters Geburtstag liegt in dieser Zeit. Ich arbeitete an dem Tage an Entwürfen für das Einleitungsblatt zum Propyläenwerk »Tod und Abschied«. Peter war wieder bei mir.

Diese ganze Zeit war voll angefüllt mit Arbeit und Beschäftigung. Im Atelier arbeitete ich das Kriegsblatt »Die Eltern« um (ohne es vorläufig geleistet zu haben), an den Entwürfen der Anti-Kriegs-Plakate für Amsterdam, Entwürfe für Rettungsurkunde. Die schwere Depression weicht nach und nach, ich bin dankbar, mich künstlerisch wieder lebendig zu fühlen.

Die Nachmittage sind übervoll. All die Briefe, Verpflichtungen, das Aufgesuchtwerden. Zum Lesen komm ich nur selten, lese von Ludwig sein Goethebuch, das mich sehr interessiert. Dieser liebe herrliche Kerl der Goethe.

Rieve bringt weltliche Anregungen: Romanisches Café, Blauer Vogel. Die Lieder der Bilitis. Reiselust.

Hans Koch taucht auf. Wenn es auch nicht mehr so ist wie früher, ich freue mich doch über ihn. Er ist jetzt Kaufmann und verhilft uns zu englischen Pfundnoten.

Dann kommt Georg Gretor und das ist mir sehr lieb. Auch Hans kommt er wieder so nahe wie früher – näher – als er mit ihm für eine Winterwoche nach Thüringen geht. Hans brauchte Erholung. Er hält sich für krank, hat sich mit Ponndorf impfen lassen: Er leidet sehr unter dem sich schlapp Fühlen. Ottilie ist im 6. Schwangerschaftsmonat, sie arbeitet neue Holzschnitte. Es geht ihr gut und sie scheint gleichmäßiger in der Stimmung. Was sie neulich von Peterchen erzählte läßt vielleicht darauf schließen, daß sie doch noch sehr heftig zu ihm ist. Peter macht sich am Tag naß, was er sonst nicht mehr tut. Fängt bitterlich an zu weinen, aus dem Weinen wird Gebrüll. Zu gleicher Zeit bringt er brüllend all seine Kunststücke heraus: Backe-Backe Kuchen, Popeia [?], Ringelreihe, »So reiten die Herren«, »Hat gerufen die ganze Nacht« und mehr. Mir scheint das so als eine Art Beschwörung von ihm gefühlt zum Ablenken der Strafe oder des harten Scheltens. – In seinem Bilderbuch ist ein Schornsteinfeger, da zeigt er mit dem Finger rauf und sagt: »Großmutter«. Er spricht schon viel.

Sehr anders ist der kleine Gerhard Simons mit dem seine Eltern neulich hier waren. Körperlich ungeheuer kräftig, riesigen Kopf, Langschädel. Er wirkt gesund, begabt, weniger empfindsam als Peter.

Die Kache-Kinder sind sehr nett aber alle etwas blaß und schmal, nur Gerd sieht jetzt gut aus, der mit seiner ungeschlachten Trompetenstimme die andern kommandiert. Am begabtesten erscheint mir der Kurt, aus dem Jungen kann was Famoses werden.

Sehr Nettes erzählte auch Edith Klatt von ihrem Hans (Gerhard?). Die Frau sieht wunderschön aus in ihrer einfachen Lieblichkeit. September erwartet auch sie ein 2. Kind.

»Um die Einsamkeit ists eine schöne Sache, wenn man mit sich selbst in Frieden lebt und was Bestimmtes zu tun hat.«

(Goethe)

»Wie gut ists, daß der Mensch sterbe, um nur die Eindrücke auszulöschen und gebadet wiederzukommen.«

[18.] April 1923 Zwischen dem letzt Aufgeschriebenen und jetzt liegt meine lange Krankheit. Am 25. Februar wurde ich an der Gallenblase operiert. Es war gut, denn ein paar Tage danach wäre es vielleicht zu spät gewesen und ich wäre tot gewesen. Ich besinne mich, wie Karl rechts an meinem Bett stand und Hans links und beide hielten eine Hand von mir, ich war so müde und sprach vom Tode als etwas doch wohl Kommenden. Der Karl tat mir furchtbar leid und ich sagte es ihm; daß er allein weiterleben sollte, war schwer zu denken. Er weinte und sagte: Ich komm Dir bald nach. Zum Hans sagte ich: Du bist nicht mehr allein, Ihr seid zu dritt – zu viert – da trägt es sich leichter. Auch er weinte. Die Nacht zur Operation wachte er an meinem Bett. Am Sonntag früh wurd ich im Urban von Brentano operiert; ich weiß noch wie ich herausgefahren wurde schon auf dem Operationswagen, links stand Lise und küßte mir die Hand zum Abschied und dann zwischen Karl und Hans durch – da gab es noch einen Moment Halt zum Abschiednehmen – dann die Maske aufgedrückt. Ich wachte erst wieder auf, wie ich in das Bett überhoben wurde. Nachher sah ich Ottilie unten am Fußende stehn. – Das *ganz* langsame Gesundwerden und Kräftigerwerden, die viele Liebe und Freundlichkeit der vielen Menschen. Karl, der immer nur abends kommen konnte, manchmal erst, wenn alles schon dunkel gemacht wurde, der liebe treue Hans, der fast täglich kam. Lise und Georg, Konrad, Anna, die Menschen in ihrer Freundlichkeit. Nach 4½ Wochen kam ich heraus, Georg holte mich und Karl im Auto ab, zu Hause das Empfangen. Die Mutter, die sich auf einen Stuhl mir gegenüber setzte und mich ansah bis sie einschlief. – Dann wurde das Wetter sehr schlecht – dann wurde Karl noch für ein paar Tage krank – dann hatte er die Steuerarbeiten noch zu erledi-

gen – aber seit gestern dem 18. April sind wir, Karl und ich, bei Annie Karbe und ihrer Freundin Lise Ebell in Neu-Ruppin. So ganz reizend empfangen und aufgenommen. Die Sonne scheint, alles drängt in Knospen, die Amseln singen, nichts vom Berliner Lärm – Ruhe – Ruhe – Ruhe zum wirklichen Ausruhn.

Sonnabend, 21. April 1923 Heut kommt eine Karte von Josua Leander Gampp. Ihr kleines Peterle ist so furchtbar krank und wird wohl sterben. Ist vielleicht schon tot.

[24. April 1923] Heut am 24. April kommt die Nachricht von Josua Gampp, daß das Peterle am 21. gestorben ist und heut am 24. begraben wird. –

1. Pfingstfeiertag 1923 Seit einer Woche wieder zu Hause. Es war schön in Neu-Ruppin, Annie und Lise sehr liebenswürdige Wirte. Ich las dort den »Maler Nolten« von Mörike, aus dem ich mir nicht sehr viel machte. »Mozarts Reise nach Prag« dagegen war reizend. Den 3. Band Romain Rolland hinterher zu lesen vom Johann Christoph war nicht möglich.

Für Hans schrieb ich aus meiner Kindheit und ersten Jugend etwas auf. Karl las mit größtem Interesse Spranger. Einmal besuchten Rieve und ihre Freundin uns, einmal Schumanns. Das Choralsingen an einem Abend: »Geh aus mein Herz und suche Freud«.

Hier zu Haus vom Heinz empfangen, Fräulein Schumann, Lina, Else. Alles etwas still und gedrückt. Schön war nach Monaten das erste Schlafen oben in der stillen blauen Stube. Das Gefühl: Nun kann das neue Leben beginnen! Jetzt, eine Woche danach, ist dies Gefühl des neuen Lebens wieder ganz kleinlaut.

Am Montag zu Hansens Geburtstag draußen. 31 Jahre. Karl und ich sind schon Sonntags da, ich schlaf da und Montag nachmittag kommen Karl, Konrad, Lise und Kathrine Laessig. Das Peterchen ist so entzückend. Mit schwerem Herzen denk ich an das schwarze tote Peterchen.

Lise teilt mit, daß Max Wertheimer heiraten wird.

Ich schieb mich noch vor der Arbeit, weil ich noch unkonzentriert bin und so wenig Kraft, körperliche und seelische, fühle. Wage gar nicht anzufangen. Auch macht Anstrengung, selbst ganz mäßige, leicht Schmerzen an der Narbe, die wieder beunruhigend und hemmend wirken.

Karl behält vorläufig Dr. Sternefeld als Hilfe. Er hat medizinische Kurse belegt und ist vorläufig prachtvoll frisch und munter.

Letzte Nacht wurde er um 5 Uhr herausgeklingelt von einem jungen Ehepaar, die ein masernkrankes Kind herbrachten. Zwei Stunden waren sie mit dem Kind gegangen. Es war tot, als Karl es vornahm.

In einer kleinen Geschichte von Wilhelm Raabe heißt es: »Unsere tägliche Selbsttäuschung gib uns heute.«

[Ende Mai 1923] In den frühen Morgenstunden des 29. Mai 1923 hat Ottilie Zwillinge bekommen. Zwei Mädchen. Sie heißen Jördis und Jutta. Die Geburt kam allzu plötzlich, nachdem beide Kinder draußen waren setzte eine starke Blutung ein. Ottiliens Leben war gefährdet. In den Vormittagsstunden, als alles vorüber war, telephonierte Hans an Karl, der gleich herausfuhr. Gegen Abend fuhr ich heraus und blieb bis zum andern Abend. Ottilie sieht schon wohler aus, beide Kinderchen lagen ihr im Arm, eins rechts, eins links. Die Kinder wiegen jedes reichlich 6 Pfund und haben wohlgeformte niedliche Köpfchen. Die Jördis scheint etwas aggressiver als die Jutta, diese bescheidener.

Bevor Karl und ich nach Hause fuhren holte Hans die Flasche Wein von C.B.Ehlers, die Ottilie zu ihrer Geburt bekommen hatte 1900. Wir tranken aus dem alten Silberbecher auf das Wohl der beiden neuen Menschchen. Und dann kam noch etwas Betrübendes, was alles störte. Karl und Hans kamen in Streit. In der untern Stube bat Hans den Karl, Ottilie gegenüber nie seine Befürchtungen zu äußern. Der Karl war empfindlicher als richtig, beide gereizt. So kam es wieder einmal zu einem Mißklang, der uns traurig auseinandergehen ließ. Wie ist das bloß möglich zwischen diesen beiden Menschen?

Ottilie hatte Sorge vor der Entbindung. In einer der letzten Nächte träumte sie ein langes Gedicht, von dem sie nur noch die beiden letzten Reihen wußte: »Für eine Hebamme sorge man und überzeuge sich, daß sie etwas kann.«

Einmal träumte sie, sie säße in einem roten Kleid vor einem Marienbild und hätte in jedem Arm ein Kind.

Am Mittwoch gegen Abend saß ich mit Hans und dem Peterchen auf dem kleinen Rasenstück in ihrem Gärtchen. Der Hans sprach gut und mit Liebe von Ottilie, wie sie sich entwickelt hätte.

Theodor Plivier (1892–1955). »Plivier war eben hier. Verändert, mager, blaß, mit großem Bart … will nun am 1. Juli Gesinnungsfreunde treffen und mit denen durchs Land ziehn, predigend und redend.«

Sie haben sich ein Kind gewünscht. An dem schönsten Wandertage ihrer Herbstferien sind Jördis und Jutta ins Leben gerufen.

2. Juni 1923 Plivier war eben hier. Verändert, mager, blaß, mit großem Bart. Er sagte mir, daß seine Viktoria, die Thora, dieses entzückende liebliche Kind gestorben sei. 2½ Jahre alt. Das ist jetzt das zweite Kindchen, das sterben mußte, erst das Peterle Gampp und nun diese liebliche Thora Plivier.

Ich fragte nach der Frau und er erzählte, daß sie das tote Kind in einer warmen Welle um sich gefühlt hätte, zugleich hätten die Worte sie durchschossen: »Der Tod ist verschlungen in den Sieg.« Diese arme und rührende Flucht der Eltern in mystische Zustände, Ekstasen, die für Momente den Schmerz verhüllen und verklären. Dann kommt er wieder mit doppelter Gewalt. – Plivier will nun am 1. Juli Gesinnungsfreunde treffen und mit denen durchs Land ziehn, predigend und redend. Er sagt es gibt viele Arbeitslose jetzt, die es so machen. Einmal die Stromer, wie es sie immer gab, dann aber die Apostel, die Berufenen. Seltsame Zeit, wie im Mittelalter zu Beginn der Bauernkriege.

Am Abend sind Georg Lise Max und seine junge Braut Annie Karow hier. Sie ist ein einfach und gut aussehendes Mädchen mit warmen dunklen Augen.

Gespräch mit Karl über Else.

13. Juni 1923 Karl 60 Jahre alt. Auf seinem Tisch brennen 60 Lichtchen, um die herum lauter bunte Blumen. Von den Lichtern erleuchtet: die Großeltern von Runge in dem Rahmen, den mir Peter einmal zu meinem Geburtstag vergoldete und schenkte.

Am Sonntag die Geburtstagsfeier für Karl und Georg bei Sterns im Garten in der runden Laube. Es war so schön und lustig, aber Hans und Ottilie fehlten – auch Maria, die in Amsterdam ist. Hanna kam auch, sie sieht wieder etwas wohler aus und Katta tanzte im Garten auf dem Rasen zwischen Lichtern »Der ulkige Moritz«. Max' Braut Annie. Wie sie mit mir im Garten ging, in diesem feierlichen Gewärtigsein der Ehe, still, beglückt – aber ganz nach innen beglückt. Wenig Worte findend, fast stammelnd im Gefühl. Der Hennes, der jetzt ein Bild nach dem andern verkauft, in seiner gutmütig tölpischen Art lustig ist. Georgs Gedicht auf sich und Karl.

Früh kommt an Karls Geburtstag die halb kranke liebe Frau Sonnewald. Abends Anna Schmidt, Kaches (auch Paul), Kathrine, Karin Schade, unser Hans. Die 60 Lichtchen brennen.

Else.

Johanni 1923 Sonntag, stiller gesammelter Nachmittag. Ich bin bei der Mutter zu Haus, Karl ist in Lichtenrade.

Vormittags war Karl bei mir im Atelier und sah zum ersten Mal die Kriegsfolge und die Zeichnungen dazu. – Es ist als ob jetzt noch einmal eine Zeit zwischen uns kommen könnte, die uns wieder so zusammenführt, wie wir zusammen waren in den Jahren nach Peters Tode. Wir lebten ja ganz gut miteinander, aber doch auseinandergerückter, fremder, kühler. Wie man sich liebte und brauchte wurde nur in bedeutsamen Momenten klar, wenn Krankheit den einen wegzunehmen drohte. Diesmal war es nicht Krankheit, was Karl von mir zu führen schien. Die Wirkung ist dieselbe. Der Gedanke der Möglichkeit seines Verlustes schmerzt mich, er erscheint mir wieder so liebenswert wie in den besten Zeiten. Nun kenne ich das ja wohl, kenne die Wirkungen der Eifersucht. Es ist möglich, daß Gewöhnung und wieder entstehendes Sicherheitsgefühl auch wieder die neue Liebe dämpfen. Es wäre sehr schade. Sinn hat das Ganze was wir jetzt durchleben doch nur, wenn es auf eine höhere Stufe führt. Wie sehr klein, peinlich und zwackend sind meine eifersüchtigen Gefühle. Daß ich theoretisch frei bin und auch handle ist ja nicht so belangvoll. Ich sage ich handle frei, d.h. ich widerspreche nicht den so oft von mir vertretenen Auffassungen über Freiheit, die ein Ehegatte dem andern geben muß. Das ist ja aber das wenigste und in meinem Alter wahrhaftig als selbstverständlich zu verlangen. Die *Gefühle* dagegen stecken noch so sehr im alten Gleis. Wo ist das ruhige große Vertrauen, das Karl von mir fordert? Ich alte Frau werde so sehr geplagt von längst überwunden geglaubter Eifersucht. Eifersucht ist ein scheußliches, brennendes, einengendes, niederziehendes und demütigendes Gefühl.

[Anfang Juli 1923] Am 6. Juli 1923 heiraten in aller Stille Max Wertheimer und Annie Karow.

Juli 1923 Dem kalten regnerischen Frühling und Sommer ist seit Anfang Juli Hitze gefolgt.

All das von außen Kommende: meine körperlichen Beschwerden, die unzähligen Abhaltungen, mein schweres Einstellen zu der neuen Aufgabe, die aus Karls Stellung zu Else erwächst, alles und alles zusammen hat zur Folge, daß ich künstlerisch wie tot bin. *Ganz* anders als wie ich es mir im Krankenhaus dachte, daß mein neugeschenktes Leben sein sollte. Statt größerer Konzentriertheit und Wesentlichkeit ein Sichwegtreibenlassen von dem was der Tag bringt. Wenn ich arbeitete hätte ich auch ein größeres Gefühl meines Wertes. Ich fühle so kann es nicht bleiben, oder ich wünsche so soll es nicht bleiben, denn wie ich mich zu der Kraft aufraffen soll, die all dem Quarkleben ein Ende macht und mich zu dem Wesentlichen führt, das ich von mir fordern muß, das weiß ich nicht. Die Schwäche hat so vielerlei Gründe und es gehört so viel dazu, nicht schwach zu sein.

Die große Corinth-Ausstellung in der Nationalgalerie gesehn. Ich hab ihn eigentlich nie sehr geliebt, aber ein Kerl war er. Seit seinem Schlaganfall ist das Gefühl für Form sehr zurückgegangen, das Gefühl für Farbe sehr gewachsen. Erschütternd wie er sich als alternder gebrochener Mann noch in der Rüstung malt wie zu seinen kraftvollsten Zeiten. Der Raum mit den Selbstbildern, manches genial wie selten etwas früher, manches so ungekonnt, daß man weinen könnte.

Mein 56. Geburtstag gewesen. Früh hat Karl den Tisch so schön geschmückt, 56 Lichtchen brennen, aber nur ein klein Weilchen, dann werden sie ausgelöscht und sollen im nächsten Jahr weiterbrennen. Schöne Geschenke, der Goethe Ludwigs, der schwarzseidene Schal, vom Heinz die Girlande tanzender Figuren (seine köstliche Figur Fräulein Schumanns, wie sie zum Kampf gegen Lina rausmarschiert). Zu Mittag kommen Helga und unser Hans, der mir eine schöne Sammlung Prosastücke, von Hofmannsthal gesammelt, schenkt. Karl ist so lustig. Er setzt sich den Zylinder auf und tanzt mit mir. Wir spielen Ball, lesen auch aus Hofmannsthal, [von] Jean Paul den »Schwedischen Pfarrer«. So schön ist dies Zusammensein von uns vieren: Karl mir, Hans und Heinz. Hans bringt aus seinem Garten mir noch schönen Rittersporn und von der Otty eine Erdbeertorte. Dann kommen Prengels, Hans und Ernsts, Konrad, Georg, Lise und Kathrine.

Am 10. Juli, des lieben Peterchen Geburtstag, war ich draußen. Karl konnte nicht, weil er durch Dr. Sternefelds und Elses Fortsein so wenig Zeit hat.

Es geht mir jetzt so wie ich es häufig bei mir beobachtet habe: der erste Eindruck, dem widersteh ich besser als der dauernden Einwirkung. War es mir auch nicht leicht, daß der Karl die Else gern hat, so war meine ursprüngliche Stellungnahme doch verständiger als jetzt. Jetzt ist aus dieser Sache, die wenn ich sie frei und groß nähme, doch mich nicht so berühren dürfte, ein chronisch quälendes Empfinden geworden, sehr zum Schaden meiner selbst und auch Karls, dem das nicht verborgen bleibt. Nur Else ahnt nichts. Karl sagt so richtig, ich müßte doch eigentlich froh sein, denn sein gesteigertes erotisches Gefühl kommt auch mir zugut und vertreibt das Schlimmste, das banale Gewohnheitsgefühl. Er hat recht.

Mittwoch 11. Juli ist Kathrine in wahnsinnig erregtem Zustand nach Schweden abgereist. Sie war wie eine Geistesgestörte als sie unmittelbar vor der Abreise hier noch ankam, im Auto nur im Unterrock, mit Reisedecke, Kissen. Ziemlich gewaltsam bestimmten wir sie aber doch zur Reise, Heinz, der aus allen Poren schwitzte,

Die Zwillinge Jördis und Jutta (1923)

begleitete sie noch bis Lübeck. Die lange Seefahrt wird sie hoffentlich so weit instand gesetzt haben, daß der Mann nicht gleich einen Schreck vor ihr bekommt.

Im Ludwigschen Goethe gelesen. Goethes Liebe zu Marianne. 66 Jahre ist er da.

[5. August 1923] Sonntag 5. August endlich [in] Lichtenrade gewesen. Ich ging vom Atelier hin und kam zum Mittagessen zu spät. Alle schliefen. Im Zimmer fand ich die Körbe mit den Zwillingen und stellt mich zwischen die Körbchen. Beide Kinderchen drehten ihre Köpfchen mir zu und beobachteten mich. Beide sahen blaß aus, weil beide darmkrank gewesen waren. Jördis und Jutta haben dasselbe Gesicht, nur Jördis ist wie durch einen Langspiegel gesehn, Jutta wie durch einen Breitspiegel. Sie hat ein breites Näschen, breites Mündchen, der Schädel ist breiter, die Augen sind groß und sehr schön, blicken aber ernst. Auch der Jördis Augen. – Dann als Hans und Ottilie aufwachten und auch Peterchen, brachte ich den kleinen Leinenanzug, den Julie einmal für unseren Hans gemacht hat und den der Junge trug, als er in seiner entzückendsten Zeit war. Als Peterchen ihn anhatte sah er fast so aus wie Hans damals, besonders da seine Haare ihm jetzt auch kürzer geschnitten sind. Es war mir rührend und wunderschön, so meinen kleinen Hans in seinem Kindchen wiederzusehn. Aber wieviel zärtlicher ist sein Jung als Hans war. Dieser Peterjunge wirft sich einem immer wieder in die Arme, küssen kann

er noch nicht recht, aber er legt sein rundes Köpfchen an und ist so zärtlich.

Dann kam der Karl und die Lise, beide staunten und waren beglückt über das liebliche blühende Jungchen. Karl spielt mit ihm im Garten, sie waren an der Wasserleitung und Petermann bekam nasse Füßchen, schuldbewußt kamen der Großvater und der Enkel an. Ottilie geht es aber nicht gut, das Nähren strengt sie sehr an und sie täte gut es ganz aufzugeben. Auch Hans ist angegriffen. Er ist gut, seine schönsten Eigenschaften entwickeln sich in dieser Zeit. Wie lieb – ach wie lieb hab ich den Jungen und wie zittere ich, daß ihr Glück zerstört werden könnte.

Ich habe das Plakat »Nie wieder Krieg!« für den Internationalen Gewerkschaftsbund und das kleine Plakat gegen den Abtreibungsparagraphen, das die Kommunisten bei mir bestellt haben, fertig gemacht. Beide sind einigermaßen gut geworden und ich habe das befriedigte Gefühl, versprochene Arbeit geleistet zu haben. Sehr hatte ich gehofft, in dieser Zeit auch noch die dem Elias versprochene für das Propyläenwerk bestimmte Graphik und Zeichnung zu machen, aber ich fürchte es stockt bereits wieder. Und dann diese Stunden – Tage – der Besessenheit von *einem* Gedanken, *einem* Gefühl. Ich merke deutlich, daß das pathologisch ist, aber ich bringe es nicht fertig mich dagegen zu wehren. Einflüsse von außen zerreißen dieses Band der Melancholie mitunter, fehlen aber solche Einflüsse, so lastet fast körperlich ein solcher Druck auf mir. Er kommt unter verschiedener Einkleidung, jetzt ist es – so kläglich es ist das einzugestehn – die Eifersucht, die mich peinigt. Eifersucht oder auch Neid, Wehmut, gedemütigtes Gefühl, weil, was so selbstverständlich ist, neben der unverrückbaren Liebe, die Karl für mich hat, er noch ein junges frisches Gefühl hat für einen jungen frischen Menschen. Glücklich, daß er es hat! Aber ich melancholischer Mensch wälze alle Möglichkeiten Tag und Nacht in mir, sehe neue Verkettungen und Schmerzen und bin gequält. Nicht immer – es kommen Zeiten, wo das alles abfällt von mir, aber dann kriegt es mich wieder unter und quält und quält.

Konrad Berer, der zweite Sohn von Emil Berer, hat sich das Leben genommen. Er litt an Dementia praecox. Nun hat er selbst Schluß gemacht.

Ich besinne mich auf ihn, als Peter mitunter dort war. Es war ein schöner feiner Junge damals.

Plakat gegen den § 218. »Ich habe ... das kleine Plakat gegen den Abtreibungsparagraphen, das die Kommunisten bei mir bestellt haben, fertig gemacht ... und ich habe das befriedigte Gefühl, versprochene Arbeit geleistet zu haben.«

Die Lise war hier. Was hat die wieder zu leiden. Die Maria, gerade 16 Jahre alt, hat nun ein Verhältnis mit Matray und ist in so feindlicher Stellung gegen Katta. Und nun machen sie zu dritt eine Kunstreise und Katta weiß nichts von dem Verhältnis. Die Lise hat immer das Gute in Matray herausgestrichen, aber jetzt ist sie sehr gekränkt über das alles.

11. August 1923 Heut Feier des Verfassungstages. Und dabei was für eine Lage, in der Deutschland ist: tief – tief – schlimm tief!

Goethe sagt im 70. Jahr, wenn er seltene Trefflichkeit erblicke, könne er noch weinen, doch nicht mehr aus Mitleid und Not.

»Es gibt kein Vergangenes, das man zurücksehnen dürfte ... die echte Sehnsucht muß stets produktiv sein, ein neues Besseres erschaffen.«

[September 1923] Montag abends ½ 10 Uhr am 24. September 1923 stürzt Helga Bonus aus dem Fenster. Die Kohlrauschs meinen sie

habe sich herausgestürzt, weil sie ihre Krankheit wieder kommen fühlte. Niemand kann es wissen. Vielleicht hat sie schon geschlafen, ist von einem Angsttraum aufgeschreckt und ans Fenster und hinausgetrieben. Es war hellster Vollmond.

Bonus' sind hier bei uns. Sie sind – beide – von einer Gefaßtheit, die ich fast nicht verstehe. Sie klammern sich daran, daß Helga nicht in Verzweiflung Selbstmord begangen hat, sondern daß sie gestürzt ist, weil sie sich zu weit herausgebogen hat.

Bonus', fast seit ich sie kenne arm, haben es immer verstanden, trotz Armut das Beste aus ihrem Leben herauszuholen. Sie haben sich lieb gehabt und hochgehalten, Freude herausgezogen wo sie nur möglich herauszuziehen [war]. So bringt Jeep es fertig unter Helgas Tod nicht zusammenzubrechen, sondern mit ihr mitzugehn, mitzu»fliegen«. Daß Helga fliegt fühlt sie, glaubt sie. »Wie schön« denkt sie, »da darf ich doch nicht weinen.«

Als sie eingeäschert wurde war ich früh mit Blumen aus der Kinder Garten da. Die Eltern und Heinz schmückten unten in der Halle ihren Sarg. Ein weißer schmaler Mädchensarg, ganz einfach. Den hatten sie ganz und gar mit bunten Herbstblumen besteckt, unten an dem Schmalteil zwischen roten Blumen der Kopf einer goldnen Sonnenblume. Dann ließen sie sich zeigen wo der Sarg heraufgezogen würde und wo er wieder versänke und zur Verbrennung käme, und alles fanden sie gut. Dann oben waren die Verwandten und Freunde von Helga. Orgelspiel. Der Onkel Elfe sang ein Bachsches Lied, das Helga geliebt hatte. Dann sagte der Pfarrer Titius: Wir wollen uns zum Trost ein paar Kernworte aus der Bibel lesen und las aus dem Prediger Salomonis und – wohl aus dem Johannesevangelium – Worte die Bonus gewählt hatte. Mir waren sie zu dunkel und schwer für Helgas Leben. Dann sprach er das Vaterunser. Dann wieder Gesang und [Orgel]Spiel. Die Jeep stand auf, trat an den Sarg, bückte sich und legte ihre Hand auf ihn. Eine Weile, dann ging sie wieder zurück. Dann begann der Sarg zu sinken, ganz leise und langsam, und mir war so sehr weh, daß die Helga da nun hinging und wir sie nie wieder sehn sollten. Alle standen auf und die Jeep ging da hin wo der Sarg die Sonnenblumenseite hatte. Da sah sie ihn noch länger und sie hielt ihre Hände ihm nach – segnend.

14. Oktober 1923 Heut vor 9 Jahren war Peter einen Tag von uns. Seines Julius Geburtstag ist heut. Und wir leben noch, leben wieder und leben stärker als vor Jahren. Das Leben ist auch für uns wieder ein Kampf um die Erhaltung der Existenz geworden.

Die graphische Ausstellung in der Akademie ist eröffnet und ich habe darin eine Kollektivausstellung. Zeige die Kriegsfolge, Zeichnungen dazu und die Blätter zum Tod. Mit Glück und Dank empfinde ich, daß ein starker Nachhall der Arbeiten da ist.

Vom August und September nichts aufgeschrieben. Wir waren in Lobenstein, durch die Österreichische Freundeshilfe eingeladen. Konrad war mit uns und Hans kam später. Es war eine sehr angenehme Zeit, von den Menschen die dort waren war die Tante Lydia, die Frau Timper-Anderson die allernetteste. Eine Frau, bei der sich zusammenfinden: Güte, Klugheit, Witz, Humor. Ostpreußin durch und durch, etwas in manchem an Frau Sell erinnernd. Die erste Lobensteiner Zeit quälte ich mich sehr törichter Weise mit dem Gedanken an Else. Erst allmählich verlor sich das und genoß ich verjüngt das Zusammenleben mit Karl. Jetzt bin ich frei von diesen Eifersuchtsplagen, das Schlimme aber ist, daß ich frei bin ohne mein Zutun, aus Gnade gewissermaßen. Ich fürchte es kommt mal wieder und ich kann wieder nichts dagegen tun. Wahrhaft krankhaft sind in solchen Zeiten meine eifersüchtigen Phantasien, erstrecken sich auf Menschen, die verständigerweise gar nicht in Frage kommen. Demütigend sind solche Zustände und ein schlechtes Zeichen für die Kraft meines Willens. Würde ich doch jetzt frei davon bleiben, würden Zeiten kommen, wo es mir glückt mich *ganz* in die Arbeit zu versenken und die Schätze zu heben, die da noch liegen.

Ich les im [Emil] Ludwig von Goethes letzten Lebensjahren. Wie hat er sich da zusammengerafft, alles Fremde abgeschlossen, um sein Werk ganz und bis zum letzten aus sich herauszustellen, seine Lebenspyramide bis zur letzten Spitze aufzuführen. Prachtvoll, der älteste Goethe: zornig, stark, wesentlich, konzentriert bis zum äußersten. Wie er die Berechtigung zur Gewalt aus allem aus ihr Folgenden aufstellt. Voll Ironie und Ungeduld und Unduldsamkeit ist er. Er übersteigt das Alter, das sonst bei guten und bedeutenden Menschen sich äußert in Toleranz und dem »Kindleinliebet-einander«. Diesen Zustand läßt er hinter sich, um in seiner uralten Zeit von Neuem zu glühen anzufangen. Er sagt vom Tod: »Die Überzeugung unserer Fortdauer entspringt mir aus dem Begriff der Tätigkeit. Denn wenn ich bis an mein Ende rastlos wirke, so ist die Natur verpflichtet, mir eine andere Form des Daseins anzuweisen, wenn die jetzige meinen Geist ferner nicht auszuhalten vermag.«

»Kein organisches Wesen ist ganz der Idee, die zu Grunde liegt, entsprechend, hinter jedem steckt die höhere Idee. Das ist mein Gott.«

Großer Nachhall meiner Ausstellung. Wie freu ich mich!

22. Oktober 1923 Heut vor 9 Jahren fiel Peter. Ich bin zerstreut und so weit weg von einem ruhigen Gedenken an ihn.

Die Rheinische Republik ist ausgerufen, der Dollar steht auf 40 Milliarden, für morgen ist der Generalstreik angekündigt, Hunger und Ratlosigkeit überall. Mir ist fürchterlich schwer und bedrückt zumut.

Abends geh ich in ein schönes Konzert, wo Edwin Fischer Beethoven spielt. Ich bin mit Frau Timper, Hans und Ottilie gemeinsam da. Karl kann nicht dabei sein. Ich sitze neben Hans und fühle mich ihm so ganz nah und verbunden.

Abends sitzen Frau Timper und ich noch zusammen, sie spricht von ihrem Kurt und ich vom Peter. Aber alles war früher lebendiger. Wenn ich früher von ihm erzählte bebte ich.

28. Oktober 1923 Der Jeep Geburtstag.

Aus einem Brief an [den Sohn] Heinz: »Dann wollt ich Dir sagen, Heinzonello, daß es ganz anders geworden ist als ich dachte. Ich dachte hier würde mich der Verlust überfallen und ich würde geplündert und arm dastehn. Aber gerade hier kommt der Helga ihre starke ungeschwächte mutige Gegenwart mir nahe. Nicht dünn und spitznasig und bedürftig, sondern wie jemand, der mit vollen Segeln und mit gutem Glück fährt, ist sie bei mir, wie meine lebendige Gesellschaft ... Jetzt schreib ich in der Frühe im Bett am 24. Oktober. Elghina, ist es schön wo Du in Freiheit gehst und in Ausgeglichenheit mit nicht mangelnder Kraft, wo zum Willen auch die Macht da sein wird und zum Gesang, der inwendig aufsteigt, auch das Klanggefüge und der Laut, mit dem er ausgeht ... Morgen sind es 4 Wochen, seit die Helga wegging. Gestern ging ich in ihrem schönen Mondschein herauf.«

Ist es dies, daß die Helga ein selbständiges Leben weit von den Eltern weg führte und daß sie sie ein volles Jahr nicht gesehn hatten als sie starb, daß die Eltern es *so* tragen können? Ich glaube es hängt vor allem damit zusammen, daß diese Eltern ihre Kinder nie als Besitz empfunden haben, sondern immer als eigene Persönlichkeiten mit eigener Verantwortung. Die Helga hat gehn wollen, das hat wohl so sein müssen, da haben die Eltern ihren Willen dem des Kindes unterzuordnen. Nur über etwas wäre die Jeep nicht hinweggekommen, wenn es ein Verzweiflungstod mit langen vorausgehenden Seelenqualen gewesen wäre. Das will sie nicht glauben, sie sperrt sich mit allen Kräften dagegen. So ist ihr Glaube, daß Helga mutig und rasch einem jenseitigen Leben entgegengeflogen ist, das ihr Wesen reicher, ganz restlos entfaltet. Damit ist die Mutter, der Vater einverstanden.

Immerhin bleibt etwas Übermenschliches in dieser Beherrschung des Schmerzes.

[November 1923] Eugenie Schwarzwald hat die Österreichische Schloßküche hier eröffnet. Die Lobensteiner sind alle hier, die liebe Frau Timper-Anderson wohnt bei uns.

Das Peterchen fragt neulich seine Mutter: »Wie ist der Dollar?«

Frau Kohlrausch fährt mit ihrem 6jährigen Kinde in der Bahn, draußen sieht das Kind die Telegraphendrähte auf- und absteigen. Da fragt es: »Mutter, ist das der Dollar?«

Frau Timper ist gütig und klug. Lebensklug. Einmal spricht sie vom »Wegdenken«, vom Ablenken der Gedanken, wenn man z.B. auf jemand böse ist und sich in Gedanken mit jemand streitet. Sie sagt: Im gedachten Streit antwortet der andere immer böser und verletzender als er in Wirklichkeit sich je geäußert hat. Ein andermal spricht sie von den jungen Frauen der Österreichischen Freundeshilfe und freut sich, wie die sich schön anziehen und viel dafür ausgeben. – »Und das ist auch recht! Wer sich nichts gönnt, gönnt meist auch andern nichts und sagt immer: Ach, ich schränke mich ein und versage mir dies und das, sollen es die andern auch tun!«

Noch etwas zur Psychologie der Jeep: Ihre Kinder sollten möglichst vollkommen sein. Mängel an ihnen sah sie wohl, wollte sie aber nicht wahrhaben. Als ich einmal der Helga gegenüber mich wunderte, daß Heinzens Farbenblindheit nicht entdeckt worden ist, lachte sie und sagte: »Das hätte die Mutter sich doch nie eingestanden, daß eines von uns einen Fehler hätte.« Daß Helga nicht schön wurde kränkte sie und verstand sie nicht, da sie [Helga] ein schönes Kind war das versprach, ein schönes Mädchen zu werden. Schönheit oder Abwesenheit von Schönheit war für sie aber etwas ganz Wesentliches. Bonus seinerseits kränkte es, daß Helga als Hausschwester lebte, beide Eltern empfanden vielleicht etwas von Demütigung über Helgas äußere Entwicklung. Nun flog Helga auf und davon aus diesem Leben, das ihr nicht die Entfaltung brachte, die ihr zugekommen wäre. Flog einem Leben, das ihr gerechter wurde, zu.

[Ende] November 1923 Alles verschärft sich. Hier Plünderungen und versuchte Pogrome, Bayern im Kriegszustand gegen Norddeutschland. *Hunger! Ein Brot 140 Milliarden!* Dann wieder runtergesetzt auf 80 Milliarden.

Hans Prengel ohne Arbeit, Alexander aus seiner Stellung entlassen!

Hunger, Hunger überall.

Auf den Straßen schwärmen die Arbeitslosen.

Am 18. November zur Revolutionsfeier in Brauerei Friedrichshain gewesen. Karl ich und Rieve und Frau Diehl, die gerade bei uns waren. Es wurde vom Sprechchor die Schönlanksche »Großstadt« gesprochen, das war stark.

Bei den Kindern draußen gewesen und (das Peterchen wurde mitgenommen) in Hansens Mansardenstübchen gegangen. Da ist es warm eng und *ganz* gemütlich. Es war sehr schön. Der Junge saß auf Großvaters Arm oder mir auf dem Schoß, Karl las den »Moloch« vor. Hans und Ottilie sprachen vom Auswandern. Ottilie sagte: Man wird hier seines Lebens nicht froh.

Heut war Frau Dr. Kawerau bei mir. Sie schrieb mir einen nicht sympathischen Brief, so daß ich nicht wünschte, daß sie käme. Sie kam aber doch und das war gut. Eine kleine unhübsche unscheinbare Frau Mitte der 40. Sie ist Cousine des Kawerau, 9 Jahre älter als er. Ist Krankenschwester gewesen. Ein Mensch, der suggestiv Hilfsbedürftige an sich zu ziehn scheint. Immer wird sie seelisch gebraucht von andern, ähnlich wie Lise. Sie scheint auch schon ganz nervös und verbraucht, kann sich in ihrer Güte aber gar nicht denen entziehn, denen es noch schlechter geht. Neulich in der Elektrischen sitzt sie neben einem Mädchen, das zugleich mit ihr aussteigt und sie gar nicht mehr losläßt. Es ist eine eben entlassene Kindesmörderin.

25. November 1923 Totenfest und zugleich unseres lieben Konrad 60. Geburtstag.

[16. Dezember 1923] Am 5. Dezember: Die Mutter wird 86 Jahre alt. Nur Konrad, Lise, Hans sind außer Karl und mir in ihrer Stube um den Kaffeetisch. Die Mutter sitzt still und freundlich da. Vom Onkel Julius kein Gruß, auch heut am 16. noch keiner, wir wissen nicht warum. – Im Gespräch erwähnt Lise unter anderem, daß Heller tot ist.

[Ende Dezember 1923] – Vor Weihnachten rascher psychischer und vor allem körperlicher Abfall bei mir. Alle Beschwerden verdoppelt, geistloser müder Kopf. 2. Feiertag nach dem Zusammensein bei Sterns Anfall von starkem Herzklopfen, der 7 Stunden anhält. Karl hat Angst, läßt mich von einem Professor Richter untersuchen, der sagt: kein organischer sondern funktioneller Fehler.

Aber das Weihnachtsfest glückt. Niemand von uns ist krank und Heiligabend bei Mondschein durch tiefen Schnee zu den Kindern heraus. Es ist so schön da, weihnachtlich, gut und freundlich. Liebe und Freude. Ottilie ist so froh. Sie hat dem Hans von einer Freundin die 3 Kinder zeichnen lassen und Hans hat ihr vom Verleger ihr Buch »Vom kleinen Peter« geholt, das vornehm und künstlerisch ist.

Ich las die Ansprache des Bonus vor, die er in Bischofstein den Jungen hielt und dem Heinz geschrieben hat. (Heinz ist nicht dabei, er ist bei seinen Eltern in Bischofstein.)

Als wir abends zurückkommen ist der Mond weg und dichtes Schneegestöber. Während der ganzen Weihnachtswoche schönes Winterwetter.

11. Januar 1924 Über Neujahr in Neu-Ruppin gewesen, weil ich mich koddrig fühlte. Unlustig das gewohnte Resumé des Jahres zu geben, weil der Tiefstand drückte und noch nicht gewichen ist. Als ich heut im Atelier durch einen Zufall auf dem Kamin den Kopf der Mutter abdeckte, sah ich ihn nach Jahren zum ersten Mal wieder und hatte das beglückende Gefühl, daß ich vielleicht *doch* die plastische Arbeit für Peter fertig machen könnte. Aber wie? Wann? Wo ich schon bald 57 Jahre alt bin und körperlich so zurückgehe. In der früher gedachten Form wohl nicht. Das schaff ich glaub ich nicht. Vielleicht in abgebogener Form. Mir kommt der Gedanke an ein großes Eingangstor zum Kirchhof in Roggevelde. Seitlich dem Portal rechts und links knien die Eltern. Überlebensgroß. So etwa [siehe Faksimile S. 566]. Darüber als Text: »Hier liegt schönste deutsche Jugend«. Oder: »Hier liegt blühende Jugend«.

Die Figuren wären als Hochrelieffiguren zu denken. *Noch einfacher* und zusammengefaßter als sie jetzt sind. Sie lassen den Eintretenden zwischen sich durchgehn. Oder auch nicht Relief, aber sehr überlebensgroß. In dem Fall müßten Figuren durch Kontur wirken. *Oder ohne* Türe. Nur die blockartigen Figuren, ägyptisch groß, zwischen denen die Eintretenden durchgehn. Das wäre vielleicht das Schönste. Die Worte: »Hier liegt schönste deutsche Jugend« könnten auf dem Boden zwischen den Figuren eingemeißelt sein. Das ungeheuer Ernste käme dadurch sehr heraus.

Pläne! Wer führt sie aus? Es ist eine Illusion, daß ich das können werde. Vor 10 Jahren vielleicht noch – jetzt bin ich körperlich zu erledigt. Schon meine ungleichmäßige zuckende Schrift zeigt, daß ich nicht mehr gesund bin. Und doch elektrisiert mich dieser Plan. *Dann* wenn ich Peter und den Jungen das noch gearbeitet hätte, *dann* könnte ich wirklich die Hände in den Schoß legen und ans Sterben denken.

[Ende Januar 1924] Am 21. Januar 1924 stirbt Lenin.

Am 29. Januar 1924 wird Caspar Gampp geboren.

6. Februar 1924 Peters 28. Geburtstag. Am Nachmittag kommt der liebe Hans und bringt so eine schöne Tulpe. Ich spreche ihm von meinem Arbeitsplan für Roggevelde.

Aber leider bin ich müde und kraftlos in meinem Gedenken an den Peter.

Der Karl hat mir früh Blumen auf den Arbeitstisch gestellt.

Das kleine Peterchen in Lichtenrade macht mir etwas Sorge. Ich fürchte, daß das Kind es sehr schwierig durch sein Temperament haben wird. Es kommen ganze Zeiten, in denen er scheinbar ganz ohne Sinn und Verstand bockt und dabei natürlich nicht glücklich ist. Dann daß er – so ein kleines Kind – noch nicht 3 Jahre – schon den Kontrast von Wollen und Können fühlt.

Beispiel: Ottilie hat ihm sein Kinderstühlchen blau anstreichen lassen, sie geht mit ihm zusammen es abholen. Peter ist entzückt von dem Stühlchen und will es selbst tragen. Schleppt es solang er kann. Wie er nicht mehr kann, fängt er laut zu brüllen an: »Ich *kann* das Stühlchen nicht tragen!« – Zärtlich ist er sehr.

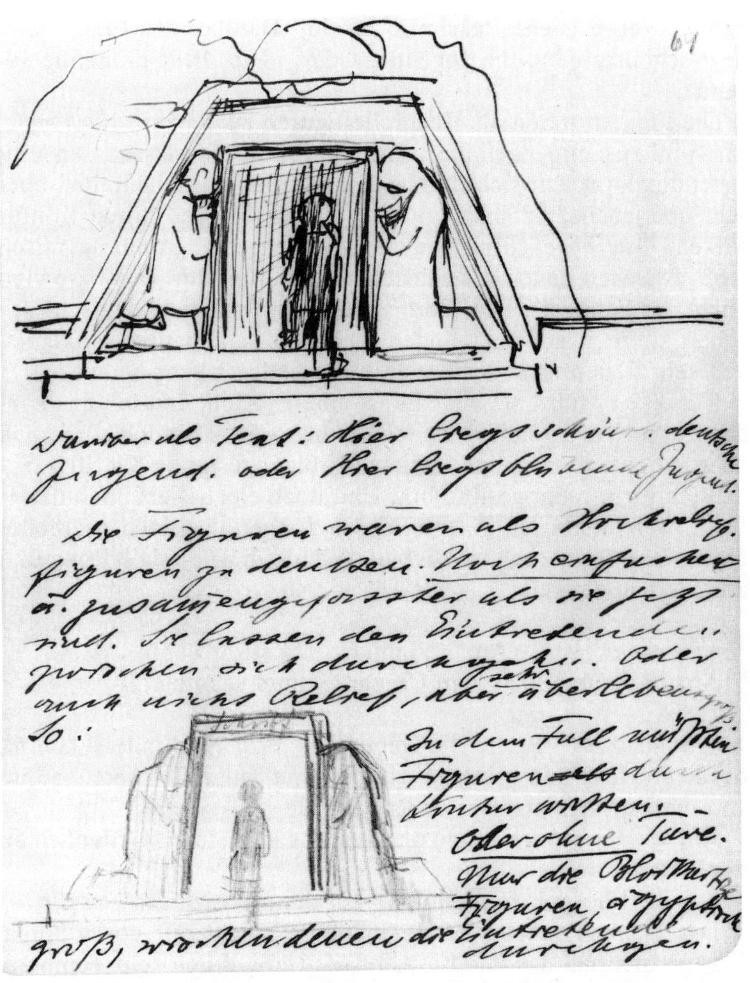

Aus Stehrs Tagebuch:

»Und sterbe ich so ist es nur, als ob ein Schlafender sich auf die andere Seite legt, der Vogel seinen Flug ändert, die Welle ihren Weg.

Vom Leben und vom Tode: Zerstörst Du die Welle, zerstörst Du das Wasser? Hört der Wind auf, vergeht dann die Luft?«

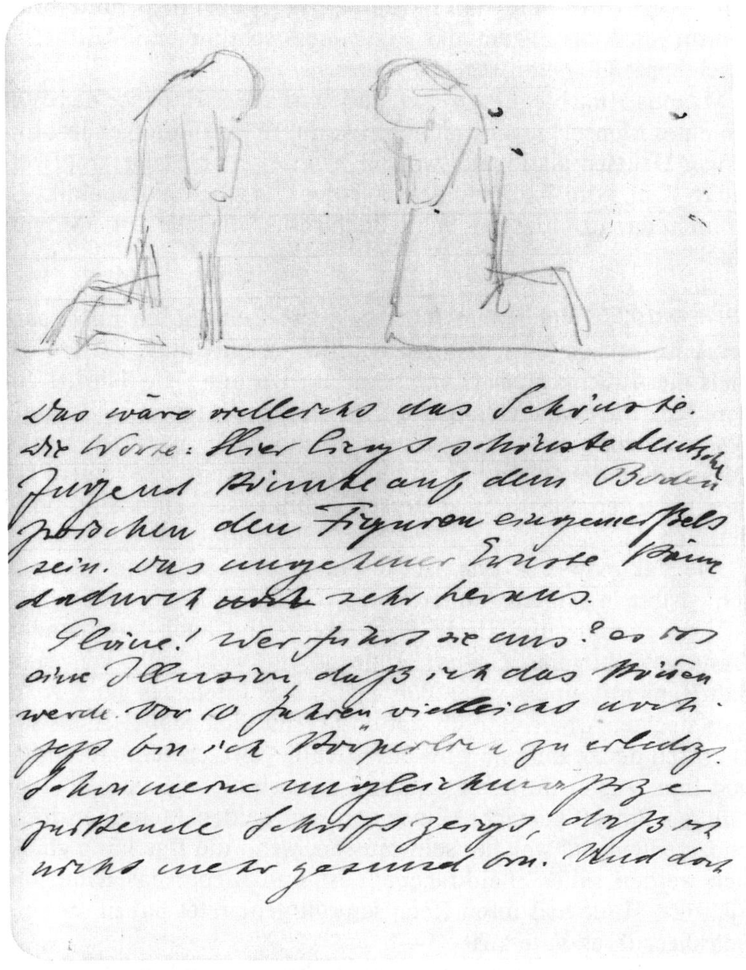

19. Februar 1924 Der kleine Peter ist krank. Er fiebert seit 1 ½ Wochen. Karl meint es könnte sich um Paratyphus handeln.

Ottilie liegt an Gallensteinen.

[Später nachgetragen:]

Jetzt am 1. März ist es besser mit dem allen.

Ich bin wieder etwas krank gewesen. Monatelanges Halbgesundsein – was ist es bloß, daß ich so dattrig [?] bin? Sehr runterbringen tut mich das Exzem, das jetzt wieder schlimmer auftritt. Hingeschleppte Quälerei ist das.

Magnus Hirschfeld bestreitet, daß man in der Hypnose den Willen eines Menschen ganz abbiegen kann. Er erzählt folgendes: Ein junger Deutsch-Nationaler wird in hypnotischen Starrkrampf versenkt, dann wird ihm befohlen zu rufen: Es lebe die Republik! Er ist nicht dazu zu bringen. Schließlich ruft er: Es lebe – die Monarchie!

Februar 1924 Vor einem Jahr um diese Zeit lag ich im Urban. Jetzt, wo es sich jährt, hab ich deutliche Erinnerung, *wie* ich damals die Außengeräusche empfand, die Turmuhr, die Schritte auf dem Hof, die ersten Geräusche früh um ½5 Uhr, wenn *endlich* die Wasserheizung in Aktion gesetzt wurde nach trostloser Nacht. Diese durch die Ohren vermittelten Gefühle kann ich keinem andern mitteilen. Sie waren vergessen – nun es sich jährt, sind sie so deutlich da.

Die Jakimowsche Ehe ist auseinander. Gaben ein Ehe-Abschiedsfest in seinem Atelier.

Hans Simons und Hilde Rautenberg sind auch auseinander. Ohne gewichtigeren Grund. Hilde konnte wohl nicht vertragen, daß Hans mit einem so großen Teil seines Interesses ganz woanders steckte, Arbeitsmensch war und vermutlich egoistisch als solcher. Ich denke mir, sie wird eifersüchtig gewesen sein auf all das von ihm, was er ihr nicht gab, und eigensinnig wie sie ist hat sie raschen Prozeß gemacht. Einer von den beiden Menschen hätte anpassender und weicher sein müssen, wenn die Ehe hätte glücklich werden sollen. Leidtragender ist nun wieder das Kind, das 3jährige; Hilde soll ihren Rechtsanwalt geheiratet haben, der ein Schwager ihres Vaters ist.

Wieder einmal Gespräch mit Karl über Else und seine Stellung zu ihr. Er sprach so für mich einleuchtend, daß mir ganz froh wurde, schwer ist nur das Durchhalten dieser Einstellung. Tatsächlich hat er an Else etwas, was ich ihm nie gegeben habe und erst recht jetzt nicht geben könnte, was mit ihrer Munterkeit, Koketterie, Singlust, Plauderei zusammenhängt. Versagt er sich das, so ist es einfach aus seinem Leben weg, er ist ärmer geworden und ich nicht reicher. Nein, er darf es sich entschieden nicht versagen.

Erneute Plage [Exzem]. Karl war mit mir bei Goldscheider. Vielleicht kann der mir helfen.

Fürchterlicher Traum. Ich ging durch Straßen, die mir eigentlich bekannt waren und kannte sie nicht wieder und suchte und suchte in ihnen rum und die Angst wurde immer deutlicher: Jetzt gehts mir wie der Mutter, jetzt bin ich irr.

18. März 1924 Gegen Abend auf dem Friedhof gewesen. Sehr viele Arbeiter – meist junge, auch Frauen vereinzelt und Kinder. In der Gegend wo der unbekannte Mann liegt entstand erst zögernder leiser Gesang unter den Vorbeidefilierenden: »Ein Sohn des Volkes«. Während ich weitergeschoben wurde auf einmal die Internationale laut und kämpferisch. Sofort veränderte Lage. Die Schupo wurde erregt, die Masse auch: Rufe: »Ruhig Blut!« Dann ein Hoch nach dem andern auf Liebknecht, Rosa, die Internationale, die Kommunistische Partei. Furchtbares Gedränge, immer noch hereinströmende Arbeiter, wenige dem Ausgang zudrängende. Ich eingekeilt in der Mitte. Endlich kam ich raus, hörte noch lange die Gesänge und Hochrufe.

»Wer in diesem Leben nicht tief im Leide und im Kampf steht, steht tief in Schuld.«

(Leonhard Frank aus »Der Bürger«)

[Gründonnerstag], April 1924 Jeep ist über eine Woche hier und heut abend am Gründonnerstag fährt sie mit Heinz und Kathrine nach Bischofstein. Nach den Ostertagen kommen Heinz und Kathrine zurück. Diese Woche mit Jeep war mir lieb. Auch zwischen Karl und ihr ist jetzt mehr Freiheit und Zutraulichkeit. Sie hat Ottilie und die Kinder, Alexander, Lise und Georg, Paula und ihre Jungen, Annie Karbe und vor allem Kathrine kennengelernt.

»Wunderbar ist es, daß die Jugend, die von Leben strotzt, das Leben unbedenklich wagt, und der Alternde, je näher er dem Tode ist, selbst wenn er den Tod ersehnt, desto mehr vor dem Sterben zurückschaudert.«

(Huch »Bakunin«)

[Karfreitag], April 1924 Dies Gefühl des Absterbens! Karfreitag. Ich allein zu Haus. Mutter sitzt auf dem Stuhl und schläft. Früher waren diese eingestreuten stillen Stunden an Sonn- und Feiertagen wie ein Geschenk. In der Stille fühlte man *sich*, Pläne wuch-

sen, aufgespeicherte Kraft war fühlbar, das seltene und unvermutete Alleinsein war produktiv.

Es läßt sich kaum sagen wie anders mein Alleinsein jetzt ist. Nicht einmal ein Kaffee ruft dieses produktive Gefühl in mir wach. Ich bin allein, ja – aber ohne Fülle, ich bin allein in meiner Langenweile. Unter Langerweile litt ich schon als Mädchen. Der Großvater wollte keine Langeweile gelten lassen, er kannte sie nicht, brauchte sie nicht zu kennen, weil er einen lebendigen Geist hatte. Meine Langeweile ist geistige Abspannung, Ermüdung, Blutarmut. Ohne die würde ich mich auch nicht langweilen.

Einmal sprach ich mit Karl über die Mutter und drückte ohne Schonung aus, daß ihr Leben jetzt doch wertlos sei. Kurz danach war ich mit der Mutter allein. Sie stand in ihrer Stube, sah mich trübe und liebevoll an, nahm meine Hände, drückte sie und sagte immer mit liebevollstem Ausdruck: »Meine gute Tochter.« Furchtbar rührend war das.

Selten ist sie jetzt heftig und eigensinnig, meist gut. *Was* sie sagt ist ja meist verworren, aber *wie* sie es sagt, darin liegt ganz die alte Kultur aus dem Großelternhause, die innerliche Vornehmheit, die *ihr* eigentümliche Gefaßtheit, Bestimmtheit, Vornehmheit. Dazu aber kommt bei ihr etwas im Ton, was nicht ohne weiteres Liebe oder Güte ist, es ist *Hochgestimmtheit.* Wenn sie sich z.B. verabschiedet, weil sie »nun gehn würde«, wie sie mit beiden Händen meine Hand nimmt, wiederholt drückt, sie mir zurückgibt und sich umwendet, das ist trotz aller wirren Worte die Mutter wie sie früher war. Dem kann keine Adernverkalkung beikommen.

Neulich nachts 2 Uhr läutet die Nachtglocke. Karl geht ans Fenster. Von unten eine Stimme: »Ich möcht was mit Ihnen besprechen.« Karl, sehr müde, lehnt ab. Dann im Bett fällt ihm ein, daß es Lottens Stimme war. Heut war sie hier. Sie ist damals gekommen, weil sie Angst gehabt hat. Die Mutter ist tot, sie allein zu Haus mit dem Vater und dem kleinen Fritz. Der Vater spricht alle Tage davon, wegzugehen aufs Land um sich Arbeit zu suchen. Fritz soll ins Waisenhaus, die Wohnung aufgegeben [werden], wo bleibt Lotte? Sie will auch Arbeit auf dem Land annehmen, ist aber ganz unberaten. Erst will sie versuchen durch die Kommunistische Jugend Arbeit zu bekommen, wenn sie da nichts kriegt geh ich mit ihr nach der Fürsorge.

Wie ich sie frag: »Was machst Du denn, wenn der Vater weg ist und Du allein?« sagt sie: »Dann leg ich mich auf den Friedhof neben Mutter oder beiß mir die Pulsadern durch, wie mir die Mutter gezeigt hat, daß mans machen muß.« Sie sagt, die Mutter hat oft davon gesprochen sich zu töten, oft wenn die Mutter wegging, ist Lotte ihr nachgegangen aus Angst, daß sie ins Wasser geht. Nun haben die Kommunisten sie zu sich gezogen, haben ihr mit Essen und Kleidern ausgeholfen. Dafür muß sie »tapfer arbeiten«, Zettel verteilen und kleben usw. Lauter Vierzehnjährige.

14. Mai 1924 Heut wird unser Hans 32 Jahre alt. Ottilie war für eine Woche verreist, heut wird sie hoffentlich da sein.

Ostern waren wir über Nacht draußen – schliefen in Fides' Stübchen, da war das nähere Zusammensein mit den Kindern sehr schön. Abends lasen wir etwas in der Montessori. Ottilie gefiel mir in dem anschließenden Gespräch so gut. Es ist ein strebsamer Mensch, der es sich nicht leicht macht. Bald darauf fuhr sie zur Erholung nach dem Bodensee. Sie wünscht sich oft fort und bangt sich, wenn sie fort ist.

Wie sie stehn mögen zusammen, die beiden? Nach außen sieht man vor allem die gemeinsame Arbeit an Kindern [und] Haushalt. Sie haben beide viel zu arbeiten. Wenn Ottilie runter ist, ist sie wohl sehr verzagt und hat Depressionszustände, die auch die Kinder deutlich merken. Dann freut sie sich über nichts, leidet nur unter allem. Ich weiß nicht, wie Hans dann sein mag. Ich weiß überhaupt nicht wie weit sie sich noch lieben. Ich will es auch nicht wissen, es wäre ein ganz ungewöhnliches Glück, wenn sie noch unverstaubt empfänden.

Die Kinder geraten einstweilen gut. Peter ist nervös, *sehr* sensibel, sehr schwankend und launisch in Stimmungen, aber ein entzückendes Kind. Entzückend anzusehn mit seinen Apfelbäckchen. Entzückend wenn er sich freut. Er ist zärtlich auch gegen Tiere, wenn es nicht Hunde sind, vor denen er meist Angst hat. Heinz nahm ein Stoffkätzchen in seinen Arm und bewegte es so, als ob es lebte, da war der Junge voll zärtlichster Freude und Verlangen, das Kätzchen zu haben. Zärtlich ist er sogar gegen Gewachsenes. Er streichelt Gras. Als Hans neulich Sonntags mit ihm hier war, war er ganz wundervoll.

Die Zwillinge sind viel dümmer und auch viel unschöner. Haben auch nicht die schönen roten Backen. Aber ihre anspruchslosen Freudenausbrüche sind reizend. Sie haben etwas eng zusammenstehende blaßblaue Augen, eingedrückte Nasenwurzel, heftig und spitz vorspringende Näschen, ein ganz langes Ende von der Nase bis zum Munde und einen gewaltig breiten Mund. Aber wenn sie damit lachen von einem Ohr zum andern sind sie so rührend liebenswürdig und nett.

Nachmittags fuhren Karl und ich heraus. Kathrine war noch da, Heinz, Lise, Hilde ... [?], die Ottilie vertreten hat und Heinrich, der über den Zaun geklettert kam. Ottilie war braun und frisch vormittags vom Bodensee gekommen. Es war ein heißer schöner Tag. Abends saßen wir bei einem Bowlchen auf dem Balkon und sangen. Ottiliens Freundin sang schön und spielte die Klampfe. Vom Sumpf quakten die Frösche, die Venus stand übernatürlich strahlend am Himmel und die Nacht war hell durch den Halbmond. So schön war das alles.

Mit Kathrine machte ich einen Extragang und sprach mit ihr über Heinz. Die Eltern Bonus sind so in Sorge um ihn. Er hat sich so verankert bei Kathrine, daß er schwer wird loskommen können. Kathrine tut mir leid. Ihr Herz ist bei Baum und der ist Priester geworden. Heinz ist ihr lieb, aber sie liebt ihn nicht, macht sich im Grunde nicht viel aus ihm. Ihn ganz loslassen wäre ihr vielleicht doch nicht leicht. – Sie altert und was soll aus ihr werden, wenn ihre Schönheit weg ist? Wie [und] wovon will sie überhaupt später leben?

Die Eltern Bonus lehnen Kathrine ab. Heinz ist nun ganz hin- und hergerissen.

Rose Plehn, Maria Plehn, Kehler waren bei mir im Atelier.

Ich arbeite Kleinigkeiten für Verleger. Die Begrüßung Elisabeths und Marias, das Selbst[bild] mit hochgehobener Hand. Beides Holzschnitte.

Betrübender Mißklang mit Anna Schmidt wegen der Sommerreise. Gewiß tut sie mir auch leid, aber der Konrad der Konrad, der tut mir über alles leid. Was muß der alles einstecken. Lange Zeit hindurch glaubt man Anna stünde gut und vertrauensvoll zu einem und dann *solche* Verstimmungen. Solche unfaßbaren!

[Mai 1924] Über Sonntag in Neu-Ruppin gewesen. Karl und ich. Das war sehr nett. Dies Schlafen in dem reinen weißen Hinterstübchen, von wo man die Sonne aufgehn sieht und wo man nachts die Nachtigallen schlagen hört. Die Blütenbäume unten. Dann vormittags die Dampferfahrt. Die blonden Kinderköpfe, die

der Kapitän immer oben neben sich sitzen hat. Das Ebellsche Gärtchen. Alles ist friedlich ausruhsam und schön, man ist mit Freunden zusammen.

Anna Bresser besucht mich, sie erwartet ihr 3. Kind. Ruhe und Kraft ist in ihr. Aber vom Alexander hat sie viel angenommen, auch die Art immer für andere mitsorgen zu müssen. Sie selbst haben z. B. eine gute Methode gefunden den vielerlei Ansprüchen des Lebens gerecht zu werden, damit aber nicht genug, bearbeiten sie nun auch andere, um sie zu ihrem Glück zu führen. So Annas Versuch mir beizubringen, daß ich Mutter an Lise abtreten solle.

Am selben Abend kommt zufällig Heinrich. Er erzählt von Gertruds Heilung. Die Fremdheit zwischen ihnen, die durch 4 Jahre besteht und die sich immer dann einstellte, wenn Heinrich eine große Arbeit vorhatte, bei der ihm gerade Gertruds Mitgehn erforderlich war, ist behoben. Es habe sich gezeigt, daß Gertrud hypnotisiert worden ist von einem Mann, der Heinrich haßt und stören will. Jetzt ist sie durch Gegenhypnose geheilt und jetzt ist alles wieder schön und gut. Seltsame Leute!

Einstein, Gräfin Aga Hahn und Sophie Wolff hier. Einstein erzählt amüsant von seiner Regierungszeit Frühjahr 1919 in Gotha.

[Mitte Mai 1924] Am Montag 19. Mai 1924 geht Fräulein Schumann von uns und kommt Frau Klingelhof. Erleichtertes Aufseufzen von uns allen.

Die Schumannschen Mädchen sind hier und Rose erzählt sehr amüsant und interessant aus ihrer Fürsorgetätigkeit. Eine Mutter sagt von ihrer Tochter, die mehrere uneheliche Kinder hat: »Sie ist hochanständig, hat nur immer das Pech mit die Kinder.« Eine beklagt sich über den Bräutigam, der keine Alimente zahlen will und der fort ist. Rose fragt, ob sie gar keinen Anhalt hat, z. B. ein Bild von ihm als Soldat, wo vielleicht seine Regimentsnummer drauf ist. Sie: »Erlauben Sie mal! So intim bin ich mit ihm nich gestanden!« Eine andere, wo der Vater Dienstmann ist, »hat seine Nummer sich nich gemerkt«. Am interessantesten aber die Arbeiterin, die 8 uneheliche Kinder hat, alle von andern Vätern und sie alle allein durchbringt. Die ältesten verdienen schon. Und was für ein Geschrei der Anerkennung macht man schon, wenn ein bürgerliches Mädchen ein – höchstens zwei – uneheliche Kinder durchbringt.

Auf dem Balkon in Lichtenrade mit Hans, Ottilie und den Enkelkindern

Von einer andern erzählt sie, die hat 6 uneheliche Kinder, aber die sind von einem Vater, der kommt alle Frühjahr sie besuchen.

[Ende Mai 1924] Am 29. Mai 1924, am Himmelfahrtstag, werden Jördis und Jutta *ein* Jahr alt. Ich fahr schon vormittags raus, treffe Hans im Haus, der für die Kinder Essen holt. Ottilie wartet mit den Kindern im Walde. Peterchen kommt uns unterwegs entgegen.

Die Kinder sind dick – zu dick – und riesig nett. Als Ottilie endlich das Essen hat, füttert sie beide aus einem Napf.

Nachher werden alle drei nackt ausgezogen, das ist furchtbar nett. Nachmittags kommen Karl und Konrad, wir sitzen friedlich zusammen auf dem Balkönchen. Abends kommen Lichtenrader Freunde von Hans und Ottilie.

Die schönsten Frühsommertage gehn jetzt leider so rasch an einem vorbei. Ich genieße das himmlische Wetter, das grüne Laub, all die Blüten wohl, aber doch nicht so recht innig, flüchtiger als früher. Gestern am Sonntag gemeinsam mit Annie Karbe bei Sterns gewesen. Im schönen Garten. Auch Max kommt noch und Annie [Wertheimer] mit ihrem schweren Leib. Georg und Lise bringen uns zur Bahn und sagen uns, daß Hanna ein Kind erwartet. Der Arzt in Wien, bei dem sie sich untersuchen läßt, findet ihre Lunge zu wenig gut um ein Kind auszutragen, rät ihr dringend ab. Aber sie will es durchaus.

Regula geht in die Berge nachdem sie an einer tuberkulösen Drüse geschnitten ist. Sie ist sehr mager. Hennes. Der Bildhauer Herbert Garbe ist da, er sieht sehr gut aus.

[7. Juni 1924] Eine Frau von Parteien (?) geb. Klein aus Königsberg, eine 72jährige Dame, kommt und bringt mir einen Stich von dem Graefschen Bild vom Großvater. Auch der Stich von Graef gemacht. Sie ist eine Tochter des Gipsgießers Klein vom Weidendamm (Lise und ich waren so oft bei ihnen drin, ich riech noch den nassen Stuckgeruch). Sie hat der Gemeinde angehört und ist vom Großvater konfirmiert. Sie hat alle Rupps gekannt und die Eltern und uns Geschwister. Als sie von Königsberg wegging, nahm sie dies Bild mit und jetzt bringt sie es mir, weil sie doch bald stirbt, sagt sie, und ihren Kindern das Bild nicht so viel bedeutet wie mir. Ich bring sie zur Mutter rüber. – Nachher als ich der Mutter das Bild zeige lacht sie und sagt: »Das ist der liebe Großvater.«

Heut am Pfingstsonnabend hat Frau Klingelhofer der Mutter eine ganze Stube aus Maien gebaut. Da sitzt die Mutter vergnügt drin und Frau Klingelhofer sitzt davor und freut sich.

Ein kleines Jungchen läuft seinem Vater entgegen, der mit dem Auto abends nach Hause kommt. Der Vater kommt ausnahmsweise eine Stunde später, aber das Jungchen hat er nicht getroffen. Das bleibt weg, ist vielleicht ermordet. Das liebevoll zärtliche Kerlchen, das wie alle Tage seinem Vater entgegenläuft.

[Später:] Nein, Gott sei Dank, ermordet ist er nicht und geschändet und gequält, aber ertrunken ist er. Man hat die kleine

Die Enkelkinder in Lichtenrade, Sommer 1924

Leiche aus dem Fluß aufgefischt. Er wird, als der Vater immer nicht kam, seinem Vergnügen nachgegangen sein, vielleicht einem Schmetterling nach. Vielleicht ist er im Spiel, sein kleines Seelchen voller Freude, ins Wasser geplumpst und hat nur den kurzen Schreck gehabt. Liebes zärtliches Jungchen.

[Pfingsten 1924] Der erste Pfingstfeiertag 1924, ein glückseliger Freudentag für mich. Bei den Kindern draußen. Das schönste Wetter und Goeschs auch wieder da. In der großen offenen Polygonumlaube sitzen wir alle auf dem Boden, Hans und Heinrich lesen aus Morgenstern vor, aber das ist mir ganz gleichgültig. Ich bin vegetativ glücklich das alles zu sehn und durcheinanderkrabbeln zu sehn. Die Ältesten sind Karl und ich. Dann Heinrich und Gertrud. Dann Hans, Ottilie, Gerda. Und dann das Gekrabbel der *Kinder.* Und all die Farben: Ottilie weiß, Gerda hellgelb, Hans helleinen, Manon rosa, Veronika blaßorange, Peterchen weiß und bunt und rote Freudenbäckchen und die Zwillinge in tollroten Kleiderchen. Die Zwillinge sind köstlich. Derb, drollig, unschul-

dige Weißköpfchen. Plappern ihre eigene Sprache. Wenn Ottilie zur Fütterung zwischen ihnen sitzt, jedem sein Breilöffelchen gibt und das, das nicht dran ist, Fäustchen macht und einen zornroten Kopf über das Wartenmüssen kriegt, während das andere in breitestem Behagen seinen Mund dem Löffel öffnet – das ist ganz wundervoll. Glückliche Ottilie, die so stark Mutter ist. Was auch später kommt, diese 3 Jahre Kleinkinderarbeit werden ihr immer eine Art gesättigten Gefühls geben. Sie ist saftig Mutter, so sehr sie manchmal auch dagegen anpoltert.

Das Peterchen schenkt mir die Nelke.

Wie lange ist das jetzt her? Wohl 5 Jahre. Da waren wir Pfingsten in Flottstelle draußen. Übernachteten da, alle in dem kleinen Häuschen. Am nächsten Vormittag nahmen wir zwei Ruderboote und ruderten auf den See heraus und die jungen Leute sangen. Auch da waren die ganz bunten Kleider, die im Wasser in den kleinen Wellchen spiegelten und sich brachen. Ganz vorn am Kiel lag die Helga in einem roten Kleid. Sie lag so, daß sie rechts und links einen Arm ins Wasser hing. Sie war damals glücklich.

Am 2. Pfingstfeiertag, da Karl arbeiten mußte, gemeinschaftlich mit Kathrine zu Alexander Rüstow und Anna Bresser herausgefahren. Es war sehr nett. Anna ist mit dem 3. Kind schwanger. Die Älteste, Maria; nicht hübsch, in aller Stille wild und etwas ungebärdig, gefällt mir gut. Rennt wie Alexander als Kind gerannt sein muß. Hat ein rotes Kleidchen, das Thildi ihr gemacht hat. Sie erinnert mich stark an Helga als Kind. Sie ist ein halbes Jahr älter als Peterchen, aber viel größer.

Ein schönes Kind ist die zweite, Friedburg oder so ähnlich geheißen. Sie hat der Mutter goldige Haare, wird wohl schön werden. Alexander und Anna machen den Eindruck von befriedigten gesammelten lebendigen Menschen.

[Mitte Juni 1924] Unterdes sind die Geburtstage von Karl und Georg gewesen. An Georgs Geburtstag saßen wir wieder um den runden Laubentisch, tranken und sangen. Diesmal waren Siegfried und Agnes dabei, Hans und Ottilie, Heinz, aber es fehlten die Regula, die nach einer Drüsenoperation in Grundlsee ist, die Hanna und Maria. Wunderschön war Annie Wertheimer, noch immer nicht entbunden, einen Efeukranz im schwarzen Haar. Sie leuchtet vor Glück und Wohlbefinden.

Am 13. war dann Karls Geburtstag, wo endlich die Bamba [das

Grammophon] spielte. Er hatte sich nebenbei etwas hingelegt während ich den Tisch machte. Es war in der Mittagszeit. Dann drehte ich an: »Wohlauf noch getrunken ...« und ging ihn holen. Er sprang auf bei den ersten Tönen. Es war so entzückend, daß er sich so freute. Wir gingen im Tanzschritt umgefaßt um den Tisch.

Auf dem Sofa saß die Kathrine und nahm teil. Dann kam auch bald Hans und blieb. Es war so froh und schön. Abends kamen Goeschs, Konrad, Lise Georg Hennes Katta. Wertheimers. Auch da war es schön. Der Heinz hatte der Kathrine so einen schönen Schmuck aus Apfelsinenschalen gemacht. Früh kam gleich die liebe alte Frau Sonnewald.

Ottilie mit den Kindern ist nun nach Koserow abgefahren in einem stickvollen Zug während eines argen Gewitters. Peterchen war ganz ernst und voll Spannung wie immer bei solch großen Unternehmungen. Er und Jördis waren hinten im Coupé verstaut. Ottilie stand mit Jutta auf dem Arm am offenen Fenster und sah jung gesund schön und strahlend aus. Die Jutta war ganz lieblich. Sie hat etwas Humoristisches und sehr Ruhiges. Nachher hat Ottilie die Zwillinge in der Hängematte verstaut und von da heraus hat Jutta immer auf ihre Weise gesungen, so daß die Mitreisenden versöhnt wurden mit den 3 Kindern.

[Ende Juni 1924] Eine Woche später reist Hans nach. Wir und Benno sind am Zuge. Als Anni Wertheimer am 13. von uns fortgeht sagt sie: »Jetzt werden wir uns wohl nicht mehr vor dem Kindchen sehn.« Am übernächsten Tage, dem 15. Juni 1924 – an ihrem eigenen Geburtstage – hat sie dann ihr Jungchen geboren, den kleinen schwarzen Jakob Wertheimer. Mit mageren braunen Mädchenarmen und glücklichem Gesicht fand ich sie im Bett liegend. Alles schien so gut in der ersten Zeit und nun ist das Jungchen ziemlich schwer erkrankt.

Kortner und Hanna sind hier. Hanna soll elend aussehn.

[13. Juli 1924] Heut am 13. Juli 1924 begraben wir den kleinen Jakob Wertheimer. Annie ist nicht dabei, nur Max. Der arme Max.

Und gestern am 12. Juli ist Ottilie im Krankenhaus Friedrichshain von Katzenstein an der Gallenblase operiert [worden]. Es waren etwa 20 kleine Steine und eine Verwachsung der Gallenblase mit dem Zwölffingerdarm. Bei den Kindern draußen ist Lise Ebell.

In voriger Woche war ich zwei Tage draußen in Koserow bei Kindern und Enkeln. Ein paar Tage drauf kommen sie Hals über Kopf wegen eines schweren Anfalls Ottiliens zurück.

Ende August 1924 Von den Sommerwochen in Grundlsee zurück. Sehr gesellige Ferien. Im Erholungsheim Grundlsee viele Leute zusammen, eine engere Gemeinschaft um Genia Schwarzwald. Karin Michaelis, Herdis Bergström, Lotte Leonhard, Heinrich Grünfeld, später Ochs, die hübsche Merete, Sallak. Wunderliche Leute diese Wiener. Viel Witz, Munterkeit, Liebenswürdigkeit, Spottlust. Das Anpassen daran ganz zuträglich.

Annie Karbe mit uns. In der ersten Zeit ich wieder sehr gereizt, auch Karl. Ich isoliere mich etwas, weil mir die beiden beim Wandern und Steigen zu viel sprechen. Später wieder engeres Fühlen mit Karl.

Rückfahrt über Linz, von da herrliche Dampferfahrt durch die Wachau. In Wien verstimmt und übermüdet. Aber Sallak tat mir so gut, weil er mich liebt – nicht nur, weil ich das und das gearbeitet habe, sondern weil er mich als Menschen liebt und ich noch *einmal* einen Nachklang davon verspüre, wie es ist als Frau geliebt zu werden. In Karls Liebe sah ich die Anpassung und Unentbehrlichwerdung durch die langen Jahre, hier aber finde ich einen Mann, dem ich anziehender bin als viele junge Frauen. Das macht mich jung und liebenswürdig und verschönt mich. Am schönsten in Wien war mir der Stephansturm und Schönbrunn und der Blick vom Koberl.

Nach 19stündiger mühsamer Rückfahrt wieder in Berlin, Hans und Heinz erwarten uns am Bahnhof. Am selben Sonntag noch in Lichtenrade draußen. Ottilie ist wieder daheim, noch etwas schmal, auch Hans schmal. Die Zwillinge laufen schon, d. h. sie taumeln und torkeln im Garten herum, Petermann bringen wir seine steiermärkischen Höschen und Jäckchen mit.

Heinrich liegt seit zwei Monaten im Bett wegen aller möglichen Beschwerden, Gertrud, die sehr traurig gewesen ist, an der See bei Freunden. Fides, aus St. Moritz zurück, führt das Haus. Manon ist schön geworden, ganz fremd, still, seltsam.

Von Sterns die Nachricht, daß es Hanna besser geht. Ende des Jahres erwartet sie ihr Kind. Regula hat umgesattelt und studiert Medizin zu Ende, Katrine ist mit Frau Robinson seit deren Mann tot ist, Maria ist jetzt mit Matray von Amerika gekommen.

Bald nach der Rückkunft im Atelier gewesen und die Arbeiten [von] vor der Reise angesehn. Mäßig!

Betrachtungen über meine Arbeit usw. anzustellen versage ich mir. Es sind die chronischen Herbstgefühle. Man rette vor dem Winter, was zu retten ist, freue sich der noch schönen Herbsttage. Wie es mit dem Körper ist, daß es ein wirkliches Gesundwerden in alter Weise schwerlich mehr für ihn – den meinen – gibt, so ist es auch mit der Arbeit. Auffrischungen, das ist das Ratsamste!

Und *sehr kritisch sein*, denn es machen sich zeichnerische Schlappheiten bemerkbar. Da ich kein Gegengewicht in der Farbe habe, wie Corinth, muß ich desto mißtrauischer gegen mich sein.

1. September 1924 Gestern war Erntefest in Lichtenrade. Die Siedlungshäuser mit Girlanden geschmückt, auf dem Stoppelfeld der Festplatz. Umzüge. Auf einem geschmückten Leiterwagen Peter und Hananja. Die Zwillinge fahren in ihrem mit Sonnenblumen geschmückten Wägelchen auch im Festzug mit und sind so glücklich, daß sie sich immer küssen und umarmen. Wie wir kommen treiben sich die beiden in all dem Trubel für sich herum, unglaublich komisch in ihren Papierhauben mit langen Bändern.

Die jungen Ehepaare Pinner, Isenstein und Hans und Ottilie, die Goesch-Kinder, alles amüsiert sich. Abends Lampions auf den Balkons, Fackelzug, Feuerwerk. Ottilie sehr froh. Hans mit seinen Kindern zu sehn ist wundervoll. Wie ist er zart und voll Liebe.

[September 1924] Bei Sophie Wolff im Atelier gewesen. Sie hat ihre Sachen aus Paris jetzt zurückbekommen, so daß wenn sie jetzt hier ausstellt sie eine gute Kollektion zusammen hat, die ihr hoffentlich die wirklich verdiente Anerkennung bringen wird. Sie geht recht unbeirrt ihren Weg und glaubt an sich.

Verstimmt von ihr fortgegangen. 3 Wochen bin ich jetzt hier und habe noch *nichts* gearbeitet.

Bei dem Bildhauer Cauer gewesen seine Gruppe ansehn. Er macht einen jungen Mann, der mit einem Eber ringt. Er auch Wenck sind zum Staatsankauf vorgeschlagen. Hoffentlich können beide angekauft werden. Cauer ist absolut mittellos, er kann nicht mal Miete zahlen.

Lese die Kügelgen-Briefe an den Bruder. Sie sind nicht so schön wie die »Erinnerungen eines alten Mannes«. Wilhelm von Kügelgen ist ein sehr feiner, kultivierter aber etwas schwächlich le-

Erntefest in Lichtenrade 1924; Hans Kollwitz hält eine Ansprache.

bender Mensch. »Brächte man es in der Weisheit doch so weit, daß man sich über Unabänderliches nicht grämte! Man kommt aber mit der Weisheit immer nicht über sein Temperament heraus.« An Festtagen fehlt ihm die Feststimmung. Er ist Maler und dabei farbenblind. Er ist vergeistigt gläubig, sehnt sich aber immer nach seinem Kinderglauben zurück. Er hat Frau und Kind, fühlt sich aber allein. Nach dem ihm liebsten Menschen, dem Bruder Gerhard, sehnt er sich dauernd und sind sie endlich mal zusammen, nutzt er das Zusammensein nicht aus, wie er es wünscht. »Ich fürchte nichts in der Welt so sehr als mein Gefühl.«

»Die Jugend, die Vorbereitung zum Leben, erscheint doch immer wie der Kern des Kometen, das eigentliche Leben wie der Schweif, der sich allmählich in Nichts auflöst. Das ist es, was den Tod auch für Nicht-Christen erleichtert. Richtige Christen kann man auch beim grünen Holz abbrechen, wie für sie der Tod verschlungen ist in den Sieg.«

»In dem, was er versteht, ist jeder rechts, in dem, was er nicht versteht, links. Es wäre daraus zu schließen, daß die meisten Menschen in den kirchlichen sozialen und politischen Fragen links sein werden, denn die wenigsten verstehen etwas davon. Das sicherste Mittel zu schiefen Resultaten zu kommen ist daher, die große Menge an allgemeinen Fragen zu beteiligen, während dieselben Menschen in ihrem engeren Kreise, in dem, was sie wirklich angeht, konservativ sein würden.«

»Die Geschichte wandelt mit ihren großen Füßen anscheinend planlos wie ein Trunkenbold durch die Welt, viel Herrliches und Schönes niedertretend, aber dennoch geht sie am Zügel einer höheren Weisheit, in deren Plänen es freilich nicht zu liegen scheint, daß es dem Menschengewürme zu wohl werde.«

24. September 1924 Goldener Hochzeitstag der lieben alten Rupps.

Schon nachmittag kommen die Kinder und bringen Petermann mit. Abends sind wir hier zusammen: Konrad, Lise und Georg, Karl und ich, Hans Ottilie, Gertrud und Heinrich, Sell, Beyer, Schade, Hans Prengel, Fides und unser Peterchen.

Der Karl sprach zum Gedenken der lieben Alten, auch Konrad sprach, Sell, Schade ließ die Tante Anna hochleben, Hans sprach als letzter. Er sagte, daß er als Junge schon eine freudige Ehrfurcht vor dem Onkel Julius gehabt hat, daß etwas Lichtes, Frohes,

Freies und Stolzes von ihm ausgegangen ist, was er mit der Wirkung des Goetheschen Verses vergleichen könnte: »Laßt mich nur auf meinem Sattel gelten!«

So war der Abend schön und wird besonders im Rückerinnern schön sein, wenn störendes Einzelnes verschwindet. Das Gedicht, das der Karl gemacht hat, drückt gut aus, was wir fühlten.

Wir schenken den beiden mit Sterns zusammen drei wunderschöne Aufnahmen von der Mutter. Die Mutter selbst, hatte ich gedacht, würde zwischen uns sitzen, aber es ging nicht, sie mußte ins Bett.

Die Kinder haben über Nacht uns den Jungen hiergelassen, er schlief bei mir oben. Als er früh aufwachte, rief sein Kinderstimmchen mich. Ich sagte, er möchte kommen. Da stieg das weißköpfige blühende Kerlchen aus dem Bett und lief im langen Nachtröckchen mit seinen bloßen Füßchen zu mir her.

Wir bringen ihn erst nachmittags wieder heim. Jetzt spielt er hier in der Stube und spielt so für sich und so versonnen wie das Ernstchen aus Grundlsee.

Ottilie erzählt, wie sie ihn einmal anherrschte, daß er essen sollte. Da sagte er: »Sprich nicht so deutlich!« Das ist glänzend. Besser hätte er Ottiliens Art nicht charakterisieren können. Als Ottilie ein Loch im Kleid hat sagt er: »Du hast ein Loch, Mutter – das sollte doch nicht sein – Ottilie!«

Was für Tage sind das jetzt! Sie sind von morgens bis abends angefüllt und alles was sie bringen, geht einen an. Einer der letzten Tage: Vormittag im Atelier Vogeler. Er kommt aus Moskau, arbeitet dort in der Kunstabteilung. Erzählt von der Vehemenz des Lebens dort. Von der barbarischen Art des Kunstbetreibens, das aber nichts von Müdigkeit kennt, neue Inhalte in neue Formen gießt und *brennt* vor Intensität. Wie sie alles was sie interessiert (und das ist nur das gegenwärtige Leben, oder wenn das frühere so nur das, was mit Revolutionen zu tun hatte) aufführen, roh und ungeschlacht, auf die Massen wirkend, mit Akrobatik durchsetzt.

Vogeler sagte, er war in Deutschland so müd und hoffnungslos geworden, in Rußland hat das Leben ihn wieder gepackt.

Dann ging ich in die Akademie zur Jury. Als ich nach Haus kam, fand ich Gertrud Goesch vor. Sie sprach über sich und Heinrich. Sie will Heinrich und die Kinder hierlassen und weggehn. Höchstens soll Manon ihr nachkommen. Sie spricht von einem

Mann in Ascona, den sie liebt und der sie gewissermaßen in Hörigkeit hält, so daß sie hier nur ein halbes Leben lebt und niemand, sie selbst und die andern nicht, glücklich sein können. Karl und mir will scheinen, daß das nicht der wahre Grund ist. Der wahre Grund scheint uns, daß sie mit Heinrich nicht mehr zusammenklingt. Er ist ihr entzogen durch das viele Fernsein in den letzten Jahren. Er braucht sie geistig nicht mehr. Und wirtschaftlich wird sie nicht mehr gebraucht, weil Fides alles besser macht als sie und sie das immerfort fühlen läßt. Die Kinder haben während ihres Fernseins sie nicht vermißt – meint sie. – Kurz und gut, sie hat wohl das Gefühl, es wäre besser sie ginge. Wenn sie Manon mitnimmt, räumt sie auch diese Heinrich aus dem Wege. So sind sie alle unfroh, ja traurig, aber ihr Fortgehn ist nur noch eine Geldfrage. Augenblicklich hat Heinrich gar kein Geld. Er verdient nichts.

[Oktober 1924] Am 10. Oktober bei Goeschs draußen gewesen. Beide haben ganz ohne Rückhalt und ausführlich mit mir gesprochen. Es liegt doch ganz anders als wir vermuteten und sehr seltsam. Nach Heinrichs Darstellung, die Gertrud bestätigt, ist es durch die ganze Ehe umgekehrt gewesen als wir dachten. Nicht Heinrich sondern Gertrud ist der Witterer gewesen für alle geistigen Ausflüge (meinetwegen Ausschweifungen). Es wäre vielleicht so zu verstehen, daß z. B. in der Psychoanalyse Heinrich wohl ein System daraus gemacht hat, dem wieder Gertrud folgte, daß aber sie, als Frau instinktiv stärker erfassend, als erste praktisch das Ganze gelebt hat, indem sie mit Groß ein Verhältnis hatte und seine Ideen mit leidenschaftlichem weiblichen Radikalismus durchkostete. Nach der Darstellung beider bekommt man das Bild von Gertrud als von einer durch ihren Mann nicht gesättigten Frau, die immer neue geistige und erotische Erlebnisse suchte. Heinrich meint jetzt, Gertrud habe ihn eigentlich nie geliebt, darum sei sie immer auf der Suche nach Neuem. Den jetzigen Mann in Ascona aber liebe sie wirklich. Heinrich sagt er habe Gertrud immer geliebt, habe unendlich viel geistig von ihr gehabt, eigentlich die Führung seiner ganzen Produktionen.

Mir ist nun nur die Frage wie es so hat kommen können? Und da komme ich doch wieder zu einem andern Schluß als neulich nach ihren Mitteilungen. Wohl hat Gertrud die Ehe gestört, aber die Grundursache ist doch in Heinrich zu suchen, mit einem andern

Mann wäre sie eine andere Frau geworden. Sie sagte neulich, daß vom Beginn ihres Verhältnisses mit Heinrich an sie immer erwartet habe, daß Heinrich sie einmal lassen würde. Das »durch dick und dünn« Gehn mit ihm, ja das Vorangehn in beider unersättlichen geistigen Ausschweifungen (das Wort nicht so übel gemeint) kam vielleicht von ihrer steten Angst, Heinrich nicht anders halten zu können.

Jetzt nach 20 Jahren ist Heinrich als der geistig Robustere in ruhige und normale Bahnen gelenkt. Gertrud ist zerstört. Sie *ist* zerstört. Sie ist gänzlich in ihren Nerven zerstört. Ihr Tun ist reinweg unverständlich. Die Ehe ist zerstört. Die Einwirkung auf die Kinder ist unabsehbar. »Der Hüter der Schwelle« fällt mir ein. Die Schwelle, von der sie so oft sprachen mit einer gewissen Lüsternheit, ist überschritten.

14. Oktober 1924 Heut vor 10 Jahren als ich zur Lise kam, war der Peter einen Tag weg. Die Lise stand auf, nahm einen Stuhl und sagte ich sollte mich setzen. Ich fühlte, daß das Ausdruck sein sollte für eine Würde, die um mich war sobald der Peter fort war. Am gestrigen Tage vor 10 Jahren war sie auf dem Bahnhof in Zossen gewesen und hatte sie abfahren sehn. Sie schrieb mir: »... und dann setzte der Zug sich in Bewegung mit all den jungen Menschen und mir war zumut wie Dir, Käthe.«

Und vorgestern vor 10 Jahren sah ich Peter noch, ging neben ihm, fühlte ihn. Dann nie mehr.

Seltsam, daß gerade jetzt, wo das alles sich zum 10. Male jährt, von neuem Pläne für die Arbeit für ihn in mir auftauchen. Die Stadt Berlin plant eine Konkurrenz zu einem Gefallenendenkmal. Ich denke mich zu beteiligen.

Mehr darüber zu sagen ist falsch. Ich muß die Aufregung, die mich überkommt, wenn ich denke daß ich *dies* noch zu Ende machen könnte, zurückhalten. Auch daß ich wieder an der Mutter plastisch arbeite regt mich ungeheuer auf. Nach der Dürre der letzten Monate ist die jetzige Höhezeit so überwältigend, daß ich für Herz und Nerven fürchte.

20. Oktober 1924 Hans für ein paar Stunden hier, er geht nachher zum Jiujitsu.

Er ist still und gedrückt. Ich frage ihn, wie es Ottilie geht. Er sagt sie ist meist niedergedrückt. Sehr nervös. Hat nicht einmal Lust zu künstlerischer Arbeit.

21. Oktober 1924 Heut ist »Gesetzesfreude« der Israeliten.

Dies Wort richtete mich auf, als am 13. Oktober vor 10 Jahren, an Peters Auszugstag, ich es im Kalender las. Er ging mit Freude seinem Gesetz – seinem innern Gesetz – nach.

[22. Oktober 1924] Heut ist der 22. Oktober.

Ich arbeite und damit bin ich auch bei Dir.

Abends sind wir mit Hans und Ottilie zusammen in einer Vorlesung von Ludwig Hardt. Er liest Prosastücke von dem vor kurzem gestorbenen Kafka vor. Dann zusammen in der kleinen Konditorei von Telschow in der Köthener Straße. Die Kinder haben uns ihre letzten Blumen aus dem Garten mitgebracht.

Als wir spät abends nach Hause kommen, finden wir Peters Silhouette mit Heidekraut bekränzt. Das muß Heinz gemacht haben.

[23. Oktober 1924] Heut seit langem wieder den Schreibschrank aufgemacht. Die bunten Blumen der Kinder davorgestellt. Und mit Hans lange gesessen und von damals gesprochen. Wie ist der Junge der alte. So weich und zart und still.

Als ich heut in Mutters Stube komme um sie zum Abendbrot rüberzuholen, Frau Klingelhof ist fort, ein seltsames Bild. Wie aus einem Märchen. Am Tisch unter der Lampe in Großvaters Lehnstuhl sitzt die Mutter. Vor sich Bilderchen, in denen sie kramt. Quer auf ihren Schultern sitzt Frau Klingelhofs große Katze.

Früher mochte die Mutter Katzen nicht leiden. Aber jetzt hat sie gern die Katze auf dem Schoß. Sie wärmt ihr die Hände. Manchmal scheint mir, die Mutter hält die Katze für ein kleines Kind. Wenn sie runter will, hält die Mutter sie so ängstlich fest, als ob sie – das Kindchen – dann fallen könnte. Ihr Gesicht ist dann ganz ängstlich besorgt. Sie ringt direkt mit der Katze.

Auf dem Bild, das Helmy Hurt von der Mutter gemacht hat, wo nur der Kopf allein ist, hat die Mutter einen seltsamen Ausdruck. Das Weise eines uralten Menschen liegt darin, aber nicht das Weise, das in Gedanken denkt, sondern das in dämmernden Gefühlen ahnt. Es sind nicht die »Gedanken, bisher undenkbare«, die Goethe hat, sondern der Niederschlag von 87 Lebensjahren, der unklar gefühlt wird. Die Mutter sinnt. Man kann auch das nicht mehr sagen, denn zum Sinnen gehört doch noch Denken. Es ist schwer zu sagen, was in dem Bilde liegt. Es wird nicht dies und nicht das ausgedrückt durch die Züge. Gerade *weil* die Mutter nicht mehr denkt, ist diese Einheitlichkeit in dem Ganzen. Ein uralter Mensch, der in innerlichem dumpfen Schauen lebt. Ja, das ist richtig, aber noch dazu: er lebt in einem innerlichen Schauen, das rein und zusammenklingend ist. Wie Mutters Wesen immer war.

Es wird mir immer klarer, daß die Mutter die Katze nicht als solche erkennt, sondern für ein kleines Kind hält. Oft schlägt sie sie noch in die Decke ein und hält sie ganz wie ein Kind. Rührend und schön ist es, die alte Mutter so zu sehn.

1. November 1924 Eine glückliche und volle Woche liegt hinter mir. Am Sonntag bei schönstem Wetter mit Karl auf den Müggelbergen gewesen. Lange hatten wir uns darauf gefreut und es wurde so schön wie wir dachten.

Auf dem Rückweg nach Grünau dies Bildchen machen lassen an derselben Stelle, wo ich mich an einem Ostermorgen mit den Jungen aufnehmen ließ.

So fing die Woche gut an und ist gut verlaufen. Ich kann an den Vormittagen ruhig und konzentriert an der plastischen Gruppe arbeiten und das gibt mir ein Glücksgefühl für den ganzen Tag. Hans war in dieser Woche mehrmals hier. Am 31. Oktober ist sein Verlobungstag mit Ottilie. Der Tag, an dem Hans sein »Ich will« sagte und sein Gesicht leuchtete.

Grete Wiesenthal hier. Sie und Thildi und Stan, das sind die 3 Frauen, für die ich eine besondere Sympathie habe. Nicht Liebe, wie für Lise oder Ottilie, sondern so eine kleine Schwärmerei. Wie lieblich und reizend ist die Grete Wiesenthal. Dabei wie klug und fein. Für sie ist die Liebe immer die Hauptsache im Leben gewesen, sagt sie, und nun hat sie noch das Glück einer neuen Liebe und Ehe.

Nach dem Erwin Lang – von dem sie vielleicht auch ohne den Krieg und die 7jährige Trennung sich gelöst hätte – kam Madelung. Eine Ehe zu dritt war angestrebt. An Gretens Eifersucht und ... [?] scheiterte das. Die Frau blieb Siegerin. Dann ein junger Namenloser, mit dem sie 4 Jahre zusammen war und jetzt ihr Mann, der Schwede. Sie tanzte hier mit ihren blühenden Schülerinnen.

Grete sprach vom Hans – damals. Sie erzählte etwas, weil sie sagte, jetzt könnte man es ja erzählen. Wie als Sumurun sie mit den Schauspielern über den Blumensteig ging, fühlte sie sich am

Fuß berührt. Es war Hans. Wie *war* der Junge von ihr erfüllt berauscht verzaubert.

[7. Dezember 1924] Am 4. Dezember 1924 ist Hannas und Fritz Kortners Kind geboren. Es ist ein Junge und heißt Peter.

87 Jahre nach seiner Urgroßmutter.

Am 5. Dezember waren wir nachmittags in Mutters Stube: Konrad, Fräulein Schumann, Hans. Sterns kamen von Hanna etwas später. Georg erzählte von ihrer Zerstreutheit. Wie sie ein paar Tage vor der Niederkunft abends nach Haus kommt und in allen Fenstern Licht sieht, durchfährt sie der Gedanke: Herrgott – das Kind ist gekommen!

Es geht ihr gut.

Habe Baudouin »Suggestion und Autosuggestion« gelesen und hoffte für mich dabei zu profitieren. Mir glückt die Autosuggestion aber nicht. Anstatt daß es mir »täglich und andauernd in jeder Beziehung besser geht«, geht es wieder rückwärts. Na, es wird auch mal wieder vorwärts gehn.

Die Dora Hitz ist gestorben. Ganz einsam. 71jährig. Als ich letztes Mal bei ihr war, bat sie mich, wenn sie stürbe an ihrem Sarge zu sprechen. Ich sagte ja. Aber jetzt hätte ich doch gern zurückgezogen. Außerdem war ich fiebrig. Ich schrieb dann nur etwas auf und Wolfthorn hat es am Sarge verlesen.

Es ist wieder eine Zeit fürchterlichen Besetztseins. Und kommen mal ganz stille Tage zwischen, dann weiß ich mit ihnen wenig anzufangen.

Heut am 7. Dezember Wahlen für Reichstag und Landtag. Unser ganzes Haus wählt: Karl, ich, Frau Klingelhof, Lina, Else, Heinz.

In Lichtenrade etwas Grippenzustand. Alle abwechselnd dran. Karl ist heut allein draußen, weil ich auch nicht wohl bin. Wundervoll war es neulich draußen, als alle so munter waren und wir dann mit den 3 Kindern Ringelreihe spielten und auch die Zwillinge so lustig waren und ganz ordentlich mittun konnten.

[8. Dezember 1924] Wahlresultate 7. Dezember 1924. Karl und Heinz sitzen am Tisch mit Radiohörern und Listen. Bis nachts um 2 Uhr werden Resultate gegeben.

Peterchen möcht vom Großvater Lieder über Tiere hören. Karl singt: »Was müssen das für Bäume sein ...« Peterchen will Lieder von andern Tieren hören und Großvater singt: »Den größten Wert hat doch das Pferd ...« und ... [?] usw. – all die Studentenlieder – Stellen von Tieren.

1. Januar 1925 In der Nacht von gestern auf heute sind wir teils bei Bonus' oben in ihrer Stube, teils bei uns unten. Wir beide allein, Karl und ich. Denken an all das Gute, das unser Zusammensein uns gebracht hat. Die vielen körperlichen und seelischen Freuden, der viele viele Geschlechtsumgang. Wie wir uns gesättigt haben, einer den andern. Lesen das Goethesche »Tagebuch«:

»Wir stolpern wohl auf unserer Lebensreise
Und doch vermögen in der Welt, der tollen,
Zwei Hebel viel aufs irdische Getriebe:
Sehr viel die Pflicht, unendlich mehr die Liebe.«

Das verflossene Jahr hat uns glimpflich angefaßt. Kein uns teurer Mensch ist gestorben. Wir sind noch zusammen. Ein kleines Kind ist gegangen, der Jakob Wertheimer, aber im Mai wird Annie wieder Mutter werden.

Geboren sind der Caspar Gampp und der Volkrat Bresser und der Peter Kortner. (Aber um Hanna ist Sorge. Sie fiebert.) 3 Jungen von gutem Stamm und was für schöne Namen: Caspar, Volkrat, Peter.

Ottilie, Hans und die drei Kinder beglücken uns, wenn man auch einiges anders wünschte und einiges Sorge macht.

Der Karl und ich zusammen. Wir sind zusammen. Bitte – noch lange zusammen!

Sterns leben, wenn auch mit mancherlei Sorge um die Kinder. Dies Jahr hat ihnen das so ersehnte Enkelchen gebracht.

Konrad lebt und scheint gesund. Anna leidet sehr viel.

Die Mutter ist 87 Jahre. Sie dämmert hin. Die Frau Klingelhof ist gut zu ihr.

Über mein Arbeiten kann ich nicht viel sagen. Die guten produktiven Zeiten sind etwas karg bemessen gegen die müden unproduktiven. Aber das immer zu konstatieren hat keinen Nutzen. Wenn es nur nicht noch schlechter wird mit der geistigen Arbeitskraft. Zu Beginn des vorigen Jahres tauchte wieder der Gedanke an die plastische Arbeit für Peter auf. Ein Jahr seitdem verflossen. Nicht näher gekommen. Indirekt doch wohl, indem ich an der Muttergruppe weitergekommen bin.

Peter sagt zu Ottilie: »Ich bin traurig – die Kinder sollen weg!«

Ottilie: »Aber Peter, wo soll ich denn mit ihnen hin?« Peter: »Bring sie nach Berlin!«

Will mit Jutta wohl Hund spielen, jedenfalls findet Ottilie ihn, wie er Jutta einen Strick um den Hals legt. Ottilie in ihrem Schreck schlägt ihn dafür. Es kränkt ihn. Er fragt dann, warum man denn einem Hund einen Strick umlegen kann.

Ottilie eines Abends: »Peter, heut warst du gar nicht brav, Vater und Mutter sind böse mit dir.« Er: »Ich bin auch böse mit euch.« Dabei bleibt er.

Weihnachten waren wir draußen. Alle drei [Kinder] auf dieselben Geschenke los, die Puppen. Jutta rafft *alles*. Als Ottilie Jördis' Spielzeug ihr fortnimmt und ihr nur ihre eigene Puppe gibt, schlägt sie auf die ein, schmeißt sie zu Boden. Sie ist viel aggressiver als Jördis, die wird von ihr beiseite gedrückt. Als Hans die Türe zur Weihnachtsstube aufmacht traut sich Jördis erst gar nicht rein, dreht sich immer auf der Schwelle wieder um.

Sie haben zwei Kätzchen an Stelle des Bennoschen Katers, der fort ist. Jutta singt: »... der Kater im Himmel [viel Freude uns macht].«

Bonus' sind schon zwei Wochen bei uns. Sie wohnen oben in meiner Stube. Es ist sehr nett mit ihnen, wenn ich mir auch manchmal schon Alleinsein wünsche. Jeep ist ein seltsamer Mensch. Früher mißachtete ich ihre spielerische Art alles mit Niedlichkeiten zu umgeben, ihr Gehüpfe und das alles. Jetzt nachdem ich lange weiß, wieviel Klugheit und Ernst und auch Größe hinter all den Zierlichkeiten und Niedlichkeiten steckt, hab ich Respekt vor ihr. Der Karl sagt ganz richtig, sie ist ein Filigranarbeiter des Lebens.

5. Februar 1925 Ich will doch mal sehn ob ein bestimmter Rhythmus in meinen Versagungszuständen ist, das wäre doch interessant.

Von Grundlsee gekommen setzte hier Mitte August eine scheußliche Schlappheit ein, die mehrere Wochen anhielt. Astonin-Kur. Gutes Befinden bis Anfang Dezember. Plötzliches Versagen. Kleine Grippe. Handverstauchen, Augenkatarrh, blödsinniges Kopfgefühl jetzt schon einen Monat. Unfähig zur Arbeit.

Die Depression, die Anfang Dezember einsetzt, hält wieder an bis mindestens Ende Januar, also einen Monat. Danach wieder

Anstieg. Jetzt (3. Februar) bin ich wieder in ganz guter Verfassung. Wieder Astonin-Kur.

Lang nichts aufgeschrieben.

In Lichtenrade gehts gut. Hans und Ottilie wollen jetzt in Urlaub gehn. Kathrine kommt zu den Zwillingen, Peterchen soll nach Neu-Ruppin zu Annie und Lise.

Hilde Schewiot gesehn. Gut – sehr gut. Aber eins machte sie, das erschütterte mich so, als wenn noch Krieg wär. Einen jungen Rekruten, einen 17jährigen. Es war kaum zum Ertragen. Sein blasses so freundliches Lächeln. Die Bewegungen des Weglegens des Gewehrs – des nicht mehr Wollens. Und das Weinen. Das Weinen, als die Musik leise spielte: »Gloria, Gloria, Gloria Viktoria ... Die Vöglein im Walde ...« Nein, es war kaum zum Aushalten. *Noch einmal* eine solche Zeit *durchleben* glaub ich könnt ich nicht mehr. Dies eine Mal hab ich sie durchlebt, aber unter was für Qualen, das fühlte ich wieder, als ich dies sah. Es gibt wirklich so etwas, daß das Herz bricht. Ich glaub meins würd es tun, wenn ich *die* Zeit noch einmal leben müßte.

[Februar 1925] Am Donnerstag den 12. Februar 1925 sinkt die Mutter bei Tisch so zusammen, daß wir sie ins Bett bringen und sie nicht wieder aufsteht. Die Kräfte verfallen. Sie ist mager geworden. Meist liegt sie mit geschlossenen Augen schwer atmend da, den schön geformten Kopf auf der Seite.

Seit einigen Wochen verfällt sie. Manchmal, wenn ich sie so erbarmungswürdig zusammengesunken sitzen sah und ich sie umfaßte, streichelte, laut und dringlich bat mich anzusehn – sie tat es nicht mehr. Nur den Karl hat sie neulich noch angelächelt und die Augen für einen Moment zu ihm aufgehoben.

So ist es nun wirklich soweit, was wir durch Jahre erwarteten. Die Mutter geht.

Zum ersten Mal seit Jahren sah ich vorgestern ihren weißen Kopf nicht am Fenster. Immer wenn ich nach Haus kam und aufblickte, durch die ganzen Jahre, sah ich ihn.

Von dem Donnerstag bis Montag nachmittag lebt die Mutter noch, kommt aber nicht mehr recht zu sich. Nur beim Umbetten, beim Aufdieseitelegen um sie hinten zu pudern, reagiert sie noch in Schmerztönen. Der Körper wird ganz mager, auf den Beinen kommen Flecken, die schon Zersetzungsflecke sind, die schönen Hände sind so mager geworden. Der Atem beginnt rasselnd zu werden. Am Montag 16. Februar vormittag betten wir sie noch einmal um, heben sie auf Frau Klingelhofs Bett. Sie wimmert etwas, wehrt aber nicht mehr mit den Händen ab. Wir heben sie in ihr Bett. Am frühen Nachmittag 3 oder ½4 Uhr sitz ich an ihrem Bett, der Karl kommt durch die kleine Tür und sagt: »Gott, es geht ja schon zu Ende.« Ich telefoniere an Lise, da kommt der Karl schon herüber und winkt.

Nun hielt ich Mutters lieben Kopf in meinen Händen bis alles aus war. Der Atem blieb aus – dann noch ein Nach-Aufseufzen.

Ein Weilchen danach kam Lise, dann Schmidts, dann Georg. Regula, Hennes.

Die Lise blieb und schlief bei ihr.

Die stillen Tage bis zur Einäscherung.

Dann die Feier.

Nachher wir Geschwister, Wertheimers, Rele Hennes, Hans Ottilie, Kathrine noch bei uns zusammen in ihrer Stube. Die vielen alten Bilder besehen. Ein Glas Wein zu ihrem Gedenken getrunken. Alle, die wir um den Tisch standen und ihr nahe gewesen waren und sie lieb gehabt hatten, alle faßten sich an die Hände.

Karl schreibt in einem Brief an Onkel Julius: »Sie ging so leise und doch so entschlossen fort. Immer bescheidener wurde ihr Dasein, immer deutlicher wurde es als eine kaum mehr tragbare Last.«

Ganz wundervoll spricht der Karl in dem, was er ihr zum Gedenken sagt, von Mutters »reinem, tiefen und keuschen Blick«. Überhaupt wie Karl zur Mutter stand und auch wie Georg zur Mutter stand. Nur bei dieser Güte und Willensreinheit und auch Lebensklugheit kommen solche wundervollen menschlichen Beziehungen zustande.

Wenn Karl mit so inniger, strahlender fröhlicher Liebe zu ihr sagte: »*Mutterchen*!«, sie so zärtlich umfaßte, da antwortete sie fast immer mit herzlichem Lächeln darauf.

Einmal abends nach Tisch war noch jemand (der Konrad?) bei uns. Mutter saß an ihrem gewöhnlichen Platz, Karl an seinem. Die Mutter schob dem Karl etwas hin und redete in ihrer verwirrten Art zu ihm. Der Karl sprach zum Konrad weiter, aber seine rechte Hand griff Mutters unruhige Hand, hielt sie leise drückend fest. Die Mutter saß ganz still und zufrieden da. Das war so charakteristisch für beide lieben Menschen.

Aber auch der Heinz hatte die Mutter lieb und war immer gut zu ihr. Auch die Lina, Else, Frau Klingelhof, Frau Birkner.

März 1925 Hans und Ottilie sind in Ascona zur Erholung. Bei den Kindern ist Frau Klingelhof und das Mädchen Elise. Ich fahre oft heraus. Einmal hole ich Petermann von Goeschs, er spielt mit den hustenden Kindern zusammen, spielen kochen, trinken aus demselben Näpfchen. Jetzt soll der Husten von Veronica und Gudrun keuchhustenähnlich sein. Eine Absonderung ist nun zu spät, Peter hustet auch.

Oft hab ich das Gefühl gehabt: Wenn nur die 3 Wochen erst um wären und man die Kinder heil zurückgegeben hätte. Nun, fürcht ich, geben wir sie nicht heil zurück.

Wundervoll ist die Zeit bei ihnen, wenn ich im Lehnstuhl sitze, entweder alle drei auf mir drauf, oder ein Zwilling rechts auf dem Schemelchen, einer links, und Peter zureiten auf meinen Knien, drängend, daß ich ihm von der Geiß und den Zicklein erzähle, ungeduldig mit seinen Kinderhändchen meine Backen streichelnd wenn ich von den beiden andern unterbrochen werde. – Frau Klingelhof will ihnen das Bitte- und Dankesagen beibringen, bei Jutta klingt das Bitte aber wie ein böses Kommandieren. Jutta kann toll energisch aussehn. Manchmal sind die beiden Kleinen recht unschön, manchmal sind sie reizend mit ihren so frommen einfältigen Gesichterchen. Peter ist ganz anders. Um den Jungen hab ich öfters innensitzende Sorge. Er ist so sensibel, vielleicht energielos. Hans meint er ähnt unserem Peter. Wundervoll ist, wenn beim Geschichtenerzählen alles in seinem schönen Gesichtchen wiederspiegelt, wenn er vom Wolf ausruft: »Er lügt!«, wenn das glückliche Ende die Düsternis und schwere Besorgnis und Spannung in seinem Gesichtchen auflöst und dann sein entzükkendes Lachen da ist.

[April 1925, von einer Seereise]

Coruna. Erste Stadt nach 4stündiger Seefahrt. An der Kaibrücke viel Volk, das lacht. In der Stadt fallen vor allem die Mädchen auf. Als ob alles 15jährige sind. Ziemlich klein, gesund und sehr hübsch. Alle hübsch. Braunhaarig. Bubiköpfe. Rotbäckig. Die Straßen eng, bunt. Wir werden in einen kleinen Laden geführt, wo man *hinten* zum ersten Mal den prachtvollen Wein kriegt. Bettelei.

Die Kinder wollen unsere Blumen haben, danken mit graziöser

Geste, wenn sie sie bekommen. Das Café an der Straßenecke dicht beim Hafen. Nur Männer dort. Die Frauen gehn nicht in Gasthäuser. Doch sind die Straßen *voll* von untergefaßten Mädels und jungen Männern. Gesund wirkt die Bevölkerung. Nachmittag Festvorstellung im Theater. Die Deutschen durchs ganze Theater verteilt. Nationalgesänge und -tänze. Wir sitzen oben auf der Galerie, eingequetscht. Abwechselnd spanische Nationalhymne und »Deutschland, Deutschland über alles«, das sie in viel zu raschem Tempo spielen. Die junge Frau, die das bildschöne Kind zur Musik auf dem Arm tanzen läßt. Die schönen Armbewegungen des braunroten dicken glatten Kindes. Beim Raustragen ruft es: Viva Alemannia! Immer von neuem Viva-Rufe. Bis zum Schiff begleiten uns die Kundgebungen, immer von neuem Spielen der beiden Hymnen.

Die Häuser mit den runtergezogenen Fenstern wie in Paris. Die charakteristischen Farben in rosa blau usw. Die Häuser sehn wie Glaskäfige aus, lauter kleine Fensterscheiben aneinander.

Madeira. *Funchal.*

Früh beim Ankommen der tolle Spektakel der nackten braunen Jungens, die nach dem Penny tauchten. Ihre fordernde Geste. Die Händler, die ihre Stickereien an Bord brachten und ausbreiteten.

Funchal erste nichteuropäische Stadt. Breiter Landungskai zum Ausbooten. Die ersten Palmen. Breite bunte offene platzartige Straße mit Gaffern, Autos. Das große Eck-Café, wo wir oft saßen. Die *männliche* Jugend dominiert hier. Jungens von einer Schönheit zum Küssen.

Unverschämtester Bettel. Tolle Eindrücke der ersten Stunde: Prozession. Die »Engelchen« mit Flügeln. Die Reiter mit den mit Ginsterbüschen behängten Pferden. Die wunderschöne Flußbettstraße aufwärts unter Platanen. Rechterhand die wegen Ostern geschlossenen Handwerkerläden. Ochsenschlitten. *Schöne* Menschen. Tragen natürlich alles auf dem Kopf.

Wir gehn wahllos die Straße aufwärts zwischen Mauern. *Blumen* in unglaublichster Schönheit und Fülle. Auf den flachen Dächern, an den Fenstern Mädchen, sie grüßen mit Anstand und Freundlichkeit zurück, manche werfen Blumen. Der wundervoll mit schattenden Steineichen angelegte Platz an dem breiten schluchtartigen Flußbett. Dort warten Frau Schnirlin und ich auf unsere Männer, sie kommen mit Hallo mit Ochsenschlitten angesaust.

Ausflug auf den Monte. Zurück das tolle Schlittenfahren. Man meint zu zerschellen. Alles geht gut ab. Die Führer, die mit*rennen*, sind unten überanstrengt, husten, es scheint eine Schinderei zu sein. Dann schleppen sie auf dem Kopf den Schlitten wieder herauf. Ganz Funchal gepflastert mit den kleinen aufrechtstehenden Lavasteinen. Furchtbar glatt, anstrengend drauf zu gehn. Köstliche Gärten mit allen Arten Palmen, Bananen, Orangenbäumen, Kakteen usw.

Mit Schnirlins im Auto nach dem Fischerdorf Connara dos Logos gefahren. Ungeheuer malerisch und *grauenhaft elend.* Kinder entsetzlich anzusehn. – Wohnungen in den Felsen gebaut.

Der Markt hier wie in Coruna prachtvoll. Die Fische, das Obst. Weintrinken!

Sehr schlechte geschmacklose Verkaufsgegenstände.

Santa Cruz und Orotava auf Teneriffa. Das Schiff legt an einem Kai an, wo viele Leute sind. Aufgestapelte Kisten zum Versand. Eine große Mole, hinter der das Meer brandet. Manchmal spritzt es über die Gaffer oben. Prachtvoll der Kai mit dem Gedränge und Geschiebe. Rechts am Hafen entlang eine breite schattende Promenade. Nichtstuer liegen auf der Mauer.

Die Stadt baut sich dann plötzlich auf. Farben *flach und bunt*, vor allem aber *flach.* Am Platz della Constitutione schöne chinesische Tücher zum Verkauf, indische schöne Sachen.

Wir fahren mit Schnirlins und Froböses mit Auto nach Orotava auf andrer Seite der Insel. Ein junger Autoführer fährt glänzend, trinkt nicht, ißt nicht. Ist wachsam, kühn und ohne Nerven. Wir sehn zum erstenmal Kamele. Herrlich die Fahrt über Land, auf die Höhe. *Wundervolle* Landschaft. In La Villa, vor Orotava gelegen, das Findelhaus, wo an der Tür Mütter ihre Kinder wie in Paris in ein sauberes Bettchen legen. Dann wird die Trommel nach innen gedreht und das Kindchen wird von Nonnen empfangen. Häuser mit *sehr* schönen Holzschnitzereien maurischer Art.

Überall schöne Höfe, wo die Familie lebt. Der Brunnen ist da, Wein wird gezogen, Blumen, oben am Haus läuft eine Galerie entlang.

Orotava dicht am Meer. Auf dem Rückweg Botanischen Garten gesehn. Verlängerte Fahrt am Meer entlang.

Tag darauf mit Omnibus, dicht besetzt mit Landfrauen mit Körben, nach Laguna. Von dort zu Fuß etwas ins Land hineingegangen. Eine Klarheit der Luft, ein Leuchten, das ans Ober-Engadin erinnert. Ein schöner kleiner Junge bettelt. Karl streichelt ihm den Kopf und sagt: »Mußt nicht – Bubi!« Der Junge bleibt und bittet – wie der Karl sagt – auf »so süße Art«, daß er ihm natürlich doch was gibt.

Mit Schnirlins zusammen noch nach einem Fischerdorf gefahren. Auch hier große Armut, doch nicht so erschreckend wie in Connara di Logos.

Der Pic von Teneriffa, oft bewölkt. Wenn klar, leuchtend herrlich. So denk ich mir den japanischen Berg.

Madeira mit Funchal – Teneriffa – die Häfen, das ganz Fremd-orientalische in der Farbe – die Schönheit der Menschen – die Vegetation – alles *regt sehr auf.* Zu Zeiten fühl ich mich *wie betrunken.* Durchaus. Kommt dann noch dazu der herrliche Wein. Zuhause ist vergessen, man lebt im Neuen. Großer Wunsch, daß aus der Indienfahrt etwas werden möge. Auch Karl ist oft wie betrunken – von Schnirlins nicht zu reden.

Abfahrt von Santa Cruz. Herrlich diese Schiffsabfahrten, diese Musik, gegenseitigen Ovationen, diese Masse unten am Kai, die Masse oben auf dem Schiff, dies Hallo herauf und herunter, Tücherschwenken – und dann gehts wieder vorwärts.

Cadiz. Am Morgen angekommen. Ohne Sonne leider, die Stadt liegt weiß da. Direkte Landung ohne Ausbootung.

Gleich vom Hafen in die Stadt, weißer Staub, Feiertag. Eine Prozession kommt uns entgegen, wir knien weil wir vornan stehn mit allen Leuten hin. Cadiz baut sich herrlich auf der ganz schmalen Landzunge auf, Wasser rechts, Wasser links. Von dem Platz, wo wir die Prozession trafen, aufwärts in die Kathedrale, wo wir von neuem die Prozession sahen. Gleich durch die Kirche durch – die Frau, die mir den Schleier über den Kopf zieht – wieder aufwärts, hatten wir die Stadt schon durchmessen. Hier hoher Kai am Meer. Durch augenscheinlich sehr proletarischen Stadtteil gekommen. Ganz entschiedener Unterschied in der Bevölkerung. Waren in Coruna, in Funchal *schöne* Menschen, ist hier ein elender Schlag. Fast feindliche Begaffung. Aber die Stadt wundervoll schön gebaut. *Sehr hell,* viel ganz weißer Hausanstrich. Augenscheinlich ist die Bevölkerung hier Fremde viel weniger gewöhnt.

Früh um ½3 Uhr aufgebrochen und mit Extrazug nach *Sevilla* gefahren. Das war einer der schönsten Tage. In Sevilla waren die

Ferias. Vom Bahnhof bis ins Innere der Stadt die breiten Straßen aufs heiterste geschmückt. Und geschmackvoll geschmückt. Die elektrischen Lampenzüge mit weißem und grünem und rotem Papier bezogen. Bunteste Fahnen. Links Viehmarkt. Der lustige Auftakt etwas gestört indem wir uns einer Führung anvertrauten, die uns einen öffentlichen Park zeigte, was mich gar nicht zu sehn verlangte. Dann ins Innere der Stadt. Herrlich.

Die Kathedrale. Geheimnisvoll, groß, mystisch. Ich glaub ich kenn keine schönere. Trotzdem das Mittelschiff verbaut ist. Aber *wie* verbaut! Der Chor in Holz und Gold. Wie grandios das alles. Sogar das Denkmal des Columbus ist gut, so scheußlich ich sonst alles fand, was ich auf der Reise von Plastik sah.

Die Straßen eng und durcheinanderlaufend. Unser Mittagessen auf dem Hof eines Restaurants. Arbeiter aßen da. Ich mußte in den Typen an Velasquez denken. Die Spanier tragen hier sehr große flache Hüte. Die Frauen alle auf der Straße schwarz und schwarze Schleier, die Männer schwarzen Anzug, weiße Wäsche. Nachmittag Stierkampf. Ich begleitete Karl, Schnirlins, Froböses bis zur Arena, seh noch etwas dem Getriebe dort zu und geh dann *allein und sehr glücklich* los. Erst über eine schöne Brücke, die über den Fluß führt, dann durch enge Straßen wieder zur Kathedrale. Dort glückt es mir allein und aufmerksam zu sein, eine kurze gute Zeit. Fort, um Karl in den Straßen der Ferias zu treffen, geh einen andern Weg, verlauf mich, bin hilflos in dem wahnsinnigen Gedränge. Endlich find ich Karl und Schnirlins. Wir sehn zu am Corso. Was für schöne Frauen. Oft Vater und Mutter im Wagen, zwischen ihnen etwas nach vorn die Tochter, ganz und gar geschmückt. Im schwarzen Haar einen kopfhohen Kamm mit Blumen. Von dem Kamm herunter hängt ein weißer oder schwarzer Spitzenschleier. Über die Schultern einen wundervoll farbig gestickten Schal. Diese Schals sollen meist chinesische Arbeit sein. So fahren die Schönen – manchmal 4 in einem Wagen – langsam immer herum in den Feststraßen, umstanden von bewundernden Zuschauern.

Hinter den Zuschauern aber sind Zelte, nach 3 Seiten geschlossen, nach vorn offen. Abends sahen wir da etwas sehr Entzückendes. In diesen Zelten wird öffentlich getanzt, d. h. jedem Zuschauer zugänglich. Die spanischen vornehmen Familien halten Cercle ab, empfangen Besuche, machen Besuche. Getanzt werden die alten Tänze mit Castagnetten. Das geht bis zum Morgen. In der ganzen Zuschauermenge keine Grobheit, alles voll Anstand und zurückhaltender Fröhlichkeit. Entzückender Eindruck, mit dem wir wegfahren. Gegen Morgen sind wir wieder auf dem Schiff.

Mai 1925 Am letzten April kommen wir am Lehrter Bahnhof von der Reise zurück. Hans, auch Ottilie, sogar das geliebte Peterchen erwarten uns, wir fahren dann zu uns zurück, wo wir nur Frau Klingelhof (krank) und Else finden. Als Heinz kommt bringt er Lampions mit und wir machen noch eine bunte Stube.

Jetzt sind wir 1½ Wochen hier.

Mühsames und uninteressiertes Annähern an die Arbeit. Nehme das Mittelblatt von »Proletariat« vor.

Zu Hause gleich die erschreckende Todesnachricht von Maria Plehn vorgefunden, auch die von Paczka.

Ein paar Tage später tötet sich Änny Löwenstein. Ich gehe zu ihr. Sie liegt in ihrem Bett, die Arme ausgestreckt, der Kopf etwas seitlich. Auf Stirn und Augen liegt Frieden, aber der Mund ist schmerzlich.

Auf der Staffelei ein angefangenes Ölporträt, die ganze Wohnung aufgeräumt, in dem Kissen auf der Chaiselongue noch der Eindruck eines Kopfes.

Bei der Bestattung spricht der Rabbiner sehr warm von der »Freundin« Änny Löwenstein. Ich weiß *wie* uneigennützig sie Freundin war. Zu Beginn und Schluß der Feier sang eine schöne Frauenstimme Brahms: »O Tod, wie wohl tust du dem, der nichts Besseres zu hoffen und zu erwarten hat« und Bach: »Komm süßer Tod«.

Das war gut. Anerkannte und ehrte ihren Entschluß früher zu gehn.

Süß war der Tod ihr, weil sie einsam war. Bitter war der Tod der Maria Plehn, weil sie nicht einsam war sondern Menschen an ihr hingen.

Unser erstes Draußensein in Lichtenrade nach dem Monat sehr schön. Die Kleinen sehr entwickelt, nennen mich »Großmutterchen«, das klingt ganz allerliebst. Petermann wenig gewachsen. Seine Zärtlichkeit, als er Heinz sieht und Konrad, den er auch sehr liebt.

Gestern war ich wieder draußen. Ottilie macht doch keinen frischen Eindruck. Sie sagte im Gespräch, daß es schlimm wäre, wenn ein junger Mensch durchaus keine Zeit zu Besinnlichkeit hätte. Der Tag fordert tausend kleine Pflichterfüllungen von ihr, wenn sie die tut ist sie erledigt. Die eigene Entwicklung, die auf der Basis der Muße beruht, zu der hätte sie keine Zeit.

Hans scheint im ganzen frisch. Er will seine Stellung wechseln um voran zu kommen. Meint er hätte in Neukölln so viel gelernt, daß er eine selbständigere Stellung ausfüllen könnte.

Fängt an für Zeitungen zu schreiben.

Juni 1925 Von Änny Löwensteins Schwester noch Seltsames über sie gehört. Nicht der alternde S. ist es gewesen, an dem sie zuletzt so hing, sondern ein ihr bis dahin ganz fremder Mann, dem Bild nach ein munterer Bonvivant. Dessen Frau hat als sie davon erfuhr einen Selbstmordversuch gemacht – wurde aber gerettet – der Mann schlug sich nun ganz auf Seite seiner Frau. Änny Löwenstein ist nun gegangen. 54 Jahre alt. Als junges Mädchen gegen Männerliebe verhältnismäßig gleichgültig, alternd nach ihr lechzend.

Hedwig Wangel kennengelernt. Eine Sonntagvormittag-Erbauung in Plötzensee. Im Frauengefängnis – »Weibergefängnis«, wie es immer noch heißt.

Juli 1925 Mein Geburtstag – 58 Jahre alt geworden. Der Karl schenkt mir eine Pelzjacke [?] und viele Blumen und Hamsun: »Das letzte Kapitel«.

Vormittag kommt Ottilie in der Droschke mit allen 3 Kindern und Hans kommt auch zu Mittag. Sie bringen die plastischen Köpfe von Isenstein: Hans und Peterchen. Hansens Büste gut, aber doch nicht so ganz gut.

Die Kinder schlafen mittags in meinem Bett. Nachmittags Paula mit ihren beiden Jüngsten, abends Georg Lise, Sophie Wolff. Ein schöner aber ermüdender Tag.

Mittags spricht Karl Hans und Ottilie von dem Plan, die Praxis an Sternefeld zu verkaufen. Hans macht Einwände.

Nach dem Mittagsschlaf komm ich in die Stube, Karl liegt noch schlafend auf dem Sofa, Hans ihm gegenüber im Schaukelstuhl nicht schlafend. Als Karl dann aufwacht sagt ihm Hans mit weicher Stimme, daß er Karls Plan doch gut fände.

An Peterchens Geburtstag draußen Kindergesellschaft. Viel Geheul und Tränen.

Peter hab ich das Hütchen mitgebracht, das Hans in seinem Alter trug, es sieht ihm reizend aus. In einem Rucksäckchen das er umgetan hat sind seine Mundharmonika, ein Schippchen.

Ottilie erzählt Komisches von den Kindern. Einmal gibt sie Jördis im Garten einen Klaps, die heult. Jutta von weitem: »Hat sie Dich gehaut? Komm her kleine Dicke!« – Einmal hat Jördis eine Mottenkugel gegessen. Geheul, zu Dr. Wolff. Seit der Zeit rühren alle keine Mottenkugeln an. – Jördis brüllt, weil Peter sie geschlagen hat. Jutta: »... und mich wird er auch gleich auf den Kopf schlagen!« und heult auch los.

[Anfang Juli 1925] Am Freitag 26. Juni 1925 fahr ich mit der Mutter Asche nach Königsberg. Tilla holt mich zu ihren Eltern ab. Am Sonnabend früh kommen Konrad und Anna an. Ich besorge mit Tilla die schönen roten Rosen für den Aschenbehälter. Dann noch zu Lusch und den jungen Julius, die kleine Regine sehn. Mittags zur Ida. Sie ist zusammengebeugt, das Gesicht rot, entstellt vergröbert. Aber sie ist reizend. Konrad und Anna kommen. Von da geh ich zu Anna Dannenberg und dann zu Johns, wo Schmidts wohnen. Diese behagliche einfache Gastlichkeit.

Sonntag früh fahren wir mit der Asche auf den Kirchhof. Vaters Grab ist etwas geöffnet um die Urne reinzutun. In die Reihe unserer Gräber ist noch Tante Lina und Else Rautenberg aufgenommen. Die vielen Gräber: Paul und Julie, Dr. Arnoldt, die Castells, Lonny Ulrich.

Wenige, vielleicht 30 Menschen sind versammelt, wir singen: »Unsere Toten leben fort«. Am Grabe steht Onkel Julius. Und ich. Konrad stellt sich zwischen uns und spricht zur Mutter. Spricht vom Vater, vom Großvater, von der Gemeinde. Dann, wie er geendet hat, tue ich der lieben Mutter Asche in Vaters Hügel. Herr Klein spricht als Vorsteher der Gemeinde, er liest einen Teil aus einer Predigt von unserm Vater vor. Dann Gesang und Erdestreuen auf Mutters letzten Erdenrest. Der Onkel Julius ist der erste. Eine Handvoll Erde wirft er herab, dann wir.

Der Onkel bringt mich noch zu Grete Schöndörffer ran, sie ist unverändert, frisch. Ihre Tochter Lili ist da.

Mittags und Kaffee Zusammensein bei den alten Rupps. Auch Ernst Prengels sind da, auch Lenchen Rohde.

Am nächsten Morgen fahr ich allein nach Warnicken und gehe von da nach Kleinkuhren. Herrlich ist das. Sonnenuntergang vom

Wachtbudenberg gesehn. Dann abends von meinem Fenster aus die Silhouetten der jungen Dorfmänner auf der Bergsilhouette.

Dienstag früh nach Königsberg zurück. Noch durch die Stadt gebummelt und am Tage drauf mit Anderson die neu eingerichtete Galerie gesehn und im »Blutgericht« gegessen.

So lieb ist mir mit dem Onkel Julius und der Tante Anna zusammen zu sein, vor allem aber mit dem lieben Onkel Julius. Er ist klein geworden. Wenn er still sitzt und Tante Anna erzählt mir – von ihm – hebt er manchmal ohne den Kopf zu ändern die Augen und sieht mich unverändert und schweigend an. Und dann erinnert er mich so an die Mutter. Der ähnliche Blick – versonnen – nachdenklich – fern. Fern und schweigend.

[21. Juli 1925] Corinth ist gestorben, 4 Tage vor seinem Geburtstag, am 17. Juli 1925. Heut am 21. ist er eingeäschert. Ich war bei der Trauerfeier in der Secession. Er war ein einheitlicher ehrlicher Mensch und Künstler. Eigentlich kindlich. Ohne Falsch.

Seine Arbeit kommt mir ganz bedeutend vor, wenn ich sie mit der Arbeit anderer vergleiche. Er hat wirklich die »Malfaust« gehabt.

August 1925 Hans und Ottilie zu Gretors nach Kopenhagen gefahren, ich bin eine Weile bei den Kindern, den Zwillingen, Peter ist in Neu-Ruppin. Die Kinder sind köstlich. Blühend – nicht nervös – kräftig. In der herrlichen Entwicklungszeit von zwei Jahren, wo Goethe sagt, daß wenn es so weiterginge aus jedem Kind ein Genie zu werden verspräche.

Lise vertritt Hanna bei ihrem Peterchen.

Der Indien-Gedanke sitzt doch schon fest bei mir auch bei Karl. Schwer wird das Abschiednehmen sein und das Bangen – aber doch muß es gemacht werden, wenn der Plan nicht aus irgendeinem Grunde sich zerschlägt.

Wenn Karl mitkommen könnte wär herrlich. Auf Monate von ihm fortgehn, wo der Tod- und Trennungsgedanke einen schon immer begleitet! Wer weiß alles!

Aber doch werd ich wohl gehn.

Ich bin mit dem Triptychon »Proletariat« fast fertig – arbeite immer noch am großen Mittelblatt – aber es ist ein Ende abzusehn. Wird unterdes eine Ausstellung hier gemacht, dann kann ich die 3 Blätter ausstellen und wohl noch einiges andere.

Möglich, daß Indien mich so neu belebt, daß ich nachher viel frischer zur Arbeit sein werde – möglich ich hol mir eine Malaria und kann nachher gar nichts mehr machen.

Jetzt beginnt schon wieder die kriechende und lähmende Septembermüdigkeit. Die zweite große Depression setzt dann meist im Dezember ein.

13. September 1925 Nein, die Depression verzieht sich wieder. Mancherlei kommt zusammen um hochgespannte Stimmung zu erklären: Die noch in der Möglichkeit liegende indische Reise und das vorbereitende Englischlernen, das Fertigstellen und Zufriedensein mit dem Triptychon »Proletariat«, die Aussicht auf einige tausend Mark, die ich dafür zu erwarten habe und die neue Aussicht auf einen Film, an dem ich mitarbeiten will und von dem ich mir Anregung und Spaß verspreche. Auch er bringt Geld und das ist sehr wichtig. Vielleicht kann Karl dann mit nach Indien. Wenn nicht, so ist das Geld zu haben doch *sehr* gut. Eine bestimmte Summe *müssen* wir haben, wenn [wir] nicht abhängig werden wollen im Alter. Und von wem sollten wir wohl abhängen – wer sollte uns helfen? Die Kinder haben es selbst nur gerade zum Leben.

Häufiges Sprechen über Individualpsychologie, Karl besucht den Kongreß und hört von neuem Adler. Seine Theorie ist sehr einleuchtend. Ich für mein Teil kann deutlich an mir spüren, wie sehr ich fortlaufende Achtungsbezeugungen der Umwelt brauche. Ein Versiegen meines Namens würde mich wohl sehr niederdrükken. Mein Seufzen und Stöhnen über die Lasten des Bekanntseins sind ein bißchen kokettes Gerede. Ich sollte nur mal spüren wie das ist, wenn niemand nach mir fragt. Verwöhnt wie ich jetzt bin, würd ich es schwer aushalten, wenn der Begriff »Käthe Kollwitz« aufhörte zu existieren, wenn der Name nicht Respekt und Anerkennung bedeutete. Wie schauderhaft muß Künstlern zumut sein, die ohne Widerhall arbeiten.

[Ende September 1925] Am Freitag 25. September 1925 stirbt Anna Schmidt geb. Batzke. Durch Jahre leidend. Häufig soll sie von ihrem Tod gesprochen haben. Zur Aufwartefrau wenige Tage vor dem Tode. Als die dann sagte: »Aber was wird dann aus dem Herrn Professor?« sagte sie: »Ach, das ist ja doch alles gleich.« Und dann: »Er hat eine gute Schwester und Schwager, die werden

ihn zu sich nehmen.« Am Abend des 25. erbricht sie sich stark in der Küche, sagt noch zur Frau, man soll den [Kater] Timmy vergiften (weil er nur durch ihre Pflege lebte), wird ins Bett gebracht. Konrad läßt die Türe auf, Anna schnarcht laut und beunruhigend. Konrad meint, am nächsten Tage würd es besser sein, auch der Arzt meinte es. Das Schnarchen hörte auf, um ½11 Uhr geht Konrad ins Bett. Anna ist so sehr still. Er fühlt nach ihr herüber – sie ist schon kalt.

Als wir – Karl und ich – sie dann sahen, lag sie in ihrem Bett, den Kopf nach Konrads Seite herübergedreht, die Hand nach seinem Bett ausgestreckt. Im Gesicht Frieden.

Konrad kommt zu uns. In die obere Stube.

[Anfang Oktober 1925] Am 1. Oktober 1925 wird Anna im Krematorium in Wilmersdorf eingeäschert. Kurzes Orgelspiel. Dann spricht Konrad kurze innige Abschieds – und Dankesworte. Dann Orgel: »Wir setzen uns mit Tränen nieder ...« Sells sind da, Hans, Regula, Prengels, Lore Schumann. Frau Sell sagt: »Wir sehn uns nur noch zu Begräbnissen.« Konrad geht auch zu Herrendoerfer.

[13. Oktober 1925] In den nächsten Tagen helfen Lise und ich dem Konrad in seinem Hauskram. Mühselige immer wieder umgestoßene Verkaufs- und Vermietungsanläufe. Noch – heut am 13. Oktober – ist nichts Endgültiges.

13. Oktober.

Wenn ich beim Peter bin so nur in diesem: daß die Pläne für den Soldatenfriedhof in Roggevelde sich wieder rühren. Erst hab ich mich mit verhältnismäßig frischer Kraft wieder an die große Plastik gemacht, in dem Gedanken sie im Frühjahr fertig zu haben und in der Akademie zeigen zu können. Hab ich das geschafft, dann kann ich an die Roggevelder Figuren gehn. Ich will sie diesmal höchstens in halber Lebensgröße machen und sie dann vergrößern lassen.

Die Mutter soll knien und über die vielen Gräber blicken. Die Arme breitete sie aus über alle ihre Söhne. Der Vater auch kniend. Er hat die Hände im Schoß zusammengepreßt. – Wenn ich so mit der Plastik vorankomme mache ich mir nichts daraus, wenn Indien sich zerschlägt. Es scheint so – die Leute schweigen.

22. Oktober 1925 Peters Tag, seine Nacht.

Ein Arbeitstag unter andern. Ich habe vormittags an der plastischen Gruppe gearbeitet, dem Rücken der Frau. Sehr langsam geht es vorwärts. Noch hab ich Zuversicht, daß ich im Frühjahr diese Gruppe ausstellen kann. Ist die gut geworden, dann kommen die beiden Figuren für Roggevelde wo Peter liegt. Sehr beglückendes Gefühl, daß die nächsten Jahre *notwendige*, für mein Gefühl *notwendige* Arbeit bringen. Körperlich geht es mir eigentlich recht gut, also bin ich sehr froh.

Mein lieber Peter.

1. November 1925 Sonntag. Sonnenloser aber schöner Tag. Karl und ich gehn in den Wildpark, Hans will mitkommen und holt uns im Bayerischen Häuschen ein. Hans aufgeschlossen, spricht von Ottilie und ihren Depressionszuständen. Karl spricht dazu gut und einsichtig. Psychoanalyse für Ottilie?

Dann spricht Hans über meine Akademiearbeiten (Holzschnitte: Proletariat) und sagt, daß eigentlich zum ersten Mal meine Blätter eine ihm wenig zusagende Wiederholung bedeuten. Es ist schade. Ich fühle schon jetzt, daß Hans vielleicht da etwas Wahres sagt. Die Blätter sind nicht schlecht, ich halte sie für gut, aber sie sind mir nicht innerlich *so* nötig gewesen zu machen wie manches Frühere. Sie interessierten mich während der Arbeit mehr als daß ich sie unbedingt loswerden mußte.

Aber die Plastik! Wart man Hans, wenn ich die Plastik fertig habe! Die bringt etwas Neues – wenigstens für mich Neues.

Bahr spricht in einem Aufsatz über Stifter sehr gut aus, was mir das Wesentlichste im Kunstwerk zu sein scheint. Er sagt, Stifter wäre als Maler treu bemüht gewesen, *»entweder Erfahrung zu der ihr einwohnenden Idee zu steigern* oder Idee, wenn er eine mit seinem inneren Auge zu erblicken meinte, nicht als bloßen Reiz auf sich wirken zu lassen, sondern ihrer tiefsten Sehnsucht, der nach Verwirklichung, zu genügen.«

[15. November 1925] Am 15. November Sonntags sind alle Lichtenrader hier über Mittag. Müdemachend und furchtbar nett.

[28. November 1925] Am 28. November zieht Konrad ganz zu uns. In die obere Stube.

[Ende Dezember 1925] Weihnachten sind wir in Lichtenrade draußen, auch Konrad. Wunderschön. Unser Pfefferkuchenhäus-

chen. Petermann das Schaukelpferd, die Zwillinge Puppenwiegen. Ottiliens Radierungen.

Am 1. Feiertag nachmittag bei Jakimows. Abends hören wir im Lautsprecher »Lohengrin«. Der Weihnachtsbaum brennt.

Den 2. Feiertag bei Sterns mit Konrad, Hans und Ottilie, Rele, Hennes. Schön aber etwas still. Vorher bin ich bei Wertheimers das »Jungchen« sehn.

Am 3. Feiertag Karl Konrad ich im »Fröhlichen Weinberg«. Waren aber nicht so fröhlich wie wir dachten.

Heinz kommt von Bischofstein zurück, ohne die Jeep, die ist erkältet.

Thildi meldet sich für Anfang Januar an.

Silvesterabend 1925 Fing neulich an in den alten Tagebüchern zu lesen. Bis zurück vor dem Krieg. Allmählich wurd mir beklommen zumut. Das kommt wohl daher, daß ich nur schrieb, wenn Hemmungen und Stauungen im Lebenslauf da waren. Selten wenn alles glatt und eben war. So höchstens kurze Notizen, wenn Hans im Gleichgewicht war, aber lange Seiten, wenn er nicht im Gleichgewicht war. So nichts aufgeschrieben, wenn Karl und ich uns zusammengehörig fühlten und beglückten. Aber lange Seiten, wenn wir nicht zusammenstimmten. Gerade hierin hatt ich beim Lesen recht das Gefühl der Halbwahrheit eines Tagebuchs. Sicher, was ich schrieb hatte seinen Grund, aber nur *eine* Seite des Lebens, nämlich die, in der es hapert und heddert, wird festgehalten.

Ich legte die Tagebücher weg mit einem erleichterten Gefühl, daß ich aus jenen Zeiten draus sei. Doch waren es die Zeiten, die ich jetzt immer als meine besten preise, nämlich die von Mitte 30 bis Mitte 40. Es war doch vieles sehr verworren damals. Dann kam der Krieg und krempelte alles um, schmiß einen auf den Boden, halb tot und halb lebendig kroch man ein demütiges, ganz still gewordenes, sehr mit Leiden getränktes Leben hin. Ganz langsam hob man sich wieder. Neues Glück kam mit Hans Ottilie, den Kinderchen.

Immer hatte ich neben mir den Karl. Und das ist ein Glück, das mir erst in den letzten Jahren so ganz klar wird, daß ich und er zusammen sind. Jetzt haben wir uns so durch und durch lieb. Er ist auch nicht mehr derselbe wie früher, wie ich nicht mehr dieselbe bin. Manches hat er hinter sich gelassen, ist drüber rausgewachsen. Geblieben ist ihm ganz die »Unschuld« wie Sophie Wolff es nennt. Er hat ein wirklich unschuldiges Herz und daher kommt seine entzückende innerliche Fröhlichkeit.

In diesem Jahr sind sehr liebe Menschen gestorben. Die Mutter – unsere treue liebe so gute Mutter – unsere liebe Mutter.

Die Anna ist gegangen.

Die Änny Löwenstein, die Maria Plehn.

Geboren sind Peter Kortner, Valentin Wertheimer, ein kleiner Roland Zeller, der mein Patenkind wird.

In der Silvesternacht Marlene Gampp.

Wir sind ziemlich gesund gewesen in diesem Jahr. Bei Karl ist die Atemnot wie mir scheint doch nicht stärker geworden. Bei mir haben die Herzbeschwerden abgenommen und die Ekzemplage hat auch nachgelassen.

Wir haben die herrliche Seereise nach Teneriffa gemacht.

Wie wars mit der Arbeit? Viel ist es nicht gewesen. Ich habe die 3 Blätter »Proletariat« gemacht, verschiedenes Kleineres und habe eine Weile an der plastischen Gruppe gearbeitet, ohne sie doch viel weiter zu bringen.

Als ich jetzt im Atelier mir klar machte, wie schneckenartig ich vorwärts komme und daß Jahre jetzt vergehn wie früher Monate und daß etwa die Hälfte eines Jahres mir entzogen wird durch Allesmögliche, wo noch nicht mal eigene Krankheit einbeschlossen ist, sagte ich mir, daß ich nun im Ernst an die Arbeit für Roggevelde gehn müßte. Eigentlich wollt ich erst die Muttergruppe fertig machen, aber das Resultat war nach dem wochenlangen Arbeiten daran ein so geringes, daß ich fast wieder verzweifle an dem Fertigmachen dieser Gruppe. Nein, jetzt muß ich erst die Skizzen für Roggevelde machen und dann muß ich hinfahren und sehn wie dort alles ist und ob es überhaupt so sein kann wie ich es mir denke. *Kann* es so sein, dann wär es am besten mich von Waetzold beraten zu lassen, welche Schritte ich tun muß. Aber wenn ich es so laufen lasse wie bisher, dann kann es gut sein daß auch die nächsten Jahre mir unter den Händen verfließen und daß ich die Arbeit nicht mache. Also vorwärts.

In der Silvesternacht waren Karl, Konrad und ich zusammen. Wir tranken Wein, tanzten zum Lautsprecher, der Karl sang Studentenlieder. Um 12 Uhr läutete Hans an. Der Karl war mal wieder ganz ganz reizend. Auch der Konrad war fröhlicher und ich fühlte mich sehr wohl. Ich weiß ja übergenug von all dem Elend, von den täglichen Selbstmorden, manchmal 15 an einem Tage in

Berlin, von der schweren drückenden wirtschaftlichen Lage. Aber das Glücks- und Dankbarkeitsgefühl für das Gute überwog und so war ich ganz froh. Es ist doch wirklich so wie Thildi es einmal sagte: Das Schwere im Leben ist wirklich schwer, aber dafür kann das Beglückungsgefühl auch einen so intensiven Grad annehmen, daß es das andere wieder aufhebt. Und das Beglückungsgefühl stellt sich manchmal bei den einfachsten Lebensbeziehungen ein.

5. Januar 1926 Paul Cassirer nimmt sich das Leben.
Aus Goetheschen Randversen auf Bachsche Noten:

»Es sondert sich die Spreu –
das Korn allein des Geists hat Erntewert.«

»Denn aus Geringem wächst das Tüchtige.«

7. Februar 1926 Von Weihnachten bis jetzt *wenig* gearbeitet, ziemlich Leben auf Oberfläche. *Wunderschöne* 5 Tage mit Hans im Riesengebirge. Wenn wir abends bei einem Weinchen in der Peterbaude saßen und er sich öffnete und von sich und Ottilie und ihrer Ehe sprach und fragte, wie wir es gemacht haben.

Dann kam bald Thildi und von da ab ein Galopp. Genia [Schwarzwald] und Sallak. Der Monatshefte-Ball. Alexander, der wieder so an Thildi hängt und dabei die Durchführung der Ehescheidung. Meiner Augen wegen arbeite ich nicht, sitze der Tina Haim[-Wentscher] Modell.

Des Peter Geburtstag. 30 Jahre wär der Junge. Mit Kathrine sitz ich in meiner Stube, der Schreibschrank ist offen, Blumen stehn vor seinen Bildern, die rote Kerze brennt.

Für Roggevelde. Auf den Sockel des Vaters:

»Der Liebe Sehnsucht fordert Gegenwart
Doch Zukunft ist des Vaters Eigentum.
Dort liegen seiner Hoffnung weite Felder
Dort seiner Saaten keimender Genuß.

O wehe! Daß die Elemente nun
Von keinem Geist der Ordnung mehr beherrscht
In leisem Kampf das Götterbild zerstören.

Wenn über werdend Wachsendem vorher
Der Vatersinn mit Wonne brütend schwebte,

So stockt, so kehrt in Moder nach und nach
Vor der Verzweiflung Blick die Lust des Lebens.«

(Aus der »Natürlichen Tochter«)

Sehr seltsam. Jetzt gerade wo Thildi und Alexander ihre Scheidung durchführen, fangen sie wieder an sich zu lieben.

[11. März 1926] Heut Donnerstag 11. März mach ich Schluß mit den kleinen Figuren für Roggevelde. Zweimal ist mir die Figur der Mutter verunglückt, heruntergefallen. Als es das erste Mal passierte, war ich nicht sehr niedergeschlagen, fing von neuem an und fand dann eine Fassung, die mir besser schien als die frühere. Die Mutter kniend in Vorwärtsstreckung, die Hände in liebevoller Haltung unter dem Gesicht übereinandergelegt, Kopf wenig hintüber. Sie umfaßt mit den Augen alle Gräber, lächelt zärtlich, liebt alle. Lang hab ich daran gearbeitet, endlich schien es mir ich könnte Schluß machen. Vorgestern früh im Atelier will ich mir den Drehbock noch in anderes Licht rücken, er hakt irgendwo an, ruckt, die Figur fällt auf den Boden und *alles ist hin.* Jetzt wußte ich nicht was das bedeutet: *Soll ich die Arbeit nicht machen?* Und doch scheint mir nichts so notwendig als das. Starke Erschütterung und Depression. Am nächsten Tag doch wieder aufgebaut, anders. Denn das Zerstörte konnte ich nicht rekonstruieren. Allmählich ging die schmerzliche Aufregung zurück – ich konnte arbeiten. Ob diese letzte Fassung besser ist als die früheren, ob mir deswegen alles kaputt geschlagen wurde, damit ich weiterkomme?

»Du danke Gott, wenn er dich preßt
Und danke ihm, wenn er dich wieder entläßt.«

[Goethe]

Die Roggevelder Skizzenfiguren in Gips gießen lassen. Photos davon machen lassen. – Von der Gräberverwaltung Nachricht über Peters Grabnummer bekommen. Jetzt zu Redslob.

Jetzt ist der Konrad über 4 Monate bei uns. Er fügt sich in den Haushalt, ist bemüht alles gut zu machen. Mitunter scheint es mir, daß er doch wenig glücklich ist. Ich fragte ihn neulich, ob wenn er schwer krank wird oder stirbt, er jemand hat, der die Arbeit weiterführt. Er sagte: ja. Bloch wolle das tun – er sei in alles eingeführt. Aber Bloch ist selbst leidend.

Konrad Schmidt, 1932

Ich habe früher nicht so gemerkt, *wie* alt der Konrad ist. Manchmal hinfällig wie ein Greis. Es macht traurig. Traurig ist, was mir der Karl über ihn sagte. Traurig traurig.

Wie begann dieser Mensch. Sein Rückerinnern geht auch immer in jene Zeit zurück, als er noch im Aufstieg war, als Engels viel von ihm erwartete.

Immer ist er würdig und fein.

Und wie erinnert er manchmal an die Mutter.

27. März 1926 Heut mit den Photos der beiden skizzierten Figuren für Roggevelde bei Redslob gewesen und ihn gefragt, ob die Regierung 10 000 Mark mir würde geben können, für Ausführung und Transport der groß zu arbeitenden Figuren. Er meint: ja – und er würde dafür eintreten. Auch entwickelte er mir den Plan der Nationalehrung für die Gefallenen, der einleuchtend und würdig ist. Von Figuren wird da ganz abgesehn. Ein schönes Stück Natur in Mitteldeutschland ist ausgesucht. Wiesen, Hain. Ein Weg führt in Stufen zu einer Höhe, wo eine Flamme brennen soll Tag und Nacht. Redslob sprach davon, daß die Figuren, die ich zu machen gedenke in nochmaliger Ausführung, auf halber Höhe vielleicht aufgestellt werden könnten, daß man zwischen ihnen durchgeht. Es würde mich ja beglücken, wenn es dazu käme und ich in meiner Arbeit zum ganzen Volk und gewissermaßen im Auftrag des ganzen Volks für das ganze Volk sprechen könnte.

Mahnmal (2. Periode), Mutter (1926). »Es würde mich ja beglücken, wenn ... ich in meiner Arbeit zum ganzen Volk und gewissermaßen im Auftrag des ganzen Volks für das ganze Volk sprechen könnte.«

Aber das ist solche Zukunftsmusik, daß ich am besten zu niemand davon spräche – dem Karl werd ich seine Äußerung wohl doch sagen. Vor allem heißt es: *tun – arbeiten.* Ich will es.

[Ostern 1926] Von Karfreitag bis Ostermontag bei den Kinderchen gewesen. Hans und Ottilie in Teupitz. Riesig nett mit den Kindern, am allernettesten Jutta. Ihr rasches Sprechen, der merkwürdige Stimmklang (eigentlich Tenor), ihre geistige und körperliche Beweglichkeit, der wechselnde Gesichtsausdruck, ihre überraschenden Einfälle – ein seltsames feines Kind ist das.

[April 1926] Am Sonntag 11. April läutet früh Kati Rupp an, sie ist auf der Durchreise nach Königsberg, Tilla wäre schwer krank. Sie hat sie nicht mehr lebend vorgefunden, am Sonnabend bereits ist Tilla gestorben. Sie soll klar gestorben sein, noch alle lieben Freunde gegrüßt haben.

Das ist sehr sehr schlimm.

Mahnmal (2. Periode), Vater (1926). »Ob diese letzte Fassung besser ist als die früheren, ob mir deswegen alles kaputt geschlagen wurde, damit ich weiterkomme?«

An sie denkend schlief ich ein und im Traum war es nicht nur Tilla, auch Ottilie die tot und schon begraben war – und die Kinder laufen herum und rufen »Mutti«. Und ich weinte weinte weinte.

Hans erzählt so nett vom Peterchen. Sie gehn zusammen auf den Boden die Schaukel holen und anmachen und Peter ist immer um ihn. Abends bittet er Hans, daß er mit ihm zusammen in seinem Bettchen schlafen kommt. Hans sagt das geht nicht. Dann kommt er nach einer Weile und fragt, ob er dann nicht in Hansens Bett mit ihm schlafen kann. Darauf geht Hans ein, legt das Kerlchen in sein Bett und legt sich noch eine Weile zu ihm.

Ach das geliebte Peterchen!

[2. Hälfte] April 1926 Die in klein angefangene Gruppe der jungen Mutter mit den Zwillingskindern geht gut voran. Glückt mir hier eine Lösung, dann zerschlage ich die große Gruppe, an der

ich ja doch fast verzweifle. Und glücken mir die beiden Figuren für Roggevelde, dann zerschlage ich die in Gips unfertig stehenden Figuren für Peters Gedenkarbeit. Nur photographieren will ich sie noch.

Damit schaff ich Platz und räum auf. Große halbfertige Sachen hinterlassen geht nicht. Ach könnt ich bloß gesund leben bis ich die Arbeit fertig gemacht habe. Auf mein Gefühl, daß ich nicht eher sterben werde, kann ich mich nicht verlassen, die Tilla wollte auch noch leben und sah notwendige Arbeit vor sich und plötzlich wird ihr das Buch zugeklappt und es heißt: weg mit dir.

Über Sonnabend und Sonntag in Neu-Ruppin bei Annie und Lise gewesen, Karl kam Sonntag nach. Sehr schön. Daran anschließend Halsgrippe über zwei Wochen.

Am Sonntag 25. April 1926 letztes Zusammensein mit Heinz Bonus: Karl, Heinz, ich. Alles in allem waren die 3½ Jahre die er mit uns lebte eine gute Zeit. Wir haben ihn sehr gern.

Jeep ist jetzt hier, aber sie wagt nicht zu kommen wegen der Grippe.

Lese Weber, sein Lebensbild von Marianne Weber.

Lisens Rundschau über Bewegungskunst. Famos ist an Lise ihre eigene geistige Beweglichkeit, die sie alles Neue, neu sich Bildenwollende, so witterungsartig rasch erfassen läßt.

Eine derbkomische groteske Sache steht in der Zeitung. Ein Paar (beide anders verheiratet) wollen gemeinsam in den Tod gehn, ins Wasser, in den Wannsee oder sonstwo. Sie trinken noch um sich Mut zu machen eine Flasche Schnaps, dann, um jedes Umkehren unmöglich zu machen, ziehn sie sich nackt aus und werfen die Kleider ins Wasser, die auch gleich weggetrieben werden. Nun aber haben sie doch keine Courage und stehn und stehn. Schließlich findet sie der Landjäger, holt ihnen vom nächsten Ort Kleider und nimmt sie in Schutzhaft.

Bei Redslob angefragt. Noch nichts entschieden, er denkt, er drückt es durch. Mir doch leis fraglich.

Tilla [Rupp] schreibt dies kurz vor ihrem Tode als eine Art Vermächtnis auf:

»Lieber Gott, ich danke Dir für all die reichen Gaben, die Du mir geschenkt, ich habe mich bemüht sie in Deinem Dienste zu verwenden. Nun lege ich alles Stückwerk vor Dich hin und komme zu Dir, nun soll mein Werk ein dauerndes Lobpreisen und Danken sein.

Meine Eltern und Geschwister, meine lieben Freunde alle, ich danke Euch für alle Liebe, die Ihr mir gezeigt.

Ich liebe die katholische Kirche, die so starke seelische Kräfte vermittelt, aber ich bin hineingeboren in die Religionsgemeinschaft meines Großvaters, die mir stärkste seelische Kräfte gegeben, die glaubt an den guten Willen, der Liebe wirkt wie Jesus Christus. Dasselbe ist der Glaube an das innere Licht der Quäker.

Im Sinne dieser Gemeinschaften wollte ich leben. So sterbe ich gern. Mitten aus der Arbeit beruft Gott mich ab. Das war mein heißer Wunsch. Ich danke ihm. Gott wird mir Kraft geben zur letzten Stunde. Käthchen, kommst Du mir einen Schritt entgegen? Dann ists vielleicht leichter.

Reichsten Segen flehe ich herab auf die Ärzte und die treuen Schwestern für das, was sie an mir getan. Meine Kraft reicht nicht aus ihnen zu danken. – Mein Friedelchen, singt und spielt Ihr mir ein wenig? Ich bleibe bei Euch allen ganz nahe. Gott, gib mir Kraft!«

[Ende April 1926] In der eben eröffneten Akademie-Ausstellung gewesen. Diese etwas peinliche Zusammenstellung der alten Akademiekünstler und der Jungen. Wie muß bloß Kampf zumut sein? Immer wieder die alte Frage: Merkt man es nicht, wenn man künstlerisch senil wird, ebenso wie man physisch nur schleichend merkt, daß man Adernverkalkung kriegt? Um Gotteswillen, dann muß man doch jemand einsetzen, der einen warnt. Es ist doch eine Affenschande sich selbst so zu überleben. Kampf war ja nun nie wirklich gut. Wo nimmt er bloß den Mut her die Sachen der Ströver gänzlich abzulehnen – sie sind immer noch besser als seine.

War mit Jeep im Atelier. Sie erwärmte sich an der großen Gruppe – will nur das erhobene Bein anders gelegt haben. Ich weiß nicht recht, ob das möglich ist. Nur in einer Art scheint mir eine Änderung möglich: *die Figur in Kleidung zu tun.* Noch eine schwache Hoffnung hab ich, sie so vielleicht zu schaffen. Aber eine *schwache* Hoffnung. Seit der Grippe und dem stundenlangen Herzklopfen vor ein paar Tagen bin ich recht mutlos. Wenig Perspektiven. Auch Karl ist körperlich gar nicht frisch – wenn wir aus dieser Tiefe uns nur erst rausgekrabbelt hätten.

[14. Mai 1926] Heut ist der 14. Mai, heut vor 34 Jahren wurde unser Hans geboren. Der liebe Hans. Wir waren gestern draußen weil Himmelfahrtstag war, Karl ich, Lise Georg. Konrad war besetzt. Es

war ganz riesig nett. Die Kinder blühn auf solider Basis. Ottilie ist munter, Hans wirkt froh. Doch erzählt Ottilie Merkwürdiges von Jördis' Eifersucht. Schadet alles nichts – jetzt, einstweilen blüht da ein Glück, eine Insel von Glück.

Von Ottilie noch etwas, das mir noch nicht feststeht, aber wiederholt aufgefallen ist. Ich halte sie im Ganzen und Großen für einen geraden ehrlichen Menschen, mitunter aber scheint mir, sie macht sich etwas vor, sieht sich nicht ehrlich. Tadelt z. B. auf schärfste die Unordentlichkeit des Mädchens, wo sie selbst notorisch unordentlich ist. Wie Karl gestern sagte, sie müßte zum Händeabtrocknen ein reines Handtuch hängen haben, erwidert sie, es sei immer eines da, nur momentan schmutzig. Wo ich ausnahmsweise ein sauberes da hängen sehe. Empfindlich, will sie keinen Tadel haben. Eine ähnliche Sache, wo sich in ihrer Vorstellung etwas herumdreht, war auch einmal mit den Kindern – ich weiß aber nicht mehr, wie das war.

Das Buch von Vollard über Cézanne gelesen. Sehr erstaunt. So einen Menschen kenn ich gar nicht. An Hilflosigkeit, kindischer Art, Zerstreutheit, Borniertheit, fast ein Idiot. Ohne Zugeständnisse ans Publikum ersehnt er doch Aufnahme im Bougureau-Salon und Aufnahme in die Akademie, Orden und Auszeichnungen. Kennt nur sein Malen. Wenn er nicht eigenes …

[Mai 1926] Max Weber: Ob Politik und Ethik etwas miteinander zu tun haben. Er sagt, gerade weil das spezifische Mittel der Politik *Gewaltanwendung* ist, bedarf sie der ethischen Orientierung, nämlich des Abwägens von Zweck und Mittel, der verantwortlichen Überlegung, ob der erstrebte Zweck wertvoll genug ist um die Mittel zu »heiligen« und für die üblen Nebenwirkungen zu entschädigen. Andrerseits ergibt ihre unweigerliche Gebundenheit an Gewalt und Zwang, daß für politisches Handeln nicht dieselbe Ethik wie für anderes gilt – ebensowenig wie für die sonstigen höchst verschiedenartigen Beziehungen, in die der Mensch verflochten ist, inhaltlich gleiche ethische Gebote formuliert werden können. Keinesfalls untersteht der politische Machthaber der Ethik des Evangeliums. »Gib alles her was Du hast« ist sinnlos sobald es nicht für alle gilt. »Halte auch die linke Backe hin« ohne zu fragen, wieso es dem andern zukommt zu schlagen: Ethik der Würdelosigkeit – außer für einen Heiligen. »Du sollst dem Übel nicht widerstehn« – umgekehrt für den Politiker: Du *sollst* ihm

Mit den Enkelkindern in Lichtenrade

und zwar mit Gewalt widerstehn – sonst bist Du für seine Überhandnahme verantwortlich.

Der Politiker will in die Welt hineinwirken. Sein spezifisches Ethos ist *Leidenschaft, Verantwortlichkeit, Augenmaß.*

Erinnerung an ein Gespräch mit Konrad über politische Morde. Er lehnt nicht jeden politischen Mord ab, läßt den gelten, in dem Zweck und Mittel besonnen abgewogen werden.

[Ende Mai 1926] Wunderschöne Geburtstagsfeier von Jördis und Jutta. Schönstes Wetter. Ich vormittag raus, finde alle auf dem Akker in der Sonne, das Schaukelgerüst steht. Pinners kommen. Die Kinder strahlend in ihren Rosenkleiderchen, dann nackt. Herrlich gesund und blühend alle drei. Ein Glück – ein so großes reiches Glück. Und Ottilie, die junge frische und saftige Ottilie mit all ihren großen Liebenswertigkeiten und ihren Unzulänglichkeiten. Und Hans – *etwas* – aber nur ganz etwas daneben, viel weitblikkender mit seinem so guten, so lieben Gesicht.

Nachmittags kommen Karl, Konrad, Annie Karbe und Lotte Weckwerth. Wir gehn in den Wald und spielen Boccia und Rundspiele mit den Kindern. Der Peter in seinem braunen Kittelchen, der liebe flinke kleine Kerl mit dem Kränzchen von Annie Karbe.

Ein paarmal steht Peter ganz früh auf und zieht sich rasch an um mit Hans mitzulaufen.

Konrad bringt mir seine schmutzige Wäsche. Bedenkliches Gesicht, hochgezogene Augenbrauen: »Ja – da sind noch Phänomene! Da haben sich Damenhöschen drin gefunden ...« Wie ich nachsehe, waren die Damenhöschen das Kopfkissen mit Spitzenbesatz.

Vor Pfingsten. Er kommt herunter. »Konrad, willst Du nicht heut abend baden?« Er, Hand am Kinn, nachdenklich und träumerisch: »Ja, Pfingsten verdiente wohl, daß man badete ...«

[2. Juni 1926] Heute mittag 2. Juni 1926 stirbt in Königsberg der liebe alte Onkel Julius, der jüngste der alten Rupps und der letzte, der allerletzte.

Von all dem, was dabei an Gefühlen durcheinanderwogt, kommt ganz besonders dies nach vorn: wie er zu unsrer Mutter war. Wie er und Tante Anna vor Jahren in Berlin waren und wie er dann ganz still neben der Mutter saß – seinen Stuhl neben ihrem.

Kati sagt, daß jetzt nach Tillas Tod wenn das Enkelkindchen da war, er sich oft ganz zu ihr niederhockte um mit seinem einen Auge ihr Gesichtchen zu sehn.

Wir war er schön mit seinem braunen Gesicht, den schlohweißen Haaren, den elastischen Bewegungen.

[Juni 1926] Reise nach Roggevelde.

[Juli 1926] Die liebe Geyso stirbt am 16. Juli 1926.

Ein 75jähriger gebildeter Mann hat einen idiotischen Sohn, außerdem lebt noch – glaube ich – ein anderer Sohn und Schwiegertochter oder Tochter und Schwiegersohn. Jedenfalls will der alte Vater den geistig Minderwertigen nicht zurücklassen. Er tötet den Sohn durch Erschießen oder vielmehr will ihn erschießen. Der Sohn aber bleibt doch leben, der Vater tötet sich unmittelbar nach dem Schuß auf den Sohn.

Ich bin bei der plastischen Arbeit »Mutter mit kleinem Kind« wieder auf den toten Punkt gekommen. Nehme mich selbst plastisch vor, meine Gesichtsmaske. Zu Anfang scheint es mir ein Kinderspiel. Nach und nach seh ich, daß auch das verflucht schwer ist.

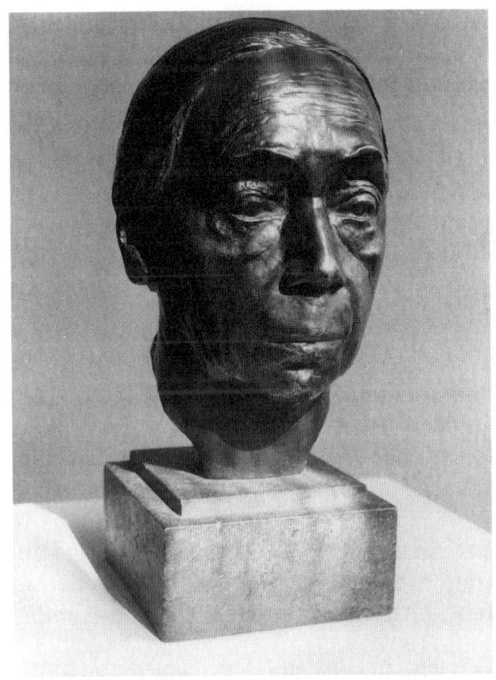

Selbstbildnis (1926–1936). »Leider hab [ich] meine Kraft von Wochen dareingesetzt, meinen Kopf plastisch zu machen. Schraube ohne Ende, es wird täglich besser und nie gut. Abbrechen wäre das beste, aber ich bin zu verbissen.«

Ende August 1926 Dr. Silberstein, Hansens Vorgesetzter, stirbt. Hans spricht bei seiner Totenfeier so sehr gut. Karl braucht wieder das Wort »keusch«.

Die italienische Reise der Kinder zerschlägst sich durch diesen Todesfall.

10. September 1926 Endlich Deutschland im Völkerbund.

13. Oktober 1926 Der Tag, an dem der Peter fortging. Frau Meier war noch auf dem Bahnhof. Lise, Max und die Mädchen waren auch da. Lise schrieb mir nachher und schloß, daß als der Zug mit all den jungen Menschen abfuhr, ihr zumut war wie mir.

Noch nicht die Arbeit für Roggevelde begonnen. Leider hab [ich] meine Kraft von Wochen dareingesetzt, meinen Kopf plastisch zu machen. Schraube ohne Ende, es wird täglich besser und nie gut. Abbrechen wäre das beste, aber ich bin zu verbissen.

Inzwischen mit Ottilie in Dresden zur Internationalen Kunstschau gewesen. Eigentlich hat mir den meisten Eindruck Rousseau gemacht. Ich hab ihn früher nicht verstanden, wohl auch nicht sehr Gutes von ihm gesehn. Jetzt, auf dieser Ausstellung, entzückt er mich sehr. Ferner zwei schöne Porträtbüsten von Despiau, sehr amüsante Dix. Für Ottilie natürlich bedeutete das alles mehr als für mich.

Karl war unterdes beim Arbeiterwohlfahrtskongreß, hat Paga und seine Susanne gesprochen.

Theodor Stern ist sehr schwer krank, Lise ist heut zu ihm gefahren, er ist auf der Reise erkrankt und liegt bei Binswanger am Bodensee.

Otto Schöndörffer ist auf einer Studien-Erholungsreise nach Rom gestorben. Las es in der Voss[ischen Zeitung].

Und Georg ist auch so unfrisch. Lise ist sehr in Sorge um ihn. Karl kann nichts Besonderes feststellen, aber es geht ihm nicht gut.

Karl arbeitet mit großer Anstrengung. Von einem Nachlassenkönnen [mit] der schweren Arbeit keine Rede. Ich verdiene ein paar tausend Mark im Jahr, lächerlich wenig für meinen Namen.

[Oktober 1926] Seit dem 7. Oktober ist Fides Rüstow bei uns. Sie ist sehr groß, hat einen schönen Körper aber hält sich krumm. Haare kurz. Große schwarze Brille und einen lieblichen Mund. Besucht hier in der Frankfurter Allee das Gerhardsche Mädchengymnasium.

Als ich in Dresden war gingen wir abends zu Frau Tillich, wo Heinrich lebt. Wir fanden um den Tisch beim Abendessen Heinrich, eine Malerin und Frau Tillich. Zuerst wußte ich nicht, was das mit Frau Tillich war, wenn ich sie ansah. Mit einemmal wußte ich: sie hatte Peters Augen. Peters etwas beschattete, etwas traurige Augen. Auch ganz seine Augenbrauen. Und das kurz geschnittene Haar hing ihr auch so um die Stirn wie Peter. Sogar der Nasenansatz und das länglich gezogene magere Gesicht. Zuerst sah ich sie immer an, damit sie ihre Augen auf mich richtete und Peter mich ansah. Allmählich konnte ich es kaum aushalten.

Freitag, 22. Oktober 1926 Peters Tage.

Saake baut mir im Atelier Gerüst und Ton für die »Mutter« auf. Es beginnt. Mir ist zumut, als wenn ich jetzt – unmittelbar – vor der letzten Stufe meiner Arbeit stehe. Ich glaube sie so wichtig, daß ich mir nicht denken kann, daß ich sie nicht schaffe. Alles muß vorhalten, Gesundheit, Kopf, Augen, Geld, bis ich die Arbeit für Roggevelde gearbeitet haben werde. Beide Figuren, Vater und Mutter. Nachher meinetwegen was sein soll.

Sonntag, 24. Oktober 1926 Heut zum ersten Mal seit langen Jahren wieder in Buch gewesen. Ich allein, am Vormittag. Es war schön. Und Freitag abend waren Karl und ich in der »Eurianthe« in der Städtischen Oper. Auch das war sehr schön.

Ottilie läutet an und erzählt, wie begeistert die Kinder vom Kindergarten und dem Fräulein dort sind. Peter nennt sie seine Freundin und Jördis sagt sie sei ihre Schwiegermutter – als höchstes Lob.

2. November 1926 Heut ist Allerseelen.

Ich hatte gedacht heut richtig mit der plastischen Arbeit zu beginnen. Aber teils ist es Müdigkeit und Angst vor der großen damit beginnenden Strapaze, teils auch weil ich wieder eine kleine Graphik (Muttermilch) mache und die fertig machen muß.

Jedenfalls – ich rückte den Zinkkasten nicht herunter. Ich habe nur endgültig die Stellung noch einmal ausprobiert und das ist ja auch ein Vorwärtskommen. Die Haltung wird wohl ziemlich genau so bleiben, wie ich sie in der Skizze habe und zwar *beide* Arme am Leibe. – Seltsam, nach der großen Erregung und Fieber auf die Arbeit ist jetzt ein zacher zurückhaltender Zustand eingetreten.

Ein 15jähriger Junge schießt auf Mussolini und wird sofort von der Menge gelyncht. Nun heißt es sogar, daß man einen Falschen gelyncht hat und daß er gar nicht der Täter war. – Alles scheußlich.

Die Akademiesitzung in der Thomas Mann, Stehr, Fulda und Holz eingeführt wurden und Holz den Krach machte.

»Je länger Du dort bist
Um so mehr bist Du hier
Je weiter Du fort bist
Um so näher bei mir
Du wirst mir notwendiger
Als das tägliche Brot ist –

Du wirst lebendiger
Je länger Du tot bist.«

[Börries von Münchhausen]

27. Dezember 1926 Sehr lange nichts eingetragen. Ein sauersüßer Zustand physisch auch psychisch. In der Arbeit, die ich sozusagen naiv begann, bin ich jetzt bei der ersten Klippe. Ich weiß nicht wie über sie wegkommen. Lasse die Hände mutlos im Schoß und drücke mich. Die Klippe ist die Kleidung. Wieder die große Schwierigkeit, die darin liegt, daß ich etwas machen soll, was mir nicht liegt, ja wofür ich unbegabt bin. Und doch *muß* es gemacht werden. Alle meine Versuche ekeln mich. Die Begasfalten ekeln mich und die stilisierten Falten ekeln mich und versuch ich es auf die Barlachsche Art ekelt es mich auch. Das zu können, was ich will – daß eigentlich nur die Silhouette wirkt – [dazu] gehört viel Können. Mehr als ich es in dieser Materie habe. – Der Kopf, davor ist mir nicht angst, aber die große bekleidete Masse.

Dazu kommt, daß seit einiger Zeit mich der Gedanke verfolgt: 60 Jahre – was werd ich da noch groß machen! Dazu körperliches Runtersein. Weihnachten mit dem unendlichen Kleinkram an ermüdenden Besorgungen. Karl auch körperlich im Tiefstand, Konrad an der Rose krank gewesen.

Weihnachtsabend in Lichtenrade. Schon ½4 Uhr fuhren wir heraus und Hans und Ottilie kamen mit dem Wägelchen für die vielen Pakete uns abholen. Die Kinder schliefen noch. Dann erst gemeinsames Kaffeetrinken und dann, während Hans in der Weihnachtsstube war, wurde die neue Laterna magica von Karl vorgeführt. Dann machte Hans die Stube auf und nun erhob sich durch längere Zeit ein Freudengequietsche in den höchsten Tönen. Allmählich legte es sich und die Kinder versanken in ihre Spielsachen. Der Baum war so schön, stand so ruhig feierlich leuchtend mit Wachskerzen und roten Äpfeln über den Kindern und den Spielsachen. Ottilie und Hans hatten mir 10 schöne gemalte Teller geschenkt und Vater den Wells: Weltgeschichte. Karl mir den Corinth, seine Lebensbeschreibung, und den Bismarck von Ludwig. Ich dem Karl und den Kindern eine Vergrößerung des schönen Doppelbildes unserer Jungen auf der Parzelle, das die Änny Löwenstein aufgenommen hat. Der Ottilie als Stillprämie das Milchplakat und die Kinder mit Näpfen.

Dann saßen wir alle an einem Tisch und die Kinder waren so

riesig nett. Der Peter zuletzt in seinem Pyjama. Ottilie ist manchmal auch noch wie ein Kind mit ihren Dreien.

Am 1. Feiertag waren wir ganz still zu Haus, weil Karl auch ich erkältet waren. Abends kamen Hans und Ottilie und da zogen wir mit dem Essen zum Konrad herauf, es war ein richtiger Budenbesuch, brannten auch sein kleines Bäumchen und tranken Wein. Wir waren alle froh und zusammenstimmend. Es war fein.

Am 2. Feiertag wir unseres Hustens wegen auch nicht zu Sterns. Wieder ganz zu Hause.

Von den Kindern erzählt Ottilie: Sie findet Jördis auf dem Balkon auf ihrem Stühlchen stehend, den Kopf ganz hintübergelegt, starr in den Himmel sehend. Sie will »den Gott sehn«.

Peter grübelt. Von Ottilie hat er gehört, die Kinder kommen aus der Mutter. Im Kindergarten, Gott macht die Kinder. Er legt sich das so zurecht: Der liebe Gott macht nicht alle Menschen, nur ein paar. Für jedes Haus eine große Mutter und die macht dann wieder die kleinen Kinder.

[31. Dezember 1926] Am Silvesterabend wie vor einem Jahr Karl Konrad ich zu Haus. Wir brennen den Baum, haben ein Bowlchen gemacht, lesen die kleine Schrift von George Grosz, in der er fordert, daß der Künstler tendenziös sei, kommunistisch tendenziös. Kalt-leidenschaftliche Kampfschrift. Er ist aus einem Guß, der Grosz, nur was er jetzt mit seiner Neusachlichkeit machen will, weiß ich noch nicht recht.

Gegen 1 Uhr läuten wir Lise an, die allein für sich auf ist. Georg, der sich oft sehr schlapp [?] fühlt, schläft.

Hans ist mit Isenstein und Pinner auf einem Fest (Pechstein). Ottilie und Frau Pinner schlafen.

1. Januar 1927 Er vergeht etwas lahm in Stimmung. Karl ist überanstrengt und in dauerndem Grippenzustand. Trotzdem kommt er nachmittags noch nach Lichtenrade raus, aber auch da ist es nicht so schön wie sonst. Die Kinder sind unruhig und laut – Hilde mit Clemens – Hans und Ottilie kurz vor ihrer Winterreise.

[2. Januar 1927] Heut am anschließenden Sonntag möcht ich endlich mal die Bilanz ziehn übers hinter uns liegende Jahr. Es ist still. Karl schläft in der Wohnstube, Konrad ist bei sich oben, Besuch ist nicht zu erwarten.

Ich hab etwas das Gefühl bei dieser Jahreswende: Wenn ein Mensch mit einem etwas benommenen Kopf eine Reihe von praktisch ineinandergreifenden Handlungen tun soll, dann hält er es schon für das Beste ohne viel Besinnen und Umsehen loszutun, immer eins nach dem andern – das Gerüst der Handlungen hält ihn – er taumelt gewissermaßen von einem Tun ins andre und kommt durch und auch – aber immer taumelig – zum Ziel.

Anders der mit klarem Kopf. Der gönnt sich Pausen, ruht aus, blickt zurück, hat Überblick. Aber mir geht es wie dem ersten. So bin ich auch von einem Jahr ins andre getorkelt. Mein dumpfer Kopf trommelte immer: treten, treten, treten. Nur vorwärtskommen. 1927 wird vielleicht alles übersichtlicher.

Die Alterstraurigkeit ergreift uns alle langsam. Den Georg die Lise, den Konrad, den lieben Karl. Mich schon lang. Wir laufen eben vorwärts, immer von einer Woche in die andre, einem Monat in den andern und nun rüber – rasch – Hände angefaßt und Augen zu ins neue Jahr. Ob wirs noch zu Ende leben – wer von uns – wer weiß es?

Ich bin im letzten Jahr in die bedeutende Arbeit für Roggevelde eingetreten. An sich wäre es nicht undenkbar, daß im nun kommenden ich sie fertigmache.

Gestorben sind in diesem Jahr:

Der alte liebe Onkel Julius und die Tilla.

Die Geyso.

Otto Schöndörffer.

[6. Februar 1927] Im ganzen Januar nichts aufgeschrieben. Die Tage waren besetzt, einer fließt in den andern über.

Kaum waren Hans und Ottilie nach dem Riesengebirge abgefahren, erkrankt Peter mit hohem Fieber. Ich wollte anstelle Frau Schröders bei ihm sein, aber sie blieb dort und hat wunderschön durch die ganze Zeit für alles gesorgt.

Karls Grippenzustand hielt, ohne daß er sich ins Bett legte, wochenlang an, kaum etwas gebessert verschlechtert er sich wieder. Auch ich recht koddrig, aber auch nicht bettlägerig. Von neuem das Verbeißen ins plastische Selbstporträt. Ich kriegs nicht raus. Jetzt wieder bei der Mutterfigur für Roggevelde, allmählich kommt wieder Unruhe über mich damit endgültig vorwärts zu kommen.

An unseres Peter 31. Geburtstag, dem 6. Februar 1927, hören

Karl und ich vormittag das Schnabel-Konzert in der Volksbühne: Beethoven-Sonaten.

Karl ist wieder erkältet, er kann nachmittags nicht mit herauskommen nach Lichtenrade. Er hat auch Besuche zu machen. Konrad und ich fahren raus. Hans, Ottilie und Petermann kommen uns auf halbem Weg entgegen. Es ist immer schön in Lichtenrade, so daß ich nachher Sehnsucht hab.

Jutta kommt, nachdem sie mich lange angesehn, ernst auf mich zu und sagt: »Du bist aber gar nicht schön.«

Am Abend wieder zurück. Doch ist es zu spät, daß ich mit Karl noch etwas gemeinsam lese. Nur das Gedicht von den 17jährigen liest Karl mir vor.

Ich denke an die Arbeit für Dich, Peter.

[9. Februar 1927] Heut am 9. Februar 1927 wird der Drucker Hermann Birkholz begraben. 30 Jahre lang hat er mir meine Steine gedruckt. Beim Begräbnis sind auch Zille und Isensteins. Zille, der nur schlecht gehn kann sagt, als wir hinter dem Sarge hergehn: »Wenn ich der Pfarrer wär, hätt ich nur gesagt: ›Er war ein Waisenjung auf der Erde.‹«

Nach dem Begräbnis ging ich zur Frau heran um zu kondolieren. Sie sagte: »Ich war ja 10 Jahre von ihm geschieden. Er hat schlecht an mir gehandelt. Mich und die Kinder ließ er allein und lebte herrlich und in Freuden.« Eine dicke ältliche Frau in schwarzer Witwentracht mit Schleier.

Gestern am 8. Februar stirbt an einer Lungenentzündung Heinrich Braun, 72 Jahre alt. Der Vielgeliebte, der Frauenfreund, der wie der Landvogt von Greifensee aussah. Der immer Ritterliche, Noble, Lilys Mann und Ottos Vater. Von seiner geistigen Schärfe weiß ich nicht viel zu berichten. Aber wie entzückend war sein Lachen, als ich in Paris bei ihm anklingelte. Von seiner Stimme sagt Lily: »Nur *ein* Mann in der Welt hat eine solche Stimme.« Wenn er einen anlächelte, fühlte man sich schön, geliebt, von ritterlichen Courtoisie umwoben. Ihn sollten wirklich Frauen zu Grabe tragen, denn er machte Frauen strahlen und schön sein. – Viermal war er verheiratet, er hat wohl auch die Julie Vogelstein, seine letzte Frau, glücklich gemacht.

Den Erlös aus Ottos Tagebuch gab er armen Studenten. Hilfebereit war er immer, wie hat er Konrad geholfen. Ich weiß, daß er auch sehr grämlich sein konnte, d. h. ich hatte es gehört, erfahren hab ichs nicht. Immer wenn er mich sah, lächelte er sein entzükkendes Lächeln über sein ganzes Gesicht. – In München, als ich 22 Jahre alt war, suchte er mich auf, Marianne Fiedler war auch dabei. Er lehrte uns den Sozialismus.

Sonntag, 13. Februar 1927 Wieder ein Schnabel-Konzert. Ruhevoll und weihevoll das Largo aus der Es-Dur-Sonate op. 7. Dann wurde ich müde und konnte nicht folgen. Nach der Pause spielte er die B-Dur-Sonate op. 106, also eine ganz späte Sonate. Ich war wach und konnte zuhören und war nach langer Zeit wieder mal durch und durch gerüttelt.

Ich kann mir doch kaum denken, daß eine andere Kunst außer der Musik so ins Innre dringt. Die bildende Kunst ist konkret, man steht vor Konkretem. Aber hier im Adagio ist *die Seele bloß.* Das, was mir immer vorschwebte, wenn ich eine Frau machen wollte »die das Leid der Welt sieht«. Schaut. Keine Worte. Goethe, der konnte Worte finden. Das »Labyrinth der Brust«. Oder die »Selige Sehnsucht«. Oder vieles andere. Der hatte Worte, die neben den Beethovenschen Tönen stehen.

In mir gewaltsames Drängen mich zusammenzuraffen. Nie komme ich an jene heran, aber doch: *ich muß*, wenn Roggevelde gearbeitet ist, *noch einmal* graphisch mich zusammenreißen. Zum Tod muß ich noch Blätter machen. Muß muß muß!

Vor einigen Tagen bei Hilde und Karl Reitz. Deman, Reitz und zwei andere spielten ein spätes Beethoven-Quartett. Den 3. Teil hat Beethoven »Dankgesang eines Genesenden« genannt. Der letzte war ursprünglich von Beethoven als Schluß für die Neunte gedacht, bevor er die Chöre aufnahm.

Februar 1927 Jeep ist für eine Weile hier bei uns. Sie beredet mich zu ihrem Pendeldoktor nach Kassel zu reisen. Ich tu es auch. Erst wollten wir zusammen fahren, als das nicht geht und sie direkt nach Bischofstein zurück muß, fahr ich allein. Der Pendeldoktor ist ein Dr. Heermann in der Hermannstraße 9. Ein Mann in den Fünfzigern, groß, mager. Wie ein abgemagerter Hindenburg aussehend, auch mit seiner niedrigen faltigen Stirn und den hochgebürsteten Haaren. Er diagnostiziert die Krankheiten eines Menschen durch Schwingungen eines Pendels, ähnlich einer Wünschelrute. Eine körperliche Untersuchung nimmt er nicht vor. Ich erzählte ihm all meine Leiden: Hautjucken, Verstopfung,

Herzklopfen, Müdigkeit. Er ließ den Pendel schwingen, der ihm verriet welche Drüsen in mir mit welchen im Streit liegen und sagte: »So, nun wissen wir, was Ihnen fehlt.« Er hat mir Einreibungen verordnet mit Drüsenextrakten. Nun wollen wir sehn.

Als ich abends in Kassel ankam, holte Aute Schreiner mich am Bahnhof ab und ich ging mit ihr zu den Leuten, wo sie jetzt die Kinder versorgt. Der Mann ist Architekt, 3 Kinder. Die Frau starb vor 3 Jahren, vor kurzem hat er wieder geheiratet, eine Verwandte der Frau, die jetzt aber auch krank und auswärts ist. Die Kinder sind Ulla, Andreas und Michael. Die Ulla lag noch wach und wartete auf mich. Ich fand sie auf ihren linken Arm gestützt im Bettchen. Dies Kind war mir das bei weitem Schönste in Kassel. Sie empfing mich freundlich und ruhig: »Ich hab gewartet bis Du kommst«. Dann erzählte sie mir vielerlei, immer ruhig, eins nach dem andern, mit leiser Kinderstimme. Sie ist 11 Jahre alt. »Ich knet nämlich auch« sagte sie und zeigte mir einen Hund, den sie gemacht hat. Aber ganz erstaunt war ich, als nachher der Vater ihre Plastiken zeigte, die er sich alle aufhebt. Fein, zart, aber nicht im geringsten süß, ganz ungemein gut. Besonders eine liegende Ziege, ein Eichenblatt, eine Kleinigkeit von Kiefernnadeln. Seltsam. Der Vater hebt sich sorgfältig alles auf.

24. Februar 1927

»Schaff das Tagwerk meiner Hände
Hohes Glück, daß ichs vollende.«

[Goethe]

Hohes Glück, *wenn* ichs vollende.

Sonntag, 26. Februar 1927 Heut letztes Schnabel-Konzert. Als letztes spielte er die letzte seiner Sonaten, c-moll op. 111. Wie bei op. 106 konnte ich wieder folgen. Die seltsamen Flimmertöne ergaben Flammen – eine Entrückung in Sphären, fast wie in der Neunten [Sinfonie] eröffnete sich der Himmel. Dann ein Zurückfinden. Aber ein Zurückfinden nachdem man des Himmels sicher ist. Klar – getrost – gut sind die Töne. Danke, Schnabel!

Beim Musikhören viel an Roggevelde gedacht. Wie man die Figuren stellt. Vielleicht die Mutter linke Heckenwand in der Mitte, den Vater gegenüber rechts?

Oder die Heckenöffnung nach rechts verlegen, den alten Zugang schließen. Dann hätten sie die Gräber mit den Kreuzchen nicht auf sich gerichtet, sondern sie ziehn gewissermaßen vorbei.

Oder den Mitteldenkstein fortnehmen lassen und beide Figuren in die Mitte bringen auf ein gemeinsames etwas erhöhtes Podium. Und zwar so.

Oder der alte Heckeneingang bleibt bestehn. Die Tür wird durch die beiden Figuren gebildet, durch die man hindurchgeht. Da der Teil des Ackers etwas tiefer liegt, könnte vielleicht der Eingang etwas gehoben werden. Die Figuren müßten ja doch auf einen halbhohen Sockel. Zwischen ihnen, wenn eine Tür sein muß, eine niedere Holzgittertür. Man geht über einen Stein, auf dem steht: Hier liegt schönste deutsche Jugend.

Die Mutter *jedenfalls* hat auf ihrem Sockel die Namen eingraviert von Peter bis Julius Hoyer.

[Ende März 1927] Am Sonntag 27. März den russischen Film »Die Mutter« nach dem Roman von Gorki gesehn.

[Mai 1927] 12. April bis 7. Mai Reise nach Ascona über Stuttgart, wo wir uns mit Thildi treffen. Besuchen Krayl (die vortreffliche Kopie der Freske aus Florentiner Kirche, von Stan gemacht).

Die Zeit in Ascona durchaus schön. Die Landschaft herrlich, frei ohne Süßlichkeit. Wir leben im Ristorante del Lago (Frau

Bergl). Der erste Eindruck von dem Leben der Goeschs da oben. Später erst merk ich, daß Gertrud so unglücklich ist wie je.

Die vielerlei Menschen, die wir da kennenlernten: Die Werefkin, Frick und seine Freundin, das schöne Fräulein Fellerer, Frau Frieda Gross, das Ehepaar Mayer, die kleine graziöse Frau Dr. Hausenstein, Frau Bergl, [Emil] Ludwig seine Frau Schwiegermutter Söhnchen. Vor allem Friedeberg, seine junge Wirtschafterin und Freundin. Deren Freundin Frau Bachrach, ihr Sohn, der junge Frick, Wolfskehl. Brigitte Landauer, der Chauffeur Cerosa. Stietencron und Fides. Vor allem das öftere Zusammensein mit Gertrud, Heinrich, den Kindern.

Das Verhältnis von Heinrich und Gertrud ist so traurig, daß man fast froh ist, wieder fortzukommen. Helfen kann man nichts.

Auf der Rückreise $1\frac{1}{2}$ Tage Zürich.

Die vielen Hodlers im Züricher Museum, das Stauffer-Bern-Porträt von Keller.

Am Sonnabend zurück, Sonntag nach Lichtenrade. Jördis jetzt in einer Nachdenkperiode. Wie der liebe Gott sie gemacht hat? »Du bist gewachsen.« »Wie, gewachsen? Hat er mich auf ein Beet gepflanzt?«

»Mutter, wie macht das der liebe Gott, daß ich zusammenhalt?« (sucht nach Nägeln) »Wie kann er das machen, daß er das Fleisch so um die Knochen gewickelt hat?«

Konrad find ich bei unserer Rückkehr sehr müde.

Kathrine Laessig sagte mir heut, daß sie schon vor einem Jahr beschlossen hätte zur Katholischen Kirche überzutreten und ins Kloster zu gehn.

Jeeps Brief über Heinz. Er hat 2 300 Mark von den Eltern verspekuliert.

Juni 1927 Zu meiner Verwunderung und Genugtuung lese ich im Corinth, daß er auch mit diesen fürchterlichen Depressionen zu tun hatte. Er beschreibt es genau wie es bei mir ist.

»Ein fortwährendes Streben mein Ziel zu erreichen, das ich in dem Grade niemals erreichte, hat mein Leben vergällt und jede Arbeit endete mit Depressionen, dieses Leben noch weiter führen zu müssen.«

»Liebermann sagte einst zu mir: Man muß alles haben, um zu sehen, wie nichtig alles ist. Mich stößt aber bereits alles ab und

Käthe Kollwitz 1927

ich will sogar das, was ich noch erreichen könnte, gar nicht haben, weil aus dem Errungenen schon der Ekel einen angrinst.«

»Ein Stück Selbstmordkandidat ist jeder Künstler.«

Mir aus der Seele beschreibt er den verzweiflungsvollen Zustand, wenn man arbeitet und arbeitet und *nichts* wird. Fast ein Jahr arbeit ich jetzt an meinem Selbstbild – es ist nicht zu beschreiben dieses ewige Hingehaltenwerden, dieses alle Tage Besserwerden und *nie* gut werden, diese unglaubliche und ungelohnte Zeitvergeudung mit dieser Sache, die schließlich ein x-beliebiger Plastiker besser macht als ich.

[13.] Juni 1927 An Karls Geburtstag kommen früh Hans und Ottilie und alle 3 Kinder. Abends Zusammensein in größerem Kreise. Ich wollte Karl mein plastisches Selbstbild schenken, hatte es auch schon hier in der Wohnung, aber es sah in dem andern

Licht grauslig aus, ich hab es gleich wieder weggesteckt. Zum Verzagen ist dieser Aufwand an Arbeit ohne daß ich es schaffe. Was für Zeit geht hin!

22. Juni 1927 Furchtbarer Traum, daß der kleine Peter Kollwitz gestorben ist.

Wahrscheinlich Nachwirkung eines Gesprächs mit Hans über den Geburtstagabend, als wir Teppichraten spielten und ich mit Ottilie riet. Damals karikierte ich ihr Wesen auf eine grobe taktlose Weise, mir selbst eigentlich unbegreiflich. Hörte nun vom Hans, daß es bei Ottilie immer noch kränkend nachwirkt. Es betrübte und beschämte mich. Hans war traurig.

»Auf so manches in der Welt
Lernt der Mensch verzichten.
Was vom Leben übrigbleibt
Sind Bilder und Geschichten.«

Mit diesem Goetheschen Verschen schloß heut der Kultusminister Becker seine Ansprache an Liebermann und eröffnete die große *wunderschöne* Ausstellung, die 100 seiner besten Arbeiten zeigt. Es war fein.

27. August 1927 Nach langen Wochen und Monaten heut zum ersten Mal an der Mutterfigur gearbeitet. Monate sind inzwischen hingegangen. Der Sommer brachte viel Zerstreuung. Mein 60. Geburtstag war sehr schön, aber ich möchte jetzt nicht viel von ihm schreiben. Nur kurz, daß Hans schon am Abend vorher da war, am 8. früh Ottilie mit dem Peterjungen, der dies Verschen aufsagte:

»Heut bist Du 60 Jahre alt
Denk mal – 10mal so alt wie ich
Und viele Leute kommen heut
Und freun sich über Dich.

Wir bring'n Dir, was wir können, mit
Und wolln uns mit Dir freun.
Daß Du heut 60 Jahre bist
Laß Dich nur nicht gereun.«

Die ganze Wohnung hat der Karl mit Rosengirlanden schmükken lassen. Das Deman-Quartett hat Beethoven gespielt und dann kamen viele Briefe und Telegramme und Menschen: Lise, Annie, Bernhards, Frau Kaiser. Gegen 2 Uhr Liebermann. Nachmittags die Kommunistenkinder und abends die Freunde. Langes fröhliches Zusammensein.

Die große Freude, daß das Reich und Preußen mir das nötige Geld für die Arbeit für Roggevelde geben will.

Die ganze Zeit erregte in mir, und das strahlte auch auf Karl und die Kinder aus, ein gesteigertes Gefühl von Bedeutsamkeit und Festlichkeit.

Dann kamen die andern Geburtstage.

Peters am 10. – ein Sonntag –, Ottiliens am 15. Da waren wir bei Kroll zusammen.

Am Tage drauf – Sonnabend-Sonntag – bei Tom in Flottstelle! Da war es sehr schön. Das Ständchen. Die heilige schöne Agnes.

Dann am 20. bei Liebermanns Geburtstag in Wannsee draußen zu seinem 80sten.

So vergingen die sonst stillen Sommerwochen recht bunt.

Zwischen dem 8. Juli und der kleinen Reise nach Hiddensee mach ich die beiden Zeichnungen für die Jugendlichen-Ausstellung. Der besoffene Vater, der die Familie bedroht, und der junge Mensch, der sich ans Bett der Halbwüchsigen schleicht und die *sieht* sein Geschlecht. – Diese Zeichnung haben sie nicht aufgehängt.

Vom 11.–22. August 1927 sind wir in Vitte auf Hiddensee mit den Kindern zusammen und das ist *wundervoll.* Tag für Tag.

Am vorletzten Tag sag ich zu Karl wie schön es ist, daß aber immer noch ein Tag dazwischenliegt, der Schmerzliches bringen kann. Das kam dann auch so.

Der Hans begleitete uns in unsere Stube und anstatt zu gehn fing er auf einmal an über sich zu sprechen. Der Junge ist nicht glücklich in seiner Arbeit. Immer und immer noch die alten Minderwertigkeitsgefühle, das Unausgefülltsein, die Sehnsucht nach etwas anderem, das hypochondrische Gefühl seinem Körper gegenüber. Nicht glücklich.

Der Karl spricht aus all seiner Güte zu ihm, hilft ihm vielleicht etwas. Aber der letzte Tag brachte den Stachel, der nun wieder in uns sitzt.

Ferien in Hiddensee 1927

Am nächsten Morgen früh das Abfahren mit dem Dampfer. Die 3 Kinder: »Großvaterchen, Großvaterchen, Großmutterchen!«

Das Gefühl der Liebe zu diesen 5 Menschen ist manchmal schmerzlich stark. Zu diesen Fünfen, zum Karl. Dann noch Lise, Georg, Konrad. Die andern kommen erst nach einem Abstand. Und von den 3 Kindern ist es doch der Peter, der uns zu allernächst am Herzen sitzt. Ich weiß nicht recht wie es kommt, daß um den Jungen Karl und auch ich manchmal in Sorge zittern. – Sein Gesichtchen sah so hold aus, wenn er an Karls Hand ging und den Geschichten zuhörte. Die weißen Haare, die roten Bäckchen, die kleine zarte Hand, die sich in unsere legt.

Das schöne nackte Körperchen.

Das Versteck- und Anschlagspiel an einem Sonntag in den Dünen auf Heiderose. All die Erwachsenen (Reitz, Hilde, Frau Fechter, Wolff) und die 4 Kinder (mit Clemens). Wie rannte die Ottilie und der Hans. Wie eine Penthesilea, dröhnend raste sie daher.

Lieb ist die Ottilie. Auch die Hilde ist lieb.

Nun gehts aber an die Arbeit. Zweierlei Arbeit liegt vor mir, die wichtigere, die plastische, und die Arbeit für meine Kollektivausstellung in der Winterakademie.

Theodor Stern stirbt in den ersten Augusttagen 1927 in Konstanz.

Grete Schöndörffer ist auf der Durchreise hier.

Konrad vertraut uns an, daß er schon längere Zeit zu einer Frau Beziehungen hat. Sie ist Berlinerin, Gastwirtsfrau, 40jährig, soll munter und wacker sein. Konrad macht mit ihr eine kurze Reise nach Globsow, kommt frisch und verjüngt zurück.

September 1927 Wundervolle Wochen. Gleichbleibende vorwärtsführende Arbeit an der Figur der Mutter für Roggevelde.

Die Rußlandreise steht im Hintergrund.

Ein fast unheimlicher euphoristischer Zustand schon durch Wochen.

[Oktober 1927] Anfang Oktober gänzlicher Sturz mit der Arbeit. Körperlicher Tiefstand. Herzklopfen.

Sehr langsames in die Höh Arbeiten.

[November 1927] *Dann Rußland* – Moskau.

Unterdes wird hier in der Akademie die Ausstellung eröffnet. In den beiden mittleren Räumen hängen meine Arbeiten. In Gruppen geteilt. Gradaus im Hauptsaal die Holzschnitte. Rechts die wichtigsten Radierungen. Links Litho. An den Schmalwänden frühe Zeichnungen. In dem vorangehenden Saal nur Zeichungen.

[Dezember 1927] Susanne Rupp-Friz stirbt am Montag 5. Dezember (unserer Mutter Geburtstag) in Königsberg. Von Hohenlychen auf ihren dringenden Wunsch fortgebracht, fährt sie im Krankenwaggon (von Lychen bis Berlin bei strenger Kälte ungeheizter Wagen!) mit einer Schwester nach Königsberg. Bei ihrem Aufenthalt hier sprechen wir sie noch. Um 6 Uhr früh kommt sie noch lebend an, um 9 Uhr stirbt sie.

Wegen ihrer großen Schwäche will sie ihre Mutter erst nicht sehn. Da sie immer schlechter wird ruft die Schwester Tante Anna. Die geht herein und kommt bald wieder heraus: »Schwester, meine Tochter *stirbt* ja.« Susanne wollte so gebettet sein, daß sie ins Freie sah. Sie hat Milch getrunken und sagte, die schmeckte viel schöner als je in Hohenlychen. Dann wollte sie

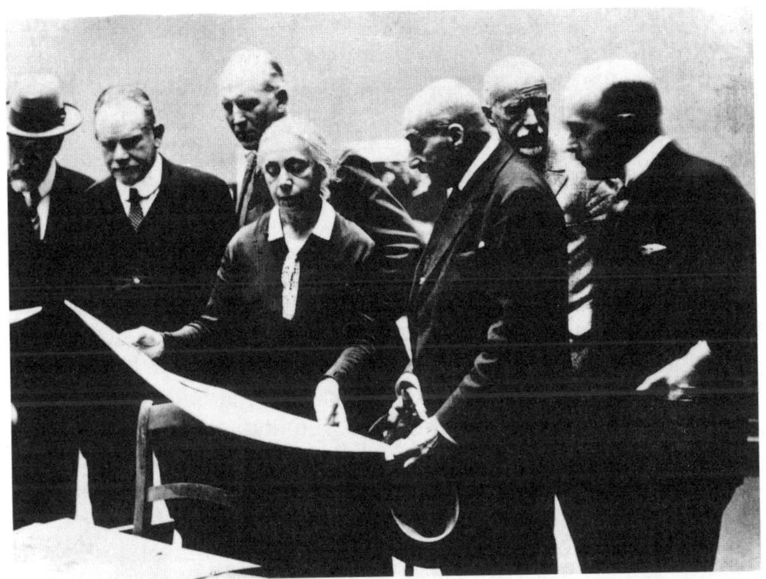

Die Jury für die Herbstausstellung der Preußischen Akademie der Künste bei der Prüfung der eingereichten Arbeiten; von links nach rechts: Philipp Franck, August Kraus, Käthe Kollwitz, Max Liebermann, Fritz Klimsch, Ulrich Hübner; 1927

einen Apfel »recht dünn geschält«. Dann hat sie die Tante Anna lang mit ihrem Blick umfaßt, mit immer weiteren Augen wie die Schwester sagt. Dann hat sie die Augen wieder nach draußen gewandt und ist so mit weitgeöffneten Augen ohne Kampf gegangen.

Die Schwester sagt, sie hat noch nie einen Menschen in solcher Fassung gesehn wie die Tante Anna. Sie kannte eben nicht Königsberg und die Freie Gemeinde.

Von den Jungen in den letzten Wochen merkwürdig fern. Zur Schwester geäußert: »Die finden ihren Weg, jetzt will ich meinen gehn.«

Der Weg, den sie gehen wollte, war: ihre Arbeit, die Gymnastik, Wenigbemittelten zugänglich zu machen. Ähnlich ihrem Freund Siegfried hoffte sie Geld durch öffentlichen Aufruf zusammenzubringen. Sie bat mich um Mithilfe mit einem Plakat.

Diese Pläne erfüllten sie noch auf der Fahrt nach Königsberg, also kurz vor ihrem Tode hat sie der Schwester noch davon gesprochen. Die Schwester sagt, in nichts seien Anzeichen gewesen, daß sie ihr nahes Ende fühlte. Ich glaube aber doch. Sonst hätte sie auch nicht ihren Willen aus der Anstalt heraus und nach Hause zu kommen gegen alle Hindernisse so unwidersprechlich durchgesetzt.

Erwin ist Eleve auf einem Gut in Ostpreußen, Walter ist noch auf der Schule. Er soll nicht allein in Ravensburg bleiben sondern nach Rostock oder Königsberg kommen.

Silvesterabend 1927 Im Jahr 1927 ist uns, Karl und mir, viel Gutes geschehn. Nicht nur, daß wir jetzt am Abschluß des Jahres noch zusammen sind, wir sind körperlich auch eher besser dran als ein Jahr vorher. Wir haben beide ganz gut arbeiten können. *Alles* in Ordnung ist natürlich doch nicht und das, was nicht in Ordnung ist ist dies, daß wir etwas stumpfer zueinander stehn. Aber die Traurigkeit, die Alterstraurigkeit vom vorigen Jahr hat nachgelassen. Das kommt von dem Wunderschönen, das wir gemeinsam haben erleben dürfen: im Frühling Ascona. Dann mein 60. Geburtstag mit all den Freuden, die er mit sich brachte. Dann Hiddensee mit den geliebten Menschen und dann Rußland. Moskau mit seiner andern Luft, so daß Karl und ich wie ausgelüftet zurückkamen. Das alles haben wir gemeinsam haben dürfen und dann noch die vielen guten Stunden und Tage mit Freunden, die vielen Stunden, wo wir so nah und eins uns fühlten. Viel Glück – danke, danke!

Dann hab ich das große Glück gehabt an der Figur der Mutter so arbeiten zu können, daß sie bald fertig sein wird. Gewiß, auch sehr viel Ärger und Niedergeschlagenheit, besonders mit meinem Selbstporträt, aber das ist doch in der Erinnerung versunken. Und die Ausstellung in der Akademie war gut und gab mir verstärktes Gefühl meiner selbst.

Und Sterns leben noch, wenngleich der Boden etwas unter ihnen schwankt. Der Konrad lebt, wenngleich mehr gealtert als gut ist. Es ist kaum zu glauben, daß er mit der Frau Veit noch so eine Art späten Liebesverhältnisses gefunden hat.

Aber die Susanne ist gestorben. Das ist furchtbar.

Auch der Theodor Stern ist gestorben. Aber er war 70 Jahre, die Susanne aber erst 46 Jahre und hat den Erwin und den Walter.

Die Fides Rüstow ist 1¼ Jahre bei uns. Manchmal hab ich sie sehr gern, aber manchmal ist sie mir gleichgültig.

Käthe Kollwitz, November 1927 in Moskau, im Kreise russischer Künstler und Schauspieler.

Dies Gleichgültigkeitsgefühl ist manchmal schlimm, es überzieht die Einstellung zum Leben.

Ach, wenn sehr was Schweres kommen sollte, dann wird es aus sein mit dem Gleichgültigkeitsgefühl.

Sehr viel von außen ist in diesem Jahr herangekommen, hat einen in etwas zerstreuter Tätigkeit erhalten, nicht Zeit und nicht Lust hat man zum Graben in sich gehabt.

Die Geliebten in Lichtenrade.

In der Silvesternacht sind Konrad, Karl, ich zusammen. Wir lesen einen Aufruf von de Man. Wir sind temperiert fröhlich.

Hans und Ottilie sind im Spreewald mit Tom und dem schönen Mädchen zusammen. Etwas verunglückte Partie, weil schlechtes [Wetter] ist.

Neujahrstag 1928 Hans und Ottilie noch im Spreewald. Wir sind in Lichtenrade, Peter macht Schlittschuhlauf-Versuche auf dem kleinen Tümpel.

Der junge Karl Meffert macht wegen eines neuen Diebstahls

Käthe Kollwitz mit Ricarda Huch

einen Selbstmordversuch. Ein Brustschuß. Er bleibt leben und wird in die Charité gebracht. Abschiedsbriefe an Vogeler und mich.

Bei der Familie Kuczynski zu Mittag. Mit Fides.

Zilles 70. Geburtstag.

Zusammen mit Frau Veit in einer kleinen Konditorei. Sie gefällt Karl auch mir gut. Eine lustige frische noch jung aussehende Frau, die Konrad »Kaninchen« nennt, wie er vor 60 Jahren genannt wurde.

Dann die Hochzeit von Karl Reitz mit Hilde. Karl vormittags Trauzeuge, abends Gieses, Fanny, Ottilie und Hans, Weises, das Deman-Quartett, wir, ein Bruder von Reitz, Architekt, und noch ein paar Leute. Nette Stimmung, Clemens immer dabei.

Fides liegt an kleiner Nierenbeckenentzündung.

Ich lerne Ricarda Huch kennen bei Marie Baum. Kehler und die Dr. Moritz. Bei Kaisers lerne ich Marianne Weber kennen.

[Januar 1928] Dieser ganze Monat vergeht ohne gute Arbeit. Lauter Kleinarbeit wie Lohntütenzeichnungen, Kaiserin-Augusta-Viktoria-Krankenhaus »Mutter mit Säugling«. Buchzeichnung zu »Strafgefangene« von Lenka von Koerber, Obdachlosen-Zeichnung für [die] Heilsarmee.

Das geht alles langsam und mühsam vonstatten. Ich bin faul oder müde, alles beides. Unzufrieden, daß ich die noch gute Zeit nicht an große Arbeit wende. Will Geld verdienen, weil ich nur auf diese Weise welches verdienen kann.

In der Schwebe ist es, ob ich eine Lehrstelle in der Akademie bekomme mit festem Gehalt und Atelier. Dann könnte Karl die Kassen aufgeben.

Ich hab wohl noch gar nicht notiert, daß seit Monaten Hans Schularzt ist. Es scheint er ist es gern. Verhältnismäßig.

Ottilie hat kurz vor unserer Rußlandreise einen Abort. Operation durch Karl in letzter Stunde. Liegt bei uns. Will durchaus noch ein Kind haben und macht sich Gedanken, daß sie keins mehr kriegen könnte.

6. Februar 1928 Heute wär Peter 32 Jahre geworden. Mittags ist Hans hier. Hans ist froh in seiner neuen Stellung als Schularzt.

Gestern am Sonntag waren Karl und ich in Neu-Ruppin bei Annie Karbe und Lise Ebell. Am Sonnabend abend sind wir mit Hans und Ottilie im Kabarett der Komiker (Valentin).

Dies ist das letzte Gedicht vom 75jährigen Rosegger:

»Gutenacht Ihr Freunde
Ach, wie lebt ich gern
Daß die Welt so schön ist
Dank ich Gott dem Herrn.
Daß die Welt so schön ist
Tut mir bitter weh,
Wenn ich schlafen geh.

Ach, wie möcht ich cinmal
Noch von Bergeshöhn
Meine süße Heimat
Sonnbeleuchtet sehn
Und den Herrn umarmen
In des Himmels Näh
Eh ich schlafen geh.

Wie man abends Kinder
Ernst zu Bette ruft
Führt der Herr mich schweigend
In die dunkle Gruft.
Meine Lust ist Leben
Doch sein Will gescheh
Daß ich schlafen geh.«

März 1928 Ottilie ist in Psychoanalyse bei Frau Toni Sußmann. Hans hatte es selbst gewünscht, aber nun wo es ist, wird er schwer verstimmt. Eifersucht auf alles mögliche, Befürchtung daß Ottilie sich ganz verändere und nicht mehr das behält, was er liebte: »gewisse kindliche Züge«, daß sie sich von ihm entferne. Beide verstimmt.

Katta und Walter Herrendoerfer haben endlich geheiratet. Er wieder in Hamburg sie ist noch hier.

Regula hilft Karl in der Sprechstunde als Assistentin.

Frau Kawerau war hier und lud wieder etwas ab. Merkwürdige eheliche Verhältnisse. Sie hatte ihre Hauptliebe vor der Ehe, behält diese Liebe – ohne Betätigung derselben – auch bei bis jetzt zu. Ehe eingegangen mit vollkommener gegenseitiger Geschlechtsfreiheit. Er macht wiederholt Gebrauch davon, sie nicht. Mit 50 Jahren tritt ihr ein junger Mann nahe und sie entschließt sich zum Verkehr mit ihm. Ihr Mann wird jetzt seinerseits eifersüchtig, trotzdem er ihr sagt, sie solle mit dem andern verkehren. Sie weiß richtig seine Gründe, nämlich: dann sind wir quitt. Sie teilt ihrem Mann von dem Umgang mit dem andern nichts mit.

15jährige höchst merkwürdige Tochter, konzentrierter Fides-Fall. Die 15jährige verliebt sich nun in den jungen Mann.

Frau Kawerau mit ihrem mystischen Mitklingen mit den Schicksalen anderer.

Vor 2 Jahren im Frühling. Sie kocht. Plötzlich das Gefühl sie muß in den Grunewald. Wird so stark, daß sie das Essen auf dem Herd stehen läßt und losläuft. Im Grunewald weiß sie nicht wohin. Ein Mann auf sie zu und fragt, was sie sucht? Sie: Das Wasser. Er: Das ist nicht wahr. Sie suchen mich.

Bleiben zusammen, er erzählt ihr alles haarklein, hat Revolver bei sich um sich zu erschießen. Sie bringt ihn noch nach Hause, es zeigt sich, daß sie und er dasselbe Geburtsjahr und -Datum haben. Ähnlich merkwürdige Sachen passieren ihr andauernd. Immer rettet sie jemand das Leben, seelisch oder körperlich. Als sie zu mir kam und an der Elektrischen steht, läuft jemand über den Bahndamm gegen ein Auto, wird von diesem hochgeworfen und fällt so runter, daß er sich nicht den Schädel zerbricht sondern an Frau Kawerau aufschlägt. – Von einem ihrer Kinder erzählt sie, das merkwürdige Rückerinnerungen an ein früheres Leben zu haben schien.

Die Frau ist klein und gänzlich unscheinbar, hat nur freundlich und schön blickende hellblaue Augen.

Hat etwa 5 Kinder und ebenso viele Aborte gehabt.

Der junge begabte Karl Meffert. Arbeiterjunge, schlechte eheliche Verhältnisse. Mutter stiehlt. Er stiehlt auch und kommt in Fürsorge. Wie ich ihn kennenlerne macht er sehr begabte Linoleumschnitte. Dora Schröder schickt ihn zu mir. Er ist jung verheiratet, hat ein kleines Kind. Er macht treuherzigen etwas weichen Eindruck auf mich. Vor einigen Wochen bringt ein Schupo einen Brief an mich von ihm, er nähme sich das Leben. Er hätte gestohlen und es ginge nicht, daß sein Kind usw. Auch an Heinrich Vogeler Brief. Er ist nicht tot, wird in Charité eingeliefert. Er wird gesund und kommt heraus. Bleibt einstweilen auf freiem Fuß. Vogeler und Frau Sonja nehmen ihn bei sich auf, sorgen für ihn. Zwischen ihm und Sonja entwickelt sich ein erotisches Verhältnis. Wiederholte epileptische Krämpfe. Wieder in der Charité, diesmal psychiatrische Abteilung.

Agnes Smedley gibt mir einen Zeitungsaufsatz, in dem sie von ihrem Leben berichtet. Eine Kindheit und Jugend voll fürchterlichster Not. Später Liebe, viel Beziehungen zu Männern aber keine Ehe, kein Kind. – Smedley ist mir sehr sympathisch, war es seitdem ich sie kennenlernte.

Es sind mit die *feinsten* Freuden des Lebens, die Freuden an Menschen und das mit ihnen Sympathisieren. Liebe oder Verliebtheit braucht da gar nicht mitzuspielen. Ich weiß, daß ich einige Male in späteren Jahren dieses feine Gefühl haben durfte und es sehr bewußt als beglückend wertete, aber merkwürdigerweise sind mir jetzt nicht die Menschen so gegenwärtig, die dies Gefühl auslösten. Es gehörten zu diesen Menschen wohl: Bonus, Goesch, Geyso, Paga, Frau Kawerau, Smedley, Stan, Frau Kalmikow, die Werefkin, vor allem die Lise – trotz Blutsverwandtschaft.

Sehr selten steh ich zu jungen Menschen so, keinen einzigen Fall wüßte ich. Es ist da immer Arbeit mich zu ihnen hinzufühlen, man merkt so den Generationsunterschied. Ihre Erlebnisse sind mir nicht interessant; sie wären es wohl – vielleicht – wenn sie sich öffneten, aber das tun sie ja nicht.

Fides [Rüstow] ist mir eigentlich ganz fern. Der junge Opanos, der ist mir interessant auch lieb.

[Ende März 1928] Am 29. März 1928, an Vaters Todestag, bin ich in Lichtenrade, weil Hans krank ist. Wie ich nach Hause gehe begleitet mich Ottilie. Sie spricht von Hans und sagt, sie könne es nicht vertragen kommandiert zu werden. Und dann kommt eins nach dem andern. Sie sagt, Hans hätte ja wohl die Vorstellung, sie führten eine leidlich gute Ehe, aber sie selbst sei unglücklich. Hans wäre egoistisch, ohne wirkliche Liebe für sie und die Kinder. Rücksichtslos, nur für seine Arbeit interessiert, vor allem aber egoistisch. Sie kenne keinen so egoistischen Menschen.

Anknüpfend scheint ihre Einstellung an den Abort im Herbst. Hans hätte das Kind nicht gewünscht, hätte sie nicht geschont, hätte indirekt den Abort herbeigeführt. Dann hätte er sie unvernünftig und uneinsichtig in ihrer Blutung vernachlässigt, so daß sie ohne Vaters Eingriff hätte verbluten können.

Das alles kam unter halbem Weinen heraus.

Hans selbst sagte mir vor Wochen, daß Ottilie den Abort immer noch nicht verwinden könne, daß sie ganz schwere melancholische Zustände habe, ja daß sie mitunter sich mit Gewalt vom Gashahn entfernen müsse.

Einige Tage nach diesem Gespräch mit Ottilie. Die niederdrükkende Wirkung läßt allmählich nach.

Morgen reisen sie und Hans nach dem Gardasee.

Ich arbeite am Kopf und oberen Teil der Mutter. Es geht im ganzen langsam vorwärts. Um ein Blatt zu finden, nahm ich die Mappe herab, in der die zeichnerischen Arbeiten für die erste große Arbeit für Peter sind. Wie ich aufschlug stand da: »Peter«. Und wie ich Blatt für Blatt ansehe, kommt überwältigend jene Zeit mir nahe. Jene Zeit, in der ich ganz im Peter *lebte.* Vom Morgen bis zum Abend. Wo er mich umgab, mir ganz nah und gegenwärtig war, wo Schmerz, Liebe, strömende Liebe und Sehnsucht mein Mantel war, der mich ganz umhüllte. Wo ich *weinte.*

Das alles war mit einmal da beim Aufmachen der Mappe, schmiß mich hin und riß mein Herz noch einmal auf.

Am Nachmittag dieses Tages sprach Ottilie zu mir über Hans.

April 1928 Ich hatte Lise gebeten mir etwas zu sitzen zum Kopf der Mutter. Glaubte nun genau zu wissen, was nötig wäre. Aber ich kam doch nicht weiter. Mit einemmal fiel mir mein Selbstbild in Gips ein, das seit ¾ Jahren noch nicht wieder ausgepackt im Atelier steht. Ich wickle es aus und jetzt fällt es mir wie Schuppen von den Augen, daß mein eigener Kopf doch gut zu brauchen ist und daß ich nach dieser überlebensgroßen Studie arbeiten kann.

11. April 1928 Ununterbrochenes gutes Arbeiten an der Figur, dann plötzliches Einsetzen einer Grippe. Herzklopfen und Schwäche.

21. April 1928 erhalte ich die Nachricht, daß das Ministerium mich zur Vorsteherin eines Meisterateliers für Graphik einsetzt. Gutes, großes Atelier, schönes Gehalt, aber freilich Lehrverpflichtung.

Jetzt kann Karl die Kassen aufgeben.

Karl ist wirklich der liebenswürdigste Mensch, den ich kenne. *So was* von Freude, kindlichster jungenhafter Freude. Das ist entzückend.

Unser Peter hatte das geerbt und vielleicht auch der kleine Peter. Der kann sich auch so unglaublich freuen.

Die Kinder streiten darüber, wer irgendeine Sache kaputtgemacht hat. Peter sagt mit großer Bestimmtheit, er sei es nicht gewesen. Darauf Jutta: »Hört mal alle zu! Wenn Peterchen sagt, er ist es bestimmt nicht gewesen, dann glaube ich, daß er es gewesen ist.«

Alle, auch Peter, hören mit sachlichem Interesse diesem Urteilsspruch zu.

30. Dezember 1928 Seit meiner Krankheit im April nichts aufgeschrieben durch das halbe Jahr. Es liegt in dieser Zeit meine sehr langsame Genesung und Aufenthalt mit Karl in [Bad] Elster. Das sind sehr schöne Wochen. Wir sind uns ganz nahe, ich hänge an ihm wie ein Säugling an der Mutter.

Dann 10 Tage Nachkur in Kloster auf Hiddensee im »Haus am Meer«. Karl begleitet mich hin und wir sind an Peters Geburtstag in Vitte mit den Kindern zusammen. Dann reist er wieder zurück sehr schweren Herzens. Die kleine Jutta ist immer bei ihm. Ich lerne Coudenhove und seine Frau kennen. Schöne Tage. Ich *fliege* nach Stralsund zurück.

Mahnmal (2. Periode), Mutter (1930?), Gips. »Mit einemmal fiel mir mein Selbstbild in Gips ein ... und jetzt fällt es mir wie Schuppen von den Augen, daß mein eigener Kopf doch gut zu brauchen ist und daß ich nach dieser überlebensgroßen Studie arbeiten kann.«

In Berlin tastendes Hineinversuchen in die Arbeit. Erst Atelier in der Akademie einrichten. Sehr schön. Diese Weiträumigkeit. Das große Atelier für Plastik, das kleine für Graphik. Die erste Arbeit, die ich vornehme, ist das Revolutionsblatt für die Leipziger Sozialdemokratie.

Dann wird die Vaterfigur aufgebaut. Die Figur der Mutter, in Gips ausgedrückt, wird aufgestellt. Enttäuschung. Langsames Herangehen und weit ausholendes Weiter- und Durcharbeiten in Gips, Vergrößerung der Figur nach unten.

Zwischenein kleine zeichnerische Arbeiten: für »Menschen der Tiefe« (London) Titelzeichnung. Für »Nie wieder Krieg!« (Ernst Friedrich) Titelzeichnung. Für »Verein für Originalradierung« kleine Platte: Mutter mit Jungen, dem sie abzubeißen gibt. Auch die »Schwatzenden Frauen« versuche ich.

Mahnmal (2. Periode), Vater (1930?), Gips. »Die Figur des Vaters hab ich lange zugedeckt stehn gehabt. Am Sonnabend deckte ich sie ab. *Sie war nicht gut.* Sie war gewissermaßen technisch fertig hatte aber keine Seele ... Ich war sehr erschreckt und begann gleich den Umbau. Den Kopf schnitt ich ab, die Arme ab. Versuchte sie über die Brust zu legen, was ich früher schon versucht, aber wieder verworfen hatte.«

Die Augen tun weh. Ich gehe zu Fehr und er meint, daß er an meinem rechten Auge die ersten Anzeichen einer beginnenden Hornhauterkrankung feststellen muß.

Danach Schonen der Augen.

Bin zur Zeit *wieder* an meinem plastischen Selbstbild, fluchend und schimpfend, denn die damit vertane Zeit steht nicht im Verhältnis zu der Wichtigkeit des Objekts. Doch komm ich nicht los, jeder Tag endet mit neuer Illusion und jeder nächste Tag beginnt mit wütender Depression.

Meine 3 Schüler: Am interessantesten die Elisabeth Voigt. Dann Ruth Michaelis-Koser, dann der junge Boese. An seiner Stelle würde ich gern Karl Meffert hereinbringen.

Im Jahr 1928 hab ich viel Arbeitsunterbrechungen gehabt.

Und – was auch wieder mit dem anfälligen Körper und dem Schonen zusammenhängt – immer etwas zurückgehalten.

Die nächsten lieben Menschen sind noch alle da. Susanne ist fortgegangen. Dann ist die noch so junge Hanne Hasse, die Tochter von Sella Hasse, an der Schwindsucht gestorben.

Der Theodor Stern. Oder starb der schon 1927?

Geboren ist die Lise Wertheimer. Ist der kleine Pigour.

Der Konrad wird immer gelähmter mit seinem Bein. Mit der Fähigkeit zur Arbeit ist es noch unverändert.

[6. Februar 1929] Am 27. Januar fällt er [Konrad] auf der Straße hin und bricht linken Oberarm. Er nimmt es mit viel Fassung, Geduld und innerer Liebenswürdigkeit hin. Daß er nun darauf angewiesen ist, daß ich ihm behilflich bin, macht unser Verhältnis wieder vertrauter und wärmer. Er hat eine ungemein gute Art sich helfen zu lassen. Wie er überhaupt ein innerlich kultivierter Mensch [ist], der gern fröhlich ist und *so* bescheiden. Aber Wärme braucht er auch.

Der Januar 1929 bringt Grippe bei uns allen. Es ist ein strenger Winter, ein schöner Winter, aber wir empfinden ihn als schwer. Auch in Lichtenrade langer Grippenzustand.

Anfang Januar entschließe ich mich die lang verdeckte Figur der Mutter wieder anzusehn nach den wesentlichen Veränderungen der Vergrößerung und anderm mehr. Ich habe Angst davor. Aber dann bin ich ruhig und recht froh, denn sie ist wirklich $^4/_5$ fertig. *Was* daran noch zu machen ist, muß freilich *ich* machen. Der Kopf ist noch nicht *ganz* gut. Ich muß daran gehn, wenn ich mal in guter Arbeitsverfassung bin. Einstweilen hab ich zufrieden die Figur wieder zugemacht und bin an die Vaterfigur gegangen, von der ich annehme, daß sie mir rascher von der Hand gehn wird. Ich war ganz gut im Zuge, da bekam ich wieder eine starke Erkältung, mußte wieder abbrechen. Heut am 6. Februar, an Peters Geburtstag, wollte ich so arbeiten. Kann aber nicht.

10. Februar 1929 Immer noch elender Zustand. Nicht möglich zu arbeiten.

[16. Juli 1929] Ein Psychochirologe sagt mir heute am 16. Juli 1929 aus meiner linken Hand, daß meine Entwicklung noch ganz im Fluß sei.

Unter anderm sagt er mir (er behauptet wenig von meinen Arbeiten zu kennen und nichts von meinem Persönlichen), daß in die Zeit von meinem 44. bis 48. Jahr ein allerschwerstes Erlebnis gefallen sei, daß mich fast zerbrochen hätte, später aber Antrieb zu neuer Entwicklung geworden wäre.

Starker religiös philosophischer Einschlag. Verschiedenheit der Eltern.

Letzter [31.] Juli 1929 Bis zur nächsten Frühjahrsausstellung in der Akademie muß ich die beiden Figuren zeigen können und jetzt übers Jahr, also zur Zeit des Kriegsausbruchs oder zur Zeit als Peter fiel, müssen die Figuren auf dem Friedhof aufgestellt werden!

Goethe: Was Kunst ist: »Der stete lebendige Bund, nämlich zwischen den Augen des Leibes und den Augen des Geistes.«

[22. Oktober 1929] Am 22. Oktober kommt Hans und bringt Rosen. Ich habe den Tag vergessen. –

Vor zwei Tagen waren Froböses bei uns. Sie haben ihr einziges Kind, einen Prachtjungen von 12 Jahren, verloren. An einer Kohlenoxydvergiftung in der Badestube. Wir dachten an unsern Peter. Aber der ist jetzt 15 Jahre tot und heut vergeß ich, daß sein Todestag ist. Doch bin ich an der Arbeit für ihn.

Die Figur des Vaters hab ich lange zugedeckt stehn gehabt. Am Sonnabend deckte ich sie ab. *Sie war nicht gut.* Sie war gewissermaßen technisch fertig hatte aber keine Seele. Was gefestigte Sammlung ausdrücken sollte, war Fertigkeit. Ich war sehr erschreckt und begann gleich den Umbau. Den Kopf schnitt ich ab, die Arme ab. Versuchte sie über die Brust zu legen, was ich früher schon versucht, aber wieder verworfen hatte. Dann kam der Sonntag. Am Montag konnte ich auch nicht heran. Erst heut am Dienstag deckte ich wieder die Figur ab und bin an der Umarbeit. So bin ich *doch* am 22. bei Dir gewesen, Peter.

[Ende 1929] Nichts über die Reisen dieses Jahres aufgeschrieben. Im Frühling waren wir in Glion oberhalb Montreux. Es war sehr schön. Aber zuletzt kam eine merkwürdige Verstimmung auf und hielt lang an. Auch noch hier in Berlin. Bei allem Wissen darum, daß man sich lieb hatte, eine gegenseitige Müdigkeit und Kühle. Karl schien mir verändert. Das Schönste an ihm, die Liebe

und Wärme, der impulsive Ausdruck davon, trat zurück. Er veränderte sich. Das hielt den ganzen Sommer an bis zum Herbst. Da machten wir eine kurze Reise an den Rhein und da war er endlich ganz der alte. Er meinte, *ich* wäre anders, seine Art wäre Reaktion auf meine. Kann sein, aber es war unerfreulich. Das Altwerden ist an sich schlimm – Liebhaben erleichtert es. Ohne Liebhaben ist Altwerden trostlos. Konrad geht neben uns her. Körperlich hat er es schlimmer als wir, sein Leiden nimmt zu. Er hat zum Glück die Frau Betty Veit.

Hans war in Rußland während wir am Rhein waren. Er kam sehr angeregt zurück. Es ist eine solche Freude wenn er so ist, so gespannt und lebendig. Jetzt ist er schon wieder etwas zusammengeschnurrt.

Um den 1. November rum schon wieder kleines Kranksein. Karl schlimmer krank.

Ein Aufsatz über Goethe, psychoanalytisch gesehn: Goethes Vater aus kinderreicher Familie. Ein Onkel notorisch verrückt, ein anderer minderbegabt, der Vater leer und sonderlich.

Goethes Schwester Cornelie frigide, melancholisch. Goethes Sohn August – ist er an einer Gehirnkrankheit in Italien gestorben? Die Enkel Sonderlinge. Ausgestorben.

Ein moderner Eheberater hätte den Eltern Goethe sicher die Ehe abgeraten.

5. Februar 1930 Als erste Eintragung soll stehen, daß Ottilie wieder ein Kind erwartet und sehr froh ist darüber. Aber es ist Sorge dabei. Bei der Untersuchung zeigt sich, daß sie ein Myom hat und jetzt weiß man nicht, ob sie ohne Gefahr das Kind austragen kann.

Am Sonntag nachmittag war ich allein dort, Karl hatte Arztdienst. Wir drei saßen in der Wohnstube. Da sagte Hans, daß er wieder dichtet. Nach vieljahrelanger Pause geht es plötzlich wieder los und zwar so, daß es nachts kommt, ganz eruptiv, mit großen Erregungen verbunden. Als Gründe, weswegen es so plötzlich wieder eingesetzt hat, gibt er vor allem die Analyse durch Frau Sußmann an. Dann der Abend mit Däubler und schließlich wohl das Beeindrucktsein durch eine junge Frau, mit der er auf dem Sozialistischen Monatshefte-Ball zusammen war. Er las eine Reihe seiner Gedichte laut vor, sie waren mir fremdartig, aber schienen stark. Ich müßte sie wiederholt hören um etwas über sie sagen zu können. Es ist bei mir ein Druck von etwas Unheimlichen zurückgeblieben, nicht so sehr von den Gedichten als von Hans' Aufgerührtsein. Ich fürchte eine *Über*spannung. Auch bei Ottilie hab ich es gefürchtet, aber bei Hans mehr. Es kann alles sehr gut werden, aber es droht etwas.

Februar 1930 Die Kinder sind in gutem Zustand.

Jutta fing mit dem Beten an, jetzt machen Jördis und Peter es nach. Neulich ist Ottilie zum Gutenachtsagen bei den Mädels drin. Hans nebenan bei Peter. Jutta sagt zu Ottilie: »Die Herren beten.«

Bei Sterns sieht es nicht sehr gut aus. Georg hat seine schweren Müdigkeiten, Lise hat eine Hämorrhoidaloperation durchgemacht und kann sich schwer erholen. Sie sind jetzt beide im Gebirge.

Karl leidet unter seinen Katarrhen. Konrad hat Hoffnung, daß er durch peinlichstes Einhalten der Kurvorschriften des Dr. Gericke seiner Krankheit steuern kann.

Mir geht es mäßig. Mit der Arbeit der großen Figur des Vaters langsam sehr langsam vorwärts. Sie im Herbst in Roggevelde zu haben ist schon wieder aufgesteckt. Wann?

Barlachs Gefallenendenkmal Magdeburg gesehn. Nur Foto. *Ganz starker* Eindruck. Der hats gekonnt.

Der Rechtsanwalt Paul Levi ist tot.

[17. Februar 1930] Der Heinrich ist tot.

Heut am 17. Februar bekommen wir die Nachricht. Eine Diphtherie gehabt. In wenigen Tagen. Gertrud soll ihn gepflegt haben. Sie war vorher im Binswangerschen Sanatorium. Stietencron ist noch im Sanatorium.

15. März 1930 Gertrud war zwei Wochen bei uns. Sehr vieles zu bereden gewesen. Jetzt ist alles so geordnet, daß die beiden Kleinen in Moscia sind unter Oberleitung von Fides und der Betreuung von Käthe Globig, die ihre 3 Kinder auch da hat. Für Manon sorgen Goeschs, sie bleibt einstweilen bei Lisa Goetz. Für Gertrud sorgen einstweilen Sterns, Wertheimers und wir. Sie bleibt in ihrem kleinen Besitz in Ronco. Ob sie dort vermieten wird – vielleicht. Eine Schreibmaschine hat sie mitgenommen. Alle Woche soll sie ihre Kinder sehn.

Gertrud war bis auf einen Tag gefaßt, fast heiter. Am letzten

Tag erst erzählte sie mir noch manches, was aber ihr rätselhaftes Wesen wenig erhellte. Spreche ich mit ihr, dann beurteile ich Fides als hart, spreche ich mit Fides, dann kommt mir Gertrud unbegreiflich vor. Fides möchte nicht Partei gegen ihre Mutter sein, ist es aber doch. Nach ihren Berichten hat Gertrud seit 6 Jahren ohne Eheverkehr neben Heinrich gelebt aus keinem Grunde. Sie hatte sich schlagartig in einen Menschen in Ascona verliebt. Das war, als sie von Ronco nach Lichtenrade kamen. Ihre Ablehnungszeiten gegen [Heinrichs] Gegenwart und Sehnsucht nach dem [anderen] Mann wurden mitunter so stark, daß sie zu Hause unbrauchbar wurde, auch die Kinder vernachlässigte. Heinrich litt, alles litt, Fides riet ihr, für Monate nach Ascona zu gehen um abzureagieren. Sie tat es. Gertrud nannte es: »Fides warf mich raus«. Dann nahm Heinrich die Stelle in Dresden an, hatte Beziehungen zu Frau Tillich und in letzter Zeit zu Frau Globig, die er heiraten wollte.

Ob Gertrud eifersüchtig war und wie sehr weiß ich nicht. Sie hatte, als sie Stietencron kennenlernte, den gebeten sie zu beraten. Sie verliebte sich dann toll in Stietencron, die Liebe zu dem andern hörte auf. Stietencron war damals noch nicht mit Fides verbunden. Es hat Gertrud sehr gekränkt, sagt sie, daß Heinrich, Stietencron und Fides eng zusammenhielten und sie ausgeschaltet war. Stietencron und Fides heirateten dann, Fides bekam ihr Kind, den Jürgen, im Winter 1929. Stietencron kam von seiner Reise nach Japan krank zurück oder erkrankte bald danach. Er führte Fides in das Geschäftliche ein und gab ihr Vollmacht. Vor jetzt mehreren Monaten kam er in die Binswangersche Heilanstalt. Ein Versuch, ihn herauszulassen, mißlang. Fides führte seine Geschäfte weiter und Heinrich trat aus seiner Dresdener Stellung aus, um Fides mitzuhelfen. Nach einer Reise in Geschäften nach London und Paris traf er mit Fides in St. Anton im Engadin zusammen. Er wurde krank und Käthe Globig brachte ihn in Konstanz zu einem Arzt. Dieser verkannte die Diphterie, er wurde ins Krankenhaus überführt, er starb. Bei ihm waren Gertrud, Käthe Globig; als er starb war er ganz allein. Fides mit den Kindern wurde hingerufen, von hier fuhr Fritz Goesch. Bei der Beerdigung sang Fides sein Lied zum Hebbelschen Abendgefühl:

»Friedlich bekämpfen
Nacht sich und Tag

Wie das zu dämpfen,
Wie das zu lösen vermag.

Der mich bedrückte
Schläfst du schon Schmerz?
Was mich beglückte
Sage, was wars doch mein Herz?

Freude wie Kummer
Fühl ich, zerrann
Aber den Schlummer
Führten sie leise heran.

Und im Entschweben
Immer empor
Kommt mir das Leben
Ganz wie ein Schlummerlied vor.«

Seltsam ist, daß Heinrich immer wenn er von einem hörte der starb, gesagt hat, eigentlich beneidet er ihn. Zu Gertrud sagte er diesmal: »Am liebsten würde ich ja abkratzen, aber es ist zu viel zu tun.«

März 1930 Das Wort Jesus' an seine Mutter: »Weib, was habe ich mit Dir zu schaffen?« soll nach neuen Forschungen zu übersetzen sein: »Es fließt etwas zwischen Dir und mir.«

Ferner soll die Auferstehung des Fleisches zu übersetzen sein mit »Auferstehung der Persönlichkeit«.

Konrad ist durch einen Schwindler sein ganzes Spargeld, bestehend in 1000 Mark abgenommen. Konrad hat sich, trotzdem wir ihn dauernd warnten, unerhört weltdumm benommen. So etwas von Vertrauensseligkeit ist mir noch kaum vorgekommen.

April 1930 Die Jakimowa und Igor Jakimow kommen in mein Atelier und ich faß mir ein Herz und zeig ihnen beide Figuren. Es schien, daß sie den Eindruck hatten, den ich gehofft hatte. Es regte mich sehr auf. Der Gedanke, mit dieser Arbeit in einigen Monaten wirklich zum Ende zu kommen, ist erregend. Bis vor kurzem noch arbeitete ich wie auf ein Zukunftsziel los und jetzt mit einem Mal steht das Fertigsein vor der Tür, d. h. im Herbst. Ein euphorischer Zustand schloß sich an, der aber jetzt in eine Stumpfheit umzuschlagen beginnt.

Der Georg war in den letzten Wochen krank, so daß man sehr in Sorge war. Jetzt erholt er sich wieder.

4. August 1930 Monatelang nichts aufgeschrieben.

Gestern Sonntag holen Karl und ich Peter vom Stettiner Bahnhof ab von Klatts in Prerow. Der Junge ist verändert, er sieht einen nicht offen an, macht einen etwas dösig müden Eindruck.

Wir bringen ihn heraus. Ottilie und die Mädels holen uns ab. Sein Fahrrad wird ihm gezeigt, er freut sich, wirkt aber zu müde.

Abends fährt Karl zurück, ich bleibe die Nacht bei Ottilie.

Als ich am nächsten Mittag nach Haus komme, spricht Karl mit Peter am Telephon. Er zeigt mir dann einen Eilbrief von Frau Klatt. Sie schreibt, daß Peter geklaut habe, sowohl Geld, was man ihm aber nicht habe beweisen können, wie auch einen Seeigel, der dem kleinen Mädchen Klatt gehörte und an dem sie sehr hing. Peter leugnet alles Karl gegenüber mit Sicherheit und Geläufigkeit am Telephon ab.

Wir kommen überein, Ottilie nichts davon zu sagen, sondern erst mit Hans zu sprechen, wenn er zurückkommt. Peter bezeichnet Edith Klatt als »streng« und »nervös«. Seine Briefe aus der letzten Zeit hatten nicht glücklich geklungen.

Als ich gestern Abend mit Ottilie sitze spricht sie von vielerlei. Spricht davon, daß sie nicht möchte, daß Kathrine Laessig die Kinder betreue, falls ihr was zustieße.

Viel Nettes von den Kindern. Als Ottilie und Hans den Kindern Mitteilung machen wollten vom neuen Kinde, wählt Hans, »weil er doch immer etwas die Feierlichkeit liebt«, dazu einen Familienspaziergang durch die Felder. Sagt: »Kinder, wäre es nicht wunderschön, wenn Mutter nochmal ein Kind bekäme?« Schweigen. Peter blickt etwas zu Ottilie hin, lächelt etwas. Jördis mit tiefer zorniger Stimme: »Aber Vati – wir wollten doch endlich mal über was Ordentliches sprechen.« Jutta: »Nein, ich hab an den beiden genug.« Nach diesem Fiasko wurde die Aufklärung verschoben. Später, als Ottilie immer Kinderwäsche nähte und die Kinder sie fragten, warum nähst Du bloß usw.? sagte sie es ihnen, den Mädels, daß sie im September ein Geschwisterchen haben würden. Die liefen raus und erzählten es Peter: »Das glaube ich nicht, woher sollte sie das wissen?« Dann freudiger Singsang durchs ganze Haus, daß Mutti ein Kindchen haben würde.

Früher schon hatte Ottilie, als die Mädels sie fragten, wie ein

Kind kommt, gesagt: es käme aus dem Leib. Jördis: Sie möchte nie ein Kind aus dem Bauch haben. Ihres solle »aus der Welt« kommen.

So auch jetzt zeichnen sie, trotzdem sie alles genau wissen, den Vorgang: Bei Jutta bringt der Storch das Kind, bei Jördis liegt die Mutter im bunten Bett, am Bett in der Mitte der Arzt mit hohem Hut, in einer Hand die Medizinflasche, in der andern den Löffel. Die Mutter empfängt das Kind, das aus der Luft ihr zufliegt, zugeworfen wird gewissermaßen.

Jutta fragt Ottilie bis ins Detail nach allem was in ihrem Leib vorgeht. »Wie kommt das Kind heraus?« Ottilie: »Nun, wie denkst Du Dir das?« Jutta: »Dir wird der Bauch platzen.« Ottilie, die als Kind auch vor dem Bauchplatzen Angst gehabt hat, erklärt ihr, spricht davon, wie die Teile sich dann allmählich öffnen und das Kind durchlassen. Jutta demonstriert es der Jördis an einer Kirsche, die sie anbeißt, wie allmählich der Kirschkern – das Kind – rausgedrückt wird.

Bis jetzt hat noch keins der Kinder gefragt, wie das Kind in Mutters Bauch gekommen ist.

Ende August 1930 Wenn wir Ottilie nach Peter fragen heißt es immer: er sei so anders. Dr. Wolff habe gesagt, der Junge säh so aus, als hätte er was erlebt. Ottilie sagt, nachts sei sie an sein Bett gegangen, er habe ein trauriges und gequältes Gesicht gehabt.

Ich hätte heulen können. Karl fährt dann heraus, nimmt ihn auf einen Gang mit und redet mit ihm. Sicher sehr gut und freundschaftlich. Er sagt, Peter sei jetzt, seiner Meinung nach, so aufrichtig gewesen, wie er es zur Zeit überhaupt könnte.

Am Sonntag abend kommt Hans dann zurück, alle 3 Kinder strahlend auf dem Anhalter Bahnhof. Wir reden auch mit Hans vorläufig nicht davon.

Die letzte Aufzeichnung über die Arbeit im April gemacht. Damals trat große Müdigkeit ein. Ich gab die Tonarbeit auf, ließ in Gips abgießen. Wir verreisten von Mitte Mai bis Anfang Juni. Zurückgekommen denke ich bald an die Arbeit zu kommen, aber es gibt viele Hemmungen. Erst am 27. Juni bringt Philipp den Gipsguß. Dann vielerlei Ablenkendes, die unangenehmen Folgen meiner Unterschrift unter den Aufruf für die Spiridonowa, die unerhörte Hitze, Logierbesuch, die elende Annie Karbe, die Klinger-Feier in Leipzig, die Musikhochschule, Herzzustände.

Ich arbeite gequält und schlecht. Mutlos. Dann einige Tage mit Jördis und Jutta in Flottstelle.

Erst gegen August zu habe ich das Gefühl hereinzukommen. In der Musikhochschule sind Ferien, *es ist still*!

Mitte Mai bis Mitte Juni in Reichenhall. Sehr schöner Aufenthalt. Abends lesen wir »Lincoln« von Ludwig. Wetter kühl und regnerisch.

Am 2. Juni nach Saarbrücken um die Sgraffito-Arbeit zu machen. Tage, in denen ich mich sehr anstrenge.

Am 10. August ist es wieder soweit, daß ich fest liegen muß.

[22.] Oktober 1930 Peters Erinnerungstag.

Nach *langen* Wochen – vierwöchentlicher Aufenthalt in Tölz – langer Schonzeit hier in Berlin – wage ich endlich (am 20. Oktober) die Arbeit anzusehn. Erleichtertes Gefühl – sie ist weiter als ich dachte.

Nun vorsichtig wieder heranfühlen. Noch will Karl nicht, daß ich arbeite, aber ich versuche doch.

Unterdes ist am 3. September Andreas Kollwitz geboren, Hans und Ottiliens 4. Kind.

Lieber kleiner Andreas.

[31. Oktober 1930] Am 31. Oktober kommen Lise, Max und Annie Wertheimer zu mir ins Atelier und sehn die Arbeit. – Gut! –

»Schaff das Tagwerk meiner Hände.
Hohes Glück, daß ichs vollende.«

[Ende Dezember 1930] Bis zum Ende des Jahres immer Schonzeit. Wenig arbeiten, schwache Kräfte, aber ganz langsames Vorwärtskommen. Lehne Bonus' für Weihnachten ab und lehne überhaupt alles Vermeidbare ab.

Weihnachten in Lichtenrade. Wieder so schön wie die vorigen Jahre. Die Kinder haben viel gearbeitet, Peter ein kindliches kleines Weihnachtsstückchen geschrieben mit Bilderchen, Jördis Kalender mit Bildern, Jutta Choral mit Bildern. Jördis hat aus buntem Plastilin eine sehr erfreuliche Krippe gemacht.

Andreas kommt erst an den Weihnachtsbaum, als der Haupttrubel vorüber.

Das behagliche Abendessen mit den Kindern.

Langsam heranschleichende böse Reaktion auf allen Gebieten. Verbot des Remarque-Films. Es wird eine schlimme Zeit kommen, oder es *ist* eine schlimme Zeit. Arbeitslosigkeit in allen Erdteilen.

Ich möchte noch notieren, daß Ottilie, als Peter wieder einmal schwindelte, ihn ernstlich vornahm und auf Prerow zurückkam. Peter hat das Geld nach und nach aus der Postkasse groschenweise herausgenommen und es dann eingewechselt.

Er ist ein ungewöhnlich zärtliches Kind. Seine Umarmungen und Küsse, sein Bedanken, indem er mit beiden kleinen Händen unsere Hand nimmt. Nervös ist er wieder sehr, zuckt und zappelt mit Schultern und Kopf. Vor Weihnachten waren Karl und ich mit den Kindern, auch Clemens, in dem Marionettenspiel »Der gestiefelte Kater«. Das war furchtbar nett.

Hans und Ottilie scheinen eine gute Zeit zu haben. Ottilie hat ihr Baby und ist froh und zufrieden. Sie hat einen resoluten, tüchtigen und liebevollen Ton mit den Kindern.

Hans hatte in diesem Frühjahr nach einem vertanzten Winter und mit Beginn der Analyse bei Frau Sußmann einen akut auftretenden Dichtungzustand. Es strömte nur so raus. Jetzt ist es wohl wieder still. Es waren schöne Gedichte darunter, die mir unbedingt gefielen.

Karl läßt von sich eine Röntgenaufnahme machen, weil er häufig leicht fiebert, stark hustet, Atemnot hat und die Fistel enorm absondert. Es läßt sich nichts besonders Beunruhigendes feststellen.

Von der belgischen Gräberverwaltung war jemand bei mir und brachte mir Aufnahmen des jetzigen Zustandes.

1. Januar 1931 Nichts von der alten Lust zu Jahresende sich mit dem verflossenen auseinanderzusetzen. Man trabt weiter. In der Nacht waren wir zusammen: Konrad Karl Nora ich Ottilie Hans. Liebe Menschen. Sterns läuteten am frühen Abend an.

An Heinrich gedacht.

Februar 1931 Nicht mehr abzuleugnen, daß es mit Konrad geistig bergab geht. Erschreckend in letzter Zeit. Noch vor Wochen merkte ich nichts. Er ist still wie immer – freundlich. Nicht zu wissen, ob er es merkt. *Wenn* er es merkt, was fühlt er?

Mit der Arbeit am Vater geht es mir gut. Je weiter ich komme desto mehr zeigen sich erst die interessanten *plastischen* Probleme.

Ich glaubte in einem Monat ihn fertig zu haben, da kam wieder eine kleine Grippe. An Peters Geburtstag war ich krank, konnte nicht arbeiten.

12. April 1931 Wieder lange nichts geschrieben. Mancherlei vorgegangen.

Ein Herz gefaßt und die beiden Plastiken für die Frühjahrs-Akademie angemeldet. Morgen liefere ich sie ein.

Der letzte Winterteil war mühselig. Karl litt stark unter chronischen Katarrhen und seiner Fistel.

Konrad hat sich in den letzten Wochen etwas gebessert. Er und ich saßen beim Abendbrot. Ich kam zufällig auf Hölderlin und gedankenlos sagte ich die Verse:

»Das Angenehme dieser Welt hab ich genossen
Des Lebens Freuden sind wie bald wie bald verflossen.
April und Mai und Junius sind ferne
Ich bin nichts mehr, ich lebe nicht mehr gerne.«

Der Konrad *weint.* Herzbrechende Traurigkeit.

Am 29. März fuhren wir mit Konrad in das Atelier in der Akademie. Damit vor allem Konrad die Arbeit sieht.

[22. April 1931] Heut am 22. April 1931 ist die Akademieausstellung eröffnet, in der ich die beiden plastischen Figuren – Vater und Mutter – zeige.

Das ist ein großer Abschnitt, ein ganz bedeutsamer Punkt. Seit Jahren in gänzlicher Stille an ihnen gearbeitet, keinen, kaum Karl und Hans dazu gelassen, mach ich jetzt die Türen weit auf, daß möglichst viel Menschen sie sehn. Ein großer Schritt, der mir Aufregung und Sorge gemacht hat, der mich aber auch beglückt hat durch die geschlossene Anerkennung der Kollegen. Vor allem denk ich an die Bildhauer. Diese Wochen waren anstrengend. Nun mit der Ablieferung nach außen bin ich aber ruhiger. Im Juni gehts dann an die Weiter- und Zuendeführung. Im Herbst – Peter – bring ich sie zu Dir.

[Herbst 1931] Nein – nun ist Herbst – und die Figuren sind noch nicht fertig. Belgischer Granit ist gekauft, Rhades soll die eine Figur machen, Diederich die andere. *Im Frühjahr!*

Gewaltige Umwälzungen. Internationale Erschütterungen des Kapitalismus. Wirklich Weltwende.

In unserm persönlichen Leben ist das wichtigste des Hans lange schwere Krankheit. Über 5 Wochen jetzt. Schwere Sepsis. Erst Kopffurunkel, dann Abszeß am Knie, dann Brustfellentzündung.

Nach 6wöchigem Aufenthalt im Bülow-Sanatorium kommt er nach Hause. Weiteres Liegen. Eine Woche später Herzbeschwerden. Dr. Bloch und Wolff meinen, daß es sich um nichts Schlimmes handelt.

Sonnabend 17. Oktober läutet er an, daß er zum ersten Mal auf dem Stuhl neben dem Bett sitzt.

Im August ist Gertrud bei uns, jetzt bei Hans Prengel. Gudrun und Veronica kommen zu Emma Stietencron, Manon wieder nach Dresden in die Anstalt. Fides bereitet sich auf eigenen Erwerb vor.

Dann Walter Friz auf der Durchreise zur Erntearbeit, kommt krank hier an, liegt zwei Wochen am Paratyphus im Krankenhaus Friedrichshain. Seit zwei Wochen bei uns oben, weil noch Bazillenträger. Ein sehr netter lieber Mensch. In der Zeit bei uns nimmt er 20 Pfund an Gewicht zu.

Annie Karbe. Wieder ganz zerstört. Ihr einjähriger Urlaub umsonst gewesen. Körperlich und seelisch kaputt.

Anna-Erika auch Paratyphus.

Am 15. Oktober sind wir abends bei Sterns und Georg singt nachher zwei neue Kompositionen, sein Abschiedslied zu den Worten von Rosegger »Gutenacht Ihr Freunde ...« und dann ein Trauergesang auf Absaloms Tod für Soli und Chöre. *Sehr schön.* Annie Karbe hatte ihm den Liedtext zu einer geplanten Gefallenenfeier 1915 geschickt und ihn gebeten, ihn in Musik zu setzen. Jetzt tut er es.

Georg ist wieder frischer. Mit Lise geht es.

Ich sage ihnen die Roseggerschen Worte:

»Ich bin Mensch geworden in der weiten Welt.
Keiner ist von allen, die da leben,
Keiner über mir, keiner unter mir.
Ich bin allen beigegeben.«

31. Dezember 1931 Unmittelbar nach dem Besuch bei Sterns wurde ich krank. Wochenlang gelegen, langsame Rekonvaleszenz. Der liebe Karl. – November und Dezember hab ich in der Krankheit verdöst. Sie sind vorübergezogen, ich lag daneben. Außerhalb.

Aber die große Freude am 1. Feiertag, wo ich alle Lichtenrader wiedersah. Hans und Andreas nach Monaten, Ottilie und die Kinder nach Wochen. Sie waren den ganzen Tag hier und es war wunderschön. Der Kleine mit seinen langen roten Hosen, davon zehrt auch noch der Konrad.

Lise bringt die schöne Nachricht, daß Georgs neues Chorlied in Dresden vom Scheinpflugschen Chor aufgeführt wird und in Königsberg ein Liederabend von ihm gemacht wird.

Gertrud mit Manon oben.

Während der Krankheit hab ich endlich Diederich geschrieben, daß er die Frauenfigur in Arbeit nehmen soll, wenn sie auch noch nicht fertig ist.

Vom Jahr 1931 bin ich etwa die Hälfte durch Krankheit und durch Krankheit bedingtes Verreistsein nicht bei der Arbeit gewesen.

Dafür hab ich aber die Figur bis zum Ausgestelltwerden fertig gemacht. Hab auch den Mann noch weitergebracht, aber die Frau hab ich nicht bis zu Ende bringen können.

Die Aufzeichnungen dieses Jahres sehr dürftig. Über die viele Krankheit, die wenige – aber *abschlußreife* – Arbeit.

Über Deutschlands grausige Lage.

[Januar 1932] Am 1. Januar 1932 kommt vormittags die Analytikerin Toni Sußmann her. Hans hatte sie gebeten mit mir zu sprechen, damit sie sich eine Meinung bildet, ob eine Behandlung durch Jung bei mir noch Sinn hätte. Sie redet ab nach Zürich zu Jung selbst zu gehn – es wäre zu anstrengend. Aber sie legt es mir nahe zu ihr selbst zu kommen. Ich solle es mir überlegen. Auf meine Zweifel wendet sie ein, daß ihre Versuche meine Depression zu überwinden doch angenommen werden sollten. Einem Menschen mit verstauchtem Fuß gibt man eben die Hand so lange bis er selbst wieder gehn kann.

Meine Handlinien – sagt sie – deuten nicht auf Mutters Krankheit hin.

»Ein alter Mann ist stets ein König Lear.
Was Hand in Hand mitwirkte, stritt,
Ist längst vorbeigegangen.

Was mit und an Dir liebte, litt
Hat sich wo anders angehangen.
Die Jugend ist um ihretwillen hier
Es wäre töricht zu verlangen:
Komm, ältle Du mit mir.«

[Goethe]

Ostern 1932 Allmählich hebt sich das persönliche Ungemach. Auch Arne wieder besser. Aber das Leben bleibt ziemlich schwer durch viele Hemmungen und vielerlei Ansprüche, denen man nicht mehr voll gewachsen ist.

Seit etwa 6 Wochen geh ich wieder ins Atelier. Nahm erst kleine Zeichnungen vor. Diederich hatte unterdes die Figur der Frau in sein Atelier in der Akademie schaffen lassen und ich nahm nun noch Korrekturen am Gips vor. Für kurze Zeit kommt das starke Glücksgefühl wieder, das Glücksgefühl, das sich mit keinem andern vergleichen läßt, der *Arbeit, der man gewachsen ist.*

Was hat man gehabt in seinen besten Zeiten und wie kurz waren die doch. Wie lang das mühsame Hin- und Herlavieren, das Gehemmtwerden, das immer von neuem Zurückgeworfenwerden. Aber all das wurde aufgehoben durch die Zeiten des Könnens und Gelingens. Jetzt ist von allem nur ein müder Abglanz.

Dann die unsagbar schwere allgemeine Lage. *Die* Not. Das Heruntersinken der Menschen in dunkle Not. Die politische widerwärtige Verhetzung.

Die schweren Einzelschicksale. Gertrud jetzt Ende März schon wieder in Melancholie.

Sonnabend, 16. April 1932 Ein guter Tag. Baurat Richter kam ins Atelier infolge eines Briefes, den ich nach Brüssel an die Gräberverwaltung geschrieben hatte. Er sah die Arbeit, d.h. nur die Frauenfigur bei Diederich. Er fand sie *sehr* gut. Er sagte mir zu, daß das Aushauen der Sockel und das Fundamentlegen von der Gräberverwaltung übernommen wird. Auch die Befreiung vom Zoll will er bewerkstelligen, ebenso wie die Frachtkosten soweit Belgien in Frage kommt. Ob die deutsche Reichsbahn freie Fracht bewilligt, ist abzuwarten.

Wo man die Figuren hier in Berlin aufstellt? In der Akademie will ich nicht, das ist zu akademisch. Im Schillerpark, wie Nagel vorschlägt, haben sie keinen Konnex mit der Umgebung. *In* die

Ehrenhalle – dagegen hab ich etwas Hemmung wegen der Beschlagnahmung von rechts. *Außen* haben sie keine Bewachung und können mit Hakenkreuzen beschmiert werden oder beschädigt werden. Also das ist noch ungelöst.

Jedenfalls, die Sache selbst geht vorwärts und ich bin glücklich.

28. April 1932 Gertrud ist tot.

Lise geht sie heut aufsuchen und findet sie tot. In der Küche hat sie sich auf eine Decke auf den Boden gelegt, nackt, auf dem Leib liegend, das Gesicht in die Arme vergraben, eine Decke über sich. Wahrscheinlich hat sie schon nachts oder gestern Abend es getan. Sie hat nichts hinterlassen. Stietencron hat Veronica und Gudrun zu sich genommen und hat es ihnen gesagt. Fides ist in Moscia. Karl war stundenlang dort, bis sie in den Sarg gelegt war und weggebracht. Hans Prengel und seine Frau waren dort.

Am 17. Juni wäre sie 49 Jahre alt geworden.

[3. Mai 1932] Heut am Montag 3. Mai haben wir sie in Stahnsdorf begraben. Fides war nicht gekommen aus äußerlicher Hemmung wie Paßschwierigkeit. In einer Reihe saßen Stietencron, Gudrun, Manon und Veronica.

Die Lilo sang: »Komm süßer Tod«. Dann sprach ich Claudius:

»Die Liebe hemmet nichts,
Sie kennt nicht Tür noch Riegel
Und dringt durch alles sich.
Sie ist ohn' Anbeginn,
Schlug ewig ihre Flügel
Und schlägt sie ewiglich.«

Dann noch einmal Bach und dann sangen wir alle gemeinsam den 1. Vers:

»Befiehl Du Deine Wege«.

Dann begruben wir sie.

Manon war ganz ruhig. Sie war jetzt zuletzt bei einer guten Dame. In den beiden letzten Tagen vor Gertruds Tod war sie unruhig wie noch nie. Bis zu Anfällen. Und immer nach der Mutter gerufen. Am Mittwoch abend um 7 Uhr wurde sie still und ruhig und blieb auch so. Da ist Gertrud wohl gegangen. Oder faßte da den Entschluß zum Gehn und wurde ruhig.

[12. Mai 1932] Am 12. Mai waren Stietencron und Hans Prengel – Fritz Goesch und Lise konnten nicht – der Vormundschaftsfrage wegen hier.

Wahrscheinlich wird Fritz Goesch Vormund.

15. Mai 1932 Heut am 1. Pfingstfeiertag bin ich am Vormittag bei Sterns. Georg führt seine Symphonie auf dem Klavier vor oder läßt sie vorführen. Es sind noch dort: Siegfried und Agnes und die Töchter, Bloch und Lene, Lotte Brunner (?), Sophie Wolff und ich. Rele und Hennes. Die andern Töchter sind nicht in Berlin.

Karl ist heut früh mit Peter für die Feiertage nach Hamburg abgefahren.

Gestern an Hansens 40. Geburtstag sind wir in aller Eile nachmittag etwas draußen. Vorbereitungen für den Abend, wo sie junge Menschen erwarten mit Bowle, Lampions, ausgeräumtem Zimmer, Mondschein, Sommerhitze usw. Die Mädels sollen aufwarten. Peter nehm ich gleich mit. Wir schenken Hans ein Rad und 2 Gläser mit Gravierungen. Ich kam darauf durch Erinnerung an die Goesch-Gläser, die wir ihnen zur Hochzeit schenkten mit den schönen Sprüchen. Wenn die Gläser noch existieren möcht ich sie wohl wiederhaben. »Die Seele voll von Ernteträumen ...«

[Mitte Mai 1932] Produktiv arbeiten tu ich jetzt wenig. Es ist immer die Arbeit im Auge zu haben und alles, was mit ihr zusammenhängt. Ob ich erfolgreich ankämpfen könnte gegen die resignierende Melancholie, die mich wieder überkriecht, weiß ich nicht. Aber Karl auch ich, wir sind so gar nicht auf der Höhe. Sind im Grunde traurig. Altwerden ist *so schwer.*

Zwei sehr begabte junge Künstlerinnen, die junge Frau von Ludwig Meidner und die Hanna Nagel. Es hat mir freilich einen Stoß gegeben, daß diese nicht ein Kind gehabt hat, wie man mir sagte, und daß sie es verloren hat. Auch scheint sie mir erotisch etwas pervers. Aber ihre Arbeiten ziehn mich doch sehr an, sind *eigen* und gekonnt. Komplexe hat sie freilich die Fülle.

[Ende] Mai 1932 Am 22. Mai wird in Dresden von Scheinpflug Georgs Klagegesang um Absalom aufgeführt. Es ist sehr schön gewesen. Georg und Lise, Rele und Annie Karbe waren dort.

Am Montag kommen Sterns noch einmal zurück und Dienstag vormittag kamen Georg und Lise in das Diederichsche Atelier, um die nun fast fertigen Figuren im belgischen Granit zu sehn. Wie wir aus der Ateliertür heraus in den Gang getreten waren, küssen sich Georg und Lise. Dann sitzen wir noch ein Weilchen auf einer Bank im Garten.

Nachmittags fahren sie mit dem durchgehenden Zug nach Locarno und von da nach Ascona.

Am Abend des 25. ist Fides Stietencron hier. Langes Gespräch. Es wird so gut wie beschlossen, daß wir an einer Hypothek auf das Grundstück in Ronco uns beteiligen. Sterns, wir und hoffentlich Max. – Das Filmunternehmen Stietencrons ist gänzlich gescheitert. Sie sind absolut verarmt.

Fides ist sehr verändert. Von großer innerer Schönheit. Ganz gereift. Jetzt macht sie nicht mehr, wie Gertrud sagte: bum-bum. Und würd es wohl auch nicht mehr tun, wenn Gertrud noch lebte. Sie ist wie innerlich geadelt. Aber weh tat es mir zu sehn, wie ähnlich sie oft Gertrud ist. Wenn sie sitzt und den Kopf in ihre große Hand stützt. Die Augen sind vergrößert und erinnern mich im Blick oft an Gertruds Augen. Noch ist alles an ihr jung und schön, aber dahinter seh ich schon überall Gertrud. In Gertruds Todesstunde – Fides steckte in massenhaft Arbeit – war sie von Ronco nach Ascona gegangen. Sie fühlte eine seltsame Verwirrung und Ratlosigkeit. Ohne etwas von ihrem Vorhaben an Einkäufen usw. ausführen zu *können* ging sie wie verstört zurück und legte sich ins Bett. Am nächsten Tag bekam sie die Mitteilung.

Sie geht durch die Straße in Ascona und geht in einen Laden. Max Wertheimer sieht sie und fragt nach ihr. Als er hört, wer sie ist, geht er ihr nach und begrüßt sie. Da war das Merkwürdige, daß Max ihr wie Heinrich vorkam, sie sah vollkommen Heinrichs Züge durch Maxens durch und war furchtbar betroffen.

Diese Züge von äußerster Sensibilität bei *ihr* beängstigen mich und lassen mich wieder so an Gertrud denken. Fides – Jürgen – Veronica und Gudrun und dann wieder Stietencron, dieser Kreis *muß* heil erhalten bleiben. Wenn Fides geistig versagen sollte …

1.Juni 1932 Alles geht seinen Gang. Morgen werden die Steinfiguren in der Vorhalle der Nationalgalerie aufgestellt. Justi bot es mir an, da sie in oder vor der Gedenkhalle nicht stehn sollten. Heut letztes Fertigmachen im Diederichschen Atelier, er arbeitet noch etwas an der Nase der Frau, ich und Lindenblatt bringen die Punkte auf den Gipsen weg.

Inzwischen hab ich auch Nachricht bekommen, daß meine Anstellung auf ein Jahr verlängert wird. Senatssitzung der drei Akademiesektionen. Liebermann läßt sich nicht mehr aufstellen, von Schillings wird gewählt, der Vizepräsident ist Poelzig.

3. Juni 1932 Leerer Zwischentag.

4. Juni 1932, Sonnabend werde ich wieder nach der Galerie gerufen und muß von 10 bis ½3 Uhr dort sein wegen der Presse.

Wunderliches Gefühl, wie zuletzt noch die Bänke herumgestellt werden, der Boden aufgefegt und mit einem Wischtuch noch mal über die Figuren gegangen wird. *Fertig!* Bis zum Staubwischen!

Langes Gespräch mit dem Maler Drexler, der Schönwand kennt. Schönwand im Herbst 1914, Hans, Rosolio, das weißblonde Mädchen.

Sophie [Wolff] kommt, geht und kommt wieder. Fränzchen Baruch, Ruth Koser und ihr Mann.

[15. Juni 1932] Heut am 15. Juni stehn die Arbeiten zwei Wochen in der Nationalgalerie. Viele Menschen haben sie gesehn und haben einen starken Eindruck gehabt. Am 12. – Sonntag – war Karl mit den beiden gesunden Kindern, Peter und Jutta, dort und dann noch in der Galerie ihnen Böcklin zeigen. Ob bei den Kindern irgend etwas in der Erinnerung haften wird – jetzt interessierten sie sich nur für die Ähnlichkeit, ob Großvater oder Großmutter ähnlicher wäre? – Wie Karl einmal dort war, liefen ein paar Jungen von der Straße rein. Einer sagte zum andern auf die Mutter zeigend: »Das ist ein chinesischer Pfaff.«

Da Jeep lahm ist und nicht reisen kann, kam Bonus für 3 Tage rüber. Er hat die Steine auch die Gipse sehr gründlich und wiederholt angesehn. Dann fuhr er mit Heinz nach Hause, aber die Jeep soll noch kommen.

Etwas kränkt oder ärgert mich, wie mans nennt. Die kommunistischen Blätter schweigen. Eine kleine Notiz soll neulich die Rote Fahne gebracht haben: man vermisse die Anti-Kriegs-Geste. Es ist *dumm* – es ist hanebüchen *dumm* – aber den Schaden habe ich doch, denn die breiten Arbeitermassen kommen nun nicht hin. Wäre Otto Nagel hier – der hätte das nicht gelitten!

19. Juni 1932 Jeep jetzt hier.

Die Plastiken sollen noch eine Woche gezeigt werden. *Sie wir-*

ken. Vom Georg der schöne Brief auf unsere Geburtstagsbriefe. Er sagt, daß seine Produktionskraft in der letzten Zeit verstärkt und erweitert ist. Er ist glücklich. Und dankbar.

[Juli 1932] Am 4. Juli 1932 reisen wir nach Bischofstein ab und verleben dort 2½ schöne Wochen. Das Zusammenleben erinnert an Lobenstein. Nicht zu eng und doch gemütlich und anregend. Ripkes kommen eine Woche später. Mein sehr netter Geburtstag. Das Zusammensitzen mit Bonus Jeep und Annie auf der Terrasse bei Kaffee und Kuchen. Das große Lebenslicht brennt daneben. Dann das große Fest nach Ripkes Rückkehr, das Singen, Tanzen, Rundspielen. Der Tanz auf der Diele.

Ottilies Geburtstag am 15.

Am Mittwoch den 20. Liebermanns 85. Geburtstag, am Abend hören wir bei Heinitz durch Rundfunk die Papen-Rede.

[Reise nach Belgien 21. Juli bis 30. Juli 1932] Am Donnerstag 21. Juli 1932 fahren wir von Bischofstein ab und sind nachts in Köln. Am Tage darauf Reise nach Ostende. Um 6½ Uhr kommt Lingner auf den Bahnhof Ostende, dann fährt er uns in seinem Wagen herum bis um 8 Uhr endlich Herr Schult kommt. Fahren zusammen bis Middelkerke und nehmen Quartier im Hotel des Bains, an der Digue gelegen. Spätes zur Ruhe Kommen. Sehr müde.

Am Sonnabend 23. Juli 1932 fahren wir auf den Friedhof (Herr Schult und ein Freund von ihm, der junge Lingner, Karl, ich). Der erste Eindruck des Friedhofs ist fremd, weil er gegen damals umgeändert ist. Er ist planiert. Er wirkt kleiner, weil die unbekannten Soldaten immer paarweise zusammengelegt sind. Er ist in ein richtiges Viereck gebracht. Die kleinen Blechkreuze sind ersetzt durch etwas größere Holzkreuze. Die Reihen verlaufen ganz regelmäßig, doch ist der Zwischenraum zwischen den Kreuzen nicht immer derselbe. Über den Chausseegraben führt eine kleine Steinbrücke. Die Steinmauer ist zum Chausseegraben zu höher, innen ist sie niedrig, bequem zum Daraufsitzen. Die Mauer ist aus gefügten Steinen, zwischen denen Moosarten wachsen. Der Friedhof wirkt jetzt monotoner als früher. Nur 3 Kreuze haben eine Anpflanzung von Rosen. An Peters Grab blühen sie, rote.

Daß der ganze Boden jetzt mit Rasen bepflanzt ist, ist schön.

Kleiner als ich dachte ist der vordere Platz, der für die Figuren freigehalten ist. Auch er hat Rasen.

Rechts in der Friedhofecke stehen noch verpackt die Granite. Die Arbeiter von der Gräberfürsorge sind zur Stelle. Auch die schon behauenen Steinsockel liegen bereit und provisorische Holzsockel für die Phantome. Sie werden aufgestellt. Erst die Frau, dann der Mann. Lange über den Zwischenraum gesprochen, endlich alles bestimmt. Damit das Ganze sich schließt und die Eltern wie eine Herde die Kreuze vor und neben sich haben, sagt Lingner mir zu, noch sechs Tote einzureihen und zwar so, daß keine Lücke zwischen Figuren und Kreuzen bleibt.

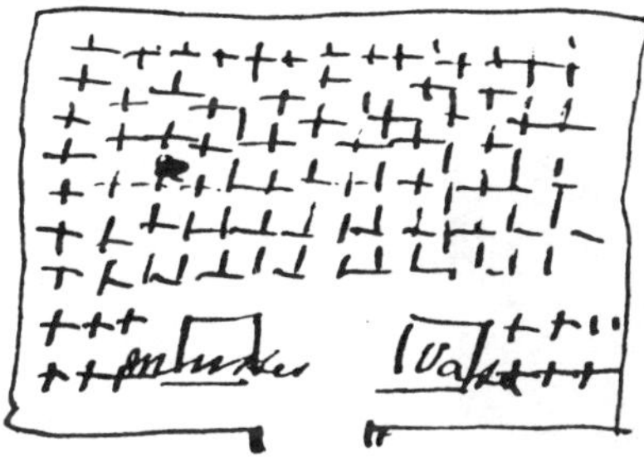

Noch gibt es viel uneingereihte Gebeine.

Der Himmel ist mal blau, mal voll ziehender Wolken. Nur eines ist störend, die Maste der elektrischen Leitung, die am Friedhof vorbeiführt.

An der Wegkreuzung Roggevelde – Dixmuiden steht noch wie damals die kleine Wirtschaft »Int Roggeveld«. Als die Arbeiter Pause machen, gehn wir auch da herein, essen weißes Brot und trinken einen Wermut. Die Leute sind freundlich und nett wie damals.

Dann nach Hause. Der uns beiden sehr liebe junge Lingner verabschiedet sich, er fährt nach Berlin um ein Examen zu machen. Herr Schult bringt uns nach Middelkerke zurück. Nachmittag Ruhe. In der Nachmittagssonne der lustig bunte Strand. Sonntag vollkommener Ruhetag. Abends beginnt Regen.

Der Montag 25. beginnt mit Regen. Am Nachmittag kommt Hans. Abends mit ihm am Strand.

Am Dienstag 26. Juli 1932 holt uns Herr Schult um 10 Uhr mit seinem Wagen ab. Wir fahren erst auf den Friedhof. Es zeigt sich, daß der Beton noch nicht genügend getrocknet ist, so daß das Auf-

Mahnmal (endgültiger Zustand), Mutter; Friedhof Roggevelde-Eessen (1932)

stellen der schweren Figuren noch um einen Tag verschoben werden muß.

Dann fährt Herr Schult uns stundenlang herum, um andere Friedhöfe zu zeigen. Dieser Teil Belgiens ist besät mit Friedhöfen, deutschen, englischen, belgischen. Der größte englische umfaßt glaube ich 13 000 Gräber, der größe deutsche – Langemarck – 10 000 Gräber. Der kleinste deutsche Friedhof hat etwa 80 Gräber, er liegt einem großen englischen gegenüber.

Die deutschen Friedhöfe sind alle nach einem Prinzip angelegt, aber keiner ist wie der andere. Gemeinsam ist allen der grüne Rasenboden und die schwarzen etwa 80 cm hohen Holzkreuze. Auf jedem ist oben im Holz das Eiserne Kreuz eingeschnitten. Auf dem Querbrett Waffengattung, Name, Todestag. Auf den nichtgekannten steht: Unbekannter deutscher Krieger.

So baumlos wie der Roggevelder Friedhof sind wenige. Die mei-

Mahnmal (endgültiger Zustand), Vater; »Wir gingen von den Figuren zu Peters Grab und alles war lebendig.« Friedhof Roggevelde-Eessen (1932).

sten haben Baumanlage oder Blumen. Mitunter sind die Gräber ganz zwischen roten Rosen. Ein Friedhof war als Rundfriedhof angelegt. Ein andrer großer führte in drei großen flachen Terrassen abwärts. In einem lagen die Kreuze in der Mitte und ringsherum führte ein Gang von Trauerweiden. Manche sind hainartig angelegt, ganz bepflanzt mit jungen Bäumen. Manche haben das große freie Rasenstück in der Mitte und die Gräber stehn seitwärts in langen Reihen. Manche haben als Mittelstück sarkophagartig gefügte Steine. Viele – und das ist sehr schön – haben entweder ein ganz hohes Kreuz oder eine Reihe von hohen Kreuzen. Man hat dann den Eindruck von gegenseitigem Anfassen, Handreichen.

Die vielen vielen Grabkreuze wirken wie eine Herde. Nirgends ist ein Christus an einem Kreuz, aber jedes Hochkreuz hat die ausbreitende Gebärde und ist das Symbol des Leidens. Mir fällt die Bachsche Musik zu dem Text ein:

»O große Lieb – Lieb ohne Maßen
Die Dich geführt auf diese Marterstraßen.«

Als der Richard Noll gefallen war ...

Alle Friedhöfe sind offen, entweder ohne Türe oder nur mit leicht aufzuklinkender.

Der größte deutsche Friedhof ist der in Langemarck. Er faßt 10 000 Gräber, ein Drittel davon birgt unbekannte Soldaten. Nur etwa 2 000 Kreuze sind aufgestellt, an jeder Reihe liegt im Boden eine Steintafel mit den Namen, soweit man sie kennt. Das große Rasenstück mit den Kreuzen ist hainartig mit Eichen bepflanzt. Dieser Friedhof hat eine fest gemauerte Eingangshalle, wo große Kränze hängen. Rechterhand einen Raum mit Namen aller dort Liegenden. Es sind meist Studenten und der ganze Friedhof ist durch deutsche Studenten erbaut, Verbindungen, Vereine haben Sammlungen gemacht. Zwei Unterstände, die auf dem Gelände noch waren, sind rechts von dem Gräberfeld als Marksteine stehngeblieben. Eine Reihe von Steinblöcken, in einigem Zwischenraum aufgestellt, markiert die damalige Front. Der äußerste Punkt soll einen großen Steinblock tragen. Er bezeichnet glaube ich die Stelle, bis wo die Deutschen vordrangen. Ein großes Feld von rotem Mohn zwischen dieser Frontlinie und dem Gräberfeld deutet das viele Blut an.

Dieser Friedhof ist von der deutschen national fühlenden Jugend Deutschlands erbaut. Er ist größer und pompöser in der Geste als die andern Friedhöfe. Er führt gewissermaßen den Krieg noch immer fort. Erlösend war es mir, als auf dem großen Vlamenturm bei Dixmuiden ich zuerst wieder die Worte las: »No more war« – in vier verschiedenen Sprachen rings um den Turm herum.

Wir waren gerade von der Besichtigung der deutschen zerschossenen Unterstände bei der Minoterie gekommen, hart am Yserkanal. Gerade diesem furchtbaren Dokument gegenüber erhebt sich ganz hoch der Vlamenturm mit dem »No more war«.

Schult zeigte uns noch den größten englischen Friedhof. Er liegt auf leise ansteigendem Gelände. Wenn man oben steht an der hohen halbgerundeten kompakten Mauer und zurückblickt ist es wohl schön. Statt Holzkreuzen stehn da weiße Steine und zwischen den Steinreihen ist eine Fülle von blühenden Blumen. Über den Friedhof heraus blickt man ins weite flache Land. Statt des großen Holzkreuzes der deutschen Friedhöfe steht ein großes

Steinkreuz und in der Mitte ein steinerner Sarkophag mit einigen Worten. Diese Embleme wiederholen sich auf allen englischen Friedhöfen. Wo ein unbekannter Krieger liegt, steht: »A soldier of the great war« und unten: »known unto God«. Ziemlich in der Mitte dicht am Sarkophag liegen rechts und links je drei deutsche Gräber, vorläufig noch kleine Holzkreuze, sie sollen ersetzt werden durch dieselben Steintafeln wie die englischen Gräber sie haben.

Die englischen und auch die belgischen Friedhöfe wirken heller, in gewissem Sinn freundlicher und bürgerlicher, bekannter wie die deutschen. Ich ziehe die deutschen vor. Der Krieg war keine freundliche Sache, es paßt nicht zu ihm, dies Jugendsterben mit Blumen zu verschönern. Ernst muß jeder Kriegsfriedhof bleiben.

Am Tage vorher war Schult auf nordfranzösischen Friedhöfen. Bei Arras ist einer, der 30 000 Tote faßt. Ein großes Massengrab ist da, in dem allein 2 000 Soldaten liegen. Schults Begleiter sagt, man kann den Friedhof kaum absehn, man hat den Eindruck, er geht ins Unendliche.

Wir waren den ganzen Tag unterwegs, kamen durch Poelkapellen, Ypern, Dixmuiden. Überall ist die Front gewesen. Wo jetzt fruchtbares Land ist, war eine Wüste von Granattrichtern, Schutthaufen, zerfetzten Bäumen. Dixmuiden und Ypern sind nur noch ein Trümmerhaufen gewesen. Als wir durch Dixmuiden kamen erzählte Schult von der deutschen Kompanie, die auf dem Marktplatz aus den Häusern bis auf den letzten Mann erschossen wurde. Vor Ypern erzählte er von den 3 000 Kanadiern, die dort lagen und die alle durch Vergasung starben. Damals hatte man die Wirkung der Gase noch nicht so erprobt und rechnete nicht mit einer solchen Wirkung. Sonst wäre man nachgestoßen und hätte Ypern genommen. In Nieuport haben wir die Schleusen gesehn, die bei Flut geöffnet wurden und die das ganze Flachland unter Wasser setzten. Was für Menschenopfer von beiden Seiten, um den niedrigen Höhenrücken zu halten. Vor und zurück und wieder vor und zurück.

Am darauf folgenden Tage war Ruhe. Nachmittags bei starkem Wind gingen wir nach Ostende auf die Mole.

Am Donnerstag 28. Juli 1932 werden die Figuren aufgestellt. Schult ist nicht mehr dabei, nur van Houten, der uns hinfährt. Dort warten bereits die Arbeiter. Die Blöcke stehen schon. Eine lange schwere Arbeit bis die Frauenfigur steht. Es zeigt sich, daß der Block etwas vorn gehoben werden muß, weil das leise ansteigende Terrain die Vornüberneigung betont. Dann der Mann. Bei ihm ist ein großer Übelstand, der mich erst ganz verstimmt, der, daß er den Blick nicht weit genug hebt. Er überblickt nicht den ganzen Friedhof, sondern blickt vor sich hin.

Die stundenlange Arbeit macht sehr müde. Als wir abfahren bin ich eher traurig als froh. Zu Hause bitten wir van Houten mit uns zu essen. Es wird spät. Karl fiebert wieder.

Am Freitag fährt Hans weg. Er will noch Brügge, Gent und Brüssel sehn.

Es regnet vormittags, ich packe. Nachmittags klärt es sich auf. Van Houten kommt um 4 Uhr mit dem Wagen und wir fahren noch einmal – letztes Mal – hin. Und nun hebt sich die Depression vom vorigen Tage. Ich kann jetzt alles so sehn wie es gut ist. Wir nehmen Abschied.

Van Houten führt uns dann noch an den Vlamenturm, wir steigen herauf. Wundervoll überblickt man das flache weit sich dehnende Land, das so schön aussieht unter den ziehenden Wolken. Abends sitzt van Houten noch bei uns. Wir gehn wohl noch etwas auf der Digue. Dann Schluß.

Die paar Stunden des nächsten Vormittags noch in Ostende, in der Hafengegend. Dann fort. In Brüssel umsteigen in heißen Zug, der nach Köln geht. Sehr müde in Köln angekommen. Nehmen Quartier bei Tils (Quartier in den Hofschacht hinaus). Abends sitzen wir im Speiseraum und erwarten Hans. Auf einmal kommt Annie Bender und dann etwas später Hans. Es ist sehr nett. Wir gehn noch zusammen an den beleuchteten Dom.

Sonntag, 31. Juli 1932 Reichstagswahl in Köln. Wir gehn zu dritt hin. Es ist wieder furchtbar schwül. Hans fährt nach Trier. Nachmittags wollen wir eine kurze Rheinfahrt machen, Gewitterregen hindert uns. Abends in der sehr belebten Straße »Hoher Weg« in ein Café gesetzt und die Wahlresultate abgewartet.

Montag, 1. August 1932 Früh auf und mit Rheindampfer 7 Stunden bis Koblenz gefahren. Hans kommt von Trier. Wir fahren zusammen nach dem Rittersturz herauf und nehmen dort 3 Zimmerchen. Schön wie damals vor 3 Jahren.

[2. August 1932] Am 2. August wunderschöner Spaziergang im Wald. Nach Tisch Abschied von Hans, der schon nach Köln zurückfährt. Wir machen einen schönen Nachmittagsspaziergang und sind abends gut zusammen.

3. August 1932 Nochmal in den Wald, aber Gewitterregen. Nach Hause.

14. August 1932 Rückblickend auf die Zeit in Belgien ist mir am schönsten in Erinnerung der letzte Nachmittag, wo van Houten uns noch einmal hinfuhr. Er ließ uns allein und wir gingen von den Figuren zu Peters Grab und alles war lebendig und *ganz* gefühlt. Ich stand vor der Frau, sah ihr – mein eigenes – Gesicht, weinte und streichelte ihr die Backen. Der Karl stand dicht hinter mir – ich wußte es noch gar nicht. Ich hörte ihn flüstern: »Ja, ja.« Wie waren wir da zusammen.

In der ersten Woche nicht viel vorgenommen. Zu Diederich gegangen und ihm Bericht erstattet. Bei den Kindern draußen gewesen. Im Atelier gewesen und rumgetastet, was man vornehmen könnte. Die Muttergruppe auf den Drehbock gestellt und mit dem Selbstbild in weißem Plastilin Nacharbeit aufgenommen. Bei Sterns gewesen (Lisens schöne kleine Arbeit in Ton. Krippe).

Mit Nagels, die von Rußland kommen, auf Dachgarten Alexanderplatz gewesen. Hitze. Der Vollmond neben der Rathausuhr.

Karl leidet wieder erheblich unter der Fistel und denkt an Operation.

Toni Pigour ist da. Unerschütterlicher Glaube an ihren Mann trotz der Denunziationsbriefe, von denen mir Sandkuhl Mitteilung macht. Ihre 4 Kinder hat die Wohlfahrt im Heim untergebracht. Der Mann bekommt von der Wohlfahrt wöchentlich 8 Mark, Toni wöchentlich 4 Mark. Dabei will sie ein Atelier mieten für monatlich 25 Mark und *arbeiten.* Sie meint, sie sei jetzt so gereift, daß sie Wesentliches zu sagen hätte. Ich rede rückhaltlos mit ihr. Spreche von dem ungeheuern Hochmut von ihr und ihrem Mann, die sich für so wertvoll halten, daß sie meinen sich von der Gesellschaft unterhalten lassen zu dürfen. Sie sieht mich immer fest an, ihr rundes Kindergesicht fängt an mit [den] Tränen zu kämpfen. Ja – sie hält sich für wertvoll und ihren Mann auch. Nun gut – soll sie es beweisen. – 23 Jahre ist sie alt und hat schon 4 Kinder.

Karl und Käthe Kollwitz, um 1924

Ende August 1932 Will die Gruppe »Mutter« vornehmen. Übergebe sie Philipp zum Ausdruck in Ton. Will es nicht wieder so schwer haben, sie in Gips weiterzuarbeiten. Auch schadet Gipsstaub sehr den Augen. Das Selbstbild geht in der Plastilinbehandlung auch langsam voran.

Ottilie ist auf Reisen (Passau–Wien), Hans fährt mit den Kindern zum Schwimmen. Peter hat sich freigeschwommen, die Mädels wollen sich manchmal drücken. Als Hans drauf besteht sagt Jördis zu Malchi: »Ich *freu* mich *sogar*, daß Mutter bald wiederkommt. Vater könnte ruhig wieder zwei Wochen verreisen.« – Der höfliche Arne. Wenn ihn etwas freut, sagt er »danke«. Hans hat schon wieder starken Katarrh.

Zum Amsterdamer Anti-Kriegs-Kongreß wäre ich gern gefahren.

Politisch diktieren die Deutsch-Nationalen. Papen. Resignationsstimmung: Laß er sehn, was er schafft. Die Sondergerichte zur Unterdrückung des »schwelenden Bruderkriegs«.

[Herbst 1932] Im Frühsommer 1932 stirbt Ulrich Hübner, im September Max Slevogt und eine Woche darauf Emil Orlik. Liebermann war schwer krank, ist aber wieder genesen.

Konrad.

Seine Schwäche in den Beinen nahm immer langsam zu. Geistig ist er nicht schlechter. Wiederholt fällt er. Einmal, das war schon früher, war ich mit ihm allein. Ich stellte die Klingel neben ihn und sagte, er solle klingeln, ich käme dann gleich. Als ich wieder hereinkam war er am Fenster hingefallen. Ich war böse und sagte: »Du solltest doch nicht aufstehn, Du solltest doch klingeln.« Er sagte: »Ich wollte dich nicht inkommodieren.« – Mitunter, wenn ich mit ihm allein war und die Zeit zum Ausziehn kam und ich dann hereinkam, fand ich ihn schon fast ausgezogen. Er wollte mir keine Mühe machen.

Silvester 1932 Konrad!

Und im Frühjahr Gertrud Goesch! Und immer Sorge um den Georg und der Karl oft so geplagt. Und Lise und ich mit unserm *müden* Kopf und Herz.

Und dann all das Leiden im Umkreis. *Doch* könnte man positiv sehn und sagen: Es ist einmal Übergangszeit – wir gehn unter, aber es kommt Neues, Besseres. Gewiß, aber mit der Müdigkeit, mit der physischen, ist die psychische so verbunden. Man hofft nur noch mühsam, wenn man so müde ist.

Der Georg ist körperlich manchmal fast am Ende, aber dann geht es wieder aufwärts und er produziert als ob er alles nachholen müßte. Ein solcher Abschluß des Lebens ist schön. *Daß* er aber vor dem Ende steht, daß auch wir: Karl Lise ich in ganz kurzem hin sein können, daß es naturnotwendig bald zu erwarten ist – das beschwert und lähmt und drückt. Leben wollen wir alle noch unter der Voraussetzung, daß das Leben uns und andern noch was wert ist. Die Absolutheit dieser Forderung wird ja [aber zu] nichts unter den Händen.

Alter bleibt Alter, d.h. quält und plagt und dämpft. – Wenn andere dann die paar Leistungen sehn, sprechen sie von dem glücklichen Alter. Ich glaube es gibt kein glückliches Alter. Auch Hauptmann, der so gepriesene, ist ja nur nach der Frontseite glücklich.

Den Konrad langsam zuerst und dann in den paar Stunden sterben zu sehn, das war so traurig.

Am letzten Sonntag mit uns am Abendtisch. Ach Gott, er war schon im Sterben, trotzdem er noch mit uns saß. Wie Mutter damals. Er wollte herübergebracht werden, weil er meinte, er »drückte auf unsere Stimmung«. Der Karl nahm das Kommersbuch und las vor um ihn fröhlicher zu machen, es blieb so furchtbar traurig. Die nächsten Tage bis zum Freitag bleibt er im Bett. Lise kommt zum letzten Mal und Sell und Frau Sell. Dann die Nacht vom Donnerstag zu Freitag – das Röcheln und Rasseln. Am Freitag mittag ist es aus. Karl ist gerade unten. Am Bett sitzen Frau Veit und ich. Der Atem setzt aus, ganz rasch zieht eine Blässe über sein Gesicht.

Der Konrad, der Freund und Bruder ist tot.

Januar 1933 bis Mai 1943

1933 Das Dritte Reich bricht an.

[Juli 1933] Am 30. Januar 1933 wird Hitler Reichskanzler. Dann alles Schlag auf Schlag.

15. Februar müssen Heinrich Mann und ich aus der Akademie austreten. Verhaftungen und Haussuchungen. Ende März auf zwei Wochen nach Marienbad, dort mit Wertheimers. Mitte April kommen wir zurück in der festen Absicht zu bleiben.

Vollkommenste Diktatur.

1. April Juden-Boykott.

Entlassungen. Hans noch im Amt.

10. Mai werden Bücher verbrannt. Am 21. Mai Nachricht, daß Clara Zetkin tot ist.

Am Sonnabend 1. Juli werden sämtlichen Ärzten, die dem Sozialdemokratischen Ärzteverein angehört haben, die Kassen weggenommen. Karl auch.

Jetzt im Juli gibt es weder die kommunistische Partei mehr, noch die sozialdemokratische, noch die demokratische, noch die Deutsch-Nationalen, noch die Bayerische Volkspartei noch das Centrum. In ganz Deutschland existiert nur noch die NSDAP.

Es gibt keine Zeitung, die eine andere Meinung vertritt.

Gleichschaltung.

Unterdes lebt man und arbeitet. Ich bin an der plastischen Gruppe »Mutter mit zwei Kindern«, Ende September muß ich das Akademie-Atelier geräumt haben. Die Arbeit geht von der Hand.

Karl hat seinen 70. Geburtstag gefeiert. Abends waren bei uns ... [?] Sells, Hans Ottilie, Gena [Hilde] Reitz, Rele Hennes, Tom. Es war ein schöner freundschaftlicher Abend. Aber am schönsten war, wie nachmittags die Lichtenrader kamen und der Peter das große Lebenslicht trug und die Kinder aufsagten, was der Hans gemacht hatte.

Am 4. Juli fahren die Lichtenrader an die Ostsee nach Henkenhagen. Wir sind bei der Abfahrt. Der Kleine voll Abreiseglück und Spannung. Ottilie hat wieder ihr Gesicht, das ich am liebsten bei ihr habe, das kluge, gütige und humorvolle Muttergesicht.

Karl wird an der U-Bahn von einem uniformierten SA-Mann um Karte gebeten. Nimmt dankend Geld.

Am 11. Juli kommt Hansens Brief, daß seine Entlassung beantragt sei. Er ist jetzt hier in Berlin um zu sehn, ob und was er noch machen kann.

Ich war zu Ottiliens Geburtstag rübergefahren und war zwei Tage in Bodenhagen. Die Kinder haben es herrlich dort.

1. August 1933 werden Karl auch die Tarifkassen genommen.

11. August 1933 Karls und Hansens Sache noch immer in der Schwebe. Karl ist recht verdüstert.

Ich arbeite an der Gruppe und fühle mich glücklicher als es eigentlich angebracht ist.

18. September 1933 bekommt Hans die Nachricht, daß das Bezirksamt den Antrag auf seine Entlassung zurückgenommen hat. Am Abend desselben Tages ist bei ihnen draußen Haussuchung. Auch meine Bücher (Reissner usw.) sollen weggenommen werden.

[24. September 1933] Am Sonntag 24. September, einem warmen bedeckten Tage, werden die 4 Kollwitz-Kinder getauft. Im Hause. Ein schöner Altar von Goldraute [und] bunten Herbstblumen ist zurechtgemacht.

Sie stehn vor uns, wir sehn die Rücken. Jördis hält die Arme so angepreßt wie eine Ehrenwache, Arne nur kurze Versuche auszubrechen. Spannung, wie der Pfarrer mit Wasser tauft. Arne wischt sich die Stirn wieder ab.

Nachher Feier mit den vielen Paten. Arne rechts Pate Fechter (der ihm eine Geige geschenkt hat) und [links] Patin Vera Sußmann.

Hans spricht kurz und sehr nett. Sein Gesicht hat diesen reizend freundlichen, gastlichen und beseelten Ausdruck.

Alles festlich, gelungen, schön.

Karl will Peter, der seine Fahrtenschwimmerprüfung gemacht hat, 3 Mark in die Sparkasse legen. Peter sagt, es ist zuviel und weigert sich, was Karl etwas verstimmt. Später sagt Peter zu Ottilie, er hätte es nicht genommen, weil er weiß, daß ich keine Einnahmen mehr habe und wir es knapp haben.

Am 1. September fahren Wertheimers nach Amerika ab.

[29. Oktober 1933] Am 29. Oktober bekommt Karl die Mitteilung, daß er zugleich mit den andern ausgeschlossenen Ärzten die Kassen zurückbekommt.

Er freut sich so sehr.

[November 1933] Konrads 70. Geburtstag. Am Abend kommt Sell. Gut, gut, daß Konrad diese Zeit nicht erlebt.

Am Bußtag sind Karl und ich auf dem Friedhof. Ich lege ihm rote Nelken hin für ihn und seine tote Sozialdemokratie.

Auch auf den Gräbern der toten alten Führer liegen hie und da rote Nelken.

Stelling ist da jetzt mitbegraben.

Mein komischer Traum: Ich gehörte der nordischen Edelrasse an und diese verpflichtete mich zu allerlei kühnen Taten. So sprach ich öffentlich in einer Studentenversammlung. Wachte immer vor Anstrengung auf und mußte die Sache immer wieder weiterträumen. Am Morgen ganz gerädert.

Karls auch mein hin- und hergezerrtes Denken. Das viele Gute, das anzuerkennen ist, und doch überwiegt das Widerstreben. Daß es einem zum ... zuwider ist.

Die Emigranten in ihrer immer schlimmeren Lage. Für sie ist alles verloren. Gerhart Hauptmann sagt »ja« – und Kerr nennt ihn dafür einen Verräter.

Glücklich, daß ich noch nicht allein bin, noch den Karl habe. Ich glaube sonst wär es ganz schlimm.

Auch die Arbeit beglückt mich nicht mehr so. Man hat einen gründlichen Knacks bekommen.

[Januar 1934] Stefan George stirbt Anfang Januar 1934.

Alexander ist mit seiner 3. Frau Lorena bei uns. Sie gehn zusammen nach Konstantinopel, wo er eine Professur bekommen hat. Sie ist sympathisch, scheint gebildet, klug, sicher einsichtig. Etwas intellektuell.

Nicht groß, das Gesicht ein wenig an Gertrud Chaim erinnernd. Etwas an Alexanders Tochter Maria. Schön und groß geschnittene nachdenkliche graue Augen. Etwas Melancholisches, zum mindesten Ernstes, Nachdenkliches über ihr. Sehr kultivierte Hände.

[März 1934] Der Georg ist tot. Am Palmsonntag 25. März 1934 mittags 3 Uhr stirbt er.

Und am Gründonnerstag 29. März – an unseres Vaters Todestag – wird er verbrannt. Und Hanna ist in London und kann nicht kommen. Und Wertheimers sind in Amerika.

An seinem Sarge:

Lieber Freund Georg,

Nun wir von Dir Abschied nehmen, möchten wir Dir hier an Deinem Sarge sagen, daß wir Dir danken.

Daß Du so ein Mensch warst, wie Du warst, ein *wesentlicher* Mensch. Das alte Wort »Mensch werde wesentlich« hast Du erfüllt.

Und wenn wir Dir danken, so ist es sicherlich auch für all das Gute, das unerschöpflich von Dir zu uns herübergeströmt ist, aber vor allem dafür, daß wir in Dir einen Menschen in unserer Mitten hatten, der diesen Mahnruf, *wesentlich* zu sein, in der Stille, in die Du Dein persönliches Leben hülltest, nachlebte.

Georg, wir danken Dir und grüßen Dich und nehmen Abschied von Deinem Irdischen. Du bleibst bei uns.

[April 1934] Am 10. April setzen wir die Asche unserm gemeinsamen Grabe bei. Lise will die Urne tragen, aber sie kann es nicht und gibt sie weinend an Regula ab. Die trägt sie zum Grabe und tut sie in die Erde. Jeder drei Handvoll Erde Georgs Asche nach.

Die Lise hat so einen nach innen lauschenden Ausdruck.

Lise bittet mich eine plastische Arbeit für das Grab zu machen. Es wäre sehr schön, wenn ichs könnte. Aber schwer ist es.

[Juni 1934] Am 26. April wird Karl von Fehr am rechten Auge vom Star operiert. Zuerst alles gut, dann durch unbegreifliches Versehn Fehrs Blutung ins Auge. Zuerst meint Fehr, nur in die vordere Kammer, dann gibt er auch zu: in die hintere Kammer. Jetzt Mitte Juni arbeitet Karl aber sehr behindert, das Auge sieht noch kaum. ⟨⟩

Schwächliches und müdes Arbeiten an Lithos zum Tod. Es ist als ob mein *Herz* tot ist.

Das ist aber nicht wegen des vielen Traurigen und Beschwerenden, das man erlebt und hört. Es ist wohl das Alter. Auch Karl fühlt ähnliches.

30. Juni 1934 Erschießung Röhms, Schleichers, [von] SA-Führern und andern. Hitlers starke Rede im Rundfunk.

[Juli 1934] Mühsam tot!

25. Juli 1934 Ermordung Dollfuß'.

[August 1934] 2. August stirbt Hindenburg. Hitler wird Reichspräsident.

War zu Ottiliens und Peters Geburtstag den Kindern nach Hain nachgefahren.

Hans sagt mir, daß Ottilie den Entschluß gefaßt hat, das Andere aufzugeben. Aber wie Hans dann fort ist und ich mit ihr allein spreche, sieht doch wieder alles anders aus und ich habe eigentlich wenig Hoffnung. Ganz von Weizsäcker sich lösen kann sie nur – wenn sie es überhaupt kann – indem sie sich ganz aus der Arbeitsgemeinschaft zurückzieht. Das bedeutet jetzt Dreiviertel ihres geistigen Lebens. Ich weiß nicht, ob sie das kann und will.

Mein Arbeiten in diesen Sommermonaten ist merkwürdig. Wie bei der Springprozession geht es immer ein paar Schritte vor – ein paar zurück. Hatte mir vorgenommen in dieser Zeit, in der ich nicht plastisch arbeiten kann, meinen alten Plan auszuführen, graphisch eine Folge von Blättern zum Thema Tod zu machen und dann damit abzuschließen.

Erstens mal Eingewöhnung in den neuen Arbeitsraum. Die Balkonstube ist recht klein, aber dafür intim. Seitdem ich die Gruppe auf den Boden brachte, ist Raum genug. Aber in diesem heißen Sommer fast täglich Sonne. Überhaupt ist dies beständig strahlende Wetter nicht gerade günstig für Arbeit zum Thema Tod.

Die Mühe ist groß. Trotzdem mir scheint, daß die Vorstellungskraft nicht nachgelassen hat, befriedigt mich was ich arbeite gar nicht. »Es ist schon alles einmal dagewesen« – und wenn auch nicht besser, so war es in der Zeit der erstmaligen Herausstellung für mich notwendiger. Und das ist schließlich entscheidend.

Ich hatte die Vorstellung, jetzt im wirklichen Alter würde ich vielleicht Arbeiten zustande bringen – zu diesem Thema – die in die Tiefe gehn. Wie der alte Goethe sagt: »Gedanken, bisher undenkbare ...« Es ist nicht der Fall. Die Zeit des Alterns ist zwar schwerer als das Alter selbst, aber produktiver. Gerade da der Tod schon hinter allem sichtbar wird, beunruhigt er mehr die Phantasie. Das Drohende ist aufregender als wenn man dichter vor ihm steht und ihn in seiner Größe doch nicht überblickt, ja nicht mehr solchen Respekt hat vor ihm.

Jedenfalls habe ich vorläufig nichts *Wesentliches* dazu gemacht. Dabei eine merkwürdige Unsicherheit im Technischen. Litho[graphie] gewählt, aber unsicher bei der Arbeit selbst. Dauerndes Schwanken zwischen Stein und Umdruck. Früher konnte ich doch mit Recht den Ausdruck brauchen: »Ich führe eine Arbeit durch.« Jetzt führe *ich* nicht, *meine* Vorstellung, *meinen* Plan! Ich laufe unentschieden los, ermüde sehr bald, brauche immerfort Pausen und muß mir Rat holen bei meinen eigenen früheren Arbeiten.

Das ist ja kein schöner Zustand. Aber seltsamerweise betrübt mich das gar nicht so sehr. Es ist mir eben alles gar nicht mehr *so wichtig.*

Der Lise diesen Spruch »Über ein Grab hin« geschickt:

»Je länger Du dort bist
Um so mehr bist Du hier –
Je weiter Du fort bist
Um so näher bei mir.

Du bist mir notwendiger
Als das tägliche Brot ist –
Du wirst lebendiger,
Je länger Du tot bist.«

November 1934 Habe unterdes 5 der Lithos zum Tod und das Selbstbild 1934 auf die Akademieausstellung gebracht. Klimsch sagte mir vertraulich, daß sie daran arbeiten, mich wieder in die Akademie zu bringen. Eine Sache, die – das wird mir immer klarer – ich ablehnen müßte, wenn sie Tatsache werden sollte.

Arbeite nun im Atelier in der Klosterstraße an der plastischen Gruppe. Das ist sehr schön, eine befriedigende beruhigende Arbeit.

Karl ist unterdes recht krank gewesen, bettlägerig. Starke Bronchitis. Rele behandelt ihn. Sie sieht seinen Zustand nicht gut an. Jetzt, 6 Wochen nachdem er sich legen mußte, arbeitet er wieder. Aber immer mit vollkommener Verausgabung seiner Kräfte. Meinem dauernden Vorschlag die Kassen aufzugeben meint er nicht nachkommen zu können. So ist der Druck da, unter dem ich schon so lange stehe, daß ich ihn, beschleunigter als es zu sein brauchte, dem gänzlichen Kräfteverbrauch zusteuern sehe.

Sein Ertragen, seine Diszipliniertheit ist mir manchmal unfaßbar.

Konrad ruft der Tod (1932?). »Unter den Zeichnungen zum Tod ist eine, wo der Tod am Konrad vorübergeht, wie in dem Kinderspiel ›Wir fahren nach Jerusalem, wer kommt mit?‹ Der Konrad steht auf. Mühselig sich erhebend. Im Gesicht Traurigkeit, Resignation und *Würde*.«

25. November 1934 Konrads Geburtstag und Totenfest.

Unter den Zeichnungen zum Tod ist eine, wo der Tod am Konrad vorübergeht, wie in dem Kinderspiel »Wir fahren nach Jerusalem, wer kommt mit?« Der Konrad steht auf. Mühselig sich erhebend. Im Gesicht Traurigkeit, Resignation und *Würde*.

Sein Anruf am Telephon: »Hier Konrad Schmidt ...«

Lise ist heut am 25. November 34 zum 2. Mal nach London abgefahren und will über Weihnachten dort bleiben. Ihr Zustand ist sehr verschieden. Jetzt scheint es ihr nicht gut zu gehen. Sie lebt allein in ihrer kleinen Wohnung in der Genthinerstraße. Verschwiegen über ihr Seelenleben. Wenn ich sie frage sagt sie, sie fühlt sich nicht einsam.

In Lichtenrade. Peter endlich aus dem Krankenhaus zurück. Am allermeisten hat sich Arne gefreut. In dem Bedürfnis der Kinder nach großen oft falsch angewandten Worten sagt er: »Ich habe *Sehnsucht*, daß Peter nicht wieder nach dem Krankenhaus muß.«

Ottilie ist, wie Karl immer wieder feststellt, verändert gegen früher. Zur Zeit wirkt sie sehr müde.

Ich möchte gern zu Liebermann gehn, fragen ob das stimmt, daß er, wie auch Spiro, es schriftlich von der Regierung bekommen hat, daß ihm jede künstlerische Betätigung untersagt ist. Ich fürchte nur er ist böse, daß ich in der Akademie ausgestellt habe.

War bei ihm. Er ist krank und nicht zu sprechen. Frau Liebermann, jetzt 77jährig, seufzt und ist müde. Sie sagt daß Liebermann *sehr* niedergedrückt ist. Nur wenn er arbeiten kann vergißt er alles Quälende.

Den Wisch wegen »Untersagung jeder künstlerischen Betätigung« hat er nicht bekommen, weil er sich nie um Aufnahme in den Kulturbund beworben hat.

[31.] Dezember 1934 Weihnachten waren wir wieder draußen [in Lichtenrade] und es war wieder sehr schön.

Der Peter sagte vom Meyer auf: »Da die Hirten ihre Herde ließen ...«, Jördis etwas von Wildenbruch und Jutta von Ruth Schaumann. Die Kinder waren glücklich und es war alles gut, aber ich glaube doch nicht, daß zwischen Hans und Ottilie alles in Ordnung ist. Sicher nicht.

Heut am Silvesterabend sind sie allein, auch wir (Nora will kommen). Rele und Hennes gehn in die Scala. Lise ist noch in London. Briefe sind gekommen von Wertheimers und Keßlers aus Amerika, Isensteins Neujahrskarte aus Dänemark, wie 1935, wie bewaffnete Schwaben von Deutschland heraufklettern.

[9. Februar 1935] Nun ist Liebermann tot. Am 8. Februar 1935 abends um 7 Uhr still eingeschlafen.

Es ist so merkwürdig: Selbst wenn man einem Menschen den Tod wünscht – ist er da, bekommt man doch einen Schlag.

Ich ging heut vormittag, am Tag nach seinem Tode, hin und konnte ihn sehn. Furchtbar mager. Gereckt liegt er da und das verändert den Eindruck, weil ihm der Kopf so überhing. Stirn, Schläfen, Nase sehr gut und vornehm.

Seine Frau einfach und gut. Die Tochter Käthe und die Enkelin.

Als ich die Treppe runterging begegnete mir sein Teckel.

[Sommer 1935] Interessante junge Künstler. Bei Möller stellt aus: Johanna Schütz-Wolff, eine Weberin. Sie hat einen großen Wand-

Karl und Käthe Kollwitz in Karlstein bei Bad Reichenhall, 1935

behang gewebt, eine kniende Frau in schwarz grau weiß und rot. Ferner der Bildhauer Müller-Örlinghausen mit belebten plastischen Figuren. Meist zwei zusammen. Porträtköpfe gut im Profil. In der Ausstellung Buchholz der junge Plastiker Kurt Zimmermann. Das Ideal des weiblichen Körpers ist nicht mehr die Schlanke, sondern die Breitgesäßige Runde Vollbrüstige.

Die Bildhauerin Bella Röber mit ihrer hochbegabten Arbeit: Herkules fängt die Hindin der Artemis.

Das Ehepaar Vetter uns allmählich vertrauter und lieber geworden. Beides Künstler und lebendige impulsiv fühlende Menschen.

Es sind einige Menschen, mit denen wir gern umgehn und uns freuen, wenn sie uns aufsuchen: die Ehepaare Vetter, Keßlers (seit ¾ Jahr in Amerika), Lenka von Koerber, hin und wieder Nagels und dann natürlich die paar alten Freunde.

Der schöne Sommer mit den Kindern zusammen in Karlstein. Karl freilich ist der Aufenthalt dort nicht bekommen. Die Anginaschmerzen sind verstärkt. Aber es war so schön mit den Kindern.

Arbeiten tu ich langsam und meist nicht gut immer an der Muttergruppe. Aus niedergedrückter Stimmung und dem Gefühl, doch nichts mehr zu sagen zu haben in meiner Arbeit, tauchte wieder der frühere Wunsch auf, ein Relief für unser Grab zu machen. Nun hab ich es begonnen. Ich bin eigentlich verwundert darüber, daß die Grabmalkunst so gar nicht gepflegt wird. Man braucht nur einmal anzufangen sich damit zu beschäftigen, so strömen einem doch geradezu Motive entgegen.

7. Oktober 1935 Jetzt arbeite ich 3 Wochen nacheinander an dem Grabrelief und ich denke, es wird gut werden.

Der Krieg zwischen Italien und Abessinien ist im Gange.

[22. Oktober 1935] Peters Tag.

Aus der Gesetzgebung Moses:

»Der da richtet soll nicht Geschenke nehmen,
Denn Geschenke machen die Sehenden blind.«

Und:

»Die Fremdlinge sollst du nicht schinden und unterdrücken,
Denn Ihr seid auch Fremdlinge gewesen in Ägyptenland.«

Karl wieder so sehr stark und lange erkältet.

Das seltsame Erlebnis mit E. B.

Der 25. November 1935 Heut wär Konrad 72 Jahre alt. Am 28. November 1925 siedelte er zu uns über. Ich war vormittag auf dem Friedhof, da lag am Stein ein kleines Sträußchen weißer Astern mit kleiner schwarzer Schleife, das war vielleicht von Frau Betty Veit.

Dann ging ich noch ins Atelier und arbeitete etwas am Grabrelief. Ich denke, es ist fast fertig.

In Karls Leben ist seit einiger Zeit eine Änderung. Es ging ihm so wenig gut, daß – nach kurzer gänzlicher Ausspannung – eine halbe Arbeit vorgenommen ist. Er macht die Vormittagssprechstunde und einige Besuche. Die andern und die Abendsprechstunde macht Dr. Zaubitzer. Auf diese Weise geht es und wir können abends noch etwas Gemeinsames vornehmen. Lesen jetzt Bonus: »Religion als Schöpfung«. Mir ist dies Leben *sehr* lieb. Aber es wird wohl nicht durchzuführen sein.

Auch Lise war wieder krank und ist noch nicht gesund. Sie will jetzt mit Siegfried und Agnes zusammenziehn.

1936 Lise ist immer noch nicht gesund.

Fertigstellen der Grabarbeit für das gemeinsame Grab. Besprechungen mit Lise. Am 25. März wird vielleicht alles fertig sein.

Heut träumte ich, Annie Karbe besuchte uns und wir wollten uns die Hand geben. Ich hatte vor mir am Rock ein neues etwa

Grabrelief (1935/36), geschaffen für das eigene Grab. »Ich bin eigentlich verwundert darüber, daß die Grabmalkunst so gar nicht gepflegt wird. Man braucht nur einmal anzufangen sich damit zu beschäftigen, so strömen einem doch geradezu Motive entgegen.«

¾ Jahr altes Enkelkind, das sich am Rock festhielt. Ich reichte über es nach vorn gebeugt Annie die Hand und sagte: »Das ist unser Reingewinn – unser absoluter Wertzuwachs.«

Annie Karbe war dann hier. Sie reist zu ihrem Bruder um dem das Rückgrat zu stärken im Kampf gegen seine hysterische Frau. Wir sind uns etwas fremd geworden, Annie und ich. Ich schätze sie sehr. Bin aber zu müd um ihre Person zu ertragen. Ihr betontes Sprechen. Die laute etwas hauende [?] Stimme.

[22. März 1936] Peter ist am 22. März 1936 eingesegnet. Wir waren schon früh hingefahren und waren in der Kirche. Die an sich warme Ansprache des Predigers hatte doch noch zu viel Dogmatisches an sich. Zuletzt, während Karl und ich draußen auf einer Friedhofbank saßen, bekamen die Konfirmanden noch das Abendmahl.

Dann der Rückweg in herrlichster Frühlingssonne über die Felder nach Hause. Peter sah gut aus. Etwas sehr Gutmütiges Aufgeschlossenes und Feierliches lag in seinem Gesicht. In Lichtenrade gab es dann das schöne Mittagessen. Karl las vor, was er für Peter aufgeschrieben hatte. Gute warme Großvaterworte.

Dann etwas Ruhe. Kaffeetrinken auf dem Balkon in der Sonne und dann wir beiden nach Haus. Am Abend waren dann die Verwandten und Freunde draußen. Hans sprach und Pfarrer Schilling. Es war ein schöner Tag.

Ostern 1936 War vor kurzem im Kronprinzenpalais und erfuhr durch Hanfstaengl, daß Widerspruch gegen Ausstellung meiner Gruppe in der Herbstausstellung der Akademie besteht. (Am Tage darauf Aufsatz im Schwarzen Korps gegen Hanfstaengl.)

Sah an dem Tage in den unteren Räumen – unter Ausschluß des Publikums – das Magdeburger Kriegsehrenmal von Barlach. Kannte es nur aus einer Wiedergabe. Es ist so gut, wie es mir in der Wiedergabe erschienen war, ja noch besser. Da ist wahrhaftig Kriegserleben von 1914–1918 festgelegt. Unmöglich natürlich für Anhänger des Dritten Reichs, *wahr* für mich und viele. Wenn man von einer der Figuren zur andern sieht: dies Schweigen. Wenn Münder sonst zum Sprechen gemacht sind – hier sind sie so fest geschlossen, als ob sie *nie* gelacht haben. Aber der Mutter hat er ein Tuch über den Kopf gezogen. Gut Barlach!

[Juli 1936] Am 13. Juli 1936 erscheinen zwei Beamte der Gestapo und verhören mich über den Artikel in der Iswestija. Erklären mir, daß auf mein Verhalten Konzentrationslager stünde, in einem Wiederholungsfalle ich unweigerlich ins Konzentrationslager käme, dann schützte mich kein Alter und nichts davor. Am Tage drauf kommt der eine der Beamten ins Atelier in der Klosterstraße, sieht meine Arbeiten an, redet lang und breit (nicht übelwollend), sagt dann, man verlange von mir eine Erklärung für die Zeitungen, in der ich die Behauptung der Iswestija für unwahr erkläre. Ich schreibe diese Erklärung. Zum Schluß derselben erwähne ich kurz, daß ich im Gespräch mit B. seinen Darstellungen über Rußland widersprochen habe.

Die nächsten Tage vergehn in gedrückter und erregter Stimmung. Es quält mich die Vorstellung, daß sie meine Erklärung ungenügend finden werden, daß ich in die Enge getrieben werde und es schließlich doch zu einer Verhaftung kommt. Wir fassen den Entschluß dem Konzentrationslager, wenn es unvermeidlich scheint, durch Selbsttod uns zu entziehn. Freilich diesen Entschluß vorher die Gestapo wissen zu lassen. Vorstellung, daß sie dann vom Konzentrationslager absehn werden. Tagelang dauert

Mit Leo von König (links) und Ernst Wiechert 1941 am Starnberger See

die Erregung an. Dann wendet sich alles. Toms Versuch, Amerikaner für meine Arbeit zu interessieren, wird durch mich im Hinblick auf Rußland kupiert. Am 31. Juli ruft Tom mich zu sich und zeigt mir einen Brief Leo von Königs. Dieser verkauft an Krupp ein großes Terrain und schickt Tom sofort 1 500 Mark für mich zur Arbeit der Gruppe in Stein. Tom sagt er sei vor Freude gleich gelaufen eine Flasche Wein trinken.

Große große Freude. Am Montag geh ich zu Leo von König, danke ihm und sage, daß im Fall eines Verkaufs er die Summe gleich zurückbekommt.

3. August 1936 ist der Sammler Julius Freund mit seiner Frau bei mir. Er hat seine schöne Sammlung nach Winterthur in der Schweiz geschafft. Spricht mir von den mehrfachen Millionären Reinhart in Winterthur, die die schönsten Bilder hätten.

Rät sehr zu einer großen Kollektivausstellung in Paris im Jahr 1937.

9. August 1936 mit Karl bei Lise. Lise will in Bälde nach England reisen und den Enkeln ihre große Arbeit bringen, an der sie jahrelang gearbeitet hat und die sie meinte, nicht zu Ende führen zu können. Das ist die Weltgeschichte in Bildern, für Peter und Marianne Kortner bestimmt.

Sie ist so groß geworden, daß sie einen ganzen großen Tisch bedeckt. Die Kinder werden sie wohl immer am Fußboden besehn. So wie die Lise ihr schönes und lebendiges malerisches und zeichnerisches Talent immer einspannte für ihre Kinder, als die noch klein waren, indem sie ihnen schöne Drachen baute usw., so hat sie jetzt den Kortner-Kindern diese Arbeit gemacht, die ganz eigenartig ist. Sie hat die ganze Weltgeschichte dazu durchstudiert und all das Geschehen ist in bunten Zeichnungen verdichtet. Jedes Volk hat eine besondere Farbe. Oft mengen sich die Farben. Oft überschneidet sich alles. Ganz charakteristisch ist, wie sie rein Persönlichstes in die große Geschichte mit hineinwebt. Wie sie z. B. die Familie Kortner Deutschland verlassen läßt und vor ihnen, schon etwas nebelhaft, die Familie Wertheimer. Auch Chaplin vergißt sie nicht in USA.

Das Originelle, die besondere Art wie Lise ihre Begabung bearbeitet ist hier ganz herausgekommen. Nirgends ist Pathos. Goethe läßt sie zum Fenster heraussehn, der Welt den Rücken drehn.

Dazu schreibt sie Begleitworte, für die Kinder bestimmt. Das große Gebiet mit Worten leise deutend.

[Anfang] November 1936 Dr. Siegfried Kawerau liegt sehr krank im Hedwig-Krankenhaus. Seine Frau wohnte bei uns. Ich hab sie *sehr* gern.

5. November 1936 Jubiläumsausstellung Berliner Bildhauer von Schlüter bis zur Gegenwart. Die Ausstellung war seit Mitte Oktober fertig. Ministerpräsident Göring hatte keine Zeit sie zu eröffnen. Infolgedessen eröffnete sie sich selbst. Vor der offiziellen Eröffnung am 5. November werden meine beiden Arbeiten »Mutter« (Roggevelde) und »Grabrelief« entfernt. Auf meine Frage, wer noch entfernt ist, sagt Amersdorffer, Barlach sei noch entfernt worden.

Am Sonntag war bereits eine Notiz in den Zeitungen, wonach das Kronprinzenpalais gesäubert werden solle. Es ist sicher, daß meine beiden Figuren dann weggestellt werden.

November 1936 Es wird mir ganz allmählich erst klar, daß ich wirklich mit meiner Arbeit *zu Ende* bin. Nachdem ich die Gruppe hab in Zement ausdrücken lassen weiß ich nicht weiter. Es ist eigentlich nichts mehr zu sagen.

Ich dachte noch eine kleine Plastik »Alter Mensch« zu machen und ein Relief schwebte mir unbestimmt vor. Aber ob ich das mache oder nicht, es ist nicht mehr wichtig. Für die andern nicht und auch nicht für mich. Auch diese merkwürdige Stille bei Gelegenheit der Heraussetzung meiner Arbeit aus der Akademieausstel-

Mutter mit Zwillingen (1924–1937). »Es wird mir ganz allmählich erst klar, daß ich wirklich mit meiner Arbeit *zu Ende* bin. Nachdem ich die Gruppe hab in Zement ausdrücken lassen weiß ich nicht weiter. Es ist eigentlich nichts mehr zu sagen.«

lung und anschließend [dem] Kronprinzenpalais. Es hat mir fast niemand etwas dazu zu sagen. Ich dachte die Leute würden kommen, mindestens schreiben – nein. *So etwas* von Stille um mich. – Das muß alles erlebt werden! – Nun ist der Karl noch da. Täglich seh ich ihn und wir reden und zeigen uns, daß wir uns lieb haben. Aber wie wird es sein, wenn auch er weg sein wird?

Man schweigt in sich hinein. Alles ganz still. Ich sitz auf Mutters Stuhl abends wenn ich allein bin am Ofen.

Der liebe, der so liebe Hans. Schlimm für ihn dies und manches.

25. November 1936 Der Konrad wäre heut 73 Jahre alt. Ich muß oft an Dich denken.

Ossietzky bekommt den Friedens-Nobelpreis von Norwegen.

Und Deutschland schließt ein Abkommen mit Japan gegen Sowjet-Rußland.

[Dezember 1936] Am 17. Dezember stirbt Kawerau endlich. Im September kam seine Frau mit ihm her. Zu Anfang noch die Illusion der Besserung. Dann vom Hedwigs-Krankenhaus nach dem Weißenseer [Krankenhaus] gezogen und dort langsames qualvolles Ende. Die Frau *bittet* Karl er möchte beenden. Aber Karl tut es nicht und auch Rele tut es nicht. Dann – nachdem die Geschwüre durchgebrochen sind – endlich sterben dürfen. Aber dann, sagt die Frau, hat er einen Ausdruck von himmlischem Frieden gehabt.

Er wollte in aller Stille feuerbestattet werden. Auch die Frau ist nicht dabei. Sie ist nach Pustchow zurückgefahren. Seine Lieder, sagt sie, hat sie ihm alle gesungen!

Auch Joseph Bloch ist tot. An einem Herzleiden in Prag gestorben. Die Lene hats der Lise geschrieben.

Man sagt mir, daß die Arbeit, die Alexander Oppler im Auftrag der Stadt gemacht hat vor dem Umbruch, und die er erst nach dem Umbruch fertiggestellt hat, ihm von der Stadt abgenommen und bezahlt wäre. Daß sie aber nicht aufgestellt wäre, sondern daß man die Arbeit zerschlagen hätte. Um dies festzustellen, läute [ich] ihn soeben an und höre, daß er krank liegt nach einem schweren Schlaganfall.

[Nachtrag vom 24. April 1937:]

Dies wird mir bestätigt durch einen Freund von ihm. Die Arbeit ist nicht zerschlagen, sondern eingeschmolzen weil es Bronze war.

1937 Krieg?

Nach großem Tiefstand im Herbst bessere Zeiten im kalten Januar auch noch Februar. Kann ganz gut arbeiten, aber nur kleine Sachen: Soldatenzug.

Im Februar sagt Nierendorf die für ihn geplante Ausstellung ab. Auch die Ausstellung [in] Odense kommt nicht zustande.

Ich mache in meinem Atelier eine Art Ausstellung meiner Arbeiten. Im Hofe arbeitet seit dem 9. April Geiseler in Muschelkalk meine Gruppe aus. Er will sie bis zum Juni 1937 fertig haben.

Mit dem Enkel Arne-Andreas 1937

10. April 1937 Meine Bewußtseinsstörung nach dem Bade.
Schonen und Depression.

Auch Karl recht sehr kaputt. Er hat zum Juli die Hauptkassen gekündigt, muß aber Wohlfahrt behalten.

Es wird mir gesagt, daß vor 1933 die Zahl der in Deutschland lebenden Juden 1% betragen hat, also 600 000. Davon haben 200 000 Deutschland verlassen, es bleiben 400 000.

Der 12jährige Peter Kortner mit zwei Freunden und seiner 8jährigen Schwester Marianne hat sich als Detektiv-Agentur Bekannten empfohlen: »... we try to solve murder, theft, kidnapping, assaulting etc. Even to the smallest of cases we give great interest.«

Arne (Vorschulklasse) belehrt einen Schulkameraden, der gefehlt hat, was sie in der Schule durchgenommen haben: »Wir haben das weibliche und das nächtliche (sächliche) Geschlecht gehabt.«

Horst Prengel, 25jährig, geht nach Deutsch-Ostafrika. Der Architekt May erwartet ihn dort. Er soll für ihn bauen. Außerdem ist Stietencron mit im Geschäft. Er soll Aufträge verschaffen mit seinen Verbindungen und seinem Namen.

Horst hat sich mit einer Schlesierin, einer Käthe ? verlobt, die in einem Jahr nachgeht und hier noch ihr Examen als Landschullehrerin macht. Sie gefällt mir außerordentlich. Groß, schön gewachsen, dunkel, etwas ostisch der Gesichtsschnitt mit schön geschnittenen braunen Augen, die etwas ähnlich wie Thildis blicken. Schön sind die beiden zusammen und verbürgen schöne Kinder.

[11. Mai 1937] Heut am 11. Mai 1937 erklärt Geiseler seine Steinarbeit für fertig. Ich finde sie noch etwas roh. Will aber jetzt versuchen das Letzte selbst zu machen.

[Oktober 1937] Im Oktober kommen Bildhauer Kunstmann und sein Steinmetz Herr Bursch aus Hamburg her. Sie finden die Steinarbeit durchaus ungenügend. Bursch hat mir zugesagt, im Dezember für zwei Wochen herzukommen und sie vorzunehmen.

22. Oktober 1937 In dieser Nacht fiel Peter. Ich bekomme von einem Photographen Moegle aus Stuttgart am heutigen Tag Aufnahmen vom Friedhof Eessen [Roggevelde]. Er hatte dort amtlich zu tun und hat einen starken Eindruck der beiden Gestalten. Danke!

Ich arbeite an der kleinen Plastik, die hervorgegangen ist aus dem plastischen Versuch, den alten Menschen zu machen. Es ist nun so etwas wie eine Pietà geworden. Die Mutter sitzt und hat den toten Sohn zwischen ihren Knien im Schoß liegen. Es ist nicht mehr Schmerz, sondern Nachsinnen.

Der Bildhauer Friedrich Bursch aus Hamburg ist Ende des Jahres hier und arbeitet die Gruppe nach. Es glückt ihm, sie so herauszuarbeiten, daß ich sie zeigen könnte. Aber in Deutschland darf ich sie nicht zeigen und in Amerika ist auch vorläufig kein solches Interesse für sie, daß man die Transportkosten übernimmt.

1938 Im März 1938 wird Österreich dem Deutschen Reich angegliedert.

Sehr schlimme Lage für die dortigen Juden. Auch Toni Sußmann geht von Berlin fort. Sie bekommt Aufenthalt und Arbeit in London. Für Ottilie [ist] ihr Fortgehn ein großer Verlust.

Im Sommer macht Buchholz (Valentin) in Amerika eine Ausstellung meiner Arbeiten. Guter Besuch aber schlechter Verkauf.

Eine Jüdin, Frau Levy aus Köln, will von mir eine Grabsteinarbeit für ihren verstorbenen Mann machen lassen. Nur Hände – vier sich fassende Hände – da jede andere menschliche Darstellung auf jüdischen Grabsteinen verboten ist.

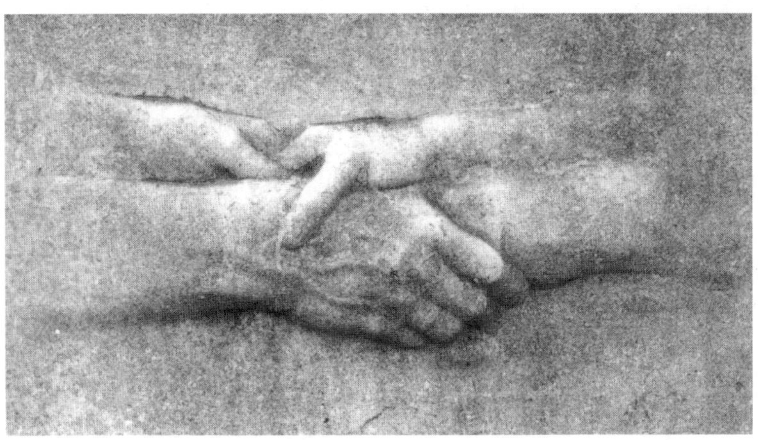

Grabrelief Levy (1938). »Nur Hände – vier sich fassende Hände – da jede andere menschliche Darstellung auf jüdischen Grabsteinen verboten ist.«

Ich muß die Arbeit im Juli machen. Bursch in Hamburg führt sie aus.

Frau Maria Burchardt frühere Lobbenberg bekommt im Mai einen Sohn.

Am 14. Juni bekommt Lydia [Bonus] ihr 2. Kind, Barbara.

Im Juni 1938 sind Karl und ich in Reinerz. Es sind sehr schöne Wochen. Gerade deshalb so schön, weil wir allein sind und [uns] ganz aufeinander einstellen. Karl wird 75 Jahre alt.

Wir lesen abends zusammen die »Wetterzonen der Weltpolitik« von Pahl. Außerdem lesen wir die »Katrina« von der Salminen.

Sehr lieb ist uns der Umgang mit der Arztfamilie Dr. Freund. Der alte Dr. Freund. Er singt vor sich hin. Über Politik, die jetzigen Zustände lacht er. Er wird 80 Jahre alt.

Der alte Dr. Freund stirbt am 4. August 1938 in Reinerz bei seinen Kindern. Es schließt sich an an die Verbote gegen die Arbeit der jüdischen Ärzte. Ob Dr. Freund freiwillig ging weiß ich nicht. Er sprach einmal in solchem Sinn von »corriger la fortune«. Er lachte dabei wie immer. Dies Verschen hat sein Sohn, der Dr. Walter Freund, in seiner Schreibmappe gefunden.

»Das Ewige ist stille
Laut die Vergänglichkeit

Schweigend geht Gottes Wille
Über den Erdenstreit.«
Wilhelm Raabe

Letzte Septembertage 1938 *Der Krieg ist umgangen! Dank Dir Chamberlain!*

Gelegentlich der Auseinandersetzung über die nahe Kriegsgefahr sagt im englischen Parlament Maxton (?), der Sprecher für die kleinste Partei:

»Es gibt nichts in der Welt, was wichtig genug wäre von neuem einen Weltkrieg zu entfesseln.«

Das ist *ganz meine Meinung*. Nichts in der Welt!

Weiß Gott nicht Deutschland, Deutschland über alles.

[Oktober 1938] Es sind Peters Tage.

Als Hans neulich hier war, sprach er mit mir zum ersten Mal darüber, wie Karl und ich uns unsere Bestattung wünschen. Und fortsetzend über Tod und Weiterleben nach dem Tod und dies und das. Es war so gut. Weil es endlich wieder ein geöffnetes Zusammensein mit ihm war. Daß wir nicht einer Meinung sind in politischer Einstellung ist manchmal doch fühlbar. Wir halten zurück und er hält zurück. Schon das Beisein der Kinder läßt uns vorsichtig sprechen. Aber dieses Mal war es wie manchmal früher. Ganz nah und dicht.

Barlach stirbt am 24. Oktober 1938 im Krankenhaus in Rostock.

Am darauffolgenden Donnerstag 27. ist eine Trauerfeier in Güstrow. Ich fahre hin. Dort trifft es sich, daß ich vor den andern in seinem Hause und auch in seinem Atelier bin. Ich gehe durch eine Seitentür herein und habe seinen Arbeitstisch mit den zusammengeräumten Werkzeugen, dahinter eine Wand mit Arbeiten von ihm vor mir.

Wie ich mich zur Seite wende, dem eigentlichen Atelierraum zu, sehe ich Barlach im offenen Sarg liegen.

Der Sarg steht in der Mitte des Raumes. Er ist feierlich und kostbar aufgebahrt. Ein schwarzer Teppich und weiße Atlasdekken. Barlach ist *ganz* klein. Er liegt mit ganz zur Seite gesenktem Kopf – als ob er sich verbergen wolle. Die weggestreckten und nebeneinandergelegten Hände ganz klein und ganz mager. Ringsherum an den Wänden seine schweigenden Gestalten. Hinter dem

Der tote Barlach (1938). »Barlach ist *ganz* klein. Er liegt mit ganz zur Seite gesenktem Kopf – als ob er sich verbergen wolle. Die weggestreckten und nebeneinandergelegten Hände ganz klein und ganz mager.«

Sarge Tannen aufgebaut. Über dem Sarge die Maske des Güstrower Dom-Engels.

Um den Sarg läuft sein kleiner Hund herum und schnuppert zu ihm auf.

Am geschlossenen Sarge ist dann die Feier. Der Pfarrer Schwartzkopff, der 8 Jahre in Güstrow lebte und Barlach nahestand, sprach. Gut und sehr ernst. Er begann mit dem Raabeschen Spruch: »Die Ewigkeit ist stille ...« – Dann Stellen aus Hiob. Stellen aus Barlach-Briefen und -Büchern. Das Ringen, das Suchen, das Schreien nach Gott.

Dann ein Freund einen Abschiedsgruß in Plattdeutsch, dann noch ein anderer, dann als letzter Gerhard Marcks für die jüngeren Künstler: »Dein Stern sei unser Stern.« – Die jüngern Männer trugen Barlachs Sarg heraus in das Nebenhaus, wo er gewohnt hat. Am Tage drauf ist er in seiner Heimat beigesetzt.

Am Tage drauf war ich wieder in meinem Atelier. Ich hatte die kleine Gruppe der zusammengedrängten Frauen, die ihre Kinder schützen, vom Gießer zurückbekommen. Zum ersten Mal mit einem Bronzeguß ganz zufrieden. Wie es immer ist, wenn man jemand begraben hat um den man trauert, um den man aber nicht schmerzlich weint, war ein gesteigertes Lebensgefühl in mir.

»Morgen können wirs nicht mehr
Darum laßt uns heute leben.«

Alles war geweitet und gehoben. Es war sehr schön, aber es ist schon wieder vorbei.

Turm der Mütter (1938). »Am Tage drauf war ich wieder in meinem Atelier. Ich hatte die kleine Gruppe der zusammengedrängten Frauen, die ihre Kinder schützen, vom Gießer zurückbekommen. Zum ersten Mal mit einem Bronzeguß ganz zufrieden.«

November 1938 Ein jüdischer polnischer 17jähriger Mensch macht ein Attentat auf den deutschen Gesandten in Paris, das mit dem Tod des Gesandten endet.

In der Nacht, die die Nachricht von dem Tode bringt, bricht in ganz Deutschland ein Pogrom aus. Alle Synagogen brennen. In allen jüdischen Läden werden die Fensterscheiben zertrümmert, die Ware zerstört. Bis in die Wohnungen wird eingedrungen. Tausende von jüdischen Männern werden verhaftet und in Konzentrationslager gesperrt.

Es ist mir manchmal als ob der tote Barlach mir seinen Segen hinterlassen hat. Ich kann gut arbeiten. Es ist wie eine konstante Erregung, die mich überkommen hat.

Barlach an die Kunstkammer 26.3.1938:

»Die gewünschte eingehende Begründung meiner Nichtbeteiligung an der Kunstausstellung während der Gau-Kulturwoche zu geben, meine ich mit einem Hinweis auf die außerordentliche Peinlichkeit solcher Erörterungen ablehnen zu müssen. Ich erwähne nur kurz, daß mir die Ausstellung von solchen Stücken, die ich noch heute zu den reifsten und frischesten von meiner Hand zähle, von dem Landesleiter Berlin auf Anweisung des Präsidenten der Reichskammer der bildenden Künste verboten ist.«

Barlach 1937: »... Waren die vergangenen Jahre für meine Gesundheit verhängnisvoll genug ... so kann ich vom Jahr 37 nur sagen, um des sachlichen Tones willen zurückhaltend genug, daß es alle früheren weit überboten hat. Eine Ausarbeitung all der Bedrängnisse, Kränkungen und moralischen wie materiellen Schädigungen auffällig gehäufter Art, die mir in offizieller Form zuteil geworden, wäre im Rahmen dieser Erwiderung allzu weitläufig! Genug, eine schon ernstlich geschwächte Gesundheit ist durch diese unaufhörlichen (?) bedroht und ich sehe mich gezwungen meine Mittel, wie sie auch sein mögen, für eine mir dienliche Erholungszeit zu bestimmen ... Heute nun, ausdrücklich ersucht, wiederhole ich die Worte aus beiliegendem Schreiben:

›Wenn also die Reichskammer der bildenden Künste eine Beitreibung gemäß § 30 usw. beschließt und anordnet, so fehlen mir demgegenüber keineswegs die Worte.‹ – Ich schließ aber anderslautend: Gegen Gewaltanwendung bin ich allerdings machtlos und muß geschehen lassen, was mir in der Benachrichtigung vom 25. Oktober 37 angedroht ist.«

Aus dem Harnack-Buch, das Jeep mit geliehen hat: »Bildung ist wiedergewonnene Naivität.«

»Meine Kinder haben alle ein unbedingtes Vertrauen zu mir; aber sich voll zu erschließen kann kein Vater seinem Kinde zumuten oder von ihm erwarten. Warum nicht? Sie stehn sich zu nahe und das Kind würde nie selbständig werden oder seine Freiheit verlieren, wenn es nicht instinktiv Distanz hielte.«

»Um Menschen kennen zu lernen, muß man – sei es auch nur wenige Tage – mit ihnen allein leben und beide Teile müssen aus den gewohnten Verhältnissen heraus. Denn es gibt nichts Lähmenderes im Verkehr von Mensch zu Mensch als die ›gewohnten Verhältnisse‹. Sie legen sich, ohne das man es recht weiß, wie ein kaltfeuchter und verdunkelnder Nebel auf das gesamte Dasein. Dazu machen sie alles gleichartig ohne doch eine wirkliche Harmonie zu erzeugen. Man ist nah und fern zugleich und dieser Zustand hat etwas Narkotisches für alles höhere Leben. Ist man aber bei den Seinigen sozusagen zu Gast, so gibt sich jedes in seiner Eigenart. Man kommt zu sich selber und zugleich zum andern und nur in diesem Zustand ist man eigentlich Mensch.«

»Was aber ist Freiheit anderes als wachsen dürfen nach eigenem Gesetz?«

[Frühjahr] 1939 Karl krank. Seit dem 4. Februar bettlägerig.

Anfang April beginnt die Jeep einen Brief an mich so: »Schmidt, wenn Du nun bei Deinem Mann sitzest und Ihr lauscht miteinander auf den leise kommenden Schritt der Genesung, dann setze ich mich auch dazu und zwischenein will ich Euch etwas erzählen.«

[September 1939] Beginn des zweiten Weltkrieges am 1. September 1939.

Vorher Zwischenstadien.

Am 3. September tritt England in den Krieg ein.

Am 4. September tritt Frankreich in den Krieg ein.

Es geht natürlich nicht mehr um Polen und den Korridor oder Danzig. Es hat der Auseinandersetzungskrieg zwischen den autoritären Staaten und den demokratischen Staaten begonnen.

7. September 1939 Die militärischen Erfolge unsern Blättern nach sehr gut.

Die Stimmung hier nach wie vor *schlecht*. Man sagt, daß bei der Abfahrt eines Reservistenzuges die Frauen sich vor die Lokomotive gestellt haben und durch Polizei weggeschafft werden mußten.

Pfarrer Schwartzkopff war hier. Grundsätzlicher Gegner Hitlers hält er es jetzt doch für seine Pflicht, in der Kirche zum Gehorsam gegen die Obrigkeit aufzufordern. Er deutet es so: Gott hat zugelassen, daß Hitler Führer Deutschlands wird, also dürfen wir nicht dagegen aufmucken. Wir können Gott nur bitten, daß er Hitler mit seiner Gnade erleuchte. Für mich unverständlich. Ferner nimmt Schwartzkopff an, daß Gott jetzt bald Schluß machen werde mit dieser verkorksten Schöpfung. Er wird alles untergehn lassen und dann eine neue und bessere Schöpfung machen!

Oktober 1939 Innerhalb von 4 Wochen ist der militärische Krieg gegen Polen beendigt. Er hat nach des Führers Angabe an Gefallenen 10 572, an Verwundeten 30 322, an Vermißten 3 409 gekostet.

Polen ist aufgeteilt zwischen Rußland und Deutschland. Ein kleiner Teil verbleibt als »Polen«. Augenblicklich ein Zwischenstadium zwischen Krieg und Nicht-Krieg. Der offizielle Krieg ist noch nicht aufgehoben. Man erwartet die Entscheidung der Westmächte.

Pietà (1937/38) »Meine Mutter bleibt im Sinnen darüber, daß der Sohn nicht angenommen wurde von den Menschen. Sie ist eine alte einsame und dunkel nachsinnende Frau«.

[Dezember 1939] Am 14. Dezember 1939 nachts, früh ½ 4 Uhr, stirbt Frieda Winckelmann im Hedwigs-Krankenhaus.

Im Februar dieses Jahres – ungefähr zur gleichen Zeit als Karl so schwer krank war – erkrankte Frieda Winckelmann von neuem an ihrer überwunden geglaubten Krebskrankheit. Sie hat durch ihren starken Willen, durch die Beschwingungen, die sie durch den katholischen Glauben erfuhr, die tragende Mithilfe ihrer Freunde, vor allem des Pfarrer Krajewski, es möglich gemacht ihre besten Arbeiten in dieser Zeit zu leisten. Als ich am 20. September in ihrem Atelier war sah ich ihre Pietà.

Verwandt mit meiner nur darin, wie die Mutter die tote Hand des Sohnes hält. Aber meine ist nicht religiös. Frieda Winckelmanns dagegen ist religiös, katholisch religiös. Sie hat mehr

Größe und Gewicht dadurch. Der Kopf der Maria ist nicht leer, wie Hans ihn nannte, er ist nur heraufgehoben in die Heilandsmutter. Meine Mutter bleibt im Sinnen darüber, daß der Sohn nicht angenommen wurde von den Menschen. Sie ist eine alte einsame und dunkel nachsinnende Frau, der Winckelmann Mutter ist daneben noch Himmelskönigin. Im Sohn ist ihre Arbeit und die meine ähnlicher, aber ihre ist im Sohn *besser*. Auch Frieda Winckelmann war sicher derselben Ansicht, trotzdem sie nichts sagte.

Diese ihre Arbeit ist groß und gut. Sie ist ihre beste. Dann hat sie nur noch eine Heilige begonnen und nicht mehr vollenden können. Am 20. November gab sie den Kampf auf und legte sich ins Hedwigs-Krankenhaus um nicht mehr aufzustehn. Sie hat es gut dort gehabt in den 3 Wochen. Sie war unter Glaubensgenossen, die liebevoll zu ihr waren. Am 12. war ich noch bei ihr. Sie war sehr matt aber voller Teilnahme. Am 13. läutete Lise mich an. Sie war zu ihr gekommen, als der Geistliche mit ihr oder vor ihr betete. Sie war teils bewußtlos. Einmal hätte es geschienen, als ob sie die Lise erkennte. Dann die Augen wieder geschlossen. Heut sagte mir früh die Oberschwester, daß sie eingeschlafen sei. Sie sagte, sie hätte vielleicht nie einen so sanften Tod gesehn, wie sie ihn gehabt hat.

3. Februar 1940 In diesen Tagen vor einem Jahr erkrankte Karl so schwer, daß ich nicht glaubte, daß er durchkommen würde. Gleich zu Anfang in seinen Fieberdelirien sprach er darüber und brauchte den Ausdruck: »Das wär doch *zu* schade.« Dies Wort und die Betonung desselben glaub ich berührte Regula sehr. Sie hat unermüdlich an ihm gearbeitet und er wäre wohl nicht mehr, hätte sie das nicht getan. Jedenfalls jetzt ein Jahr danach lebt er noch. Natürlich als ein sehr verminderter und behinderter Mensch, aber doch nicht so, daß er hoffnungslos ist und meint, sein Leben selbst beendigen zu müssen, wie er früher oft sprach. Noch ist die Atemnot erträglich.

Oft während der schlimmsten Zeit, wenn ich gar keine Hoffnung mehr hatte, wünschte ich ihm das Ende. Ich war ganz darauf eingestellt und schien es sich zu bessern, so sah ich das für einen flüchtigen Aufschub des doch unvermeidlichen Endes an. Nun steht es auch für mich anders. Ich bin dankbar, daß dieser erträgliche Zustand sich noch eine Weile zu halten scheint. Das Ab-

Der Abschied (1940/41). »Ich arbeite an der kleinen Gruppe, wo der Mann – der Karl – sich von mir loslöst und meinen Armen entzieht. Er läßt sich sinken.«

schiednehmen, wenn es plötzlich doch zu Ende ist, ist dann wieder sehr schwer.

Ich arbeite an der kleinen Gruppe, wo der Mann – der Karl – sich von mir loslöst und meinen Armen entzieht. Er läßt sich sinken.

– Wirklich sinken, hinsinken tut jetzt Arthur Bonus. Am Neujahrstag wurde sein 3. Enkelkind Wolf-Dieter geboren. »Der kleine Junge kommt und der große Junge geht«, schrieb Jeep.

Krieg ist immer noch, sein Ablauf unübersehbar.

Peter, der im Wernerwerk arbeitete als Praktikant und von

Ostern ab an einer andern Universität zu studieren beginnen sollte, ist nun auch angefordert.

Jutta ist noch in Loheland, Jördis hier auf der Schule. Beide – meint Hans – fangen leise an sich der starken Beeinflussung durch den BDM zu entziehn.

6. Juni 1940 Paulas Geburtstag.

Wo Peter ist, weiß niemand. Am 15. Mai sollte er herauskommen. Immer wieder verzögerte es sich. Jetzt hat niemand Nachricht.

Karl ist seit dem 12. April von neuem ernstlich krank. Es begann früh mit Herzschwäche. Die wurde behoben. Fistelblutung und anschließend daran heftige Schmerzen durch einen Hodenabszeß. Er ist viel schwächer geworden, liegt fast dauernd im Bett.

Früh, in den Vormittagsstunden, sieht er oft sehr traurig und ernst [aus]. Nachmittags kommt dann eine bessere Zeit, wo er wenigstens eine Zeit[lang] mit einem Besuchenden sprechen kann. So mit Pfarrer Schwartzkopff. Er sprach mal lange mit Hans und erzählte ihm aus seiner Kindheit. Er hatte den Wunsch, Hans möchte das aufschreiben. Dann kam er auf den Gedanken Kathrine zu diktieren. Er sorgt sich sehr um die eigentlich heimatlose Kathrine. Auch wollte er ihr dadurch einen Verdienst geben. Jetzt ruht das wieder, er ist selten frisch genug dazu und Kathrine ist seltener hier.

Neulich fielen mir die Worte von Novalis ein:

»Gib treulich mir die Hände
Sei Bruder mir und wende
Den Blick vor Deinem Ende
Nicht wieder weg von mir.«

Diese Worte waren ihm wundervoll und abends vor der Nacht, wenn ich ihm Gutenacht sage, bittet er mich immer darum, daß ich sie ihm sage. Dann sagt er mir Gutenacht und »Danke«.

7. Juni 1940 Die erste Nachricht vom Peter, geschrieben am 1. und 2. Juni. Noch ohne seine Feldpostnummer. Nach sehr anstrengenden Märschen durch das »landschaftlich herrliche« Luxemburg rasten sie jetzt in einem südbelgischen Städtchen. Er ist angestrengt, aber bei guter Gesundheit.

Karl Kollwitz (1940)

Karl sagte heut am 7. Juni zum ersten Mal, daß er den Tod herbeisehnt.

[Mitte Juni 1940] An Karls Geburtstag saß er auf dem Stuhl an seinem Bett. Auf einem kleinen Tischchen vor ihm standen Blumen und die 3 brennenden Kerzen vom Faassen, die ganz große mit den kleinen Bildern von Karl und mir aus Karlstein und die beiden großen roten mit den Roggevelder Figuren, die noch nie gebrannt hatten.

Nachmittag kamen die Lichtenrader, sonst nur noch Kathrine und Paula. Wir waren nur kurz bei ihm zusammen, Karl sah sehr blaß aus. Ein Weilchen war noch Jutta bei ihm drin. Aber sonst saßen wir in der Wohnstube zusammen. Abends hohes Fieber. Aber er hat sich wieder erholt, spricht auch nicht mehr so viel vom Tod. Einmal zwischen Clara und mir ging er ein Stückchen in der Stube. Es war sehr rührend, wie er da mit seiner schwachen Stimme anfing zu singen:

»Morgen marschieren wir
zu den Bauern ins Nachtquartier.«

Am 15. Juni war Pfarrer Schwartzkopff noch einmal vor seiner Reise bei ihm. Er ist Karl sehr lieb und Karl denkt daran ihn zu bitten, nach Hans und eventuell Sell ein paar Worte an seinem Sarge zu sprechen. Er könnte das gut, wenn er den Pfarrer beiseite setzt und nur erzählt, wie die Kranken, die der Pfarrer auch betreut, am Karl hängen.

Während wir in immer kleineren Kreisen unser Leben zu Ende leben, geht draußen gewaltiges Geschehen vor sich. Am 14. Juni 1940 ergibt sich Paris. Schon am 17. streckt es die Waffen und am 23. Juni unterschreibt es die Waffenstillstandsbedingungen im Wald von Compiègne. An derselben Stelle, an der es 1918 die Waffenstillstandsbedingungen durch Deutschland unterschreiben ließ.

Vom Peter bekamen wir die zweite Nachricht am 21. Juni. In derselben Nacht hatten wir Alarm.

[Nachgetragen:] Karl stirbt am 19. Juli 1940.

[1941] Am 1. April 1941 lege ich die allerletzte Hand an die kleine Gruppe »Abschied« und schicke dieselbe Noack ein mit der Anordnung, daß er sie in 4 Exemplaren gießt.

Einen Guß soll Regula haben, einen Lise, einen Hans und Ottilie, einer soll in meinem Nachlaß bleiben.

Photographische Aufnahmen sollen Kathrine [haben], Annie, Jeep, Wertheimers und Hanna in Amerika und sonst noch, wer sie sehr wünscht.

Arthur Bonus stirbt am 9. April 1941 im Krankenhaus in Lengenfeld. Am 2. Osterfeiertag wird er auf dem kleinen Friedhof bei Bischofstein begraben.

Am 17. April 1941 bin ich mit Kathrine zum ersten Mal seit Karls Tod auf dem Friedhof.

Ich träume hie und da von ihm.

Einmal träumte ich ich säße an seinem Bett und weinte und klagte ihm vor. Er sagte: »Ja, mein liebes Matuschchen, Du wirst Dich jetzt ja auf vieles gefaßt machen müssen!« Da weinte ich noch lauter und sagte: »Sieh bloß, wie man mir mitspielt« und nahm von der Nachttischplatte eine Kinderhand um sie ihm zu

Selbstbildnis mit Karl Kollwitz (1938–1940)

zeigen. Es war nur die kleine Hand, ohne Blut und Verletzung, auch noch nicht kalt. Aber sie stammte von einem Kinde. Ich wollte sie ihm zeigen, aber es war mir so gräßlich, daß ich vor Entsetzen aufwachte.

Vor kurzem träumte ich, daß ich mit andern zusammen in einer Stube war. In der Nebenstube wußte ich lag Karl. Beide Stuben öffneten sich nach einem unbeleuchteten Hausflur. Ich ging aus meiner Stube heraus auf den Flur, da sah ich, wie die Tür nach Karls Stube aufgemacht wurde und hörte ihn sagen mit seiner freundlichen, liebevollen Stimme: »Kommst Du mir nicht noch Gutenacht sagen?« Dann war er herausgekommen und lehnte an der Wand und ich stand vor ihm und legte meinen Körper an seinen und wir hielten unsere Hände und fragten uns immer wieder: »Wie geht es Dir? Geht es dir auch wirklich gut?« Und waren so glücklich uns fühlen zu können.

[Dezember] 1941 Jetzt Ende Dezember sieht es so aus, als ob plötzlich der Krieg zu Ende gehn wird. Der Führer hat die Führung übernommen, Brauchitsch ist zurückgetreten.

Im Jahr 1918 hatte Ludendorff erklärt, daß er die Führung aufgeben müßte und um Waffenstillstand bitten.

Der kam und das Zurückfluten des Heeres und dann kam die Revolution.

Vorher noch war in den Zeitungen von Richard Dehmel ein Aufruf erschienen, wo er zum Weiterkämpfen bis zum Weißbluten aufrief.

Damals schrieb ich eine Entgegnung. Ich schloß sie mit den Goetheschen Worten aus dem Lehrbrief: »Saatfrüchte sollen nicht vermahlen werden.«

Wie seltsam sich dies wiederholt. Ich beschließe noch einmal – zum 3. Mal – dasselbe Thema aufzunehmen und sagte zu Hans vor ein paar Tagen: Das ist nun einmal mein Testament: »Saatfrüchte sollen nicht vermahlen werden.« In diesen Tagen war mir unerhört schwer ums Herz.

Ich zeichnete also noch einmal dasselbe: Jungen, richtige Berliner Jungen, die wie junge Pferde gierig nach draußen wittern, werden von einer Frau zurückgehalten. Die Frau (eine *alte* Frau) hat die Jungen unter sich und ihren Mantel gebracht, gewaltsam und beherrschend spreitet sie ihre Arme und Hände über die Jungen. *»Saatfrüchte sollen nicht vermahlen werden«* – diese Forderung ist

»Saatfrüchte sollen nicht vermahlen werden« (1941). »Ich zeichnete also noch einmal dasselbe: Jungen, richtige Berliner Jungen, die wie junge Pferde gierig nach draußen wittern, werden von einer Frau zurückgehalten.«

wie »Nie wieder Krieg« kein sehnsüchtiger Wunsch sondern Gebot. Forderung.

Diese Zeichnung machte ich als das Telephon schellte und ich die Nachricht bekam, die wie mir scheint die große Wendung bedeutet.

Unterdes ist die Nachricht gekommen, daß Peter an Gelbsucht erkrankt im Lazarett von Kielce liegt. Am Weihnachtsabend ist er in der Sammelstelle von Smolensk, 3 Tage später in Kielce. Dort ist er gut geborgen: entlaust, unter Pflege von Schwestern, im warmen Raum, dem furchtbaren Kriege zur Zeit entzogen. Von dort kommt der erste Brief an die Eltern, so geöffnet, so weich und liebevoll wie er schon seit Jahren nicht mehr gewesen ist. Auch an mich ein lieber Brief.

Aus den Zeitungen wenig zu ersehn. Hans will nicht daran glauben, daß der Krieg für Deutschland unglücklich ausgehn könne.

Die furchtbaren Judenaktionen jetzt. Die Massen Zwangsverschickungen, die Grausamkeiten jeder Art.

»Die Juden sind Schuld an dem Kriege« – wie immer: »Haut den Juden!«

27. Dezember 1941 Heut ist der junge Oncken bei mir. Er ist bei der Marine und war in Brest. Dort hat er erlebt, daß für 2 erschossene deutsche Soldaten 100 französische Soldaten erschossen wurden. Er hat es mitangesehn. – Durch Krankheit eine Weile dem Kriege entzogen, muß er jetzt wieder heraus. Sein Bruder ist gefallen, sein Schwager ist gefallen und zwei Vettern. Er ist der Letzte.

1942 »Die Welt als Wille und ohne Vorstellung«.

[Oktober 1942] Jetzt schon wieder Ende 1942. Mitte Oktober. Man sagt, daß im Jahr 1943 der Krieg aus sein wird!!

Peter (Rußland) hat ein Gesuch abgesandt wegen Beurlaubung zum Zweck seines Studiums. Er schreibt fast nie. Nur vergangene Weihnachten öffnete er sich in Briefen an die Eltern. Jetzt wieder stumm. Er ist nicht in der eigentlichen Kampflinie, sondern etwas zurück in Reservestellung. Exerzieren, exerzieren.

Meine Tage vergehn und fragt mich jemand, wie es mir geht, so sage ich meist: schlecht – oder so ähnlich.

Heut überlegt ich mir das und finde, daß es mir nicht schlecht geht.

Natürlich nicht gut, das kann kein Mensch behaupten. Es ist doch Krieg und Millionen von Menschen leiden darunter und ich mit ihnen. Außerdem bin ich alt und habe Beschwerden.

Aber doch bin ich manchmal erstaunt wie ich das aushalte, ohne mich *ganz* unglücklich zu fühlen. Denn es gibt doch an den meisten Tagen Momente, wo ich innerlich und aufrichtig empfinde: danke!

Nicht nur, wenn Lebenszeichen vom Peter da sind, wenn einer von Lichtenrade da ist oder Lise, sondern auch wenn ich am offenen Fenster sitze und blauer Himmel oder ziehende Wolken da sind. Auch wenn ich hundemüde mich abends im Bett ausstrecke.

Woher kommen diese eingestreuten Glücksempfindungen? Ich bin doch kein Mensch, dem ein glückliches Temperament angeboren ist.

Es geht mir eben eigentlich noch recht gut. Noch habe ich keine Dauerschmerzen, meine Augen halten noch vor, lebe mit Clara und Lina, die so rührend für Nahrung sorgt, mindestens einmal in der Woche kommt der liebe Hans, freundliche Menschen besuchen mich. Daß ich seit Monaten nicht mehr arbeiten kann, auch das nehm ich nicht so schwer, wie ich es mir früher dachte. Ja, stellenweise drückt dies sehr und macht sehr traurig. Aber dagegen spricht etwas, das ist die Einfügung in die Ordnung. Es ist in der Ordnung, daß der Mensch auf seine Höhe kommt und daß er wieder absteigt. Da ist nichts zu murren.

Bitter ist es natürlich das zu erleben. Michelangelo hat sich als Greis im Kinderlaufstühlchen gezeichnet und Grillparzer sagt: »Einst war ich ein Dichter, jetzt bin ich keiner, der Kopf auf den Schultern ist nicht mehr meiner.«

Aber es ist eben so.

Das muß ich aber nach wie vor sagen, daß wenn ein Maß von Leiden erreicht ist, der Mensch sein Leben abschneiden darf. Dies Maß von Leiden habe ich noch lange nicht, nicht körperlicher und nicht seelischer Art. Auch hab ich Scheu und Angst davor mir selbst den Tod zu geben. Ich habe Angst vor dem Sterben – aber tot sein, o ja, das ist mir oft ein guter Gedanke. Wenn nur nicht das Loslösen von den paar lieben Menschen hier wäre.

19. November 1942 Unterdes war Hans hier. Am Mittwoch 14. Oktober. Er kam ganz still zu mir herein. Da wußte ich, daß Peter tot ist.

Am 22. September ist er gefallen.

Seit über einem Monat wissen wir es nun.

In den ersten Tagen trat diese merkwürdige Steigerung ein. Als ob eine Kraft in mir heranwüchse, die nicht nur mir hülfe zu tragen sondern auch den andern. Vor allem Ottilie.

Am Tage drauf waren sie hier, Ottilie Hans und Lise. Furchtbar wie Ottilie sagte, wie wenig sie in den letzten Jahren voneinander gehabt hätten, wie stumm und abgeschlossen er war. »Mutter, ich hab ihn nur satt machen können. Er saß am Tisch, die beiden Fäuste neben dem Teller und wartete.« Und dann: »Er ist wie ausradiert.«

Dieser Jammer, dieser furchtbare Jammer in diesen ohne Tränen gesagten Worten.

Da schien es mir, ich könnte ihr etwas unter die Arme greifen. Ich sprach aus meinem *doppelten* Erleben heraus so stark wie ich konnte, so mit Liebe wie ich konnte und es schien mir, ich hätte ihr etwas gegeben. Aber in den darauf folgenden Tagen merkte ich wie die Kraft in mir nachließ. Und daß ich ihr nicht helfen konnte. Es fehlt ihr nicht an Arbeit und an Ablenkung. Sie betreute den so sehr erschütterten Arne. Jördis und Jutta waren telegraphisch herbeigerufen. Sie hatte eine bestellte und versprochene Arbeit fertigzustellen.

Peter Kollwitz, 1941

Es hilft eben nichts. Von einer solchen Wunde kann man sich nur selbst – von innen heraus – heilen.

[Ende] November 1942 Herbert Heinrich ist gefallen. Dieser grundehrliche liebe Junge, der *alles* für seine Mutter tat.

Im Weltkrieg, als sein Vater im Krieg war, aß er bei uns zu Mittag. Er saß rechts von mir, wo früher Peter saß. Er hatte eine große Anhänglichkeit an uns.

Seine Eltern waren bei mir. Sie haben die Nachricht bekommen, daß er nicht gefallen sei sondern sich selbst ein Ende bereitet [hat]. Die Mutter sagt: Das glaub ich nicht.

[Januar 1943] In der Weihnachtszeit haben wir für 3 Tage Josef Faassen hier. Dieser Mensch ist mir sehr lieb geworden. Sein einfach menschliches Wesen, natürliche Güte, seine Unerschöpflich-

keit im Erzählen von dem Leben mit seinen Kameraden und die mimische Begabung mit der er das tut, ist so nett. Kathrine Klara Lina und ich, wir alle sind ihm gut. Auch Hans und Ottilie mögen ihn sehr. In seinem letzten Brief Januar 1943 teilt er mit, daß er jetzt als Sanitäter arbeitet, zum ersten Mal eine Arbeit im Krieg bei der er gern ist, weil er helfen kann.

Unterdes sehr böse Nachtangriffe auf Berlin gewesen. Lichtenrade.

30. Januar 1943 Nationalsozialistischer Gedenktag. Erneute Schwüre und Versicherungen, daß Deutschland bis zum siegreichen Ende durchhalten wird.

[Februar 1943] Am 31. Januar hat sich der letzte Teil der 6. Armee (südlicher Teil) in Stalingrad endlich ergeben.

Frau Bekker vom Rath hat ihren kleinen Sohn ganz antimilitärisch erzogen. Als er in das HJ-Alter kam hat sie ihn nach der Schweiz gebracht. Von dort gegen ihren Willen zurück, kam er plötzlich an. Er »könne es nicht länger ertragen sich in der Schweiz in Sicherheit zu wissen, er *müsse* mit in den Krieg.«

So wurde er ausgebildet und kam in den Kaukasus. Im Januar dieses Jahres ist er dort gefallen.

[Mitte] Februar 1943 Immer wieder geht es einem im Kopf rum: Vaterland, Nation, nationale Ehre. Was ist denn Vaterland? Es ist doch nichts als der Fleck Land, auf dem man geboren ist, wo man aufgewachsen ist zwischen Vater und Mutter, wo man in die Sprache und Landschaft hereingewachsen ist. Des Menschen Vaterland – auch des von Deutschen abstammenden – kann überall in der Welt sein. Der Begriff von Ehre ist da noch gar nicht vorhanden, nur von Heimat. Ein Gefühl von Wärme und Liebe ist um das herum was man Heimat nennt.

Heimat erweitert sich von selbst zum Vaterland. Viele Menschen um einen herum, die dieselbe Sprache sprechen, in derselben Landschaft aufgewachsen sind, bilden das Vaterland. Als Storm Husum verlassen mußte blieb er immer noch auf deutschem Boden, aber in seinem Abschiedsgedicht sagte er: »Kein Mann gedeihet ohne Vaterland« und mir will scheinen, als ob er da Heimat und Vaterland zusammenwirft.

Der gefährliche Begriff der »Ehre«. Er entsteht aus einem Verpflichtungsgefühl, das in dem Einzelnen erwächst. Eine Art Gewissen. Es ist »gegen die Ehre eines Menschen« wenn man ihm vorwerfen kann oder er sich selbst vorwirft, daß [er] Aufgaben die an einen gestellt sind und die man vor seinem Gewissen als zu Recht bestehend anerkennt, vernachlässigt. Es ist eine ganz innere Angelegenheit. Keinem Menschen kann seine Ehre von außen genommen werden. Jeder Mensch kann sie sich erhalten wenn er nach seinem Gewissen lebt.

Eine Standesehre usw. gibt es nicht, das ist ein Mißbrauch mit dem Wort. Es sei denn, daß [er], wenn er sich als erwachsener Mensch im Rahmen einer Arbeit einer Genossenschaft angliedert, bestimmten Aufgaben, die mit dieser Arbeit zusammenhängen und die er anerkennt, von Mitgliedern dieser Arbeitsgemeinschaft entgegenhandeln sieht. In dem Sinn kann man z.B. von ärztlicher, anwältlicher usw. Ehre sprechen.

Aber die »nationale Ehre«? Sie besteht bestimmt nicht in Größe, Macht und Ansehn. Ebenso wie beim Einzelnen kann sie nie von außen genommen werden. Ein verlorener Krieg macht nie eine Nation ehrlos. Doch kann und darf zum Kriege gegriffen werden, wenn es sich um Verteidigung von Rechten handelt, die im großen Rahmen einer Nation gegen andere Nationen nun einmal bestehen. Die Verteidigung darf aber nie in Machtübergriffe und -Handlungen übergehn. – Das ist der schwierige Punkt. Jeder Krieg wird in einen Verteidigungskrieg umgedreht. In jedem Krieg wird die »nationale Ehre« heraufbeschworen und so entsteht immer dasselbe Bild, daß die leicht entflammbare Jugend sich innerlich aufgerufen fühlt, für die nationale Ehre sich mit dem eigenen Leben einzusetzen. Es ist für unabsehbare Zeit eine Schraube ohne Ende.

Am Mittwoch 9. Februar 1943 stirbt Karl Reitz 56jährig. Während der Probe zu einem Mozart fällt ihm der Bogen aus der Hand, Hilde findet ihn nicht mehr am Leben. Clemens im Krieg in Afrika, in den zwei Monaten danach noch keinen Urlaub bekommen. Der sehr musikalische [Jan] Stephan wird in seiner weiteren Ausbildung von der Oper übernommen. Hilde gibt ihre tägliche Arbeit im Orchester der Oper nicht auf.

Die Ehe war sehr glücklich trotz Schwierigkeiten zwischen Reitz und Clemens.

Am Donnerstag 11. Februar stirbt Laessig 83jährig – auch er ein ganz sanftes Ende. Zuletzt hat er gesagt: »Wir leben nicht – wir werden gelebt.« Dann auf die Seite gelegt und nach einer Viertelstunde war er tot.

[April 1943] Am Sonnabend 3. April ist Lise wieder hier. Die *liebe Lise*, von der fortzugehn mir so schwer wird.

Sie hat Nachricht von Maria. Maria und Matray geht es gut. Über Hanna schreibt sie ein paar lakonische Worte, daß sie eine kleine Rolle in einem Film spielt.

Vor allem aber dies, daß Hannas Sohn, der Peter Kortner, in Kriegsausbildung ist. Ich nehme an als Freiwilliger. Diese Nachricht hab ich im geheimen immer erwartet und gefürchtet.

Am Tage darauf gibt Lise mir Nachricht, daß das Oberkommando Regula in zwei Wochen nach Hannover befiehlt. Ich frage Sonntag früh an, Regula bestätigt es und daß ein Einspruch durch einen Rechtsanwalt erfolglos ist. So muß sie ihre hiesige Praxis aufgeben. Hennes bleibt hier. Reles Stimme ist weich und liebevoll, so wie sie zum Karl sprach, ehemals.

Und die Lise steht immer gerupfter da. –

In den letzten Wochen zwei furchtbare Luftangriffe. Ganze Straßen vernichtet. Tausend Tote, wieviele Obdachlose? Man hat wohl recht damit, daß [es] in naher Zukunft Wohnungen für Familien nicht mehr geben wird, daß immer mehrere in einer Stube wohnen müssen wie damals in Moskau.

Neuester Stil: »Deutsches Barack, blüht zum Ende des III. Reichs.«

Ende April 1943 Frau Gertrud Breysig ist bei mir und erzählt mir folgendes: Im Adolf-Hitler-Gymnasium Potsdam werden Abiturienten entlassen. Bei diesem Akt ist ein Regierungsvertreter anwesend, der an die jungen Leute, die alle davor stehn an die Front zu kommen, eine Ansprache hält und sie auffordert, ihre Pläne für die Zukunft zu sagen. Einer von ihnen steht auf und erklärt in ihrer aller Namen, daß sie die Absicht haben ein Studium zu ergreifen, der eine Chemie, ein anderer dies, ein anderer das. Kurz und gut, sie denken an das Leben *nach* dem Kriege und wenden sich bewußt dem Leben zu.

[Mai 1943] Am 7. Mai ist Lise wieder hier. Sie erlebt dauernd viel Trauriges. Hat Nachricht bekommen, daß Hanna und Kortner »voneinander rücken«. Näheres weiß sie nicht. Zu Anfang war sie

sehr traurig darüber, dann aber meinte sie doch, eine wirkliche Loslösung voneinander wäre schwer denkbar. Auch würde das Leben jetzt leichter für Hanna sein. Kortner hätte sie allzusehr in ihrer ganzen Kraft absorbiert.

Von den Kindern weiß sie nichts. Ebenso weiß sie nichts von Wertheimers.

Dazu kommt, daß Katta allmonatlich unter sehr starken Schmerzen zu leiden hat.

Lise ist ein Mensch ganz für sich. Sehr gemischt. Menschen, die sie nicht gut kennen, halten sie für besonders schwer übersehbar und sagen, sie überrasche einen immer von neuem in ihrem Tun und ihren Ansichten. Das stimmt. Sie war als Kind und ist jetzt auch noch Kleinigkeiten gegenüber oft sehr weich und sensibel. Aber sie ist Großem gegenüber groß.

Hans ist 51 Jahre alt geworden. In der Nacht zum 14. Mai Alarm. Es war die schönste Mainacht. Hans und Ottilie gingen lange nicht schlafen, sie saßen im Garten und hörten einer Nachtigall zu. – Nach seinem Dienst kam Hans, dann auch noch Ottilie und zuletzt noch Lise. Wir vier saßen zusammen. Kathrine war nur vorher herangekommen und hatte herrliche rosa Rosen für ihn gebracht. Auf seinem Geburtstagstisch hatte ich unter dem Grabrelief aufgebaut die Litho »Ruf des Todes«, im letzten Zustandsdruck von mir überarbeitet.

Dann stand da eine Zeichnung, die ich vom Karl machte, als er mir einmal vorlas. Wir saßen [uns] am Tisch in unserer Wohnstube gegenüber. Diese Zeichnung ist ihm so sehr lieb.

Und dann war auch noch die kleine Radierung »Begrüßung« da, die mit seinem Geburtstag eng zusammenhängt – Joseph Faassens große Kerze leuchtete.

Und am nächsten Tag früh, es war der Muttertag, war wieder Hans da und brachte einen riesengroßen Fliederstrauß aus dem Garten. Wie beglückend ist es für mich, daß dieser geliebte Junge noch da ist und mich so lieb hat.

Goethe an Lavater 1779: »Aber unsere partikularen Religionen wollen wir ungehudelt lassen. *Ich bin aus der Wahrheit der fünf Sinne.*«

Käthe Kollwitz, etwa 1937

Anhang

Autobiographische Aufzeichnungen

VII.

Bemerkungen.

Hierunter ist ein eigenhändig geschriebener Lebenslauf sehr erwünscht.

Ich bin am 8. Juli 1867 in Königsberg i. Pr. geboren.
Meinem Vater lag meine künstlerische Ausbildung
sehr am Herzen, er ließ mich schon früh im
Zeichnen unterrichten lassen.
Mit 17 Jahren besuchte ich die Künstlerinnen-
schule in Berlin und hatte das Glück Stauffer Bern,
der bald darauf Berlin verließ, zum Lehrer zu
haben.
Im darauffolgenden Jahre verlebte ich in Königs-
berg und hatte bei Emil Neide Unterricht.
In den Jahren 88 u. 89 war ich in München und
lernte auf der Künstlerinnenschule bei Ludwig
Herterich.
Dann kehrte ich nach Königsberg zurück und in
jener Zeit begann mein graphisches Arbeiten.
1891 verheiratete ich mich mit dem Arzt Karl
Kollwitz und übersiedelte nach Berlin
Ich bekam zwei Kinder
I. J. 98 stellte ich die Weber aus und wurde darauf hin Mitglied der damals noch nicht lang
existierenden Berliner Secession
Zweimal bin ich dann noch Studienhalber auswärts
gewesen. I. J. 1903 für einige Monate in Paris und
1908 in Veranlassung des Villa-Romana Preises
in Florenz
Meine Arbeiten beschränkten sich auf Graphik und
auf Zeichnungen. In den letzten Jahren versuchte
ich mich in der Plastik.

Käthe Kollwitz' eigenhändiger Lebenslauf bei der Akademie-Personalakte

Erinnerungen
(1923)

Ich bin als fünftes Kind der Eltern geboren. Wir lebten damals auf dem Weidendamm Nr. 9 in Königsberg. Ich erinnere mich dunkel an eine Stube, in der ich tuschte, deutlich aber besinne ich mich auf Höfe und Gärten. Durch einen kleinen Vorgarten kamen wir auf einen großen Hof, der bis zum Pregel reichte. Dort hielten die flachen Ziegelkähne, und die Ziegel wurden auf dem Hof abgeladen und geschichtet, so daß Hohlräume blieben, in denen wir Kind und Mutter spielten. Links an den Hof schloß sich ein ebenfalls bis zum Pregel reichender Garten. Er hatte einen über das Wasser hinausgebauten runden Pavillon. Einmal, weiß ich, sang meine damals noch so junge Tante Lina wunderschön, aber traurig in diesem Pavillon. Rechts an den Hof – durch niedrige Gebäude getrennt –, nur an einer

Käthe Kollwitz, geb. Schmidt, etwa 1872

Stelle offen, schloß sich ein anderer Hof. An diesen knüpfen sich lebhafte und starke Erinnerungen. Unten am Pregel war ein Floß zum Wäschespülen. Da wurde einmal ein totes Mädchen angespült und mit dem Armen-Leichenwagen abgeholt, einem schauderhaften Leichenwagen und Sarg.

Dann wohnten da Ratkes, mit denen wir spielten, der Max, die Lene, die Liese. Sie waren alle älter als ich, vor allem spielten Konrad und Julie mit ihnen, ich wurde gerade noch so mitgeschleppt. Die Ratkeschen Kinder hatten ihre Mutter verloren. Der Vater war Kaufmann und hie und da betrunken. Einmal war ich mit den Mädchen oben in ihrer Wohnung und sah den angetrunkenen Vater, wie er taumelte (entweder habe ich damals darüber sprechen hören oder im späteren Er-

Die Mutter, Katharina Schmidt, mit dem ältesten, früh verstorbenen Kind auf dem Schoß; daneben ihre jüngere Schwester, Lina Rupp

innern daran habe ich verstanden, was mit ihm los war in den letzten Jahren unseres Dortseins, wie ich wußte, was das war »betrunken«).

In den niederen langgestreckten Gebäuden, die die beiden Höfe trennten, wohnte ein Gipsgießer. Da stand ich oft und sah zu, wie er formte. Ich rieche noch die feuchte Gipsluft da unten.

Von dem mittleren Hof führte am Hause vorbei ein Durchgang nach der Straße, dem Weidendamm. Hin und wieder, aber selten, führten die Spiele da hinaus. Die großen Kinder rannten da manchmal raus. Der Liese Ratke gingen immer ihre kurzen Zöpfe auf und flogen beim Rennen die glatten, dicken weißblonden Haare wie eine Fahne vom Kopf weg.

Bis zu meinem neunten Jahre wohnten wir auf dem Weidendamm. Immer haben wir Kinder mit Sehnsucht daran zurückgedacht. Es gab unendliche Spielgelegenheiten und viele Abenteuer auf den Höfen.

Zum Beispiel war ein Steinkohlenvorrat am Pregel angefahren und auf dem Hof so aufgefliehen, daß er langsam anstieg und dann plötzlich abfiel nach der Seite des Vorgartens zu.

Es war eine gewagte Sache, da oben heraufzugehen bis ziemlich an den Rand.

Der Vater, Carl Schmidt, als junger Mann

Ich selber habe es nie gewagt, aber der Konrad. Ein anderer Junge, der es tat, verunglückte dabei: oben am Rand glitt eine Kohle unter ihm fort, und er fiel auf den Staketenzaun runter.

Dann gab es die Grube mit dem ungelöschten Kalk, ein einzelnes Brett lag darüber. Wenn man hineinfiel, sollte man blind werden.

Dann gab es die Lehmhaufen, aus welchen Burgen gebaut wurden, eine hüben im Hof, eine drüben; die Angreifer schmissen mit Lehmkugeln, das tat gehörig weh.

Ich war an der Altersgrenze, wo es den älteren Geschwistern lohnend wird, einen mitspielen zu lassen. Später habe ich gern mit Jungen gespielt, damals war es mir doch noch sehr ängstlich, ich konnte mich nicht genügend gegen die älteren durchsetzen. Mein neunter Geburtstag zum Beispiel, weiß ich, war ein schwarzer Tag. Von vornherein liebte ich die Zahl 9 nicht. Dann bekam ich ein Kegelspiel geschenkt. Am Nachmittag, als alle Kinder damit spielten, ließen sie mich – ich weiß nicht warum – nicht mitspielen. Da hatte ich dann wieder Bauchschmerzen. Diese Bauchschmerzen waren ein Sammelbecken für körperliche und seelische Schmerzen. Damals begann wohl schon mein Gallenleiden. Ich ging tagelang elend und gelb im Gesicht herum und legte mich mit dem Bauch platt auf einen Stuhl, weil mir das wohl tat. Die Mutter wußte, daß ich unter Bauchschmerzen auch Kummer versteckte. Sie ließ mich dann neben sich sitzen, ganz dicht.

Meine Schwester Lisbeth war zu jener Zeit noch ganz klein und kam für mich kaum in Betracht.

Der Konrad war ein fixer, lebendiger und phantasievoller Junge. Er war den Eltern nicht ungehorsam, er tat, was sie sagten, aber er kam immer auf neue, noch unverbotene Abenteuer. Einmal, in der Indianerbücherzeit, beschloß er, nach Amerika auszuwandern. Er ging einfach über die Pregelwiesen los. Erst nach langem Suchen kam man ihm auf die Spur und brachte ihn zurück.

Auf Julie besinne ich mich aus jener Zeit wenig. Die Mutter erzählte später, daß sie ein sorgliches Kind gewesen sei, das, zwei Jahre jünger als Konrad, doch immer hinter ihm her gewesen sei, um ihn vor Unheil zu schützen. Schon damals begann ihr Bemuttern, gegen das wir uns später so auflehnten.

Die Mutter schickte sie und mich einmal zur Ernestine Castell. Als sie mit mir fortging, steckte sie aus der Dose ein Stück Zucker zu sich. »Warum?« frage Tante Tina. »Es der Käthe in den Mund zu werfen, wenn sie brüllen will.« Dies bockige Brüllen war gefürchtet. Ich konnte brüllen, daß es unerträglich war. Einmal muß es auch nachts gewesen sein, denn der Nachtwächter kam, um nachzusehen, was los sei. Ging die Mutter mit mir aus, so war sie froh, wenn ich nicht auf der Straße den Bock bekam und durch nichts zu bewegen war, weiterzugehen. Kam der Bock zu Hause über mich, so hatten die Eltern die Methode, mich allein in eine Stube zu sperren, bis ich mich ausgebrüllt hatte. Geschlagen wurden wir nie.

Im ganzen war ich ein stilles, schüchternes Kind und auch ein nervöses. Später trat an Stelle dieser Anfälle von Eigensinn, die sich in Gestrampel und Gebrüll äußerten, Verstimmungen, die Stunden und Tage anhalten konnten. Ich konnte es dann nicht über mich bringen, mit Worten die Verbindung mit den anderen aufrecht zu erhalten. Je mehr ich merkte, welche Last ich den anderen dadurch wurde, desto weniger konnte ich aus mir herauskommen.

Was war auf dem Weidendamm noch Schönes? Wagen und Pferde, die der Vater damals hielt. Die Pferde waren Füchse. Der Kutscher hatte einen blauen Tuchrock und hieß Gudovius. Später, als der Vater das Fuhrzeug aufgab, wurde aus dem blauen Tuchrock ein Anzug für Konrad gemacht. Er roch darin immer nach Gudovius, nach Pferden und Stall.

Die Ziegel, die von den Schleppkähnen auf dem Hof aufgefliehen wurden, wurden dann in Ziegelwagen wieder nach Vaters Bauten gefahren. Diese Ziegelwagen sind mit der Erinnerung an die Straßen von Königsberg ganz verquickt. Es fuhren immer mehrere nacheinander im langsamsten Tempo, staubig, knarrend, schleppend, elende Gäule, grobe, plumpe Kutscher. Mit einem solchen Ziegelwagen kam mal ein Fohlen mit auf unseren Hof. Es war blind. Konrad beschwor den Vater, es zu kaufen. Er ritt darauf, aber das Fohlen war doch nicht so blind, daß es nicht sah, wo Mauern und Bäume waren. Da steuerte es ran, um Konrads Beine dran zu quetschen.

Das Bild der Eltern aus jener Zeit ist mir nur dunkel. Der Vater war wohl sehr viel in der Arbeit. Wahrscheinlich hatten wir schon damals den Baukasten, den Vater uns hatte machen lassen. Es waren große, solide Klötze, und wir bauten viel damit. Von seinen gezeichneten Bauplänen in seiner Arbeitsstube fielen lange Streifen Papier ab. Die bekamen wir zum Bezeichnen. Konrads Phantasie ließ darauf immer Verfolgungen von Schlittenfahrern durch Wölfe oder ähnliches erstehen.

Die Schwestern Julie (links) und Lise, etwa 1885

Der Vater ließ alles dies nicht unbemerkt. Er hob sich bald manche Streifen auf, die wir bekritzelt hatten.

Auf die Mutter besinne ich mich aus jener Zeit gar nicht. Sie war da, und das war gut. In ihrer Luft wuchsen wir Kinder auf. Die Mutter hatte zwei Kinder vor Konrad verloren. Es gibt ein Bild von ihr mit dem ersten Kind, das nach meinem Großvater Julius genannt war, auf dem Schoß. Es war das »Erstlings-Kind, das heil'ge«. Dies Kind verlor sie und das zweite danach. Wer das Bild ansieht, erkennt, daß sie als Rupps Tochter nie fassungslos im Schmerz gewesen ist. Aber das schwere Leid ihrer frühen Mutterzeit, dem sie sich nie hemmungslos hingegeben hat, hat wohl bewirkt, daß sie etwas von der Entferntheit der Madonna an sich gehabt hat. Vertraute, Kameradin, Genossin ist unsere Mutter uns nie gewesen. Aber wir liebten sie. Nie war der Respekt, den wir vor den Eltern hatten, so groß, daß er der Liebe Abbruch tat.

Ein paar Minuten vom Weidendamm war dann der alte Pauperhausplatz, Nr. 5 wohnten die Großeltern. Davon ist noch viel zu erzählen.

Was wir mit dem Wegziehen vom Weidendamm verloren haben, begriffen wir erst später ganz. Vorläufig freuten wir uns. Wir zogen jetzt nach der Königstraße in eines der schönsten neuen vom Vater gebauten Häuser. Im unteren Stock wohnten wir und daneben mein Onkel Julius Rupp, der sich damals verheiratet und als Arzt niedergelassen hatte. In diesem Haus bekam meine Mutter unter großen Schmerzen ihr letztes sehr geliebtes Kind, das auf Vaters Wunsch Benjamin genannt wurde. Auch dieses Kind wurde nur ein Jahr alt und starb wie das älteste Kind an der Meningitis. Ganz starke Eindrücke habe ich aus dieser Zeit behalten. Es ist wohl kurz vor dem Tode gewesen, wir saßen um den Eßtisch, und die Mutter war gerade beim Suppeeinschöpfen, als die alte Kinderfrau die Tür aufriß und laut rief:

Er bricht wieder, er bricht wieder. Die Mutter blieb still stehen und schöpfte weiter auf. Daß sie nicht vor uns weinte und aufgeregt war, empfand ich sehr, denn daß sie litt, fühlte ich deutlichst.

Für mich war Benjamins Tod noch mit besonderen drückenden Seelenumständen verbunden. Ich hatte von den Eltern sehr früh die Schwabschen Sagen geschenkt bekommen, und ich glaubte an die griechischen Götter. Ich wußte wohl, es gibt einen christlichen »lieben Gott«, aber ich liebte ihn nicht, er war mir ganz fremd.

Lise und ich waren aus der Kinderstube geschickt; was Lise vorhatte, weiß ich nicht, ich saß auf dem Boden, hatte mir mit Klötzchen einen Tempel gebaut und war dabei, der Venus zu opfern. Da ging die Tür auf und der Vater und die Mutter kamen herein. Der Vater hatte mit dem Arm die Mutter umfaßt, sie kamen zu uns, und der Vater sagte, daß unser kleiner Bruder gestorben sei. (Wahrscheinlich sagte er, daß Gott ihn zu sich genommen hätte.) Sofort wußte ich: Das ist die Strafe für meine Ungläubigkeit, jetzt rächt sich Gott dafür, daß ich der Venus opfere. So wie ich zu den Eltern stand, sagte ich kein Wort, aber welch ein Druck war auf meiner Seele, daß ich an des Bruders Tod schuldig sei.

Dann lag der kleine Benjamin in der Vorderstube aufgebahrt und sah so weiß und schön aus, ich dachte mir: Nur die Augen aufmachen, dann lebt er vielleicht doch. Aber ich traute mich nicht, die Mutter aufzufordern, daß sie die Augen des Kindchens aufmachen möge und daß dann alles gut sei. Ob ich gewagt habe, die kleine Leiche anzufassen, weiß ich nicht.

Konrad und ich waren in der großen Vorderstube. Konrad stand an der Tür zu der kleinen Stube, wo die Leiche lag. Da ging diese Tür auf und der Großvater Rupp trat heraus. Das ist das erste Besinnen, das ich bewußt an ihn habe. Er war drin beim Bennochen gewesen. Als er herauskam, stieß er auf Konrad, und er sagte einige ernste Worte zu ihm, meiner Erinnerung nach solche wie: »Siehst du nun, wie vergänglich alles ist?« oder ähnlich. Die Worte waren ernste Predigerworte und vom Konrad wohl (vielleicht?) verstanden. Mir kamen sie grausam und lieblos vor.

Dann sprach der Großvater neben dem kleinen Toten und dann fuhr der Vater, wohl auch der Großvater und Freunde mit ihm die Königstraße herunter durch das Königstor auf den Friedhof der Freien Gemeinde. Die Mutter stand am Fenster und sah dem Wagen nach. Ich hatte sie so schrecklich lieb, aber ich ging nicht zu ihr hin.

Meine Liebe für die Mutter war in jenen Jahren besorgt und zärtlich. Immer fürchtete ich, sie könnte verunglücken. Badete sie, auch nur in der Wanne, so fürchtete ich, sie könnte ertrinken. Einmal stand ich am Fenster, es war die Zeit, als die Mutter zurückkommen sollte, ich sah sie auf jener Seite der Straße kommen, aber ohne nach unserem Haus hinzusehen, mit dem ferngerichteten Blick, den sie hatte, ruhig weitergehen die Königstraße herunter. Wieder diese schwere Angst im Innern, sie könnte sich verirrt haben und nicht mehr zurückfinden! – Dann Angst davor, die Mutter könnte wahnsinnig werden. Vor allem aber Angst um den Schmerz, den ich haben würde, *wenn* Vater und Mutter stürben. Manchmal war die so groß, daß ich wünschte, sie wären erst tot und ich hätte es hinter mir.

Für diesen Fall hatte ich schon vorgesorgt. Ich wollte dann zu Prengels gehen und ganz bei ihnen bleiben.

Aus den späteren Jahren von dem Leben in dieser Wohnung weiß ich nicht viel zu erzählen. Wir spielten im Garten Croquet und zankten uns greulich dabei und

Der Bruder Konrad, gemalt von seiner Schwester Käthe, etwa 1885

kamen ins Mogeln, daß die Eltern das Spiel beiseite brachten. Trotzdem auch hier ein Spielplatz und Garten an das Haus stieß, fühlten wir uns gegen den Weidendamm beengt. Aber eine große Schaukel war da, auf der schaukelte ich im Stehen für meine Begriffe ganz hoch, das war schön.

Von der Königstraße zogen wir nach der Prinzenstraße. In dieser Zeit hat der Vater sicher schon seine praktische Arbeit aufgegeben und die Predigerarbeit an der Freien Gemeinde aufgenommen.

Die nun kommenden Jahre waren für mich sehr wichtig. Es waren körperlich und seelisch Entwicklungsjahre. Wann zuerst sich bei mir die nächtlichen Beängstigungen eingestellt haben, weiß ich nicht. In dieser Zeit hatte ich sie sicher. Sie ängstigten die Eltern, weil sie Epilepsie befürchteten. Ich wurde damals auch von Konrad aus der Schule abgeholt, weil man fürchtete, die Zustände könnten mich auch tags überfallen, es ist aber nie gewesen. Für Konrad und mich war es gleich peinlich, daß er mich begleiten sollte. Er ging auch nie neben mir, sondern immer auf der entgegengesetzten Seite der Straße.

Nachts quälten mich entsetzliche Träume. Der schlimmste, der mir in Erinnerung geblieben ist, ist dieser: Ich liege in der halbdunklen Kinderstube in meinem Bett. Nebenan sitzt die Mutter am Tisch bei der Hängelampe und liest. Ich sehe nur den Rücken durch die angelehnte Tür. In der Ecke der Kinderstube liegt ein großes zusammengerolltes Schiffstau. Es fängt an, sich auszudehnen, aufzurollen und lautlos die ganze Stube zu füllen. Ich will die Mutter rufen und kann nicht. Das graue Seil füllt alles aus.

Dann war ein schlimmer Zustand, wenn die Gegenstände anfingen, kleiner zu werden. Wenn sie wuchsen, war es schon schlimm, wenn sie aber kleiner wurden, war es grauenvoll.

Zustände gegenstandsloser Angst habe ich durch viele Jahre noch gekannt, sogar

Julius und Ida Katharina Rupp mit ihren Kindern. Vordere Reihe von links nach rechts: Bertha Schiller, Ida Katharina Rupp, Lina Rupp, Julius Rupp, Katharina und Carl Schmidt mit dem ältesten, früh verstorbenen Söhnchen. Hintere Reihe: Bennina, Antonie, Theobald, Julius

in München traten sie, aber geschwächt, noch auf. Ich hatte dauernd ein Gefühl, etwa als ob ich im luftleeren Raum wäre, oder als sänke ich oder schwinde hin. Ob diese Zustände so schlimm zu deuten waren, wie die Eltern es taten, weiß ich nicht. Damals sorgten sie sich sehr um mich. Später bin ich von uns Geschwistern mit die leistungsfähigste gewesen.

In unserem Hause oben wohnte ein Junge, Otto Kunzemüller, der war meine erste Liebe. Wir spielten unten im Hof und Garten mit den anderen Hauskindern in ziemlicher Freiheit. Die Julie hatte entdeckt, daß ich und der Otto manchmal in den Keller gingen, um uns zu küssen, und sie sagte es der Mutter, nicht um zu petzen, sondern weil sie sich sorgte. Ich hatte damals die Befürchtung, daß ich nun nicht mehr mit dem Otto würde spielen dürfen, aber die Mutter in ihrem wortlosen Vertrauen sagte mir nichts und verbot mir nichts. – Das Küssen war kindlich und feierlich. Es wurde nur immer ein Kuß gegeben und wir nannten das eine Erfrischung. Außer Julie ist uns wohl niemand auf die Spur gekommen, denn wir kletterten dazu über den Zaun in den verwilderten Nachbargarten oder gingen in den Keller. Ich weiß, daß es wundervoll war. Ich liebte den Otto tatsächlich so stark, daß ich ganz ausgefüllt war davon. Weil ich aber in Liebessachen ganz unwissend war und er, will mir jetzt scheinen, auch, so blieb es bei diesem Erfrischungskuß. Er war ein reizender Junge, gewandt und hübsch. Er räuberte mir die wahnsinnigsten Erzählungen aus seinem früheren Leben vor, die ich alle glaubte.

Einmal sagte er mir, er könne mich nicht heiraten. Warum? fragte ich erschreckt. Weil ich zur Freien Gemeinde gehöre und er nicht. Ich meinerseits mußte eine Weile mich überwinden, ihn heiraten zu wollen, weil er Kunzemüller hieß, das war ein scheußlicher Name, besonders, da die anderen Jungen ihn noch immer Kumstemüller nannten.

Unser Spielen zusammen war herrlich. Damals war ich gut angeschrieben, auch die anderen Jungens haben gern mit mir gespielt, weil ich gut Klippball schlug. Und im Winter sausten wir im Handschlitten die schräge Prinzenstraße herunter, ich drauf, Otto und der Trenck vorgespannt.

Diese Liebe hatte ein Ende, weil Kunzemüllers wegzogen. Otto versprach, über die Zäune der Gärten mich noch besuchen zu kommen, einmal tat er es auch, aber dann blieb er doch weg. Ich sehnte mich schrecklich. Weiß noch, wenn ich von der Schule die Treppe raufkam und vom Flurfenster in den leeren Spielhof mit dem alten Birnbaum sah an heißen Sommertagen. Aller Reiz war weg. Ich empfand Sehnsuchtsschmerz und alle Spiele mit anderen waren schal und leer. An die Innenfläche meines linken Handgelenks hatte ich mir ein O eingeritzt, das ich immer, wenn es vernarben wollte, wieder vertiefte.

Von dieser meiner ersten Verliebtheit an bin ich immer verliebt gewesen, es war ein chronischer Zustand, mal war es nur ein leiser Unterton, mal ergriff es mich stärker. In den Objekten war ich nicht wählerisch. Mitunter waren es Frauen, die ich liebte. Gemerkt haben es die, in welche ich verliebt war, selten. Daneben fühlte ich mich dann den Zuständen ausgeliefert, die, ohne sich auf ein bestimmtes Ziel zu richten, den Pubertätsmenschen peinigen. Damals entbehrte ich deutlicher, daß die Mutter nicht Vertraute war. Bei dem moralischen Grundton unserer Erziehung konnte es nicht anders sein, als daß ich – unerfahren in dem Naturwissenschaftlichen des Menschen – meine Zustände als Schuld empfand. Ich hatte das Bedürfnis, mich der Mutter anzuvertrauen, zu beichten. Da ich Lüge der Mutter gegenüber nicht kannte, auch nicht Ungehorsam, meinte ich, wenn ich täglich der Mutter Bericht über meinen Tag erstattete, würde ich an ihrem Mitwissen eine Stütze haben. Aber sie schwieg, und so schwieg ich auch. Die Unkenntnis des Körperlich-Menschlichen blieb mir noch lange Jahre. Vom Kinderkriegen hatte ich die albernsten Vorstellungen. Ich las die Marquise von O. von Kleist, verstand selbstverständlich nicht, worauf sich die ganze Erzählung aufbaut, und war überzeugt und gewärtig, auch ich könnte ganz aus heiler Haut ein Kind bekommen. Geringe Hilfe kam mir in jener Zeit ein einziges Mal, und zwar vom Konrad. Sprechen taten wir natürlich nicht darüber. Aber er, der ähnliche Nöte kannte, merkte wohl, wie es mit mir war. So fand er einmal eine Zeichnung von mir, in welcher ich mich erleichtert hatte. Seither wachte er über dem, was ich las, und entzog mir manches. Immer wortlos. Es war vielleicht nur die Ahnung, daß auch er nicht ein Unfehlbarer sei, was mir etwas Halt gab. Auch sah ich von jeher zu ihm auf und wünschte, er möchte mich achten.

Rückblickend auf mein Leben muß ich zu diesem Thema noch dazufügen, daß, wenn auch die Hinneigung zum männlichen Geschlecht die vorherrschende war, ich doch wiederholt auch eine Hinneigung zu meinem eigenen Geschlecht empfunden habe, die ich mir meist erst später richtig zu deuten verstand. Ich glaube auch, daß Bisexualität für künstlerisches Tun fast notwendige Grundlage ist, daß jedenfalls der Einschlag M. in mir meiner Arbeit förderlich war.

Lieber als über meine körperliche Entwicklung spreche ich jetzt von meiner nichtkörperlichen. Jetzt war es dem Vater lange klar, daß ich zeichnerisch beanlagt war, er hatte große Freude darüber und wollte mich ganz zur Künstlerin ausbilden. Leider war ich ein Mädchen, aber auch so wollte er alles daransetzen. Er rechnete damit, daß, da ich kein hübsches Mädchen war, mir Liebessachen nicht sehr hinderlich in den Weg kommen würden; und darum war er wohl auch so enttäuscht und aufgebracht, als ich mich bereits mit siebzehn Jahren an Kollwitz band.

Fürs erste bekam ich Unterricht bei dem Kupferstecher Mauer. Es waren wohl noch ein oder zwei andere Mädchen dabei. Wir zeichneten Köpfe nach Gips und nach Vorlagen. Es war Sommer, wir saßen in der Vorderstube. Unten auf der Straße hörte ich die Steinsetzer rhythmisch stampfen, über den großen Bäumen des Gartens gegenüber brütete heiße, unbewegliche Stadtluft. Das spüre ich noch wie heute.

Ich war fleißig und respektvoll, und die Eltern freuten sich über jedes Blatt. Es war damals überhaupt für Vater in dieser Beziehung eine glückliche Zeit, wir Kinder waren alle in den Entfaltungsjahren, Konrad dichtete, und wir führten seine Tragödien auf, bei mir brach unverkennbares Zeichentalent durch und bei Lise auch. Ich weiß noch, wie ich einmal aus der Nebenstube ganz beglückt den Vater zur Mutter sagen hörte, wir seien alle beanlagt, am meisten aber wohl der Konrad. Ein andermal sagte er etwas, woran ich sehr lange zu fressen hatte. Er hatte eine Zeichnung von Lise gesehen, die ihn erstaunte, da sagte er zur Mutter: die Lisuschen wird die Katuschchen bald eingeholt haben. Damals empfand ich vielleicht zuerst in meinem Leben, was Neid und Eifersucht heißt. Ich liebte die Lise sehr. Wir hingen engstens zusammen, ich gönnte ihr auch ein Vorwärtskommen bis an die Grenze, wo *ich* anfing, darüber hinaus wehrte sich in mir alles. Ich mußte immer einen Vorsprung haben. Diese Eifersucht verließ mich durch Jahre nicht. Als ich in München studierte, war davon die Rede, daß auch Lise hinziehen sollte. Ich hatte widerstrebendstes Empfinden, Freude auf sie und zugleich die Befürchtung, sie könnte mein Talent durch das ihre und meine Person durch die ihre in Schatten stellen, gingen in mir hin und her. Es wurde aus ihrem Hinkommen übrigens nichts, sie verlobte sich damals und hat eine gründliche Ausbildung nie erfahren. Wenn ich mich jetzt frage, warum Lise bei all ihrem Talent nicht Künstlerin im eigentlichen Sinne, sondern doch nur hochbegabte Dilettantin geworden ist, so ist mir das jetzt klar. Ich war stark ehrgeizig und Lise nicht. Ich wollte und Lise nicht. In mir war Zielrichtung. Dazu kommt freilich der Umstand, daß ich um drei Jahre älter war als sie. So lag mein Talent früher zutage als ihres, und der noch ganz unenttäuschte Vater bereitete mir freudigst den Weg. Wäre die Lise härter und egoistischer gewesen, als sie es war, so hätte sie fraglos beim Vater ebenfalls die konsequente Ausbildung durchgesetzt. Aber sie war weich und selbstlos (»Die Lise wird sich immer opfern«, sagte der Vater). So ist ihre Begabung nicht entfaltet. Begabung an sich – wenn man die auf einer Waage abwägen könnte – hat sie mindestens soviel gehabt wie ich. Nur fehlte ihr die vollkommene Einstellung darauf. Ich wollte in nichts anderem ausgebildet werden als in dieser Sache. Hätte ich gekonnt, so hätte ich mein ganzes geistiges Vermögen aufgehoben und meiner künstlerischen Fähigkeit zugeschlagen, damit doch bloß dieses Feuer hell brannte.

In den Entwicklungsjahren nährt sich das Talent von dem, was von allen Seiten zuströmt. Fast jeder Mensch ist in dieser Zeit begabt, weil empfänglich. Die Eltern verfolgten die Methode, uns Gelegenheit zur Weiterentwicklung zu geben, ohne uns mit der Nase darauf zu stoßen. Zum Beispiel stand der Bücherschrank uns Kindern offen, und es wurde nicht nachgeforscht, was wir uns daraus holten. Es waren auch alles gute Bücher. Ich las Schiller in einer großen, schönen Ausgabe mit Stichen von Kaulbach, und ich las Goethe. Goethe hat sehr früh bei mir Wurzel gefaßt. Ich habe ihn mein ganzes Leben lang nicht mehr gelassen.

Auch las Vater uns mitunter vor. Einmal las er – ob das jetzt oder doch erst später war, weiß ich nicht – »Die Toten an die Lebenden« von Freiligrath. Dies Gedicht machte einen unverwischbaren Eindruck auf mich. Barrikadenkämpfe – Vater und Konrad dabei beteiligt, ich ihnen die Flinten ladend, das waren heroische Fantasien.

Lise und ich gehörten unbedingt zusammen. Wir waren so verquickt, daß wir gar nicht mehr zu sprechen brauchten, um uns zu verständigen. Wir waren wirklich untrennbar. Wir konnten auch mit niemand anders spielen als zusammen, was wir beide Spielen nannten. Puppen hatten wir nicht und hatten auch gar kein Verlangen danach. Aber wir kauften uns nach und nach aus einem Papiergeschäft (bei Fräulein Sander in der Königstraße) die Bilderbogen mit Theaterpuppen zu sämtlichen Stücken. Diese Figuren tuschten wir an und schnitten sie aus, es waren über hundert, und mit denen spielten wir. In unserer Stube waren wir ganz unser Herr, da spielten wir durch die ganze Stube und mit umgekehrten Stühlen und Tischen nach momentan sich ergebenden Plänen. Die griechische Mythologie, aber auch Themen aus Schillerschen Stücken, ganz freie Erfindungen, wir waren nie verlegen. Bauklötze wurden zu Hilfe genommen, Paläste aufgeführt, Altäre, Opferungen mit Bernstein, des Sängers Fluch mit zusammenstürzenden Säulen, wir waren unermüdlich. Lise, obwohl drei Jahre jünger, hielt in allem Schritt mit mir und fügte sich mir. Ohne sie war kein Spielen.

In der Übergangszeit aus der Kindheit in die folgenden Jahre schwand langsam dies Spielen hin. Wir wollten es halten, begannen immer wieder, aber es hatte seine Zeit überdauert und erlosch in sich. Ich weiß, wie leer ich mir vorkam, ich fühlte deutlich einen Verlust. Wir glitten nun in andere Formen über, meist Lise und ich gemeinsam, sie mir folgend. Ich liebte sie sehr und hatte mir vorgenommen, nie zu heiraten, aber auch Lise sollte nie heiraten, sie sollte immer bei mir sein und mir gewissermaßen gehören. Sie war unendlich gutherzig und leicht zu verletzen. Mitunter reizte mich der Teufel, es zu tun. Hatte ich sie so weit, daß sie weinte, zerriß es mich fast innerlich. Wieviel verdanke ich Lise dadurch, daß sie mir unermüdlich Modell saß. Wenn ich zeichnete und bekam die Stellung nicht so heraus, wie ich sie haben wollte, dann machte sie die Stellung und machte sie immer gut und war unendlich geduldig.

Eine wirklich mir ganz nahestehende Freundin habe ich außer Lise eigentlich nie gehabt. Nur ein paar Jahre später die Lisbeth Kollwitz, die war unser beider Freundin. Sie hatte das glücklichste Temperament und war viel lebhafter als wir, mit ihr zu bummeln erhöhte noch das Vergnügen.

Auch Karl Kollwitz und seine Freunde lernten wir damals kennen. Sie waren noch Schüler, aber schon Sozialdemokraten. Der Hans Weiß, älter als Konrad und Karl, eine fanatische politische Natur, drang mit seinen Ideen über freie Liebe bis zu unserer Familie vor und bearbeitete Julie mit all den Auffassungen aus der Bebelschen Frau. Julie, der das fern lag, wurde aber nicht sehr davon berührt. Lise und ich kamen für ihn noch nicht in Frage.

Höhepunkt des Jahres waren die Sommerferien in Rauschen. Seit meinem neunten Jahr waren wir alle Sommer dort. Die Eltern machten einmal eine Reise durch das Samland und kamen nach dem Fischerort Rauschen, eine halbe Stunde von der See entfernt. Es waren vor kurzem mehrere Männer des Orts von einem großen Sturm auf See ertrunken. Die Witwe eines solchen, eine Frau Schlick, fanden die Eltern teilnahmslos vor sich hinbrütend auf der Schwelle ihres Hauses sitzen. Dies Haus hatte eine Lage, die die Eltern entzückte. Sie mieteten es erst und kauften es dann der Frau Schlick ab, so aber, daß diese mit ihren beiden Töchtern weiter im

Hause wohnte. Der Vater nahm nun ein paar Veränderungen an dem Hause vor, aber es behielt ganz den Charakter des Bauernhauses. Die Fahrt nach Rauschen dauerte fünf Stunden. Eisenbahn gab es nicht, wir fuhren mit einer Journaliere, das war ein großer, mit vier oder fünf Sitzreihen versehener bedeckter Wagen. Die hinteren Sitzreihen waren herausgehoben, und es kam da herein, was man für viele Wochen brauchte: Bettsäcke, Wäsche, Körbe, Bücherkisten, Weinkisten. Welche Wonne, wenn erst die Journaliere vor dem Hause stand, alles aufgeladen war, Mutter, Mädchen, wir Kinder (der Vater kam meist nach) auf den Vordersitzen verstaut waren, der Kutscher sich auf seinen vorderen Extrasitz schwang, die drei, manchmal vier Pferde anzogen, und es losging durch die engen Königsberger Straßen, durch das hallende Tragheimer Tor und dann quer durchs ganze Samland. Erst kurz vor Sassau konnte man zum erstenmal die See sehen. Da standen wir alle auf Zehenspitzen und schrien: Die See, die See! Die See ist mir niemals und nirgends mehr, auch nicht die Ligurische See, auch nicht die Nordsee, das gewesen, was die samländische See war. Diese unaussprechliche Erhabenheit der Sonnenuntergänge von der hohen Küste aus! Dies Ergriffensein, wenn man zum ersten Male sie wieder nah sah, den Seeberg runterrannte, Schuh und Strümpfe auszog und die Füße wieder das Gefühl des kühlen Seesands hatten! Dieser metallische Schall der Wellen!

Die schwärmerische Seeliebe wuchs, je mehr man in die empfindsamen Jahre hineinkam. Aber damals war Rauschen ein unbekannter Ort, nur aufgesucht von Naturschwärmern, da war man noch allein bei Sonnenuntergang, war die Küste unbebaut. Dies Kinderparadies ist gründlichst verloren.

Die Mutter blieb mit uns Mädchen bis in den September draußen, weil wir an keine Schule gebunden waren. Konrad durfte sich Freunde für längere Zeit mit rausbringen, wir hatten manchmal die Lisbeth Kollwitz draußen. Hier kann ich rasch noch von der Schule sprechen, die mir keine Freude machte. Großeltern, auch Eltern waren gegen die öffentlichen Schulen, so hatten wir Mädchen in kleinerem Zirkel Unterricht. Mit Julie und besonders Lise ist das wohl gut geglückt, zu meiner Zeit fand sich ein Zirkel zusammen, in dem wir Kinder nicht gut lernten. Die Leiterin war eine lungenkranke Dame, die Lehrerinnen waren, scheint mir, ohne Qualitäten. Nur den Literaturunterricht hatte ich gern und Geschichte. Im Rechnen war ich dumm und in den meisten anderen Fächern wohl auch mehr unintelligent als intelligent. In Rauschen unterrichtete ein Weilchen der Vater mich und Lise in Mathematik, die Lise begriff über Erwarten gut, ich über Erwarten schlecht.

Wofür ich den Eltern immer sehr dankbar gewesen bin, das ist, daß sie Lise und mich stundenlang nachmittags in der Stadt herumstreifen ließen. Auch hier wieder großzügiges Vertrauen und keine Nachspürerei. Nur wünschten die Eltern, daß wir nicht auf Königsgarten promenierten. Königsgarten entsprach etwa der Tauentzienstraße. Wir durften ihn nur überqueren, wenn der Weg so führte. Wir legten ihn meist so. Wir waren auf unsere Weise sehr eitle Dinger, ließen das Halstuch herauswehen und putzten uns zurecht, waren oft albrig und sehr kindisch. Das war der Teil Wegs, der über Königsgarten führte. Dann aber wurde es besser. Erst kauften wir Kirschen oder was es gab, und dann ging das los, was wir Bummeln nannten. Und was auch wirklich so war. Wir bummelten durch die ganze Stadt und zu den Toren heraus, ließen uns über den Pregel setzen und strichen am Hafen herum. Dann standen wir wieder und sahen den Sackträgern zu, dem Auf- und Abladen der Schiffe. Die kleinsten, romantischsten Gäßchen, die unter Torbögen durch kreuz und quer die alte Stadt durchzogen, kannten wir. Wie oft standen wir, wenn Brücken aufgezogen wurden, am Geländer und sahen zu, wie unten die Dampfer und Kähne durchzogen, sahen auf das Gewirre von Obstkähnen herunter, bummelten durchs Schloß, bummelten am Dom vorbei, bummelten auf die Pregelwiesen heraus. Wir wußten, wo die Witinnen, die Getreideschiffe, lagen mit den Jimkes drauf in Schafspelzen und mit lappenumwickelten Füßen. Russen oder Litauer waren das, gutmütige Leute. Abends spielten sie auf den flachen Schiffen die Ziehharmonika und tanzten dazu. Dieses scheinbar planlose Bummeln war der künstlerischen Entwicklung sicher förderlich. Wenn meine späteren Arbeiten durch eine ganze Periode nur aus der Arbeiterwelt schöpften, so liegt der Grund dazu in jenen Streifereien durch die enge, arbeiterreiche Handelsstadt. Der Arbeitertypus zog mich, besonders später, mächtig an. Die erste Zeichnung, die ganz deutlich Arbeitertypen hatte, machte ich freilich mit etwa sechzehn Jahren, es war eine Zeichnung aus dem Gedicht »Die Auswanderer« von Freiligrath. Diese Zeichnung legte ich auf Wunsch meines Vaters ein Jahr später meinem Lehrer Stauffer-Bern in Berlin vor, er erkannte sie als so charakteristisch, wie sie tatsächlich für mich und das Milieu, aus dem ich kam, war.

Später, zwischen den Aufenthalten in München und meiner Verheiratung, ging ich vollkommen bewußt daran, das Arbeiterleben in seinen charakteristischen Situationen wiederzugeben. Mit der Übersiedlung nach Berlin wurde das ganz unterbrochen, weil der Arbeitertyp, wie Berlin ihn bot, ein ganz anderer war. Der Berliner Arbeiter stand auf einem höheren Niveau und war in allen mir sichtbaren Äußerungen künstlerisch nicht verwertbar. Ich habe es später (besonders bei einem Besuch in Hamburg) bedauert, in Königsberg nicht so lange geblieben zu sein, bis ich alles dort herausgeschöpft hatte, was ich hätte herausschöpfen können.

Wann ich zum ersten Mal in die Freie Gemeinde kam, weiß ich nicht. (Die Eltern, Konrad und Julie und zum ersten Male ich kamen in den Gemeindesaal und gingen zwischen den Sitzreihen durch, um nach der vorderen Reihe zu kommen. Wir kamen an Prengels vorbei, und ich sah Max Prengel sitzen, meinen ungefähr gleich alten Vetter, mit dem ich oft gespielt hatte. Statt des vertraulichen Zunikkens hatte er jetzt eine gemessen feierliche Verbeugung.) Ich nehme an, daß der Religionsunterricht und das Besuchen der Sonntagsversammlungen zu gleicher Zeit für die Gemeindekinder begann. Es waren die letzten Jahre, in denen der Großvater Rupp sprach.

Der geistige Inhalt der Religionsstunde sowohl wie vor allem der Sonntagspredigt wurde wohl in der Religionsstunde von Rupp durchgesprochen, er wünschte dann aber in der nächsten Stunde wenigstens etwas daraus, am besten einen Überblick des Ganzen, von uns wiedergegeben. Das war mir sehr schwer. Solange ich folgen konnte, war es mir auch möglich, wiederzugeben, aber das Folgen eine volle Stunde hindurch war sehr schwer, selbst dem Konrad. Nach einem Vortrag erzählte der Großvater, wie Konrads Gesicht vor ihm aufleuchtete, als er sagte: »Zum Schlusse ...«

Nach dem Sonntagsvortrag versammelten sich einige Gemeindemitglieder, Henriette Castell, Lonny Ulrich und die Kinder und Schwiegerkinder Rupp mit den älteren Enkeln bei den Großeltern im alten Pauperhausplatzhaus. Der Großvater, der zuerst zum Ausruhen in seiner Stube war, kam dann zu uns herüber in die Wohnstube. Wenn er durch die kleine weißgestrichene Tür hereinkam, kam er mir groß und ehrfurchterweckend vor. Wir alle standen auf und begrüßten ihn. Ob er groß war, weiß ich nicht, jedenfalls erschien er mir so. Groß, schmal, ganz in Schwarz

Die Großeltern Julius und Ida Mathilde Rupp

bis zum Kinn, die Brille leicht bläulich gefärbt, das blinde Auge durch ein mattes Glas gedeckt. Sehr schön waren Großvaters Hände, meiner Mutter Hände erinnern an sie, sie waren groß und ausdrucksvoll geformt, er trug einen Siegelring, den Onkel Julius von ihm geerbt hat ... An dem einen breiten Fenster, das die Stube hatte, standen zwei alte Lehnstühle einander gegenüber, da saßen die Großeltern, das ganze Fenster war im Halbbogen umschlossen von Efeu. Hier wurde meist noch über den Vortrag, aber auch über Politik und sonst Interessierendes gesprochen. Hier war die Atmosphäre, die, nicht mehr ganz geistig, für mich gemütlicher war. In der dunklen Wandecke rechts vom großen Fenster, hinter Großvaters Stuhl stand ein Tisch mit einer großen Mappe mit Kupferstichen, an der schmaleren Seitenwand links hinter Großmutters Stuhl war ein kleines Wandbrett mit Büchern. Da holten wir uns die Grimmschen Hausmärchen heraus. Meist aber saßen ich und Lise an der Bildermappe. Wir verhielten uns mucksstill, hörten halb dem Gespräch zu, waren mehr bei den Bildern. In der Stube hing noch Großvaters Bild aus den Mannesjahren, von Gräfe gemalt. Wenn meine Erinnerung richtig ist, war es ein sehr gutes Bild, es ist, glaube ich, bei den Theobaldschen Nachkommen geblieben.

Aus dieser Nach-Vortrag-Stunde in der warmen, hellen Großelternstube ist mir der Großeltern Bild unendlich freundlich, gütig und geistig in Erinnerung geblieben, dann aus den festlichen Sonntagnachmittagzusammenkünften bei uns zu Hause und aus der Weihnachtsfeier am ersten Feiertag. Darüber muß ich noch besonders sprechen.

In den Vorträgen jedoch und auch in den Religionsstunden war der Großvater mir nur ehrfurchtgebietend. Wenn wir, seine Enkel, in die Religionsstunde kamen, waren wir für ihn nicht die Enkel, sondern Gemeindekinder, genau so nah, genau so fern wie die übrigen. Schon das machte mich scheu. Nicht die geringste Scheu aber hatte der Konrad vor ihm. Wenn der Großvater bei uns war und im größeren Kreise Allgemeines besprochen wurde, der Großvater stets der verehrte und respektierte Mittelpunkt jedes Gesprächs war, setzte der Konrad sich auf seinem Fußbänkchen dicht an Großvaters Füße und fragte unbefangen mitten herein. Er machte sich auch gar nichts daraus, in der Religionsstunde zu spät zu kommen und dann, während er hinten an der Stubenwand seinen Überzieher von den Armen schlenkerte, schon von da aus zu antworten, während der Großvater vorn an jemand eine Frage stellte. Konrad war aber nicht im geringsten frech, nur naiv und zutraulich und für alles Geistige so interessiert, daß er in Rupps geistiger Atmosphäre gedieh und alle Poren öffnete. Er hat von uns Kindern die stärkste Einwirkung durch Rupp erfahren. Später hatte ihn der Großvater oft bei sich, half ihm nach in Latein und Griechisch, sprach mit ihm Gelesenes durch, wies ihn hin auf das, was er lesen sollte. Besonders manches kurze Wort ist in Konrad haften geblieben. Der Großvater war immer bereit, ihm zu geben, immer gütig und mitteilsam, und auch seinen kurzen Humor lernte er kennen. Konrad war schon Student, als der Großvater starb, er ist also in seinen empfänglichsten, richtunggebendsten Jahren noch von ihm beeinflußt. Ich war siebzehn Jahre, als der Großvater starb.

Die Schwester Julie – zwischen Konrad und mir im Alter – hatte wenig von der intelligiblen Beeinflussung, wohl aber von der moralischen. Sie las dem Großvater oft vor. Sie hatte beide Großeltern herzlich lieb.

(Man hat oft gesagt, daß der geistige Maßstab, den Rupp an einen großen Teil der Gemeindemitglieder legte, ein zu hoch gegriffener sei.) Rupp entwickelte sein religiös-philosophisches System in den Sonntagsversammlungen. In den abendlichen Donnerstagsversammlungen, die auf freier Aussprache fußten, wurden mehr Themen ethischen Inhalts durchgesprochen. Daneben ging die Evangelienbesprechung.

Rupp ging fast ausschließlich auf das Matthäus-Evangelium zurück. Die Wunder erklärte er nicht rationalistisch, sondern er überging sie. Der Auszug der vier Evangelien, den die Kinder der Freien Gemeinde besaßen, war gewissermaßen die reine Morallehre, wie Rupp sie durch Jesus der Welt offenbart glaubte. Das Matthäus-Evangelium lernten wir gründlich kennen und die wichtigsten Aussprüche lernten wir auswendig. Das alte kirchliche Gesangbuch blieb nur in seinen sehr schönen Gesängen der Gemeinde erhalten, der Text zu den Melodien war mitunter ein zeitgenössischer. So wurde das alte Integer vitae mit Worten gesungen, die begannen: »Geist ew'ger Wahrheit«. Das Bundeslied der Gemeinde »Wir haben uns gefunden, uns brach das Joch entzwei« ging nach »Wir hatten gebauet«. Aus der Gemeinde heraus entstand eine Sammlung: »Stimmen der Freiheit«. Hier waren die lautersten Sprüche, Gedichte von Confucius bis zu Mitlebenden gesammelt. Aus diesen Stimmen der Freiheit wählte der Großvater oft ein Stück, um es mit uns Religionskindern zu besprechen. So gab es im Rahmen der Religionsstunde die Predigtbesprechung, die Evangelienbesprechung, das Durchsprechen eines wertvollen Gedichts oder längeren Dichtwerks (Nathan der Weise) und ein Stück Religionsgeschichte. Zu diesem Zweck ließ der Großvater Tabellen anlegen, Zeitquerschnitte. (Es wurde also nicht nur gelehrt, wie die Kirche sich im 15. Jahrhundert in Italien entwickelte, sondern es wurde zu gleicher Zeit die Verkörperung der religiösen Idee in anderen Ländern und Erdteilen gezeigt.)

Diese Religionsstunden waren sehr gehaltvoll, die geistig entwickelteren Kinder hatten außerordentlich viel davon. Die Eltern der Kinder (ein Beiwohnen war erlaubt) ebenfalls. Ich habe später bedauert, nicht reif genug gewesen zu sein zu diesem Unterricht. Gewiß verdanke ich ihm viel, doch fühlte ich mich erleichtert, als mein Vater an Großvaters Stelle die Religionsstunden übernahm. Der Vater paßte sich mehr dem Durchschnitt der Kinder an und lehrte mehr eine schlichte Ethik. Vom Vater bin ich dann auch eingesegnet. Julie ist noch vom Großvater eingesegnet.

Die Großmutter war neben dem Großvater klein, wie alle ihre Geschwister Schiller. Sie trug eine Haube mit blaßlila Bändern. Ihr Gesicht war gut und freundlich. Ihr Temperament war ein ganz anderes als Großvaters. Der Großvater stand über den Dingen und dem, was der Tag brachte. Die Großmutter mitten drin. Die Tante Bennina hat ihr leidenschaftliches Gemüt geerbt, wohl auch etwas, aber in anderer Mischung, die Julie.

Das älteste Ruppsche Kind war unsere Mutter, in Gestalt, geistiger Haltung, Temperamentsveranlagung dem Großvater ähnlich. Sie heiratete mit 23 Jahren den um zwölf Jahre älteren Vater. Zwischen Großvater und Vater ist immer herzliche Freundschaft gewesen. Da die jüngsten Rupps, Julius und Lina, heranwachsende Kinder waren, als der Vater in die Familie Rupp trat, ist unser Vater wohl genau so beteiligt gewesen an deren Erziehung wie der Großvater, der, von Arbeit überlastet, dankbar war, vom jüngeren Freund sich im Erziehungswerk helfen zu lassen. Noch jetzt, wenn der nun so alte Onkel Julius an unsere Mutter, seine älteste Schwester, schreibt, denkt er immer mit Dank und gerührter Liebe an alles zurück, was ihm im Schmidtschen Hause Gutes wurde.

Das zweitälteste Ruppsche Kind ist Bennina, die schöne, dunkle, leidenschaftliche. Sie heiratete den Lehrer Prengel, ihre Kinder sind Hans, Ernst, Julius (als Knabe gestorben) und Gertrud, verheiratet mit Heinrich Goesch. Max Prengel stammte aus früherer Ehe.

Das dritte Kind war Theobald. Eine Mischung von väterlichem Streben und mütterlichem erdhaftem Temperament, hat dieser liebe Mensch es wohl nicht leicht gehabt oder es sich nicht leicht gemacht. Er heiratete Gertrude Hofferichter, die Tochter des mit Rupp befreundeten freigemeindlichen Predigers in Breslau. Er hatte drei Kinder. Das älteste Söhnchen starb sehr früh. Ein Verlust, an dem die Eltern lange trugen. Dann kamen Else und Lina, die die Brüder Rautenberg heirateten. Tante Gertruds jüngerer Bruder, damals ein Knabe, heiratete später meine Schwester Julie.

Das vierte Ruppsche Kind hieß Antonie. Ein stiller, ganz innerlicher, pflichtgetreuest lebender Mensch. Sie heiratete den Kaufmann Karl Rentel und hatte keine Kinder. Die Ehe war wohl nicht glücklich, wuchs aber allmählich mehr zusammen. Die Tante Toni war ein Mensch, der es zu innerem Reichtum und Glück brachte, sie war ganz für sich.

Das fünfte Ruppsche Kind hieß Julius. Der muß, da er noch jetzt in seinem Alter ein entzückender Mensch ist, es erst recht in der Jugend gewesen sein. Voller Grazie. Er wurde Arzt und heiratete eine Anna Hesse. Während der ersten fünf Jahre hatten sie keine Kinder. Dann kamen Kati, Berta (klein gestorben), Walter, Susanne, Julius, Mathilde. Ein frohes harmonisches Haus. Erst später, als die Kinder heranwuchsen, kamen innerlich schwere Zeiten.

Familienbild der Nachkommen von Julius Rupp, 1884/85; in der hinteren Reihe, Mitte, Käthe Schmidt

Das sechste Ruppsche Kind war die liebe Tante Lina. (Zwischen ihr und Julius nur ein oder zwei Jahre.) Diese beiden hingen zusammen, wie Lise und ich zusammenhingen. Sie waren es, die in unserer Eltern Haus wie deren große Kinder ein- und ausgingen. Die Tante Lina hatte das Temperament der Großmutter, war schön und elastisch wie ihr Bruder Julius (wie gut war beider Gang!), sie hatte eine herrliche Stimme und wollte Sängerin werden. Aber die Großmutter in ihrem ganz konservativen Gefühl konnte es nicht über sich bringen, die Tochter als Oratoriensängerin an die Öffentlichkeit treten zu sehen. Liebessachen kamen, dies schöne Mädchen hatte eine Liebe, die nicht erwidert wurde. Ich entsinne mich der Jahre, in denen heftigste innere Erregtheit ihr Wesen widerspruchsvoll und brüchig machte. Dann aber arbeitete sie sich durch. Ich habe vielleicht keinen entzückenderen Menschen in ihrer frohen, temperamentvollen Lebensart gekannt als sie.

Im Großelternhaus lebte – zwei Stock hoch – in einer der altmodisch gemütlichen Stuben die Tante Berta. Es war eine Schwester der Großmutter, klein, mit sehr schön geformtem Kopf, uns Kindern damals schon alt vorkommend. Wie früher immer, blieben die unverheirateten Mädchen bei den Eltern oder halfen bei Geschwistern aus. So lebte sie bei Rupps, ihr Helfen war aber weniger auf praktischem als auf geistigem Gebiet. Der Großvater, der gegen den öffentlichen Schulunterricht war, hatte zwar die beiden Söhne auf die Schule gehen lassen, die Mädchen unterrichtete er selbst. Hierin half ihm die Tante Berta, sie unterrichtete im Englischen und Französischen; ob auch in anderen Fächern, weiß ich nicht. Sie unterrichtete nach genau vom Großvater vorgearbeitetem Plan. Die Mutter, weiß ich, war besonders im Englischen gut bewandert und kannte die englische Literatur gut. Shakespeare, Byron, Shelley hatte sie englisch gelesen.

Bei dieser alten Tante Berta waren wir Kinder sehr gern. Ihre Stube hatte die gemütlichsten alten Möbel, ein Sofa mit Seitenlehnen, in denen noch Schube waren. Sie besaß den ganzen Goethe in der kleinen Cottaschen Originalausgabe, einen Gipsabguß der Amazonengruppe vor der Nationalgalerie und einen Goethe mit Gellinis Illustrationen. Auch hatte sie im Sommer sogar noch immer etwas weihnachtliche Pfeffernüsse. Sie lehrte Lise und mich das erste Nähen – wir besäumten Taschentücher –, und es gab immer vielerlei zu besprechen mit ihr. Es war eine kluge alte Jungfer, wie Kinder sie oft sehr gern haben, die von der beschäftigten Mutter und auch noch Großmutter mit Vorliebe in die stillen, altmodischen Stübchen solcher alten Tanten schlüpfen, wo es noch Dinge gab, wie Lichtputzscheren usw.

Alle diese, jetzt toten Menschen bildeten den Kreis, in dem wir kleinen Pflanzen aufwuchsen. Zu unserer Formung und Bildung gehörten sie alle, wie auch noch einige alte Gemeindemitglieder. Das waren die Schwestern Ulrich und die Schwestern Castell. Die Schwestern Ulrich waren zwei alte Stiftsdamen, und bei unseren Stadtbummeleien suchten wir sie oft auf. Sie wohnten nahe beieinander, Lonny in einem alten einstöckigen Stiftshaus, das nach hinten heraus allerliebste Gärtchen, »Bleichplätze«, hatte. Lonny Ulrich war herzleidend und starb nach meinem Fortsein von Königsberg an der Wassersucht. Sie hatte einen kleinen, unförmlich runden Körper, ein Gesicht, das an Unschönheit dem des Sokrates ähnelte. Selten sahen wir sie ohne Strickzeug. Sie war außergewöhnlich klug und geistig scharf. Unbedingte Anhängerin der reinen Ruppschen Lehre, persönlich ihm eng befreundet, wandte sie sich in späteren theoretischen Meinungsverschiedenheiten, die zwischen den Anhängern der eigentlichen Ruppschen Lehre und meinem Vater entstanden, scharf gegen meinen Vater. Sie sah uns Kinder sehr gern bei sich und war die liebenswürdigste Besuchsempfängerin. Stundenlang saßen wir in ihrem winzigen Räumchen mit den alten Möbeln und Bildern an der Wand. Sie hatte eine eigentümliche Art, im Plaudern über persönlichstes Erleben Nachdenkliches, Logisches, ich möchte sagen Lessingsches einzuflechten und in scheinbar konkreter Form allgemeingültige Gedanken den Kindern nahezubringen. Besonders ließ sie es sich angelegen sein, die heranwachsenden jungen Leute der Gemeinde zu schulen. Konrad, Paga, die Beyers, Schade, Sell, verkehrten sehr gern bei ihr und debattierten mit ihr.

Ihre Schwester Olga Ulrich (übrigens nicht zur Gemeinde gehörend), nahebei in einem Stift wohnend, war das sonderbarste alte Stiftsfräulein, das man sich denken kann. Der scharfe Witz der Lonny war bei ihr mehr breiter Humor. Sie lebte absolut rücksichtslos ihren etwas schrulligen Neigungen, war eine Art Bohemienne im Stift. Sie machte lange Wanderungen durchs Samland. Die Stiftsgebote übertrat sie dauernd. Ihre Besucher entließ sie dann, wenn das Stift schon geschlossen war, durchs Fenster.

Ganz anders als die witzigen beiden Ulrichs waren die Schwestern Castell. Ich habe sie nur als alt gekannt. Es waren große schwere Erscheinungen mit groß geformten ernsten Gesichtern. Ironisierung, witzige Umkleidung oder Beleuchtung von Gedanken lag ihnen beiden gänzlich fern, ja verachteten sie. Henriette, die Jette, war in den gemeindefeindlichen Witzblättern der Reaktionszeit eine beliebte Figur. Groß, immer mit dem Strickstrumpf, den Haubenbändern, die sie, wenn sie in Eifer kam, aufmachte und über die Schultern warf. Fanatische Naturschwärmerin, verachtete sie alle Kultur und ging auch in der Stadt oft barfuß. Einmal beschloß sie, die Goethesche Bettina in Berlin aufzusuchen. Die Schwierigkeiten einer solchen Reise, als es noch keine Eisenbahn gab, waren enorm. Aber sie *wollte* Bettina sehen und von Goethe hören. Sie kam nach Berlin und ging schnurstracks nach der Wohnung. Ihrem eigenen Wesen und Herzen nach glaubte sie natürlich, gleich von Bettina als Geistesgenossin erkannt und ans Herz genommen zu werden. Statt dessen öffnete ein Dienstmädchen und sagte, die gnädige Frau könne nicht empfangen. Da machte sie kehrt und reiste am selben Tage nach Königsberg zurück. Ernestine Castell machte einen besonderen Eindruck auf mich durch die Ungebrochenheit ihrer Art. Sie lebte in einem isolierten einstöckigen Häuschen, das an einem durch die Pregelwiesen sich hinziehenden, mit alten Weiden bestandenen Weg lag. Sie hatte ein schlecht geheiltes Bein, so daß wir sie nie außerhalb ihres Lehnstuhls – das kranke Bein war in waagerechter Lage – fanden. Sie gehörte zu den ältesten Freunden und Anhängern Rupps. Die ursprünglich von Rupp gewünschte Form der Gemeinde, die Nachbildung der christlichen Urgemeinde, das brüderliche »Du«, der gemeinsame Besitz, entsprachen durchaus ihrer Art. Nach manchem, was ich erzählen hörte, entwickelte sich in den ersten Gemeindejahren, als mein Vater, Röckner, Prengel, Tolksdorf, Emil Arnoldt junge Männer waren – Ernestine etwa 40 Jahre –, in ihrem Kreise eine Art, das Leben zu führen, das etwas Verwandtes mit den jetzigen jungen idealistischen Kommunistenkreisen hat. Fern und abgeneigt allem Theoretischen, war ihr das Leben nur wert als Ausdrucksform der Persönlichkeit. Sie hatte verschiedene heranwachsende junge Mädchen bei sich, die sie erzog, darunter zwei Töchter eines Predigers Rettich, mit dem sie eine lebenslange Liebe verband. Ich kann mir wohl denken, daß die gefühlsmäßige Sphäre, in welche sie die Ideen der Feien Gemeinde trug, Großvaters Art fremd und ihm nicht lieb war. Ihm lag Schwärmerei so fern wie Lessing, die jüngeren Mitglieder dagegen fühlten im Castellschen Kreise eine Ergänzung des Gemeindegedankens, die Füllung einer Lücke.

Nicht irgendein Beliebiger wurde in diesem Kreise aufgenommen, es waren ausgewählte Menschen. Der Mittelpunkt war durchaus Ernestine Castell.

Diese frühe, höchst persönlich gefärbte, ungemein interessante Zeit kenne ich ja nur noch überlieferungsweise. Was davon übriggeblieben war, als wir Kinder die »Tante Tina« besuchten, war nur sie selbst, die damals schon alte. Sie lebte nach wie vor in einer anderen Welt als der realen. Sie konnte den ganzen Messias auswendig und ich habe sie lange Stellen daraus rezitieren hören. Am liebsten war ihr, die damals jungen Männer der Gemeinde bei sich zu sehen. Es durften aber keine Realisten sein, erst recht nicht solche, die der materialistischen Lehre zuneigten. Dann verstummte alles in ihr, ja, sie wies solche Menschen aus ihrer Nähe.

Ich habe von diesen Persönlichkeiten ausführlicher gesprochen, weil ich ein Bild geben wollte, wie der Mutterboden beschaffen war, auf dem wir Kinder uns entwikkelten. Es war, glaube ich, ein gesegneter Boden. Wir wuchsen wohl still auf, aber in fruchtbarer und gehaltvoller Stille. Als wir dann entlassen wurden aus diesen Kreisen, als wir nach außen kamen, ich nach Berlin, später nach München, schlug das Leben so andere Wellen, schien es in allen Kämpfen und Freuden so viel hinreißender und mächtiger, daß eine Zeit kam, wo mir Königsberg, vor allem die Freie Gemeinde, überlebt und überwunden schien. Es waren nur Zeiten. Im Grunde fühlte ich immer heimatliche Liebe, Verbundensein und Dankbarkeit.

»Wohl dem, der seiner Väter gern gedenkt.«

Rückblick auf frühere Zeit (1941)

Ich will zurückgehen darauf, daß der Vater schon seit meiner Kindheit den ausgesprochenen Wunsch hatte, mich zur Künstlerin heranzubilden, zugleich in dem Gedanken, es würden sich da nicht große Hemmungen dazwischenschieben. So ließ er von meinem 14. Jahre ab mich von den besten Kräften in Königsberg unterrichten. Zu allererst beim Kupferstecher Mauer, später bei Emil Neide. Neide hatte das aufsehenerregende Bild gemalt: Die Lebensmüden. Sein Bruder war Polizeikommissar. Seine sämtlichen Motive führten in das Gebiet der Verbrechen. Waren »Die Lebensmüden« ein großes, virtuos gemaltes Sensationsbild, das seinen Namen bis nach Amerika brachte, so waren seine späteren Entwürfe aus dieser Sphäre künstlerisch viel schwächer, einige kitschig. Dagegen schätze ich als wirklich sehr gut ein kleineres Bild, das ohne Aufmachung die Verbrecherwelt im Hintergrunde hatte. Es hieß »Am Ort der Tat« und zeigte in nüchterner Weise die Mordkommission während einer Untersuchung in einer sandigen Kiesgrube. Dieses Bild war meiner Erinnerung nach tatsächlich hoch künstlerisch gearbeitet. Da ich als Mädchen keine Zulassung zur Akademie hatte, bekam ich und eine junge Tilsiterin Privatstunden bei Neide.

In meinem 17. Jahre, als meine Mutter zu ihrer körperlichen Kräftigung in ein Bad im Engadin fuhr, gab ihr mein Vater meine jüngere Schwester Lise und mich mit. Diese Reise sollte neben dem Zweck von Mutters Kräftigung uns beiden Berlin und vor allem München zeigen. In Berlin machten wir Station und hatten dabei Gelegenheit, den jungen Gerhart Hauptmann kennenzulernen. Er lebte in Erkner, benachbart mit meiner älteren Schwester, der jungen Frau Hofferichter. Hofferichter und Hauptmann lernten sich, da sie denselben Zug nach Berlin benutzten, kennen. Es wurde ein näherer Umgang. Und so waren Lise und ich gleich und unmittelbar mit Hauptmann in Berührung gekommen. Er war noch unberühmt, hatte erst das »Promethidenlos« geschrieben. Er lebte in Erkner in einem Hause, das in einem großen Garten lag. Mir ist erinnerlich, daß wir in einem großen Raum, aus dem wenige Stufen in den Garten führten, festlich zusammensaßen; er, seine Frau, der Maler Hugo Ernst Schmidt, Arno Holz und mein Bruder Konrad. Es war ein Abend, der nachhaltig auf uns wirkte. In dem großen Raum war eine lange Tafel, auf der Rosen lagen. Rosenkränze hatten wir alle auf, Wein wurde getrunken, Hauptmann las aus dem Julius Cäsar vor. Wir waren wohl alle, jung wie wir waren, hingerissen. Es war ein wundervoller Auftakt zu dem Leben, das sich dann allmählich, aber unaufhaltsam mir eröffnete.

Nach Berlin nahmen wir für mindestens eine Woche Aufenthalt in München. Und nun sah ich in der Pinakothek die Meister, von denen vor allem einer auf mich wirkte, aber für Jahre entscheidend: Rubens. Hingerissen hat mich Rubens. Aber was hat München auch für Rubens! Und Antwerpen hat eine ganze Kirche mit Rubens. Ich hatte damals einen kleinen Goethe. Wenn es ganz mit mir durchging, dann schrieb ich nur an den Rand: Rubens! Rubens! Die frühen Goetheschen Gedichte! »Der Tempel ist mir aufgebaut ...«. Goethe, Rubens und mein eigenes Gefühl, das war immer ein Ganzes.

Von München ging es in die Berge bis ins Engadin. Es gab nur Postwagen. Diese hatten ganz hinten auf dem Verdeck zwei Plätze, auf die man mit einer Leiter heraufkletterte. Diese Plätze nahm die Mutter für uns, während sie vorn unten saß.

Himmlisch war es. Wir jubelten und sangen da oben. Mutter war erst 47 Jahre alt, war so schön und so froh. In St. Moritz trafen wir meinen Bruder Konrad, er kam aus London. Marx war tot, er verkehrte viel beim alten Engels. Wir waren kurz zusammen und bestürmten die Mutter, sie möchte mit uns vom Malojapaß nach Italien herunterfahren. Sie aber blieb fest, daß sie zurückfahren müßte zum Vater. So fuhren wir bis auf den Malojapaß mit einem kleinen Wägelchen, saßen da und sangen.

In Berlin lebte mein Bruder Konrad als junger Student. Ich kam dort als 17jährige in eine Pension und besuchte die Künstlerinnenschule mit Stauffer-Bern als Lehrer. Sein Unterricht war für meine Weiterentwicklung sehr wertvoll. Ich wollte malen, aber er wies mich immer wieder auf die Zeichnung zurück. Er sah meine noch in Königsberg entstandenen Zeichnungen zu Gedichten, wie zum Beispiel zu den »Auswanderern« von Freiligrath, und sprach damals zum erstenmal über Max Klinger, der sein Freund war und mir bis dahin unbekannt. Die Folge »Ein Leben« von Klinger sah ich auf einer Berliner Ausstellung, schlecht gehängt. Es war das erste, was ich von ihm sah, und es erregte mich ungeheuer.

Stauffer-Bern hatte Interesse an meinen Arbeiten und wollte mir bei meinem Vater dazu verhelfen, im folgenden Winter die Künstlerinnenschule wieder besuchen zu können. Es wurde damals nichts daraus, zu meinem Glück. Denn zu der Zeit war er bereits in Italien, wo er sehr bald endete. Also blieb ich einstweilen in Königsberg.

Mein Vater regte mich damals dazu an, ein Genrebild zu malen. So malte ich ein Genrebild »Vor dem Ball« und führte es auf Vaters Rat trotz innerer Ungeduld vollkommen durch. Als ich im Jahre darauf in München war, ließ Vater einen Rahmen um das Bild machen und beschickte damit eine ostpreußische Wanderausstellung. Das Bild wurde verkauft und der Käufer bestellte bei Fräulein Schmidt aus Königsberg in München ein Gegenstück »Nach dem Ball«. Diese Bestellung ging zu einem mir unbekannten ostpreußischen Fräulein Schmidt, die den Auftrag freudig übernahm, und ich brauchte das Pendant zu »Vor dem Ball« nicht zu malen, ebenfalls zu meiner Freude. In München wurden natürlich Bilder mit solchen Themen von vornherein als talentlos abgelehnt.

In meinem 17. Jahr hatte ich mich durch Verlöbnis an den noch im Medizinstudium befindlichen Karl Kollwitz gebunden. Mein Vater, der seine Pläne mit mir dadurch gefährdet sah, beschloß, mich noch einmal fortzugeben, und zwar diesmal statt nach Berlin nach München, im Jahre 1887.

In München wohnte ich in der Georgenstraße, nahe der Akademie, und besuchte die Künstlerinnenschule. Wieder hatte ich großes Glück mit dem Lehrer Ludwig Herterich. Er wies mich zwar nicht so konsequent auf die Zeichnung hin, sondern nahm mich in seine Malklasse auf. Das Leben, das mich dort umgab, war anregend und beglückend. Unter den Schülerinnen gab es hochbegabte. In erster Reihe unter den Kolleginnen standen Linda Kögel, Eugenie Sommer, Marianne Gesolschap. Später trat dazu die unter dem Künstlernamen bekannte ausgezeichnete Slavona. Sie heiratete in Paris den Baseler Kunsthändler Otto Ackermann. Erwähnen muß ich noch Emma Jeep. Als Malerin leistete sie nicht so Erhebliches. Später jedoch als Frau von Arthur Bonus kam ihre eigentliche Begabung zur Schriftstellerei voll heraus. Gemeinsam mit Bonus bearbeitete sie die Islandsagen. Eine enge Freundschaft verband unsere beiden Familien durch lange Jahre.

Linda Kögel bekam eine schwere Krankheit mit Abschälung der Haut und Lähmungen. Vom Bett aus hat sie noch jahrelang die Entwürfe zu Wandmalereien in

Die Münchner Malklasse von Ludwig Herterich (1887–1888). Sitzend, zweite von rechts, mit dem Gesicht zum Betrachter, die zwanzigjährige Käthe Schmidt.

Kirchen gemacht, vierzig Jahre ungefähr war sie gelähmt. Der freie Ton der »Malweiber« entzückte mich. Zwar kam mir Herterichs Unterricht zu Anfang manieriert vor, seine ausgesprochene koloristische Kunst fand ich nicht meinem Gefühl oder meiner Art, Farben zu sehen, entsprechend. Ich gebrauchte einen Trick, um unter die Geachteteren der Klasse zu kommen: ich malte so, wie ich wußte, daß er wünschte, daß ich malen sollte. Erst später erschloß sich mir ein richtiges Verständnis für seinen Kolorismus. In München habe ich viel gelernt. Der Tag war besetzt mit Arbeit, abends genoß man, ging auf Bierkeller, machte Ausflüge in die Umgebung und fühlte sich frei, weil man seinen eigenen Hausschlüssel hatte. Es gab eine Vereinigung, die einige Mädchen unserer Klasse zusammenführte mit Otto Greiner, Alexander Oppler, Gottlieb Elster. Für diese Abende wurde ein Thema gestellt. So besinne ich mich auf das Thema »Kampf«. Ich wählte die Szene aus Germinal, wo in dem verrauchten Lokal um die junge Kathrin von zwei Männern gekämpft wird. Diese Komposition wurde anerkannt. Zum ersten Male fühlte ich mich bestätigt auf meinem Wege, große Perspektiven öffneten sich mei-

Selbstbildnis, um 1890

ner Phantasie, und die Nacht war schlaflos vor Glückerwartung. In der Malklasse kam ich aber nicht vorwärts. Kolleginnen: Sommer, Slavona, Geselschap waren viel begabter für die Farbe als ich. Ich kam mit der Farbe nicht weiter. Ich las zufällig von Max Klinger die Broschüre »Malerei und Zeichnung«. Da merkte ich: ich bin ja gar keine Malerin. Aber Herterich konnte die Augen ausgezeichnet schulen, ich habe in München wirklich sehen gelernt.

Das freie, mir sehr wohl gefallende Leben in München erweckte Zweifel in mir, ob ich wohlgetan hätte, mich so frühzeitig durch Verlöbnis zu binden. Die freie Künstlerschaft lockte sehr. Als dann im nächsten Jahre von neuem die Frage auftauchte, ob ich wieder nach München gehen sollte und mein Vater es mir freistellte, tat ich es gern. Es schien mir ein gutes Omen, daß ich in München gleich zuerst Herterich auf der Straße traf. Daß ich wieder in seine Schule eintrat, war selbstverständlich. Vater hatte nur noch dieses Semester mir zugesagt, und obwohl die Möglichkeit bestanden hatte, daß ich damals statt nach München nach Berlin ging, hatte ich München gewählt. Dieser Aufenthalt wurde nicht so fruchtbringend, wie ich es angenommen hatte. Später habe ich es oft bedauert, nicht statt dessen nach Berlin gegangen zu sein. In Berlin war unterdes vielerlei vorgegangen. Hauptmann hatte »Vor Sonnenaufgang« aufführen lassen, die junge in- und außerdeutsche Literatur entwickelte sich jählings. Ein sehr anregender Kreis von bildenden Künstlern und Literaten lebte dort. Auch mein Verlobter war bereits nach Berlin übergesiedelt, um dort sein halbes Jahr als Arzt abzudienen. Mein Bruder Konrad arbeitete auf der Redaktion des »Vorwärts«. Das Leben hatte dort, verglichen mit München, etwas Brausendes. Vielleicht wäre ich untergegangen in jenem Lebensstrudel, vielleicht hätte er fruchtbar auf mich gewirkt. Jedenfalls im Jahr darauf, 1890, war ich wieder in Königsberg. Dieses Mal, dank der verkauften Genrebilder, mietete ich mir ein kleines Atelier. Mein Übergang von der Malerei zur Graphik war noch nicht erfolgt, ich wollte im Gegenteil malen, und zwar wollte ich die Szene aus Germinal auf die Leinwand bringen. Zu diesem Zweck brauchte ich Studien. Königsberg hatte damals in den alten Pregelgegenden eine Reihe von Matrosenkneipen, welche am Abend zu besuchen mit Lebensgefahr verbunden war. Es war mir nicht möglich, anders als an Vormittagen dort Studien zu machen. Am interessantesten war mir das »Schiffchen«, ein Lokal mit doppelten Ausgängen. Wüster Lärm war drin zu hören, Messerstechereien waren an der Tagesordnung.

Mein Vater beobachtete meine Arbeit nicht mehr mit so fraglosem Glauben an mein Vorwärtskommen. Er hatte viel rascher einen Abschluß meiner Studienzeit erwartet, Ausstellungen und Erfolge. Außerdem war er, wie gesagt, sehr skeptisch gegen die Tatsache eingestellt, daß ich zwei Berufe vereinigen wollte, den künstlerischen und das bürgerliche Leben in der Ehe. Mein Verlobter hatte dadurch, daß er in Berlin die Krankenkasse der Schneider bekam, die Möglichkeit der Existenz, und so beschlossen wir, den Sprung zu wagen. Mein Vater sagte mir kurz vor der Eheschließung: »Du hast nun gewählt. Beides wirst du schwerlich vereinigen können. So sei das, was du gewählt hast, ganz!« Im Frühjahr 1891 bezogen wir im Norden Berlins die Wohnung, die wir durch 50 Jahre beibehalten sollten. Mein Mann war in der Hauptsache Kassenarzt und war sehr bald belastet mit sehr viel Arbeit. Ich bekam im Jahre 1892 mein erstes Kind Hans, im Jahre 1896 mein zweites Kind Peter. Das stille arbeitsame Leben, das wir nun führten, war meiner Fortentwicklung sicher sehr gut. Mein Mann tat alles, um mich zu der Arbeit kommen zu lassen. Hier und da unternommene Versuche, an Ausstellungen anzukommen, mißglückten. Doch knüpfte sich an eine dieser Ausstellungen eine Schau der Zurückgewiesenen, wozu auch ich gehörte. Die Presse beachtete diesen Versuch wie überhaupt in jener Zeit schon die Anfänge der später so sehr interessanten Independants nach Pariser Muster. Herman Sandkuhl hat späterhin diese Ausstellungen, die viel Ungeheuerlichkeiten enthielten, aber immer interessanter waren als die großen Ausstellungen am Lehrter Bahnhof, auch im Publikum zu Ansehen gebracht.

Ein großes Erlebnis fiel in diese Zeit: die Uraufführung der Hauptmannschen Weber in der »Freien Bühne«. Es war eine Vormittagsaufführung. Wer mir eine Karte verschafft hatte, weiß ich nicht mehr. Mein Mann war durch Arbeit abgehalten, aber ich war dort, brennend vor Vorfreude und Interesse. Der Eindruck war gewaltig. Die besten Schauspieler wirkten mit, Else Lehmann spielte die junge Weberfrau des letzten Aktes. Am Abend war ein festliches Zusammensein in großem Kreise, wo Hauptmann als Führer der Jungen auf den Schild gehoben wurde. Diese Aufführung bedeutete einen Markstein in meiner Arbeit. Die begonnene Folge zu Germinal ließ ich liegen und machte mich an die Weber. Mein technisches Können war im Radieren noch so gering, daß die ersten Versuche mißglückten. Auf diese Weise kam es so, daß die drei ersten Weber-Blätter lithographiert wurden und erst die drei letzten Radierungen, »Zug der Weber«, »Vor dem Fabrikantenhaus« und »Ende«, auch technisch genügten. Das Arbeiten an dieser Folge war mühsam und langsam. Allmählich kam sie zustande und ich hatte den Wunsch, die Folge meinem Vater zu widmen. Ich wollte voraussetzen das Gedicht »Weber« von Heine. Unterdessen erkrankte mein Vater schwer, und den vollen Erfolg, der sich bei den Ausstellungen dieser Arbeit zeigte, hat er nicht mehr erlebt. Dagegen habe ich noch zu seinem 70. Geburtstag in unserem Bauernhäuschen in Rauschen bei Königsberg ihm die fertiggestellten Weber auf den Geburtstagstisch gelegt. Er freute sich unsagbar darüber. Ich besinne mich, wie er um das Haus lief und immer nach der Mutter rief, sie möchte doch kommen zu sehen, was die Katuschchen gemacht hat. Im Frühling des nächsten Jahres starb er. Ich war so enttäuscht, ihm die Freude des öffentlichen Ausstellens dieses Werkes nicht mehr machen zu können, daß ich überhaupt das Ausstellen aufgab. Eine gute Freundin von mir, Anna Plehn, sagte: »So lassen Sie mich das alles arrangieren«, meldete die Folge für mich an, schickte sie der Jury ein, und einige Wochen darauf war sie in der Ausstellung am Lehrter Bahnhof zu sehen. Später erst hörte ich, daß der Vorstand, dem auch Menzel angehörte, für die Weber die kleine goldene Medaille beantragt hatte. Der Kaiser lehnte sie ab. Aber von da ab zählte ich mit einem Schlag in die vordere Reihe der Künstler. Max Lehrs aus Dresden, der Direktor des dortigen Kupferstich- und Zeichnungskabinetts, kaufte sie an, setzte dort die kleine goldene Medaille durch, und bis jetzt sind die Weber wohl das Bekannteste meiner Gesamtarbeit geblieben. Überraschend überkam mich dieser große Erfolg, aber nicht mehr gefährdend. – In jenen Jahren bildete sich die Sezession. Ich wurde aufgefordert, Mitglied zu werden, und blieb es, bis sie auseinanderfiel.

Ich möchte hierbei einiges sagen über die Abstempelung zur »sozialen« Künstlerin, die mich von da an begleitete. Ganz gewiß ist meine Arbeit schon damals durch die Einstellung meines Vaters, meines Bruders, durch die ganze Literatur jener Zeit auf den Sozialismus hingewiesen. Das eigentliche Motiv aber, warum ich von jetzt an zur Darstellung fast nur das Arbeiterleben wählte, war, weil die aus dieser Sphäre gewählten Motive mir einfach und bedingungslos das gaben, was ich als schön empfand. Schön war für mich der Königsberger Lastträger, schön waren die polnischen Jimkies auf ihren Witinnen, schön war die Großzügigkeit der Bewegungen im Volke. Ohne jeden Reiz waren mir Menschen aus dem bürgerlichen Leben. Das ganze bürgerliche Leben erschien mir pedantisch. Dagegen einen großen Wurf hatte das Proletariat. Erst viel später, als ich, besonders durch meinen Mann, die Schwere und Tragik der proletarischen Lebenstiefe kennenlernte, als ich Frauen kennenlernte, die beistandsuchend zu meinem Mann und nebenbei auch zu mir kamen, erfaßte mich mit ganzer Stärke das Schicksal des Proletariats und aller seiner Nebenerscheinungen. Ungelöste Probleme wie Prostitution, Arbeitslosigkeit, quälten und beunruhigten mich und wirkten mit als Ursache dieser meiner Gebundenheit an die Darstellung des niederen Volkes, und ihre immer wiederholte Darstellung öffnete mir ein Ventil oder eine Möglichkeit, das Leben zu ertragen. Auch mag eine große Temperamentsähnlichkeit, die mich mit meinem Vater verband, diese Hinneigung verstärkt haben. Mitunter sagten meine Eltern selbst zu mir: »Es gibt doch auch Erfreuliches im Leben. Warum zeigst du nur die düstere Seite?« Darauf konnte ich nichts antworten. Es reizte mich eben nicht. Nur dies will ich noch einmal betonen, daß anfänglich in sehr geringem Maße Mitleid, Mitempfinden mich zur Darstellung des proletarischen Lebens zog, sondern daß ich es einfach als schön empfand. Wie Zola oder jemand einmal sagte: »Le beau c'est le laid.«

Anschließend an meinen Erfolg der Weber bekam ich die Aufforderung von der Künstlerinnenschule, an ihr zu unterrichten in Graphik und Zeichnen nach lebenden Modellen. Die Leitung der Schule lag in den Händen von Fräulein Hönerbach, angestellte Lehrer waren u. a. Martin Brandenburg und Hans Baluschek. Ich gab Unterricht durch zwei oder drei Jahre, gab ihn dann auf. Als Fräulein Hönerbach wegen der Anstellung mit mir sprach, äußerte ich meine Bedenken, daß meine Kenntnisse in der Radiertechnik so gering wären und daß ich kaum einen Unterricht übernehmen könnte. Sie sagte: »Seien Sie ganz ruhig! Ich habe bei Köpping gut ›kochen‹ gelernt, und kommen Sie einmal in Verlegenheit, so helfe ich Ihnen schon aus der Patsche.« Dieser Fall trat sehr bald ein. Ich sollte in einer Klasse einen Aufätzgrund vorführen. Diese Sache war mir selbst ein Buch mit sieben Siegeln, und schwitzend vor Verlegenheit setzte ich meine geringen Kenntnisse darin vor den Ohren der umstehenden lernbegierigen Schülerinnen auseinander. Auf einmal hörte ich Fräulein Hönerbachs Stimme, die sich unter die Lernenden gemengt hatte. Sie sagte: »Ja, Frau Kollwitz, ich weiß, so kann man das auch machen. Ich möchte Ihnen nur mal sagen, wie Köpping es mich gelehrt hat.« So nahm sie die Platte usw. mir aus den Händen und rettete mich aus der Verlegenheit.

Das Jahrzehnt zwischen dreißig und vierzig war ein sehr glückliches in jeder Beziehung. Wir hatten, was wir zum Leben brauchten, die heranwachsenden Kinder gediehen, Reisen wurden gemacht. So war ich in diesen Jahren zweimal in Paris. Das erstemal nur für kurz, einer Einladung von Lily und Heinrich Braun folgend, das zweitemal länger. Paris bezauberte mich. An den Vormittagen war ich in der alten Julianschule in der Klasse für Plastik, um mich mit den Grundlagen der Plastik vertraut zu machen. Die Nachmittage und Abende war ich in Museen in der Stadt, die mich entzückte, in den Kellern um die Markthallen herum oder in den Tanzlokalen auf dem Montmartre oder in Bal Bullier. Eine Kollegin von mir, Ida Gerhardi, war Abend um Abend da, um Skizzen zu machen. Die Kokotten kannten sie und gaben ihr immer ihre Sachen, während sie tanzten, zur Aufbewahrung. Weiterer Umgang war die Malerin Sophie Wolff. Sophie Wolff, damals ausschließlich Malerin, hatte sehr gute Erfolge bei den Pariser Independants. Später wandte sie sich der Plastik zu. Kurz vor Ausbruch des Weltkrieges kam sie nach Deutschland zurück und blieb hier. Sehr zu ihrem Nachteil. Es glückte ihr nicht, in Berlin eine annähernd so gute Position zu finden wie in Paris. So hat sie leider es nicht zu der Anerkennung gebracht, die ihre sehr guten plastischen und zeichnerischen Arbeiten verdienten. Speisen taten wir abends in einem dieser großen Lokale, wo die Künstler in Masse, nach ihrer Nationalität zusammensitzend, aßen, auf dem Boulevard Montparnasse. Der Kunsthändler Otto Ackermann, verheiratet mit Maria Slavona, führte mich in den Privatgalerien ein. Eine Russin, Kalmikoff, die Philosophen Simmel und Groethuysen, die damals in Paris lebten, lernte ich kennen, den Schriftsteller Hermann Uhde. Zweimal war ich bei Rodin. Das erste Mal in der Rue de l'Université, wo ich ihn in seinem Arbeitsatelier antraf. Er forderte mich und Sophie Wolff dann auf, nach Meudon herauszukommen. Dieser Besuch ist mir unvergeßlich. Rodin selbst war in Anspruch genommen durch Besucher. Er forderte uns jedoch auf, uns alles im Atelier Befindliche anzusehen. In der Mitte seiner großen Plastiken thronte der gewaltige Balzac. In Glaskästen hatte er kleine Gipsskizzen. Sein ganzes Werk war sichtbar, und der alte Meister selbst war anwesend. Außerdem besuchte ich noch Steinlen in seinem Atelier, den Zeichner für L'Assiette au Beurre, auch er mir unvergeßlich in seiner typischen Pariser Erscheinung, mit losem Tabak in den weiten Hosentaschen, den er dauernd zu Zigaretten drehte, seine Frau, seine lustigen Kinder. – Von jüngeren Künstlern lernte ich durch Ackermann Hötger kennen, damals noch unberühmt.

Für den Schluß dieser Reise hatte ich mir aufgehoben, über Brüssel zu fahren, um den schon sehr betagten Meunier aufzusuchen. Leider kam es nicht dazu. Paris hielt mich fest bis zum letzten Abend. Meunier starb, ich habe ihn nicht mehr gesehen.

Meine längste Abwesenheit kam zustande durch die Verleihung des Villa-Romana-Preises, den Klinger vergab. Der Preis war gebunden an ein Jahr Leben dort, und der Zweck der Stiftung war, die dort hingeschickten Künstler mit Florenz und seinen besonderen Kunstschätzen bekannt zu machen und sie zu eigener Arbeit anzuregen. Gearbeitet habe ich, obwohl ich ein schönes Atelier in der Villa Romana bekam, gar nicht. Doch ist mir die Florentinische Kunst dort erst aufgegangen. Zu Beginn meines Aufenthaltes hatte ich meinen zweiten Sohn Peter dorthin mitgenommen, bald kam mein Mann besuchsweise herüber, mußte aber beruflich nach kurzer Zeit wieder zurück und nahm den kleinen Jungen wieder mit. Ich hatte unterdes Stan Harding-Krayl, eine hochbegabte, originelle Engländerin, verheiratet mit dem dortigen deutschen Arzt Krayl, kennengelernt. Sie forderte mich auf, sie auf der nächsten ihrer Wanderungen, die sie durch ganz Italien machte, zu begleiten. So sind wir, immer zu Fuß, von Florenz bis Rom gewandert, teils durch die Campagna, teils am Meer. Auf der ganzen dreiwöchigen Wanderung haben wir nur Italiener gesehen. Die Bevölkerung hielt uns für Pilgerinnen, beköstigte uns meist umsonst und wünschte nur, daß wir in St. Peter ein Gebet für sie sprächen. Einen Abend sahen wir die Stadt Pitigliano vor uns liegen, gebaut wie alle umbrischen Städte, so daß man sie von weitem für langgestreckte Burgen halten konnte. Sie lag auf einem schmalen Bergrücken, eine einzige Brücke führte zu ihr herüber. Über diese Brücke gingen wir in diese verzauberte Stadt, die eigentlich nur eine Längenausdehnung hatte, seitlich abgehend ganz schmale Gassen. Am Tage darauf war ein hohes katholisches Fest. Von unserem Fenster aus sahen wir die Prozession vorbeiziehen, die als Engel gekleideten Kinder. Wir entdeckten an den Abhängen der Stadt Höhlen. Da hatte die Bevölkerung ihre Esel usw. drin. Es waren etruskische Höhlen, und man sagte uns, daß eine Stunde weiter wir an einen Ort kämen, wo massenhaft »altes Gerümpel«, wie sie sich ausdrückten, noch zu sehen sei. Am nächsten Tag gingen wir dorthin und fanden tatsächlich so viel davon, daß wir über die Götterglieder immer nur herüberstiegen. Wir erstanden verschiedenes davon und teilten es später zwischen uns auf. Von Florenz brachte ich einiges nach Berlin mit. Diese Fußreise durch Italien, wenn sie mich auch nicht an die Orte führte, die ich am meisten zu sehen gewünscht hatte: Perugia, Assisi, gab mir ungeheuer charakteristische Eindrücke vom Lande und der Bevölkerung. Am 13. Juni 1907 zogen wir über den Ponte molle in die Ewige Stadt ein, auf den Hund gekommen von übermäßiger Anstrengung. An einem Tage, der uns über die Via Appia herunterführte bis Rocco di papa, erwartete ich unseren ältesten Sohn Hans. Er kam aus Berlin, 15 Jahre alt, stolz auf seine Selbständigkeit, die ihn die weite Reise hatte allein machen lassen. Ich habe von Rom den Eindruck, daß es kaum lohnte, mit dem Studium seiner Kunstschätze anzufangen. Die überreiche Fülle von antiker und mittelalterlicher Kunst war fast erschreckend. Nach einer viel zu kurz bemessenen Zeit dort fuhr ich mit Hans nach Florenz zurück und von dort nach Spezia. In derselben Minute, als wir von Florenz kommend in Spezia einfuhren, lief ein anderer Zug aus dem Norden ein, der meinen Mann und den kleinen Peter brachte. Wir setzten uns in ein Boot und ließen uns nach Fiascherino rudern, einer winzigen Fischeransiedlung. Dort lebten wir bei Fischern. Nach einiger Zeit kamen Stan und ihr Mann uns nach und wir verlebten die herrlichsten Ferienwochen. Es wurde uns ein etwas ausgedienter Fischerkahn zur Verfügung gestellt. Halbe Tage waren wir auf dem Wasser und in den kühlen Grotten. Einmal ruderten wir bei Tagesanbruch nach Carrara, stiegen oben in die Marmorbrüche und fuhren in der Nacht, die so still war, daß die Sterne sich im Meer spiegelten und die leuchtenden Wassertropfen von den Rudern fielen, zurück. In jenem Sommer wurde ich 40 Jahre alt. Braun und mager von der Sonne und dem Ligurischen Meer kamen wir endlich wieder nach Hause.

Hans war unterdes in die Zeit gekommen, wo er dichtete. Die Ferien wurden zu Aufführungen seiner eigenen Dichtungen, dann der Klassiker benutzt. Es begann mit Schiller, ging dann über Gorkis Nachtasyl bis zu Hofmannsthals Tor und Tod. Das Ensemble setzte sich unter seiner Leitung zusammen aus unseren beiden Jungen, Georg Gretor, dem Sohn einer Münchener Kollegin, die ich in Paris wiederfand, und die ihren Georg, der im Alter unseres Hans stand, für längere Zeit uns nach Berlin auslieh. Dann die beiden ältesten Mädels aus der Ehe meiner Schwester Lise, die, als sie größer waren, sich der Bühne zuwandten. Regula und Hanna Stern. Mangelte es an Schauspielern, so wurden wir ältere Generation mit dazugezogen. Vor allem war das Nachtasyl von Gorki eine Aufführung, die alles in unserer Wohnung auf den Kopf stellte.

Käthe Kollwitz (um 1890)

Die Jahre 1914–1933 zum Umbruch (1943)

Die letzten Jahre vor 1914 brachten für uns alle vier sehr viel Gutes. Karl und ich lebten in unserer Arbeit, Hans hatte angefangen zu studieren (Philologie, Freiburg, Bonn), Peter war mit der Obersekunda auf seinen dringenden Wunsch von der Schule abgegangen. Er wollte Maler werden. Wir hatten ausgemacht, daß er in den Wintermonaten die Kunstgewerbeschule besuchte und im Sommer praktisch arbeitete.

Der Wandervogel interessierte ihn sehr und die Freideutsche Jugend. Es gab Reisen, gemeinsame und auch einzelne, es gab Umgang.

Da fiel der Schuß von Sarajewo.

Im Sommer 1914 waren Karl und ich in Georgenswalde am Ostpreußischen Strand, unsere sehr alte Mutter in Begleitung von Schwester Julie war auch dort. Peter war mit seinen Freunden Richard Noll, Hans Koch, Gottfried Laessig und Erich Krems auf Fahrt in Norwegen, Hans hatte diese Fahrt nicht mitgemacht.

In Georgenswalde brach es aus. Wir kamen zurück, ich glaube am 2. August. Allmählich wurde es einem klar, daß *wirklich* Krieg war. Am Schlesischen Bahnhof hörten wir von Jaurès Ermordung. Bahnhof Friedrichstraße wartete ich in einem Café auf Karl, der sich bemühte, den Koffer herauszufinden. Die Stimmung im Café –. Nachhause gekommen, kam bald Hans. Karl und er gingen dann noch unter die Linden, ich blieb zu Hause. Die Welt stürzte für mich zusammen.

Hans war bereits in einer Kaserne, Peter noch auf der Fahrt. Endlich ein Telegramm von ihm sie kämen nicht über die Grenze, wir möchten Geld schicken. Mit Mühe gelang das, und dann war er plötzlich da. Ein paar Tage vergingen noch. Dann sprach er mit uns, daß er auch als Freiwilliger in den Krieg müßte. Er war 18 ½ Jahre. Karl, dessen Einstellung zum Kriege die gleiche blieb, sagte nein. Peter wandte sich an mich. Am nächsten Morgen noch einmal ein langes Gespräch mit ihm, meine Versuche, ihn zurückzuhalten, *ganz* vergebens. Wie es dann kam, daß ich eine Art Wandlung durchmachte, ist mir nicht recht klar. Ich fluchte dem Kriege, ich wußte, daß er das Schwerste fordern würde. Daß ich mich nicht widersetzte, hing wohl damit zusammen, daß es mir widerstand, in diesen letzten Zeiten nicht ganz und gar eins zu sein mit den Jungen. *Wenn* es sein mußte, dann nur so, daß *wir eben eins waren*.

So gab Karl schwersten Herzens seine Zustimmung. In Neu-Ruppin wurden noch Freiwillige in der Infanterie eingestellt. So ging die kleine Freundesgruppe erst dorthin, dann nach Prenzlau, dann nach Wünsdorf. Noch weniger ausgebildet als die anderen (eine Kniegelenkentzündung brachte ihn noch für zwei Wochen nach Hause) ging er [Peter] von Wünsdorf aus los am 13. Oktober 1914.

Zehn Tage danach war er tot.

Hans kam später heraus. Um es zu beschleunigen, meldete er sich zum Sanitäter. Dieses Mal ließ ich nicht nach. Ich wußte, wie er danach verlangte, an die Front zu kommen. Ich wußte, was für ein Opfer es für ihn war, es nicht zu tun. Er verzichtete unsertwegen, nur aus Liebe zu uns und kam dann erst nach Belgien, wo er eine Diphterie überstand (Karl konnte herüberfahren).

Ich muß noch etwas zu meiner veränderten Einstellung zum Krieg sagen außer dem oben Angeführten. Zum ersten Mal in meinem Leben empfand ich die absolute Gemeinsamkeit des Volkes und mich in sie eingeschlossen. Und dann die Gesichter der jungen Soldaten.

Diese meine neue Einstellung dauerte eine längere Zeit an. Bis dann allmählich wieder alles anders wurde. Nicht das Tun der jungen Soldaten schien mir anders, ihre Gesichter blieben für mich gleich, umglänzt von schlichter Frömmigkeit.

Überhaupt sah ich wohl, daß der Krieg Schlechtestes und Bestes in den Menschen förderte, aber allmählich trat das wieder mehr hervor, was ich absolut verneinen mußte.

Karls Einstellung ist gleichmäßig dieselbe geblieben.

Liebermann schrieb mir damals: Arbeiten Sie. Ich arbeitete. Im Frühjahr 1915 begann ich mit der großen Arbeit für die Kriegsfreiwilligen. Ich hatte mir gedacht, sie würde nach ihrer Vollendung an den Havelbergen, etwa bei Schildhorn Aufstellung finden, ging deswegen zu Bürgermeister Reicke und bat, wenn unsere eigenen Mittel für die Ausführung des Denkmals, das *allen* freiwilligen Soldaten galt, nicht ausreichten, mir zu einem staatlichen Zuschuß zu verhelfen. Dann ließ ich mir das große Gerüst aufschlagen in meinem Atelier in Siegmundshof. Wie lange ich daran arbeitete, ist jetzt schwer zu sagen. Es vergingen Jahre. Zuletzt waren meine Kräfte ganz zuende und ich war erschöpft und mußte die Arbeit aufgeben. Erst später, als wir Nachricht bekommen hatten, daß Peters Einzelgrab einem größeren Sammelfriedhof beigesetzt war, entstand der neue Plan, dieselbe Arbeit noch einmal aufzunehmen, und zwar in Form von zwei Einzelfiguren.

Ich machte zwei Skizzen von Vater und Mutter und legte sie dem damaligen Ministerium wieder mit der Bitte um eventuelle materielle Beihilfe vor. Noch vor meinem 60. Jahr fuhren Karl und ich an die Stelle, wo jetzt Peters Grab war – nach Roggevelde. Der Friedhof war noch im ersten Anlagezustand, uneben, von Stacheldraht umgeben (ein belgischer Soldat half uns heraufzukommen). Wir fanden Peters Grab. Ich nahm die Maße des Friedhofs.

In Berlin ging ich dann von neuem an die Arbeit. Zu meinem 60. Geburtstag schenkten mir die Ministerien 10 000 Mark zur Vollendung der Figuren in Stein. 1927 stellte ich sie in Gips fertig gearbeitet in der Akademie aus, beauftragte Professor Diederich und August Rhades mit der Ausführung in belgischem Granit, und im Sommer 1932 wurden sie auf dem Friedhof aufgestellt.

Karl, Hans und ich waren zugegen.

In Dixmuiden sahen wir dann zum ersten Mal den großen Turm, der von der Flamenpartei aufgerichtet war, der an seiner Spitze in den Sprachen deutsch, französisch, englisch und flämisch die Worte trug: Nie wieder Krieg!

1918 war der Krieg beendigt, es kam die Zwischenzeit, die kurze Zeit, als die Sozialdemokratie an das Ruder zu kommen schien und es doch nicht konnte, weil es zu keiner Einigkeit kam. Spartakus arbeitete dagegen.

Liebknecht und Rosa Luxemburg wurden ermordert.

Karl blieb Sozialdemokrat und war damals Mitglied der Stadtverordnetenversammlung.

Ich wurde in die Akademie gewählt. Meine schlimme Eigenschaft, das Hin-und-her-gezogen-werden, wurde verhängnisvoll. Ich fühlte mich noch mehr zu den Kommunisten hingezogen als zur Sozialdemokratie und machte verschiedene Lithos für sie, da sie, viel lebendiger und aktiver als die Sozialdemokraten, mich immer dazu aufforderten. Mitglied der Kommunistischen Partei zu werden, lehnte ich jedoch konsequent ab, weil mir die Taktik der Partei widerstand.

Im Jahre 1927 feierte Sowjet-Rußland sein zehnjähriges Bestehen. Ich wurde dorthin aufgefordert und Karl begleitete mich. Ich hatte mir vorgenommen, dieses Mal mich nicht überrumpeln zu lassen, sondern kühlen Blickes alles zu betrachten. Ich brachte es wieder nicht fertig: Rußland berauschte mich. Ich hatte die Genugtuung, daß auch Karl, der als fester Sozialdemokrat hinging, nicht ganz fest blieb. Es war zu viel dort unter den neuen Einrichtungen, was ihm ausgezeichnet vorkam. Unter den Rednern, die, aus Rußland zurückgekehrt, in der Liga für Menschenrechte einen kurzen Bericht über Rußland gaben, war auch Karl.

Es bereitete sich der Umbruch zum Dritten Reich vor. 1933 gingen wir beide für einige Wochen nach Marienbad, wo Wertheimers uns aufnahmen. Wir blieben nicht sehr lange dort, an emigrieren dachten wir nicht, kamen bald zurück. Karl wurden zweimal die Kassen genommen, aber wieder zurückgegeben. Haussuchung ist bei uns nicht gewesen. Die nun kommenden Jahre waren für uns beide nicht leicht. Karl half mir wohl, indem er versuchte, das, was er an der Bewegung gut fand, anzuerkennen, ja zu würdigen. Und das war nicht wenig. Im Ganzen aber konnten wir nicht mitgehen, mußten im Gegenteil durchaus ablehnen. Als der Pogrom war – im Jahre 1938 – war ich in meinem Atelier in der Klosterstraße. Ich ging von da aus in die Königstraße, wo das ganze Unheil schon geschehen war. Als ich nach Hause kam, war Karl auch fort, er war nach dem jüdischen Viertel gegangen. Es war eine der schlimmsten Sachen, die ich erlebt habe, Karl berichtete mir, was er gesehen hatte. Mitunter konnte er nicht weitersprechen.

Mein Mann Karl Kollwitz (1942)

Mein Mann Karl Kollwitz ist im Jahre 1863 in Rudau, Ostpreußen, geboren.

Die Mutter (1826 geb., gest. 1878 in Königsberg Pr.) entstammte der in Ostpreußen (Kreis Fischhausen) lange eingesessenen »Köllmer« Familie Dannenberg.

Der Vater, ebenfalls 1826 geboren, war Sattlermeister und Gastwirt. Der Großvater war Schmied in Rudau. Weiter herauf läßt sich die Familie Kollwitz in Rudau nicht verfolgen.

Die Familie Kollwitz war sehr kinderreich. Es heißt, daß Kindtaufen und Begräbnisse in der Familie sich abwechselten.

Nur die beiden jüngsten Kinder, Karl und Lisbeth wuchsen heran. Karls Vater war ein lebensvoller, sanguinischer Mensch. Solange er lebte, sind Karls Kindererinnerungen glücklicher Art. Besonders der »Blaue Krug« mit seinen winkligen Stuben ist ihm in Erinnerung. Er liebte seinen Vater sehr, der ihn freilich streng hielt, auch jähzornig sein konnte. Aber die Erinnerungen aus jener Zeit sind sehr lebendig, verbunden mit häufigen Prügeln, aber auch vielen kindlichen Abenteuern.

Dieser kurze frohe Auftakt zum Leben hatte ein Ende, als der Vater starb an einer Lungenentzündung, die er sich bei einer in Rudau ausgebrochenen Feuersbrunst beim Löschen holte.

Der Blaue Krug wurde verlassen und der »Weiße Krug« bezogen. Die Mutter, die sich viel Sorgen machte, daß der Junge verwilderte, gab ihn statt in die Dorfschule zu dem Pfarrer des Dorfs in Privatunterricht. Darauf kam er in Unterricht bei seinem Onkel, dem Kantor Ewert, der damals nach Rudau übersiedelte. Karls Abendgebet schloß damals immer mit der Bitte, daß der liebe Gott ihn zu keinem Verbrecher werden lassen möge. Sein »Nichtguttun« nahm kein Ende, Prügeleien usw. gaben immer Anlaß zu neuen strengeren Strafen. Die Mutter glaubte sich dazu verpflichtet.

In seinem neunten Jahr gab die Mutter ihn als Halbwaise in das Königliche Waisenhaus in Königsberg, das unter der Leitung des alten Dembowski stand.

Die Mutter brachte ihn selbst hin, und weil ihr der Abschied sehr schwer wurde, verließ sie das Waisenhaus wieder, ohne Karl noch mal zu sehen. Als Karl dahinterkam, daß die Mutter weg war, hat ihn schreckliches Heimweh gepackt. Ein Junge, dem er leid tat, gab ihm ein Jungensbuch, das den ersten Schmerz verdrängte.

Von seinem 9. Jahr an hat Karl hauptsächlich im Waisenhaus gelebt. Er verdankt ihm viel. Der Umgang mit lauter Jungen war ihm lieb. Die spartanische Erziehung kräftigte ihn, so daß er in seinem späteren Leben viele Strapazen aushalten konnte.

Der alte Dembowski hatte ihn gern, er ließ sich öfter Briefe der Mutter, die an Karl gerichtet waren, zeigen und lobte die Frömmigkeit der Mutter.

Karl war nicht ohne Unterbrechung im Waisenhaus. In späteren Jahren, als auch die Mutter tot war, schien es ihm, er käme dort nicht schnell genug vorwärts. Er meldete sich aus dem Waisenhaus ab und ins Wilhelmsgymnasium. Sein Vormund, Onkel Dannenberg, der Gutsbesitzer Dannenberg in Labtau bei Rudau, hatte wenig Interesse für Karls Bildungsgang und überließ die Entscheidungen ihm selbst. Er kam damals bald wieder zurück nach dem Waisenhaus und verließ es erst wieder auf den höheren Klassen. Vom Wilhelmsgymnasium aus machte er sein Abitur.

Die schwerste Zeit setzte für Karl und seine Schwester Lisbeth ein, als auch die Mutter gestorben war.

Diese Mutter, die neun Kinder geboren und begraben hatte, lebte nur noch für diese beiden letzten. Bei ihrem Fortgang von Rudau brachte sie dem Pfarrer zwei Myrthenbäumchen mit der Bitte, diese in seinem Garten einzupflanzen. Solange sie da gediehen, würden sie [die Kinder] weiter gedeihen.

So wurde der »Blaue Krug« verkauft und mit dem Gelde nach Königsberg gezogen.

Hier begann ein Leben äußerster Sparsamkeit. Die Mutter hatte die Absicht, beide Kinder einen Beruf lernen zu lassen, in dessen Ausübung sie den Menschen helfen sollten. Karl sollte Mediziner oder Pfarrer werden, Lisbeth Erzieherin.

Wieviele Jahre die Mutter in Königsberg noch lebte, weiß ich nicht, sie starb im Jahre 1878. Ob Karl in den Jahren bis zu ihrem Tode außerhalb des Waisenhauses mit ihr und der Schwester zusammenwohnte, weiß ich auch nicht. Erinnerlich ist ihm, daß die Mutter nachts oft schwere Anfälle bekam, und Karl lief dann von einem Arzt zum anderen, bis endlich jemand mit ihm mitkam. Die Erfahrung, was es bedeutet, wenn die Angst einen Jungen umherlaufen läßt und dann endlich ein Arzt zur Mutter mitkommt – dies Gefühl der Dankbarkeit dafür ist ihm für immer in Erinnerung geblieben.

Die große Sparsamkeit in Wohnung und Ernährung beförderte das Siechtum der Mutter. Als sie starb, war Karl 14 Jahre alt, Lisbeth 11 Jahre.

Nach ihrem Tode verwaltete der Bruder der Mutter, der Gutsbesitzer Dannenberg das kleine Vermögen der Kinder. Gespart wurde natürlich weiter, denn die Ausbildung der Kinder dauerte lange.

Die Familie Dannenberg nahm zu den Ferien die Kinder zu sich zum auffuttern. Während der Schulzeit lebten sie in Königsberger Pensionen. Karl suchte sich dieselben selbst aus nach dem Gesichtspunkt wieviele Jungen sonst noch da waren. In einer Pension war der Leiter schwindsüchtig, bei Tisch bekam er natürlich am meisten zu essen. Damals bedeutete ein Klops mehr oder weniger wertvolles Austauschobjekt. Die Misere dieser Pensionszeiten mochte an Dickens erinnert haben.

Lisbeth, die bei der Leiterin in der Mädchenschule in Pension war, hatte es vielleicht etwas besser.

In dieser Zeit war Karl recht herumgestoßen und mancher ungünstigen Beeinflussung ausgesetzt.

Das zwiespältige seiner Art begann vielleicht damals sich auszubilden. Lebhaft allen Freuden nachstrebend, bedrückte ihn doch schon das Gefühl der Verantwortung. Der Freude folgte immer bald die Reue und die Selbstvorwürfe.

Von seinem Onkel Dannenberg wurde er mit Geld sehr knapp gehalten, dauernd gab es Vorwürfe.

Lichtpunkte in dieser Zeit waren die Großen Ferien auf dem Gut des Onkels. Da wurden die Kinder aufgefuttert, da gab es alle ländlichen Freuden bei Feldarbeit usw. Vier Kinder gab es bei diesem Onkel, und einigermaßen ersetzten diese Wochen bei Dannenbergs das verlorene Elternhaus. Um so mehr als Sandhof ganz in der Nähe von Rudau lag, wo in der Pfarrerfamilie sieben Jungen aufwuchsen, mit denen Karl viel Fühlung hatte. Es war der Pfarrer Weiß »mit den vielen Jungen«, die älteren studierten damals schon, die jüngsten waren noch Kinder. An einen solchen vollbesetzten Mittagstisch bei Weiß dachte Karl später noch mit großer Freude. Der Pfarrer, freilich ein etwas tyrannischer und ungerechter Herr, hatte einen großen Kontakt mit der Jugend. Alle Fragen der Neuzeit interessierten ihn und wurden durchdiskutiert. Hier wehte eine anregende, der Jugend zusagende Luft. Hier hörte Karl zum ersten Male die Sozialdemokratie erwähnen, deren Anhänger die drei ältesten Söhne bereits waren.

Hans Weiß saß im Wilhelmsgymnasium, zwar eine Klasse über ihm, aber da waren noch andere Jungen, wie mein Bruder Konrad Schmidt, die unter sich zusammenhielten. Die treibende Kraft war Hans Weiß. Er warb unter den Jungen für die Sozialdemokratie, vertrat die Ansichten der Bebelschen Frau, sie lasen Lassalle, sie machten unter sich Theateraufführungen.

Vielleicht zu gleicher Zeit kam Karl in Berührung mit der Königsberger Freien Gemeinde, deren Begründer mein Großvater Julius Rupp war. Die im Jahre 1846 begründete Gemeinde stand auf dem Boden des Urchristentums. Die Lehre von Jesus war das Fundament.

Die Bewegung, die damals in großen Wellen durch ganz Deutschland ging, war nicht überall derselben Art. In Berlin z. B. war sie viel rationalistischer. Die Königsberger Freie Gemeinde dagegen lehnte jede Aufklärerei ab. Die religiöse Basis war, wie gesagt, die reine Lehre Christi. Philosophisch schloß sie sich Kant an. Die Gemeindemitglieder hatten einmal wöchentlich ihre Zusammenkünfte, zu welchen jedermann Zutritt hatte und in welchen religiöse Fragen besprochen wurden. Die Sonntagsfeiern bestanden in von Rupp vorgetragenen Predigten, die immer wieder auf die sittliche Freiheit zurückgingen.

Karl, dessen Auffassung der materialistischen sehr nahe stand, trat der Gemeinde nur langsam näher, schloß sich aber sehr bald den Persönlichkeiten an, die ihm innerhalb der Gemeinde entgegentraten. Ich glaube, daß es tatsächlich eine geistige Elite war, die sich in der Gemeinde zusammengefunden hatte.

Jedenfalls eröffneten sich Karl in seinem mühsamen Durcharbeiten während der letzten Schuljahre und der ersten Studienzeit Hilfskräfte.

Ganz verloren hat er freilich nie das Auf und Ab der Stimmungen. Wohl hatte er ein festes Ziel vor Augen, dem er mit den Kräften, die ihm zur Verfügung standen, nachstrebte. Aber die Hemmungen, Schwierigkeiten waren groß. Schulden, die er machen mußte, quälten und drückten ihn.

In der Zeit, als Karl zum ersten Mal das Wilhelmsgymnasium aufsuchte, berührte er auf wunderliche Weise meine Familie. In der Klasse lernte er meinen älteren Bruder Konrad kennen. Die beiden Jungen rangten sich, wobei Konrad so zu Fall kam, daß er sich einen Arm ausrenkte und nach Hause mußte, auch mehrere Tage der Schule fernblieb. Der alte Böhm, bei dem Karl damals in Pension war und der meine Eltern kannte, sagte Karl, er müsse jetzt mal zu Schmidts gehen und fragen, wie es dem Konrad ginge, da er ihm Schaden zugefügt hätte. Karl tat es ungern. Als er an der Haustür die Klingel zog, machte meine Mutter ihm die Türe auf und sagte, er solle nur hinten in den Garten gehen, da wäre Konrad. So fand er Konrad Lanzen werfend, ziemlich wiederhergestellt, im Garten und beide spielten zusammen weiter. Als er endlich wieder nach Hause ging, schenkte ihm Mutter noch eine wunderschöne Birne anstatt ihn zu schelten. Charakteristisch für sie und charakteristisch für Karls Leben, der solche Freundlichkeit nicht viel erfuhr. Ich hatte damals Karl noch nicht kennen gelernt, auch seine Freundschaft über den ausgerenkten Arm mit Konrad hatte wieder gleich ein Ende, weil Karl sich bald danach wieder ins Waisenhaus zurückmeldete. Als er dann später wieder ins Wilhelmsgymnasium ging, kam er wieder mit Konrad zusammen und von da an wurden und blieben sie Freunde.

In seinen letzten Schuljahren und ersten Studentenjahren war Karl beim Materialismus gelandet. Er trat der sogenannten Freien Vereinigung bei, einer Gruppe nicht Farbe tragender Studenten, meist Medizinstudenten, in der Hauptsache waren es jüdische Studenten. Hugo Haase gehörte ihr an. Die Mittel zum Studium mußte Karl sich zusammenborgen, weil das kleine Vermögen, das sein Onkel verwaltete, zusammengeschmolzen war. Der Onkel hatte es herausbekommen, daß Karl Sozialdemokrat war. In den Ferien mußte Karl sich nun in den Abendstunden zu ihm setzen und dann wurde vom Onkel die Sozialdemokratie in Grund und Boden geredet.

Seine Zugehörigkeit zur Freien Vereinigung gab Karl erst auf, als es sich für ihn zeigte, daß sie ihn am Studium hinderte. Es drängte ihn, darin weiter zu kommen, um bald sein Examen machen zu können. So trat er aus, blieb aber mit den Mitgliedern in freundschaftlichem Verkehr.

Nach seinem Physikum vertrat er einen erkrankten, auf dem Lande lebenden Kollegen.

Sein Studentenleben war nicht, wie das vieler anderer ein fröhliches Sichausleben, sondern wirtschaftliche Sorgen umstanden es. Verpflichtungsgefühle gingen daraus hervor. Er hat sich mühsam durchgekämpft durch alle Schwierigkeiten, die eine Jugend nur umstehen können. Nichts ist ihm wohl je in den Schoß gefallen. Einen wirklichen Halt hat ihm nur die Freie Gemeinde gegeben und die Persönlichkeiten, die er kennen lernte.

Nicht selten ging er durch Zeiten, wo er stark an sich zweifelte und auch daran zweifelte, ob er gut daran getan hätte, unser beider Leben aneinander zu binden. Erst im Laufe der langen Jahre entwickelte sich bei ihm eine heitere Art; sie wird eine Frucht seiner unerschöpflichen liebevollen Arbeit an seinen Patienten gewesen sein.

Auf dem Boden seiner praktischen ärztlichen Arbeit fühlte er sich wohl. Er konnte, möchte ich sagen, ins Ungemessene arbeiten.

Die Patienten liebten ihn, weil sie zu seiner Art ganzes Vertrauen hatten. Er mochte nie mehr scheinen, als er war. Auch den Kranken gegenüber nicht. War ihm ein Fall dunkel, dann machte er kein Hehl daraus, gab es ohne weiteres ihnen gegenüber zu. Nichts war ihm ferner liegend als der Versuch, sich mit einem Schein zu umgeben, der nicht der Wahrheit entsprach. Oft habe ich ihn sagen hören, daß die Behandlung von Kranken nur auf der minutiösen, unvoreingenommenen Beobachtung aller Symptome beruhen könne. So war er auf diesem Gebiet ganz mit sich im Reinen, und es entwickelte sich ein großes Vertrauensverhältnis zwischen ihm und den Kranken. Da er aus seinem eigenen Leben wußte, wie hart Armut drückt, hat er auch mit Geldmitteln seinen Kranken immer beigestanden.

Bei seiner letzten Krankheit und nach seinem Tode wurde so recht offenbar, *wie* seine Kranken ihn liebten. Ein Pfarrer, der damals in dem Stadtteil Berlins arbeitete, wo Karl 50 Jahre hindurch als Arzt tätig gewesen war, sagte mir nach Karls Tode, daß, wenn sein Beruf ihn zu Leuten führte, die Patienten von Karl waren, es ihm erstaunlich war, *wie* diese an ihm hingen.

Dieses Treubleiben seiner ganzen Art, diese Pflichterfüllung, entwickelte je länger je mehr in seinem Alter eine heitere Ruhe, eine Art Frömmigkeit. Er war, das merkte jeder, der mit ihm zu tun hatte, ein »unschuldiger« Mensch, wie jemand ihn mal nannte.

Anmerkungen

Der Kommentar ist streng auf den Tagebuchtext gerichtet, folgt chronologisch den Eintragungen von Käthe Kollwitz. Im allgemeinen werden Personen und Sachverhalte jeweils bei der ersten Erwähnung im Tagebuch kommentiert; vereinzelt ist aus Gründen eines inneren Kommentarzusammenhangs davon abgesehen bzw. auf eine Kommentierung unter einem anderen Datum verwiesen. Es wurde angestrebt, alle historischen und zeitgenössischen Personen, wesentliche Daten der Biographie, Zusammenhänge des künstlerischen Schaffens, Zeitereignisse und sonstige Sachverhalte zu erläutern. Um Vollständigkeit ging es vor allem bei der weitverzweigten Familie der Vorfahren und Verwandten und dem Freundes- und Kollegenkreis von Käthe Kollwitz, ebenso bei bildenden Künstlern. Nicht zu jedem Vorgang und zu jeder erwähnten Person konnte etwas ermittelt werden; bei einzelnen Fragen bzw. Personen, die durch ihren Sachzusammenhang im Tagebuch eine Erläuterung wünschenswert erscheinen lassen, wurde darauf besonders aufmerksam gemacht.
Die Zitate aus der Literatur bzw. die Verweise auf Veröffentlichungen sollen lediglich die Kommentierung stützen; sie sind als Lesehilfe gedacht und erheben mithin nicht den Anspruch auf Vollständigkeit im Sinne einer kritischen Bestandsaufnahme.

18. September 1908

Simplicissimus – politisch-satirische Wochenschrift, 1896 in München von Albert Langen und Thomas Theodor Heine gegründet. Im Tagebuch sind drei Abkürzungsformen verwendet: Simplic., Simpel und S. Zwischen 1908 und 1911 erscheinen dort 14 Zeichnungen von Käthe Kollwitz, 6 »Blätter vom Elend« und 8 Einzeldarstellungen, die von der Redaktion z. T. mit eigenständigen bissigen Texten versehen werden. Die Themen sind dem Proletarierleben entnommen, das Käthe Kollwitz auch durch die Arztpraxis ihres Mannes kennt: Arbeitslosigkeit, Alkoholismus, ungewollte Schwangerschaft, Freitod.
An die Freundin Jeep (s. a. Anm. zum 15. Mai 1910) schreibt sie: »Diese Arbeit freut mich außerordentlich [...] Die Art der Zeichnung überläßt er mir ganz, Motiv auch, und ich hätte wohl Stoff für ein ganzes Jahr zu Zeichnungen für ihn [...] Das Rasch-fertig-sein-müssen, die Notwendigkeit, eine Sache populär ausdrücken zu müssen, und doch die Möglichkeit – da es doch eben für den Simpel ist –, künstlerisch bleiben zu können, vor allem aber die Tatsache, vor einem großen Publikum des öfteren aussprechen zu können, was mich immer wieder reizt und was noch lange nicht genug gesagt ist: die vielen stillen und lauten Tragödien des Großstadtlebens – das alles zusammen macht, daß mir diese Arbeit außerordentlich lieb ist« (Bonus-Jeep, S. 101 f.).

Karl – Karl Kollwitz (1863–1940), Dr. med., allgemein-praktischer Arzt der Sozialversicherungskassen, praktizierte im Berliner Norden (Prenzlauer Berg), seit 1891 verheiratet mit Käthe Kollwitz geb. Schmidt, mit der er sich bereits 1885 verlobt hatte. Karl Kollwitz stammte aus Rudau in Ostpreußen, er war früh verwaist, hatte in Königsberg das Gymnasium und die Universität besucht. Schon als Schüler trat er mit der Sozialdemokratie und der Freien evangelischen Gemeinde – einer Gründung von Julius Rupp, dem Großvater seiner späteren Frau – in Verbindung. Beiden Überzeugungen, der sozialistischen und einer aktiv humanitären, ist Karl Kollwitz sein Leben lang treu geblieben. Ihnen diente er in seinem Beruf als Arzt, als Begründer des Sozialdemokratischen Ärztevereins (1913), als Stadtverordneter in Berlin (1919) und als Mitglied der Liga für Menschenrechte. 1933 wurde ihm für mehrere Monate die Kassenzulassung entzogen (vgl. a. Anm. zum 1. Juli 1933); Karl Kollwitz hat jedoch, wenn auch immer stärker eingeschränkt, bis wenige Monate vor seinem Tode die Praxis fortgeführt. (Vgl. a. den Anhang und den Beitrag von Erwin Friz in: Altpreußische Biographie, Bd. 4, 1. Lieferung.)

Die wundervollen Adjektive – eine Liste mit Adjektiven aus den Epen Homers findet sich als Anlage bei den Tagebüchern.

Auch die Jungen – Hans Kollwitz (1892–1971), erster Sohn von Käthe und Karl Kollwitz; wollte zunächst Schauspieler werden, studierte aber Philosophie und Literaturgeschichte, später Medizin in Freiburg, Bonn und Berlin. Während des Ersten Weltkrieges war er in Lazaretten in Belgien und Rumänien tätig, trat nach Kriegsende in die Berliner Gesundheitsverwaltung ein und war dort langjährig Schularzt im Bezirk Neukölln und später Seuchendezernent im Bezirk Tempelhof. Nach seiner Pensionierung arbeitete er als Psychotherapeut.
Peter Kollwitz (1896–1914), der jüngere Sohn, wollte Maler werden. Er meldete sich 1914 bei Kriegsausbruch als Freiwilliger, kam am 13. Oktober ins Feld und fiel am 22. Oktober 1914 bei Dixmuiden.

Dora – Dora Axe geb. Schröder (1894–1937) gehörte zum Freundeskreis der Kollwitzsöhne.

Konrad und Anna – Konrad (entgegen der zeitüblichen Schreibung mit C verwendete Käthe Kollwitz nur diese Schreibweise) Schmidt (1863–1932), Ökonom, Publizist und Redakteur, einziger Bruder von Käthe Kollwitz, hatte für ihre Entwicklung in der Jugend eine große Bedeutung.
Bereits 1891 hatte er sich mit Anna Butzke (1863–1925) verbunden, einem gutmütigen schlichten Mädchen ohne gleichrangige Bildung, was trotz der Aufgeschlossenheit der Familie zu einer Entfremdung von den Eltern führte. Die Ehe war kinderlos.
Vor allem in den Jahren bis zum Abschluß der künstlerischen Ausbildung der jungen Käthe Schmidt hatte Konrad vielfältigen Einfluß auf sie. Besonders durch seine literarischen, historischen und philosophischen Interessen und seine Neigung zu den zeitgenössischen Strömungen, vor allem dem Naturalismus – er schätzte u. a. Emile Zola, Henrik Ibsen, August Strindberg, Arne Gaborg und Gerhart Hauptmann – konnte er ihr wesentliche Impulse vermitteln. Käthe Kollwitz nahm ihrerseits Zeit seines Lebens großen Anteil an der wissenschaftlichen und publizistischen Arbeit von Konrad Schmidt.
Seine politische und wissenschaftliche Entwicklung verlief nicht kontinuierlich, sie gestaltete sich teilweise sehr widersprüchlich. Als Dissident und Sozialdemokrat mußte er auf eine akademische Laufbahn verzichten. Er war als Privatwissenschaftler, Publizist und Redakteur tätig, besonders ist sein Wirken als Leiter der Freien Volksbühne hervorzuheben. Konrad Schmidt war zeitweise Redakteur der Vossischen Zeitung und des sozialdemokratischen Vorwärts, für den er auch Theaterkritiken schrieb. Von 1908 bis 1930 redigierte er die Sparte Sozialwissenschaften der Sozialistischen Monatshefte. (Vgl. a. Anm. zum 11. März 1926.)

Julie – Julie Hofferichter (1865–1917), ältere früh verwitwete Schwester von Käthe Kollwitz, lebte mit ihren Kindern Konrad und Paula in beengten wirtschaftlichen Verhältnissen in Berlin.

bei der Mutter – Käthe Schmidt geb. Rupp (1837–1925), die Mutter von Käthe Kollwitz. Sie war nach dem Tod ihres Mannes 1898 ebenfalls nach Berlin übergesiedelt, wo ihre vier Kinder lebten. Sie hatte anfangs eine eigene Wohnung, lebte später zunächst bei ihrer jüngsten Tochter Lisbeth (Lise) Stern und von 1919 bis zu ihrem Tod in der Kollwitzschen Wohnung in der Weißenburgerstraße.

Lise – Lisbeth (Lise) Stern geb. Schmidt (1870–1963), jüngere Schwester von Käthe Kollwitz und ihr unter den Geschwistern am nächsten stehend. Sie war künstlerisch begabt, jedoch nicht ausgebildet. Sie hatte 1893 den jüdischen Ingenieur Georg Stern geheiratet und führte ein lebendiges, anregendes Haus, in dem Musik und Kunst im Mittelpunkt standen und das die drei größeren schönen und begabten Töchter mit ihrer Musikalität und ihren künstlerischen Plänen erfüllten. Nicht unwesentlich erscheint die publizisitische Tätigkeit von Lise Stern für die Sozialistischen Monatshefte, in denen sie häufig Ausstellungsbesprechungen, Buchrezensionen und Notizen zum Kunstgeschehen veröffentlichte.

Kauders – Hans Kauders (1880–1952), Reiseschriftsteller und Übersetzer, Freund der Familie Stern.

19. September 1908

Frau Pankopf – Patientin von Karl Kollwitz, Arbeiterfrau aus der Nachbarschaft.
Herzberge – psychiatrische Anstalt in Berlin-Lichtenberg.

Ostern 1909

Heller – Hugo Heller (1870–1923), Buchhändler, Verleger, Galerist und später Musikagent in Wien, ein naher Freund von Käthe Kollwitz. Heller war ein ungemein dynamischer und vielseitiger Mann, von großem Charme, schwierig, in seiner Jugend engagiert sozialdemokratisch; Mitbegründer der Ersten Wiener Volksbuchhandlung, bevor er 1905 seine eigene Buchhandlung am Bauernmarkt in Wien eröffnete. Er war befreundet mit Victor Adler, Karl Kautsky und August Bebel. Im glasgedeckten Vortragsaal seiner Buchhandlung veranstaltete Heller Konzerte, literarische Soireen, wissenschaftliche Vorträge und Ausstellungen (auch mit Arbeiten von Käthe Kollwitz). Er war einer der wenigen nichtmedizinischen Mitglieder der Wiener Psychoanalytischen Vereinigung und Verleger früher Schriften Sigmund Freuds, darunter auch der Zeitschrift Imago. Im September 1908, in dem die hier veröffentlichten Tagebücher einsetzen, ist die Beziehung zwischen Käthe Kollwitz und Hugo Heller eigentlich schon beendet – Hellers Name taucht fast nur noch im Zitat auf, in Erinnerungen, in Träumen. Immer steht er für Spontaneität, Emotionalität, Selbstverwirklichung – für gelebtes Leben.

19. August 1909

Rauschen – Sommerfrische im ostpreußischen Samland. Die Familie Schmidt hatte dort ein altes Fischerhaus erworben, wo Käthe und ihre Geschwister als Kinder meist die Sommerferien verbrachten (vgl. Anhang).

Rele – Regula (Rele) Stern (1894–1980), älteste Tochter von Lise und Georg Stern, musikalisch und schauspielerisch begabt, studierte zunächst Medizin. 1916 heiratete sie den Zoologen Heinz Heck, nach der Scheidung vier Jahre später den Maler Kurt (Hennes) Frisch. Unter dem Einfluß Walter von Molos entschloß sie sich im Januar 1918, Schauspielerin zu werden, kehrte später aber zur Medizin zurück und arbeitete als Ärztin in Berlin. Nachdem ihr als Halbjüdin die ärztliche Tätigkeit untersagt wurde, war sie in Hannover und in Schwarmstedt in der Lüneburger Heide »Heilgehilfin«; nach dem Krieg war sie wieder als Ärztin tätig.

Familie Rupp – Der mütterliche Familienzweig von Käthe Kollwitz.

Die Familien Rautenberg – Zwei Cousinen von Käthe Kollwitz, Else und Lina Rupp, Töchter des Onkels Theobald, hatten zwei Brüder Rautenberg geheiratet.

Onkel Theobald – Theobald Rupp (1849–1913), Kaufmann, später Vorsteher der von seinem Vater Julius Rupp gegründeten Freien Gemeinde in Königsberg. Schied 1913 durch Freitod aus dem Leben.

Tante Gertrud – Gertrud Rupp geb. Hofferichter (1847–1923), verheiratet mit Theobald Rupp, Mutter von Else und Lina (Lusch) Rautenberg.

Die Hundertjahrfeier für Großvater – Julius Rupp (1809–1884), Theologe, Lehrer und Privatdozent und für kurze Zeit Abgeordneter der Fortschrittspartei im Preußischen Abgeordnetenhaus. Julius Rupp ist vor allem als Begründer der Freien evangelisch-katholischen Gemeinde in Königsberg, später allgemein Freie Gemeinde genannt, bedeutend. Die Freie Gemeinde forderte ein neues, mit Leben erfülltes Christentum, eine Religiosität, die durch Nächstenliebe bestimmt wurde.
Anläßlich des hundertsten Geburtstages des Gemeindegründers fand am 13. August 1909 eine Jubiläumsfeier statt. Die Gemeinde weihte hinter dem Königsberger Dom ein Denkmal mit dem Bild ihres Stifters ein. Die Inschrift lautete: »Wer nach der Wahrheit, die er bekennt, nicht lebt, ist der gefährlichste Feind der Wahrheit selbst.« Die Königsberger Hartungsche Zeitung berichtete in ihrer Morgenaus-

gabe vom 12. August ausführlich über die Vorgeschichte der Denkmalsenthüllung: »Ein altes Mitglied der freien religiösen Gemeinde, Frau *Gorges*, die auch im Jahre 1884 starb, hatte testamentarisch eine Summe vermacht zur Aufstellung eines Gedenksteines für den von ihr hochverehrten Verstorbenen. Ihr Wunsch fand allgemeine Zustimmung. Der 100. Geburtstag schien der passendste Tag für die Ausführung, und es wurde ein Granitblock aus dem Odenwalde dazu erworben. Als Platz der Aufstellung konnte nur der Friedhof der Freien religiösen Gemeinde vor dem Königstore, wo Rupps Gebeine ruhen, oder der Platz vor dem Wohnhause in Frage kommen, von wo aus der Verstorbene eine weite, reiche, unermüdete rednerische und schriftstellerische Tätigkeit nicht nur für den engeren Kreis seiner Gemeinde, sondern auch für die weiteste Öffentlichkeit entfaltet hatte. Das freundliche Entgegenkommen der Stadtverwaltung entschied für den Platz vor dem Hause. Mit der Herstellung eines Medaillons wurden in Konkurrenz Bildhauer *Kuerle* – Berlin und die Malerin Käthe *Kollwitz* – ebenda betraut. Herr Kuerle, der durch bedeutende Arbeiten bewährte Künstler, konnte nur nach vorhandenen Photographien arbeiten, der Enkelin des Dahingegangenen kam der Umstand zugute, daß sie noch fast 20 Jahre mit dem verehrten Großvater gelebt und seine Züge im treuen Gedächtnis trug. So wurde ihre Arbeit, obgleich der erste Modellierversuch der bis dahin nur als Malerin tätigen Künstlerin, zur Ausführung in Bronze der bekannten Gladenbeckschen Anstalt in Friedrichshagen bei Berlin übergeben. Das im einzelnen manche Vorzüge aufweisende Gipsmodell des Herrn Kuerle wird als solches im Gemeindehause, Freystraße 12, seine Stelle finden.« Das Relief wurde im Zweiten Weltkrieg zerstört, später aber von dem russischen Bildhauer P. Malyschko neu geschaffen – allerdings irrtümlich nach einer falschen Vorlage, dem Porträt von Carl Schmidt, dem Schwiegersohn und Nachfolger von Julius Rupp in der Führung der Königsberger Freien Gemeinde, dessen Bild nun die Stelle des berühmten Vorgängers einnimmt.

Friedrichs – Prediger der Königsberger Freien Gemeinde.

Schneider – Prediger in Mannheim.

Sieburger Haus – Das nach seinem Besitzer (oder Stifter?) Peter Sieburger benannte Gemeindehaus.

Schieler – Kurt Schieler, Prediger der Freien Gemeinde Danzig.

Tschirn – Prediger der Freireligiösen Gemeinde Breslau.

Felden – Pastor der Freien Gemeinde in Bremen.

Konrad – Konrad Schmidt hatte als ältester der lebenden Enkel dem Großvater besonders nahegestanden.

Von ferneren Verwandten Käthe Lan – Nicht ermittelt.

Onkel Julius – Julius Rupp (1846–1926), Arzt in Königsberg, jüngster Sohn des Gemeindegründers, zeitweise Leiter der Freien Gemeinde, Onkel von Käthe Kollwitz.

Tante Toni – Antonie Rentel geb. Rupp, jüngere Schwester der Mutter von Käthe Kollwitz.

Vater – Carl Schmidt (1825–1898), ursprünglich Jurist, wegen seiner Zugehörigkeit zur Königsberger Freien Gemeinde 1853 aus dem Staatsdienst entlassen. Er erlernte daraufhin das Maurerhandwerk und wurde ein erfolgreicher Bauunternehmer. Nachdem er sich frühzeitig aus den Geschäften zurückgezogen hatte, studierte er noch als Fünfzigjähriger Philosophie und Religionsgeschichte und übernahm von seinem Schwiegervater Julius Rupp das Predigeramt der Freien Gemeinde.

Leistiko – Wilhelm Leistiko (gest. 1860), Prediger der Freireligiösen Gemeinde in Kreuzberg/Ostpr., ging später mit einer ostpreußischen freireligiösen Gruppe nach Brasilien zur Urbarmachung von Land.

Ernestine Arnoldt – Frau des Königsberger Kantforschers Emil Arnoldt (1828–1905), eines Freundes und Verteidigers von Julius Rupp und seiner Gemeinde.

Tante Lina – Lina Rupp (1849–1921), Tante von Käthe Kollwitz, jüngste, ledig gebliebene Schwester ihrer Mutter. Hannchen Schlunck war eine Freundin von Lina Rupp, mit der sie im Alter zusammenlebte.

Großmutter – Ida Mathilde Rupp geb. Schiller (1811–1887).

Großmutters Vater – Hier handelt es sich um einen Irrtum: Nicht der Vater von Mathilde Rupp, sondern ihr Großvater mütterlicherseits, Johann Gottlieb Schottmann (1750–1797), war Scharfrichter in Tilsit. Eine Liste der Nachkommen des Königsberger Scharfrichters Lorenz Schottmann, die fünf Generationen von Scharfrichtern unter den Vorfahren von Käthe Kollwitz aufweist, veröffentlichte Carl Schulz: Käthe Kollwitz und das Geheimnis der Vererbung, in: Altpreußische Geschlechterkunde, Bd. 1.

20. August 1909

Angefangen Hans zu modellieren – Eine Büste des Sohnes Hans, neben dem Reliefporträt des Großvaters die erste plastische Arbeit von Käthe Kollwitz, die sich belegen läßt, ist nicht erhalten. Es existiert auch keine Photographie. Die Plastik ist vermutlich bei dem Bombenangriff im November 1943 zerstört worden. Daß sie fertiggestellt wurde, belegen mehrere unveröffentlichte Briefe an Hans. So heißt es am 13. April 1911: »Gestern ist endlich Deine Büste abgegossen. Ich habe darauf verzichtet – aus allen möglichen technischen Erwägungen – sie brennen zu lassen. Ich lasse 4 Gipsabgüsse davon machen, einen will ich bronzen färben, einen gelblich, von den anderen weiß ich noch nicht, wie.«

durch Goeschs beeinflußt – Heinrich Goesch (1880–1930), Geisteswissenschaftler und Kulturtheoretiker, war 1909 nach Ascona gekommen und hatte sich dort gemeinsam mit seiner Frau Gertrud geb. Prengel – einer Cousine von Käthe Kollwitz – einer Psychoanalyse durch den Psychologen Otto Gross unterzogen. Unter dessen Einfluß bekannten sich beide Goeschs zu der von Gross begründeten Erotischen Bewegung, die heterosexuelle und homosexuelle Promiskuität sowie den Kampf gegen das bürgerlich-patriarchalische Familienideal und die Konventionen einer »bürgerlichen« Sexualität propagierte (vgl. Monte Verità, S. 107). Heinrich Goesch bemühte sich, diese Ideen auch im Kreise seiner Verwandten und Freunde zu verbreiten. So berichtet Beate Bonus-Jeep: »Heinrich versuchte, soviel ich weiß, Anhänger zu sammeln zu einer Art Bund. Gertrud selber mußte sich als Trägerin dieser Ideen ihren Möglichkeiten unterwerfen. Doch waren ihre Nerven solchen Erschütterungen wohl schlecht gewachsen« (Bonus-Jeep, S. 94).

Peter ebenfalls – Die Büste des jüngeren Sohnes Peter ist vermutlich nicht ausgeführt worden.

In den Naumannschen kurzen Kunstaufsätzen – Friedrich Naumann: Ausstellungsbriefe, Berlin 1909.

Bernhards – (eventuell auch: Bernhardt[s]) Bekannte der Familien Kollwitz und Stern.

Berkowski – Zusammenhang nicht ermittelt.

Paula – Paula Hofferichter (1888–1967), Tochter der älteren Schwester von Käthe Kollwitz, Julie Hofferichter. Paula absolvierte eine Gymnastikausbildung, 1911 heiratete sie den Gärtner Paul Kache. Aus der Ehe gingen vier Söhne hervor.

Mutterschutzbund – Vgl. Anm. zum 28. September 1909.

23. August 1909

Kati – Ida Katharina Stern (auch Kati, Katrine, später Katta) (1898–1984), dritte Tochter von Lise und Georg Stern, ab 1928 für wenige Jahre verheiratet mit dem Kaufmann Walter Herrendoerfer. Sie wurde unter dem Namen Katta Sterna eine bekannte Tänzerin, u. a. als Partnerin des ungarischen Tänzers Ernst Matray, aber auch gemeinsam mit ihrer jüngeren Schwester Maria. Sie unternahm zahlreiche Tourneen im In- und Ausland. Im Januar 1933 weilte sie in den USA, erhielt als Touristin jedoch keine Aufenthaltsgenehmigung. Nach dem gescheiterten Versuch, durch eine Scheinehe die amerikanische Staatsbürgerschaft zu erlangen, kehrte sie wahrscheinlich 1936 nach Deutschland zurück. Sie lebte dann mit ihrer Mutter zusammen, die sie bis zum Tode pflegte; eine Knieversteifung machte jede tänzerische Arbeit unmöglich.

Simplicissimus – Blatt 2 der Folge »Bilder vom Elend«, veröffentlicht im Simplicissimus am 15. November 1909, Jg. 14, S. 551.

Georg – George (Georg) Joseph Stern (1867–1934), Ingenieur und Technischer Direktor bei der AEG, seit 1893 verheiratet mit Lise Stern geb. Schmidt, jüngere Schwester von Käthe Kollwitz (vgl. a. Anm. zum 18. September 1908).

26. August 1909

Bei Frau Becker gewesen – Patientenfamilie von Karl Kollwitz.

Lisbeth – Lisbeth Kollwitz (gest. 1900), Schwester von Karl Kollwitz, Lehrerin, unverheiratet. Seit ihrer Übersiedlung nach Berlin hatte Lisbeth Kollwitz in der Familie ihres Bruders gelebt. Sie starb als junge Frau an Tuberkulose.

Tante Bennina – Bennina Prengel geb. Rupp (1840–1915), Tante von Käthe Kollwitz, Schwester der Mutter. Die erwähnte Trude ist ihre Tochter Gertrud Goesch.

»Bauernkrieg« – Die zweite graphische Folge von Käthe Kollwitz, sieben großformatige Radierungen (1903–1908), mit denen sie ihren durch den Zyklus »Ein Weberaufstand« (1893–1898) begründeten Ruf als Graphikerin festigte.

Nora Stern – Schwägerin von Georg Stern.

28. August 1909

⟨ ⟩ An dieser Stelle folgt im Text eine Gegenüberstellung:

Krankenversicherung und Invaliditätsversicherung

Krankenversicherung	Invaliditätsversicherung
Zwangsmäßige Angehörigkeit an Krankenkassen, Kassengeld z. T. vom Arbeitnehmer, z. T. vom Arbeitgeber gezahlt. Vorstand und Vorsitzende ebenfalls von beiden Teilen gewählt. Nicht zu Kassen zu gehören brauchen Heimarbeiter, Dienstmädchen, Landarbeiter. Für Dienstmädchen soll jetzt eine Kasse gegründet werden.	Klebemarken. Zwangsmäßig – auch auf Dienstmädchen ausgedehnt. Die Invaliditätsrente (16 M monatlich) wird ausgezahlt im Fall von Invalidität durch Unfall, Krankheit. In dem Fall der Erwerb auf ⅓ seines früheren Zustandes zurückgegangen ist. Außerdem wird Invaliditätsrente ausgezahlt nach dem 70. Lebensjahr.

Ein großer Betrieb (Wertheim usw.) darf eine eigene Kasse gründen genau nach den Gesetzen der staatlichen Krankenkassen. Jede Kasse muß einen Reservefonds haben, welcher 4mal so viel wie eine Jahreseinnahme beträgt. Erst wenn dieser Reservefonds besteht dürfen eventuelle Überschüsse für Erhöhung des Krankengeldes angewendet werden.

30. August 1909

Zeppelin – Die Ankunft des Zeppelins am 29. August 1909 wurde von der Berliner Bevölkerung als großes nationales und historisches Ereignis empfunden. Das Berliner Tageblatt brachte am 30. August einen mehrseitigen Bericht und erging sich in hymnischen Tönen: »Bei strahlender Vormittagssonne ging es plötzlich wie ein einziger Jubelruf durch die Dreimillionenstadt: ›*Er ist da!*‹ [...] Man sah die schöne Vollendung der Aufgabe mit staunenden Augen, man wußte, daß mit ihr sich ein bedeutsames Ereignis der Zeitgeschichte vollzogen hatte.« (Das Berliner Tageblatt wurde in der Familie Kollwitz regelmäßig gelesen. Es wird im Kommentar deshalb zur Erläuterung zeitgenössischer Ereignisse häufiger zitiert.)

Paga, Sells ... – Georg Paga, Louis Sell, Bayers waren alte Freunde aus der Königsberger Zeit, aus dem Jugendkreis der Freien Gemeinde, zu dem auch Karl Kollwitz und Konrad Schmidt gehörten. Auch Georg Stern stammte aus Königsberg.

Simplicissimus-Zyklus – Blatt 4 der Folge »Bilder vom Elend«, veröffentlicht im Simplicissimus am 20. Dezember 1909, Jg. 14, S. 659.

6. September 1909

Mache jetzt die bettelnde Frau – Mit der Überschrift »Veteranenkultus in Baden« veröffentlicht im Simplicissimus am 11. Oktober 1909, Jg. 14, S. 465.

»L'Intruse« von Maeterlinck gelesen – Das Drama »Der Eindringling« des belgischen Dichters Maurice Maeterlinck (1862–1949), das seit 1890 in deutscher Übertragung vorlag, stellt den Menschen als einen willen- und wehrlos vom Tod Überraschten dar. Das Stück erschien den Eltern Kollwitz weder für ihren 17jährigen Sohn, der ohnehin zur Melancholie neigte, noch für seine viel jüngeren Cousinen und den Bruder Peter zur Aufführung geeignet. Ähnliches gilt für Gerhart Hauptmanns Traumdichtung »Hanneles Himmelfahrt« (Uraufführung Berlin 1893), die Geschichte vom Sterben des kranken kleinen Mädchens, in dessen Fiebervisionen Engel erscheinen, die ihm das Paradies versprechen.

8. September 1909

Ehepaar Schack – Am 7. September 1909 berichtete das Berliner Tageblatt unter der Überschrift »Ein Skandal« ausführlich über die Affäre. Wilhelm Schack, Reichstagsabgeordneter und Führer des antisemitischen Deutschnationalen Handlungsgehilfenverbandes, der sich mehrfach als Verteidiger »deutscher Sittlichkeit«

gegen die »sexuelle Aggressivität des Judentums« ausgegeben hatte, mußte in der Folge sein Reichstagsmandat niederlegen.

Wright flog 52 Minuten – Der amerikanische Flugpionier Orville Wright nahm als Gast an der Berliner Flugwoche teil. Bei Probeflügen auf dem Tempelhofer Feld hatte er sich zunächst – bei einer Flughöhe von zehn bis zwanzig Metern – nur etwa zwanzig Minuten in der Luft halten können; am 7. September aber führte er bereits ein Flugprogramm von knapp einer Stunde vor.

Der Nordpol – Die Doppelentdeckung des Nordpols durch die beiden Forscher Frederic Albert Cook und Robert Edwin Peary war eine internationale Sensation; der Streit um die Priorität füllte wochenlang die Zeitungen. So hieß es im Berliner Tageblatt am 7. September 1909 auf S. 1: »Die Priorität Cooks« und »Die neuesten Nachrichten von Peary«.

Die ... Sache von der russischen Polizeiagentin – Sinaida Jutschenko, eine Mitarbeiterin des zaristischen Geheimdienstes Ochranka, hatte jahrelang revolutionäre Gruppen im In- und Ausland bespitzelt und über deren Aktivitäten und Pläne nach Rußland berichtet. In einem ausführlichen Interview mit dem Berliner Tageblatt im September 1909 legte sie ihre Motive dar und berichtete über ihr Leben und ihre Enttarnung. Wie wichtig für Käthe Kollwitz dieser Einblick in die Methoden des zaristischen Geheimdienstes war, läßt sich daraus schließen, daß sie den Artikel aus dem Berliner Tageblatt ausschnitt und verwahrte.

10. September 1909

Anna Plehn (1859–1918), Malerin und Kunstkritikerin, Studienfreundin von Käthe Kollwitz. Sie hatte 1898 den Zyklus »Ein Weberaufstand« der jungen Käthe Kollwitz für die Große Berliner Kunstausstellung angemeldet, an der sich die Künstlerin aus Enttäuschung darüber, daß sie dem im gleichen Jahr verstorbenen Vater den Ausstellungserfolg nicht mehr vorführen konnte, nicht beteiligen wollte. Mit dem Weberzyklus begann der künstlerische Aufstieg der jungen Graphikerin.

Frau Gönner – Arbeiterfrau aus der Nachbarschaft, die für Käthe Kollwitz gelegentlich Modell saß.

Bank mit Julen – Unter dem Titel »Nachtasyl« im Simplicissimus am 16. Januar 1911, Jg. 15, S. 721, veröffentlicht.

11. September 1909

dieselbe Ausbildung wie Kati – Katharina (Kati) Rupp (1878–1964), Cousine von Käthe Kollwitz, Gymnastiklehrerin in Rostock.

Jungen bei Laessigs – Zum Kollwitz-Kreis gehörende Berliner Familie. Besonders die beiden älteren Kinder Gottfried und Katharina (Kati, Kathrine) waren Jugendfreunde der Kollwitz-Söhne.

Biographie Constants – Benjamin Constant (1767–1830), französischer Schriftsteller und Politiker, wurde vor allem durch seinen autobiographischen Roman »Adolphe« (1806/07) bekannt.

Sokal – Max Sokal, Kunstschriftsteller und Journalist, Mitarbeiter der Sozialistischen Monatshefte.

Lobach – Über den hier angesprochenen Zusammenhang ist nichts Näheres bekannt.

Willy Speyer – Wilhelm (Willy) Speyer (1887–1952), Erzähler, Jugendbuchautor und Dramatiker. Speyer war ein Neffe von Georg Stern, deshalb wurde seine literarische Entwicklung im Hause Kollwitz mit besonderer Aufmerksamkeit verfolgt. Er emigrierte 1933 und lebte von 1940 bis 1949 in den USA.

14. September 1909

bei Peyser – Berliner Hals-Nasen-Ohrenarzt.

Hanna – Johanna Stern (Künstlername Johanna Hofer, 1896–1988), zweite Tochter von Lise und Georg Stern. Schon als Kind bei den Aufführungen im elterlichen Haus oder im Hause Kollwitz zeigte sich ihre schauspielerische Begabung; noch als Schauspielschülerin wurde sie von Max Reinhardt am Deutschen Theater in Berlin engagiert; 1915 bis 1917 spielte sie am Schauspielhaus in Frankfurt am Main, später bei Leopold Jessner am Staatlichen Schauspielhaus Berlin. Sie war in erster Ehe von 1919 bis 1921 mit dem Regisseur Hans Brahm (geb. 1893) verheiratet, einem Neffen des Theaterdirektors und Regisseurs Otto Brahm (s. a. Anm. zum 29. Dezember 1918). 1924 heiratete sie den Schauspieler und Regisseur Fritz Kortner, mit dem sie zwei Kinder hatte: Peter (geb.1924) und Marianne (geb. 1929). Nach der Geburt des ersten Kindes zog sie sich für mehrere Jahre von der Bühne zurück. Hanna Kortner emigrierte 1933 mit ihrer Familie über Großbritannien in die USA. Von 1948 an lebte sie wieder in Deutschland, zunächst in Berlin (West), dann in München. Vor allem nach Fritz Kortners Tod 1970 hat sie auf der Bühne und im Fernsehen zahlreiche große Rollen gespielt und mit vielen bedeutenden Regisseuren gearbeitet.

Wertheimer – Max Wertheimer (1880–1943), Psychologe, Begründer der Berliner Schule der Gestaltspsychologie, einer Richtung der Ganzheitspsychologie. Max Wertheimer war der Familie Stern, insbesondere Lisbeth Stern aufs engste verbunden und lebte jahrelang im Haus der Sterns. Wertheimer hatte als junger Mann im Phonogramm-Archiv seines Freundes Erich Moritz von Hornbostel Beobachtungen angestellt, die ihn um 1910 zu ersten Untersuchungen und wenig später zu Veröffentlichungen über Gestalttherapie führten. Während des Ersten Weltkrieges entwickelte er ein U-Boot-Horchgerät, nach dem Krieg war er Privatdozent und Professor in Berlin und Frankfurt am Main. Er emigrierte 1933 über die ČSR in die USA und unterrichtete in New York an der New School for Social Research (s. a. Anm. zum 15. Februar 1933).

Mariele – Maria (Marusch) Stern (Künstlername Maria Solveig, geb. 1907), Schriftstellerin, Schauspielerin, Tänzerin. Sie war die mit Abstand jüngste der vier Sternschen Töchter und eher als ein Einzelkind aufgewachsen. Mit fünfzehn Jahren verließ sie die Schule und nahm Ballett-Unterricht; trat mit ihrer Schwester Katta und ihrem späteren Mann, dem Tänzer Ernst Matray, gemeinsam auf (vgl. a. Anm. zum 23. August 1909). Mit dem Reinhardt-Ensemble unternahm sie 1927/28 eine Tournee durch die USA, was ihr 1934 die Emigration dorthin erleichterte. In den USA arbeitete sie unter Max Reinhardt als Regieassistentin, war als Film-Choreographin und Innenarchitektin tätig. Seit 1955 wieder in Europa, verfaßte sie zahlreiche Romane, Biographien und Fernsehstücke, z. T. in Zusammenarbeit mit Answald Krüger. Sie lebt heute in München.

18. September 1909

Heimarbeit – Veröffentlicht als Blatt 1 der Folge »Bilder vom Elend«, im Simplicissimus am 24. November 1909, Jg. 14, S. 515.

die Weihnachtszeichnung – Blatt 6 der Folge »Bilder vom Elend«, veröffentlicht im Simplicissimus am 24. Januar 1910, Jg. 14, S. 747.

Hogarth – William Hogarth (1697–1764), englischer Maler, Kupferstecher, Radierer und Kunsttheoretiker, ist vor allem durch seine sozialkritischen Darstellungen des Stadtlebens berühmt geworden.

Lepsius – Das Malerpaar Reinhold (1857–1922) und Sabine (1864–1942) Lepsius führte ein großzügiges, lebendiges und offenes Haus, in dem die Eltern Kollwitz gelegentlich, die Söhne und die Sternschen Töchter gern und häufig verkehrten. Der Sohn Stefan (1897–1917), der seinen Namen der Freundschaft seiner Mutter mit Stefan George verdankte, spielte bei den Theateraufführungen der Kollwitzschen Söhne mit und schrieb in der Zeitschrift Der Anfang.

Hellmut – Hellmut und Joachim Kaiser gehörten zum Freundeskreis der Kinder Kollwitz und Stern.

Sträuber – Wandervogelfreund von Peter Kollwitz, 1915 gefallen.

19. September 1909

Stehr – Hermann Stehr (1864–1943), schlesischer Schriftsteller. Sein Roman »Drei Nächte« war 1909 erschienen.

24. September 1909

über Gross auszusagen – Max Wertheimer, der mit den Familien Stern und Kollwitz befreundet war, hatte gegen den Psychoanalytiker Otto Gross (auch Groß) Anzeige erstattet. Sie richtete sich gegen eine unsachgemäß durchgeführte Psychoanalyse von Heinrich und Gertrud Goesch in Dresden, die bei beiden zu psychischer Gefährdung geführt habe (vgl. Monte Verità, S. 107). Karl Kollwitz, verwandt mit Gertrud Goesch, war als Zeuge benannt worden und hatte sich entschlossen, in diesem Verfahren wegen Kurpfuscherei gegen Gross auszusagen. Wie sehr sich die Ideen von Gross – durch die Vermittlung von Heinrich Goesch – auch im engsten Kreis der Familie Kollwitz auszubreiten begannen, zeigt die Tatsache, daß die Frau des eher konservativen Hans Prengel – eines Bruders von Gertrud Goesch – ihren Mann verlassen hatte, um »mit einem Kunstmaler zu leben«.

Hans Prengel (1874–1965), Reichstagsstenograph, Cousin von Käthe Kollwitz.

Annie Karbe – Anna (Annie) Karbe (1883–1954), Malerin und Zeichenlehrerin in Neuruppin, langjährige Freundin von Käthe und Karl Kollwitz.

Dürersche Handzeichnungen – Albrecht Dürer (1471–1528), Maler, Graphiker, Zeichner und Aquarellist, auch Kunsttheoretiker. Die knappe, ablehnende Äußerung zu Dürer ist – nicht zuletzt wenn man die Qualität der Berliner Sammlung berücksichtigt – aufschlußreich. Demgegenüber fanden die Zeichnungen Dürers bei der Generation der Expressionisten große Beachtung.

Josef Pennell – John (Joseph) Pennell (1857 [1860]–1926), amerikanischer Graphiker, vor allem Radierer, lebte bis 1916 hauptsächlich in London.

26. September 1909

Beginn der Flugwoche – Zur Einweihung des neuen Flugplatzes in Adlershof (Johannisthal) wurde vom 26. September bis 3. Oktober 1909 eine internationale »Flugkonkurrenz« ausgetragen, an der sich außer Orville Wright noch 12 andere Flieger beteiligten.
Thildi – Mathilde (Thildi) Rüstow und ihr Mann Alexander, enge Freunde von Karl und Käthe Kollwitz.

28. September 1909

Mutterschutzbund in Leipzig – Der Bund für Mutterschutz und Sexualreform, 1905 durch Helene Stöcker u. a. gegründet, forderte Rechte für unverheiratete Mütter, freie Verteilung empfängnisverhütender Mittel und die Legalisierung des Schwangerschaftsabbruchs (Evans, S. 118 f.). Zu der erwähnten Zeichnung »Mutter mit Säugling auf dem Arm« vgl. Nagel/Timm 565–576.
anklopfende Frau – Unter dem Titel »Beim Arzt« als Blatt 3 der Folge »Bilder vom Elend« am 29. November 1909 im Simplicissimus, Jg. 14, S. 587, veröffentlicht.

6. Oktober 1909

Lore – Lore Schumann (gest. nach 1982) und ihre Schwester Rose Schumann (1890–1982), entfernte Verwandte von Käthe Kollwitz, Nichten ihrer Tante Gertrud Rupp geb. Hofferichter und ihres Schwagers Paul Hofferichter.
Heinrich wieder aufsuchen – Die Eltern Kollwitz hatten Hans den Verkehr mit Heinrich Goesch untersagt, weil sie eine Beeinflussung im Sinne der Ideen von Gross befürchteten (vgl. Bonus-Jeep, S. 98).
Dilthey – Wilhelm Dilthey (1833–1911), Mitbegründer der subjektivistischen Erlebnisphilosophie in Deutschland; sein Novalis-Essay erschien 1905 in »Das Erlebnis und die Dichtung«.
Katzenstein will ... – Simon Katzenstein (1868–1945), Jurist, sozialdemokratischer Schriftsteller und Propagandist, seit 1903 vor allem tätig als Redner und Lehrer im Arbeiterbildungswesen. Er unterrichtete – wie auch Konrad Schmidt – an der zentralen Parteischule der SPD. Katzenstein war in der Abstinenzlerbewegung führend. Die genannte Zeichnung ist nicht nachweisbar.
Kaisers – befreundetes Ehepaar, Eltern von Hellmut und Joachim Kaiser, den Freunden der Kinder Kollwitz und Stern.
nett von beiden Kindern – die älteren Töchter von Gertrud und Heinrich Goesch, Fides Goesch (1907–1984) und Manon Goesch (geb. 1909).

15. Oktober 1909

Konrad ganz fröhlich – Konrad Schmidts »Grundriß zu einem System der theoretischen Nationalökonomie« erschien in zwei Teilen in den Sozialistischen Monatsheften (13. Jg. 1909, S. 1197 ff.).
Aufsatz ... über japanisches Theater – Bernhard Kellermann: Das Theater in Japan, in: Neue Rundschau, Jg. 20, 1909, S. 1434 ff.
Klara Hensel ... – Elisabeth Weinberger (geb. 1867), Änny Löwenstein

(1871–1925), Frieda Winckelmann-Kretschmann (geb. 1870), Berliner Maler- und Bildhauerkolleginnen, z.T. seit ihrer Studienzeit mit Käthe Kollwitz bekannt. Zum Anteil der Frauen unter den bildenden Künstlern vgl. Paret, S. 244.

Rüpelkomödie – Das »Stück im Stück« in Shakespeares »Ein Sommernachtstraum«.

Karl Rade (1878–1934), Dresdner Maler.

Mitte November 1909

Gebhardt – Karl Gebhardt (1860–1917), Maler der Düsseldorfer Schule, zeigte in der Galerie Schulte Werke überwiegend religiöser Thematik.

Arbeiter-Ausstellung – Der Berliner Arzt und Kultursoziologe Adolf Levenstein veranstaltete im Winter 1909/10 in der Potsdamer Straße eine Arbeiterkunstausstellung, die 1910 auch in Dresden zu sehen war. Die in ihrem Anliegen neuartige Ausstellung fand anfangs kaum Beachtung. Max Osborn stellte in seiner Rezension »Arbeiterkunst« fest: »Wochenlang kümmerte sich kein Mensch um diese Ausstellung. Nach einem Monat zählte man 180 Besucher« (zit. nach: Dieter und Ruth Glatzer, Berliner Leben, Bd. I, 1900–1914, Berlin 1986, S. 655f.). Vor allem Kritiker mit Blick für die soziale Bedingtheit der Kunst widmeten sich der Ausstellung; neben Max Osborn auch Lu Märten (»Arbeiter-Dilettanten-Ausstellung«, in: Hannoverscher Curier, Jg. 1910, Nr. 214). In einer Rezension in den Sozialistischen Monatsheften erwähnt Lisbeth Stern, daß es sich hauptsächlich um Arbeiter aus Mittelstädten handelte, und stellte fest, daß 90 Prozent von ihnen Temperenzler seien (vgl. Sozialistische Monatshefte, Jg. 13, 1909, S. 1730).

Dieser Tischler heißt Rothe – Karl Rothe (oder Rother), Dresdner Arbeitermaler, dessen Bilder in der Ausstellung Aufmerksamkeit erregten. Der Publizist und Kritiker Ernst Köhler-Haußen, Passivmitglied der Künstlervereinigung Brücke, schrieb in seiner Betrachtung »Arbeiter-Dilettanten-Kunst-Ausstellung«: »Man kann Karl Rother in Dresden, dessen Bild ›Die Fettküche‹ wir wiedergeben, nicht als Dilettanten bezeichnen, wenn auch noch in manchen seiner Arbeiten manches unreif ist. Trotzdem ist er ein Künstler« (vgl. Salonblatt, Wochenschrift für Gesellschaft, Theater, Kunst und Sport [Dresden] 5. Jg., 1910, Nr. 25 [18. Juni], S. 752f.).

Bebel in der Kirche – August Bebel (1840–1913), 1869 Mitbegründer der Sozialdemokratischen Arbeiterpartei.

die alten Prengels – Theodor Prengel (1837–1914), Privatgelehrter, Herausgeber der Reformblätter (der ostpreußischen frei-religiösen Gemeinde), und Bennina Prengel geb. Rupp (1840–1915), Tante von Käthe Kollwitz.

»Nachtasyl« – Schauspiel von Maxim Gorki, Uraufführung 1902 in Moskau, deutsche Erstaufführung 1903 am Kleinen Theater in Berlin.

23. November 1909

Sombart-Vortrag – Werner Sombart (1863–1941), Ökonom, Historiker und Soziologe, seit 1906 Professor an der Berliner Universität. Die Thematik der genannten Vorträge hat er später in zwei Beiträgen in der Neuen Rundschau (Jg. 21, 1910, S. 145ff. u. S. 585ff.) sowie in seinen Büchern »Die Zukunft der Juden« (1912) und »Die Juden und das Wirtschaftsleben« (1922) weitergeführt.

Spinoza – Baruch (Benedictus) de Spinoza (1632–1677), niederländischer Philosoph.

30. November 1909

die Secession eröffnet – Die Berliner Secession wurde am 2. Mai 1898 gegründet. Sie war eine Gruppierung fortschrittlicher Berliner Künstler unter der Präsidentschaft von Max Liebermann, die sich in Abgrenzung gegenüber der »offiziellen« und von höchster Stelle gebilligten Kunstpolitik des Vereins Berliner Künstler und dessen Ausstellungspraxis als selbständiger Verband zusammengeschlossen hatten. Ihr Ziel war, der modernen zeitgenössischen Kunst den ihr zustehenden Platz zu verschaffen und in Ausstellungen wegweisende deutsche und ausländische Künstler (z. B. Edvard Munch, französische Impressionisten) vorzustellen. Ein besseres Auswahlverfahren sollte auch jungen, noch nicht etablierten Künstlern Ausstellungmöglichkeiten bieten. In der Berliner Secession waren auch Frauen als ordentliche Mitglieder zugelassen; andererseits war die Möglichkeit auszustellen nicht an eine Mitgliedschaft gebunden. Käthe Kollwitz hatte schon in der ersten Ausstellung der Secession 1899 zwei Radierungen (»Aufruhr«, Klipstein 44, und »Gretchen«, Klipstein 42) und die Studie einer schwangeren Frau zeigen können; 1900 war sie mit der Radierung »Zertretene« (Klipstein 48) und einer Studie vertreten. 1901 wurde sie Mitglied der Secession und beteiligte sich fast jährlich mit neuen Arbeiten (1901: 2 Exponate; 1902: 3; 1905: 4; 1906: 3; vgl. Doede, Anlage).
Brandenburg – Martin Brandenburg (1870–1919), Maler, Graphiker, vor allem Radierer, Gründungsmitglied der Berliner Secession; ihm war in der Jahresausstellung 1909 eine ganze Wand eingeräumt worden.

Dezember 1909

Radierung »Arbeitslosigkeit« – 1909, Klipstein 100.
Ackermanns – Der Schweizer Kunsthändler Otto Ackermann und seine Frau, die Malerin Maria Slavona (eigentl. Maria Schorer, 1865–1935), eine Studienkollegin von Käthe Kollwitz aus der Zeit bei Karl Stauffer-Bern in Berlin und Ludwig Herterich in München. Sie war, wie Karl Scheffler sagt, »eine der drei begabtesten Malerinnen der Zeit [...] Die beiden anderen waren Dora Hitz und Käthe Kollwitz« (Scheffler, S. 209f.). Das Ehepaar Ackermann war 1909 nach jahrelangem Aufenthalt in Paris nach Berlin übergesiedelt. Die Tochter Lilly entstammte einer Verbindung von Maria Slavona mit dem dänischen Kunsthändler Willy Gretor (vgl. Ausstellungskatalog: Maria Slavona, 1865–1935, eine deutsche Impressionistin, Sammlung Stiftung Bröhan, Berlin 1981).

10. April 1910

Demonstrationen – Die Demonstration gegen das Dreiklassenwahlrecht war vom Berliner Polizeipräsidenten zunächst nicht gestattet worden. Zur Begründung wurde auf die blutigen Auseinandersetzungen zwischen Demonstranten und der Polizei bei einer Protestversammlung am 6. März 1910 verwiesen. Erst am 7. April wurde die Genehmigung erteilt; am Sonntag darauf fanden sich 200–250000 Demonstranten ein, die Aufrufen der SPD und der Demokraten gefolgt waren. Noch am Morgen des 10. April hatte der Vorwärts einen Appell veröffentlicht. Die Demonstration fand gleichzeitig an drei Orten statt: im Humboldthain, im Treptower Park und im Friedrichshain, wo sich etwa 15–25000 Menschen versammelten. Die Kundgebung im Friedrichshain war für die Schönhauser Vorstadt, den 5. Wahlkreis und Weißensee bestimmt. Es sprachen der Gewerkschaftsfunktionär Otto Wels und Eduard Bernstein.

Georg – Georg Gretor (s. Anm. zum 15. Mai 1910).

Neulich träumte ich aber auch – Aus dieser Zeit, den Jahren 1909 bis 1910, stammen die als »Secreta« bezeichneten und nicht für eine Veröffentlichung gedachten erotischen Zeichnungen (Nagel/Timm 558–563).

Blatt vom Tod – Radierung »Tod und Frau«, 1910 (Klipstein 103).

Charon-Hefte – Die Monatsschrift Charon erschien von 1904 bis 1914 zunächst unter der Redaktion von Rudolf Pannwitz, später von Otto zur Linde. Sie enthält in den ersten Jahrgängen ausschließlich Originalbeiträge, vor allem Lyrik; »will echt, natürlich, kindhaft sein [...] jede ungeschminkte Sprache war für literaturfähig erklärt« (Schlawe, S. 37).

Frau Frank – Patientin von Karl Kollwitz.

April 1910

die juryfreie Ausstellung – In der Vereinigung bildender Künstler Berlins wurde von Hermann Struck, Max Pechstein und vor allem Herman Sandkuhl eine Ausstellung geplant, in der nur Gemälde gezeigt werden sollten, die nicht mehr als 300,– Mark kosteten.

Pechstein – Max Pechstein (1881–1955), Maler, Graphiker, Bildhauer, Mitbegründer der Dresdner Künstlervereinigung Brücke (1905). Er war nicht nur an der Gründung der »Juryfreien« beteiligt, sondern auch der Wortführer der Unzufriedenen in der Berliner Secession und der Initiator einer Austrittsbewegung, die 1910 zur Gründung der Neuen Secession führte.

Kober – Es ist unklar, wen Käthe Kollwitz meint. Der Textzusammenhang legt nahe, daß es sich um einen bildenden Künstler handelt. Liest man die Worte »refüsierte Jünglinge« als Ironisierung, läßt sich mit Blick auf Max Pechstein die ungefähre Altersgruppe vermuten. Wahrscheinlich liegt eine Verwechslung bzw. Flüchtigkeitsverschreibung vor. Denkbar wäre, daß es sich um den Maler Karl Hofer handelt. Über eine Begegnung von Käthe Kollwitz mit dem deutsch-ungarischen Maler, Graphiker und Karikaturisten Leo Kober (1876–1931), der lange Jahre in Berlin lebte, ist nichts bekannt.

Liebermann – Max Liebermann (1847–1935), Maler und Graphiker, einer der Hauptvertreter des Impressionismus in Deutschland, der schon der Vorläuferorganisation der Secession, der Ausstellungsgemeinschaft »Gruppe der XI« vorgestanden hatte, war von Anfang an Präsident der Berliner Secession. Liebermann legte 1911 das Präsidium nieder und wurde zum Ehrenpräsidenten gewählt. Seit 1920 war er Präsident der Preußischen Akademie der Künste in Berlin, aus der er im Mai 1933 austrat.

Geldunterstützungen – Der Magistrat von Berlin und Charlottenburg hatte im Jahr 1910 Preise für die besten Arbeiten der Jahresausstellung ausgesetzt – es war das erste Mal, daß die Berliner Secession eine staatliche Unterstützung in Anspruch nehmen konnte (vgl. Paret, S. 300).

Anfang Mai 1910

Grete Wiesenthal (1885–1970), österreichische Tänzerin und Choreographin. Für Käthe Kollwitz verkörperte sie die »leichte Anmut«, für die sie ein Leben lang so empfänglich war (vgl. dazu die Einführung von Hans Kollwitz in: Käthe Kollwitz, Tagebuchblätter und Briefe, Berlin 1948, S. 9). Er schreibt: »Bei ihren Besuchen in Berlin pflegte Frau Wiesenthal auch immer bei uns heranzukommen, und die Mutter sowie der Sohn schwärmten beide für ihr unwiderstehliches Lachen und für die von ihnen so ersehnte und ihnen so unzugängliche fröhliche Art.«

8. Mai 1910

Generalversammlung – Ursache des Streites waren massive Vorwürfe, die das frühere Vorstandsmitglied Adele Schreiber und ihre Anhängerinnen gegen die Geschäftsführung und Leitung des Bundes durch Helene Stöcker vorbrachten. Die Auseinandersetzungen zogen sich durch mehrere Wochen hin und nahmen immer schärfere Formen an, die über Pressefehden bis zu Gerichtsverhandlungen führten. Am 7. Mai entschied sich jedoch eine Mehrheit für die Wiederwahl von Helene Stöcker (vgl. die Glosse von Wally Zepler in den Sozialistischen Monatsheften, Jg. 14, 1910, S. 652).

Die junge Frau Sklarek – Nicht eindeutig zu ermitteln, eventuell ist die Wiener Journalistin Alice Schalek gemeint (s. Anm. zum 21. Januar 1917).

Heinrich Braun (1854–1927), sozialpolitischer Schriftsteller, Redakteur und Herausgeber, verheiratet mit der Schriftstellerin und Frauenrechtlerin Lily Braun (1865–1916). Die Familien Braun und Kollwitz hatten einen zwar freundschaftlichen, aber doch eher losen Umgang miteinander. Der Sohn, Otto Braun, veröffentlichte Essays und Impressionen in der im Hause Kollwitz redigierten Jugendzeitschrift Der Anfang.

Hedwig Weiß (1860–1923), Malerin und Graphikerin, stammte wie Käthe Kollwitz aus Ostpreußen, hatte ebenfalls in Königsberg ersten Unterricht bei dem Kupferstecher Rudolf Mauer erhalten und studierte später auch bei Karl Stauffer-Bern. Trotz mancher Meinungsverschiedenheit, auch in politischer Hinsicht, blieb der Kontakt zu Hedwig Weiß ein Leben lang erhalten. »Wir sind aufgewachsen in entgegengesetzten Anschauungssphären. Der Inhalt unserer Wünsche muß ein anderer sein«, schrieb Käthe Kollwitz an die Freundin Jeep (Bonus-Jeep, S. 161). Aus dem Jahr 1910 stammt eine Federzeichnung, ein Hedwig-Weiß-Porträt von Käthe Kollwitz, auf dem vermerkt ist: »Hedwig Weiß zeichnet mich und ich zeichne sie« (Nagel/Timm 571). Hedwig Weiß radierte später ein Kollwitz-Porträt (1922).

13. Mai 1910

»Sumurun« – Die orientalische Pantomime von Friedrich Freksa wurde 1910 in einer Inszenierung Max Reinhardts (Musik von Victor Hollaender) am Deutschen Theater in Berlin uraufgeführt. Neben den Tänzerinnen Grete (in der Titelrolle) und Else Wiesenthal und dem jungen Ernst Matray traten auch die Schauspieler Alexander Moissi und Rudolf Schildkraut auf.

Jeep – Emma Jeep verh. Bonus (Schriftstellername Beate Bonus, 1865–1954), Malerin und Schriftstellerin, lebenslange Freundin von Käthe Kollwitz, mit der sie schon während des Studiums in Berlin und München zusammen war. In die Freundschaft, bei der die etwas burschikose wechselseitige Anrede »Jeep« und »Schmidt« der Kunstschulzeit beibehalten wurde, sind später auch die beiden Männer, der Arzt Karl Kollwitz und der Pfarrer, Theologe, Mythenforscher und Schriftsteller Arthur Bonus, miteinbezogen – vor allem aber die Kinder. Heinz

und Helga Bonus lebten monate-, ja jahrelang bei der Familie Kollwitz in der Weißenburgerstraße.
Emma Jeep war als Malerin kaum tätig. Bereits 1901 begann sie ihre schriftstellerische Tätigkeit und veröffentlichte unter dem Titel »Malergeschichten« bei W. Grunow in Leipzig Erzählungen aus dem Münchner Künstlermilieu, in die Erinnerungen aus der Studienzeit einflossen. Bekannt wurde sie durch ihr Buch »Sechzig Jahre Freundschaft mit Käthe Kollwitz«, das 1948 erstmals erschien. Sie setzte damit ihrer Lebensfreundin ein bewegendes, originelles und warmherziges Denkmal (vgl. Einführung, Anm. 33).

wie Schlittgens um den Jungen bangten – Den Maler Hermann Schlittgen (1859–1930), langjährigen Mitarbeiter der Fliegenden Blätter, kannte Käthe Kollwitz aus ihrer Florentiner Zeit 1907, als sie Stipendiatin der Villa Romana war. Schlittgen hatte ebenfalls in Paris an der Académie Julian Studien betrieben.

15. Mai 1910

Georg – Georg (Georges) Gretor (1892–1943), Journalist, Sohn der Münchner Studienfreundin Rosa Pfäffinger (geb. 1867) und des dänischen Kunsthändlers Willy Gretor (s. u.). Als sich die beiden Frauen 1904 in Paris wiedertrafen, lebte Rosa Pfäffinger mit ihrem Sohn in wirtschaftlich schwierigen Verhältnissen. Sie griff daher dankbar das Angebot auf, den Jungen mit nach Berlin zu geben und ihn gemeinsam mit den Kollwitz-Söhnen aufwachsen zu lassen. Er lebte mehrere Jahre in der Familie Kollwitz und war an allen künstlerischen Unternehmungen von Hans und Peter beteiligt. Vermutlich entsprang die Gründung der Zeitschrift Der Anfang seiner Initiative. Er ging später für kurze Zeit als Lehrer an die Freie Schulgemeinde Wickersdorf, während des Ersten Weltkrieges war er in der Schweiz; seit den zwanziger Jahren war er Korrespondent für Deutsche Zeitungen in Kopenhagen.

Adami – Gartenwirtschaft, in der die Familie Kollwitz viele Feste feierte.

Laessigs – der Vater Laessig, vor allem aber seine beiden älteren Kinder Gottfried und Katharina (Kati, Kathrine) verkehrten im Haus Kollwitz. Katharina lebte mehrmals für Monate dort, weil sie sich in ihrem Elternhaus nicht einfügen konnte.

Margret – Margret Bartsch, aus dem Freundeskreis von Hans Kollwitz.

Hans Schröder – (1893–1961), Freund von Hans, Mitspieler bei den Theateraufführungen und Mitarbeiter der Zeitschrift Der Anfang.

Der Halleysche Komet – Periodisch, alle 76 Jahre wiederkehrender Komet, so im Mai 1910 und im Februar 1986.

20. Mai 1910

Gretor – Willy Gretor (eigentl. Vilhelm Petersen, 1867–1923), dänischer Maler, Kunsthändler, Mäzen, ein Bonvivant, der vorwiegend in Paris lebte. Er war der Vater von Rosa Pfäffingers Sohn Georg, hatte aber auch eine gemeinsame Tochter mit Maria Slavona (vgl. Anm. zum Dezember 1909 und Katalog Maria Slavona, ebd., S. 18f.; dort auch die anschaulichen Erinnerungen an Gretor von Julius Meier-Graefe). Gretor besaß Einfallsreichtum, psychologischen Scharfblick und Überzeugungsgabe – nicht unbedingt immer Seriosität. Tilla Durieux nennt ihn einen »Gentlemanschwindler«, Tilly Wedekind die »Idealgestalt eines Hochstaplers«, Frank Wedekind schuf nach seinem Vorbild den Maler Harry Gadolfi in »Oaha« und den Marquis von Keith.

Dr. Diem – Schweizer Augenarzt, mit Rosa Pfäffinger befreundet.

Niels Lyhne – Roman des dänischen Dichters Jens Peter Jacobsen (1880).

Hans-Theodor Prengel (1910–1985), erster Sohn von Minna und Ernst Prengel, einem Cousin von Käthe Kollwitz.

Pauline Leistiko – aus der Königsberger Freien Gemeinde stammend.

Erwin Lang (1886–1970), Österreichischer Maler, Bühnenbildner und Graphiker, 1910–1923 in erster Ehe mit der Tänzerin Grete Wiesenthal verheiratet, für die er zahlreiche Inszenierungen und Plakate schuf.

sein Exlibris – Das radierte Exlibris (Klipstein 99), das Hans Kollwitz zum 16. Geburtstag von seiner Mutter bekommen hatte.

eine Freie Gemeinde ... zu gründen – Im Laufe der Zeit war eine beträchtliche Zahl von Mitgliedern der Königsberger Freien Gemeinde nach Berlin übersiedelt, die zumeist in Kontakt miteinander standen. Es fand sich trotzdem keine Mehrheit für die Gründung einer Freien Gemeinde in Berlin (vgl. Georg Paga: Julius Rupp zum Säkulartag seiner Geburt am 13. August 1909, in: Käthe Kollwitz, Tagebuchblätter und Briefe, S. 173 ff.).

zum Russischen Ballett – Die Berliner Secession hatte ihre Mitglieder zu einer Vorführung eines russischen Balletts eingeladen, in dem nach dem Auftritt der Pawlowna auch verschiedene Divertissements und Nationaltänze geboten wurden.

22. Mai 1910

Feuerbach – Ludwig Feuerbach (1804–1872), Philosoph und Religionskritiker. Seine Ideen hatten für die Freidenkerbewegung und die Freireligiösen Gemeinden eine große Bedeutung.

Städtebau-Ausstellung – Die Entwürfe für den städtebaulichen Wettbewerb »Groß-Berlin« waren in der Akademie der bildenden Künste in der Hardenbergstraße ausgestellt, gleichzeitig wurden Stadtbaubestrebungen anderer Länder vorgestellt. Besondere Aufmerksamkeit fanden Gartenstadtpläne als Alternative zur dichten Bebauung mit licht- und luftarmen Hinterhäusern in den nördlichen und östlichen Innenstadtbezirken Berlins.

13. Juni 1910

das Selbstporträt, das aber keiner ähnlich fand – vermutlich das »Selbstbildnis mit der Hand an der Stirn« (Klipstein 106).

Mitscher & Caspary – Weinrestaurant in der Königstraße 40.

Rele und Kati mitgeben – auf eine Sommerreise in die Schweiz.

sprachen wir über Kati – Die zwölfjährige Kati beunruhigte ihre Eltern Lise und Georg Stern durch ein völliges Versagen in der Schule und eine sexuelle Frühreife.

15. Juni 1910

Adolf Heilborn (1873–1941), Arzt und Schriftsteller, der im Hause Kollwitz verkehrte und 1929 in der Reihe »Zeichner des Volkes« eine Monographie über Käthe Kollwitz veröffentlichte. Adolf Heilborn nahm sich 1941 das Leben.

Konrad Hofferichter (1886–1971) Neffe von Käthe Kollwitz, Sohn der Schwester

Julie. Er absolvierte eine Ausbildung als Gartenbauinspektor, war später Direktor einer Gartenbauschule in Schlesien und Leiter einer dortigen Gartenbauberatungsstelle.

18. Juni 1910

in der Nebenschule gewesen – Da die ersten Hilfsschulen in Berlin im Jahre 1898 als Nebenklassen zum normalen Schulbetrieb eingerichtet wurden, bürgerte sich der Ausdruck Nebenschule ein. Die Nebenschulen waren in der Regel im Gebäude der Gemeindeschule untergebracht.

Frau Schröder – Bekannte der Familie Kollwitz, Mutter von Dora und Hans.

Juni 1910

Hugo von Hofmannsthal (1874–1929), österreichischer Erzähler, Lyriker, Dramatiker und Essayist. Im einzelnen handelt es sich um die folgenden Erzählungen: »Das Märchen der 672. Nacht«, »Das Erlebnis des Marschalls von Bassompierre«, »Reitergeschichte« und »Ein Brief« (der sog. Chandos-Brief).

»Selige Sehnsucht« – Aus dem Buch des Sängers in Goethes »West-östlichem Divan«.

»Wir haben keinen lieben Vater im Himmel« – Anfangszeile des Gedichts »Glaubensbekenntnis« von Friedrich Theodor Vischer.

»Manche freilich sind mit einem Lächeln« – Gedicht von Hans Kollwitz an die Tänzerin Grete Wiesenthal, in direkter Anlehnung an das Gedicht von Hofmannsthal »Manche freilich müssen drunten sterben«. Das erste »leihend« in der 3. Strophe offensichtlich eine Verschreibung von »weihend«.

25. Juni 1910

mit Kati bei Ziehen gewesen – Theodor Ziehen (1862–1950), Mediziner, Psychologe und Philosoph, 1910 Professor für Psychiatrie in Berlin.

August 1910

Latsch – Ort im Engadin, wo die Familie Kollwitz zusammen mit Regula und Kati Stern ihren Sommerurlaub verbrachte. Darüber heißt es in einem bisher unveröffentlichten Brief von Käthe Kollwitz an ihre Schwester Lisbeth Stern vom 27. Juli 1910: »Unterdes habt ihr sicher einen sehr ausführlichen Brief von Rele über die Keschbesteigung bekommen. Es war anstrengend aber sehr fein. Für die drei Kinder ganz extra fein. Von Hans Prengel und wie wir ihn nachher weit hinter uns mit einer elektrischen Lampe den Gletscher nach Spalten absuchen sahen schrieb sicher auch Rele. Für Karl und mich war es etwas entmutigend zu sehen wie doch die Elastizität nachläßt. Man leistet ja noch dasselbe als die Kinder aber mit wieviel mehr Anstrengung. Es ist jammerschade, daß die besten Jahre schon hinter einem liegen und man sich schon in dem und dem bescheiden muß. Das verengert so das Empfinden. Dagegen die Drei sind in wundervoller Aufwärtsbewegung. Voll Elastizität! Wie gelassen, unerregt und heiter kletterten sie. Die etwas aufgeregte Freude am Abend vorher als wir zuletzt doch den Vollmond über dem Gletscher aufgehen sahen, war vorüber. Bei der Klettertour am nächsten Morgen waren sie wie wir alle schweigsam, aufmerksam und befriedigt, erst als der Gipfel

erklommen war gab es wieder Gelächter [...] Daß wir Kati nicht mitnahmen war aber sehr gut! Ich glaube doch es wäre über ihre Kräfte gegangen, vor allem eben deswegen, weil sie noch nicht so den Willen auf eine Bergbesteigung gesetzt hatte.«
Am 13. Juli 1910 wiederum an Lise, bisher unveröffentlicht: »Diese Tour war das schönste, was wir bis jetzt gemacht haben, wir kamen erst um 9 Uhr nach Hause und alle verkrümelt, weil jeder für sich abkürzen wollte usw. Als wir auf dem Abstieg zum ersten Mal die Schneeberge gegen blauen Himmel sahen, fanden wir es fast kitschig. Aber die Schönheit der letzten halben Stunde werd ich nie vergessen. Ich war über schauderhaft steile und nasse Wiesen in die Höh geklettert und hatte keine Zeit mich umzusehen. Wie ich oben auf dem Wege war stand ich zum Ausruhn still und sah mich um. Da standen rings herum im weiten Tal die Schneekuppen in reinsten Konturen in kühlen Schneeton gegen den hellgrün leuchtenden Abendhimmel. Latsch noch über mir in einer so kühnen Silhouette, wie die italienischen Städtchen sie oft haben und ganz zart schimmernd darüber die Mondsichel. Und *die Stille*!
Überhaupt wenn es nichts anderes gäbe hier als die Stille, die duftend reine Luft und die Blumenwiesen, so wärs schon genug. Nun kommen aber noch die wunderschönen ernsten Blicke, wenn die Wolken wie etwas Kompaktes zwischen den Kuppen liegen und ziehen und reißen, man hier eine schwarze Felsmasse sieht und da ein weißes Schneefeld.« (Käthe-Kollwitz-Archiv [der] Akademie der Künste [in] Berlin).

Krayl – Ein deutscher Arzt in Florenz, verheiratet mit der jungen, kapriziösen Engländerin Constance (Stan) Harding. Käthe Kollwitz lernte beide 1907 während ihres Villa-Romana-Stipendiums in Florenz kennen. Sie freundete sich mit Stan sehr an und machte mit ihr eine abenteuerliche Fußwanderung nach Rom. Die Ehe der Krayls brach bald auseinander. Stan Harding ging später nach China, um ihr Leben durch Antiquitätenhandel zu finanzieren. Im Berlin der Revolutionszeit war sie als Korrespondentin für englische Zeitungen tätig (vgl. Anm. zum 1. Oktober 1918).

Pritsch – Vermutlich Gustav Adolf Britsch (1879–1923), Kunsthistoriker und Kunsttheoretiker; gründete 1909 in Florenz das Institut für theoretische und angewandte Kunstwissenschaft, übersiedelte 1911 nach München.

Radierung Abschied – später umbenannt in »Tod, Frau und Kind« (Klipstein 113).

Gerhardi – Ida Gerhardi (1867–1927), Malerin, vor allem Porträtistin, ging nach dem Studium in München nach Paris, wo sie bis zum Ersten Weltkrieg lebte. Seit 1900 beteiligte sie sich an den Ausstellungen der Berliner Secession.

Nauen – Heinrich Nauen (1880–1941), Maler und Graphiker, seit etwa 1911 Hauptvertreter des sog. Rheinischen Expressionismus.

18. August 1910

Grembiule – Gembiale (ital.): Schurze, Kittel.

Villa Romana – Villa in Florenz, Via Senese, 1905 durch Max Klinger für den Deutschen Künstlerbund erworben, um ein Atelierhaus einzurichten. Der Villa-Romana-Preis ermöglichte seit Ende 1905 längere Studienaufenthalte. Käthe Kollwitz erhielt den Preis 1907 und hielt sich einige Monate in Florenz auf. Für einen Teil der Zeit hatte sie den damals elfjährigen Peter bei sich, später kam auch Hans; die ganze Familie traf sich in den Ferien in Fiascherino, einem damals kleinen Fischerort am Meer.

Pitti – Der zum Haus gehörende Hund – »ein Aktienunternehmen auf einen Hund«, wie Käthe Kollwitz von ihm zu sagen pflegte.

Im »Anfang« schreibt er – Der Anfang, eine seit 1908 vom Freundeskreis der Kollwitz-Söhne herausgegebene hektographierte Jugendzeitschrift, in der unter der Redaktion von Georg Gretor (Pseud. Barbizon) Berichte und Gedichte erschienen, Naturbeobachtungen, kleine Erlebnisse, Kritisches über die Schule (»Die beste Schule ist es in keine Schule zu gehn.«). Dazu veröffentlichten die Schwestern Stern kleine Zeichnungen.
Von 1911 an (Jg. 1) erschien die Zeitschrift gedruckt unter dem Titel: Der Anfang, Vereinigte Zeitschriften der Jugend. Neben Georges Barbizon erscheint jetzt auch Fritz Schoengarth als Herausgeber. Unter dem Pseudonym Ardor veröffentlicht hier auch Walter Benjamin frühe Artikel. Man setzt sich jetzt vor allem für ideelle und praktische Forderungen der Jugend ein; dafür soll die Lyrik zurücktreten. Der neue »Gott« heißt nun Gustav Wyneken, dessen Ideen zur Schulreform und zur Jugendkultur hinter dem Engagement von Walter Benjamin und Siegfried Bernfeld stehen. Die Zeitschrift wird 1913 nochmals umbenannt: Der Anfang, Zeitschrift der Jugend. An die Seite Barbizons als Herausgeber ist Siegfried Bernfeld getreten; die Auslieferung erfolgt nun über den Verlag Die Aktion (Franz Pfemfert in Kommission). Es erscheinen noch die Jahrgänge 1913/14 und 1915/16, dann wird die Zeitschrift endgültig eingestellt.

Angst vor dem Examen – Hans Kollwitz stand unmittelbar vor dem Abitur.

6. September 1910

in Leipzig bei Rüstows gewesen – Alexander Rüstow (1885–1963), Wirtschaftswissenschaftler und Soziologe, in erster Ehe verheiratet mit Mathilde (Thildi) Rüstow, ein naher Freund der Familie Kollwitz und ein Vorbild für die Söhne. Von 1908 bis 1911 war er Leiter der schöngeistigen Abteilung des Verlages Teubner in Leipzig, später Dozent an der Handelshochschule in Berlin; er emigrierte 1933 in die Türkei.

In Dresden Forain gesehen – Jean-Louis Forain (1852–1931), der französische Maler, Radierer, Lithograph und Illustrator war bei hoher graphischer Meisterschaft ein unerbittlicher Kritiker sozialer Zustände.

9. September 1910

zu der plastischen Gruppe – Sie ist nicht erhalten, es existiert lediglich eine Photographie (Wegner-Mappe, Nr. 1).

Arbeiterpaar – Mit dem Titel »Am Ende« und der Unterschrift »Arbeit kriegt man keine – und zum Stehlen sind die Hände zu schwielig« im Simplicissimus am 10. 10. 1910, Jg. 15. S. 457, veröffentlicht.

Kainz – Josef Kainz (1858–1910) österreichischer Schauspieler, gehörte 1883–1889 und 1892–1899 dem Ensemble des Deutschen Schauspielhauses in Berlin an.

29. September 1910

Krawalle – Vgl. hierzu die Zeichnungen »Kohlenstreik« (Nagel/ Timm 556 und 557).

daß Mascha gegen ihre Schwester Lily ... prozessiert – Mascha Eckmann geb. von Kretschmann, jüngere Schwester von Lily Braun.

Frau Naujoks – Arbeiterfrau vom Prenzlauer Berg, Modell von Käthe Kollwitz.

Nach Paris – Käthe Kollwitz kannte Paris von einem zweimaligen Aufenthalt im Jahre 1904; damals hatte sie an der Académie Julian Aktstudien gemacht und zum ersten Mal plastisch gearbeitet. An die Freundin Jeep schreibt sie: »Ich habe mir vor kurzem eine Kupferdruckpresse, die sehr billig zu haben war, erstanden. Nun kann ich die und alle dazu notwendigen Anschaffungen doch nicht stehen lassen und nach Paris gehen, um dort plastisch zu arbeiten! Denn das ist in meinem Kopf einmal ausgemachte Sache: nach Paris gehen heißt plastisch arbeiten! Paris hab ich mir überhaupt aufgehoben bis zu dem Zeitpunkt, wo Mann und Kinder mich gar nicht mehr brauchen, dann will ich – aber gründlich! – hingehn und dort arbeiten. Indessen wird mir von halb Jahr zu halb Jahr die Sache fraglicher, wann dieser Zeitpunkt der gänzlichen Freiheit eintreten wird. Mitunter scheint mir, das Ganze ist eine Illusion. Die Kinder freilich werden ja allmählich Männer werden, aber dann ist da immer noch der Mann, und wenn man erst so zwanzig Jahre miteinander gelebt hat, läßt sich nicht so ohne weiteres eines Tages erklären, von nun an ziehe ich meiner Wege« (Bonus-Jeep, S. 104).

9. Oktober 1910

Der liebe Junge – Hans Kollwitz hatte den Wunsch, Schauspieler zu werden. Die Eltern machten ihre Einwilligung davon abhängig, daß sich der Schauspieler Paul Wegener, den die Familie flüchtig kannte, positiv über das Talent des Jungen äußerte.

Wegener – Paul Wegener (1874–1948), Schauspieler und Filmregisseur, von 1906 bis 1920 Charakterdarsteller am Deutschen Theater in Berlin.

Schwarz-Weiß-Ausstellung – Schon 1902 hatte die Berliner Secession mit Graphikausstellungen begonnen, die unter dem Namen »Schwarz-Weiß« liefen. Diese Ausstellungen fanden jedoch meist nur im Zweijahresrhythmus statt. Malerei und Plastik wurden im Sommer gezeigt, die Graphik im Herbst. Von Anfang an wurden dazu auch ausländische Künstler herangezogen, sowohl Zeitgenossen wie Steinlen, aber auch bereits verstorbene Künstler, etwa Daumier, Beardsley oder Toulouse-Lautrec. Auch die Neue Secession, hervorgegangen aus einem Zusammenschluß der von der Jury 1910 Zurückgewiesenen unter Führung Pechsteins, behielt die Trennung in Malerei/Plastik und Graphik bei. Die erste Ausstellung der Refüsierten fand noch 1910 statt. Von den etwa 600 eingereichten Arbeiten wurden 187 ausgestellt; die zurückgewiesenen Arbeiten wurden separat gezeigt, damit sich das Publikum einen Eindruck von den Gesichtspunkten der Jury bilden konnte (vgl. Pfefferkorn, S. 49).

um zu dem alten Begas zu gehn – Reinhold Begas (1831–1911), Bildhauer, vor allem Denkmalsplastiker.

Wedekind – Frank Wedekind (1864–1918), Dramatiker, Erzähler und Lyriker, auch als Schauspieler und Journalist tätig. Seine Frau Tilly war ebenfalls als Schauspielerin bekannt.

11. Oktober 1910

Alexander Oppler (1869–1937), Bildhauer und Graphiker.

Böcklin – Arnold Böcklin (1827–1901), Schweizer Maler, Graphiker; seine Bilder waren um die Jahrhundertwende teilweise sehr populär.

16. Oktober 1910

Simmel – Georg Simmel (1858–1918), Philosoph und Soziologe, seit 1901 Professor in Berlin.
Oppenheimer – Franz Oppenheimer (1864–1943), Soziologe und Wirtschaftswissenschaftler.

22. Oktober 1910

spielte ihm den Kosinsky und den Baron vor – Kosinsky, Rolle aus Friedrich Schillers Jugenddrama »Die Räuber«; Baron, Rolle aus Maxim Gorkis Drama »Das Nachtasyl«.

November 1910

Unsere Gertrud – Hausmädchen der Familie Kollwitz.
Alice Schalek – 5. Anm. zum 21. Januar 1917.

26. November 1910

Tolstoi – war am 20. November in Astapowo gestorben.

16. Dezember 1910

Rosa Speyer geb. Stern (1861–1917), Schwester von Georg Stern, Mutter des Schriftstellers Wilhelm Speyer. (vgl. Anm v. 24. März 1917).

20. Januar 1911

Kalckreuths – Wolf Graf Kalckreuth, ältester Sohn des Malers Leopold Graf Kalckreuth, hatte sich im Alter von neunzehn Jahren aus Depression und Angst, zu versagen, das Leben genommen.

28. Januar 1911

fuhren Karl und Peter nach Wengen – Karl Kollwitz versprach sich von einem mehrwöchigem Aufenthalt im Berner Oberland ein Ausheilen oder eine Besserung der schweren Bronchitis des fünfzehnjährigen Peter. Da seine Mutter und seine Schwester an Tuberkulose gestorben waren, beobachtete Karl Kollwitz alle darauf hinweisenden Anzeichen mit großer Aufmerksamkeit und Sorge.

5. Februar 1911

Singers Begräbnis – Paul Singer (1864–1911), seit 1869 Mitglied der Sozialdemokratischen Arbeiterpartei. 1883 Stadtverordneter von Berlin, ein Jahr später Reichtagsabgeordneter. Als einer der beiden Vorsitzenden der SPD seit 1890 einer ihrer populärsten Führer. Seine Beerdigung wurde zu einer gewaltigen Sympathiekundgebung der Berliner.
Kehler ... – Linda Kögel, Marianne Geselschap, Marie Baronin Geyso, Anna Plehn waren Studienkolleginnen aus der Münchner Zeit.

Ricarda Huch (1864–1947), Erzählerin, Kultur- und Literaturhistorikerin, schrieb auch Lyrik. Sie hatte nach einer ersten Ehe ihren Vetter Richard Huch geheiratet, von dem sie sich 1910 wieder trennte.

die Feuerbachschen Briefe – Anselm Feuerbach (1829–1880), Maler. Eine Auswahl seiner Briefe war gerade in der Neuen Rundschau veröffentlicht worden (Jg. XXII, 1911, S. 199ff.)

22. Februar 1911

Tante Krause – nicht zu ermitteln.

Unglück in Wengen – Das Berliner Tageblatt hatte am 20. Februar über einen Bergunfall in Wengen berichtet, bei dem der Schweizer Erich von Fischer ums Leben kam. Zu der Bergsteigergruppe von Fischer gehörte auch Peter Kollwitz.

an den kleineren Blättern zum Tode – 1911 arbeitete Käthe Kollwitz an Zeichnungen, in denen es um den Abschied einer Mutter von ihrem toten Kind geht. Die nach diesen Skizzen gearbeiteten Radierungen (Klipstein 114–118) scheinen sie aber nicht befriedigt zu haben; bis auf das große Blatt »Tod und Frau um das Kind ringend« (Klipstein 118) hat sie später alle Platten zerstört.

Monatshefte-Ball – Eine jährliche Veranstaltung der Sozialistischen Monatshefte, deren Gewinn der Finanzierung der Zeitschrift diente, auch »Sozialistenball« genannt. Maskenbälle spielten für Käthe Kollwitz eine gewisse Rolle (vgl. dazu Helene Blochs Erinnerungen in: Briefe der Freundschaft, S. 150).

Tolstoi in »Briefen an Nazarener« – Sie waren im Jg. XXII 1911 der Neuen Rundschau veröffentlicht worden, S. 67ff.

Felix Hollaender(1867–1931), Schriftsteller, Dramaturg und Theaterkritiker.

Ende März 1911

zwischen ihnen dreien – Jahrelang lebte der Freund Max Wertheimer im Hause Stern. Daß er Lise geliebt hat, steht außer Zweifel. Die Verdüsterungen und Verzagtheiten Lises, von denen hier und an anderen Stellen die Rede ist, hängen wohl damit zusammen. Mit ihrer Schwester hat sie darüber gesprochen; die hierüber Aufschluß gebenden Stellen im Tagebuch sind von Hans Kollwitz aus Diskretion geschwärzt worden (vgl. dazu den Editionsbericht).

⟨ ⟩ – ca. 9 Zeilen Schwärzung von Hans Kollwitz.

Ostern 1911

Kolbe ... – Georg Kolbe (1877–1947), Georg Minne (1866–1941), Richard Langer (geb. 1897), Richard Engelmann (geb. 1868), Karl Albiker (1878–1961), Milly Steger (1881–1948), Hans (Sebastian) Schmidt (1862–1926), Tina Haim-Wentscher (1887–1974), Martha Bauer (?).

nach Freiburg – Hans Kollwitz begann sein Medizinstudium an der dortigen Universität.

Jung-Stillings Lebensbeschreibung – Johann Heinrich Jung-Stilling (eigentl. Stilling, 1740–1817), Schriftsteller, Augenarzt und zu seiner Zeit berühmter Chirurg. Seine Autobiographie »Heinrich Stillings Jugend« (1777) zählt zu den wichtigsten Quellen der Geistesgeschichte des 18. Jahrhunderts; die gesamte »Lebensbeschreibung« erschien 1909 in Reclams Universalbibliothek.

August 1911

vielleicht kein tüchtiger Kerl – In einem bisher unveröffentlichten Geburtstagsbrief von Käthe Kollwitz an den Sohn Hans zum 14. Mai 1911 heißt es: »Nur eines hat in der ganzen Zeit Deiner Entwicklung uns Sorge gemacht. Das war Deine Neigung zur Melancholie und zum Gedrücktsein. Aber wir können nichts mehr dagegen tun, nur abwarten und hoffen, daß Du ihrer Herr wirst. Du hast soviel Kraft – Hans, Du wirst auch mit diesem Hang zur Traurigkeit fertigwerden. Ich denke immer daran, daß auch mir die jungen Jahre schwerer zu tragen waren als die späteren [...] Liebster Junge – *durch* durch das Leben – es ist schließlich doch immer lebenswert. Mit Ausnahmen natürlich, aber warum sollen diese Ausnahmen, diese wirklichen Unerträglichkeiten Dich treffen?« (Käthe-Kollwitz-Archiv, [der] Akademie der Künste [in] Berlin).

1. September 1911

Kleist-Biographie von Eloesser – Arthur Eloesser: Heinrich von Kleist, Berlin 1904.

ein kleines Bildhaueratelier – Käthe Kollwitz arbeitete noch immer in ihrem kleinen Atelierraum hinter dem Wartezimmer ihres Mannes in der Weißenburgerstraße. Erst 1912 nahm sie sich durch Vermittlung der Malerin Augusta von Zitzewitz das Atelier in Siegmundshof (vgl. Briefe der Freundschaft, S. 156).

eine klagende Arbeiterfrau – Frau mit erhobenen Armen (Wegner-Mappe Nr. 3).

Anfang September 1911

Die Massendemonstration für den Frieden – Am 3. September 1911 fand im Treptower Park unter der Losung »Gegen die Kriegshetze! Für den Völkerfrieden!« eine der größten Kundgebungen der deutschen Arbeiterbewegung vor dem Ersten Weltkrieg statt. Unter den 20 Rednern, die von zehn Tribünen aus zu den 200 000 Demonstranten sprachen, waren Bernstein, Ledebour und Liebknecht.

6. September 1911

Rücktritt von der Juryfreien – In einem bisher unveröffentlichten Brief an den Sohn Hans vom 9. Mai 1911 heißt es: »Am Sonnabend war hier eine große Künstlerversammlung zur Schaffung eine juryfreien Ausstellung. Die Einberufer waren Kurt Herrmann, Julie Wolfthorn, Hellwag (von der Werkstatt der Kunst) und ich. Für den Ausschuß wurde ich vorschlagen, lehnte aber ab, weil es erstens sehr viel Arbeit macht und es viel besser ist, daß junge Kräfte da zu Wort kommen. Außerdem habe ich mich bei der Secession mißliebig genug gemacht durch Unterschreiben des Vinnenschen Aufsatzes. Der Vorstand des Künstlerbundes – Liebermann, Kessler, Kalckreuth, Klinger – haben Stellung gegen ihn genommen und Corinth als Vorsitzender der Secession auch. Da ist nun nichts zu machen. Ich will aber doch meinen Standpunkt zu vertreten versuchen.«

Bei dem erwähnten »Vinnenschen Aufsatz« handelt es sich um den von Carl Vinnen initiierten und formulierten »Protest deutscher Künstler« gegen die Überfremdung des deutschen Kunstlebens durch ausländische, besonders französische Kunst. Er war mit den Unterschriften und Kommentaren von 140 deutschen Künstlern, Kunstkritikern und Museumsdirektoren 1911 veröffentlicht worden (vgl. Paret, S. 261 ff.). Auch Käthe Kollwitz hatte unterschrieben, distanzierte sich aber schon am 20. Mai 1911 in einem Brief an den Sohn Hans: »Dann ging ich

noch zu den Franzosen rauf und gleich im ersten Raum – wo auch die famose Rodinbüste [...] ist – fiel mir schwer auf die Seele meine Unterschrift unter den Vinnenschen Protest. Denn hier sah ich wieder einmal die Franzosen in ganz guten Werken vertreten und sagte mir, daß die deutsche Kunst unter allen Umständen die romanische Befruchtung braucht. Die Franzosen sind eben mit ihren Sinnen viel glücklicher beanlagt für die Malerei, den Deutschen mangelt der koloristische Sinn und ein auf sich selbst stellen würde für Deutschland vielleicht bedeuten, daß es auf die malerischen Qualitäten der Dresdner Schule, die ich verabscheue, herauskommt. Natürlich sagte ich mir so etwas auch bevor ich Vinnen unterschrieb, aber ich war damals so erbost über die letzten Geschenke aus Paris, daß ich eben unterschrieb. Ich hätte mir lieber sagen sollen, die ganze Matisse-Periode wird ein Ende haben, das man ruhig abwarten müsse.«
Am 14. Oktober 1911 konnte die Ausstellung eröffnet werden. In einem Brief an Hans heißt es am 15. Oktober: »Gestern war ein fröhlicher Tag. Es wurde die Juryfreie eröffnet unter entsetzlichem Andrang des Publikums. Durch alle drei Stockwerke ein rasendes Gedränge. Die Ausstellung macht einen sehr guten Eindruck. Mit großem Geschick sind die langweiligen Sachen zusammen gruppiert und die besseren hängen in würdiger Gesellschaft. Es scheinen so weit ich gesehen habe viel gute und interessante Sachen da zu sein. Das Plakat stellt ein neugeborenes Kind dar, das von zwei Händen in die Höh gehoben wird und das furchtbar vergnügt kräht und von derber Konstitution zu sein scheint.«
Die Berliner Secession sah diese Abspaltungstendenzen ihrer Mitglieder mit Groll. Am 14. November 1911 schrieb Käthe Kollwitz an Hans: »Schrieb ich Dir schon von dem Corinthschen Bierabend? Ich glaube nicht. Bei Tisch saß ich neben [Waldemar] Rösler und neben diesem Liebermann. Ich wechselte dann mit Rösler, setzte mich neben Liebermann und sondierte über die Juryfreien. Er wetterte und fluchte, ließ mich gar nicht zu Wort kommen und ergoß seinen ganzen Zorn über mich. Nachher schieden wir in Frieden aber er sagt, raus (aus der Juryfreien) muß ich.« (Käthe-Kollwitz-Archiv, [der] Akademie der Künste [in] Berlin).

Anfang Oktober 1911

Hans bei Schriftsteller Jacobsohn – Siegfried Jacobsohn (1881–1926), Publizist und Theaterkritiker, gründete 1905 die Zeitschrift »Die Schaubühne«, die von 1918 an als »Die Weltbühne« erschien.

Wickersdorf – Die Freie Schulgemeinde Wickersdorf wurde 1906 von Gustav Wyneken und Paul Geheeb als Landerziehungsheim nach modernen pädagogischen Prinzipien gegründet. Georg Gretor war dort Schüler und zugleich Französischlehrer. Da die Versetzung von Peter Kollwitz zu Ostern 1912 gefährdet schien, überlegte die Familie, ihn bis zum Schulabschluß nach Wickersdorf zu schicken.

»Wilhelm Meisters theatralische Sendung« – Vermutlich war Käthe Kollwitz durch einen Aufsatz von Otto Pniower in der Neuen Rundschau, Jg. XXII, 1911, S. 1681 ff., zur Lektüre angeregt worden. In einem Brief an Hans vom 22. Oktober 1911 schreibt sie: »Aber etwas Wunderbares genieße ich jetzt, das ist Wilhelm Meisters theatralische Sendung. Ganz pietätvoll feierlich wird einem zumut, wenn man dies Buch anfängt zu lesen, das so ohne Überarbeitung und späteres Feilen aus Goethes eigentlich schönster Zeit stammt, nämlich vor Italien. Etwa acht Jahre hat er wohl daran gearbeitet und der Anfang datiert nur drei Jahre nach Werther. Davon überzeugt man sich aber auch auf jeder Seite. Alles ist so frisch, so konkret,

so naiv geschrieben, mir unendlich viel lieber als der spätere Wilhelm Meister. Jetzt versteh ich auch, was mir in dem bisherigen Wilhelm Meister immer unverständlich war, die Verschiedenheit der Sprache. Goethe hat als er später die Überarbeitung vornahm, ganz große Partien der ersten Fassung fast ungestrichen stehn lassen. So vieles, das meiste was mit der Marianne zusammenhängt, der wundervolle Brief den Wilhelm an sie schreibt und der anfängt ›Unter der lieben Hülle der Nacht‹, dann wie er die Musikanten unter ihr Fenster bringt und die Nacht auf der Bank verbringt, diese ganz wundervollen Stellen sind wörtlich aus dem frühen Meister herübergenommen, nur daß hie und da er später beschnitten hat, was ihm in der ersten Fassung wohl zu überschwenglich vorkam und was doch allemal das schönere war.« (Käthe-Kollwitz-Archiv, [der] Akademie der Künste [in] Berlin).

Neujahrstag 1912

Diese Gruppe – Mutter mit Kind (Wegner-Mappe Nr. 1), nur als Photographie erhalten.

Lily Brauns Broschüre – Lily Braun geb. von Kretschmann (1865–1916), Schriftstellerin und Frauenrechtlerin, publizierte zu Problemen des sozialen Lebens und der Frauenarbeit; sie hatte 1911 »Die Emanzipation des Kindes« veröffentlicht. Darin spricht sie sich gegen eine Erziehung aus, in der die individuellen Begabungen der Schüler nicht berücksichtigt werden, und weist auf die Gefahr der Schülerselbstmorde hin.

März 1912

mit einigen Sachen von Peter bei Liebermann – Am 3. März 1912 schreibt Käthe Kollwitz an den Sohn Hans: »Am vorigen Sonntag war ich wie Du weißt bei Liebermann. Ich wußte wohl, daß er kein Prophet sei und mir auch nichts Gewisses über Peters Zukunft sagen könnte, was ich von ihm wissen wollte war mehr, welche Ausbildung er einem so jungen Menschen zu geben raten würde. Er riet zu einer ganz festen Schule, Akademie oder Kunstgewerbemuseum. Dieses zog er noch vor, weil da jetzt sehr gute Kräfte unterrichten und vor allem nach Durchmachung des ganzen Kursus er pekuniär nicht so hilflos dasteht wie einer der von der Akademie kommt. Im Kunstgewerbemuseum lernen die jungen Leute *sämtliche* Techniken bis auf Glasmalerei, da findet man dann als junger Maler schon eher sein selbständiges Brot. Vor allem riet er ab von der eigentlich *landschaftlichen* Ausbildung. Seiner Meinung nach ist eine gute Landschaft erst das zuletzt Kommende. Er führte Monet, sich, eine ganze Reihe an, die vom Figürlichen ausgehend zur Landschaft kamen. Bei nichts sagt er, lernt man Zeichnen so gut wie beim Akt. Aktzeichnen ist das A und O jeden Malers. Das Handwerk lerne man ungleich besser bei den großen schweren Aufgaben, die das Figürliche mit sich bringt. Landschaft ist dann Stimmung, Ton, Auffassung. Ohne solides festes Können ist auch eine Landschaft unerträglich. Vor allem arbeiten. ›Und will er das nicht, so hat er keinen Charakter und wenn er keinen Charakter hat, so wird nichts aus ihm.‹« (Käthe-Kollwitz-Archiv, [der] Akademie der Künste [in] Berlin).

April 1912

zur Paula – Paula Hofferichter, eine Nichte von Käthe Kollwitz, hatte im Dezember 1911 den Gärtner Paul Kache geheiratet.

16. April 1912

Im Mai mit Peter in Florenz – Die Freundin Jeep hatte Käthe Kollwitz eingeladen, während ihrer Abwesenheit das Bonus-Haus oberhalb von Florenz zu bewohnen.

Juni 1912

Fräulein Friedländer – Lieselotte Friedländer (1898–1973), Mode- und Pressezeichnerin, Schülerin von Georg Tappert in Berlin, nach 1933 schuf sie unter Pseudonym Ballett-Ausstattungsentwürfe für Pariser Bühnen.

Oktober 1912

Lubochin – Rittergut Lubochin bei Dritschmin in Westpreußen, das von Rose Plehn, der Schwester der Studienfreundin Anna Plehn, bewirtschaftet wurde. Peter Kollwitz sollte dort in der Landwirtschaft arbeiten, um sich zu kräftigen und die Monate bis zum Beginn seines Kunststudiums sinnvoll zu verbringen.

an der kleinen plastischen Liebesgruppe – Liebespaar (frühe Fassung) um 1911 (Wegner-Mappe Nr. 2), nur als Photographie erhalten.

Ich fuhr nach Bonn – Hans Kollwitz studierte dort im Sommersemester 1912 Literaturgeschichte und Philosophie. Er hatte sich mit einer Kommilitonin angefreundet und die Mutter – besorgt, daß er sich zu früh binden könnte – nahm die Gelegenheit der Sonderbund-Ausstellung in Köln wahr, ihn zu besuchen und das Mädchen kennenzulernen.

Annie Bender (1890–1973), Studienfreundin von Hans Kollwitz, dem sie auch nach der Trennung Zeit ihres Lebens freundschaftlich verbunden blieb; später Schuldirektorin in Mönchengladbach und Köln.

Sonderbundausstellung – Unter der Leitung von Karl Ernst Osthaus fand in den Monaten Mai bis September 1912 die 4. Sonderbundausstellung statt, eine bahnbrechende Ausstellung für die moderne Kunst in Deutschland (vgl. Paret, S. 311).

Kampen – Die Sommerferien 1912 verbrachte die Familie Kollwitz auf der Nordseeinsel Sylt.

Nachmansohn – Studienfreund von Hans Kollwitz.

Gruppe Frau mit Kind – s. Anm. zum Neujahrstag 1912.

November 1912

Conrad-Gotzmann – Hedwig Conrad-Gotzmann, Berliner Malerin und Graphikerin.

Zitzewitz – Augusta von Zitzewitz (1880–1960), Berliner Malerin und Graphikerin, war vor allem als Porträtistin tätig. Sie ging 1912 auf Rat von Käthe Kollwitz nach Paris zu Jean Metzinger. Gedächtnisausstellungen waren 1961 in Berlin (West) und 1980/81 in Kiel zu sehen (vgl. auch Briefe der Freundschaft, S. 155ff., und Anm. zum 23. November 1917).

Heckendorf – Franz Heckendorf (1888–1962), Berliner Maler und Graphiker.

bei Trude gewesen – Die zweite Tochter von Gertrud und Heinrich Goesch, Manon, war, wie sich später herausstellte, geistig behindert.

Peters Schule hat angefangen – Peter Kollwitz besuchte ab Herbst 1912 – wie Max Liebermann empfohlen hatte – die Ausbildungsklasse des Berliner Kunstgewerbemuseums.

»Der Tod in Venedig« – Die Novelle war in der Neuen Rundschau als Vorabdruck erschienen (Jg. XXIII, 1912, S. 1368ff. und S. 1499ff.).

»Frühlingserwachen« – Drama von Frank Wedekind, Berliner Erstaufführung 1906. In einem Brief an den Sohn Hans schreibt Käthe Kollwitz: »Peter kommt heut doch nicht zum Schreiben. Der sitzt drüben über Frühlingserwachen. Ich hatte das Buch heute auf die Elektrische mitgenommen, es sind wohl bald zehn Jahre her seit ich es damals las. Auch heut war die Wirkung enorm. Der jugendliche Wedekind, das ist doch was sehr Starkes und Lebendiges. Seine späteren Sachen mag ich nicht, aber Frühlingserwachen, Erdgeist, Pandora! Wenn ich sie lese empfinde ich wieder etwas Ähnliches wie ich es damals empfand. Nämlich daß das Leben in seiner Gewalt, Wucht, Unerbittlichkeit fast nicht zu tragen ist. Das Nackte in seinen Sachen, das brutal Nackte, das leidenschaftlich Vergrößernde, das Krasse – ähnlich sah ich das Leben, nur daß eine Nuance bei mir vorherrschte, die bei ihm weniger betont wird. Ich glaube nicht, daß ich das Leben jetzt verschleierter sehe, im Gegenteil, aber ich sehe es mehr von weitem, übersehe es mehr und es scheint mir nun auch sinnvoller. Damals war es so, als ob man unmittelbar vor sich gewissermaßen mit der Nase darauf stoßend, einen Koloß hatte, von dessen Gefüge man nichts kannte, der durch krasse Beleuchtung grelles Licht und kohlschwarze Schatten bekam. Jetzt bin ich diesem Monstrum ferner gerückt, hab mich bekannt gemacht mit seinen Formen und es hat z. T. seine Schrecken verloren. Lese ich aber Wedekind dann schwinden wieder zwanzig Jahre aus meinem Leben, stecke ich wieder drin in dem leidenschaftlichen Gefühl des Sich-Wehren-Müssens gegen das Monstrum. Aber genug davon. Nochmal möchte ich übrigens kaum meine Jugend wieder durchleben, wohl aber die Jahre des Heraushebens aus dem Leidenszustand, des klar Empfindens meiner Kräfte. Schließlich aber geht das ähnlich wie bei einem Musikstück. Die Fugen greifen immer wieder durcheinander. Wenn man meint ein Thema ist beiseitegelegt, dann kommt es doch immer wieder zum Vorschein, nur freilich in etwas veränderter und abgebogener Gestalt, meist reicher. Und das ist ja auch sehr gut so.« (Käthe-Kollwitz-Archiv, [der] Akademie der Künste [in] Berlin).

Silvester 1912

Susanne [Friz] geb. Rupp (1880–1927), Cousine von Käthe Kollwitz, die sich mit ihrer Familie in einer wirtschaftlich schwierigen Situation befand.

Mai 1913

Friedrich Huch (1873–1913), Schriftsteller, verkehrte in den neunziger Jahren offenbar im Hause Kollwitz. Seine Mutter Marie schickte nach seinem frühen Tod einen warmherzigen Brief in die Weißenburgerstraße und dazu ein paar Worte von Friedrich Huch: »Ich schicke Ihnen die Worte, die Fritz mir im Sommer 1898 schrieb, als er Sie zum ersten Male wiedergesehen. Jetzt da er tot ist, da alles so lange vorüber, wird es Sie nicht verletzen. Auch nicht, daß er Ihren Vornamen mir gegenüber gebraucht. Wie zart er es tat, wie sein ganzes *Wesen* zarteste Verehrung war, wenn er von Ihnen sprach – Sie werden es sich denken können. – Daß er Ihnen später fernblieb – er hielt es wohl für besser für sich. Gesprochen hat er nie darüber. Der Einfluß, den Sie auf seine Jugendjahre ausgeübt, war ihm ein unverlierbarer Schatz. Und unverlierbar ist das Denkmal, das er Ihnen gesetzt in dem Jugendbild der Frau Ottilie. – Liebe Frau Kollwitz, ich grüße Sie von ganzem Herzen. Ihre Marie Huch.«

Und dazu die Sätze von Friedrich Huch: »[...] nachmittags ging ich zu Kollwitzs. – Die Käthe hat den alten Zauber für mich, es ist die einzige Frau, die ich wirklich geliebt habe« (Käthe-Kollwitz-Archiv, [der] Akademie der Künste [in] Berlin).

Mitte Mai 1913

Aufsatz von Hausenstein – Wilhelm Hausenstein: Der Idealist vor hundert Jahren und wir, in: Die Neue Rundschau, Jg. XXIV, 1913, S. 629ff.

»Gotische Zimmer« – Der Roman »Gotische Zimmer« von August Strindberg (1849–1912), der seit 1904 in deutscher Übersetzung vorlag. An den Sohn Hans schrieb Käthe Kollwitz am 8. Juni 1913: »Ich les jetzt immerfort Strindberg [...] Im ›Roten Zimmer‹, das ein vorzügliches männliches Buch ist, ist der spätere Strindberg erst angedeutet, in den ›Gotischen Zimmern‹ aber ganz entwickelt. Das ist das eigentliche Strindberg-Thema, der Geschlechterhaß bis zum Grotesken getrieben. Der Haß, der bis zu der Stärke gehen kann, daß er den Gehaßten tötet. Es sind da Partien drin, die sind ganz gewaltig [...] In allen Werken aus dieser Zeit ist das das ewige Thema, auseinandergehen durch sein Leiden, sich zerfleischen, hassen. Ein wahnsinnig übertriebenes aber grandioses Gemälde.« (Käthe-Kollwitz-Archiv, [der] Akademie der Künste [in] Berlin).

Juni 1913

Secessionskämpfe – Die Spannungen innerhalb der Secession, die schließlich zu ihrer Spaltung führten, lassen sich in den Briefen von Käthe Kollwitz an den Sohn Hans in Bonn gut verfolgen. Am 12. November 1912 schreibt sie: »Hast Du in der Zeitung gelesen, daß Cassirer Präsident der Secession werden will? Und wohl auch werden wird? Einstweilen ist es ja noch Corinth, aber man sucht ihn abzuschieben und er ist einverstanden damit, weil ihm das Amt zu schwer wird. Nun wäre es ja sehr gut hätte man Cassirer im Vorstand als Geschäftsführer oder dergleichen. Aber so billig macht er es nicht mehr, er will dann gleich 1. Präsident sein. Er hat eine große Gegnerschaft, die nicht will, daß ein Kunsthändler an der Spitze der Secession steht und die befürchtet, daß Salon Cassirer und Secession dann alles zusammenlaufen wird. Ich gehöre mit zu diesen Leuten. Falls es zu einem großen Austritt aus der Secession kommen sollte geh ich aber nicht mit. Viele halten sich natürlich ganz zurück. Übrigens soll Liebermann selbst dagegen sein, daß Cassirer an die Spitze trete. Es gab eine sehr stürmische Sitzung, der in Bälde wohl eine zweite folgen wird.«
Am 1. Dezember 1912 schreibt sie: »Daß ich in den Vorstand der Secession gekommen bin und zwar in den Vorstand unter Cassirers Präsidentschaft, davon hast Du sicher gelesen. Gegen seine Präsidentschaft hatte sich eine starke Opposition erhoben, der ich mich wieder einmal angeschlossen hatte. Diese Leute erklärten, Cassirer solle im Vorstand sein, Geschäftsführer, Ausstellungstechniker aber nicht Präsident. Und zwar vor allem aus zwei Gesichtspunkten heraus. Einmal weil er als Kunsthändler einen großen Salon hat und die Gefahr naheliegt, daß er die Secession als seinen erweiterten Salon benutzen wird. Andererseits weil er mit zwölf Mitgliedern der Secession (davon sitzen die meisten im Vorstand) einen geschäftlichen Kontrakt hat und nicht nur besonders für diese seine Auserwählten wird sorgen wollen, sondern auch zu befürchten ist, daß diese zwölf – besonders die Jungen, die durch ihn verdienen – ihm gegenüber eine abweichende Meinung nie zu haben wagen werden. In der letzten Sitzung gerieten sie fürchterlich aufeinander,

Cassirer und die Opposition, selbstverständlich setzte sich Cassirer durch und die Sache ist nun beschlossen. Im Vorstand waren bis jetzt: Barlach, Breyer, Kraus, Mosson, es kommen dazu Cassirer, Kurt Hermann, Gaul, ich, Slevogt, Tuaillon, Weiß. Dieser Vorstand macht nun Cassirer zum Präsidenten. Eine wie große Zahl von Mitgliedern nicht für Cassirers Präsidentschaft ist zeigte sich bei der geheimen Abstimmung für die Vorstandswahl. Slevogt bekam über 50 Stimmen, Gaul 40, Tuaillon 39, Cassirer nur 36, dann Weiß und Barlach 34, Kaus und ich 33, Breyer 32, Hermann 30, Mosson 28. Was nun die Vorstandswürde für Arbeit bringen wird und ob arg viele wird sich ja zeigen. Ich freue mich, daß ich hereingekommen bin, es ist mal etwas so ganz anderes und neues.«
Schon am 8. Dezember 1912 ist sie in einem Brief »nicht froh darüber. Zu anderer Zeit wäre es anders gewesen. Jetzt unter Cassirers Präsidentschaft – gegen welche ich bin – ist meine Stellung nicht angenehm. Vor allem fehlt mir der Mut, meine Meinung dort zu vertreten und ich merke mit Beschämung, daß ich mich auf einen Posten begeben habe, dem ich nicht gewachsen bin.«
Im ähnlichen Sinne heißt es am 2. Februar 1913: »Jetzt ist immer eine Secessionssitzung nach der anderen. Und ich bin meinem Schicksal wirklich nicht entgangen, sie haben mir ein greuliches Amt angepackt, nämlich 2. Schriftführer. D. h. wenn Baluschek fehlt, muß ich Protokoll führen usw. Ich wehrte mich und sagte ich könnte es nicht, aber Cassirer sagte, ich solle es versuchen, wenn ich es nicht kann, setzen sie mich wieder ab. So hab ich es nun wirklich auf dem Rücken. Wie mich dieses Amt aber beunruhigt siehst Du daraus, daß mir in der drauf folgenden Nacht träumte, die Secession hätte mich beauftragt, eine Unmenge roter Zettel an die Litfassäulen zu kleben. Da lief ich nun mit einem vorgebundenen Kleistertopf und einem großen Pinsel atemlos von Säule zu Säule und klebte meine roten Zettel auf, zitternd ich könnte es nicht recht machen. Abgesehen aber von diesen Sorgen, die ich damit habe, sind die Sitzungen mir interessant. Cassirer ist voller Pläne und ist wirklich eine solche Energie, daß er mir imponiert.«
Im Frühjahr 1913 spitzten sich die Dinge zu. In einem Brief an Hans vom 4. Mai 1913 heißt es: »Die Empörung gegen die Jury, die fünfundzwanzig Mitglieder refüsierte ist allgemein, die Refüsierten machen jetzt eine Ausstellung einige Häuser weit von der Secession. Eine Spaltung wird aber wohl nicht erfolgen. Schlimm ist es für uns Vorstandsmitglieder. Wir haben in der Jury radikal und nach Kräften gerecht juriert [...] es geschah das alles für die Sache, die Reorganisation. Jetzt hab ich leise Bedenken, ob wir alle – von Slevogt bis zu mir – nicht doch wieder die in gewissem Sinne von Cassirer Gefoppten waren, daß er uns gewissermaßen benutzte. Handeln mußten wir. Aber wie gesagt, das sind leise Gedanken. Ich werd ja weiter zusehn. Allmählich werd ich ja wohl aufhören, so dumm zu sein, daß ich alles für bare Münze nehme und mehr Kritik entwickeln.«
Bis zum 2. Juni 1913 hatte sie sich entschlossen: » Am Freitag ist wieder eine Generalversammlung, wo Liebermann erscheinen wird und Eintracht predigen. Hört man ihn nicht, dann spaltet sich unweigerlich die Secession.« Am 8. Juni beklagt sie: »Weißt Du, daß die Secession ausgelebt hat? Oder wenigstens in einem so kläglichen Bruchstück noch besteht, daß sie so gut wie tot ist? Auf der letzten Generalversammlung (vorgestern) wollte Liebermann versuchen, noch eine Einigung herbeizuführen. Unmittelbar vorher waren Oppositionsmitglieder bei ihm und teilten ihm mit, daß wenn er Cassirer nicht fallenließe, sie ihm Äußerungen mitteilen würden, die Cassirer über Liebermanns Familie gemacht hätte, die derartig wären, daß Liebermann Cassirer fordern müsse. Liebermann raste vor Wut, erstens mal

wies er die Leute aus seinem Haus und dann eröffnete er die Versammlung indem er sagte, er gäbe jeden Versuch eine Einigung herbeizuführen auf, weil die Kampfesweise der Opposition eine bodenlos gemeine sei. Dann sagte Slevogt, daß er von den Leuten von denen dieses ausging erwarte sie treten augenblicklich aus der Secession aus oder der Vorstand trete aus. Und da nichts von der Oppositionsseite geschah, erhob sich der ganze Vorstand, Liebermann an der Spitze, und ging heraus. Anschließen tat[en] sich etwa zwei Drittel der Versammlung, so daß nur die Opposition blieb. Es sind vierzehn Leute, leider darunter Corinth. Sie bilden jetzt die Secession. So ist nun das Ganze zerkracht, Gott weiß was nun werden wird.« (Käthe-Kollwitz-Archiv, [der] Akademie der Künste [in] Berlin).

Cassirer – Paul Cassirer (1871–1926), Kunsthändler und Verleger. Seit ihrer Gründung mit der Secession verbunden, 1912/13 ihr Vorsitzender, später Ehrenmitglied.

Slevogt – Max Slevogt (1868–1932), Maler und Graphiker, schloß sich früh der 1892 gegründeten Münchner Secession an, seit 1901 in Berlin, gehörte von 1902 an zum Vorstand der Berliner Secession.

Gaul – August Gaul (1869–1921), Maler und Graphiker, Erneuerer der deutschen Tierplastik. Gaul war Gründungsmitglied der Berliner Secession, seit 1902 im Vorstand.

Baluschek – Hans Baluschek (1870–1935), Maler und Graphiker, Mitbegründer der Berliner Secession, bekanntgeworden durch seine Darstellungen des Großstadtlebens.

Mosson – George Mosson (1851–1933), Maler, 1892 Gründungsmitglied der Vereinigung der XI, aus der die Berliner Secession hervorging.

Durch die geschmückte Stadt – Zu Ehren des 25jährigen Jubiläums der Thronbesteigung Wilhelms II.

unter Peters gemaltem Adler – Nicht mehr zu ermitteln; vermutlich hatte die Kunstgewerbeschule an der Ausschmückung der Stadt mitgearbeitet.

Peterichs schöne Plastik – Paul Peterich (1864–1937), Bildhauer, seit 1913 in Berlin.

Bruno Frank (1887–1945), Schriftsteller, emigrierte 1933 in die USA.

September 1913

Fräulein Löwenstein – Anny (Anna, Änny, Annie) Löwenstein (1871–1925), Malerin und Graphikerin in Berlin.

Fräulein Hönerbach – Margarete Hönerbach (geb. 1848), Malerin, Bildhauerin und Graphikerin, Leiterin der Berliner Künstlerinnenschule, an der Käthe Kollwitz von 1901 bis 1904 in den graphischen Techniken unterrichtete.

Wilhelm Goesch – Vater von Heinrich und Paul Goesch.

Hanna – Hanna Stern war mit siebzehn Jahren an das Deutsche Theater in Berlin engagiert worden. Sie lebte vorübergehend in der Weißenburgerstraße. Käthe Kollwitz schreibt am 20. Juni 1913 an Hans: »Wunderbar wie es bei der Schauspielerbegabung ist, daß ein *so* junger Mensch, dessen Lebenserfahrungen nur Bucherfahrungen sind, doch seine Rollen so geben kann, daß man meint, es sei alles erlebt.« (Käthe-Kollwitz-Archiv, [der] Akademie der Künste [in] Berlin).

5. Oktober 1913

Onkel Theobald – Theobald Rupp hatte sich an diesem Tag das Leben genommen.

»Belinde« – Herbert Eulenbergs Trauerspiel »Belinde« (1912).

Caroline – Caroline Schlegel-Schelling. Käthe Kollwitz hatte gerade eine Ausgabe ihrer Briefe geschenkt bekommen.

Hyazinth – Figur aus »Belinde«.

Oktober 1913

zum Hohen Meißner – Tagungsort des deutschen Wandervogels und der Freideutschen Jugend am 11. und 12. Oktober 1913.

Kongreß für Ästhetik – Vom 6. bis 9. Oktober 1913 fand auf Initiative des Berliner Philosophen Max Dessoir ein Kongreß für Ästhetik statt.

November 1913

Lina [Lusch] Rautenberg geb. Rupp (1875–1945), Cousine von Käthe Kollwitz, Tochter von Gertrud und Theobald Rupp.

»Unsere Toten leben fort« – Das Abschiedslied der Freien Gemeinde.

Waldeck Manasse (1864–1923), Stadtverordneter der SPD mit großen Verdiensten im Fürsorgewesen, war viele Jahre hindurch Sprecher der Freireligiösen Gemeinde in Berlin.

Ich arbeite die Liebesgruppe – Schon am 12. Januar 1913 hatte Käthe Kollwitz an Hans nach Bonn geschrieben: »Nach der kleinen Arbeit die ich im Sommer machte und von der Du einen Gipsabguß sahst, die kleine Liebesgruppe, habe ich jetzt frei gearbeitet, mindestens um das doppelte vergrößert. Nun ist endlich etwas herausgekommen was Ausdruck hat und auch technisch bestehn kann wie ich hoffe.« Über einen möglichen Einfluß Rodins auf diese Arbeit vgl. den Beitrag von Karin Breuer in »Skulptur des Expressionismus« (S. 129).

Landauer – Gustav Landauer (1870–1919), Schriftsteller und Politiker, seine Zeitschrift Der Sozialist, Organ des von ihm gegründeten Sozialistischen Bundes, erschien von 1909 bis 1915. Gustav Landauer wurde 1919 Mitglied der Bayerischen Räteregierung, am 2. Mai des gleichen Jahres von Freicorpsmitgliedern ermordet.

nach Leipzig zu Kranz fahren – Vermutlich ist der Dichter und Schriftsteller Herbert Kranz (1891–1973) gemeint, der in Leipzig deutsche Literatur und Geschichte studierte (vgl. a. d. Eintragung vom 28. Juli 1916).

Totensonntag 1913

Massenaustritt aus der Landeskirche – Die Kirchenaustrittsbewegung im Jahrzehnt vor dem Ersten Weltkrieg betraf vor allem die liberalen bürgerlichen Kreise. Während in den Jahren von 1884 bis 1905 die Zahl der Kirchenaustritte meist unter 4 000 blieb, stieg sie 1906 plötzlich auf 17 400 an und schwankte bis 1914 zwischen 14 300 und 29 300. Zu den Austrittszahlen aus der evangelischen Landeskirche vgl.: Die Religion in Geschichte und Gegenwart, Bd. III, S. 1343 ff.

Dezember 1913

den »Toten Tag« gelesen – Ernst Barlachs erstes Drama »Der tote Tag« erschien 1912 bei Cassirer in Berlin.

Reise nach Rußland – Viele Jahre beschäftigte Käthe Kollwitz der Plan, mit der russischen Sozialrevolutionärin Alexandra Michailowna (Sima) Kalmykowa (1849–1926) eine Rußlandreise zu machen. Sie hatte A. M. Kalmykowa, die sich seit 1901 vor allem in Frankreich und Deutschland aufhielt, 1904 – vermutlich durch Otto Ackermann – in Paris kennengelernt.
Alexandra M. Kalmykowa war vermögend und unterstützte als Buchhändlerin und Verlegerin auch finanziell die Herausgeber russischer sozialdemokratischer Zeitschriften und Bücher sowohl in Deutschland als auch in Rußland. Sie stand in konspirativen Kontakten zu Lenin und Rosa Luxemburg; nach der Revolution 1917 war sie im Schulwesen tätig. Über die Kontakte beider Frauen ist im einzelnen nichts bekannt. Offenbar war die Verbindung in den Jahren vor dem Ersten Weltkrieg abgebrochen. In einem Brief an den Sohn Hans schreibt Käthe Kollwitz am 23. Februar 1913: »Nach der Kalmikowa fragst Du. Wir wissen nichts von ihr. Damals sagte sie, wir sollten bereit sein, zum Mai. Aber schließlich kann man sich doch nicht ins Unbestimmte bereithalten. Zu dritt ist die Reise ja viel zu teuer. Höchstens daß Vater mitkommt.« (Käthe-Kollwitz-Archiv, [der] Akademie der Künste [in] Berlin). Erst 1927 hat Käthe Kollwitz Rußland kennengelernt (vgl. Anm. zum November 1927).

17. Dezember 1913

Walter Neumeister – Turnlehrer, Freund der Familien Kollwitz und Stern.

März 1914

Jetzt arbeite ich an Mutter und Kind – Plastik »Mutter mit Kind über der Schulter« (Wegner-Mappe Nr. 4), deren Datierung bisher unbekannt war.

Hoyer – Julius Hoyer, Freund von Peter Kollwitz, studierte mit ihm gemeinsam an der Kunstgewerbeschule, stand später auch Käthe Kollwitz sehr nahe. Hoyer ist im Herbst 1914 gefallen.

Maillol – Aristide Maillol (1861–1944), französischer Bildhauer und Graphiker.

10. April 1914

Rauchfangwerder – Sommerfrische bei Berlin.

Russensitzung – Nicht zu ermitteln. Könnte sich auf eine Vorstandssitzung der Secession beziehen.

Spirkel – ostpreußischer Ausdruck für gebratenen Speck.

Erklärung von Guttmann und Heinle – Es ging um Auseinandersetzungen in der Freien Studentenschaft an der Berliner Universität. Wilhelm Simon Guttmann und Christoph Friedrich Heinle hatten sich an die Spitze einer Grupe gestellt, die für eine Veränderung der Konzeption der Zeitschrift Der Anfang eintrat und einen Wechsel in der Redaktion forderte, die noch immer in den Händen von Georges Barbizon (Georg Gretor) lag. Walter Benjamin, der neugewählte Präsident der Freien Studentenschaft, versuchte zu vermitteln, stand jedoch innerlich auf der Seite seiner Freunde Guttmann und Heinle. Beide Seiten gaben Erklärungen ab und verfaßten Protokolle und andere Schriftstücke (vgl. Gershom Scholem [Hrsg.]: Walter Benjamin, Briefe, S. 99).

April 1914

Barbizon – d. i. Georg Gretor.

Benjamin – Walter Benjamin (1894–1940), Schriftsteller, Essayist, Kulturkritiker und Literaturwissenschaftler. War unter dem Pseudonym Ardor Mitarbeiter der Zeitschrift Der Anfang. Benjamin emigrierte 1933 nach Frankreich und nahm sich auf der Flucht aus dem unbesetzten Südfrankreich nach Spanien in Port Bou das Leben.

tritt ... aus dem gemeinsamen Sprechsaal aus – Der Sprechsaal war eine Institution der Freien Studentenschaft, die es Studenten und älteren Schülern ermöglichen sollte, miteinander in Kontakt zu kommen und ein Forum zu finden. Der Berliner Gründung am 28. Juni 1913 ging die Einrichtung eines vergleichbaren Sprechsaals in Wien voraus. Man hatte deshalb Siegfried Bernfeld aus Wien gebeten, über seine dortigen Erfahrungen zu berichten.

Wyneken – Gustav Wyneken (1875–1964), Pädagoge und Schulreformer, spielte mit seinen Forderungen nach einer eigenständigen Jugendkultur eine große Rolle in der Jugendbewegung und bei der Freien Studentenschaft.

Beide Briefe – nicht erhalten.

Blumenthal – Herbert Blumenthal, Freund Walter Benjamins, veröffentlichte unter dem Pseudonym Belmore in Der Anfang.

da er tags auf dem Bau arbeitet – Peter Kollwitz machte im Sommer 1914 im Rahmen seiner Ausbildung ein Praktikum als Maurer.

4. Mai 1914

Emil Arnoldt (1828–1905), Königsberger Kantforscher, in seiner Jugend stark von Julius Rupp beeinflußt, Freund und Verteidiger der Freien Gemeinde, der er jedoch nicht angehörte.

Juni 1914

Siegfried Bernfeld (1892–1953), Jugenderzieher, später Psychoanalytiker, gehörte der Jugendkulturbewegung Wynekens an. War 1913/14 Mitherausgeber der Zeitschrift Der Anfang, wandte sich später der jüdischen Jugendbewegung zu. Bernfeld hielt am 10. und 11. Juni zwei Vorträge in Berlin: »Zweierlei Jugend« und »Jugend und Alter«.

Noll – Richard Noll, der älteste der vier Freunde, mit denen Peter Kollwitz 1914 eine Norwegenfahrt unternahm, 1916 gefallen.

»Mirakel« – »Das Mirakel«, Mysterienspiel (1912) von Karl Gustav Vollmoeller, das in der Inszenierung Max Reinhardts im Berliner Zirkus Busch zum Ereignis der Theatersaison wurde. Der Aufsatz von Hans Kollwitz erschien in der Zeitschrift Die Aktion (Jg. 4, 1914, Sp. 631 f.). Er ist stilistisch dem frühen Hofmannsthal nachempfunden und bis zur Unverständlichkeit manieriert: »Hier aber lecken Tausende in der Großstadt an einer parfümierten Madonna und einem aus Schlagern zusammengesetzten Madonnenspiel als an seinen [Gottes] Offenbarungen.«

August 1914

Jaurès – Jean Jaurès (1859–1914), französischer Philosoph und Politiker, wegen seiner Verständigungsbereitschaft mit Deutschland am 31. Juli 1914 von einem fanatisierten Nationalisten ermordet.

Reschke – Vertreter von Karl Kollwitz in dessen Praxis.

Julius Rupp (1885–1964), Baumeister in Königsberg, Cousin von Käthe Kollwitz.

nach Österreich abzufahren – Max Wertheimer war österreichischer Staatsbürger und dort gestellungspflichtig.

aufs norwegische Konsulat – Peter Kollwitz war mit den Freunden Erich Krems, Hans Koch, Gottfried Laessig und Richard Noll auf einer Norwegenfahrt. Nach einer Bergtour hatten sie im Zug nach Bergen erfahren, daß Deutschland in den Krieg eingetreten sei. Der deutsche Konsul in Bergen riet ihnen, den Krieg über – der nach allgemeiner Ansicht nicht lange dauern werde – in Norwegen zu bleiben; außer Richard Noll war keiner von ihnen gestellungspflichtig. Sie kamen jedoch mit dem letzten Schiff, das nach Deutschland fuhr, zurück, um sich freiwillig zu melden.

4. August 1914

Reichstagssitzung, in der alles bewilligt wird – Am 4. August 1914 bewilligte der Reichstag die Kriegskredite. Die SPD-Fraktion stimmte unter Anwendung des Fraktionszwanges gegen eine Minderheit ihrer Abgeordneten zu.

6. August 1914

die Stube oben für Einquartierung – Das ein Stockwerk höher gelegene Zimmer, das zur Kollwitz-Wohnung gehörte. Die Kasernen waren auf den plötzlichen Ansturm von Reservisten und Freiwilligen nicht eingestellt, so daß private Quartiere für Offiziere und Mannschaften gesucht wurden.

Frauenhilfsaktion – Die bürgerliche Frauenbewegung hatte sich bei Kriegsausbruch sofort zum Nationalen Frauendienst zusammengeschlossen und die Betreuung ausziehender Soldaten sowie karitative und soziale Aufgaben übernommen. In vielen Städten war ihr eine Mitwirkung in der kommunalen Kriegshilfe eingeräumt worden, und sie hatte Mitspracherecht bei der Bewilligung von Arbeitslosen-, Miet- und anderen Unterstützungen. Ihre freiwilligen Mitarbeiterinnen machten Recherchen bei den Familien der Frontsoldaten, um deren Bedürfnisse festzustellen.

10. August 1914

die Franzer – Das Kaiser-Franz-Gardegrenadierregiment 2.

11. August 1914

Krems – Erich Krems (gefallen 1916), engster Freund von Peter Kollwitz und Hans Koch, junger Freund und Schüler Gustav Wynekens.

Durch Kochs Empfehlung – Der Vater von Hans und Walter Koch war im Kriegsministerium tätig.

13. August 1914

Schönwandt und Rosolio – Freunde von Hans Kollwitz. Im Tagebuch heißt es irrtümlich »mit dem Bruder Schönwandt«; von Hans Kollwitz korrigiert.

Walter Meier (gefallen 1916), aus dem Freundeskreis von Peter Kollwitz.

Koch – Hans Koch (geb. 1896), der einzige aus dem Freundeskreis von Peter Kollwitz, der den Krieg überlebte. Er wurde nach schwerer Verwundung 1916 aus dem Militär entlassen. Nach verschiedenen Experimenten mit neuen Formen des gesellschaftlichen Zusammenlebens (Stadtkommune, Gemeinschaftssiedlung u. a. m.) wurde er Unternehmer, lebt in Meinerzhagen im Sauerland.

Kriegsnovelle von Liliencron – Detlev von Liliencron (1844–1909), Erzähler, Lyriker und Dramatiker, schilderte seine Kriegserlebnisse von 1866 und vor allem aus dem Deutsch-Französischen Krieg 1870/71 in naturalistischen, spannenden Darstellungen. Seine Kriegserzählungen und -gedichte kamen der nationalen Begeisterung von 1914 entgegen. Die Eintragung bezieht sich auf die Novelle »Der Narr«.

16. August 1914

den Blochschen Artikel – Joseph Bloch: Der Krieg und die Sozialdemokratie, in: Sozialistische Monatshefte, Jg. 20, 1914, S. 1023ff. Bloch teilt darin die Meinung der Mehrheit der deutschen Sozialdemokraten, die im August 1914 auch die Haltung der Familie Kollwitz war: »In dem größten Krieg der Weltgeschichte, der jetzt begonnen hat, hat die deutsche Nation den Willen zum Sieg. Sie darf ihn haben, weil sie für eine innerlich gerechte Sache kämpft. Daher wird sie siegen.«

18. August 1914

Lothar Brandes (gefallen 1916), Freund von Peter Kollwitz.

23. August 1914

Minna Cauer (1842–1922), führende Persönlichkeit der bürgerlichen Frauenbewegung.

24. August 1914

Viel Arbeit im Frauendienst – In einem Brief an die Freundin Jeep heißt es: »Ich denke an Deinen Brief und Deinen Rat zu zeichnen [...] Einstweilen, habe ich das Empfinden, gehören die Kräfte des Einzelnen der Gesamtheit. Du wirst sagen, ich arbeite auch für die Gesamtheit, wenn ich zeichne. Doch nicht in dem Grade. Kinder und Frauen satt zu machen geht jetzt vor« (Bonus-Jeep, S. 120).

sozialdemokratische Frauenversammlung – Die sozialdemokratischen Frauen hatten sich dem Nationalen Frauendienst nicht angeschlossen, sondern einen eigenen Wohlfahrtsdienst aufgebaut (vgl. Evans, S. 272).

27. August 1914

Gabriele Reuter (1859–1941), Schriftstellerin und Publizistin, der die Frauenbewegung wesentliche Impulse verdankte. Am 26. August veröffentlichte sie auf der

Titelseite des Tag unter der Überschrift »Was fordert der Krieg von den Frauen?« einen Artikel, in dem sie den Frieden mit einem Sterbenden vergleicht: »Wenn die Stunde da ist, die Gott genannt hat, müssen wir Menschen tragen, was zu tragen ist [...] Sie sollen hier nicht ausgemalt werden, die Scheidestunden von Söhnen, Gatten, Brüdern, mit ihren bitteren Qualen, mit ihrer Wollust wilden Glücks in der Hingabe des Liebsten, das Frauen besitzen, für den blutigen Dienst ums teure deutsche Land.«

Gedichte von der Droste – Annette von Droste-Hülshoff, »Nach fünfzehn Jahren«.

8. September 1914

Durchreise – Ein Teil der Königsberger Verwandten war aus dem von der russischen Armee bedrohten Ostpreußen geflüchtet.

Sedan – Der Jahrestag der Entscheidungsschlacht im Deutsch-Französischen Krieg und der Gefangennahme Napoleons III. am 2. September 1870 war ein nationaler Feiertag. Der neuerlichen Eroberung Sedans im August 1914 wurde ein symbolischer Wert beigemessen, der bei weitem über die militärische Bedeutung hinausging.

Poincarés Flucht – Raymond Poincaré (1860–1934), von 1913 bis 1920 Präsident der Dritten Republik, Symbolfigur der französischen Einheit und des militärischen Durchhaltewillens, war wegen des Vorstoßes deutscher Truppen auf Paris mit der Regierung nach Bordeaux ausgewichen.

Ludwig Frank (1874–1914), Rechtsanwalt, sozialdemokratischer Politiker, Mitbegründer der sozialistischen Arbeiterjugendbewegung, war 1906 bis 1908 Redakteur der Zeitschrift Die junge Garde, von 1907 bis 1914 Reichstagsabgeordneter, als Kriegsfreiwilliger gefallen.

Theodor Stern (1862–1926), älterer Bruder von Georg Stern, Teehändler in der alten Königsberger Firma Stern & Behrendt, die auch Niederlassungen in Peking und Moskau hatte.

26. September 1914

Gide – André Gide (1869–1951), französischer Schriftsteller, hatte großen Einfluß auf die intellektuelle Jugend. Die Dialogschrift »Die Rückkehr des Verlorenen Sohnes« (1907) erschien 1914 in der Übertragung von Rainer Maria Rilke.

der Bruder Koch – Walter Koch (1887–1968), Bibliothekar, der ältere Bruder von Peters Freund Hans Koch. Walter Koch war zeitweise Mitarbeiter der Sozialistischen Monatshefte.

Fräulein Ziese – Gertrud Ziese, die Verlobte und spätere Frau von Walter Koch.

Gold – Alfred Gold (geb. 1874), österreichischer Kunstkritiker und Journalist, während Paul Cassirers Einsatz an der Front verantwortlich für den Inhalt der Wochenschrift Kriegszeit.

das Stehrsche Gedicht – Hermann Stehr »Der Krieg bricht los«, in: Die Neue Rundschau, Jg. XXIII, 1914, S. 1185.

zu Franks Tode für die »Kriegszeit« – Paul Cassirer gründete die illustrierte patriotische Wochenschrift im August 1914, 1916 trat an ihre Stelle Der Bildermann. Jede Nummer brachte vier ganzseitige Lithographien, u. a. von Liebermann, Barlach, Gaul. Der Erlös der Zeitschrift auf einfachem Papier (Preis 15, später 20 Pfennig) sollte notleidenden Künstlern und deren Familien zugute kommen (vgl. Paret,

S. 339). Für die Zeichnung zum Tode Ludwig Franks sind drei Entwürfe erhalten (Nagel/Timm 717–719), in denen die Unsicherheit der Künstlerin gegenüber dem Thema deutlich wird. Auch auf einer späteren Lithographie, auf der sich vier Arbeiter scheu und verhalten über den Toten beugen, hat sie »nicht gut« vermerkt und den Stein zerstört (»Dem Andenken Ludwig Franks«, Klipstein 127).
Käthe Kollwitz hat nur ein Blatt zur Kriegszeit beigesteuert (Nr. 10, 28. Oktober 1914): »Das Warten« (Klipstein 126), in der Zeitschrift noch »Das Bangen« benannt. Das Blatt hebt sich deutlich vom patriotischen Optimismus und der undifferenzierten Kriegsbegeisterung ihrer Künstlerkollegen ab.

Kobilca – Mitstudentin aus der Münchner Zeit.

Luise Zietz (1865–1922), sozialdemokratische Frauenrechtlerin und Propagandistin. 1914 rief sie die sozialdemokratischen Frauen auf, »angesichts der unsäglichen Not und des furchtbaren Jammers, die der Krieg über die Arbeiterfamilien bringt, den verzweifelten Frauen, den verwaisten Kindern, den Arbeitslosen, den Kranken und Leidenden mit Rat und Tat beizustehen« (Osterroth, S. 342). Käthe Kollwitz wandte sich an sie, denn »die Arbeit für die Arbeitslosen hier – deren Zahl enorm ist – nimmt meine Zeit bis zwei Uhr mittags ganz und gar in Anspruch. Und ich muß sie konsequent durchführen, wenn sie überhaupt Sinn haben soll« (Bonus-Jeep, S. 120).

28. September 1914

Burzew und Kropotkin – Die russischen Revolutionäre Wladimir L. Burzew (1862–1936) und Fürst Pjotr A. Kropotkin (1842–1921) hatten im westeuropäischen Exil erklärt, daß sie ohne Einschränkung auf der Seite Rußlands stünden.

11. Oktober 1914

später kommen Haases – Vermutlich die Eltern von Hugo Haase (1863–1919), der ein Alters- und Studiengenosse von Karl Kollwitz und Konrad Schmidt war.

16. Oktober 1914

zeichne ich abends den Hans – »Selbstbildnis mit dem Sohn Hans« (Nagel/Timm 732). Timm setzt als Entstehungszeit 1914 bis 1916 an, die stilistische Nähe zur Lithographie »Das Warten« legt jedoch nahe, die Eintragung vom 16. Oktober 1914 als Anhaltspunkt zur Datierung heranzuziehen.

18. Oktober 1914

Heinrich von Kleist: Was gilt es in diesem Kriege?« – (Erstdruck 1809 in der Germania), erschienen in: Forum, Oktober 1914, S. 295.

28. Oktober 1914

Ich sage Hans, – Der Tagebuchtext bricht an dieser Stelle nach dem Komma ab.

10. November 1914

Von allem was Hans Koch ... erzählte – Es liegt ein bisher unveröffentlichter Bericht von Hans Koch »Kriegserlebnisse von Hans aus dem Schützengraben« vor: »Der Morgen kam bald. Wie es wohl oben aussehen würde? Und ich fragte einen: ›Wo liegt er denn, der gefallen ist?‹ – ›Hier gleich oben, zwei Schritt vom Ausgang.‹ Ich stieg aus der Deckung und sah – – – – Er mußte ganz in meiner Nähe gelegen haben: Da lag nur Einer, der erste Tote der Kompagnie – und das mußtest Du sein – Peter?! – –
Er lag da, das Gewehr im Anschlag, das rechte Knie etwas an den Körper herangezogen, als ob er lebte – nur der Kopf war zu Boden gesunken. Aber er konnte keine Schmerzen gehabt haben, sonst hätte er doch noch eine kleine Bewegung – vielleicht mit der Hand – gemacht. – – und nun wußte ich auch plötzlich – wer in der Nacht sein Gewehr nicht losgelassen hatte!
Dann nahm ich einen Spaten und fing an, am Eingang zum Gehöft ein rechteckiges Stück Erde auszuheben. Bald kamen andere und halfen: Er sollte doch wenigstens noch ein schönes Grab bekommen.
Das Grab war fertig, als wir plötzlich wieder Feuer bekamen. Jeder suchte Deckung, wo er gerade stand. Und so legte ich mich denn in das Grab und wartete, bis das Sausen in der Luft ein Ende hatte. Dann stand ich auf u[nd] schaufelte weiter. – – – Ich hatte schließlich keine Kraft mehr, mein Fühlen zu beherrschen. Und als sie den Freund in die braune Zeltbahn schlugen und ins Grab legten, ging ich beiseite – – – Sie sollten wenigstens nicht sehen, wie ich weich wurde – – – –
Als ich mich umwandte sah ich, wie eine herrliche Gestalt an das Grab trat – mit weißen Haaren, aber die Züge noch jugendfrisch: Das war der Graf, der Führer des Bataillons. Und nun sprach er mit fester ernster Stimme – und seine Worte schlossen mit dem Spruch: »Sei getreu bis in den Tod, so will ich Dir die Krone des Lebens geben!« Und er nahm als erster einen Eichenzweig und steckte ihn auf den Hügel. Nach ihm der Hauptmann – und der Leutnant ließ ein Kreuz zimmern und schrieb darauf: Hier starb den Heldentod für's Vaterland Peter Kollwitz, Kriegsfreiwilliger Res. Inf. Reg. 207. Wir gruben es zu Häupten ein; belegten den Hügel mit Rasenstücken und steckten herbstfarbene Eichenzweige dazwischen und ein paar größere Äste an das Kreuz.«
Etwas abweichend ist der Bericht des Leutnants Keim, den Käthe Kollwitz in einem Brief vom 29. November 1914 an den Sohn Hans wiedergibt: »Mein Junge – soeben war Keim hier. Er ist unmittelbar neben Peter gewesen. Er sagt sie hätten den gedeckten Graben gehabt, in dem wäre ein Teil gewesen, ein anderer Teil wäre in dem Chausseegraben an der anderen Seite der Chaussee gewesen. Er und neben ihm Peter. Es wäre arg geschossen worden, so daß Keim das Kommando gegeben hatte: alles wieder rüber in den Schützengraben. Dieses Kommando hätte Peter laut weitergegeben und sich aufgerichtet um über die Chaussee zu laufen, in dem Augenblick hätte ihn die Kugel getroffen. Keim und die anderen haben ihn in den Schützengraben gezogen, weil sie glaubten er wäre nur verwundet – er ist in dem Moment tot gewesen.« (Käthe-Kollwitz-Archiv, [der] Akademie der Künste [in] Berlin).

1. Dezember 1914

Reicke – Georg Reicke (1863–1923), Schriftsteller, seit 1903 Zweiter Bürgermeister von Berlin.

3. Dezember 1914

Liebknecht – Karl Liebknecht (1871–1919), Rechtsanwalt, seit 1899 in Berlin, wurde im Jahre 1900 Mitglied der SPD; 1901 sozialdemokratischer Berliner Stadtverordneter, 1908 Mitglied des Preußischen Abgeordnetenhauses, 1912 Mitglied des Reichstages. In der Reichstagssitzung vom 2. Dezember 1914 stimmte er als einziger gegen die zweite Kriegskreditvorlage. Er hatte großen Einfluß auf den linken Flügel der SPD, der sich 1916 als selbständige Fraktion konstituierte. In der Revolution 1918 stand er mit Rosa Luxemburg an der Spitze des Spartakusbundes und war maßgeblich an der Gründung der Kommunistischen Partei Deutschlands beteiligt; am 15. Januar 1919 wurde er ermordet.

12. Dezember 1914

Abends ... kommt Telegramm – Telegramm von Karl Kollwitz aus Spa, in dem mitgeteilt wird, der Zustand von Hans sei gut.

Silvester 1914

Ernestine Castell – Führende Persönlichkeit in der Königsberger Freien Gemeinde.

Jean Rosenberg (gefallen 1918), Freund von Peter Kollwitz.

14. Januar 1915

Frau mit dem Kind im Schoß – s. Anm. zum 9. September 1910.

6. Februar 1915

er ist *tot* – Der 6. Februar war der Geburtstag von Peter Kollwitz.

11. Juni 1915

»Lusitania« – Am 7. Mai 1915 wurde der britische Passagierdampfer »Lusitania« auf dem Weg von New York nach Europa durch ein deutsches Unterseeboot versenkt. Das Passagierschiff transportierte auch Kriegsmaterial; 1198 Menschen fanden den Tod.

Aufsatz ... über Clausewitz – Lucia Dora Frost: »Clausewitz«, in: Die Neue Rundschau, Jg. XXIV, 1915, S. 800ff.

Kuhn machte ... einen Gipsabguß – Erich Kuhn (geb. 1890), Bildhauer und Graphiker, betrieb in Berlin auch eine Gips- und Modellgießerei.

Bonus – Arthur Bonus (1864–1941), Theologe und Schriftsteller, verheiratet mit Beate Jeep, zunächst Pfarrer in Groß-Muckrow (Mark Brandenburg), wegen eines Unfalls vorzeitig pensioniert. Von 1902 an widmete er sich seinen vielfältigen schriftstellerischen, theologischen, religionsgeschichtlichen und pädagogischen Interessen, die ihn weit von seiner ursprünglichen religiösen Haltung wegführten. Auch Arthur Bonus stand in enger freundschaftlicher Beziehung zu Käthe und Karl Kollwitz (vgl. Anm. zum 13. Mai 1910).

Troeltsch – Ernst Troeltsch (1865–1923), Philosoph, Theologe und Historiker, seit 1915 Professor für Philosophie an der Berliner Universität.

1. August 1915

Heinz Heck (1894–1982), Zoologe und Zoodirektor, erster Ehemann von Regula Stern.

12. August 1915

Burgfrieden – »Stillhalteabkommen« der Fraktionen im Reichstag hinsichtlich der Kriegführung des Deutschen Reiches von 1914 bis 1917.

28. August 1915

von Tolstoi die Geschichte … – »Die beiden Alten«, aus den »Volkserzählungen« (1886, deutsch 1907).

September 1915

Was ist überhaupt Ziel – Diese Eintragung findet sich nicht im fortlaufenden Tagebuch-Text, sondern ist auf einem losen Blatt beigegeben.

6. Oktober 1915

die fürchterliche Offensive – Der französische Oberbefehlshaber, General Joffre, versuchte, mit einem großen Gegenangriff Anfang September 1915 einen Durchbruch der Front zu erreichen und die deutschen Truppen aus Frankreich herauszudrängen.

Totenfest 1915

Walther Heymann (1882–1915), Schriftsteller. Käthe Kollwitz schreibt über ihn am 21. Dezember 1915 an Hans: »Walther Heymann, der Königsberger Dichter ist gefallen. Er hat einmal über mich einen guten Aufsatz geschrieben und war damals bei mir, darum kenne ich ihn. Im Theater machte er mich mit seiner ganz alten Mutter bekannt, die ihn sehr liebte und Gott sei Dank vor ihm gestorben ist. Vor einem Jahr etwa. Er schrieb es mir damals. Er heiratete dann eine Königsberger Malerin. Jetzt ist er tot.« (Käthe-Kollwitz-Archiv, [der] Akademie der Künste [in] Berlin).

Weihnachten 1915

Michael Kramer – Das Künstlerdrama »Michael Kramer« von Gerhart Hauptmann erschien 1900 in Berlin.

2. Januar 1916

Hans und Peterchen, angefaßt. – Mit der über die ganze Zeile gezogenen Eintragung »Krieg. Immer noch.« unter der Datumsangabe »1916« beginnt ein neues, das 3. Tagebuchheft; die erste Notiz stammt vom 4. Januar. Die letzten Seiten des 2. Heftes enthalten später eingetragene Notizen aus dem Jahr 1916, die unmittelbar mit dem gefallenen Sohn und seinen Freunden zu tun haben. Diese Eintragungen sind hier wiedergegeben:

6. Februar [1916]. Heute vor 20 Jahren hab ich Dich geboren. In Deine Stube scheint die Sonne. Rote, gelbe und weiße Tulpen stehn auf Deinem Tisch. Auf Deinem Stuhl am Bett, und blaue Crocus. Ein Wachslicht brennt vor dem Kinderbildchen, wo ihr nebeneinander steht. Angefaßt.

»Das Lebendige will ich preisen,
das nach Flammentod sich sehnt.« [Goethe]

Erich Krems ist gefallen. Am Freitag 10. März war Hans Koch hier. Wir sprachen von Peter, Erich Gottfried und Noll. Besonders vom Erich. Er fiel am selben Tage.

Peter und Erich.

»Am Freitag vormittag stürmte Erich mit seiner Kompagnie den Rabenwald. Da erhoben die Franzosen die Hände, als ob sie sich ergeben wollten. Erich ging auf sie zu und sprach einige Worte mit ihnen. Plötzlich krachte aus ihrer Reihe der Schuß, der Erich niederstreckte. Ob die Unsrigen den feigen Mord gerächt haben, weiß ich nicht.«

Ich arbeite. Peter, so hast Du mich damals als kleiner Junge getröstet: »Sei man still, Mutter, es wird auch sehr schön.«

»Wer in der Sonne kämpft, ein Sohn der Erde,
Und feurig geißelt das Gespann der Pferde,
Wer brünstig ringt nach eines Zieles Ferne
Von Staub umwölkt – wie glaubt der die Sterne?

Doch das Gespann erlahmt, die Pfade dunkeln,
Die ewgen Lichter fangen an zu funkeln,
Die heiligen Gesetze werden sichtbar
Das Kampfgeschrei verstummt. – Der Tag ist richtbar.«

Conrad Ferdinand Meyer

1. Mai 1916. Die Schwalben sind wieder da.

Am Montag den 17. Juli 1916 geht Hans heraus. Als Sanitäts-Vizefeldwebel bei den Luftschiffern. Gaskolonne. Zu Linsingen. Die Abfahrt verspätet sich. Nach 1 Uhr geht der Zug ab.

Von Gottfried Laessig ist am 27. Februar die letzte Nachricht gekommen. Er ist wohl noch vor Erich gefallen. Auch Lothar Brandes ist gefallen.

Auch Walter Meyer ist gefallen.

1. August 1916.

Nun ist auch Richard Noll gefallen. Am 27. September 1916. Nun lebt nur noch einer von den Norwegen-Jungen. Nun lebt nur noch unser Hans und Hoyer und Hans Koch von diesen Jungen, die alle, wie Perlen an einer Kette, edel schön und höchst wertvoll waren. Wird das nun der letzte sein, um den wir weinen?

[Ende der nachgetragenen Notizen im 2. Heft]

4. Januar 1916

Madelung – Aage Madelung (1872–1949), dänischer Schriftsteller; im Ersten Weltkrieg deutscher Kriegsberichterstatter.
Tilla [Mathilde] Rupp (1888–1926), Cousine von Käthe Kollwitz in Königsberg.

5. Januar 1916

Im Original irrtümlich 6. Januar.

6. Januar 1916

Hin und Her wegen Degner – Arthur Degner (1887–1972), Maler und Graphiker; Hintergründe nicht zu ermitteln.

7. Januar 1916

Vorstandssitzung – Von 1913 bis 1916 gehörte Käthe Kollwitz dem Vorstand der Freien Secession an, der nach der Spaltung 1913 gegründeten Nachfolgeorganisation der Berliner Secession.

9. Januar 1916

Frau Landauer – Hedwig Landauer geb. Lachmann, verheiratet mit dem Philosophen und Politiker Gustav Landauer. Kathrine Laessig veröffentlichte gelegentlich in der von ihm herausgegebenen Zeitschrift Der Sozialist.

10. Januar 1916

Wollte Hanna sehn – Hanna Stern, die ein Engagement in Frankfurt/M. angenommen hatte.

12. Januar 1916

Meid – Hans Meid (1883–1957), Graphiker und Illustrator, vor allem Radierer.
Hettner – Otto Herrmann Hettner (1875–1931), Maler, Graphiker und Bildhauer, bis 1904 vorwiegend in Paris, bis 1911 in Florenz, seit 1917 in Dresden, wo er sich durch seine kräftigere Malweise von der Dresdner Schule des Impressionismus abhob (vgl. Anm. zum 6. September 1911).
Barlach: »Der tote Tag« – Barlachs Lithographien zu seinem Drama »Der tote Tag«, an dem er von 1906 bis 1912 arbeitete, stammen aus dem Jahr 1910. Sie erschienen als Mappenwerk bei Paul Cassirer.
Wiener Kunstschau – Der österreichische Maler Carl Moll hatte in den Räumen der Berliner Secession am Kurfürstendamm eine Ausstellung arrangiert, in der er neben eigenen Werken vor allem Arbeiten von Gustav Klimt, Berthold Löffler, Egon Schiele und Oskar Kokoschka vorstellte.
Alles Charakter Mopp – Max Oppenheimer (Signatur »Mopp«, 1885–1954), österreichischer Maler und Graphiker, auch Schriftsteller, vor allem Porträt- und Pressezeichner, lebte in Berlin.

Munch – Edvard Munch (1863–1944), norwegischer Maler und Graphiker, einer der Wegbereiter des Expressionismus in Europa.

14. Januar 1916

Carl Hauptmann »Tedeum« – Das expressionistische Drama »Krieg. Ein Tedeum«, eine Absage an Heroismus und opferseligen Nationalismus, erschien 1914, als die Mehrzahl der deutschen Schriftsteller noch die allgemeine Kriegsbegeisterung teilte.

15. Januar 1916

Frau Macke – Elisabeth Erdmann-Macke, Witwe des zu Kriegsbeginn gefallenen Malers August Macke (1887–1914).
meine Plastik – Das »Liebespaar« (Wegner-Mappe Nr. 4).

16. Januar 1916

Kriegsausstellung – Wanderausstellung der Städtischen Kunsthalle Mannheim im Berliner Kunstgewerbemuseum, die einen Überblick über alte und neue Kriegerdenkmäler bot.

19. Januar 1916

am Aufbau der Frau – die Frauenfigur des Denkmals für Peter (s. auch Eintragung vom 13. Januar 1916).

20. Januar 1916

Aufsatz von Troeltsch – Ernst Troeltsch: »Die Idee von der Freiheit«, in: Neue Rundschau, Jg. XXV, 1916, S. 50ff.

21. Januar 1916

Soost aufgesucht – Arbeiterfamilie aus der Nachbarschaft, Patienten von Karl Kollwitz.

22. Januar 1916

Weiß – Emil Rudolf Weiß (1875–1942), Maler und Graphiker, herausragender Buch- und Schriftgestalter, Entwerfer für Kunsthandwerk, verheiratet mit der Bildhauerin Renée Sintenis, seit 1907 Professor für Malerei in Berlin, 1933 aus der Preußischen Akademie der Künste entlassen.
Moll – Oskar Moll (1875–1947), Maler und Graphiker, Schüler von Walter Leistikow, Lovis Corinth und Henri Matisse, 1933 aus den Lehrämtern entlassen.

23. Januar 1916

»Judas Makkabäus« – Oratorium von Georg Friedrich Händel.

Orlik – Emil Orlik (1870–1932), Maler, Graphiker und Zeichner, Erneuerer des deutschen Farbholzschnittes, auch als Bühnenbildner tätig, von 1905 bis 1925 als Lehrer an der Berliner Kunstgewerbeschule. – Das erwähnte Verfahren der Visierung wird von Albrecht Dürer in seiner theoretischen Schrift »Unterweisung der Messung« (1525) dargestellt.

Hodler – Ferdinand Hodler (1853–1918), schweizer Maler, einer der Wegbereiter der europäischen Moderne.

Benno – Benno Laessig, jüngster Bruder von Kathrine Laessig.

27. Januar 1916

Lehrs – Max Lehrs (1855–1938), Kunsthistoriker, Direktor der Kupferstichkabinette in Dresden (zunächst als Assistent 1883–1904, als Leiter 1908–1924) und Berlin (1904–1908), ein früher und engagierter Förderer und Bewunderer des Schaffens von Käthe Kollwitz. Er hatte bereits 1898 den »Weberaufstand« und drei weitere frühe Radierungen angekauft; 1902 verfügte die Dresdner Sammlung über 87 Kollwitz-Blätter. Auch das erste Werkverzeichnis der Druckgrafik von Käthe Kollwitz ist durch Max Lehrs erarbeitet worden; es erschien 1903 in der Zeitschrift Die graphischen Künste und umfaßte 50 Nummern. Während seiner Tätigkeit als Leiter des Berliner Kupferstichkabinetts baute Max Lehrs auch dort den Bestand an Kollwitz-Blättern aus und trat mit der Künstlerin und ihrer Familie in einen engeren persönlichen Kontakt, der sich nach Lehrs Rückkehr nach Dresden brieflich fortsetzte (vgl. Schmidt, S. 19ff.).

28.–30. Januar 1916

Die schönen alten Bilder kommen – Ausstellung der Freien Secession mit Werken vestorbener Meister.

Degas – Edgar Degas (1834–1917), französischer Maler und Graphiker, auch Plastiker.

Meine unangenehme Stellung in der Jury – Zwei Jahre später, am 30. April 1918, hat sich Käthe Kollwitz in einem Brief (Name des Empfängers nicht bekannt) ausführlich zur Frage der Zulassung von Frauen zum Kunststudium geäußert: »Ich bin für Zulassung der Frauen zu den Staatlichen Kunstakademien, jedoch für eine scharfe Auslese bei der Aufnahme, damit die breite unterdurchschnittliche Frauenkunst nicht noch mehr gefördert werde.
Künstlerische Begabung ist bei Mädchen, besonders in ganz frühem Alter reichlich zu finden. Die Entwicklung entspricht dann meist nicht den Ansätzen und im Ganzen und Großen kann man sagen, daß die Frauen nicht Erhebliches für die bildende Kunst beitragen. Beweis sind die meist trostlos mittelmäßigen Frauenausstellungen.
Woher kommt dieser im Ganzen tiefe Stand der Frauenkunst? Ich halte ihn durch die bisherigen Möglichkeiten der Ausbildung nicht für allein bedingt, glaube im Gegenteil, daß die Klippen für das Talent in den meisten Fällen erst nach dem Studium auftauchen.
Immerhin ist die bisherige Ausbildungsmöglichkeit auch mit ein Grund für den an Frauen so oft beobachteten künstlerischen Stillstand und man dürfte eigentlich vor Schaffung gemeinsamer gleicher Studiumsmöglichkeit ein Urteil über Wert der Frauenkunst nicht fällen.

Ich bin darum für Zulassung der Mädchen in staatliche Kunstakademien. Doch nehme man nur Mädchen auf, deren Beanlagung außer Frage ist. Man lasse sie aber dann gemeinsam mit den jungen Männern an allen Fächern teilnehmen, selbstverständlich auch am Aktzeichnen. Die Förderung der Studierenden untereinander ist so wichtig wie die durch den Unterricht. Gerade Mädchen werden durch das gemeinsame Studium angeregt und gefördert werden.
Da aber – wenigstens in Preußen – nicht viel Wahrscheinlichkeit für Zulassung der Frauen an die Kunstakademien besteht, wäre auch dieses schon sehr zu begrüßen, wenn der Staat sich zur Schaffung weiblicher Akademien entschlösse, die neben den Männerakademien stehend, diesen gleichwertig wären. Vorzügliche Lehrer müßten unterrichten und mit dem Besuch der Schule müßten die wichtigen wirtschaftlichen Mithilfen verbunden sein, die sich für begabte Akademieschüler jetzt bieten, nämlich unentgeltliche Meisterateliers nach Ablauf der eigentlichen Studienzeit, Stipendien, Italienpreise usw.
Damit wäre der jungen Künstlerin, die jetzt nach kurzem Besuch irgendeiner Malschule gleich versuchen muß auszustellen, wesentlich geholfen, die Übelstände des Angewiesenseins auf Ausstellungen und die damit verbundenen Schwierigkeiten, Enttäuschungen und Entmutigungen bis zu völligem Verzagen kennt jeder und man braucht darüber nicht zu sprechen.« (Mit freundlicher Genehmigung der Galerie St. Etienne, New York).

2. Februar 1916

Im Tagebuch ist für den 1. Februar zwar das Datum notiert, es erfolgte jedoch keine Eintragung.

4. Februar 1916

An der Frau ... gearbeitet – Der Plan für das Gefallenenmal sah einen liegenden, toten Krieger vor, dem zwei kniende Figuren beigegeben werden sollten: Mutter und Vater (Wegner-Mappe, Nr. 5, 6 und 7). Von der Sohn- und Mutterplastik sind Photographien erhalten, über die Figur des Vaters ist nichts bekannt. Unabhängig von dieser Konzeption verfolgte Käthe Kollwitz auch die Idee, für das Grab selbst einen Grabstein zu machen, der als Relief die trauernden Elterngestalten nach vorn geneigt zeigen sollte. Die Frontalansicht der beiden dem Beschauer zugewandten, nach unten geneigten Köpfe hat sie jedoch anscheinend nicht überzeugt (Wegner-Mappe, Nr. 8).
Klimsch – Fritz Klimsch (1885–1960), Bildhauer, Mitbegründer und Vorstandsmitglied der Berliner Secession, seit 1912 Mitglied der Preußischen Akademie der Künste, 1921 Professor für Bildhauerei.

5. Februar 1916

Lehmbrucks neue Arbeit – In der Frühjahrsausstellung der Freien Secession waren von den Bildhauern außer Lehmbruck nur Kolbe und Barlach vertreten. Lehmbruck zeigte neben drei plastischen Köpfen und zwei Gemälden den 1916 vollendeten »Sterbenden Krieger« (heute allgemein als »Der Gestürzte« bezeichnet). Mit dieser Plastik löste Lehmbruck bei Freunden und Kritikern Irritation und Ablehnung aus. Fritz Stahl schrieb im Berliner Tageblatt vom 6. Februar 1916: »Das

Bildwerk stellt einen Mann dar – aber nein! es ist kein Mann, sondern etwas wie eine zerquetschte und ausgerenkte Atelierpuppe, und dieses Wesen liegt lang auf der Erde, stützt sich auf die Hände und versucht, den Wirbel seines Kopfes auf den Boden zu bringen. Es schien mir gewiß und ich ließ es mir dann auch bestätigen –, daß nicht alle Beteiligten dieses Monstrum ernst nehmen können.« Nur wenige erkannten die Veränderungen im Werk Lehmbrucks, sahen die inhaltliche und plastische Radikalität der Figur, die eine Zäsur in der deutschen Kunst markiert. »Lehmbruck kommt mit einer neuen Note«, schrieb Victor Wallerstein, der Kunstkritiker der Sozialistischen Monatshefte. »Von der schweren Fülle seiner äußeren Form geht er diesmal ab. In seinem emporsteigenden Jüngling sucht er ein neuartiges Element: Das Grazile, Knochige, vieleicht Ekstatische« (Sozialistische Monatshefte, Jg. 23, 1916, S. 612).

6. Februar 1916

Vgl. Nachtragsnotizen von Käthe Kollwitz in der Anm. zum 2. Januar 1916.

7. Febrauar 1916

Barlach, das nebeneinandersitzende Paar – In der Ausstellung der Secession wár die Holzskulptur »Trauer«, auch »Die Hinterbliebenen« genannt, zu sehen.

Paczka-Wagner – Cornelia Paczka-Wagner (1864–1925) – Bildhauerin, Malerin und Graphikerin, Mitstudentin von Käthe Kollwitz in Berlin und München, seit 1890 mit dem ungarischen Maler Ferenc Paczka (1856–1925) verheiratet.

sie würde gestern zu Peter kommen – Am 6. Februar wäre Peter Kollwitz zwanzig Jahre geworden.

im blauen Saal Plastik – Mit der kleinen Arbeit, »die jetzt ganz durchzufallen scheint«, ist wohl das »Liebespaar« (2. Fassung) (Wegner-Mappe, ohne Nr.) gemeint; die »Mutter mit dem Kinde« (Wegner-Mappe, Nr. 4); die »alte Pietà-Skizze« entspricht vermutlich der bereits erwähnten »Mutter mit dem Kind im Schoß« (Wegner-Mappe, Nr. 1). Die »ungeborene Grabtafel« läßt sich nicht verifizieren, möglicherweise ist sie nie ausgeführt worden. Die »Eltern« entsprechen dem Relief für Peters Grab (Wegner-Mappe, Nr. 8).

8. Februar 1916

zu Paczka-Wagner gegangen – In einem unveröffentlichten Brief an den Sohn Hans schreibt Käthe Kollwitz am 20. Mai 1911: »Vor ein paar Tagen war ich bei der Paczka-Wagner in ihrem Atelier. Nach einem sehr guten Aufschwung, den sie als ganz junge Frau genommen hatte, schien sie mir immer mehr zurückzukommen. In den letzten Jahren sah ich gar nichts mehr von ihr. Doch arbeitet sie an einem großen Brunnen mit einer Masse plastischer Figuren in höchstens halber Lebensgröße. Es zeigt sich, daß sie in diesen Figuren alles gewissermaßen wiederholt, was sie früher gemalt und radiert hat, immer dieselben Themata, die aus ihrer Bekanntschaft mit Stauffer-Bern entspringen. Als sie ein junges Mädchen war, wurde sie in die unglückselige Stauffer-Geschichte, wie sie sich damals in Rom und Florenz abspielte, mit hinein verwickelt, sie stand Stauffer sehr nahe und sein Ende machte einen furchtbaren Eindruck auf sie. Dies damalige Erlebnis, das sie aus einer höheren Tochter in eine Frau umwandelte, die selbständig liebt und lebt und schafft, ist nun »das« Erlebnis ihres ganzen Lebens geworden. Mit Erstaunen seh ich, daß *nichts Neues* in ihre Kunst hineingekommen ist. Die 20 Jahre, die dazwischenliegen – in denen sie auch ihren jetzigen Mann geheiratet hat – sind nur dazu gut, um wiederzukauen und künstlerisch wiederzugestalten, was sie damals von Grund aus umwandelte. So hat sie jetzt auch in dramatischer Form ihre Bekanntschaft mit Stauffer hier in Berlin, seinen Einfluß auf sie in Italien, ihre Liebesbeziehung zu ihm, sein Ende – das alles noch einmal aufgeschrieben und gab es mir zu lesen. Oft glaub ich ist es mit Frauen so, daß sie mit *einem* Erlebnis sich erschöpfen, hier wieder ganz sonnenklar.« (Käthe-Kollwitz-Archiv, [der] Akademie der Künste [in] Berlin).

Das Ausstellen meiner ersten Plastik – vgl. Anm. zum November 1913.

ein Minus von fast 800 Mark – Als Einlage findet sich im Tagebuch eine Aufstellung des Netto-Jahresverdienstes, den Käthe Kollwitz von 1901 bis 1916 erarbeitet hat. Für die Jahre 1901 bis 1904 ist zu berücksichtigen, daß die Unterrichtshonorare aus der Lehrtätigkeit an der Berliner Künstlerinnenschule mit eingerechnet sind:

1901	2.000,– Mk	1907	2.735,–	1913	3.407,–
1902	2.203,–	1908	2.290,–	1914	5.300,–
1903	1.681,–	1909	3.610,–	1915	minus 780,–
1904	3.526,–	1910	4.776,–	1916	6.870,–
1905	2.685,–	1911	5.593,–		
1906	2.615,–	1912	6.717,–		

9. Februar 1916

Anna-Erika Rautenbergs netten Brief – Anna-Erika Gampp geb. Rautenberg (1895–1969), nicht mit dem von Julius Rupp abstammenden Familienzweig Rautenberg verwandt, eine Mitschülerin von Peter Kollwitz auf der Berliner Kunstgewerbeschule, verheiratet mit dem Graphiker Josua Leander Gampp. Ihr erster Sohn, Peter, war Patenkind von Käthe Kollwitz.

10. Februar 1916

Fräulein Keuchel – Mitarbeiterin von Karl Kollwitz in der Praxis.

13. Februar 1916

Ausstellung Liebermannscher Zeichnungen – Die Galerie Cassirer zeigte eine Ausstellung mit 350 Zeichnungen Max Liebermanns.

14. Februar 1916

Dr. Meier aus Dresden – Dr. R. H. Meier, zunächst Mitarbeiter der Dresdner Kunsthandlung Emil Richter, die seit 1906/07 den Vertrieb der Graphik von Käthe Kollwitz übernommen hatte, wurde nach dem Ausscheiden des Königlichen Hofkunsthändlers Herrmann Holst Leiter des Hauses.

Paul Hey (1867–1952), Maler und Illustrator, Studienfreund aus München. Einige Briefe an ihn von Käthe Schmidt (Kollwitz) aus Königsberg aus den Jahren 1889 bis 1891 sind abgedruckt in: Briefe der Freundschaft, S. 15ff. Sie geben einen

Eindruck vom Selbstbewußtsein der jungen Münchner Studenten gegenüber der offiziellen und etablierten Kunst nach dem Regierungsantritt Wilhelms II.

17. Februar 1916

von Keyserling beeinflußt – Paul Graf von Keyserling(k) (1890–1918), Schriftsteller, Lyriker und Übersetzer aus der bekannten baltischen Familie, im Ersten Weltkrieg gefallen. Er war ein Freund und Verehrer von Katharina Stern, der dritten Tochter von Lisbeth und Georg Stern.

18. Februar 1916

Klopstocks Mahnbrief – Klopstocks Brief vom 8. Mai 1776; Goethes Antwort vom 21. Mai 1776 führte zum Abbruch der persönlichen Beziehungen.

19. Februar 1916

die alte Sommer aus München – Hedwig Sommer, Studienkollegin aus der Münchner Zeit bei Ludwig Herterich.

21. Februar 1916

Einen Artikel von Eduard von Keyserling gelesen – Eduard Graf von Keyserling (1855–1918), Schriftsteller, Erzähler und Dramatiker. Der genaue Sachverhalt konnte nicht ermittelt werden.

27. Februar 1916

Zwei Forts von Verdun genommen – Die Schlacht um Verdun, Höhepunkt der Materialschlachten des Ersten Weltkrieges (auf beiden Seiten mehr als 700 000 Gefallene), hatte am 21. Februar begonnen und zog sich bis zum Herbst 1916 hin.

4. März 1916

Schnudel – Hund der Familie Rautenberg.

5. März 1916

Marc, der »blaue Reiter«, ist gefallen – Franz Marc (1880–1916), Maler und Graphiker, 1911 Mitbegründer der Künstlergruppe »Der blaue Reiter«, fiel am 4. März vor Verdun.

5.–15. März 1916

Vgl. Nachtragsnotizen von Käthe Kollwitz in der Anm. zum 2. Januar 1916.

18. März 1916

»Nänie« – Die Vertonung der Schillerschen Klage »Auch das Schöne muß sterben …« durch Hermann Götz.

24. März 1916

Haases Rede – Am 24. März begründete der Reichstagsabgeordnete Hugo Haase als Sprecher der neugegründeten Sozialdemokratischen Arbeitsgemeinschaft die Ablehnung des Notetats. Die Arbeitsgemeinschaft provozierte damit den offenen Bruch mit der Fraktionsmehrheit, was im April 1917 zur Spaltung der Partei in SPD (auch MSPD = Mehrheitssozialdemokratie) und USPD (Unabhängige SPD) führte.

26. März 1916

Karls Kokainvergiftung – Sachverhalt nicht ermittelt.

30./31. März 1916

Versuche für Kestenbergs »Bildermann« – Paul Cassirer hatte sich entschlossen, die von ihm herausgegebene Zeitschrift Kriegszeit (vgl. Anm. zum 26. September 1914) durch ein neues Blatt zu ersetzen, »um der Heimat die möglichen Konsequenzen des Krieges stärker bewußt zu machen und an ihre Friedenssehnsucht zu appellieren«. Die Leitung der neuen Zeitschrift Der Bildermann übernahm der Musiker, Musikwissenschaftler und Linkssozialist Leo Kestenberg (1882–1962). Auch der Charakter des Bildermanns wurde durch ganzseitige Lithographien bestimmt. Zu den Illustratoren gehörten u. a. Slevogt, Gaul, Liebermann, von den Jüngeren Barlach, Kokoschka, Kirchner, Heckel. Ihre Blätter wurden durch Gedichte und kleine Texte ergänzt. Käthe Kollwitz hat – obwohl ihr Name unter anderen bekannten Künstlern in der Einführung zum Heft 1 genannt ist – nur ein Blatt beigesteuert: die Lithographie »Frau mit Kind auf dem Arm« (Klipstein 132). Der Abbildung ist ein Kindervers beigegeben: »Ach, daß Gott erbarm! Wie ist die Mutter so arm! Sie hat kein Pfännlein, zu holen dem Kindlein kein Mehl und kein Schmalz, kein Milch und kein Salz« (Der Bildermann, Nr. 2, 20. April 1916, vgl. auch Paret, S. 343 f.).

April 1916

die Pantomime – »Das Märchen«, Ballettpantomime von Ernst Matray, der auch die Choreographie führte und den männlichen Hauptpart übernommen hatte (Musik von Alex Laszlo).

2. April 1916

»Traumspiel« – »Ein Traumspiel«, Drama von August Strindberg (1902, deutsch 1903).

3. April 1916

doch noch eine Zeichnung – s. Anm. zum 30./31. März 1916.

4. April 1916

Sitzung vom Kulturbund – Der Sachverhalt ist nicht mehr zu ermitteln; möglich ist, daß sich die Eintragung entweder auf den Sozialistischen Kulturbund der SPD bezieht oder auf den Bund deutscher Künstler und Gelehrter (Kulturbund) (vgl. Anm. zum 1. Februar 1917).

9. April 1916

Tolstois Lewin – Männliche Hauptgestalt in Tolstois Roman »Anna Karenina«.

10. April 1916

Vorstandssitzung Frauenkunstverband – Den Frauenkunstverband hatte Käthe Kollwitz 1912 in Frankfurt/M. mitbegründet. Das Ziel der Künstlerinnenvereinigung lag in der Lern- und Lehrberechtigung für Frauen an allen öffentlichen Kunstschulen, Mitgliedschaft in Kunstvereinen und Mitarbeit in den Jurys von Kunstausstellungen. Käthe Kollwitz hatte den Ehrenvorsitz der Berliner Geschäftsstelle des Frauenkunstverbandes und wurde deshalb in Auseinandersetzungen zwischen der Berliner und der Mannheimer Gruppe einbezogen. Den Vorsitz in Mannheim hatte die Bildhauerin Eugenie Kaufmann, der es vor allem um die Verbesserung der wirtschaftlichen Möglichkeiten für die Mitglieder und um die Veränderung der Ausstellungssituation ging. Entgegen den Prinzipien der Berliner Gruppe wurden dort auch Kunsthandwerkerinnen aufgenommen (vgl. Gegenlicht, S. 76).
Ida Dehmel sagte 1927 in ihrer Mannheimer Rede: »Geleistet hat der Frauenkunstverband tatsächlich nichts; ich weiß nicht, ob er noch existiert, aber er steht höchstens noch auf dem Papier« (ebd., S. 12). Diese Geringschätzung der Berliner Initiativen hatte Ida Dehmel – die zweite Frau des Dichters Richard Dehmel – schon 1913 zur Gründung eines Bundes niederdeutscher Künstlerinnen veranlaßt. Unter ihrem Vorsitz ging daraus 1916 der Frauenbund zur Förderung Deutscher Bildender Kunst hervor. Es liegt nahe, die Tagebucheintragung mit diesen Vorgängen in Verbindung zu bringen.

13. April 1916

Im Tageblatt schreibt ein junger Mensch – Walter von Hollander: »Freundschaft, Kameradschaft und Einsamkeit – dem Gedächtnis gefallener Freunde«, in: Berliner Tageblatt, 13. April 1916.
»Das verlorene Lachen« – aus Gottfried Kellers Novellenzyklus »Die Leute von Seldwyla«.

17. April 1916

Dora Hitz (1856–1924), Malerin und Graphikerin, s. a. Anm. zum 30. November 1909.

22. April 1916

ein Freundschafts- und Liebesbund – Im Kreis um Hans Koch und Peter Kollwitz spielten neben den Idealen der Jugendbewegung und dem Gedankengut Gustav Wynekens auch jünglingshafter Narzißmus und homoerotische Bindungen eine wichtige Rolle. Fritz Klatt schreibt dazu in seinen Aufzeichnungen: »Der junge Bruder von [Walter] Koch von äußerstem Liebreiz. Gestern mit ihm zusammen. Da war auch ein Freund von ihm, Erich Krems. Zeigte eine Photographie von dem gefallenen Peter Kollwitz. Schönheit der Jugend in drei verschiedenen Richtungen, so groß, so herrlich und anbetungswürdig, daß man sich recht als Zwerg empfinden mußte.« Und an anderer Stelle: »Unendlich rührendes erzählte Hans [Koch] von seinem Freund Erich [Krems]. Beide liebten sich. Er sprach von dem schönen Körper des anderen, wie sie gebadet hätten in reinster Freude aneinander. Noch bevor sie ausrückten, hatten sie sich manchmal nackt vor den Spiegel gestellt und gestritten, wer den schönsten Körper hätte. Und nun lebte in ihm noch das Nachbild jenes herrlichen mädchenhaft weichen Körpers seines Freundes (Klatt, S. 72 u. S. 104).

25. April 1916

»Troerinnen« – Franz Werfels Nachdichtung des Dramas von Euripides, das vom kriegsmüden deutschen Publikum als Antikriegsdichtung begriffen und bejaht wurde. Die Berliner Aufführung fand am Lessingtheater in der Inszenierung von Viktor Barnowski statt.

29. April 1916

Curt Herrmann (1854–1929), Maler, Gründungsmitglied der Berliner Secession.

10. Mai 1916

⟨ ⟩ – An dieser Stelle sind ca. 15 Zeilen durch Hans Kollwitz eingeschwärzt.

12. Mai 1916

das Schadowsche Grabdenkmal – Gottfried Schadow (1764–1850), bedeutendster deutscher Bildhauer. Sein erstes Berliner Hauptwerk ist das Wandgrabmal für den Grafen Alexander von der Mark (1791), das sich heute in der Eingangshalle der Nationalgalerie auf der Museumsinsel befindet. Alexander von der Mark, außerehelicher Lieblingssohn Friedrich Wilhelms II., starb im Alter von neun Jahren.

13. Mai 1916

Heinrichs Brief an [Rudolf] Steiner – Rudolf Steiner (1861–1925), Begründer der Anthroposophie und des Goetheanums (1913) in Dornach bei Basel. Heinrich Goesch stand unter seinem Einfluß. Die Familie Goesch hatte in Dornach ein Grundstück erworben und plante die Übersiedlung.

14. Mai 1916

Eine gute traurige Karte – Georg Gretor besaß durch seine Mutter, die Schweizer Malerin Rosa Pfäffinger, die schweizerische Staatsangehörigkeit. Während des Krieges war er in der Schweiz, wo er sich isoliert fühlte und unter Depressionen litt.

18. Mai 1916

Nachmittags photographiert Bente uns drei – Bente (gest. 1919), Berliner Photograph, Freund der Familie Kollwitz. Die Aufnahme ist nicht erhalten.
Engelhardt – Heinz von Engelhardt (gefallen 1918), Freund und Kriegskamerad von Hans Kollwitz im Lazarett in Spa.

21. Mai 1916

»Ayesha« – Helmut von Mückes Bericht »Ayesha« über die Kaperung des britischen Schoners gleichen Namens nach dem Untergang des deutschen kleinen Kreuzers »Emden«.

30. Mai 1916

Georgs schönen Aufsatz – Georg Stern, ein Freund und Verehrer Max Regers, hatte zu dessen Tode einen Aufsatz in den Sozialistischen Monatsheften veröffentlicht (Jg. 22, 1916, S. 46ff.).

14. Juni 1916

Rohrbrunn – Kurort im Spessart, wo Käthe und Karl Kollwitz – anfangs noch mit Hans – im Sommer 1916 ihre Ferien verlebten und ihre silberne Hochzeit feierten.

13. Juni 1916

Ich schreibe Karl auf – Der Text »Zu unserer Silberhochzeit« liegt dem Tagebuch als lose Anlage bei.
»Zu unserer Silberhochzeit.
Mein lieber Mann! Als wir heirateten war es ein Schritt ins Ungewisse. Es war kein festes Bauen auf festem, wenigstens fest geglaubtem Grund. In meinem Gefühl waren schlimme Widersprüche. Zuletzt war es nur dieses Empfinden bei mir: spring herein – es wird schon gehen. Die Mutter, die das wohl alles übersah und oft Sorge hatte, sagte einmal zu mir: ›An Karls Liebe wird es dir nie fehlen!‹
Das ist wahr geworden. An Deiner Liebe hat es mir nie gefehlt und sie hat es möglich gemacht, daß wir jetzt nach 25 Jahren fest zusammenstehn. Ich danke Dir, Du lieber Karl! So selten habe ich Dir in Worten gesagt, was Du mir warst und bist. Heut möcht ich es noch einmal tun. Ich danke Dir für alles, was Du aus Liebe und Güte mir gabst. Langsam ist unser Ehebaum gewachsen, nicht so gerade und ohne Hindernisse wie viele andere. Aber er ist nicht eingegangen. Aus dem schwanken Reis ist doch der Baum geworden, der im Herzen gesund ist. Zwei schöne, wunderschöne Früchte trug er.

Ich danke aus tiefstem Herzen dem Schicksal, das uns unsere lieben Kinder geschenkt hat und in ihnen so unaussprechbares Glück.
Wenn Hans leben bleiben darf, so dürfen wir es sehn, wie er sich weiter entfaltet, und können vielleicht noch Kinder von ihm erleben. Wenn er auch genommen wird, so ist wohl alle Sonne, die von dieser Seite leuchtete, wärmte und vergoldete, untergegangen, aber wir haben uns fest an den Händen, bis ans Ende und bleiben Herzen an Herzen.

Deine Käthe.«

Auch Karl Kollwitz hatte seine Empfindungen zu diesem Tag aufgeschrieben und sie am Morgen des 14. Juni seiner Frau überreicht. Er spricht darin von ihrem langen Schwanken, bevor sie sich endlich entschlossen habe, ihn zu heiraten: »Aber als Du mir endlich die Hand gabst, lag ein Entschluß dahinter, der bis jetzt vorgehalten hat durch alle die Anwandelungen diese 25 Jahre hindurch und trotz ihrer [...] Das Ziel der Silberhochzeiter ist die Verwirklichung dessen, was sie im Jugendtraum ihrer Lieben fühlten, hofften, vorwegnahmen. Noch immer trotz der 25jährigen Ehe sehen sie ihr Ziel unerreicht. Die Glieder sind etwas müder geworden, der Geist ist nicht mehr so frisch. Aber das Ziel hat seine belebende, seelenstärkende Kraft nicht verloren. Es strahlt wie ein leuchtender Stern: den Andern so zu lieben, wie das Wort Liebste es fordert, den Andern heilig zu halten als ein Selbst und ihn doch zu fördern und zu führen wie ein Freund und ein Lehrer, und sich von ihm führen zu lassen wie ein Schüler, mit ihm zu wandeln auf den Höhen des Lebens, erhaben über alles Irdische, und doch menschlich einfach, ohne Überhebung, in Liebe zu den Mitmenschen, schaffend im Dienst der Menschheit« (Käthe-Kollwitz-Archiv, [der] Akademie der Künste [in] Berlin).

Schmitz – Bruno Schmitz (1858–1916), Architekt, vor allem bekannt wegen seiner zahlreichen Nationaldenkmäler (Deutsches Eck Koblenz, 1897).

9. Juli 1916

»Sinngedicht« – Die Novelle »Das Sinngedicht« von Gottfried Keller.

Franz Werfel – (1890–1945), österreichischer Erzähler, Dramatiker und Lyriker, 1933 aus der Preußischen Dichterakademie ausgeschlossen, Emigration in die USA.

Immelmann – Max Immelmann (1890–1916), populärer deutscher Jagdflieger im Ersten Weltkrieg, war am 18. Juni 1916 bei einem Luftkampf über Nordfrankreich abgeschossen worden.

Lise Hofferichter – nicht ermittelt.

Hindenburg – Paul von Beneckendorff und von Hindenburg (1847–1934), Generalfeldmarschall, 1916 bis 1918 Chef der Obersten Heeresleitung, 1925–1934 Reichspräsident.

17. Juli 1916

Geiger – Willi Geiger (1878–1971), Maler und Graphiker, vor allem Radierer, 1933 aus dem Lehramt entfernt.

21. Juli 1916

Kämpfe an der Somme – Die Somme-Schlacht (24. Juni–26. November 1916) war neben der Schlacht um Verdun die größte Materialschlacht des Ersten Weltkrieges. Sie kostete über eine Million Menschen das Leben – darunter 400000 deutsche Soldaten.

22. Juli 1916

Sophie Wolff – Malerin und Bildhauerin, Käthe Kollwitz kannte sie schon aus München und Paris und schätzte ihre Arbeiten sehr.

26. Juli 1916

Tippel – Georg Tippel (1875–1917), Graphiker und Kunsthandwerker, seit 1909 an der Unterrichtsanstalt des Berliner Kunstgewerbemuseums, die Peter Kollwitz und Julius Hoyer besucht hatten.

27. Juli 1916

das »Weiße Haus« gelesen – Der Roman »Das weiße Haus« des dänischen Schriftstellers Hermann Bang lag seit 1902 in deutscher Übersetzung vor.

29. Juli 1916

Herbert Kranz – s. Anm. zum November 1913.
Franks Gedicht – Das Gedicht »Der eiserne Wall um deutsches Land« von Bruno Frank (1887–1945).

3. August 1916

Casement – Roger David Casement (1864–1916), irischer Patriot, emigrierte 1914 nach Deutschland, das er als Bundesgenossen im irischen Freiheitskampf gegen Großbritannien betrachtete. Kurz vor dem Dubliner Aufstand wurde er von einem deutschen Unterseeboot angelandet, jedoch abgefangen und am 3. August 1916 hingerichtet.
Frankl wäre sehr aufgebracht – Paul Frankl, Architekt in Gauting bei München, befreundet mit der Familie Stern, vor allem mit Regula und deshalb Gast bei ihrer Hochzeit mit Heinz Heck.

7. August 1916

»Abschied« – Die Zeichnung ist offenbar gleich vernichtet worden, sie konnte nicht nachgewiesen werden.
Tante Tina – Ernestine Castell.

10. August 1916

Berneis – Benno Berneis (1884–1916), Maler, vor allem Porträtist, Schüler von Max Slevogt und Lovis Corinth, verheiratet mit der Schauspielerin Gertrud Eysoldt. Paul Cassirer veranstaltete 1916 eine Gedächtnisausstellung für den gefallenen Maler.

12. August 1916

zeigt mir Lise ihre ... Arbeiten – Bei aller innigen Zuneigung hatte bereits in der Kinder- und Jugendzeit von Käthe Kollwitz eine gewisse Rivalität in Bezug auf die künstlerischen Arbeiten der Schwester Lise eine Rolle gespielt (vgl. Anhang).

16. August 1916

Wynekens Plan – Gustav Wyneken hatte 1916 seine Vorstellungen von einer Jugendburg formuliert, die, irgendwo in Deutschland in einem alten Schloß oder herrschaftlichen Anwesen beheimatet, als geistiges Zentrum der Jugendbewegung dienen sollte: »Eine solche Gemeinschaft wollen wir gründen, nicht sozialistisch, sondern kulturell orientiert und noch persönlicher zusammengeschlossen; kulturell aber wahrlich nicht im Sinne eines exklusiven Forscher- und Genießertums, sondern aktiv und aggressiv« (zit. nach Linse, S. 90f.).

22. August 1916

dem Dichter bei Thomas Mann – in der Novelle »Tristan«.

24. August 1916

die »Deutschland« – Dem Unterseeboot »Deutschland« war es gelungen, trotz der Absperrung durch britische Kriegsschiffe den Hafen von Baltimore in den USA zu verlassen und seinen Heimathafen Bremen zu erreichen. Das Ereignis wurde als ein nationaler Triumph gefeiert.

Liebknechts Strafe – Am 1. Mai 1916 organisierte die Spartakus-Gruppe eine Anti-Kriegsdemonstration auf dem Potsdamer Platz in Berlin, auf der Karl Liebknecht als Redner auftrat. Er wurde deshalb verhaftet und wegen Hochverrats am 28. Juni 1916 vom Kommandanturgericht zu zweieinhalb Jahren Gefängnis verurteilt. Das Oberkriegsgericht erhöhte die Strafe auf vier Jahre und einen Monat Zuchthaus, Ausstoßung aus dem Heer und Aberkennung der bürgerlichen Ehrenrechte für die Dauer von sechs Jahren.

27. August 1916

Aufsätze von Leopold von Wiese – Am 27. August 1916 im Berliner Tageblatt, in erweiterter Form in: »Der Liberalismus in Vergangenheit und Zukunft«, Berlin 1917.

28. August 1916

Krieg – Mit dem kräftig unterstrichenen Wort »Krieg« unter der Jahreszahl 1916 beginnt das neue, 4. Heft des Tagebuches.

3. September 1916

Kati tanzt trotz Blinddarmschmerzen – Das Matray-Gastspiel im Apollo-Theater war auf den 1. September angesetzt, Katrine Stern hatte darin eine wichtige Rolle. Mit ihrem Ausscheiden durch Krankheit wäre für Ernst Matray das ganze Gastspiel hinfällig geworden. Katrine Stern tanzte deshalb, bis eine Ersatzkraft gefunden war.

Matray – Ernst Matray (1891–1978), ungarischer Tänzer und Choreograph, von Max Reinhardt 1907 aus Budapest nach Berlin engagiert, Direktor des Matray-Balletts, Filmproduzent. Er emigrierte nach 1933 in die USA, wo er am Max Reinhardt Workshop in Hollywood Tanz unterrichtete. Matray war in erster Ehe mit der Schauspielerin Greta Schröder verheiratet, von 1927 bis 1962 mit Maria Stern (Maria Matray), der jüngeren Schwester von Katharina Stern. In dritter Ehe heiratete er Elisabeth McKinley.

von den Willner-Abenden – Artur Willner war als Musikpädagoge Mittelpunkt des von Hans Koch und Elsbeth Kühnen zusammengeführten Kreises, der sich ein gemeinschaftliches Leben und eine neue Schule zum Ziel gesetzt hatte. Fritz Klatt schreibt über ihn am 12. September 1916 an Hans Kollwitz (bisher unveröffentlicht): »Artur Willner [...] ist ein Mensch, bei dem Klarheit verlangender Geist und Wärme strahlendes Herz ein ganz reines Menschentum zusammen bilden. Er versteht es in Wölfflinscher Art die Grundlagen der Musik aufzudecken, dann aber zugleich durch die Wärme seines Empfindens, durch einen wunderbaren Vortrag auf dem Klaviere alles Gesagte, alles verstandesmäßig Bewiesene in Offenbarung umzuwandeln.« (Käthe-Kollwitz-Archiv, [der] Akademie der Künste [in] Berlin).

Einen Bund wollen sie gründen – Gemeinsam mit Fritz Klatt hatte Hans Koch den Plan einer ländlichen Siedlung entwickelt, deren Grundlage gemeinsame Arbeit in Feld und Garten und neue Körperkultur bilden sollte; so »kann sich das Leben dann zur Körperfreude steigern [...] Von dieser körperlichen Grundlage wird dann zu dem gemeinsamen geistigen Leben der gemeinsame Aufstieg sein. Lernende aller Stufen sind beieinander [...] Die Versammlung um die Werke der Kunst bleibt die stärkste aller gemeinsamen Geistesbindungen« (Klatt, S. 148).

Elsbeth [Elisabeth] Kühnen (geb. 1898), Gärtnerin und Studentin, mit Hans Koch eng befreundet. Ihre Schwangerschaft gab im Sommer 1918 wohl den Ausschlag bei der Übersiedlung der Freundesgruppe um Hans Koch und Alfred Kurella von Berlin nach Berg am Starnberger See, wo sie später in die Wirren der Revolution in Bayern verwickelt wurden (vgl. Linse, S. 94ff.).

Ich denke an unsern Hans – Fritz Klatts Tagebucheintragung vom 1. Juli 1916 ist zu entnehmen, daß sich Hans Kollwitz durchaus an solchen Siedlungsplänen beteiligt hatte (vgl. Klatt, S. 109).

9. September 1916

Heinz Heck wäre schon fort – Heinz Heck, der etwas Rumänisch sprach, war als Funker an die Balkanfront abkommandiert worden.

Frau Soost mit Lotte und der Kleinsten – Vermutlich die Zeichnung »Kauernde Frau mit Kind im Schoß«, die von Käthe Kollwitz mit 1916 datiert ist (Nagel/Timm 735).

12. September 1916

Fritz Klatt (1888–1945), Pädagoge und Schriftsteller, Studienkamerad von Walter Koch, durch den Wyneken-Kreis mit den Kollwitz-Söhnen verbunden, später Gründer und Leiter des Volkshochschulheims Prerow auf dem Darß.
Über den Besuch bei Käthe Kollwitz notierte er in sein Tagebuch am 11. September 1916: »Abends mit Hans und Elsbet [Kühnen] bei Käthe Kollwitz. Eindruck von großer Reinheit und Mütterlichkeit. Sie spricht ganz langsam und nachdenklich, oft auf den Ausdruck lange wartend. Den Kopf etwas gesenkt wie ihr Sohn [Hans], der ihr doch sehr ähnlich ist, im Gesicht, Sprechweise, Gedankenbildung. Wir sprachen viel über die neuen Gedanken und Pläne. Ich las auch den Aufsatz über Rausch und Reinheit zum Teil vor. Sie sah mich nachher einmal ganz seltsam tief an. Überhaupt ist ihr Auge, wenn sich einmal die Blicke treffen, von strahlender Tiefe und mütterlicher Güte. Sie hat auch ein schnell aufsteigendes Lachen von großer Herzlichkeit, selten. Denn vor allem lastet der Gedanke des toten Sohnes noch überall. Daß sie eine so große Künstlerin ist, war kaum herausgekommen. Ich suchte immer vergeblich nach dem Bildenden Künstler in ihr. Nur einmal, als sie einen schönen jungen Menschen beschrieb, der im Kriege gefallen ist« (Klatt, S. 116).
Trudchen [Gertrud] Prengel – Das kleine Mädchen, das Käthe und Karl Kollwitz zu sich zu nehmen beschlossen hatten. An den Sohn Hans schreibt sie dazu am 18. September 1916: »Zugleich schien es uns wie ein Wink, daß dieses verlassene kleine Mädchen Trude Prengel heißt. Einen Jungen oder ein starkes lebensvolles Mädchen zu nehmen hätte ich mich bei dem Ernst und der Stille unseres Hauses nicht getraut. Aber ich dachte so ein blasses Berliner Pflänzchen, ein braves stilles kleines Mädchen, das entbehrt bei uns nicht so viel.
Nun hab ich aber das Kind gesehn. Es ist wirklich so ein stilles braves altkluges Berliner Mädchen mit blassem Gesicht, blonden Zöpfen und hellblauen etwas traurigen und sorgenvollen Augen. Mir fiel Frau Kautsky ein mit ihrem: lieber noch drei Jungen als einem Mädchen die Zöpfe flechten! – alles was die kleinen Mädchen so charakteristisch an sich haben und was mir immer ziemlich fern gelegen hat, hat diese Kleine. Ich wurde schwankend ob sie mir nicht so fremd sein würde und vielleicht auch bleiben würde, daß ich keine rechte Liebe für sie haben könnte und dann wäre es für das Kind kein Glück bei uns zu sein. Nun haben wir es vorläufig so ausgemacht, daß sie jeden Sonnabend Mittag herkommt und bis Sonntag nach dem Mittagessen bleibt« (Käthe-Kollwitz-Archiv, [der] Akademie der Künste [in] Berlin).

24. September 1916

Karl Hannemann (gest. 1956), Schauspieler, Jugendfreund von Peter Kollwitz, hatte ein Engagement in Tilsit angenommen.
Lotte Laak – Spielkameradin von Peter Kollwitz aus der Nachbarschaft (vgl. Eintragung vom 9. September 1910).

6. Oktober 1916

bei Willner in Nolls Andenken – Darüber berichtet Käthe Kollwitz in einem Brief vom 7. Oktober 1916 an den Sohn Hans: »Bei Willner fanden wir Hans und Walter Koch, Fritz Klatt, [Willi] Wolfradt und einige Mädchen. Das Klavierzimmer war

von Hans mit Laub geschmückt. Auf dem Tisch stand Richards Bild mit Kerzen. Lorbeer herum. Wir legten ihm unsere Blumen hin – von Dir – vom Peter – vom Gottfried. Erst spielte Willner einen Bachschen Choral: ›O große Lieb, Lieb ohne alle Maßen, die dich geführt auf diese Marterstraßen!‹ Dann las Hans Koch den Grabgesang aus Zarathustra, die Klage um die toten Freunde.
Und dann wurde abwechselnd gespielt und Hans oder Fritz Klatt las [...] Wie dann aber alles verklungen war und wir in Schweigen saßen, war es so weh, so furchtbar schmerzlich, daß Willner das empfindend noch einmal den Flügel aufmachte und mit einem jungen Geiger zusammen eine wundervolle kraftvolle Beethovensche Sonate spielte. Dann gingen wir.« (Käthe-Kollwitz-Archiv, [der] Akademie der Künste [in] Berlin).

17. Oktober 1916

Margret Arends – Aus dem Wandervogelkreis um Hans und Peter Kollwitz, lebte mit Hans Koch, Alfred Kurella und anderen in einer Wohngemeinschaft in der Klattschen Villa in Berlin-Westend.

21. Oktober 1916

im »Wandersmann« – Angelus Silesius (1624–1677): »Cherubinischer Wandersmann« (1675), eine Sammlung epigrammatischer Sinngedichte.

3. November 1916

Boelcke abgestürzt – Oswald Boelke (auch: Boelcke, 1891–1916) neben Max Immelmann einer der bekanntesten deutschen Jagdflieger im Ersten Weltkrieg.
Weingartner – Felix Weingartner (1863–1942), österreichischer Dirigent.

5. November 1916

Proklamation des Königreichs Polen – In einer gemeinsamen Erklärung hatten Kaiser Wilhelm II. und Kaiser Franz Joseph I. von Österreich-Ungarn einen polnischen Staat mit erblicher Monarchie und konstitutioneller Verfassung proklamiert.
Lederer jetzt zu bitten – Hugo Lederer (1871–1940), deutsch-österreichischer Bildhauer, gestaltete unter dem Einfluß Adolf von Hildebrands Denkmale von monumentaler Wirkung.
Hoetzsch – Otto Hoetzsch, Historiker und konservativer Politiker.

9. November 1916

Bethmann – Theobald von Bethmann Hollweg (1856–1921), 1909–1917 Reichskanzler und preußischer Ministerpräsident, verfolgte eine gemäßigte Kriegszielpolitik und erklärte sich im Sommer 1916 zu Friedensgesprächen bereit (vgl. a. Anm. zum 12. Dezember 1916).
Grey – Sir Edward Grey (1862–1933), britischer Außenminister von 1905 bis 1916.

November 1916

Klosterstraßenschule – Kunstgewerbeschule in der Klosterstraße, an der Hans Koch eine Ausbildung als Dekorateur begonnen hatte.

23. November 1916

Gutbier – Ludwig Wilhelm Gutbier (1873–1951), Kunsthändler, Inhaber der Kunsthandlung Arnold, Dresden, förderte vor allem die zeitgenössische Graphik.

Kehler, Rose Plehn, Geyso, Maria Plehn – Studienfreundinnen aus der Münchner Zeit.

3. Dezember 1916

Die Vaterländische Zivildienstpflicht – Am 2. Dezember 1916 hatte der Reichstag in dritter Lesung das sog. Hilfsdienstgesetz angenommen, Maßnahmen zur Zusammenfassung aller Kräfte in Industrie und Wirtschaft zur Lösung der Probleme der Kriegswirtschaft.

12. Dezember 1916

Reichstagssitzung – Am 12. Dezember übersandte die deutsche Regierung den USA eine Friedensnote, in der sie ihre Bereitschaft zu Friedensverhandlungen mit den Entente-Mächten erklärte. London und Paris lehnten ab. Präsident Wilson veröffentlichte daraufhin am 21. Dezember 1916 einen eigenen Vorschlag, um einen Meinungsaustausch über die Friedensbedingungen und Forderungen der kriegführenden Mächte herbeizuführen. Die Antwort der Mittelmächte vom 26. Dezember war zustimmend.

Dezember 1916

Aus seinem engen Kajütenleben – Hans Kollwitz war als Arzt zu den Luftschiffern in Rumänien versetzt worden; er reiste teilweise zu Schiff auf der Donau.

1. Weihnachtsfeiertag 1916

»Dantons Tod« – Drama von Georg Büchner (1813–1837), Uraufführung 1902 in Berlin.

2. Januar 1917

Die folgenden Eintragungen (bis 13. Januar) sind im Nachhinein geschrieben, sie fassen Ereignisse während des Urlaubs von Hans Kollwitz (1. bis 13. Januar 1917) zusammen.

die »Grüne Flöte« – Ballett-Pantomime von Einar Nilsson nach einer Idee von Hugo von Hofmannsthal und Musik von Wolfgang Amadeus Mozart. Kati Stern tanzte die männliche Hauptrolle, den Prinzen.

Friedländer – Max Jacob Friedländer (1867–1958), Kunsthistoriker, seit 1908 Leiter des Kupferstichkabinetts in Berlin, von 1914 bis zu seiner Entlassung 1933

Direktor der Nationalgalerie, emigrierte 1938 nach Amsterdam. Max Friedländer hatte im Jahr des 50. Geburtstages von Käthe Kollwitz eine Ausstellung mit Graphik und Zeichnungen aus dem Berliner Bestand ausgerichtet.

Hellmut Sell – Vermutlich ein Sohn der noch aus Königsberg befreundeten Familie Sell.

Lene Bloch – eigentl. Helene Bloch geb. Freudenheim, Zahnärztin, aus Königsberg stammend und mit Käthe Kollwitz noch aus deren Jugend befreundet. Sie war mit Joseph Bloch, dem Herausgeber der Sozialistischen Monatshefte, verheiratet. Die unveröffentlichte Korrespondenz zwischen Käthe Kollwitz und Helene Bloch befindet sich im Käthe-Kollwitz-Archiv der Akademie der Künste, Berlin (vgl. a. Briefe der Freundschaft, S. 100f.).

»Das Fürstliche Haus Herfurth« – Roman von Wilhelm Speyer, 1916 in München erschienen (vgl. a. Anm. zum 11. September 1909).

Erzählen von Bloch – Joseph Bloch war ein entschiedener Gegner Großbritanniens. Die Aufgabe Deutschlands im Ersten Weltkrieg sah er darin, den britischen Einfluß in Europa zurückzudrängen und sich mit Frankreich und Rußland zu einer Einigung Europas zusammenzufinden.

10. Januar 1917

Gipsguß – s. Eintragung vom 21. November 1916.

»Preußische Prägung« – Aufsätze von Lucia Dora Frost, erschienen 1915 im S. Fischer Verlag, Berlin.

12. Januar 1917

Grete – Grete Prengel, die geschiedene Frau Hans Prengels.

Die Antwort der Entente – Am 10. Januar 1917 antwortete die Entente auf die Wilson-Note (vgl. Anm. zum 12. Dezember 1916) grundsätzlich zustimmend, stellte aber Bedingungen.

den offenen Brief Werfels – »Die christliche Sendung«, ein offener Brief Franz Werfels an Kurt Hiller, in: Neue Rundschau, XXVIII. Jg., 1917, S. 92ff.

21. Januar 1917

daß Dehmels Sohn gefallen wäre – Heinz-Lux, der Sohn von Richard Dehmels Frau Ida aus deren erster Ehe, fiel 1917.

Rösler – Waldemar Rösler (1882–1916), Maler und Graphiker, Schüler der Königsberger Akademie unter Neide und Dettmann, seit 1906 in Berlin, Secessionsmitglied, starb in Arys (Ostpreußen) an den Folgen einer Kriegsverletzung.

Frau Schalek – Alice Schalek (Pseud. Paul Michaely, 1874–1956) österreichische Journalistin, in der Feuilletonredaktion der Neuen Freien Presse in Wien tätig, während des Ersten Weltkrieges Kriegsberichterstatterin.

1. Februar 1917

Ankündigung des ... U-Boot-Krieges – Bereits am 9. Januar 1917 war von deutscher Seite der uneingeschränkte U-Boot-Krieg beschlossen worden, der den USA am 31. Januar offiziell angekündigt wurde.

Wilson-Note – Am 22. Januar 1917 hielt Wilson eine Rede vor dem Senat, in der er für »Frieden ohne Sieg« plädierte. Die sich anschließenden Verhandlungen mit Deutschland wurden wegen des uneingeschränkten U-Boot-Krieges abgebrochen, der am 1. Februar begann.

Hauptmann – Carl Hauptmann (1858–1921), Schriftsteller, älterer Bruder von Gerhart Hauptmann. Sein Künstlerroman »Einhart der Lächler« war bereits 1907 erschienen.

Seemann – E. A. Seemann, Buch- und Kunstverlag in Leipzig.

Ausstellung ... für Grabdenkmäler – Auf eine Ausschreibung für Kriegerdenkmäler des Bundes deutscher Künstler und Gelehrter (Kulturbund) gingen über 1000 Einsendungen ein, im Künstlerhaus wurde eine Auswahl gezeigt (vgl. dazu Paul Westheim in: Sozialistische Monatshefte, Jg. 23, 1917, S. 225f.).

Milly Steger (1881–1948), Bildhauerin und Graphikerin, Schülerin von Georg Kolbe, Auguste Rodin und Aristide Maillol, Leiterin der Plastikklasse an der Unterrichtsanstalt des Vereins der Berliner Künstlerinnen.

Marta Dehrmann (geb. 1863), Malerin, lebte in Kassel und Berlin.

4. Februar 1917

Krieg mit Amerika! – Am 3. Februar 1917 brachen die USA die diplomatischen Beziehungen zum Deutschen Reich ab. Die Kriegserklärung erfolgte am 6. April.

9. Februar 1917

Ausstellen in der Freien Secession – An den Sohn Hans schreibt Käthe Kollwitz am 18. Februar 1917 (unveröffentlicht): »Ich weiß nicht, ob ich Dir bereits schrieb, daß ich in der Sommerausstellung der Freien Secession nicht ausstellen kann. Es ist kein Platz für mich da. Liebermann wird 70 Jahre und die beiden Toten, Berneis und Rösler, bekommen den Hauptplatz. So bin ich mit Cassirer übereingekommen. Erst wollte er schon im März die Ausstellung machen, das war für mich zu gedrängt. Jetzt ist der April festgesetzt (Käthe-Kollwitz-Archiv, [der] Akademie der Künste [in] Berlin).

Milan – Emil Milan (1859–1917), einer der bedeutendsten Rezitatoren seiner Zeit.

Mitte Februar 1917

sein Dissidententum – Die Angehörigen der Freireligiösen Gemeinde – zu denen sich auch die Familie Kollwitz zählte – waren nicht Mitglieder der Landeskirche und wurden deshalb als Dissidenten geführt. Daß Dissidenten gegenüber eine Diskriminierung erfolgte, geht aus einem Erlaß des Kriegsministeriums hervor, über den das Berliner Tageblatt am 1. November 1916 berichtete. Es heißt dort, daß Freidenker oder Dissidenten, die der Landeskirche nicht angehören, für die Wahl zum Offizier oder Sanitätsoffizier nicht in Frage kommen. Hans Kollwitz hatte also zu Recht den Eindruck, daß sich seine Beförderung zum Sanitätsoffizier durch sein Dissidententum verzögere.

17. Februar 1917

Durieux – Tilla Durieux (eigentl. Ottilie Godefroy, 1880–1970), Schauspielerin, seit 1903 bei Max Reinhardt in Berlin, verheiratet mit dem Verleger und Kunsthändler Paul Cassirer. In ihren Memoiren »Eine Tür steht offen« berichtet sie über die Lesung, daß es beinahe zu einer spontanen Friedensdemonstration gekommen wäre und daß bei ihr anschließend eine Haussuchung erfolgte (»Eine Tür steht offen«, Berlin, 3. Aufl. 1964, S. 180f.).

Eysoldt – Gertrud Eysoldt (1870–1955), Schauspielerin, seit 1902 bei Max Reinhardt.

Leonhard Frank (1882–1961), Schriftsteller, lebte 1915–1918 in der Schweiz. Seine Novelle »Der Kellner« war 1916 in den »Weißen Blättern« des Kurt Wolff Verlags erschienen. In der Buchausgabe »Der Mensch ist gut« (Zürich 1918) heißt die Novelle »Der Vater«, da die Figur des Kellners die fünf Novellen des Bandes verknüpft.

Blochs Bruder – Alexander Bloch (1874–1954), Journalist , Redakteur der Zeitung Kampf (USPD), Mitglied der Liga für Menschenrechte; emigrierte 1933 über Paris nach Palästina.

18. Februar 1917

Klinger – Max Klinger (1857–1920), Maler, Graphiker, vor allem Radierer, und Bildhauer. Seine Schrift »Malerei und Zeichnung«, 1891 als Privatdruck erschienen, hat die junge Käthe Kollwitz in ihrer Abwendung von der Malerei und ihrer intensiven Beschäftigung mit der Graphik stark beeinflußt. Aber auch sein radierter Zyklus »Ein Leben« (15 Blätter, Berlin 1883) wirkt im Werk der Künstlerin bis weit in das neue Jahrhundert hinein nach. Gewisse symbolistische Elemente in ihren Blättern sind nicht ohne Einfluß der Klinger-Graphik denkbar.

das Tagebuch des alten Tolstoi – Die Neue Rundschau veröffentlichte im Jahrgang 1917 in vier Kapiteln Auszüge aus Tolstois Tagebüchern; der erste Band der Buchausgabe (Tagebücher 1895–1899) erschien im Herbst 1917 im Verlag Georg Müller in München.

»Mensch, werde wesentlich!« – Verszeile aus dem »Cherubinischen Wandersmann« des Angelus Silesius.

»Die Erziehung des Menschengeschlechts« – philosophische Schrift von Gotthold Ephraim Lessing (1780).

Erinnerungen Fräulein Thierbachs – nicht erhalten.

Zeichnungen für Steinthal – Der Verleger Erich Steinthal hatte 1917 eine Ausgabe des »Weberaufstandes« herausgebracht; die übertriebene Werbung erregte das Mißfallen von Käthe Kollwitz: »Da der Prospekt bereits lange kursierte bevor ich den zu Gesicht kam, hatte ich keine Möglichkeit mehr darauf einzuwirken«, schrieb sie am 18. September 1917 an den Sammler Erich Bauchwitz (Zit. nach Auktionskatalog Dörling, 122. Auktion, 1987).

Heymanns Pechsteinbuch – Walther Heymann: »Max Pechstein«, Piper, München 1917.

26. Februar 1917

Holst – Herrmann Holst, Königlicher Hofkunsthändler, Inhaber der Kunsthandlung Emil Richter in Dresden, die das Werk von Käthe Kollwitz verlegerisch betreute.

4. März 1917

Mittagskonzert (Schnabel) – der österreichische Pianist Artur Schnabel (1882–1951).

Meine frühen Zeichnungen sind fast alle Anekdoten. – Beate Bonus-Jeep schreibt in ihren Erinnerungen: »Man hatte – wohl von ihrem Zuhause her – bei der Anmeldung Blätter geschickt, die sie gezeichnet hatte, und nun gingen sie auch in dem Malsaal herum. Ein einziges war dabei, das man als Voraussage hätte ansprechen können dafür, daß ein künftiger Historienmaler vorhanden sei. Die Toga spielte eine Rolle bei den Figuren, und die Unterschrift klang so erhaben, wie es einem Historienbild zukommt. Ich weiß den Titel nicht mehr, sagen wir einmal: ›Cäsar weist den königlichen Stirnreifen zurück, den der Senat ihm darbietet‹« (Bonus-Jeep, S. 12).

Ise Schoke – Luise (Ise) Schoke (1894–1967), Freundin der jungen Sterns, blieb auch nach ihrer Heirat mit dem Ingenieur Erich Hesse mit den Familien Stern und Kollwitz befreundet; ihr zwei Jahre jüngerer Bruder Wilhelm (Willi) starb 1929.

7. März1917

Kunsthandlung Richter – Der Vertrag mit der Kunsthandlung Richter traf auf Schwierigkeiten, weil Käthe Kollwitz einige Radierplatten dem Leipziger Verlag E. A. Seemann überlassen hatte. »Der Plattenhandel schwebt noch«, schreibt sie an den Sohn Hans am 21. März 1917, »– er wäre schon abgeschlossen, wenn ich nicht die Dummheit mit Seemann gemacht hätte.« (Käthe-Kollwitz-Archiv, [der] Akademie der Künste [in] Berlin).

15. März 1917

russische Revolution – Zu Beginn des Jahres 1917 entwickelte sich vor allem in Petrograd (Petersburg) eine Streikbewegung, die im Februar kulminierte und zur russischen Februarrevolution führte. Am 18. Februar (3. März) begann der Streik im Petrograder Putilow-Werk, am 24. Februar (9. März) streikten bereits 225 000 Arbeiter in der Stadt. Am 26. Februar (11. März) gingen Teile der Petrograder Garnison auf die Seite der Streikenden über. Am 27. Februar (12. März) siegte die Revolution in Petrograd. Am gleichen Tag fand die erste Sitzung des Petrograder Sowjets (Räte) der Arbeiter- und Soldatendeputierten statt. Er beschloß am 1. (14.) März, dem Provisorischen Komitee der Staatsduma die Bildung der Regierung zu übertragen. Am 2. (15.) März wurde die Provisorische Regierung gebildet, Ministerpräsident war Fürst Georgi J. Lwow. Als erste erkannte die Regierung der USA am 9. (22.) März die neue russische Regierung an.

Duma (russ.: Rat), Reichsduma, russische gesetzgebende Körperschaft, nach der Revolution 1905 vom Zaren mit beschränkten Vollmachten einberufen.

16. März 1917

Zeichnungen von ihrem Jungen – An ihren Sohn Hans schreibt Käthe Kollwitz dazu am 21. März 1817: »Seine Mutter hatte sich an den Frauendienst wegen Unterstützung gewandt, bei einer Recherche hatte man dann Zeichnungen des Jungen gesehn, sich an mich gewandt usw. Die Zeichnungen von dem Jungen sind so gut wie ich mir die des Knaben Leibl oder Menzel denke. Er zeichnet dauernd, er zeichnete viel früher als er sprechen lernte sagt die Mutter. Die Mutter lebt mit ihm so wie Rosa Pfäffinger mit Georg [Gretor] ganz ins Proletarierhafte übersetzt. Philipp Franck, der Direktor der Kunstschule, dem jährlich 800 Volksschulkinder durch die Hände gehn und der sehr viel Talent sieht, war über *diese* Zeichnungen doch ganz erstaunt. Nun soll der Junge erst Lithograph lernen (Geld dazu findet sich privat) und wenn er 18 Jahre ist in die Kunstschule eintreten.« (Käthe-Kollwitz-Archiv, [der] Akademie der Künste [in] Berlin).

Abdankung des Zaren – Der russ. Zar Nikolaus II. dankte am 2. (15.) März 1917 ab und wurde am 8. (21.) März auf Forderung des Petrograder Sowjets verhaftet. In der Nacht zum 17. Juli 1918 in Jekaterinenburg mit seiner Familie erschossen.

über Ausstellung gesprochen – Käthe Kollwitz schreibt am 17. März 1917 an den Sohn Hans: »Nun mein Junge muß ich Dir wieder etwas von der Ausstellung berichten. Sie schrumpft immer mehr zusammen. Gestern sprach ich mit Cassirer selbst [...] Ich müßte mich zufrieden geben mit etwa 150 Blättern. Er meint, das schadete gar nichts. Mehr könne man doch schlecht aufnehmen (der Beschauer) und 150 Blätter, wenn es die charakteristischen sind, hinterlassen schon einen ganz nachhaltigen und geschlossenen Eindruck [...] Nun mache ich mich also von neuem an das Sichten, man ist schon rein konfus von all dem Aussuchen – Ausmerzen – Abmessen usw. usw.« (Käthe-Kollwitz-Archiv, [der] Akademie der Künste [in] Berlin).

24. März 1917

Rosa Speyer geb. Stern (1861–1917), Georg Sterns älteste Schwester, Mutter des Schriftstellers Wilhelm Speyer.

13. Mai 1917

Der Erfolg der Ausstellung – Im Berliner Tageblatt vom 19. April 1917 hatte der Kunstkritiker Fritz Stahl hervorgehoben: »Das muß wohl ein jeder fühlen, daß die Kunst der Käthe Kollwitz das Erlebnis einer Menschlichkeit ist, nicht nur einer Sinnlichkeit. Und darauf beruht die ganz besondere Wirkung dieser Ausstellung. Die religiöse Inbrunst des Schaffens weckt eine Verehrung, die mehr ist als Dank der Sinne für das einzelne Werk und Bewunderung der künstlerischen Gabe. Die Religion, in der dieses Schafffen seine Wurzeln hat, ist der Sozialismus [...] Sicher ist wohl die Künstlerin auch dem Programm nach Sozialistin, aber was ihre Kunst geboren hat, ist nicht Überzeugung sondern Gefühl. Wenn eine Kunst vom Inhalt her entsteht, wird sie ganz natürlich Griffelkunst [...] Sie war und blieb mehr als irgend ein anderer Künstler frei von Atelier und gestelltem Modell [...] Es liegt in ihnen der Keim zu neuen Werken; wenn nicht alles täuscht, sogar zu Werken neuer Art. Es ist in diesem Leben, in dem alles so notwendig erscheint, gewiß kein Zufall, daß Format und Geist der Zeichnung immer mehr gewachsen sind und sich neben die zeichnerische die plastische Auseinandersetzung mit der Natur gestellt hat. Ein neues künstlerisches Ziel scheint entstanden zu sein. nachdem das graphische Werk abgeschlossen vorliegt.« Diese Besprechung, schreibt Käthe Kollwitz am 6. Mai 1917 an den Sohn, sei ihr die liebste gewesen.

das Derische Vorwort – Max Deri hatte die Einleitung zum Katalog der Sonderausstellung »Kaethe Kollwitz zu ihrem 50. Geburtstag« verfaßt. Sie konnte sich durch Deris Worte bestätigt fühlen: »Eine Ethikerin ist Käthe Kollwitz als Mensch. Und ihre bildkünstlerische Begabung dient ausschließlich diesem Zweck: der Pre-

digt. Dies Ziel scheint vielleicht noch unzeitgemäß. Doch jene Tage des rein Artistischen [...] scheinen ja vorüber. Man weiß heute, daß der sachliche Inhalt des Kunstwerkes sein Kern ist. Daß es nicht wahr, oder vielmehr nur für kurze Spätperioden einer Kultur wahr ist, daß ›l'art pour l'art‹ das oberste Prinzip bedeutet. Man weiß heute, daß es keine Schande, sondern ein Glück und eine Zukunft ist, aus ästhetischen Erschütterungen auch rein menschliche Erlebniswerte zu ziehen.«
Anderen Folgerungen konnte Käthe Kollwitz gewiß nicht ohne weiteres beipflichten: »So scheint es, als wäre Käthe Kollwitz erst selber zufrieden, wenn man sie vor ihren Werken nicht nur als Künstlerin wertete, sondern als Menschenwesen, wenn man nicht bloß auf die [...] Sicherheit alles rein Artistischen verwiese [...] Wenn die Stunde käme, zu der es möglich wäre, alle diese Bilder, weil nicht mehr *wahr*, auf einem großen Befreiungsscheiterhaufen zu verbrennen: wir glauben, Käthe Kollwitz wäre die Erste, die alles herantrüge, was sie erreichen kann. Und sie würde vielleicht nichts bewahren, als einige helle, reine, sonnige Kinderköpfchen, in die sie das noch ungetrübte Leben hineingezeichnet hat.«

Lisens Besprechung – Die Schwester Lisbeth Stern schrieb in den Sozialistischen Monatsheften: »Es ist nicht die Liebe, die den Beladenen und vom Leben Getroffenen entgegenkommt und sie tröstet, sondern die mitgeht durch alle Dunkelheiten, und die das Schwere alles Menschenschicksals wieder in sich lebt. Die dunklen Quellgründe des Lebens, aus denen es dann erst in seinen tausend Verästelungen ans Licht wächst, die sind hier aufgedeckt. Die meiste Kunst kennt nur diese Verästelungen, lebt in ihnen, und alle Maßstäbe, die wir kennen, sind ihr entlehnt. Hier müssen wir sie beitseitelegen, denn hier ist das Leben selbst in seiner ganzen erdrückenden Wucht Leid geworden und spricht seine Sprache für uns, für uns alle« (Sozialistische Monatshefte, Jg. 23, 1917, S. 499f.).
Aus den zahlreichen Besprechungen dieser Ausstellung soll noch die des alten Freundes und Förderers Julius Elias hervorgehoben werden, der schrieb: »Frau Kollwitz steht vor neuen Wegen, – wohin sie führen werden, weiß man nicht. Vielleicht in die Plastik, wie bei den ausgeprägten Formenmenschen Stauffer und Klinger. Ansätze und Entwürfe sind da und lassen vieles erwarten« (Kunst und Künstler, Jg. 15, 1917, S. 540ff.).
In einem Brief an den Sohn Hans heißt es am 22. April 1917: »Der Erfolg ist groß. Bei Cassirer sagen sie mir, daß sie erst jetzt wieder ein volles Haus haben. Verkauft habe ich fast alles was da hängt, den größten Teil hat Richter, den zweitgrößten Arnold in Dresden. Das Selbstbild, das dem Katalog vorgedruckt ist, wollte ich nicht gern hergeben, sondern für Dich lassen. Wahrscheinlich geht es nun aber doch ans hiesige Handzeichnungskabinett. Du kannst es ja jederzeit sehn wenn Du willst.« (Käthe-Kollwitz-Archiv, [der] Akademie der Künste [in] Berlin).

2. Juni 1917

Dargun – Städtchen in der »Mecklenburger Schweiz«.

das Eiserne Kreuz – Wie auch immer ihre »Nebenempfindungen« waren, dem Sohn schrieb sie noch am gleichen Tag: »Lieber Junge, wenn Du wiederkommst, dann kommst Du mit dem Bande. Wie hast Du es Dir gewünscht!« (Brief vom 31. Mai 1917).

⟨ ⟩ – An dieser Stelle Schwärzung von ca. zwölf Zeilen duch Hans Kollwitz.

Einen Juden – Edgar Goldschmidt (1881–1957), Pathologe, hatte sich 1916 in Frankfurt/M. habilitiert, wo Hanna Stern ihr erstes Engagement hatte. Er emigrierte 1933 in die Schweiz.

bei Richter fast alle Zeichnungen – Die Jubiläumsausstellung bei Cassirer war von Anfang an als Wanderausstellung geplant und wurde in der Dresdner Kunsthandlung Emil Richter und anschließend in Königsberg gezeigt.

Tägliche Rundschau – nationale Tageszeitung, begründet 1881, anfangs der Stoekkerschen Bewegung nahestehend, bezeichnete sich als »Zeitung für Nichtpolitiker«, zugleich als Ergänzungsblatt zu den politischen Presseorganen jeder Partei (Koszyk, S. 272).

»Professor Unrat« – Roman von Heinrich Mann (1905). Am 28. Juni 1917 schreibt Käthe Kollwitz an Hans: »Ich lese den Unrat und bin – traun fürwahr – entzückt. In der zweiten Hälfte fängt der arme Kerl mir freilich an leid zu tun – aber den Anfang find ich – ei freilich jawohl fürtrefflich.« (Käthe-Kollwitz-Archiv, [der] Akademie der Künste [in] Berlin).

10. Juli 1917

in Königsberg ... wegen der Ausstellung – Dazu am 9. Juli 1917 an den Sohn Hans: »Gestern ist die Ausstellung in Königsberg eröffnet. Sie steht unter keinem guten Stern. Ein Teil der Zeichnungen fehlt noch (4 Kisten waren angekommen, 3 fehlten) und ich konnte nur hinterlassen, wo man die aufhängen sollte. Hoffentlich sind sie inzwischen angekommen. Unglücklicherweise waren es mit die wichtigeren, die fehlten, wohingegen die Akte alle da waren. So hat die Ausstellung gerade zu Beginn nicht ein so charakteristisches Gesicht und ich denke mit Sorgen an die lieben alten Königsberger, die sofort alle hingehn wollten. Was die wohl zu den Arbeiterinnenakten z. B. sagen werden. Die Graphik ist zum Glück gut und reichlich vertreten und sie ist doch immer das verständlichere.« (Käthe-Kollwitz-Archiv, [der] Akademie der Künste [in] Berlin).
Die Reaktion auf die Ausstellung entsprach ihren Befürchtungen. Ein Ausstellungsbericht (gez. Dr. Ulrich) in der Königsberger Hartungschen Zeitung (Abendausgabe) vom 9. Juli kennzeichnet ihre Kunst: »ernst, schwer, trübstimmig, voll Herzeleid, sie ist voller Müdigkeit, Trostlosigkeit und Stumpfsinn. Die Züge der Menschen sind hart, eckig, abgezehrt; die Formen abgemagert, unschön [...] Das Unschöne und Häßliche ist vorherrschend; das Zarte, Weiche und Milde fehlt.«

Löwensteins – Die Malerin und Studienfreundin Änny Löwenstein.

Gundolf: »Goethe« – Friedrich Gundolf (eigentl. Gundelfinger, 1880–1931), Literaturhistoriker, gehörte zum Kreis um Stefan George und nahm durch seine geistesgeschichtlichen Publikationen (»Goethe«, 1916) nachhaltigen Einfluß auf den bürgerlichen Humanismus.

12. Juli 1917

Hans Koch war gestern hier – Die aus dem Anfang-Kreis und der Freideutschen Jugend kommende Gruppe um Hans Koch und Alfred Kurella hatte sich 1917 neu orientiert. War es anfänglich um humanistisch-ideale Ziele gegangen, so richteten sich die Bestrebungen jetzt darauf, eine Annäherung an die bewußt politisch eingestellte proletarische Jugend zu erreichen. Den Beginn dieser Gemeinsamkeit bildete die illegale Agitation gegen den Krieg, durch Herausgabe und Vertrieb von Antikriegsmaterial, u. a. des Memorandums des Fürsten Lichnowsky (vgl. dazu Linse, S. 78f.).
Im Sommer 1917 lebte man gemeinsam in der Villa der Familie Klatt in der Kastanienallee. »Hier hausten wir, etwa 10 Jungen und Mädchen. Oben auf dem Dachboden war das Lager der illegalen Broschüren. Unten in den Kellerräumen wohn-

ten zwei junge Deserteure, denen wir Asyl gewährten und die wir verpflegten. Beide waren Mitglieder der illegalen Arbeiterjugendorganisation« (Kurella, S. 17).

Friedrich Adler (1879–1960), der österreichische Sozialist, hatte 1916 den österreichischen Ministerpräsidenten Graf Stürgkh aus politischen Motiven ermordet. Er wurde zum Tode verurteilt, später begnadigt und schließlich amnestiert. Käthe Kollwitz war vom Prozeß sehr bewegt; in einem Brief an den Sohn Hans schreibt sie am 20. Mai 1917: »Das hat mich sehr interessiert – mehr – es hat mich ergriffen. Ein Fanatiker – ja! Aber ein Sieger!« (Käthe-Kollwitz-Archiv, [der] Akademie der Künste [in] Berlin).

Walter Meiers Brief – s. die Eintragung vom 7. August 1916.

Felsing – Berliner Druckerei für künstlerischen Tiefdruck, begründet 1875 von Otto Felsing (1831–1878), seit 1891 durch Wilhelm Felsing geführt. Die Mehrzahl der Radierungen von Käthe Kollwitz wurde in der Druckerei Felsing als Auflagen gedruckt.

Richard Gönner – Arbeitersohn aus der Nachbarschaft.

15. Juli 1917

Beobachterarbeit auf dem Ballon – Das Bataillon, bei dem Hans Kollwitz in Rumänien Dienst tat, setzte zu Aufklärungszwecken Fesselballons ein.

17. Juli 1917

den Kursus mitzunehmen – Hans Kollwitz hatte die Genehmigung erhalten, sich an der Berliner Universität auf das Physikum vorzubereiten.

»Madame Legros« – Schauspiel von Heinrich Mann, 1913 erschienen. Der Vergleich von Käthe Kollwitz mit der französischen Strumpfwirkersfrau leuchtet nicht recht ein.

18. Juli 1917

das Elternrelief – Noch immer verfolgt Käthe Kollwitz zwei Richtungen der künstlerischen Umsetzung der Denkmalspläne: das Relief (Wegner-Mappe, Nr. 8) und die Gruppe des liegenden Toten mit den trauernden Elternfiguren (Wegner-Mappe, Nr. 5–7). Beide Arbeiten wurden in dieser Form aufgegeben und sind inhaltlich in eine endgültige Fassung eingegangen: die beiden trauernden Elternfiguren, die heute auf dem Soldatenfriedhof in Vladsloo – Praedbosch in Belgien stehen. Eine Kopie, Anfang der 50er Jahre in der Werkstatt von Ewald Mataré ausgehauen, befindet sich in der Ruine von St. Alban zu Köln.

20. Juli 1917

Viele berühmte Leute anwesend – Im Berliner Tageblatt vom 20. Juli 1917 findet sich ein ausführlicher Bericht über die Geburtstagsfeier in Wannsee; neben Walther Rathenau, Gerhart Hauptmann werden August Gaul, Emil Orlik, Tilla Durieux und Dora Hitz erwähnt, Käthe Kollwitz merkwürdigerweise nicht.

26. Juli 1917

Unglaublich wichtige Ereignisse in Rußland – Nach dem verlustreichen Scheitern der russischen Juni-Offensive 1917 begann am 19. Juli eine deutsch-österreichische Gegenoffensive. Die russischen Truppen mußten Galizien und die Bukowina aufgeben, allein in Galizien verloren sie 150 000 Mann. Der Widerstand unter den russischen Soldaten gegen eine Weiterführung des Krieges wuchs und drückte sich auch in gewaltigen Demonstrationen aus. Am 4. (17.) Juli 1917 demonstrierten in Petrograd 500 000 Arbeiter, Soldaten und Matrosen gegen eine Weiterführung des Krieges und gegen die Provisorische Regierung. Nach dem Rücktritt des Fürsten Lwow wurde Kerenski Ministerpräsident (20. Juli); das Amt des Kriegs- und Marineministers behielt er bei.
Mit welcher Aufmerksamkeit – und Hoffnung – Käthe Kollwitz die Entwicklung in Rußland verfolgte, geht sehr viel deutlicher als aus den Tagebucheintragungen aus den Briefen an den Sohn Hans hervor. Am 21. März 1917 schreibt sie an ihn: »Was in Rußland vorgeht *muß* uns dem Frieden näher bringen. Europa dem Frieden und Deutschland einer freiheitlichen Verfassung. Mir kommt ungeheuer bedeutsam vor was jetzt in Rußland passiert, ich bin voll frohester Erwartung und sehe wirklich etwas wie Morgenröte nach dieser Finsternis.«
Am 22. April heißt es: »Du hast nie etwas über die russische Bewegung geschrieben aber sicher habt Ihr dort Zeitungen, so daß Du sie verfolgst. Auf ihr fußt unsere Hoffnung. Du weißt wie zu Anfang des Krieges Ihr sagtet: die Sozialdemokratie hat versagt. Wir sagten: die Idee des Internationalismus muß jetzt zurücktreten. Hinter allem Nationalen steht aber doch das Internationale. Dann war mir diese Auffassung ganz zugeschüttet und jetzt ist sie wieder da. Die nationale Entwicklung *wie sie jetzt ist* führt in Sackgassen. Es *muß* ein Zustand gefunden werden, der das völkische Leben erhält, der aber das verhängnisvolle nationale Wettrennen unmöglich macht. Die Sozialdemokraten in Rußland sprechen die wahre Sprache. Das ist Internationalismus. Trotzdem sie ihr Heimatland weiß Gott lieben.
Mir will scheinen, als ob hinter all den Krämpfen, die die Welt jetzt durchmacht doch schon eine neue Schöpfung sich ankündigt. Und das millionenfach geflossene geliebte Blut es ist geflossen um die Menschheit höher zu heben als sie stand. Das ist mein Politisieren Junge. Es kommt auf Glauben heraus.«
Am 11. November 1917 schreibt sie: »Und Rußland! Die gewaltigen neuen Umwälzungen da. Ich fürchte bald stürzt alles zusammen vor einer kraftvollen Reaktion. Aber Wertheimer hofft und glaubt daß von Rußland eine Neuschaffung Europas ausgehen wird, die auf Gerechtigkeit sich aufbaut.« (Käthe-Kollwitz-Archiv, [der] Akademie der Künste [in] Berlin).

Kerenski – Alexander F. Kerenski (1881–1970), Jurist, seit 1917 Mitglied des Provisorischen Komitees der Reichsduma, seit März 1917 Justizminister der Provisorischen Regierung, Mitglied verschiedener Kabinette der Provisorischen Regierung, ab Juli Ministerpräsident, später auch Oberster Befehlshaber. Kerenski vertrat die Partei der Sozialrevolutionäre, von der sich im Dezember des Jahres 1917 die Partei der linken Sozialrevolutionäre abspaltete. 1918 emigrierte er nach Frankreich und lebte seit 1940 in den USA.

linkssozialistische Partei – gemeint ist die Strömung der linken Sozialrevolutionäre.

6. August 1917

Kurella – Alfred Kurella (1895–1975), Kulturtheoretiker, Schriftsteller (Pseud. Ziegler, Röbig, Bernard), Übersetzer, gründete 1918 die Freie Sozialistische Arbeiterjugend in München; von 1919 bis 1924 Sekretär der Kommunistischen Jugendinternationale, von 1932 bis 1934 Sekretär des Internationalen Komitees zum Kampf gegen Faschismus und Krieg und Chefredakteur der Zeitschrift Le Monde; von 1934 bis 1954 lebte er in der Sowjetunion. In seiner Jugend wurde Alfred Kurella von der Wandervogelbewegung geprägt und gehörte zum Kreis um Hans Koch, der auf der Basis gemeinschaftlichen Eigentums zu einer neuen Lebensform für die Gesellschaft finden wollte.

12. August 1917

brachte ich ihm die »Weber« – Der von 1893 bis 1898 geschaffene graphische Zyklus »Ein Weberaufstand«, begonnen unter dem Eindruck der Uraufführung von Gerhart Hauptmanns Drama »Die Weber« in der Freien Bühne in Berlin. Mit diesen Lithographien und Radierungen gelang Käthe Kollwitz der künstlerische Durchbruch (vgl. a. Anhang).

die große Ausstellung – Die große Berliner Kunstausstellung in der Ausstellungshalle am Lehrter Bahnhof.

Loyd Georges Rede – David Loyd George (1863–1945), britischer Politiker, von 1916 bis 1922 Premierminister.

Dieser Zeitungsausschnitt – nicht erhalten.

16. August 1917

als ich von München kam – 1888/89 hatte die junge Käthe Schmidt (Kollwitz) bei Ludwig Herterich in München Malstudien betrieben. Das freie studentische Leben dort, der unkonventionelle Umgang auch mit den männlichen Kollegen und das künstlerische Leben der Stadt hatten ihr zugesagt; daran gemessen erschien ihr das bürgerliche Leben in Königsberg etwas eng und provinziell.

Matray und seine Frau – Der Tanzpartner von Katharina Stern (später Katta Sterna), Ernst Matray, war mit der Tänzerin und Schauspielerin Greta Schröder verheiratet.

meinen Saal besehn – Max Lehrs widmete der Künstlerin zum 60. Geburtstag eine Ausstellung in der Dresdner Kunstvereingung, in der auch ihr frühes graphisches Werk gezeigt wurde, das im Kupferstichkabinett nahezu vollständig, in ausgesuchten Abzügen und Zuständen vorhanden war.

Ludwig von Hofmann (1861–1945), Maler, Graphiker, Kunsthandwerker, Schüler der Dresdner Akademie von 1883 bis 1886, 1888 in München, in Paris von Puvis de Chavannes und Albert Besnard beeinflußt, seit 1890 in Berlin, gehörte zur Gruppe der »XI«, der Vorläuferin der Berliner Secession. Seit 1916 Professor an der Dresdner Akademie.

Hilde Schindler – Hilde Schindler-Fuchs, Graphikerin, mit zahlreichen Arbeiten im Dresdner Kupferstichkabinett vertreten.

18. August 1917

Die Papstnote – Am 1. August hatte Papst Benedikt XV. an die kriegführenden Mächte eine Friedensnote erlassen, die jedoch ohne Erfolg blieb.

30. August 1917

Gorkis »Kindheit« gelesen – Maxim Gorki (eigentl. Peschkow, 1868–1936), russischer Romancier, Erzähler, Dramatiker und Publizist; »Meine Kindheit«, das erste Buch seiner autobiographischen Trilogie, erschien 1913 (deutsch 1917).

mit Helga noch alles beim alten – Helga Bonus, die Tochter der Jugendfreundin Jeep, war im Sommer 1917 in eine monatelange Bewußtlosigkeit verfallen. Die Studienkolleginnen aus der Münchner Zeit schickten mehrfach Geld als Beitrag zu den Krankenhauskosten.

9. September 1917

zur Dumont zurück – Louise Dumont (1862–1932), Schauspielerin, gründete mit ihrem Mann Gustav Lindemann 1905 das Düsseldorfer Schauspielhaus. Karl Hannemann hatte dort seine Ausbildung erhalten.

Riga gefallen – Am 3. September 1917 hatten deutsche Truppen Riga eingenommen.

10. September 1917

Hans wieder – Der Satz ist nicht zu Ende geführt.

10. Oktober 1917

Die schöne Privatsammlung von Herrn Schmitz – Die Kunstsammlung von Oskar Schmitz aus Blasewitz bei Dresden.

»Mutter mit Kind« – Wegner-Mappe, Nr. 4.

14. Oktober 1917

Eva Stern (1894–1976), Nichte von Georg Stern, Tochter seines älteren Bruders Siegfried, Gymnastiklehrerin, verheiratet mit dem Graphiker Paul Weise.

Clara Stern (1890–1976), Pianistin und Musiklehrerin, später Krankenschwester, Nichte von Georg Stern. War als Halbjüdin nach 1933 beruflichen Behinderungen und Schikanen ausgesetzt. Lebte seit 1940, nach dem Tode von Karl Kollwitz, in der Wohnung in der Weißenburgerstraße als Hausgenossin und Pflegerin von Käthe Kollwitz, begleitete sie 1943 nach Nordhausen und 1944 nach Moritzburg bei Dresden, wo sie bald von der Enkelin Jutta abgelöst wurde.

Habel – alte Berliner Weinstube.

Friedeberg – Raphael Friedeberg (1863–1940), Arzt, der Familie Kollwitz auf vielfache Weise verbunden; Königsberger Studienfreund von Karl Kollwitz, Mitglied der Pressekommission der Sozialistischen Monatshefte, praktischer Arzt mit zahlreichen sozialpolitischen Aktivitäten. Friedeberg war bis zu seinem Ausschluß aus der SPD 1907 Sozialdemokrat, entwickelte sozialistisch-anarchistische Vorstellungen und lebte später ständig in der Kolonie auf dem Monte Verità (Monte Verità, S. 38ff. und passim).

17. Oktober 1917

Stefan Georges Gedicht »Der Krieg« – Stefan George (1868–1933), Lyriker, stand dem Ersten Weltkrieg von Anfang an skeptisch gegenüber. Seine Antwort auf den Krieg faßte er in dem 1917 veröffentlichten Gedicht »Der Krieg« zusammen. George lehnte 1933 ein ihm angebotenes Ehrenamt der Preußischen Dichterakademie ab; er starb am 4. Dezember 1933 in Locarno.

21. Oktober 1917

Klinglerquartett – Das 1905 vom Geiger Karl Klingler begründete berühmte Quartett, das regelmäßig Kammermusikkonzerte in der Freien Volksbühne gab.
lesen wir zusammen die »Achilleis« – Versepos von Goethe, das Käthe Kollwitz in Erinnerung an den toten Sohn sehr liebgeworden war: »Ach! daß schon so frühe das schöne Bildnis der Erde/Fehlen soll! ... Ach! und daß er sich nicht, der edle Jüngling, zum Manne/Bilden soll.«

26. Oktober 1917

des blinden Dichters Reinsfeld – Gemeint ist vermutlich Adolf Franz Iwan von Hatzfeld (1892–1957), der nach einem Selbstmordversuch erblindet war. Hatzfeld, mit Ernst Toller und Heinrich Vogeler befreundet, war Pazifist und stand zeitweise der kommunistischen Bewegung nahe, Begründer der Rheinischen Liga für Menschenrechte.
»Urmeister« – Goethes Romanfragment »Wilhelm Meisters theatralische Sendung« (1777–1785), die Urfassung der »Lehrjahre«, erschien erstmals 1911.

27. Oktober 1917

Lisbet [Elisabeth] Huch (1883–1956), Schauspielerin in München und Berlin, Schwester des Schriftstellers Friedrich Huch.
.*Hans Simons* (1893–1972), Pädagoge und Schriftsteller, Pazifist, kandidierte 1924 – nach seinem Austritt aus der SPD – für die neugegründete Republikanische Partei. Er war von 1925 bis 1929 Direktor des Instituts für Politik in Berlin; Simons emigrierte nach 1933 in die USA, wo er an der New School for Social Research in New York lehrte. Die Ehe mit Hilde Rautenberg wurde bald wieder geschieden.

31. Oktober 1917

Jugendtag – Vermutlich die Erste freideutsche Woche vom 27. September bis 3. Oktober 1917 im Landschulheim am Solling bei Holzminden, die zu einer Annäherung des konservativeren rechten Flügels der Freideutschen Jugendbewegung an den progressiveren linken Flügel um Wyneken, Koch und Kurella führte (Linse, S. 85f.).

6. November 1917

auf etwas Neues gekommen – das Motiv der um den toten Sohn trauernden Eltern ist nicht als Plastik, wohl aber als Holzschnitt ausgeführt und in die Holzschnittfolge »Krieg« aufgenommen worden (Klipstein 179).
als Ebert ... da war – Carl Ebert (1887–1980), Schauspieler, Opernregisseur und Intendant. Er spielte 1915 bis 1922 in Frankfurt/M. und hatte sich dort mit Hanna Stern (Johanna Hofer) angefreundet. Ebert, 1931 bis 1933 Intendant der Städtischen Oper (Deutsche Oper) in Berlin, emigrierte nach Großbritannien, wo er bis 1939 die Glyndebourne-Festspiele leitete.
Krauskopf – Bruno Krauskopf (1892–1960), Maler und Graphiker, stellte 1917

erstmals innerhalb der Berliner Secession aus, ging zu Beginn der dreißiger Jahre nach Norwegen.

In Rußland ... Umwälzungen – Der Aufstand gegen die Provisorische Regierung begann am Morgen des 24. Oktober (6. November) in Petrograd. Mehr als 150000 Mann der um Petrograd stationierten Heerestruppen und die Baltische Flotte mit 80000 Matrosen standen auf der Seite der Bolschewiki. Das Winterpalais wurde am 26. Oktober (8. November) gestürmt und die Provisorische Regierung verhaftet. Die politische Macht ging an die Sowjets über; am 25. Oktober (7. November) wurde die erste sowjetrussische Regierung – der Rat der Volkskommissare – gebildet. Ihre Mitglieder wurden von der Sozialdemokratischen Arbeiterpartei Rußlands (Bolschewiki) gestellt, im November 1917 traten auch Vertreter der linken Sozialrevolutionäre in die Regierung ein.

16. November 1917

Mit Wallerstein über ihn gesprochen – Viktor Wallerstein, der Kunstkritiker der Sozialistischen Monatshefte.

November 1917

Rodin stirbt – Käthe Kollwitz war vom französischen Bildhauer Auguste Rodin stark beeindruckt. Bei ihrem Aufenthalt in Paris 1904 hatte sie ihn zweimal aufgesucht. An den Sohn Hans schreibt sie am 23./24. November 1917: »Weißt Du, daß Rodin tot ist? Bloch und Lene haben mich so lange bearbeitet, bis ich einen kleinen Artikel über Rodin schrieb für die Sozialistischen Monatshefte. Er ist kannst Du Dir denken nicht sehr gut, aber entziehe Dich Bloch! Außerdem ist es nur ein Eindruck, ganz kurz gefaßt. Nur das, was mir bei der Nachricht, er ist tot, zuerst durch den Kopf fuhr.« »Rodin ist tot.« Wenn es möglich sein wird, wieder nach Paris zu gehen, wird man Rodin nicht mehr finden.

Ich durfte ihn vor Jahren zweimal sehen. Das erstemal in dem bekannten Atelier in der Rue de l'Université, wo er empfing. Das zweitemal in Meudon in seinem Museum. Dieses zweite Mal lernte ich eigentlich ihn erst kennen. Ich meine seine Kunst. Er selbst hatte Besuch, mit dem er sich unterhielt. Er forderte mich freundlich auf, in dem Museum mir alles anzusehen. Sein ganzes Oeuvre fand ich da zusammen. Alles, auch die vielen kleinen Gipsskizzen in den Glasschränken. So deutlich steht mir der alte untersetzte Mann vor Augen. Der lange weiße Bart, die gütig und schlau blickenden kleinen Augen, die Stirn, die im oberen Teil zurücktrat und über den Augen so gewaltig und gebuckelt auslud. Die großen Filzschuhe, mit denen er auf dem Steinfußboden herumhuschte. Damals gab es für mich in der ganzen neuzeitlichen Plastik einzig Rodin.

Ich denke zurück an jenen Eindruck und frage mich: Worin lag das Zwingende, Überzeugende, leidenschaftlich Hinreißende seiner Schöpfungen? Darauf kann ich nur antworten: In seinem Vermögen, dem seelischen Gehalt die plastisch überzeugende, nur diesem Gehalt zugehörende Form zu finden. Der Mensch Rodin, der seelische Inhalt seiner Werke, die Form, die er schuf, sind eins. Auch eins mit ihnen ist die Wirkung, die beim Anschauen der Werke auf den Beschauenden überströmt. Mir ist es wenigstens immer so gegangen, daß, ob es nun seine große Liebesgruppe mit den wundervoll beseelten Händen war, die ich sah, oder seine Bürger von Calais oder seine Kauernde, immer unmittelbar eine starke Erregung

vom Werk in mich überströmte. Die von ihm ausgehende Kraft, die sein Werk ganz individuell belebte, setzte mich mit in Schwung.
Ich denke an das Gebet, den betenden Knaben. Dieser *eine* leidenschaftliche Wurf hintenüber, die Arme, die, über den Kopf hinausgeworfen, flehen, wie der ganze Körper fleht. Gibt es in der ganzen Kunstgeschichte ein Werk, das überzeugender das flammende Gebet eines Jugendlichen offenbart?
Und die vielen anderen Gestalten, die nun in der Phantasie auftauchen, ähnlich wie bei seinem Auferstehungsrelief vom großen Höllentor Körper über Körper sich hervorwindet. Alle seine Werke voll leidenschaftlichen Lebens. Wühlend in der Empfindung, wühlend in der Form. Das ist ja eben das an ihm, dem man sich nicht entziehen kann, diese Einheitlichkeit von Form und Inhalt. Eine andere Lösung als die von ihm gefundene scheint undenkbar, wenn man einem seiner Werke gegenübersteht.
Mag sein, daß die jetzt kommende Generation auf der Suche nach neuen Wegen Rodin den Rücken wenden wird. Er bleibt der eigene große Schöpfer, der solche Wellen der Beurteilung lächelnd überdauert« (Sozialistische Monatshefte, Jg. 23, 1917, H. 24, S. 1226f.).

21. November 1917

Den »Elias« gehört – »Elias«, Oratorium von Felix Mendelssohn Bartholdy.

23. November 1917

bei Römers gewesen – Erich Abraham Römer (1859–1934), Schriftsteller und Publizist, vor allem zu kunstgeschichtlichen Themen, Herausgeber der seit 1885 erscheinenden Korrespondenz für Kunst und Wissenschaft, verheiratet mit der Malerin Augusta Römer geb. von Zitzewitz (1880–1960), zu der Käthe Kollwitz mannigfache Kontakte hatte (vgl. Anm. zum November 1912).

24. November 1917

Professor Wenck –Ernst Wenck (1865–1929), Bildhauer, Mitglied und langjähriger Vorsitzender der Berliner Secession.

Vorbesichtigung der Sammlung Kaufmann – Die Gemäldesammlung von Professor Richard von Kaufmann wurde durch die Galerie Cassirer versteigert. Für eine Vorbesichtigung stellte die Freie Secession ihre Räume zur Verfügung. An ihren Sohn schreibt Käthe Kollwitz am 23. November 1917: »Eine köstliche Sammlung. Alte Italiener und Deutsche. Besonders die Deutschen von einer Schönheit, die mir jetzt auf meine alten Tage erst aufgeht.« (Käthe-Kollwitz-Archiv, [der] Akademie der Künste [in] Berlin).

25. November 1917

Strauss – Richard Strauss (1864–1949), Komponist und Dirigent.

zur Friedenskundgebung – Seit dem Streik der Berliner Metallarbeiter im April und dem Aufstand in der deutschen Kriegsflotte im Sommer des Jahres 1917 kam es wiederholt zu Friedenskundgebungen und -demonstrationen.

Der Russe Agaeff – Möglicherweise ein russischer Student, vielleicht auch ein untergetauchter Revolutionär. Vermutlich war Agaeff ein nom de guerre. In den

Eintragungen der Jahre 1918 und 1919 ist wiederholt von ihm die Rede; zeitweise arbeitet er in der im November 1918 akkreditierten Vertretung Sowjetrußlands. Ab und an scheint er untertauchen zu müssen und wohnt dann bei Familie Kollwitz; ob diese seine Identität und seine Absichten kannte, ist nicht ersichtlich (Vgl. Tagebucheintragung vom Dezember 1919).

5. Dezember 1917

den alten Seidlitz kennengelernt – Woldemar von Seidlitz (1850–1922), Kunsthistoriker, seit 1885 Vortragender Rat der Generaldirektion der Königlich Sächsischen Sammlungen in Dresden, Bewunderer und Förderer von Käthe Kollwitz.

Mit Rußland Waffenstillstand. – Am 5. Dezember 1917 wurde zwischen Deutschland und Sowjetrußland ein Waffenstillstand vereinbart.

Clara Siewert (1882–1944), Malerin, Graphikerin und Bildhauerin, Studienfreundin von Käthe Kollwitz, Schülerin von Karl Stauffer-Bern und Max Koner. Sie verkehrte in der Weißenburgerstraße.

an Stelle Köppings – Karl Köpping (1848–1914), Graphiker, vor allem Radierer, Leiter der Graphik-Klasse an der Akademie der Künste Berlin.

17. Dezember 1917

Die junge tote Frau – Eine Zeichnung ist nicht erhalten. Das Thema einer Selbstmörderin mit ihrem Kinde wurde 1923 als Lithographie ausgeführt (Klipstein 166) und auch als Holzschnitt versucht (Klipstein 173), beide Blätter wurden jedoch von Käthe Kollwitz verworfen. Die im Wasser treibende Frau findet sich als »Tod im Wasser« (Klipstein 262) in der Lithographie-Folge »Tod« (1934/35).

den Weihnachtsabend – Dazu gibt es mehrere Zeichnungen (Nagel/Timm 743–750). Auch die Lithographien Klipstein 129 und 136 gehören in diesen Zusammenhang. Eine Radierung ist nicht erhalten.

die Kriegzeitung – Gemeint ist die Kriegszeit (vgl. Anm. zum 27. September 1914).

was ich zum Krieg zu sagen hab – Die künstlerische Summe dessen, was sie »zum Krieg zu sagen hatte«, konnte Käthe Kollwitz erst nach einigen Jahren Abstand in dem für sie neuen, unverbrauchten Mittel des Holzschnitts ziehen. Die Mappe »Sieben Holzschnitte zum Krieg«, deren Entstehung Klipstein auf 1922/23 datiert, erschien 1924.

die »Nachricht« – In zwei Fassungen 1921 als Lithographie mit dem Titel »Gefallen« gearbeitet (Klipstein 152 und 153), in der Holzschnittfolge ist das Thema nicht behandelt.

Josua [Leander] Gampp (1889–1969), Aquarellist, Illustrator, Schrift- und Buchkünstler.

Silvester 1917

Eine neue Hoffnung – Am 23. Dezember 1917 hatten in Brest-Litowsk die deutsch-russischen Friedensverhandlungen begonnen. An den Sohn Hans schreibt Käthe Kollwitz am 2. Weihnachtsfeiertag 1917: »Das schrieb ich Dir wohl noch nicht, daß Simons, der Vater von Hildes Bräutigam mit in Brest-Litowsk am Frieden arbeitet. Auf russischer Seite ist bei den Verhandlungen eine Frau, die ihn im

Typ an mich erinnert. Mit der redet er viel und um ihr zu beweisen, daß auch in Deutschland es Leute gibt, die die Sache des Volkes zu ihrer machen, hat er sich schleunigst meine Kunstwart-Mappe hinkommen lassen und sie ihr gegeben. Ich mußte lachen, wie auf diese unwahrscheinliche Weise ich nun noch mein Scherflein bei den Bemühungen um Frieden und Verständigung mit beitrage.« (Käthe-Kollwitz-Archiv, [der] Akademie der Künste [in] Berlin).

6. Januar 1918

Nachricht von der Jeep – Die Tochter, Helga Bonus, war nach neunmonatiger Bewußtlosigkeit, während der sie nur durch künstliche Ernährung am Leben erhalten werden konnte, wieder zu sich gekommen.

22. Januar 1918

Konstituante – Die unter der Provisorischen Regierung vorbereiteten Wahlen zur Konstituierenden Versammlung (Parlament) fanden erst nach deren Auflösung am 12. (25.) November 1917 statt. Die Konstituierende Versammlung trat am 5. (18.) Januar 1918 in Petrograd zusammen. Sie lehnte mit Mehrheit die Dekrete »Über den Frieden« und »Über den Grund und Boden« ab. Die Fraktion der Bolschewiki und die sie unterstützenden linken Sozialrevolutionäre verließen deshalb die Konstituierende Versammlung. Am 6. (19.) Januar 1918 wurde sie auf Vorschlag Wladimir I. Lenins durch das Gesamtrussische Zentralexekutivkomitee (der Sowjets) aufgelöst.

Kriegsbücherei (eigentl.: Weltkriegsbücherei) – Die Ausstellung in der alten Musikhochschule zeigte Bilder und Bücher zum Krieg aus allen beteiligten Ländern.

Raemaekers – Louis Raemaekers (geb. 1869), holländischer Maler, Pressezeichner und Journalist. In der Ausstellung zeigte er einen Totentanz aus verstümmelten und verkrüppelten Kriegsopfern.

27. Januar 1918

die Hertlingsche Rede – Georg Freiherr (später Graf) von Hertling, vom 30. Oktober 1917 bis 30. September 1918 Reichskanzler und preußischer Ministerpräsident. In seiner Rede vom 24. Januar 1918 forderte er eine Überprüfung und Revidierung der Wilsonschen Friedensbedingungen.

28. Januar 1918

»Hungerpastor« – »Der Hungerpastor«, Roman von Wilhelm Raabe (1864).

30. Januar 1918

Man muß – »Ich bin nun wieder mittendrin im Radieren [...] ich bin wieder zu Hause in meiner Werkstatt. Ja, ich bin nun mit beiden Füßen hineingesprungen in eine Arbeit, die mir wohl seit 1914 immer dunkel vorschwebte, die ich aber immer wieder aufschob. Nun kam es mir wie eine direkte Aufrufung dazu vor und ich hab sie begonnen. Platten zum Kriege. Bis jetzt existierten nur Zeichnungen. Niemand gezeigt. Unter Tränen gezeichnet. Abgesehn davon, daß ich überhaupt für die nächsten Jahre an graphisches Arbeiten nicht dachte, waren es noch zwei andere Gründe aus denen heraus ich immer wieder wegschob den Plan. Erstens die Scheu mit diesem innersten Erlebten, mit dem Fühlen dieser Jahre herauszukommen und dann das Gefühl des Stümperhaften der Atelierarbeit dem Leben, *diesem* Leben und Sterben gegenüber. Nun aber haben es die Verhältnisse so gefügt, daß ich gewissermaßen ohne mein Zutun wieder in meiner alten Arbeit stehe. Durch die jahrelange Pause ist der damals mir so ausgenutzt vorgekommene Boden vielleicht wieder fruchtbringender geworden. Jedenfalls fühle ich mich gedrängt jetzt nicht nur zu arbeiten sondern auch gerade *dieses* zu arbeiten und so hab ich eben begonnen. Die Arbeit *hat* mich wieder« (Aus einem Brief von Käthe Kollwitz an den Sohn Hans vom 31. Januar 1918, Käthe-Kollwitz-Archiv, [der] Akademie der Künste [in] Berlin).

Rele ... ginge zur Bühne – Regula Stern, älteste Tochter der Schwester Lise Stern, hatte ihr Studium abgebrochen und ein Engagement als Schauspielerin angenommen.

2. Februar 1918

Probedruck der »Toten« – Nicht durch Klipstein nachgewiesen.

Paulus Knüpfel – Vermutlich ist der Sänger Paul Knüpfer (1866–1920), Königlicher Opernsänger an der Berliner Hofoper, gemeint. Käthe Kollwitz kannte ihn von den Volksbühnenkonzerten. Offenbar wurde er wegen seines Basses und seines Aussehens in der Familie »umbenannt«.

3. Februar 1918

Volksbühnenkonzert – Auf Initiative von Leo Kestenberg veranstaltete die Volksbühne seit 1915 Mittagskonzerte, die vor allem durch die Arbeiterschaft gut besucht wurden. Das Repertoire war sehr anspruchsvoll und schloß auch die Moderne, Gustav Mahler, Igor Strawinsky, selbst Arnold Schönberg ein (Kestenberg, S. 26f.). So sehr Käthe Kollwitz in der bildenden Kunst und der Literatur neuen und neuesten Strömungen gegenüber aufgeschlossen oder zumindest daran interessiert war, in der Musik bewahrte sie ihre Liebe zu Bach, Brahms und Beethoven. Lediglich Max Reger war ihr durch Vermittlung von Georg Stern auf sehr persönliche Weise nahegebracht worden.

19. Februar 1918

Mit dem russischen Frieden – Sowjetrußland betrachtete den Kriegszustand mit Deutschland als beendet, ohne daß Trotzki die deutschen Bedingungen anerkannte. Es kam zum Abbruch der Friedensverhandlungen, und die deutschen Truppen rückten erneut in Rußland vor.

Hans Rothe (1894–1978), Schriftsteller und Übersetzer, Käthe und Karl Kollwitz freundschaftlich verbunden. Den von ihm herausgegebenen Band »Daumier und die Politik« (Leipzig 1924) schätzte Käthe Kollwitz, wie sie in einem Brief an Rothe am 25. August 1926 schreibt. Hans Rothe emigrierte 1943 über Italien und Spanien in die USA.

Meier-Graefes Aufzeichnungen – Julius Meier-Graefe (1894–1962), Kunstkritiker und Schriftsteller, seit 1904 in Berlin, Initiator bedeutsamer Ausstellungen (»Jahrhundertausstellung deutscher Kunst«, 1906). Den Ersten Weltkrieg erlebte er als Sanitätsfreiwilliger an der Ostfront, 1915 Kriegsgefangenschaft in Sibirien. Über seine Erlebnisse veröffentlichte er 1918 ein Buch unter dem Titel »Der Tscheinik« (Der Teekessel), das bei S. Fischer in Berlin erschien.

Carl Seelig (1894–1926), Schweizer Schriftsteller, Freund und Biograph Albert Einsteins, Betreuer von Robert Walser. Mit einer Karte vom 20. Februar bestätigte Käthe Kollwitz den Empfang: »Das Buch [...] zu lesen ist freilich kein Vergnügen, es ist ein erbarmungsloses Buch, ein wahres Buch. Schrecklich schrecklich in seiner Wahrheit.« (Carl-Seelig-Stiftung Zürich). An diese erste Kontaktaufnahme schloß sich eine Korrespondenz an, die bis ins Jahr 1934 reicht.

Henri Barbusse (1873–1935), französischer Schriftsteller und Publizist, seit 1914 Soldat. Das Erlebnis des Ersten Weltkrieges wandelte ihn zum entschiedenen Kriegsgegner. Sein Kriegsbuch »Le Feu« (1916) erschien 1918 in deutscher Übersetzung: »Das Feuer, Tagebuch einer Korporalschaft«.

24. Februar 1918

Hedwig Lachmann (1865–1918), Schriftstellerin, Herausgeberin und Übersetzerin, seit 1901 verheiratet mit dem Schriftsteller und Politiker Gustav Landauer.

Anna Plehn – Die Jugendfreundin starb an den Folgen eines Unfalls, Käthe Kollwitz widmete ihr einen Nachruf (Sozialistische Monatshefte, Jg. 24, 1918, S. 272).

3. März 1918

Schaffner – Jakob Schaffner (1875–1944), Schweizer Schriftsteller, lebte seit 1911 vorwiegend in Berlin; kam dort bei einem Luftangriff 1944 ums Leben.

10. März 1918

der ... unvollendete Menzel – Adolph von Menzel (1815–1905), »Ansprache Friedrichs an seine Generale vor der Schlacht bei Leuthen« (1858–1860).

13. März 1918

Hedwig Woermann-Jänichen (geb. 1897), Malerin und Bildhauerin.

17. März 1918

Kapellmeister Levy – Eduard Anton Levy (1882–1921), Komponist und Dirigent, seit 1899 Dirigent der Jüdischen Reformgemeinde Berlin, seit 1905 Dirigent der Musikalischen Gesellschaft Berlin, komponierte u. a. Opern.

Rechtsanwalt Fränkl – Victor Fränkl (geb. 1869) Rechtsanwalt, enger Freund von Franz Pfemfert, emigrierte nach 1933 in die Schweiz.

18. März 1918

auf dem Kirchhof – Friedhof der Märzgefallenen mit den Opfern des 18. März 1848, den Käthe Kollwitz schon bei ihrem ersten Besuch in Berlin durch den Bruder Konrad kennengelernt hatte. Käthe Kollwitz, in der Tradition von 1848 aufgewachsen, verstand diese Toten als die ersten Märtyrer der Arbeiterbewegung. Ihr

Eindruck verdichtete sich 1913 zur Lithographie »Märzfriedhof«, die in drei Fassungen existiert (Klipstein 123–125).

20. März 1918

Denkschrift des Fürsten Lichnowsky – Karl Max Fürst von Lichnowsky (1860–1928), deutscher Botschafter in London, hatte nach Kriegsausbruch einen vertraulichen Bericht »Meine Londoner Mission« verfaßt, in dem er dem deutschen Auswärtigen Amt einen erheblichen Anteil der Schuld am Ausbruch des Krieges zuwies. Die Denkschrift wurde noch während des Weltkrieges bekannt und illegal verbreitet, was 1918 zum Ausschluß Lichnowskys aus dem Preußischen Herrenhaus führte.

Dr. Muehlon – Wilhelm Muehlon (1878–1944), deutscher Diplomat und Publizist, hatte schon im Juli 1914 erfahren, daß Österreich-Ungarn Aktionen gegen Serbien plane und das Deutsche Reich diese Aktionen zu unterstützen beabsichtige. Seine Aufzeichnungen hierüber wurden seit Ende 1917 im In- und Ausland verbreitet. Sie trugen mit der Denkschrift Lichnowskys zu der Erkenntnis bei, daß Deutschland nicht gegen seinen Willen in den Weltkrieg hineingezogen worden sei, sondern ihn gewollt und erwartet habe.

24. März 1918

die Mütter mit ihren Kindern – Vgl. dazu die Zeichnungen Nr. 755–762 bei Nagel/Timm, dort auf 1919 datiert, wie auch die Radierung Klipstein 134 und die Lithographie Klipstein 135.

»Seeschlacht« – Weltkriegsdrama von Reinhard Goering (1887–1936), angeregt durch die Skagerrakschlacht 1916. Die Uraufführung in Dresden 1918 endete mit einem Skandal, die Auffühung im gleichen Jahr in Berlin durch Max Reinhardt wurde ein Erfolg. Das Stück schildert das Schicksal und die Verzweiflung von Matrosen, die in einem Panzerturm eingeschlossen sind. An den Sohn Hans schreibt Käthe Kollwitz am 14. Mai 1918: »Wie ganz tief versteh ich jetzt, was da gemeint ist mit den Dingen, die zwischen Mensch und Mensch sein können.« (Vgl. die Tagebucheintragung vom 6. Juni 1918.)

29. März 1918

»Weihnachten« – Die Radierung ist nicht erhalten. Das Motiv wurde später noch einmal als Lithographie ausgeführt (Klipstein 136).

Flesch – Carl Flesch (1873–1944), ungarischer Violinvirtuose.

1. April 1918

Aus Rodin: »Kathedralen« – Auguste Rodins Buch »Die Kathedralen Frankreichs« war 1917 in deutscher Sprache erschienen. An den Sohn Hans schreibt Käthe Kollwitz am 17. März 1918 dazu: »Es ist getränkt von der beglückenden Heiterkeit, Liebe, Bescheidenheit des alten Menschen, der ein langes Leben in Arbeit verbracht hat und der nun wahrhaft feiertägig gestimmt seine geliebte Welt noch einmal beschaut.« (Käthe-Kollwitz-Archiv, [der] Akademie der Künste [in] Berlin).

April/Mai 1918

das Deutsche Requiem – Johannes Brahms »Ein deutsches Requiem« (1868) war Käthe und Karl Kollwitz ein besonders vertrautes Werk.

6. Juni 1918

im »Grünen Heinrich« ... gelesen – »Der grüne Heinrich« von Gottfried Keller, ein Lieblingsbuch von Käthe und Karl Kollwitz.

19. Juni 1918

Spitteler – Carl Spitteler (1845–1924), Schweizer Schriftsteller und Kritiker, trat zu Beginn des Ersten Weltkrieges für die Neutralität der Schweiz ein und wurde deshalb von nationalistischen Kreisen in Deutschland scharf angegriffen.

24. Juni 1918

Pfemfert – Franz Pfemfert (1879–1954), Schriftsteller, Publizist und Photograph, Herausgeber wegweisender Anthologien und der Zeitschrift Die Aktion (1911–1932), Vorkämpfer des Expressionismus in Deutschland. 1918 leitete Pfemfert die von ihm gegründete Antinationale Sozialistenpartei, Gruppe Deutschland, und stand bis 1919 in Kontakt mit der Spartakus-Gruppe. Er emigrierte 1933 über die ČSR, Frankreich, die USA nach Mexiko.
Dr. Bernstein – Eduard Bernstein (1850–1932), sozialdemokratischer Politiker und Publizist, seit 1872 Mitglied der Sozialdemokratischen Arbeiterpartei, theoretischer Begründer des Revisionismus, bis 1914 ständiger Mitarbeiter der Sozialistischen Monatshefte. 1917/18 Mitglied der zentristischen Sozialdemokratischen Arbeitsgemeinschaft und der USPD, strebte er die Wiedervereinigung der USPD mit der SPD an und wurde 1919 erneut Mitglied der SPD. 1921 war er maßgeblich an der Ausarbeitung des Görlitzer Parteiprogramms der SPD beteiligt.
Oberlehrer Berger – Vermutlich der Verleger Erwin Berger, der Schriften der Autoren im Umkreis des Bundes Neues Vaterland herausbrachte.

30. Juni 1918

Schleiermacher Briefe – Friedrich Daniel Schleiermacher (1768–1834), Theologe und Philosoph.
Dresdener Werkstätten ... in Hellerau – Dresdner Werkstätten für Handwerkskunst, die, 1898 gegründet, den Kristallisationspunkt der Gartenstadt Hellerau nördlich von Dresden bildeten. Sie wurden vor allem bekannt durch die seit etwa 1900 produzierten Möbel, die Ausdruck neuer Wohnkultur waren. In Hellerau bauten hervorragende Architekten wie Richard Riemerschmidt, Heinrich Tessenow und Hermann Muthesius. Später wurde Hellerau zu einem Zentrum der Lebensreformbewegung, der Körperkultur und der Gymnastik.

1. Juli 1918

Herminens Tod – Hermine Heller-Ostersetzer (1874–1909), gesellschaftskritisch orientierte österreichische Malerin und Graphikerin, verheiratet mit dem Verleger und Buchhändler Hugo Heller (vgl. Anm. zu Ostern 1909), dem Käthe Kollwitz zeitweise sehr nahestand.

zwei Briefe von mir – Einer der Briefe ist erhalten und befindet sich im Käthe-Kollwitz-Archiv, [der] Akademie der Künste [in] Berlin:
»Heller ist mir so wund und weh so wund und weh. Es preßt mir die Tränen aus den Augen
weinst Du auch?
an meines Jungen Geburtstag sitz ich und wein aus Sehnsucht.«
Der nicht datierte Brief stammt wahrscheinlich aus dem Jahre 1909.

Zettelchen von Karl

»An den Zugvogel

Du willst nun weiter wandern –
Still bist Du geworden,
Niedergeschlagen
Sehnsüchtig still
Sehnsüchtig unruhig.
Der Wandertrieb – treibt
mit heimlichen Wünschen
mit schmerzendem Sehnen.
Das Alte erscheint alt,
grau, honett, staubig,
verbraucht, wie die Erklärung
von Glaubensartikeln
oder die Commentare zu
Liebesliedern, wie eine
Chaussee
Du siehst weit in die Ferne
in Gefilde, in Gegenden
der Wärme, in Schönheit,
in Lust und in großes
Ereignen.
Ich wollte Dich lehren, Deine
große Kraft arbeiten zu lassen
Deine Gedanken, Deine Leistungen
sollten herabfallen auf
die strebende, sehnsüchtige Menschheit
wie labender Regen –
erfüllte Sehnsucht, ge-
bändigte Kraft,
beruhigende Ziele,
geklärtes Streben –
das alles sollte
aus Deinen Werken leuchten

Du willst – es nicht –
Du willst nur fliegen,
wohin der Zug der
Dich treibt,
unendlich – in
ungemeine Ferne –
Ich bleibe und sehne mich.
Du aber fliege.«

»ein Sohn der Erde« – Dieses wie das folgende Zitat stammt aus dem Gedicht »Unter den Sternen« von Conrad Ferdinand Meyer.

4. Juli 1918

Die Grippe in Berlin – Von der bisher schwersten bekannten europäischen Grippeepidemie wurden über 200 Millionen Menschen betroffen, über 20 Millionen Menschen starben.

9. Juli 1918

Das Jahrbuch der Aktivisten – »Tätiger Geist«, der zweite Band der von dem revolutionären Pazifisten (»Aktivisten«) Kurt Hiller von 1916 bis 1924 herausgegebenen »Ziel«-Jahrbücher (Leipzig 1918).

14. Juli 1918

Peters Tellurium – Peter Kollwitz war an astronomischen und geologischen Problemen sehr interessiert gewesen; er besaß eine große mineralogische Sammlung und ein Tellurium, ein Gerät, das den Umlauf der Erde um die Sonne demonstriert.

25. Juli 1918

Joffe – Adolf Abramowitsch Joffe (1883–1927), Mitglied (zeitweise Leiter) der sowjetrussischen Delegation in Brest-Litowsk, bis zur Aufnahme voller diplomatischer Beziehungen zwischen Deutschland und Sowjetrußland Bevollmächtigter in Berlin. Joffe, Teilnehmer der trotzkistischen Opposition seit 1925, beging 1927 Selbstmord.

Attentat auf Mirbach – Am 6. Juli 1918 wurde in Moskau der deutsche Gesandte (seit April des Jahres) Wilhelm Graf von Mirbach (1871–1918) erschossen. Die Attentäter handelten im Auftrag führender Kräfte der Partei der Linken Sozialrevolutionäre. Die Gründerin und Führerin der Partei, Maria A. Spiridonowa, übernahm die politische Verantwortung für den Anschlag. Sie wurde mit den Delegierten ihrer Partei auf dem V. Gesamtrussischen Sowjet- (Räte-) Kongreß verhaftet. Dieser Kongreß tagte vom 4. bis 10. Juli 1918 in Moskau. Es ging um grundsätzliche Fragen, z. B. der Landwirtschaftspolitik, und um die Annahme der Verfassung der Russischen Föderativen Sowjetrepublik. Seit dem Frühjahr 1918 hatten sich die Differenzen zwischen den Linken Sozialrevolutionären und den Bolschewiki verstärkt. Die Linken Sozialrevolutionäre lehnten den Friedensschluß von Brest-Litowsk und die Bauern- und Bodenpolitik der Bolschewiki ab. Auf dem V. Gesamtrussischen Sowjetkongreß brachten sie am 5. Juli 1918 ein Mißtrauensvotum gegen die Regierung (Rat der Volkskommissare) ein, das aber keine Mehrheit fand. Das Attentat auf Wilhelm Graf von Mirbach am Tag darauf sollte zur Annullierung des Friedensvertrages und zum Sturz der Regierung führen. Am 25. August 1918 wurde der Friedensvertrag von Brest-Litowsk durch ein Zusatzabkommen jedoch bestätigt.

Spiridonowa – Maria Alexandrowna Spiridonowa (1884–1941), populäre sozialrevolutionäre Politikerin, Gründerin und von 1917 bis ca. 1921 Führerin der Partei der Linken Sozialrevolutionäre, die sich während des Krieges als selbständige Strömung innerhalb der Partei der Sozialrevolutionäre entwickelte. 1906 hatte sie auf Beschluß der Partei der Sozialrevolutionäre den Vizegouverneur und Anführer der sog. Schwarzhunderter Pogrome im Gouvernement Tambow ermordet, war zum Tode verurteilt und später zu lebenslanger Zwangsarbeit begnadigt worden. Der Fall hatte nicht zuletzt wegen der Jugend und Schönheit der Angeklagten im In- und Ausland Aufsehen erregt.
Ein Revolutionstribunal verurteilte sie nach dem Attentat auf Mirbach zu einem Jahr Gefängnis; sie wurde zwar amnestiert, später aber mehrmals erneut inhaftiert und verbannt – ihr weiteres Schicksal geriet auf tragische Weise in die innenpolitischen Auseinandersetzungen der Sowjetunion nach 1924 und während der dreißiger Jahre. Aus dem Ausland gab es immer wieder Vorstöße zur Erleichterung ihres Loses bzw. für eine endgültige Begnadigung (vgl. a. Anm. zu Ende August 1930 und Leonhard, S. 258).

Hauptmann von Beerfelde – Hans-Georg von Beerfelde (1877–1960). Bataillonskommandeur, 1917 Hauptmann in der Politischen Abteilung des stellvertretenden Generalstabes in Berlin. Durch die Denkschrift Lichnowskys von der Schuld Deutschlands am Ausbruch des Ersten Weltkrieges überzeugt, trat er dafür ein, die Verantwortlichen zur Rechenschaft zu ziehen. 1918 wurde er inhaftiert, am 9. November von aufständischen Matrosen aus dem Gefängnis befreit. Am folgenden Tag wählte man ihn zum 2. Vorsitzenden des Vollzugsrates der Arbeiter- und Soldatenräte in Berlin. Nachdem er am 11. November 1918 versucht hatte, den Kriegsminister Heinrich Scheuch verhaften zu lassen, bewirkten konservative Kräfte seine Ablösung. Seine radikale pazifistische Haltung führte ihn in den Bund Neues Vaterland.

Egidy – Moritz von Egidy (1847–1898), Offizier, Politiker und Publizist, christlich motivierter Pazifist, setzte sich vor allem für eine Friedenserziehung an den Schulen ein. Käthe Kollwitz schätzte seinen Mut. In einem Brief an Hans Kollwitz schreibt sie über ein Zusammentreffen mit Emmy von Egidy: »Ihr Vater war der damals schon alte Moritz von Egidy, ein eigensinniger charaktervoller Mann, der fand, es fehle an gesinnungstüchtigen Männern im Reichstag, sich selbst zu seiner eigenen Partei erklärte und soviel ich weiß auch als Einzelner hineingewählt wurde.« (Brief vom 4. September 1941, Käthe-Kollwitz-Archiv, [der] Akademie der Künste [in] Berlin).

1. Oktober 1918

Aufenthalt in Saulgrub – Zu den meisten hier genannten Personen konnte nichts ermittelt werden.

Illertissen, Taufkirchen – In Illertissen wohnten die Freunde Rüstow, in Taufkirchen die Freundin Jeep mit ihrer Familie.

Heinz Bonus – Der Sohn der Freundin Jeep war auf dem Weg in das Internat Schloß Bischofstein in Nordthüringen, wo später auch sein Vater unterrichtete.

Stan – Die Engländerin Stan Harding-Krayl hatte durch ihre Heirat die deutsche Staatsangehörigkeit erworben. Sie sollte deshalb in Italien interniert werden. Nur durch persönliche Beziehungen gelang es ihr, aus Italien aus- und nach Deutschland einreisen zu können. Dort wurde sie zunächst verdächtigt, eine italienische Spionin zu sein (vgl. Anm. zum August 1910 und Bonus-Jeep, S. 155ff.).

Das Buriansche Friedensangebot – Der österreichische Außenminister Graf Burian von Rajecz hatte am 14. September 1916 eine allgemeine Friedenskonferenz angeregt; der Vorschlag wurde von Woodrow Wilson abgelehnt.

Radeks Plan – Karl Radek (eigentl. Karl Sobelsohn, 1885–1939), seit Ende des 19. Jahrhunderts aktiv in der Arbeiterbewegung Galiziens, Polens und Deutschlands, 1917 Mitglied der Bolschewiki, 1919 aus Deutschland ausgewiesen, danach sowjetischer Politiker und Publizist. Ab 1919 Mitglied des Zentralkomitees der Kommunistischen Partei Rußlands (Bolschewiki) und seit 1920 führender Funktionär der Kommunistischen Internationale.

die Nachricht über Bulgarien – Bulgarien hatte einen Waffenstillstand mit der Entente geschlossen.

Das Kerrsche Gedicht –

Die Wende hat begonnen ... (/9/8)

Die Wende hat begonnen (– 29. September)
Deutschland in Not und Drang.
Es scheinen tausend Sonnen
Auf seinen letzten Gang.

Nicht Feinde todverderblich,
Nicht Hasses Macht bezwingt,
Was durch die Welt unsterblich
In Ewigkeiten klingt.

Laßt uns das Letzte geben. nein
Ein Wunder muß geschehn.
Deutschland kämpft um sein Leben.
Es darf nicht untergehn.

Alfred Kerr.

Die erste Zeile der dritten Strophe ist von Käthe Kollwitz unterstrichen worden und mit einem danebengesetzten, ebenfalls unterstrichenen »nein« kommentiert.

Legien – Carl Legien (1861–1920), Vorsitzender der Freien Gewerkschaften, unterzeichnete am 15. November 1918 ein formales Abkommen über die Einführung von Tarifverträgen (Stinnes-Legien-Abkommen).

Ebert – Friedrich Ebert (1871–1925), sozialdemokratischer Politiker, seit 1905 Mitglied des Vorstandes der SPD, seit 1913 neben Hugo Haase Parteivorsitzender, von 1916 an Vorsitzender der SPD-Fraktion im Reichstag. Am 9. November 1918 durch Prinz Max von Baden zum Reichskanzler ernannt, von 1919 bis 1925 Reichspräsident.

5. Oktober 1918

Max von Baden (1867–1929), seit 3. Oktober 1918 Reichskanzler und Preußischer Ministerpräsident, verkündete am 9. November 1919 die Abdankung des Kaisers.

11. Oktober 1918

Harden-Versammlung – Maximilian Harden (eigentl. Felix Ernst Witkowski, 1861–1927), Publizist, Herausgeber der Zukunft, entwickelte sich zum konsequenten Pazifisten und Wortführer des Verständigungsfriedens; 1922 veranlaßten rechtsradikale Kreise ein Attentat auf ihn, an dessen Folgen er bis zum Tode litt.

15. Oktober 1918

Wilsons Antwort – Auf ein deutsches Waffenstillstandsangebot vom 3./4. Oktober 1918 antwortete der amerikanische Präsident Woodrow Wilson, daß die Forderungen der Ententemächte bedingungslos zu akzeptieren seien. Die Oberste Heeresleitung sprach sich daraufhin für eine Fortsetzung des militärischen Kampfes aus.

23. Oktober 1918

Antwort an Richard Dehmels Aufruf – Am 25. Oktober 1918 schreibt Käthe Kollwitz an den Sohn Hans: »Ich muß sagen, es hat mich hin- und hergerissen, aber nun bin ich mir in einem Punkt wenigstens klar, in dem der nationalen Verteidigung bis zum Letzten. Du weißt, ich bin kein Politiker und schreiben ist nicht meine Sache, aber wie es sich nun alles immer mehr zuspitzte, *mußte* ich mich äußern. Ich schrieb kurz etwas über Widerstand bis zum Letzten und schickte es Theodor Wolff ein. Vielmehr ich war dort, sprach ihn aber nicht, traf dort jedoch mit Stampfer, dem Vorwärts-Redakteur zusammen. Wolff schien es nicht bringen zu wollen und Stampfer telephonierte mir, er würde es wohl bringen aber mit einer Gegenbemerkung. Unterdes erschien der Dehmelsche Aufsatz im Vorwärts. Dazu konnte ich auch nicht schweigen. So zog ich das andere zurück und sagte das, was ich zu sagen hatte in einer Antwort gegen Dehmel. Hier ist sie. Weiß Gott, *wie sehr* ich an Peter und Dich und den Herbst 1914 gedacht habe, als ich das schrieb. Aber nie kommt eine Zeit zurück. Was damals sein mußte, muß jetzt nicht sein. Jetzt ist ein anderes Gebot.« (Käthe-Kollwitz-Archiv, [der] Akademie der Künste [in] Berlin).
Im Vorwärts war am 22. Oktober 1918 folgender Artikel von Richard Dehmel erschienen:
»Einzige Rettung.
Folgender Aufruf geht uns mit der Bitte um Abdruck zu:
Es geht ums Letzte. Wir hoffen immer noch, daß der Feind unsern guten Willen würdigen wird; treibt er uns aber zum Verzweiflungskampf, dann tut gründliche Musterung not. *An der Front dürfen nur noch Männer stehen, die in der Tat lieber sterben wollen als einen schmachvollen Frieden erleben.* Es sind zu viele draußen, die widerwillig kämpfen. Man stelle ihnen frei, *zurückzugehen;* hinter der Front gibt's Arbeit genug für jeden. Man sehe niemand scheel darum an; mancher von ihnen hat gute Gründe. Wer aber schlechte Gründe hat, gehört erst recht nicht auf einen Posten, wo nur der Opfermut des Ehrgefühls noch den Ausschlag zu geben vermag.

Die Zeit ist vorbei, wo man den Schützengraben *zur Strafanstalt erniedrigen* durfte. Man wende nicht ein, dann werde die Front schon nach acht Tagen zu schwach besetzt sein; hundert mutige Männer sind stärker allein als in Gemeinschaft mit tausend Memmen. Die Oberste Heeresleitung vertraue dem Volk! Sie lasse einen Befehl ergehen, dessen Wortlaut es jedem Regiment als höchste Freiheitspflicht ans Herz legt, im Handumdrehen die Spreu vom Weizen zu sondern, Notabene auch unter den Offizieren, einfach durch Selbstmeldung der Erschöpften oder sonstwie Unlustigen; und ebenso in den Ersatzbataillonen. Sie rufe durch einen zweiten Befehl jeden deutschen Mann zur Waffe, der *in der Heimat,* in der Etappe oder in den besetzten Gebieten sich für den Kampf in vorderster Linie bereit fühlt, gleichviel welchen Alters und welcher Gesundheit, einerlei, ob im Waffengebrauch schon ausgebildet oder nicht. Der schwächste Körper hat Wunderkräfte, wenn ihn ein edler Wille beseelt; und in vier Wochen kann jeder die Handgriffe lernen, die zur Verteidigung unserer Volksehre und Menschenwürde jetzt nötig sind. Dann wird die Front stark genug besetzt sein, daß sich ein deutsches Maschinengewehr mit zehn feindlichen Minenwerfern, eine Kanone mit zehn Tanks messen kann. Wenn aber nicht, wenn wirklich Deutschland *durch unseren geistverlassenen Großmachtsbetrieb* so in Grund und Boden verwirtschaftet ist, daß die große Mehrzahl seiner Mannschaft lieber ein würdeloses Leben als einen würdigen Tod erwählt, *dann wissen wir wenigstens Bescheid.* Dann ist es menschlicher, daß sich die kleine Schar der immer noch Opferwilligen für die Arbeit an der Zukunft aufspart, als daß sie vollends verblutet unter der Uebermacht ausländischer Unverschämtheit und einheimischer Erbärmlichkeit. Aber der heilige Geist des Vertrauens ist mächtiger, als die Zweifler ahnen; er wird endlich den Gott in uns wecken, der höher ist als alle Not. Ich sage das nicht als wohlgebetteter Dichter; ich habe mich *wieder zur Front gemeldet,* obgleich ich als Kriegsbeschädigter dauernd zum Garnisondienst zurückgestellt war. Nachdruck erwünscht!

Richard Dehmel«

Der Vorwärts bringt am 30. Oktober 1918 die Entgegnung von Käthe Kollwitz:
»An Richard Dehmel! [...]
Richard Dehmel veröffentlicht im ›Vorwärts‹ vom 22. Oktober einen Aufruf: ›Einzige Rettung‹. Er appelliert an die Freiwilligkeit der kriegstauglichen Männer. Einem Aufruf der obersten Verteidigungsinstanz, meint er, würde nach Ausscheidung der ›Memmen‹ eine kleine, desto auserwähltere Schar todbereiter Männer sich stellen, und Deutschlands Ehre würde durch diese gerettet werden.
Ich wende mich hiermit gegen Richard Dehmel. Ich vermute wie er, daß einem solchen Appell an die Ehre eine auserlesene Schar Folge leisten würde. Und zwar wieder wie im Herbst 1914 in der Hauptsache aus Deutschlands Jugend bestehend, soweit dieselbe noch in Frage kommt. Das Resultat würde höchstwahrscheinlich sein, daß diese Opferbereiten tatsächlich hingeopfert würden, und daß dann – nach dem täglichen Blutverlust dieser vier Jahre – Deutschland eben verblutet ist. Was dann im Lande bliebe, wäre nach Dehmels eigener Schlußfolgerung nicht mehr die Kernkraft Deutschlands. Diese läge eben auf den Schlachtfeldern. Meiner Meinung nach aber wäre ein solcher Verlust für Deutschland *viel schlimmer und unersetzlicher als der Verlust ganzer Provinzen.*

Man hat tief umgelernt in diesen vier Jahren. Mir will scheinen, auch in Bezug auf den Ehrbegriff. Wir empfanden Rußland nicht als ehrlos, als es in den unerhört harten Brester Frieden einwilligte. Es tat es aus dem verpflichtenden Gefühl her-

aus, die ihm noch verbleibenden Kräfte für den inneren Wiederaufbau sparen zu müssen. Ebensowenig darf Deutschland, wenn ein Rechtsfrieden an der Entente scheitern sollte, sich als entehrt empfinden, wenn es einen Gewaltfrieden eingehen muß. Gefaßt und stolz muß es sich bewußt bleiben, daß seine Ehre ebensowenig damit verloren ist wie die Ehre eines einzelnen Menschen, der sich überstarken Mächten beugt. Seine Ehre soll Deutschland daran setzen, das harte Geschick sich dienstbar zu machen, innere Kraft aus der Niederlage zu ziehen, entschlossen der ungeheuren Arbeit, die vor ihm liegt, sich zuzuwenden.
Die Tat Richard Dehmels, daß er sich jetzt wieder zur Front meldet, achte ich, sowie ich seine freiwillige Stellung im Herbst 1914 achtete. Aber man darf nicht vergessen, daß Dehmel den wertvollsten Teil seines Lebens hinter sich hat. Was er zu geben hatte – Wunderschönes und Wertvolles – hat er ausgegeben. Ihn hat nicht mit 20 Jahren ein Weltkrieg verbluten lassen.
Aber die ungezählten Tausende, die auch zu geben hatten – anderes noch als ihr junges nacktes Leben –, ist es wirklich zu verantworten, daß, als diese eben anfangen wollten, sich zu entfalten, sie in den Krieg gerissen wurden und legionenweise starben?
Es ist genug gestorben! Keiner darf mehr fallen! Ich berufe mich gegen Richard Dehmel auf einen Größeren, welcher sagte: ›Saatfrüchte sollen nicht vermahlen werden.‹

Käthe Kollwitz«

27. Oktober 1918

Ledebour – Georg Ledebour (1850–1947), Journalist, sozialdemokratischer Politiker, seit 1895 Redaktionsmitglied des Vorwärts, von 1900 bis 1914 Mitarbeiter des Vorwärts und anderer sozialdemokratischer Organe, seit 1900 Mitglied des Reichstages. Ledebour war 1917 Mitbegründer der USPD und gehörte deren Zentralkomitee bis 1919 an. 1918 war er Mitglied des Vollzugsrates der Arbeiter- und Soldatenräte in Berlin. Er emigrierte 1933 in die Schweiz.

1. November 1918

Heine – Wolfgang Heine (1861–1944), Rechtsanwalt, sozialdemokratischer Politiker, Reichstagsabgeordneter seit 1898, Mitarbeiter der Sozialistischen Monatshefte, von November 1918 bis Januar 1919 Preußischer Justizminister, später Innenminister.

3. November 1918

Erwin Lang – Er kam erst 1920 aus russischer Kriegsgefangenschaft zurück.

6. November 1918

Ausweisung der russischen Botschaft – Am 5. November 1918 hatte das Wolffsche Telegraphenbüro aus Berlin amtlich die Nachricht verbreitet, daß ein aus Moskau kommender Kurier der diplomatischen Vertretung mit Flugblättern und Agitationsmaterial zufällig gestellt worden sei: »Eins der Flugblätter, das von der Gruppe ›Internationale‹ (der Spartacusgruppe) unterzeichnet war, enthält einen

Aufruf zum Revolutionskampf, während ein anderes Flugblatt die näheren Anweisungen für diesen Kampf gibt, zum Meuchelmorde und Terror auffordert.« Die deutsche Regierung reagierte mit einem scharfen Protest (zit. nach: Ursachen und Folgen, Bd. II, S. 531, vgl. a. ebd. S. 532f.).

7. November 1918

Delegation zu Foch – Die Waffenstillstandsverhandlungen zur Beendigung des Kriegszustandes wurden auf deutscher Seite von dem Zentrumsabgeordneten Matthias Erzberger geleitet; die Abordnung der Entente wurde vom französischen General Foch geführt.

Gerlach-Versammlung – Hellmut von Gerlach (1866–1935), Jurist, Publizist, führender pazifistischer Politiker, der seine Position in der Wochenschrift Welt am Montag vertrat. Bereits vor dem Ersten Weltkrieg hatte er die Bedeutung der Arbeiterbewegung für den Friedenskampf erkannt. Er war seit 1909 Vorsitzender der Deutschen Volkspartei, später des Bundes Neues Vaterland, der Zentralstelle für Völkerrecht und der Deutschen Friedensgesellschaft, 1918 Mitbegründer der Deutschen Demokratischen Partei. Hellmut von Gerlach setzte sich als Unterstaatssekretär im Preußischen Ministerium des Inneren für das Selbstbestimmungsrecht der polnischen Bevölkerung ein. Er emigrierte 1933 nach Paris, wo er ein Hilfswerk für deutsche Emigranten gründete.

9. November 1918

Scheidemann – Philipp Scheidemann (1865–1939), sozialdemokratischer Politiker, Redakteur und Publizist, seit 1911 Mitglied des Vorstandes der SPD. Er rief am 9. November 1918 ohne Wissen und gegen den Willen Friedrich Eberts die Deutsche Republik aus, um der Proklamation einer Deutschen Sozialistischen Republik durch die Spartakusgruppe zuvorzukommen. Als erster Ministerpräsident der Weimarer Republik trat er im Juni 1919 aus Protest gegen den Versailler Vertrag zurück.

10. November 1918

Hoffmann – Adolf Hoffmann (1858–1930), linkssozialistischer Politiker, seit 1917 Mitglied der USPD, Ende 1918 Volksbeauftragter im Preußischen Kultusministerium, seit 1921 Mitglied der SPD.

der Bund für Vaterland – Bund Neues Vaterland, 1914 als pazifistischer Gesprächskreis unter Leitung von Otto Lehman-Rußbüldt und Kurt Tepper-Laski gegründet, vereinte Kriegsgegner aus allen politischen Lagern. Der Bund Neues Vaterland wurde 1922 in Deutsche Liga für Menschenrechte umbenannt. Nachdem ihm 1916 unter dem Vorwurf des Landesverrats endgültig jede politische Tätigkeit untersagt worden war, trat er im Oktober 1918 mit neuen Aktivitäten hervor, nun mit radikaleren Forderungen nach gesellschaftlichen Veränderungen (vgl. Handlexikon »Die Friedensbewegung«, S. 78ff.). Neben dem Vorstand, der durch Georg Graf von Arco, Elisabeth Rotten, Helene Stöcker, Walter (?) Simon(s?), Hermann Beck, Alexander Bloch und Hans-Georg von Beerfelde gebildet wurde, gab es einen Arbeitsausschuß, zu dem u. a. Max Wertheimer gehörte. Zum Hauptausschuß des Bundes zählte auch Käthe Kollwitz (vgl. Gülzow, S. 416f.); wie lange sie dem Bund

Neues Vaterland bzw. der Deutschen Liga für Menschenrechte angehörte, ist unklar.

Lily Zadek (1893–1959), Tochter des Arztes Ignaz Zadek, Funktionär im sozialdemokratischen Ärztewesen, ein Kollege von Karl Kollwitz. Lily Zadek arbeitete während des Ersten Weltkrieges im Berliner Jüdischen Volksheim und wanderte 1920 nach Palästina aus.

Baake – Curt Baake (1864–1938), Journalist und Redakteur am sozialdemokratischen Berliner Volksblatt, Mitbegründer der Freien Volksbühne und neben Konrad Schmidt deren Leiter; von daher mit der Familie Kollwitz seit Jahrzehnten bekannt. Baake war 1918/19 Leiter der Reichskanzlei und später Unterstaatssekretär und Kabinettchef unter Reichspräsident Friedrich Ebert.

12. November 1918

Ein alter Beamter – Das zwischen die Zeilen geschriebene Wort »Ausweis« läßt vermuten, daß die beiden Frauen bereits beim Betreten des Gebäudes danach gefragt wurden.

Dr. Grautoff – Otto Grautoff (1876–1937), Kunsthistoriker und Übersetzer, Redakteur der Zeitschrift Jugend, ab 1914 Dozent an der Berliner Lessing- und der Handelshochschule. Emigrierte 1933 nach Paris.

Ellen Key (1849–1926), schwedische Schriftstellerin und Reformpädagogin, wirkte als Publizistin für die Frauen- und Friedensbewegung.

13. November 1918

mit den beiden Sitzungen der Künstler – Vermutlich Versammlungen des Bundes schaffender Künstler unter dem Vorsitz von Hermann Sudermann. Das Deutsche Literaturarchiv Marbach besitzt einen Brief von Käthe Kollwitz an Sudermann vom 22. November 1918, in dem sie zwei Beitrittserklärungen zum Bund schaffender Künstler übermittelt, selbst aber den Austritt erklärt. Sie sah ihren Platz bei den jüngeren und fortschrittlichen Kräften.

Hauptmann eine Kundgebung – »Es ist endlich Zeit, daß eine große Welle der Liebe die verheerende Woge des Hasses ablöse ...« (zit. nach C. F. W. Behl und F. A. Voigt: »Chronik von Gerhart Hauptmanns Leben und Schaffen«, S. 80).

16. November 1918

Versammlung der Eliteleute – Gemeint ist vermutlich die Gründung eines Kunstbeirates für den Rat geistiger Arbeiter, der sich analog den Arbeiter- und Soldatenräten bereits am 9. November 1918 gebildet hatte. Am 11. November erschien im Berliner Tageblatt ein Aufruf, der auf diesen Rat hinwies und seine Aufgabenstellung umschrieb. Der Rat geistiger Arbeiter setzte sich praktisch zusammen wie ein Ministerium. An seiner Spitze standen zwei Volksbeauftragte, Adolf Hoffmann für die USPD und Conrad Haenisch für die SPD. Auf Veranlassung Adolf Hoffmanns wurde dem Rat geistiger Arbeiter im Herbst 1918 ein Kunstbeirat zur Seite gegeben, dem Max Liebermann, Richard Strauss, Gerhart Hauptmann vorstehen sollten (vgl. Kestenberg, S. 40f.).

Ich schreibe ein paar Worte –
»An die Berliner!
Die Soldaten kommen in diesen Tagen zurück! Als sie auszogen, waren sie blumengeschmückt und eine jubelnde Menge gab ihnen das Geleit. Jetzt, wo sie wiederkommen nach vollen vier Jahren des Kämpfens, Leidens, Blutens rührt sich keine Hand zum Empfang.
Die Soldaten haben sich wohl eine andere Rückkunft geträumt und sind wahrhaftig wert, anders empfangen zu werden.
Man gebe der Bevölkerung bekannt, wann die Züge eintreffen, damit die endlich Heimkehrenden, lang Ersehnten empfangen werden, wie sie es verdienen. Und wir wollen die Bahnhöfe mit roten Fahnen und Girlanden schmücken!
Im Namen und im Auftrag vieler

Käthe Kollwitz«.

Veröffentlicht im Vorwärts, 17. November 1918, 1. Beilage.

Stampfer und Schiskowski – Friedrich Stampfer (1874–1957), österreichischer Journalist und Redakteur, von 1916 bis 1919 Chefredakteur des Vorwärts, 1920 bis 1933 Reichstagsabgeordneter, emigrierte 1933 über die ČSR und Frankreich in die USA. John Schiskowski (1867–1934), Journalist, Sozialdemokrat, seit 1916 Feuilleton-Redakteur des Vorwärts.

18. November 1918

viel zu tun [...] mit der Ausschmückungssache – An die Freundin Jeep schreibt Käthe Kollwitz: »Jetzt hängen die Leute wieder ihre Fahnen heraus zum Empfang der Soldaten, und Berlin, das so leer geworden war, wimmelt wieder von Menschen. So viel Männer haben wir all die Jahre nicht gesehen. Die Neuankommenden werden nun von den Spartakussen bearbeitet, bis sie auch Spartakusse sind. Weiß der Himmel, was das noch alles werden soll!« (Bonus-Jeep, S. 160)

19. November 1918

Adele Gerhard (1868–1956), Schriftstellerin, griff in ihren Arbeiten vor allem Frauenschicksale auf; mit Käthe Kollwitz befreundet.

23. November 1918

Brockhusen – Theo von Brockhusen (1882–1919), Maler und Graphiker, Mitglied der Berliner Secession, die ihm 1919 eine Gedächtnisausstellung widmete.

Scheffler – Karl Scheffler (1869–1951), Kunsthistoriker, Kunstkritiker und Herausgeber der Zeitschrift Kunst und Künstler, die der Berliner Secession besonders nahestand.

24. November 1918

dieser Brief von Paula – Der Brief der Nichte Paula Kache vom 23. November 1918, aufbewahrt im Käthe-Kollwitz-Archiv, [der] Akademie der Künste, Berlin, gipfelt in der Anklage: »Ach, furchtbar ist es zu denken, Ihr habt es gewollt, Du hast es in all Deinen Werken gepredigt, hast sie aufgehetzt, hast mit Schuld [...] Sei froh in den nächsten Wochen, daß Du keine kleinen Kinder um Dich hast, die ›Hunger, Hunger‹ brüllen [...] ich liebe Dich, heute wie früher! aber ich verachte, ich hasse Euere Überzeugung und die Motive Deiner Kunstwerke, wodurch Du Anteil nimmst an unserem Elend.«

29. November 1918

Julius Hoyer! – »Wenn Du an Peter denkst, dann denk auch an den [...] Als ich das gegen Dehmel schrieb, dachte ich auch an ihn, an ihn vor allem, denn er stand mehr im Feuer als Hans. Heut kam das Zeitungsblatt, das ich ihm schickte, zurück. Er ist gefallen« (Brief an die Freundin Jeep, Bonus-Jeep, S. 161).

1. Dezember 1918

Leonard Nelson (1882–1927), Philosoph und Staatstheoretiker. Mit seinen Grundsätzen, die er der deutschen idealistischen Philosophie entlehnte, hatte er großen Einfluß unter der studentischen Jugend und der bürgerlichen Jugendbewegung. Gründer des Internationalen Jugendbundes, dessen Mitglieder später der SPD beitraten. Ein Konflikt mit dem Parteivorstand veranlaßte Nelson 1926 zur Gründung des Internationalen Sozialistischen Kampfbundes (ISK).

Max Hodann (1894–1946), Arzt und Sozialpädagoge, Mitarbeiter von Magnus Hirschfeld, bis 1933 Stadtarzt in Berlin und Leiter des Gesundheitsamtes Reinikkendorf; emigrierte nach Schweden.

der junge Wittfogel – Karl August Wittfogel (geb. 1896), Mitglied des kommunistischen Flügels der Freideutschen Jugend, zeitweise Mitglied der KPD, von 1925 bis 1933 Mitarbeiter des Institutes für Sozialforschung in Frankfurt/M., emigrierte in die USA.

Alfred Weber (1868–1958), Nationalökonom und Soziologe, seit 1907 Professor in Heidelberg.

6. Dezember 1918

Die Radauversammlung – Darüber berichtet Kurt Hiller in seinen Erinnerungen: »Unter Alfons Goldschmidts machtvollem Vorsitz fand am 2. Dezember 1918 im Blüthnersaal, Lützowstraße, eine sehr gute und zugleich sehr übel besuchte Versammmlung statt [...] Wer von uns sprach, das habe ich vergessen; in Erinnerung blieben mir nur Goldschmidts Rede [...] und meine eigene. Diese entfesselte einen Theaterskandal [...] Tornados der Entrüstung rissen mich nieder, ich mußte meine Rede für etwa eine Viertelstunde unterbrechen, und nur dank Goldschmidts löwenlauter Intervention vermochte ich sie schließlich wieder aufzunehmen« (Hiller, S. 133f.).

Walther Rathenau (1867–1922), Generaldirektor der AEG, Politiker, Organisator der deutschen Kriegswirtschaft im Ersten Weltkrieg, unterzeichnete 1922 den Rapallo-Vertrag, der die Aufnahme voller diplomatischer und sich daraus entwickelnder wirtschaftlicher und kultureller Beziehungen zwischen Deutschland und Sowjetrußland ermöglichte. Wegen seiner auf Verständigung gerichteten Politik wurde Rathenau 1922 ermordet. – Edward Mandell House, Oberst der Streitkräfte der USA, hatte vor Kriegsausbruch 1914 im Auftrag Präsident Wilsons die Möglichkeiten eines Abrüstungsabkommens zwischen den USA, Großbritannien und Deutschland sondiert.

8. Dezember 1918

Barth – Emil Barth (1879–1941), sozialdemokratischer Politiker, seit 1917 Mitglied der USPD, im November/Dezember 1918 Mitglied des Rates der Volksbeauftragten, seit 1921 wieder Mitglied der SPD. An die Freundin Jeep schreibt Käthe Kollwitz: »Es scheint fast unvermeidbar, daß Liebknecht und Ledebour zur Regierung kommen. Die Regierung, die jetzt so heißt, hat keine Gewalt hinter sich, keine Truppen. Wohl steht hinter ihr eine große Masse, aber diese Masse ist unbewaffnet und unorganisiert. Wäre ein Kerl auf der Mehrheitsseite wie Liebknecht, so hätte der kein so leichtes Spiel. Aber Barth, an den man immer wieder denkt, neigt auch stark nach links« (Bonus-Jeep, S. 157).

Breitscheid – Rudolf Breitscheid (1874–1944), sozialdemokratischer Politiker, seit 1912 Mitglied der SPD, von 1917 bis 1922 in der USPD, 1918/19 preußischer Innenminister. Später Fraktionsvorsitzender und außenpolitischer Sprecher der SPD-Fraktion, von 1931 bis 1933 Mitglied des Parteivorstandes. Er emigrierte 1933 nach Frankreich, wurde 1941 an die Gestapo ausgeliefert und kam bei einem Luftangriff auf das Konzentrationslager Buchenwald ums Leben.

12. Dezember 1918

Ärzterat – Gemeint ist vermutlich der Sozialdemokratische Ärzteverein, den Karl Kollwitz gemeinsam mit Ignaz Zadek und dem Psychiater Ernst Simmel 1913 gegründet hatte.

16. Dezember 1918

Stan ... schreibt darüber – Stan Harding-Krayl war, nachdem andere Pläne gescheitert waren, Korrespondentin der Times und des Daily Mail geworden; so hatte sie Zugang zu allen öffentlichen Veranstaltungen.

Annette Kolb (1870–1967), deutsch-französische Schriftstellerin und Übersetzerin. Die Figur der Mariclee stammt aus ihrem Roman »Das Exemplar« (1913). Annette Kolb emigrierte 1933 nach Frankreich, später in die USA.

22. Dezember 1918

Demonstration der Kriegskrüppel – Ähnliches schildert Harry Graf Kessler in seinen Tagebüchern: »An der Ecke der Wilhelmstraße erwarteten sie Scharen von Kriegsverstümmelten, die ihre Krücken hochhoben und Plakate trugen: ›Keine Gnade, nur Recht‹ und ›Wir wollen die Schuldigen hinauswerfen, die uns in Not und Elend führten‹. Ein langer Zug von solchen Unglücklichen, offenbar von Liebknecht herdirigiert, bewegte sich als Demonstration der einziehenden Division entgegen, bedrängte sie, hielt sie auf, brach in ihre Reihen ein. Es war ein peinliches Schauspiel, das offenbar auf die Heimkehrenden einen tiefen Eindruck machte. Alle Gesichter waren ernst, die Stimmung bedrückt, das Publikum ärgerlich aber still« (Kessler, S. 78).

24. Dezember 1918

mehr ein Sieg der Matrosen – In der Nacht zum 24. Dezember 1918 hatten die sozialdemokratischen Volksbeauftragten General Groener befohlen, gegen Angehörige der Volksmarinedivision vorzugehen, die das Schloß und den Marstall besetzt hielten. Die Aktion endete mit einer politischen Niederlage der Regierung und führte zum Auseinanderbrechen der Koalition von SPD und USPD.

25. Dezember 1918

Owlglaß – Hans Erich Blaich (Pseud. Owlglaß, 1873–1945), Schriftsteller, Mitarbeiter des Simplicissimus, von 1933 bis 1935 Schriftleiter der Zeitschrift. Auf sein Gedicht in der Weihnachtsnummer des Simplicissimus hin schrieb ihm Käthe Kollwitz: »Jedes Mal, wenn ich ein Gedicht von Ihnen lese, ist es mir als wenn mein eigenes Empfinden Worte bekommen hat. Schon früher, aber ganz besonders seit dem Kriege. Ich hab mich oft gescheut Gedichte zu lesen, die in dieser Zeit entstanden waren, weil sie mir hohl und leer waren. Aber was Sie sagten, ging an den Kern der Gefühle [...] Da war es mir dann immer wie wenn ein Freund da wäre, wenn ich Ihre Gedichte fand [...]« (Deutsches Literaturarchiv Marbach). Dieser Brief eröffnete eine Korrespondenz, die sich bis zum Jahre 1943 erstreckte und von Käthe Kollwitz mit großer Offenheit geführt wurde. Die Antwortbriefe von Hans Erich Blaich sind nicht erhalten. Gerade was die Jahre 1933 bis 1943 betrifft, in denen die Eintragungen im Tagebuch – wohl auch aus Vorsicht – sehr sparsam und oft zurückhaltend sind, spürt man aus den Owlglaß-Briefen Zorn und Kummer sehr viel stärker; Zorn z. B. über das Einschwenken des Simplicissimus auf die verordnete Linie der NS-Ideologie: »Wenn ein auf Kampf eingestelltes Witzblatt die neue Fahne heraushängt, ist es doch etwas anderes, als wenn ein Beamter das tut« (Brief vom 29. Mai 1933, Deutsches Literaturarchiv Marbach).

29. Dezember 1918

Dittmann – Wilhelm Dittmann (1874–1954), sozialdemokratischer Politiker, Mitbegründer der USPD, Mitglied des Rates der Volksbeauftragten 1918. Dittmann widersetzte sich der Verschmelzung der USPD mit der KPD und führte Teile der USPD in die SPD zurück. Er emigrierte 1933 in die Schweiz.

Noske – Gustav Noske (1868–1946), Redakteur, sozialdemokratischer Politiker, von Februar 1919 bis März 1920 trug er als Reichswehrminister den Hauptteil der Verantwortung für die blutigen Kämpfe in Berlin.

Löbe – Paul Löbe (1875–1967), sozialdemokratischer Politiker, 1919 Vizepräsident der Weimarer Nationalversammlung, von 1920 bis 1933 Reichstagspräsident; 1933 verhaftet. 1949 Mitglied des ersten deutschen Bundestages.

Wissell – Rudolf Wissell (1869–1962), sozialdemokratischer Gewerkschaftsführer und Politiker, im Dezember 1918 Mitglied des Rates der Volksbeauftragten, 1919 Mitglied der Nationalversammlung, von 1928 bis 1930 Reichsarbeitsminister.

Kardoff – Siegfried von Kardoff (1873–1945), konservativer Politiker, Mitbegründer der Deutschnationalen Volkspartei, 1920 Wechsel zur Deutschen Volkspartei, von 1920 bis 1933 Reichstagsabgeordneter, zuletzt (seit 1928) dessen Vizepräsident.

Aus der Roten Fahne – Zentralorgan der KPD, im November 1918 von Karl Liebknecht und Rosa Luxemburg begründet. Erschien ursprünglich als Zentralorgan des Spartakusbundes.

Neujahrsmorgen 1919

Dülbergs – Ewald Dülberg (1888–1933), Maler und Bühnenbildner.
Brahm – Hans (John) Brahm (geb. 1893), Regisseur, von 1919 bis 1921 verheiratet mit Hanna Stern (vgl. Anm. zum 14. September 1909), emigrierte nach 1933 in die USA und war dort als Filmemacher erfolgreich.
Konrad … eine Professur – Konrad Schmidt hatte erreicht, worauf er und seine Familie seit Jahrzehnten gehofft hatten: eine Honorarprofessur für Geschichte und Theorie des Sozialismus. Im Sommersemester 1919 konnte er an der Technischen Hochschule in Berlin-Charlottenburg seine Lehrtätigkeit aufnehmen. Sein Name ist dort bis 1932 in den Vorlesungsverzeichnissen zu finden – obwohl er vermutlich in den letzten Jahren seines Lebens aus gesundheitlichen Gründen seinen Verpflichtungen kaum noch nachkommen konnte.

4. Januar 1919

Sie unterstreicht – Der Satz ist nicht zu Ende geführt.

5. Januar 1919

Absetzung Eichhorns – Robert Emil Eichhorn (1863–1925), Redakteur, als Sozialdemokrat von 1901 bis 1909 Mitglied des Badischen Landtages, 1903 bis 1911 Reichstagsabgeordneter, von 1908 bis 1916 Leiter des Sozialdemokratischen Pressebüros in Berlin, seit 1917 USPD. Eichhorn war 1918/19 Polizeipräsident von Berlin. Obgleich er von der Regierung abgesetzt wurde, weigerte er sich, sein Amt zu verlassen. USPD und Spartakusbund demonstrierten gegen seine Absetzung.

6. Januar 1919

Freiheit – Die Freiheit war das Zentralorgan der USPD; sie erschien von 1918 bis 1922 unter dem Chefredakteur Rudolf Hilferding.

8. Januar 1919

Cawiz – vermutlich Carwitz bei Feldberg in Mecklenburg.

10. Januar 1919

einen Roten Vorwärts – Roter Vorwärts, Organ der revolutionären Arbeiterschaft Groß-Berlins, eine lokale Zeitung der Spartakusgruppe.

11. Januar 1919

Courier – Die Tageszeitung Berliner Börsen-Courier.
ob Mosse frei ist – Die Kämpfe zwischen Anhängern der Spartakusgruppe und den Regierungstruppen konzentrierten sich vor allem auf das Berliner Zeitungsviertel. Mehrere Verlagshäuser waren besetzt bzw. umkämpft, u. a. das Gebäude des Vorwärts und das Haus des Mosse-Verlages, wo das Berliner Tageblatt und die Berliner Morgenpost erschien.

12. Januar 1919

Das Flugblatt von Beerfelde – Hans-Georg von Beerfelde hatte im Dezember 1918 unter dem Titel »Michel wach auf!« eine Flugschrift herausgebracht, in der er die bedingungslose Anerkennung der deutschen Schuld am Ausbruch des Ersten Weltkrieges forderte. Nur auf der Grundlage dieses Eingeständnisses sei der Aufbau eines republikanischen Deutschland möglich.

13. Januar 1919

Naumann – Friedrich Naumann (1860–1919), Theologe, linksliberaler Politiker, Begründer der Zeitschrift Die Hilfe, Mitglied der Nationalversammlung, 1919 erster Vorsitzender der Deutschen Demokratischen Partei.

15. Januar 1919

Hoetzsch – Otto Hoetzsch (1876–1946), Historiker, konservativer deutschnationaler Politiker, von 1920 bis 1923 Reichstagsabgeordneter.
Traub – Gottfried Traub (1869–1956), evangelischer Pfarrer, deutschnationaler Politiker. Von 1919 bis 1920 Reichstagsabgeordneter der Deutschnationalen Volkspartei (DNVP).

16. Januar 1919

Niederträchtiger empörender Mord – Am 15. Januar 1919 waren Rosa Luxemburg und Karl Liebknecht von Freikorpsoffizieren ermordet worden.

19. Januar 1919

Zum ersten Mal gewählt – Die Wahlen zur Verfassunggebenden Deutschen Nationalversammlung. Da Frauen im Kaiserreich kein Wahlrecht hatten, konnte Käthe Kollwitz 1919 mit fast 52 Jahren zum ersten Mal an einer Wahl teilnehmen.
Nicolai – Georg Friedrich Nicolai (1874–1964), Arzt und Schriftsteller. In der Schweiz erschien 1917 sein in Deutschland verbotenes pazifistisches Buch »Die Biologie des Krieges«; Nicolai wirkte im Bund Neues Vaterland, in der Deutschen Friedensgesellschaft und der Deutschen Liga für Menschenrechte.
Liga für Menschenrechte – Die Umbenennung des Bundes Neues Vaterland in Deutsche Liga für Menschenrechte erfolgte erst 1922, dabei wurde das Programm des Bundes in seinen Grundzügen beibehalten. Das Jahr 1919 erwies sich für eine Neugründung als ungünstig, da es infolge der Spartakusunruhen zu neuen staatlichen Pressionen kam (vgl. Anm. zum 10. November 1918).
Alex [Alexander] Bloch, Vorstandsmitglied des Bundes Neues Vaterland.
daß Liebknecht ... von Luther abstammt – Eine durch die Zeitereignisse neu genährte Legende (vgl. Genealogie, Jg. 18, Bd. 9, S. 481).

20. Januar 1919

in der Republik – Die Republik erschien von Dezember 1918 bis Juni 1919 unter der Redaktion von Wilhelm Herzog und Ernst Däumig.

25. Januar 1919

eine Zeichnung nach ihm machen – Es existieren sechs Zeichnungen von Käthe Kollwitz nach dem toten Karl Liebknecht (Nagel/Timm 766–771, davon Nagel/Timm 769 [farbig] und 771 auf der Grundlage der Studien im Atelier gezeichnet). An den Zeichnungen wird eindringlich sichtbar, wie sich aus den ersten noch flüchtigen Skizzen nach dem Toten die »bessere zusammenfassende Zeichnung« entwickelt (Nagel/Timm, S. 341ff.; vgl. dazu a. Käthe Kollwitz, Bekenntnisse, S. 100, Anm. 21).

Der gewaltige Demonstrationszug – Der Trauerzug, der den Särgen von Karl Liebknecht und den erschossenen Spartakisten zum Friedhof folgte, wurde zu einer schweigenden Demonstration: »Voran Fuhren von Särgen zu je vieren auf gewöhnlichen Lastwagen (auf dem einen las man ›Obstverkauf‹ und den Namen des Besitzers), dreiunddreißig Särge, die weggekarrt wurden; der Liebknechts durch eine feuerrote Schleife ausgezeichnet, neben drei anderen auf dem vordersten Wagen, den ein Kutscher in verwaschenem Feldgrau lenkte. Ein wirkliches Proletarierbegräbnis für den Volkstribun« (Kessler, S. 112).

Für Rosa Luxemburg ein leerer Sarg – Der Leichnam von Rosa Luxemburg war nicht gefunden worden.

Zietz – Luise Zietz (1865–1922), sozialdemokratische Politikerin, vor allem in der Frauenbewegung tätig, Mitbegründerin der USPD.

Levi – Paul Levi (1883–1930), Rechtsanwalt, sozialistischer Politiker, Verteidiger von Rosa Luxemburg in ihrem Prozeß 1914. Während des Ersten Weltkrieges in der Schweiz, nach seiner Rückkehr Mitglied der Spartakusgruppe, seit 1918 in der KPD. Nach seinem Ausschluß aus der KPD 1921 Gründung der Kommunistischen Aktionsgemeinschaft (KAG), später Übertritt zur SPD, ab 1924 Mitglied der Reichstagsfraktion der SPD und Führer ihres linken Flügels.

Liebknechts Frau – Sophie Liebknecht (1884–1965), zweite Frau von Karl Liebknecht, russischer Herkunft, Kunsthistorikerin. Sie übernahm nach der Ermordung ihres Mannes die Erziehung der drei Kinder aus der ersten Ehe: Wilhelm (1901–1975), Robert (geb. 1903) und Vera (1906–1934).

27. Januar 1919

Robert Liebknecht (geb. 1903), Maler und Graphiker, zweiter Sohn von Karl Liebknecht, studierte an der Dresdner Akademie bei Robert Sterl und Willy Jaekkel; er emigrierte 1933 nach Paris, wo er heute lebt.

mit seinem Freund Goldstein – Bruder der späteren Frau von Robert Liebknecht.

Plakat »Gefangene heraus!« – Klipstein 142, dort auf 1920 datiert.

für den Preußischen Landtag gewählt – Bei den Landtagswahlen vom 26. Januar 1919 lag die Wahlbeteiligung bei 75 Prozent.

30. Januar 1919

wegen des Protestes gegen Liebknecht- und Luxemburg-Mord – Der Protest des Bundes Neues Vaterland wurde von Georg Friedrich Nicolai verfaßt: »Wir betrachten Karl Liebknecht und Rosa Luxemburg als mutige und ehrliche Kämpfer für ihre Ideen, obwohl wir diese Ideen und vor allem die Methoden, mit denen sie in die Praxis umgesetzt werden sollen, für irrig halten. Wir beklagen es aufs tiefste, daß solche Taten in unserer jungen Republik möglich sind, aber noch schmerzhafter ist die Tatsache, daß weite Kreise diese Tat billigen. Die Haltung der Presse und des Publikums zeugt von einem gefährlichen Verlust der moralischen Empfindlichkeit. Liebknechts Fall fordert unparteiische Justiz, auf die wir hoffen und zu warten bereit sind. Aber wir müssen gegen den pogromähnlichen Geist protestieren, der die Haltung Spartakus gegenüber bestimmt, der das Land zerreißt und uns an das Haßgeschrei von 1914 erinnert. Wir erwarten, daß wenigstens die intellektuellen Kreise Widerstand leisten und nicht dulden werden, daß Haß und Rachsucht alle Grenzen überschreiten« (zit. nach Zülzer, S. 252).

Holitscher – Arthur Holitscher (1869–1941), aus Budapest gebürtiger österreichischer Schriftsteller und Publizist, seit 1907 Lektor im Verlag Bruno Cassirer, Mitarbeit am Berliner Tageblatt und an der Aktion. Holitscher war Mitglied des Bundes Neues Vaterland und 1919 Beauftragter des Arbeiter- und Soldatenrates in Berlin, Mitglied des Rates geistiger Arbeiter. Er setzte sich mit einigen seiner Bücher für die Entwicklung in Sowjetrußland ein: »Drei Monate in Sowjet-Rußland« (1922), »Stromab die Hungerwolga« (1922). 1933 emigrierte er in die Schweiz.

31. Januar 1919

Klimsch – Fritz Klimsch (1885–1960), Bildhauer, Mitbegründer und Vorstandsmitglied der Berliner Secession, seit 1912 Mitglied der Akademie der Künste Berlin.

in die Akademie der Künste gewählt – Über das Stimmenverhältnis zur Wahl von Käthe Kollwitz ist nichts bekannt. Heinz Lüdecke verweist in seiner Untersuchung auf die Personalnachrichten für das Archiv der Akademie, denen entnommen werden kann, daß sie seit dem 24. Januar 1919 der Akademie angehörte. Mit ihr wurden fünfzehn andere bildende Künstler aufgenommen, darunter Ernst Barlach, Wilhelm Lehmbruck, Georg Kolbe, Lovis Corinth, Willy Jaeckel und Hans Purrmann (Lüdecke, S. 9).

Stan ist nach Bremen gefahren – Der Arbeiter- und Soldatenrat hatte am 10. Januar die Sozialistische Republik Bremen proklamiert.

Paul Goesch (1885–1940), Architekt und später Maler, Bruder von Heinrich Goesch.

6. Februar 1919

Ich arbeite die »Mütter« – Vgl. dazu die Zeichnungen Nagel/Timm 757–761 und die beiden druckgraphischen Fassungen des Themas (Klipstein 134 und 135).

Nationalversammlung – Wegen der Kämpfe und Unruhen in Berlin wurde die Verfassunggebende Nationalversammlung nach Weimar verlegt und dort am 6. Februar 1919 mit einer Rede Friedrich Eberts eröffnet.

Bund deutscher Gelehrter und Künstler – Vgl. Anm. zum 4. April 1916.

9. Februar 1919

eine kommunistische Siedlung gründen – Hans Koch verfolgte seine Idee einer Gemeinschaftssiedlung weiter. Zwischen Augsburg und Donauwörth hatte er eine ehemalige Missionsprokuratur entdeckt, die zum Verkauf stand. Von den Schriftstellern Hertha König und Georg Kaiser hatte er finanzielle Mittel – oder zumindest eine Zusage dafür – erhalten, so daß er das Anwesen erwerben konnte (vgl. dazu ausführlich Linse, S. 99ff.).

19. Februar 1919

Tante Lonny – Lonny Ulrich, führende Persönlichkeit der Königsberger Freien Gemeinde, dem väterlichen und großväterlichen Haus von Käthe Kollwitz eng verbunden (vgl. auch Anhang).

21. Februar 1919

Kurt Eisner (eigentl. Kosmanowski, 1867–1919), Schriftsteller und Publizist, sozialistischer Politiker, von 1899 bis 1905 Redakteur beim Vorwärts, seit 1917 Mitglied der USPD, von Januar bis Oktober 1918 im Gefängnis. Kurt Eisner war 1918 maßgeblich am Sturz der bayerischen Monarchie beteiligt, Mitorganisator der Münchner Räterepublik und bis zu seiner Ermordung Ministerpräsident der aus SPD und USPD gebildeten Regierung des Freistaates Bayern.

23. Februar 1919

Jokatrin – Jo Katarina verh. Koch (geb. 1918), Tochter von Elsbeth Kühnen und Alfred Kurella, für die Hans Koch die Vaterschaft übernommen hatte. Sie heiratete 1938 den niederländischen Ingenieur Jan-Jozef Wijnkoop, während des Zweiten Weltkrieges Lehrerin in der Sowjetunion, seit 1964 verheiratet mit Heinz Koch.

25. Februar 1919

Magnus Hirschfeld (1868–1935), Begründer der modernen Sexualwissenschaft, seit 1910 Facharzt in Berlin, gründete 1918 das Institut für Sozialwissenschaft in Berlin, emigrierte 1933 nach Nizza.

27. Februar 1919

Tuaillon – Louis Tuaillon (1862–1919), Bildhauer, seit 1909 Leiter eines Meisterateliers an der Akademie der Künste.

7. März 1919

Stadtverordnetenvereinigung – Karl Kollwitz war vom 20. März 1919 bis 20. Juni 1920 Mitglied der Berliner Stadtverordnetenversammlung.

Konrads Aufsatz über Dr. Arnoldt – In: Sozialistische Monatshefte, Jg. 25, 1919, S. 158.

8. März 1919

Johsts »Der junge Mensch« – Hanns Johst (1890–1978), Schriftsteller, Dramatiker und Lyriker, ab 1933 Dramaturg am Berliner Schauspielhaus, von 1935 bis 1945 Präsident der Reichsschrifttumskammer. »Der junge Mensch«, ein »ekstatisches Szenarium« glorifiziert den Tod: »Es ist eine rasende Wollust: jung sein und um die Verzückung des Todes wissen.«

15. März 1919

die Carmagnole – Die Radierung »Carmagnole« (Klipstein 49) aus dem Jahre 1901, eine Darstellung aus der französischen Revolution 1789. Nach Adolf Heilborn wurde Käthe Kollwitz durch den Roman von Charles Dickens »A Tale of two Cities« zu diesem Blatt angeregt. Der Titel stammt vom Refrain eines Revolutionsliedes von 1792: »Dansons la Carmagnole, vive le son du canon.«
die »Totenklage« – Entwürfe und Vorarbeiten zu dem Gedenkblatt für Karl Liebknecht (Nagel/Timm 773–790), für das als ursprünglicher Titel »Totenklage« vorgesehen war.

16. März 1919

sie nannten ihn hier immer Leo – Leo Jogiches (Pseud. und Decknamen: Tyska, Grosowski, Krumbügel, Kraft; 1867–1919), polnischer Revolutionär, Mitbegründer der Sozialdemokratischen Partei des Königreiches Polen (1893) und ab 1900 der Sozialdemokratischen Partei des Königreiches Polen und Litauen (SDKPiL), Lebensgefährte Rosa Luxemburgs, lebte seit 1907 vorwiegend in Berlin. Nach der Verhaftung von Karl Liebknecht und Rosa Luxemburg im Sommer 1916 war er faktisch der Leiter der Spartakusgruppe. Während der Märzkämpfe 1919 wurde er im Moabiter Untersuchungsgefängnis ermordet. Die Tagebucheintragung vom 16. März 1919 läßt vermuten, daß Käthe Kollwitz bis dahin von Leo Jogiches kaum Kenntnis hatte. Zur Zeichnung »Leo Jogiches im Leichenschauhaus 1919« vgl. Nagel/Timm 791.

17. März 1919

von der Akademie die Ernennung – Seit dem 24. Januar 1919 war Käthe Kollwitz Mitglied der Preußischen Akademie der Künste, mit Wirkung vom 31. Juli 1919 wurde sie – als Leiterin einer Graphikklasse – zum Professor ernannt. Sie war damit die erste Frau, die Mitglied der Akademie wurde und den Titel Professor tragen durfte. Das Berliner Tageblatt schreibt am 9. September 1919: »Eine Ehre für den Titel! Das preußische Kultusministerium hat Käthe Kollwitz, die Berliner Meisterin der Radierung, die wahrlich keiner Titel-Ehrung bedarf, zum Professor ernannt.« Die Wiedereinführung der Titel stieß jedoch auch auf Ablehnung; so hatte sich der Arbeitsrat für Kunst in seinem Programm gegen den Professorentitel ausgesprochen. Der Vorwärts zog das Fazit »antiquierter Widersinn«.
Auch Käthe Kollwitz sah die Erneuerung sehr distanziert, denn alle Titel erschienen ihr »verzopft«. Daß sie die Absicht hatte, den Titel abzulehnen, läßt sich belegen. An die befreundete Graphikerin Sella Hasse schreibt sie am 17. September 1919: »Auf Ihrer Karte steht der Professortitel [...] Bitte lassen sie ihn fort. Ich wollte ihn nicht annehmen, weil ich gegen alle Titel bin« (Tagebuchblätter und Briefe, S. 140).
Am 27 August 1919 schreibt sie aus Kohlgrub in Bayern an das Ministerium für Wissenschaft, Kunst und Volksbildung:
»Zu der Verleihung des Professortitels gestatte ich mir Folgendes zu bemerken: Unmittelbar vor meiner Abreise von Berlin (8. August) wurde mir durch Professor Manzel die Mitteilung gemacht, daß das Ministerium mir den Professortitel zu verleihen gedenke. Ich konnte meiner Reise wegen erst einige Tage danach Herrn

Professor Manzel antworten und tat dies in dem Sinne, daß ich selbstverständlich über die mir damit bezeigte Anerkennung meiner Arbeit sehr erfreut bin, daß ich aber aus prinzipiellen Gründen den Titel nicht annehmen möchte. Meiner ganzen bisherigen Stellungnahme nach begrüßte ich die im November 1918 vorgeschlagene Beseitigung sämtlicher Titel und bedauerte die spätere Beibehaltung derselben. Infolgedessen erscheint mir die Annahme eines Titels für meine Person als Inkonsequenz.
Ich hielt nach diesem Brief das Ganze für erledigt, als ich heute aus Berlin die bereits vom 12. August datierte amtliche Verleihung des Titels erhielt und daraus ersah, daß mein Brief an Herrn Professor Manzel ihn erst nach Ausstellung der Verleihung erreicht hat.
Es wäre mir nun am Liebsten, wenn die Situation folgendermaßen geklärt würde. Falls die Verleihung des Titels noch nicht publik geworden ist, bitte ich Sie, denselben aus den von mir angeführten Gründen zurückziehen zu wollen. Sollte die Verleihung jedoch schon publik geworden sein, so ist es mir unangenehm, eine Sache von derartiger Wichtigkeit daraus zu machen und einen öffentlichen Widerruf erfolgen zu lassen. In diesem Fall möchte ich den Titel annehmen« (zit. nach Einheit, Jg. 1, 1946, H. 4, S. 250f.).
Das Original des Briefes ist nicht nachweisbar. Es ist auch nicht mehr zu ermitteln, wie die Veröffentlichung 1946 zustande kam. Die Akten des Preußischen Ministeriums für Wissenschaft, Kunst und Volksbildung, die im Zentralen Staatsarchiv Merseburg aufbewahrt werden, weisen zwar eine größere Anzahl von Akten über die Verleihung des Professorentitels an Künstler und Wissenschaftler aus, die Akten des Jahres 1919 sind jedoch durch Kriegseinwirkung verloren.

19. März 1919

Friedrich Wendel (geb. 1886), Journalist, 1920 führendes Mitglied der kommunistischen Splittergruppe KAPD, ab 1928 Chefredakteur der von der SPD herausgegebenen Zeitschrift Der wahre Jacob.

Hans Koch ist wieder frei – Am 27. März 1919 schreibt Harry Graf Kessler in sein Tagebuch: »Abends Club bei Cassirer [...] Ein Dr. Rüstow sagte: [...] er sei beim Obersten Reinhardt, den er aus dem Felde kenne, gewesen und habe ihm auf Grund der Schilderungen von Koch erzählt, was in den Gefängnissen vorgehe; Reinhardt habe die Sache sehr ernst genommen, gesagt, er habe schon so etwas munkeln hören, es müsse Abhilfe geschaffen werden, er werde möglichst bald seine Truppen aus den Gefängnissen herausziehen, das sei das einzige Radikalmittel« (Kessler, S. 163).

20. März 1919

Dr. Wegner – Möglicherweise ist der Schriftsteller, Publizist und Pazifist Armin Theophil Wegner (1886–1978), Mitbegründer des Bundes der Kriegsdienstgegner, gemeint. Wegner war allerdings Jurist und nicht Theologe.

Frau Kautsky – Luise Kautsky geb. Ronsberger (1864–1944), Übersetzerin, Frau des führenden Sozialdemokraten Karl Kautsky. Luise Kautsky war Herausgeberin der Briefe von Rosa Luxemburg (1923), deren Freundin und Korrespondenzpartnerin sie war.

Rosa Luxemburg (1871–1919), führende Persönlichkeit der polnischen und deutschen Arbeiterbewegung, 1887 Mitglied der Revolutionären Sozialistischen Partei Proletariat in Warschau. Sie emigrierte 1889 nach Zürich, wo sie an der philosophischen und juristischen Fakultät studierte. Nach ihrer Promotion erwarb sie die deutsche Staatsangehörigkeit und übersiedelte 1898 nach Deutschland, wurde Mitglied der SPD und entwickelte eine umfangreiche publizistische Tätigkeit. Sie bezog wie Karl Liebknecht eine kompromißlose Haltung gegen den Ersten Weltkrieg und verbüßte von 1915 bis 1916 und von 1916 bis 1918 Gefängnisstrafen, Festungshaft und Schutzhaft. Am 15. Januar 1919 wurde sie mit Karl Liebknecht ermordet.

Leo – Leo Jogiches (vgl. Anm. zum 16. März 1919).

Ende März 1919

»Totenfeier« – Das Gedenkblatt für Karl Liebknecht war zunächst als Radierung geplant (Klipstein 137), wurde später als Lithographie versucht (Klipstein 138) und fand die endgültige künstlerische Formulierung als Holzschnitt (Klipstein 139).

26. März 1919

Architekturausstellung – Die erste Architekturausstellung »Unbekannte Architekten« des Arbeitsrates für Kunst fand im Frühjahr 1919 im Kunstkabinett von I. B. Neumann statt.

Begleitworte von Taut und Gropius – Bruno Taut (1880–1939), Architekt, Mitglied des Arbeitsrates für Kunst und der Novembergruppe, vor allem als Architekt und Stadtplaner für Berlin tätig, 1931 Professor für Wohnungsbau und Siedlungswesen an der Technischen Hochschule und Mitglied der Preußischen Akademie der Künste. Taut, 1932 zu Planungsarbeiten nach Moskau berufen, emigrierte 1933 aus Deutschland und erhielt 1936 eine Professur für Architektur in Istanbul.
Walter Gropius (1883–1969) Architekt und Architekturtheoretiker, Mitglied des Arbeitsrates für Kunst und der Novembergruppe, Begründer des Bauhauses in Weimar, mit dem er 1926 nach Dessau übersiedelte. Er emigrierte 1934 über Großbritannien in die USA, wo er 1937 eine Berufung an die Harvard University in Cambridge erhielt.

Ich erzähle von Paula – Vgl. Anm. 23. November 1918.

31. März 1919

⟨ ⟩ Etwa 8 Zeilen Schwärzung durch Hans Kollwitz.

19. April 1919

Hans aus dem Virchow Krankenhaus gekommen – Hans Kollwitz war wegen wiederholter Malariaanfälle behandelt worden.

der junge Herzfeld – Wieland Herzfelde (eigentl. Herzfeld, 1896–1988), Schriftsteller und Verleger, gründete 1917 den Malik-Verlag in Berlin, seit 1918 Mitglied der KPD. Herzfelde emigrierte 1933 in die ČSR, 1939 in die USA, von dort 1949 Rückkehr in die DDR. Zur Tagebuchstelle vgl. a. Kessler, S. 159.

ein Arbeiterkünstler – Otto Nagel (1894–1967) s. Anm. zum 16. April 1932; vgl. dazu Nagel, S. 41.

21. April 1919

Wentschersche Atelierausstellung – Tina Haim-Wentscher (geb. 1890), Bildhauerin.

1. Mai 1919

die Dietrich – Mary Dietrich (Schardt-Dietrich, geb.1890), Heroine am Deutschen Theater in Berlin (Penthesilea, Kassandra, Jungfrau von Orleans u. a.).

2. Mai 1919

Auch Rathenau – Walther Rathenaus Schrift »Der Kaiser«, erschienen 1919.

Manzel – Ludwig Manzel (1858–1936), Bildhauer, Mitglied der Akademie der Künste seit 1903, von 1912 bis 1918 ihr Präsident.

Haenisch – Konrad Haenisch (1876–1925), sozialdemokratischer Politiker, 1918 Preußischer Kultusminister, ein Amt, das er später auch in den Regierungen Paul Hirsch und Otto Braun ausübte.

4. Mai 1919

Landauer erschossen? – Gustav Landauer war am 2. Mai 1919 von Freikorpssoldaten im Münchner Gefängnis Stadelheim ermordet worden.

9. Mai 1919

Krückeberg – Hans Krückeberg (geb. 1878), Bildhauer, Schüler von Louis Tuaillon.

21. Mai 1919

»Die Stadtkrone« – Bruno Tauts programmatische Schrift über die Stadt der Zukunft war 1919 erschienen.

25. Mai 1919

Landauer-Feier – Die Volksbühne in Berlin, deren Berater Gustav Landauer gewesen war, veranstaltete am 25. Mai 1919 eine Gedenkfeier.

Bab – Julius Bab (1880–1955), Schriftsteller und Theaterkritiker, Herausgeber der Dramaturgischen Blätter der Freien Volksbühne, emigrierte 1939 in die USA. Seine Ansprache auf der Trauerfeier wurde bei Paul Cassirer veröffentlicht: »Gustav Landauer, Gedächtnisrede gehalten in der Volksbühne zu Berlin am 25. Mai 1919«.

mit seiner ... Tochter Lotte ... – älteste Tochter Gustav Landauers aus seiner Ehe mit Grete Leuschner; die Töchter Gundula und Brigitte stammten aus der Verbindung mit Hedwig Lachmann.

Fritz Klatt in München verhaftet – Duch seine engen Beziehungen zu Männern und Frauen, die in die Vorgänge um die Münchner Räterevolution verwickelt waren, wie auch durch seine Kontakte zu Hans Koch und der Kommune Blankenburg, war Fritz Klatt der politischen Polizei verdächtig geworden und wurde im Mai 1919 für vier Wochen in Haft genommen.

26. Mai 1919

Das Furchtbare mit Rüstows – Offenbar spielte sich ein großer Teil der Auseinandersetzungen in der Ehe von Thildi und Alexander Rüstow im Hause Kollwitz ab; Käthe und Karl Kollwitz, aber auch Lisbeth Stern wurden von Anfang an mit hineingezogen. Im Tagebuch sind die Streitigkeiten deshalb immer wieder registriert.

15. Juni 1919

Landauer »Revolutionsbriefe« – »Briefe aus der Französischen Revolution. Ausgewählt, übersetzt und erläutert von Gustav Landauer«, Berlin 1918.

Erna Krüger (geb. 1883), Malerin und Bildhauerin, Käthe Kollwitz freundschaftlich verbunden. An sie sind einige der schönsten erhaltenen Kollwitz-Briefe gerichtet (Briefe der Freundschaft, S. 94 ff.).

19. Juni 1919

Einstein verhaftet – Der Schriftsteller und Kunsthistoriker Carl Einstein (1885–1940), Mitarbeiter der Zeitschriften Die Aktion und Die weißen Blätter, 1918 Mitglied des Zentralsoldatenrates in Brüssel. Sibylle Penkert verweist in ihrer Carl Einstein-Monographie auf das Gerücht, daß er am 13. Juni am Grabe von Rosa Luxemburg gesprochen und sich dadurch erneut politischer Verfolgung ausgesetzt habe. – Carl Einstein war seit 1913 mit der Russin Maria Ramm verheiratet, mit der er eine Tochter hatte; durch die kriegsbedingte Trennung ging die Ehe auseinander. Im Sommer 1919 lebte er mit Gräfin Aga von Hagen in Berlin (vgl. Penkert S. 87 und S. 76).

Brief an Landsberg – Otto Landsberg (1869–1957), Rechtsanwalt, sozialdemokratischer Politiker, seit 1912 Mitglied des Reichstags, bis Juni 1919 Reichsjustizminister. Von 1924 bis 1933 wieder Reichstagsabgeordneter; er emigrierte 1933.

die beiden bettelnden blinden Soldaten – Die Zeichnung (Nagel/Timm 828) wurde später von Käthe Kollwitz verworfen.

22. Juni 1919

Kaliski – Julius Kaliski, sozialdemokratischer Funktionär in Berlin, Redakteur am Vorwärts bis 1905, Mitarbeiter der Sozialistischen Monatshefte, Mitglied der USPD.

Paula Becker-Modersohn – Paula Modersohn-Becker (1876–1907), Malerin, verheiratet mit dem Maler Otto Modersohn, Schülerin von Fritz Mackensen in Worpswede, in Paris besonders von Paul Gauguin angeregt, lebte seit 1898 in Worpswede. Obgleich beide Künstlerinnen in der kunstgeschichtlichen Literatur häufig im Zusammenhang genannt werden, ist ihr Werk doch grundsätzlich verschieden. Soweit bekannt, sind sie sich persönlich nie begegnet.

23. Juni 1919

Kolonie Blankenburg ausgehoben – Die politische Polizei in Bayern glaubte, in der Kolonie Beweise zur Vorbereitung eines Linksputsches zu finden. Stark bewaffnete Kräfte drangen am 19. Juni 1919 in die Kolonie ein und nahmen Verhaftungen vor. »In München wurden dann vier Mitglieder für einen Prozeß ausgesondert, der am 21. September des gleichen Jahres vor der Staatsanwaltschaft Augsburg stattfand – gegen Koch wegen Hochverrat, begangen durch die Verbreitung seiner Broschüre ›Der Weg zum Bolschewismus‹, gegen alle zusammen wegen Begünstigung durch Aufnahme politischer Flüchtlinge« (Linse, S. 52 f.). Der günstige Ausgang des Prozesses war der geschickten Verteidigung, den eindrucksvollen Entlastungszeugen – u. a. dem Arzt Harald Schultz-Hencke – und dem persönlich überzeugenden Auftreten von Hans Koch zu verdanken. Eine von zahlreichen Künstlern und Intellektuellen abgegebene Sympathie-Erklärung war nicht ohne Wirkung; zu den Unterzeichnern gehörten Käthe Kollwitz, Helene Stöcker, Harry Graf Kessler (Vgl. Linse, S. 170 f.).

25. Juni 1919

»Lange schon ...« – Der zitierte Gedichttext von Karl Bröger (1886–1944) weicht an entscheidender Stelle vom Originalwortlaut ab. Statt »zogen wir schweigend fort« notierte Käthe Kollwitz: »zogen wir freudig fort« – was den Sinn der folgenden Zeilen verändert.

19. Juli 1919

den Steindruck zu ... »Nachricht« gezeichnet – Von der Lithographie, die später den Titel »Gefallen« bekam, weist Klipstein zwei Fassungen nach (152, 153), die er allerdings auf 1921 datiert. Die Arbeit war für eine lithographische Folge zum Thema Krieg vorgesehen, deren Weiterführung aufgegeben wurde. Die endgültige künstlerische Formulierung erfolgte in der Holzschnittfolge 1922/23.

20. Juli 1919

Max [Tom] Immanuel (eigentl. Rosenfeld, geb. 1890), Bankkaufmann, ein enger Freund von Hans Kollwitz. Er hatte neben seiner Stadtwohnung ein kleines altes Bauernhaus in Flottstelle bei Caputh, wo er viele Feste im Freundeskreis feierte. Bei ihm lernte Hans Kollwitz auch seine spätere Frau Ottilie Ehlers kennen. Max Immanuel war mit ihrer Schwester Hilde befreundet. Er emigrierte später in die USA. Mehrere Briefe und Karten von Käthe Kollwitz an ihn sind im Germanischen Nationalmuseum in Nürnberg aufbewahrt.

Otty [Ottilie] Ehlers (1900–1963), seit 1920 mit Hans Kollwitz verheiratet. Ottilie Ehlers, jüngstes von fünf Geschwistern, stammte aus einer ursprünglich wohlhabenden ostpreußischen Gutsbesitzerfamilie. Im Alter von elf Jahren verlor sie ihre Mutter und mit siebzehn Jahren den Vater. 1919 lebte sie mit ihrer vier Jahre älteren Schwester Hilde zusammen, teils in Finkenkrug, teils in einer Stadtwohnung in Charlottenburg. Ottilie Ehlers studierte Gebrauchsgraphik an der Reimann-Schule in Berlin. Als Graphikerin fand sie erst spät zu einer eigenständigen künstlerischen Form. Einen guten Eindruck ihrer Graphik vermittelt das Album mit 13 Holzschnitten bzw. -stichen, das 1946 von der Galerie Hennig in Halle herausgebracht wurde. Es zeigt überwiegend ostpreußische Landschaften, die in den Jahren 1938 bis 1943 geschaffen wurden.

25. Juli 1919

Katharina Heise (Pseud. Karl Luis Heinrich-Salze, 1891–1964), Malerin, Graphikerin und Bildhauerin, stellte bis 1931 meist unter ihrem Pseudonym aus. Sie bezog 1915 ein Atelier in Siegmundshof, wo sie Käthe Kollwitz kennenlernte, die sie auf die Bildhauerei und an Hugo Lederer verwies. Nach 1933 wurde sie als »entartet« verfehmt. Sie stand bis etwa 1943 mit Käthe Kollwitz in Kontakt.
In einer maschinenschriftlichen autobiographischen Skizze berichtet Katharina Heise über ihre Begegnung mit Käthe Kollwitz: »Im Frühjahr 1915 [...] brauchte ich ein Atelier [...] und landete im Siegmundshof 11, dem alten Atelierhaus am Tiergarten. Es waren herrlich große Ateliers $6 \times 6 \times 5$ mit sehr unbarmherzigem Licht. Ich nahm das Atelier, das Käthe Kollwitz vorher gehabt hatte. Sie [hatte] ein größeres eine Etage tiefer genommen. Durch den Vorhang, den ich übernahm, machte ich ihre Bekanntschaft. Wir hatten wohl vom ersten Moment eine starke Sympathie füreinander. Solange sie lebte, konnte ich mit allen Freuden und Sorgen zu ihr kommen. Sie vertraute mir ihre Arbeiten zum Naßmachen an, wenn sie verreiste und versorgte meine, wenn wir fort waren [...] Sie hat manche Lanze für mich gebrochen und ich verdanke ihr unendlich viel [...] Ich war um 1920 fast ganz zur Bildhauerei übergewechselt. Mit den beiden Sandsteinplatten und einem Eimer Ton, den ich mir von Käthe Kollwitz geholt, habe ich angefangen« (Die Erinnerungen sind vermutlich um 1960 geschrieben).
Fritz Dannenberg – Verwandter von Karl Kollwitz.
bei den Regierungstruppen ... – Paul von Lettow-Vorbeck (1870–1964), Kommandeur der Schutztruppe für Deutsch-Ostafrika 1913 bis 1918, befehligte 1919 eine Reichswehrbrigade zur Bekämpfung des Spartakusaufstands.

August 1919

Die Ehlersschen Mädchen – Ottilie Ehlers und ihre Schwester Hilde.
Hilde (Gena) Ehlers (1896–1989), ältere Schwester von Ottilie Ehlers, befreundet mit Max Immanuel. Sie war Geigerin und heiratete 1928 den Geiger und Bratschisten Karl Reitz.
Frisch – Hennes (eigentl. Kurt) Frisch (1897–1965), Maler und Dramatiker, verheiratet seit 1920 mit Regula Heck geb. Stern. Fand mit seinen Arbeiten wenig Resonanz. Nach 1933 in seiner Arbeit als »jüdisch versippt« behindert. Er wurde während des Zweiten Weltkrieges zur Organisation Todt eingezogen, wo er sich gesundheitlich völlig ruinierte.
wegen der Denkmalsangelegenheit – Sachverhalt nicht mehr zu ermitteln.

13. September 1919

Stan ... geht ... nach England – Stan Harding-Krayl ist von dort vermutlich in die USA weitergereist (vgl. Bonus-Jeep, S. 240).

23. September 1919

Arbeit zum Stadtverordneten – Karl Kollwitz gehörte dem Jugendfürsorgeausschuß der Stadt Berlin für den Bezirk Prenzlauer Berg an.

28. September 1919

Der alte Erinnerungstag – Der Verlobungstag von Käthe und Karl Kollwitz.

Karl arbeitet abends für den Ärztebund – Karl Kollwitz hatte 1913 mit einigen Kollegen den Sozialdemokratischen Ärztebund gegründet, der zwischen Ärzten und Krankenkassen vermitteln sollte. Eine entsprechende Untersuchung über das Verhältnis zwischen beiden Seiten hatte er in den Sozialistischen Monatsheften veröffentlicht (Jg. 20, 1913, S. 222ff.). Der Verein sah seine Aufgabe darin, »neben primären Versuchen zur Umsetzung sozialhygienischer und arbeitshygienischer Forschungsergebnisse in die ärztliche und politische Praxis – vor allem für die Sozialisierung des Heilwesens einzutreten« (Tennstedt/Leibfried, S. 227f.). Das Thema beschäftigte Karl Kollwitz weiter; 1919 hatte er dazu in der Deutschen Medizinischen Wochenschrift veröffentlicht.

Anfang Oktober 1919

Heinrich Braun hier – Es ist anzunehmen, daß bei dieser Gelegenheit die drei Porträtzeichnungen (Nagel/Timm 837–839) entstanden.

Auch Lehrs schrieb mir ja so – In einem bisher unveröffentlichten Brief vom 8. August 1919 schreibt Max Lehrs: »Ich habe heute die drei Steindrucke erhalten und bin ganz entzückt davon. Es ist merkwürdig, wie sich Ihre graphischen Anschauungen unter dem Eindruck der plastischen Arbeit sozusagen monumentalisiert haben [...] Es ist als ob Sie einen neuen Stil gefunden hätten, neue Ausdrucksmöglichkeiten, wenn sich auch schon eine Brücke zu den älteren, wie dem Selbstbildnis von vorn oder dem ›Warten‹ spannt. Jedenfalls beglückwünsche ich Sie von ganzem Herzen zu diesen meisterhaften Blättern« (mit freundlicher Genehmigung des Kupferstich-Kabinetts der Staatlichen Kunstsammlungen Dresden, das eine Veröffentlichung des Briefwechsels zwischen Max Lehrs und Käthe Kollwitz vorbereitet).

Liebknechtzeichnung jetzt als Steindruck – Die Arbeit (Klipstein 138) wurde später verworfen, der Stein zerstört.

12. Oktober 1919

In der Tollerschen »Wandlung« – Ernst Toller schrieb das Drama »Die Wandlung« im Gefängnis München-Stadelheim.

15. Oktober 1919

Oda Olberg (1872–1955), Journalistin, ab 1898 Korrespondentin des Vorwärts in Rom, arbeitete von dort aus auch für die Sozialistischen Monatshefte; ab 1926 als Korrespondentin in Wien.

Kerr – Alfred Kerr (eigentl. Kempner, 1867–1948), Schriftsteller und Theaterkritiker, emigrierte 1933 über Prag und Paris nach Großbritannien.

22. Oktober 1919

die Frau mit dem Kind – Nicht erhalten, vielleicht ein erster Entwurf zur späteren, häufig als »Große Gruppe« bezeichneten »Mutter mit Zwillingen« (1924–1937), die zunächst als Figur einer Mutter mit *einem* Kind gedacht war und erst nach der Geburt der Zwillingsenkel um ein zweites Kind erweitert wurde.

7. November 1919

stirbt Hugo Haase – Hugo Haase war am 8. Oktober 1919 bei einem Attentat schwer verwundet worden, an dessen Folgen er vier Wochen später starb.

8. November 1919

Mit dem jungen Russen – Vgl. Anm. zum 25. November 1917 und Tagebucheintragung vom Dezember 1919. Ilse Rauhut meint, es habe sich um Lasar Schatzkin, einen russischen Delegierten zur Jugendinternationale in Berlin, gehandelt (Rauhut, ohne Seitenangabe).

10. November 1919

zeichne ich ... den toten Haase – Die hier erwähnte Zeichnung vm 9. November 1919 ist nicht bekannt. Nach der Zeichnung entstand die Lithographie »Hugo Haase † 7. November 1919« (Klipstein 141).
Sinzheimer – Hugo Sinzheimer (1875–1945), Jurist und Arbeitsrechtler, Mitglied der Nationalversammlung.

12. November 1919

Die Rede, die sein Sohn Ernst ... hielt – Abgedruckt in Haase, S. 88ff.

23. November 1919

das Buch vom Otto – Nach dem Tode von Otto Braun veröffentlichte sein Vater dessen Gedichte, Aufsätze und Briefe: »Otto Braun. Aus nachgelassenen Schriften eines Frühvollendeten«.
Marianne Plehn – Gutsbesitzerin von Lubochin, wo Peter Kollwitz 1913 ein paar Wochen gearbeitet hatte, Schwester von Anna und Rose Plehn, den Studienfreundinnen von Käthe Kollwitz.

21. Dezember 1919

Bruno Paul (1874–1968), Architekt, Kunsthandwerker und Graphiker, von 1907 bis 1924 Direktor der Unterrichtsanstalt des Kunstgewerbemuseums, von 1924 bis 1933 Direktor der Hochschule für freie und angewandte Kunst.
Döpler – Ernst Döpler (1855–1922), Maler, Kunsthandwerker und Gestalter.

31. Dezember 1919

In dem Sozialwissenschaftlichen Verein – Hervorgegangen aus dem Bund Neues Vaterland, sozusagen dessen »gesellschaftlicher« Zweig (Großmann, S. 88; vgl. Anm. zum 28. Juni 1921).

3. Januar 1920

Helga Bonus ist hier – Sie machte in Berlin eine Ausbildung als Sozialfürsorgerin (Hausschwester).
die frühere Nathanson – Cläre Nathanson, Freundin von Fritz Klatt, gehörte 1913/14 zum »Sprechsaal«.
Hilfsaktion für Wien – Es ist nicht bekannt, für welche Organisation das Plakat »Wien stirbt! Rettet seine Kinder!« (Klipstein 143) bestimmt war – möglicherweise für die Österreichische Freundeshilfe. Es wurde nicht öffentlich verbreitet (vgl. Tagebucheintragung zum 6. Februar 1920).

12. Januar 1920

Etwas anderes zum Tod fiel mir dabei ein – Vgl. die Zeichnungen Nagel/Timm 860/862. Das Motiv ist später in der lithographischen Folge »Tod« erneut aufgegriffen worden (Klipstein 258).
meine »Pflüger« – Blatt 1 der Radierfolge »Bauernkrieg« (Klipstein 94).

14. Januar 1920

von neuem der Belagerungszustand ... – Am 13. Januar 1920 fand eine große Demonstration der USPD und der KPD vor dem Reichstag statt, die sich gegen das Betriebsrätegesetz richtete. Die Regierungstruppen gingen massiv gegen die Demonstranten vor, es gab 42 Tote.

Ende Januar 1920

Lisens Aufsatz in der Freien Welt – »Wenn jemand etwas tiefer und größer zu sehen versteht als andere, sucht man nach Zusammenhängen. Das äußere Leben gab hier keine. Kaethe Kollwitz hat stets in geordneten bürgerlichen Verhältnissen gelebt. Aber die Art ihres Fühlens mag mit der ihres Vaters Karl Schmidt zusammenhängen und von ihr beeinflußt sein [...] Die Kinder – Kaethe Kollwitz war das dritte – wuchsen unter dem starken Eindruck des Elternhauses und der religiösen Gemeinde auf, aber das Wesentlichste, was auch die meiste Kraft auf Kaethe Kollwitz ausübte, war das jugendlich lebendige, warme Menschengefühl des Vaters, das ihn immer neu vom Leben lernen ließ [...] Er arbeitete geistig durchaus nicht leicht, aber allem Erkennen mußte er bis in seine dunkelsten Ecken nachgehen. Die Wahrheit seiner Ideen maß er immer nur daran, wie sie im Leben stand, und die Menschen waren für ihn Ausgang und Ziel seines ganzen Denkens und Suchens: und diese Art des schweren Suchens ist wohl das Erbteil seiner Tochter gewesen« (Lisbeth Stern: Kaethe Kollwitz, in: Die freie Welt, Jg. 2, 1920, H. 4, S. 4f.).
Oskar Kanehl (1888–1929), Lyriker und Dramatiker, gab 1912/13 die vielbeachtete frühexpressionistische Zeitschrift Wiecker Bote (Greifswald) heraus, veröffent-

lichte expressiv-aufrüttelnde Antikriegslyrik in der von Franz Pfemfert herausgegebenen Zeitschrift Die Aktion.

Anfang Februar 1920

Die Auslieferungsliste – Die Reparations-Forderungen, festgelegt in den Artikeln 231–247 des Versailler Vertrages.

Der Erzberger-Helfferich-Prozeß – Der Beleidigungsprozeß des Reichsfinanzministers Erzberger gegen den ehemaligen Reichsschatzsekretär Helffrich. Erzbergers Klage wurde zurückgewiesen; daraufhin trat er im März 1920 von seinen Ämtern zurück.

Der Kessel-Prozeß – In diesem Prozeß sollte geklärt werden, ob der Oberleutnant Marloh, der im März 1919 während des von Reichswehrminister Noske verhängten Standrechtes in Berlin-Lichtenberg 29 Matrosen erschießen ließ, dafür selbst die Verantwortung trug oder ob seine Vorgesetzten bzw. der von Noske erlassene Schießbefehl ausschlaggebend gewesen waren. Der Prozeß machte die Parteilichkeit der Rechtssprechung in den Nachkriegsjahren deutlich.

26. Februar 1920

Clarté-Gruppe – Progressive französische Intellektuelle, die sich Ende 1916 um Henri Barbusse, Paul Vaillant-Couturier und Raymond Lefèbvre gruppiert hatten, konstituierten sich im Mai 1919 als »groupe Clarté«. Das erklärte Ziel war die Zusammenarbeit der Intellektuellen bei der Verhinderung künftiger Kriege und die Durchsetzung sozialer Umgestaltungen in der Gesellschaft. Der Name der Gruppe war dem Roman »Clarté« von Henri Barbusse entlehnt, dessen gleichnamiges Kapitel ein visionäres Welterneuerungsprogramm enthält. Die Zeitschrift Clarté, das illustrierte literarisch-politische Organ der Gruppe, erschien in Paris von 1919 bis 1928. Die Clarté-Bewegung, die Widerhall in europäischen und außereuropäischen Ländern fand, hatte in Deutschland vor allem auf den literarischen Expressionismus Einfluß. Harry Graf Kessler erwähnt eine »eingeladene Versammlung« im Salon Cassirer schon am 21. Dezember 1919: »Schickele hielt einen Vortrag. Breitscheid präsidierte. Belanglose Reden« (Kessler, S. 205). Über eine Mitwirkung von Käthe Kollwitz im Gründungskomitee oder im Vorstand hat sich nichts ermitteln lassen. In der französischen Clarté-Bewegung gewannen 1922 linksradikale Kräfte das Übergewicht, was ein Jahr später den Zerfall der internationalen Gruppen bewirkte.

Ida und Fritz Braun – Erste Frau und Sohn Heinrich Brauns.

29. Februar 1920

Julius Freund – Berliner Kunstsammler, emigrierte nach 1933 in die USA. Seine Sammlung, die auch eine größere Anzahl Zeichnungen von Käthe Kollwitz enthielt, wurde im März 1942 in Luzern versteigert (vgl. Sammlung Julius Freund. Auktion in Luzern. Galerie Fischer, 21. März 1942, Luzern 1942).

für das Reproduktionswerk – Die sog. »Richtermappe«, eine Sammlung von 24 Lichtdrucken nach Handzeichnungen mit einer Originallithographie, die der Dresdner Verlag Emil Richter 1922 herausbrachte. Einige der reproduzierten Zeichnungen waren nicht mehr im Besitz von Käthe Kollwitz, sondern in öffentlichen oder privaten Sammlungen. Die »Schwangere« (späterer Titel »Beim Arzt«, Richtermappe Tafel 19, Nagel/Timm 475) gehörte zu »Bilder vom Elend«, die in den Jahren 1908/09 für den Simplicissimus gezeichnet worden waren. Auch das »Überfahrene Kind« (Richtermappe Tafel 18, Nagel/Timm 576) stammt aus jener Zeit (1909/10). Die erwähnte »Schwangere am Zaun« (später »Weihnacht« genannt, Nagel/Timm 503) gehörte ebenfalls in den Umkreis der »Bilder vom Elend«. Sie fand sich in einer Dresdner Privatsammlung und konnte in die Mappe aufgenommen werden.

13. März 1920

die Gegenrevolution – Der Kapp-Putsch vom 13. bis 17./18. März 1920, der das Ziel hatte, die demokratisch gewählte Regierung zu stürzen. Es kam zu schweren Kämpfen, die Regierung flüchtete aus Berlin nach Dresden und Stuttgart. Der Putsch brach zusammen, weil die Gewerkschaften zum Generalstreik aufgerufen hatten.

18. März 1920

Kapp und Lüttwitz – Wolfgang Kapp (1858–1922), Jurist, Generallandschaftsdirektor, Begründer der rechtsradikalen Deutschen Vaterlandspartei, Führer des nach ihm benannten Umsturzversuches im März 1920. Walter Freiherr von Lüttwitz (1859–1942), General, Wehrkreiskommandant von Berlin, militärischer Führer des Kapp-Putsches.

20. März 1920

Helene Dmuchowski (1896–1985), Freundin und spätere Frau von Hans Koch.

Nadja Strasser (1871–1955), in Berlin lebende russische Schriftstellerin und Übersetzerin, veröffentlichte 1917 im S. Fischer-Verlag Berlin ein Buch über die Frauen in den russischen Revolutionen: »Die Russin, Charakterbilder«.

31. März 1920

Erster Jurytag – Nach dem Tode von Theo von Brockhusen, der 1918 die Präsidentschaft der Freien Secession übernommen hatte, lag die Leitung in den Händen von Georg Kolbe und Karl Schmidt-Rottluff. Im Jahr 1920 traten auch Erich Heckel und Max Pechstein dem Vorstand bei. Die Lebenskraft der Secession erlosch jedoch zunehmend.

Karfreitag 1920

in der von Hiller einberufenen Versammlung – Kurt Hiller hatte sich der Deutschen Friedensgesellschaft angeschlossen, wo er radikale pazifistische Ziele vertrat: »In dieser Phase des Hillerschen Denkens besaß der Pazifismus noch unbedingte Priorität. Hiller wurde zum eifrigsten Verfechter des Grundsatzes von der Heiligkeit des Lebens. Der Pazifismus war dem Sozialismus über – nicht untergeordnet. ›Erst die Erhaltung des Lebens, dann die Gestaltung des Lebens‹. Zwangsläufig verurteilte Hiller jeden Krieg, auch den Bürgerkrieg, jede Gewaltanwendung, auch die revolutionäre, jeden Verteidigungskrieg, auch den eines sozialistischen Staates« (Scheer, S. 406). Eine solche ambivalente Einstellung gegenüber den radikaleren linken Kräften, die den pazifistischen Überzeugungen die erste Stelle zuwies, entsprach durchaus dem Denken und Fühlen von Käthe Kollwitz – oder kam ihm sehr nahe.

1. Ostertag 1920

die Leninsche Broschüre – Wladimir I. Lenins Schrift »Die große Initiative (Über das Heldentum der Arbeiter im Hinterland. Aus Anlaß der ›kommunistischen Subbotniks‹)« war im Juli 1919 in Moskau als Broschüre erschienen. Sie wurde Ende des Jahres 1919 und 1920 auch in Deutschland verbreitet und von verschiendenen Zeitschriften teilweise unter verändertem Titel und gekürzt nachgedruckt. Die Berliner Zeitschrift Das Forum druckte im Dezember 1919 einen stark gekürzten Teil (H. 3, S. 198 ff.) und im März 1920 (H. 6, S. 413 ff.) den Schlußteil unter dem Titel »Die kommunistischen Samstage«. Von den Bemühungen, die zerrüttete Industrie wieder in Gang zu bringen und die härteste Not in den Großstädten zu lindern, wußte Käthe Kollwitz auch aus Berichten (vgl. in diesem Zusammenhang die Tagebucheintragung vom 31. Dezember 1919).

8. April 1920

Secreta – Zeichnungen mit erotischer Thematik aus dem Zeitraum um 1910 (vgl. Nagel/Timm 558–563).
Dr. Biber – Ärztin der Familie Stern.
Wilhelmine – Hausangestellte bei Sterns.
Tichon – Der Sohn von Wilhelmine, der im Haus der Familie Stern aufwuchs.

Mitte April 1920

Niddy Impekoven (geb. 1904), Tänzerin, trat 1918 mit ihrem ersten eigenen Programm in der Berliner Staatsoper auf und hatte ungewöhnlichen Erfolg. Sie emigrierte 1933 in die Schweiz.

25. April 1920

Hans, Ernst und Andreas – Söhne von Ernst und Else Rautenberg geb. Rupp, der Cousine von Käthe Kollwitz.

1. Mai 1920

KAPD – Kommunistische Arbeiterpartei Deuschland, im Frühjahr 1920 von der KPD abgespaltene Splittergruppe, vertrat radikal antiparlamentarische und gewerkschaftsfeindliche Positionen; seit 1921 bedeutungslos, der größte Teil der Mitglieder kehrte in die KPD zurück.

Mai 1920

Riele – Riele Herberger, Schwester von Thildi Rüstow geb. Herberger, Bekannte von Käthe und Karl Kollwitz.

29. Mai 1920

Kriegsfolge – Es handelt sich immer noch um die geplante lithographische Folge zum Thema Krieg (Klipstein 153 – später »Gefallen« benannt –, 135, 136 – fälschlich als »Die Eltern der Künstlerin« bezeichnet – und 144). Die »halbfertigen« Blätter sind offenbar nicht weitergearbeitet worden. Zur »Schwangeren« gibt es zeichnerische Entwürfe (Nagel/Timm 853–856), zu »Dixmuiden« gehörten die Zeichnungen der Freiwilligen (Nagel/Timm 849–851/852), die später dem Blatt den Namen gaben. Der konzipierte Zyklus wurde jedoch zugunsten der Ausführung als Holzschnitt-Folge aufgegeben. Dort wird auch das Motiv »Das Opfer« wieder aufgenommen.

Flugblätter gegen den Wucher – Gemeint sind »Die Kranke und ihre Kinder«, »In der Sprechstunde des Kinderarztes« und »Beim Arzt« (Klipstein 148–150), die vom Landespolizeiamt beim Staatskommissar für Volksernährung herausgegeben wurden. Klipstein meint, daß sie in Berlin und in Preußen in Tausenden von Exemplaren an Litfassäulen und Plakatwänden angeschlagen worden seien; wegen ihres kleinen Formates, der relativ kleinen bildlichen Darstellung und des hohen Textanteils erscheinen sie dafür jedoch nicht sehr geeignet, wie Hannelore Fischer in ihrer Untersuchung zum Plakatschaffen von Käthe Kollwitz nachweist (Fischer, S. 44).

4. Juni 1920

Karl Förster (1874–1970), Gärtner, Blumen- und Staudenzüchter, Fachbuchautor, war mit zahlreichen Künstlern befreundet.

»Michelangelo« – Romain Rollands »Das Leben Michelangelos« (1905, deutsch 1919).

6. Juni 1920

Wahl zum Reichstag – Sie erbrachte beträchtliche Stimmverluste für SPD, Zentrum und DDP, die sog. »Weimarer Koalition«. Der Stimmenanteil der USPD vervierfachte sich, und die beiden Rechtsparteien konnten ihren Stimmenanteil verdoppeln.

Lore – wohl Lore Schumann, eine Freundin und entfernte Verwandte der Familie.

Julius Herrendörfer – Rechtsanwalt, zum Berliner Kreis der Freien Gemeinde gehörend.

25. Juni 1920

in den Secessionen gewesen und der großen Ausstellung – Bereits 1919 hatten sich die in Berlin tätigen Kunstverbände zur großen »Kunstausstellung Berlin« im Glaspalast am Lehrter Bahnhof zusammengetan. Es stellten die Neue und die Freie Secession gemeinsam mit dem Verein Berliner Künstler und der 1919 gegründeten Novembergruppe aus (vgl. Kliemann, S. 69, Anm. 43).

Barlachsche Holzschnitte – Käthe Kollwitz sah von Barlach »Die Vertriebenen«, »Kindertod«, »Kreuz- und Sargträuber« und »Barmherziger Samariter« (alle 1919).

Mitte Juli 1920

Begräbnis Max Klingers – (8. Juli 1920) Die Ansprache zur Beisetzung von Max Klinger ist durch den Architekten Hilberseimer überliefert: »Die Freie Secession, deren Ehrenmitglied Max Klinger lange Jahre hindurch gewesen ist, schickt durch mich einen letzten Gruß. Mich aber drängt es, an dieser Stelle für meine eigene Person dem toten Meister meinen Dank zu sagen. Was mir Max Klinger in meiner Jugend gewesen ist, ist schwer in Worte zu fassen. Es war ein ganz großes Erleben, als ich die Radierungen von Klinger kennenlernte. Und wie mir ging es vielen tausend anderen. Wir jungen Leute drängten uns zu den Kupferstichkabinetten in München, in Berlin, um Klingers Radierungen zu sehen. Was uns fortriß, was wir liebten in diesen Blättern, war nicht die technische Meisterschaft. Der ungeheure Lebensdrang, die Energie des Ausdrucks waren es, was uns daran packte. Wir wußten: Max Klinger bleibt nicht an der Oberfläche der Dinge haften, er dringt in die dunkle Lebenstiefe. In diesen Blättern brauste und tönte es, wie in dem Blatt aus der Brahmsphantasie, wo eine ungeheure Musik einem entgegentönt. Alle Register des Lebens zog er auf, das gewaltige herrliche und traurige Leben faßte er und deutete er uns. Dafür danken wir dir, Max Klinger« (zit. nach: Käthe Kollwitz, Bekenntnisse, S. 49 und Anmerkung 24 zum Nachwort S. 101).

Juli 1920

Otty reist ab – Ottilie Ehlers macht eine Wanderreise.
Avenarius – Ferdinand Avenarius (1856–1923), Schriftsteller und Publizist, 1887 Gründer und Herausgeber der Zeitschrift Der Kunstwart, brachte 1913 in seinem Verlag eine Mappe mit Kollwitz-Reproduktionen heraus. Aus der langjährigen Mitarbeit von Arthur Bonus am Kunstwart hatte sich eine freundschaftliche Beziehung zwischen Avenarius und der Familie Bonus entwickelt.

25. Juli 1920

Mein erster Holzschnitt – Vermutlich »Zwei Tote« (Klipstein 140), dort irrtümlich auf 1919 datiert und nach dem Liebknecht-Holzschnitt eingeordnet. Ein Brief von Käthe Kollwitz an Max Lehrs vom 1. Februar 1921 bestätigt, daß es sich um ihren ersten Holzschnitt handelt (vgl. Schmidt, S. 56).

Anfang August 1920

2. August 1920 große Antikriegsdemonstration – Zum Jahrestag des Kriegsbeginns rief der »Nie-wieder-Krieg«-Aktionsausschuß zu einer Demonstration auf, mit der das deutsche Volk seinen Friedenswillen dokumentieren sollte (vgl. Handlexikon Die Friedensbewegung, S. 284f.).
Und auch damals Norwegen – Hans Kollwitz und sein Freund Max Immanuel (Tom) waren auf einer Skandinavienreise nach Norwegen, wo 1914 Peter Kollwitz mit seinen Freunden vom Kriegsausbruch überrascht worden war.

6. August 1920

für 154 Mark den Holzstock – Diese Eintragung erhärtet nochmals die Feststellung in der Anm. zum 25. Juli 1920. Die große Zahl der Abzüge vom Liebknecht-blatt ist vermutlich auch auf eine besondere Qualität des Holzstocks zurückzuführen, wie der Preis andeutet. Zum 60. Geburtstag der Schriftstellerin Ida Gerhardi am 8. Juni widmete Käthe Kollwitz ihr einen Teildruck des inzwischen abgenutzt oder zerbrochenen Stocks (Fragment der Mutter mit Kind), wahrscheinlich einen der letzten Abzüge (nicht bei Klipstein). Zur Holzschnittechnik vgl. a. die Tagebucheintragung von Anfang Februar 1922.

Oktober 1920

Sinowjew – Grigori J. Sinowjew (eigentl. Radomyslski, 1883–1936), führender Funktionär der Bolschewiki, Vorsitzender des Petrograder Sowjets, bis 1926 Vorsitzender des Exekutivkomitees der Kommunistischen Internationale.
Ausstellung in der Petersburgerstraße – Dort fand eine große Arbeiterkunstausstellung statt, an der sich außer Käthe Kollwitz auch Otto Freundlich, Otto Nagel, Curt Neumann und Ines Wetzel beteiligten.

22. Oktober

Meine Zeichnungen-Mappe – Vgl. Anm. zum 29. Februar 1920.
»Die Eltern« – Kohlezeichnung (Nagel/Timm 847), Vorzeichnung zur gleichnamigen Lithographie von 1920 (Klipstein 144).

31. Oktober 1920

Tagung der Entschiedenen Schulreform – Der 1919 gegründete Bund entschiedener Schulreformer vertrat ein umfangreiches Reformprogramm; ausgehend von den Zielen der Freideutschen Jugendbewegung sah er in der Schulreform gleichzeitig eine Lebensreform. Er lag damit in der Linie von Gustav Wyneken und dem Anfang-Kreis, deren Ideen Käthe Kollwitz durch ihre Söhne und deren Freunde seit Jahren vertraut waren. Mit Siegfried Kawarau, einem der Gründer des Bundes, war sie persönlich befreundet.
Titus Tautz – Schriftsetzer und Redakteur, gehörte zum Berliner Kreis um Hans Koch und Alfred Kurella, war an der illegalen Herausgabe der Lichnowsky-Memoiren beteiligt und druckte im Auftrag des Freundeskreises spartakistische Aufrufe. Während der Münchener Räterepublik war er Zensor der bürgerlichen Presse (vgl. Linse, S. 98).
Liga für Völkerbund – 1918 von deutschen Pazifisten und Vertretern der Weimarer Koalition (SPD, Zentrum, DDP) gegründete Vereinigung, die auf eine friedliche Revision des Versailler Vertrages hinarbeitete und deshalb Deutschlands Eintritt in den Völkerbund forderte; ab 1921 im Deutschen Friedenskartell organisiert, war die Liga auch personell eng verbunden mit der Deutschen Friedensgesellschaft und anderen pazifistischen Verbänden; 1933 wurde sie aufgelöst.
Blüher – Hans Blüher (1888–1955), Theoretiker der deutschen Jugendbewegung.

Anfang November 1920

Claudel – Paul Claudel (1868–1955), französischer Schriftsteller, Begründer des »renouveau catholique«; sein Stück »Der Tausch« (1901) lag seit 1910 in deutscher Übersetzung vor.

Zum Tode – Else – Die Erschütterung durch den Freitod der Cousine Else Rautenberg bewirkte, daß sich Käthe Kollwitz wieder intensiv ihrem alten Thema zuwandte: dem Menschen und seinem Tod. Ihr Bild vom Tod beginnt sich zu wandeln, der Tod umfängt jetzt den Menschen als Tröster, eine Auffassung, die sich später auch in der Mappe »Abschied und Tod« ausdrückt.

15. November 1920

die schreckliche Nachricht – Hans Brahm, verheiratet mit der Stern-Tochter Hanna, hatte sich aus Eifersucht die Pulsadern aufgeschnitten, konnte aber gerettet werden.

Weihnachten 1920

die Hulda-Episode – aus Gottfried Kellers Roman »Der grüne Heinrich«.
Gieses – Käthe Giese geb. Ehlers, die älteste Schwester von Ottilie Ehlers, stand mit dieser nur in losem Kontakt. Sie lebte mit ihrer Familie ebenfalls in Berlin.
Stan – »Sie ging hin, ganz probolschewistisch gesonnen, mit sehr guten Empfehlungen von den hiesigen Kommunisten. Dort ist sie gleich an der Grenze verhaftet worden und hat als englische Spionin (für die man sie gleich nahm) Furchtbares durchgemacht. Sie hatte alle Hoffnung bereits aufgegeben und wollte mit sich ein Ende machen! Schließlich hat es sich doch gewendet, sie kam von der Einzelhaft in ein Massengefängnis und zuletzt per Schub über die Grenze zurück« (Bonus – Jeep, S. 175).
Verdacht auf Einstein – Es hat sich bisher kein Indiz finden lassen, das diesen Verdacht bestätigt. Carl Einstein – und nur er kann hier gemeint sein – hatte gute Beziehungen zu russischen Schriftstellern und Künstlern und hat der Freundin sicher Empfehlungen besorgt. Daß er gleichzeitig vor ihr gewarnt habe, ist unwahrscheinlich.

Neujahr 1921

⟨ ⟩ – Hier etwa 10 Zeilen Schwärzung durch Hans Kollwitz.

6. Februar 1921

den Kriegszyklus im Holzschnitt – Klipstein gibt als Entstehungszeit für die 7 Blätter die Jahre 1922 bis 1923 an und stützt sich dabei auf einen Brief an die jüngere Kollegin Erna Krüger von Ende Dezember 1922, in dem es heißt: »Ich bin mit der Holzschnittfolge zum Krieg fast fertig. Ganz fertig, wenn ich einen Stock nicht noch umarbeite, das weiß ich noch nicht. Damit ist eine langjährige Arbeit endlich abgeschlossen. Kein Mensch wird mutmaßen, daß diese 7 Holzstöcke mittlerer Größe eine langjährige Arbeit in sich schließen und doch ist es so. Es steckt darin die Auseinandersetzung mit dem Stück Leben, das die Jahre 1914–1918 umfassen, und diese vier Jahre waren schwer zu fassen« (Briefe der Freundschaft, S. 95).

4. März 1921

Holzschnitt »Dixmuiden« – später umbenannt in »Die Freiwilligen«, Blatt 2 der Folge »Krieg« (Klipstein 178).
Kortner – Fritz Kortner (eigentl. Fritz Nathan Kohn, 1892–1970), aus Wien

stammender Schauspieler, Regisseur, Schriftsteller. Spielte an verschiedenen Berliner Bühnen; der Durchbruch gelang ihm in Ernst Tollers »Wandlung« in der Inszenierung von Leopold Jessner. 1924 heiratete er Hanna Stern, mit der er zwei Kinder hatte (vgl. Anm. zum 14. September 1909). Kortner emigrierte 1934 über Großbritannien in die USA. Gehörte dort zum linksintellektuellen Journalisten- und Künstlerkreis um Dorothy Thompson und Sinclair Lewis, arbeitete als Schauspieler und Drehbuchautor. 1947 Rückkehr mit seiner Frau nach Berlin (West) und München, wo er erfolgreich als Autor von Theaterstücken, als Schauspieler und Regisseur bei Theater, Film und Fernsehen wirkte.

April 1921

»Die echten Sedemunds« – Tragikomödie von Ernst Barlach (1919); in der Uraufführung 1921 spielte Rudolf Forster in der Hauptrolle den Eulenspiegel Grude.

der Schnitt für E[lse] R[autenberg] – »Tod mit Frau im Schoß« (Klipstein 151), den Käthe Kollwitz aus Erschütterung über den Selbstmord von Else Rautenberg schuf. An Arthur Bonus, der im Auftrag des Dresdner Erich-Reissner-Verlages die Einführung für eine Kollwitz-Monographie übernommen hatte, schreibt Käthe Kollwitz wenig später über das Blatt: »Ist es nicht das, wo links unten ein Dornenkranz liegt? Das hab ich mir so gedacht, daß der Tod die Frau sanft zu sich nimmt. Dabei bleibt der Dornenkranz unten liegen. Oder auch, er legt sie sanft hin, immer aber trägt sie nicht mehr die Dornen« (Bonus-Jeep, S. 222). Diese Briefstelle kann sich laut Timm (Nagel/Timm, S. 367) auch auf eine der Zeichnungen zum Thema Tod beziehen (Nagel/Timm 877–887), die später zum größten Teil in die Mappe »Abschied und Tod« aufgenommen wurden. Auffällig ist, wie sich in den Zeichnungen der Jahre 1921/22 wieder das alte Thema Tod und Frau heraushebt.

1. Mai 1921

Wir reisen übermorgen in den Odenwald – Die Freunde Bonus lebten inzwischen in Oberhambach im Odenwald, wo Arthur Bonus an der Odenwaldschule tätig war. Von dort schreibt Käthe Kollwitz am 22. Mai 1921 an den Sohn Hans: »Nein, es geht mir gut, ich glaube wir erholen uns fortdauernd. Alles nicht gute aus über 50jährigen Organismen fortspülen kann ja natürlich ein Aufenthalt von einem Monat nicht. Aber ein ordentlich vorhaltendes Flick aufsetzen auf die schadhaften Stellen, das kann er schon. Besonders wenn wie bis jetzt kein Tag durch Regenwetter verdorben wird und man sich in Sonne und Licht einfach baden kann. Müde bin ich hier nur körperlich, nach tüchtigem Gehn. Dies gerade in Müdigkeiten in Berlin peinigend auftretende Ekelgefühl, das durch die Augen vermittelt wird (wenn man z. B. immer dieselben Scheußlichkeiten von Reklame an den Anschlagsäulen sehn *muß*, oder Männer mit Haby Schnurrbärten, kurz das Tausenderlei von Geschmacklosigkeiten Berlins) – wie ist das hier verschwunden. Alles was die Augen sehn ist eigentlich schön. Ich brauch nur 10 Minuten oberhalb unseres Hauses heraufzusteigen, so ist dieser Weg schon beglückend. Das wogende Getreide, die Wiesen. Da oberhalb treff ich oft eine Frau aus dem Dorf, die in meinem Alter ist. Manchmal hat sie ein schlohweißes Zicklein von 6 Wochen bei sich, neulich ihr Enkelkindchen und ein anderes Kleines. Die Flachsköpfe erinnerten mich so an Dich in dem Alter. Diese Frau ist fein. Sie spricht so kernig, freundlich. Überhaupt gefallen mir hier die Leute immer besser.« (Käthe-Kollwitz-Archiv, [der] Akademie der Künste [in] Berlin).

Anfang Juni 1921

Keyserling – Hermann Graf Keyserling – »Reisetagebuch eines Philosophen« (1919).

Jakimows – Vgl. Anm. zum 1. November 1925

Fangschleuse – Ausflugsort im Osten Berlins bei Erkner. Hans und Ottilie Kollwitz hatten dort für ein paar Monate eine Wohnung bezogen, weil das obere Zimmer in der Weißenburgerstraße für die Familie zu eng geworden war.

Akademieausstellung – Die Tradition der Schwarz-Weiß-Ausstellungen der Secession führte die Akademie der Künste unter der Präsidentschaft Max Liebermanns weiter, wobei neben der Graphik auch Plastik – vor allem Kleinplastik – gezeigt wurde. Den beiden verstorbenen Akademiemitgliedern Max Klinger und Adolf von Hildebrand waren 1921 eigene Säle eingerichtet worden. Käthe Kollwitz zeigte ihre Liebknecht-Zeichnung und einige graphische Blätter.

Lichtenrade – Südlicher Vorort, noch zu Groß-Berlin gehörend. Hans und Ottilie Kollwitz kauften dort ein einfaches Reihenhaus mit Garten, das sie bis zum November 1943, als es durch Bomben zerstört wurde, bewohnten. Nach dem Krieg haben sie das Haus wieder aufgebaut. Ottilie Kollwitz ist dort im Mai 1963 gestorben; Hans Kollwitz bezog zwei Jahre später eine Wohnung in Berlin-Dahlem.

Bruno Goetz (1885–1954), baltischer Schriftsteller. Mit Heinrich und Gertrud Goesch noch von Ascona her befreundet, lebte er mit seiner Frau Lisa zeitweise im Haus der Goeschs in Lichtenrade.

Fechters – Paul Fechter (1880–1958) Redakteur, Schriftsteller und Literarhistoriker. Seine Beiträge erschienen u. a. in der Vossischen Zeitung, dem Berliner Tageblatt und der Deutschen Allgemeinen Zeitung; die von ihm verfaßte Literaturgeschichte wurde nach dem Zweiten Weltkrieg Gegenstand heftiger Kontroversen. Das Leben in der Lichtenrader Siedlung hat Fechter in seinem Roman »Die Rückkehr zur Natur« (1929) unterhaltend und ironisch, in seinem Erinnerungsband »Menschen und Zeiten« (Gütersloh 1948, S. 248 ff.) anschaulich dargestellt; dort schildert er auch das häufige Zusammentreffen mit Käthe Kollwitz im Haus von Heinrich Goesch (s. a. Briefe der Freundschaft, S. 175 ff.) Die Ähnlichkeit in der Familienstruktur und die vergleichbaren Interessen der etwa gleichaltrigen jungen Paare führten zu einem regen freund-nachbarlichen Verkehr und in den Anfangsjahren zu einem ausgeprägten Gemeinschaftsbewußtsein.

Juni 1921

Speyer – Paul Speyer – Schwager von Georg Stern, Mann seiner Schwester Rosa.

⟨ ⟩ – Hier etwa 5 Zeilen Schwärzung durch Hans Kollwitz.

28. Juni 1921

wie Elisabeth und Maria – Vgl. Anm. zum 6. Februar 1922 und 14. Mai 1924.

als ich zum ersten Mal die »Weber« sah – Vgl. die »Erinnerungen« im Anhang.

im sozialwissenschaftlichen Verein – Ein von Harry Graf Kessler 1919 ins Leben gerufener Verein, der dem Meinungsaustausch zwischen Vertretern unterschiedlicher politischer Richtungen und wissenschaftlicher Lehrmeinungen diente.

10. Juli 1921

Peter Kollwitz (1921–1942), erstes Enkelkind von Käthe und Karl Kollwitz und von beiden ganz besonders geliebt. 1939 zum Reichsarbeitsdienst eingezogen, konnte er ein halbes Jahr ein Praktikum als Ingenieur absolvieren. 1940 wurde er eingezogen. Daß auch der Enkel Peter in einen Krieg mußte, den er nicht überlebte, war für Käthe Kollwitz der zweite große Schmerz ihres Lebens. Peter Kollwitz fiel am 22. September 1942 an der Ostfront bei Rschew.

12. September 1921

Die Russenhilfe – Die anhaltende extreme Trockenheit hatte 1921 an der unteren Wolga zu einer Hungerkatastrophe geführt, die das Leben von 25 bis 30 Millionen Menschen bedrohte. Die russische Regierung wandte sich deshalb an die Weltöffentlichkeit. Der Nordpolforscher Fridtjof Nansen stellte sich an die Spitze einer internationalen Hilfsorganisation. Unabhängig davon übernahm Willi Münzenberg auf Vorschlag Lenins die Koordination der Hilfsaktionen der internationalen Arbeiterbewegung und der sozialistischen und kommunistischen Parteien in aller Welt. Bereits unter dem ersten Aufruf des Aktionskomitees findet sich neben den Unterschriften von Albert Einstein, Heinrich Vogeler, Maximilian Harden u. v. a. auch der Name von Käthe Kollwitz. Sie stellte dem von der Nansenhilfe herausgegebenen Buch »Für unsere kleinen russischen Brüder« eine Zeichnung zur Verfügung und versuchte über den politischen Meinungsstreit hinweg weitere Helfer gegen den Hunger in Rußland zu gewinnen. So schrieb sie am 11. September 1921 an Albert Einstein: »Würden Sie in irgend einer Weise mithelfen wollen an dieser Aktion für Rußlands Hungernde?« Einstein reagierte zurückhaltend: Er habe von kompetenter sozialistischer Seite gehört, daß die Aktion einen einseitigen parteipolitischen Charakter trage – sie schade dem Hilfswerk mehr als daß sie ihm nütze (s. Briefentwurf Albert Einsteins an Käthe Kollwitz vom 19. September 1921, Einstein-Archiv 34–654, Hebräische Universität, Jerusalem).
Als wichtigsten Beitrag schuf Käthe Kollwitz ein Plakat für die Internationale Hungerhilfe, einen zusammenbrechenden erschöpften und entkräfteten Mann, dem sich von allen Seiten helfende Hände entgegenstrecken (Nagel/Timm 900, Klipstein 154: »Helft Rußland«, Komite [sic] für Arbeiterhilfe: Berlin, Rosenthalerstraße 38). Wie wichtig ihr diese Arbeit war, geht auch aus einem bisher unveröffentlichten Brief vom 23. August 1921 an den Sohn Hans hervor: »Ich bin nun doch in der kommunistischen Russenhilfe eingefangen. Wenn ich nur wirklich etwas helfen könnte, vielleicht mit einem Plakat. Ich würd es so gern tun. Am 3. und 4. September setzt die internationale Hilfsaktion über ganz Europa ein« (Käthe-Kollwitz-Archiv, [der] Akademie der Künste [in] Berlin).

16. September 1921

das Kindchen von Runge – »Der Morgen« (1808) von Philipp Otto Runge (1777–1810).

Ende September 1921

Linda Kögel – Mitstudentin aus der Herterich-Klasse in München, die vor allem als Fresko-Malerin tätig war, litt an einer schweren rheumatischen Krankheit.

Käthe Kollwitz fühlte sich allen »Malweibern« aus dem Münchener Kreis zeit ihres Lebens freundschaftlich verbunden und verfolgte ihre künstlerische Entwicklung mit Aufmerksamkeit. »Ich wollte Dir noch sagen«, schreibt sie an die Freundin Jeep, »daß hier im Büro der Nationalgalerie Arbeiten von der Kögel sind. Zum Ankauf kommt es leider nicht. Möglicherweise wird doch das Bild ihres Vaters für die Bildnissammlung erworben. Doch liegen noch viele Wenns und Abers zwischen. In der juryfreien Kunstschau sind ihre Verkündigung und einige kleinere Gouaches, die wirken gut« (Bonus-Jeep, S. 191).

3. Oktober 1921

Dalldorf – Hans Kollwitz hatte nach dem Studium zunächst keine feste Anstellung gefunden. So arbeitete er halbtags in der Landesirrenanstalt in Berlin-Wittenau (bis 1903 Dalldorf) und daneben in der Praxis seines Vaters, was sich aber für beide Seiten als schwierig erwies.

bei Goeschs – Der Schriftsteller Paul Fechter (vgl. Anm. zu Anfang Juni 1921) schildert in seinem Erinnerungsbuch »Menschen und Zeiten« die Abende im Hause Goesch: »Wenn wir bei Heinrich Goesch zusammen waren, saßen wir gewöhnlich im oberen Stock in einem großen Raum [...] Wir saßen und sprachen: es war gewöhnlich so, daß Heinrich und ich eine Frage faßten und im gemeinsamen Gespräch ins überpersönliche Feststellen dessen was ist, vorantrieben. Die Worte gingen durch die Dämmerung herüber, hinüber; die Frauen schwiegen; nur manchmal warf die eine, die andere eine Frage dazwischen. Heinrich Goesch nahm sie auf, beantwortete sie eingehend mit seiner freundlichen geduldigen Stimme. Käthe Kollwitz saß gewöhnlich in der dämmerigen Ecke, man ahnte kaum ihr Gesicht, aber zuweilen klang aus dem Dunkel ihre Stimme: ›Ja, Heinrich – möglich, daß es so ist; aber ...‹ und nun folgte ein kurzer wesentlicher Einwand, durch den wir wieder Arbeit für eine neue, lange Unterhaltung bekamen. Der Klang ihrer Stimme blieb im Raum hängen, schwang weiter und gab dem Zusammensein der Menschen, die da in der Dämmerung saßen, ein vertieftes Leben« (S. 248ff.).

ein baltischer arbeitsloser Herr – Herbert von Hoerner (1884–1950), Schriftsteller und Zeichenlehrer, wohnte zeitweise mit seiner Frau im Haus von Paul Fechter.

10. Oktober 1921

Käthe Dorsch (1890–1957), Schauspielerin, seit 1919 in Berlin.

13. Oktober 1921

Kriegszyklus – Die Holzschnitt-Folge »Krieg« (Klipstein 177–183) ist die inhaltliche und kompositorische Weiterführung der von Käthe Kollwitz nicht als ausgereift angesehenen Radierungen und Lithographien zum gleichen Themenkomplex. Die Steinzeichnung »Mütter« (Klipstein 135) z. B. zeigt die ihre Kinder schützenden Frauen in Reihung, während sie sich im Holzschnitt (Klipstein 182) wie ein Turm um ihre Kinder aufbauen. Die spätere plastische Fassung des Themas (»Turm der Mütter«, 1937/38) lehnt sich eng an diese Holzschnittfassung an.

9. November 1921

Lina – Lina Mäkler, Fräulein Lina genannt, war als Hausgehilfin jahrzehntelang der Familie Kollwitz verbunden. Sie identifizierte sich völlig mit ihr und nahm an allem Anteil. Nach der Zerstörung des Hauses 1943 ging sie zurück zu ihren Verwandten in Westfalen.

Else (voller Name nicht zu ermitteln), eine junge Sprechstundenhilfe von Karl Kollwitz, die gelegentlich auch Aufgaben im Haus übernahm. Zwischen Karl Kollwitz und ihr kam es zu einer Liebesbeziehung, die zu akzeptieren Käthe Kollwitz sehr schwerfiel. Else wechselte vermutlich die Stelle – jedenfalls ist in den Tagebucheintragungen späterer Jahre von ihr nicht mehr die Rede.

Feier in der Bötzow-Brauerei – Eine Veranstaltung der Freien Volksbühne, der Käthe und Karl Kollwitz als Mitglieder angehörten.

Glaßbrenner – Adolf Glaßbrenner (auch: Glasbrenner, 1810–1876), Berliner Satiriker und Humorist des Vormärz.

Meister Francke – bedeutendster Maler der norddeutschen Gotik, tätig im ersten Drittel des 15. Jahrhunderts.

Totensonntag 1921

Lisens kleiner Aufsatz – »Vom Sinn des Alters«, Sozialistische Monatshefte, Jg. 27, 1921, S. 1056ff.

Ende November 1921

Tante Lina – Lina Rupp, jüngste unverheiratete Tochter von Julius Rupp, Tante von Käthe Kollwitz.

Hälfte des Ertrages der Presse – Vermutlich hatte Käthe Kollwitz, da sie jetzt in ihrem Atelier in der Akademie drucken konnte, ihre alte Druckerpresse verkauft.

3. Januar 1922

Annies Brief – nicht erhalten, Sachverhalt nicht zu ermitteln. Es könnte sich um einen Brief von Annie Karbe oder auch um einen Brief von Annie Bender, der Studienfreundin von Hans Kollwitz aus Bonn, handeln.

Selbstbild – »Selbstbildnis« (Klipstein 155), erschienen in der Mappe »Selbstbildnisse deutscher Graphiker. Sechs Radierungen«, Verlag F. Bruckmann, München o. J. [1921].

Anfang Februar 1922

»Masse Mensch« – »Masse – Mensch. Ein Stück aus der sozialen Revolution des 20. Jahrhunderts«. Zeitstück von Ernst Toller, das er 1920/21 während seiner Festungshaft schrieb. Thema ist der Zwiespalt zwischen dem einzelnen, »der mit All-Liebe den Menschen, die Menschheit umarmt, jeden Bruder nennt, aus Brudertum in die Politik gerät« und darin scheitert, und der Gegenfigur, »dem Namenlosen. Ihm ist die Masse Macht [...], ist sie im Recht [...] ist Masse Rache am Unrecht der Jahrhunderte« (Soergel II, S. 767f.). Die Hauptfigur, eine Frauengestalt, stammt aus der bürgerlichen Gesellschaftsschicht. Sie fühlt sich jedoch der Masse gegenüber verantwortlich und solidarisiert sich vorübergehend mit ihr.

Die tote Frau mit dem Kind – »Witwe mit totem Kind« (Klipstein 173, dort auf 1923 datiert). Der Holzstock ist später verworfen worden, das Thema wurde neu aufgegriffen für die »Witwe II« (Klipstein 181), das 5. Blatt der Folge »Krieg«.

Sonntag
Lagerlöf – Selma Lagerlöf: »Die Legende vom Vogelnest«.

6. Februar 1922

Maria und Elisabeth – Das Motiv der »Heimsuchung« in der Tafel »Ratschluß der Erlösung« von Konrad Witz (zwischen 1400/1410–1444/1446) regte Käthe Kollwitz zu den Holzschnitten »Maria und Elisabeth« (Klipstein 232–234) an (vgl. Anm. zum 14. Mai 1924).

Hesses »Wanderung« – Hermann Hesse (1877–1962), Schriftsteller und Lyriker, auch Aquarellist, seit 1923 Schweizer Staatsbürger. Die »Wanderung« erschien mit 20 Aquarellen illustriert 1920.

die Anfänge und Enden der Pausen – Das Käthe-Kollwitz-Archiv der Akademie der Künste in Berlin bewahrt eine Anzahl solcher graphischer Kurven, in denen die auf- und absteigenden Linien betreffend Arbeit, Gesundheit, Erholung, Reisen usw. festgehalten sind.

14. Februar 1922

Dr. Silberstein – Raphael Silberstein (1873–1926), praktischer Arzt und Funktionär im sozialdemokratischen Ärztewesen, mit besonderen Verdiensten um die Säuglingsfürsorge und den Kleinkinderschutz. Hans Kollwitz schätzte ihn sehr und veröffentlichte einen Nachruf im Vorwärts vom 27. August 1926 unter dem Titel »Dem Vorkämpfer« (vgl. Tennstedt/Leibfried, S. 228).

21. März 1922

Thoma-Ausstellung – Hans Thoma (1839–1924), Maler und Graphiker, vor allem Radierer, schuf populäre, in relativ hohen Auflagen verbreitete Lithographien.

Mitte April 1922

Ulitz – Arnold Ulitz (1888–1971), Schriftsteller, während des Ersten Weltkrieges in Rußland, das ihn seither beschäftigte. Sein Roman »Ararat«, erschienen 1920, entwirft vor dem Hintergrund der Revolution in Rußland mystische Visionen einer neuen Menschheit.

24. April 1922

Millet – Jean-François Millet (1814–1875), französischer Maler und Graphiker der Barbizon-Schule, gestaltete vor allem Motive aus dem Leben der Bauern.

Théodore Rousseau – (1812–1867), französischer Maler und Graphiker der Barbizon-Schule, vor allem Landschafter.

30. April 1922

Plivier – Theodor Pli(e)vier (1892–1955), Schriftsteller und Publizist, im Ersten Weltkrieg Marinesoldat, am Matrosenaufstand in Wilhelmshaven beteiligt, Redakteur des Organs des Matrosenrates, wurde vor allem durch seinen Roman »Des Kaisers Kulis« (1929, als Schauspiel 1930 von Erwin Piscator inszeniert) bekannt.

Konsequenter Kriegsgegner, so auch in seiner Trilogie »Stalingrad«, »Moskau« und »Berlin« (1945–1954).
In einem Brief vom 11. Februar 1931 schreibt Käthe Kollwitz an den Kunsthistoriker Heinrich Becker: »Erstens einmal die Bezeichnung auf dem Bildnis von 1923: Sie lesen richtig Th. Plivier. Von ihm ist vor etwa 1 Jahr der Roman herausgekommen ›Des Kaisers Kulis‹. Ich lernte ihn [Plivier] in der Revolutionszeit kennen. Er war Matrose auf der Emden gewesen, hatte dann in Kiel die Revolution mitgemacht, später lebte er hier in Berlin als ein Eingänger [sic]. Politisch ist er Syndikalist. Als in Rußland die großen Hungersnöte waren, kam er zu mir und bat mich um eine zeichnerische Beihilfe, mit dem Blatt durchreiste er ganz Deutschland, alles zusammengebrachte Geld schickte er den Hungerzentren in Rußland zu. In der Zeit, als ich diese Zeichnung von ihm machte, ging es ihm seelisch furchtbar schlecht. Als ich ihn vor einigen Monaten wiedersah, (dazwischen lag sein literarischer Erfolg,) war ich erstaunt, wie das zerwühlte, zerfurchte Gesicht fest und klar geworden war« (Käthe Kollwitz, Briefe an Heinrich Becker S. 7). Die hier erwähnte Zeichnung »Porträt Theodor Plivier 1923« (Nagel/Timm 986 und 987).

einen Holzschnitt als Kopfbild – »Hunger« (Klipstein 169), vgl. a. die Vorstudie (Nagel/Timm 952 und 952 a). Die Graphik bildete das Titelblatt zu einem vierseitigen Flugblatt mit Beiträgen verschiedener Autoren, das von Theodor Plivier vertrieben wurde.

in Holz ein Selbstbildnis – Vermutlich das Selbstbildnis von vorn (Klipstein 168), das dort allerdings auf 1923 datiert ist.

zum Holzschneiden – hier gemeint im Sinne von Holzskulptur.

1. Mai 1922

»Caveau des innocents« – »Keller der Unschuldigen«, Pariser Kellerlokal in der Gegend der Markthallen, das Käthe Kollwitz 1904 während ihres Parisaufenthaltes häufig besucht hatte, um dort zu zeichnen. Der Kunsthistoriker Wilhelm Uhde berichtet darüber: »Sie und die russische Anarchistin Alexandra Kalmikoff beglückte ich dadurch, daß ich sie in jene niedrigen, mit wüsten Inschriften versehenen Keller der Hallen führte, in denen damals noch eine wahrhaft gefährliche Unterwelt von Verbrechern zu Hause war, mit denen wir drei uns indessen auf das beste verstanden, und von denen Käthe Kollwitz viel künstlerische Anregung schöpfte« (Uhde, S. 119).
Ähnliches notierte die Schriftstellerin Clara Viebig in ihrem Tagebuch für die Berliner Zeit: »6. Januar 1922. Milly [Steger] besuchte mich gestern und fragte mich, ob ich Lust habe, Frau Kollwitz und sie an einem Abend der kommenden Woche in ein Tanzlokal zu begleiten. Frau Kollwitz suchte dieses Lokal hin und wieder auf, um Eindrücke zu sammeln und Menschen zu skizzieren. Sie benötige für ihr Kunstschaffen solche unmittelbaren Eindrücke [...] 10. Januar 1922. Am späten Nachmittag traf ich Milly und Frau Kollwitz in der Weißenburgerstraße. Beide führten mich in eine düstere Spelunke, in die ich allein zu gehen Angst gehabt hätte [...] Frau Kollwitz zog einen kleinen Zeichenblock und einen Kohlestift aus ihrer Handtasche und begann [...] unauffällig zu zeichnen, einen Entwurf, zwei, drei, vier Entwürfe. Bei ihrer Arbeit blickte sie kaum aufs Papier, das sie mit ihrer freien Hand fast etwas verkrampft festhielt, sondern nur auf ihr Modell« (Clara Viebig: Mit der Kollwitz durch Berliner Spelunken. Nachgelassene Tagebuchnotizen, in: Die Welt, 22. März 1975).

14. Mai 1922

Ottiliens Bilder zum Peterchen-Buch – Das Bilderbuch für ihren ersten Sohn, »Das Buch vom kleinen Peter«, mit 11 handkolorierten Holzschnitten und Versen von Ottilie Kollwitz wurde in einer Auflage von 300 Exemplaren bei Poeschel & Trepte in Leipzig gedruckt und vom Euphorion-Verlag vertrieben.

Mitte Mai 1922

Hedwig Wittekind – Bildhauerin und Graphikerin.

Hilde Schindler-Fuchs – Zur Künstlerin konnten keine biographischen Angaben ermittelt werden. Das Kupferstich-Kabinett der Staatlichen Kunstsammlungen Dresden verfügt über 16 druckgraphische Blätter von ihr. Max Lehrs erwarb 1916/17 neun Holzschnitte, Illustrationen zu William Shakespeares »Sturm« und biblischen Motiven, die in einer durchgearbeiteten holzstichartigen Technik mit spannungsvoller Hell-Dunkel-Wirkung ausgeführt sind. (S. a. Tagebucheintragung vom 16. August 1917.).

30. Juli 1922

Elsa Frankl – Bekannte der Familie Stern.

Kogan – Moissej Kogan (1879–1943), moldawischer Plastiker, Graphiker und Kunsthandwerker, Autodidakt, lebte seit 1903 überwiegend in München und Paris. Er beteiligte sich von 1909 bis 1926 mehrmals an Ausstellungen der Berliner Secession und hatte 1923 eine Kollektivausstellung durch die Galerie Flechtheim in Düsseldorf und Berlin. In der Literatur finden sich als Todesjahr die Angaben 1930–1938. Moissej Kogan wurde 1943 durch die Gestapo in Paris verhaftet und kam in einem Konzentrationslager ums Leben (vgl. Gerhard Sohn: Moissey Kogan. Baustein zu einer Monographie, Düsseldorf 1980).

als Menschewist – Auf dem II. Parteitag der Sozialdemokratischen Arbeiterpartei Rußlands im Jahre 1903 hatte sich die Partei in Menschewiki (Minderheit) und Bolschewiki (Mehrheit) gespalten. Führende Theoretiker der Menschewiki vor dem Ersten Weltkrieg waren Georgi W. Plechanow und Pawel B. Axelrod.

Lenin – Wladimir I. Lenin (eigentl. Uljanow, 1870–1924), war 1922 Vorsitzender des Rates der Volkskommissare, der ersten Regierung Sowjetrußlands.

Trotzki – Leo D. Trotzki (eigentl. Bronstein, 1879–1940), erst Volkskommissar für auswärtige Angelegenheiten, später für Heer und Marine.

Lunatscharski – Anatoli W. Lunatscharski (1875–1933), Schriftsteller, Dramatiker, Übersetzer, Publizist, Literatur- und Kunstkritiker. Er war von 1917 bis 1929 Volkskommissar für das Bildungswesen, zu seinem Ressort gehörte auch der gesamte Bereich der Kunst und Kultur. Lunatscharski hatte maßgeblichen Anteil an der Vielfalt des Kunstlebens in den Jahren nach der Revolution von 1917. Er zählte zu den ersten Kritikern, die in der Sowjetunion über Käthe Kollwitz schrieben.

August 1922

Demonstration »Nie wieder Krieg« – Der im Juli 1920 gegründete Nie-wieder-Krieg-Aktionsausschuß, dem zunächst nur pazifistische Organisationen angehörten, sah seine Aufgabe darin, die Massen aus ihrer Apathie gegenüber der Friedensfrage herauszureißen. Er hatte deshalb beschlossen, am ersten Augustwochenende jeden Jahres eine große, ganz Deutschland umfassende Antikriegsdemonstration zu organisieren. An der Kundgebung 1921 beteiligten sich erstmals auch die organisierte Arbeiterbewegung und die Gewerkschaften. 1922 waren Gewerkschaften und sozialistische Parteien jedoch nicht mehr bereit, die pazifistischen Verbände als gleichberechtigt zu akzeptieren. Trotz der Empörung über den Mord an Walther Rathenau am 24. Juni 1922 kamen in Berlin zur Demonstration nur etwa 30–100 000 Teilnehmer zusammen, gegenüber 200 000 Demonstranten im Jahr zuvor. Die organisierte Arbeiterjugend blieb der Veranstaltung überwiegend fern (vgl. K. Holl/W. Wette, S. 63 u. Hermes Handlexikon, S. 286 f.).

Mitte September 1922

Die Secreta – Zeichnungen mit erotischen Motiven (vgl. Anm. zum 8. April 1920).

24. September 1922

zu einer Partei geeinigt – Die USPD beschloß im September 1922 in Gera mit 185 gegen 7 Stimmen die Wiedervereinigung mit der SPD, die noch im gleichen Monat in Nürnberg vollzogen wurde. Ein Teil der Mitglieder der USPD trat zur KPD über.

8. Oktober 1922

Rele arbeitet jetzt bei Karl – Regula Frisch hatte ihre Tätigkeit als Schauspielerin aufgegeben und vervollständigte ihre medizinische Ausbildung. Sie wurde später Ärztin.
Der Einstein-Prozeß wegen Gotteslästerung – Am 10. August 1922 war gegen Carl Einstein und seinen Verleger Ernst Rowohlt wegen des Stückes »Die schlimme Botschaft« (Berlin 1921) Anklage erhoben worden. Carl Einstein wurde zu sechs, Ernst Rowohlt zu drei Wochen Gefängnis verurteilt, die Haftstrafen wurden später in Geldbußen umgewandelt.

17. Oktober 1922

einen guten Brief von Romain Rolland – Der Wortlaut des Briefes ist nicht bekannt.

21. Oktober 1922

An Romain Rolland geschrieben – Der Wortlaut des Briefes vom 23. Oktober 1922:
»Verehrter Romain Rolland,
Ihr Brief und Gruß war mir eine große Freude. Während des ganzen Krieges, in den vier dunklen Jahren war Ihr Name – und noch einige wenige andere – eine Art Trost. Weil Sie das vertraten, was zu hören man sich sehnte. Ich danke Ihnen, daß Sie unseres toten Sohnes gedenken. Heute gerade sind es 8 Jahre her, daß er fiel. Zehn Tage war er im Felde, dann war sein achtzehnjähriges Leben beendet. Er ging gläubig und starb so. Noch schwerer haben es seine Freunde gehabt, die auch

alle fielen im Lauf dieser vier Jahre. Ihr Glaube wankte und wurde Haß und Abscheu gegen den Krieg. Aber der Krieg ließ sie nicht los, sie mußten fast alle verbluten in ihrer schönsten Jugend.
Wir alle – in allen kriegführenden Ländern – haben ja dasselbe getragen.
Ich habe immer wieder versucht, den Krieg zu gestalten. Ich konnte es nie fassen. Jetzt endlich habe ich eine Folge von Holzschnitten fertig gebracht, die *einigermaßen* das sagen, was ich sagen wollte. Es sind sieben Blätter, betitelt: das Opfer – die Freiwilligen – die Eltern – die Mütter – die Witwen – das Volk. Diese Blätter sollen in alle Welt wandern und sollen allen Menschen zusammenfassend sagen: so war es – das haben wir alle getragen durch diese unaussprechlich schweren Jahre.
Ich gebe Ihnen herzlich die Hand und danke Ihnen für Ihre guten Worte.
Käthe Kollwitz«
(zit. nach: Briefe der Freundschaft, S. 56).

kommt der Heinz Bonus zu uns – Wie so häufig hatte die Familie Kollwitz einen jungen Menschen bei sich unterzubringen – diesmal Heinz Bonus, den Sohn der Freundin Jeep. Eine Schilderung der etwas beengten Unterbringung in der Kollwitz-Wohnung gibt Beate Bonus in ihren Erinnerungen (Bonus-Jeep, S. 141 f.).

Wyneken ... verurteilt – Gustav Wyneken war am 30. August 1921 vom Landgericht Rudolstadt wegen Verstoßes gegen § 174 StGB (Unzucht mit Abhängigen) zu einer Gefängnisstrafe von einem Jahr verurteilt worden. Im Oktober 1922 wurde die Strafe in der Revisionsverhandlung bestätigt, aber später von der Landesregierung Thüringen aufgehoben. Käthe Kollwitz war am Prozeß nicht nur wegen Wyneken, den sie kannte, interessiert. Ihre Nichte Maria war Schülerin in Wickersdorf gewesen, Georg Gretor hatte dort als Lehrer gearbeitet, und auch für den Sohn Peter war ein Aufenthalt erwogen worden. Es beschäftigte sie auch die exemplarische Bedeutung des Urteils. »Wyneken empfing zahlreiche private Zuschriften, teils von ihm völlig Unbekannten, die seinen neuen ›Erziehungsformen‹ begeistert zustimmten. Darüber hinaus gab ein großer Kreis seiner prominenten Bekannten (Haenisch, Diederichs, Pannwitz, Kollwitz, Kawerau, Hiller [...] Erklärungen zu seinen Gunsten ab« (Kupffer, S. 131).

6. November 1922

Frau von Deppschütz – Freundin der Familie Goesch.

November 1922

»Die Eltern« noch einmal umarbeiten – Die hier erwähnte zweite Fassung (Klipstein 176) wurde später durch eine neue Fassung, die stärker aufgehellt und in der Wirkung daher plastischer ist, ersetzt (Klipstein 179).

aus einem Heymschen Gedicht – Namensschreibung nicht sicher, entweder eine Gedichtzeile von Georg Heym (1887–1912) oder ein Vers von Paul Heyse (1830–1914), beides nicht nachweisbar.

das Plakat gegen den Krieg – Das Plakat »Die Überlebenden. Krieg dem Kriege!« (Klipstein 184) schloß sich unmittelbar an die Kriegsfolge an. Die zentrale, sehr dunkel gehaltene Frauengestalt wirkt wie eine Variante zum letzten Blatt der Folge »Das Volk«; das Thema »Blinde«, das ursprünglich auch für die Kriegsfolge vorgesehen war, wird jetzt in die Komposition des Plakates mit einbezogen. Bei Nagel/Timm sind 6 Entwurfsvarianten aufgeführt, wobei auffällig ist, daß die Zahl

der Gestalten immer größer wird – bis sie den ganzen Bildraum ausfüllen. Der Vergleich zur Entwicklungsgeschichte des Liebknecht-Gedenkblattes drängt sich auf. Das Plakat erschien sowohl mit deutschem wie auch mit holländischem Text.
Der Freundin Jeep berichtet Käthe Kollwitz von den Wandlungen der Idee: »die Amsterdamer Leute wollen durchaus einen Entwurf haben, der die Überlebenden zeigt, und so will ich es denn jetzt auch machen. Eltern, Witwen, Blinde, um sie herum die Kinder mit ihren angstvoll fragenden, ratlosen Augen und den blassen Gesichtern« (Bonus-Jeep, S. 134).

das Einleitungsblatt für die Zeichnungsfolge – »Abschied und Tod« (Klipstein 187), 100 signierte und numerierte Vorzugsdrucke der Lithographie wurden der gleichnamigen Reproduktionsmappe beigegeben.

4. Dezember 1922

Plivier z. B. – Zur Wanderung Pliviers 1923 unter dem Motto »Aktion Weltwende, vgl. Linse, Barfüßige Propheten, S. 89f.

Stark – Leonhard Stark (geb. 1894), Lehrer, Schriftsteller, Sexualtheoretiker und anarchistischer Wanderprediger. Er stellte sich 1924 mit seinem Stark-Bund, einem Zusammenschluß von Inflationsgeschädigten, zur Reichstagswahl und bewarb sich 1925 um das Amt des Reichspräsidenten.

Ludwig Christian Haeusser (1881–1927), Wanderprediger, Begründer einer »Christlich-radikalen Volkspartei« und des Haeusser-Bundes. Haeusser war u. a. das Vorbild für Leonhard Stark (vgl. Linse, Barfüßige Propheten, passim).

Ida Schmidt – Verwandte aus der väterlichen Linie von Käthe Kollwitz.

Jakob Schaffner, sein autobiographisch bestimmter Roman »Das Buch der Kindheit« aus der »Johannes«-Trilogie war 1922 erschienen.

Kleine Zeichnung für Lebensrettung – Es war an eine Lithographie für eine Rettungsurkunde gedacht, die an Stelle einer Medaille vergeben werden sollte: ein Junge, der ein ins Wasser gestürztes Kind rettet.

13. Dezember 1922

Den Palästinafilm – Der Zusammenhang ist nicht mehr zu ermitteln. Käthe Kollwitz stand dem jungen Medium des Films sehr aufgeschlossen gegenüber, wie auch aus ihrer unveröffentlichten Antwort auf eine Umfrage des Schweizer Schriftstellers Carl Seelig von 1934 hervorgeht (Carl-Seelig-Stiftung, Zürich).

Februar 1923

Romanisches Café – Berliner Künstlercafé in der Tauentzienstraße.

Blauer Vogel – Erfolgreiche Kleinkunstbühne in Berlin, die von russischen Emigranten betrieben wurde. Das kleine Theater in der Goltzstraße war Treffpunkt weißrussischer Emigranten und der künstlerischen Avantgarde Rußlands, von denen sich viele zeitweise in Berlin aufhielten.

Lieder der Bilitis – Lyrische Gedichte in Prosaform des französischen Schriftstellers Pierre Louys (1870–1924), die, 1894 erschienen, als Übersetzungen einer griechischen Dichterin des 6. Jahrhunderts v. Chr. ausgegeben wurden. Im Mittelpunkt steht die Liebe der Dichterin Bilitis zu einer jungen Freundin.

Edith Klatt geb. Mischke, erste Frau von Fritz Klatt, dem Freund von Hans Kollwitz und Hans Koch. Aus der Ehe gingen zwei Kinder hervor (Ulrich und Elisabeth Klatt), die seit Ende des zweiten Weltkrieges verschollen sind.

1. Pfingstfeiertag 1923

Johann Christof – Roman von Romain Rolland (1904–1912, deutsch 1914–1917). Die Parallele zu »Maler Nolten« liegt auf der Hand – beide Bücher sind Entwicklungsromane einer Künstlerpersönlichkeit: bei Eduard Mörike ein junger Maler, bei Romain Rolland ein Musiker.

Für Hans schrieb ich ... etwas auf – Es sind die »Erinnerungen«, s. Anhang.

Spranger – Eduard Spranger (1882–1963), Kulturphilosoph, Psychologe und Pädagoge.

Dr. Sternefeld – Vertreter von Karl Kollwitz in der Praxis.

Ende Mai 1923

29. Mai 1923 hat Ottilie Zwillinge bekommen – Zwei Mädchen: Jördis und Jutta Kollwitz. Jördis wurde Bibliothekarin, sie heiratete später den Redakteur Walter F. Erdmann, mit dem sie drei Töchter hat. Sie lebt in Köln. Jutta studierte Germanistik in Königsberg, Berlin und Tübingen. Sie heiratete den Pianisten Robert-Alexander Bohnke und hat zwei Kinder. Im Jahre 1960 übernahm sie den Aufbau der Kölner Bibliothek zur Geschichte des deutschen Judentums, Germania Judaica. Seit 1984 leitet sie das Käthe Kollwitz Museum in Köln.

C. B. Ehlers – Renommierte Königsberger Weinfirma, seit mehreren Generationen im Besitz der Familie Ehlers.

2. Juni 1923

Plivier war eben hier – Vermutlich sind bei dieser Gelegenheit die beiden Porträtstudien entstanden (Nagel/Timm 986 und 987), die heute im Besitz des Kölner Käthe Kollwitz Museums sind.

Max und seine junge Braut Annie – Max Wertheimer hatte sich mit Annie Karow verlobt, einer seiner Schülerinnen an der Universität.

Gespräch mit Karl über Else – Vgl. Anm. zum 9. November 1921

Juli 1923

Die große Corinth-Ausstellung – Die Ausstellung im Juni 1923 im ehemaligen Kronprinzenpalais zeigte 170 Werke aus Privatbesitz.

Im Ludwigschen Goethe gelesen – Emil Ludwig »Goethe. Geschichte eines Menschen« (1920).

5. August 1923

das Plakat »Nie wieder Krieg!« – Eines der bekanntesten und eindrucksvollsten Plakate von Käthe Kollwitz (Klipstein 200, vgl. a. Nagel/Timm 1038) war eine Auftragsarbeit für den von der SPD und pazifistischen Organisationen gemeinsam veranstalteten Mitteldeutschen Jugendtag vom 2. bis 4. August 1924 in Leipzig. Die

Antikriegsplakate waren Käthe Kollwitz sehr wichtig, verband sie damit doch die Erinnerung an den gefallenen Sohn. Aber so sehr auch solche Auftragsarbeiten ihrem unermüdlichen Engagement entsprachen und so sehr sie auch versuchte, sie gut und wirkungsvoll zu gestalten, sie waren für Käthe Kollwitz auch aus finanziellen Erwägungen heraus wichtig. Mit einer gewissen Erleichterung schreibt sie am 21. September an den Sohn Hans; »Heut kommt Fimmen und bringt mir 200 holländische Gulden für das Anti-Kriegs-Plakat.«

dem Elias versprochene ... Graphik – Der Kunstschriftsteller und Herausgeber Julius Elias (1861–1927) hatte eine leitende Stellung im neugegründeten, zu Ullstein gehörenden Propyläen-Verlag. Dort erschien 1924 die Mappe »Abschied und Tod« mit einem Vorwort von Gerhart Hauptmann.

September 1923

Kohlrauschs – Vermutlich die Familie, bei der Helga Bonus arbeitete.

14. Oktober 1923

Die graphische Ausstellung in der Akademie – Am 21. September 1923 schreibt Käthe Kollwitz in einem Brief an den Sohn Hans: »Die Ausstellung wird sicher nicht am 1. sondern in der ersten Oktoberwoche eröffnet. Jetzt nachdem die Jury beendet ist ist die ganze Sache in meine, [Philipp] Francks und Hübners Hände gelegt. Wir müssen sie jetzt zustandebringen.«

Österreichische Freundeshilfe – Von Eugenie Schwarzwald 1923 in Wien gegründetes Aktionskomitee zur Unterstützung der hungernden Bevölkerung von Berlin durch die Einrichtung von Gemeinschaftsküchen.

Lydia ... Timper-Anderson – Freundin und Mitarbeiterin von Eugenie Schwarzwald in Wien.

22. Oktober 1923

Edwin Fischer (1886–1960), Schweizer Pianist und Dirigent.

November 1923

Eugenie (Genia) Schwarzwald (1872–1940), österreichische Pädagogin und Sozialreformerin, begründete in Wien eine reformierte Mädchenschule, die sog. Schwarzwaldschule, aus der zahlreiche, später bekannt gewordene Frauen hervorgegangen sind (Helene Weigel, Hilde Spiel, Alice Herdan-Zuckmayer). Im Ersten Weltkrieg hatte Eugenie Schwarzwald ein weitgespanntes Sozialwerk errichtet (Gemeinschaftsküche, Erholungsheime, Vermittlung von Erholungsaufenthalten für Wiener Kinder auf dem Land). Wo sich Käthe Kollwitz und Eugenie Schwarzwald kennenlernten, ist nicht bekannt. Möglicherweise war das Plakat »Wien stirbt, rettet seine Kinder!« für die Österreichische Freundeshilfe bestimmt. Für die von der Österreichischen Freundeshilfe in Berlin-Pankow eingerichtete Gemeinschaftsküche stellte Käthe Kollwitz Graphiken zur Verfügung. Sowohl Käthe und Karl Kollwitz als auch die Familie von Hans Kollwitz verbrachten Ferienwochen in einem der Erholungsheime der Freundeshilfe.

Ende November 1923

Ein Brot 140 Milliarden! – Die Inflation hatte seit August 1922 Hunderttausende in Armut und existentielle Not getrieben, der Verfall der Währung wurde von wachsenden innenpolitischen Auseinandersetzungen begleitet (8./9. November 1923 Putschversuch von Adolf Hitler und General Erich Ludendorff in München). Am 15. November 1923 wurde eine neue Währungsordnung erlassen und die deutsche Rentenmark eingeführt.

Schoenlanksche »Großstadt« – Bruno Schoenlank (1891–1965), Schriftsteller, sozialdemokratischer Journalist und Redakteur. Er verfaßte pazifistische Gedichte und Sprechchor-Dichtungen (»Der Moloch«, 1923). Emigrierte 1933 in die Schweiz.

Kawerau – Siegfried Kawerau (1886–1936), Pädagoge, Mitbegründer des Bundes entschiedener Schulreformer, Mitglied im Bund der Kriegsdienstgegner und der Deutschen Liga für Menschenrechte.

16. Dezember 1923

daß Heller tot ist – Hugo Heller war nach langem Siechtum am 29. November 1923 in Wien gestorben.

18. März 1924

auf dem Friedhof gewesen – Zum Gedenken an die Märzgefallenen 1848.

14. Mai 1924

lasen wir ... Montessori – Maria Montessori (1870–1952), italienische Ärztin und Pädagogin, entwickelte Methoden zur Förderung der Selbständigkeit von Kindern durch Spiele und Übungen.

Die Begrüßung Elisabeths und Marias – Klipstein weist von diesem Holzschnitt drei Fassungen nach (232, 233, 234), die er auf 1927/28 datiert. Folgt man dieser Datierung, wären auch die Datierungen der dazugehörigen Zeichnungen definitiv zu korrigieren (Nagel/Timm 1129–1136); das Blatt schlösse unmittelbar an die Schwangerenzeichnung für das Plakat gegen den Abtreibungsparagraphen an. Hinweise auf das Motiv der beiden schwangeren Frauen finden sich mehrfach im Tagebuch (28. Juni 1921 und 6. Februar 1922). (Vgl. zum ganzen Komplex: Nagel/Timm, S. 418.)

Das Selbst[bild] mit hochgehobener Hand – das Holzschnittbildnis (Klipstein 202).

Mai 1924

Gräfin Aga Hahn – Gräfin Aga von Hagen (1872–1949), Freundin und Lebensgefährtin von Carl Einstein, die er während des Ersten Weltkrieges in Brüssel kennengelernt hatte.

Einstein erzählt – Genaueres über Carl Einsteins Beteiligung an Unruhen in Gotha im Frühjahr 1919 ist nicht bekannt. Möglicherweise hat er sich in den ersten Märztagen »auf der Flucht von Haus zu Haus« (Kessler, S. 157) in Thüringen aufgehalten. In Gotha hatte am 28. Januar eine linksradikale Gruppe die Macht übernommen, der leitende Volksbeauftragte der USPD trat zurück; am 19. Februar wurde die Stadt durch die Reichswehr besetzt, daraufhin kam es zum Generalstreik. Bei Wahlen am 23. Februar 1919 errang die USPD wieder die Mehrheit.

Ende Mai 1924

Herbert Garbe – (1888–1945), Bildhauer und Holzschnitzer, verheiratet mit der Bildhauerin Emy Roeder.

7. Juni 1924

Bild vom Großvater – Der Königsberger Maler und Kupferstecher Gustav Graef, ein Schüler von Schadow und Hildebrand, hatte ein Porträt von Julius Rupp gemalt. Über dessen Verbleib ist nichts bekannt.

Mitte Juni 1924

Siegfried – Siegfried Stern (1864–1945), älterer Bruder von Georg Stern, Arzt in Königsberg, verheiratet mit der Violinistin Agnes geb. Wiehler (1866–1953). Siegfried Stern zählte zum Kreis um den Königsberger Kantforscher Emil Arnoldt. Nach 1933 mußte Siegfried Stern als Jude seine Praxis in Königsberg aufgeben. Er zog nach Berlin, wo seine Kinder lebten; unmittelbar vor seinem Abtransport in ein Konzentrationslager nahm er sich im Januar 1945 das Leben.

Ende August 1924

Sommerwochen in Grundlsee – Die Österreichische Freundeshilfe hatte in Grundlsee im Salzkammergut ein Ferienheim (zum Aufenthalt dort vgl. Bonus-Jeep, S. 168 f.)

eine engere Gemeinschaft – Karin Michaelis (1872–1950), dänische Schriftstellerin; Herdis Bergström, eine Freundin von Karin Michaelis; Lotte Leonard (eigentl. Levy, 1884–1976), Sängerin, die 1933 über Frankreich in die USA emigrierte und 1968 nach Israel übersiedelte; Heinrich Grünfeld (1885–1931), Cellist; Siegfried Ochs (1858–1929), Dirigent und Komponist.

Ottilie ist wieder daheim – nach einer Gallenoperation.

Katrine ist mit Frau Robinson – Robinson war ein wohlhabender Schuhgroßhändler, der junge Künstler förderte. Er finanzierte u. a. Katta Sterns Tanzabende und hatte zahlreiche Bilder von Hennes Frisch erworben, dem er auch eine Italienreise ermöglichte.

1. September 1924

Hananja – Hananja Pinner, Jugendfreund und Nachbarssohn der Kollwitz-Kinder in Lichtenrade, Maler und Graphiker, emigrierte nach 1933 über Großbritannien nach Palästina, lebt heute im Kibbuz Ein Gev.

Ehepaar Pinner – Ernst Pinner, Rechtsanwalt, und seine Frau Erna genannt »Pinnerchen«, Freunde und Nachbarn der Familie Kollwitz in Lichtenrade. Ernst Pinner emigrierte nach 1933 nach Palästina und wurde Landwirt in einer Mittelstandssiedlung.

Ehepaar ... Isenstein – Kurt Harald Isenstein (1898–1980), Bildhauer und Graphiker, 1921 bis 1925 an der Reimann-Schule in Berlin, wo Ottilie Ehlers-Kollwitz studiert hatte. Isenstein war Mitbegründer der Volkskunstschule. Er emigrierte 1933 nach Dänemark und mußte 1943 von dort nach Schweden fliehen. Isenstein hat viel für die Popularisierung der Kunst von Käthe Kollwitz in Dänemark und Skandinavien getan. Er und seine Frau waren mit Hans und Ottilie Kollwitz befreundet. Im Käthe-Kollwitz-Archiv, [der] Akademie der Künste [in] Berlin werden einige Briefe und Karten von Käthe Kollwitz an ihn und seine Frau aufbewahrt.

September 1924

Cauer – Ludwig Cauer (1866–1947), Bildhauer, seit 1893 in Berlin.

Kügelgen-Briefe – Wilhelm von Kügelgen (1802–1867), Schriftsteller und Maler. Seine Autobiographie »Jugenderinnerungen eines alten Mannes« war 1870 veröffentlicht worden. Die Briefe an den Bruder waren als 3. Band der Lebenserinnerungen gerade erschienen (Leipzig 1924/25).

24. September 1924

Vogeler – Heinrich Vogeler (1872–1942), Maler und Graphiker, Illustrator und Buchgestalter, Kunsthandwerker, auch als Publizist tätig, lebte seit 1894 in Worpswede. Unter dem Eindruck des Ersten Weltkrieges, den er als Soldat erlebte, nahm er in seiner Kunst eine gesellschaftskritische Haltung ein. 1923 schenkte er den Barkenhoff in Worpswede der Roten Hilfe als Kinderheim und fuhr erstmals in die Sowjetunion, in die er 1931 übersiedelte. Sein Schaffen dort gilt als umstritten. Beeinflußt von den Auseinandersetzungen um Realismus, Formalismus und Expressionismus entfaltete Vogeler eine umfangreiche publizistische Tätigkeit und stand in engen Beziehungen zu den deutschen Emigranten in Moskau. Im September 1941 wurde er nach Kasachstan evakuiert und starb am 8. Juli 1942 bei Woroschilowgrad in Kasachstan.

23. Oktober 1924

Helmy Hurt – Berliner Kunst- und Bildnisphotographin. Von Helmy Hurt stammt das signierte Kollwitz-Porträt, das Louise Diel 1927 in ihrem Buch »Käthe Kollwitz. Ein Ruf ertönt« veröffentlichte (S. 22).

1. November 1924

Grete Wiesenthal – Sie reiste mit ihrer Schülergruppe und war verstärkt als Choreographin tätig.

7. Dezember 1924

Peter Kortner – Am 4. Dezember 1924 wurde das erste Kind von Hanna Kortner geb. Stern und Fritz Kortner geboren. Peter Kortner emigrierte mit seinen Eltern über London nach Hollywood und lebt heute als Schriftsteller vorwiegend in den USA.

Wolfthorn – Julie Wolfthorn (eigentl. Wolf-Thorn, 1868–1942 ?), Malerin und

Graphikerin, stellte seit 1899 in der Berliner Secession aus, vor allem als Porträtistin tätig, u. a. Bildnisse von Richard Dehmel und Gustav Landauer. Sie wurde als Jüdin nach Theresienstadt deportiert; als Todesjahr wird auch 1944 genannt.

am Sarge verlesen – Die Worte von Käthe Kollwitz für die verstorbene Malerin Dora Hitz sind vermutlich nicht überliefert.

Wahlen für Reichstag – Sie brachten starke Stimmverluste für die KPD und die rechten Gruppierungen.

3. Februar 1925

Hilde Schewiot (1896–1955), Ausdruckstänzerin, Schülerin von Louise Dumont in Düsseldorf.

April 1925

von einer Seereise – Die See-Erholungsreise für geistig Arbeitende war von der Akademie der Künste ihren Mitgliedern angeboten worden. Käthe und Karl Kollwitz nahmen nach längerem Zögern daran teil – zögernd auch wegen der hohen Kosten. Die Freundin Jeep bot schließlich einen Zuschuß von 100 Mark an, der aber von Käthe Kollwitz freundlich-energisch zurückgewiesen wurde: »der Reise führen sie uns doch nicht näher. Sie sollen in Kraft treten, wenn ein Plan in Frage kommt, der Euch auch uns angeht [...] Ich lasse sie also wieder an die Festmarkbank zurückgehen, und da liegen sie, oder vermehren sich auch, bis wir sie gemeinsam rufen« (Bonus-Jeep, S. 184).
Ergänzend zu den Notizen im Tagebuch seien hier die Briefe an Hans und Ottilie zitiert:

Sonnabend April 1925

»Liebe Kinder – jetzt schwimmen wir einen Tag, bald muß Dover in Sicht kommen. Ich schreibe dies im Leseraum während Vater ein warmes Seebad nimmt, was man zu allem noch gratis zukriegt. Der vorgestrige Tag war der Auftakt. Die Geistesarbeiter waren ein bißchen nervös und gespannt, man betrachtete sich etwas mißtrauisch. Wir waren ziemlich an Ida Ströver gebunden, eine Kollegin, die in Bremen lebt und uns mit Beschlag belegt. Wie die Zeit zum Sonderzug nach Bremerhaven da war, waren wir sie los. In diesem Sonderzug war schon sehr viel Spannung. Als wir dann an die meerartige Weser-Mündung [kamen] und die vielen Maste und Schornsteine ragen sahen klopfte uns das Herz. Der Zug fuhr gewissermaßen bis ans Schiff. Ausgeladen, durch eine große Halle geführt und auf die York geführt. Dort zerstreute sich die Hammelherde indem die Jagd nach den Cabinen losging. Wie in einem Irrgarten traf man immer dieselben Leute mit ihren Handkoffern. Man drängte, lachte, wer seine Nummer gefunden hatte, schlüpfte in sein Mauseloch. Endlich fanden wir unser 2179-82 im Vordeck ganz unten und ganz vorn. Lächerlich klein und praktisch. Dann wieder rauf und zugesehn wie alle Koffer mit Winden in großen Netzen eingeladen wurden. Die Musik spielte fröhliche Märsche. Um 5 Uhr war alles fertig, die Seile wurden abgemacht, das Schiff war frei. Nun ging ein großes Tücherschwenken von denen an Land los, die Musik spielte: wem Gott will rechte Gunst erweisen, den schickt er in die weite Welt und dann immer von neuem: muß i denn, muß i denn. Das war was entzükkendes, dies wirklich Losgehn. Die Geistigen sangen und lachten, mir lachte das Herz im Leibe. Dann aber warnte mich etwas und ich nahm die erste Dosis Seasick.

Lange Weil wurde das Schiff nun von einem Lotsenschiff im Kreis rumgefahren, wie man sagte um den Kompass zu erproben, dann erst gings wirklich ins Weite. Großes Abendessen und nachher noch auf Deck. Das Schlafengehn war ulkig, ich dachte das kann schön werden, als ich mal nach rechts und nach links geschwungen wurde. Wie ich aber erst in meinem schmalen Bettchen lag, war mir wie einem Säugling dies Geschaukel nicht unangenehm. Ich hörte noch wie unsere Nachbarn seufzend die Anweisung zu ihrem Sea-sick lasen und es einnahmen, dann kam Vater und schaukelte sanft in sein Bett, dann hörte ich noch eine Weile das Klatschen und Schlagen des Wassers an unserer Wand und dann schliefen wir beide ganz schön. Doch brachte der Abend noch ein Mißgeschick, das am Morgen seine Fortsetzung fand. Vater hatte seine beiden Zähne, die er sich einsetzt versehentlich in das Loch gelegt durch welches der Wasservorrat in den Waschschrank gegossen wird. Die Zähne klabasterten zu Vaters Entsetzen da herunter und waren trotz aller mitgebrachten Zangen nicht wieder rauszuholen. Wahrscheinlich wird man das ganze Schränkchen dazu auseinandernehmen müssen. Heut stundenlang in noch kalter Sonne und Wind, wie ein Eskimo bekleidet, auf dem Liegestuhl gelegen. Das Schiff macht die Bewegung seitlich, immer auf und ab. Neigt es sich, dann seh ich einen breiten Streifen stahlblauen Meers mit mäßigen Schaumköpfen, hebt es sich, dann seh ich nur den blaßblauen Himmel. Jetzt nähert man sich der englischen Küste, die vorüberziehenden Schiffe werden häufiger. Man sagt das Wetter werde umschlagen. Gott sei uns gnädig ! bis jetzt wars herrlich.

Sonntag.

O weh, das war schon ein bedrohlicher Tag. Zwar wir halten uns noch. Vater immer auf dem ganzen Schiff runter, aber ganze Partien sind schon abgesperrt und schwimmen in Wasser. Ich war nur zu den Mahlzeiten unten, sonst immer im Liegestuhl vom Mitteldeck. Da stehn die Liegestühle dicht aneinander, drauf die Geistigen in allen Stadien. Jetzt sind wir im untern Kanalende, morgen in der Biscaya, aber übermorgen früh winkt Coruna.

Heut bekamen wir ein Telegramm, es stammt von Rieve und den Andern, nur ein Glückwunsch.

Viel Komisches sieht und hört man. Die gemeinsamen Sorgen.

Montag.

Da sind wir in der gefürchteten Biscaya. Das Meer schwarzblau. Früh soll ein Regenbogen gewesen sein. Ein gutes Omen. Das Schiff schaukelt sehr, am verfluchtesten ist das Treppenruntergehn – die Knie schwach und schwer, die Stufen fliehen vor einem. Man sagt, daß hier schon die langen Oceanwellen sind, aber das Schiff macht alle nur denkbaren Bewegungen. Ich bin wieder wohl in meinem Liegestuhl, seh dickes Wettergewölk raufziehn, sich entladen in Güssen und Graupeln, dann wieder blasser reiner Himmel, das Meer auf alles antwortend mit seiner Farbe. Morgen früh sind wir in Coruna, soll der Brief dann abgehn muß er jetzt eingesteckt werden. Seid schönstens gegrüßt Ihr alle von Eurer frohen

Mutter.«

(Käthe-Kollwitz-Archiv, [der] Akademie der Künste [in] Berlin)

Mai 1925

»Proletariat« – der Holzschnittzyklus »Proletariat« (Klipstein 206–208) erschien 1926 im Verlag Emil Richter, Dresden. Für das größere mittlere Blatt »Hunger« griff Käthe Kollwitz auf das nicht verwendete Wien-Plakat 1920 zurück.

Juni 1925

Hedwig Wangel (1875–1961), Schauspielerin, 1903–1909 an den Reinhardt-Bühnen in Berlin, gründete 1925 die Hedwig-Wangel-Hilfe (1925–1930) für entlassene weibliche Strafgefangene.

Juli 1925

Hamsun – Knut Hamsun (1859–1952), norwegischer Schriftsteller; der Roman »Das letzte Kapitel« (1923) war 1924 in deutscher Sprache erschienen.
Die Praxis an Sternefeld zu verkaufen – Karl Kollwitz hat sich dazu doch nicht entschließen können; er hing an seiner Arbeit und an seinen Patienten.

Anfang Juli 1925

Konrad [...] spricht zur Mutter – Am 26. Juni 1925 am Grab der Eltern. Nach Konrad Schmidt sprach Käthe Kollwitz:
»Liebe Mutter, vor manchen Jahren, als Dein Geist noch heller war, aber der Gedanke an Deinen Tod uns doch schon begleitete, fragte ich Dich einmal, ob Du ein Weiterleben nach dem Tode in irgend einer Form erwartetest und wünschtest. Du schütteltest leise den Kopf und sagtest: Es ist genug! – Wenn ein Leben so *ganz* zu Ende gelebt wurde wie Deines, ja Mutter, dann ist es genug.

›Dann gehorcht die Natur, ruhig nur
ihrem alten Gesetze, ihrem ewigen Brauch
Da ist nichts, was den Menschen entsetze.‹

Mit liebender Ehrfurcht geben wir Dich, Du Müde, der Erde zurück. Als sich Dein Geist mit den Jahren immer mehr umdämmerte, sahen wir mit Staunen und Ergriffenheit, wie *Deinem eigentlichen Wesen, Deinem gütigen Wesenskern*, diese Krankheit nichts anhaben konnte. Dir blieb auch im Dämmerzustand die Dir ganz eigene seelische Vornehmheit, Deine Freundlichkeit und Deine Liebe. Von dieser Liebe und Rücksichtnahme wissen alle, die mit Dir zu tun hatten. – Du *Mutter* warst in Deinen Phantasien so viel von Kindern umgeben. Auf dem letzten Bilde, das wir von Dir haben, sehen wir Dich, den *ganz alten* Menschen. Er weilt schon woanders. Um ihn herum ist Stille, eine Feierlichkeit.
So geh' nun zur Ruhe, Du geliebte gute Mutter. Die Liebe, die Du uns so reichlich gabst, strömt von uns zu Dir zurück.
Wir danken Dir!

Käthe.«

Grete Schöndörffer, Lenchen Rohde – Bekannte aus dem Königsberger Kreis der Freien Gemeinde.

August 1925

zu Gretors nach Kopenhagen gefahren – Der Jugendfreund Georg Gretor (Barbizon) war Anfang der zwanziger Jahre nach Kopenhagen übersiedelt und hatte eine dänische Frau geheiratet.
Der Indien-Gedanke – Aus dem Plan einer Indienreise ist nichts geworden.

13. September 1925

Aussicht auf einen Film – Es handelt sich um den Film »Schaffende Hände: Die Maler« des Regisseurs Hans Cürlis, in dem einige der bekanntesten deutschen Maler und Zeichner bei der Arbeit beobachtet wurden; neben Käthe Kollwitz Corinth, Dix, Grosz, Liebermann, Pechstein, Slevogt, Ury und Zille. In einer kleinen Schrift, die den Film begleitete, hebt Cürlis hervor, daß die Auswahl der Künstler nicht einem Werturteil folgte, sondern mit ihrem Wohnort zu tun habe. Das Institut für Kulturforschung Berlin, das als Produzent auftrat, bezog keinerlei öffentliche Unterstützung und konnte z.B. Reisekosten nicht übernehmen, ein Faktor, der bedauerlicherweise zum Scheitern eines längeren mit Lovis Corinth geplanten Filmprojektes führte.
Der eigentliche Plan, die Entstehung eines Bildes zu verfolgen, war aus naheliegenden Gründen fallengelassen worden. Cürlis entschloß sich statt dessen für die – malerische oder zeichnerische – Skizze als »die einfachste und freieste Äußerung des Malers«. Wichtig waren ihm die Hände des Künstlers, die er beim Arbeiten mit der Kamera verfolgte – nach seiner Meinung gaben sie am deutlichsten Auskunft über künstlerischen Zugriff und künstlerisches Temperament. »Mit ausgestrecktem Arm zeichnet Käthe Kollwitz. Wie ein festgefügtes Werkzeug schwingt der Arm über der Fläche, im Handgelenk kaum eine Bewegung. Stehend zeichnet sie [...] Die großen Kurven, in denen sie ihre Kompositionen nach Masse und Form festlegt, haben in der Bewegung nichts Wohliges, Auswiegendes. Sie sind eher puritanisch. Erst in die in weichen Kohleumrissen entstehende Komposition schreibt sie mit härterem, nun nicht mehr korrigiertem sicherem Strich die bestimmenden Konturen ein, Profile von Gesichtern, Grenzlinien von Händen. Beim einzelnen Studienblatt, wie etwa einem sorgenvollen in die Hand gestützten Kopf, läßt sich eine sehr wichtige Beobachtung [...] machen [...] Und zwar springt die Hand vom Zeichnen eines Details wiederholt ab, um irgendwo anders mit einem schnellen Strich das Kompositionelle abzurunden. Es ist, als ob Käthe Kollwitz die Zeichnung von Anfang an auf dem Blatt sähe, das Substantielle nur nachzeichne und es gleichsam mit der Kreide nur heraushole« (Cürlis, S. 18f.).

Die Kinder haben es selbst nur gerade zum Leben – Die fünfköpfige Familie in Lichtenrade lebte von einem Beamtengehalt; das nicht unbeträchtliche Vermögen von Ottilie Kollwitz war in der Inflation zerstoben. So mußten die Eltern in der Weißenburgerstraße gelegentlich helfend eingreifen. »Geld haben wir jetzt wieder mehr zur Verfügung (Die Stadt Berlin kauft für 500 Mark die Kriegsfolge). Darum darf Geldknappheit durchaus kein Hindernis sein, daß Du fortgehst. Aber *wann* Du es am besten tust, das mußt Du überlegen«, versucht Käthe Kollwitz am 29. Juni 1924 den Sohn zu einer Reise zu überreden (Käthe-Kollwitz-Archiv, Berlin).

Individualpsychologie – Die von dem Psychologen Alfred Adler (1870–1937) begründete Theorie, die den Hauptantrieb des menschlichen Handelns nicht in der Sexualität, sondern im Macht- und Geltungsstreben sieht.

Anfang Oktober 1925

wieder an die große Plastik – An der Gruppe »Mutter mit Zwillingen«, der größten unter ihren Plastiken, hat Käthe Kollwitz von 1924 bis 1937 gearbeitet. Die Arbeit schließt thematisch an die frühe Radierung »Frau mit totem Kind« (Klipstein 72) von 1903 an. Nach der Geburt der Zwillingsenkel wandelte sich das

Motiv: eine sich über ihre Kinder beugende Mutter, sie mit mächtigen Armen haltend und schützend.

1. November 1925

Bahr – Hermann Bahr (1863–1934), österreichischer Schriftsteller, Dramatiker, Essayist und Theaterkritiker. Der Aufsatz »Stifter« erschien in der Neuen Rundschau, XXXIII. Jg. 1922, Bd. 1, S. 470ff.

Ende Dezember 1925

bei Jakimows – Igor Jakimow (geb. 1885), russischer Bildhauer, und seine Frau Annemarie Jakimow (geb. 1889), die ebenfalls künstlerisch tätig war.

im »Fröhlichen Weinberg« – »Der fröhliche Weinberg«, Carl Zuckmayers Volksstück, hatte am 22. Dezember 1925 seine Uraufführung im Theater am Schiffbauerdamm unter der Regie von Reinhard Bruck. Es war ein beispielloser Erfolg. »Man muß schon schwer an greisenhafter Verhärtung des Herzens leiden, wenn man sich diesem Ansturm der Fröhlichkeit entziehen kann«, schrieb Monty Jacobs in der Vossischen Zeitung vom 23.12.1925. Felix Hollaender berichtete im 8-Uhr-Abendblatt vom 29.12.: »Die Leute quietschten vor Lachen [...] Das Publikum raste und rief immer wieder den Poeten und seine Helfershelfer vor die Rampe« (zit. nach Rühle, S. 668 und 673).

Silvesterabend 1925

Peter Kortner – Irrtum von Käthe Kollwitz; Peter Kortner wurde 1924 geboren.

Waetzold – Wilhelm Waetzold (1880–1945), Kunsthistoriker, 1920 Professor in Berlin, war von 1927 bis 1933 Generaldirektor der Staatlichen Museen in Berlin.

5. Januar 1926

Paul Cassirer nimmt sich das Leben – Während die Anwälte im Nebenzimmer über seine Scheidung von Tilla Durieux verhandelten, erschoß sich Paul Cassirer.

11. März 1926

Redslob – Edwin Redslob (1884–1973), Kunsthistoriker, wurde 1920 in das neugeschaffene Amt eines künstlerischen Beraters der deutschen Regierung berufen (Reichskunstwart); Mitbegründer der Freien Universität Berlin und dort nach 1948 Professor für Kunst- und Kulturgeschichte.

als Engels viel von ihm erwartete – Seit 1887 entwickelte sich zwischen Friedrich Engels und Konrad Schmidt eine langjährige Korrespondenz, die zeitweise sehr eng und kollegial war. Ursprünglich hegte Konrad Schmidt die Hoffnung, bei der Herausgabe des Nachlasses von Karl Marx wirksam zu werden.
Am 15. November 1889 schreibt Friedrich Engels aus London an August Bebel: »Die relative Schwäche des jungen Nachwuchses ist auch mir sehr fatal, auch auf theoretischem Gebiet. Da kommt uns nun der kleine Schmidt, der ein Jahr hier war und dem ich es nicht angesehen hätte, was in ihm steckt. Wenn er so bescheiden bleibt wie bisher – der Größenwahn ist ja heute die fatalste und allgemeinste Krankheit – kann er Vorzügliches leisten.« (Karl Marx – Friedrich Engels. Bd. 37,

S. 304). Am 28. September 1891 schreibt er an Karl Kautsky über Conrad Schmidts Buch »Die Durchschnittsprofitrate auf der Grundlage des Marx'schen Werthgesetzes« (Stuttgart, 1889): »Daß C. Schmidts Lösung *nicht* die Marx'sche ist, habe ich ihm gleich geschrieben, aber es sind in dem Buch sonst so vortreffliche Sachen, daß ich es für das Bedeutendste halte, was seit M[arx's] Tod geleistet.« (Karl Marx – Friedrich Engels, Bd. 38. S. 157).

2. Hälfte April 1926

Lese Weber, sein Lebensbild – Marianne Weber: »Max Weber. Ein Lebensbild«, Tübingen 1926.

Lisens Rundschau über Bewegungskunst – Die Rubrik »Bewegungskunst« findet sich 1926 erstmals in den Sozialistischen Monatsheften. Daß Lise Stern sie betreute, war naheliegend, da zwei ihrer Töchter Tänzerinnen waren. 1926 gab sie einen Überblick über die Kunst der Tänzerinnen Mary Wigman, Josephine Baker und Niddy Impekoven und stellte den Tänzer Rudolf Laban vor sowie die tänzerische Gymnastik der Loheland-Bewegung.

Wie muß bloß Kampf zumut sein? – Arthur von Kampf (1864–1950), Historien- und Freskenmaler, wurde früh durch anekdotische, sozialkritische und effektvolle Historienbilder bekannt, 1899 Professor an der Kunstakademie Berlin, von 1907 bis 1912 Präsident der Preußischen Akademie der Künste. Seit etwa 1910 verflachte sein Schaffen zunehmend. Scheffler bezeichnete ihn als »Kompromißler, vielleicht nicht aus Neigung, aber durch den Zwang seines Aufstiegs« (zit. nach Doede, S. 99).

Ströver – Ida Carola Ströver (geb. 1872), Bremer Malerin und Graphikerin. Käthe und Karl Kollwitz hatten auf der Madeira-Reise die alte Bekanntschaft erneuert.

14. Mai 1926

Das Buch von Vollard – Ambroise Vollard: »Paul Cézanne«. Übersetzt von Erich Klossowski, München 1921.

Wenn er nicht eigens ... – Der Satz wurde nicht zu Ende geführt.

Ende Mai 1926

auf dem Acker in der Sonne – Unbebautes Grundstück gegenüber dem Siedlungshaus in Lichtenrade, das Hans Kollwitz zum Spielen für die Kinder erworben hatte.

Juni 1926

Reise nach Roggevelde – Käthe Kollwitz wollte sich an Ort und Stelle von der Lage des Friedhofs, auf dem der Sohn Peter beerdigt war, und der Anordnung des Gräberfeldes überzeugen, bevor sie sich erneut der Arbeit an den trauernden Elternfiguren zuwandte. So wenig das Tagebuch über den Verlauf der Reise enthält, so ausführlich und lebendig beschreibt sie Käthe Kollwitz in Briefen an Hans und Ottilie:

»Montag 7. Juni 1926

Gent. Hier war Peter. Auf eine der letzten Karten schrieb er, daß sie Nachts hier eingezogen waren und in dem alten Schloßhof bei Fackelbeleuchtung zusammenstanden. Auf dem Schloßhof waren wir, immer näher kommen wir ihm jetzt. Die Stadt ist fein. Prachtvoll die 3 Kirchen *in einer Reihe*. Der Genter Altar. Aber das Beginenkloster hat mich enttäuscht.«

»Dixmuiden, 8. Juni 1926

Nun waren wir heut an Peters Grab. Es liegen wohl 1500–2000 Soldaten da, Kreuzchen an Kreuzchen mit Nummer. Auf der Hälfte etwa steht nur drauf: Allemand inconnu. Der Kirchhof ist sehr einfach – von einer Hecke umzogen. Es ist nichts, das meinen Plan unmöglich macht. – Die Leute sind freundlich. – Dixmuiden ist vollständig neu aufgebaut, ein einziges Haus ist so gewesen, daß man noch die Mauern benutzen konnte. Auch deutsche und flandrische Unterstände und Laufgräben sind noch da.«

»Mariakerke – Ostende, 11. Juni 1926

Liebe Kinder – heut ist Georgs Geburtstag, wir wollen am Nachmittag zusammen in Ostende den Café trinken. Vorgestern verbrachten wir den ganzen Tag mit Versuchen von Dixmuiden nach Ostende zu kommen. Brügge hatten wir für jetzt aufgegeben und wollten mit Kleinbahnen hinkommen, mit denen wir dauernd Pech hatten. So benutzten wir die Zeit um in Dixmuiden noch eine Gärtnerei zu finden und besprachen mit dem Mann, daß er uns einen Busch Heckenrosen auf Peters Grab setzt. Am Ankunftstage in Dixmuiden waren wir mit der Bahn bis Zarren zurückgefahren, zwischen Z. und Eessen wurde uns gesagt, liegt Roggevelde. Wahrscheinlich heißt ein mehr seitlich gelegener Ort so, der Kirchhof aber liegt dicht am Wege. Wir kamen an eine Chausseekreuzung und fragten. Bogen in den linken Weg ein und waren schon am Kirchhof vorbei, als ein freundlicher junger Mensch uns nachlief um es uns zu sagen. Der Eingang ist nichts als eine Öffnung in der Hecke, die rings um den Kirchhof geht. Der Eingang war mit Draht versperrt, den er uns auseinanderbog und uns dann allein ließ. Und nun dieser Eindruck: Kreuz an Kreuz! Bei manchen war das ursprüngliche größere Holzkreuz, verwittert schon, heruntergenommen, meist aber waren es niedere gelbe Holzkreuzchen. Ein kleines Blech in der Mitte trug den Namen und die Nummer. So fanden wir unser Grab, es liegt da, wo ich den Punkt gemacht habe. Wir schnitten von einem blühenden Heckenrosenstrauch drei Röschen ab und steckten sie am Kreuz in die Erde. Sein Letztes liegt da in einem Reihengrab, keine Hügel sind abgetrennt, nur ziemlich eng aneinander die gleichmäßigen Kreuzchen. So ist der ganze Friedhof, meist die nackte gelbe Erde. Wo hie und da Anverwandte Blumen gepflanzt haben sind es meist wilde Rosen und das ist so schön, die überdecken und überwölben das Grab und gehn noch auf die Nebengräber über, die kein Mensch pflegt, denn rechts und links, mindestens die Hälfte tragen die Aufschrift Allemand inconnu. Wo ich in der Zeichnung den Kreis hingemacht habe ist eine Art Denkmal. Auf einem vier eckigen Postament eine kurze runde Säule ganz ohne Inschrift. Das sieht an sich gut aus, lieber wäre es mir gewesen sie wäre nicht da. Wir haben überlegt, wo meine Figuren stehn könnten. Zwischen den Gräbern geht es nicht, die Reihen sind zu eng aneinander. An zwei Stellen ist wohl etwas Platz freigehalten, aber da kann ich sie mir nicht gut denken.

Unmittelbar am Eingang wäre eine Möglichkeit, aber da der Boden sich nach der Chaussee zu etwas senkt und der Friedhof bis an den Chausseegraben reicht, über-

sieht man am Eingang noch nicht den ganzen Kirchhof, man ist ein wenig tiefer. Das wäre nicht gut für die Figuren. So schien es uns beiden am besten gerade gegenüber an der Heckenwand die Figuren zu denken. Dort ist eine Art gärtnerischer Anlage gemacht, die gut weggerückt werden kann. So hätten die knienden Figuren den ganzen Kirchhof vor sich. Ich bezeichne die Stelle mit den kleinen Kreuzen. Das flache Rechteck, das rechts eingezeichnet ist, ist auch eine Art Denkmal, das ein Regiment dort gesetzt hat. Es ist eine hohe mäßig hohe Säulenanlage. Zum Glück hat der Kirchhof nichts von figürlichem Schmuck. Er wirkt überhaupt ganz einfach und einsam.
Außer den beiden kleinen Gehöften ist ringsum kein Haus, er liegt mitten in Feldern. Alles ist still, aber die Lerchen jubeln. Als wir dann nachher weiter gingen kamen wir wohl auch an der eigentlichen Stelle vorbei, aber da ist alles neu aufgebaut. Bald hinter der Friedhofstelle senkt sich die Chaussee nach Eessen, man erkennt das große Gebiet, das damals zur Verteidigung unter Wasser gesetzt wurde. Überall noch die Spuren des Krieges, die Unterstände häufiger. In Dixmuiden selbst am Yserkanal hat man zwei Stellen ganz so gelassen, das eine ist die Minoterie, wo die Deutschen sich verschanzt hatten, das andere ist der boyau de la morte, die flandrische Stellung. Die Minoterie, da hat die Mühle gestanden! Jetzt wächst auf dem durch unzählige Granatlöcher muldenförmigen auf und ab sich hebenden und senkenden Boden fettes Gras, die Ziegen und Schafe weiden da. Grausig anzusehen, wie die meterdicken Wände der Unterstände zerborsten sind. An dieser Stelle allein sollen die Deutschen 200000 Menschen verloren haben im Lauf der 4 Jahre. Ihre Laufgräben und die flandrischen sollen bis auf 20, ja 10 Meter sich genähert haben. Das ist jetzt alles zugemacht und geht das Leben da seinen Gang, nur die flandrischen Unterstände und Laufgräben, eben jener Darm des Todes wie sie ihn nannten, ist erhalten und ist eine Art Wallfahrtsort für die Flandern. Wie ich schon schrieb sind die Leute gut und freundlich zu uns gewesen, aber kommt man auf jene 4 Jahre zu sprechen, in denen die Stadt ein vollständiger Trümmerhaufen wurde, werden sie flammend und erzählen mit leidenschaftlichsten Gesten, wie in ununterbrochener Folge um die Stellungen gerungen wurde. ›Rein und raus – rein und raus‹
Auf der Fahrt nach Ostende immer dasselbe Bild. Unterstände, hie und da ein Kirchhof mit den monotonen Reihen der Soldatengräber.
Heut Nacht träumt ich, es wäre wieder Krieg, ein neuer drohte auszubrechen. Und im Traum bildete ich mir ein, wenn ich nur meine andere Arbeit ganz ließe und nur mit andern zusammen alle Kraft aufs Reden dagegen legte, könnten wir es hindern.« (Käthe-Kollwitz-Archiv, [der] Akademie der Künste [in] Berlin).

10. September 1926

Endlich Deutschland im Völkerbund – Der mit Satzung vom 28.4.1919 ins Leben gerufenen Internationalen Organisation hatten ursprünglich nur die 32 Siegermächte des Ersten Weltkrieges und 13 neutrale Staaten angehört – allerdings nicht die USA, obwohl sie den Plan eines übernationalen Gremiums mit am eifrigsten verfochten hatten. Mit Zweidrittelmehrheit konnten weitere Staaten als Mitglieder aufgenommen werden. Deutschlands Aufnahme im Jahre 1926 war ein Erfolg der Außenpolitik Stresemanns.

13. Oktober 1926

Meinen Kopf plastisch zu machen – Selbstbildnis (Bronze), 1926–1936.
in Dresden zur internationalen Kunstschau – Wichtige Kunstausstellung im Sommer 1926. Grundstock war die Privatsammlung Oskar Schmitz in Dresden mit etwa 20 Exponaten. Die Ausstellung zeigte vor allem französische Künstler. Henri Rousseau war mit einer Kollektion Gemälden vertreten, denen ein besonderer Raum gewidmet war.
Rousseau – Henri Rousseau gen. »le douanier« (»der Zöllner«) (1844–1910), französischer Maler, Wegbereiter der naiven Kunst in Europa.
Despiau – Charles Despiau (1874–1946), französischer Bildhauer, schuf plastisch klare Figuren und Bildnisse.
Dix – Otto Dix (1891–1969), Maler, Graphiker und Zeichner, einer der unerbittlichsten Schilderer der Kriegsgreul und des sozialen Elends, von 1927 bis 1933 Professor an der Dresdner Kunstakademie.
Otto Schöndörffer – Aus dem Königsberger Kreis der Freien Gemeinde.

Oktober 1926

Fides Rüstow bei uns – Nach dem Auszug von Heinz Bonus, der dreieinhalb Jahre in der Wohnung der Familie Kollwitz gelebt hatte, stand das Zimmer leer. Es wurde von Fides Rüstow bezogen, der ältesten Tochter von Thildi und Alexander Rüstow.
Paul Tillich (1886–1965), Philosoph und Theologe, hatte 1928 Heinrich Goesch als Professor nach Dresden geholt, der dort Vorlesungen über die geistig-seelischen und die wirtschaftlich-technischen Grundlagen der Kunst halten konnte (vgl. Monte Verità, S. 107).

2. November 1922

Muttermilch – »Mütter gebt von euerm Überfluß!«, Lithographie, (Plakat) (Klipstein 222). Die Pläne für diese Arbeit liegen lange zurück. Schon am 21. Dezember 1921 hatte Käthe Kollwitz an Marie-Elise Kayser (1885–1950), die 1919 in Magdeburg die erste Frauenmilchsammelstelle eröffnete, geschrieben: »Ich finde die Idee glänzend. Sicher ist das ein Weg, die Säuglingssterblichkeit herabzudrücken. Ein Plakat, das für diese Idee wirbt, denke ich mir so, daß eine junge fröhliche Frau mit voller Brust, an der sich ihr eigenes Kind bereits satt getrunken hat, das sie aber noch im Arm hat, ein fremdes schwächliches Kind in den anderen Arm nimmt und anlegt. Ich möchte sowas schon gern machen – schon weil ich die ganze Idee so glücklich und erfreulich finde – aber doch kann ich es Ihnen nicht zusagen, oder frühestens erst bis zum Februar.« Aber der Termin verstrich, die Korrespondenz mit Zusagen und Absagen zog sich durch die nächsten Jahre hin, erst am 31. 10. 1926 entschloß sich Käthe Kollwitz endgültig: »Meine Absage läßt mir doch keine Ruhe und ich möchte nun so sagen: Ich versuche gleich die Sache vorzunehmen. Glückt sie, dann erhalten Sie sie bis zum 10. November, glückt sie nicht, dann kann ich sie eben nicht, wenigstens jetzt nicht, machen [...] Den Gedanken mit dem signierten Vorzugsexemplar als Prämie für die Mutter finde ich gut« (Briefe der Freundschaft, S. 79, 81).
Die Akademiesitzung – In der Festsitzung der Preußischen Akademie der Künste

am 26. Oktober 1926 hatte nach den Ansprachen des Präsidenten Max Liebermann, des Preußischen Kultusministers Carl Heinrich Becker und Thomas Manns – für die neugegründete Sektion für Dichtkunst – der Schriftsteller Arno Holz das Wort erbeten. Er forderte die neugewählten Mitglieder auf, die Arbeit der Akademie nicht zu unterstützen, solange nicht eine Statutenänderung in dem von ihm gewünschten Sinne beschlossen werde. Dabei berief er sich auf zahlreiche zustimmende Äußerungen aus dem Kreise der Mitglieder, unter anderem auf einen Brief Max Liebermanns. Liebermann, direkt angegriffen, stellte klar, daß seine Äußerungen lediglich ironisch gemeint gewesen seien, was Arno Holz so erbitterte, daß er unter Protest die Versammlung verließ. Er blieb jedoch weiterhin Mitglied der Akademie (Jens, S. 58ff.).

27.Dezember 1926

die Kinder mit Näpfen – Die Lithographie aus dem Jahre 1924 (Klipstein 190), die in Verbindung mit dem Text »Deutschlands Kinder hungern« zu einem der bekanntesten Plakate von Käthe Kollwitz wurde. Auftraggeber war die Internationale Arbeiterhilfe (IAH). Die Suggestion dieses Plakats tat ihre Wirkung nach den verschiedensten Seiten. »Auf ihrem Plakat ›Hunger‹ griff ein großäugiges abgezehrtes Kind nach dem Eßnapf, mit einer Gebärde von so unvergeßlicher Eindringlichkeit, daß dieses Plakat zu einem Symbol für das Elend der Unschuldigen geworden ist« (Gross, S. 135). Selbst Adolf Hitler benutzte ein –kümmerliches – Plagiat des Kollwitz-Plakates zur Ankündigung einer Rede im Hofbräuhaus (vgl. Billy F. Price: Adolf Hitler als Maler und Zeichner, München 1983).

31. Dezember 1926

George Grosz (1893–1959), Maler und Graphiker. Käthe Kollwitz kannte ihn von gemeinsamen kulturpolitischen und politischen Aktionen her. In seinem Aufsatz »Die Kunst ist in Gefahr« (Malik Verlag, Berlin 1925) verteidigte Grosz die Tendenzkunst, da »zu allen Zeiten jede Kunst eine Tendenz enthielt [...] Wo heute Kunstfreunde ein Werk mit dem Hinweis auf seine Tendenz prinzipiell oder als Sensationsmache abzutun versuchen, stehen sie nicht der Arbeit des Künstlers kritisch, sondern der Idee, für die er eintritt, feindlich gegenüber« (zit. nach Schneede, George Grosz, S. 154ff.).
Wenn man die Forderung von Grosz bedenkt, der Künstler müsse »Schilderer oder Kritiker« werden, der das Gesicht der Zeit spiegele und »für eine sinnvolle, soziale Organisierung des Lebens kämpfe«, und Kunst sei nicht zuletzt nach ihrer »sozialen Brauchbarkeit« zu beurteilen, dann erstaunt das spätere harsche Urteil von Grosz über Käthe Kollwitz: »Eine milde gute Frau, hat aber eigentlich ein ›erfundenes‹ Armeleute-Edelballett hinterlassen.« Über einen amerikanischen Bildhauerkollegen heißt es: »Er zog Zille der säuerlichen Käthe vor, wobei ich herzlich zustimmte« (Schneede, Käthe Kollwitz, S. 9f.).
auf einem Fest (Pechstein) – Der 45. Geburtstag von Max Pechstein am 31. Dezember.

6. Februar 1927

Im ganzen Januar nichts aufgeschrieben – In der Handschrift steht irrtümlich statt »Januar« »Dezember«, von Hans Kollwitz korrigiert.

Schnabel-Konzert – Arthur Schnabel (1882–1951), österreichischer Pianist und Komponist, berühmt für seine Interpretation des Beethovenschen Klavierwerks.

in der Volksbühne – Seit Februar 1915 veranstaltete die Freie Volksbühne im Theater am Bülowplatz auf Initiative Leo Kestenbergs vierzehntägig Mittagskonzerte mit ausgezeichneten Solisten, Dirigenten, Orchestern und Chören. Das klassische Repertoire herrschte vor, aber es wurde auch zeitgenössische Musik aufgeführt (vgl. Kestenberg, S. 26f).

9. Februar 1927

Hermann Birkholz – Berliner Lithographiedruckerei.

Zille – Heinrich Zille (1858–1929), Berliner Zeichner und Photograph. Zunächst Lithograph, später sozialkritischer Humorist und Illustrator für – teils satirische – Zeitschriften (Simplicissimus, Lustige Blätter); Sozialist und langjähriges Mitglied der Berliner Secession.

13. Februar 1927

Deman – Rudolf Deman (geb. 1880), Geiger, Konzertmeister der Berliner Staatsoper, Leiter des nach ihm benannten Quartetts, in dem Karl Reitz, der Mann von Ottilies Schwester Hilde, die Bratsche spielte.

Ende März 1927

»Die Mutter« nach dem Roman von Gorki – Der russische Regisseur Wsewolod Pudowkin (1893–1953) drehte den Stummfilm 1926 im Auftrag der Internationalen Arbeiterhilfe. Er spielt zur Zeit der Revolution von 1905 und handelt von einer Mutter, die aus Liebe zu ihrem Sohn selbst zur Revolutionärin wird. »Die Mutter« war einer der ersten Filme in deutschen Kinos, die das Leben einer Arbeiterfrau ungeschminkt zeigten. Seine Wirkung wird wesentlich durch die Hauptdarstellerin Wera Baranowskaja mitbestimmt. Die Unterstreichung der gesamten Tagebuchstelle zeigt den tiefen Eindruck, den der Film auf Käthe Kollwitz machte. Sie begegnete dem Regisseur einige Monate später bei ihrer Moskau-Reise (vgl. Anm. zum November 1927 u. Abb. S. 635).

Mai 1927

Reise nach Ascona – Im Frühjahr 1927 reisten Käthe und Karl Kollwitz nach Ascona, um sich zu erholen und um Goeschs zu besuchen, die sich in Ronco, oberhalb von Ascona, ein kleines Weinbauernhaus mit Blick auf den Lago Maggiore gekauft hatten. Goeschs waren eng verbunden mit dem Kreis von Künstlern, Schriftstellern, Kunstsammlern, Tänzern und Lebensreformern, die sich um den Monte Verità zusammengefunden hatten; einen Teil der Gäste kannten Kollwitzens bereits aus Berlin, so Karl Kollwitz' Kollege Raphael Silberstein (1873–1926),

Arzt und Anarchist, Sozialdemokrat und Mitarbeiter an den Sozialistischen Monatsheften (vgl. dazu ausführlich Monte Verità, passim).

Werefkin – Marianne von Werefkin (1870–1938), russische Malerin, befreundet mit dem Maler Alexej von Jawlensky, lebte von 1918 bis zu ihrem Tode im Tessin.

Frick – Ernst Frick (1881–1956), Schweizer Bildhauer und Maler, Anarchist, war 1906 aus Gesundheitsgründen nach Ascona gekommen und hatte sich Otto Gross angeschlossen, mit dessen Frau er seit 1911 zusammenlebte.

Gross – Frieda Gross-Schloffer (1876–1950), seit 1903 verheiratet mit dem Psychoanalytiker Otto Gross.

Fellerer – Margarethe Fellerer (1886–1961), Photographin, befreundet, später verheiratet mit dem Maler Ernst Frick.

Mayer – Bernhard Mayer (1866–1946), Kaufmann und Mäzen, 1909 erstmals in Ascona, seit 1916 in Zürich, Sozialist, unterstützte die Publikation sozialistischer Zeitschriften.

Wolfskehl – Karl Wolfskehl (1869–1948), Lyriker, Dramatiker und Essayist, gehörte dem Kreis um Stefan George an, emigrierte 1933 nach Neuseeland.

Stietencron – Eduard von Stietencron (1888–1974), Filmkaufmann, Erfinder, Farmer, Freund von Heinrich Goesch, dessen Tochter Fides er heiratete.

das Stauffer-Bern-Porträt – Karl Stauffer-Bern (1857–1891), Schweizer Maler, auch Lyriker, einer der bedeutendsten Radierer des 19. Jahrhunderts. Käthe Kollwitz studierte bei ihm 1884/85 in Berlin. Durch Stauffer-Bern wurde sie auf Max Klinger aufmerksam.

Juni 1927

lese ich im Corinth – Lovis Corinth: Selbstbiographie, Leipzig 1926.

22. Juni 1927

Ansprache an Liebermann – Die Akademie hatte Liebermann zu seinem 80. Geburtstag eine große, feierlich eröffnete Ausstellung eingerichtet.

27. August 1927

Mein 60. Geburtstag – Am 8. Juli 1927 wurde Käthe Kollwitz 60 Jahre alt. Es gab eine Menge von Glückwünschen und offiziellen Ehrungen, wie dem Berliner Tageblatt vom 7. Juli zu entnehmen ist: »Den sechzigsten Geburtstag von Käthe Kollwitz haben, in ihrem Atelier in der Weißenburger Straße, ihre Familie und ihre engsten Freunde still und im Sinne ihrer Kunst gefeiert. Max Liebermann überbrachte am Vormittag persönlich seine Glückwünsche und zugleich die Gratulation der Akademie der Künste, als deren Vertreter auch Professor Amersdorfer [sic!] der Künstlerin seinen Besuch machte. Am frühen Morgen war das Deman-Quartett erschienen, dessen Leiter lange Freundschaft mit Käthe Kollwitz verbindet, und, der sechzigjährigen Künstlerin auch an diesem Tage die Freundschaft zu beweisen, spielten die ausgezeichneten Musiker das Es-moll-Quartett von Beethoven. Diesen persönlich überbrachten Gratulationen reihen sich zahlreiche briefliche und telegraphische Glückwünsche an, die gestern Käthe Kollwitz übermittelt worden sind. Der Reichsinnenminister v[on] Keudell, der preußische Kultusminister Dr. Becker, Oberbürgermeister Böß, der russische Botschafter Krestinski, Staatssekretär

Schulz, der Reichskunstwart Dr. Redslob, der Intendant des Staatstheaters Leopold Jeßner hatten Glückwunschschreiben gesandt, die Kunstakademien verschiedener Städte, der wirtschaftliche Verband bildender Künstler, der Frauenverband bildender Künstler und die Berliner Nationalgalerie hatten gleichfalls der Künstlerin ihre Gratulation zukommen lassen, und es war Käthe Kollwitz eine Ehrung eigener Art, daß sie an diesem Tage aus den Kreisen der arbeitenden Jugend viele Briefe empfing, die sich spontan zu ihrem Werk bekannten« (zit. nach Lüdecke, S. 16f.).

das nötige Geld für die Arbeit für Roggevelde – Das Reichsinnenministerium und das Preußische Kultusministerium hatten einen Betrag von 5.000,– Mark für den Stein und die Bildhauerarbeiten zur Verfügung gestellt. Bis zu seiner Verwendung war das Geld zinsbringend angelegt. Wie sich einem späteren Brief an die Freundin Jeep entnehmen läßt, reichte das Geld nicht aus: Es fehlten »zwei- bis dreitausend Mark dazu, und die müssen erst vom Ministerium bewilligt werden [...] Der Stein hat tausend Mark verschlungen, jeder Bildhauer bekommt für Fertigstellung der Arbeit zweitausend Mark. Die siebenhundert Mark Zinsen langen nicht hin, um noch die Sockel zu arbeiten, den Transport und die Fundamentierung usw. zu bestreiten. Wir werden noch ziemlich tief in unser Zurückgelegtes greifen müssen« (Bonus-Jeep, S. 202f.).

die heilige schöne Agnes – Freundin, spätere Lebensgefährtin von Max Immanuel (Tom).

Die beiden Zeichnungen für die Jugendlichen-Ausstellung – Nagel/Timm 1150 bis 1153.

Karl und Hilde Reitz ... – Schwager und Schwester von Ottilie Kollwitz mit ihrem Sohn Clemens; Emma Fechter, Frau des Publizisten, Literar- und Kunsthistorikers Paul Fechter, und der Arzt der »jungen Kollwitze«, Dr. Wolff.

Kollektivausstellung – Zum 60. Geburtstag ihres Mitglieds richtete die Akademie der Künste eine Jubiläumsausstellung für Käthe Kollwitz aus.

November 1927

Rußland – Moskau – Zum 10. Jahrestag der Oktoberrevolution fand in Moskau vom 9. bis 12. November der Weltkongreß der Freunde der Sowjetunion statt (947 Delegierte). Die deutsche Delegation war mit 173 Teilnehmern die stärkste ausländische Gruppe. Zusammen mit einer etwa 100 Personen umfassenden Arbeiterdelegation waren Abgesandte verschiedener linker Organisationen eingeladen worden: der Liga gegen Imperialismus, der Internationalen Roten Hilfe und der Gesellschaft der Freunde des neuen Rußland, zu deren Vertretern auch Käthe Kollwitz gehörte – neben Eduard Fuchs, Robert René Kuczynski, Arthur Holitscher, Johannes R. Becher, Alfons Goldschmidt und Helene Stöcker (vgl. Elias S. 69, Rosenfeld S. 297f.). Die Einladung nach Moskau war Käthe und Karl Kollwitz vom sowjetischen Botschafter in Deutschland, Nikolai N. Krestinski, und drei Vertretern der Künstlervereinigung Assoziation der Künstler des revolutionären Rußland (AChRR) übermittelt worden. Der Wunsch, Rußland und die dortige Entwicklung kennenzulernen, bestand bei Käthe Kollwitz seit langem. Silvester 1924 hatte sie an Otto Nagel, der in Moskau, Leningrad und Saratow die Erste Allgemeine Deutsche Kunstausstellung mit über 500 Werken von über 130 Künstlern organisiert hatte, geschrieben: »Ich möcht doch sehr gern einmal nach Rußland gehen. Genau wie Vogeler sprechen Sie von der Natürlichkeit und dem Frohsinn der Menschen dort. Wie schön muß das sein» (Nagel, S. 47).

Der Eindruck von der Moskau-Reise scheint Käthe Kollwitz überwältigt zu haben; er war wohl so geschlossen und stark, daß sie ihn auch im nachhinein nicht analysieren mochte – vielleicht eben das auch scheute. Jedenfalls waren sie und Karl Kollwitz »ganz voll von Rußland«, wie sie an die Freundin Jeep schreibt. »Fast wäre ich noch nach dem Kaukasus gegangen« (Bonus-Jeep, S. 228f.). In den Tagebüchern findet sich fast nichts über die Reise, und auch dem Sohn in Berlin, dem sie sonst so ausführlich von allen Reisen berichtete, scheint sie nur einmal geschrieben zu haben:

Moskau, 6. November 1927
der erste der 3 großen Feiertage

»Liebe Kinder
Heute haben wir früh etwas frei und so möcht ich Euch schreiben, wenngleich es schwer ist zusammenzufassen, was wir hier erleben. Heut sagten wir uns Beide noch, daß dies hier zu dem Interessantesten gehört, was unser Leben uns geboten hat. Ich bin ganz glücklich, daß Vater mit ist und alles sehn und hören kann, was ich allein nachher so mangelhaft berichten könnte. Natürlich gibts auch langweilige Stunden, aber sie verschwinden. Es ist auch nicht so sehr *Rußland mit seinen Typen u.s.w.* was mich hier so in Atem hält, sondern das *ganz Neue* der politischen und sozialen Gestaltung, eben die Sowjetrepublik. Seitdem wir an der russischen Grenze langsam unter dem roten Sowjetstern durchfuhren merkte ich das *andere*. An der Grenze wechselten wir den Wagen, stiegen alle aus und wurden im geschmückten Bahnhofsgebäude empfangen und bewirtet. Dicht gedrängt standen da die Landleute und ließen uns durch. (Wir waren aber zu mindestens 100 Leuten verschiedener Nationalitäten angewachsen.) Wir mußten uns in der geschmückten Holzhalle an einen langen Tisch setzen und bekamen zu essen und die Delegierten redeten und die Russen redeten und viele Hochs und Hurras.
In Minsk wieder Empfang und Reden und die Internationale. Erst spät in der Nacht kam man zum Liegen und Schlafen. Die frohe Spannung stieg je näher man Moskau kam. Die Leute umarmten sich, sangen, lachten. In Moskau stürzte sich mit gewissermaßen Gebrüll ein wartender Haufen auf den Zug. Alles fiel sich in die Arme, vor uns Holitscher umarmte und küßte sich mit der Kamenewa. Aber nun komm ich wieder in Details und doch lohnt es gar nicht damit anzufangen. Ich wollte Euch heut nur sagen, was ich zu Anfang des Briefes sagte, es ist *Neuland* hier. Und das liest man nicht in Büchern und wird einem nicht gesagt, wie es mir 100 mal schon in Deutschland gesagt wurde, sondern man sieht es, man hört es, man fühlt es. Und das ist das ungeheuer Aufregende. Selbstvertändlich ist das, was einem gesagt wird, gewissermaßen Parade, Ermanski sagt das wirkliche Rußland ist doch ganz anders als wir aus unserm kleinen Guckloch es sehn. Aber auch er sagt man ist hier in einem Lebensstrom, der in einem ganz andren Tempo dahinfließt wie in andern Ländern.
Heute ist der 3. der großen Feiertage. Gestern war die große Parade auf dem Roten Platz an Lenins Grabmausoleum vorbei. Es ist so gebaut, daß sich oben eine breite Plattform befindet, auf der die Sowjetregierung stehend die Parade abnahm. Eine Einzige saß – die alte Klara Zetkin – »Zetkina«.
Die Parade begann um 9 Uhr mit der militärischen Parade, die dann überging in den Vorbeizug der bewaffneten Arbeiterbataillone. Dann aber schlossen sich Demonstrationszüge an mit unendlichen Emblemen, Verspottungen u.s.w. Nach 1 Uhr gingen wir nach Haus. Als wir später zu Ermanski gingen war der Strom der Demonstranten noch nicht vorüber, er soll bis ½8 Uhr gedauert haben.

Von unserer Arbeit, die wirklich nicht gering ist (man hat eigentlich immerfort ›Dienst‹) erzähl ich. Heut nur dies, damit Ihr wißt, daß es uns gut geht und damit Ihr in Kürze wißt, wie die Luft hier weht. Schickt doch diesen Brief auch an Sterns und dann an Konrad. Der Lise sag ich hiermit, daß ich ihre Grüße immer wieder ausrichte überall wo dieser Wind so recht fühlbar um einen saust.
Lebtwohl lebtwohl. Wenn Ihr doch Alle gesund wärt. Eure Eltern«
(Käthe-Kollwitz-Archiv, [der] Akademie der Künste [in] Berlin)

Die herausragende Stellung, die man Käthe Kollwitz unter den Gästen zum 10. Jahrestag der Oktoberrevolution beimaß, unterstreicht ein Artikel in der Moskauer Abendzeitung vom 11. November. Es handelt sich um ihre bekannte Stellungnahme zur Oktoberrevolution, die sie zuvor der Berliner AIZ (Die Arbeiter-Illustrierte Zeitung) gegeben hatte: »Es ist dies nicht die Stelle, uns auseinanderzusetzen, warum ich nicht Kommunistin bin. Es ist aber die Stelle, um auszusprechen, daß das Geschehnis der letzten 10 Jahre in Rußland mir an Größe und weittragender Bedeutung nur vergleichbar zu sein scheint dem Geschehnis der großen Französischen Revolution. Eine alte Welt, unterhöhlt durch vierjährigen Krieg und revolutionäre Minierarbeit, wurde im November 1917 zerschmettert. Eine neue Welt wurde in größten Zügen zusammengehämmert. Gorki spricht in einem Aufsatz aus der ersten Zeit der Sowjetrepublik von dem Fliegen ›Sohlen nach oben‹. Dieses Fliegen im Sturmwind glaube ich in Rußland zu spüren. Um dieses Fliegen, um die Glut ihres Glaubens habe ich die Kommunisten oft beneidet« (vgl. dazu: Sowjetunion-Sondernummer der AIZ (Die Arbeiter-Illustrierte Zeitung), VI. Jg., Nr. 43 vom 26. 10. 1927. In der Kollwitz-Literatur wird meist fälschlich Nr. 20 der AIZ des Jahrgangs 1927 genannt. Die AIZ hatte mit Grußworten und Bildnisfotos prominenter Persönlichkeiten eine Doppelseite gestaltet, u. a. äußerten sich H. Barbusse, N. K. Krupskaja, S. M. Eisenstein).
Wie sehr der Moskaubesuch von 1927 Käthe Kollwitz beschäftigte, zeigt ein Grußwort an Maxim Gorki zu dessen 60. Geburtstag 1928:
»Von Jugend auf liebe ich Rußland, mit welchem mich Dostojewski, Tolstoi und Gorki bekanntmachten. Ich las ihre Bücher zusammen mit den Büchern der großen französischen Romanciers, aber Rußland ist mir verwandter als Frankreich. Meine Reise mit Kalmykowa zerschlug der Krieg. Und erst im Alter von 60 Jahren, im Jahre 1927, überfuhr ich das erste Mal die russische Grenze unter dem Sowjetstern. Alles, was ich in Rußland sah, sah ich im Lichte dieses Sternes. Und ich habe Lust, nochmals dahin zu gehen, tief ins Land hin, an die Wolga.« (Erstveröffentlichung 1932 in der Zeitschrift Literatur der Weltrevolution, Nr. 9/10. Rückübersetzung aus dem Russischen nach W. W. Turowa (Hrsg.), Käthe Kollwitz, Tagebücher, Briefe, Erinnerungen von Zeitgenossen, Moskau 1980, S. 47).

Silvester 1927

Aufruf von de Man – Hendrik de Man (1885–1953), belgischer Politiker und Sozialpsychologe. Vermutlich handelte es sich um seine 1926 erschienene Untersuchung »Zur Psychologie des Sozialismus«.

Neujahrstag 1928

Karl Meffert (geb. 1903, Pseud. Clément Moreau), Graphiker und Maler, seit 1926 in Berlin, Schüler von Emil Orlik, vor allem von Käthe Kollwitz und Heinrich

Vogeler gefördert. Meffert setzte sich vorwiegend mit sozialkritischen Themen auseinander und bevorzugte die Form des graphischen Zyklus (Linolschnitte). Emigrierte über die Schweiz, wo er sich Moreau nannte, 1935 nach Argentinien; lebt seit 1961 wieder in der Schweiz.

Kuczynski – Robert René Kuczynski (1876–1947), Publizist und Soziologe. Käthe Kollwitz, die mit ihm zusammen in Moskau gewesen war, kannte ihn seit der gemeinsamen Arbeit in der Deutschen Liga für Menschenrechte und aus der Kampagne für das Volksbegehren zur Fürstenenteignung.

Zilles 70. Geburtstag – Heinrich Zilles Geburtstag am 10. Januar 1928 war ein großes Ereignis. Sein Biograph Danke berichtet von der Fülle von Blumen, die die Wohnung in ein Gewächshaus verwandelten, von den Delikatessen, den Torten, dem Wein und den Zigarren, die ihm ins Haus geschickt wurden, und von den zahlreichen Briefen und Telegrammen (Fischer, S. 131). Käthe Kollwitz gehörte zu den Gratulanten. Im Gespräch mit Adolf Heilborn äußerte sie, es gebe »mehr als einen Zille«; den einen charakterisierte sie als den typischen Witzblattzeichner, den zweiten als den Tendenzzeichner. »Dann gibt es aber noch einen dritten Zille. Und dieser ist mir der liebste: Der ist weder Humorist für Witzblätter noch Satiriker. Er ist restlos Künstler. Ein paar Linien, ein paar Striche, ein wenig Farbe mitunter – es sind Meisterwerke« (zit. nach Fischer, S. 147).

Ricarda Huch – Trotz gegenseitiger Hochschätzung blieb der Kontakt zwischen den beiden Frauen sporadisch. 1930 setzten sie sich gemeinsam für die Haftentlassung der russischen Sozialrevolutionärin Maria A. Spiridonowa ein (vgl. Anm. zu Ende August 1930).

Marie Baum (1874–1964), Oberregierungsrätin, Schriftstellerin, Freundin und Biographin Ricarda Huchs, lebte in Heidelberg.

Dr. Moritz – Eva Moritz, Berliner Ärztin.

Januar 1928

Kleinarbeit – Lohntütenzeichnungen sind offenbar nicht erhalten; von dem für das Plakat des Kaiserin-Auguste-Victoria-Krankenhauses verwendeten Litho-Stein sind nur wenige Abzüge gemacht worden (Klipstein 214). Zum Buch »Meine Erlebnisse unter Strafgefangenen« von Lenka von Koerber (1928) sind zwei Vorzeichnungen und die Umschlagzeichnung erhalten (Nagel/Timm 1154–1156). In ihrem Buch »Erlebtes mit Käthe Kollwitz« schildert die Autorin, wie sie sich im Jahr 1927 an Käthe Kollwitz mit der Bitte um eine Umschlagzeichnung für ihr Buch wandte und diese nach anfänglichem Zögern schließlich zustimmte: »Schreiben Sie mir wenigstens den letzten Termin. Da ich jetzt noch für Wochen verreise und nachher die abgebrochene Arbeit aufnehmen muß, kann ich vor Januar schwerlich eine Zusage machen« (Koerber, S. 11). Mitte Januar 1928 traf die Zeichnung ein: »eine Gefangene, die mit tiefliegenden müden Augen durch ein Gitter blickt. Der Mund ist schmerzlich geschlossen. Man spürt, wie das Gefühl der Schuld und der Mutlosigkeit diese junge Frau niederdrückt und daß sie noch nicht imstande ist, auf eine bessere Welt zu hoffen« (ebd., S. 12). Bei der erwähnten Obdachlosen-Zeichnung für die Heilsarmee handelt es sich nach Meinung von Werner Timm um die beiden Zeichnugen »Unter dem Brückenbogen« (Nagel/Timm 1160, 1161), bei denen vermutlich Erinnerungen an die Pariser Zeit mit verarbeitet worden sind.

Lenka von Koerber (eigentl. Helene von der Leyen, 1888–1958), seit 1920 als Publizistin, Journalistin und Bildberichterstatterin tätig. Sie wirkte in der Straf-, Jugend- und Entlassenenfürsorge und war eine der ersten Schöffinnen und Geschworenen in Deutschland. Ihre Bücher wurden 1933 verboten, bis 1945 konnte sie vor allem als Fotografin arbeiten. Ihr Buch »Erlebnisse mit Käthe Kollwitz« trägt stark kompilatorische Züge.

Lehrstelle in der Akademie – Die Anstellung von Käthe Kollwitz als »Vorsteherin eines Meisterateliers für Graphik« erfolgte zum 1. April 1928. Ihr Gehalt (C 2 der Besoldungsordnung) betrug jährlich 7.500 Mark, wozu der gesetzliche Wohnungszuschlag von 1.320 Mark kam, ein Ortszuschlag von 3 % und, als Mitglied des Senats der Akademie, eine Art Aufwandsentschädigung von 900 Mark. Lüdecke hat nach sorgfältigem Aktenstudium herausgefunden, daß Käthe Kollwitz monatlich 812,84 Mark netto für ihre Akademietätigkeit erhielt (Lüdecke, S. 18). Am 8. Mai leistete sie den Eid als preußischer Beamter.

Hans Schularzt – Hans Kollwitz hatte in Neukölln eine Schularztstelle angetreten.

6. Februar 1928

Valentin – Karl Valentin (eigentl. Valentin Ludwig Fey, 1882–1948), Münchener Komiker und Schriftsteller.

März 1928

Toni Sußmann (geb. 1883), Psychoanalytikerin in Berlin, vertrat die Lehre von C. G. Jung, 1938 Emigration nach Großbritannien.

Katta und Walter Herrendörfer – Die Ehe zwischen Katta (Katrine) Stern und Walter Gottfried Herrendörfer (geb. 1900, gefallen im Zweiten Weltkrieg) wurde bereits im Februar 1933 wieder geschieden.

Agnes Smedley(1894–1950), nordamerikanische Schriftstellerin und Journalistin, in den zwanziger Jahren in Berlin als Universitätslektorin tätig, ging später nach China; durch sie wissen wir mehr über den Einfluß der Graphik von Käthe Kollwitz auf die chinesische Kunst der dreißiger Jahre. Ein autobiographischer Bericht über ihren Kampf für die Rechte der Frau erschien 1929 in Buchform; Daughter of the Earth (deutsch unter dem Titel: Eine Frau allein, Frankfurt/M. 1929).

Fides ... ist mir eigentlich ganz fern – Fides Rüstow, die viele Monate im Haus Kollwitz lebte.

Der junge Opanos – Opanos Schewtschukewitsch, ukrainischer Bildhauer (vgl. die Porträtskizze Nagel/Timm 1157).

April 1928

Ich hatte Lise gebeten – Die beiden Porträtstudien von Lisbeth Stern (Nagel/Timm 1165) sind in diesem Zusammenhang zu sehen.

30. Dezember 1928

meine sehr langsame Genesung – Im Anschluß an eine Grippe hatte sich bei Käthe Kollwitz eine totale Erschöpfung mit Kreislaufschwäche und Herzbeschwerden eingestellt. Da auch Karl Kollwitz sehr angestrengt war, entschied man sich für eine Kur in Bad Elster.

»Haus am Meer« – Eine der prominentesten Pensionen in Kloster, wurde vor allem in den zwanziger Jahren von Künstlern und Persönlichkeiten des Kulturlebens besucht, u.a. von Helene Stöcker, Gerhart Hauptmann, Thomas Mann, Albert Einstein. Bei ihren Aufenthalten auf Hiddensee wohnte die Familie Kollwitz aber meist in Vitte im sog. Blockschen Haus, das dem Berliner Maler Leo Klein von Diepold (1865–1944) gehörte.

Coudenhove – Richard Graf von Coudenhove-Kalergi (1896–1972), Philosoph und Schriftsteller, Begründer der Paneuropa-Bewegung (1923).

Ich fliege nach Stralsund – Käthe Kollwitz benutzte die mit Wasserflugzeugen betriebene Flugverbindung von Hiddensee nach Stralsund.

Atelier in der Akademie – Als »Vorsteherin eines Meisterateliers für Graphik« stand Käthe Kollwitz ein neues, großes Atelier zur Verfügung; das sehr viel kleinere Atelier in Siegmundshof konnte sie nun aufgeben. Das neue Atelier lag im Gebäude der Kunsthochschule am Steinplatz, die Meisterschüler – jeder Lehrer hatte zwei Meisterschüler – arbeiteten unmittelbar neben dem Ateliervorsteher.

das Revolutionsblatt – Zum 10. Jahrestag der Revolution von 1918 wollte die SPD in Leipzig eine Postkarte herausgeben und wandte sich deshalb an Käthe Kollwitz. Sie zeichnete einen Lastwagen mit revolutionären Matrosen auf der Fahrt durch das Brandenburger Tor, im Vordergrund die jubelnde Menge – ein Blatt, das die politischen Hoffnungen und die Aufbruchstimmung des Novembers 1918 ausdrückt (Nagel/Timm 1163 und 1163a).

Zwischenein kleine zeichnerische Arbeiten – »Zu Menschen der Tiefe« vgl. die Angaben bei Timm (Nagel/Timm 1178–1180). Das »Nie wieder Krieg«-Blatt (Nagel/Timm 1183) diente als Einbandillustration für die vom Internationalen Gewerkschaftsbund herausgegebene sechssprachige Broschüre »Nie wieder Krieg«, Amsterdam 1930. Die kleine Platte für den Verein für Originalradierung bekam später den Titel »Stehende Mutter, ihr Büblein fütternd« (Klipstein 247, dort auf 1931 datiert); von den »Schwatzenden Frauen« sind zwei Fassungen erhalten, als Radierung und als Lithographie (Klipstein 239 und 240, beide auf 1930 datiert).

Meine 3 Schüler – hierüber berichtet Lüdecke sehr genau. Nach seinen Angaben (S. 22) hatte jeder Meister jeweils zwei Meisterschüler zur gleichen Zeit. Heinrich Boese wanderte bereits nach kurzer Zeit in die USA aus, an seine Stelle trat später Hugo Peschel. Ruth Koser-Michaelis wurde Kinderbuch-Illustratorin, Elisabeth Voigt (1893–1977), Malerin, Graphikerin und Zeichnerin, war von 1929 bis 1933 Meisterschülerin von Käthe Kollwitz. Sie erhielt verschiedene Preise und Auszeichnungen, war von 1946 bis 1958 als Professor der Leipziger Hochschule für Graphik und Buchkunst und seit 1952 am Institut für Kunsterziehung der dortigen Universität tätig.

Sella Hasse (1878–1963), Malerin, Graphikerin, studierte ab 1896 in Berlin bei Leistikow, Skarbina und Corinth, 1902 Schülerin von Käthe Kollwitz in der Graphikklasse der Berliner Künstlerinnenschule, stand seitdem in engem Kontakt mit ihr, wie der Brief vom 20. März 1925 bezeugt: »Ja, liebe Frau Hasse, Sie haben recht, es ist ›herrlich und auserwählt, noch leben zu dürfen‹. Und wenn es Ihnen schlecht geht mit der Arbeit, dann denken Sie immer an das Goethesche: ›Drum hetz dich nicht zur schlappen Zeit, denn Füll und Kraft sind nimmer weit. Hast du den schlechten Tag geruht, ist dir der gute doppelt gut.‹ Das sagte er freilich, als er noch jung war und Füll und Kraft nie lange warten ließen. Ich bin an längere notgedrungene Pausen gewöhnt, die sich so elend hinziehen, daß ich manchmal meine, Füll und Kraft kommen nie wieder. Und doch kommen sie wieder, wenn auch in Altersportionen. Und *wenn* sie *wiederkommen*, dann sag ich wie Sie: wie herrlich – wie auserwählt« (zit. nach Tagebuchblätter und Briefe, S. 144; vgl. a. Sella Hasse »Begegnung mit Käthe Kollwitz« in: Bildende Kunst, Jg. 3, Berlin 1955, S. 105ff.).

5. Februar 1930

Analyse durch Frau Sußmann – Hans Kollwitz hatte sich entschlossen, auch seinerseits bei Toni Sußmann eine Analyse zu machen, um der Entfremdung zwischen ihm und Ottilie vorzubeugen.

Däubler – Theodor Däubler (1876–1934), Dichter, Essayist und Kunstkritiker, lebte nach Jahren ausgedehnter Reisen seit Mitte der zwanziger Jahre schwerkrank in Berlin. Er verkehrte im Kreis um Toni Sußmann, wo er seine Gedichte vortrug.

Barlachs Gefallenendenkmal – Holzskulptur für den Magdeburger Dom, 1928 vom Preußischen Kultusministerium in Auftrag gegeben, 1929 vollendet. Es wurde im Zuge der Diffamierung Barlachs 1934 aus dem Dom entfernt und kam ins Depot der Nationalgalerie in Berlin, wo Käthe Kollwitz es im Frühjahr 1936 sehen konnte.

Paul Levi (1883–1930), Rechtsanwalt, Sozialdemokrat, Verteidiger Rosa Luxemburgs, Mitbegründer der KPD, später Mitglied der SPD und Reichstagsabgeordneter der SPD.

15. März 1930

Bei der Beerdigung – Auch Käthe Kollwitz sprach bei der Feier.

»Er trat in unseren Kreis, als er ein ganz junger Mann war. Er mochte etwa zweiundzwanzig Jahre alt sein. Er war schön und er war besonders.

Eigentlich war damals alles schon vorhanden, was jetzt in seinem fünfzigsten Jahr ausgereift vor den Augen der Freunde liegt. Es war vor allem vorhanden der Drang der Mitteilung und die Einwirkung auf Menschen. Er lehrte damals, wie er vor kurzem noch im Gespräch lehrte, aber sein Lehren war Mitteilungsbedürfnis über das, was er innerlich erlebte. Heinrich Goesch erlebte rasch und reich und in ununterbrochenem Strom. Stets floß sein Mund über von seinen Erfahrungen und Erkenntnissen, stets warb er um Menschen, und stets, solange ich ihn kannte, folgten ihm Menschen. Seine Macht über Menschen erschien oft gefährlich, denn die, die mit ihm gingen, hatten selten den Sturmschritt seiner Entwicklung. Sie glaubten noch mit ihm an seiner Seite zu sein, wenn er bereits wo anders, weiter, war, und dann hieß es, sich zurückfinden von den oft verstiegenen Wegen.

Dieser Mensch war genial, das spürte jeder, der seinen Weg kreuzte, aber wie kam es, daß dieser geniale Mensch sich nicht zusammenballen konnte zu einem Werk? Eine kleine Tür, so schien es mir, wäre aufzustoßen gewesen, und seine herrlichen Gaben hätten Festes geformt. Jetzt, wo sein Leben abgeschlossen vor uns liegt, sehe ich, daß seine geniehafte Bedeutung im Ausstreuen lag, im Schenken, im Befruchten, im verschwenderischen Geben.

Unvergeßlich die langen Gespräche mit ihm. Unvergeßlich eine unter Gesprächen verbrachte Nacht in der Weihnachtsstube. Die Lichter an dem Baum brannten und brannten ab, die letzten Schatten der Zweige schwankten an der Decke. Wir saßen und sprachen und sprachen. Welche Perspektiven taten sich da auf, welche Ausblicke auf bis dahin nicht Gekanntes oder nur Geahntes. Denn es war so, daß

Heinrich Goesch nicht hochmütig war. In dem, mit dem er sprach, erhöhte er Intellekt und Gefühl der eigenen Wertigkeit, es entstand ein beschwingtes Lebensgefühl.
Wie ein bunter, gewebter Teppich ziehen die gemeinsam verlebten Stunden vorüber. Zeitliche und räumliche Entfernung der letzten Jahre schien uns noch kein Verlust, wir wußten, der Freund kommt wieder und gibt wieder. Der Freund wird uralt werden. Sein Drang nach neuen Erlebnissen, neuen Erkenntnissen wird ihn Neuland finden lassen, und wenn der Wanderer von da zurückkommt, wird er uns wieder beschenken. Es war so ganz Heinrich Goesch, wenn er in allerletzter Zeit geäußert hat, er habe das Gefühl, vor einer großen Umwandlung zu stehn. Diese letzte große Umwandlung war der Tod. Aber bei Heinrich Goesch hat das Wort Tod den Sinn, den wir ihm meist geben, verloren. Es gibt Menschen, denen wir so restlos die Ruhe des Todes gönnen – Aussein –, und es gibt Menschen, bei denen der Tod uns doch nur Umwandlung bedeutet. ›Zu neuen Ufern lockt ein neuer Tag‹.«

März 1930

So etwas von Vertrauensseligkeit – In seinen Erinnerungen »Erfahrungen und Erkenntnisse« berichtet Friedrich Stampfer über die gemeinsame Arbeit mit Konrad Schmidt in der Freien Volksbühne: »Conrad war [...] der Typ eines weltfremden Gelehrten und, sobald er sein Studierzimmer verließ, ein Mann von rührender Hilflosigkeit.« Auch Siegfried Nestriepke hebt immer wieder die Weltunerfahrenheit des Volksbühnen-Vorsitzenden Konrad Schmidt hervor – bereits in den Jahren vor dem Ersten Weltkrieg (Nestriepke, S. 96). Das Alter hatte diese Züge noch verstärkt.

4. August 1930

Der Junge ist verändert – Um Ottilie Kollwitz in den letzten Wochen ihrer Schwangerschaft etwas zu entlasten, war beschlossen worden, Peter für einige Zeit nach Prerow an der Ostsee zur Familie von Fritz Klatt, einem Jugendfreund von Hans Kollwitz, zu geben.

Ende August 1930

Unterschrift unter den Aufruf für die Spiridonowa – Für die seit 1919 immer wieder inhaftierte und verbannte schwertuberkulöse russische Sozialrevolutionärin Maria Alexandrowna Spiridonowa hatte sich Käthe Kollwitz schon 1918 verwendet (vgl. Anm. zum 25. Juni 1918). Der Anlaß des neuerlichen Engagements linker Künstler und Wissenschaftler – vor allem wohl Frauen – war Frau Spiridonowas erneute Inhaftierung in Moskau, nach fünfjähriger Verbannung in Samarkand und Taschkent. Auf wen die Solidaritätsaktion zurückging, läßt sich nicht mehr feststellen. Jedenfalls veröffentlichte Die Weltbühne unter der Rubrik »Antworten« eine Notiz (Jg. 26, 1930, S. 75): »Frauenausschuß ›Für Maria Spiridonowa‹. Sie übermitteln uns einen Aufruf für die noch immer gefangen gehaltene russische Sozialrevolutionärin Maria Alexandrowna Spiridonowa. Die russischen Märtyrerinnen ›sollen wissen, daß Männer und Frauen ganz verschiedenartiger politischer Gesinnung, erschüttert durch ihre tragische Lage, versuchen wollen zu helfen. Käthe Kollwitz,

Ricarda Huch, Marianne Weber. Adresse: Dr. med. Hanna Kosterlitz, Berlin W 50, Marburger Straße 14. (Postscheckkonto Berlin Nr. 1098 43).‹ Wir behalten uns vor, zu dem Fall Stellung zu nehmen.«

Offensichtlich war die Petition für die Spiridonowa zumindest so weit erfolgreich, als die Haft in erneute Verbannung umgewandelt wurde, diesmal nach Ufa im Ural. Dort ist sie 1941 gestorben oder umgekommen. Welches die »unangenehmen Folgen« dieser Aktion für Käthe Kollwitz waren, hat sich nicht ermitteln lassen. Sie geht in einem Brief an Albert Einstein vom 8. Oktober 1930 noch einmal darauf ein: »Ich wäre Ihnen dankbar, wenn Sie mir einen Rat geben würden. Vor einigen Tagen wurde ich von Herrn Professor Sering aufgefordert mich einem Protest anzuschließen gegen die Verhaftung der russischen Wissenschaftler. Sie wissen ja natürlich von der Sache und sind selbst um Unterschrift angegangen und gerade darum wende ich mich an Sie und bitte Sie um Ihre Meinung. Fürs erste ist es ja selbstverständlich daß man sich einer Protesthandlung gegen die barbarische Erschießung der 48 Personen und weitere Verhaftung der Wissenschaftler anschließen möchte. Aber ich habe erst vor einigen Monaten, als ich mich für Erleichterung des Loses der Spiridonowa einsetzte, sehr unangenehm von der Sowjetregierung [gestrichen, statt dessen: Rußland] was auf [den Kopf] bekommen und hatte mir eigentlich vorgenommen mich in die russischen Angelegenheiten nicht mehr einzumischen. Wie verhalten sie sich in diesem Fall? Unterschreiben Sie den Protest? Ich würde es deswegen von Ihnen so gern wissen, weil ich weiß oder glaube zu wissen daß auch Sie nicht Kommunist sind, aber Sowjet-Rußland mit großer Sympathie gegenüber stehn. Bitte lassen Sie mich wissen, wie Sie sich entscheiden« (Albert-Einstein-Archiv, Universitätsbibliothek Jerusalem, 34-653-656).

Es scheint, daß sowohl Albert Einstein als auch Käthe Kollwitz diesen Protest unterschrieben haben, zusammen mit 83 anderen Vertretern aus Kunst und Wissenschaft. Ob auch Käthe Kollwitz wie ein großer Teil der Wissenschaftler und Künstler später mit Entschuldigungen gegenüber der UdSSR ihre Unterschrift auf dem Protestbrief zurückzog, ist nicht bekannt. Rolf Elias zitiert in seiner Studie über »Die Gesellschaft der Freunde des neuen Rußland«, das Eingeständnis Einsteins: »Es kam mir damals nicht genügend zum Bewußtsein, daß unter den besonderen Verhältnissen der Sowjetunion Dinge möglich sind, die unter den mir vertrauten Verhältnissen vollständig undenkbar sind« (Elias, S. 120).

Klinger-Feier in Leipzig – Zum 10. Todestag von Max Klinger fand im Leipziger Museum der bildenden Künste eine Gedenkfeier statt, bei der Käthe Kollwitz das Ehepaar Zimmermann kennenlernte, Tochter und Schwiegersohn von Max Klinger. In einem Brief an Herrn Zimmermann vom 1. September 1930 kommt sie darauf zurück: »Auch war es mir so lieb, Frau Désirée auf der Klingerfeier in Leipzig kennenzulernen. Sie erinnerte mich stark an ihre Mutter, die vor ungefähr 25 Jahren mit Klinger für eine Stunde in meinem Atelier war. Erschütternd ist das Ende dieser Frau, die ich damals in ihrer Höhezeit, schön, glücklich sah. Jener Besuch blieb das einzige Mal [...] daß ich Klinger sah und mit ihm sprechen konnte. Sie haben durchaus recht, Klinger war der stärkste Eindruck meiner Jugend« (Briefe der Freundschaft, S. 25).

die Musikhochschule – Die Geräusche aus der ihrem Atelier benachbarten Musikhochschule störten Käthe Kollwitz ungemein bei der Arbeit.

nach Saarbrücken, um die Sgraffito-Arbeit zu machen – Die Arbeiterwohlfahrt des Saargebietes hatte 1929 von der französischen Militärverwaltung die Grundstücke

37 und 39 in der Hohenzollernstraße in Saarbrücken erworben und dort 1930 nach Plänen des Architekten Otto Zollinger einen fünfgeschossigen Neubau errichten lassen, eine Art Volkshaus mit Vortragssaal und Bühne. Nach der Enteignung der Arbeiterwohlfahrt durch das Reich im Jahre 1935 wurde eine Betriebsstelle des Reichssenders Saarbrücken in dem Gebäude untergebracht. Vermutlich sind die Arbeiten von Käthe Kollwitz von den neuen Besitzern entfernt worden; sie sind jedenfalls nicht mehr erhalten.
In einem Brief an Beate Bonus-Jeep berichtete Käthe Kollwitz über das Projekt: »Ein Architekt in Saarbrücken, der da eine Art Volkshaus baut, hatte die Idee, an der Wand des Treppenaufgangs innen ganz groß meine Gruppe der Mütter aus der Kriegsfolge anzubringen, im Sgraffito-Verfahren, ein dunkler Grund wird auf Hellem aufgetragen, und dann wird das Dunkle überall da weggekratzt und geschabt, wo wie im Holzschnitt weißes Papier ist. Der dunkle Zeichnungskern bleibt bestehen [...] Er fragt, ob ich das machen möchte, und ich möchte sehr gern« (Bonus-Jeep, S. 207).
Mehrere Postkarten an die Kinder in Berlin berichten über den befriedigenden Verlauf der Arbeit. Am 1. Juni 1930 schreibt sie: »Saarbrücken-Vorbereitungen zur Arbeit-morgen gehts los. Ich freue mich, alles läßt sich gut an.« »Glatter Verlauf«, meldet Karl Kollwitz am 3. Juni. Und am 6. heißt es: »Fertig! Jetzt gehts noch mit netten Leuten in 2 Autos nach Straßburg.«

22. Oktober 1930

Andreas Kollwitz, Arne Andreas, geb. 3. September 1930, studierte Medizin in Marburg, Freiburg und Berlin. 1954–56 Studienaufenthalt in den USA. Prof. Dr. med., Urologe, lebt heute in Berlin.
Mit dem Namen Arne konnte sich die Großmutter zunächst nicht anfreunden. »Arne schlägst Du vor. Gegen Arne bin ich, weil ich dagegen bin, daß man Kinder mit ungewöhnlichen Namen benennt und einstweilen heißt hier doch noch kein Kind Arne. Aber Andreas find ich schön. Es ist ein etwas ernsthafter Name und eigentlich nur für ein braunes Kind. Dann käme mein geliebter August wieder in Frage (für ein Kind vom Schlage der Jördis)« (Brief an Hans vom 14. Mai 1930, Käthe-Kollwitz-Archiv, [der] Akademie der Künste [in] Berlin).

Ende Dezember 1930

Verbot des Remarque-Filmes – Der von der Universal-Filmgesellschaft in Hollywood verfilmte Antikriegsroman von Erich Maria Remarque »Im Westen nichts Neues« (»All Quiet on the Western Front«) in der Regie von Lewis Milestone hatte bei seiner deutschen Uraufführung in Berlin Störaktionen durch die NSDAP hervorgerufen und war am 11. November 1930 von der Filmprüfstelle für ganz Deutschland verboten worden.

Herbst 1931

Rhades – August Rhades (geb. 1886), Holz- und Steinbildhauer, Schüler von Erwin Kurz.
Diederich – Fritz Diederich (geb. 1869), Bildhauer, von 1891–1898 an der Berliner Akademie.

31. Dezember 1931

Scheinpflugscher Chor – Paul Scheinpflug (1875– 1937), Dirigent und Chorleiter, war nach Stationen in Königsberg und Berlin 1929 zum Leiter der Dresdener Philharmonie berufen worden.

Gertrud und Manon oben – Gertrud Goesch lebte mit ihrer geistig zurückgebliebenen Tochter Manon für mehrere Wochen im Gästezimmer der Kollwitzschen Wohnung.

1. Januar 1932

Toni Sußmann – So weit bekannt, hat Käthe Kollwitz den Vorschlag der Psychoanalytikerin Toni Sußmann, bei ihr eine Analyse zu machen, nicht aufgegriffen.

Jung – Carl Gustav Jung (1875–1961), Schweizer Psychoanalytiker.

16. April 1932

wie Nagel vorschlägt – Otto Nagel (1894–1967), Maler und Graphiker, Autodidakt; Käthe Kollwitz, die ihm freundschaftlich verbunden war, begegnete er erstmals 1919; ihr und ihrem Schaffen brachte er zeitlebens eine große Verehrung entgegen. Seit 1920 war Nagel auf den Berliner Arbeiter-Kunstausstellungen vertreten. Er war für Käthe Kollwitz die Kontaktperson zu Willi Münzenberg in der Internationalen Arbeiterhilfe, organisierte die Erste Allgemeine Deutsche Kunstausstellung in Moskau und Leningrad 1924/25 und die umfassende Kollwitz-Ausstellung in Moskau und Leningrad 1932. Nach 1933 Arbeits- und Ausstellungsverbot, 1936/37 im Konzentrationslager Sachsenhausen. Otto Nagel war 1950 Mitbegründer der Deutschen Akademie der Künste, von 1956 bis 1962 ihr Präsident. Er veröffentlichte mehrere Bücher über Käthe Kollwitz und gab zusammen mit Werner Timm den Katalog ihres zeichnerischen Œuvres heraus (1972).

28. April 1932

Lise geht sie ... aufsuchen – Gertrud Goesch wohnte vorübergehend in der Berliner Wohnung von Katta Herrendoerfer-Stern.

Mitte Mai 1932

Else Meidner geb. Meyer (1901–1977), Malerin und Graphikerin, Frau des Graphikers Ludwig Meidner.

Hanna Nagel (eigentl. Fischer, 1907–1975), Zeichnerin und Buchillustratorin, Schülerin von Emil Orlik in Berlin.

1. Juni 1932

Justi – Ludwig Justi (1876–1957), Kunsthistoriker, von 1909 bis zu seiner Entlassung 1933 Direktor der Nationalgalerie in Berlin, seit 1946 Generaldirektor der Staatlichen Museen zu Berlin auf der Museumsinsel.

in oder vor der Gedenkhalle – Vgl. die Eintragung vom 16. April; bei einer Ausstellung vor der als Ehrenmal umgestalteten Neuen Wache Unter den Linden fürchtete Käthe Kollwitz die »Beschlagnahmung von rechts«.

Lindenblatt – Hausmeister der Hochschule.

meine Anstellung – Kurz vor ihrem 65. Geburtstag am 8. Juli 1932 hatte der Preußische Kultusminister Käthe Kollwitz darauf hingewiesen, daß sie mit diesem Datum aus ihrer Stellung in der Akademie ausscheiden müsse; er verband damit Dank und Anerkennung für ihre Arbeit. Um ihre Lehrtätigkeit – an der sie hing und auf deren Bezahlung sie angewiesen war – fortsetzen zu können, war zwischen ihr, dem Akademiepräsidenten Max Liebermann und dem Ständigen Sekretär der Akademie, Prof. Alexander Amersdorffer, vereinbart worden, ihr die Stelle nach Möglichkeit auf kommissarischer Basis noch für einige Jahre zu erhalten, obgleich Käthe Kollwitz deutlich auch die politischen Schwierigkeiten sah, die mit einer so lockeren Form der Anstellung verbunden sein würden. Am 28. Februar 1931 [1932?] hatte sie in einem Brief an das Akademiepräsidium diese Gefahren angesprochen: »[...] möchte ich mir gestatten darauf hinzuweisen, daß die im Frühjahr stattfindenden Landtagswahlen wohl einen scharfen Ruck nach rechts ergeben werden, was für meine weitere kommissarische Anstellung sehr ungünstig wäre. Ich wäre Ihnen dankbar, wenn Sie möglichst frühzeitig meine weitere Anstellung befürworten wollten« (vgl. dazu Lüdecke, S. 19 u. 22). Nachdem auch Max Liebermann in einem Schreiben an den Kultusminister betont hatte, es »würde durchaus im Interesse des Staates liegen, wenn die wertvolle Lehrkraft der bedeutenden Künstlerin dem Meisteratelier für Graphik noch länger erhalten bliebe«, hatte man sich auf eine Weiterbeschäftigung mit einem »Privatdienstvertrag« geeinigt, der am 12. August abgeschlossen wurde.

Senatssitzung der drei Akademiesektionen – Als Vorsteherin eines Meisterateliers gehörte Käthe Kollwitz dem Senat an.

Max von Schillings (1868–1933), Komponist und Dirigent, während des entscheidenden Jahres vom Sommer 1931 bis zum Sommer 1932 Präsident der Preußischen Akademie der Künste.

Poelzig – Hans Poelzig (1869–1936), Architekt und Architekturtheoretiker, Mitglied der Novembergruppe, seit 1920 in Berlin, seit 1922 Mitglied der Akademie der Künste. Poelzig mußte 1933 aus der Leitung der Kunstgewerbeschule in Berlin ausscheiden.

4. Juni 1932

nach der Galerie gerufen – Die Steinfiguren waren in der Vorhalle der Nationalgalerie ausgestellt, die Originale – die Gipsfiguren – im Kronprinzenpalais. »Den Umständen nach ist alles wohl. Nur wurde bei dem Transport dem Mann noch der Kopf abgerissen, so daß ich wieder ins Atelier sausen mußte und mit Gips und Werkzeugen operieren«, heißt es in einem Brief an die Freundin Jeep (Bonus-Jeep, S. 243).

Erich Drechsler (geb. 1903), Dresdener Maler und Graphiker.

Sophie – Sophie Wolff.

Franzisca Baruch (geb. 1901), Graphikerin und Schriftgestalterin, Freundin von Ottilie Kollwitz, emigrierte 1933 nach Palästina.

Ruth Koser-Michaelis – Illustratorin, Meisterschülerin von Käthe Kollwitz.

15. Juni 1932

Wäre Otto Nagel hier – Otto Nagel weilte in der Sowjetunion, wo er die große Kollwitz-Ausstellung in Moskau und Leningrad betreute.

19. Juni 1932

Jeep jetzt hier – Daß die Freundin Jeep, »die gewissermaßen vom Anfang bis zum Schluß Pate gestanden hat« und deren »geburtshelferische Gedanken« der Künstlerin wohlgetan hatten, »nun nicht leiblich hier sein« sollte, stimmte beide traurig. Schließlich kam Beate Bonus doch noch nach Berlin, rechtzeitig vor dem 19. Juni, dem ursprünglich angesetzten Endtermin der Ausstellung. Offenbar machten die Originale, also die Gipsfiguren, einen noch stärkeren Eindruck auf sie als die für den Friedhof in Belgien bestimmten, in Stein ausgehauenen Skulpturen. »Die Figuren, die Originale, wie sie aus ihrer Hand hervorgegangen waren, empfingen einen in einem kleinen Raum, den sie allein innehatten, mit gebietender Stille. Wenn auch das Licht aus dem etwas entfernt liegenden Fenster gedämpft hinzutrat, schadete ihnen das nicht. Es erhöhte womöglich noch den Eindruck des Abgesondertseins, wie großer Schmerz ihn heimlich um die Betroffenen zieht« (Bonus-Jeep, S. 242 f.). »Da knieten sie nun. Wer sich mit der Schmidt verbunden fühlte, empfand dieses Gelingen selber wie einen Lebenserfolg« (ebd., S. 243).

Juli 1932

nach Bischofstein – Befreit und entspannt nach der großen Arbeit fuhren Käthe und Karl Kollwitz zu den Freunden Bonus nach Bischofstein in Thüringen, um sich noch etwas zu erholen vor der Fahrt nach Roggevelde, wo die Elternfiguren ihren endgültigen Platz finden sollten.
Ripkes Rückkehr – Wilhelm Ripke (1886–1965), Pädagoge, Schulreformer und Historiker, Zeuge der Oktoberrevolution 1917, lebte seit 1919 als Leiter der Internatsschule auf Schloß Bischofstein.
Papen-Rede – Franz von Papen (1879–1969), parteilos, seit Juni 1932 Reichskanzler. Am 20. Juli erklärte er in einem Staatsstreich die preußische Regierung Braun-Severing für abgesetzt.

21. Juli 1932

Lingner – Reinhold Lingner (1902–1968), Garten- und Landschaftsgestalter, seit 1927 an der Gestaltung deutscher Gefallenenfriedhöfe in Belgien beteiligt. Er lehnte den Ende der zwanziger Jahre einsetzenden nationalistischen Kult bei der Gestaltung von Gefallenenfriedhöfen ab; 1933 mußte er nach Frankreich emigrieren. Nach 1945 wirkte er als Leiter des Hauptamtes für Grünplanung beim Magistrat von Groß-Berlin, schuf 1949 die erste Gestaltung des Käthe-Kollwitz-Platzes in Berlin-Prenzlauer Berg, wo sich heute das Kollwitz-Denkmal von Gustav Seitz (1957) befindet.
Schult – nicht ermittelt.
Phantome – Attrappen

31. Juli 1932

Reichstagswahl – Die Nationalsozialisten erhielten 37,3 %; mit 230 Sitzen war die NSDAP nunmehr die weitaus stärkste Fraktion.
»Hoher Weg« – gemeint ist die Kölner Hohe Straße, eine der Haupteinkaufsstraßen der Stadt.

14. August 1932

Mit Nagels, die von Rußland kommen – Otto und Wallentina (Walli) Nagel. Aus Anlaß des 65. Geburtstages der Künstlerin hatte Otto Nagel die Ausstellung in Moskau und Leningrad organisiert; mit 142 Arbeiten war dies die umfangreichste aller Kollwitz-Ausstellungen in der Sowjetunion (Nagel, S. 64ff.).
Sandkuhl – Hermann Sandkuhl (1872–1936), Maler und Graphiker.

Ende August 1932

Malchi – Amalie Buchthal geb. Serkin, Kunsthandwerkerin, Freundin der Familie, betreute während Ottilies Abwesenheit Hans und die Kinder in Lichtenrade.
Zum Amsterdamer Anti-Kriegs-Kongreß – Der Kongreß, der ursprünglich am 28. Juni 1932 zum 18. Jahrestag der Ermordung des österreichischen Thronfolgers in Genf stattfinden sollte, wurde schließlich am 27. August 1932 in Amsterdam als »Internationaler Kongreß gegen imperialistischen Krieg« eröffnet und hatte eine ausgesprochen prosowjetische Tendenz. Er war von Henri Barbusse und Romain Rolland unter dem Eindruck einberufen worden, daß die japanische Invasion in der Mandschurei eine Bedrohung der Sowjetunion darstelle und daß es die Aufgabe eines internationalen sozialistischen Kongresses sei, solche aggressiven friedensgefährdenden Tendenzen anzuprangern und sich mit der Sowjetunion zu solidarisieren. Trotz der Meinungsverschiedenheiten zwischen den Gruppierungen und trotz der Warnungen Friedrich Adlers an die deutschen Sozialdemokraten, am Kongreß teilzunehmen, war die Teilnehmerzahl beeindruckend; insgesamt nahmen 2195 Delegierte aus 29 Ländern teil (Gross, S. 239).

Herbst 1932

Konrad – Am 14. Oktober 1932 starb Konrad Schmidt 69jährig nach langer Krankheit in der Kollwitz-Wohnung in der Weißenburgerstraße. Käthe Kollwitz machte zwei Zeichnungen von ihm auf dem Totenbett (Nagel/Timm 1233, 1234; vgl. auch die Tagebucheintragung vom 25. November 1934). Den Freunden Bonus berichtete sie: »Wißt Ihr, das war so wohltuend, wie an seinem Sarg die Menschen, die den Dulder nicht mehr gesehen hatten, den Früheren, den Menschen in seiner Geistigkeit wieder entstehen ließen, den Konrad Schmidt, von dem die Sozialdemokraten eine Fortführung der Marxschen Lehre erwarteten« (Bonus-Jeep, S. 278). Über die Trauerfeier am 19. Oktober 1932 im Berliner Krematorium in der Gerichtstraße erschien eine Broschüre mit allen Reden, die gehalten wurden. Es sprachen: Paul Kampffmeyer, Friedrich Stampfer für den Vorwärts, Curt Baake, Schenk, Prof. Timpe als Vertreter der Technischen Hochschule Berlin, der Jugendfreund Louis Sell und Karl Kollwitz. Die als Privatdruck erschienene Broschüre zeigte auf dem Titel die Zeichnung »Konrad auf dem Totenbett« von Käthe Kollwitz. Seine Urne war die zweite, die in dem neuerworbenen Grab Platz fand, das die Geschwister auf dem Zentralfriedhof in Friedrichsfelde erworben hatten. Vor Konrad war seine Frau Anna dort beigesetzt worden, es blieb noch Platz für die beiden Sterns und Karl und Käthe Kollwitz. (Lisbeth Stern ist später doch nicht dort, sondern auf dem Heidefriedhof in Berlin-Mariendorf bestattet worden, wo auch Hans und Ottilie Kollwitz ihre Ruhestätte haben.)

Juli 1933

Heinrich Mann und ich – Die Geschichte dieses Ausschlusses ist bekannt. Gemeinsam mit ihrem Mann und einigen anderen Sozialdemokraten, Sozialisten und Pazifisten, vor allem vom Internationalen Sozialistischen Kampfbund (ISK), hatte Käthe Kollwitz den »Dringenden Appell« unterzeichnet, der am 14. Februar, also zwei Wochen nach der sog. »Machtergreifung«, an Berliner Litfaßsäulen angeschlagen wurde und »in letzter Minute zu einer Zusammenfassung aller Kräfte aufrief, »die in der Ablehnung des Faschismus einig sind«. Über alle Prinzipiengegensätze hinaus sollte durch eine Listenverbindung von SPD und KPD eine gemeinsame Front gegen die NSDAP bei der Wahl vom 5. März errichtet werden. Bernhard Rust, der für kulturelle Angelegenheiten und auch für die Akademie der Künste zuständige »Reichskommissar«, drohte mit Schließung, wenn sich die Akademie nicht von Heinrich Mann und Käthe Kollwitz distanziere und deren Austritt bewirke. In ihrer Untersuchung »Dichter zwischen rechts und links« hat Inge Jens den ganzen Vorgang in allen Einzelheiten akribisch dargelegt. »Der Akademieleitung war es furchtbar unangenehm«, schreibt Käthe Kollwitz an die Freundin Jeep. »Vierzehn Jahre [...] habe ich mit den Leuten friedlich zusammengearbeitet. Jetzt muß mich die Akademieleitung bitten, freiwillig auszutreten. Wäre es nicht zu dieser Lösung gekommen, hätte man gedroht, die ganze Akademie auffliegen zu lassen. Natürlich tat ich es, auch Heinrich Mann. Der Stadtbaurat Wagner trat aus Solidarität mit aus« (Bonus-Jeep, S. 263).
Ein großer Teil der Presse reagierte auf den Ausschluß mit Bedauern. Auch rechte Blätter, die das Ausscheiden Heinrich Manns als eines »undeutschen« Schriftstellers begrüßten, zeigten sich bestürzt über den Hinauswurf von Käthe Kollwitz, so die Berliner Börsenzeitung vom 16. Februar 1933: »Endlich sind Heinrich Mann und Stadtbaurat Wagner aus der preußischen Akademie der Künste ausgeschieden, in der sie beide ihrer inneren Haltung zur deutschen Kunst und Kultur [nach] nichts zu suchen hatten. Beide lehnen eine deutsche Kultur ab. Heinrich Mann glaubt immer noch an die französische Revolution und Stadtbaurat Wagner an die russische [...] Mit Heinrich Mann und Stadtbaurat Wagner ist auch Käthe Kollwitz ausgeschieden. Das ist schade. Käthe Kollwitz ist zwar Kommunistin, aber sie ist eine volkhafte deutsche Künstlerin. Wir bedauern es sehr, daß sie sich so leidenschaftlich für den Kommunismus einsetzt. Die deutsche Künstlerin aber möchten wir trotz diesem ihrem Irrtum, wenn auch nicht mit allen ihren Werken, für das ganze deutsche Volk erhalten wissen.«
Ähnlich im Reichsboten vom 17. Februar 1933: »Bei Heinrich Mann ist die Situation ganz klar. Er hat stets zu den ›Dichtern‹ gehört, die sich an nationaler Würdelosigkeit nicht genug tun konnten. Sein Können stand in keinem Verhältnis zu dem Namen, den ihm eine geschäftige jüdische Reklame verschafft hatte [...] Anders liegt der Fall bei Käthe Kollwitz. Ohne Zweifel ist sie eine große Künstlerin, die es in meisterhafter Weise verstanden hat, ein Bild der leidenden Menschheit zu

zeichnen. Es ist bedauerlich, daß diese hochbegabte Künstlerin sich zur parteipolitischen Propaganda mißbrauchen ließ. Man wird auch in Zukunft ihre große Begabung von ihrem merkwürdigen politischen Verhalten unterscheiden müssen. Unsere Achtung wird der Künstlerin Käthe Kollwitz stets entgegengebracht werden«. Während sich das vorsichtige Berliner Tageblatt auf die Wiedergabe der Fakten beschränkte, gab die Frankfurter Zeitung ihre Sympathien deutlich zu erkennen: »Diese Künstlerin ist heute sechsundsechzig Jahre alt. Sie hat mit einer Unbedingtheit, die nur die edle Absicht vermitteln kann, eine einzige Sache immer wieder gezeichnet: das Proletariat. So ist sie eine unbequeme Künstlerin gewesen; lag eine neues Blatt von ihr vor, so herrschte in dem offiziellen Deutschland vor dem Kriege Schweigen – wie nach einem Unglücksfall. Käthe Kollwitz hat nie eine größere Ehrung erfahren als durch jene goldene Medaille, die ihr auf Wunsch Wilhelms II abgesprochen wurde. Jetzt muß sie die Preußische Akademie verlassen, weil sie geglaubt hat, sie dürfe sich nicht von ihren Freunden in der organisierten deutschen Arbeiterschaft trennen.«

auf zwei Wochen nach Marienbad – Um einer möglichen Verhaftung zu entgehen, waren Käthe und Karl Kollwitz im März 1933 für zwei Wochen nach Marienbad ausgewichen, wo sie im Haus, das Max Wertheimer mit seiner Familie bewohnte, Quartier fanden.

Clara Zetkin tot – Am 20. Juni 1933 war Clara Zetkin in Gorki bei Moskau gestorben. Den 1932 gewählten Reichstag hatte sie am 30. August als Alterspräsidentin noch mit einem Appell zur Einheit der deutschen Arbeiterbewegung eröffnet.

1. Juli werden sämtlichen Ärzten [...] die Kassen weggenommen – Die Ausschlüsse von der Kassenzulassung erfolgten von Stadt zu Stadt durch die jeweilige Kassenärztliche Vereinigung, wobei sich die Berliner mit ihrer neu gewählten Spitze (Dr. Martin Claus und Dr. Erwin Villain) als besonders rigoros erwies. Wie Tennstedt/Leibfried darlegen, wurden von der Kassenärztlichen Vereinigung in Berlin 1377 Ausschlüsse von Ärzten verfügt, davon 1030 wegen nichtarischer Abstammung und 338 wegen kommunistischer Betätigung. Hiergegen erhob die Mehrzahl der Betroffenen Einspruch. Die Ausschließungen mußten zum Teil zurückgenommen werden. Nach Überprüfung durch das Reichsarbeitsministerium blieben 827 Nichtzulassungen bestehen, darunter wegen kommunistischer Betätigung noch 91 (Tennstedt/Leibfried, S. 217). Auch Karl Kollwitz hatte erfolgreich protestiert; am 29. Oktober bekam er die Kassenzulassung zurück, für ihn eine Überlebensfrage, denn in der Arbeitergegend Prenzlauer Berg waren die Privatpatienten rar.

Hansens Brief – Hans Kollwitz war als Sozialdemokrat gekündigt worden.

24. September 1933

Kollwitz-Kinder getauft – Der Entschluß des Gemeindegründers Julius Rupp, aus der Landeskirche auszutreten, hatte die Nachkommen moralisch verpflichtet, auch ihrerseits nicht der Kirche beizutreten. Die einheiratenden Familienmitglieder übernahmen traditionell diese Entscheidung; so gehörten weder Karl Kollwitz noch Ottilie nach ihrer Heirat der Landeskirche an, sondern betrachteten sich ebenfalls als Dissidenten. Die Kollwitz-Kinder waren nicht getauft. Warum sie nun doch im evangelischen Glauben aufwachsen sollten, ist nicht mehr zu ermitteln.

Vera Sußmann – Tochter der Psychoanalytikerin Toni Sußmann, emigrierte nach London.

November 1933

Stelling – Johannes Stelling (1877–1933), sozialdemokratischer Reichstagsabgeordneter und Mitglied des Parteivorstandes; in der Köpenicker Blutnacht von einem SA-Kommando ermordet.

Gerhart Hauptmann sagt »ja« – Seit Ende Dezember 1932 hielt sich Gerhart Hauptmann in Rapallo auf. Er kehrte im Sommer 1933 nach Deutschland zurück. Aus dem Exil heraus kritisierte Alfred Kerr Hauptmanns Schweigen zu den Zuständen in Deutschland mit bissiger Schärfe.

Januar 1934

Alexander mit seiner dritten Frau – Lorena Rüstow geb. Gräfin Vitzthum von Eckstaedt, mit der er 1933 in die Türkei emigrierte. Bis 1949 war Rüstow Professor in Istanbul, 1949 bis 1955 – als Nachfolger Alfred Webers – in Heidelberg.

April 1934

Eine plastische Arbeit für das Grab – Die Arbeit an dem fast quadratischen Relief (Bronze) nach dem Goethe-Wort aus dem West-östlichen Diwan »Ruht im Frieden seiner Hände« wurde 1935/36 abgeschlossen. Das Relief mit den darunter eingravierten Namen von Konrad und Anna Schmidt und Georg Stern wurde in den Grabstein auf dem Friedhof Friedrichsfelde eingelassen.

Juni 1934

⟨ ⟩ An dieser Stelle sind etwa sechs Zeilen von Hans Kollwitz eingeschwärzt.

Lithos zum Tod – acht, später zur »Folge Tod« zusammengefaßte Blätter, die das Verhältnis des Menschen zum Tod zum Inhalt haben, (Klipstein 256–263); zum Teil werden noch einmal frühere Bildideen aufgenommen, etwa der Tod, der in eine Kinderschar greift.

30. Juni 1934

Erschießung Röhms – Ernst Röhm (1887–1934), SA-Führer, seit 1931 Chef des Stabes der SA, wurde am 30. Juni 1934 zusammen mit anderen SA-Führern und weiteren Kritikern von der SS ermordert.

Juli 1934

Mühsam tot! – Erich Mühsam (1878–1934), Schriftsteller und Publizist, Pazifist, im Konzentrationslager Oranienburg am 10. oder 11. Juli 1934 ermordet.

25. Juli 1934

Ermordung Dollfuß' – Engelbert Dollfuß (1892–1934), 1932 bis 1934 österreichischer Bundeskanzler und Außenminister, wurde am 25. Juli 1934 bei einem nationalsozialistischen Putschversuch in Wien ermordet.

August 1934

nach Hain nachgefahren – die Familie von Hans Kollwitz verbrachte die Sommerferien 1934 in Hain im Riesengebirge.

das Andere aufzugeben – Ottilie Kollwitz hatte unter dem Einfluß ihrer Analyse bei Toni Sußmann zu einem Psychotherapeuten eine Beziehung aufgebaut, die ihr sehr wichtig war. Das gefährdete ihre ohnehin nicht sehr stabile Ehe mit Hans Kollwitz von einer neuen Seite.

Eingewöhnung in den neuen Arbeitsraum – Die Frist zur Räumung des Ateliers in der Hardenbergstraße als Folge ihres Ausschlusses aus der Akademie war Käthe Kollwitz auf ihren Antrag vom 4. September 1933 hin noch einmal verlängert worden. »Meine plastische Arbeit ist nun so weit fortgeschritten, daß Ende September nötigenfalls der Gipsabguß gemacht werden könnte. Ich habe die Absicht, die Arbeit in Gips bei mir zu Ende zu führen. Da jedoch die Licht- und Raumverhältnisse in meiner Wohnung für eine Arbeit dieser Dimension nicht gerade günstig sind, mir aber sehr viel daran liegt, diese vermutlich letzte größere plastische Arbeit wirklich gut und ohne Pression durchzuführen, erlaube ich mir die Bitte auszusprechen, das Atelier mir noch für weitere 2 bis 3 Monate zur Benutzung zu überlassen« (Lüdecke, S. 37). Da sich ein anderes Atelier zunächst nicht fand, mußte sie mit allen fertigen und begonnenen Arbeiten in die Weißenburgerstraße umziehen. »Das war eine schwierige Aufgabe, in eine Stube alles hineinzubringen, was sich über zwei Ateliers, davon ein riesengroßes ausgedehnt hatte. Plastiken, Graphiken, Zeichnungen mit allem dazugehörigen Material. In der Mitte steht nun der große Drehblock. Die darauf gehörige Gruppe, eine Mutter mit zwei Kindern, überlebensgroß, steht in Gips gegossen beim Gießer. Noch getrau ich mich nicht, sie herzunehmen. Ich muß mich erst langsam wieder in den Rückschraubungsprozeß hineingewöhnen« (Brief an die Malerin Erna Krüger vom 17. Januar 1934, Briefe der Freundschaft, S. 96f.).

November 1934

auf die Akademieausstellung gebracht – Das inoffizielle Ausstellungsverbot für Kollwitz-Werke, das wenig später dazu führte, daß ihre Arbeiten aus den Museen entfernt und private Ausstellungen in Galerien und Kunsthandlungen geschlossen wurden, war offenbar im November 1934 noch nicht wirksam. Den »Wisch« wegen Untersagung jeder künstlerischen Betätigung, nach dem sie sich bei Liebermann erkundigte (s. Eintragung vom 25. November), hat sie augenscheinlich nicht bekommen.

Eine Sache, die [...] ich ablehnen müßte – Über die Bemühungen von Fritz Klimsch und anderen Kollegen, Käthe Kollwitz wieder in die Akademie zu bringen, hat Lüdecke in den Archiven nichts finden können (Lüdecke, S. 38f.). Ihre Stellungnahme zu dem Vorschlag deckt sich mit ihrer Antwort an Artur Bonus, der sich ohne ihr Wissen und anonym in einem Aufsatz für ihr Verbleiben in der Akademie eingesetzt hatte: »Glaub mir, Bonus, wenn der Verfasser sagt, die Seelen von Unzähligen im Arbeitsstand glühten für mich, so hören sie sicher auf, das zu tun, wenn ich ›ehrenvoll wieder anerkannt‹ werde. Ich will und muß bei den Gemaßregelten stehen. Die wirtschaftliche Schädigung, auf die Du hinweisest, ist eine selbstverständliche Folge. Tausenden geht es ebenso. Darüber muß man nicht klagen« (Bonus-Jeep, S. 264).

Atelier in der Klosterstraße – Aus einem Brief an die Bildhauerin Gertrud Weiberlen vom 29. Juli 1934 geht hervor, daß sich Käthe Kollwitz um ein Atelier in der Klosterstraße bemühte. »(Die Bewerbung geht nicht etwa darum, daß man es umsonst bekommt, sondern daß man es mieten darf, es ist in einem städtischen Gebäude). Bekomme ich es, so gehe ich mit meiner Gruppe dort rüber und versuche, sie zu Ende zu arbeiten« (Briefe der Freundschaft, S. 64).
Das rote Backsteingebäude in der Klosterstraße – ehemals eine Schule für angehende Zeichenlehrer – stand schon einige Jahre leer, als es der Bildhauer Günther Martin für sich und die gleich ihm aus der ehemaligen Unterrichtsanstalt des Kunstgewerbemuseums vertriebenen Künstlerkollegen entdeckte. Es bot Platz für vierzig Ateliers, in die sich Maler, Bildhauer, Architekten, Photographen und Keramiker teilten. Zu den Bildhauern gehörten Hermann Blumenthal, Ludwig Kasper, Felix Kupsch und Adolf Abel; für kürzere Zeit arbeiteten auch Gerhard Marcks und Richard Scheibe dort, unter den Malern waren Werner Heldt und Werner Gilles, August Dreßler und Max Neumann (Tucholsky, S. 22f.). »In nachbarlicher Verbundenheit werden [...] die verschiedenartigsten künstlerischen Arbeitsweisen ausgeübt«, heißt es in einem von der Ateliergemeinschaft herausgegebenen Faltblatt von 1939. »Diese räumliche Zusammenfassung gewährt gegenseitige Anregung, ermöglicht Erfahrungsaustausch und Hilfe. Die Gemeinschaft gründet sich also darauf, daß künstlerische und kunsthandwerkliche Erfahrung als gemeinsames Gut angesehen wird, das es durch lebendigen Gebrauch und bereitwilligen Beitrag zu mehren gilt« (Kunst in Berlin, S. 159).
Diese Ateliergemeinschaft war der nach 1933 stark isolierten Käthe Kollwitz auch aus menschlichen Gründen wichtig. Der Maler Werner Heldt berichtete 1947: »Sie führte ein stilles Dasein in unserem Haus. Bei Ludwig Kasper, mit dessen Frau sie herzlich befreundet war, lernte ich sie dann kennen. Man kann sich keine größere Schlichtheit, Stille, ja fast Schüchternheit vorstellen. Im Atelier von Hilde Plate feierten wir ihren 70. Geburtstag. Nachher führte Käthe Kollwitz uns in ihr Atelier und zeigte uns ihr jüngstes Werk. Man sah ein junges Weib kauern und mit schützender Gebärde ihre Kinder an sich drücken« (Briefe der Freundschaft, S. 184).
Vgl. a. Ausstellungskatalog »Ateliergemeinschaft Klosterstraße. Vom stillen Kampf der Künstler«, Galerie Mitte Berlin, Berlin 1988.

25. November 1934

Unter den Zeichnungen zum Tode – Vgl. Nagel/Timm 1235 und 1236 sowie Klipstein 249 »Konrad ruft der Tod«.

Lise ... nach London – Fritz Kortner war mit seiner Frau Hanna und den beiden Kindern nach London emigriert.

Peter ... aus dem Krankenhaus zurück – Peter Kollwitz mußte wegen einer Nierenbeckenentzündung für mehrere Wochen ins Krankenhaus.

Spiro – Eugen Spiro (1874–1972), Maler, seit 1904 in Berlin, von 1914 an Organisator der Berliner Secession. Spiro emigrierte 1935 über Frankreich in die USA.

Aufnahme in den Kulturbund – Gemeint ist die Reichskammer der bildenden Künste, eine Unterorganisation der durch Gesetz vom 22. 9. 1933 eingeführten Reichskulturkammer als berufsständische Vertretung, Zusammenfassung und Gliederung der im kulturellen Bereich Tätigen. »Die Eintragung in die Stammrollen der einzelnen Fachkammern wurde schlechthin zur Existenzfrage. Wem die

Aufnahme verweigert wurde – und die letzte Instanz war Goebbels in seiner Eigenschaft als Präsident –, der verlor damit das Recht, einen kulturellen Beruf auszuüben, durfte mit Polizeigewalt daran gehindert werden und wurde es auch [...] Die Geheime Staatspolizei ging Denunziationen nach, spürte systematisch noch vorhandene Arbeiten verfemter oder exilierter Künstler, auch in privatem Besitz, auf und kontrollierte, ob die Arbeitsverbote eingehalten wurden« (Brenner, S. 60f.). So auch im Fall Käthe Kollwitz. Das Gau-Personalamt Berlin der NSDAP (Politische Beurteilung) gab am 14. 9. 1937 einen vertraulichen Bericht an den Landesleiter Berlin der Reichskammer der bildenden Künste: »Unter Bezugnahme auf die mit Ihnen geführte telefonische Rücksprache teile ich Ihnen folgendes mit: Nach der Machtübernahme hat die Volksgenossin K. in keiner Weise versucht den nationalsozialistischen Belangen mindestens nach außen hin gerecht zu werden. Sie scheint von den kommunistischen Ideen so stark beeinflußt zu sein, daß eine ehrliche Umstellung unmöglich ist. Die Volksgenossin K. bietet mir nicht die Gewähr dafür, sich jeder Zeit rückhaltlos für den nationalsozialistischen Staat einzusetzen« (Bundesarchiv Koblenz).
Trotz solcher Warnungen hatte die Reichskammer der bildenden Künste sie als Mitglied aufgenommen. Sie war weder Jüdin, noch galt sie als »entartet« – entgegen anderslautenden Berichten wurden 1937 keine Arbeiten von ihr in der Münchener Ausstellung »Entartete Kunst« gezeigt –; man ließ sie arbeiten, solange die Ergebnisse dieser Arbeit nicht an die Öffentlichkeit drangen. Ausstellungen ihrer Arbeiten wurden zwar verboten, ihre Werke aus Gemeinschaftsausstellungen entfernt, Postkarten mit Motiven ihrer Graphik beschlagnahmt – wie aus einem Schreiben der Geheimen Staatspolizei Darmstadt an den zuständigen Polizeipräsidenten vom 19. 11. 1941 hervorgeht: »Falls diese Karten im dortigen Dienstbereich erfaßt werden, ersuche ich um verantwortliche Vernehmung der betreffenden Buch- bzw. Kunsthändler und Vorlage der Vernehmungsniederschrift in doppelter Ausfertigung« (Bundesarchiv Koblenz). Aber all dies geschah nicht systematisch, nicht rigoros, es gab immer wieder Ausnahmen – besonders in den ersten Jahren, wie die Teilnahme an den Akademieausstellungen belegt.

9. Februar 1935

Liebermann tot – In seiner Autobiographie »Die fetten und die mageren Jahre« berichtet Karl Scheffler, von 1906 bis 1935 Chefredakteur der mit der Berliner Secession eng verbundenen Zeitschrift Kunst und Künstler über Liebermanns Beerdigung: »Beigesetzt wurde er in der Familiengruft auf dem alten Jüdischen Friedhof am Schönhauser Tor. Wäre er einige Jahre früher gestorben, so hätte es am Pariser Platz im Haus der Akademie eine Leichenfeier größten Stils gegeben. Jetzt waren weder die Künstler, deren Vertreter er fast fünfzig Jahre lang gewesen war, noch die akademischen Korporationen anwesend. Keiner von den Würdenträgern, die in seiner Wohnung als Gäste ein- und ausgegangen waren, erwies ihm die letzte Ehre, kein Abgeordneter der Stadt Berlin, deren Ehrenbürger er gewesen war, kein Offizieller sprach ein Wort des Dankes und des Abschieds. Von allen Künstlern, die er mittelbar und unmittelbar gefördert hatte, waren nur vier zur Trauerfeier erschienen. Es ziemt sich, ihre Namen zu nennen: Käthe Kollwitz, Hans Purrmann, Konrad von Kardorff und Klein-Diepold. Mit seinem Vater, dem Chirurgen Sauerbruch, dem Arzt Liebermanns, war auch dessen Sohn, ein junger begabter Zeichner, erschienen. Am Sarge sprach der Rabbi« (Scheffler, S. 354). (Vgl. a. Purrmanns Bericht über Liebermanns Beerdigung: »Leben und Meinungen des Malers Hans Purrmann.« Anhand seiner Erzählungen, Schriften und Briefe zusammengestellt von Barbara und Erhard Göpel, Wiesbaden 1961, S. 212.)

Seine Frau – Martha Liebermann (1858–1943) schied vor dem Abtransport in ein Konzentrationslager durch Freitod aus dem Leben.

Die Tochter Käthe – Käthe Riezler geb. Liebermann (1885–1952).

die Enkelin – Marie White geb. Riezler (geb. 1917).

Sommer 1935

Johanna Schütz-Wolff (geb. 1896), Malerin, Holzschneiderin, Entwurfszeichnerin für Bildteppiche.

Berthold Müller-Örlinghausen (geb. 1893), Holzbildhauer, Metallbildner und Entwurfszeichner für Glasmalerei.

Kurt Zimmermann (1910–1961), Düsseldorfer Bildhauer, schuf vor allem kräftige Akte und Gewandfiguren.

Bella Röber – Bildhauerin.

Vetter – Ewald Vetter (geb. 1894), Maler und Graphiker.

Keßlers – Berliner Freunde; Frau Keßler war die frühere Frau von Hellmut Kaiser.

Der schöne Sommer ... in Karlstein – die Sommerferien 1935 hatten Käthe und Karl Kollwitz zusammen mit Kindern und Enkeln in Karlstein bei Bad Reichenhall verbracht.

25. November 1935

mit Siegfried und Agnes zusammenziehn – Siegfried Stern hatte als Jude seine Arztpraxis in Königsberg aufgeben müssen und war nach Berlin gekommen, um in der Anonymität der Großstadt und in der Nähe seiner Kinder zu leben.

Ostern 1936

Hanfstaengl – Eberhard Hanfstaengl (geb. 1886), Kunsthistoriker, seit 1934 Direktor der Nationalgalerie in Berlin, 1937 »beurlaubt«, nach 1945 Direktor der Bayerischen Staatsgemäldesammlungen.

Widerspruch gegen Ausstellung meiner Gruppe – Für die Herbstaustellung der Akademie, die unter dem Titel »Von Schlüter bis zur Gegenwart« ausschließlich der Plastik gewidmet sein sollte, hatte Käthe Kollwitz ihre neue Arbeit, die Muttergruppe, angemeldet. Das Aushauen in Stein verzögerte sich noch, aber ein Zementabdruck lag vor, den sie zeigen wollte. Die Ausstellungsleitung lehnte jedoch ab und entschied, die Mutter aus dem trauernden Elternpaar aus dem Kronprinzenpalais zu zeigen und dazu das Grabrelief »Ruht im Frieden seiner Hände« in Bronze. »Zu Anfang war ich bös, daß sie die neue Arbeit nicht wollten, aber es ist doch gut so. In Stein hätte sie nicht fertig sein können, und im Zementdruck, wie sie jetzt ist, wär es auch nicht gegangen. Sie ist noch lange nicht ausgetrocknet und sieht buntfleckig scheußlich aus. Wie ich nun gestern in die alten Räume kam und unter den vielen Arbeiten meine sah und sie behaupteten sich, war ich doch sehr froh. Das Mitschwingenkönnen ist so schön und lebendig, und traurig ist es ausgeschlossen zu sein. Man ist doch eben ein Blatt am Zweig, und der Zweig gehört zum ganzen Baum, und wenn der Baum hin und her weht, ist das Blatt befriedigt, auch mitzuwehen« (Bonus-Jeep, S. 261).

Aufsatz im Schwarzen Korps – Unter dem Titel »Kronprinzenpalais säuberungsbedürftig« hatte das Schwarze Corps, eine ideologisch maßgebende nationalsozialistische Wochenzeitung, am 2. April 1936 einen ganzseitigen Artikel veröffentlicht, der sich gegen die Leitung des Kronprinzenpalais wandte, die es nicht wage, »von gewissen Modegrößen der Systemzeit« eindeutig abzurücken [...] Nicht die politische Kunst an sich ist es, die wir ablehnen, auch Malerei wird immer Dienerin eines Höheren sein, hier aber wurde sie mißbraucht als Werkzeug zur Weckung der niedrigsten Instinkte [...] Was bei einem Zille Mitleid erregt, stößt bei Käthe Kollwitz ab, während die Werke von Otto Dix und George Grosz nur Ekel und Abscheu erregen.«

Kriegsehrenmal von Barlach – Vgl. Anm. zum 5. Februar 1930

Juli 1936

Artikel in der Iswestija – Am 3. Juli 1936 erschien in der regierungsamtlichen Moskauer Tageszeitung Iswestija ein Artikel über Käthe Kollwitz, der zu einer Vernehmung durch die Gestapo führte und Käthe und Karl Kollwitz in eine außerordentlich bedrohliche Situation brachte. In der Kollwitz-Literatur, die sich vor allem auf Otto Nagel stützt, wird meist irrtümlich von einem Interview gesprochen, der Artikel des Iswestija-Korrespondenten enthält jedoch keine wörtliche Rede von Käthe Kollwitz. Der häufig zitierte Satz »Wir saßen zu dreien zusammen, sprachen über Hitler und das Dritte Reich und sahen uns dabei tief in die Augen« kommt in dem Artikel nicht vor.

Der Artikel ist Ausdruck des großen Interesses an Käthe Kollwitz in der Sowjetunion, das sich seit den frühen zwanziger Jahren entwickelt hatte, stellt aber ihre künstlerische und soziale Situation sehr undifferenziert dar, so daß sie sich in gewissem Sinne mißbraucht fühlte. Man kann davon ausgehen, daß Käthe Kollwitz keine Kenntnis von der Druckfassung des Beitrages hatte, den sie in der veröffentlichten Form sicher nicht akzeptiert hätte. Vernehmung und Haussuchung durch die Gestapo zwangen sie, sich von dem veröffentlichten Text aus Gründen der persönlichen Sicherheit und der Sicherheit ihrer Familie zu distanzieren. Sie äußerte jedoch nichts, was Dritte in Schwierigkeiten hätte bringen können und verschwieg auch den Namen des Moskauer Journalisten, den sie im Tagebuch mit B. bezeichnete.

Der Artikel in der Iswestija wird hier erstmals in deutscher Sprache veröffentlicht:

Dimitri Buchartzew
Bei Käthe Kollwitz
Brief aus Berlin

»Weit entfernt vom Stadtzentrum, im Arbeiternorden Berlins, in einer mehr als bescheidenen Wohnung, lebt eine der größten zeitgenössischen Künstlerinnen Deutschlands – Käthe Kollwitz. Dieser Name ist nicht nur den deutschen Werktätigen und der deutschen Intelligenz gut bekannt – auch das Ausland kennt Käthe Kollwitz vortrefflich. Ihre Arbeiten sind überall auch unter den breiten Massen unseres Landes populär. Kaum einer der international bekannten Künstler konnte so hervorragend und mit so erschütterndem Realismus das Ausmaß des deutschen

Elends, die Tragödie der deutschen werktätigen Frauen wiedergeben, wie Käthe Kollwitz es in ihren zahlreichen Arbeiten tat.
Natürlich konnte das faschistische Deutschland eine so wahrheitsliebende und große Künstlerin nicht anerkennen. Sie war zu materieller Not verurteilt. Die Jahre des faschistischen Regimes hinterließen tiefe Spuren bei Käthe Kollwitz und prägten ihr Schaffen. Ungeachtet der gewaltigen materiellen Schwierigkeiten, der Unmöglichkeit ihr Atelier zu bezahlen, der Isolierung von der Außenwelt, hört die hochbetagte Künstlerin nicht auf zu arbeiten.
Wir sitzen bei Käthe Kollwitz. Sie erzählt von ihren letzten Arbeiten. Die Stimme ist müde, aber in ihren tiefen, klugen Augen leuchtet eine unerschöpfliche Energie. Sie hat gerade die große Plastik ›Mutterschaft‹ beendet, deren Photographie wir hier veröffentlichen. Die Künstlerin arbeitete an dieser Skulptur etwa vier Jahre. Die Photographie kann natürlich nicht die ganze Kraft des Originals widerspiegeln, das eine Mutter darstellt, die ihre Kinder fest an sich preßt. Jetzt ist die Arbeit in Ton fertig. Und wie wird es weitergehen? Nun geht es um die Mittel, die Arbeit zu gießen. Aber diese Mittel sind nicht da.
Die Kollwitz hat gar keine Hoffnung, ihr Werk im Dritten Reich ausgestellt zu sehen. Für die deutschen Faschisten ist Käthe Kollwitz das Symbol des ›Kulturbolschewismus‹; das bedeutet im heutigen Deutschland das größte Verbrechen.
Die derzeitige Stimmung von Käthe Kollwitz kann man an einer kürzlich von ihr beendeten Zeichenfolge aus dem Zyklus ›Tod‹ ablesen. Diese Zeichnungen übertreffen in ihrer Kraft und ihrem tiefen Pessimismus viele ältere Arbeiten der Künstlerin. Besonders starken Eindruck hinterläßt die Zeichnung ›Versinkende‹, die eine auf den Grund untertauchende Mutter zeigt, die sich mit ihren Kindern umgebracht hat.
Käthe Kollwitz ist nicht der einzige, jedoch einer der bedeutendsten Vertreter jener kleinen Gruppe deutscher Künstler, die vom faschistischen Regime zu ›innerer Verbannung‹ verurteilt wurde. Das heißt nicht nur Isolierung der Künstler vom breiten Publikum, sondern auch große materielle Schwierigkeiten für den einzelnen.
Ein traurigeres Bild als die gegenwärtige deutsche bildende Kunst ist schwer vorstellbar. An dieser ›Front‹ kommandieren überwiegend studierte ›Rassenkundler‹ des Dritten Reiches vom Schlage Rosenbergs, des Leiters der Rassenabteilung der faschistischen Partei [...] usw. Diese ›Führer‹ der deutschen Kunst fordern von den deutschen Künstlern eine ›heroische Kunst‹, die die große Vergangenheit des deutschen Volkes darstellen soll, wobei unter Heroismus in erster Linie die Lobpreisung des Soldatentums zu verstehen ist.
Trotz des unendlichen Redestroms zu diesem Thema und der hilflosen Bemühungen, das Ideal der neuen, dem deutschen Faschismus entsprechenden Kunst ›theoretisch‹ zu untermauern, hat sich in dieser Hinsicht nichts bewegt. Noch vor gar nicht langer Zeit war selbst Herr Rosenberg gezwungen zu erkennen, daß ›die neue geistige Orientierung noch nicht ihre plastische und poetische Widerspiegelung gefunden hat‹.
Diese trostlose Lage zeigt sich auf verschiedenen Kunstausstellungen in Berlin und in der Provinz. In Berlin z. B. ist dem Reichstagsgebäude gegenüber die ›Bildnis-Ausstellung 1936‹ eröffnet worden. Thematik der Ausstellung ist der zeitgenössische deutsche Mensch. An dieser Exposition beteiligen sich entweder alte deutsche Künstler wie Birkle, Jaeckel, König oder verschiedene unbekannte ›Konjunkturritter‹ mit völlig hilflosen Arbeiten. Am interessantesten ist das ›Sortiment‹ der aus-

gestellten Exponate. Die alten Künstler kamen mit verschiedenen ›neutralen‹ Porträts von Frauen, Prominenten, Professoren usw. Daneben wimmelt es von Porträts von Hitler, Hindenburg, Ludendorff und einer unendlichen Anzahl Geheimer, Kommerzien- und anderer Räte, von Grafen und Baronen mit und ohne Monokel. Offensichtlich sind für die Widerspiegelung des großen Heldentums und für die Herstellung einer Kontinuität zum altgermanischen Stil die Porträts mit der entsprechenden Heraldik geschmückt. Auf diese Art wird auf einer der größten Berliner Ausstellungen der moderne deutsche Mensch gezeigt. Verständlich, daß in dieser ehrwürdigen Gesellschaft kein Platz für die Arbeiten von Käthe Kollwitz sein kann. Kennzeichnend ist, daß sogar die deutsche Presse sich eher zurückhaltend über diese Ausstellung äußerte, indem sie die Mehrzahl der Arbeiten als ›naives Handwerk, banalen Naturalismus usw.‹ charakterisierte.
Einen noch traurigeren Anblick bieten die sogenannten Bezirksausstellungen, die vom jeweiligen Magistrat für ›Volk und Schule‹ organisiert werden. Wir besuchten eine dieser Ausstellungen: ein kleines Zimmer, zum Teil mit Lithographien, zum Teil mit Arbeiten alter Künstler behängt. Im Zentrum des Zimmers prunkt natürlich das ›heldische‹ Porträt eines Kampffliegers mit einem Banner in den Händen. Alles zusammen hinterläßt einen äußerst armseligen Eindruck.
So sieht die *gegenwärtige* deutsche uniformierte bildende Kunst aus. Die Faschisten richten ihre ganze Energie auf nichtendenwollende Rufe nach Bildung einer *neuen* deutschen Kunst. Das Dritte Reich kann jedoch mit keinem einzigen neuen großen Werk der bildenden Kunst, mit keinem neuen Namen prahlen, den das faschistische Regime hervorgebracht hätte. Äußerst fragwürdig sind auch die ›Erfolge‹ des deutschen Faschismus bei der Bloßstellung solcher wirklich großen Künstler wie Käthe Kollwitz und vieler anderer, die entweder zur Untätigkeit gezwungen sind oder in ihren Ateliers arbeiten, ohne die Möglichkeit zu haben, ihre Arbeiten ausstellen zu können. Ungeachtet der erzwungenen Isolierung von der breiten Masse, den eigentlichen Kunstkennern, halten diese Künstler die Fahne der echten deutschen Kunst hoch; ihr hat die Welt viele große Vertreter zu danken.

Berlin, Juni 1936«

eine Erklärung für die Zeitungen – Im Käthe-Kollwitz-Archiv, [der] Akademie der Künste [in] Berlin finden sich mehrere Entwürfe für eine solche Erklärung, dazu ein Gedächtnisprotokoll, das hier zitiert wird. Es weicht in einigen Punkten von den Berichten Otto Nagels ab.
»Am 13. Juli erscheinen zwei Kriminalbeamte bei mir um mich über einen Aufsatz in der Iswestija vom 16. Juni zu verhören. Der Artikel wird mir vorgelesen. Ich erkläre dazu folgendes: Der russische Journalist – Name entfallen – wurde bei mir telephonisch angemeldet [am] 10. Juni als Käufer von Drucken, ich lege infolgedessen die Blätter zum Tode ihm vor. Es zeigt sich, daß er hauptsächlich gekommen ist um sich über meine wirtschaftliche Lage zu orientieren. Ich sage ihm, daß ich meine Gruppe nicht in echtem Material ausführen lassen kann, weil mir die Mittel fehlen. In weiterem Gespräch über Rußland und Deutschland erkläre ich ihm, daß meine früheren Auffassungen über Rußland bei mir erschüttert seien. Zum Schluß sagt er, was ich bis dahin nicht gewußt hatte, daß er Korrespondent für Iswestija sei und ob ich erlaube, daß er das von mir über meine Arbeit Gehörte veröffentliche. Ich stutzte und sagte zögernd zu. Karl sagte ihm, daß er als bestimmt voraussetze, daß seine Darstellung so sein würde, daß sie mich in keiner Weise kompromittie-

ren würde, was er als selbstverständlich bejahte. Hinterher meine Zusage als höchste Unbedachtheit bedauert, war aber nichts mehr zu ändern.
Der Beamte sagt: Sie waren Kommunistin, Unabhängige und Spartakusmitglied. Ich: nein, ich war nichts davon, gehörte überhaupt keiner Partei an. Setze ihm dann meine Einstellung auseinander. Daß mein Arbeiten nie Arbeiten für eine Partei war, nur getragen von sozialem Gefühl. Daß neben diesen sozialen Arbeiten ich stets Arbeiten rein menschlicher Art gemacht habe und je älter ich werde, nur solche mache. Beweis meine Plastik: Mutter mit 2 Kindern, die ich die Herren bitte sich anzusehn. Begonnen ist dieselbe [19]31 oder [19]32. Auf seine Bemerkung, daß die Bemühungen der nationalsozialistischen Partei, den Sozialismus in der Tat durch Hebung der Arbeitslosigkeit, Winterhilfe usw. zu verwirklichen, von mir anerkannt werden müßten erwidere ich, daß ich dieses auch stets getan habe. Der russische Journalist hatte in seinem Aufsatz so entstellende Abänderungen meiner Aussagen zuwegegebracht, daß die Staatspolizei dieses Verhör angeordnet hatte. Die entstellenden Abänderungen bezogen sich vor allem auf die Darstellung meiner wirtschaftlichen Lage. Daß ich direkt Not litte, in einem dürftigen Raum mich aufhielte. Der Beamte schloß das Verhör mit der Mitteilung, daß im Wiederholungsfalle in keiner Weise mehr Rücksicht auf mein Alter usw. genommen würde sondern ich mit Konzentrationslager bestraft würde. Zum Beleg meiner und Karls pekuniärer Lage ließ er sich von mir meine Aufzeichnungen über die Einnahmen der letzten Jahre vorlegen (das Jahr 1936 bringt äußerst geringe Einnahmen). Von Karl ließ er sich ebenfalls einen kurzen Überblick über seine Einnahmen geben. Notierte sich ferner die Tatsachen, daß ich nebst andern Kollegen Sommer [19]35 von der Ausstellung ›Berliner Kunst‹ entfernt sei, ebenfalls von der Düsseldorfer Ausstellung Winter 1935/36.«

Toms Versuch – Max Immanuel (Tom) hatte verschiedene Versuche gemacht, amerikanische Geschäftspartner für die Übernahme der Kosten des Aushauens der großen Gruppe in Stein zu gewinnen. Eine dieser Bemühungen schien fast erfolgreich, da starb der Mäzen ganz plötzlich nach einer Operation, noch vor seiner Rückreise in die USA (Bonus-Jeep, S. 254).

Leo von König – (1871–1944), Maler, vor allem Porträtist, schuf Ende der dreißiger, Anfang der vierziger Jahre vermutlich vier Bildnisse von Käthe Kollwitz; die bekannteste Fassung (1941) befindet sich in den Staatlichen Kunstsammlungen Dresden, Gemäldegalerie Neue Meister. In einem Brief vom 1. August 1936 schrieb er an sie: »Sehr verehrte gnädige Frau! Herr Immanuel hat mir gesagt, daß Sie gern eine Arbeit in Stein ausführen möchten, und daß leider das Geld nicht vorhanden sei. Ich möchte Sie nun herzlich bitten, diese Summe von mir nehmen zu wollen. Es ist mir eine besondere Freude, meiner großen Verehrung für Sie und Ihr Werk auf diese Weise Ausdruck geben zu können. In der Hoffnung keine Fehlbitte getan zu haben, grüßt Sie in alter Verehrung Ihr aufrichtig ergebener Leo König«.
Wie sehr Käthe Kollwitz ihn als Maler und Menschen schätzte, geht aus einem Brief an den Sohn Hans vom April 1944 hervor: »Soeben bekomme ich die Nachricht daß Leo von König tot ist. Wieder einmal einer an den man zu spät schreibt, trotzdem ich wußte, daß er sehr krank war. Je älter er wurde, desto besser wurden seine Arbeiten, sein Krankheitsbild (sic!) von Hans von Marées, seiner alten Eltern, seines Vaters auf dem Totenbett, auch seines von mir meisterhaft. Ich höre noch so ganz den Klang seiner Stimme, wenn er mich am Telephon ansprach. Er gehörte nach der Spaltung der Secession an, die unter Corinth stand. Ein durchaus vornehmer charaktervoller Mensch. Er konnte es nicht ertragen, daß Liebermann als es

sich um eine Preisverteilung handelte, ohne weiteres erklärte, also den ersten bekommt der, den zweiten der, den dritten der« (Käthe-Kollwitz-Archiv, [der] Akademie der Künste [in] Berlin).

Anfang November 1936

Dr. Siegfried Kawerau – war als Pazifist und Mitglied der Entschiedenen Schulreformer 1933 aus dem Schuldienst entlassen und mehrere Monate inhaftiert worden. Käthe und Karl Kollwitz nahmen Anteil an seinem Schicksal. An Jeep schreibt Käthe Kollwitz: »Denke Dir, der Dr. Kawerau ist frei! [...] Denke was das bedeutet! Aus der Zellenhaft (ein Meter sechzig breit) nach Hause in sein Haus, zu seiner Frau an die See, die freie, unbegrenzte See bei dem Wetter – Pfingsten!« (Bonus-Jeep, S. 250).

5. November 1936

meine Arbeiten ... entfernt – Aus einem Brief an Beate Jeep geht hervor, daß die beiden plastischen Werke erst am Vorabend der Ausstellungseröffnung entfernt worden waren, zusammen mit drei Plastiken von Ernst Barlach. Die in diesem Brief erwähnte »merkwürdige Inkonsequenz«, nach der die Arbeiten zwar aus der Akademieausstellung herausgenommen, aber anscheinend im Kronprinzenpalais wieder ausgestellt worden seien, war nur von kurzer Dauer (Bonus-Jeep, S. 261).
Auf den Rand der Einladungskarte zur Ausstellungseröffnung schrieb Käthe Kollwitz: »D[ie] Ausstell[ung] war seit Mitte Oktober fertig. Ministerpräsident G[öring] hatte keine Zeit sie zu eröffnen. Infolgedessen eröffnete sie sich selbst. Vor d[er] offiziellen Eröffnung am 5. Nov[ember] werden meine beiden Arbeiten Mutter (Roggevelde u[nd] Grabrelief[)] entfernt. *Auf* meine Frage, wer noch entfernt ist, sagt Amerdorffers Barlach sei noch entfernt. Am Sonntag war bereits eine Notiz in den Zeitungen, wonach d[as] Kronprinzenpalais gesäubert werden soll. Es ist sicher, daß meine beiden Figuren dan[n] weggestellt werden.«
Offenbar waren in anderen Städten Ausstellungen möglich, die in Berlin nicht mehr geduldet wurden. Der Katalog »Gegenlicht«, der über 60 Jahre GEDOK (Frauenkunst-Verband, gegründet 1928 als Gemeinschaft Deutscher und Österreichischer Künstlerinnenvereine aller Kunstgattungen) Auskunft gibt, erwähnt für das Jahr 1936 eine Kollwitz-Ausstellung der GEDOK Frankfurt und für 1941 eine Ausstellung der Reichs-GEDOK, die auch Radierungen und Lithographien von Käthe Kollwitz zeigte und deshalb zunächst verboten werden sollte. »Frau Schütte setzte jedoch telephonisch bei der Reichskulturkammer durch, daß die Ausstellung inhaltlich unverändert geöffnet bleiben konnte, alle Arbeiten der Kollwitz wurden verkauft« (Gegenlicht, S. 153).

25. November 1936

Ossietzky – Carl von Ossietzky (1889–1938), Publizist, Pazifist, Chefredakteur der Zeitschrift Die Weltbühne von 1927 bis zu deren Verbot 1933, war nach dem Reichstagsbrand in Gestapo-Haft genommen und 1934 in das Konzentrationslager Papenburg-Esterwegen eingeliefert worden, aus dem er nach internationalen Protesten 1936 schwerkrank in ein Berliner Krankenhaus überwiesen wurde. Am 23. November 1936 wurde ihm der Friedensnobelpreis für das Jahr 1935 verliehen. Er starb an den Folgen der KZ-Haft.

Dezember 1936

Joseph Bloch ist tot – Joseph Bloch, Freund aus der Königsberger Zeit, Begründer und Herausgeber der Sozialistischen Monatshefte, war am 14. Dezember 1936 in Armut und Einsamkeit in Prag gestorben. In ihrem Brief an seine Witwe, Helene Bloch, schreibt Käthe Kollwitz Weihnachten 1936: »Die Nachricht tat uns weh! Bloch und Du, wie gehörtet Ihr zusammen. Wenn ein solches Zusammenleben getrennt wird, dann ist es – wie einer mal so richtig sagte –, als wenn man einen Apfel entzwei*bricht*. Auf jeder Apfelseite sind ganz kleine Erhöhungen und Vertiefungen, die nirgends sonst hineinpassen als eben in die andere Apfelhälfte, da aber *ganz* und *nur* da. Lene, ich weiß, was das für Dich ist. Ach überhaupt – all das Sterben und all das Voneinandergerissenwerden. Und all das Zerschlagen von Lebensarbeiten. Aber es geht doch nicht anders – die Arbeit, die geistige Arbeit muß weiterleben und weiterwirken.
Wie lange kennen wir uns schon – Lene, und ich durch Dich Bloch. Er war immer im Hintergrund von allem, was Du erzähltest. Schon in Königsberg, wenn ich bei Dir saß und wir zusammen die Einführung in Marx (war es nicht Kautsky?) lasen. Und dann hier, bevor Du übersiedeltest und herüberkamst, Bloch zu besuchen. Und später immer das Doppelbild ›Bloch und die Lene‹ – ›Blochs‹« (Siemsen, S. 106f.).

1937

nur kleine Sachen: Soldatenzug – Kleinplastik, später umbenannt in »Abschiedwinkende Soldatenfrauen«, 1. Fassung 1937 (nur als Photographie erhalten), 2. Fassung ebenfalls 1937.

sagt Nierendorf ... Ausstellung ab – In ihrem Brief an den nach Kopenhagen emigrierten Bildhauer Kurt Harald Isenstein vom 27. Januar 1937 äußerte Käthe Kollwitz keinerlei Befürchtungen in Bezug auf die in der Galerie Nierendorf geplante Ausstellung: »Sie soll Mitte Februar eröffnet werden und umfassen: etwa 10 Plastiken, 10 bis 20 Zeichnungen und ebenso viel Graphiken, also eine verhältnismäßig kleine Ausstellung. Sie besinnen sich auf den Oberlichtsaal Nierendorfs (früher Schöneberger Ufer). Er gibt zum April die Räume auf, seine letzte Ausstellung soll meine sein, sie soll Ende März geschlossen werden. Dieser jüngere Nierendorf bleibt hier in Berlin, der ältere Bruder ist in New York.
Mittelpunkt der Ausstellung ist meine Gruppe Mutter mit 2 Kindern. Sie ist für Stein gedacht und ich habe sogar jetzt die Möglichkeit sie in Muschelkalk aushaun zu lassen, muß mich aber für die Ausstellung mit dem Zementausdruck begnügen. Sie ist nicht sehr groß, weil die Körper ungefähr auf Kugelgestalt zusammengeballt sind, sie hat nicht ganz 1 Meter in Höhe, Breite, Tiefe [...] Es wär für mich wirklich außerordentlich wichtig, wenn diese Gruppe dort gezeigt werden könnte. Die kleineren Arbeiten die z. T. aus lang verflossenen Jahren stammen, bekommen erst Bedeutung durch diese größere Arbeit.«

Ausstellung [in] Odense kommt nicht zustande – Kurt Harald Isenstein hatte versucht, in Kopenhagen und Odense eine Kollwitz-Ausstellung zu organisieren, die später nach Oslo gehen sollte. Auf diese Möglichkeit, ihre Arbeiten noch einmal geschlossen zeigen zu können, hatte Käthe Kollwitz große Hoffnungen gesetzt: »Ich denke mir die Ausstellung als einen Auszug meiner jetzt 40jährigen Arbeit. Besonders die sehr umfangreiche Graphik soll sehr dezimiert werden, aber die charakteristischen Blätter gezeigt werden. Ich bin überzeugt, daß so eine nicht große aber für mich charakteristische Schau zusammenkommen wird [...] Schwierigkeiten von Seiten der Kunstkammer dürfen kaum zu erwarten sein, da ja hier bereits eine Sichtung vorgenommen wird« (Brief an Isenstein vom 27. 1. 1937). Am 15. März läßt sie Isenstein wissen, daß sie die Anmeldung für Odense habe zurückziehen müssen, weil ihr Antrag bei der Reichskunstkammer zu spät eingereicht worden sei. Sie schlägt vor, statt dessen eine Kollektion ihrer druckgraphischen Blätter auszustellen, die ihr Verleger bei einer dänischen Kunsthandlung deponiert habe. Auf dieser Basis kam die Ausstellung schließlich zustande. Am 8. April bedankt sich Käthe Kollwitz bei Isenstein für die Übersendung des Katalogs, wenn auch mit leiser Einschränkung: »Ich hatte meine Kollektion anders zusammengestellt, aber ich konnte ja die Blätter nicht schicken [...] Daß die Odenser Ausstellung dort interessierte freute mich natürlich sehr« (Brief an Isenstein vom 8. Mai). Am 30. Juli taucht das Projekt ein letztes Mal in der Korrespondenz auf: »Mein erstes war nun die Kopenhagener Ausstellung beim Propagandaministerium anzumelden, hoffentlich wird sie gestattet.« Da in den Briefen und Karten an Isenstein danach nicht mehr auf die Ausstellung eingegangen wird, ist wohl zu folgern, daß sie nicht zustandekam. Auch eine für den Sommer 1936 in der Berliner Buchhandlung Buchholz in der Leipziger Straße geplante Ausstellung wurde geschlossen. »Von Nierendorf zu Buchholz ist freilich ein Schritt herunter«, hatte Käthe Kollwitz an Beate Jeep geschrieben, »aber so klein seine Ausstellungen sind, sie sind qualitativ immer gut, und daß es Sommer ist, schadet in seinem Fall nichts. Er hat immer das durchziehende Reisepublikum bei sich, und ich kann da wohl auf Verkäufe rechnen. Vor allem aber, er hat keine Angst, sich durch die Ausstellung zu schaden.« (Bonus-Jeep, S. 265f.). Am 30. Juli berichtet sie den Freunden in Dänemark über ihren 70. Geburtstag: »Hier in Deutschland wurde ich gefeiert indem meine Ausstellung bei Buchholz verboten wurde.« Hatte sie Isenstein noch im Januar 1935 einigermaßen hoffnungsvoll geschrieben, sie habe ihre Arbeiten »sogar in der Herbstausstellung der Akademie gezeigt. Es geht also wieder, daß man ausstellt. Man wird übersehen aber nicht direkt gehindert«, dann mußte sie jetzt einsehen, daß dies eine Täuschung gewesen war. (Alle Briefe an Kurt Harald Isenstein im Käthe-Kollwitz-Archiv, [der] Akademie der Künste [in] Berlin.)

in meinem Atelier eine Art Ausstellung meiner Arbeiten – nach dem Scheitern der Ausstellungspläne bei Nierendorf zeigte Käthe Kollwitz ihre Arbeiten in ihrem Atelier in der Klosterstraße, »fünfzig bis sechzig Arbeiten, Radierungen, Lithos, Zeichnungen, möglichst der Zeit nach, wie sie entstanden sind« (Bonus-Jeep, S. 262f. Vgl. auch Anmerkung November 1934).

10. April 1937

die Hauptkassen gekündigt – Karl Kollwitz hatte wegen seines Herzleidens die ärztliche Tätigkeit fast ganz aufgegeben.

Horst Prengel – Großneffe von Käthe Kollwitz.

May – Ernst May (1886–1970), Architekt, Städteplaner, Stadtbaurat in Frankfurt am Main, war nach dreijährigem Aufenthalt in der Sowjetunion, wo er einen Generalbebauungsplan für die Region Moskau entwarf, 1934 nach Afrika gegangen. Nach seiner Rückkehr nach Deutschland 1954 arbeitete er als Planer der »Neuen Heimat« in Bremen.

Im Oktober 1937

Kunstmann – Ludwig Kunstmann (1877–1961), Holz- und Steinbildhauer, lebte seit 1910 in Hamburg.

1938

Im Sommer ... in Amerika eine Ausstellung – Die Galerie Buchholz in der Leipziger Straße in Berlin bot in ihrem Obergeschoß bis in den Krieg hinein Künstlern, deren Werke aus deutschen Museen entfernt worden waren, eine Ausstellungsmöglichkeit. Leiter der Galerie war Curt Valentin. Er war 1934, nach Schließung der Flechtheim-Galerie, zu Buchholz übergewechselt, emigrierte 1937 in die USA und gründete dort, mit finanzieller Unterstützung der Berliner Galerie, die Buchholz Gallery New York (später Curt Valentin Gallery). Aber obgleich auch Jake Zeitlin in seiner Galerie in Los Angeles sich für das Kollwitz-Werk einsetzte und von 1937–1939 eine Ausstellung mit 25 Exponaten durch amerikanische Großstädte schickte, blieb der Verkaufserfolg gering. »Largest collections, on the whole, have not become interested in Kollwitz due to her subject matter«, schrieb der New Yorker Kunsthändler Hudson D. Walker an seinen europäischen Lieferanten, den Berner Kunsthändler August Klipstein. Die größte Wertschätzung fanden die Werke der Künstlerin bei den deutschen Emigranten, denen jedoch meist das Geld fehlte, sie zu erwerben. Ernst Toller sprach in ihrem Namen, als er in seinem Grußwort zur Eröffnung der Kollwitz-Ausstellung in Los Angeles im Juni 1937 sagte: »We all know that today Käthe Kollwitz is living in Berlin in penury and amid great privations. Her husband has passed away [!] The artists, who sold themselves to Hitler, avoid her. But the people love her still, as they have always loved her. She is silent, but her silenc is eloquent. It accuses those men who war upon their own people, those men who threaten the peoples of other nations, those men who sow the seed of hatred and desecrate humanism.« Und der Komponist George Antheil beendete seine Ansprache bei der gleichen Gelegenheit mit den Worten: »That she has been able to point in the face of such desperation and leave us this record wins my every respect. Only a woman could have born the agony of the human race – the agony of these times – so long and so poignantly« (Käthe Kollwitz, Jake Zeitlin Bookshop and Gallery: 1937. Long Beach 1979, S. 9ff.).

Grabsteinarbeit – (Wegner-Mappe Nr. 15) In »Briefe der Freundschaft« finden sich zwei Briefe von Käthe Kollwitz an Doris Levy in Köln. Am 15. Dezember 1938 schreibt sie: »Ja – ich wartete, weil Ihr Nichtschreiben mich fürchten ließ, daß Ihnen zuletzt die Arbeit doch nicht zusagt. Nun ist das auch leider in Bezug auf die Farbe des Marmors eingetroffen. Auch ich hatte gleich, als ich die Aufnahme sah, den Eindruck, der Stein wäre zu hell. Schade! Bis die Witterung die Helligkeit dämpft, das dauert lange. Aber die ganze Anlage finde ich sehr schön und würdig.« Und am 30. Juni 1939: »Daß meine Arbeit für das Grab Ihres Mannes Ihnen lieb geworden ist, freut mich von Herzen. Ich habe sehr gern daran gearbeitet und gehofft, daß das unlösbare Zusammengehörigkeitsgefühl wirklich ausgedrückt ist« (Briefe der Freundschaft, S. 86f.). Der Grabstein Levy mit den sich verschränkenden Händen ist erhalten geblieben, er findet sich auf dem Jüdischen Friedhof in Köln-Bocklemünd (Flur 1a Grabstelle 60 und 61).

Lydia [Bonus] – geb. Petersen (1909–1982), Frau von Heinz Bonus, dem langjährigen Hausgenossen, Sohn der Freundin Jeep.

Karl und ich in Reinerz – Schon im Sommer 1937 hatten Käthe und Karl Kollwitz ein paar Erholungswochen in Bad Reinerz verbracht, damals in Begleitung von Lisbeth Stern und ihrer dritten Tochter Katta, die einer Knieverletzung wegen aus Amerika zurückgekommen war.

Sally Alina Salminen (1906–1976), finnische Schriftstellerin (schwedischsprachig). Ihr erfolgreicher Roman »Katrina« lag seit 1937 auf Deutsch vor.

Arztfamilie Dr. Freund – Am 10. Juni 1938 schreibt Käthe Kollwitz an Hans und Ottilie nach Lichtenrade: »Freunds sind sehr nett. Wir haben in ihnen drei Generationen. Der alte Freund 79jährig, ein wenig in der Erscheinung an den alten Bernhard erinnernd. Geistig ganz auf der Höhe mit einem herzhaften breiten Lachen. Voll ruhiger Freundlichkeit. Passion ist das Fliegen. Das Herz ist bei ihm noch so gesund, daß er Flüge verträgt bis zu 3000 m Höhe. Dann der junge Dr., der im vorigen Jahr Lise und Katta behandelte. Körperlich auch ausgezeichnet geraten, trotzdem er als junger Mensch nach einer zugezogenen Infektion Blutsturz auf Blutsturz hatte. Er hat dieselben freundlich blickenden Augen wie der Vater und denselben auf Freude am Leben gestellten Sinn trotz der Widerwärtigkeiten die er als Jude durchmachen muß. Seine Frau – Arierin – führt die ganze Wirtschaft. Augenblicklich ist die 20jährige Tochter da und hilft in der Wirtschaft, geht aber wieder nach Finnland, und der 16jährige Johannes, im vorigen Jahr der unzertrennliche Begleiter von Katta. Erblich scheint bei ihnen die unaufdringliche Lebensfreude, die fröhliche und höfliche Art mit einem zu verkehren und die körperliche Wohlgeratenheit.« (Käthe-Kollwitz-Archiv, [der] Akademie der Künste [in] Berlin).

Letzte Septembertage 1938

Chamberlain – Arthur Neville Chamberlain (1869–1940), britischer konservativer Politiker, von 1937 bis 1940 Premierminister, glaubte durch die Unterzeichnung des Münchener Abkommens am 29. September 1938 den Frieden gerettet zu haben.

Maxton – James Maxton, prominenter englischer Sozialist, führend in der Independent Labour Party.

Oktober 1938

Barlach stirbt am 24. Oktober – Ähnlich im Brief an die Freunde Bonus: »Jeep, ich sah schon manchen Toten, aber so zum Erbarmen klein, wie das Irdische von Barlach war, hab ich noch nichts gesehen« (Bonus-Jeep, S. 267 f.). Ausführlicher über ihr Verhältnis zu Ernst Barlach schreibt Käthe Kollwitz am 4. Januar 1939 an Kurt Harald Isenstein: »Lieber Herr Isenstein, nein, vor dem Erscheinen der Gedenkschrift, die Mitte Januar zu erwarten ist, kann ich Ihnen nichts schicken. Überhaupt ersehe ich aus Ihrer Karte, daß ich mich mißverständlich ausgedrückt habe. In dieser Gedenkschrift soll wohl nur seine Totenmaske und eine der Zeichnungen reproduziert werden, die Marga Böhmer (Bildhauerin), die ihn pflegte, während des Krankenlagers gemacht hat. Dazu eine Zeichnung von Leo von König aus den letzten Monaten. Außerdem eine genaue Wiedergabe der Feier. *Ich* habe zwar ebenfalls Barlach gezeichnet und zwar im Sarge, weil ich zufällig vor der Schließung desselben ihn noch sehn konnte. Diese Zeichnung machte ich aus der Erinnerung, als ich wieder in Berlin war. Sie soll nicht reproduziert werden. Mich erschütterte der Anblick. Vielleicht war es auf einen Zufall beim Transport des

Sarges vom Rostocker Krankenhaus nach Güstrow zurückzuführen, daß der Tote *so* abgewendet dalag. Mir war es kein Zufall, daß er so lag, so ganz ›laß o Welt, o laß mich sein.‹ Dazu sein kleiner Hund, der immer den Sarg umkreiste und winselte und dazu seine schweigenden Schöpfungen an den Wänden.
Wenn Sie hier wären, würde ich Ihnen noch so manches erzählen. Von seiner Menschenflucht. Aber immer wieder suchten ihn Menschen auf. Die Liebe und Verehrung für seine Werke und ihn selbst war durch nichts zu dämmen. Wenn er aber von seinem Spaziergang im Wald kam und von einer Höhe aus auf dem Weg vor seinem Haus jemand auf ihn warten sah, drehte er wieder um. Und doch konnte er sich riesig freuen wenn jemand kam, den er mochte und dem er vertraut war. So über den letzten Besuch von Leo von König. Dann stieg er in den Keller und hatte in jeder Rocktasche eine Flasche Wein und konnte bis in die Nacht im lebendigsten Gespräch sein. Doch war das selten. Er hat *sehr* gelitten. In den ganzen letzten Jahren war mein Wunsch noch zu ihm herauszufahren. Aber erstens wußte ich, wie er überlaufen war und außerdem ging es mir selbst so wenig gut, daß ich die Fahrt an einem Tage hin und zurück mir nicht zutraute. Nun ist es wieder mal zu spät. Aber nie vorher ist mir sein Werk so geschlossen, so zu recht so groß erschienen wie jetzt nachdem er fort ist. Sie sprechen von seinen Dramen. Der Pfarrer, der die Rede gehalten hat und 8 Jahre in Güstrow mit ihm lebte, hat Jahr für Jahr mit Freunden eines seiner Stücke in verteilten Rollen gelesen. Barlach selbst war nie dabei. Jetzt am Totenfest hat dieser selbe Pfarrer hier in Berlin das wieder aufgenommen. Es wurde die Sündflut gelesen. Mein Mann und ich waren unter den Zuhörern. Der Eindruck war sehr groß. Wir gingen dann nach Hause, aber ein Teil blieb noch bis 2 Uhr nachts zusammen und sprachen über das Stück. Also Sie sehn, wie hier immer noch Gestriges lebt. Grüßen Sie sehr Ihre Frau. Ich freue mich auf Ihr Buch. Käthe Kollwitz« (Käthe-Kollwitz-Archiv, [der] Akademie der Künste [in] Berlin).
Zur Trauerfeier, der Beisetzung in Ratzeburg und der öffentlichen Reaktion auf Barlachs Tod vgl. auch Ernst Piper: Ernst Barlach und die nationalsozialistische Kunstpolitik (S. 211ff.); dort auch die Rede des Pfarrers Johannes Schwartzkopff (S. 214ff.).

Die kleine Gruppe der zusammengedrängten Frauen – »Turm der Mütter«, ein altes Thema aus dem Jahr 1922 (Nagel/Timm 857–859), das als Holzschnitt bereits in den Kriegszyklus aufgenommen worden war (Klipstein 182).

November 1938

bricht … ein Pogrom aus – Die Lakonie solcher Eintragungen sagt nichts über die Erschütterung und Empörung von Käthe Kollwitz angesichts der Ereignisse. In Briefen an vertraute Menschen ist sie deutlicher. So schreibt sie an Hans Erich Blaich (Dr. Owlglass), dessen Gedichte im Simplicissimus sie sehr schätzte, am 11. November 1938: »Es gibt noch andere Worte von Hölderlin, Barlach schrieb sie mir mal, die heißen: Der Knechtssinn wächst, mit ihm der grobe Mut. Diese Nacht hat den groben Knechtssinn wieder glänzend bewahrheitet. Synagogen sind abgebrannt. Sämtliche Schaufenster von jüdischen Geschäften zerschmissen. Aber der Knechtssinn hört nicht auf mit denen, die sich dazu hergaben, er pflanzt sich fort in denen die lächelnd die Straßen füllen« (Deutsches Literaturarchiv Marbach a. N., Handschriftenabteilung).

1939

Karl krank – Karl Kollwitz hatte zunächst eine schwere Grippe, die in eine Lungenentzündung überging. Er erholte sich monatelang nicht; im Sommer, den Käthe Kollwitz mit ihren Kindern in Bad Salzschlirf verbrachte, ging er ins Elisabeth-Sanatorium in Babelsberg-Ufastadt. Den Gedanken an eine Weiterführung seiner ärztlichen Tätigkeit mußte er definitiv aufgeben.

beginnt die Jeep einen Brief an mich so – In ihrer Antwort knüpft Käthe Kollwitz direkt daran an und schreibt: »Ach Jeep, wie leise ist er, manchmal meint man ihn kaum zu hören.«

3. Februar 1940

Ich arbeite an der kleinen Gruppe – die Bronzeplastik »Abschied«, 1941 vollendet.

Peter – Der ältere Sohn von Hans Kollwitz absolvierte in Berlin ein Praktikum, um anschließend mit dem Studium der Ingenieurwissenschaften zu beginnen. Die Enkelin Jutta hatte die Schule verlassen und lernte Handweben in der anthroposophischen Gymnastikschule und dem ihr angeschlossenen Handwerkszentrum Loheland in der Rhön. Die Enkelin Jördis besuchte weiterhin die Schule in Berlin-Mariendorf.

Mitte Juni 1940

die ... Kerzen von Faassen – Josef Faassen, ein junger Kerzenmacher aus dem Rheinland. »Ein reiner, naiver, liebender und liebenswerter Mensch, mit einer ganz besonderen Begabung zu erzählen, ungeheuer anschaulich und plastisch zu erzählen« (Hans Kollwitz in seiner Einführung zu: Briefe und Tagebuchblätter, S. 15). Faassen fiel 1944 als Sanitäter an der Ostfront.

Zwischen Klara und mir – Klara Stern, Nichte von Lisbeth Stern, lebte seit dem Sommer 1940 im Hause Kollwitz. Sie wartete auf eine Auswanderungsmöglichkeit, die nicht kam. Nach dem Tod von Karl Kollwitz am 19. Juli 1940 blieb sie im Kollwitzschen Hause, übersiedelte mit nach Nordhausen und von dort nach Moritzburg, bis ihr die Pflege der 1943 schon sehr kranken und alten Käthe Kollwitz zuviel wurde. Verbrachte ihren Lebensabend im Kreise einer christlichen Sekte in Augsburg.

1941

Noack – die Bildgießerei Hermann Noack in Berlin-Friedenau, die alle Bronzen von Käthe Kollwitz gegossen hat.

Dezember 1941

Diese Zeichnung machte ich – Lithographie mit dem Titel des Goethe-Zitats aus dem »Lehrbrief« des Wilhelm Meister (Klipstein 267).

27. Dezember 1941

der junge Oncken – Sohn des Historikers Hermann Oncken, der aus politischen Gründen zwangspensioniert worden war.

19. November 1942

daß Peter tot ist – Peter Kollwitz war am 22. September 1942 als Unteroffizier im Mittelabschnitt der Ostfront bei Rschew gefallen.

Februar 1943

Hanna Bekker vom Rath (1893–1983), Malerin, Galeristin und Kunsthändlerin in Frankfurt am Main, befreundet mit vielen deutschen Expressionisten, deren Werke sie weiterhin illegal ausstellte und vor der Vernichtung als »entartet« bewahrte.

Mitte Februar 1943

Hilde gibt ihre tägliche Arbeit ... nicht auf – Hilde Reitz übte ihren Beruf als Geigerin auch während ihrer Ehe aus.

April 1943

Maria und Matray – Ernst und Maria Matray geb. Stern waren nach Kalifornien emigriert.

Hannas Sohn – Peter Kortner war Amerikaner und hatte sich, wie so viele Emigranten, freiwillig als Soldat der US-Armee zum Einsatz in Europa verpflichtet.

So muß sie ihre hiesige Praxis aufgeben – Regula Frisch geb. Stern hatte als Halbjüdin Berufsverbot erhalten. Sie wurde an ein Krankenhaus in der Nähe von Schwarmstedt bei Hannover dienstverpflichtet, durfte aber nicht als Ärztin arbeiten, sondern nur als Schwesternhelferin. Ihr Mann Hennes wurde kurz darauf als »jüdisch Versippter« zur Organisation Todt eingezogen.

Ende April 1943

Gertrud Breysig – Frau des Historikers und Geschichtsphilosophen Kurt Breysig, hatte Käthe Kollwitz im September 1940 gebeten, für ihren verstorbenen Mann ein Grabrelief zu machen. Teile der sich daraus ergebenden Korrespondenz sind aufgenommen in »Briefe der Freundschaft« (S. 82ff.). Ende März 1944 erfuhr Käthe Kollwitz, daß Frau Breysig als Jüdin abtransportiert worden sei; die einzige Zuversicht war, daß »die Versendung nach Theresienstadt geht, das Erträglichste von allen Judentransporten, weil Theresienstadt unter dem Schutz vom Roten Kreuz und Schweden steht. So wird sie hoffe ich es überstehen [...] Die anderen schandbaren Verschickungen endeten noch alle so, daß die Abgeholten lieber Selbstmord begingen vor ihrer Abholung« (Brief an Hans, Ende März 1944, Käthe-Kollwitz-Archiv, [der] Akademie der Künste [in] Berlin).

Mai 1943

»Ruf des Todes« – entstanden 1934/35 (Klipstein 263), 8. (letztes) Blatt der Litho-Folge »Tod«. Der Original-Stein wurde im Herbst 1951 in der Hochschule für Bildende Künste in Berlin wiederentdeckt und nach sorgfältiger Reinigung für eine begrenzte Zahl von Nachdrucken verwendet.

»Begrüßung« – Radierung aus dem Jahr 1892 (Klipstein 10). Während die Radierplatte im Ätzwasser lag, begannen bei Käthe Kollwitz die Wehen, die die Geburt des Sohnes Hans einleiteten. Daher – pflegte sie zu sagen – sei die Platte als ganzes etwas zu dunkel geraten.

Ich bin aus der Wahrheit der fünf Sinne – Letzte Tagebucheintragung, Zeugnis der lebenslangen Verbundenheit und Vertrautheit von Käthe Kollwitz mit Person und Werk Goethes. Trotz des scheinbar abschließenden und bilanzierenden Charakters des Zitats zum Abschluß der Eintragungen muß davon ausgegangen werden, daß hier nicht bewußt ein Schlußpunkt gesetzt werden sollte. Die Zeitspanne zwischen den einzelnen Eintragungen war seit 1933 immer größer geworden, Kraft und Lust zur Fortführung des Tagebuchs waren ständig zurückgegangen. Schon 1941 hatte Käthe Kollwitz an eine Freundin geschrieben: »Auch meine Tagebucheintragungen haben ganz aufgehört« (Briefe der Freundschaft, S. 103). Nach Nordhausen, wohin sie im August 1943 übersiedelte, hat sie ihr Tagebuch möglicherweise gar nicht mehr mitgenommen (vgl. Einleitung).

Abbildungsnachweis

Archiv der sozialen Demokratie, Bonn
S. 75
Käthe Kollwitz Museum Köln
53, 86, 135, 185, 234, 315, 333, 346, 402, 405, 406, 415, 432, 450, 468, 488, 495, 508, 531, 544, 545, 547, 552, 556, 558, 617, 679, 683, 687, 693, 694, 697, 703, 705
Käthe-Kollwitz-Archiv, [der] Akademie der Künste [in] Berlin
95, 150, 209, 566, 567, 626, 633, 634, 636
Landesbildstelle Berlin
112, 300, 330, 339, 611, 642, 643
Internationaal Instituut voor Sociale Geschiedenis, Amsterdam
65
Georg Kahn-Ackermann, München
738
Hans Koch, Meinerzhagen
200, 231
Wolf Rautenberg, Hamburg
474
Rheinisches Bildarchiv, Köln
691
Sibylle Schallenberg-Nagel, Kuwalk
635

Alle übrigen Aufnahmen aus Familienbesitz

Verzeichnis der benutzten und abgekürzt zitierten Literatur (in Auswahl)

Werkverzeichnisse und Schriftenausgaben

Kollwitz, Käthe: Verzeichnis des graphischen Werkes. Bearbeiter und Herausgeber Dr. August Klipstein. Bern 1955

Kollwitz, Käthe: Das plastische Werk. Herausgegeben von Hans Kollwitz, mit einem Vorwort von Leopold Reidemeister. Fotos von Max Jacoby. Hamburg 1967

Kollwitz, Käthe: Die Handzeichnungen. Herausgegeben von Otto Nagel unter Mitarbeit von Sibylle Schallenberg-Nagel und Beratung von Dr. Hans Kollwitz. Wissenschaftliche Bearbeitung Dr. Werner Timm. Berlin 1972, Stuttgart 1980[2]

Kollwitz, Käthe: Tagebuchblätter und Briefe. Herausgegeben von Hans Kollwitz. Berlin 1948

Kollwitz, Käthe: Briefe der Freundschaft und Begegnungen. München 1966

Kollwitz, Käthe an Dr. Heinrich Becker: Briefe. Herausgegeben vom Städtischen Museum Bielefeld (Ulrich Weisner). Bielefeld 1967

Kollwitz, Käthe: Ich sah die Welt mit liebevollen Blicken. Ein Leben in Selbstzeugnissen. Herausgegeben von Hans Kollwitz. Hannover 1968

Kollwitz, Käthe: Bekenntnisse. Ausgewählt und mit einem Nachwort von Volker Frank (= Reclams Universal Bibliothek Bd. 808). Leipzig 1981

Monographien und Veröffentlichungen zum Schaffen von Käthe Kollwitz

Barthel, Rolf: Zwischenspiel auf Bischofstein. Käthe Kollwitz, das Eichsfeld und Nordhausen (= 2. überarbeitete und erweiterte Aufl. der Sonderausgabe 1964 der Eichsfelder Heimathefte). Heiligenstadt 1977

Bonus-Jeep, Beate: Sechzig Jahre Freundschaft mit Käthe Kollwitz. Boppard 1948

Deri, Max (Einl.): Sonderausstellung Käthe Kollwitz zu ihrem 50. Geburtstag, April–Mai 1917. Berlin [1917]

Fischer, Hannelore: Engagierte Kunst in der Frühphase der Weimarer Republik. Plakate und Flugblätter von Käthe Kollwitz 1919–1924. Magisterarbeit (unveröff.). Köln 1984

Hinz, Renate (Hrsg.): Käthe Kollwitz. Druckgrafik, Plakate, Zeichnungen. Berlin 1980

Koerber, Lenka von: Erlebnisse mit Käthe Kollwitz. Berlin 1957

Krahmer, Cathérine: Käthe Kollwitz in Selbstzeugnissen und Bilddokumenten (= rowohlts Monographien 294). Reinbek bei Hamburg 1981

Laessig, Katharina: Mit den Augen der Freundin. Zum 80. Geburtstag von Käthe Kollwitz. In: Aufbau. Eine kulturpolitische Monatsschrift, Jg. 3, 1947, S. 63f. Berlin 1947

Lüdecke, Heinz: Käthe Kollwitz und die Akademie. Zum 100. Geburtstag 1967. Deutsche Akademie der Künste zu Berlin. Berlin [1967]

Nagel, Otto: Käthe Kollwitz. (= Veröffentlichung der Deutschen Akademie der Künste zu Berlin). Dresden [1962]

Schmidt, Werner (Hrsg.): Käthe Kollwitz. Graphiken und Zeichnungen aus dem Dresdener Kupferstichkabinett, 28. Mai bis 23. Oktober 1960 im Albertinum. [Dresden] [1960]
Schneede, Uwe M.: Käthe Kollwitz. Die Zeichnerin. Katalog der Ausstellung im Kunstverein in Hamburg, 8. 11.–28. 12. 1980. Hamburg und Zürich 1980/81
Schneede, Uwe M.: Käthe Kollwitz. Das zeichnerische Werk. München 1981
Schulz, Carl: Käthe Kollwitz und das Geheimnis der Vererbung. In: Altpreußische Geschlechterkunde, 3. Jg., 1929, H. 1, S. 22ff.

Allgemeines Schrifttum

Barron, Stephanie (Hrsg.): Skulptur des Expressionismus. München 1984
Behl, Carl F. W., und Felix A. Voigt: Chronik von Gerhart Hauptmanns Leben und Schaffen. München 1957
Benjamin, Walter: Briefe. Herausgegeben und mit Anmerkungen versehen von Gershom Scholem und Theodor W. Adorno. Frankfurt/Main 1966
Berger, Renate: Malerinnen auf dem Weg ins 20. Jahrhundert. Kunstgeschichte als Sozialgeschichte. Köln 1982
Brenner, Hildegard: Die Kunstpolitik des Nationalsozialismus (= Rowohlts deutsche Enzyklopädie). Reinbek bei Hamburg 1963
Cürlis, Hans: Schaffende Hände. 1. Maler. Zu dem Filmwerk »Schaffende Hände« des Instituts für Kulturforschung (= Veröffentlichungen des Kunstarchivs Nr. 24). Berlin o. J. [1926]
Doede, Werner: Berlin. Kunst und Künstler seit 1870. Anfänge und Entwicklungen. Recklinghausen 1961
Doede, Werner: Die Berliner Secession. Berlin als Zentrum der deutschen Kunst von der Jahrhundertwende bis zum Ersten Weltkrieg. Berlin 1977
Donat, Helmut und Karl Holl (Hrsg.): Die Friedensbewegung. Organisierter Pazifismus in Deutschland, Österreich und in der Schweiz (= Hermes Handlexikon). Düsseldorf 1983
Durieux, Tilla: Eine Tür steht offen. Erinnerungen. Berlin 1964
Elias, Rolf: Die Gesellschaft der Freunde des neuen Rußlands. Mit vollständigem Inhaltsverzeichnis aller Jahrgänge der Zeitschrift »Das neue Rußland« 1923–1932 (= Hochschulzeitschriften Gesellschafts- und Naturwissenschaften 186). Köln 1985
Euler, Friedrich Wilhelm: Karl Liebknecht. In: Genealogie, Bd. 9, 18. Jg., S. 481ff. Neustadt (Aisch) 1969
Evans, Richard J.: Sozialdemokratie und Frauenemanzipation im deutschen Kaiserreich. Berlin und Bonn 1979
Fischer, Lothar: Heinrich Zille in Selbstzeugnissen und Bilddokumenten (= rororo-Bildmonographien 276). Reinbek bei Hamburg 1979
Gross, Babette: Willi Münzenberg. Eine politische Biographie (= Schriftenreihe der Vierteljahrshefte für Zeitgeschichte Nr. 14/15). Stuttgart 1967
Grosz, George, und Wieland Herzfelde: Die Kunst ist in Gefahr. Drei Aufsätze. Berlin 1925
Grosz, George: Briefe 1913–1959. Herausgegeben von Herbert Knust. Reinbek bei Hamburg 1979
Großmann, Kurt R.: Ossietzky. Ein deutscher Patriot. München 1963
Gumbel, Emil Julius: Vier Jahre politischer Mord. Berlin-Fichtenau 1922

Gülzow, Erwin: Der Bund »Neues Vaterland«. Probleme der bürgerlich-pazifistischen Demokratie im Ersten Weltkrieg (1914–1918). Dissertation. Berlin 1969

Hugo Haase. Sein Leben und Wirken. Mit einer Auswahl von Briefen, Reden und Aufsätzen herausgegeben von Ernst Haase. Berlin-Frohnau o. J.

Hiller, Kurt: Leben gegen die Zeit. Bd. I: Logos. Reinbek bei Hamburg 1969

Holitscher, Arthur: Mein Leben in dieser Zeit. 1907–1925. Der Lebensgeschichte eines Rebellen zweiter Band. Potsdam 1928

Holl, Karl, und Wolfram Wette (Hrsg.): Pazifismus in der Weimarer Republik. Beiträge zur historischen Friedensforschung (= Sammlung Schöningh zur Geschichte und Gegenwart). Paderborn 1981

Jens, Inge: Dichter zwischen rechts und links. Die Geschichte der Sektion für Dichtkunst der Preußischen Akademie der Künste dargestellt nach den Dokumenten. München 1971

Kessler, Harry Graf: Tagebücher 1818–1937. Herausgeben von Wolfgang Pfeiffer-Belli. Frankfurt/Main 1961

Kestenberg, Leo: Bewegte Zeiten. Musisch-musikantische Lebenserinnerungen. Wolfenbüttel und Zürich 1961

Klatt, Fritz: Biographische Aufzeichnungen. Herausgegeben von der Bremer Volkshochschule (= Bremer Beiträge zur freien Volksbildung, H. 7). Bremen [1965]

Kliemann, Helga: Die Novembergruppe (= Bildende Kunst in Berlin, Bd. 3). Berlin 1969

Kollwitz, Hans: Brief an den Maler Herbert Tucholski, 8. Juli 1949. In: Kunstkabinett Prenzlauer Berg, 1. Ausstellung: Werke von Käthe Kollwitz. Berlin 1949

Koszyk, Kurt: Deutsche Presse im 19. Jahrhundert. Geschichte der deutschen Presse, Teil II. Berlin 1966

Kupffer, Heinrich: Gustav Wyneken (1875–1964) (= Texte zur Schriftenreihe »Aus deutschen Landerziehungsheimen«). Stuttgart 1970

Kurella, Alfred: Gründung und Aufbau der Kommunistischen Jugendinternationale. Berlin 1930

Lepsius, Sabine: Ein Berliner Künstlerleben um die Jahrhundertwende. Erinnerungen. München 1972

Liebermann, Max: Die Phantasie in der Malerei. Schriften und Reden. Herausgegeben und eingeleitet von Günter Busch. Frankfurt/Main 1978

Linse, Ulrich: Barfüßige Propheten. Erlöser der zwanziger Jahre. Berlin 1983

Linse, Ulrich: Die Kommune in der deutschen Jugendbewegung. Ein Versuch zur Überwindung des Klassenkampfes aus dem Geist der bürgerlichen Utopie (= Zeitschrift für bayerische Landesgeschichte, Reihe B, Beiheft 5). München 1973

Marx, Karl, und Friedrich Engels: Werke. Herausgegeben vom Institut für Marxismus-Leninismus beim ZK der SED, Bd. 36–39. Berlin 1967–1968

Michaelis, Herbert, und Ernst Schraepler (Herausgeb. u. Bearb.): Ursachen und Folgen: vom deutschen Zusammenbruch 1918 und 1945 bis zur staatlichen Neuordnung Deutschland in der Gegenwart. Eine Urkunden und Dokumentensammlung zur Zeitgeschichte. Berlin 1975

Nagel, Walli: Das darfst du nicht! Erinnerungen. Halle und Leipzig 1981

Nathan, Otto, und Heinz Norden (Hrsg.): Albert Einstein: Über den Frieden. Weltordnung oder Weltuntergang? Bern 1975

Nestriepke, Siegfried: Geschichte der Volksbühne in Berlin. 1. Teil: 1890–1914. Berlin 1930

Osterroth, Franz, und Dieter Schuster: Chronik der deutschen Sozialdemokratie. Berlin 1975

Paret, Peter: Die Berliner Secession. Moderne Kunst und ihre Feinde im kaiserlichen Deutschland. Berlin 1981

Penkert, Sibylle: Carl Einstein. Beiträge zu einer Monographie (= Palaestra, Untersuchungen aus der deutschen und englischen Literaturgeschichte, Bd. 255). Göttingen 1969

Pfefferkorn, Rudolf: Die Berliner Secession. Eine Epoche deutscher Kunstgeschichte. Berlin 1972

Piper, Ernst: Ernst Barlach und die nationalsozialistische Kunstpolitik. Eine dokumentarische Darstellung zur »entarteten Kunst«. München und Zürich 1983

Rosenfeld, Günther: Sowjetunion und Deutschland 1922–1933. Berlin 1984

Rühle, Günther: Theater für die Republik. 1917–1933. Im Spiegel der Kritik. Frankfurt/Main 1967

Scheffler, Karl: Die fetten und die mageren Jahre. Ein Arbeits- und Lebensbericht. Leipzig und München 1946

Schlawe, Fritz: Literarische Zeitschriften 1885–1910. Stuttgart 1961

Siemsen, Anna: Ein Leben für Europa. In memoriam Joseph Bloch. Frankfurt/M. 1956

Maria Slavona, 1865–1931, eine deutschen Impressionistin. Katalog Sammlung Stiftung Bröhan. Berlin 1981

Soergel, Albert: Dichtung und Dichter der Zeit. Neue Folge. Im Banne des Expressionismus, Leipzig 1926

Tennstedt, Florian, und Fritz Leibfried: Berufsverbote und Sozialpolitik 1933. Die Auswirkungen der nationalsozialistischen Machtergreifung auf die Krankenkassenverwaltung und die Kassenärzte (= Arbeitspapiere des Forschungsschwerpunktes Reproduktionsrisiken, soziale Bewegungen, Sozialpolitik, Nr. 2). Bremen 1979

Tucholski, Herbert: Bilder und Menschen. Leipzig 1985

Uhde, Wilhelm: Von Bismarck bis Picasso. Erinnerungen und Bekenntnisse. Zürich 1938

Wiezcynski, Joseph L. (Hrsg.): The modern Encyclopedia of Russian and Soviet History. Vol. 37. Academic International Press 1984

Zuelzer, Wolf: Der Fall Nicolai. Frankfurt/Main 1981

25 Jahre Bukum. Literarischer Fest-Almanach auf das Jahr 1930. Wien 1929

Wem gehört die Welt? Kunst und Gesellschaft in der Weimarer Republik. Berlin 1977

Revolution und Realismus. Revolutionäre Kunst in Deutschland 1917–1933. Staatliche Museen zu Berlin 1979

Monte Vérità – Berg der Wahrheit. Lokale Anthropologie als Beitrag zur Wiederentdeckung einer neuzeitlichen sakralen Topographie. Agentur für geistige Gastarbeit, Harald Szeemann. Milano 1978

Struktur und Macht. Figurative Plastik im Deutschland der 30er und 40er Jahre. Akademie der Künste Berlin. Berlin 1983

Glaube, Freiheit, Leben. Mitteilungen Freier Glaubensgemeinschaften, 20. Jg., Mai–Juni 1984

Gegenlicht – 60 Jahre GEDOK. Herausgegeben von der GEDOK. Berlin 1986

Expressionisten. Die Avantgarde in Deutschland 1905–1920. Katalog. Herausgegeben von den Staatlichen Museen zu Berlin, Nationalgalerie und Kupferstichkabinett. Berlin 1986

Kunst in Berlin von 1870 bis heute. Sammlung Berlinische Galerie. Berlin 1986

Namenregister

Karl Kollwitz, die Söhne Hans und Peter, die Enkelkinder, Ottilie Kollwitz sowie Lisbeth und Georg Stern wurden nicht in das Register aufgenommen.

Abel, Adolf 916
Ackermann, Lilly 64, 101, 767
Ackermann, Maria s. Slavona, Maria
Ackermann, Otto 63, 216, 260, 737, 742, 767, 787
Adler 80, 341,347, 365
Adler, Alfred 889
Adler, Friedrich 321, 822, 911
Adler, Victor 381, 757
Agaeff 343, 354, 357, 358, 372, 373, 378, 399, 404, 407, 414, 425, 828
Ahlers-Hestermann, Friedrich 35
Albiker, Karl 106, 777
Amersdorffer, Alexander 686, 897, 909, 923
Ampère, André Marie 286
Antheil, George 926
Arco, Georg Graf von 842
Ardor s. Benjamin, Walter
Arends, Margret 281, 308, 318, 325, 330, 336, 462, 813
Arnim, Bettina von 735
Arnold 820
Arnoldt, Emil 146, 265, 411, 600, 735, 759, 788, 852, 884
Arnoldt, Ernestine 46, 759
Asch 89
Asch, Elisabeth 405
Augstein, Auguste 101
Avenarius, Ferdinand 478, 867
Axe, Dora s. Schröder, Dora
Axelrod, Pawel B. 877

Baake, Curt 380, 381, 843, 911
Baake, Käthe 427
Bab, Julius 422, 856
Bach, Johann Sebastian 314, 341, 598, 658, 831
Bachrach 627
Baden, Max von 375, 838, 839
Bahr, Hermann 604, 890
Baker, Josephine 891
Bakunin, Michail A. 569
Baluschek, Hans 125, 742, 784, 785
Balzac, Honoré de 742
Bang, Hermann 809
Baranowskaja, Wera 896
Barbizon, Georges s. Gretor, Georg
Barbusse, Henri 355–357, 526, 832, 863, 900, 911
Bard, Julius 127
Barlach, Ernst 24, 125, 137, 212, 220, 340, 341, 420, 421, 476, 498, 499, 512, 647, 684, 686, 692–695, 784, 787, 791, 797, 800, 801, 804, 851, 870, 904, 919, 927, 928
Barnowski, Viktor 806
Barth, Emil 388, 392, 846
Bartholdy, Felix Mendelssohn 353, 828
Bartsch, Margret 70, 71, 86, 419, 451, 462, 770
Baruch 456
Baruch, Franzisca 661, 909
Bauchwitz, Erich 817
Baudelaire, Charles 291
Bauer, Mart(h)a 106, 218, 777
Baum, Maria 636, 901
Bayer(s) 23, 49, 582, 734, 761
Beardsley, Aubrey Vincent 775
Bebel, August 60, 71, 757, 766, 890
Becher, Johannes R. 898
Beck, Hermann 842
Becker 48, 49, 92, 760
Becker, Carl Heinrich 629, 895, 897
Becker, Heinrich 876
Beckmann, Max 27
Beerfelde, Hans-Georg von 373, 837, 849
Beethoven, Ludwig van 182, 336, 340, 422, 515, 561, 623, 624, 831, 897
Begas, Reinhold 91, 775
Behl, Carl F. W. 843

Behrisch, Ernst Wolfgang 306
Beier, Emil 295
Beier, Toni 295
Bekker vom Rath, Hanna 709, 930
Belmore s. Blumenthal, Herbert
Bender, Annie 118, 121, 122, 126, 128, 129, 177, 242, 247, 370, 418, 433, 448, 462, 668, 781, 874
Benedikt XV. 824
Benjamin, Walter 144, 268, 774, 787, 788
Bente 245, 313, 443, 444, 448, 807
Berer, Bernhard 295
Berer, Emil 557
Berer, Konrad 557
Berger, Erwin 367, 834
Bergl 627
Bergström, Herdis 579, 884
Berkowski 47, 759
Berneis, Benno 265, 809, 816
Bernfeld, Siegfried 146, 147, 774, 788
Bernhard(t) 47, 48, 179, 375, 429, 630, 759, 927
Bernstein, Eduard 367, 451, 452, 504, 768, 778, 834
Bertschinger 101
Besnard, Albert 824
Bethmann Hollweg, Theobald von 286, 291, 311, 312, 322, 813
Biber 467, 865
Bildt 309
Birkholz, Hermann 409, 623, 896
Birkle, Albert 920
Birkner 593
Bismarck, Otto von 163, 620
Bittlinger 297, 298
Blaich, Hans Erich 391, 847, 928
Blass, Ernst 185
Bley 136
Bloch, Alexander 301, 398, 400, 817, 842, 849
Bloch, Helene 19, 34, 219, 271, 295, 384, 659, 688, 777, 815, 827, 924
Bloch, Joseph 154, 219, 271, 295, 383, 608, 659, 688, 790, 815, 827, 924
Blüher, Hans 485, 868
Blumenbach, Johann Friedrich 286
Blumenthal, Herbert 144, 788
Blumenthal, Hermann 916
Böcklin, Arnold 92, 357, 661, 775
Boelke, Oswald 283, 284, 813
Boese, Heinrich 643, 903
Böhm 750
Böhmer, Marga 927
Böning, Margret 9
Böß 897
Böttger 541
Bohnke, Robert-Alexander 881
Bonus, Arthur 23, 189, 206, 207, 211, 215, 338, 434, 499, 559, 563, 564, 590, 639, 652, 661, 662, 682, 699, 702, 737, 769, 794, 867, 870, 915
Bonus, Barbara 691
Bonus, Heinz 23, 374, 422, 539, 541, 555, 559, 561, 564, 569, 571, 572, 579, 586, 588, 593, 598, 605, 612, 627, 661, 769, 838, 879, 894
Bonus, Helga 24, 329, 354, 355, 374, 449, 452, 464, 465, 469–472, 474, 476, 478, 499, 500, 511, 555, 558, 559, 561–563, 577, 770, 825, 830, 862
Bonus, Lydia 691, 926
Bonus, Wolf-Dieter 699
Bonus-Jeep, Beate 19, 23, 28, 29, 33, 69, 329, 350, 434, 452, 559, 561, 562, 569, 572, 590, 605, 612, 613, 624, 627, 652, 661, 662, 695, 696, 699, 702, 737, 755, 759, 765, 769, 775, 781, 790, 792, 794, 818, 837, 838, 844, 846, 859, 869, 870, 873, 879, 880, 884, 886, 898, 899, 907, 909–912, 915, 919, 922, 923, 925, 927, 929
Brahm, Hans 395, 401, 421, 429, 467, 472, 488, 496, 763, 848, 869
Brahm, Otto 763
Brahms, Johannes 598, 831, 834
Brandenburg, Martin 61, 143, 409, 742, 767
Brandes, Lothar 138, 155, 156, 268, 293, 790, 796
Brauchitsch, Walter von 704
Braun 502
Braun, Fritz 456, 863
Braun, Heinrich 68, 88, 439, 444, 623, 742, 769, 860, 863

Braun, Ida 456, 863
Braun, Lily 115, 265, 266, 444, 623, 742, 769, 775, 780
Braun, Otto 265, 266, 365, 393, 444, 623, 769, 861
Breitscheid, Rudolf 388, 403, 846
Brentano 549
Bresser, Anna 417, 419, 422, 424 bis 426, 431, 440, 450, 472, 538, 573, 577
Bresser, Maria 577
Bresser, Volkrat 589
Breyer 784
Breuer 84
Breuer, Karin 786
Breysig, Gertrud 711, 930
Breysig, Kurt 930
Britsch, Gustav Adolf 79, 773
Brockhusen, Theo von 384, 419, 844, 864
Bröger, Karl 428, 858
Bruck, Reinhard 890
Brunner, Lotte 659
Brutus, Lucius Iunius 286
Buchartzew, Dimitri 684, 919
Buchthal, Amalie 670, 911
Büchner, Georg 814
Bursch, Friedrich 690, 691
Burzew, Wladimir L. 164, 792
Butzke, Anna s. Schmidt, Anna
Byron, George Gordon 734

Caesar, Gaius Iulius 286
Casement, Roger David 264, 809
Cassirer, Paul 125, 212, 233, 300, 301, 312, 321, 342, 414, 607, 703, 783, 784, 785, 791, 797, 810, 816, 817, 819–821, 854, 856, 890
Castell, Ernestine 180, 230, 265, 267, 600, 720, 734, 794, 809
Castell, Henriette 600, 729, 734
Cauer, Ludwig 580, 885
Cauer, Minna 156, 790
Cellini, Benvenuto 193
Chaim, Gertrud 675
Chamberlain, Arthur Neville 692, 927
Chaplin, Charles Spencer 686
Chavannes, Puvis de 824
Claudel, Paul 486, 868
Claudius, Matthias 484, 658
Claus, Martin 913
Clausewitz, Carl von 188, 794
Clemens 48, 155
Conrad-Gotzmann, Hedwig 119, 120, 781
Constant, Henri-Benjamin 51, 762
Cook, Frederic Albert 50, 762
Corinth, Lovis 112, 212, 420, 498, 554, 580, 601, 620, 627, 778, 783, 785, 798, 809, 851, 889, 897, 922
Coudenhove-Kalergi, Richard Nikolaus von 641, 903

Danke, Rudolf 901
Dannenberg 748, 749
Dannenberg, Fritz 432, 859
Dannenberg, Anna 600
Dante Alighieri 520
Däubler, Theodor 646, 904
Daumier, Honoré 775
Däumig, Ernst 849
Degas, Edgar 218, 799
Degner, Arthur 210, 797
Dehmel, Ida 805, 815
Dehmel, Richard 297, 377, 453, 704, 805, 815, 839–841, 886
Dehrmann, Marta 299, 816
Deman, Rudolf 624, 630, 896
Dembowski 748
Deppschütz 541, 879
Deri, Max 465, 894
Despiau, Charles 618, 894
Dessoir, Max 786
Dettmann, Ludwig 815
Dickens, Charles 749, 853
Diederich, Fritz 656, 657, 660, 746, 907
Diederichs 879
Diehl 563
Diem 72, 81, 119, 771
Dietrich, Mary 419, 422, 856
Diepold, Leo Klein von 903, 917
Dilthey, Wilhelm 56, 765
Dittmann, Wilhelm 392, 482
Dix, Otto 618, 889, 894, 919
Dmuchowski, Helene 461, 462, 526, 864
Doede, Werner 34, 767, 891
Dollfuß, Engelbert 677, 914

Döpler, Ernst 445, 861
Dohrn 378
Dorsch, Käthe 511, 873
Dostojewski, Fjodor M. 401, 900
Drechsler, Erich 661, 909
Dreßler, August 916
Droste-Hülshoff, Annette von 159, 444, 791
Dubois, Fanny 101
Dülberg, Ewald 395, 848
Dumont, Louise 331, 825, 886
Dürer, Albrecht 55, 217, 764, 799
Durieux, Tilla 301, 318, 770, 816, 822, 890

Ebell, Lise 425, 458, 550, 578, 591, 612, 637
Ebert, Carl 340, 826
Ebert, Friedrich 375, 378, 387, 389, 838, 842, 843, 851
Eckmann, Mascha 88, 775
Eckstein 264
Egidy, Emmy von 837
Egidy, Moritz von 373, 837
Ehlers, Hilde s. Reitz, Hilde
Ehlers, Käthe s. Giese, Käthe
Eichhorn, Robert Emil 396, 400, 848
Einstein 136
Einstein, Albert 832, 872, 903, 906
Einstein, Carl 382, 400, 427, 431, 492, 540, 573, 857, 869, 878, 883
Eisenstein, Sergei M. 900
Eisner, Kurt 408, 448, 852
Elias, Julius 557, 820, 882
Elias, Rolf 898, 906
Eloesser, Arthur 111, 778
Elster, Gottlieb 738
Ender 265
Endler 425
Engelhardt 515
Engelhardt, Heinz von 245, 365, 393, 807
Engelmann, Richard 105, 777
Engels, Friedrich 12, 737, 890, 891
Erdmann, Walter F. 881
Ermanski 899
Ernst Heinrich von Sachsen 16
Erzberger, Matthias 453, 842, 863
Eulenberg, Herbert 786
Euripides 806
Evans, Richard J. 765, 790
Ewert 748
Eysoldt, Gertrud 301, 809, 817

Faassen, Josef 701, 708, 712, 929
Fechter, Emma 501, 631, 898
Fechter, Paul 501, 674, 871, 873, 898
Fehr 676
Felden 45, 46, 758
Fellerer, Margarethe 627, 897
Felsing 320
Felsing, Otto 822
Felsing, Wilhelm 322, 822
Feuerbach, Anselm 99, 100, 777
Feuerbach, Ludwig 74, 771
Fichte, Johann Gottlieb 143–145, 215, 245, 273, 499
Fischer, Edwin 561, 882
Fischer, Erich von 101, 777
Fischer, Hannelore 866
Fischer, Lothar 901
Fiedler, Marianne 624
Flesch, Carl 361, 833
Foch, Ferdinand 378, 842
Förster 248, 249
Förster, Karl 475, 529
Franck, Philipp 633, 819, 882
Frank 42
Frank 66, 768
Frank, Bruno 127, 263, 785, 809
Frank, Leonhard 301, 318, 569, 817
Frank, Ludwig 160, 161, 791, 792
Frank, Volker 35, 38
Frankl, Elsa 535, 877
Fränkl, Victor 358, 367, 832
Franz 248
Franz Joseph I. 813
Franz von Assisi 485, 512
Freiligrath, Ferdinand 12, 71, 727, 729, 737
Freitag 479
Freksa, Friedrich 769
Freud, Sigmund 374, 757
Freund 691, 927
Freund, Julius 457, 685, 863
Freund, Walter 691
Freundlich 546

Freundlich(s) 81
Freundlich, Erwin 82
Freundlich, Otto 868
Frick, Ernst 627, 897
Friedeberg 627
Friedeberg, Raphael 335, 825
Friedländer, Konrad 294, 349
Friedländer, Liselotte 117, 294, 308, 781
Friedländer, Max Jacob 294, 814, 815
Friedrich Wilhelm II. 806
Friedrich, Ernst 642
Friedrichs 44, 46, 758
Frisch, Kurt (Hennes) 434, 436, 451, 455, 458, 467, 472, 480, 481, 486, 520, 528, 535, 540, 553, 575, 578, 592, 605, 659, 673, 680, 711, 757, 859, 884, 930
Frisch, Regula s. Stern, Regula
Friz, Erwin 204, 415, 476, 634, 755
Friz, Susanne s. Rupp, Susanne
Friz, Walter 204, 634, 655
Forain, Jean-Louis 84, 774
Forster, Rudolf 870
Froböse(s) 595, 597, 645
Frost, Lucia Dora 296, 794, 815
Fuchs 78, 79
Fuchs, Eduard 898
Fulda, Ludwig 619

Gaborg, Arne 756
Gampp, Anna-Erika 222, 346, 350, 368, 462, 496, 515, 516, 527, 655, 802
Gampp, Caspar 565, 589
Gampp, Josua Leander 346, 350, 515, 516, 527, 528, 550, 802
Gampp, Marlene 606
Gampp, Peter 515, 526, 550, 551
Garbe, Herbert 575, 884
Gauguin, Paul 67, 857
Gaul, August 24, 125, 213, 287, 297, 540, 784, 785, 791, 804, 822
Gebhardt, Karl 60, 766
Geheeb, Paul 779
Geiger, Willi 257, 420, 808
Geiseler 688, 690
Genelli, Buonaventura 734
George, David Loyd 326, 824
George, Stefan 296, 335, 675, 764, 821, 825, 879, 897
Georgi 225, 480
Gerhard, Adele 383, 844
Gerhardi, Ida 80, 212, 216, 219, 742, 773, 868
Gericke 647
Gerlach, Hellmut von 378, 385, 842
Geyso, Marie von 99, 288, 349, 616, 622, 639, 776, 814
Gide, André 161, 791
Giese, Käthe 491, 636, 869
Gilles, Werner 916
Giorgione 391
Glaßbrenner, Adolf 515, 874
Glatzer, Dieter 766
Glatzer, Ruth 766
Globig, Käthe 647, 648
Goebbels, Josef 917
Gönner 42, 50, 80, 762
Gönner, Richard 322, 346, 411, 423
Göpel, Barbara 918
Göpel, Erhard 918
Goering, Reinhard 833
Göring, Hermann 686, 923
Goes, Hugo van der 525
Goesch, Fides 91, 120, 501, 506, 510, 520, 523, 571, 579, 582, 584, 627, 647, 648, 655, 658, 660, 765, 897
Goesch, Fritz 648, 659
Goesch, Gertrud 24, 47–50, 56, 57, 73, 95, 119–121, 142, 145, 160, 173, 204, 227, 349, 493, 499, 500, 501–503, 506, 510, 511, 520, 523, 524, 527, 541, 573, 576, 578, 579, 582–585, 593, 627, 647–649, 655, 656–658, 660, 671, 732, 759, 760, 764, 765, 781, 871, 873, 896, 908
Goesch, Gudrun 507, 523, 524, 526, 527, 655, 658, 660
Goesch, Heinrich 47, 50, 56, 57, 66, 73, 95, 112, 120, 121, 142, 145, 160, 173, 218, 219, 222, 223, 227, 228, 237, 243, 291, 299, 349, 493, 500, 501, 502, 507, 510, 511, 520, 523, 524, 541, 542, 573, 576, 578, 579, 582–585, 593, 618, 627, 647–649, 660, 732, 759, 764, 765, 781, 785,

806, 851, 871, 873, 896, 897, 904, 905
Goesch, Manon 91, 120, 122, 142, 524, 579, 584, 647, 655, 656, 765, 908
Goesch, Paul 66, 135, 218, 404, 416, 785, 851
Goesch, Veronica 523, 655, 658, 660
Goesch, Wilhelm 129, 228, 785
Goethe, August von 646
Goethe, Cornelia 646
Goethe, Johann Wolfgang von 31, 69, 127, 130–132, 134, 182, 197, 225, 226, 238, 284–286, 289, 290, 293, 300, 304, 307, 308, 310, 311, 321, 323, 324, 333, 338, 339, 364, 493, 499, 507, 512, 547, 548, 549, 555, 556, 726, 734–736, 772, 779, 780, 796, 803, 821, 826, 881, 931
Goetz, Bruno 501, 510, 541, 542, 871
Goetz, Lisa 501, 510, 541, 647, 871
Götz, Hermann 803
Gogh, Vincent van 67, 205, 405
Gold, Alfred 161, 791
Goldscheider 569
Goldschmidt, Alfons 845, 898
Goldschmidt, Edgar 820
Goldstein 403, 850
Gorges 758
Gorki, Maxim 14, 329, 401, 626, 744, 766, 776, 825, 896, 900
Gorski 50, 52
Grabbe, Christian Dietrich 528
Graef, Gustav 575, 730, 884
Grautoff, Otto 382, 843
Greiner, Otto 738
Gretor, Georg 23, 64, 69, 70, 71, 74, 75, 79, 84, 86–88, 97, 113, 244, 254, 338, 548, 601, 744, 768, 770, 774, 779, 787, 788, 807, 819, 879, 888
Gretor, Willy 64, 71, 72, 88, 767, 770
Grey, Sir Eduard 286, 813
Grillparzer, Franz 707
Groener, Wilhelm 846
Groethuysen 742
Gropius, Walter 416, 420, 855
Gross, Babette 911
Gross, Otto 54, 759, 764, 765, 897
Gross-Schloffer, Frieda 627, 897
Großmann, Kurt R. 862
Grosz, George 621, 889, 895, 919
Gruchalle 309
Grünfeld, Heinrich 579, 884
Gudovius 720
Gundolf, Friedrich 321, 821
Gutbier, Ludwig Wilhelm 288, 466, 814
Guttmann, Wilhelm Simon 142, 144, 787
Gülzow, Erwin 842
Gutzki 89

Haase(s) 170, 792
Haase, Ernst 861
Haase, Hugo 231, 382, 389, 392, 397, 443, 444, 448, 751, 792, 804, 838, 861
Haenisch, Konrad 856, 879
Hagen, Aga von 573, 857, 883
Händel, Georg Friedrich 798
Haeusser, Ludwig Christian 542, 880
Haim-Wentscher, Tina 106, 607, 777, 856
Hamsun, Knut 599, 888
Hanfstaengl, Eberhard 684, 918
Hannemann, Karl 154, 162, 276, 331, 479, 540, 812, 825
Hanuschke 85
Harden, Maximilian 839, 872
Harding-Krayl, Constance 24, 374, 375, 377, 380, 381, 383, 384, 385, 388, 389, 392, 394, 396, 397, 400–404, 411, 417, 418, 427, 431, 435, 461, 491, 492, 587, 626, 639, 743, 744, 773, 838, 846, 851, 859
Hardt 119
Harnack, Adolf von 695
Hartenau, Lotte 521
Hartung, Sabine 331, 428
Harway 101
Hasse, Hanna 644
Hasse, Sella 644, 853, 903
Hatzfeld, Franz Iwan von 336, 826
Hauptmann, Carl 212, 298, 301, 340, 798, 816
Hauptmann, Gerhart 12, 382, 504, 675, 736, 739, 756, 761, 795, 816, 822, 824, 843, 882, 903, 914

Hausenstein 627
Hausenstein, Wilhelm 122, 783
Hebbel, Friedrich 454, 648
Hebenstreit 499
Heck, Heinz 194, 224, 255, 260, 273, 276, 292, 336, 353, 374, 418, 434, 472, 550, 577, 578, 757, 795, 809, 811
Heck, Regula s. Stern, Regula
Heckel, Erich 464, 804, 864
Heckendorf, Franz 120, 384, 781
Heermann 624
Hegel, Friedrich Wilhelm 215
Heilborn, Adolf 76, 771, 853, 901
Heine, Heinrich 395, 741
Heine, Thomas Theodor 755
Heine, Wolfgang 378, 841
Heinle, Christoph Friedrich 142, 144, 787
Heinrich, Herbert 708
Heise, Katharina 432, 859
Heldt, Werner 30, 916
Helfferich, Karl 453
Heller, Hugo 8, 43, 48, 51, 62, 64, 65, 88, 117, 564, 757, 835, 883
Heller-Ostersetzer, Hermine 835
Hellwag, Fritz 778
Hensel, Klara 58, 765
Herberger, Riele 198, 449, 471–473, 475, 476, 478, 486, 865
Herdan-Zuckmayer, Alice 882
Herder, Johann Gottfried 286, 310, 311
Hernstatt 217, 220
Herrendoerfer, Julius 475, 495, 603, 866
Herrendoerfer, Katta s. Stern, Katharina
Herrendoerfer, Walter 638, 902
Herrmann, Curt 240, 300, 778, 784
Herterich, Ludwig 737–739, 767, 803
Hertling, Georg von 344, 830
Hettner, Otto Hermann 212, 213, 797
Herzfelde, Wieland 418, 855
Herzog, Wilhelm 849
Hesse, Anna 234, 533, 616, 632, 633, 732
Hesse, Erich 818
Hesse, Hermann 526, 875
Heuss, Theodor 11
Hey, Paul 223, 802
Heym, Georg 879
Heymann, Hans 305
Heymann, Walther 201, 202, 305, 795, 817
Hilberseimer, Ludwig 867
Hildebrand, Adolf von 871, 884
Hilferding, Rudolf 848
Hiller, Kurt 296, 298, 387, 465, 815, 836, 845, 864, 879
Hindenburg, Paul von Beneckendorff und von 160, 256, 322, 381, 397, 441, 624, 677, 808, 921
Hirsch, Paul 856
Hirschfeld, Magnus 409, 568, 852
Hitler, Adolf 676, 677, 696, 883, 895, 921
Hitz, Dora 237, 526, 588, 767, 805, 822, 886
Hodann, Max 385, 845
Hodler, Ferdinand 217, 364, 627, 799
Hoerner, Herbert von 873
Hoetzsch, Otto 285, 400, 813, 849
Hötger, Bernhard 743
Hofer, Johanna s. Stern, Johanna
Hofer, Karl 768
Hofferichter, Helmut 509
Hofferichter, Gertrud 732
Hofferichter, Julie 22, 28, 41, 48, 58, 70, 86, 89, 90, 93, 95, 109, 116, 121, 128, 138, 147, 148, 162, 177, 194, 208, 209, 231, 232, 235, 244, 252, 269, 286, 290, 293, 295, 304, 305, 307, 308, 311–313, 333, 344, 348, 359, 364, 366, 375, 413, 420, 527, 556, 600, 717, 720, 721, 724, 727–729, 731, 732, 736, 745, 756, 760, 772, 788, 824
Hofferichter, Konrad 22, 76, 86, 90, 116, 127, 162, 163, 199, 208, 216, 233, 235, 236, 295, 305, 312, 313, 360, 383, 396, 471, 509, 756, 771
Hofferichter, Lise 255, 444, 808
Hofferichter, Paul 235, 236, 287, 765
Hofferichter, Paula 22, 48, 51, 89, 90, 95, 116, 126, 133, 135, 137, 162, 164, 177, 178, 186, 188, 217, 269, 272, 273, 278, 293, 295, 304, 311–313, 344, 349, 359, 364, 366,

370, 384, 393, 396, 416, 420, 462, 481, 496, 509, 520, 539, 540, 569, 599, 700, 701, 756, 760, 844, 855
Hofferichter, Rosa 471, 509
Hoffmann, Adolf 380, 403, 842, 843
Hofmann, Ludwig von 327, 824
Hofmannsthal, Hugo von 77, 555, 744, 772, 788, 814
Hogarth, William 52, 764
Holbein, Hans d. J. 217
Hölderlin, Friedrich 183, 654, 879, 928
Holitscher, Arthur 404, 504, 851, 898, 899
Holl, Karl 878
Hollander, Walter von 805
Hollaender, Felix 103, 777, 890
Hollae(?)nder, Victor 769
Holst, Herrmann 306, 327, 802, 817
Holz, Arno 619, 736, 895
Homer 41, 755
Hönerbach, Margarete 129, 468, 742, 785
Honigmann 87, 88
Hopfel, Mizzi 374
Hornbostel, Erich Moritz von 763
House, Edward Mandell 387, 845
Houten 667, 668
Hoyer, Elfriede 444
Hoyer, Hans 288, 291, 293, 386, 439, 444, 445, 484
Hoyer, Julius 142, 205, 207, 230, 240, 256, 260–263, 265, 267, 269, 272, 275, 278, 288, 289, 291, 293, 296, 298, 300, 305, 307, 317, 318, 323, 328, 329, 333, 334, 336, 338, 339, 341, 344, 345, 349, 350, 357, 361, 368, 379, 384, 385, 386, 389, 393, 429, 440, 443, 444, 455, 464, 484, 492, 538, 541, 559, 626, 787, 796, 809, 845
Huch, Elisabeth 337, 826
Huch, Friedrich 122, 140, 143, 337, 782, 783, 826
Huch, Marie 782, 783
Huch, Ricarda 98, 99, 507, 569, 636, 777, 901, 906
Huch, Richard 98, 99, 777
Humboldt, Alexander o. Wilhelm von 333

Ibsen, Henrik 12, 756
Iltzig 456
Immanuel, Agnes 630, 659, 898
Immanuel, Max (Tom) 432, 447, 448, 454, 471–473, 480, 485, 488–490, 497, 630, 635, 673, 858, 867, 898, 922
Immelmann, Max 255, 808, 813
Impekoven, Niddy 468, 865, 891
Isenstein, Kurt Harald 580, 599, 621, 623, 680, 884, 885, 924, 925, 927

Jacobi, Johann Georg 286
Jacobs, Monty 890
Jacobsen, Jens Peter 771
Jacobsohn, Siegfried 112, 779
Jakobson 471
Jakoby 63
Jaeckel, Willy 420, 850, 851, 920
Jakimow, Annemarie 500, 605, 649, 871
Jakimow, Igor 500, 605, 649, 871, 890
Jaurès, Jean 149, 417, 745, 789
Jawlensky, Alexej von 897
Jean Paul 283, 341, 555
Jeep, Emma Beate s. Bonus-Jeep, Beate
Jens, Inge 895, 912
Jessner, Leopold 763, 870, 898
Joel, Ernst 374
Joffe, Adolf A. 372, 836
Joffre, Jacques Césaire 795
Jogiches, Leo 413, 414, 853, 855
Johst, Hanns 411, 852
John(s) 600
Jung 157
Jung, Carl Gustav 656, 902, 908
Jung-Stilling, Johann Heinrich 107, 777
Justi, Ludwig 660, 908
Jutschenko, Sinaida 50, 762

Kache, Gerd 495, 509, 520
Kache, Heinz 178, 269, 305, 481
Kache, Kurt 301, 305, 354
Kache, Paul 126, 133, 154, 164, 171, 178, 188, 199, 216, 217, 235, 269, 278, 293, 305, 311, 313, 319, 359, 361, 364, 416, 539, 553, 760, 780
Kache, Paula s. Hofferichter, Paula

Kache, Rolf 118, 162, 164, 186, 188, 217, 236, 244, 269, 273, 278, 305, 481, 509, 539
Kafka, Franz 586
Kainz, Josef 85, 87, 774
Kaiser(s) 57, 86, 178, 189, 268, 630, 636
Kaiser, Eva 268
Kaiser, Hellmut 52, 55, 86, 89, 90, 91, 93, 96, 101, 106, 109–111, 127, 144, 182, 227, 268, 385, 452, 764, 765
Kaiser, Joachim 101, 106, 149, 151, 189, 238, 268, 418
Kalckreuth, Leopold von 97, 477, 776, 778
Kalckreuth, Wolf von 776
Kaliski, Julius 427, 857
Kalmikoff 86
Kalmikoff, Alexandra s. Kalmykowa, Alexandra M.
Kalmykowa, Alexandra M. 639, 742, 787, 876, 900
Kamenewa, Olga D. 899
Kampf, Arthur von 410, 613, 891
Kampffmeyer, Paul 911
Kanehl, Oskar 452, 862
Kant, Immanuel 67, 401, 750
Karbe, Annie 24, 37, 54, 74, 80, 111, 156, 157, 166, 168, 222, 223, 246, 259, 272, 298, 314, 321, 349, 364, 371, 400, 418, 425, 434, 458, 497, 518, 540, 546, 550, 569, 575, 579, 591, 612, 615, 616, 630, 637, 651, 655, 659, 662, 682, 683, 702, 764, 874
Karbe, Theo 418
Kardorff, Konrad von 917
Kardorff, Siegfried von 392, 398, 847
Karow, Annie 553, 554, 575, 577, 589, 592, 605, 647, 652, 674, 676, 680, 881
Kasper, Ludwig 916
Kassan 217, 220
Katzenstein, Simon 57, 384, 392, 765
Kauders, Hans 41, 58, 92, 535, 765
Kaufmann, Eugenie 805
Kaufmann, Richard von 342, 344, 828
Kaulbach, Wilhelm von 726
Kaus 370
Kautsky, Karl 383, 504, 757, 854, 891, 924
Kautsky, Luise 414, 812, 854
Kawerau 563, 638, 639
Kawerau, Siegfried 668, 688, 879, 883, 923
Kayser, Marie-Elise 894
Kayßler, Friedrich 233, 237, 366, 520
Kehler 98, 99, 101, 143, 288, 572, 636, 776, 814
Keim 793
Keller, Gottfried 236, 383, 431, 491, 627, 805, 808, 869
Kellermann, Bernhard 765
Kerenski, Alexander F. 823
Kern, Guido 476
Kerr, Alfred 441, 507, 675, 860, 914
Kessel 453
Kessler, Harry Graf 778, 846, 850, 854, 855, 863, 871, 883
Keßler(s) 680, 681, 918
Kestenberg, Leo 233, 340, 804, 831, 843, 896
Keuchel 222, 256, 802
Keudell, Walter von 897
Key, Ellen 382, 843
Keyserling, Eduard von 226, 803
Keyserling, Hermann von 499, 871
Keyserling(k), Paul von 224, 264, 803
Kirchner, Ernst Ludwig 804
Klatt, Edith 549, 650, 821, 881
Klatt, Elisabeth 881
Klatt, Franz 905
Klatt, Fritz 274, 396, 423, 427, 433, 526, 806, 811–813, 821, 856, 857, 862, 881, 905
Klatt, Hans 549
Klatt, Ullrich 881
Klein 575
Klein, Friedrich 481, 495, 600
Kleinhaus 374
Kleist, Heinrich von 111, 171, 725, 778, 792
Klimsch, Fritz 219, 404, 633, 800, 851, 915
Klimt, Gustav 797
Klingelhof(er) 573, 575, 586, 588, 589, 592, 593, 598
Klinger, Désirée 906
Klinger, Friedrich Maximilian 286

Klinger, Max 302, 327, 477, 737, 739, 743, 773, 778, 817, 820, 867, 871, 897, 906
Klingler, Karl 826
Klipstein, August 926
Kloos, Walter 383, 393, 396, 456
Klopstock, Friedrich Gottlieb 122, 182, 225, 301, 803
Klossowski, Erich 891
Knebel, Karl Ludwig von 286
Knop, Christiane 33
Knüpfel, Paulus s. Knüpfer, Paul
Knüpfer, Paul 353, 368, 831
Kober 67, 768
Kober, Leo 768
Kobilca 162, 792
Kobylinski 471
Koch 59
Koch, Hans 153, 155–157, 160, 161, 168, 174, 175, 199, 200, 230, 231, 235, 238–241, 243, 257, 258, 259, 264, 267, 269, 272–278, 281, 287, 289, 291, 293, 296, 298, 317, 318, 321, 323, 330, 338–341, 365, 368, 376–378, 407–409, 414, 418, 428, 431, 433, 436, 448, 461–464, 526, 548, 745, 789, 791, 793, 796, 806, 811–814, 821, 824, 826, 851, 852, 854, 856, 864, 868, 881
Koch, Heinz 852
Koch, Helene s. Dmuchowski, Helene
Koch, Jo Katarina 408, 852
Koch, Walter 161, 166, 173, 277, 294, 295, 309, 330, 338, 400, 436, 789, 791, 806, 812
Koerber, Lenka von 637, 681, 901
Kogan, Moissej 537, 877
Kögel, Linda 23, 98, 509, 510, 737, 776, 872, 873
Kohlrausch(s) 558, 562, 882
Kohlund, Fritz 346
Ko(h)lund, Hans 445
Köhler-Haußen, Ernst 766
Kokoschka, Oskar 797, 804
Kolb, Annette 390
Kolbe, Georg 105, 106, 419, 420, 422, 464, 777, 800, 816, 851, 864
Kolumbus, Christoph 597
Koner, Max 829
Konfuzius 731
König, Hertha 851
König, Leo von 28, 29, 685, 920, 922, 927, 928
Köpping, Karl 345, 742, 829
Kortner, Fritz 496, 502, 503, 578, 588, 686, 712, 763, 869, 870, 885, 916
Kortner, Johanna s. Stern, Johanna
Kortner, Marianne 685, 689, 763
Kortner, Peter 588, 589, 601, 606, 685, 689, 711, 763, 885, 890, 930
Koser-Michaelis, Ruth 643, 661, 903, 909
Kotzebue, August 122
Krajewski 697
Kranz, Herbert 135, 136, 138, 263, 786, 809
Krapotkin, Pjotr A. s. Kropotkin, Pjotr A.
Kraus, August 633, 784
Krause 97, 101, 777
Krause 137
Krauskopf, Bruno 340, 384, 826
Krayl 79, 81, 626, 743, 773
Krayl, Gustav 79
Krems, Erich 25, 153–157, 160–163, 167, 170, 177, 180, 181, 187, 194, 199, 207, 216, 230, 231, 238, 239, 241, 245, 260, 265–268, 277, 278, 279–281, 293, 309, 338, 357, 412, 434, 464, 541, 745, 789, 796, 806
Krestinski, Nikolai N. 897, 898
Kropotkin, Pjotr A. 164, 398, 460, 476, 792
Krückeberg, Hans 420, 856
Krüdener 243
Krüger 160, 292, 374
Krüger, Answald 763
Krüger, Erna 425, 857, 869, 915
Krupp 685
Krupskaja, Nadeschda K. 900
Kruse 107
Kuczynski, Robert René 898, 901
Kügelgen, Wilhelm von 580, 885
Kühlwein 160
Kühnen, Elsbeth 273, 274, 298, 330, 338, 341, 365, 368, 408, 462, 485, 811, 812, 852
Kuerle 758

Kuhn, Erich 188, 296, 297, 794
Kunstmann, Ludwig 690, 926
Kunzemüller, Otto 724, 725
Kupffer 879
Kurella, Alfred 325, 365, 368, 409, 811, 813, 821, 824, 826, 852, 868

Laak, Fritz 81
Laak, Lotte 81–83, 85, 276, 812
Laban, Rudolf 891
Lachmann, Hedwig s, Landauer, Hedwig
Laessig, Benno 217, 240, 319, 345, 358, 374, 451, 457, 507, 532, 578, 799
Laessig, Bruno 230, 231, 346, 710
Laessig, Gottfried 70, 123, 136, 190, 199, 204, 224, 225, 230, 231, 233, 240, 241, 264, 268, 280, 293, 295, 345, 354, 541, 745, 770, 789, 796, 813
Laessig, Hans 296, 298, 306
Laessig, Katharina 24, 51, 70, 112, 114, 122, 135, 136, 162, 187, 188, 190, 203, 204, 205, 207, 210, 211, 217, 219, 220, 223–225, 230, 232, 233, 236, 237, 240, 241, 244, 246, 252, 254, 259, 263, 264, 285, 291, 295, 296, 298, 300, 306, 307, 313, 320, 321, 331, 336–338, 345, 349, 350, 353, 357, 358, 364, 370, 374, 385, 386, 399, 407, 421, 431, 442, 462, 471, 476, 479, 480, 491, 520, 523, 532, 550, 553, 555, 569, 572, 577, 578, 591, 592, 607, 627, 650, 700, 701, 709, 762, 770
Lagerlöf, Selma 507, 525, 875
Lan, Käthe 46, 758
Landauer, Brigitte 423, 627, 856
Landauer, Gundula 423, 856
Landauer, Gustav 135, 136, 138, 284, 285, 289, 339, 420, 422, 425, 448, 786, 832, 856, 857, 886
Landauer, Hedwig 211, 355, 357, 393, 422, 797, 832, 856
Landauer, Lotte 423, 856
Landsberg, Otto 427, 857
Lang, Erwin 73, 378, 587, 771, 841
Langer, Richard 105, 777
Langen, Albert 755
Laotse 507
Lassalle, Ferdinand 750
Laszlo, Alex 804
Lavater, Johann Kaspar 127, 225, 290, 712
Ledebour, Georg 377, 778, 841, 846
Lederer, Hugo 444, 499, 859
Lefèbvre, Raymond 863
Legien, Carl 375, 838
Lehfeld, Grete 50
Lehmann, Else 740
Lehmann-Rußbüldt, Otto 842
Lehmbruck, Wilhelm 220, 232, 240, 417, 420, 800, 801, 851
Lehrs, Max 218, 321, 327, 328, 439, 741, 799, 824, 860, 867, 877
Leibfried, Fritz 860, 875, 913
Leibl, Wilhelm 312, 357, 818
Leistiko, Pauline 73, 771
Leistiko, Wilhelm 46, 759
Leistikow, Walter 798
Lenin, Wladimir I. 14, 537, 565, 787, 830, 865, 872, 877
Leonard, Lotte 579, 884
Leonardo da Vinci 327
Lepsius, Monika 382
Lepsius, Reinhold 526, 764
Lepsius, Sabine 88, 97, 308, 764
Lepsius, Stefan 52, 60, 70, 314, 348, 405, 764
Lesse 500
Lessing, Gotthold Ephraim 456, 735, 817
Lettow-Vorbeck, Paul von 859
Leuschner, Grete 856
Levenstein, Adolf 766
Levi, Paul 403, 647, 850, 904
Levy, Doris 690, 691, 926
Levy, Eduard Anton 358, 367, 407, 413, 414, 832
Lewis, Sinclair 870
Liebermann, Käthe s. Riezler, Käthe
Liebermann, Martha 680, 918
Liebermann, Max 27, 67, 116, 125, 223, 321, 324, 357, 512, 540, 627, 629, 630, 633, 661, 662, 671, 680, 746, 767, 768, 779, 780, 782, 783–785, 791, 802, 804, 816, 843, 871, 889, 895, 897, 909, 915, 917, 918, 923

Liebknecht, Karl 177, 269, 380, 386, 387, 399–404, 407, 415, 448, 453, 480, 481, 483, 491, 493, 498, 569, 746, 778, 794, 810, 846, 847, 849, 850, 853, 855
Liebknecht, Robert 403, 850
Liebknecht, Sophie 403, 406, 850
Liebknecht, Vera 850
Liebknecht, Wilhelm 405, 850
Lichnowsky, Karl Max von 359, 821, 833, 837
Liliencron, Detlev von 153, 790
Lincoln, Abraham 652
Linde 66
Linde, Otto zur 768
Lindemann 81
Lindemann, Gustav 153, 825
Lindenblatt 660, 909
Lingner, Reinhold 662, 663, 910
Linse, Ullrich 810, 811, 826, 852, 858, 886, 880
Lippi, Philippo 525
Lobach 51, 762
Löbe, Paul 392, 847
Löffler, Berthold 797
Löwenstein 292
Löwenstein, Änny 24, 58, 129, 210, 232, 320, 451, 468, 491, 500, 598, 599, 606, 620, 765
Louys, Pierre 880
Ludendorff, Erich 397, 704, 883, 921
Ludwig, Emil 555, 560, 620, 627, 652, 881
Lüdecke, Heinz 35, 851, 898, 903, 915
Lüttwitz, Walter von 459, 864
Lunatscharski, Anatoli W. 537, 877
Luther, Martin 193, 251, 306, 401
Lutz 350
Lux, Heinz 815
Lux, Käthe 57
Lux, Wera 57
Luxemburg, Rosa 400, 403, 404, 414, 448, 569, 746, 787, 794, 847, 849, 850, 854, 855, 857
Lwow, Georgi J. 818, 823

Maass, Lena 439
Macke, August 798
Macke, Elisabeth 213, 798
Mackensen, Fritz 857
Madelung, Aage 208, 378, 587, 797
Magnus 344
Mäkler, Lina 31, 104, 244, 257, 305, 318, 515, 550, 588, 593, 706, 709, 874
Märten, Lu 766
Maeterlinck, Maurice 49, 761
Maillol, Aristide 67, 787, 816
Maire 308
Mahler, Gustav 831
Malyschko, P. 758
Man, Hendrik de 635, 900
Manasse, Waldeck 133, 151, 335, 786
Manet, Edouard 67
Mangold 433
Mann, Heinrich 673, 821, 822, 912
Mann, Thomas 120, 269, 619, 810, 895, 903
Mantegna, Andrea 525
Manzel, Ludwig 853, 854, 856
Marc, Franz 230, 803
Marcks, Gerhard 693, 916
Marées, Hans von 922
Mark, Alexander von der 243, 806
Marloh 453, 863
Martin, Günther 916
Martius 374
Marquard 399
Marx, Karl 367, 737, 890, 891, 924
Mataré, Ewald 822
Matisse, Henri 779, 798
Matray, Ernst 233, 272, 322, 327, 373, 387, 395, 397, 455, 486, 501, 558, 579, 711, 760, 763, 769, 804, 811, 824
Matray, Maria s. Stern, Maria
Matuschewsky 170
Mauer, Rudolf 726, 736, 769
Maxton, James 692, 927
May, Ernst 689, 925
Mayer, Bernhard 627, 897
McKinley, Elisabeth 811
Meffert, Karl 635, 639, 643, 900, 901
Meid, Hans 212, 797
Meidner, Else 908
Meidner, Ludwig 659, 908
Meier 147
Meier, R. H. 223, 306, 308, 802
Meier, Walter 153, 155, 156, 160,

163, 169, 174, 187, 216, 236, 264, 280, 293, 322, 541, 790, 796, 822
Meier-Graefe, Julius 355, 770, 832
Meister 213
Meister Francke 516, 874
Meyer 61
Meyer, Conrad Ferdinand 31, 62, 201, 406, 680, 796, 836
Menzel, Adolph von 312, 357, 741, 818, 832
Metzinger, Jean 781
Metzner, Franz 340, 422
Meunier, Constantin 743
Michaelis, Georg 322
Michaelis, Karin 579, 884
Michelangelo Buonarroti 342, 475, 707, 866
Milan, Emil 301, 816
Millet, Jean-François 530, 875
Minne, Georg 105, 777
Mirbach, Wilhelm von 836, 837
Modersohn, Otto 857
Modersohn-Becker, Paula 427, 857
Moegle 690
Morgenstern, Christian 576
Mörike, Eduard 157, 272, 550, 881
Moissi, Alexander 769
Moll, Carl 797
Moll, Oskar 798
Möller 680
Molo, Walter von 757
Monet, Claude 780
Montessori, Maria 571, 883
Moritz, Eva 636, 901
Mosson, George 125, 464, 784, 785
Mozart, Wolfgang Amadeus 440, 490, 515, 710, 814
Mücke, Helmut von 246, 807
Mühlenfeldt, Emmy 59
Muelohn, Wilhelm 359, 833
Mühsam, Erich 677, 914
Müller 79
Müller, Friedrich von 130–132, 499
Müller-Örlinghausen, Berthold 681, 918
Münzenberg, Willi 872, 908
Münchhausen, Börries von 620
Munch, Edvard 212, 767, 798
Muthesius, Hermann 834
Nachmansohn 118, 246, 781
Nagel, Hanne 659, 908
Nagel, Otto 657, 661, 669, 681, 855, 868, 898, 908, 910, 911, 919
Nagel, Wallentina 669, 681, 911
Nanbereit(s) 272
Nansen, Fridtjof 872
Napoleon I. 289, 290
Napoleon III. 791
Nathanson, Cläre 449, 862
Nauen, Heinrich 80, 773
Naujok(s) 88, 91, 106, 143, 775
Naujoks, Fanina 142
Naumann, Friedrich 47, 204, 378, 399, 759, 849
Neide, Emil 736, 815
Nelson, Leonard 171, 385, 845
Nestel, Elisabeth 374, 384
Nestriepke, Siegfried 905
Neumann 193, 196, 263, 410
Neumann, Curt 868
Neumann, J. B. 415, 427
Neumann, Max 916
Neumeister, Walter 139, 184, 274, 277, 291, 294, 336, 505, 787
Nicolai, Georg Friedrich 849, 850
Niemayer, Hella 357
Niemayer, Friedel 357
Nierendorf, Karl 688, 924
Nietzsche, Friedrich Wilhelm 59, 71
Nikolaus I. 286
Nikolaus II. 158, 819
Nilsson, Einar 814
Noack, Hermann 702, 929
Noll, Richard 146, 194, 207, 216, 230, 231, 234, 238, 245, 260, 261, 266–269, 272, 275, 277, 278–281, 284, 293, 338, 437, 464, 541, 666, 745, 788, 796, 812, 813
Noske, Gustav 392, 396, 453, 460, 847, 863
Novalis 56, 700
Nusch 138

Ochs, Siegfried 579, 884
Olberg, Oda 441
Oppenheimer, Franz 92, 99, 776
Oppenheimer, Max 212, 797

Oppler, Alexander 92, 106, 688, 738, 775
Orlik, Emil 217, 327, 671, 799, 822, 900, 908
Osborn, Max 766
Ossietzky, Carl von 688, 923
Osterroth 792
Osthaus, Karl Ernst 781
Otiker 101
Oncken 705, 930
Oncken, Hermann 930
Owlglaß(ss) s. Blaich, Hans Erich

Paczka, Ferenc 801
Paczka-Wagner, Cornelia 220, 221, 598, 801
Paga, Georg 23, 49, 129, 331, 332, 618, 639, 734, 761, 771
Pahl, Walther 691
Pankopf 41, 42, 756
Pannwitz, Rudolf 768, 879
Papen, Franz von 662, 671, 910
Paret, Peter 766, 768, 778, 781, 791, 804
Parteien 575
Paul, Bruno 445, 861
Pawlowna, Anna 771
Peary, Robert Edwin 50, 762
Pechstein, Max Hermann 67, 134, 384, 464, 621, 768, 775, 817, 864, 889, 895
Pégoud, Adolphe 134
Penkert, Sibylle 857
Pennell, John 55, 764
Pensky 150, 595
Peschel, Hugo 903
Peterich, Paul 126, 342, 345, 785
Peters 50
Petersen, Vilhelm s. Gretor, Willy
Peyser 51, 763
Pfäffinger, Rosa 23, 71, 72, 74, 88, 109, 119, 162, 284, 511, 770, 771, 819
Pfefferkorn, Rudolf 775
Pfemfert, Franz 367, 378, 774, 832, 834, 863
Pfundtner, Georg 133, 338
Pincus 64, 73, 74
Pinner, Erna 580, 615, 621, 884
Pinner, Ernst 580, 615, 621, 884
Pinner, Hananja 580, 884
Piscator, Erwin 875
Plate, Hilde 916
Plato 490
Plechanow, Georgi W. 877
Plehn, Anna 23, 50, 106, 216, 326, 344, 349, 355, 393, 741, 762, 776, 781, 832, 861
Plehn, Marianne 101, 288, 444, 572, 598, 606, 814, 861
Plehn, Mitta 374, 444
Plehn, Rose 23, 29, 118, 288, 349, 572, 781, 814, 861
Plivier, Theodor 530, 552, 875, 876, 880, 881
Plivier, Thora 552
Pniower, Otto 779
Poelzig, Hans 661, 909
Pohle, Carla 538
Poincaré, Raymond 160, 791
Prengel, Bennina 48, 58, 61, 62, 70, 72, 73, 76, 86, 94, 133, 136, 138, 148, 203, 204, 501, 508, 517, 722, 724, 732, 760
Prengel, Emma 342
Prengel, Ernst 73, 119, 138, 149, 203, 204, 555, 600, 732, 771
Prengel, Frieda 119, 138, 219, 264
Prengel, Fritz 465
Prengel, Grete 54, 56, 89, 119, 296, 523, 526, 546, 815
Prengel, Günther 466
Prengel, Hans 54, 70, 89, 93, 95, 106, 119, 136, 138, 148, 150, 162, 203, 204, 219, 227, 230, 240, 244, 255, 264, 265, 296, 326, 371, 495, 555, 563, 582, 655, 658, 659, 732, 764, 772, 815
Prengel, Hans-Theodor 73, 771
Prengel, Horst 689, 925
Prengel, Julius 732
Prengel, Max 148, 203, 342, 729, 732
Prengel, Minna 73, 138, 203, 771
Prengel, Theodor 58, 61, 62, 70, 72, 76, 86, 115, 133, 136, 138, 148, 204, 429, 722, 732, 735, 766
Prengel, Trude 275, 276, 283, 285, 291, 296, 339, 466, 812

Pritsch s. Britsch, Gustav Adolf
Prüfer, Erich 516
Pudowkin, Wsewolod W. 896
Purrmann, Hans 420, 917, 918

Quester 226, 228

Raabe, Wilhelm 551, 692, 830
Rade, Karl 59, 766
Radek, Karl 374, 407, 414, 838
Radtke 361
Raemakers, Louis 351, 830
Raffael 327
Rajecz, Burian von 838
Ramm, Maria 857
Rathenau, Walther 382, 387, 420, 822, 845, 856, 878
Ratke, Lene 717
Ratke, Liese 717, 718
Ratke, Max 717
Rauhut, Ilse 861
Rautenberg, Andreas 445, 468, 865
Rautenberg, Anna-Erika s. Gampp, Anna-Erika
Rautenberg, Else 24, 44, 134, 161, 194, 203, 229, 291, 313, 334, 386, 445, 468, 470, 473–476, 478, 480–482, 487, 488, 493, 496, 519, 600, 732, 757, 865, 869, 870
Rautenberg, Ernst 161, 194, 468, 473, 475, 480–482, 495, 516, 865
Rautenberg, Hans 161, 468, 865
Rautenberg, Hilde 194, 337, 338, 357, 404, 445, 462, 668, 826, 829
Rautenberg, Lina 132, 159, 600, 732, 757, 786
Redslob, Edwin 608, 609, 612, 890, 898
Reger, Max 182, 247, 807, 831
Reichel, Lotte 101, 295
Reicke, Georg 208, 383, 746, 793
Reinhart 685
Reinhardt 414, 854
Reinhardt, Max 763, 769, 788, 816, 817, 833
Reitz, Clemens 539, 546, 547, 621, 631, 710, 898
Reitz, Hilde 455, 462, 465, 471, 473, 485, 487, 488, 490, 527, 532, 534, 539, 546, 547, 572, 621, 624, 631, 636, 673, 710, 859, 896, 898, 930
Reitz, Karl 539, 624, 631, 636, 710, 859, 896, 898
Reitz, Renate 539
Reitz, Stephan 710
Remarque, Erich Maria 653, 907
Rentel, Antonie 46, 87, 133, 159, 272, 290, 376, 393, 517, 724, 732, 758
Rentel, Karl 732
Reschke 149
Rettich 735
Rettich, Natalie 265
Reuter, Gabriele 158, 790
Rhades, August 654, 746, 907
Richter 564
Richter, Elisabeth 95, 99, 419, 452, 466, 527
Richter, Emil 298, 318, 541, 802, 817, 820, 821
Rieve 294, 548, 550, 563
Riezler, Käthe 680, 918
Rilke, Rainer Maria 128, 791
Ripke, Wilhelm 662, 910
Robinson 579, 884
Röber, Bella 681, 918
Röckner 265, 735
Rodin, Auguste 67, 106, 341, 342, 362, 370, 742, 779, 786, 816, 827, 833
Roeder, Emy 884
Rohde, Lene 600, 888
Rohse 137, 170
Röhm, Ernst 676, 914
Rolland, Romain 475, 526, 540, 541, 550, 866, 878, 881, 911
Römer, Erich Abraham 342, 828
Rosegger, Peter 436, 637, 655
Rosenberg, Alfred 920
Rosenberg, Jean 181, 354, 794, 831
Rosenfeld 898
Rosolio, Erwin 153, 169, 172, 174, 219, 362, 393, 661, 790
Rosolio, Tilly 362
Rothe, Hans 340, 354, 831
Rothe(r), Karl 60, 766
Rotten, Elisabeth 842
Rousseau, Théodore 530, 875
Rousseau, Henri 618, 894
Rowohlt, Ernst 878

Rubens, Peter Paul 736
Rüstow, Alexander 57, 81, 83, 84, 91, 113, 129, 149–151, 200, 246, 247, 277, 314, 335, 349, 350, 369, 379, 385, 390, 393, 414, 417–419, 422–426, 431, 432, 440, 441, 448–450, 471, 485, 493, 502, 538, 546, 563, 569, 573, 577, 607, 608, 675, 774, 837, 854, 857, 894, 914
Rüstow, Fides 84, 113, 149, 540, 618, 634, 636, 640, 894, 902
Rüstow, Hanna 538
Rüstow, Ilse 538
Rüstow, Lorena 675, 914
Rüstow, Mathilde 55, 57, 81, 83, 113, 149, 200, 202, 248, 250, 314, 335, 349, 350, 351, 369, 374, 393, 412, 417–419, 422–427, 433, 448–450, 453, 471, 493, 538, 546, 577, 587, 605, 607, 608, 626, 690, 765, 774, 837, 857, 894
Runge, Philipp Otto 509, 516, 553, 872
Rust, Bernhard 912
Rupp, Anna s. Hesse, Anna
Rupp, Berta 51, 732
Rupp, Gertrud 44, 133, 134, 159, 161, 229, 234, 253, 481, 757, 765, 786
Rupp, Ida Mathilde 730, 759
Rupp, Julius (1809–1884) 12, 14, 17, 22, 95, 188, 266, 367, 721, 722, 724, 729–731, 733, 750, 755, 757–759
Rupp, Julius (1846–1926) 46, 87, 138, 149, 159, 203, 204, 234, 290, 291, 333, 386, 418, 453, 482, 495, 517, 533, 564, 582, 592, 600, 601, 616, 622, 721, 724, 730, 732, 733, 758
Rupp, Julius (1885–1964) 732
Rupp, Katharina 51, 421, 429, 528, 540, 582, 610, 732, 762
Rupp, Lina (1849–1921) 16, 17, 51, 116, 127, 234, 290, 453, 517, 518, 600, 717, 724, 732, 759, 874
Rupp, Lina (1875–1954) s. Rautenberg, Lina
Rupp, Mathilde 209, 210, 212, 370, 524, 525, 600, 610–612, 622, 718, 732, 797
Rupp, Susanne 469, 732
Rupp, Theobald 23, 44, 46, 47, 51, 73, 87, 119, 130, 132–134, 140, 161, 204, 470, 481, 517, 724, 732, 757, 786
Rupp, Walter 634, 732

Saake 618
Sachs 84
Sallak 579, 607
Salminen, Sally Alina 691, 927
Sand, Karl 122
Sander 727
Sandkuhl, Herrmann 669, 740, 768, 911
Sartorius, Eddy 162, 172, 193
Sartorius, Hans 162, 172, 193–195
Sauerbruch, Ernst Ferdinand 917
Sauerland, Max 128
Schack, Wilhelm 49, 761
Schade 86, 203, 350, 418, 455, 495, 734
Schadow, Gottfried 243, 806, 884
Schalek, Alice 68, 94, 117, 297, 769, 776
Schatz 79
Schatzkin, Lasar 861
Schaumann, Ruth 680
Scheffler, Karl 384, 512, 767, 844, 917
Scheibe, Richard 464, 916
Scheidemann, Philipp 378, 389, 400, 514, 842
Scheinpflug, Paul 659, 908
Schenk 911
Scheüch, Heinrich 837
Schewiot, Hilde 591, 886
Schewtschukewitsch, Opanos 640, 902
Schickele, René 863
Schiele, Egon 797
Schieler, Kurt 44, 46, 758
Schildkraut, Rudolf 769
Schiller, Bertha 724, 733, 734
Schiller, Toni 397, 409, 415, 416
Schiller, Friedrich von 131, 274, 285, 286, 350, 516, 726, 744, 776
Schilling 684
Schillings, Max von 661, 909

Schindler, Hilde s. Schindler-Fuchs, Hilde
Schindler-Fuchs, Hilde 327, 534, 824, 877
Schiskowski, John 383, 844
Schlawe, Fritz 768
Schlegel-Schelling, Caroline 130, 786
Schleicher, Kurt von 676
Schleiermacher, Friedrich Daniel 367, 834
Schlick 727
Schlittgen, Hermann 69, 770
Schlüter 377
Schlüter, Andreas 686
Schlunck, Hannchen 46, 127, 159, 290, 759
Schmeil, August 499
Schmidt 737
Schmidt, Anna 22, 41, 57, 70, 73, 76, 86, 87, 129, 137, 138, 150, 157, 177, 194, 204, 232, 287, 293, 321, 349, 359, 371, 386, 393, 416, 418, 421, 423, 430, 431, 434, 445, 476, 493, 501, 518, 527, 532, 534, 535, 539, 543, 544, 549, 553, 572, 589, 592, 600, 602, 603, 606, 756, 912, 914
Schmidt, Benjamin 721, 722
Schmidt, Carl 12, 46, 714, 724, 758, 862
Schmidt, Conrad s. Schmidt, Konrad
Schmidt, Hans Sebastian 106, 777
Schmidt, Hugo Ernst 736
Schmidt, Ida 543, 880
Schmidt, Katharina 22, 26, 63, 203, 437, 718, 724, 756
Schmidt, Konrad 12, 17, 21, 22, 37, 41, 45, 57, 62, 70, 73–76, 86, 87, 91, 116, 126, 129, 133, 136, 138, 146, 148, 150, 154, 177, 186–188, 194, 204, 232, 240, 244, 253, 259, 260, 265, 287, 290, 293–295, 298, 313, 321, 333, 334, 343, 349, 350, 359, 371, 375, 379, 383, 386, 392, 395, 411, 418, 421, 423, 425, 429, 434, 440, 443, 445, 448, 476, 481, 489, 490, 493, 495, 496, 499, 501, 504, 510, 517, 518, 520, 528, 532, 534, 535, 537, 539, 543, 544, 549, 550, 555, 560, 563, 564, 572, 575, 578, 582, 588, 589, 592, 598, 600, 603, 604, 606, 608, 609, 613, 615, 616, 621, 622, 623, 627, 631, 632, 634, 635, 636, 644, 646, 647, 649, 653, 654, 671, 672, 675, 679, 682, 688, 717, 719, 720, 722, 723, 725, 726, 727, 729, 731, 734, 736, 737, 740, 750, 756, 758, 761, 765, 792, 832, 843, 848, 852, 888, 890, 891, 900, 905, 911, 912, 914
Schmidt, Werner 799
Schmidt-Rottluff, Karl 464
Schmitz, Bruno 250, 808
Schmitz, Oskar 332, 825, 894
Schnabel, Arthur 306, 623, 624, 625, 896
Schneede, Uwe M. 995
Schneider 44, 45, 46, 133, 758
Schnierlin(s) 595–597
Schönberg, Arnold 831
Schöndörffer, Grete 600, 632, 888
Schöndörffer, Otto 618, 622, 894
Schoengarth, Fritz 774
Schönian, Grete 86, 249
Schoenlank, Bruno 883
Schönwandt 153, 661, 790
Schoke, Luise 75, 308, 507, 818
Schoke, Wilhelm 818
Scholem, Gershom 788
Schopenhauer, Arthur 134, 264
Schorer-Slavona, Maria s. Slavona, Maria
Schottmann, Johann Gottlieb 759
Schottmann, Lorenz 759
Schreiber, Adele 68, 769
Schreiner, Aute 625
Schröder, Marie 77, 109, 168, 234, 270, 295, 391, 419, 501, 772
Schröder, Dora 41, 84, 86, 168, 204, 443, 471, 639, 755, 772
Schröder, Greta 811, 824
Schröder, Hans 70, 86, 234, 405, 443, 471, 770, 772
Schubert, Franz 422
Schult 662–664, 666, 910
Schultz-Hencke, Harald 858
Schulz 192
Schulz 322
Schulz 898

Schulz, Carl 759
Schütte 923
Schütz-Wolff, Johanna 680, 918
Schumacher 400
Schumann 505, 506, 508, 516, 517, 520, 525, 532, 539, 540, 550, 555, 573, 588
Schumann, Lore 55, 76, 86, 126, 223, 272, 280, 321, 388, 417, 429, 438, 470, 475, 518, 603, 765, 866
Schumann, Robert 182
Schumann, Rose 765
Schwarzenau 42
Schwartzkopff, Johannes 693, 696, 700, 702, 928
Schwarzwald, Eugenie 562, 579, 607, 882
Seelig, Carl 355, 832, 880
Seemann, Ernst A. 298, 816
Seidlitz, Woldemar von 344, 345, 829
Seitz, Gustav 910
Sell(s) 175, 560, 603, 702
Sell, Hellmut 295, 343, 374, 481, 495, 496, 603, 675, 815
Sell, Louis 23, 49, 86, 136, 137, 761, 911
Senftleben 68
Senftleben, Georg 319
Sering 906
Shakespeare, William 284, 388, 422, 766
Shelly, Percy Bysshe 734
Sieburger, Peter 758
Siemsen, Anna 924
Siewert, Clara 232, 345, 829
Silbermann 154, 175
Silberstein, Raphael 526, 617, 875, 896
Silesius, Angelus 197, 423, 813, 817
Simmel, Ernst 441, 846
Simmel, Georg 92, 134, 742, 776
Simons, Gerhard 526, 548
Simons, Hans 337, 338, 357, 404, 417, 449, 568, 826
Simons, Hilde s. Rautenberg, Hilde
Simon(s), Walter 842
Singer, Paul 98, 100, 776
Sinowjew, Grigori J. 868
Sintenis, Renée 798
Sinzheimer, Hugo 443, 861
Slavona, Maria 23, 63, 737, 739, 742, 767, 770
Slevogt, Max 27, 125, 212, 219, 671, 784, 785, 804, 809, 889
Smedley, Agnes 639, 902
Sohn, Gerhard 877
Sokal, Max 51, 762
Sokrates 734
Solveig, Maria s. Stern, Maria
Sombart, Werner 61, 62, 766
Sommer, Hedwig 225, 803
Sonnewald 116, 169, 370, 423, 454, 460, 461, 466, 501, 540, 553, 578
Soost 88, 116, 216, 274, 358, 571, 798, 811
Speyer, Paul 503, 871
Speyer, Rosa 96, 171, 233, 314, 349, 503, 776, 819, 871
Speyer, Wilhelm 51, 127, 274, 296, 763, 776, 819
Spie 119
Spiel, Hilde 882
Spitteler, Carl 366, 834
Spiridonowa, Maria A. 372, 651, 836, 837, 901, 905
Spinoza, Baruch de 61, 766
Spiro, Eugen 680, 916
Spranger, Eduard 550, 881
Stark, Leonhard 542, 880
Stahl, Fritz 800, 819
Stampfer, Friedrich 383, 839, 844, 911
Stauffer-Bern, Karl 627, 729, 737, 767, 769, 801, 820, 829, 897
Steger, Milly 106, 299, 777, 816, 876
Stehr, Hermann 52, 53, 161, 191, 566, 619, 764, 791
Stein, Charlotte von 289
Steiner, Rudolf 95, 243, 291, 502, 806
Steinlen, Théophile Alexandre 742
Steinthal, Erich 305, 817
Stelling, Johannes 675, 914
Steppacher 433
Sterl, Robert 850
Stern, Agnes 577, 682, 884, 918
Stern, Clara 334, 375, 701, 706, 709, 825, 929
Stern, Eva 334, 375, 440, 524, 825

Stern, Hans 189
Stern, Johanna 21, 51, 52, 55, 62, 63, 70, 79, 89, 92, 93, 98, 104, 105, 112, 113, 120, 127, 129, 137, 138, 162, 187, 189, 194, 211, 234, 257, 260, 264, 269, 271, 301, 317, 322, 368, 375, 391, 395, 397, 401, 421, 429, 430, 440, 455, 467, 472, 486, 487, 490, 493, 496, 502, 503, 518, 520, 532, 553, 575, 577, 578, 579, 588, 589, 599, 601, 676, 688, 702, 711, 712, 744, 763, 785, 797, 820, 826, 848, 869, 870, 885, 916
Stern, Katharina 21, 48, 51, 62, 63, 70, 73, 75, 79, 86, 89, 93, 104, 121, 139, 140, 187, 188, 203, 216, 224, 229, 230, 244, 255, 256, 260, 264, 269, 271, 272, 294, 322, 324, 373, 375, 387, 395, 397, 455, 467, 472, 486, 490, 493, 501, 503, 537, 546, 553, 558, 578, 579, 599, 616, 638, 712, 760, 763, 771, 772, 773, 803, 811, 814, 824, 884, 902, 908, 927
Sterna, Katta s. Stern, Katharina
Stern, Lilo 486
Stern, Maria 21, 41, 51, 58, 62, 70, 89, 102, 104, 111, 138, 147, 159, 162, 186, 187, 203, 260, 322, 372, 375, 379, 395, 397, 408, 409, 434, 447, 453, 467, 478, 490, 497, 500, 501, 553, 558, 577, 579, 711, 760, 763, 811, 930
Stern, Nora 48, 104, 653, 680, 760
Stern, Regula 21, 44, 51, 52, 55, 62, 63, 70, 71, 75, 76, 79, 80, 89, 93, 96, 101, 102, 104, 126, 127, 138, 159, 166, 169, 172, 189, 221, 224, 255, 260, 261, 264, 273, 276, 308, 317, 327, 353, 360, 370, 375, 383, 397, 407, 421, 423, 429, 436, 440, 445, 451, 455, 458, 462, 467, 472, 480, 486, 490, 493, 503, 520, 528, 535, 540, 575, 577, 579, 592, 603, 605, 673, 676, 678, 680, 688, 702, 711, 744, 757, 795, 809, 831, 859, 878, 930
Stern, Rosa s. Speyer, Rosa
Stern, Ruth 104, 480, 486
Stern, Siegfried 577, 659, 682, 825, 884, 918
Stern, Theodor 160, 618, 632, 634, 791
Sternefeld 551, 555, 881, 888
Stietencron, Eduard von 627, 647, 658–660, 689, 897
Stietencron, Emma von 655
Stifter, Adalbert 604, 890
Stöcker, Helena 68, 380, 400, 455, 765, 769, 842, 858, 898, 903
Stolberg, Auguste zu 134
Stolberg, Friedrich Leopold zu 286
Sträuber 52, 456, 764
Strasser, Nadja 462, 864
Strawinsky, Igor 831
Strauss, Richard 343, 388, 828, 843
Stresemann, Gustav 893
Strindberg, August 124, 233, 238, 441, 756, 783, 804
Ströver, Ida Carola 613, 886, 891
Struck, Hermann 768
Stürgk, Karl von 822
Sudermann, Hermann 843
Sußmann, Toni 638, 646, 653, 656, 690, 902, 904, 908, 915
Sußmann, Vera 674, 913

Tappert, Georg 781
Taut, Bruno 416, 420, 421, 855, 856
Tautz, Titus 485, 868
Tennstedt, Florian 860, 875, 913
Tessenow, Heinrich 834
Tepper-Laski, Kurt 842
Thierbach 305, 817
Thoma, Hans 357, 516, 527, 530, 875
Thompson, Dorothy 870
Thormählen, Inge 507
Tietz 76
Tillich 618
Tillich, Paul 894
Timm, Werner 792, 901
Timper-Anderson, Lydia 560–562, 601, 882
Tippel, Georg 260, 809
Tolksdorf 265, 735
Toller, Ernst 826, 860, 870, 874, 926
Tolstoi, Leo D. 13, 93, 94, 102, 196, 235, 302, 321, 326, 338, 401, 776, 777, 795, 805, 900
Tönnse 312

Toulouse-Lautrec, Henri de 775
Traub, Gottfried 400, 849
Troeltsch, Ernst 189, 215, 216, 794, 798
Trotzki, Leo D. 537, 831, 877
Trübner, Wilhelm 357
Tschirn 45, 46, 758
Tuaillon, Louis 409, 784, 852, 856
Tucholski, Herbert 34, 916
Turowa, W.W. 900

Uhde, Wilhelm (Hermann) 742, 876
Uhse, Bodo 35
Ulitz, Arnold 528, 875
Ulrich, Lonny 600, 729, 734, 852
Ulrich, Olga 734
Ury, Lesser 889

Vaillant-Couturier, Paul 863
Valentin, Curt 690, 926
Valentin, Karl 637, 902
Velasquez, Diego 597
Vetter, Ewald 681, 918
Viebig, Clara 33, 876
Villain, Erwin 913
Vinnen, Carl 778, 779
Vischer, Friedrich Theodor 772
Vogeler, Heinrich 583, 636, 639, 826, 872, 885, 901
Vogeler (Marchlewska), Sonja 639
Voigt, Elisabeth 643, 903
Vollard, Ambroise 614, 891
Vollmoeller, Karl Gustav 788
Vorbringer 481

Waetzold, Wilhelm 890
Wagner, Martin 912
Walker, Hudson D. 926
Wallerstein, Victor 341, 801, 827
Walser, Robert 832
Wandrey, Horst 35
Wangel, Hedwig 599, 888
Weber, Alfred 385, 397, 845, 914
Weber, Carl Maria von 353
Weber, Max 612, 614, 891
Weber, Marianne 612, 636, 891, 906
We(c)kwerth, Lotte 455, 468, 615
Wedekind, Frank 91, 357, 771, 775, 782
Wedekind, Tilly 770, 775
Wegener, Paul 90–93, 142, 775
Wegner, Armin Theophil 414, 854
Wegman 374
Weiberlen, Gertrud 916
Weigel, Helene 882
Weilemann 520
Weinberger, Elisabeth 58, 765
Weingartner, Felix 284, 422, 813
Weise, Paul 636, 825
Weiß 749, 750
Weiß, Emil Rudolf 216, 417, 784, 798
Weiß, Hans 727, 750
Weiß, Hedwig 68, 228
Wels, Otto 768
Wenck, Ernst 342, 580, 828
Wendel, Friedrich 413, 854
Werefkin, Marianne von 627, 639, 897
Werfel, Franz 255, 259, 274, 294, 296, 298, 806, 815
Wertheimer, Annie s. Karow, Annie
Wertheimer, Jakob 578, 589
Wertheimer, Lise 644, 652
Wertheimer, Max 51, 52, 58, 104, 120, 149, 171, 188, 204, 223, 243, 257, 264, 266, 276, 291, 314, 315, 322, 323, 326, 335, 336, 341, 343, 349, 351, 353, 363, 373, 375, 378, 379, 391, 395, 397, 407, 408, 424, 429, 431, 440, 471, 486, 489, 490, 500, 501, 537, 553, 554, 575, 578, 592, 605, 617, 647, 652, 660, 673, 674, 676, 680, 686, 702, 712, 747, 763, 764, 777, 789, 842, 881, 913
Wertheimer, Valentin 606
Westheim, Paul 816
Wetzel, Ines 868
White, Marie 918
Wiechert, Ernst 685
Wieland, Christoph Martin 285
Wiese, Leopold von 270, 271, 810
Wiesenthal, Else 769
Wiesenthal, Grete 24, 68, 69, 73, 75, 76, 122, 204, 205, 208, 378, 587, 768, 769–772, 885
Wigman, Mary 891
Wilhelm II. 785, 803, 813
Willner, Arthur 273, 277, 339, 414,

811–813
Wilson, Thomas Woodrow 291, 296, 298, 377, 381, 814–816, 838, 839, 845
Winckelmann-Kretschmann, Frieda 58, 697, 698, 766
Wijnkoop, Jan-Jozef 852
Winkelmann 408
Winterstein 500
Wissell, Rudolf 392, 847
Wittekind, Hedwig 533, 534, 877
Wittfogel, Karl August 385, 506, 845
Witz, Konrad 875
Woermann-Jänichen, Hedwig 357, 513, 832
Wohlbrück 345
Wolff 600, 631, 651, 655
Wolff, Sophie 260, 356, 364, 573, 580, 599, 605, 631, 659, 742, 809, 909
Wolfskehl, Karl 627, 897
Wolfthorn, Julie 588, 778, 885
Wolfradt, Willi 812
Wright, Orville 50, 762, 765
Wyneken, Gustav 144, 183, 239, 240, 268, 272, 281, 368, 377, 378, 541, 774, 779, 788, 789, 806, 810, 812, 826, 868, 879

Zadek, Ignaz 846
Zadek, Lily 380, 843
Zaubitzer 682
Zeitlin, Jake 926
Zeller, Roland 606
Zelter, Carl Friedrich 290, 323–325, 333
Zepler, Wally 769
Zerahn, Rose 305, 396
Zetkin, Clara 673, 899, 913
Ziehen, Theodor 78, 79, 772
Ziese, Gertrud 161, 166, 309, 436
Zietz, Luise 163, 403, 792, 850
Zille, Heinrich 232, 623, 636, 889, 895, 896, 901, 919
Zimmermann, Kurt 681, 918
Zimmermann, Oskar 906
Zitzewitz, Augusta von 120, 778, 781, 828
Zola, Emile 12, 741, 756
Zuckmayer, Carl 890
Zuelzer, Wolf 851

ISBN 3-05-000876-8

Erschienen im Akademie-Verlag Berlin, Leipziger Str. 3–4, Berlin, DDR - 1086
Vom Siedler Verlag genehmigte Lizenzausgabe

Lizenznummer: 202 · 100/209/89
Printed in the German Democratic Republic
Gesamtherstellung: INTERDRUCK Graphischer Großbetrieb Leipzig,
Betrieb der ausgezeichneten Qualitätsarbeit, III/18/97
LSV 7103
Bestellnummer: 755 16 19 (9274)

05800

Stammbaum

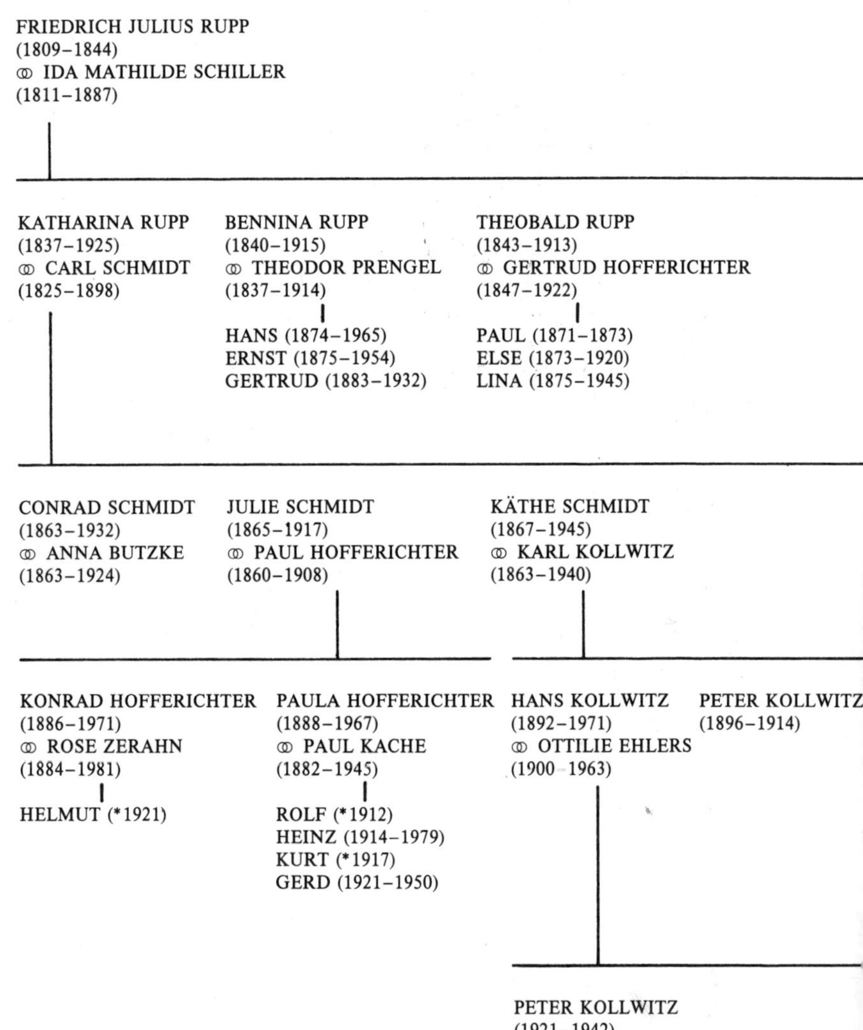

FRIEDRICH JULIUS RUPP
(1809–1844)
⚭ IDA MATHILDE SCHILLER
(1811–1887)
KATHARINA RUPP
(1837–1925)
⚭ CARL SCHMIDT
(1825–1898)
BENNINA RUPP
(1840–1915)
⚭ THEODOR PRENGEL
(1837–1914)
HANS (1874–1965)
ERNST (1875–1954)
GERTRUD (1883–1932)
THEOBALD RUPP
(1843–1913)
⚭ GERTRUD HOFFERICHTER
(1847–1922)
PAUL (1871–1873)
ELSE (1873–1920)
LINA (1875–1945)
CONRAD SCHMIDT
(1863–1932)
⚭ ANNA BUTZKE
(1863–1924)
JULIE SCHMIDT
(1865–1917)
⚭ PAUL HOFFERICHTER
(1860–1908)
KÄTHE SCHMIDT
(1867–1945)
⚭ KARL KOLLWITZ
(1863–1940)
KONRAD HOFFERICHTER
(1886–1971)
⚭ ROSE ZERAHN
(1884–1981)
HELMUT (*1921)
PAULA HOFFERICHTER
(1888–1967)
⚭ PAUL KACHE
(1882–1945)
ROLF (*1912)
HEINZ (1914–1979)
KURT (*1917)
GERD (1921–1950)
HANS KOLLWITZ
(1892–1971)
⚭ OTTILIE EHLERS
(1900–1963)
PETER KOLLWITZ
(1896–1914)
PETER KOLLWITZ
(1921–1942)